U0875995

新曲綫 New Curves | 用心雕刻每一本……

http://site.douban.com/110283/
http://weibo.com/nccpub

用心字里行间　雕刻名著经典

零售管理

第6版

[美] 迈克尔·利维　巴顿·韦茨　著

俞利军　译

人民邮电出版社

北　京

图书在版编目（CIP）数据

零售管理：第 6 版 /（美）利维，（美）韦茨 著；俞利军 译．
—北京：人民邮电出版社，2016.2
ISBN 978-7-115-40656-9
I. ①零… II. ①利… ②韦… ③俞… III. ①零售商店 – 商业管理 IV. ① F713.32
中国版本图书馆 CIP 数据核字（2015）第 320347 号

Michael Levy, Barton A.Weitz
Retailing Management, 6th Edition
ISBN 0-07-301978-X

北京市版权局著作权合同登记号：01-2007-5084

零售管理（第 6 版）

◆ 著 ［美］迈克尔·利维 巴顿·韦茨
译 俞利军
策 划 刘 力 陆 瑜
责任编辑 徐向娟 颜林柯
装帧设计 陶建胜

◆ 人民邮电出版社出版发行 北京市丰台区成寿寺路 11 号
邮编 100164 电子邮件 315@ptpress.com.cn
网址 http://www.ptpress.com.cn
电话（编辑部）010-84937150 （市场部）010-84937152
三河市少明印务有限公司印刷
新华书店经销

◆ 开本：850×1092 1/16
印张：43
字数：900 千字 2016 年 2 月第 1 版 2016 年 2 月第 1 次印刷
著作权合同登记号 图字：01-2007-5084
ISBN 978-7-115-40656-9/F

定价：128.00 元

本书如有印装质量问题，请与本社联系 电话：(010) 84937153

日本的店铺提供新鲜的蔬菜、水果、海产品、肉类、豆腐、腌制和罐装食物、奶制品以及基于传统食材制成的可口诱人的快餐。（见正文第 6 页）

不同于其他美容用品的专卖店，丝芙兰给顾客提供独持的购物体验。（见正文第 51 页）

Land's End 在网站上提供的虚拟模特使顾客可以在家里“试穿”。（见正文第 83 页）

星巴克在选址时采用了饱和策略来提升品牌认知度。(见正文第 107 页)

西尔斯有着强大的自有品牌计划。如果你想买工匠牌的工具或肯莫尔的家用电器，那你只能到西尔斯或凯马特去买。(见正文第 140 页)

为了提供更吸引人的购物环境，百货商场零售商（上图）可以接受比仓储会员店（下图）更高的固定成本。(见正文第 176 页)

在英国，位于内城区和高街店址的小型零售商仍受欢迎，但却面临着超市和巨型超市这样的大型零售商的竞争。（见正文第 195 页）

Edward Beiner 眼镜店专门针对高收入人群销售高级时尚眼镜。（见正文第 237 页）

沃尔玛创始人山姆·沃尔顿象征着沃尔玛通过控制成本为顾客提供价值的组织文化。（见正文第 263 页）

亚马逊公司在为顾客运输订货方面如此高效,所以它还为其他零售商提供此项服务。（见正文第 291 页）

由 Cuesol 公司开发的购物伴侣是一种安装在购物车上的无线电脑设备。利用这个设备扫描商品，顾客可以知道自己的消费情况。（见正文第 319 页）

季节性商品（比如圣诞树装饰物）一般会在节日前展示，以帮助购物者挑选家庭装饰物，以及为亲朋好友选购礼物。（见正文第 337 页）

零售的季节性非常明显，圣诞节期间的销售额通常占零售商年销售额的 40% 还要多。（见正文第 364 页）

梅西开发的自有品牌 I.N.C 为梅西创造了经营排他性商品和实现高额利润的机会。（见正文第 386 页）

汽油的价格弹性历来都大于-1，所以价格的上涨并没有导致销售量的相应减少。（见正文第415页）

零售商可以利用零售广告达到长期目标，比如建立某种品牌形象，也可利用广告增加短期销售额。T.J.麦克斯（左）通过加强零售商的时尚形象实现长期目标，价美鞋店（右）则通过特殊促销增加短期销售额。（见正文第442页）

商店管理者和同事必须避免那些可能会被员工看成是性骚扰的行为。（见正文第 489 页）

布鲁明戴尔商店的这个部门使用固定设施把最新上市的服装摆放在最外面，以吸引顾客的视线。地板和照明都比较明快，使得该服饰店与店内其他区域区分开来。（见正文第 516 页）

这个标识指明了商品的位置，与商店的形象相符，并且告知顾客商品正在促销当中。（见正文第 520 页）

位于纽约曼哈顿区麦迪逊大街的 Galleri Orrefors Kosta Boda 商店使用特殊照明，凸显其限量生产的玻璃雕塑品。（见正文第 531 页）

办公用品供应中心（左）用自己的标识作为改进顾客服务的标准化方式之一，而塔吉特的销售人员（右）则采用因人而异的方法，按每一位顾客的需要提供个性化服务。（见正文第 542 页）

内容提要

这本《零售管理》在美国被众多高校选为教材，在同类书教材市场拥有绝对领先的市场份额，是零售管理领域最受推崇的第一品牌书。作者迈克尔·利维教授拥有25年的零售管理教学经验，并长期在零售、商业物流、销售管理等领域做深入研究；韦茨教授是美国市场营销协会的主席，全美零售联合会、全美零售基金会和市场营销协会的理事。本书反映了零售业的最新发展变化，考察了关键性战略问题，强调了财务和店面管理问题，并加入了描述性、操作性和概念性资料。

全书分四编，共19章。第一遍首先介绍零售世界，内容包括零售世界入门、零售商类型、多渠道零售和顾客购买行为。第二编描述零售战略，内容包括零售市场战略、财务战略、零售选址、客户关系管理等。第三编介绍商品管理，内容包括商品分类管理、商品规划系统、商品采购、零售定价和零售促销组合。第四编描述店面管理，内容包括店面管理、顾客服务等。

本书案例丰富、鲜活，趣味性强，适合作为零售从业者、管理者和决策者的业务学习参考书，也适合于零售课程的学习者、讲授者以及零售管理的研究者参考阅读。

To Norman and Jacquie Levy, whose enduring love for each other is an inspiration to all.

To Shirley Weitz, whose love, patience, and understanding support are cherished.

作者简介

Michael Levy, PhD
Babson College
mlevy@babson.edu

迈克尔·利维博士是百森商学院 Charles Clarke Reynolds 营销学教授，《零售》杂志的联合主编。他从俄亥俄州立大学获得工商管理博士学位，从科罗拉多大学博尔德分校获得商业管理学士和硕士学位。他先执教于南卫斯理大学（Southern Methodist University），然后担任迈阿密大学营销系的系主任和教授。他已经从事了 25 年的零售管理教学工作。

长期以来，利维教授在零售、商业物流、金融零售策略、定价和销售管理等领域进行深入研究，在市场营销和物流管理主流杂志，包括《零售》(*Journal of Retailing*)、《市场营销》(*Journal of Marketing*)、《市场营销调研》(*Journal of Marketing Research*) 上发表了近 50 篇文章。目前，他担任以下杂志的编委:《零售》《营销科学学报》(*Journal of the Academy of Marketing Science*)、《国际物流管理》(*International Journal of Logistics*)、《国际物流与材料管理》(*International Journal of Logistics and Materials Mnagement*)、《电子商务调研》(*ECR Journal*) 以及《欧洲商业评论》(*European Business Review*)。

在整个职业生涯中，利维教授一直从事零售及相关领域的工作。从事学术工作以前，他曾经效力于科罗拉多州的几家零售商和一家家居用品经销商。他在几家零售商和零售技术企业从事过研究项目，包括埃森哲公司、伯丁斯百货公司 (Burdines Department Stores)、Khimetrics 公司、Merryn's 公司、内曼·马库斯公司 (Neiman Marcus)、ProfitLogic 公司以及扎列公司 (Zale)。

Barton A. Weitz, PhD
University of Florida
bart_weitz@cba.ufl.edu

巴顿·韦茨博士从麻省理工学院获得电气工程学学位，从斯坦福大学获得 MBA 和工商管理博士学位。他曾执教于加州大学洛杉矶分校商学院、宾夕法尼亚大学沃顿商学院。目前，他是佛罗里达大学沃灵顿工商管理学院 J.C. 彭尼公司特聘的零售管理学者。

韦茨教授是佛罗里达大学零售管理教育与研究中心的执行主任。该中心的活动得到 30 家地区性和全国性零售商的支持，包括 J.C. 彭尼公司、西尔斯、伯丁斯、沃尔玛、梅西百货、Famous Footwear、Build-A-Bear、Bealls、City Furniture 和欧迪办公。该中心每年安排 200 余名本科生到零售企业和基金会（研究零售问题）做暑期有偿实习和管理培训生。

韦茨教授因教学出色获得表彰，并曾多次向业界和学术团体做过演讲。他在主流学术期刊上发表了 50 多篇文章，论述渠道关系、电子零售、商店设计、推销员的有效性、销售队伍与人力资源管理。他是《零售》《市场营销》《国际营销研究》(*International Journal of Research in Marketing*)、《市场营销科学》(*Marketing Science*)、《市场营销调研》杂志的编委。他曾担任《市场营销调研》杂志的主编，目前是《营销通讯》(*Marketing Letters*)的联合主编。

韦茨教授是美国市场营销协会的主席，全美零售联合会、全美零售基金会和美国市销协会的理事。为了表彰他对营销学学科的贡献，他在 1998 年被授予美国市场营销协会 / 欧文年度教育家奖。

译者简介

俞利军，浙江海盐人，著名翻译家、国际营销专家。1993 年 6 月研究生毕业于北京外交学院，1994 年 12 月任对外经济贸易大学讲师，2001 年 7 月晋升副教授，2002 年 5 月破格校聘为教授（二级岗位），2004 年 12 月破格晋升教授，长期从事外经贸教学、科研和咨询工作。曾担任伦敦工商会考试局协调人、北京新东方学校副校长、《北大商业评论》副主编等职。目前是对外经济贸易大学英语学院教授、副院长、MTI 教育中心主任、商务英语与跨文化研究中心副主任、翻译学科带头人、国家级商务英语教学团队主要成员。

主要学术及社会兼职包括：中国翻译协会专家会员、中国人民大学中国市场营销研究中心研究员、北京大学管理案例研究中心研究员、国家社科基金评委、世界和谐基金会特聘专家等。因其突出的学术成绩，多次接受《英才》杂志、中央人民广播电台、中央电视台、《北欧时报》等主流媒体的采访。

近年来在校内外用中英文讲授的课程包括：翻译理论与实践、商务法律翻译、营销管理、国际营销等。已在《国际商务》《管理现代化》《外国文学研究》《美国研究》等刊物发表论文 50 余篇，其中《关于高校管理的若干问题》获第二届中国教育改革优秀论文一等奖。在中信出版社、台湾五南出版公司、英国新经典出版社、牛津大学出版社等国内外知名出版社出版专著、译著、工具书 40 多部，主要有《上帝的木偶》《专业服务营销》《从优秀到卓越》《关注中国》《国家营销》《牛津英汉双解商务英语词典》等，其中《从优秀到卓越》获全国优秀畅销书奖。

问题与出路

——《零售管理》（第6版）译者序

目前，包括美欧日在内的发达国家正在百年一遇的金融、经济危机中苦苦挣扎，而前二三十年快速增长的中国经济也明显放慢了速度。由于经济增长方式粗放、社会改革转型滞后，致使产业结构升级缓慢、投资消费结构失衡、收入分配差距拉大、社会保障制度不健全。事实是，增长的各种红利日渐消耗，一段时期经济回落也在所难免。加上30多年来改革开放所积累的社会矛盾越来越尖锐，资源环境恶化，我国社会已经进入了一个问题丛生、增长缓慢、动荡不定的高风险发展期。

经济增长主要靠出口、投资、消费三驾马车拉动。2008年美国金融危机后，我国出口受到重创，估计在未来10年内都将面临严峻挑战。尽管我国幅员辽阔、人口众多，但实际内需不足，国内消费市场的增长还不尽如人意。说到底，经济的增长最终是要靠消费来拉动的。尽管我国拥有世界上最大的富人群体，但普通民众的消费能力并不强。由于社保体系不健全，国民面临住房、教育、医疗、养老四座大山，不敢盲目提前消费。我国居民消费占GDP的比例不到40%，而英美日韩等国居民消费率普遍较高，介于50%~70%之间。

经济不景气直接影响零售业的发展，过去的2014年是主流零售连锁行业增速较慢的一年。可以预见，接下来几年连锁企业都将处于缓慢增长期。在相对不利的市场背景下，零售企业如何保持自身竞争优势，实现可持续增长，是业界普遍关注的问题。零售企业应当从标准化提升效率、细分化渗透市场和降低运营成本三方面入手提高竞争力。在标准化方面，一是规范前台标准；二是实现后台系统管理与服务功能标准化；三是把流程固化在设备中，提高产品加工与服务的标准化。

在细分化方面，可以采取三种策略：一是多品牌策略，根据目标顾客群的不同，设立分层的定位和品牌区隔，提高市场渗透率；二是单一品牌多版本策略，根据市场发育程度，设计不同档次的店面和产品线；三是对业态进行重新设计，压缩产品或服务线，聚焦某个品类，做深做透。最后，在降低成本方面，主要依靠电子商务、人员培训和系统管理。

零售业正处于由外延规模扩张向内涵增长转型的发展时期，各个业态尤其是超市和百货店都在寻求差异化发展。高端超市、便利店、专卖店、网络零售、购物中心、三四线市场等成为发展热点。如果说前几年零售业的转变主要由竞争压力带来，那么 2011 年以来的行业转变，更多的是由于消费者的变化带来的。城镇化步伐加快，80 后和 90 后逐渐成为消费的重要力量，中产阶层消费品位的改变，都要求零售企业有应对策略。

零售的缓慢增长正是企业调整和变革的有利时机。近些年零售企业业已积累的经验、规模和效益，为发动新引擎准备了基础条件。零售企业可以开展更加丰富多彩、文化内涵强的促销活动，发动销售引擎；以减少退货为切入点，发动效率引擎；完善员工激励机制，发动激励引擎。

这一切均离不开学习。我国零售业需要学习西方发达国家先进的零售理念和管理经验，借鉴他们在发展过程中的惨痛教训。目前国内环境污染严重，食品安全问题突出，除了在某些地区和领域存在官商勾结和渎职造成的监管不力和缺位，根本原因是没有处理好发展与治理的问题。其实发达国家也走过同样的弯路，我们完全可以不在同一块石头上摔两次跟斗。国内商场的促销活动很多沦落为骗局和麻烦顾客的把戏，某些电商的配送服务更像是强盗行径。我国零售商只有克服浮躁情绪，利用大智慧而非小聪明，才能充分发挥后发优势，后来居上。

其实，创新和发展的前提是学习和实干，否则就是胡闹，因为创新和胡来只有一步之遥。

今后，我国零售商要在更新商品种类，提升服务质量，改进零售业态，推进品牌建设，以及稳健海外扩张等方面做足功课。这些知识和技巧大都可以从本书学到。限于篇幅，我只谈最后一点：海外投资。西方的垃圾快餐不但危害了我国的青少年，也在造就大量的欧美胖子。要是我们的豆腐和饺子大量出口到国外成为他们的快餐，这个地球就不会那么沉重了。

本书是世界零售管理第一品牌教科书，它的翻译出版适逢其时。这本书的翻译跨度达 8 年之久。2002~2003 年，我和合译者花了将近两年的时间翻译了《零售管理》第 4 版，2004 年出版后得到广泛好评，一直长销不衰。在《零售管理》第 4 版发行 4 年后的 2007 年夏天，人民邮电出版社再次寄来了委托翻译合同，他们希望我翻译第 6 版。如今 8 过去了，我终于完成了这部一百多万字的零售管理百科全书式的教材翻译、审校工作。其实，真正用于翻译的是一年加整整一个暑假，审校则用了两个月——2010 年几乎每个周末和节假日，2012 年整个暑假我都在翻译本书，完成了初稿；2013 年从五一长假到端午直到 6 月 25 日，我做了最后的定稿工作。

期间，几乎每天都有大量的教学和行政工作。在这些年吃什么都要小心以及遮天蔽日雾霾的日子里，我的学医的孩子得了严重的肺结核和肠梗阻，经常发高烧或低烧，吃不下也拉不出，生病的他自然需要我的照料。2011 年本人大病两场。去年年底我的一篇网络小说被人追捧和曲解，切身感受到了文字狱的恐怖。由于工作需要，出国出境多次。无论如何，在成堆的问题面前，我坚持努力做好本职工作，并翻译完成了这部实用的作品。

感谢人民邮电出版社北京新曲线出版咨询有限公司总裁刘力先生、执行副总裁陆瑜女士对我一如既往的支持。感谢对外经济贸易大学商务翻译专业研究生刘晓红、陆英哲、范文君同学帮助翻译了部分案例。感谢责任编辑徐向娟女士，感谢她超乎寻常的耐心与细致。

俞利军

对外经济贸易大学教授

2015 年 5 月 18 日

前　言

我们做第 6 版的目的在于，通过抓住零售业（零售业在社会经济中起着至关重要的作用）面临的具有挑战性的机遇，激发学生对零售课程和零售职业的兴趣。本书延续了成为学生的“好读物”的理念，重点介绍了零售商面临的种种战略问题。

第 6 版的新特征

在做《零售管理》第 6 版的过程中，我们对本书做了一些修订，以反映零售业的三个重要发展变化：（1）技术和分析方法得到更多应用；（2）零售业全球化；（3）日益重要的道德和法律考量。

零售业中的技术应用　零售商越来越多地运用通信、信息系统技术以及分析模型来提高运营效率，提升客户服务水平，这使零售业正逐渐发展为一种高科技产业。这些在第 6 版中涉及的新技术应用（在空白处的技术图标）有：

- 应用网络向顾客销售产品和服务（第 3 章）。
- 向顾客全面提供多种渠道（商场、网络以及商品目录）接口，使顾客可以随时随地与零售商互动（第 3 章）。
- 未来商场会运用技术提供更超值的购物体验（第 3 章）。
- 运用地理信息系统（geographic information system，GIS）技术帮助商场做选址决策（第 8 章）。
- 运用网络进行更有效的人力资源管理（第 9 章）。
- 一体化的供应链管理系统（第 10 章）。
- 运用射频识别技术（radio frequency identification，RFID）提高供应链效率（第 10 章）。
- 利用客户数据库分析确定顾客终生价值，为零售商的最佳顾客定制促销方式，以及进行市场购物篮分析（第 11 章）。
- 通过实行营销计划来提高客户占有率（第 11 章）。
- 运用协作、计划、预测和补货（collaboration, planning, forecasting, and replenishment，CPFR）系统来协调供应商和零售商的活动（第 12 章）。
- 先进的库存管理系统（第 14 章）。

- 通过逆向拍卖购买商品（第 13 章）。
- 运用利润最大化决策支持系统为不同市场定价，以及进行大酬宾（第 15 章）。
- 运用客户数据库制定有针对性的促销活动（第 16 章）。
- 对商店店员进行网络培训（第 17 章）。
- 运用决策支持系统安排销售助理的工作时间（第 17 章）。
- 运用电子防盗技术减少偷窃行为的发生（第 17 章）。
- 根据商品类别建立货架图，使销售量和利润最大化（第 18 章）。
- 运用数码引导标识，减少成本，加强信息灵活性（第 18 章）。
- 设置店内电话亭、移动装置和网络，提高客户服务质量（第 19 章）。
- 通过即时聊天，服务在线用户（第 19 章）。

零售业的全球化 零售业是一个全球性产业。随着人们对自有品牌商品的日益重视，零售商需要和世界各地的制造商合作，以获得商品。此外，零售商自身也越来越关注国际市场，寻求增长机会。比如全球第二大零售商、法国连锁超市家乐福，正致力于在法国之外的 25 个国家增加投资。本版涉及的一些全球性零售问题（用空白处的图标标出）如下：

- 不同经济体中的零售效率（第 1 章）。
- 零售商全球扩张的例证（第 2 章）。
- 文化对消费者购买行为的影响（第 4 章）。
- 成功打入国际市场的要诀（第 5 章）。
- 国际增长机会评估（第 5 章）。
- 区位机遇在全球市场中的差异（第 7 章）。
- 在全球市场中影响顾客数据收集的规定（第 10 章）。
- 在国际市场中的员工管理问题（第 9 章和第 17 章）。
- 自有品牌商品的全球采购（第 14 章）。
- 顾客服务需求中的文化差异（第 19 章）。

零售商面临的法律问题和道德问题 零售机构在我们的社会中无处不在，所以他们极大地影响着顾客、供应商和员工的福利。鉴于零售商社会责任的重要性，他们需要考虑他们的决策对广大利益相关者的影响。我们在第 6 版中探讨的一些社会福利、道德问题和法律问题有：

- 道德决策的框架（第 1 章）。
- 如何管理多样性和“玻璃天花板”问题（第 9 章）。
- 在收集和使用顾客信息时考虑隐私问题（第 11 章）。
- 影响商品采购和商品定价的法律问题（第 14、15 章）。
- 雇佣和晋升中存在的性骚扰和歧视问题（第 17 章）。

- 职工福利津贴（第 17 章）。
- 生态友好型的店面设计及运营方式（第 18 章）。
- 依照美国残疾人法案进行店面设计（第 18 章）。
- 三个与法律、道德和社会福利问题相关的新案例。

利维和韦茨的《零售管理》的其他特别之处

有关客户关系管理的章节 本书第 11 章探究了零售商应如何运用顾客数据库来吸引回头客，并从重要顾客身上取得更大利润。这些客户关系管理活动使用了 80-20 原则，即 80% 的销售量和利润来自于 20% 的顾客。在本章，我们讨论了零售商如何识别出他们的最佳顾客，如何针对他们展开特殊的促销活动和客户服务。

有关多渠道零售的章节 本书第 3 章描述零售商通过诸如店面、商品目录和网络等多种渠道与顾客互动的过程中面临的机遇和挑战。网上的零售商市场已经稳定，传统零售商们正致力于运用网络补充原有的店面销售。本章讨论了多渠道零售商如何能够并且已经为顾客提供更大的价值。

更加关注品牌建设问题 为了使自己提供的商品与众不同、建立竞争优势，零售商越来越注重自身的品牌形象建设，为自有品牌的商品树立强势形象，并将其形象拓展到新的零售形式中。本书将从商品管理和沟通的角度出发，对与品牌形象建设和自有品牌商品相关的问题做更深入的探讨。

小试身手！课后练习 通过走访当地零售商店、网上冲浪或使用学生网站，在每章的最后都有一些可供学生练习的建议项目。书中还包括一个连续的作业练习，以便学生在整个学期都能对同一零售商进行考察。设计这些练习，是为了给学生提供实践式的学习体验。

十一个新案例 这些案例包括沃尔玛的形象，Abercrombie & Fitch 的招聘实践，面向青少年和大学生的零售业，美国扬基蜡烛公司（Yankee Candle）自有品牌的发展历程，消费者购买行为影响超市设计布局，Men's Wearhouse 的培训项目，英国零售业的可持续发展。书中的 37 个案例有些是新收录的，有些是对原有案例进行了实时更新。其中一些案例，如熊熊工作室（Build-A-Bear）、雨林餐厅（Rainforest Café）和沃尔玛。

全新设计的学生网站 学生网站上提供许多体验式练习，包括评估国际市场增长机会，检查某一零售商的财务业绩，评估零售选址机会，整理某大类商品的细分、设计商品预算计划，以及评估几种降价策略。

学生友好型课本

在第 6 版中，我们通过使用一些“实例”（关于零售的有趣的事实）、零售视野以及在每章开头设置零售管理者介绍，使这本教科书成为“好的 读本”，继续让学生对本课程和零售业感兴趣，并投入其中。

实例　我们在每一章的页边空白处都更新并增加了一些有关零售的有趣事实，称为“实例”。你知道吗，1939 年蒙哥马利 - 沃德（Montgomery Ward）百货公司的采购员写了《红鼻子驯鹿鲁道夫》这首圣诞歌曲，作为圣诞节促销；袋泡茶是由梅西公司的采购员设计的；而 J. C. 彭尼的采购员设计了连裤袜。

零售视野　每章还提供了一些新的、入时的花边文字（称之为“零售视野”），将概念与零售商的活动和决策联系起来。这些花边文字涉及大型零售商，如沃尔玛、沃尔格林、西尔斯（Sears）、J. C. 彭尼、内曼·马库斯百货公司（Neiman Marcus）和梅西百货，它们在大学校园进行面试，招聘管理培训职位。再有就是 REI、星巴克、The Container Store、丝芙兰、Harry Rosen、Curves、Chico’s 和 Bass Pro Shops 等创新型零售商。最后，许多零售视野关注的是那些能够和全国连锁店展开有效竞争的企业家零售商。

零售管理者简介　为了说明零售业中的机遇和挑战，第 6 版每一章的开头都有一个经理人或业内专家的简单介绍，他们的工作或专长跟该章的内容相关。这些人物包括 Tractor Supply 公司的首席执行官吉姆·赖特、Sav-A-Lot 的首席执行官比尔·莫兰、Dillard’s 的高级助理采购员詹妮弗·奥尼尔，以及 PETs MART 的商店经理西比尔·杰克逊。这些人物还包括在零售业的某个专门领域具有大量经验的巴瑞·哈拉姆（CVS 客户关系管理副总裁）和斯科特·詹尼里奇（Famous Footwear 地产副总裁）。这些人物介绍既说明了高级主管如何看待零售行业，也说明了大学毕业生的就业机会。他们向大学生们提供了第一手信息，告诉他们零售业的人在做什么，以及他们的挑战和回报。

供学生和教师使用的网页（www.mhhe.com/levy6e）　正如零售商利用互联网为顾客提供帮助一样，我们也设计了一个网页，帮助学生和教师更有效地使用本教材的第 6 版。以下是网页的一些特点：

- 学生网页上的多项选择题。
- 针对学生的体验式练习。

- 每章的教师手册。
- 案例和影像笔记。
- 零售贸易出版物和专业协会。
- 有关零售业时事新闻的文章。
- 总结每章关键问题的幻灯片。
- 零售新闻网址的热点链接，课本中与网络练习相关的网址。
- 有关零售商的补充案例。

基本理念

《零售管理》第 6 版保留了以往五版的基本理念。我们继续侧重各种类型的零售商（既有大型零售商也有小型零售商），以及商品或服务销售。本书考察了关键性战略问题，强调了财务和店面管理问题。我们还加入了描述性、操作性和概念性资料。

形形色色的零售 在本书中，我们把零售定义为一整套商业活动，这些商业活动增加了出售给顾客的产品和服务的价值，供其个人或家庭使用。因此，除了商店里的商品，本课本还研究了星巴克和 Curves 这样的服务零售商，以及易趣和雅芳这样的非店面零售商所面临的问题。

零售业的关键问题 在当前充满活力、高度竞争的零售环境中，战略思维和财务方面的考虑对成功至关重要。此外,运营和店面管理所起的作用也越来越重要。

战略视野 本教材是按照战略决策模型来组织的，这个模型的框架见第 1 章的图表 1-5。每一编和每一章都跟这个重要的战略框架相联系。另外，本书的第二编专门集中讨论了关键战略决策，比如选择目标市场，开发可持续竞争优势，建立一个支持某战略方向的组织结构和信息与分销系统。

财务分析 零售的财务考量日益重要。卡马特等大型零售企业遇到的财务问题，说明了需要彻底了解零售决策的财务影响。我们在某些特定的章节重点介绍了财务分析，如第 6 章是有关公司的总体战略；第 11 章是关于顾客终身价值评估；第 13 章是关于零售采购系统。在有关租赁谈判、与供应商讨价还价、商品定价，以及制定促销预算和销售人员补偿方面的章节，同样提到了财务问题。

运营与店面管理 传统意义上，零售商一直器重“商业王子”，即了解热销商品趋势的采购人员。本教材用一整章的篇幅讲述信息系统和供应链管理，还用整整一编讲述店面管理，来反映过去 10 年发生的变化——从强调商品管理转变为强调将商品派送到商店和顾客，并提供优质的顾客服务和愉快的购物体验。因为朝着店面管理的转变，大多数从事零售业的学生将要进入的是店面管理，而非商品采购。

平衡的方法 第6版继续提供一种平衡的方法，讲授基础零售课程——以一种可读性强的方式，将一些描述性、操作性和概念性信息介绍给读者。

描述性信息 在全书中，学生均可以从描述性信息中学习到零售业的词汇和做法，这类资料的例子包括：

- 美国国内和国际上领先的零售商（第1章）。
- 零售商做的管理决策（第1章）。
- 店面零售商和非店面零售商的种类（第2章）。
- 进入国际市场的方法（第6章）。
- 选址（第7章）。
- 租赁条款（第8章）。
- 典型零售商的组织结构（第9章）。
- 信息流和商品流（第10章）。
- 与顾客沟通的方法（第16章）。
- 商店布局选择和商品展示工具（第18章）。
- 职业机会（第1章附录1A）。

操作性信息 除描述性信息以外，《零售管理》还阐述了各种大小零售商是如何做决策的，以及为什么做这样的决策。以下例子是通过按部就班的程序做出的决策：

- 比较购物（第2章附录2A）。
- 管理多个延伸到顾客的渠道（第3章）。
- 审视环境并制定零售战略（第5章）。
- 分析零售战略的财务影响（第6章）。
- 评估选址决策（第8章）。
- 制定商品分类和预算计划（第12章和第13章）。
- 与供应商谈判（第14章）。
- 给商品定价（第15章）。
- 招募、筛选、培训、评估销售人员，以及销售人员的报酬（第17章）。
- 设计店面布局（第18章）。
- 提供卓越的客户服务（第19章）。

概念性信息 《零售管理》还列入了概念性信息，以使学生理解为什么做决策要像课本中所描述的。正如马克·吐温所说：“世上最实际的莫过于好的理论。”学生需要懂得这些基本概念，才能在新的情境中做出有效的决策。以下是第 6 版中这类概念性信息的例子：

- 顾客的决策过程（第 4 章）。
- 评估战略选择的市场吸引力 / 竞争地位矩阵（第 5 章的附录 5A）。
- 评估财务绩效的战略利润模型和方法（第 6 章）。
- 价格理论和边际分析（第 15 章和第 16 章）。
- 员工的动力（第 17 章）。
- 店内购物行为（第 18 章）。
- 服务质量管理的差距模型（第 19 章）。

补充材料　为了丰富学生的学习经历，第 6 版加入了新的案例，说明最先进的零售实践；供学生使用的计算机练习包；以及附有额外案例和教学建议的综合的在线教师手册。

致 谢

在这部教材形成的过程中，好几位杰出人士一直参与其中，并做出了巨大贡献。首先，我们要认可 Hope Bober Corrigan（马里兰 Loyola 学院）做出的重要贡献。他为修订章节提供了建设性的意见和建议，编辑了案例，还提供了教师手册中收录的许多实用教学活动。我们希望向设计《教师手册》* 的 Amy Tomas（佛蒙特大学）以及设计题库 * 的 Cecilia Schulz 表达真挚的谢意。

我们要特别感谢 Retail Forward Inc. 所做的贡献。他们每天的新闻简报和研究报告对本书的写作提供了很大帮助。

我们还要感谢 Margaret Jones、Betsy Trobaugh（佛罗里达州立大学大卫·米勒零售教育与研究中心）和 Morgan Wolters（百森商学院）。他们对本书的原稿给予了巨大帮助。

我们要非常感谢我们的发起人编辑 AndyWinston 以及管理开发编辑 Nancy Barbour 的支持、专业知识以及偶尔的强迫。同样，要是没有麦格劳 – 希尔公司的编辑和制作人员 Harvey Yep、Trent Whatcott、Janna Martin、Sue Lombarbi、Jeremy Cheshareck、Keith McPherson 和 Heather Burbridge，这本书绝对不能完成。

《零售管理》同样得益于零售及相关领域许多著名的高级管理人员和学者的极大贡献。我们要感谢以下人士：

* 为英文原版资源，有需要的教师请联系版权方，电话：010-57997623。

William Alcorn
JCPenney
Mark Blakeley
Oracle
Cynthia Cohen
Strategic Mindshare
Paul Freddo
JCPenney
Scott C. Friend
Oracle
John Gremer
Walgreens
Dhruv Grewal
Babson College
James Hughes
JCPenney
Linda Hyde
Retail Forward
Howard Kimpel
JCPenney
Steve Knopik
Beall's Inc.
Doug Koch
Famous Footwear
Bradley Macullum
ESRI
Bruce Mager
Macy's
Richard A. McAllister
Florida Retail Federation
William Moran
Sav-A-Lot
Tracey Mullins
National Retail Federation
Steven Keith Platt
Platt Retail Institute
Susan Reda
Stores Magazine
Ann Rupert
Burdines
Ron Sacino
Sacino's Formalwear
Lori Schafer
SAS Retail
John Thomas
Pinch-A-Penny
Suzanne Voorhees
The Grapevine Group

《零售管理》第 6 版受益于零售及相关学科著名学者和教员的审阅。这些审阅人总计花了数百小时，阅读了手稿并提出批评意见。我们非常感激：

Stephen J. Anderson
Austin Peay State University
David Blanchette
Rhode Island College
Sylvia Clark
St. John's University
Angela D'Auria-Stanton
Radford University
Kathleen Debevic Witz
University of Massachusetts
David Erickson
Angelo University
Sally Harmon
Purdue University
Joshua Holt
Brigham Young University
Barbara Mihm
University of Wisconsin–Stevens Point
Dorothy M. Oppenheim
Bridgewater State University
Michael M. Pearson
Loyola University, New Orleans
Linda Pettijohn
Southern Missouri State University
Amy Tomas
University of Vermont
Sandy White
Greenville Tech College

下列审阅者帮助我们准备了几个先前的版本，付出了辛勤劳动，给了我们许多启示。我们也要对他们表示感谢：

Kevin Fertig
University of Illinois
David M. Georgoff
Florida Atlantic University
Peter Gordon
Southeast Missouri State University
Larry Gresham
Texas A&M University
Tom Gross
University of Wisconsin
Michael D. Hartline
Louisana State University
Tony L. Henthorne
University of Southern Mississippi
Eugene J. Kangas
Winona State University
Herbert Katzenstein
St. John's University
Terrence Kroeten
North Dakota State University
Elizabeth Mariotz
Philadelphia College of Textiles and Science
Harold McCoy
Virginia Commonwealth University
Kim McKeage
University of Maine
Robert Miller
Central Michigan University
Mary Anne Milward
University of Arizona
John J. Porter
West Virginia University
Nick Saratakes
Austin Community College
Laura Scroggins
California State University–Chico
Shirley M. Stretch
California State University–LA
William R. Swinyard
Brigham Young University
Janet Wagner
University of Maryland
Ron Zallocco
University of Toledo
Mary Barry
Auburn University

Lance A. Bettencourt
Indiana University
Jeff Blodgett
University of Mississippi
George W. Boulware
Lipscomb University
Leroy M. Buckner
Florida Atlantic University
David J. Burns
Purdue University
Lon Camomile
Colorado State University
J. Joseph Cronin, Jr.
Florida State University
Irene J. Dickey
University of Dayton
Ann DuPont
University of Texas
Chloe I. Elmgren
Mankato State University
Richard L. Entrikin
George Mason University
Kenneth R. Evans
University of Missouri–Columbia
Richard Feinberg
Purdue University
Mark Abel
Kirkwood Community College
Jill Attaway
Illinois State University
Willard Broucek
Northern State University
Donald W. Caudill
Bluefield State College
James Clark
Northeastern State University
Drew Ehrlich
Fulton-Montgomery Community College
Susan Harmon
Middle Tennessee State University
Kae Hineline
McLennan Community College
David Horne
California State University–Long Beach
Michael Jones
Auburn University

Ann Lucht
Milwaukee Area Technical College
Tony Mayo
George Mason University
Michael McGinnis
University of South Alabama
Phyliss McGinnis
Boston University
Cheryl O'Hara
Kings College
Janis Petronis
Tarleton State University
Sue Riha
University of Texas–Austin
Steve Solesbee
Aiken Technical College
Janet Wagner
University of Maryland
Gary Walk
Lima Technical College
Mary Weber
University of New Mexico
Fred T. Whitman
Mary Washington College
Merv Yeagle
University of Maryland

我们收到了世界各地教授们撰写的案例。尽管我们希望在教科书和《教师手册》中使用更多的案例，但是篇幅有限。我们感谢所有贡献出案例的教授，尤其要感谢《零售管理》教科书和《教师手册》中采用的案例的作者：

Ronald Adams
University of North Florida
Laura Bliss
Stephens College
Valerie Bryan
University of Florida
James Camerius
Northern Michigan University
Daphne Comfort
University of Gloucestershire
Hope Bober Corrigan
Loyola College in Maryland
Sue Cullers
Tarleton State University
David Ehrlich
Marymount University
Sunil Erevelles
University of North Carolina, Charlotte
Ann Fairhurst
Indiana University
Linda F. Felicetti
Clarion University
Susan Fournier
Boston University
Joseph P. Grunewald
Clarion University
Peter Jones
University of Gloucestershire
David Hillier
University of Glamorgan
K. Douglas Hoffman
University of North Carolina–Wilmington
Kirthi Kalyanam
Santa Clara University
Dilip Karer
University of North Florida
Hean Tat Keh
National University, Singapore
Robert Kenny
Saint Michael's College
Alison T. Knott
University of Florida
Nirmalya Kumar
London Business School
Robert Letovsky
Saint Michael's College
Alicia Lueddemann
The Management Mind Group
Gordon H. G. McDougall
Wilfrid Laurier University
Debra Murphy
Saint Michael's College

Jan Owens
University of Wisconsin
Kristina Pacca
University of Florida
Michael Pearce
University of Western Ontario
Pirkko Peterson
University of Florida
Catherine Porter
University of Massachusetts
Richard Rausch
Hofstra University
Teresa Scott
University of Florida
William R. Swinyard
Brigham Young University
Stephen Vitucci
Tarleton State University
William Walsch
University of Florida
Vidya Sundari
National University, Singapore
Elizabeth J. Wilson
Suffolk University
Irvin Zaenglein
Northern Michigan University
Heather Zuilkoski
University of Florida

简要目录

第一编　零售世界

第二编　零售战略

第三编　商品管理

第四编　店面管理

案　例

详细目录

第一编　零售世界

第1章　零售世界入门　4

第2章　零售商类型　34

第二编 零售战略

第 5 章 零售市场战略 130

第 6 章 财务战略 164

第 10 章 信息系统与供应链管理 276

第 11 章 客户关系管理 302

第三编 商品管理

第 12 章 商品分类管理 326

第 13 章 商品规划系统 354

第 14 章 商品采购 380

第 15 章 零售定价 410

第 16 章 零售促销组合 440

第四编 店面管理

第 17 章 店面管理 474

第 18 章 商店布局、设计及视觉销售 506

第 19 章 顾客服务 538

案 例

零售管理

THANK YOU FOR SHOPPING
AT
ASDA
Happy to Help
We aim to offer

第一编

零售世界

第一编各章提供你所需要的有关零售业顾客和竞争对手的背景信息。据此，你可以了解零售世界，制定并有效实施零售战略。

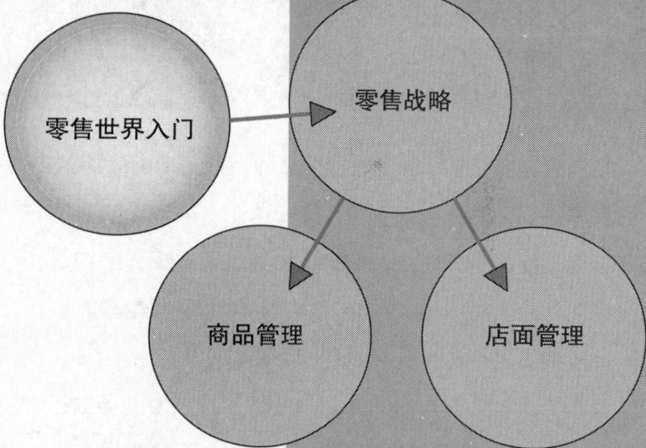

第 1 章讲述零售商所起的作用，以及在变化多端、竞争激烈的零售环境中为满足顾客需求所做的各种决策。本编其他各章介绍背景知识，以便读者了解零售环境。

第 2 章介绍不同类型的零售商。

第 3 章阐述了零售商是如何运用多种销售渠道，例如店面、互联网和产品目录等，以此来接触他们的顾客。

第 4 章讨论了消费者在选择商店以及购买商品时所考虑的各种因素。

第二编集中论述零售商采取的各项战略决策。

第三和第四编则探讨商品管理和店面管理的战术性决策。

第 1 章

零售世界入门

管理人员简介

吉姆•赖特　Tractor Supply 公司首席执行官

零售业具有任何行业无法比拟的高速循环周期。从创意到实施，到评估，再到完善，这一速度令人激动。在零售商店里，反馈是即时的，例如，顾客是否购买，他们是否满意等等。零售团队中的成员对零售活动也有直接影响。甚至在高层，这一反馈也是即时的。

我更看重零售业对人的影响和塑造。与其他大多数行业相比，零售业更可以给年轻的团队成员无限的发展机会。回顾我的职业生涯，有数不清的人从收银员变成店面经理——管理多个商店的经理、店主或者执行主管。这其中的乐趣就在于发掘聪明、勤奋并且敬业的员工，给他们一个创建自己事业的机会。对于那些脱颖而出者，这些机会可以使他们本人及导师受益良多。

大学期间我曾在凯马特的一个汽车中心兼职，那是我零售生涯的开始。在校期间，我就做到了全职助理和店面经理。我在凯马特一步步高升，再后来做到了区域经理，国内运营经理和多个采购职位。1988 年我离开凯马特，任 Western Auto 主管店面经营的副总裁。我在 Western Auto 也得到了多次提拔，并于 1996 年离任，接手运转不佳的美国轮胎王国公司，任首席执行官，并使之扭亏为盈。

扭亏为盈之后，我卖掉了公司，并考虑了很多机会。我想继续留在零售行业里，在一个成长中的、有着坚实使命感和价值观的公司里工作。Tractor Supply 正是理想的选择。Tractor Supply 基础坚实，定位明确，在这里，我过去 30 年来获得的技能能够得到充分发挥。在过去的 5 年中，我们的团队把这个原本 7.59 亿美元资产的企业扩张至资产超过 20 亿美元。Tractor Supply 公司（TSCO）是美国顶级农牧业连锁商店。我们的目标客户是农业复兴中的自有农场主。他们拥有土地、敞篷小型载货卡车、狗、猫、马和其他家畜。我们同时也为城市家庭所有者、小承包商和市政当局服务。

发展潜力固然吸引人，价值和使命则更有诱惑力。我

问 题

- 什么是零售？
- 零售商做什么？
- 为什么在我们的社会里，零售业很重要？
- 零售业可以提供什么样的职业和创业机会？
- 零售管理人员要做出什么类型的决策？

们所做的每一个决策都基于公司的价值观和使命，这些你们可以在我们网站上看到。每个员工都随身携带写有公司指导原则的卡片，每个办公室的墙上也都印有公司的准则。每周一早晨我在商店支持中心与新员工会面，告诉他们的第一件事情就是公司的使命和价值观。很多公司都有类似的承诺，但是在我们 TSCO，我们言出必行。我们坚信，通过为员工提供好的工作场所，能够使我们成为好的购物和投资之所。

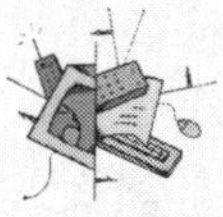

大多数在当地商店购物的顾客，都没有意识到零售业其实是一个高科技、全球化的行业。为了说明零售商所使用的复杂技术，我们可以做以下设想：如果你想买一个 MP3 播放器，你可以登录百思买（Best Buy）的网站（www.bestbuy.com），了解不同型号播放器的特点，甚至还可以知道当地商场中哪些型号有货。你可以在网站上订购，请公司送货上门，或者去当地商店购买。如果你选择自己去商店取货，可以使用百思买提供的网上商亭，在网络上浏览信息。

如果你决定购买商店里的 iPod，POS 终端把交易数据传送至百思买的分销中心，然后传至生产商苹果电脑公司。当店里库存量低于事先设定好的水平时，系统就会自动发出一封电子邮件，通知百思买配送中心，然后向商店配送更多的货物。这一 iPod 的配送过程，从百思买公司的生产设备，到百思买的配送中心，再到当地商店，都通过运输集装箱上内置的微型芯片发射的无线电波全程追踪。你此次购买的数据同时也传输至百思买的采购员，他会进行数据分析，决定你所在的当地商店存货的数量、种类以及定价。最后，你的购买数据被存至百思买的数据库，以便用于日后设计针对你的特殊促销和推广活动。

索尼、丰田和东芝都是世界知名的业界领袖。7-Eleven 与其相比知名度小一些，但它更是一个高科技含量的成功企业的范例，对日本的文化影响也更加深远。在日本，7-Eleven 拥有超过 10 000 家便

实 例

沃尔玛的数据仓库存储数据 42.5 万千兆，这几乎是万维网存储数据的两倍之多。[1]

利店（称为 *combini*），它改变了人们的购买和饮食习惯。疲倦的上班族走出火车站之后总是先去 7-Eleven，然后才回家。有些只买一些杂志、香烟或者软饮料，但很多人会在一排排新鲜出炉的盒饭或者米饭团中选购晚餐。还有些人利用店里的书报亭付费，买赛事门票，或者打印数码相片。这些店成了日本城市社区不可或缺的地方——年轻人在这里购买他们的第一包香烟，高管们托这里把高尔夫球袋运至周日打球的球场，主妇们在这里拿回干洗的衣物，祖母们在这里买荞麦面条（省得自己动手做了）。

日本的店铺提供新鲜的蔬菜、水果、海产品、肉类、豆腐、腌制和罐装食物、奶制品以及基于传统食材制成的可口诱人的快餐。（见彩插）

每一家 7-Eleven 店每天进行 10 次递送。每天分别在早餐、午餐和晚餐时间对全部食物供应进行更换。7-Eleven 使用全球最精密的数据管理系统之一，确保合适的货物能在合适的时间配送至合适的地点。信息系统的使用也是为了给不同市场量身定做不同的货物。7-Eleven 的主管松本秀说："在北海道，我们用当地的扇贝、海胆做盒饭；而在仙台，因为当地的特产是牛舌头，我们也就迎合了当地的口味。"他们对天气情况也进行严密的监控，在炎热的天气多储存一点冷面，在雨天的时候多储存一些新鲜农产品以方便顾客，使其不必去杂货商店购物。[2]

历史上，零售业这一领域都被当地的零售商垄断，他们从当地的供应商进货再卖出。30 年前，沃尔玛、盖普（The Gap）、家得宝（Home Depot）和百思买这些美国零售业巨头，有的只是刚起步的小店，有的甚至还没开店呢。如今绝大多数的零售都是由进行全球采购的全国或跨国零售连锁企业进行的。沃尔玛是全球最大的零售企业。法国家乐福是全球第二大零售商，在美国以外的 24 个国家开设了大型连锁超市。在美国，有些大型零售公司如 A&P、Food Lion、Stop & Shop 和7-Eleven，都属总部在欧洲或日本的零售商所有。

实 例

沃尔玛从位于全球 60 多个国家的 5 000 多家工厂进货。[3]

零售业已经成为我们生活中的一部分，以至我们熟视无睹。零售业经理们要做出许多复杂的商业决策：他们要选择目标市场和零售地点，确定商品和服务的经营范围，同供应商谈判，配送商品至店铺，培训和激励销售人员，还要决定如何定价、促销和展示商品。要有效地做出正确的决策，需要有大量的技能和知识。在竞争激烈、瞬息万变的环境下做出上述种种决策，既令人激动，又富于挑战性，还会获得巨大的财务回报。

本书描述零售环境，并提出在这种竞争激烈的环境中有效经营业务的若干原则。零售理论和实践的知识能够帮助你在各种商业环境下获得管理技巧。例如，宝洁和惠普等公司的经理们就必须对零售商的经营方式和盈利模式有一个全面的了解，这样他们才能与零售商一起向顾客销售商品。金融和医疗机构利用零售原理来开发服务种类，提高客户服务质量，使顾客更方便地享受到这些服务。对销售、市场营销及金融感兴趣的学生会发现这本书非常有用。

什么是零售

零售（retailing）是一系列的商业活动，它通过向消费者出售供个人或家庭使用的产品和服务来创造价值。通常，人们认为零售只是在商店里出售商品。事实上，零售也包括提供服务，如在汽车旅馆的住宿、医生进行的体检、理发、录像带的出租或者外卖比萨等。并不是所有零售活动都在商店中进行。非店面零售的例子包括网上订购辣椒酱，雅芳（Avon）直销化妆品，以及由比恩（L. L. Bean）和巴塔哥尼亚（Patagonia）公司提供的目录销售，等等。

零售商在分销渠道中的作用

零售商（retailer）是向消费者出售商品和服务以供个人或家庭使用的企业。在连接制造商与消费者之间的分销渠道中，零售商是最后一个企业环节。**分销渠道**（distribution channel）由很多公司组成，便于商品从生产地到销售地，到最终消费者的流动。从图表 1–1 可以看到分销渠道中零售商的位置。[4]

一般来说，制造商制造产品并出售给零售商或批发商。一些制造商（例如拉尔夫·劳伦和戴尔电脑公司）直接将产品销售给消费者，这样它们既参与了生产活动，又参与了零售活动。批发商从制造商手中购买产品，再出售给零售商，零售商则把产品出售给消费者。批发商和零售商所起的作用很多都是一样的（详见下一节），但是批发商满足的是零售商的需要，而零售商面对的则是最终消费者的需要。一些零售连锁店（如家得宝和办公用品）既是零售商，又是批发商。当它们向消费者销售时是零售商，向其他企业如建筑承包商或小企业主销售时就成了批发商。

在有些分销渠道中，制造、批发和零售活动由独立的公司完成，但是绝大多数分销渠道都有一定程度的纵向一体化。**纵向一体化**（vertical integration）模式中，一个公司在分销渠道中参与多项活动，例如，零售商投资于批发和生产等环节。**后向一体化**（backward integration）模式中，零售商同时兼顾一些分销和制造活动，例如管理仓库或设计自有商标商品等。**前向一体化**（forward integration）模式中，制造商承担一些零售活动，例如拉尔夫·劳伦也开设自己的零售店铺。

大多数零售巨头，例如西夫韦（Safeway）、沃尔玛和劳氏（Lowe's）等，都同时兼顾批发和零售业务。它们直接向制造商采购，再将商品运至仓库存储，然后将商品配送至各商店。其他零售商，例如盖普和维多利亚的秘密（Victoria's Se-

图表 1–1
分销渠道

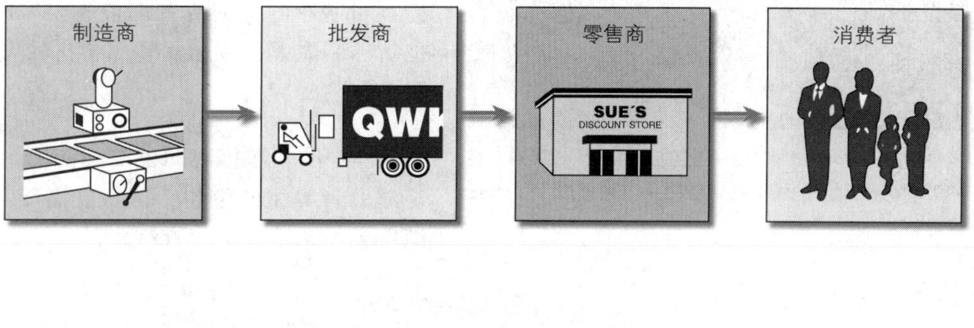

cret）等，纵向一体化程度更深。它们自己设计产品，然后与制造商签订专为它们生产的合同。

零售商的功能

为什么需要零售商呢？直接从产品制造商那里购买不是更加便利、更加便宜吗？答案是，一般并非如此。尽管有时候直接从制造商那里购买产品更加便捷且便宜，例如在当地的农贸市场买东西，或者从戴尔电脑公司购物。但是零售商作用重大，它们增加了提供给消费者商品和服务的价值，同时也方便了产品和服务从制造商那里分销出去。这些创造价值的功能包括：

1. 提供多种多样的商品和服务。
2. 拆售。
3. 保持库存。
4. 提供服务。

实 例

零售一词来自法语 *retaillier*，意为将一大片切开或将一大包拆分。

提供多种多样的商品和服务 超市一般经营由 500 多家公司提供的 20 000~30 000 种商品。提供多种多样的商品选择，使顾客能在一个地方，在各种品牌、款式、尺寸、颜色和价格之间有较大的挑选余地。制造商专门生产某一类特定的产品。例如，金宝汤公司（Campbell）专制汤类产品，卡夫（Kraft）专制奶制品，家乐氏（Kellogg）专制谷类早餐食品，而麦考密克（McCormick）专制调料。如果每个制造商都拥有自己的商店，只出售自己的产品，消费者为了做顿饭买日常用品就得跑好多家商店去采购。

芝加哥附近的 Gurnee Mills Mall 的 Bass Pro Shops 的运动商品店请顾客试用射箭用具。附近展示了一些弓和箭。

所有零售商都经营多种商品分类，但各有侧重。超市提供各种食品、保健美容商品和日用品，而阿贝克隆比 & 费奇则经销多种服装和配饰。大部分消费者都很清楚各零售商经营的商品范围，甚至小孩子都知道到哪儿去购买不同的商品。但是每年经营特殊商品分类的新型零售商不断出现，例如 Play It Again Sports（经营旧运动商品）、Auntie's Beads（经营首饰串珠，网址 www.auntiebeads.com）和 PODS（提供移动、随时的存储服务）。

拆售 为减少运输成本，制造商和批发商通常将成箱冷冻食品或服装运送给零售商。零售商再按消费者个人或家庭的消费方式，将小批商品出售给他们。这就是**拆售**（breaking bulk）。拆售对制造商和消费者都很重要。因为虽然对于制造商来说，把货品装成大包装运输和出售比较省钱，但消费者却更喜欢购买小包装的货品。

保持库存 零售商的主要功能之一是持有存货。货物已经分至消费者习惯的包装，消费者需要时随时可以买得到。这样，消费者在家中只需保存很少的存货，因为他们知道如果需要更

家得宝的社会责任　零售视野 1.1

家得宝公司对社会责任的承诺，表现在其组织结构中核心价值观的以下两个方面：

- 回馈社会：家得宝公司组织结构中非常重要的一个部分就在于把我们的时间、才智、精力和资源都投身于我们社区和社会中值得付出的事业。
- 做正确的事情：我们通过“做正确的事情”履行正确的判断，而不是仅仅“把事情做正确”。我们努力去了解自己决策的影响，也接受自己行为所带来的责任。

这些价值观鼓舞着家得宝 30 万员工像效忠公司一样服务于自己的社区。每一年，家得宝的雇员通过其志愿者团队 Team Depot 累计贡献志愿服务 700 万小时。此外，还在经济适用房、帮助危机中的青少年、环境保护和防灾减灾等四个领域捐款 2 500 多万美元。

家得宝员工的志愿服务时间大部分用于建造和修缮经济适用房。他们在 350 余处居民区进行慈善援助，使低收入家庭拥有住房的梦想变为现实。在新建楼房的同时，家得宝与共同重建组织（非营利机构）合作，为老弱病残修理房屋。这一最初的周末项目发展成如今的常年行为，有成千上万的志愿者参与其中，投入志愿服务修缮漏雨的房顶，更换破旧的地毯，修理失修的楼梯。

家得宝的员工也帮助人们应对灾前、灾难中和灾后可能出现的紧急状况。在自然灾害和恶劣天气出现时，他们同减灾部门合作，为灾民提供补给和志愿服务。例如，当干旱高温引发科罗拉多森林大火时，家得宝连同其供应商一起，提供了成千上万的补给物品。清洗物品发给了那些被浓烟和大火袭击的家庭，而那些准备撤离的家庭得到了一些赈灾急需品。这些救灾物品包括农具，例如胶皮管和自动喷水系统，用以打湿地面和屋顶；铲子和耙子用来清理房屋周围的草坪废墟，公司还提供手套、面罩、防护眼镜等。

作为世界最大的木材零售商，家得宝也意识到自己有责任保护地球上的森林资源。公司最近任命罗恩·贾维斯为环境全球项目经理，这是一个新的行政职位。如果哪个供应商有危害濒危森林或破坏环境的行为，贾维斯有权终止与其的采伐合同。在印度尼西亚，家得宝的一家主供应商曾利用砍伐和焚烧的技术砍树，这项技术整片地破坏国家的热带雨林。贾维斯回忆说：“我们令其停止，但是他们置若罔闻。”作为回应，贾维斯削减了在印尼木材采购的 90%。剩下的木材采购也确保从那些没有乱砍伐和焚烧的供应商那里购得。贾维斯同时也成功地调解了智利的环保主义者和智利最大的两家木材生产商的紧张关系。

家得宝向美国军队捐赠价值 100 万美元的工具和材料，支持他们重建伊拉克的行动。图为家得宝的员工与美国陆军和海军战士向卡车上装载捐赠的工具。

资料来源：Bob Nardelli, “Good Citizenship Builds Strong Culture,” *Chief Executive*, April 2004, p.14; Jim Carleton, “New Leaf: Once Targeted by Protestors, Home Depot Plays Green Role,” *The Wall Street Journal*, August 6, 2004,pp.A1, A15; Home Depot, *Social Responsibility Report*, http://www.homedepot.com.

多的商品，可以随时在零售商处买到。零售商持有存货为消费者带来了便利——他们减少了消费者储备商品的成本。这对那些存储空间有限，并且需要购买易坏商品（例如肉类和农产品）的消费者来说很重要。

提供服务 零售商提供服务，使顾客购买和使用产品时更便利。零售商提供信贷服务，消费者因此可以先得到商品后付款。零售商陈列展示商品，消费者因此可以在购买前亲眼目睹并试用。有些零售商的店铺里有销售人员，或者利用公司的网站回答消费者的疑问，提供更多有关产品的信息。

增加商品及服务的价值 零售商提供多种商品、拆售和库存，并提供服务，这一切增加了消费者所购买的商品及服务的价值。为说明这一点，我们来看看这个例子，一家爱荷华制造商仓库货箱中的门不符合一位需要更换橱柜门的“自己动手者”（do-it-yourself，DIYer）的需要。而像家得宝或劳氏这样的家居中心，就可能在顾客所居住的地方设有商店，顾客可以很方便地上门去选购他们想要的门。商店陈列的门可以让消费者在购买前看个清楚，还有销售人员来为顾客解释哪种门最适合橱柜以及如何安装等等。商店还有各种五金件、油漆和工具出售，使该顾客能够买回门去并安装好。零售商就是这样增加了商品及服务的价值。

零售业的社会、经济意义

对社区的支持

上页零售视野 1.1 中的实例表明了零售商为其社区、社会以及顾客所做的贡献。零售商还开发很多新的商品和服务。例如，袋泡茶是由梅西（Macy）的一位采购员设计的，而连裤袜是由 J.C.彭尼的一位采购员发明的。

零售额

实 例

在访问拉斯维加斯的 3 500 万游客中，69%的人去赌上一把，63%的人会在逗留期间购物。[7]

零售业影响着我们生活的方方面面。你只要想想看，你吃一顿饭，装饰自己的家，或是修车，抑或是为参加聚会或面试购买衣服，要和零售商打多少次交道。2003 年美国的零售额是 3.4 万亿美元，这比美国国内生产总值的 9%还要多。[5] 但是这个数字还低估了零售业的影响力，因为这还不包括类似电影门票、汽车修理和服务、宾馆客房或法律咨询等面向消费者的服务收入。

零售总额的大部分由大型连锁企业贡献，但是大多数零售商都是小企业。美国有 100 万家零售公司，其中 95%都只有一个店铺。只有不到 1%的美国零售公司拥有超过 100 家店铺。[6]

就 业

从就业人数来说，零售业是美国最大的产业之一。如图表 1–2 所示，2003 年，

图表 1–2
2003 年美国各行业就业状况

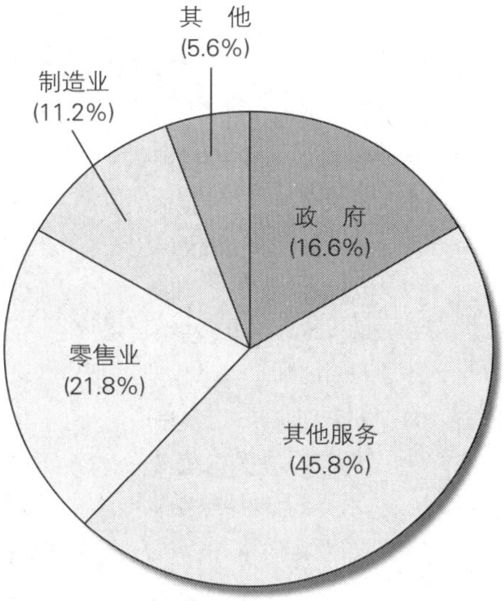

资料来源：*Retail Industry Indicators*, Washington, DC: National Retail Foundation, August 2004, p.17.Courtesy of the NRF Foundation.

2 700 万人受雇于零售业，约占美国非农业劳动力的 21%。在 2004~2012 年期间，零售业预计新创造 210 万个工作岗位，使其成为美国最大的创造就业机会的行业之一。[8]

全球零售商

图表 1–3 列出了 2004 年全球最大的 20 家零售商。这 20 家零售商的零售额占了全球 8 万亿美元零售总额的 12%。前 200 位零售商的零售总额占全球总额的 29%。沃尔玛毫无争议地领跑全球零售业，其营业额几乎是第二大零售商家乐福的3 倍。家得宝近几年的零售业绩也不错，从 1996 年的第 24 位上升至 2004 年的第 4 位。

食品零售仍保持零售业的龙头地位。前 10 位零售商中的 8 位都是食品零售商。前 200 家零售商中，超过 50%的商家拥有超市、仓储会员店、超大型超市，或现购自运的店铺，或者是以上几种形式的结合。如果把药品连锁算上的话，那么食品零售的支配地位则更加凸显，因为药品连锁也像食品零售商一样在方便食品上做足了文章。

2004 年度全球领先零售商中，42.5%总部设在美国，39%在欧洲，13%在日本。总部在美国的大型零售商倾向于主要针对美国本土市场，与其对手相比，在境外开的分店较少。在这个榜单中前 50 名的美国零售商平均在 3.5 个国家开设 2 个分店，而同在榜单前 50 名的其他国家的零售商则在 3 倍于美国零售商的国家中开设 4 个分店。[9]

图表 1–3
世界零售 20 强

排名	公司	总部	2003 年度零售额（百万美元）	店面类型	遍布国家数量	近五年复合年增长率（*CAGR）%
1	沃尔玛	美国	229 617	5	11	14.2%
2	家乐福	法国	85 011	6	31	18.7
3	家得宝	美国	58 247	2	4	19.2
4	克罗格	美国	51 760	5	1	14.3
5	麦德隆	德国	48 349	6	26	12.4
6	塔吉特	美国	42 722	3	1	9.0
7	阿霍德	荷兰	40 755	7	17	12.5
8	麦斯科	英国	40 071	5	10	9.7
9	科斯特	美国	37 993	1	8	9.8
10	西尔斯	美国	35 698	1	3	–2.9
11	艾伯森	美国	35 626	3	1	19.4
12	阿尔迪	德国	33 837	2	12	15.2
13	西夫韦	美国	32 398	1	3	7.6
14	J.C.彭尼	美国	32 347	2	3	1.8
15	英特超市	法国	31 688	8	7	9.2
16	瑞威	德国	31 404	7	12	7.4
17	凯马特	美国	30 762	2	1	–0.9
18	沃尔格林	美国	28 281	1	1	16.5
19	爱德卡	德国	26 514	5	6	17.2
20	劳氏	美国	26 491	1	1	21.2

* Compound annual growth rate，复合年增长率。

资料来源："2004 Global Powers of Retailing," *Stores*, January 2004, pp.G11–12. Courtesy of STORES Magazine/Deloitte.

全球零售和分销渠道的结构

美国的零售和分销渠道具有独特的特点。美国、欧洲和日本的零售和分销系统的主要区别见图表 1–4。

美国分销系统零售密度最大，大公司集中。有些人认为美国储备过多，美国的很多零售公司的存储量都足够开自己的仓库了，省去了批发商的存在。美国成长最快的零售商在超过 20 000 平方英尺的大型零售商店销售货物。大型零售店和大型公司的组合成就了美国高效的分销系统。

相反，日本分销系统的特点是小公司经营小店铺，外加相对独立的大型批发行业。为了确保商品每日及时有效地送达小零售商，在制造商和零售商之间就必须有三级分销商。这一效率方面的差别，使得日本劳动力相比于美国，更大一部分受雇于分销和零售渠道。

欧洲的分销系统在效率和规模方面介于美国和日本的分销系统之间，但是北欧、南欧和中欧又有区别，北欧的分销系统与美国最为相似。在北欧，零售集中

图表 1–4　全球零售和分销渠道比较

<table>
<tr><th rowspan="4">特　点</th><th rowspan="3"></th><th colspan="8">欧　洲</th><th rowspan="3"></th></tr>
<tr><th colspan="4">北　欧</th><th colspan="2">南　欧</th><th colspan="2">中　欧</th></tr>
<tr><th>英国</th><th>比利时</th><th>法国</th><th>德国</th><th>西班牙</th><th>意大利</th><th>匈牙利</th><th>捷克</th></tr>
<tr><th>美国</th><th colspan="4"></th><th colspan="2"></th><th colspan="2"></th><th>日本</th></tr>
<tr><td>集中度（同种类前三名公司的销售额所占百分比）</td><td>高</td><td colspan="4">高</td><td colspan="2">低</td><td colspan="2">很低</td><td>中</td></tr>
<tr><td>每 1 000 人人均店铺数量</td><td>中</td><td colspan="4">中</td><td colspan="2">高</td><td colspan="2">低</td><td>高</td></tr>
<tr><td>零售密度（人均零售面积，以平方英尺为单位）</td><td>高</td><td colspan="4">中</td><td colspan="2">低</td><td colspan="2">低</td><td>中</td></tr>
<tr><td>店铺规模（面积超过 10 000 平方英尺的零售商的零售额百分比）</td><td>高</td><td colspan="4">中</td><td colspan="2">低</td><td colspan="2">低</td><td>低</td></tr>
<tr><td>批发商角色（批发额占零售额的比例）</td><td>低</td><td colspan="4">中</td><td colspan="2">中</td><td colspan="2">高</td><td>高</td></tr>
<tr><td>分销低效（平均维持性成本加价——分销费用占零售售价的百分比）</td><td>低</td><td colspan="4">中</td><td colspan="2">高</td><td colspan="2">高</td><td>高</td></tr>
</table>

由于政府对大型商场采取限制政策，所以小型的、独立的零售商在欧洲非常繁荣。

度很高，在一些国家的某些市场上，一个部门，例如食品或者家居装饰，其中 80%甚至更多的商品都由少数的四五个公司集中经营。南欧的零售则在各部门都相对分散。例如，传统的农贸市场零售在某些与大型店铺合作经营的部门仍然很重要。在中欧，零售业的私有化运动导致由以前的高度集中、政府控制的零售业结构，向如今的极度分散、小规模、家庭拥有的模式转变。

导致主要市场分销系统不同的部分原因有：（1）社会和政治目标；（2）地理因素；（3）市场规模。首先，日本政府经济政策的首要目的就是减少失业，保护小企业，例如社区零售商等。日本的《大规模零售商店法》对超过 5 000 平方英尺的商铺的选址和经营都有明文规定。一些欧洲国家也通过了保护小零售商的法案。例如，法国 1996 年收紧了已经存在的法令，限制面积超过 3 000 平方英尺的新店铺的开张。欧洲政府还通过了严格的分区法令，以保护绿地，保护城市中心，并把大型零售商店的开发规划至郊区。

第二，美国的人口密度比欧洲和日本小得多。因此，欧洲和日本就没有那么多价格低廉的房产来开发大型商场。

第三，美国的零售市场比日本和任何一个单独的欧洲国家都大得多。在欧洲，分销中心和零售连锁通常都在单一国家内经营，因此不能像美国的公司那样形成规模经济，美国公司的客户群更广泛。即使欧元区推行，一些其他旨在使欧洲国家之间的贸易更便捷有效的动议也相继出台，贸易壁垒仍然存在，而在美国就不存在这类问题。

零售业的机遇

管理机遇

为应对竞争激烈、充满挑战的环境，零售商们雇用并晋升有广泛兴趣和多方面技能的人才。学生们常把零售看成营销的一部分，因为分销渠道的管理是制造商营销职能的一部分。但是，像制造商一样，零售商经营业务，从事大部分传统的业务活动。它们从金融机构筹措资本；购买商品和服务；开发会计及管理信息系统对运营进行控制；管理仓库和分销系统；设计并开发新产品；从事营销活动，如做广告、促销、销售人员管理以及市场调研。因此，零售商雇用在金融、会计、人力资源管理、物流、计算机系统及市场营销等方面具有专业知识及兴趣的各类人才。

零售管理者一开始工作就承担相当大的责任。同时，从事零售管理也有相当丰厚的经济回报。在接受管理培训之后工作 3~5 年，如果表现出色，零售管理者的工资会比刚工作时高一倍。百货商店的采购员年均工资为 5~6 万美元，百货商店或折扣连锁店经理的年薪一般超过 10 万美元（见本章末附录 1A）。

企业家机遇

零售业同样也为想创业的人们提供机遇。一些全球最富有的人都是零售企业家。他们中有些人因为其名字出现在店铺的门口而家喻户晓，有些你可能不认识。[10] 零售视野 1.2 讲述了世界上最伟大的企业家之一山姆·沃尔顿（Sam Walton）的人生。还有一些零售企业家也非常具有创新精神，例如杰夫·贝索斯（Jeff Bezos）、唐纳德·费希尔（Donald Fisher）和戴夫·托马斯（Dave Thomas）。

零售业充满了创业机遇。亚马逊网站的创始人杰夫·贝索斯就是1994 年跟妻子开车穿越美国的时候，在自己的笔记本电脑上完成了他的商业计划书的。

杰夫·贝索斯（Amazon.com） 通过调查，杰夫·贝索斯发现互联网使用量在 1994 年的增长率为 2 300%。于是，这位 30 多岁的古巴难民后代毅然辞去了华尔街的工作，拿着一笔丰厚的奖金，开创了他自己的互联网业务。就在他的妻子麦克凯妮驾车横穿美国的同时，他在车上用手提电脑完成了商业计

沃尔玛创始人山姆·沃尔顿（1918~1992 年） 零售视野 1.2

一位密苏里大学研究农村社会学的教授指出：正如福特和他的 T 型车一样，不管是好是坏，山姆·沃尔顿和他的沃尔玛改变了美国小镇。也有人认为他改变了整个美国和全球的零售业。

沃尔顿 1940 年毕业于密苏里大学，之后在爱荷华州得梅因的 J.C.彭尼工作。他在二战中服役，后来买下了阿肯色州新港一家名为本·富兰克林的杂货铺的特许经营权。他找到比本·富兰克林更便宜的供应商，因此销售额大增。

但是后来，由于房东拒绝与他续租约，1950 年，他失去了这家店。于是他搬到了阿肯色的本顿维尔，跟他弟弟又买下了另外一家本·富兰克林的店。沃尔顿采用了一套新的自助服务体系，这是他在另外两家明尼苏达的本·富兰克林店学来的。店里没有员工，没有收银员，只在最前面有一个结账的柜台。到 1960 年，他已经在阿肯色和密苏里拥有了 15 家店。这为他拥有自己的折扣连锁店打下了基础。

20 世纪 60 年代初，零售商们已经构思出折扣超级市场这一概念：使用自助服务，有限的货物种类，减少管理成本，并提供大片的停车场。沃尔顿加入了其中，于 1962 年在阿肯色罗杰斯开设了自己的第一家零售商店——沃尔玛折扣商城。不止一个见证人说当时简直是一个大杂烩，可供乘坐的游乐装置和西瓜在炎炎烈日下一起搁置在户外，室内的物品也是随便摆放。

不过沃尔顿很快就找到了头绪。他采用了一个新策略：在小镇开折扣商店。他认为城市零售商已经饱和，自己在大公司普遍忽视的小镇里可以大有作为。到 20 世纪 80 年代，沃尔顿开始在大一点的郊区建造商铺。后来沃尔顿建立了山姆大叔这仓储式会员店，大量低价销售商品。后来又开了沃尔玛超级购物中心，面积在 10 万~20 万平方英尺，是典型的超级市场和一站式购物。由于这些店铺的成功经营，沃尔玛如今已经成为美国最大的食品零售商。

沃尔顿经常走访他的店铺。他经常在事先没有知会的情况下出现在店里，检查货品供应或财务状况，并同员工谈话。他对自己从 J.C.彭尼学到的利润共享机制、友好开放的气氛等经商方法感到自豪。他经常带领员工一起欢呼。有些人认为这样很土，有些人则认为很鼓舞士气。他有一次这样喊：“给我一个 W！给我一个 A！给我一个 L！给我一个短横！（每个人做此手势）给我一个 M！ 给我一个 A！ 给我一个 R！ 给我一个 T！ 拼起来是什么？是 Wal-Mart！拼起来是什么？是沃尔玛！谁是上帝！是我们的顾客！”

山姆·沃尔顿坚信“在巡店中管理”。

关于大公司的运营，他给出了自己的答案：“每次只想一家店。这看似容易，却是我们必须铭记于心的。沟通，沟通，再沟通。如果你想出一个更好的卖沙滩小毛巾的方法，却不告诉你公司的每个员工的话，又有什么用呢？随时保持敏锐的嗅觉。电脑不会，而且永远也不会代替人出货或了解正在进行的活动。”

1991 年，由于他成功的理念和管理实践，沃尔顿成为美国最富有的人。他于 1992 年死于白血病。如今沃尔玛是全球最大的零售公司。

资料来源：Wendy Zellner, “Sam Walton: King of the Discounters,” *BusinessWeek August 9*, 2004, p.12; “Sam Walton,” *American Business Leaders*, January 1, 2001. See also Andy Serwer, “The Walton: Inside America's Richest Family,” *Fortune*, Novemember 15, 2004, pp.86–101.

在杰夫·贝索斯的远见和领导下，亚马逊成为零售业中一支举足轻重的力量。

划书。当他们到达西雅图的时候，他已经为启动第一家网上书店寻找了第一批投资。公司的名字"亚马逊"，来自于世界上流量最大的河流亚马逊河，预示着贝索斯的目标是把亚马逊做成销售额最大的网上零售商。他是网上零售商中少有的几个发现细节决定成败的人之一。在他的带领下，亚马逊开发了使网上购物比在商店购物更加快速、便捷和个性化的技术，提供个性化的推荐和个人主页。亚马逊现在不仅仅是一个书店，它也为其他零售商如家得宝，博德斯和玩具反斗城等提供站点和服务，同时也为成千上万的小零售商提供店面。[11]

唐纳德·费希尔（盖普） 唐纳德·费希尔在伯克利的加州大学主修金融，还是学校的游泳明星。1950 年他大学毕业以后就在家族的房地产开发公司工作。1969 年他和妻子合办了盖普店（Tne Gap），起因就是他身高 6.1 英尺，腰围 34 英寸，怎么也买不到合适的牛仔裤。盖普店的独特之处，就是它经营李维斯各种款式和尺码的牛仔裤。为了方便起见，裤子按照尺码排列。20 世纪 70 年代中期，青少年牛仔裤狂热降温后，商店重新定位，面向成熟顾客。现在盖普店专营自有商标商品。跟盖普店的创建类似，当首席运营官米基·德雷克斯勒不能为自己的孩子买到合适的衣服时，就创建了盖普儿童店。当追求时髦已不意味着花大笔钱买衣服时，德雷克斯勒改革了老海军店，使其顺应新的生活方式的需求。[12]

实 例

一次米基·德雷克斯勒与顾问们讨论完如何为自己新的销售理念命名之后，在巴黎散步时在一幢建筑物上看到了"老海军"字样，名字就应运而生了。[13]

戴夫·托马斯（温迪） 戴夫·托马斯至少在 300 个电视广告中出现过，并且成为全美最著名的餐饮企业家。他的个人形象给人一种印象，即温迪（Wendy's）连锁商店不是由冷冰冰的公司拥有，而是属于一位慈爱的祖父所有。这是他从肯德基的创建者桑德斯上校那儿学来的一招。他的个人感召力是如此强烈，以至于在 2002 年他去世后该形象依然被使用。托马斯不知自己的亲生父母是谁，他 5 岁时养母去世，12 岁就在餐馆里干活了。从高中辍学后应征入伍，此后他买了一家破产的肯德基特许经营店。尽管面临这些挑战，但在 35 岁时，他还是靠出售肯德基特许经营权一跃成为百万富翁。他想开一些快餐店挣钱，支付孩子们的大学学费。温迪的成功归功于戴夫将消费对象定位为年轻人，以及为他们提供自选佐料的三明治。[14]

实 例

温迪国际公司是以戴夫·托马斯的一个女儿美琳达·休的昵称"Wendy"命名的。她毕业于佛罗里达大学心理学专业。[15]

零售管理决策过程

本书是以围绕零售商为顾客提供价值所做的管理决策，以及开发相对于竞争对手的优势来组织的。图表 1–5 列出的是本书各章中的几种决策类型。

了解零售世界——第一编

如图表 1–5 所示，零售管理决策的第一步是了解零售世界。零售经理必须深入了解自己所处的环境，才能够制定和实施有效的战略。本书的第一编概括了零

图表 1–5
零售管理决策过程

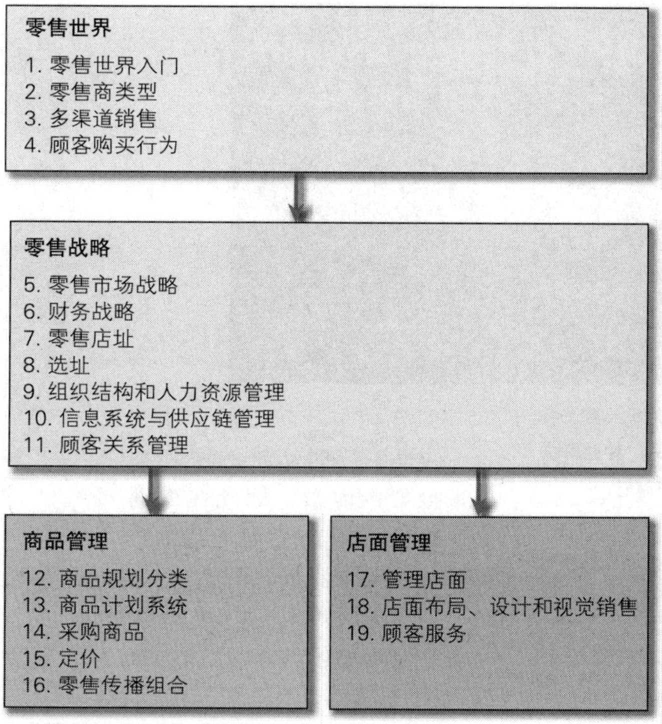

实 例

小弗雷德·拉扎勒斯(Fred Lazarus Jr.）是拉扎勒斯百货商店（现为梅西百货的一部分）的创建人，他主张将感恩节固定在 11 月的第四个周末以延长圣诞购物季节。国会于 1941 年通过了他的建议。[16]

售业及其顾客的情况。

零售世界的关键环境因素包括：（1）宏观环境；（2）微观环境。宏观环境的影响包括技术、社会以及伦理道德、法律、政策等，将在整本书中予以讨论。例如，第 3 章将着重讨论科技对于多渠道销售崛起的影响；第 10 和第 11 章将讨论新技术的应用和供应链技术；伦理、法律和公共政策话题贯穿全书。

微观环境主要论述竞争对手和顾客。

竞争对手 表面上看，确认竞争对手似乎很容易。零售商的主要竞争对手是那些有同类经营业态的其他零售商。于是，百货商店之间互相竞争，超市之间互相竞争。这种有相同业态的零售商之间的竞争称为**同类竞争**（intratype competition）。

为了吸引更多的消费者，许多零售商不断增加商品的种类。**种类**（variety）是指一个商店可以提供的不同类型的商品的数量。零售商通过在一个店中经营多种商品，能够在很大程度上满足其目标市场一站式购物的需求。例如，现在的杂货店、百货商店、折扣商店和药店都有服装和食品出售。麦当劳和 7-Eleven 都是经营快餐的便利店。商店的类型不一定跟其经营的商品密切相关，比如药店卖服装，这种现象就称为**混合销售**（scrambled merchandising）。混合销售加剧了**异类竞争**（intertype competition），即利用不同业态经销类似商品的零售商之间的竞争，例如折扣商店与百货商店之间的竞争。

异类竞争不断增强，使零售商很难分辨它们面临的竞争。从某种意义上讲，所有的零售商都在相互争夺消费者花在商品和服务上的金钱。但是，相距很近的提供类似商品的零售商之间的竞争尤为激烈。

Netflix 开发了新方法满足影碟租赁者的需要。其他商店纷纷效仿，想超越它。

选择商店时店址的便利性是很重要的因素，因此在识别竞争的时候商店的“邻近”对于竞争对手来说就至关重要了。我们来看两家录像带出租店：百视达和 Harry's，它们分别在不同郊区，相距 10 英里远。它们都是各自地区 50 英里内唯一的录像专租店，但百视达所处的条形中心有一家杂货店，也出租某些精选录像带。由于百视达和 Harry's 相距较远，它们之间不会有什么激烈竞争。离 Harry's 近的顾客就会在那儿租借，离百视达近的顾客或是去百视达，或是去附近杂货店租录像带。在这种情况下，Harry's 的主要竞争对手可能是电影院、有线电视或者Netflix（一种邮购租赁服务），因为离 Harry's 近的顾客到其他地方去租借不太方便。而另一方面，百视达会和那家也出租录像带的杂货店展开激烈竞争。

管理层对于竞争的看法可能不同，这取决于管理者在零售公司中的地位。例如，位于新泽西州伯根县的萨克斯（Saks Fifth Avenue）公司妇女运动服装部的经理认为，主要的竞争来自河滨广场购物中心（www.shopriverside.com）内的妇女运动服装专业商店。而萨克斯服装店经理则会把位于邻近商业区的布鲁明代尔（Bloomingdale）商店认为是其最强劲的竞争对手。这些看法上的差异是由于部门销售经理主要关心某种商品的顾客源，而商店经理考虑的是顾客对一个百货商店所提供的所有产品及服务的选择。

另一方面，零售连锁店的首席执行官会从更大的地理区域角度看问题。例如，诺世通（Nordstorm）公司认为在美国西北部最强劲的对手是梅西店，在北加州的对手是萨克斯，在北弗吉尼亚则是布鲁明代尔店。首席执行官还会从更大的战略角度看问题，找出其他争夺消费者可支配收入的行动。例如，百视达录像带出租店的首席执行官从消费者角度看问题，并认识到在娱乐业，不仅录像带出租店之间存在竞争，而且它们还与其他出租录像带的零售商（如杂货店和便利店），以及电影院、普通电视与有线电视、邮件租赁服务、剧院、歌剧院、舞剧院、夜总会及餐馆进行竞争。

零售业竞争激烈。制定并执行零售战略关键在于了解不同零售商的种类以及它们之间是如何竞争的。本书第 2 章将讨论各种零售商及零售战略，第 3 章主要讲述多少零售商采取了多渠道战略，从而变得更加有竞争力。

顾客 第二个微观环境要素是顾客。顾客需求正快速地不断发生变化。零售商要对社会的人口及生活方式的趋势做出快速反应，例如，美国老龄人口和少数族裔人口呈增加的趋势，购物便利对日趋增多的双职工家庭的重要性增加等。为了制定并实施有效的零售战略，零售商需要了解第 4 章讲述的内容，即顾客为何采购，他们如何选择商店，以及在商店里如何选择商品。

制定零售战略——第二编

零售管理决策过程的下一步是制定并实施零售战略，它建立在第一编所谈到的微观和宏观环境之上。第二编集中阐述制定某项零售战略时要做的决策。第三编和第四编讲述决策的实施。

零售战略（retail strategy）是指公司如何通过制订计划以集中资源实现其目标。它明确了：（1）零售商将直接致力于的目标市场；（2）零售商为满足目标市场需求所提供的商品和服务的性质；（3）零售商如何建立优于对手的长期竞争优势。

通过比较沃尔玛和电路城（Circuit City）的战略，可以看出零售战略的特性。沃尔玛最初把市场目标定在阿肯色州、得克萨斯州和俄克拉荷马州的小城市（人口不超过3.5 万人），经营价位较低的从洗衣粉到少女服装各类品牌商品。尽管沃尔玛提供许多类别的商品，但每类商品的品种有限。沃尔玛可能只有 3 种型号的电视机，而电器专业商店可能有 30 种型号。

与沃尔玛不同，电路城的目标市场确定在大城市的郊区居民。产品种类有限，主要经营消费电子产品，并且市面上有的大部分型号和品牌都可以在这里找到。沃尔玛和电路城都强调自助式服务。顾客自选商品，拿到付款台付款，然后自己拿到车上带回家。顾客甚至要自己在家动手将产品组装起来。由于沃尔玛和电路城都强调低价位，所以它们的策略就是挖掘成本优势以胜过竞争对手。两家零售公司都使用复杂的分销和管理信息系统来管理库存。它们与供应商关系牢靠，因而能以低价进货。

战略决策领域 重要的战略包括市场战略、财务战略、选址战略、组织结构和人力资源战略、信息系统战略和供应链战略，以及顾客关系管理战略等。

第 5 章讲述在环境分析及公司优势劣势分析基础上如何制定零售战略。当主要环境要素发生变化时，现有的战略及其制定基础要重新评估。零售商要决定改变哪些战略以利用新出现的机会或避免新威胁。

零售商的市场战略必须与公司的财务目标一致。第 6 章讲述如何利用财务变量如销售额、成本、费用、利润、资产和负债等来评估并实施市场战略。

关于选址战略的决策（见第 7 和第 8 章）因消费者和商店竞争力而变得至关重要。首先，店址是消费者选择商店时首先考虑的因素。一般来说，消费者会在最近的加油站买汽油，在离住宅或办公室最方便的百货商店购物。其次，店址提供了赢得长期竞争优势的机会。当一个零售商选择了最佳地段开店，其竞争对手就只好退而求其次了。

零售商的组织结构及人力资源管理战略跟市场战略密切相关。例如，零售商要想打入全国或地区市场，就必须协调好集中采购的经济性和提供适合当地需求的产品与服务之间的关系。注重顾客细分市场的零售商追求高质量的服务，他们必须激励销售人员，使其提供顾客期望水平的服务。第 9 章所讨论的组织结构和人力资源政策，强调要与采购员、商店经理和销售人员共同实施的零售战略互相协调。

在未来十年，零售信息与供应链管理系统可以给零售商提供巨大的机会，以取得战略优势。第 10 章深入探讨了某些零售商是如何开发复杂的计算机和分销系统，以便监控从供应商到零售经销中心以及零售商店的信息流和商品流。销售点（POS）终端读取贴在商品上的通用产品条码里的价格和产品信息。接着这个信息通过计算机，以电子形式传输到各经销中心，或直接传给供应商。这些技术是一个总的库存管理系统的一部分，它使零售商可以：（1）给予顾客更加完整的商品选择；（2）减少库存投资。

任何战略的基础都是了解顾客，以提供他们需要的产品和服务。更重要的是了解并迎合零售商最重要的顾客需求。毕竟，这些顾客是零售商收入和利润的主要来源。第 11 章从零售商到消费者的角度讲述了顾客关系管理，包括零售商明确并开发旨在增加利润的项目的过程，以及与最好的顾客建立忠实的关系。

J.C.彭尼由商业中心转向复合型百货商城

J.C.彭尼为了应对零售业的变化所做的战略调整，可以使我们从中看到市场战略、财务战略、组织结构和人力资源战略以及选址战略的内部关系。[17]

20 世纪 50 年代末，J.C.彭尼是最赚钱的全国零售商之一，其目标市场是小城镇的中等收入消费者。店址选在商业中心，经营大宗非耐用商品——内衣、袜子、衣服、床单和桌布等等，实行低价位并为顾客提供友好服务。所有的销售均由现金结算，不对顾客提供信用服务。J.C.彭尼具有很强的设计专长，并购买自有品牌的纺织品——由零售商开发品牌，只在自己的店里出售。

J.C.彭尼公司的组织结构是分权式的。每个商店的经理负责商品种类、定价以及店员的管理，促销活动有限，并由商店经理控制。他们积极参与社区的社会和政治活动。

实 例

詹姆斯·卡什·彭尼 1902 年在怀俄明州的凯默勒开了第一家 J.C.彭尼商店，取名 Golden Rule。[18]

虽然 J.C.彭尼取得了极大成功，但是公司的人员越来越意识到宏观环境的发展会对公司产生负面影响。首先，随着全国教育水平的提高和可支配收入的增加，比起大宗商品，消费者对流行商品更感兴趣。其次，美国高速公路体系得到全面发展，郊区增加，地方复合型百货商城崛起，小城镇居民都被吸引到地理位置便利的大型百货商城去购物了。最后，当时美国最大的零售商西尔斯开始在地区复合型百货商城中设立商店和自动售货中心。这些变化表明，小城镇大宗非耐用品的需求将萎缩。

20 世纪 60 年代初，J.C.彭尼为适应环境变化采取了一套新的战略。新的 J.C.彭尼遍布全美地区复合型百货商城，并且向大都市的大商场进军。（当然，当 J.C.彭尼由小镇开始向城市商场进军时，沃尔玛开始在小镇开设折扣商店。）而且 J.C.

在过去的 40 年中，J.C.彭尼进行了很大的战略变革，从小城镇的中央大街到郊区商场（左图）再到现今的独立式商场（右图）。

彭尼开始提供信贷服务，并增加了新的产品线：家电、汽车产品、油漆、五金产品、运动产品、消费电子产品及价格适中的时装。

为了有效管理旗下 1 150 家商店，J.C.彭尼安装了全国通信网络系统。每家商店的经理都可以监控自己店里以及其他连锁店里每种商品的日销售情况。在纽约公司总部（后变为达拉斯），采购员通过卫星电视连接系统，每天同各个商店的经理保持联系，但商店经理也继续为自己店铺商品采购做出决策。

为了更好地应对双职工家庭和单亲家庭逐渐增加的时间压力，J.C.彭尼推出了目录销售服务，目前公司已经成为全美最大的目录销售商。J.C.彭尼正利用其目录销售的能力大踏步进军网上零售领域（www.jcpenny.com），这个多渠道销售策略非常成功。

折扣商店的成功日益威胁到 J.C.彭尼。像 J.C.彭尼和西尔斯这样主要面向中等收入家庭的百货商店正好夹在两种趋势之间，一种是像梅西这样高价位、追求时尚的连锁百货商店正在销售中降低商品价位，另一种就是像柯尔(Kohl's)、塔吉特和沃尔玛这样的折扣商店正提供更流行的商品。

为了与 J.C.彭尼同是面向中等收入人群的零售商有效竞争，公司在运作方式、组织结构和选址等方面做出了重大调整。首先，J.C.彭尼通过分销中心而非直接从供应商到商店的方式运输商品，以此来削减分销费用。第二，J.C.彭尼还集权化了商品管理。不由商店的经理而是由总部的采购员来进行商品决策。商品集权化使J.C.彭尼可以利用自己的规模低价购进商品，对市场时尚的变化快速做出反应。第三，为了方便顾客，J.C.彭尼在原来的商场以外建造独立的店铺，商店中设计配备了集中付款台，而不是像以前那样每一个区都有独立的付款系统。为了在这个百年老店中真正有效地实施这些有点激进的举措，1999 年，J.C.彭尼从外部空降艾伦·奎斯特罗姆担任首个非内部提拔的首席执行官。2005 年，迈伦·厄尔曼成为继艾伦·奎斯特罗姆之后第二位来自外部空降的首席执行官。

实施零售战略——第三编和第四编

为了贯彻执行一项零售战略，管理人员设计出一套零售组合，以期比竞争对

图表 1–6
零售组合元素

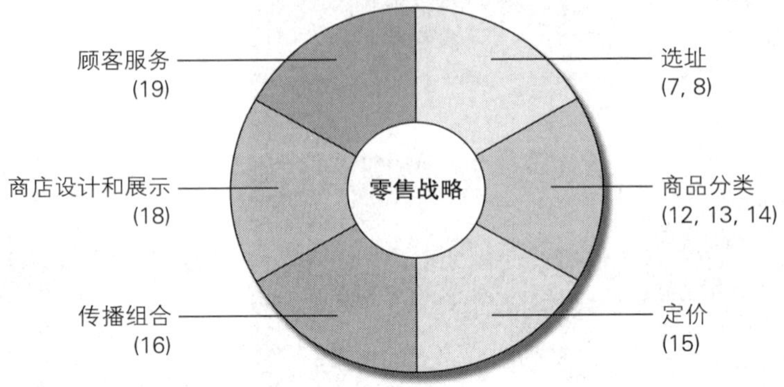

手更好地满足目标市场需求。**零售组合**（retail mix）是零售商用以满足顾客需要，影响其购买决策的一系列要素（见图表 1–6），包括商品及服务的种类、定价、广告与促销计划、商店设计、商品展示、销售人员为顾客提供的帮助以及店址的便利性。第三编考察由采购员制定的决策的实施，而第四编则着重于商店经理们做出的决策。

采购部的经理必须决定进货种类和数量（第 12、13 章），从哪些供应商进货及进货条款（第 14 章），确定零售价格（第 15 章），以及如何做广告和促销商品(第 16 章)。

商店经理必须决定如何招聘、挑选及激励销售人员（第 17 章），在何处及如何展示商品（第 18 章），以及为顾客提供的各种服务的实质（第 19 章）。

全食超市——一家天然有机食品连锁超市

全食超市（Whole Foods Market）是一家飞速增长的超市连锁店，公司充分运用商店和商品管理来实施零售战略，专门针对那些有健康和环保意识的消费者。这个超市的储存量是一般超市的两倍。[19]

人们很容易把约翰·麦基（John Mackey）误认为是一个上了年纪的雅皮士，而不是一个年销售额达 40 亿美元之巨全食超市的创始人和首席执行官。在奥斯汀的得克萨斯大学上学时，麦基对哲学和宗教产生了浓厚的兴趣。发觉课本并不能提供他所需要的答案时，他就辍了学，居住在一座合作农庄里，在奥斯汀的一家天然食品工厂工作，并最终创办了自己的健康食品商店和餐馆。和一般的素食餐馆不同，麦基的商店还提供一些一般的健康食品商店不提供的食品，如精制白糖和鸡蛋。接着，他和本地的一位有机商品经销商合作，创立了第一家全食超市商店，并很快获得了成功。

全食超市有 140 家连锁店，总面积 25 000~60 000 平方英尺，提供的商品种类远远多于一般的天然有机食品店。它出售素食界的一些禁忌食品，例如红肉和咖啡。因此，甚至是对健康很关注的非素食主义者也能一次买到所需的全部商品。商店还提供三个系列的自有品牌商品，全部是不含人工甜味剂、着色剂、调味剂和防腐剂的商品。采购员和食品生产者及生产健康蔬菜的农民一起，推出了商标

实 例
一项针对美国家庭所做的调查表明，58%的家庭曾经买过有机的食物，32%的家庭表示购买有机食物重要或者很重要。[20]

全食超市有一项零售组合，支持了公司以有健康意识的消费者为目标的战略。

为正宗手工食品的商品。它主要的自有品牌有 Whole Catch、Whole Ranch、Whole Kitchen、Whole Treats 和 Whole Kids。"365 天价值"系列的商品价格昂贵，天然健康。为了保证自有品牌商品的质量，一个检查组每年飞行 10 万英里去走访农场，检查农作物。

麦基花了三个月的时间阅读有关现代机械化农场作业的书，之后做了两件事。首先，他由一个素食者变成了彻底的素食主义者，不再食用任何由动物制作的食物，包括乳制品。第二，公司开始利用自己的影响力和购买能力，要求在这里出售的肉都来自屠宰前被尊严对待的动物。

公司和顾客公开谈论有关自己出售的食品。店里用公告牌的形式详细列出公司在连锁农场饲养和野生的大马哈鱼的 PCB 污染测试结果，并列出美国食品药品管理局的标准。你是否对展示橱窗里鸡的生活感兴趣呢？这里配有一个 16 页的小册子，还邀请你去公司位于宾夕法尼亚的农场参观活鸡。

20 世纪 60 年代的和平非暴力政治主张在麦基的管理原则上得到了体现：关爱、信任及对员工的授权。漫步于走廊，你经常可以看到员工们互相击掌鼓励。员工可以看到别人的薪水，去年公司 93%的股票期权奖励都发给了非管理层。

每个员工都编入一个自我管理团队。团队平时经常碰面，一起讨论和解决问题。几乎所有的员工都拥有公司的股票期权。为了确保报酬的公平性，公司有一项最高工资封顶措施，以确保任何人的总工资，包括管理者，不能超过平均工资的 14 倍。[21]

公司将使用面积超过 50 000 平方英尺、振奋人心的新店，取代过去标准的 31 000 平方英尺的店铺。[22] 麦基惋惜地说道："美国人喜欢吃。美国人爱购物。但是我们并不爱买吃的，就像洗衣服一样令人厌烦。但是在全食超市，我们认为购物也充满乐趣。在全食超市，我们正在引领一种新的充满快乐和健康的生活时尚。二者并不矛盾。"全食超市一些新的经营理念包括以下要素：

- **糖果岛**（Candy Island）：你可以把新鲜草莓浸在流动的巧克力喷泉中，每个

1.59 美元。

- **拉玛尔街蔬菜**（Lamar Street Greens）：你可以坐在绿色食物中，伴着夏敦埃酒享受专为你做的手工沙拉。
- **第五街海鲜**（Fifth Street Seafood）：类似西雅图的 Pike Palace Market 的经营方式。你可以在 150种海鲜中任意选择，有做熟的、切好的、烟熏的、油炸的或者速食的。
- **全身放松按摩**（Whole Body）：按摩师会给你做一个 25 分钟的深层肌肉放松理疗，收费 50 美元。

以上每一个单元都有独立的建筑，向内呈弧线形，给人一种亲近感，使顾客流连忘返。这个新开的旗舰店到处散发着快乐：那个叫卖新鲜的、当然不含人工配料的炸面包圈的小伙子；一个步入式啤酒冷却器（带着你的手套）和 800 种啤酒；14 个糕点师，每人都非常乐意现场制作火焰冰激凌；食物上打出的灯光是艺术博物馆里使用的灯光；音乐是古典音乐。走过热坚果部，有一些特制的小风扇把那烘烤坚果所散发出的诱人食欲的香味吹送至你所到之处；甚至商店的标志和展示牌都不是塑料制的，而是用一种更加环保的像木头一样的小麦杆制成的。

伦理和法律考虑

做上述战略和战术决策时，经理们需要考虑自己所做决策在满足公司利润和消费者需求的同时，还要考虑他们的决策在伦理上和法律上的影响。**伦理**（ethic）是指约束公司和个人行为的原则，帮助其建立正确的行为方式，辨别是非。定义这个概念很容易，但是决定这些原则就不那么简单了。一个人认为是对的，到了别人那里可能并非如此。

什么是符合伦理的呢？对此，不同国家、不同行业看法不同。例如，利用贿赂消除政府部门设置的一些阻碍，这种行为在中东国家是可以接受的。但是在美国，这种行为被认为是不道德甚至是违法的。伦理原则也会随着时间变化而变化。例如，多年前，医生和律师为自己的服务做广告的行为会被认为是不道德的。如今，这类广告则被普遍接受。

一些零售经理会面临如下困境：

- 零售商是否应该出售怀疑使用童工制造的商品？
- 零售商是否可以在广告上说自己商品的价格是同类商品中市场最低价，即使有些商品并不是这样？
- 零售商采购员是否可以接受批发商赠予的贵重礼物？
- 当知道自己的商品并不是最适合顾客需要的商品时，零售商销售人员是否应该使用高压销售策略？
- 在做促销决策时，零售商是否应该给予少数人优惠？
- 零售商是否应该对某些顾客好于其他顾客？

法律规定了社会明确的错误行为，如果发生了这些行为，零售商及其雇员将

图表 1–7
制定伦理决策的参照表

1. 如果顾客发现此行为时我是否会感到尴尬？
2. 我的主管是否会反对此行为？
3. 大部分同事是否都会觉得此行为不正常？
4. 我是否觉得可以侥幸逃脱，所以才这样做？
5. 如果有公司这样对我，我是否感到不愉快？
6. 如果我告诉家人和朋友我从事此项活动，他们是否会因此而轻视我？
7. 我是否考虑到此事可能的后果？
8. 如果这个行为或活动见报，我是否会感到尴尬？
9. 如果每个人都这样做，社会是否会因此而世风日下？

受到联邦或州法律的制裁。然而，大多数商业决策都没有受到法律的控制。通常，零售经理们都是依靠行业、公司或者他们自己的道德规范来决定哪些事情是正确的，是可以去做的。

很多公司有职业守则，为其员工做出正确的伦理决策提供指导。这些道德准则明确给出对与错的评判标准，这样公司和顾客在出现问题的时候就可以依赖公司员工的判断。然而，很多情况下，零售经理们需要依赖自己的道德准则，也就是依赖他们个人的对错准则行事。

图表 1–7 列出了一些问题，在你考虑一种行为或活动是否符合道德的时候，可以问问自己这些问题。这些问题表明，一个行为是否道德，是由社会广泛接受的观点决定的。因此，你应该参与那些可以自豪地告诉家人、朋友、雇员和顾客的活动。

对于一项行为，如果上述任何一个问题的答案是肯定的，这个行为就有可能是不道德的，你就不应该去做。

你的公司可以强烈影响你做出道德的选择。当你认为公司的政策或者要求不合适时，你有 3 个选择：

1. 放弃自己的价值选择，公司让你怎么做你就怎么做。当你为了讨好雇主不得不对自己的原则做出妥协时，自尊受到重创。如果你选择这条路，长远来看，你有可能有负罪感，或者对这份工作不满意。
2. 亮出自己的立场并且告诉雇主你的看法。试着影响你供职的公司和主管的决策和政策。
3. 拒绝做出妥协。选择这条路意味着你会被开除或被迫放弃。

如果一家公司的商品、政策或行为跟你的标准相左，你就不要为其工作了。受雇于人之前，请调查一下公司的工作程序和销售方法，看看是否跟自己的道德标准相冲突。贯穿整本教材，我们将突出与经理人员所做的零售决策相关的法律和道德问题。

小结

零售业正日益发展成为一个全球性的高技术行业，在全球经济中发挥着举足轻重的作用。全美 60%的经济活动都受到零售业的影响，而且有大约 1/5 的美国工人受雇于零售行业。尽管大多数人都认为零售商就是在商店里卖货的，但现在的零售商也参与网上销售和目录销售。出售服务的公司，例如干洗服务和汽车修理，也都是零售商。

零售是为销售给个人或家庭使用的商品和服务增加附加价值的一系列商业活动。增加附加值的活动包括提供产品分类、拆售、保持库存和提供服务。

零售管理决策过程包括制定战略以创造在市场上的优势地位，然后制定零售组合来实施这一战略。正如在本书第一编中提到的，战略决策包括选择目标市场，确定零售商提供的商品或服务的性质，选择有竞争力的店址，人力资源管理，信息和供应链管理系统，以及客户关系管理项目。本书后半部分讨论的为实施战略而做的战术决策，包括选择商品种类、购买商品、定价、与顾客沟通、管理店铺、店内商品展示，以及提供客户服务。大型零售连锁使用精密的信息系统分析商机，并做出诸如如何跨国经营等决策。

无论是为零售公司打工，还是自主创业，零售业都提供了激动人心、富有挑战的职业机会。附录 1A 讨论了零售职业的各个方面，附录 1B 提供了关于零售业的一些信息来源。

关键术语

零售
零售商
分销渠道
纵向一体化
后向一体化
前向一体化
拆售
同类竞争
种类
混合销售
异类竞争
零售战略
零售组合
伦理

小试身手

连续案例研究 在本书大多数章节后面都将有一个小试身手的专栏，给你机会研究一个零售商的战略和战术。你的第一个作业是选择一个零售商，做一个关于该零售商历史的报告，包括何时成立，如何发展等。为了确保你以后的课后案例研究也可以有足够的信息，你选择的这个零售商必须满足以下条件：

- 是上市公司，这样你就可以得到它的财务报表和年度财务报告。不要选择另一公司所有的零售商，例如，Office Max 是 Boise Cascade 旗下的，所以你只能看到关于 Boise Cascade 的财务信息，而不是其旗下的每个公司，例如 Office Max。
- 专注零售的一个类型。例如，阿贝克隆比 & 费奇只经营一种专卖店，因此是一个好的选择。而沃尔玛经营折扣商店、仓储式会员店和大超级市场等，因此就不是一个好的选择。
- 选一个你可以经常进行实地考察收集信息的商店。有些零售商或者商店经理可能不允许你对他们的店铺进行采访、拍照、与店员交谈或分析商店货物分类等。选择一个可以帮助你完成任务的零售商和店面经理。

一些满足前两个条件的零售商有：全食超市、Dress Barn、伯灵顿成衣工厂、Ross Stores、Ann Taylor、Cato、Chico's、Finish Line、Foot Locker、Brookstone、Claire's、CVS、沃尔格林、史泰博、欧迪办公、博德斯、美国鹰牌服饰、Pacific Sunwear、阿贝克隆比 & 费奇、蒂凡尼、Zales、Autozone、Pep Boys、Hot Topic、Wet Seal、百思买、Family Dollar、Dollar General、电路城、Michaels、

PETsMART、联邦百货、狄乐、Pier 1 Imports、家得宝、劳氏、Bed Bath & Beyond、Men's Warehouse、克罗格、柯尔、Radio Shack、西夫韦和塔吉特。

1. **购物**　拜访一家当地的零售商店，并描述其零售组合中的要素。
2. **网上练习**　关于美国零售额的数据可以在美国统计局的网站获得，网址为 http://www.census.gov/mrts/www/mrts.html。按照零售商类型查看未经调整的月零售额数据。哪个季度零售额最高？哪些零售商第四季度零售额最高？
3. **网上练习**　访问联邦百货的网站，这里提供了联邦百货的各种零售职业（www.retailology.com）。仔细查看公司各职位信息。你对哪个职位感兴趣？对哪些职位不感兴趣？为什么？

讨论题

1. 你对哪个零售商感兴趣？你为什么喜欢这个零售商？作为其对手，其他零售商要怎样做才能得到你的赞同？
2. 你认为，直接从生产商而不是零售商那里购买牛仔裤有什么利弊？
3. 对于像 7-Eleven 这样的便利店来说，哪些零售商可以构成同类竞争者，而哪些又是异类竞争者呢？
4. 沃尔玛对于其店铺所在的社区是有益还是有害？
5. 美国和日本的零售环境有哪些不同？为什么这些不同会导致美国零售成本和价格较低？
6. 为什么零售经理们在做出决策的时候需要考虑伦理道德因素？
7. 在图表 1–3 所列出的前 20 强零售商中选出一家。登录公司网站，看看公司是怎样起步，又是怎样发展至今的。
8. 就你个人来讲，从事零售与其他选择相比较，有多大可能？
9. 零售企业中不同级别的经理们会怎样定义他们的竞争对手？
10. 零售视野 1.1 描述了家得宝及其员工从事的社会公益活动。从公司股东角度来讲，这些活动将对公司股票价值有何影响？为什么会有这些积极或消极的影响？

推荐读物

Hardwick, M. Jeffrey. *Mall Maker: Victor Gruen, Architect of an American Dream*. Philadelphia: University of Pennsylvania Press, 2004.

Kahn, Barbara, and Leigh McAllister. *The Grocery Revolution*. Reading, MA: Addison-Wesley, 1997.

Ishikawa, Akira, and Tai Nejo. *The Success of 7-Eleven Japan: Discovering the Secrets of the World's Best-Run Convenience Chain Stores*. Singapore: World Scientific, 2002.

Marcus, Bernard, and Arthur Blank. *Built from Scratch: How a Couple of Regular Guys Grew the Home Depot from Nothing into $30 Billion*. New York: Random House, 1999.

Plunkett, Jack (ed). *Plunkett's Retail Almanac*. Houston: Plunkett Research, Ltd., 2005.

Retail Industry: Top Ten Issues 2004–2005. New York: Deloitte, 2004.

Schultz, Howard, and Dori Jones Lang. *Pour Your Heart into It: How Starbucks Built a Company One Cup at a Time*. New York: Hyperion, 1997.

Spector, Robert, and Patrick McCarthy. *The Nordstrom Way: The Inside Story of America's #1 Customer Service Company*. New York: Wiley, 1995.

Slater, Robert. *The Wal-Mart Decade: How a New Generation of Leaders Turned Sam Walton's Legacy into the World's #1 Company*. New York: Portfolio, 2003.

"2004 Global Powers of Retailing," *Stores*, January 2004, pp. G1–45.

附录 1A 零售业中的职业

零售业提供了激动人心、富有挑战性的职业机会。几乎没有别的行业能够赋予年轻的经理如此重大的职责。大学生们问办公用品（Office Depot）的前首席执行官戴夫·富恩特（Dave Fuente），要想当上首席执行官必须具备哪些条件，他回答说：“一是需要承担起盈亏责任，二是在从业之初就要获得人员管理经验。”零售业的入门工作就为大学毕业生提供了这两个条件。大部分大学生从商店助理采购员或部门经理开始干起。在这些职位上，你可能会负责商店某一类商品或某一区域内商品的盈利状况，还能管理在你之下的工作人员。

即使你在一家大公司工作，零售也会为你做自己的事情提供机会，你会得到回报。你可能会想到一个创意，马上付诸行动，并可以在一天结束时通过浏览销售额以获悉运行情况。

零售业为你提供各种职业路径，例如采购、商店管理、促销与广告、人事、运营/配送、防损/保安以及财务等；这些职业存在于如百货商店、专业商店、食品店和折扣商店等多种不同的零售公司形式中。

另外，零售业还为富有才华的人在十年内提升到重要管理职位提供了很大的机会。刚从业时的工资也很吸引人，而且高级管理人员的报酬在各种行业中名列前茅。

职业机会

在各种零售企业中，职业机会存在于销售/采购、商店管理和公司行政职能等领域。公司的职位涉及财务、会计、促销与广告、计算机和分销系统，以及人力资源等部门。

1.3 零售视野 詹姆斯·麦克莱恩——普利司通/凡世通地区经理

“我的工作绝不枯燥。每天都不同。有时候我在办公室工作，有时候跟销售助理和顾客进行一对一的会面。我接触很多不同的人，他们每个人都有自己的问题需要解决。情况从顾客服务问题到很多技术和设备上的变化等。我学到的一点就是，当问题出现时，你需要快速及时地解决。

普利司通/凡世通的区域经理詹姆斯·麦克莱恩喜欢自己的工作，因为每天都不同。

“作为助理地区经理，我的目标就是达成并满足目标市场的需要——那些非常重视自己的时间和金钱的消费者。每天早晨我都浏览销售额，看看商店的表现跟预期相比怎么样。然后我有选择地走访几家店，检查总体运行状况。我的目标是：对我们的客户来说，洗车保养更加便捷，并且汽车可以一次修好。一天之中，有些比较忙的店会接待70~80位顾客。我们倾听每位顾客的需要，为他们的汽车和开车方式建议最好的产品或服务。

“我工作的一个主要内容是挑选和雇用助理和店铺经理。无论是什么工作，我寻找那些性格外向、风度好、天生喜欢笑的人。爱笑是天生的，学不会的，但是在跟客户相处时却是一个非常重要的特质。在普利司通/凡世通，顾客是上帝。我们寻找那些会正确对待客户的人。”

当从伯明翰的阿拉巴马大学毕业以后，詹姆斯·麦克莱恩一开始在玩具反斗城当管理实习生。他后来接受了普利司通/凡世通管理实习生的职位。通过自己的刻苦努力和奉献精神，他一路升迁到目前的职位。他认为之所以愿意留在这里八年，主要原因是公司的激励制度。公司认可员工的辛勤劳动，并以此作为升迁的依据，而不是员工的资历。

进入零售职业的最初机会是从事商品采购和商店管理。采购的职位取决于岗位的数量，而商店管理职位取决于人员数量。公司员工的入门职位是有限的。零售商希望所有的员工都了解他们的顾客和商品。因此，高管和公司的管理人员都是从商店管理或商店采购开始他们的职业生涯的。

商店管理

成功的商店经理必须具备领导和激励员工的能力。他们还必须对顾客的需要敏感，确保物品充足，摆放有序。

商店管理涉及企业成功经营的方方面面：制订销售计划，商店整体形象及商品陈列，控制预算与开支，监督顾客服务与销售，管理并开发人力资源以及公共关系等。

商店经理直接在各地市场工作，离总公司距离较远，这意味着他们受到的直接监控和管理比较少。经理的工作时间就是商店营业时间，因此他要在周末和夜晚工作。另外，在非营业时间，他还要负责管理商店的行政工作。

百货商店中的职业发展道路一般从部门经理（department manager）开始，负责商店某一区域的商品陈列、顾客服务和库存管理。下一步就可以升任某一区域或小组经理（area or group manager），负责执行几个区域的销售计划，实现销售目标，以及监督培训工作，培养部门经理。接下来就可以升任商店经理（store manager），然后升任负责好几个店铺的地区经理（district manager），再然后到负责很多地区的大区经理（regional manager）。零售视野 1.3 描述了詹姆斯·麦克莱恩在商店管理方面的经验。

商品管理

商品管理吸引具有以下才能的人士：分析能力强，能

黛比·哈维　罗恩·乔恩冲浪店　商品采购部主任　零售视野 1.4

“我的工作中最激动人心的挑战便是试图揣测客户想买些什么商品。对我们来说，7 月的迈阿密以及 9 月的冲浪展会都是大型的游泳衣市场。所以我们要在购进绝大多数商品前至少 9 个月下赌注。罗恩·乔恩冲浪店（Ron Jon Surf Shop）以其多样、风格活泼向上的用具以及船类运动装备和潜水设备而闻名世界。在我们佛罗里达州 52 000 平方英尺的可可海滩，商店和海滩一样全年每天 24 小时开放。我们同时在劳德代尔堡、加利福尼亚州橘郡和新泽西的长岛有分店。

罗恩·乔恩冲浪店商品采购部主任黛比·哈维从顾客的穿着来捕捉时尚潮流

“为了走在时尚潮流的前端，我们的顾客会阅读像 *WWD* 和 *DNR* 这样的行业出版物，阅读青少年杂志和冲浪杂志，并且观看 MTV。但是最好的信息来源是观察我们的顾客身上的穿着。我们发现，时尚趋势一般都是从西海岸向东风行。然而，这种时尚趋势由于网络和MTV 的力量而传播得更加迅速。

“即使我们必须在最佳时节前几个月下订单，我们也要和供应商洽谈，降低做出错误决策的风险。对于长期的供应商，如果一种商品买得不够好，或者我们想经营更加好卖的商品，可以减少订单。我们与那些供应商建立了良好的关系，问题一般都能够很好解决。与经营热销商品的新供应商打交道问题比较多。他们的商品供不应求，并且不怎么通融。

“购买的关键在于始终占领先机。如果我们的商品卖得不好，我们就应该记录下来，退出经营此商品，购进一些热销的商品。当我们在所有方面——运动服饰、鞋、耐用消费品、游泳衣和配件——都同时做好的话，就很有成就感。”

够预测受目标市场欢迎的商品，而且能与供应商谈判，与商店管理层沟通，共同做好工作。许多零售商把商品管理活动分为两个不同而又平行的职业：采购和商品规划。

零售采购员就类似金融组合经理。他们投资于商品组合，监控商品的表现(销售额)，并且在销售额的基础上，决定是继续购买更多销售良好的商品，还是将销售不佳的商品打折销售或下架。采购员负责挑选采购商品的种类和数量，与供应商协商批发价格和支付条款，设置起始零售价格，监控商品销售，以及对零售价格进行适当调整。因此，采购员要有出色的财务计划能力，了解顾客的需要，了解竞争对手的活动，并能够与供应商建立良好的工作关系。为了更好地了解顾客，采购员要跟商店保持联系，拜访商店，与销售人员及经理们谈话，并监控商品管理系统中的销售数据。

跟采购员相比，规划员承担更多的分析工作。他们的主要任务是将分往各个商店的货物进行分类——决定为每个商店分别购进哪些款式、颜色、型号和种类的货品。规划员还负责将商品分配到各商店。一旦商品入店，规划员要密切监控销售情况，并与采购员共同决定如果商品畅销应再进多少货，或当商品销售未达到预期要求时何时降价。

大学毕业生感兴趣的商品管理初级职位有：某一种类商品的助理采购员或者助理规划员，例如男子运动鞋或者家用电器配件等。此职位的任务就是做销售分析，帮助你协助的采购员或者规划员做出决策。从这个初级职位，还有机会升迁至采购员，然后再升至分部商品经理，负责多个商品种类。大多数零售商都认为商品管理的技能不仅限于一个商品种类。因此，在采购行业得到提升，就意味着你可以从事多种商品的管理。零售视野 1.4 讲述了一个采购员对自己工作的看法。

公司行政职员

零售公司的行政职员所涉及的活动，需要的技能、知识和能力与非零售公司的相同岗位类似。因此，这些职位的很多管理者更加认同自己的职位角色，而不是零售行业。例如，零售公司的会计认为自己是会计，而不是零售商。

管理信息系统（MIS） 这一领域的员工负责搜集数据，开发并保持库存，管理存储系统，例如 POS 终端、自助付费系统和店内报刊亭等。

运营/配送 在这一领域工作的人员要负责操作和维护店里的硬件设备，提供各种顾客服务，负责商店库存的接收、票据、储存和配送，还负责采购、维护商店物资和运营设备。负责运营和 MIS 的职员大多来自制造、运营和计算机信息系统专业的学生。

促销/广告 促销包括公共关系、广告、视觉推销和特殊促销活动。此部门致力于建立零售企业的品牌形象，并鼓励顾客访问零售商的店铺或网址。这一领域的经理一般来自市场营销或者大众传播专业。

防损/保安 这一领域的员工负责保护零售商的资产。他们开发系统和程序，把内部盗窃和入店行窃减到最小。这一领域的经理通常来自社会学或犯罪学专业。不过，正如我们在第 9 章和第 16 章中提到的，防损或保安现在被更多地视为人力资源管理方面的问题。

财务/控制 很多零售商都采取了复杂公司结构的大零售企业。大多数零售商所获利润有限。成功与失败只是一线之差，零售商们不断地需要高级财务专家，也因此慷慨地给予他们很高的报酬。财务/控制部门负责公司的财务状况，制作有关业务各方面的财务报表，包括长期预测与规划，经济趋势分析及预算，缺货控制与内部审计，毛利和净利，向供应商应付的账款以及向顾客应收的账款。此外，他们还负责管理零售商与金融机构的关系。对此有兴趣的学生多为金融或会计专业。

房地产 在房地产部门工作的人员负责挑选店址、租赁谈判与土地购买，以及管理租赁成本。进入此领域的学生一般主修房地产或金融专业。

商店设计 这一领域的员工负责商店设计、店内商品展示和设施摆放。攻读商科、建筑、艺术及其相关专业有才华、有创造力的学生，在零售商店设计领域有发挥才干的无尽机会。

人力资源管理 人力资源管理部门负责有效地甄选、培训、分配、提升雇员并为其提供福利。由于零售业有高峰期（例如圣诞节，商店必须雇用额外人员），因此人力资源部的工作人员必须具备灵活高效的素质。

美国国家零售联盟基金（http://www.nrf.com/content/foundation/rcp/main.htm）和联邦百货（http://www.retailology.com）的网站提供了更多关于零售职业和供职于零售公司众多岗位的员工信息。

关于零售行业的误解

误解 1：售货员是零售业的入门工作

大多数学生和家长都认为在零售行业工作的人大多为售货员和收银员。他们之所以会有这个印象，是因为作为顾客，他们在商店里接触到的人就是销售助理，而不是他们的经理。但是，正如我们在本章中讨论过的，零售企业是大型的、复杂的公司，它们雇用了有各种知识、技能和能力的经理们。对于大学毕业生来说，初级的零售职位一般为采购或商店组织方面的管理实训生，而不是销售助理。

相对其他行业来说，零售业的管理实训生很快就会被赋予更多责任。每一季，采购员都会负责挑选、推介、定价、分销并销售价值上百万美元的货物。初次培训之后获得的第一个职位一般为部门经理。部门经理通常负责一个或多个部门的商品，同时管理 10 个或者更多全职或兼职的销售助理。

误解 2：在零售业的成功并不需要大学学历

实　例

零售员工中 47%都多少受过高等教育，27.1%的人都有大学学历。[23]

有些员工是因为有零售经验而得到提升，而大多数零售管理职位，例如从店铺经理到首席执行官等，都需要大学学历。有 150 多家大学开设零售方面的学习课程、学历或专业。

误解 3：零售工作收入低

拥有大学学历的管理实训生的起始工资为一年 25 000~45 000 美元不等，高级管理职位的薪酬是各行业最高的。例如，只有几年工作经验的店铺经理可以挣 10 万美元或者更多，这取决于他们的绩效津贴。百货商店的高级采购可以挣到 50 000~90 000 美元甚至更多；一个百货商店的经理可以挣到 50 000~150 000 美元；折扣商店的经理挣 70 000~100 000 美元甚至更多；专卖商店经理挣 35 000~60 000 美元甚至更多。

薪酬随承担职责不同而不同。专卖店经理一般比百货商店经理收入少，是因为他们的年销售额低，但是在这个领域的晋升比较快。有进取心的专卖店经理常常在几年之内就被提升为地区经理，管理 8~15 个店铺，很快跻身高收入者行列。

由于信息系统使零售商可以评估每个经理甚至每个销售助理的销售额和绩效表现，因此，零售经理的薪酬与他们的业绩紧密挂钩。除了工资之外，零售经理还可以得到基于自己创造零售额的丰厚物质激励。

薪酬总额不仅仅包括工资。在零售行业中，薪酬总额通常很丰厚，包括利润共享计划、储蓄计划、股票期权、医疗和牙科保险、人身保险、长期残疾保险、收入保险计划以及带薪假期等。零售行业还有两项好处。第一，大多数零售商在自己的雇员购买自己出售的商品时，给予更多折扣。第二，有些采购职位有很多海外出差机会。

误解 4：零售业增长缓慢，晋升机会小

零售业的增长速度和整个经济的增长速度基本持平。但是，由于零售业规模巨大，因此还是存在很多快速晋升的机会。零售公司数目众多，有很多处于高速发展期，不断开新店铺，因此需要更多的店铺经理以及支持性的行政职员。

误解5：零售业需要长时间工作，工作地点更换频繁

零售业给外界的印象是工作时间特别长，这常常有些言过其实。表面看来好像是这样。店铺经理有时候晚上和周末还需要工作。但是很多有远见的零售商已经意识到，加班多出来的工作时间如果不在本周内得到补偿，很多经理的工作效率会降低，烦躁、抱怨。换句话说，会倦怠。正确理解长时间工作非常重要。很多专业工作需要每周至少工作 40 小时才能获得成功。当接触到一个新的工作，有很多新的责任和任务时，时间上的花费则更多。

主管是否需要常常更换工作地点，或者不需要更换，这取决于零售商的类型和具体的公司情况。通常，店铺经理比商品采购或行政职员更容易更换工作地点。因为采购部和公司总部通常分布集中，因此不经常变动位置。另外，公司行政职员和商品管理职员通常都在正常上班时间办公。

误解 6：零售业不为女性和少数族裔提供机会

很多人认为零售业是所有行业中最没有种族和性别歧视的行业之一。零售商普遍认为，经理和高管们设身处地为顾客着想时，更容易做出正确的决策。由于女性购物更多，而少数族裔在市场上日益成为重要的因素，因此大多数零售商都设计了一些项目，专门为女性和少数族裔晋升至高级管理职位提供经验和支持。

附录 1B 零售信息资料来源

零售行业出版物

Apparel Merchandising 报道、预测和诠释男装、女装及童装的流行趋势和策略。网址：www.dsnretailingtoday.com

Chain Store Age 面向零售总部高管和购物中心开发商的月刊。多涉及有关管理、运营、建设、现代化、店铺设备、维修、房产、金融、原料处理及广告方面的话题。更注重运营而不是店铺。网址：www.chainstoreage.com

CS News 面向便利店和石油零售高管、经理和特许经营者的月刊。涵盖行业动态、新闻和商品技术等。网址：www.csnews.com

DNR（以前称为 *Daily News Record*）日报，涵盖男装（成人和青少年）服饰的零售时尚、产品、采购和市场等。针对零售商、批发商和制造商。网址：www.dnrnews.com

Dealerscope 针对消费电子产品、电器和计算机的零售商的月刊。网址：www.dealerscope.com

DSN Retailing Today 全国性双周出版的报纸，刊载折扣商店、仓储式会员店和专卖折扣连锁的高管关于市场发展和生产力的报告。网址：www.dsnretailingtoday.com

Drug Store News 双周出版物，涵盖连锁药店和复合式商店的零售。网址：www.drugstorenews.com

Fairchild 's Executive Technology 月刊，包括高管访谈、特色报告、展示范围、国际新闻和分析。另外还有贸易方面的零售课堂，从特殊商品专卖店、百货商店、折扣商店，到超级市场、药店和便利店等。网址：www.executivetechnology.com

Furniture/Today 面向家具店、百货商店和制造商零售高管的周报。网址：www.furnituretoday.com

Hobby Merchandiser 面向模型爱好行业的供应商和零售商发行的月刊。网址：www.hobbymerchandiser.com

Hotel and Motel Management 介绍宾馆行业发展新闻和动向的双月刊。网址：www.advanstar.com

Internet Retailer 介绍电子零售问题的月刊。网址：www.internetretailer.com

Mass Market Retailers 面向超市、连锁药店和连锁折扣商店总部高管的双周报纸，介绍新闻并诠释其对广大零售商的影响。网址：www.massmarketretailers.com

Modern Grocer 周报，涵盖了关于食品零售方面的地区性或全国性的新闻和最新事件。网址：http://griffcomm.net

Modern Jeweler 面向珠宝零售商的月刊，探讨珠宝、宝石和手表方面的时尚趋势。网址：www.modernjeweler.com

NACS Magazine 面向便利店的月刊。网址：www.cstorecentral.com

Private Label 针对连锁超市、药店、折扣商店、便利店和百货商店采购自有商标商品、控制包装商品和普通品牌商品的采购员、零售商和主管的双月刊。网址：www.privatelabelmag.com

Progressive Grocer 报道超市行业的月刊，用深入的视角介绍该行业商店发展的趋势、技术、市场营销、物流、国际零售、人力资源管理和消费者购买模式等。网址：www.grocerynetwork.com

Retail Info Systems News 月刊，介绍零售业中企业/金融、运营、管理信息系统和商品管理方面的系统解决方案。网址：www.risnews.com

Retail Merchandiser 面向零售采购员、首席执行官、金融投资者、视觉零售商和顾问等的月刊。网址：www.retail-merchandiser.com

Retailtech Magazine 月刊，介绍并评论从制造商到零售商各个级别的时尚配送连锁可以采用的技术，包括计算机、零售 POS 系统、计算机辅助设计制造、软件、电子零售、信用制度、视觉推销和工厂自动化。网址：www.retailtech.com

Retail Traffic 面向房地产和店面选址决策管理者的月刊。网址：www.retailtraffic.com

Shopping Center World 月刊，主要内容为新购物中心的开发和租赁、重新开发和发布，购物中心的管理、运营、市场营销、设计、建造和融资。网址：www.intertec.com

Shopping Centers Today 月刊，内容为新购物中心的开发和已有购物中心的扩张。网址：www.icsc.org

Store Planning Design and Review 有关店面设计和商品展示最新技术和趋势的月刊。网址：www.retailreporting.com

Stores 美国国家零售协会（NRF）主办的月刊，面向百货商店和专卖店的零售主管，主要强调顾客行为、管理实践和技术方面的广泛趋势。网址：www.stores.org

VM/SD（Visual Merchandising/Store Design）面向从事商品摆放、店面室内设计与规划，以及展示和设计师所用工具的生产者的月刊。网址：http://www.stmediagroup.com/index.php3?d=pubs&p=vm

WWD（以前称为 *Women's Wear Daily*）日报，报道妇女和儿童的成衣、运动衣、内衣、配饰和化妆品等方面的潮流和行业新闻。网址：www.wwd.com

零售行业组织

Food Marketing Institute

由 1 600 个杂货店零售商和批发商组成，与政府和消费者保持联系，并有研究项目。出版物为《超市发展现实》(*Facts About Supermarket Development*) 和《超市行业财政评论》(*Supermarket Industry Financial Review*)。由美国国家食品连锁协会（National Association of Food Chains）和超市协会（Supermarket Institute）合并而成。网址：www.fmi.org

International Council of Shopping Centers

代表了 35 000 个所有者、开发商、零售商和购物中心经理；还代表了建筑师、工程师、承包商、租赁经纪人、推介机构，以及其他为购物中心所有者、购物中心商业联合会、零售商以及公共与学术组织提供产品和服务的人员。它推广全球通行的购物中心开发、建设、融资、租赁、管理和运行方面的职业标准，致力于购物中心所有方面的研究和数据收集，编辑统计数据。网址：www.icsc.org

Retail Industry Leaders Association

前身为 International Mass Retailer Association，包括750 家大众零售或（折扣）连锁。开展自助式日常用品零售各个阶段的研究和教育项目。每年出版《大众零售商店运作成果》（*Operating Results of Mass Retail Stores*）或《大众零售商的销售和运作成果》（*Mass Retailers' Merchandising and Operating Results*）。网址：www.rila.org

National Association of Chain Drug Stores

由 1 163 家连锁药品零售商和制造商、出版集团以及广告机构组成。解释政府机构在药品、公共健康、联邦贸易、劳务和赋税方面的行为。网址：www.nacds.org

National Association of Convenience Stores

成员包括 4 000 家经营汽油、快餐、软饮料、乳制品、啤酒、香烟、出版物、杂货、零食和非食品小物件的零售商，这些店一般一周营业 7 天。网址：www.cstorecentral.com

National Retail Federation（NRF）

由美国零售协会（American Retail Federation，ARF，包括 150 万个小零售商）和美国国家零售商业协会（National Retail Merchants Association，NRMA，包括 55 000 家百货商店、专卖店和折扣连锁商店）合并而成。前者主要关注立法和政府法规对零售商的影响；后者则召开会议，为零售商广泛开展教育项目，提供统计信息。出版物为 *Stores Magazine*。网址：www.nrf.com

Shop.org

唯一专门关注网络销售的机构。成员 300 名，代表了网上零售的各个分支，包括虚拟零售商、传统零售商、目录零售商、制造商和为网上零售商提供产品与服务的公司。赞助关于电子零售的研究。属于 NRF 的一部分。网址：www.shop.org

第 2 章

零售商类型

管理人员简介

玛克辛·克拉克　熊熊工作室创始人兼首席执行官

当我还是一个小女孩的时候就对零售很有激情。在很小的时候，我就认识到拥有令人兴奋的商品和为顾客提供动人的购物体验有多么重要。但是，我从未想到这些感觉会在我的生命中这么重要。像很多准备从事零售业的大学毕业生一样，我的零售生涯开始于在五月百货公司（May Department Stores Company）做管理实训生。在之后的20 年里，我担任多个店面和商品方面的职位，承担的责任也越来越大。1992 年，我成为五月百货商店公司旗下 Payless Shoe 分店的总裁。五月百货商店当时有 4 500 家分店，年营业额超过 20 亿美元。

1997 年初，我决定把自己思量已久的零售理念——熊熊工作室®（Build-A-Bear Workshop ®），付诸实践。当时大多数零售商都是商品驱动的，但是熊熊工作室®则提供了更互动的体验，像个主题公园。在这里，人们对毛绒玩具的普遍喜爱与互动式的组装线结合起来，各个年龄的孩子们都可以创造和组装他们自己的抱在怀里的伙伴。我们于 1997 年秋天在圣路易斯开设了第一家店，目前已经有 200 多家店。2003 年的营业额已经达到了 3 亿美元。

我们成功的秘诀在于极好的商品、极好的人以及极好的店铺运作。这三个因素结合起来，创造了一个使家庭成员可以一起共享欢乐时光，形成难忘记忆的环境。我们服务顾客的热情被称为“造熊大师”的店员效仿，他尽力确保顾客的每一次到访都是难忘和愉快的。雇员被授权确保每位客人每次来店里拜访都感到有特别之处。我们的企业文化就是每天提供优质的服务和认同感。90%的顾客都给他们在店里购物的体验打分为满意或非常满意，76%的人认为他们的购物体验已经好到不需要改进了。

我们也同样坚信我们需要回馈我们所在的社区。例如，作为我们现在正在进行的致力于儿童健康和快乐活动的一部分，我们开发了 Nikki 熊系列，来纪念死于癌症的小女孩 Nikki Giampolo。Nikki 熊的部分销售收益捐助一些项目，帮助那些与癌症、糖尿病和自闭症作斗争的孩子们维持正常生活。截至目前，此项目已经筹集到 70 万美元，用于一些重要的儿童身心健康事业。

问　题

- 什么趋势造就了如今的零售商？
- 零售商有哪些不同的类型？
- 零售商在满足其顾客需要方面有什么不同？
- 服务零售商与商品零售商有什么不同？
- 零售公司有哪些所有制形式？

你想早晨喝一杯香浓的非速溶咖啡，但是你又不想费事磨咖啡豆，烧热水，把磨碎的咖啡倒进过滤器里面，然后再等待。想想可以帮助你满足这个需要的不同零售商。你可以在当地星巴克的外卖窗口买已经泡好的咖啡，或者可以买一个带定时的自动咖啡机，这样当你早晨起床的时候咖啡就好了。你可以在类似沃尔玛或者塔吉特这样的折扣商店买咖啡机，也可以去像梅西这样的百货商店，像沃尔格林这样的药店，或者像电路城这样的品类专业商店买。如果你不愿意花时间去店里买，你可以从 J.C.彭尼的目录上买，或者登录 www.shopping.yahoo.com 搜索 “咖啡机”，然后可以浏览 60 多家网上零售商出售的 270 个型号的咖啡机。

所有这些零售商互相竞争，争相为你提供一杯惬意香浓的咖啡。很多零售商出售相同的品牌，但是它们提供的服务、价格、气氛和便捷程度不同。例如，如果你想买一个低价位、有基本功能的咖啡机，你可能去折扣商店。但是如果你对更多功能的咖啡机感兴趣，并且需要有人把这些不同功能解释给你听，你就需要去百货商店或者品类专业商店。

为了制定和实施零售战略，零售商们需要了解零售市场竞争的性质。本章描述了零售商的不同类型——店面和非店面零售商，并且描述了他们是如何通过给予消费者不同的利益而互相竞争的。这些利益表现在零售商为了满足顾客需要而使用的零售组合的性质上面：提供商品和服务的种类，它们在多大程度上着重提供给顾客的是服务而不是商品以及定价（见图表 1–6）。

零售商的特点

美国有 150 万家实体零售商，从街头卖热狗的小贩到像西尔斯这样的大公司，它们已经成为美国文化不可或缺的一部分。当零售商可以比对手更有效地满足一个消费群体的需要时，它就可以生存并成功。不同类型的零售商为消费者提供独特的利益，因此当顾客有多种需要时，他们光顾不同类型的零售商。例如，若给在别的城市居住的朋友买 T 恤，你也许因为便捷而选择目录零售商；给自己购买时，你也许会选择在当地的商店，因为这样可以自己试穿。你可能选择去折扣商店买一件便宜的 T 恤野营时穿，或者也会去体育用品专卖店买一件有自己喜欢的足球队标识的 T 恤。

当消费者需要和竞争发生变化时，新的零售方式也应运而生并且不断完善。最初经营玩具、消费电子产品和家庭装饰用品的品类专业商店，又加入了许多新店，例如，吉他中心（乐器）、Bed Bath & Beyond（家居用品）和 PETsMART（宠物用品）等。沃尔玛也在关闭传统的折扣商店，开设超级购物中心。超级购物中心是折扣商店和超级市场结合的产物。CarMax 与通过传统零售模式出售二手车的传统汽车商家竞争。Travelocity and Expedia 使用互联网提供传统旅行社可以提供的许多服务。

随着这些新形式的兴起和繁荣，吸引了更多的竞争者。零售视野 2.1 讲述 Netflix 怎样通过提供特色服务——邮购影碟租赁，吸引了那些本来光顾百视达的顾客，同时也带来了众多竞争者。

用来描述不同零售商类型的最基本特点是零售组合，即零售商用来满足其顾客需要的元素（见图表 1-6）。零售组合中四个元素在区分零售商类型时特别有用：出售的商品和/或服务类型、出售的商品分类、顾客服务水平及产品价格。

商品种类

> **实 例**
> NAICS 取代了美国统计局自 20 世纪 30 年代以来一直使用的标准工业分类系统（Standard Industrial Classification System，SIC）。

美国、加拿大和墨西哥开发了一种分类系统，叫做**北美工业分类系统**（North American Industry Classification System，NAICS），用来收集每个国家的商业活动数据。根据其所生产或出售的商品和服务的种类，每一种业务都分配一个分类体系的六位数编码。前两位表示该公司业务所属的行业，后四位代表不同的界别分组。

图表 2-1 显示了对商品零售商根据其所出售的商品类型进行的分类。商品零售商组成了行业 44 和 45，第三个数字进一步区分商品零售商。例如，服装和配饰零售商属于分类 448，日常用品零售商属于分类 452。第四和第五位数又进一步细分。如图表 2-1 所示，第四位数字进一步把服装和配饰零售商（448）分类为服装店（4481）、鞋店（4482）和珠宝与箱包店（4483）。第五位数字进一步分类：男士服装店（44811）和女士服装店（44812）。第六位（图表 2-1 没有显示）用来区分北美三个国家不同的分类系统。

大多数的服务零售商都属于行业 71（艺术、娱乐和休闲）和行业 72（住宿和餐饮）。例如，提供饮食服务和饮品服务的场所属于行业 722，且可以进一步细分

图表 2-1
NAICS 零售商分类编码

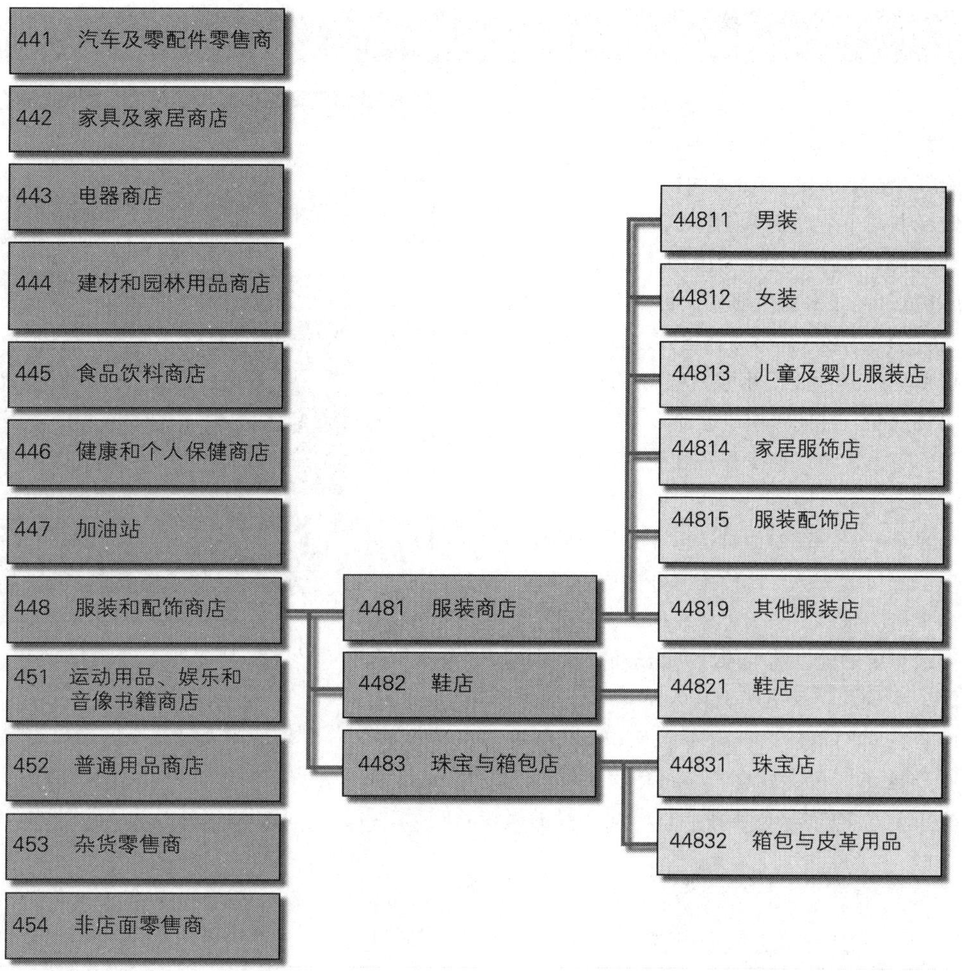

资料来源："North American Industry Classification System（NAICS），" U.S. Censusu Bureau，http://www.census.gov/epcd/www/naics.html.

为提供全面服务的餐馆（7221）和像快餐店那样提供部分服务的饮食场所（7222）。

种类与分类

> **实　例**
> 美国零售额的 1/4 是汽车及其零部件的销售收入（441），然而零售商店（4521）的收入占了不到7%。[1]

即便销售同类商品的零售商也未必直接竞争。例如，服装零售商的大分类是448，但是衣服在很多场所出售：运动用品商店（45111）、百货商店（4521）、仓储式会员店和超级市场（45291），以及电子购物和邮购商行（4541）。由于产品分类以及提供给顾客的商品和服务的种类不同，这些不同类型的零售商迎合不同的顾客需要，因此并不直接竞争。

种类（variety）是指零售商提供不同商品类别的数量。**分类**（assortment）是指某一类别商品不同品种的数量。种类通常指一个零售商所经营**商品的广度**（breadth of merchandise），分类是指**商品的深度**（depth of merchandise）。商品的每

2.1 零售视野 Netflix 的成功招来了更多的竞争者

1997 年，里德·黑斯廷斯因归还 DVD《阿波罗 13 号》晚了 6 个星期，而不得不向当地的百视达店支付 40 美元的罚款。里德·黑斯廷斯原本是一个计算机科学家，这次经历促使他开发邮件租赁 DVD 的服务，也就是后来的 Netflix。Netflix 的注册用户每个月大约只需要支付 10 美元，就可以在当月之内无限期、无租赁数限制地每次租赁三张 DVD 而无须担心租赁到期、过期费用或运费。

Netflix 在 DVD 租赁方面开创了新的零售途径。

下面讲讲如何操作。注册用户登录 Netflix 的网站（www.netflix.com），从公司包含 35 000 个目录的资源库中为自己想要的节目建立节目单。公司的资源要比传统的百视达店铺的资源多十倍。然后，如果碟片在的话，公司会把顾客最想要的前三名的碟片寄给他们。当顾客看完一个碟片，只需把它放入事先写好地址的、邮资已付的信封里，寄回到 Netflix 就可以了。当 Netflix 收到这个信封，就会把节目单里下一个碟片寄给顾客。Netflix 有 30 多个分销中心，因此一般的周转时间为 3~4 天。

实 例

繁忙的时候，Netflix 一天要投递容量为 5 000 000 千兆数据的 DVD，这大约相当于美国和加拿大两国互联网日容量的 70%。[2]

公司网站有信息可以帮助注册用户挑选 DVD。根据用户对已经看过的 DVD 的评价，提供一些特别推荐。此网站还提供影评、电影首映的简报和观众评价等级。

Netflix 提供租赁服务的一个缺点就是顾客需要提前预订想要观看的影片，而不是像百视达店那样，可以在下班回家的路上，随便挑选晚上想要观看的影片。Netflix 正在试图克服这一缺点，他们让顾客可以一次拿三张碟片。"我们最大的缺点是提前预订，但是我们正在变缺点为优点，或者说我们正在尽力这样做，因为当你想看的时候碟片就已经在那里了，"黑斯廷斯说，"你就不用开车去百视达了。"因此 Netflix 将自己定位为百视达之外的方便选择。

起初，百视达并没有在意 Netflix，因为它的一项调查显示，90%以上的人都是在租赁的当天才决定自己想看哪一个影碟。百视达因而得出结论，像 Netflix 这样的邮件订购服务显然不能满足影碟租赁者这种一时兴起的冲动。然而，当 Netflix 的注册用户群超过 300 万，年销售收入也超过 300 万美元的时候，百视达和其他同行业的人才发现这一创新零售理念的魅力所在。

Netflix 已经占领了 5%的影碟租赁市场。作为回应，百视达也开始提供邮件租赁业务，改变商店的运作，同时也取消了因延期返还碟片而收取费用。百视达的注册用户可以通过邮件的方式或者在店里花 15 美元一次性租看三张碟片，碟片也可以通过邮件或者直接到店里归还。百视达也用电邮的方式每月送给顾客两张优惠券，可以免费到店里租赁电影或游戏碟片。这种推介有效地把实体店和网上销售结合起来，并兼顾了顾客提前有计划的和一时兴起的租赁需要。沃尔玛也推出了 DVD 邮件租赁服务。除了行业领袖之间的竞争以外，视频点播也是一个威胁。在将来，顾客有可能不用租赁而直接通过网络下载或有线电视观看了。

资料来源：Gary Rivlin，"Does the Kid Stay in the Picture?" *New York Times*，February 22，2005，p.B1；Betsy Streisand，"No Pause in DVD Rental Wars，" *U.S. News & World Report*，October 18，2004，pp.54–56.

当地自行车商店（左）提供的自行车的分类最细，玩具反斗城（右）无论从分类还是种类的角度来说都居中。

个不同品种为一个**库存单位**（stockkeeping unit，SKU），例如一盒 33 盎司、无味、有漂白作用的汰渍洗衣剂，一件蓝色、长袖、扣到领口的 16–33 号拉尔夫·劳伦的外套等，都是一个库存单位。

仓储式会员店、折扣商店和玩具店都卖玩具。然而，仓储式会员店和折扣商店除了玩具以外还卖其他很多种类的东西，也就是说它们的种类更加丰富。专营玩具的商店出售的玩具种类更多（即库存单位更多）。每一种玩具，例如洋娃娃，玩具专卖店都会有更多的型号、规格和品牌，其分类远远超过折扣商店或仓储式会员商店。

图表 2–2 展示了佛罗里达盖恩斯维尔（Gainesville）当地的一家自行车商店 Gator Cycle（专卖店）、玩具反斗店（品类专业商店）和沃尔玛（折扣商店）出售自行车的广度和深度。专卖店出售四类商品。玩具反斗店出售三大种类商品，种

图表 2–2
不同零售商店中自行车的种类和分类

	成人车	成人组装车	山地车	童　车
Cator Cycle	Trek, Lemond, Klein	Gary Fisher, Trek 800	Gary Fisher, Trek, Klein Attitude	Gary Fisher, Trek
	60 SKUs	15 SKUs	40 SKUs	15 SKUs
	$630~9 500	$260~1500	$240~5 000	$110~600
玩具反斗店	Murray, Schwinn, Mongoose, Pacific, Huffy	—	Mongoose, Schwinn, Pacific, Dynacraft, Kent	Pacific, Huffy, Radio Flyer, Dynacraft, Rand Int'l, Kent, Schwinn, Murray, Mongoose
	23 SKUs		13 SKUs	82 SKUs
	$59.99~179.99		$79.99~249.99	$29.99~179.99
沃尔玛	Huffy, Kent Int'l	—	Roadmaster, Next, Mongoose, Schwinn	Roadmaster, Next, Schwinn, Mongoose, Huffy, Barbie
	14 SKUs		19 SKUs	50 SKUs
	$59.99~379.74		$53.73~237.82	$29.99~177.63

类要稍微少一些。但是玩具反斗城的童车分类最细致。沃尔玛的库存单位最少，为 83 个，而玩具反斗城和 Gator Cycle 分别为 118 个和 130 个。注意，沃尔玛和玩具反斗城有些品牌相同，但 Gator Cycle 的品牌则完全不同。

提供的服务

零售商提供给顾客的服务也不同。例如，Gator Cycle 帮助人们选择合适的自行车，根据个人情况调试自行车，以及修理自行车。玩具反斗城和沃尔玛不提供以上服务。顾客期待所有的零售商都可以提供一定的服务：展示商品，接受信用卡，提供泊车服务，营业时间便于顾客购物等。有些零售商对于其他服务单独收费，例如送货上门、礼物包装等，但有些零售商为了迎合“服务至上的顾客”则为消费者免费提供此类服务中的大多数。

提供商品和服务的广度及深度的价格与成本

能够像卖自行车的 Gator Cycle 那样提供如此多种类的服务，对顾客来说很具有吸引力，但对零售商来说却花费不菲。如果零售商向顾客提供大量库存单位，因为零售商要给每一种库存单位备货，这样其库存投资就势必会增加。

与此类似，零售商的诸多服务也会吸引消费者，但它们的成本也很高。这就需要更多的销售人员为顾客提供信息和帮助，调换商品以满足顾客需要，展示商品等等。儿童保育设施、休息室、更衣室和物品寄放处等占用了本来可以用作储存和展示商品的宝贵空间。为顾客提供延时付款、信用服务或分期付款等需要很多财务投资，而这些钱本来可以用来采购更多的商品。

为了盈利，那些提供更加广泛和纵深业务与服务的零售商，需要收取更高的价钱。例如，百货商店的商品之所以更贵，是因为它们需要存储大量的时尚商品，当对顾客偏好的预测发生偏差时，还需要对商品进行打折销售；需要提供一些个性化的销售服务，而且商店地段也贵。这一切都造成了它们的成本很高。相反，折扣商店就主要针对那些并不怎么关心服务，希望找到一些价格优惠的商品，希望有很多品牌和样式的商品可供挑选的顾客。因此，一个关键的零售决策涉及成本和利润之间的权衡，考虑是维持多余库存还是提供额外服务。第 6 章和第 12 章讲述了在做这种权衡时需要考虑的因素。

为了对比自己与竞争者提供的产品和服务，零售商经常去竞争对手的店里购物。附录 2A 是零售商在对比购物时采用的模板。在下一节中，我们将讨论不同类型的食品零售商，然后讨论日常用品零售商和非店面零售商。图表 2–3 显示每个零售行业的规模和增长速度。

食品零售商

食品零售领域正在发生巨大变化。20 年前，顾客一般在传统的超市购买食

图表 2–3
零售行业的销售额和增长速度

	2005 年预计销售额（百万美元）	2003~2008 年 预计综合销售增长百分比
食品零售商		
传统超市	$482 597	2.5%
超级购物中心	206 591	15.0
仓储式会员店	87 718	6.0
便利店	380 513	5.0
日常用品零售商		
百货商店	84 232	–1.0
服装及配饰专卖店	141 614	4.4
珠宝店	32 201	5.8
鞋店	22 904	1.4
家具店	58 513	4.9
家居用品店	52 243	5.8
办公用品商店	26 073	3.8
运动用品商店	30 595	5.2
书店	17 794	4.5
建材、硬件及园艺用品商店	373 662	6.2
消费电子电器商店	106 700	5.7
药店	187 729	6.9
全线折扣商店	130 647	1.0
食品及日常用品超低折扣商店	45 229	6.2
非店面零售商		
非店面零售	144 413	9.2
电子商务	85 000	26.8

资料来源：*Softgoods Economic Forecast: Outlook to 2008*，Columbus，OH: Retail Forward，May 2004; *Hardgoods Economic Outlook to 2008*，Columbus，OH: Retail Forward，May 2004; *Food Drug Mass Economic Forecast: Outlook to 2008*，Columbus，OH: Retail Forward，May 2004.

物。如今，传统超市只占食品销售额的 61%。食品零售市场增长最快的部分是占了其余 39%食品零售额的超级购物中心、仓储式会员店、便利店和新概念店，例如，销售有限种类商品的超市（见图表 2–4）。[3] 沃尔玛及其他日常用品零售商正在提供越来越多的食品，而传统的超市越来越多地销售非食品类的商品，还有很多销售药品，提供相片处理、银行和咖啡馆等服务。

沃尔玛是全球最大的食品零售商，其超市销售额达到 1 000 亿美元。紧随其后的是克罗格（总部在美国）、家乐福（法国）、阿霍德（荷兰）和艾伯森（美国）。沃尔玛的绝大多数食品销售额都是通过超级购物中心的形式实现的，而家乐福绝大多数的销售额都是通过其自创的巨型超级市场这种形式实现的。其余的大食品零售商主要是通过传统超市形式完成销售的。图表 2–5 展示不同类型的食品零售商使用的不同零售组合。

图表 2–4 食品的主要购买形式及依照零售形式划分的零售增长率

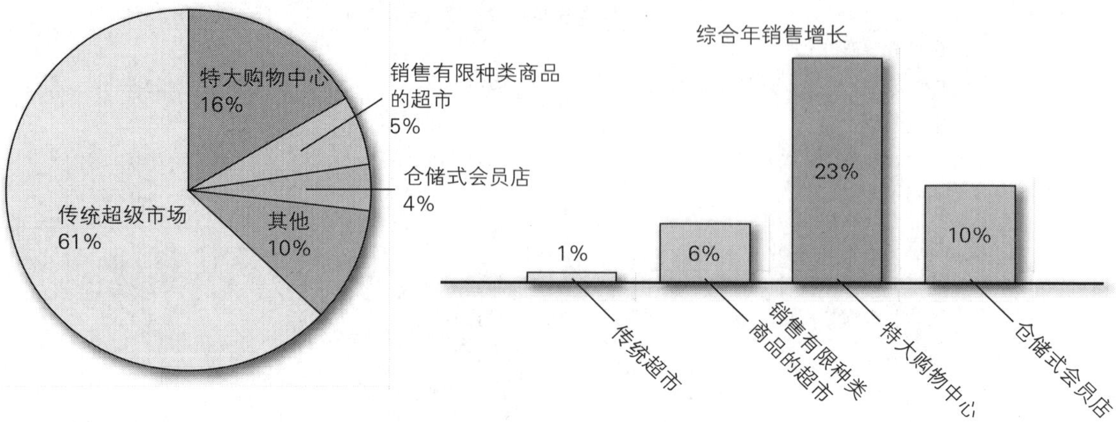

资料来源：*Industry Outlook: Food Channel*, Columbus, OH: Retail Forward, February 2004, p.7; *Industry Outlook: Warehouse Club*, Columbus, OH: Retail Forward, October 2004, p.3.

超级市场

> **实 例**
> 首家自助杂货店是金·库仑 1930 年在纽约长岛创立的。[6]

传统超级市场（conventional supermarket）是出售杂货、肉类和农作产品的自助食品商店，同时也提供一定种类的非食品，例如保健美容产品和日常用品等。[4]肉类和农产品等易腐产品占超级市场销售额的 44%，一般比袋装的食品获利更多。[5]美国最大的超市连锁是克罗格、艾伯森、西夫韦、阿霍德和 Publix。

传统超市经营 30 000 个库存单位，**销售有限种类商品的超市**（limited assortment supermarket），即**特价食品零售商**（extreme value food retailer），只存储 1 250 种库存单位。美国最大的两家销售有限种类商品的超市是 Save-A-Lot 和阿尔迪（ALDI）。零售视野 2.2 讲述了德国零售商阿尔迪是如何在美国和德国与沃尔玛有效抗衡的。

销售有限商品的商店一般不提供很多品牌的衣物清洁剂，而主要提供一两种品牌和容量的清洁剂，其中一个是商店的自有品牌。商店旨在减少成本，使效率

图表 2–5
食品零售商的特点

	传统超市	销售有限种类商品的超市	超级购物中心	仓储式会员店	便利店
食品的比例	70~80	80~90	30~40	60	90
占地规模（千平方英尺）	20~30	7~10	150~220	100~150	2~3
库存单位（以千为单位）	20~40	1~1.5	100~150	20	2~3
种类	中	窄	宽	宽	窄
分类	中	浅	深	浅	浅
气氛	快乐	沉闷	普通	沉闷	普通
服务	适度	较少	较少	较少	较少
价格	适中	最低	低	低	高
毛利（%）	20~22	10~12	15~18	12~15	25~30

最大化。例如，商品用硬纸盒装运，硬纸盒还可同时做展览之用，这样就省去了卸装。商店也不提供有些客户已经习惯但成本很高的服务，例如免费购物袋和信用卡付款等。商店通常位于购物中心的二三层，那里租金相对较低。通过控制费用，销售有限种类商品的超市中的同类商品可比传统超市价格低40%。[7]

食品零售趋势　虽然目前绝大多数的食品仍然是通过传统超市销售的，但传统

阿尔迪遭遇沃尔玛　零售视野 2.2

乍一看，德国阿尔迪超市使你想起了1975年东欧那些零零落落的零售商店。一罐罐芦笋和一瓶瓶蚕豆都堆放在货板上面的纸板箱里。商场只出售两个品牌的卫生纸和一个品牌的腌菜。付款处的队伍排了10人之多。但是这里的价钱确实便宜：3个冷冻比萨只售3.24美元，2.36美元可以买一瓶很不错的红葡萄酒，一件军用防水短上衣只卖21美元。

阿尔迪减少商品分类，削减商店运作成本，因此可以提供低价优质的商品。

阿尔迪的店铺在工薪阶层社区和高档社区均有分布。89%的德国家庭每年至少有一次在阿尔迪购物的经验，这个数字很惊人。阿尔迪（ALDI）是阿尔布莱希特折扣商店（Albrecht Discount）的缩写，在德国有很多忠实顾客，还有一个网站专门是为此商场的热心顾客建立的。超市创立者之一的卡尔·阿尔布莱希特是世界第三富豪，《福布斯》杂志评估其财产约有230亿美元。

和沃尔玛一样，阿尔迪不遗余力地削减成本，市场影响力很大，利润丰厚，且看起来增长势头不减。虽然阿尔迪的年营业额为400多亿美元，只占沃尔玛销售额的1/7，但是，它仍然是世界最大的零售商之一，同时也是欧洲市场的一支主要力量。

阿尔迪的战略简单却非常有效。一家沃尔玛特大购物中心一般有15万种商品的库存，而阿尔迪的店铺却只有不到1 000种商品。这里几乎所有的东西只有在阿尔迪才能买到，例如Millville葡萄干麸皮1.49美元一盒，Sweet Valley生啤12个一扎1.89美元。然而，这些商店自有品牌的商品可以和那些在全国范围做广告的商品（例如雀巢和卡夫）的质量相媲美。因为出售商品种类少，阿尔迪可以在产品质量和价格方面加强控制，同时也简化了装运和处理流程。

阿尔迪始终控制雇员数量，以此降低人力成本。一般的超市都雇用大约15个工作人员，而阿尔迪只有四五个。肉类和烤面包等都是运输至商店的，这样就可以减少屠夫或烤面包师等专门人员的花费。同时阿尔迪也在尽量用最短的时间，花最少的精力整理货架上的商品。食品放在原先的包装里，把上面的盖子打开就那样堆在一起，或者是靠着墙堆在货板上面，或者是堆在简单的货架上。价钱就简单地标在从房顶吊下来的吊牌上，顾客自己选择购物。由于采用了这样的运作模式，阿尔迪的人力成本仅占销售额的6%，而普通的超市却是12%~16%。

资料来源：Erin White and Susanna Ray, "Bare Bones Shopping: Germany's Discount Retailers Are Among the World's Most Successful," *The Wall Street Journal*, May 10, 2004, p. R6; Jack Ewing, Andrea Zammert, Wendy Zellner, Rachel Tiplady, Ellen Groves, and Michael Eidam, "The Next Wal-Mart?" *BusinessWeek*, April 26, 2004, pp.38–40.

超市面临巨大压力。食品零售这块蛋糕很多人都想分一块。特大购物中心正因其更多的食品分类和价格更加低廉的日常用品迅速吸引了原本是传统超市的顾客。诸如塔吉特和沃尔玛这样的全线折扣连锁以及一元店也在增加用于商品的空间。便利店也开始销售更多新鲜的商品。

低成本的竞争者、特大购物中心和仓储式会员店因其超级高效的运行而成为最令超市头疼的竞争者。20 世纪 90 年代初，一项由行业内部人员所做的调查显示，由于没能采用沃尔玛及其他低成本竞争者采取的即时库存的做法，超市行业有超过 300 亿美元的超量库存。报告显示，若能更有效地管理库存，超市就可以把价格降低 10%~14%。[8] 超市连锁为了减少库存而推出的一系列活动称为**有效顾客反应**（efficient customer response，ECR），也包括即时库存管理和更合理的分类方案。第 10 章和第 12 章将更加详细地介绍这些活动。

尽管如此，超市这种形式还是比特大购物中心的成本高。为了成功应对来自其他食品零售形式的竞争，传统超市通过以下方式使自己提供的产品与众不同：（1）强调提供新鲜的易腐产品；（2）瞄准那些对食品健康非常注重的顾客和少数族裔顾客；（3）提供更好的店内服务；（4）提供更多的自有品牌商品。例如，新鲜商品类，也就是被称为**“势力范围”**（power perimeter）墙周围的区域，一直以来都是传统超市的领地。这些商品包括乳制品、面包、肉类、花卉、农产品、熟食和咖啡吧——这些都是客流量高、利润高的柜台，有利于顾客在店内徜徉。特别是乳制品和农产品，这两种商品都是需求量很高的商品，因此，只要质量好，价格具有竞争力，就可以留住忠实的顾客。传统超市正是利用了这个优势，开辟更大的空间用于新鲜产品的烹饪展示，现做寿司，现场烤肉等等。[9]

另外一个在“新鲜”二字上做文章的实例是为赶时间的顾客提供餐点。在 Wegmans（总部在纽约的超市连锁），顾客可以边俯视欧式风格的咖啡馆边吃午餐，或者买现成的餐点回家吃。身穿姓名首字母图案编织的白色外套，头戴褶皱的纸质高帽的厨师都在比萨、熟食和新鲜烤面包的独立柜台旁边卖食物。靠墙这边出售的是恺撒沙拉，在那边的柜台，顾客可以选择各种品牌和味道的意大利面的酱汁和调料。在名叫 Outer Loop 的柜台，商店提供蟹肉蛋糕，蛋糕上有十字架状的熏大马哈鱼无盖三明治。土耳其小辣椒放在中间掏空的小圆硬面包中出售。那些保持犹太教饮食习惯的人也有属于自己的专区，那里出售肉馅卷心菜、马铃薯薄饼或华德福沙拉等。[10]

传统超市也为越来越多注重健康饮食，或为有饮食禁忌的消费者提供更天然的、低脂、低糖和低盐分的有机食物。Whole Earth 和 Wild Oats 这两家美国国内连锁超市就注重天然有机食品的供应，营业额也以年 20%的速度增长。[11]

另外，传统超市也在调整其商品组合，以吸引更多少数族裔顾客。占美国人口总数 13%的西班牙裔人有着与别人非常不同的购物和饮食习惯。他们做饭多从原料的料理开始，花在杂物上的开支比较多，也喜欢在有双语员工和标志的商店购物，且对食物的新鲜度要求很高。[12] 迈阿密小哈瓦那的 President 超市使拉丁裔顾客宾至如归。店里放着快乐活泼的印度或墨西哥风情音乐，而不是忧郁的蓝调或尼尔·戴梦得的音乐。午餐台上有 Molleja en salsa、tamal en hojas 和古巴三明治可供选择，你可以搭配 café con leche 一起享用。成堆的新奇产品也上了货架，有

在 EatZi's，赶时间的顾客不用去餐馆也能买到新鲜的餐点。

暗绿叶黄体芋、Boniato Americano、海地芒果、新鲜木薯和牙买加黄洋芋等。且店员是古巴人、墨西哥人、海地人、哥伦比亚人或秘鲁人等。[13]

自有商标品牌（第 14 章有专门介绍）对顾客和零售商都有益。顾客享有的利益包括：可以有更多的选择，成分质量跟全国品牌没有差别，建立在信赖店铺的信誉的基础上，可以享受更多种类的产品，不用优惠券即可节省 5%~15%。对于零售商来说，自有商标品牌的商品好处在于：顾客对店铺的忠诚度增加，能够使自己在竞争中独树一帜，顾客对商店的品牌会有高认同度和接受度，推销成本少，与全国品牌相比毛利润更高。自有商标品牌的商品占美国食品零售商销售额的 20%左右。[14]

在商店氛围和服务方面为顾客创造良好的购物体验，是超市连锁使用的又一主要手段，使之与其低成本、低价格的竞争者竞争区别开。超市不断融入“体验式消费”的理念，例如开展户外市场、烹饪班、演示和食品试尝等。例如，总部在得克萨斯州的连锁超市 H.E. Butt's 引入了中央市场的概念，设有散装吧，提供事先做好的酱汁、快“袋”食品和出色的客户服务。

特大购物中心

实 例

顾客平均每月光顾超级购物中心 6.8 次，而光顾超大型超市只有 3.3 次。[15]

特大购物中心（supercenter）是增长最快的零售形式，面积一般在 15 万~22 万平方英尺，是把超市和全线折扣商店合并起来的经营形式。沃尔玛在美国经营 2 000 多家特大购物中心，比其竞争对手美捷（Meijer）、凯马特、弗雷德麦尔（Fred Meyer，克罗格的分店）以及塔吉特等加起来的四倍还多。特大购物中心提供种类众多的杂货和日常用品，让顾客有一站式购物的体验。顾客通常开车开远一点来这里购物，而不去传统超市购物，因为那里的商品选择相对较少。

顾客来特大购物中心主要是采购杂货，因此日常用品（非食品）通常是一时冲动买下来的。日常用品利润较高，这促使商场将食品的价格定得较低。但是，因为特大购物中心非常大，有些顾客觉得需要花太多的时间选择自己需要的东西，因此不是很方便。

超大型超市（hypermarket）即面积在 10 万~30 万平方英尺的、经营食品和日常用品的综合商场。其中食品经营占 60%~70%，日常用品占 30%~40%。一般来讲，超大型超市的库存单位比超级购物中心少，大致在 4 万~6 万之间，种类涉及杂货、硬件、运动器材、家具、器具、电脑和电子产品等。

超大型超市在二战以后诞生于法国。法国的零售商把商店建在闹市区的外围，吸引顾客的同时还不会违反严格的土地使用法规。后来很快风靡欧洲，且在南美一些国家例如阿根廷和巴西等都深受欢迎。

尽管超大型超市和特大购物中心非常类似，但超大型超市在美国却并不常见。特大购物中心和超大型超市都是大规模的商场，经营杂货和日常用品，提供自助服务，建筑物都是仓库式的构造，且有大片的停车场。但是不同的是，超大型超市食品比例较高，而且更多的是经营易腐食品，例如农产品、肉类、鱼类以及面包等。另一方面，特大购物中心则经营更多的非食品类商品，而且主要经营干货而非新鲜商品，例如早餐麦片和罐装食品等。

尽管特大购物中心和超大型超市是食品零售行业增长最快的分支，但是它们却在寻找新的大规模店铺位置方面遇到了困难。在欧洲和日本，用于建造大规模店铺的土地有限且很昂贵。在那里建造特大购物中心和超大型超市，就需要建成多层建筑，这无疑增加了运行成本，而且给顾客购物增加了麻烦。另外，有些国家在新的零售店铺的规模方面有限制。在美国曾有过对大零售商店特别是沃尔玛的集体抵制。这些反对的情绪源自当地观念。当地观念认为大型商场将会把本地零售商挤出市场，报酬低，工会不认可其工作，有不符合劳工法的行为，进口外国商品，对美国工人构成了威胁，还会导致大量的汽车和卡车运输事故。

仓储式会员店

仓储式会员店（warehouse club）提供有限的、零散分类的食品和日用品，服务少，价格低，主要针对最终消费者和小企业。最大的仓储式会员店有科斯特(Costco)、山姆会员店（沃尔玛旗下企业）和BJ仓储会员店，后者与前两者相差较远。科斯特的特色是提供别处买不到的高端商品，且价格合理。例如，科斯特在网站上销售价格从450~15 000美元不等的优秀艺术品。山姆会员店则主要针对小企业，除产品外，还提供团体健康保险等服务。

实 例
每月光顾一次仓储会员店的顾客中的40%家庭收入超过75 000美元。[16]

仓储会员店规模大（至少在10万~15万平方英尺之间），通常位于租金便宜的地段。店内一般只有简单的内饰和水泥地板。过道很宽，这样叉车就能够拖着商品货板，然后放在两边货架出售。商店几乎不提供服务。顾客从运送货板上挑选商品，拿到商店前面的结算处，通常使用现金结账。仓储会员店之所以可以提供较低的价格，是因为地段便宜，店铺设计装修简单，顾客服务少，商品分类少，因而周转速度快，库存成本低。另外，仓储会员店还会投机进货。例如，惠普公司正推出新款打印机，仓储会员店就会以超低的价格买进旧款打印机的存货，然后搞促销，直至清仓而出。

科斯特用仓储式的价格提供美食和高端品牌，例如沃特福德水晶、雷蒙威手表和拉尔夫·劳伦的服饰等，吸引那些相对富裕的顾客。

绝大多数仓储会员店都有两种会员：一种是拥有自己小生意的批发会员，另一种是为自己使用而购买商品的个人会员。例如，很多小餐馆都是批发会员，他们放弃食品分销商而来此采购原料、食物配料和甜点。为了迎合这些企业客户，仓储会员店出售大容器或大包装的食品，这也被很多大家庭所喜爱。

通常，会员每年应付25~45美元的年费。在有些店里，个人会员不用付年费，而要在产品标价基础上多付5%。批发会员一般只占会员总数不到30%，但却贡献了超过70%的销售额。

便利店

便利店（convenience store）商品的种类和分类很有限，地理位置方便，面积在 2 000~3 000 平方英尺之间，结账快速。便利店是过去社区夫妻杂货店的现代变体。在便利店里，顾客可以快速购物，无须在众多商品中搜寻自己所需和排长队付款。在这里买的商品有超过半数在半个小时之内就会消费掉。

实 例

1927 年，南方公司（Southland Ice）的拥有者"约翰叔叔"杰斐逊·格林在得克萨斯达拉斯第 12 街和 Edgefield 的街角创立了第一家便利店。[18]

便利店规模小，销售量大，因此每天都有进店的新商品。便利店只提供有限种类和分类，且比超市卖得贵。过去，牛奶、鸡蛋和面包是便利店营业额最大的组成部分。如今，几乎所有的便利店都出售汽油，汽油收入占了年销售额的 66%。第二大商品是香烟，其营业额占总数的 14%。[17]

便利店也越来越多地面临来自其他营业业态的激烈竞争。当汽油价格升高时，营业额就增高。但是，过于依赖汽油销售是一个问题，因为汽油销售利润很小。另外，特大购物中心和超市连锁店为了吸引顾客进店，也销售汽油，还把汽油销售与针对常客开展的活动绑定。药店和全线折扣商店也在店铺里辟出显眼的区域经营便利店经营的商品。

实 例

到 2008 年，折扣商店和超市预计可以占到美国汽油市场的 12%。这个数字 2002 年还是 5.8%。[19]

为了应对激烈竞争，便利店采取措施，减少其对汽油销售的依赖，因地制宜调整商品分类，且设法使店中购物更加方便。为了吸引买汽油的顾客在店中购买更多其他商品和服务，便利店还提供更多新鲜健康的快餐。这些食物在如今生活节奏快的消费者，特别是妇女和年轻人中尤其具有吸引力。有些便利店增加了休闲快餐馆，例如，英国石油公司的 Wild Bean Cafe；7-Eleven 也在试图将其成功的新鲜食品战略在美国成功推广。最后，便利店还增加了新的服务，例如可供顾客兑现支票、缴费、买电话卡、买电影票以及买礼物卡的金融服务电脑亭。

便利店的经营者也在改变经营商品的种类，以便更好地适应当地市场的需要。猫头鹰便利店（Couche-Tard）在加拿大和美国中西部有 2 500 多家分店。这家店在产品选择和室内设计方面都考虑了地方特色。店铺主题都与当地人口特色或社区风格保持协调。蒙特利尔郊区一家店的主题用老板阿兰·布沙尔的话说就是美国国家航天航空局风格。商店的一角有宇宙飞船的模型，员工制服都像太空服。尽管 70%的商品各店都没什么不同，但是在高档社区附近的店里会存有较多数量的欧洲进口啤酒，而那些顾客群中西班牙裔多的店里则销售拉美品牌。[20]

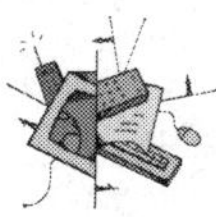

为了使便利店更便利，便利店在顾客工作和购物的地方附近开设小规模店铺。例如，7-Eleven 在机场、办公楼和学校都有店铺。便利店最主要的优点是地理位置方便顾客购物，店前有停车服务，购物快，结账方便。便利店也在摸索利用高科技提高便利程度。例如，总部在宾夕法尼亚的便利店连锁 Sheetz 在汽油泵旁边设置了自助点餐亭。顾客可以在加油的时候点一个定制的三明治，加好油再回店里拿做好的三明治。[21]

日用品零售商

日用品零售商的主要类型有百货商店、全线折扣商店、专卖店、品类专卖店、家居中心、低价零售商和超低折扣商店等。图表 2–6 列出了日用品零售商的特点。

图表 2-6 日用品零售商的特点

种 类	商品幅度	商品深度	服 务	价 格	规模（千平方英尺）	库存单位（1 000）	店 址
百货商店	宽	深到一般	一般到高	一般到高	100~200	100	地区复合商城
折扣商店	宽	一般到浅	低	低	60~80	30	独立，条形中心
专卖商店	窄	深	高	高	4~12	5	地区复合商城
品类专卖店	窄	很深	低到高	低	50~120	20~40	独立，条形中心
家居中心	窄	很深	低到高	低	80~120	20~40	独立，条形中心
药店	窄	很深	一般	一般到高	3~15	10~20	独立，条形中心
低价零售店	一般	深但有变化	低	低	20~30	50	品牌处理店
超低折扣商店	一般	一般且有变化	低	低	7~15	3~4	城中心，条形

百货商店

实 例

T.Stewart 是美国第一家百货商店，于 1847 年在纽约成立。[22]

百货商店（department store）商品的种类多，类别齐全，提供顾客服务，而且由明显不同的部门陈列商品。美国最大的百货商店连锁有梅西百货（联邦百货的一部分）、西尔斯、J.C.彭尼和柯尔百货。

传统上，百货商店因其购物环境好，服务周到，商品齐全，深受顾客喜爱。百货商店既出售软商品，例如服装及床上用品，也出售硬商品，如器具、家具和家用电子产品等。但如今绝大多数百货商店几乎都专营软商品。百货商店中的主要部门有：女士、男士及儿童服装与配饰部，家庭饰品及家具部，化妆品部，厨具及小家电部。每个部门都有特定的销售区域，并且都有 POS 终端机记录和传输销售数据，还有销售人员帮助顾客。百货商店就像是一些专卖店的组合体。

实 例

20 年前，百货商店销售额占所有非汽车类商品零售额的 7%，而现在只占 3%。[23]

百货公司连锁可以划分为三个层次。第一层销售高端的、排他性设计的商品，客户服务很好，代表公司有内曼·马库斯、布鲁明代尔（联邦百货的一部分）和萨克斯第五大道（萨克斯公司的一部分）等。同为联邦百货旗下的梅西百货则属于第二层，是高端的传统百货商店，销售的商品价格相对合理，客户服务也相对较少。第三层是价格导向的公司，代表有西尔斯、J.C.彭尼和柯尔。这些公司主要迎合那些关注价格的顾客的需要。第一层的百货公司定位清晰，财务业绩优秀；而以价格为导向的位于第三层的百货公司则面临来自折扣商店，特别是塔吉特强有力的竞争。零售视野 2.3 讲述以价格为导向的百货商店连锁的成功典型及其独特策略。

百货商店依然保留了一些零售传统（位于城市中心的多层店铺，一些特殊活动或游行，圣诞老人花车表演，节日装饰等）并且还提供别的零售商那里买不到的独特设计品牌。但是，很多消费者开始质疑在百货商店购物的好处和成本。百货商店位于大的地区复合商城，因此不如位于社区的折扣商店方便。受人力成本削减的因素影响，顾客服务也缩水。此外，由于百货商店没有像折扣商店和食品零售商那样，成功地通过与供应商合作建立即时库存系统来削减成本，因此其价格相对较高。

百货商店的经营业绩与其经营的品牌实力有关。由于百货商店的优势逐渐减弱，很多原先仅在百货商店销售的品牌，例如丽诗加邦、汤米·希尔费格、拉尔夫·劳伦和雅诗兰黛等，也开始纷纷寻找新的发展机会。例如，雅诗兰黛化妆品品牌过去仅在第一层级百货商店销售，如今为柯尔设计了柯尔专营的自有品牌产品。李维斯设计了专门在沃尔玛和其他折扣商店销售的李维斯签名系列。[24]

面对日益减少的市场占有率，百货商店采取了以下措施：（1）增加独家销售商品的数量；（2）开展市场推广活动，强化商店和品牌形象；（3）与关键顾客建立良好的关系。[25] 为了区分自己的商品供应，强化形象，百货商场都在竞相争取

柯尔——快速发展的连锁百货商店 零售视野 2.3

柯尔百货商店的结算柜台是位于商店入口附近的便捷的集中结算系统。

马克斯·柯尔和他的家庭成员（赫伯特·柯尔，威斯康星州议员，柯尔家族一员）在威斯康星州率先引入了超市这一概念，并在1942年开了自己的第一家店。1962年，柯尔家族又开设了名字同样为柯尔的折扣商店连锁。1972年，柯尔把其零售业务出售给了英美烟草（BATUS）。英美烟草（美国）随后结束了超市业务，并最终于1986年把折扣连锁店通过杠杆收购的方式卖给了一些内部管理人员。这些管理人员推出了一个全新的理念，把折扣商店和百货商店结合起来，由此美国增长最快的零售企业诞生了。

柯尔成功的秘诀是为那些赶时间的足球妈咪（指有子女参加足球运动的中产阶级妇女——译者注）提供购物便利。她们很想以合理的价格买到一些国内知名品牌的衣服和软家庭用品。柯尔出售的国内品牌有 Sag Harbor 的女装、箭牌和多克斯的男装、Healthtex 和Oshkosh 的童装、KitchenAid 的厨房用品，以及耐克和斯凯杰的运动服饰等。另外，商店还独家销售某些全国品牌的二级系列产品。作为位于第二层级的百货商店，柯尔出售雅诗兰黛化妆品和劳拉·阿什利家纺床上用品。

但是柯尔成功的关键在于便利。店铺位于郊区社区中心，购物方便。商店比传统的复合式百货商店小，面积在8万平方英尺左右，且只有一层。过道和固定区域都比传统的百货商店中的宽敞，这样推购物车或者婴儿车的顾客就可以方便地在店里转来转去。商店不在每个部门设置 POS 终端，而是在商店的入口处附近设置集中结算台。这样顾客就可以在不同的区域选购商品，全部选好后一次付款。

柯尔不出售那些需要特殊设计、在店内还需“店中店”展示的商品和品牌，因此，店内的商品都是按照种类而不是品牌分类的。为了避免看起来杂乱，柯尔的展台货架都是圆形摆放的，这样所有的商品都能看得见。颜色也按照最悦目的方式，由浅到深依次排开。不像大多数店时刻都要整理商品，柯尔规定每天下午两点是“修整时期”。下午两点，店里的每一个人，从秘书到店铺经理，都要整理摆放，值夜班的也做相似的工作。总之就是要使销售人员只全心关注顾客。

柯尔已经从1992年的76家店发展到现在在45个州有600多家店。事实证明这种形式非常有效，因此 J.C.彭尼和西尔斯也纷纷开设有购物推车和集中结算系统的非复合式店铺。

资料来源：www.kohls.com.

全国范围内普遍认同的品牌的独家销售权。例如，梅西与汤米·希尔费格达成协议，独家销售其新推出的H系列，并由伊曼和戴维·鲍伊代言其广告。J.C.彭尼成为Bisou Bisou的独家零售商，而之前该服装只能在高档的专卖店和高档百货商店出售。[26]

除此之外，百货商店越来越重视开发自有品牌商品。例如，梅西百货在建立自有品牌的良好形象方面非常成功，例如INC（女士服装） 和Tools of the Trade（家用器皿）都是梅西的自有品牌。梅西还把独家经营的商品比例从20%增加到50%以上。

近些年，百货商店的打折活动特别多，因此很多顾客都已经习惯等待商品打折，而不在全价时购买。百货商店的市场营销活动由促销变为电视广告和特刊杂志（例如萨克斯第五大道的S杂志）等一些品牌建设活动。

最后，百货商店使用技术和信息系统，以较少的成本提高顾客服务。卖场无线设备的使用使销售助理可以了解顾客和商品的信息。百货商店还收集和分析信息，筛选出最好的顾客，并主要针对他们进行宣传和促销。在第11章，我们将更加详细地讨论顾客关系管理（CRM）。

全线折扣商店

全线折扣商店（full-line discount store）提供种类丰富的商品，而且服务少，价格低。折扣商店同时出售自有品牌和国内品牌的商品，但是这里经营的品牌通常不如百货公司那样时尚。三大全线折扣商店连锁为沃尔玛、凯马特和塔吉特，这三家的零售额占了该零售方式营业额总数的84%。[27]

> **实 例**
> 哈德森海湾公司是北美最古老的零售商，300年前通过皮草生意征服了加拿大的荒原。如今，公司是加拿大最大的零售商之一，经营折扣商店、百货商店和家庭小店等连锁。[28]

仅沃尔玛一家就占了全线折扣商店总零售额的58%，因此，此行业最大的趋势就是沃尔玛由折扣商店向特大购物中心的转变。沃尔玛计划每年新开业220家特大购物中心，其中三分之二由现在的折扣商店转变而来。预计到2008年，沃尔玛将有超过2 300家特大购物中心和不到1 200家传统折扣商店。[29]这一重点的转变是由于全线折扣商店面临越来越激烈的竞争，而特大购物中心的运行效率是很高的。专营一种商品的折扣卖店，例如老海军、电路城、Bed Bath & Beyond、Sports Authority和劳氏等，都是全线折扣商店强有力的竞争对手。

沃尔玛的全线折扣商店关闭以后，以营业额增长速度和赢利能力来讲，塔吉特成为此行业最成功的零售商之一。塔吉特的成功在于商品时尚，价格低，购物环境好。与迈克尔·格雷夫斯、艾萨克·麦兹拉西和莫西莫·贾恩努里等设计师合作，塔吉特生产出了便宜的专营商品，因此其产品以廉价、时尚著称。

专卖店

专卖店（specialty store）经营有限数量的补充商品，提供高水平的服务，营业面积相对较小。图表2-7列出了美国最大的几家连锁专卖店。

专卖店通过纵深且很窄的商品分类和专业的销售助理，针对特定的细分市场调整零售策略。例如，Hot Topics在复合式百货公司出售专门针对青少年授权经营

图表 2–7
专卖店零售商

配饰类
Claire's

服装类
盖普
力美特
维多利亚的秘密
Charming Shop
阿贝克隆比 & 费奇
JoAnn Stores
Talbots

汽车配件类
AutoZone
Advanced Auto Parts
Pep Boys

电子产品/软件/礼品类
Radio Shack
Electronic Boutique
夏普图像

保健品类
GNC

家具类
Ethan Allen
Havertys

家居用品类
Williams-Sonoma
Crate & Barrel

珠宝类
Zales
蒂凡尼

眼镜类
Cole National

鞋类
Foot Locker
便宜鞋
Famous Footware

运动用品类
Dick's
Hibbett

与音乐主题有关的服装。其销售助理听收音机、淘唱片店、参加演唱会、到流行文化中采风，了解流行趋势。然后进行授权、设计、资料处理，确保摇滚歌手的时尚元素、图表等在 90 天内就会从演唱会搬到商店的货架上。[30]

奢侈品集团路易威登旗下的法国顶级化妆品零售商丝芙兰（Sephora）是另一个具有创新思路的专卖店。美国顶级化妆品通常在百货商店出售；相反，丝芙兰是化妆品与香水专卖店，在 5 000 平方英尺的营业面积上采取自助服务的形式，提供纵深分类。丝芙兰在美国的 100 多家分店有 13 000 个库存单位，在其他 14 个国家还有 500 多家分店。商品按类别分类，香水的品牌按照字母顺序排列，便于顾客查找。每个品牌都有独立专柜，配有销售人员进行导购。电视墙和互动柜台提供详细的产品和使用信息。顾客可以自由购物和试用。商店提供试用装，鼓励顾客在销售人员的帮助下试用。但是，与百货商店不同，销售人员拿丝芙兰的工资，而不是制造商的提成。这里低调的气氛往往使顾客在店里花更多的时间购物。

不同于其他美容用品的专卖店，丝芙兰提供给顾客独持的购物体验。（见彩插）

由于专卖店主要针对特殊细分市场，因此很容易受到消费者品味和偏好的影响。例如，复合式购物中心里的专卖店就会因有些消费者认为去非复合式商店购物更加方便而受到影响。由于现在人们花更多的时间在健康和家庭必需品上，用于“日常”奢侈品（例如音乐会门票和外出吃饭）的花费也较多，服饰和鞋类专营商店所获得的消费者支出份额越来越小。

药 店

实 例
沃尔玛是美国第三大药品经销商（排在沃尔格林和CVS之后）。

实 例
44%的顾客只是来药店买处方药而不买其他任何东西。[31]

药店(drugstore) 是专门出售健康和个人护理品的专卖店。医药品一般占销售额的 50%以上，所占利润比例更是大于 50%。美国最大的药店连锁店是沃尔格林、CVS、来爱得和 Albertson's。这四家连锁店的销售额占美国药店销售额的 69%。

由于老年人需要更多的处方药，药店特别是全国连锁药店的销售额持续增长。虽然处方药的利润率一直高于药店中的其他商品，但是在政府医疗政策和保健组织（HMO）的作用下，以及受其他国家（特别是加拿大）要求降低药品价格呼声的影响，现在利润也开始缩减了。

药店现在也承受着来自药品折扣商店、超市和邮购零售处方药的巨大竞争压力。为了应对这种情况，大型连锁药店建立起了更大的独立商店，提供更多品类的商品和快销食品。它们还设立方便汽车驶入拿取处方药的窗口。为了建立顾客忠诚度，这些连锁店还改变了店内药剂师的角色，以前药剂师的工作只是发药（即人们所说的数、倒、拍、粘），现在他们提供医疗帮助，比如向顾客解释如何使用喷雾器等。

沃尔格林提供不用下车即可取走处方药这种具有附加价值的客户服务。

药店零售商利用各种系统，使药剂师能够有时间提供个性化服务。例如，在沃尔格林，顾客可以通过电话订购处方药的重新配方，当药配好了会得到电话通知。按照顾客计划的取药时间，电脑系统可以自动地安排药房工作量。这些系统还可以监督处方药的重新配方频率，以便药剂师能够打电话或者发电子邮件来监督病人服药。[32]

品类专卖店

实 例
美国人把药剂师一职列为最值得信赖的职业。[33]

品类专卖店（category specialist）是提供种类较窄但分类较细的商品的折扣商店。图表 2–8 列举了美国最大的品类专卖商。

这些零售商基本上都是折扣专卖店。大部分品类专卖店采用自助式服务，但是有些耐用消费品店也为顾客提供帮助。例如，办公用品商店就像大仓库，成箱的复印纸堆在托盘上，货架上摆满了设备箱。但是，有些商品例如电脑和其他高技术产品，则陈列在商店的中间，陈列区的销售人员随时回答顾客的问题，并提供参考意见。

通过以低价提供某类商品的全部分类，品类专卖店可以把这类商品“斩尽杀绝”，致使别家零售商很难销售，因此品类专卖店常被称为“**大类杀手**”（category killer）。由于品类专卖店主导支配某类商品，所以可以利用强大的采购能力进行谈判获得较低的价格，并在商品稀缺时获得供应保障。位于品类专卖店附近的百货商店和全线折扣商店一般要减少品类专卖店所售的同类商品的供应，因为顾客都被“大类杀手”的低价位和多种选择吸引走了。零售视野 2.4 专门介绍针对钓鱼和打猎爱好者的品类专卖店 Bass Pro Shop。

图表 2-8
品类专卖商

服装	工艺品	乐器
Men's Warehouse	Michaels	吉他中心
Kids "R" Us	**家具**	**办公用品**
电器	宜家家居	欧迪
Brandsmart	Pier 1	史泰博
书籍	**家庭用品**	Office Max
巴诺	Bed Bath & Beyond	**宠物用品**
博德斯	Linens'n Things	PETsMART
计算机	**家居用品**	Petco
Comp USA	家得宝	**运动设备**
电子消费品	劳氏	Sports Authority
百思买	Menards	Gart
电路城		Big 5

实 例
在家居中心的购物中，妇女占了50%以上。[34]

实 例
家得宝每年卖出的漆足够把曼哈顿岛好好刷一层。[35]

品类专卖店中最大的、也是最成功的一个类型是家居中心。**家居中心**（home improvement center）是一种品类专卖店，为自己动手者及承包商供应设备和材料，用于改进家庭设施。美国最大的家居中心连锁店是家得宝和劳氏。就如同仓储会员店和办公用品类专卖店，当它卖东西给消费者时，家居中心就是零售商；当卖东西给承包商或其他小商户时，它就是批发商。虽然家居中心里的商品陈列类似仓库存储的摆放方式，但有销售人员帮助顾客选择商品，教他们使用方法。

绝大多数品类专卖店连锁都是从国内的某个地方起家，在当地饱和后开始向其他地区扩张。例如，欧迪办公最初在佛罗里达州建立，后发展遍布美国东南和西南部；史泰博发源于波士顿，后来横扫新英格兰和中西部地区。在扩张期间，同类商品的品类专卖店之间的竞争并不激烈。但是当一个公司扩张至本来由其他公司统治的地盘时，同类商店之间的竞争就会激烈起来。目前，在绝大多数商品类别中，全国的主要大公司之间都面临直接竞争。

直接竞争主要集中在价格上，直接结果就是利润减少，因为除此之外，竞争对手之间很难在零售组合的其他因素上做文章保持一枝独秀了。由于接触国内品牌的机会均等，经营同一商品的竞争者提供的产品分类类似，它们也提供相同水平的服务。面对越来越激烈的竞争，这些大类杀手们继续通过提高运作效率降低成本，并且收购小连锁获取规模效益。由于这种合并，两三家企业就能主导一个品类。

有些品类专卖店试图通过优质服务突出自己。例如，史泰博和家得宝都有专业的销售人员，专门销售电子办公设备。欧迪办公和劳氏雇用有执照的承包商作为销售助理，帮助顾客维修电器水管等。它们还开设一些课程教人们铺砖、涂漆和其他技巧，增加顾客的信心，自己动手解决一些小问题。

特价零售商

特价零售商(extreme value retailer) 是小型的全线折扣商店，以非常低的价格提供有限分类的商品。最大的特价零售商是多来店（Dollar General）和家多乐(Family Dollar) 商店。特价零售商是零售行业增长最快的部门之一。[36]

像经营有限分类的食品零售商一样，特价全线零售商通过提供有限的分类，在低租金的城市或农村经营来削减成本，保持低价。很多特价零售商，特别是多来店和家多乐，定位于那些消费习惯跟传统折扣商店或仓储会员店消费者不同的低收入消费者。例如，虽然那些消费者想要购买知名的国内品牌，但他们经常买

2.4 零售视野 大鱼的故事——Bass Pro Shops

像 Bass Pro Shops 这样的大类杀手以低价格提供纵深的商品分类。

最早最大的 Bass Pro Shops 户外世界坐落在密苏里州斯普林菲尔德，它也许是全美国客流量最大的商店。商店占地 30 万平方英尺，每年吸引 400 万顾客，是密苏里州最大的旅游吸引地。店内设有一个四层楼高的瀑布、来福枪靶场和射箭场，四个水族馆，一个室内驾驶场，一个高尔夫轻击区和一个 250 座的礼堂和会议室，作为喂鱼展示和工作坊。来客可以在这里理发，或是在麦当劳和海明威碧水咖啡店进餐，这里有 3 万加仑的海水水族馆。

到 2005 年初，Bass Pro Shops 有 27 家店，其中加拿大一家，另外还有 6 家年底开业。这些店虽然相对小一些（面积也有 25 万平方英尺），但是也同样具有互动性和娱乐性。普通顾客一般来这里都要花上两个小时的路程，然后逛上 3 个多小时。（顾客一般花 15 分钟时间去光顾其他零售商，花 30 分钟购物。）商店提供垂钓者和打猎者所需的一切——从 27 美分的塑料鱼饵到船只。商品和服务包括钓鱼用具、打猎设备、露营装置、船只和航海配件、动物标本制作室、餐具商店、鱼杆卷轴修理、礼品、户外书籍与录像带及运动服和鞋类。

销售人员都非常熟知户外活动。每个部门招聘的都是具有一技之长的员工。所有店家品牌产品都经过 Bass Pro Shops 的专业小组——Redhead Pro 打猎小组和 Tracker Pro 钓鱼小组——进行实地测试。

该店和钓鱼、打猎这些体育活动得到了辛迪加广播节目 Bass Pro Shops 户外世界的推动，该广播节目在全美 48 个州以及国外 139 个国家 450 家电台播出。同名电视节目每周在户外节目频道播出，节目一年就在 2 400 多万家庭家喻户晓，并因其对狩猎、垂钓和环保方面清新的介绍而赢得了多项行业大奖。Bass Pro Shops 还举办秋季经典打猎和春季经典垂钓活动，另外还举办一些周末活动，例如为成人、孩子和家庭举办的免费户外活动技巧培训班等。

资料来源：Bridget Finn，“Luring 'Em In，Who Cares About Prices? Bass Pro Shop Hooks Customers with Tuna and Taxidermy，” *Business 2.0*，March 2005，pp. 44–45; Bob Carr，“The Outdoor Business Keeps Evolving，” *Sporting Goods Business*，September 2004，p. 14.

多来店是零售行业中增长最快的部门之一——特价零售类的商店。

不起大包装的。由于特价零售业发展迅速，供应商们会专门为其设计出小包装。[37]

特价零售商遵从一些经营模式。Dollar Tree、Greenbacks 和 99 美分店针对多个收入人群，通常坐落在郊区的沿公路商业区。这些店专营礼品、宴会用品和手工艺品，而不经营消耗品。虽然有些店名含有“一美元”等字样，但是很少有店只卖一美元商品。事实上，家多乐和多来店并不仅限于一美元这个标准。多来店的重点是一美元商品，但是店里也卖高于一美元的商品。家多乐店里的东西卖到 20 美元。店名只是表示价钱便宜，并不是说价钱就一定局限于一美元。

过去，特价零售商被认为是低档次的，只针对低收入消费者。但是如今，收入相对较高的消费者也因淘宝的乐趣越来越多地光顾这类商店。有些顾客认为特价折扣商店是个在众多小玩意中淘出宝贝的机会。为了在这个行业中分一杯羹，很多超市和全线折扣商店也在店内加设了一元店走廊。

实　例

调查表明，特价零售商门前停车场停的车，32%都是“A 类汽车”，即不到两年且没有压痕。[38]

低价零售商

低价零售商（off-price retailer）经营各种不同品牌的商品，价格低廉。美国最大的低价连锁店有：TJX 公司（经营 T.J. Maxx 和 Marshalls）、罗斯商店及伯灵顿成衣公司。由于低价零售商的采购和销售方式与众不同，它们可以以很低的价格出售名牌商品，甚至是设计师设计的品牌商品。大部分商品都是趁机在季末从存货过多的制造商或其他零售商手中采购的。这些商品可能号码不全，颜色或款式过时，或服装裁剪上有些小问题。一般来说，这些商品是以原批发价格的 1/5 或 1/4 买进的。低价零售商可以以如此低的价格进货，是因为他们不要求供应商给予广告费用、退货优先权、降价调整或延期付款（商品采购条款详见第 14 章）。

由于这些商店采购的随机性，顾客不能确保每次来购买同种类型的商品时店内还有存货，每次购买都会得到不同的优惠。一些低价零售店为了保持一定的供货连续性，会以一般批发价进一些货。低价零售商有清仓零售商和品牌处理店。

清仓零售商（closeout retailer）是经营各种日用品、服装及家庭非耐用品的低价零售商。最大的清仓连锁店有 Big Lots 公司（Big Lots、Big Lots furniture、

实 例

1920 年，弗里达·罗曼在自己位于布鲁克林的家里出售存货，这就是低价零售业的开端。[39]

MacFrugal's Bargain Close-Outs、Odd Lots、Odd Lots furniture 和 Pic'N Save）和 Tuesday Morning。**品牌处理店**（outlet store）是由制造商、百货商店或专业连锁店所有的低价零售商。由制造商所有的店通常称作**厂家品牌处理店**（factory outlet）。品牌处理店一般坐落在增长最快的商场之一的独立式商场里，独立式商场在第 7 章有详细讲述。

制造商们认为品牌处理店是增加收入的好渠道，在品牌处理店中可出售次品、过剩产品或零售商的退货。品牌处理店还使制造商能够在一定程度上控制自己的商品在何处减价出售。拥有萨克斯和布鲁克斯兄弟（Brooks Brothers）这样品牌的零售商也设有品牌处理店。在品牌处理店中出售过剩商品，与在自己主店里减价出售相比，可以使百货商店或专业商店维护自己经营完美产品的良好形象，保证商品以全价出售。

非店面零售商

前几节里，我们探讨的零售商的主要销售渠道是店面。这一节我们将讨论各种主要以非店面方式运营的零售商。非店面销售渠道主要有：互联网、目录、直邮、直销、电视购物和自动售卖机。

电子零售商

电子零售（electronic retailing），也称为**电售**（e-tailing）、**在线零售**（online retailing）或者**互联网零售**（Internet retailing），是零售商通过互联网与顾客交流并销售产品和服务的一种零售方式。过去 10 年里，人们对电子零售业的看法发生了剧变。1998 年，多数零售专家预言一种新诞生的高科技、精通网络的企业将会主宰整个零售业。未来，每个人都将在互联网上购物；店铺将会因生意冷清而关门；纸质目录销售也将会过时。这种对电子零售如此乐观的预期使数十亿美元资金流入，但是，最后都血本无归。互联网零售史上具有冒险精神的企业，如 Webvan、eToys 以及 Garden.com，最终都从零售版图上销声匿迹。

尽管在线零售仍比店铺零售或目录零售发展迅速得多，但现在我们意识到，互联网零售并非可以取代店面或目录零售的新的革命性零售方式。互联网不断为零售业企业家提供机会的同时，现在主要被传统零售商们当做一种辅助手段。它们用互联网辅助其店面或目录销售，提高营业收入并为顾客创造更多的价值。第 3 章我们讨论传统店面零售商如何利用互联网变身为多渠道零售商。

一些著名的互联网公司虽涉及零售业务，但并非真正的零售商，如亚马逊公司和易趣公司。亚马逊的确向消费品销售商品，但其收入的很大一部分来自其为其他零售商提供网页开发及令人满意的服务。这些零售商范围广泛，从销售二手书的个人到大型实体零售商，如玩具反斗城和博德斯。易趣网也并不直接参与到在网上拍卖的买卖双方中来。因此，易趣网更像是一个小型运营商或者购物中心，为买卖双方的交易提供场地。

大多数只在互联网上销售商品的零售商都瞄准利基市场。这种市场很小，而且很分散，通过店面销售往往无利可图。例如，Dilmah's（www.dilmahtea.com）在网上销售来自斯里兰卡高地农场的茶叶；Steel of the Night（www.steelofthenight.com）网上销售钢鼓的全套产品；Zappos（www.zappos.com ）则销售各种深加工的鞋，号码、颜色齐全。

目录和直邮零售商

实 例

邮购目录销售始于 1856 年奥维斯销售打捞设备。1872 年，阿隆·蒙哥马利·沃德与美国最大的农耕组织——国家农庄达成协议，以第一家零售农庄供应商的名义向国家农庄提供 163 部设备。继沃德目录销售之后，理查德·沃伦·西尔斯也出版了自己的销售商品目录，他在 1886 年开始了邮购销售手表的业务。[41]

目录零售（catalog retailing）是顾客通过销售目录来了解零售商品的一种非店面零售方式。**直邮零售商**（direct-mail retailer）则通过信件或宣传手册与顾客沟通。过去目录和直邮零售在那些不便去零售商店的乡村消费者中间最为奏效。然而，随着双职工家庭和单亲家庭的增多，消费者发现目录销售方便快捷，不像去商店购物那样花费大量时间。美国 19%的人通过邮件订购商品或服务。[40] 图表 2-9 列出了美国前几位最大的目录零售商。

2003 年，通过目录销售的商品和服务达 1 250 亿美元；超过 170 亿份目录册分发到美国各地。[42] 目录销售最多的商品类别有服装、礼品、书籍及室内装饰品。[43] 互联网已成为大多数目录零售商销售战略的延伸。95%的目录销售商认为自己是多渠道零售商，其中 53%的零售商则将自己定义为目录零售加互联网零售加店面零售，42%的则为目录和互联网零售。[44]

目录及直邮零售种类

通过邮件销售产品的公司主要有以下两类：（1）普通商品及特殊商品目录零售商；（2）直邮零售商。**普通商品目录零售商**（general merchandise catalog retailer）定期向顾客邮寄种类广泛的商品目录。例如，J.C.彭尼给超过 1 400 万的人

图表 2-9
最大目录零售商

	2002 年销售额（千美元）	销售商品类别
J.C.彭尼	3 349	日常用品
西尔斯	1 793	日常用品
Brylane	1 540	服装，家居
L.L.比恩	1 400	户外用品
Spiegel	1 203	日常用品
Limited Brands	938	服装
Cabela's	775	户外用品
Williams-Sonoma	798	家居用品
Blair	580	服装，家居
Bear Creek	500	食品，礼品

资料来源：*Statistical Fact Book*. Washington，DC: Direct Marketing Association，2004，pp.74–75.Reprinted with the permission of Primedia Business Magzines &Media.

特殊商品目录零售商关注某一特定商品种类，如水果类(Harry and David)、体育用品类（REI 和 Bass Pro Shops)、种子类（Burpee)及家具类(Restoration Hardware)。

分发了每份 1 200 页的商品目录。[45]除了普通商品类别外，J.C.彭尼每年还会发放70 份特殊商品类目录。

特殊商品目录零售商（specialty catalog retailer）只关注特殊种类的商品，如水果（Harry and David)、园艺工具（Smith & Hawken)，以及种子和植物(Burpee）等。直邮零售商通常在某个时间向顾客邮寄小册子来销售某种特定的商品或者服务。例如，USAA 向其目标客户——军营出售类别广泛的理财服务。[46]大多数直邮零售商除了关注某些特殊产品或服务外，还主要关注每笔直接邮件销售交易的达成；目录零售商们则更关注与顾客保持长期联系。

目录零售非常具有挑战性。首先，与已建立了复杂的客户关系管理及执行系统的大型著名公司竞争并非易事；其次，邮件及印刷成本很高且在增加；第三，因为顾客已经收到了很多目录和直邮广告，要引起他们的关注也很难；第四，设计、研究及分发目录册的时间较长使目录和直邮零售商们很难快速应对时尚新趋势。

直 销

直销（direct selling）是一种零售形式：通常是独立的销售人员在某个便利的场合——顾客家中或者公司——直接向顾客演示商品并解释某种服务，接受订单，并分销商品或提供服务。直销是一种销售人员与客户面对面传递大量信息的高度互动性的零售方式。但是，由于提供信息量大，甚至包括全面的演示，其成本也是很高的。

美国年度直销收入超过 250 亿美元，而世界年度直销额则超过 1 000 亿美元。通过直销销售的种类最多的商品为家庭用品（如烹饪和厨房用具等）、个人护理类(如化妆品和香水类)、服务、健康以及休闲和教育用品。与目录零售商和电视购物网相似的做法是，直接零售商正在使用互联网辅助面对面推销。大约70%的直销是面对面的，大多数则是在顾客家中。[47]

130 万从事直销的人几乎都是独立代理人。他们不受雇于直销公司，而是独立分销商，先从公司购买商品，再销售给顾客。超过 80%的销售人员都是兼职的，每周工作 30 小时以下。大多数情况下，直销人员可以将商品卖给任何人。但是，有些公司，比如雅芳，则给销售人员分派地区，让其定期与该地区的客户保持联络。

直销的两种特殊方式是聚会计划和多级销售。大约 30%的直销是通过**聚会计划系统**（party plan system）完成的。销售人员鼓励顾客扮演主人，邀请朋友或同事来参加“聚会”并体验销售人员的演示。聚会上卖出的产品受主人与参加人群的社会关系的影响，而聚会组织者则会得到礼品或者佣金。这种聚会计划系统可以做，但不是必须做，并应用于多级销售网络。

大概 80%的直接销售是通过**多级销售网络**（multilevel network） 完成的。在多级销售网络里，主分销商会雇用其他人加入其销售网络。主分销商可以从公司购买商品再卖给下级分销商，也可以收取其销售网络内分销商们所买商品的佣金。主分销商除了自己售卖商品外，还参与招聘及培训其他分销商。

有些直接销售公司是不合法的**传销形式**（pyramid scheme）。这种形式的公司售卖商品或服务的对象是其他分销商而非终端客户。传销公司的创始人和主分销商从后来加入者购买的商品中获利，但其商品并未卖给最终使用它的消费者。

电视购物

电视购物（television home shopping）是顾客观看演示商品或者服务的电视节目后，打电话下产品订单的一种销售方式。电视销售的方式有三种：（1）专门电视购物有线频道；（2）商业信息片；（3）直接回应式广告。**直接回应式广告**（direct-response advertising）包括描述产品并为消费品提供订购机会的电视或广播广告。**商业信息片**（infomercials）是将娱乐与产品展示结合起来，并提供电话预订的一般时长为半小时的电视节目。

电视购物在美国是价值 100 亿美元的产业。两个最大的电视购物网络是 QVC 和 HSN。虽然美国所有有线电视观众都能接收到电视购物频道，但是很少有人会定时地观看。而且，比较少数的观众包揽了大部分的电视购物。和目录销售一样，电视购物网络也和互联网相结合。大多数的电视购物网络都有互联网辅助。电视购物销售的进一步发展，取决于互动性电视购物的普及速度及消费者的接受程度。

与目录零售相比，电视购物的主要优势在于，顾客可以从电视屏幕上直观地看到商品演示。但是，顾客却不能像目录销售那样随心所欲地挑选自己心仪的商品和款式，而要等到产品在屏幕上演示的时候。为了弥补这一不足，家庭电视购物网络会将某种产品展示的播出时间拟成目录，顾客可以根据自己想要的商品来决定观看时间。电视购物销售主要吸引低收入家庭。40%的电视销售商品为廉价珠宝，以及服装、化妆品、厨房用具及健身器材等主要品类。

实　例

希腊数学家赫伦于公元前 215 年发明了第一台自动售卖机，用来在埃及殿堂里售卖圣水。第一个商用投币式售卖机于 19 世纪 80 年代早期在英国伦敦投入使用，用来售卖明信片。[48]

自动售卖机零售

自动售卖机零售（vending machine retailing）是一种顾客投进现金或者信用卡从机器中换取商品或服务的非店面销售方式。自动售卖机通常放置在便利、人流量大的地方，比如办公室、大学校园等，主要售卖零食或饮料。

尽管美国每年自动售卖机的销售额有 160 亿美元，但其销售增长近几年却呈现放缓的趋势。[49] 由于劳动力及天然气成本的升高，自动售卖机运营商提高了价格，并对其进行了改装以便能接受面值更大的纸币。然而，价格提高了，成本却提高得更快。自动售卖机出售的大多数商品为冷饮、糖果及零食，但这类商品的销售却因消费者更加注重健康的饮食习惯而受到负面影响。

自动售卖机设计上的技术更新或许会带来长期的销售增长。新的可视售货亭使消费者能够看到商品，获取相关信息，并能用信用卡支付。新的自动售卖机的设计也使零售商能够提高机器的生产效率。机器内的电子系统可以记录存货、现金及其他运行状况，然后无线电设备将信息传输给电脑主控机。信息经分析后，驱动程序即可随时掌握缺货或故障等问题。不过，很多自动售卖机运营商并不具备投资开发新技术的资源。

日本大约有540万台售卖机，平均每23个人一台。与美国售卖机只出售包装好的食物和软饮料不同，日本售卖机出售的商品种类繁多，从雪米饼到修眉刀、小型收音机和避孕套，应有尽有。日本售卖机如此风行，原因有以下几点：消费者对小巧装置感兴趣；大部分人宁愿乘地铁或者火车上下班也不愿意开汽车；日本的低犯罪率和低破坏率。[50]

一些零售商正在试验将自动售卖机作为服务顾客的另一种渠道。比如，史泰博已在波士顿洛根国际机场及众多大学校园里安装了售卖机，期待了解急需办公用品的被动的顾客是否会多花点钱从售卖机上购买电脑鼠标、钢笔、双耳式耳机、电池以及旅行用的大富翁游戏等。史泰博只是众多试验通过非传统的售卖机以更低成本更高价格出售商品的零售商之一。能够使用信用卡的售卖机正在引领潮流，并吸引顾客在传统商店未营业时能够到售卖机上买到所需商品。[51]

服务零售

前面介绍的零售商都向顾客出售商品。然而，零售业的另一部分——**服务零售商**（service retailer）正在发展壮大，服务零售商主要提供服务而非商品。设想一下某个星期六，在附近的 Einstein Bros. Bagels 吃完百吉饼喝完咖啡后，你去洗衣店洗衣服，再去干洗店洗一套西装，接着去沃尔格林药店冲洗胶卷，然后去 Jiffy Lube 给汽车加油。因为赶时间，加完油后你径直开车去了塔可钟（Taco Bell）快餐店，快速吃完午餐以便能赶上下午一点预约好的理发。下午，你做完事情去了健身俱乐部。然后回到家中换完衣服出去吃晚餐，看电影，与朋友跳舞。最后，星巴克的咖啡结束了你一天的生活。一天中，你与10个不同的服务零售商有过接触。

服务提供商，像这种汽车换油服务提供商，也是零售商。

几大趋势表明未来服务零售业发展空间巨大。例如，人口老龄化使医疗保健服务的需求增加；年轻一代在健康和健身方面花费的时间和金钱也在不断增长；双职工家庭忙碌的父母则甘愿花钱请人来做家务，如打扫房屋、修剪草坪、洗熨衣服、做饭等，以便使自己有更多的时间跟家人一起度过。

图表2-10显示多种服务零售商以及提供这些服务的国内各公司。这些公司属于零售商，因为它们销售商品和服务给消费者。不过，有的不止是零售商。如航空、银行、旅馆、保险及快递公司等，它们不仅为消费者提供服务，同时也为企业提供服务。此外，很大一部分服务零售商并未出现在表格中，如律师、医生及干洗店主等，因为他们只专注地方市场而未走向全国。

许多组织，如银行、医院、健康水疗馆、律师事务所、娱乐公司以及大学等，它们为消费者提供服务，但却不是传统意义上的服务零

图表 2–10
服务零售商

服务类别	服务零售商
航空	美国航空公司，德尔塔航空，英国航空公司，新加坡航空公司
汽车维修保养	Jiffy Lube，Midas，AAMCO
汽车租赁	赫兹，艾维斯，巴基特，Enterprise
银行业	花旗银行，美洲银行，美国银行
儿童托管中心	Kindcare，Gymboree
信用卡	美国运通卡，维萨卡，万事达卡
教育	百森学院，佛罗里达大学
主题公园	迪斯尼，环球影视，六旗游乐园
包裹快递	联邦快递，UPS，美国邮政服务
金融服务	美林，丁恩·维特尔
健身	Jazzercise，芭蕾健身，金叶姆
医疗保健	胡马纳，HCA，Kaiser
家政	Chemlawn，Mini Maid，乐通
旅馆及汽车旅馆	凯悦，喜来登，万豪，假日
所得税预备	H&R Block
保险	好事达，国家农场
互联网接入/电子信息	美国在线
电影院	AMC，Odeon / Cineplex
房地产	21 世纪，信义房产
饭店	星期五，温迪店，必胜客
货车租赁	U–Haul，Ryder
减肥中心	体重监察者，珍妮·克瑞格
录像带租赁	百视达，Hollywood Video
视力中心	Lenscragters，Pearle

售商。由于竞争日益激烈，这些组织采纳了零售策略来吸引顾客，并满足他们的需要。例如，由史泰博一个前任高管创立的波士顿地区的连锁干洗店 Zoots 采取了很多好的零售办法。它有许多便利店，并提供取送衣物的服务。Zoots 延长了工作时间，周末照常营业，并且为那些不能在营业时间来洗衣店的顾客提供自助洗衣服务。店面整洁明亮，店内服务生会一直提供热忱服务，并且会照顾到每一位排队等候的顾客。[52]

所有零售商均向其顾客提供商品和服务。但是，零售方式不同，对商品或者服务的侧重程度也不尽相同，如图表 2–11 所示。图左边为超市及仓储式会员店。这种零售方式包括自助商店，除了商品展示、现金支票及帮助顾客时可能提供服务之外，一般不提供服务。从左向右，百货商店和专卖店提供更高水平的服务。除了有店员提供帮助外，这些商店还提供诸如礼品包装、婚礼仪式登记与换货服务等。配镜中心和饭店则位于从商品到服务的中间过渡地带。除了售卖镜架、镜片及隐形眼镜外，配镜中心还提供其他重要的服务，如视力检查和镜片矫正等。与此相似，饭店除提供食物外，还提供进餐地方、背景音乐、愉悦的环境及上菜

图表 2–11 商品和服务零售商连线

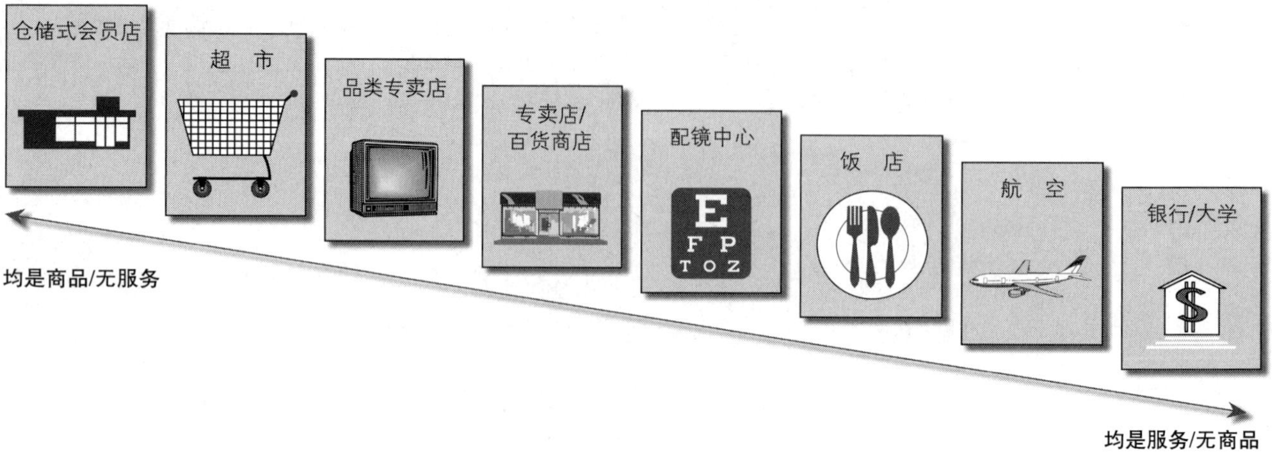

服务。图表最右端的零售商主要是提供服务。不过，这些零售商也要提供与服务相关的产品，比如飞机上的用餐或银行提供的支票簿等。

服务零售商和商品零售商的差别

服务零售商与商品零售商提供的服务或产品的性质有四个重要的不同之处：(1) 无形性；(2) 生产消费同时性；(3) 易消失性；(4) 提供给顾客的易变性。[53]

无形性 服务通常是无形的——顾客看不见、摸不着也感觉不到。服务是表现或行为，而非物体。比如说，病人并不能看到或者摸到保健服务。这种无形性也给服务零售商带来很大挑战。顾客无法触摸或者感觉到服务，因此在购买服务之前甚至购买消费之后都很难对其进行评估。由于提供服务的无形性，服务零售商通常借助有形的符号来告知顾客其服务质量是可以保证的。例如，律师往往拥有优雅的、铺着地毯、摆着昂贵古式家具的办公室。服务零售商自己也难以评估其所提供服务的质量。比如，律师事务所就很难评估律师们的工作业绩。为解决这一问题，服务零售商通常会收集顾客的评价和投诉。

生产消费同时性 产品通常是在工厂制造，由零售商储存和销售，然后供消费者在家中使用。但是，服务生产商在顾客消费的同时制造并提供服务。例如，餐馆里饭菜的制作和消费几乎是同时的。生产和消费的同时性给服务零售商带来一些特殊难题。第一，提供服务时消费者是在场的，甚至有机会亲眼见到生产过程。有时甚至可以参与制作，如在沙拉店里亲手制作沙拉。第二，其他参与消费的顾客可能对服务质量产生影响。比如，飞机上你旁边坐着令人讨厌的乘客，会使整个飞行过程很不愉快。第三，服务零售商通常只有一次满足顾客需要的机会。顾客可以将损坏的商品返还给商店，但是，对服务不满意却很难退回。因此，服务零售商首次提供优质服务就至关重要了。

因为服务的生产和消费是同时的，很难通过大规模生产来降低成本。因此，很多服务零售商都是小型的地方公司。全国性的大型零售商则可以将其服务“产业化”，从而降低成本。它们可以大量投资用于购买设备和人员培训，使服务统一化。例如，麦当劳对炸薯条和汉堡的制作过程统一到每个细节，确保其无论在法国巴黎还是美国伊利诺伊生产出来的，味道都毫无差别。

易消失性 因为服务的生产和消费过程不可分离，所以服务是易消失的。它不能被储存起来再次销售。飞机一旦起飞，上面的空位就再也无法售出了。这和商品是不同的，商品可以存放起来再次销售，直到有顾客愿意去买它。由于服务具有这一特性，服务零售很重要的一点就是供求平衡。很多服务零售商的容量有限，并且不容易改变。例如，饭店里的桌子数量是一定的，医院里的床位数是一定的，发电厂所发的电量也是一定的。为提高服务能力，服务零售商需要大量投资，例如，购买更多的飞机以提供更多的座位，或者另建一座新楼来扩大医院或者饭店的营业面积。此外，消费者对服务的需求也随时间不同而不同。例如，消费者更多时候是在假日或者夏季乘坐飞机，中午或晚上在餐馆就餐，通常是在晚上而非凌晨用电。

因此，服务零售商们通常会有未充分利用服务的时候，也会有因无法提供足够的服务而将顾客打发走的时候。他们会用很多办法来谋求供求平衡。例如，航空公司和旅店会在周末降低价格，因为这时商务人士大多不出差，他们有多余的地方。为了使其服务能力更加灵活，诊所可以在流感高发期延长门诊时间。3 月份和 4 月份，纳税筹划服务在周末照常营业。饭店可以在周末增加工作人员，只在晚餐时间开放，或者采用预订系统以确保在特定时间提供服务。服务零售商们也在尽力使顾客等待消费的时间更加有趣。例如，在迪斯尼主题公园里等候的人们可以看录像或者与公园内的工作人员玩耍。

易变性 商品一般由机器生产，有严格的质量控制，这使顾客有理由相信，

这家中国餐馆一天之中在午餐和晚餐时间雇用更多服务员，平时则少用服务员来调整其接待能力。

Cheerios 的每盒巧克力都是一样的。但是，因为服务是由人（工作人员和顾客）创造的某种行为，所以没有哪两种服务是一模一样的。例如，税务会计在准备退税方面的知识和技能各不相同；橄榄花园的服务生可能因为心情不好而使你的晚餐糟糕透顶。因此，服务零售商面临的一个重要挑战是如何提供始终如一的高质量服务。影响服务质量的很多因素零售商都无法控制。但是，服务零售商们可以在挑选、培训、管理及激励服务人员方面花费更多的时间和精力。

所有权类型

本章前面章节讨论了零售商在零售组合及销售产品或服务方面的分类。另一种对零售商进行分类的方式是根据其所有权的不同。零售所有权的主要类别有：(1) 独立的单一店面；(2) 集团连锁；(3) 特许经营。

独立的单一店面零售商

零售业是经济中企业家活动较广的几个部门之一。在美国，每年有超过 10 万家零售企业成立。很多新零售企业都由业主经营，因此商店的管理者与顾客直接接触，能够对顾客的需要迅速做出反应。小型零售商同样也非常灵活，对市场变化和顾客需要能及时做出反应。它们并不受大型零售企业内部官僚机构的束缚。

单一店面零售商能够及时调整自身来满足顾客需要，而集团连锁则可凭借其较大的规模有效地降低商品或广告价格。此外，集团连锁管理基础广泛，有专业人员从事各种零售活动。单一店面通常需要依赖店主同时也是经营者的能力来做出各种必要的零售决策。零售视野 2.5 讲述了一个小型独立所有的药店是如何在这一垄断行业立足的。

为了更好地与集团连锁竞争，一些独立零售商加入了**批发商自愿合作组**(wholesale-sponsored voluntary cooperative group)，即在自愿基础上，由各批发商运作，向小型独立批发商提供商品的组织。独立百货同盟(IGA)、Tru Serv（True Value 五金店的供应商）和 Ace 五金商店都是这种组织结构。除了采购、仓储和配送，团体内部成员还将享受到在店铺选址、布局设计、簿记、存货管理系统及员工培训项目等方面的建议服务。

集团零售连锁

零售连锁（retail chain）是在共同所有权下经营多个零售单位的公司，一般集中制定和执行其零售战略。零售连锁范围规模有很大不同。可以是两家连锁的药店，也可以是超过 1 000 家店铺的零售连锁，如西夫韦、沃尔玛、塔吉特和 J.C.彭尼等。很多零售连锁是大公司或控股公司的子公司。例如，力美特品牌控股、力美特、Express、维多利亚的秘密、Bath & Body Works、The White Barn Candle Co.，以及 Henri Bendel。盖普旗下则拥有老海军、贝贝盖普、盖普儿童店及香蕉

金象大药房开始建立全国连锁店　零售视野　2.5

金象大药房店面 10 000 平方英尺，它不只是个传统处方药房，同时还提供中草药疗法、其他可替代商品、健康方面的书籍、高端美容商品、有机食品及鲜花等。斯图尔特·司考曼终于意识到他的新时代展望为金象大药房带来的效益。尽管 CVS 和沃尔格林药店就在金象药房旁边与其竞争，司考曼依然不担心，他知道，他“的确已创造出一种新模式”。

第一家金象大药房于 2002 年在加利福尼亚的伯克利开业，业绩增长迅速，今年预计销售额为 1 100 万美元。批评家们怀疑司考曼和他的金象大药房能否向大众提供同种疗法的药物，但是司考曼注意到，很大一部分关注自身健康、比较富裕的人都愿意花大价钱选择更高质量的药物。

司考曼并非竞争激烈的零售业的新手。他大学二年级结束时退学组建了布鲁斯乐队，出去旅游，还开过出租车。1977 年，他签约成为 Bread & Circus 公司的营销经理，该公司是一家高端自然绿色食品零售店，最后被全食超市收购。然后他把继承的 10 万美元遗产悉数投资于录像带租赁生意，并最终以 600 万美元的价格卖给百视达。然后，司考曼决定成立 Reel.com 公司，后来又以 1 亿美元的价格卖给好莱坞制片公司。他的最近一次风险投资就是金象大药房了。

金象大药房的阅览室有超过 2 500 本书，每月都会举办现场讲座，题目涉及如何给婴儿按摩及与其交流，以及阿育吠陀幸福疗法等。二战后生育高峰出生的人群生活富足，现在已步入老年，非常乐意接受司考曼式的服务。他们使用大剂量的海草或者西伯利亚的人参来治病，这些只是金象药房的几种奇特药物，这使金象比其他全国连锁店赢得更多回头客。

传统药房 75%的收入来自药品，最终毛利润率不到 20%。与此不同的是，金象大药房 3/4 的营业收入来自高利润的非处方药物类，如礼品、录像带以及健康与美容服务等。司考曼在大批量零售的其他领域也处于领先地位。

金象大药房通过提供各种独特的顺势疗法与全国连锁药店进行有效竞争。

他的 80 名员工包括草药医生以及拥有证书的中医专家与顺势疗法专家。鲜花在店外遮阳篷下售卖，食品部则提供有机食品和乳品。正如所说的，金象大药房毛利润率高达 40%左右，而行业平均毛利润率低于 30%。基于金象大药房这一理念的成功，萨克斯第五大道现在也在自己的 10 个店里设置了共 1 000 平方英尺的金象店面。

资料来源：Michael，Johnsen，“Elephant Finds Upscale Partner in Saks,” *Drug Store News*, October 25，2004，pp.3–4; Ed Welles，“Can California Startup Elephant Pharmacy Really compete with the Drugstore Chains by Selling Herbs，Potions，Supplements—And Even a Few Prescriptions?” *Fortune*, September1，2004，p.61.

共和国等子公司。

特许经营

特许经营（franchising）是特许权所有人与加盟者之间签订的合同协议，准许加盟者使用由特许经营所有人开发和支持的商标和模式来经营零售店面。美国大约 1/3 的零售额来自特许经营店。图表 2–12 列出了一些按特许经营合同经营的零售商。

特许经营合同规定，加盟者应向加盟特许权所有人交纳一笔费用和特许权使用费，以此来换取在特定地点开店的权利。加盟者还应同意按照特许权所有人规定的程序和方式经营店面。特许权所有人在店面选址、装潢、产品开发、服务提供、管理人员培训及宣传方面提供支持和帮助。为维护加盟者的声誉，特许权所有人也必须保证所有特许经营店都提供同样质量的服务与产品。

特许经营所有权模式意在将所有者经营的优势与连锁经营集中决策的高效结合起来。加盟者由于可以获利（支付特许使用费后）而努力在经营上取得成功。而特许权所者由于可以得到所有销售的特许使用费而乐意开发新产品和系统，以促进特许经营店的发展。他们会非常高效地进行宣传、产品开发及系统开发，而其成本则由所有加盟者分担。

图表 2–12
特许经营零售商

食品零售商	**服务零售商**
Arby's	AAMCO
Baskin Robbins	信义房产
本杰里	21 世纪不动产
丹尼斯	Curves
达美乐比萨	Days Inn
邓肯甜甜圈	Hampton Inn
肯德基	洲际饭店
麦当劳	Jackson Hewitt 出租车服务
Panera 面包	爵士健美操
7-Eleven	Jany-King
赛百味	捷飞络
塔可钟	Lawn Doctor
商品零售商	Midas
可滤康	低价汽车租赁
健安喜	RE/ MAX
Matco Tools	Rent-a-Wreck
默尔·诺曼	UPS 商店
珀尔视觉	
Sign-A-Rama	

小 结

本章介绍了各种不同的零售商，以及他们如何使用不同的零售组合进行竞争以向顾客销售商品和服务。联邦政府为了收集零售统计资料，将零售商按照其销售的商品或服务种类进行分类。但是这种分类方法在确定零售商的主要竞争者方面或许并不可取。了解零售市场更有效的途径是根据零售商的零售组合、商品种类及分类、服务、选址、定价及其吸引顾客所使用的促销决策来对其进行分类。

过去 30 年，美国零售市场的特点是，除了固有的传统零售形式，如超市、便利店、百货商店、折扣商店及专卖店等，又出现了很多新型零售形式，如品类专卖店、大型超级市场、特大超级市场、仓储会员店、低价零售商、目录销售商及非店面零售商等。此外，服务零售行业增长迅猛。

服务和商品的本质区别导致前者更加注重店铺管理，而后者则更加注重存货控制问题。传统零售商不断改进以与新的零售对手们竞争。例如，百货商店开始更加注重时尚服装并改进服务，超市则更加注重提供餐饮和新鲜食品。

关键术语

北美工业分类系统（NAICS）
种类
分类
商品广度
商品深度
库存单位（SKU）
传统超市
销售有限种类商品的超市
特价食品零售商
有效顾客反应
势力范围
超级购物中心
特大型超级市场
仓储会员店
便利店
百货商店
全线折扣商店
专业商店
药店
类别专业商店
大类杀手
家居中心
特价零售商
低价零售商
清仓零售商
品牌处理店
厂家品牌处理店
电子零售
电售
在线零售
互联网零售
目录零售
直邮零售商
普通商品目录零售商
特殊商品目录零售商
直接销售
聚会计划体系
多层次网络
传销
电视购物
直接回应式广告
商业信息片
自动售卖机零售
服务零售商
批发商自愿合作组
零售连锁
特许经营

小试身手

1. **连续案例研究：购物** 附录 2A 的对比购物练习给你提供了从零售商角度而非消费者角度观察零售商店的机会。本作业的目的在于从零售商角度思考你所挑选的零售商及其他零售商可能使用的策略，以及这些策略产生了怎样的零售组合。本作业在于将两家零售商销售的某一特定商品类别进行对比，如便携式摄像机、男士西装，乡村或西部CD、女士运动鞋或家用油漆等。所选取的另外一家零售商可以是以同样模式经营的直接竞争者，或者是以不同模式经营但销售类似商品的零售商。

你所做的对比应包括以下几点：

- 两家零售商所采取的策略——每家零售商的目标市场以及其满足目标市场需要的一般方法。
- 两家零售商所采用的零售组合，包括店面选址、商品、定价、广告与促销、各类商品在店里的位置、店面设计和顾客服务等。

你需要亲自到零售店去，观察其采用的零售组合，并扮演顾客来体验服务，从而做出对比。

2. **购物** 去一家如 Foot Locker 那样的运动鞋专卖店、一家百货商店和一家折扣商店，分析其运动鞋的种类和分类，并画一个类似于图表 2–2 那样的图表。
3. **购物** 记录下近两周内你去过哪里购物，买过什么东西以及花了多少钱。邀请你的父母也一起来记录，然后按照零售类型来制图表。你的购物习惯和你父母的差别很大吗？你和你父母的购物习惯和本章讨论的趋势有相同之处吗？为什么？
4. **网上练习** 你可以在美国普查局网站上（www.census.gov/mrts/www/mrts.html）找到美国零售商的资料。看一下北美工业分类系统未修订的每月销售额。哪种零售商在第四季度（假日季度）的销售额所占百分比最大？
5. **网上练习** 美国四大零售商协会为：全国零售联盟（www.nrf.com ）、食品营销研究所（www.fmi.org ）、全国连锁药店协会（www.nacds.org ）以及全国便利店协会（www.nacsonline.com ）。访问这些网站，并报告零售业最新进展和该行业面临的主要问题。
6. **网上练习** 访问《企业家杂志》的特许经营区网页 http://www.entrepreneur.com/franchise500，并关注去年特许经营行业的前 500 强。前 10 位的哪几家店你曾以顾客的身份光顾过呢？你知道它们是以特许经营的方式运作的吗？观察前几年的排名并找出不同之处。点击链接“关于特许经营 500 强”，并说出该列表有哪些组成部分。最后，哪种性质的行业更倾向于特许经营呢？

讨论题

1. 请区别商品种类及其分类，并解释为什么它们是零售市场结构的重要因素？
2. 小型独立零售商应怎样与大型全国连锁零售商竞争？
3. 低价零售商今后如何做才能与其他形式的零售商竞争？
4. 对比便利店、传统超市、超级购物中心及仓储式会员店所采用的零售组合。所有这些食品零售商们都能在长期竞争中胜出吗？怎样才能做到，为什么？
5. 为什么在超市里商品种类有限的零售商以及特价折扣商店可以增长如此迅速？
6. 同种品牌同种款式的个人电脑可以通过电脑专业商店、折扣商店、类别专业商店以及仓储式会员店销售。顾客为何选择此家而非彼家？
7. 选择一种你和你父母都购买的产品。如衣服、CD、电子设备等。你经常在哪种商店里购买这些商品？你父母呢？解释一下为什么你和你父母在商店选择上的意见相同或不同。
8. 在很多眼镜店里，你可以检查视力，并且购买眼镜或隐形眼镜。与产品相比，这种服务体验有什么不同呢？设计一种策略来吸引消费者既购买服务又购买产品。同时描述应采取哪些具体行动来吸引顾客并留住他们。
9. 本章谈到的哪种基于店面的零售形式更容易受到互联网零售商的冲击，为什么？哪种最不易受冲击，为什么？
10. 很多专家认为顾客服务是零售业的一个重要问题。注重价格的零售商，如折扣商店、类别专业商店及低价零售商，在不增加成本和提高价格的情况下，应怎样改善其顾客服务呢？

推荐读物

Bond, Ronald L. *Retail in Detail: How to Start and Manage a Small Retail Business.* 2nd ed. PSI Research/The Oasis Press, 2001.

Dant, Rajiv, and Patrick Kaufman. "Structural and Strategic Dynamics in Franchising," *Journal of Retailing* 79, no. 2 (2003), pp. 63–76.

Goldman, Arieh; S. Ramaswami; and Robert Krider. "Barriers to the Advancement of Modern Food Retail Formats: Theory and Measurement," *Journal of Retailing* 78 (Winter 2002), pp. 281–297.

Granger, Michele, and Tina Sterling. *Fashion Entrepreneurship.* New York: Fairchild, 2003.

Howe, Stuart (ed). *Retailing in the European Union.* New York: Routledge, 2003.

Quinn, Bill. *Specialty Stores: Marketing Triumphs and Blunders.* Westport, CT: Quorum Books, 2001.

Schroeder, Carol. *Specialty Shop Retailing: How to Run Your Own Store.* New York: Wiley, 2002.

Spector, Robert. *Category Killers: The Retail Revolution and its Impact on Consumer Culture.* Boston: Harvard Business School, 2005.

"Top 100 Retailers," *Stores,* August 2005.

附录 2A 比较购物

所有的零售商均可通过对比购物来了解其竞争对手。对比购物可以很不正式，比如在竞争对手店铺里随意走动四处看看，但是一份结构性的分析更有助于制定零售组合，从而把消费者从竞争对手的店里吸引过来。

第一步是确定对比范围。例如，可以在两个零售连锁店、两个专卖店、两个百货商店或者两种商品类别之间进行比较。合适的范围取决于进行比较的人的职责。比如，零售连锁店的 CEO 们可能对与其竞争对手比较其连锁店感兴趣。这种比较可能集中在连锁店的资金来源、存货水平、商店和员工的数量、商店位置、所销售商品、员工薪酬计划及回报政策等。因此，CEO 们可以考察公司应对哪些因素负责。相反的是，商店经理们则更看重与其竞争店铺进行比较。例如，百货商店经理会想了解更多自己店附近的主要百货商店的情况。采购人员和百货商店经理会关注自己所负责的某种特定商品类别。

图表 2–13 列出了比较购物时需考虑的问题。图表 2–14 提供了一种比较商品的模式，这里列举了 J.C.彭尼和某家男士鞋店的鞋子。

图表 2–13
比较购物需考虑的问题举例

商品展示

1. 营业区是如何布置的？有哪些商品营业区？每个区域的面积多大？
2. 各营业区的位置是如何安排的？在交通密集区吗？在休息室旁边？在主要通道旁边？还是在辅助通道旁边？这一位置影响该区域内的商品销售量？
3. 每个营业区使用哪种陈列装置？面台、圆台、方台、大桶、桌台还是船形陈列台？
4. 有无过道、墙面或者柱栏用来展示商品？
5. 营业区的照明如何？聚光、顶光、明亮还是幽暗？营业区的商品是如何放置的？按照类型、价位、厂家、风格，还是颜色？
6. 评价营业区的管理。是随意乱放的还是整齐有序？保持、组织得很好吗？
7. 营业区的整体氛围和形象如何？照明、设备、空间及视觉渲染对顾客有何种影响？
8. 何种类型的顾客（年龄、收入、时尚风格）会被吸引到店中及每个销售区域？

销售支持/ 顾客服务

1. 每个部门有多少销售人员？人手足够吗？
2. 销售人员如何着装？他们的装扮合适得体吗？
3. 销售人员接待顾客及时吗？顾客进入营业区后多长时间售货员会与其打招呼？顾客对服务水平反应如何？
4. 评价销售人员对产品的了解。
5. 销售人员是否会向顾客推荐附加商品？
6. 如果有的话，试衣间应安排在营业区的什么位置？条件如何？是否有人管理？试衣间足够满足需求吗？
7. 营业区内有多少台收款机？是否配备了充足的工作人员？
8. 商店提供何种服务（如信用卡支付、礼品包装、送货、特殊预订、婚礼登记、换货及其他)？
9. 营业区提供的顾客服务水平如何？

商品（每一类别）

1. 谁是主要供应商？
2. 每位供应商的商品分类的深度如何？
3. 有哪些自有商标？有多重要？
4. 每类商品的高、中、低价各是多少？

小结与结论

1. 商店的目标顾客是谁？
2. 竞争对手的优劣势是什么？
3. 我们如何从竞争者手中争取到更多业务？

图表 2–14

零售商	因素	Lug sole casual shoes			备注
JCPenney	款式	3 eyelet oxford			
	品牌	St. Johns Bay (private)			
	价格	$35			
	百分比组合	5%			
	库存单位	36 pair			
Father/Son Shoes	款式	3 eyelet oxford	Tie suede	Chakka suede	
	品牌	British Knights Private	Private	Private	
	价格	$38.99–39.99	$29.99	$37.95	
	百分比组合	10%	5%	5%	
	库存单位	24 pairs	36 pairs	12 pairs	
Harwyns	款式	2 eyelet oxford	Tie suede		
	品牌	British Knights	Private		
	价格	$39.99	$29.95		
	百分比组合	5%	5%		
	库存单位	36 pairs	36 pairs		

款式　对服装而言，款式指质地或剪裁。比如，针织衫的款式可以分为羊毛、棉质或合成材质，以及 V 领、圆领或开襟式的。

品牌　起说明作用的标签。说明该品牌是属于全国品牌还是商店品牌。

价格　商品所标的价格。如果该商品降价了，则表明最初的价格以及降价后的价格。

百分比组合　用于该款式商品的全部分类的百分比。

库存单位　该子类下不同商品的数量。

第 3 章

多渠道零售

管理人员简介

肯·希克斯　J.C.彭尼总裁兼首席采购官

我的职业道路有点与众不同。我毕业于美国军事学院，服役几年后获得了哈佛商学院的 MBA，此后我成为了麦肯锡公司的一名顾问。工作一段时间后，我认识到自己并不想只是分析材料、提供建议，而想谋求一个制定并实施策略的职位。我的咨询工作经验告诉我零售业充满了刺激的挑战和机遇。在过去的 20 年里，我曾担任过五月百货商店、家庭购物中心和 Payless 鞋店的高级管理人员，目前是 J.C.彭尼的高管。

我们越来越深刻地认识到消费者们需要通过各种渠道实现便利购物。有时，他们想在购买之前先到我们的店里来看看商品，然后当场就买；有时，他们会登录我们的网站，找到 7/24 通道和商品的细致分类，商品目录是很吸引人的。

J.C.彭尼的定位十分理想，很适合为顾客提供多渠道购物。我们有 1 000 多家商店，每年分销的商品目录超过 3.8 亿。我们已有 50 多年的目录销售历史，因此我们的执行系统和配送中心非常高效，同时也能支撑我们的互联网销售渠道。

在这三个销售渠道当中，我们协调运营和商品分类，因此顾客看到的界面将是一致的。利用 POS 终端，销售人员可以帮助顾客从网上订货。例如，我们在商店里的浴巾有 20 种颜色，但网上却有 32 种颜色。如果顾客在商场没有找到想要的颜色，销售人员就可以在网上为顾客订货，并将商品送到顾客家，或者叫顾客到商店来取。

保持商品分类的协调是一个挑战，因为不同的销售渠道吸引不同的顾客，而顾客购买的商品也不同。使用商品目录购物的顾客一般年纪较大，而使用互联网的顾客则较为年轻。耐用商品和玩具在非商店销售渠道中卖得更好，而服装在商店销售渠道中卖得更好。此外，不同的销售渠道有不同的计划周期。商品目录上的商品和价格是 6 个月一周期，而网上报价可以随时更改。

零售业是个高科技和高接触服务的成长性行业。对于刚接触这个行业的人来说，它既提供了盈利的机会，也充满了亏损的可能性。喜欢与人打交道的人在商店管理领域能找到他们的机会，而善于分析的人则可以在采购部门一展所长。

问　题

- 下列三种零售渠道：店面、商品目录和互联网，分别能为顾客带来什么独特利益？
- 为什么零售商都逐渐趋向于同时使用三种渠道？
- 多渠道零售商如何为其顾客提供更多价值？
- 多渠道零售的成功关键是什么？
- 技术将如何影响未来的购买行为？

互联网上的销售额每年以25%的速度增长，超过店面和商品目录销售增长速度的6倍。尽管如此，预计到2008年，互联网销售也只占零售业总量的6%。[1]但是，互联网已经并将继续对消费者的商店选择与购买决策产生重大影响。例如，超过40%的美国消费者在购买诸如汽车、消费电子产品或书籍等商品之前都会先到网上搜索相关信息。在互联网上，人们不但可以买，也可以逛。

本章的讨论中，我们将从战略的角度出发，分析零售商如何通过三大零售渠道——商店、商品目录和互联网——和顾客交流，并向顾客销售商品和服务。然后分析零售商为了增加收入，提高顾客的购物体验，是如何利用这三种渠道和顾客互动的。本章的结尾将展示未来零售商采用新技术、综合运用三种渠道所产生的令人折服的购物体验。

其他章节讲述零售商在具体方面如何利用互联网，包括雇员管理、商品采购、顾客关系管理，广告与商品促销及提供顾客服务。

与顾客互动的零售渠道

第 2 章根据销售的商品把零售商分为食品零售商、一般商品零售商及服务零售商；根据采用的渠道将零售商分为店面销售商和非店面销售商（如：电子零售商、目录/直邮零售商、直销零售商、电视购物零售商和自动售卖机）。但是，现在大部分零售商采用不止一种渠道向顾客销售。例如，几乎所有利用商店和商品目录销售的大型零售商，如 J.C.彭尼，不但进行商店销售，还进行网络销售。而两家最成功的电子零售商（Tavelocity.com 和 Expedia）都开了商店来补充其互联网销售，还提供旅行服务。[2] 由此可见，大多数零售商从只专注于一种销售渠道演变为多渠道零售商。

实 例

美国 72%的消费者在进行在线购物的同时也进行商店购物。[3]

多渠道零售商（multichannel retailer）是指那些采用多于一种渠道销售商品或服务的零售商。综合这些销售渠道，零售商可以平衡各渠道的独特好处，吸引并满足更多的顾客。零售视野 3.1 展示 REI（一家销售户外运动器材的连锁店）是如何利用这三种渠道与顾客互动的。另外，图表 3–1 列出了商店、目录和互联网各自所特有的长处，并展示了这三种渠道是如何相互补充的。

商店渠道

商店为顾客提供了大量通过目录或互联网购物所不能获得的益处。

浏览 购物者对自己想要什么通常只有一个粗略的概念（例如，一件毛衣、晚餐用具、礼物），但是具体到需要什么就不知道了。他们一般要先看看店里有什么，然后再决定买什么。虽然很多消费者会上网浏览或通过目录查找，但是大多数消费者还是更倾向于到店里来看看。

触摸感受商品 商店能给顾客带来的最大好处可能就是允许顾客在测试商品时使用全部 5 种感官——触觉、嗅觉、味觉、视觉和听觉。尽管新技术可以在 CRT 屏幕上展示商品的三维视图，改善了视觉效果，但是它所能提供的商品信息却远

图表 3–1

不同渠道提供的益处

商 店	目 录	互联网

• 浏览		
• 触摸感受商品	• 方便	• 方便
• 个人服务	• 安全	• 安全
• 现金付款	• 便携性，容易进入	• 选择范围更大
• 娱乐和社交经历	• 视觉展示	• 解决问题的信息更详细
• 即时满足		• 个性化
• 降低风险		

远比不上实际把泳衣穿在身上或闻一闻香烛那样的实际感受。

个人服务　即使顾客对商店提供的个人服务总带有批判的色彩，但导购员还是可以提供有意义的个性化信息。他们可以告诉顾客西装穿在她/他身上是否好看，

休闲娱乐器材有限公司——多渠道零售的领头军　零售视野　3.1

1938年，为了能在当地买到高质量的欧洲冰凿及其他登山器材，登山爱好者劳埃德和玛丽·安德森联合另外21位西北登山爱好者共同组成了休闲娱乐器材有限公司（Recreation Equipment Inc.，REI），除了销售国内外的大品牌外，还自己生产户外运动器械。所有产品都需经过这个行业最全面的质量检测实验室的检测，而且还需经过REI最重要的实验室——户外运动者实验室的全面检测。REI产品质量检验队伍是由一批热情的户外运动人士组成，他们在各种场景下对REI的产品进行检测。

在REI，顾客进店后可以测试设备，享受攀岩的乐趣。这种消费体验是其他零售渠道复制不了的。

REI的基地在华盛顿的肯特，共有77家商店专门从事户外运动器械和服装销售。公司的商店为户外运动爱好者提供了令人振奋的购物场所。例如，西雅图旗舰店就有一个高65英尺的独立攀岩、一个山地自行车道、一个野营火炉展示平台，还有一个“雨屋”，在这里顾客可以在购买前测试一下他们的设备。REI还通过商品目录及三个网站在国内外进行销售,它们分别是www.rei.com、www.rei-outlet.com和www.japan.rei.com。与此同时，公司还有一个REI冒险项目，是一个为户外冒险者提供全面服务的旅行社。

REI是电子零售的先锋，早在1996年就开始在互联网上销售商品。互联网为REI提供了一个平台，使之可以做到“在任何时间任何地点，都能发送任何商品，回答任何问题。”

- 任何商品：在网络上有更多选择
- 任何时间：每周7天，每天24小时
- 任何地点：互联网/商店/商品目录，国内与国际
- 任何问题：网页上有丰富的相关产品信息

通过综合使用这三种销售渠道，REI增加了对顾客的销售量。例如，在网络上购买的商品有35%是在店内取货。在取货的时候，有三分之一的顾客会花90多美元购买其他商品。

通过把POS终端与互联网相连，REI把网络带进了商店。因此，收银员可以进入网络，并增加了产品搜索功能。由于店内的电子商亭实现联网，因此即使是最小的店也可以向顾客提供公司的全部商品。

为了提高顾客忠诚度，REI在自己的网站上创建了户外运动爱好者社区，通过十几个板块，用户可以交流各自的历险经历，查看产品购买指南，或上传他们的旅游快照。此外，网站上还有经验丰富的用户写的入门要领，涉及的话题有“如何选择器材”，以及“迷路后该怎么办”等。当REI在东京开设第一家海外商店时，它已经拥有80 000个日本顾客了，这皆因公司数十年的目录销售和一年的日本网站（www.rei.co.jp）运作。

资料来源：www.rei.com; Laurie Sullivan, “E-Commerce: Promise Fulfilled,” *Information Week,* November 8, 2004, pp.70–73; Megan Santosus, “How REI Scaled E-Commerce Mountain,” *CIO,* May 15, 2004, pp.1–3.

推荐一款领带来搭配衬衫，或建议顾客在商务休闲场所穿什么合适。购买家用电器等耐用品的顾客表示销售人员是他们最有用的信息来源，比《消费者报道》、广告和朋友都有用。[4]

实 例

商店里94%的交易是现金交易。[5]

现金付款 商店是唯一接受现金付款的销售渠道。很多顾客都比较喜欢现金付款，因为这样交易很简单很便捷，而且不存在潜在的利息款项。

娱乐和社交经历 在商店购物对有些人来说是一种很刺激的经历，可以打破他们的日常生活轨迹，使他们能够和朋友们一起交流。《我们的购物之道》（*How We Shop*）的作者佩科·昂德希尔指出："商店购物是一种社交活动，不管一个网站有多少个聊天室，它们都不可能给来访者提供一次实实在在的逛街购物所能带来的经验感受，那种感受是要动用人的全部五种感官甚至是第六种或第七种感官的。"[6]

所有非商店零售渠道在满足娱乐和社交这两种功能时都存在一定程度的局限。网络或视频再吸引人再创新，都没有 Bass Pro Shop 或 REI 的商店里的展示和活动来得刺激。

即时满足 在商店购物后顾客能马上得到商品。如果你的孩子发高烧了，你断不会为了一个 Drugstore.com 的处方而等上一两天。

降低风险 在商店购物，其本身的物理存在就能给人以安全感，顾客们会觉得商品的任何问题都能得到解决。商店总会在那里接受功能不全或不合适的商品，更何况还发送信誉卡。从目录或互联网上购物，消费者就没有这样的信心了。

目录渠道

目录销售渠道能给顾客带来商店或互联网销售渠道所没有的好处。

在某些情况下，商品目录比商店购物和网络购物都方便。

方便 商品目录和其他非商店形式一样，可以使消费者几乎在任何地方任何时间查看商品并且订购。有了目录，消费者就不会受限于一定要在一个有网络连接和电脑的地方。他们可以在沙滩上随意浏览目录，或者躺在床上随手翻开查看。而且目录上的信息在很长时间内都是有效的，消费者随时都可以从咖啡桌上捡起一本商品目录查找信息。新设计出来的**杂志目录**（magalogs）集商品目录和杂志编辑内容于一身，更增强了消费者想拥有一本商品目录的欲望。

安全 商店和购物区域的安全越来越让人担心，尤其是对那些年纪比较大的人。非商店零售模式就在于它可以让顾客在安全的环境下（比如家里）查看商品，然后订购。

视觉展示的质量 目录上展示的商品图片尽管不如店内展示那

样有用，但却优于在CRT屏幕上呈现出来的视觉信息。

互联网渠道

实 例
电子商务始于1994年8月11日Net Market在互联网上出售斯汀的一张CD。[7]

实 例
在美国，网上购物的浏览次数几乎占所有互联网访问的10%。[8]

网络购物也同样具有商品目录及其他非商店销售渠道所能带来的安全与便利。与此同时，与商店和目录销售渠道相比，互联网还提供了一个更大的潜在选择范围和更多有关商品或服务的个性化信息。

选择范围更大 与其他两种渠道相比，网络销售渠道的好处之一就是消费者可以有大量选择。在网上购物选择商品时消费者可以很容易地“参观”更多零售商。居住在哥伦布或俄亥俄的消费者可以通过网络到伦敦的哈罗德购物，所需时间比他们到当地超市少多了。零售网站通常比商店提供更深入细化的商品分类（更多颜色、品牌和型号）。

商品评价信息更多 零售商的一项重要服务就是向顾客提供信息，帮助顾客做出更好的购买决策。不同的零售渠道在提供信息量上有所不同，消费者根据这些信息比较不同品牌商品的难易程度也不一样。例如，有些商品目录对每件商品只提供少量的事实信息，一般只有价格、重量、品牌、模型和图片；也有些商品目录提供每件商品更详尽的细节信息。Land's End里面的很多服装不但有彩色图案，还经常有制作过程、针法及材料的介绍。

商店给消费者提供的信息也不尽相同。专卖店和百货公司一般有经过培训的、具备专业知识的导购员，而一般的折扣店则没有。然而，导购员的个人知识经常是有限的，自助商店和商品目录受限于页面、标签或货架包装的大小。

通过互联网渠道，零售商可以给顾客提供所有他们想要的信息，比商店和商品目录所能提供的信息多得多。[9]电子购物的顾客可以尽情搜索网页，直到他们有足够的信息来做出购买决策。和商品目录不同，电子渠道的数据库可以随时更新，随时可得——每年365天，每周7天，每天24小时。此外，留住那些有知识的销售员很难，而且在很多时候成本很高。在互联网渠道上添加信息的成本比不断地培训上千的销售员少得多。

此外，通过使用互联网渠道，顾客可以编排信息，因此当他们评价商品时可以有效地使用这些信息。图表3–2显示了电路城如何利用一个对比列表来提供信息。与此相反，到商店购物的顾客一般不得不看看每个牌子，一件一件地看，还要记住不同品牌的不同特点，以便比较。[10]

互联网销售渠道还能超越传统的产品信息提供功能，为零售商提供能帮助顾客解决问题的工具和信息。**虚拟社区**（virtual community）就是解决此类问题网站的一个例子。虚拟社区是人们组织的查找信息、产品和服务的网络，通过这个网络，人们还可以就一些具体问题相互交流。例如，iVillage（www.ivillage.com）就是一个专为妇女开设的虚拟社区。其下的从属社区有孕妇社区、带小孩的妇女社区和职业妇女社区。孕妇社区针对一系列问题提供信息和建议，比如晨呕、生产预期及身体上的变化，此外还有专为孕妇提供的书籍和工具。在聊天室里，社区成员可以发表自己的观点、询问或解答疑惑。零售商是为顾客提供解决问题的网

图表 3–2

互联网渠道提供的对比列表

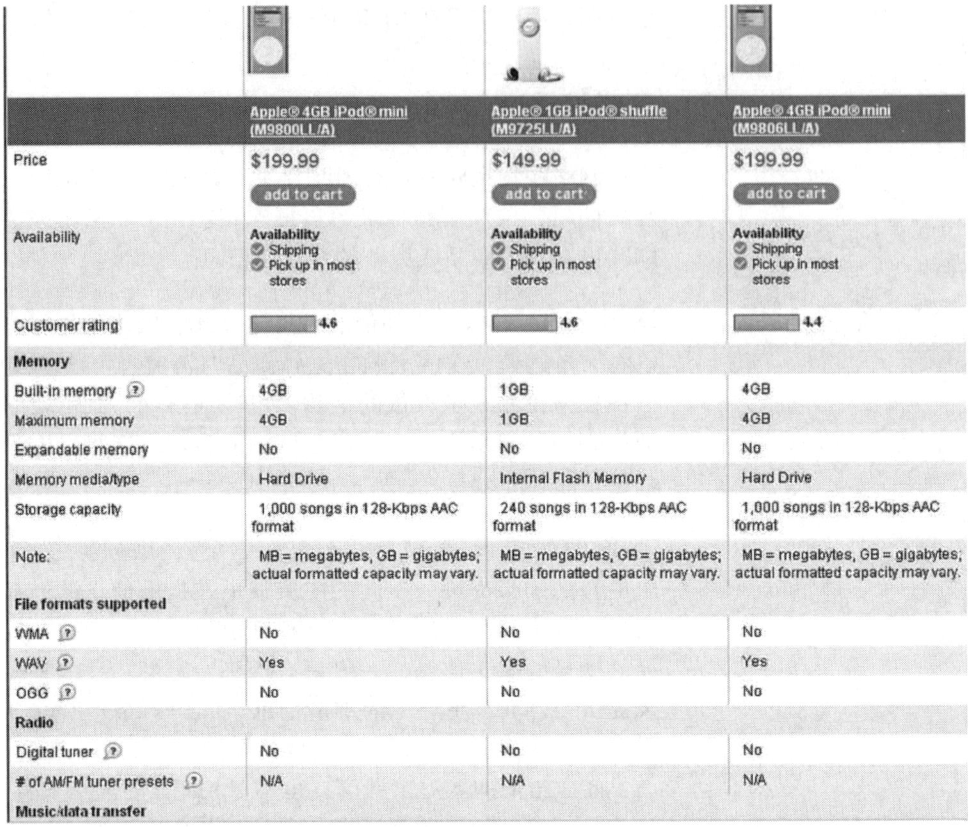

	Apple® 4GB iPod® mini (M9800LL/A)	Apple® 1GB iPod® shuffle (M9725LL/A)	Apple® 4GB iPod® mini (M9806LL/A)
Price	$199.99 add to cart	$149.99 add to cart	$199.99 add to cart
Availability	Availability Shipping Pick up in most stores	Availability Shipping Pick up in most stores	Availability Shipping Pick up in most stores
Customer rating	4.6	4.6	4.4
Memory			
Built-in memory	4GB	1GB	4GB
Maximum memory	4GB	1GB	4GB
Expandable memory	No	No	No
Memory media/type	Hard Drive	Internal Flash Memory	Hard Drive
Storage capacity	1,000 songs in 128-Kbps AAC format	240 songs in 128-Kbps AAC format	1,000 songs in 128-Kbps AAC format
Note:	MB = megabytes, GB = gigabytes; actual formatted capacity may vary.	MB = megabytes, GB = gigabytes; actual formatted capacity may vary.	MB = megabytes, GB = gigabytes; actual formatted capacity may vary.
File formats supported			
WMA	No	No	No
WAV	Yes	Yes	Yes
OGG	No	No	No
Radio			
Digital tuner	No	No	No
# of AM/FM tuner presets	N/A	N/A	N/A
Music/data transfer			

站的理想对象，因为零售商在汇总商品分类、服务和信息以吸引社区成员方面有很多技巧。第 19 章会更详细介绍聊天室。零售视野 3.2 描述网站如何帮助新婚夫妇规划他们的婚礼。

个性化 互联网渠道最重要的潜在长处就是零售商能很经济地为每一位顾客提供个性化信息。目录零售商无法很经济地按照每位个体消费者的需要和偏好来处理商品及信息。要节省成本，他们就必须向大批细分顾客发送同样的商品目录。

但是，以服务为导向的零售商，如专卖店和百货商场里的导购员，也能提供这一好处。他们知道自己喜欢的顾客想要什么。在开门营业前他们就会选择性地展示一些服装，甚至还可以到顾客家里或办公室里展示。但是实体零售商只有在其导购员工作时才能提供这些服务，花费也很高。互联网让零售商有机会低成本地提供此类“个性化”服务。

个性化顾客服务 传统的互联网销售方式只是回应顾客提出的问题。例如，网上提供了针对常见问题（FAQ）的网页和 800 免费电话或电子邮箱地址供顾客提问，但是顾客经常无法得到及时回复。为了能通过电子途径改进顾客服务，很多零售商都提供**在线聊天**（online chat）。只需按一个键，顾客就有机会和客服人员进行即时邮件联系或语音对话。利用这项技术，电子零售商也可以向在线顾客主动发送聊天邀请。发送邀请的时间可以取决于顾客在网站上停留的时间长短，或浏览

的某一特定网页，或其点击的某一商品。例如，如果顾客在MP3播放器规格介绍的网页上停留超过5分钟，就可以发条信息“您需要更多相关信息吗？”

提供在线聊天的经济性对零售商很有吸引力。一系列电子顾客服务即时聊天的平均成本是7.8美元，而电子邮件的成本是9.99美元，电话顾客服务的成本是33.00美元。在权衡刺激销售、提高顾客满意度与控制提供在线即时聊天服务的成本，零售商的表现是不同的。有些零售商选择提供这项服务，并使这些服务在其主页及点击率高的网页上清晰可见；而有些零售商则有意使这些服务项很难发现，鼓励顾客使用如FAQ这样成本较低的方式。

个性化服务 由于互联网的互动性，零售商可以根据每个顾客的情况提供服务。比如，在很多网站上顾客都可以根据自己的个性需要创建自己的主页，比如“我的雅虎”。通过使用cookie（一种安装在电脑硬盘上的电脑小程序，可以辨识信息），亚马逊公司可以给用户提供一个个性化主页，上面是根据用户已往购买的商品提供一些书籍和其他商品。亚马逊网站还给那些有兴趣的用户发送定制的电子邮件，通知其喜欢的作者新出了一本书，或者其喜欢的音乐家新出了一张CD。在线零售商可以提供给顾客的另一种个性化服务就是推荐补充（附属）商品。就像一个训练有素的销售人员在顾客购买前为其推荐商品一样，一个互动式的网页也可以为购物者提供其感兴趣商品的意见，例如其他购买过相同商品的顾客还购买过何种

婚礼频道帮你准备那个重要的日子 零售视野 3.2

典型的订婚或结婚策划过程会持续14个月，花费近20 000美元，而且涉及很多感情上的决定，如请多少人，邀请谁，邀请函用什么印刷风格，迎宾点定在哪里，仪式期间用什么音乐，花名册上要列哪些礼物等等。传统上是由女方家庭来安排婚礼策划过程，但是由于越来越多的人结婚都比较晚，结婚时双方都有工作，也不再和父母住一起，要策划一个婚礼就更具挑战了。

婚礼网站——如婚礼频道公司（www.weddingchannel.com），它的部分所有权属于联邦百货商店集团——向新婚夫妇及其家庭提供策划指南、小提示，以及和其他即将结婚的新人一起交谈的机会。礼品单上的礼物可以由不同零售商提供，并通过电子邮件发给宾客。要结婚的两个人只需待在家里收集信息，无须和不同的供应商一一见面。他们可以在网上浏览拟接待宾客地点的图片，也无须跑去听不同乐队的演出，从网上下载就可以了。为从外地来的客人预订旅店客房也可以在网上完成，而且还有前往迎宾点和旅店的地图。最后，新婚夫妇还可以建一个自己的网页，上传他们的婚礼照片。

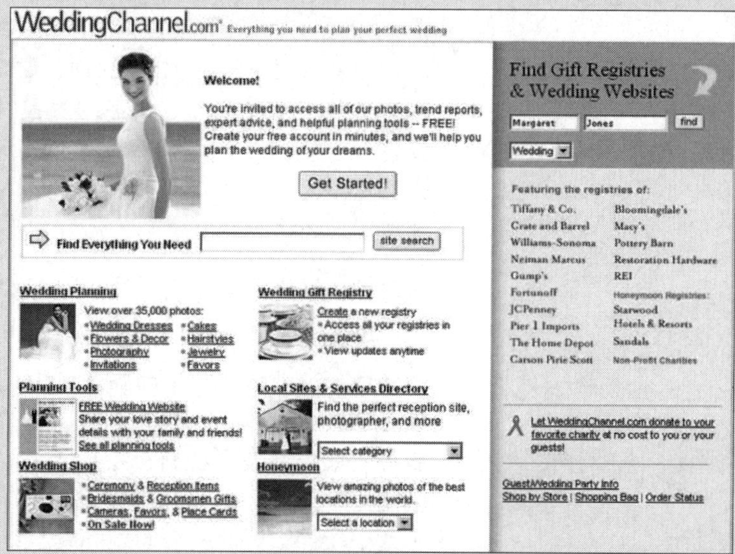

weddingchannel.com给新婚夫妇提供筹办婚礼时所需的商品、服务和信息。

资料来源：www.weddingchannel.com；www.theknot.com.

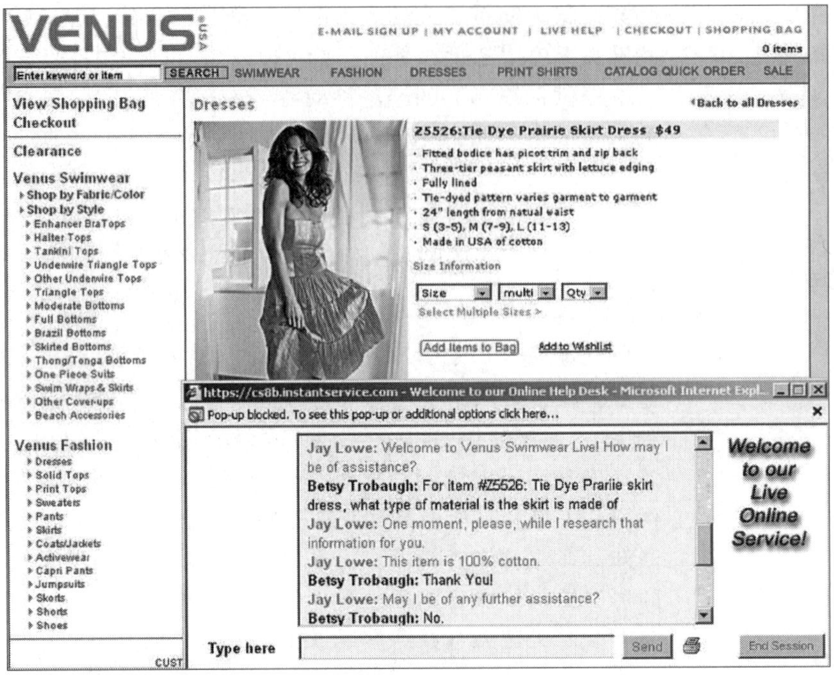

Venus Swimwear 在其网站上通过现场聊天来提供顾客服务。

别的商品。

Bluefly.com 是一个低价电子零售商，主要销售季末服装以及像 Donna Karan 及 BCBG 等一流设计室设计出来的剩余的设计师服装。它的商品折扣高达 75%。Bluefly.com 开发出了电子零售商提供个性化服务的能力，也克服了如下的困扰：一位顾客需要打折的 12 号服饰，她发现了自己想要的衣服样式，但零售商那里却只有 2 号。通过这个网站上的"我的目录"服务项，用户可以设定自己的型号和偏好。当他们打开网页的时候，看到的服饰已经过了预选，便不再需要一页一页去翻看型号不合适的或他们不喜欢的商品。当他们最喜欢的服饰网站上有货时，注册用户还将收到电子邮件通知。

未来的个性化 图表 3–3 显示未来消费者通过网络购物能享受到的个性化服务。

FRED 是一个**电子代理商**（electronic agent）。这个电脑程序可以根据预先设定的条件，帮助顾客定位和筛选可供选项。[11]在将来，电子代理商可能是一种电脑软件，消费者可以购买这种软件，或者也可以是零售商或第三方为顾客提供的一种服务。如果消费者在自己电脑上安装了这种程序，或者进入零售商网站，它就会问用户一系列问题，从而了解消费者的偏好。例如，朱迪在自家电子系统上安装了这个软件，软件就会问她问题，以此来了解她的品位和偏好。

类似 FRED 这样的电子代理商打开了网络购物双向受益的大门。例如，互联网销售渠道的一个好处就是能有更多的零售商进入网络，网上的商品分类也更细。但是，拥有太多的选择也不见得是好事。消费者中少有访问两个以上品牌处理店的，即使是购买贵重的耐用品也是如此。[12]我们再看看朱迪·贾米森利用 FRED 所做的搜索。朱迪真的在乎 FRED 开始找到的是 10 件玩具还是 121 件吗？在 121 个

图表 3–3 网络购物的人性化发展潜力

儿子戴夫几周后要过生日了，朱迪·贾米森想给他买个礼物。她打开家里的电脑，进入她的个人购物软件 FRED，并进行了下面的互动对话：

FRED：你想浏览、去一家特定的商店还是购买一件特定的商品？

朱迪：一件商品。

FRED：什么场合？（出现选择菜单，朱迪选择）

朱迪：礼物。

FRED：赠送对象？（屏幕上出现菜单）

朱迪：戴夫。

FRED：礼物类型？（出现菜单）

朱迪：玩具/游戏。

FRED：价格范围？（出现菜单）

朱迪：75~100 美元。

（FRED 接着在整个世界进行电子购物，查看遍布欧洲、亚洲、非洲、澳洲以及南北美洲的玩具游戏商。）

FRED：共搜到 121 个选项。你想看几个？（出现菜单）

朱迪：5 个。

（根据大卫的年龄和偏好，以及朱迪所看重的非暴力和教育性，FRED 选出 5 个最佳选项。这 5 个玩具出现在屏幕上，每件商品下面标有价格、品牌名称和各个零售商。朱迪可以点击每个玩具查看详细资料，再点击她就可以看到一个和戴夫同龄的小孩玩玩具的视频。她选择了自己认为最合适的礼物。）

FRED：付款方式？（出现菜单）

朱迪：美国快递。

FRED：玩具反斗城（朱迪所选玩具的供应商）还推荐了几本喜欢这种玩具的孩子喜欢的书，是否查看？

朱迪：是。

（屏幕上出现几本书，朱迪看过后决定订购一本。）

FRED：希望礼物包装吗？

朱迪：是。

（屏幕上继续出现几种包装纸，朱迪选了一款棒球图案的。）

FRED：你所订购的商品在下列商店有售，您希望亲自到店里取货，还是邮寄到您家里或办公室？

朱迪：（选了个离她办公室不远的一家商店。）

出售你所需商品的互联网零售商中，你会花时间看几个呢？当你利用 FRED 在它们中间搜索，并找出几个你可能有兴趣详细查看的网站时，拥有很多选择才是有意义的。

像 FRED 这样的电子代理商也可以搜索大量不同选择项，从中筛选出少量选项，供顾客详细参考，并提供他们一般会考虑的信息。此外，FRED 脾气绝佳，又不需要报酬，还可以一直都在那里等待任务的下达。这些代理商的功能类似于百货店的高级导购员，能帮助顾客找到他们可能喜欢的商品。比如 Netflix 的电子代理商就可以根据顾客的租借记录，为其提供 DVD 租借的推荐信息。

互联网渠道有能力为顾客提供某些独特的优势，但是和其他非商店渠道一样，它也有一些严重的局限性。网络的互动性刚好提供了某些独特的方法来解决这些限制。

> **实 例**
> 旅行服务、服装、CD、录像带以及电脑软件是互联网上卖得最好的几类商品。[13]

"触感"售货 买东西的时候，有些关键信息是可能"看"到的，比如说颜色、款式及软饮料量的多少；也有些信息是通过"触摸"感觉到的，比如说衬衫是否合身，某款冰激凌的味道如何，或者香水闻起来怎么样。只有当消费者通过历来购买某种品牌衣服的经验，清楚适合自己的衣服型号，而与此同时，所售衣服的大小型号和那个品牌的衣服比较统一，顾客才有可能买到合身的衣服。由于缺少这种"触感"信息，通过电子渠道销售的衣服退货率高达 20%，而在商店销售的衣服退货率只有 10%。

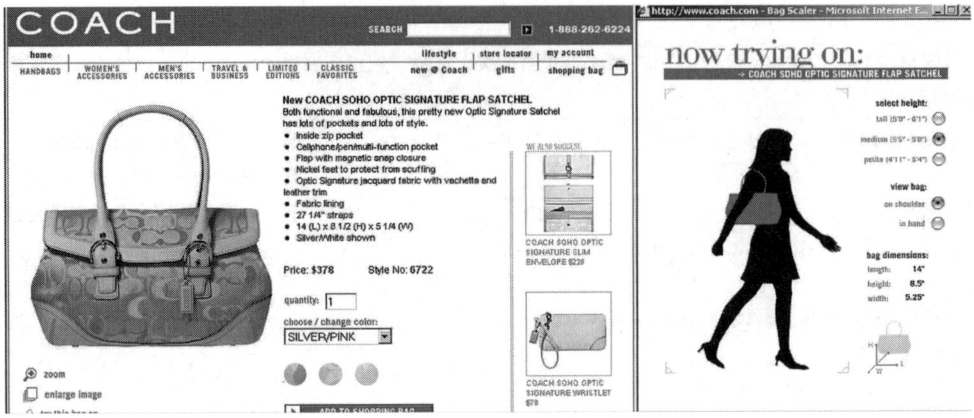

coach.com 利用 3D 和变焦技术把“触感”信息转化成视觉信息。

品牌的角色 品牌能为顾客提供一致的体验，帮助顾客于在线购买前克服网上购物不能感觉触摸商品的缺陷。由于消费者信任熟悉的品牌，因此那些具有鲜明“触感”的名牌商品，比如衣服、香水、鲜花以及食品等在非商店渠道中卖得很成功，包括互联网、目录及家庭电视购物频道。

考虑一下诺蒂卡香水或李维斯 501 牛仔裤这样的名牌产品。即使购买前你闻不到香水样品，但还是知道通过电子渠道购买的香水闻起来和上一瓶一样。这是因为诺蒂卡的生产者会确保每瓶香水味道都是一样的。同样地，如果你曾经穿过一件腰围 30 英寸、臀围 32 英寸的李维斯 501 牛仔裤，那么你通过电子渠道购买同尺寸的裤子会同样合身。

零售商的品牌同样提供了有关商品一致性和质量的信息。例如，由于看不到商品，消费者可能会不愿通过电子渠道购买蔬菜和水果。然而，同一个消费者却很乐意从《哈里与戴维目录》或其网站上购买水果，这是因为哈里与戴维树立的形象就是：只卖质量最好的水果。

技术应用 拥有电子渠道的零售商可以利用技术把“触感”信息转换成可以在互联网上交流的视觉信息。网站不再仅仅提供基本图像，他们还利用三维视图技术和变焦技术让顾客有机会多角度地查看商品。利用这些加强视觉效果的技术可以提高**转化率**（conversion rate），即顾客看过商品后购买的百分比，并且还能降低退货率。

为了解决试穿衣服的限制，服装零售商开始在其网站上使用虚拟模特。顾客可以看看选好的衣服是否适合身材比例和自己差不多的虚拟模特，而且模特还可以旋转，从各个角度看衣服是否“合身”。这些虚拟模特可以从“事先设定好”的一系列模特中选出来，也可以根据顾客反馈的身高、体重和其他测量标准设定。[14]

例如，在线购物者可以在 Land's End 的网站上选择一个与自己相像的模特，然后通过“点击换装”界面给模特穿上选好的衣服。在“试穿”的同时，网站还会推荐不同的物品。Land's End 曾报告：使用虚拟模特的顾客购买率比一般顾客高 28%，而且花费的金额也比平均消费多 13%。当 J.C.彭尼在其网站上提供这种

Land's End 在网站上提供的虚拟模特使顾客可以在家里“试穿”。（见彩插）

服务后，100 000 多名顾客把他们的模特保存起来以备用。

> **实　例**
> 目录零售商 Orvis 在网站上利用三维技术展示商品后，销售额增长了 60%~70%。[15]

这些技术的使用预示着在将来，顾客可以利用三维个人数字身材扫描器作为现实中的而非虚拟的模特。此外，身材扫描器测量的数据和衣服的相关信息还可以输入一个演示模特，这个模特会用五星评价体系来描述衣服是否合体，建议合适的尺寸。

尽管互联网渠道提供的视觉信息是有限的，但在某些情况下，网络却能比商店提供更珍贵的信息。比如说前面提到的朱迪，她想为她的儿子戴夫买玩具，在电子购物前她想先去商店看看，但是到了商店后，没有展示的玩具，她看到的却只有玩具包装盒上的图片。而在网上，她却能从视频中看到一个孩子是怎样玩这个玩具的。

礼物　在某些情况下，触感信息可能会非常重要，但是顾客在商店里得到的信息未必会比他通过电子渠道获得的信息好多少。例如，你想给你母亲买一瓶香水。即使你跑到商店试过所有新出的样品，可能还是不能得到足够多的信息，你还是无法确定你母亲可能喜欢哪一款。在这种情况下，商店并不能比电子渠道提供更多有用的商品信息，但是在网上买礼物却能帮你节省包装礼物的时间和精力，还能帮你将礼物送到你母亲手上。出于这个原因，礼物销售占了互联网销售的很大一部分。零售视野 3.3 描述了红信封公司（RedEnvelope）是如何利用互联网及目录来针对礼品市场的。

服务　一些服务零售商在互联网销售上获得了很大成功，因为他们在网上提供的产品视觉特征非常有效。例如，Travelocity 公司（www.travelocity.com）从事在线旅

行策划服务。当顾客进入网站，填写一张表格，说明目的地和理想的出发时间，电子代理商就会找出费用最低的一条线路。如果想买张票，则只需点击一下购票的图标，输入你的信用卡信息，然后就会得到一个电子票的确认码。像 Travelocity 以及 Expedia（www.expedia.com）这样的旅行服务商会提供详细的目的地信息，比如一张标有酒店位置的地图。使旅行者们可以在聊天室分享他们在这些酒店及餐馆的经历，这个优点是其他销售渠道不具备的。[16] 由于互联网的吸引力，很多银行被吸引过来，它们纷纷对网上银行业务进行大规模投资。[17]

实 例

回答在网上购物哪些特征最关键时，25%的消费者说是信用卡安全，22%选择高速的下载速度，20%认为消费者所能得到的服务，7%选择大幅度打折，另外 7%回答是隐私。[19]

电子购物风险 尽管很多消费者都曾有过电子购物的机会，但对通过电子渠道购物还是心存疑虑。电子购物的两大风险是：（1）网上信用卡交易的安全性；（2）潜在的隐私权侵犯。尽管很多消费者都担心网上信用卡交易的安全性，但在实际的使用中却并未发生过很大的安全事故。几乎所有零售商都使用复杂的技术对他们与顾客之间的交流信息进行加密。同时，由于信用卡发行公司不断在网上推广信用卡，并告之顾客无须为安全事故负责，因此这个风险大大降低了。[18]

消费者担心的另外一个问题是，零售商在收集他们的购物记录、个人信息，或者上网搜寻他们的购物行为。他们担心将来这些信息将用于何处，会不会卖给其他零售商？消费者上网会不会收到不想要的促销材料或广告邮件？第 11 章将详细介绍这里涉及的隐私问题，以及零售商如何消除顾客的这种顾虑。

3.3 零售视野 红信封公司让送礼变得简单

自 1999 年公司成立以来，红信封就以简单有趣地派送礼物作为自己的使命——不论何种场景或情况。公司的名字“红信封”源自亚洲的传统：在亚洲，礼物常常只用一张红色信封包起来，这是好运、爱和感激之情的象征。

红信封的网站和季度目录还提供高价礼物的独特分类，例如，价值 90 美元的婴儿羊绒衫和价值 129 美元的少儿高尔夫球杆等。很多礼品是红信封公司独家拥有的。它的商品小组直接和国内生产商、进口商及海外代理商联系合作，设计并生产产品。公司 25%的产品来自海外。通过直接与海外代理商和生产商合作，红信封可以有效地管理产品开发和质量。

顾客进行网站购物可以根据特殊的日子来挑选礼物，比如母亲节、婚礼或者“只是想送”；或根据礼物的接受者来挑选，如父亲、儿子、女儿或生意伙伴；也可以根据商店（商品类型），比如家居用品、园艺用品、小型器械，或者花卉和其他植物。

个性化服务占了公司业务的一大块。比如说公司有这样一种产品，顾客可以把数码照片发过来，公司把它打印出来并镶进一个框架上，这就是一个礼物了。或者顾客还可以把自己写的三句话或诗刻画在一个盒子上；顾客还可以上传歌曲，并灌制成唱片，再放进一个压花纹的 CD 盒架里。

很多服务是专为送礼方便而设计的。需要选件礼物吗？只要在一个个性化购物者图标上点击一下，在弹出来的窗口和客服人员聊一会儿，顾客的问题就可以得到即时回答，还可以得到相关建议。想快速买礼物吗？网站的礼品搜索功能使顾客快速、容易地找到理想的礼物。红信封公司还免费赠送提示服务，帮助顾客记得家人和朋友的特殊日子。网站会提前发邮件给顾客，告之某一特殊日子的到来，并附带一个建议的礼品单。顾客每送出一份礼物，接受者的名字及其他重要信息就会被保存起来，当顾客下次再查看时，就可以在商品信息网页上的一个下拉列表中看到以往所有礼物接受者。

资料来源：www.redenvelope.com; “Online Extra: Pushing the RedEnvelope,” *BusinessWeek*, January 10,2005,p.30.)

向多渠道零售发展

传统的店面零售商和目录零售商越来越重视电子购物渠道，它们向多渠道零售发展的理由有四个：首先，电子渠道是它们超越现有模式局限性的机会；其次，电子渠道意味着新的市场；第三，提供多渠道购物就像零售商给自己建立了一个**"共享钱包"**（share of wallet），即提高顾客在某个零售商那里的购物总量；最后，电子销售渠道便于零售商分析顾客行为以便获得重要信息。

打破现有模式的限制

店面零售商面对的最大限制就是店面规模。一个商店里所能展示和提供的商品是有限的，但是通过结合商店和联网的电子商亭，零售商就可以大量增加商品的种类。例如，沃尔玛和家得宝的购物楼层是很有限的，但是顾客可以通过联网的电子商亭查看更丰富的产品选择，获得更详细的信息，并订购商品。

店面零售商面对的另一限制，是销售的不连贯性。商店和商店之间，甚至是同一商店在一天的不同时间，销售人员的知识储备和可获得性的差别都是很大的。尤其是要推介复杂的新商品时，销售的不连贯性往往是零售商的一个很大问题。例如，在向销售人员讲授新产品的特色和优点时，电子消费品零售商百思买就很难向所有的销售人员讲清楚。为了解决这个问题，百思买设立了联网的电子商亭供销售人员和顾客查询商品信息。[20]

目录零售商也可以利用电子渠道来打破目录销售的限制。一旦商品目录付印，就无法再更新商品和价格变化信息。因此，Land's End 公司在自己的网站上给顾客提供即时库存信息以及清仓商品的降价信息。

扩张市场

增加电子渠道对那些有很大的品牌知名度但却在位置和分销渠道上受限的公司尤其具有吸引力。例如，蒂凡尼、哈罗德、萨克斯第五大道、布鲁明代尔和内曼·马库斯等零售商以销售独特的高品质商品闻名，但是顾客需要跑到英国或者美国的大城市才能买到它们的商品。有趣的是，如今大多数这样的店面零售商通过其成功的目录销售成为了多渠道零售商。零售视野 3.4 展示了小型零售商是如何通过互联网扩张自己的市场的。

增加市场份额[21]

虽然电子渠道会带来一些资源的调配，但若能与其他销售渠道协同使用的话，就能使消费者从零售商那里购买更多商品。图表 3-4 显示了顾客的多渠道消费行为。43%浏览零售商网站的顾客和 19%翻看零售商目录的顾客会到零售商的商店消费。因此，电子渠道和目录渠道推动了商店消费，而商店消费又会推动网络消费。Eddie Bauer 是一个综合应用三种渠道的零售商。它发现在其顾客当中，一年

图表 3-4
交叉渠道购物者的比例

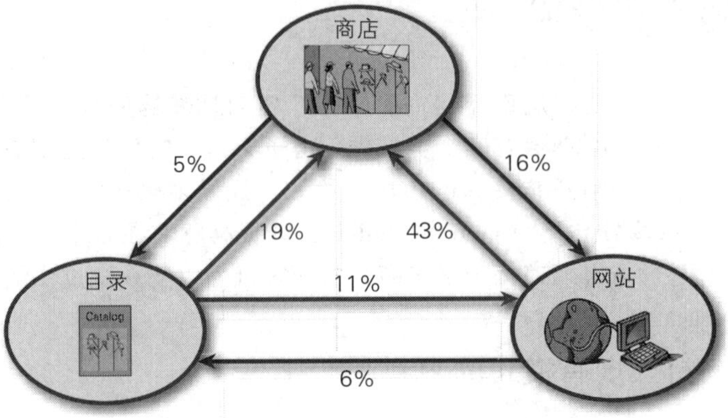

资料来源：*Statistical Fact Book 2004*. Washington, DC: Direct Marketing Association, p. 131.

里只使用一种销售渠道的顾客的消费金额是 100~200 美元；而使用两种销售渠道的顾客，消费金额在 300~500 美元之间；三种渠道都使用的顾客，消费金额是 800~1 000 美元。[22]

只使用一种销售渠道的传统零售商可以用已有的渠道来推广其他渠道提供的商品。例如，零售商可以在商店的标识上，或者在购物袋、信用卡账单和电子收银票据上，以及在以往用来推广商店渠道的印刷或广播广告上打网址的广告。实际的店面和商品目录本身就是零售商所有渠道的广告。零售商可以利用电子渠道通告商店特殊活动及促销活动，以此为商店吸引更多的客流量。实体零售商可以发挥商店的杠杆作用，把商店当做集散商品的“仓库”，降低订货和处理回收商品的成本。另外，顾客还可以随时到商店去取或退回商品，而无须再付邮费。有些

实 例

据消费者报告，零售商网页的一大有用特色就是提供某商品在当地商店是否有货的信息。[23]

3.4 零售视野 通过网络可以实现全球销售

哈里斯自行车行（Harris Cyclery）是马萨诸塞州西牛顿村一个很小的自行车行，通过在其网站上（www.harriscyclery.com）提供商品信息并销售自行车零部件，在国际上享有盛名，并且增加了店面销售额。这个小自行车行是在一个很意外的情况下发掘这一机遇的。店员谢尔登·布朗长时间以来都是波士顿地区不同商店的机械师。1995 年他向商店提议：建一个网站，每月花费 30 美元。起初网站上只有一张该店的图片及其地址。布朗自学了网页制作程序 HTML，在网站上挂了几百张图，都是些很难找的自行车零部件，并标明价格。其他网页上还有一些关于类似惯性滑行或可调悬臂闸等技术的专题解释。

现在，该网站每天能收到 300 封电子邮件以及 20 个零部件的订单。哈里斯自行车行以低成本、低技术的方式经营其零部件业务。电子邮件订单会转到一个 Word 文档里面，然后布朗到仓库将顾客订的零部件找出来，包装好。“库存管理”就是把一个仓库里的空包装盒倒置，这就意味着该进这种零部件了。此网站除了能带来该店三分之一的销售额，还增加了商店的客流量。由于销售额的增长，该店一年要雇上 5 名机械师。

店老板阿伦·哈里斯看到这么多马萨诸塞州其他地方的人都来店里购物，感到很惊奇。而这些顾客是因为对网站上那些难寻的零部件以及布朗提供的个人服务印象深刻，所以跑到店里来了。

资料来源：Ross Kerber, “Dot-Coms May Be Dead, but Small Businesses Are Still Using the Internet to Extend Their Reach Pedding on the Web,” *Boston Globe*, April 15, 2002, p.C1. Coperight 2002 by Globe Newspaper Co.（MA）. Reproduced with permission of Globe Newspaper Co.（MA）via Copyright Clearance Center.

零售商如 L.L.比恩在顾客亲自到商店取商品的情况下，就会免除顾客在网上或者通过目录订货的邮寄费。

多渠道零售商萨克斯第五大道利用商店里的购物袋给它的互联网渠道做广告。

理解顾客购物行为

电子销售渠道能为理解顾客的购买行为提供有价值的信息，包括顾客的购物方式和购物理由，顾客购物是否满意，满意与否的原因分别是什么。例如，关于顾客如何选购某类商品的信息，对商店布局的设计或网页的设计都很重要。

商店和网页的布局要反映出顾客购物是看品牌、大小、颜色还是价格。例如，顾客愿意用一种品牌取代另一品牌就是对分类计划非常有价值的信息。这些信息不易从商店或者目录购物者那里得到，除非有人跟着顾客满商店跑，或观察顾客是怎么翻看商品目录的。然而，在顾客浏览网页的时候收集这些信息就很容易了。[24]

互联网渠道使零售商有机会收集到有关顾客偏好的详细信息。例如，Land's End 公司网站有一个特色服务叫“我的个人购物者”。消费者需要从成对服装中选出自己喜欢的那一款。通过这些选项信息，零售商可以利用市场研究中的联合分析技术来了解顾客大概的喜好。而这一分析结果会用于 Land's End 在其首页上提供的个性化商品推荐，当顾客一打开 Land's End 的网站就会看到。

最后，电子渠道可以用来收集的正反面消费者反馈。由于电子渠道快捷、简单且比较客观，大多数顾客更愿意通过它来进行信息反馈。

多渠道零售应具备的条件

在 21 世纪到来之前，大部分消费品都是通过商店或者目录销售给消费者的。那时没有互联网，生产商一般也不愿店面和目录顾客相互竞争，而且生产商在那方面既没有能支持他们这样做的专业技术，也没有这个想法。

互联网改变了这种情况。像第 2 章描述的，在 20 世纪 90 年代末，一大批新兴的只做互联网零售的企业最终都纷纷落马。很多传统零售商和目录零售商在进军电子零售领域时都很谨慎。到今天，除了个别像亚马逊网站这样的零售商外，大多数只做互联网零售的企业都立足于利基市场，专门销售市面上很难找到的商品、服务、特殊爱好用品及收藏品等。其他的电子零售业都受控于传统的店面零售商或者目录零售商。然而他们发现，真正能拓展自己业务的机遇就是把自己升级为多渠道零售商，将原有的销售业务和电子零售结合起来。

为了能有效地操作多渠道零售并从中获利，企业应该具备以下技能：（1）最基本的商品管理能力——开发商品种类和管理商品库存；（2）店面运营管理，包括远程员工管理；（3）从分销中心到商店的高效商品配送能力；（4）能够进行非店面的零售活动，包括使用目录推介商品的能力；（5）在网站上推介商品的技术；（6）电子化的订单处理流程；（7）能把顾客的个人订单高效地配送到家；

图表 3–5
多渠道零售所需能力

所需能力	实体零售商	目录零售商	利基电子零售商	商品制造商
商品分类开发及库存管理	高	高	低	低
远程人员管理	高	低	低	低
高效配送商品到商店	高	低	低	高
通过印刷品和分发商品目录有效推介商品	中	高	低	低
通过网站有效推介商品	中	高	高	低
通过电子渠道处理顾客的个人订单	中	高	高	低
高效的送货上门服务及退货服务	中	高	低	低
整合信息系统，提供一个无缝的跨渠道顾客体验	低	中	高	低

(8) 在各个渠道都给顾客提供一个完美无缺的界面，跟顾客进行交流，并进行信息管理。某些类型的零售商和制造商在这些方面更得心应手。图表 3–5 就不同类型的零售商以及商品制造商在这些方面所具备的能力列了个评价等级表。

谁拥有这些关键性资源

如图表 3–5 所示，目录零售商在增加电子渠道方面处于最佳的优势地位。他们有一个很高效的系统，可以从单个顾客那里收取订单，包装顾客所订购的需要递送的商品，配送到家，并处理退货。他们同时还拥有大量的顾客信息和与此相关的数据库管理技术，这些在有效实施个性化服务时都是必要的。例如，目前很多目录零售商的电话员可以搜索客户数据库系统，并建议顾客购买其他补充商品。最后，建立一个有效的网站所需的技术与在准备商品目录时所需具备的视觉销售技术非常相似。

店面零售商和目录零售商在商品分类以及有效管理商品库存方面都非常合适。一般而言，他们在商品汇总分类方面的技能和经验很丰富，优于大部分生产商和纯粹的电子零售商。此外，由于他们所提供的商品种类是由多个供应商提供的，因此在推荐商品时比生产商更容易赢得信任。这些传统零售商还和小商贩及采购大户保持联系，拥有合适的信息系统和分销系统来管理从小商贩到分销中心的供应链。然而，大多数以实体零售商和生产商没有合适的分销系统把商品送到单个的订货人家里。他们的分销系统适合于接受零售企业或商店的大宗订单，或者是向零售商的分销中心或商店分销以货车辆计的商品。但是，市场覆盖面大的店面零售商却可以利用自己的店面，作为网络购物者提取商品或退还不如意商品的便利地点。

尽管纯粹的电子零售企业曾经一度深受投资者好评，但是图表 3–5 告诉我们，大部分电子零售企业并不具备发展成为多渠道零售商的资源。这些纯粹的电子零售商精通互联网技术，网站设计及交易管理系统的开发也很强，他们还可以利用互联网独特的互动功能，但是缺乏必要的品牌认知和零售技巧，而这些在赢得消费者信任、提供完整的商品分类、管理库存及接受家庭的小额订单等方面都是很有必要的。假以时日，剩下的电子零售商都意识到零售技巧和分销系统的重要性了，他们开始从传统零售商那里雇用管理人员来管理商品，并建造自己的库房。[25]

为了区分纯粹的电子零售商和传统零售商之间所占资源的区别，可以将电子药品店 Drugstore.com 和 Soma.com 与沃尔格林公司进行比较。[26]后者在建立自己的电子销售渠道时拥有以下资源：

- 在美国拥有 3 000 家店面，地理位置很方便，还有便利柜台，顾客可以随时过来拿自己的处方和商品。
- 有一套很适当的系统，从挑选、包装到寄送处方药和电话即时订购商品。
- 其值得信赖和帮助顾客解决与健康相关问题的品牌形象深入人心。
- 和第三方支付者（HMO 以及保险公司）达成协议，同意给顾客提供医药方面的帮助。

意识到店面零售和电子零售的协同关系后，CVS 收购了 Soma.com 公司，而来爱德药业买下了 Drugstore.com 公司 25%的股份。[27]大多数别的电子药品零售商不是被其他公司收购，就是破产了。店面零售商不断推出自己的电子渠道，变单一的店面销售为"店面加页面"销售，在这种情况下，那些率先在网络上销售商品和服务的纯粹的电子零售商在维护自己的成功果实方面必定会有一点艰难的路要走。

制造商是否会利用电子渠道销售产品

非居间化（disintermediation）是指制造商跳过零售商直接向消费者销售自己的产品。由于制造商可以在网络上建立零售站点，直接面向消费者，因此零售商对非居间化很担忧。但是正如图表 3–5 所示，制造商在电子销售方面还缺乏很多必要的关键技术，而且相对制造商而言，零售商能更有效地处理和顾客的关系。在向顾客直接配送商品、提供补充商品、采集和使用顾客信息方面，零售商比制造商经验更丰富。零售商的另一个优点是，他们能为顾客提供更广泛的商品和服务，能更好地解决顾客的问题。例如，如果消费者想直接从制造商那里买一件衬衫和一条领带，他们必须浏览两个不同的网站，而且还不能确定衬衫和领带的搭配是否合适。还有一点，如果制造商开始直接销售产品的话，他们就要面对失去零售商支持的风险。

哪个渠道获利最多

实　例

通过电子渠道购物的商品退货率高达 40%，与此相比，目录销售的退货率只有 6%，实体店的退货率更低。[28]

很多人认为电子渠道节省了建造商店和维持商店运行的成本，也弥补了店员的工资成本，这样一来就降低了零售商的商品价格。然而，电子渠道在设计、维护和更新网站，吸引顾客浏览网站，维持面向个体顾客的配送系统和仓库方面成本很高，而且还要应对非常高的退货率。这些成本加上运营整个电子渠道的成本可能比维持一个实体店还要高。

多渠道零售的注意事项

无论顾客是在一家商店里或售货亭与销售员进行互动交流，或是登录零售商的网站，还是给零售商的电话服务中心打电话，顾客都希望零售商能认出自己。J.C.彭尼的“三重零售”策略（“进入、打入、登录”）就提供了这种和顾客交流的界面。顾客在J.C.彭尼位于旧金山和得克萨斯的新旗舰店里可以浏览货架，也可以通过联网的电子商亭搜索并购买J.C.彭尼商品目录下的所有商品。目录商品在店面里也能买到，而在家里收到的商品也可以拿到店里退货。[29]

然而，通过多渠道向顾客提供一致的界面，零售商需要将其顾客数据库和支持每个渠道的各个系统整合起来。除了信息技术方面的问题以外，意欲提供整合的以顾客为中心的商品和服务零售商，面对的其他关键问题包括品牌形象、商品种类及定价。

综合购物体验

零售商刚开始探索网络的时候，他们仅仅是在网站上展示自己的待售商品。现在，为了提高自己的竞争力，多渠道零售商有必要向顾客提供各种特色和服务，改善顾客跨渠道的购物体验。图表3–6列举了一些特色和服务。

很多零售商现在仍然试图将其所有渠道的购物体验整合起来。Legacy系统（很久以前安装的第一批系统）与顾客关系的间断及库存数据库技术的滞后都会妨碍零售商保持不同销售渠道的一致性。尤其是那些大型百货商店，都有很大的货物库存，不可能在网上把商店里所有的商品都展示出来。再加上，目前的零售环境使零售商在财务预算上很谨慎，所需昂贵的技术升级是一个严峻考验，尤其是

图表 3–6
多渠道服务及其特点

- 比较自由的退货服务，商店接受在网上订购商品的退货。
- 在网站上刊登零售商的促销广告及特卖消息。
- 商店小票上印有零售商网站的网址。
- 售货员可以引导顾客到网站上寻找商店里没有的商品。
- 顾客可以在网上订货，然后到商店取货。
- 商店里装备电子商亭，以便顾客进入零售商的网站。
- 网站提供有关库存的信息（某商品在当地商店是否有货）。
- 顾客可以通过商店里的电子商亭订购商店里没有的商品。
- 网站提供并打印在商店完成的购物单。
- 网站提供店面购物优惠券及其他促销物品。
- 网站上有商店活动信息。
- 售货员可以引导顾客到网站上搜寻售后信息。
- 对那些在网站上订购而在商店里取货的订单，零售商可以免运送费。
- 在商店里顾客可以用现金为其网站上订购的商品付账。
- 商店提供网上购物优惠券。

资料来源：Industry Outlook: Multichannel Retailing: Benchmarks and Practices. Columbus, OH: Retail Forward, May 2004, p. 6. Used by permission of Retail Forward, Inc.

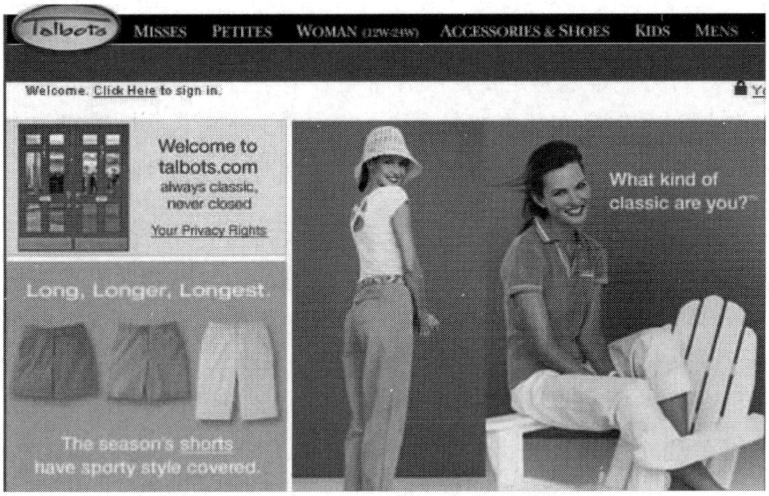

Talbot's 的网站利用其店面的设计元素来提供一个一致的品牌形象。

目前网络销售额还只占总零售额的一小部分。很多零售商发现与其一次性把所有渠道从头到尾整合起来，还不如一步一步地来简单些。前者对零售商来说不管在财务还是技术上都很艰难，而且一旦做得不好，还会疏远顾客。

最早成功的多渠道整合的例子之一就是：允许顾客把在网上买的商品拿到店里来退货。一旦顾客进入商店，即使是那些他们在浏览网页时不会买的商品也可能会卖掉。在商店里面，很多顾客都会被诱惑购买其他商品。那些在网上购物到店里取货的顾客中大约30%在店里取货时会花掉更多钱。[30]

品牌形象

多渠道零售商在各个渠道向顾客推出的品牌形象必须是一致的。例如，Talbots 在店面、商品目录和网站上都注意增强其“服饰款式经典，顾客服务一流”的品牌形象。其网站的入口就是其店面的红色大门，顾客一进入网站（www.talbots.com）就会看到这样的问候语：“经典无限，永不停止。”在网站上顾客可以咨询在线风格向导，此项服务向顾客提供季节性时尚要领，还有文章教顾客如何正确选择泳衣、叠放的艺术和娇小款型选择。Talbots 致力于提供“友好”服务的品牌形象通过 24 小时的个人服务得以增强。

商品分类

一般，顾客希望在零售商店面看到的商品都会出现在其网页上。跨渠道重叠的重要商品强化了该品牌在顾客脑海里的印象。

但是不同的零售商在不同的销售渠道里重复的商品量各不相同。有些零售商，例如沃尔玛、凯马特、梅西及巴诺，在这个网络膨胀时代里将电子渠道和目录渠道当做是完全分开的业务或独立部门来运营，就会造成商品供应的不一致。目前的趋势是跨渠道整合商品供应。涉及多渠道零售企业组织的问题将在第 9 章讨论。

其他多渠道零售商通过利用网络销售渠道增加提供给顾客的商品种类，从而增加收入。例如，就某些商品而言，盖普公司网站上所提供的颜色和型号就比其商店里要多。多渠道零售提供商品分类的能力在第 12 章介绍。

最后，很多多渠道零售商把网站上面的商品分类进行了编辑，只保留了他们的顾客可能在网上购买的产品。例如，沃尔玛网站取消了低档化妆品和服饰的供应，因为运送商品的费用高于商品的价值。

定 价

多渠道零售商面对的另一难题是定价。顾客希望各个渠道之间的定价能保持一致（包括运费和营业税）。但是在某些情况下，零售商需要根据在不同销售渠道的不同竞争调整定价策略。例如，巴诺书店在其电子销售渠道上采取了更低的价格，以应对亚马逊网站的竞争。

在不同市场往往均有商店的零售商对同一商品采用不同的定价，以应对当地的竞争差别。顾客一般不会意识到这种价格的区别，因为他们只能看到当地市场的定价。但是，当顾客可以从网上很方便地查到定价时，多渠道零售商就很难再维持这种价格差异了。

多渠道零售商开始提供不同的定价形式，例如拍卖，以更好地利用互联网的特性。我们将在第 15 章讨论不同的定价方法。

总之，不管顾客采用的是何种购物渠道，他们都逐渐希望能和零售商在任何时间、任何地点进行互动交流，而且还希望零售商不但能认出他们，并且还能记得他们之间的交易史。多渠道零售商面临的困难，就是向顾客提供其期待的无缝服务界面。下一节将描述多渠道零售商能为顾客提供哪些利益。

未来购物

下面的场景描述未来人们可能接触到的跨渠道的无缝界面。

购物体验

一个星期二早上，朱迪·贾米森一边吃着早餐，一边翻看当地连锁百货商店的商品目录。她看到了一些漂亮的裙子，于是决定买一条新裙子，穿着去参加星期五晚上癌症学会的鸡尾酒会和晚宴。活动地点在里兹大饭店，参加的人多是镇上的一些新潮人物。她上网到百货商店的网页上浏览了其他裙子，并决定下班后去百货商店里看看。

朱迪走进商店后一小会儿，她信用卡上的一个芯片就会把她的到来及其身份信息（常客）发送到商店销售员持有的掌上电脑上，该销售员专门负责接待常客。朱迪可能感兴趣的商品信息，包括她早上在网上浏览过的，都会从商店的服务器下载到她和售货员的掌上电脑上。

一个售货员走向朱迪说：“您好，贾米森女士。我叫琼·布拉德福。我能帮您什么忙呢?”朱迪告诉售货员，她要买一条在鸡尾酒会上穿的裙子，已经在网上看中了几条，想来商店看看。售货员就会带着朱迪走进一间虚拟试衣间。

走进试衣间，朱迪坐在舒服的椅子上，看着衣服被试穿在自己的模型上。这个模型是根据朱迪的身体扫描得到的数据描绘出来的，储存在顾客档案里。朱迪近期在该店网站上的浏览信息，以及以往的购物历史信息会被用来选择试穿的衣服。

朱迪坐在虚拟试衣间观看她选择的裙子穿在自己的虚拟模特身上。

朱迪通过掌上电脑和朋友分享此次购物体验。

通过掌上电脑，朱迪把她的个性化图像传给还在加州工作的朋友，他们讨论哪条裙子最合适。然后，朱迪还可以利用掌上电脑了解更多相关信息，比如裙子的材料和洗涤要求等。最后，她选中了一条裙子，只用手指一点就买下来了。

售货员琼利用她的掌上电脑显示的信息，向朱迪推荐了一个手提包和一条丝巾来搭配裙子，并把这两件商品加到原先的电子形象上。朱迪决定买下那条丝巾，但是没有要那个手提包。最后，朱迪被告之，为了使裙子完全合身，可能需要在某个地方稍微改一下。朱迪回家后在商店的网站就能查到裙子是否改好了，然后再决定是要求商店将裙子直接送到家里还是自己去商店取。

要离开商店了，朱迪去取车时经过了化妆品专柜，看到一款新出的口红，就买了一支口红和三盎司她最喜欢的香水，然后离开了商店。利用射频识别（RFID）芯片，商店系统一检测到朱迪的离开，就从其账户上扣除她购买商品的款项。

购物体验的支撑

以上描述的情景演示了各个渠道和整合系统共享顾客信息的优势。售货员和商店系统可以从数据库获得朱迪的身体扫描电子形象、在零售商网页浏览过的商品信息、过往的购物信息及其偏好。

朱迪在看了商品目录后就想买一条裙子，在她去商店前，她上网查看有哪些商品，然后查看商品修改的状态，并决定是否要求送货上门。这些场景中的一些新技术，即射频识别技术、自动结账及个性化虚拟展示，都可能在未来的商店里得到应用。

小 结

传统的实体零售商和目录零售商增加了电子销售渠道，从而演变成整合的、以顾客为服务中心的多渠道零售商。正是顾客想与零售商在任何地点、任何时间进行交流的需要不断增强，才促使了多渠道零售商的演变。

店面、商品目录和网站，这三种销售渠道给顾客带来的利益各有千秋。店面销售渠道使顾客可以触摸、感觉商品，并在购买后能立刻使用该商品。商品目录销售渠道使顾客可以在任何地点、任何时间查看零售商供应的商品。电子销售渠道提供的独一无二的益处是：消费者可以查看大量的商品，然后根据需要在已选基础上缩小选择范围，并且还可以查看相关商品的详细信息。

多渠道销售能使零售商打破单个销售渠道的局限。因此，网页可以延展店面销售的地理覆盖面和商品分类，或者更新商品目录上的信息。商店可以用来提供综合的购物体验，并为电子销售渠道提供经济的配送系统。

在互联网上销售得最有成效的商品类型取决于运送成本的多少，消费者对商品需要的紧迫性，电子零售商所提供的售前信息，以及该信息在多大程度上能帮助顾客决定他们是否对商品满意。成功地利用电子销售渠道能帮助零售商打破限制，提供其他消费者的评论，提供有关商品使用的视频，还可以利用品牌和型号的信息来帮助满足家里特定成员的需求。对于那些曾经买过某个品牌产品的顾客来说，品牌名称本身就包含了足够的信息，让他们决定是否对该品牌的商品感到满意。

成功的多渠道零售需具备以下几个条件：首先，单个渠道本身的运营要有效率；其次，要有系统跨越不同渠道提供一个无缝的顾客体验。与制造商和首批利用互联网接触顾客的电子零售商相比，传统的店面和目录零售商在发展成为多渠道零售商上具备了大部分上述资源，因此处于优势地位。由于大多数制造商并不具备高效的个人消费品配送系统，也无法提供足够的商品分类，因此制造商非居间化零售不太可能。

多渠道零售商面临的一个挑战，就是跨渠道提供无缝的顾客界面。若要满足购物者的预期，零售商就必须开发利用公共的顾客数据库和整合系统。此外，多渠道零售商还必须决定如何利用各销售渠道来塑造品牌形象，并需决定如何推出一致的跨渠道商品分类和定价。

关键术语

多渠道零售商
杂志目录
虚拟社区
在线聊天
电子代理商
转频率
共享钱包
非居间化

小试身手

1. **连续案例研究：购物。** 假设你要在互联网上购买一件与第 2 章里“比较购物”练习里同一种类的商品。登录零售商的网站，把网上的商品分类、商品价格和店里的做个比较，再比较网上购物体验和店面购物体验。要找到你想要的商品有多容易？其商品分类和定价如何？如何结账？你喜欢和不喜欢的网站特色分别有哪些？例如它的外观、感觉、导航或其他特点。
2. **网上练习** 登录盖普公司（www.gap.com）、J.C.彭尼（www.jcpenney.com）和 Land's End 公司的网站（www.landsend.com），并买条卡其裤子。评价在各个网站的购物体验。比较和对比这些网站以及那些你认为对消费者而言很重要的特点。
3. **网上练习** 假设你要结婚了，正在筹备婚礼。比较和对比 www.theknot.com 和 www.weddingchannel.com 对筹办婚礼的有用性。这两个网站的哪些特点是你喜欢的，哪些是不喜欢的？列出其提供的且你可能使用的特定服务。

4. **网上练习**　登录民主与技术中心的主页 http://www.cdt.org，点击“消费者隐私权”。为什么网上购物的消费者担心自己的隐私权？消费者保护在线隐私的首要 10 条建议是什么？当你上网时，你使用了这些建议中的哪几条？

5. **网上练习**　登录网络零售商的主页 http://www.internetretailer.com，在搜索栏里键入“最佳网络零售商”。网上零售商如何使顾客的多渠道购物体验更精彩？查看前 50 名零售网站。你曾去过其中的哪些网站？你会在名单上添加哪些网站？为什么？

讨论题

1. 为什么实体零售商积极利用电子渠道进行销售？
2. 一个成功的多渠道零售商必须具备哪些条件？
3. 从顾客的角度看，店面的优势和局限性是什么？目录呢？零售网站呢？
4. 你认为电子渠道的销售额最终有可能超过商品目录的销售额吗？为什么？
5. 为什么电子渠道和目录渠道经常会有礼品赠送？
6. 多渠道零售商是否应该在其网站上提供与商店里相同的商品分类和商品价格？为什么？
7. 下面的商品种类你认为哪些可能在网上很畅销：珠宝、电视机、电脑软件、时尚尖端服饰、医药及健康用品，比如牙膏、香波和感冒药？为什么？
8. 电子代理商是什么？它能给消费者带来什么好处？
9. 假设你想投资虚拟社区，针对那些户外休闲运动的爱好者，例如徒步旅行、攀岩或划皮艇爱好者。你会在网站上提供什么商品和信息？哪种类型的实体单位运行这个网站最有效率？是知名户外运动爱好者，针对户外运动的杂志，还是户外运动商品零售商？为什么？
10. 你向当地一家销售商品或服务的纯粹电子零售商提供一个销售策略。其中要说明你的目标市场和网站上要提供的商品。你的竞争对手是谁？与竞争对手相比，你的优势是什么，劣势又是什么？

推荐读物

Duffy, Dennis. “Using On-Line Retailing as a Springboard for Catalog Marketing,” *Journal of Consumer Marketing* 2/3 (2004), pp. 221–35.

Evanschitzky, Heiner; Gopalkrishnan Iyer; Josef Hesse; and Dieter Ahlert. “E-Satisfaction: A Re-Examination,” *Journal of Retailing* (Fall 2004), pp. 239–51.

Ganesh, Jai. “Managing Customer Preferences in a Multi-Channel Environment Using Web Services,” *International Journal of Retail & Distribution Management* 2/3 (2005), pp. 140–51.

Gerht, Kenneth, and Ruoh-Nan Yan. “Situational, Consumer, and Retailer Factors Affecting Internet, Catalog, and Store Shopping,” *International Journal of Retail & Distribution Management* 1 (2004), pp. 5–21.

Hoffman, Donna; Thomas Novak; and Alladi Venkatesh. “Has the Internet Become Indispensable?” *Communications of the ACM* (July 2004), pp. 37–44.

Lindstrom, Marty; Martha Rodgers; and Don Pepper. *Clicks, Bricks, and Brands.* Dover, NH: DualBook, 2001.

Min, Sungwook, and Mary Wolfinbarger. “Market Share, Profit Margin, and Marketing Efficiency of Early Movers, Bricks and Clicks, and Specialists in E-Commerce,” *Journal of Business Research* (August 2004), pp. 5–19.

Nicholson, Michael; Ian Clarke; and Michael Blakemore. “‘One Brand, Three Ways to Shop’: Situational Variables and Multichannel Consumer Behaviour,” *International Review of Retail, Distribution & Consumer Research* (April 2002), pp. 131–49.

Porter, Michael. “Strategy and Internet,” *Harvard Business Review* (March 2001), pp. 63–78.

Stringer, Kortney. “Style & Substance: Shoppers Who Blend Store, Catalogue and Web Spend More,” *The Wall Street Journal*, September 3, 2004.

Tedeschi, Bob. “No Longer a Niche Marketing Outlet, the Internet Is Now Attracting Shoppers from Almost All Walks of Life,” *New York Times*, March 29, 2004.

2005 Online Shopping Directory for Dummies. Hobokan, NJ: Wiley, 2005.

第 4 章

顾客购买行为

管理人员简介

安德烈娅·勒尼德， Learned On Women公司总裁

我职业生涯的很大一部分是在以男性为主导的行业，当我最终意识到女性和男性解决问题和决策的方式不一样时，就很想知道与男性相比女性是如何购物的。由于女性决定了绝大部分家庭用品的消费，于是我决定朝这个方向发展自己的职业：向公司传授专门面向女性销售产品和服务的方法。

2004年出版的《女人怎么花钱》是我与他人合著的一本书。其中我强调了面向女性的营销应该是透明的，这就意味着零售商应该从自己的女性顾客那里寻找灵感，而不是根据老套刻板的“女性想要什么”来进行猜测。缩小你的关注范围，积极寻求并利用常规反馈，保持品牌的真实性，这些都是透明营销的关键所在。

目前，我的博客（www.learnedonwomen.com）及推介经常以“人性化”为主题，包括尽量保持这一关键的真实性而与顾客进行交流的各种方法。女性尤其渴望与品牌建立联系，同时对与商品或服务相关的人物故事也非常感兴趣。类似封面风格、照片或使用的图案，甚至是某品牌赞助的事业等，这些都可以发展成为反映公司内在更真实的东西，从而使该品牌与那些激情洋溢的顾客的关系拉得更近。通过这些草根方法来鼓励和刺激顾客往往非常有效。

使你的营销透明化、品牌真实化以及人性化的额外好处就是：尽管你所做的任何调查和联系沟通工作都是针对女性的，但事实是通过这些你也能更好地服务男性顾客。帮助我的读者和客户认识到正确的营销方法，而不会因为为女性服务而疏远男性顾客，这个工作本身就能给人带来很大的满足感。

问　题

- 在是否光顾零售商和购买商品时，顾客是如何决定的？
- 影响顾客购买决策的社会和个人因素有哪些？
- 零售商该如何使顾客更频繁地光顾其商店，并在每次来的时候购买更多商品？
- 为什么零售商将顾客分成不同的细分市场，是如何划分的？

在第 1 章中我们讨论过，有效的零售战略能够比竞争对手更好地满足顾客需要。因此，了解顾客需要和购买行为对做出有效的零售决策至关重要。丹尼斯·彭斯是北爱达荷州一家目录零售商 Coldwater Greek 的合伙创始人兼首席执行官，当问及为何他的公司会被一项消费者调研评为表现最好的零售商时，他的回答是："我们的成功在于高度关注顾客。我们从不认为自己比顾客更聪明，也不认为自己能够猜出他们想要什么，我们从他们那里寻找灵感。"

本章重点讨论个体顾客、群体顾客或者顾客细分市场的需要和购买行为，具体描述顾客购买商品所经历的各个步骤以及影响购买过程的因素，然后利用购买过程中的信息讨论如何将消费者划分为不同的细分市场。[1]本章末的附录讨论了服装类零售商所关注的消费者购买行为的特殊方面。

购买过程

下面的场景展示消费者购买商品的几个步骤。珍妮弗·桑切斯是旧金山州立大学的一名学生，为找工作要参加面试。第一次面试是在校园里，珍妮弗本打算穿父母三年前给她买的一套蓝色西装，但她发现这套衣服有点过时，而且上装也旧了。为了在面试中给人留下最好的第一印象，她决定去买一套新西装。

珍妮弗上网浏览了一些网站（www.collegegrad.com 和 www.jobsearch.about.com），看了一些面试着装的提示，还浏览了一些商品目录上的服装款式，但她还是决定到商店去买，这样可以试穿，而且下周面试前就可以穿新套装了。她喜欢去阿贝克隆比 & 费奇公司和美国鹰牌服饰公司购物，但是这两家商店都不卖商务套装。她想起《旧金山时报》上有一条梅西百货的女装广告，于是决定去离住所最近的那家复合商城中的梅西店看看。她还约请好朋友布伦达跟她一起去，因为布伦达对服装很在行，有品味。

她们在商店里逛了一圈，看了几套唐娜·卡伦的套装。珍妮弗简单地看了几眼，觉得这个牌子的套装太贵，而且太时髦了点。她要参加银行的面试，认为自己需要相对保守的套装。

在职业女装部，一个售货员前来帮忙，问清了珍妮弗想要的款式和尺码，拿了三套衣服给她看。在征求了布伦达的意见后，珍妮弗把三套衣服都试穿了一下。

实 例

对于既合身又舒服的衣服，2/3 的购物者愿意花比平常更多的钱。[2]

从试衣间出来后，珍妮弗不知道该选哪一套，但是布伦达和售货员都认为第二套衣服最好看，也适合面试穿。珍妮弗对这套衣服的颜色、大小、材质和长度都非常满意，但是担心这套衣服需要干洗，而且所需花费超出预算。后来店里的另一个顾客告诉珍妮弗说她穿这身套装很职业，于是珍妮弗决定买下这套衣服。

珍妮弗没有梅西店的支付卡，于是她问店员是否可以用个人支票，店员说可以，还说商店也接受维萨卡和万事达卡付款。珍妮弗决定用维萨卡。当售货员陪她们到收银台付款时，经过了丝巾的陈列台，店员停下来挑了一条，让珍妮弗看这条丝巾与套装很搭配，于是珍妮弗决定也买下来。

参照珍妮弗购物的例子，我们可以这样描述顾客的购买过程。**购买过程**（buying process）就是消费者购买某件商品或服务所经历的几个步骤。此过程开始于顾客意识到自己的某种需要未被满足，然后搜寻信息来决定如何满足这一需要，即需要什么商品和如何购买。在权衡各种零售商和渠道，如商店、商品目录和互联网之后，顾客会选择某个商店、网站或商品目录查看。这时零售商就会介入，提供更多的信息，还可以唤醒顾客的其他需要。顾客运用主客观标准权衡零售商的商品后，要么买下商品，要么到另一个零售商处收集更多信息。最后，顾客买下商品，使用商品，然后在顾客购买过程中的购后评价阶段判断该商品是否满足了他们的需要。

图表 4–1 概括了购买过程，即选择零售商及购买商品的步骤。零售商试图在各个步骤上影响消费者，鼓励他们购买自己的商品和服务。以下部分详细讨论购买过程的每个步骤。

在讨论购买过程的各个步骤时，你应该注意到顾客也许并不一定以完全相同的顺序经历图表 4–1 中描述的步骤。例如，某人可能在像 www.dcresource.com 这样

图表 4–1
购买过程的步骤

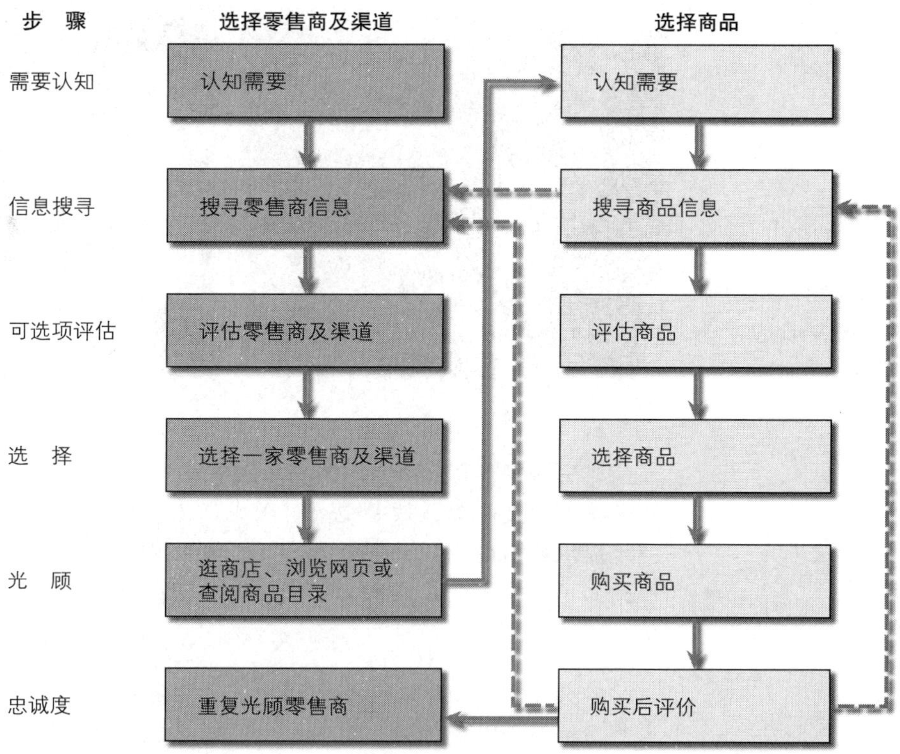

的网站了解到柯达 EasyShare740 款的数码相机，决定买一个，然后他就开始搜寻销售这款数码相机的零售商。在本例中，顾客是先决定自己想要的商品，再选择特定零售商。还有一种可能是，顾客决定到网上买一个 iPod，然后他就浏览 www.mysimon.com 这样的网站，再从价钱最低的零售商那里买到想要的。

需要认知

当消费者认识到有某种需要未被满足时，购买过程就启动了。而顾客希望达到的满意程度与现阶段的满意程度存在差异时，未被满足的需要就出现了。例如，珍妮弗·桑切斯考虑穿蓝色套装去参加面试，需要就出现了。她需要一套能给人留下好印象的套装，而她现有的蓝色套装陈旧过时了，无法满足这个需要。需要认知有时简单得就像意识到自己该理发了；有时却很模糊，就像期末考试后需要放松的那种感觉。满足不同类型需要的方法有：逛商店、上网冲浪或购买商品。

需要的类型　促使顾客去逛商店购物的需要可以分为**实用需要**（utilitarian needs）和**享乐需要**（hedonic needs）。当消费者购物是为完成某件特殊任务时，比如珍妮弗为了工作面试买西装，他们希望满足的是实用需要。如果消费者购物是为了快乐，则他们希望满足的是享乐需要，即对一种娱乐、情感和休闲体验的需要。因此，站在消费者的角度来看，实用需要是和工作直接挂钩的，享乐需要则是为了快乐。[3]

橱窗展示和免费样品能刺激消费者的需要认知，从而启动购买过程。

成功的零售商会努力同时满足顾客的这两种需要。被实用需要驱动的消费者，其购物方向更明确，效率更高。因此，为了使顾客购物更轻松、更便利，零售商应该提供所需商品，并使之很容易找到和购买。零售商能够满足的某些享乐需要包括如下几个方面：刺激、社交体验、了解新趋势、地位与权力、自我奖励及冒险。[4]

1. 刺激 零售商和复合型商城的管理者通过采用背景音乐、视觉陈列、香味和演示等手段来为顾客营造一个狂欢节般的刺激购物体验。这些环境会促使消费者从日常的环境中解脱出来逛商店。零售商也会在商品目录和网站上使用令人兴奋的图片来刺激他们的顾客。
2. 社会体验 市场一直是传统的社会活动中心——人们在这里会见朋友，并建立新的社会关系等。[5]许多社区的地区购物商城取代了露天市场，成为人们尤其是青少年聚会的地方。复合型商城的开发商们在食品区安设椅子便于人们坐下交谈，以此来满足顾客的社会体验需要。巴诺书店还有咖啡吧，顾客可以边饮咖啡边讨论小说的内容。网络零售商为访问网址的人开设了网上聊天室，提供相类似的社会体验。例如，登录亚马逊网站(www.amazon.com) 的读者可以互相分享书籍的信息和他们的观点。

图片中的女性消费者在购买化妆品的同时，还可以在一次愉悦的化妆期间使用一种新出的护肤品。

3. 了解新趋势 人们可以通过光顾零售商来了解新趋势、新思想。这可以满足顾客对了解周围环境的需要。比如，青少年可以到苹果公司的店里了解最新的电脑和 iPod 技术。
4. 地位与权力 对某些人来说，商店或服务提供商是他们可以得到关注和尊敬的几个地方之一。美国峡谷牧场（Canyon Ranch）在亚利桑那州的图森市和马萨诸塞州的莱诺克斯向顾客提供高级健康疗养胜地，而拉斯维加斯和佛罗里达州的基西米配有水疗俱乐部。峡谷牧场的每一处疗养胜地和水疗馆都以顾客为关注中心，为他们提供水疗服务、医药营养咨询和研讨、精神追求及健康营养的美食。

5. 自我奖励　当顾客完成某项任务或想排解压抑的心情时，往往会买东西来奖励自己。人们常常会给自己送香水和化妆品，零售商们会在人们逛商店时提供个性化的服务来满足这些需要。[6]
6. 冒险　消费者之所以喜欢逛街，往往是因为他们可以淘到便宜的商品，能碰到特卖打折或低价商品。他们经常把逛街当做可以“赢”的游戏。为了满足这种淘货的需要，低价零售商们经常会把商品随意地放到大箱子里，任顾客挑选。

需要冲突　大部分顾客有多重需要，而且这些需要经常互相矛盾。例如，珍妮弗·桑切斯想穿一套唐娜·卡伦的服装，这样能够美化她的形象，在大学同学中获得尊敬，也很适合将来的工作面试，但是这种享乐需要同她的预算开支及找到一份工作的实用需要相冲突。如果她穿着一身昂贵的套装去应聘一个初级职位，雇主们会认为她不是一个负责任的人。通常，顾客会在各种相互冲突的需要间进行权衡。本章后面将讨论顾客如何权衡的一个模型。

顾客的需要往往不会通过一家商店或一种商品而得到满足，因此消费者的购买行为可能并不会始终如一。例如，一位高级经理可能拥有一辆昂贵的奔驰车，但是他有可能去打折的加油站买汽油。某个杂货店购物者可能买很便宜的商店自产的卫生纸，但却买很贵的全国品牌的橙汁。这种既买昂贵产品，又买廉价产品，或是既光顾以身份为导向的高档零售商，也光顾以价格为导向的零售商的行为称为**交叉购物**（cross-shopping）。

虽然所有交叉购物者都追求价值，但是他们对不同产品类别的价值感知不一样。因此，顾客可能会认为在精品店里买一件很贵的毛衣物超所值，但却不觉得那里的牛仔服和凯马特的产品在质量上有什么差别。与此类似，消费者可能不会去高档餐馆就餐，但是却会在超市里买很贵的优质果酱、芥末和橄榄油。尽管零售商可能会认为交叉购物模式毫无意义，但对其顾客却意义重大。[7]

刺激需要认知　正如我们所讨论过的，顾客去商店或上网购物前必须认识到自己有某种未被满足的需要。有时候这些需要是由生活中所发生的某件事情引发的。例如，珍妮弗去百货商店买套装是由于她马上要去面试，发现原来的蓝色套装不适合，而某条广告则引导她到梅西去购物。零售商们利用各种手段促使顾客认识到问题，继而刺激他们去商店购物。广告、直邮、宣传和特别活动提供关于商品或特价销售的信息。在商店里，商品的陈列和销售人员也能刺激顾客对自己某些需要的认知。例如，售货员给珍妮弗展示一条丝巾，刺激了她对搭配新套装配饰的需要。

刺激需要、吸引顾客最古老的办法仍然是最有效的方法。曼哈顿萨克斯第五大道有 310 英尺长的街面店，占据了第 49 和第 50 街以及著名的第五大道。每天午餐时，会有约 3 000 人从 31 个橱窗前经过。萨克斯每年有 1 200 种不同的橱窗陈列，第五大道上的橱窗摆设每周更换一次。通过刺激每天经过的潜在顾客的需要认知，这些陈列对销售量产生了极大影响。

信息搜寻

一旦顾客确定了需求，他们就会寻找有关零售商和商品的信息，为满足这一需求。珍妮弗的搜寻仅限于梅西百货商店的售货员给她展示的三套服装。她满足于这种程度的信息搜寻，因为她和女友布伦达很信任梅西的商品和价位，而且她也很喜欢展示给她的那几套服装。更长的购买过程是指：顾客会收集较多信息，访问好几个零售商，或者花较长的时间才买下一件商品。[8]

搜寻的信息量　一般来说，**信息搜寻**（information search）的数量取决于顾客在搜寻中的收益和搜寻所付出的成本相比是否值得。搜寻的价值源于其如何提高顾客的购买决策。搜寻是否能帮助顾客找到价钱更低或效能更好的商品？搜寻的成本包括时间和财力。从一家商店到另一家商店会花去汽油费和停车费，但主要的支出还是顾客的时间。

互联网在最大程度上减少了这种信息搜寻成本。要获得在世界各地销售的商品信息只需要点一下鼠标。零售视野 4.1 描述网页上即时可获的信息如何影响自动化购物过程。

影响信息搜寻量的因素有：（1）所要购买产品的性质和用途；（2）顾客的个性；（3）购买时的市场情况和购物情景。[9]有些人搜寻的信息比别人多。例如，喜欢购物的顾客比不喜欢购物的人搜集的信息要多。同时，充满自信的顾客或者是以前曾买过、使用过该产品或服务的顾客搜寻的信息较少。

影响信息搜寻的市场和情景因素有：（1）互相竞争的品牌和零售店数量；（2）购买时间的紧迫程度。当竞争激烈并且有更多选择时，顾客搜寻的信息量会增加。然而，当时间紧迫时，搜寻的信息量则会减少。

信息来源　顾客有两种信息来源：内部来源和外部来源。**内部信息来源**（internal source）指顾客记忆中存储的信息，如名字、形象和过去在不同商店的经历。比如，珍妮弗选择梅西，就是依靠内部来源（她记忆中的一条广告）。

外部信息来源（external source）是指由他人或广告提供的信息。顾客每天会接触到成百上千条印刷广告及电子媒介上的广告；每天他们会注意到很多零售商展示的标识。此外，他们还会从朋友和家人那里得知产品和零售商的信息。

内部信息的主要来源之一是顾客过去的购物经验。即使他们只记得所接触信息中很小的一部分，当决定去哪儿购物及买什么商品时，顾客头脑中也会有大量的内部信息可供参考。[10]

如果顾客感觉自己的内部信息不够，他就会寻求外部信息。珍妮弗·桑切斯在做购买决策时就曾向她的好朋友请教。正如本章附录将讨论的，外部信息来源对服装接受程度会起到很重要的作用。

减少信息搜寻　在购买过程中信息搜寻这一阶段，零售商的目标在于将顾客的信息搜寻局限在他的商店或网站。零售组合中的每个元素都可以用来达到此目的。

首先，零售商必须提供众多商品，以便顾客能在其商店内找到满足他们需要的商品。提供众多商品及大量的品牌、颜色和尺寸会增加顾客购买的可能性。例如，百思买使用联网的店内电子商亭，让顾客有机会订购店内买不到的商品，如定制的电脑，这样就增加了顾客可以选择的商品种类。

零售商提供的服务也可将搜索范围限制在其位置内。消费者在购买家具和电器等大宗耐用商品时，店家是否提供信贷和送货服务就很重要。如果售货员能为顾客提供足够的信息，顾客就会感到没有必要再去其他商店收集额外信息了。例如，运动服装和器械邮购零售商 L.L.比恩在员工上岗前要对他们进行 40 个小时的培训。由于员工受过充足培训，全美国的顾客在碰到诸如跨国滑雪时应穿什么衣服，或者去阿拉斯加旅游时应带什么物品等问题时，都会打电话向 L.L.比恩咨询。如果员工提供不了顾客所需的信息，就会将电话转给公司内的专家来解答。由于 L.L.比恩在运动服装和产品方面享有专业声誉，顾客们都认为他们仅从这一家零售商处就能收集到他们所需的所有信息，做出购买决策。

增加顾客在自己的商店中采购而不去别处寻找更好价位机会的另一方法，就是每日低价策略。**每日低价策略**（everyday low pricing strategy）强调持续将零售价格维持在正常不打折价格和竞争对手深度打折销售价之间。由于沃尔玛和百思买

在互联网时代买辆车 零售视野 4.1

十年前，如果消费者想买一部车，他就会光顾好几家经销商，查看不同的车型，并且试驾每家经销商的车，然后再和经销商就价钱和付款方式谈判。很多消费者都认为，这样传统的购车程序，其快乐程度和去看牙医差不多。但是现在互联网正在改变这一体验，也改变了汽车零售业的性质。

互联网使消费者能更好地控制买车的过程。消费者可以进入 www.autobytel.com、www.cars.com 或者 www.edmunds.com 等网站，得到大量包括经销商的整车及其备件成本在内的相关信息；还可以通过一个列表比较各种车型的价格、特点、马力、油耗、伸腿空间以及备件；还可以查看大部分车型的评介；甚至还可以通过 360°的图片之旅查看车的内部结构，了解驾驶座上的视野。通过网站与汽车经销商的关系，顾客还可以向自己所在区域的零售商问价。一个小小的计算器就能告诉消费者，如果用信用卡支付的话月供是多少。网站上也有计算器帮顾客计算在一辆车上的花费，是买辆新车还是二手车，是租车还是买车。有了这些信息，当消费者走进一家汽车零售商店时，他所了解的信息不会比销售人员少，甚至更多。

资料来源：James Butters, "More Car Dealers Are Embracing Internet," *Knight Ridder Tribune Business News*, February 2, 2005, p. 1; Lisa Klein and Gary Ford, " Consumer Search for Information in the Digital Age: An Empirical Study of Prepurchase Search fro Automobiles," *Journal of Interactive Marketing*, 17（Summer 2003）, pp.29–41.

实 例

50%的新车购买者都是根据自己在互联网上获得的信息做出购买决策的。一般利用网络的买车人会用近 5 小时来上网，浏览 7 个网站以收集信息。[11]

实行每日低价，顾客就会确信别的零售商不会以更低的价格销售该商品。如果竞争对手以更低的价格提供同一商品，大多数每日低价商店就会提供退款保证来吸引顾客。第 15 章将讨论各种定价策略的优势和局限性。

可选项评估：多属性模式

顾客收集商品和商店的信息，评估各个商店/商品的可选择性，最后选择最能满足他们需要的商店或商品。多属性模式为我们提供了观察顾客评估过程的最有效途径。由于这个模式提供了制定零售战略的框架，所以我们将详细讨论。[12]

多属性态度模式（multiattribute attitude model）指顾客将某零售商或商品看做某些品质或特性的集合。设计该模式是为了预测顾客对商品、服务或零售商的评估，它是建立在：（1）对相关特征的表现上；（2）这些特征对顾客的重要性。零售采购商也可以利用该模式来评估产品和供应商（见第 14 章）。

对零售商表现的看法 为了说明这一模式，我们来看一下明尼阿波利斯一个单身年轻职业女性购买食品的情况。她考虑了三家商店：邻近郊区的超级购物中心、本地的超市和互联网食品零售商，如 Simon Delivers（www.simondelivers.com）。三家商店的比较见图表 4–2。

顾客先在心中对每一家食品零售商进行图表 4–2A 的"客观"信息搜寻，然后对其提供的利益形成一个印象。图表 4–2B 表明顾客对这些利益的看重。注意某些利益综合了好几个客观特征，例如，便利性包括了商店路程的远近、结账耗时和寻找商品的难易程度等特征。食品的价格和送货成本会影响顾客对在零售店购物

图表 4–2
食品零售商的特征

A. 经营食品百货的商店信息			
商店特征	**超级购物中心**	**超 市**	**网上食品店**
食品价格	低于平均价 20%	平均价	高于平均价 10%
送货成本（美元）	0	0	10
路程远近（分钟）	30	15	0
结账耗时（分钟）	10	5	2
产品数量、品牌和规格	40 000	25 000	20 000
新鲜农产品	有	有	有
鲜 鱼	有	有	无
寻找商品的难易程度	难	易	易
搜寻关于商品营养的信息	难	难	易
B. 对商店表现的看法*			
功 能	**超级购物中心**	**超 市**	**网上食品店**
经济性	10	8	6
便利性	3	5	10
商品种类	9	7	5
商品信息的可获得性	4	4	8

* 10=优，1=差

图表 4–3

对零售商的评估

特　征	重要性权重* 单身年轻女性	重要性权重* 有 4 个孩子的母亲	对零售商表现的看法 超级购物中心	对零售商表现的看法 超　市	对零售商表现的看法 网上食品店
经济性	4	10	10	8	6
便利性	10	4	3	5	10
商品种类	5	8	9	7	5
商品信息的可获得性	9	2	4	4	8
总体评价					
单身年轻女性			151	153	221
有 4 个孩子的母亲			192	164	156

* 10=很重要；1=很不重要。

经济性的看法。

每个商店提供的利益按 10 分计，10 分表示商店可以为顾客提供最大的利益，1 分表示商店几乎不提供任何利益。该例子中，三个商店在各个方面没有一个全得 10 分。超级购物中心在商品种类和实惠性方面占优势，但便利性较差。网上食品店比较便利，但价格偏高，商品种类较少。

重要性权重　上述例子中，该年轻女性根据商店各自的长处对她的重要性形成了对各商店的看法。她对每个长处的重视程度也可以用 10 分分级表来表示，10 分表示该长处很重要，1 分表示极不重要。利用这个分级表，我们来对比该年轻女性与一个有 4 个孩子的母亲对各个长处的重视程度，见图表 4–3。注意，该单身女性更重视便利性及商品信息的可获得性，对于实惠和商品的种类则不太看重；而母亲很重视经济性，商品的种类也比较重要，但便利性和商品信息则不太重要。零售商所提供利益的重要性因人而异，因每次购物而异。[13] 例如，有 4 个孩子的母亲在每次大宗购物时可能会重视经济性，但是在日常的小宗购物时就会看重便利性。

在图表 4–3 中，单身女性和母亲对每个商店表现的看法是一样的，但她们对商店所提供利益的侧重点不同。总的来说，顾客对商店表现的评价和对其各自优势的侧重点都不一样。

评估商店　研究表明，顾客对可选择方案（在本例中指两家商店和一家互联网零售商）的全面评估，同对零售商表现的看法与权衡重要性相乘后的积密切相关。[14] 因此，我们将单身年轻女性对超级购物中心的全面评价或打分计算如下：

$$
\begin{aligned}
4 \times 10 &= 40 \\
10 \times 3 &= 30 \\
5 \times 9 &= 45 \\
9 \times 4 &= \underline{36} \\
&\ \ \ 151
\end{aligned}
$$

图表 4–4
珍妮弗·桑切斯在买套装时所用信息

套装提供的利益	重要性权重	对零售商表现的看法		
		套装 A	套装 B	套装 C
经济性	6	6	5	8
质　量	6	10	7	5
传统的样式	8	6	6	10
与现有服装的搭配程度	8	7	6	9
时　尚	4	7	10	5
合　身	10	?	?	8
总体评价				330

图表 4–3 利用单身女性和母亲对重要性的不同权重来全面评估三家商店。对单身女性来说，网上食品零售店的得分最高——221 分，评价是最高的，因此，她很有可能选择从网上购买大部分食品。另一方面，对于母亲来说，超级购物中心得分最高——192 分，因此，她可能会在超级购物中心进行家庭的每周采购。

当顾客选择零售商时，他们不会真的一项项列出商店的特点，评估它们在每个特点上的表现，决定每个特点的重要性，计算每家商店的总得分，然后再去得分最高的零售商那里购物！这个多属性态度模式并不反映顾客实际的决策过程，但是它确实可以预测他们对可选择方案的评估以及他们的选择。[15] 此外，该模式为设计零售组合提供了有用的信息。例如，如果超市能够将商品种类的等级由 7 分增加到 10 分（例如，增设面包部和更多熟食），像母亲那样的顾客就很有可能去超市而不去超级购物中心购物了。在本章后面，我们将讨论零售商如何利用多属性态度模式来提高商店的评价等级。

图表 4–3 运用多属性态度模式来分析顾客评估并选择零售店的情况。该模式也可以用于描述顾客对不同销售渠道（商店、互联网或商品目录）的评估和选择或者从零售商处购买何种商品。例如，图表 4–4 显示了珍妮弗·桑切斯对售货员展示给她的三套服装的重要性权重和看法。珍妮弗只在一家店里评估了三套服装，并且买下了套装 C，因为这套服装在最大程度上满足了她最初的需要，她甚至都不需全面评估 A 和 B。套装 C 的全面评估超过了最低值（在本例中为 330 分）。

顾客的选择经常和珍妮弗的相同。他们并不逐项评估模式中所提到的每个特点。他们购买商品仅仅是因为该商品好，或是在某一特征上好。总的来说，顾客不会花时间去寻找最好的商品，一旦找到满足需要的，他们就会停止搜寻。[16]

给零售商的启示　零售商如何利用多属性态度模式鼓励顾客经常光顾其商店呢？首先，该模式说明顾客利用什么信息来决定光顾哪家零售商，使用哪种购物渠道。其次，该模式还能告诉零售商使用何种策略来影响顾客对商店和商品的选择。

因此，为了设计吸引顾客的活动，零售商必须进行市场调查来收集以下信息：

1. 顾客可能会考虑的可选商店；
2. 在评估、选择商店时顾客考虑的商店特点或优点；

3. 顾客根据这些特点对商店表现所做的分级；
4. 顾客赋予这些特点的重要性权重。

有了这些信息后，零售商就可以利用若干方式来引导顾客选择他们的商店或网站。

星巴克在选址时采用了饱和策略来提升品牌认知度。（见彩插）

了解考虑范围 零售商必须确认自己的商店在顾客的**考虑范围**（consideration set）之内，即顾客在做选择时评估的若干可选项。[17] 为此，零售商必须制订计划，以提高顾客记住商店的可能性。零售商可以利用广告和选址战略加深顾客对自己的印象，例如频繁推出强调店名的广告。如果零售商在某个地区设有好几家商店，如星巴克，顾客在开车经过该地区时就会更多地注意到商店的名字。[18] 很多纯粹的互联网零售商失败的一个主要原因就是：为了加深顾客对自己的印象，使自己进入顾客考虑的范围而花费过高成本。

在确认自己在顾客的考虑范围内之后，零售商可以用四种方法增加自己被选中的机会：

1. 改善对商店表现的看法；
2. 恶化顾客考虑范围内其他竞争对手表现的看法；
3. 提高顾客的重要性权重；
4. 增加新的利益。

改变对零售商表现的看法 第一种方法就是改变顾客对零售商表现的看法——提高零售商在某个特点上的表现等级。比如，图表 4–3 里提到的那家超市想提高在所有四个特点方面的得分，以提高整体的得分。它可以通过降价提高经济性得分，也可以通过增加更多美食和富有民族特色的食品提高商品种类的得分。[19] 零售视野 4.2 讲的是家得宝如何通过改变自己提供的商品来吸引更多女性消费者。

对于零售商来说，在各个方面提高得分的成本很高。因此，零售商应该集中精力提高对目标市场的顾客最为重要的利益特点的得分。例如，7-Eleven 进行的市场调查发现，妇女不喜欢便利店，因为他们认为便利店很脏，而且不安全。因此，为了吸引更多女性顾客，7-Eleven 在其多家店面改善了购物环境。为了增强空间感，商店改善了照明系统，加宽了购物通道，清除了结账柜台上的烟架和其他杂物，还用颜色鲜明的标志区分不同的商品区。

改变对于某一重要利益表现的看法能大幅度改变顾客的整体评价。在图表4–3所述场景中，超市如要把更多单身的年轻女性顾客从网络购物那边争取过来的话，应该试着提高其便利得分。如果便利得分从 5 分提升到 8 分，单身的年轻女性对超市的整体评价会从 153 分上升到 183 分，远高于他们对超级购物中心的整体评价。注意，如果把像经济性这样一个权重不是很高的特点的得分从 8 提高到 10，则对其整体评价的影响并不很大。超市可以通过几种途径来提高其便利得分，如增加结账通道，使用条码扫描仪缩短结账时间，增加店内信息使顾客更容易找到想要的商品。

研究调查表明，德国、法国和英国的消费者在选择零售商时，对三个重要属性的侧重点各有不同，分别是价格/价值、服务/质量及客户关系。德国的消费者更注重价格/价值；而对法国的消费者来说，顾客服务和产品质量更重要；而一些特殊的待遇和顾客关系，例如忠实会员卡和特惠会员卡项目，对英国的消费者来说

4.2 零售视野 在家得宝她自己动手

你可能认为家居装修店是专为男性消费者设计的。男人们在周末的时候逛逛装修店，看看新出的工具，买些自己动手（DIY）材料什么的。但是这些家居装修店销售额的50%多来源于女性消费者。女性不但决定家居装修使用什么材料，而且还可能最终自己亲自动手装修。

家得宝最主要的竞争对手劳氏很早就意识到女性顾客的重要性了。它重新把店面设计得更明朗，减少仓库面积，并使部门特征对女性更具吸引力。货架之间的空间加宽了，减少了所谓的“臀部摩擦”，改变了尤其令女性消费者讨厌的狭窄拥挤的货架通道。

家得宝实施了商品营销概念，以此来吸引更多女性顾客。

从历史的角度看，家居装修店针对男性的营销过多，针对女性的太少。如今家得宝为了迎合更多的女性口味，转变了零售组合。家得宝发现女性消费者想要干净整洁、提供各种基本用具的商店，更喜欢那些能提供信息解决房屋翻新时碰到的问题的商店。为了使店面看起来不那么令人望而却步，家得宝缩短了所有的货物架，并用米色取代了橙色。通道标志和地图则采用模拟便利店的样式，以帮助顾客寻找想要的商品。磨光地板像镜子一样，不再像老店看起来那样工业化。家得宝还全面修订更新了商品目录和网站，使之吸引更多女性顾客，并在装修工程所需工具旁边提供装修建议。这家零售商还增加了对一个广受女性欢迎的家居装修电视节目（*Trading Spaces*）的赞助。

但是，家得宝必须在女性对其表现的看法及重要性权重和男性对其表现的看法及重要性权重之间取得平衡。如果家得宝过于女性化，那么其核心男性顾客就会避而远之。家得宝发现女性消费者和男性消费者一样，对于那些过于女性化的家居装修店持否定观点。因此，家得宝决定与其卖那些专为女性设计的工具，还不如教女性正确地使用一般工具。目前，家得宝在每周二都有“她自己动手”讲座，教女性顾客制作嵌花桌子和木质展示箱，或教她们铺地毯，做些简单的水管维修工作，通过这些节目帮助女性顾客在家成功地完成DIY项目。

资料来源：Bethany Clough, “Home-Improvement Store Empowers Female Customers with Do-it-Herself Tool,” *Knight Ridder Tribune Business Service*, March 20, 2005, p.1; Fara Warner, “Yes, Women Spend (And Saw and Sand),” *New York Times*, February 29, 2004, p.C1.）

实 例

对于零售商来说，女性消费者越来越重要，这是因为目前至少有27%的家庭开支一般都是由女性主持的，自1950年来增长了4倍。[20]

尤为重要。因此，一般来说注重价格和价值的零售商在德国做生意会比在法国或英国做生意更加成功。[21]

另外一个方法，就是降低顾客对竞争对手商店的表现评价。这种方法可能会违法，而且通常不会太有效，因为顾客一般不太相信某商店对其对手的负面评价。

改变重要性权重 影响顾客选择商店的另一途径，是改变顾客对重要性的权重。零售商希望提高自己的优势特征在顾客心目中的重要性，降低自己劣势特征的重要性。

例如，如果图表 4–3 中的超市要吸引在超级购物中心购物的家庭顾客，就应当增加便利的重要性。一般而言，改变重要性的权重比改变对零售商表现的看法难，因为重要性权重是顾客个人价值观的体现。[22]

增加新的利益 最后，在顾客选择商店时，零售商可能会尝试在顾客所考虑的一系列利益中再增加新的利益。由于 J.C.彭尼是美国唯一的全国性百货商店，因此顾客可以在当地的 J.C.彭尼店或网站买一件礼物送给住在另一个地方的朋友。如果有必要，收到礼物的人可以在其当地的 J.C.彭尼店更换。一般来说，在选择商店时，顾客考虑不到这一利益。增加新利益的方法通常很有效，因为改变顾客对新利益的评价比改变他们对旧利益的评价要容易得多。

购买商品或服务

顾客并不总是购买整体评价最高的品牌或商品。利益最多（评估最高）的商品可能在商店中缺货，或者顾客可能认为其风险大于潜在利益。零售商必须采取措施确保顾客比较容易地将其对商品或服务的正面评估转变为购买，这些措施包括：

实 例

刚开始进行网上购物的消费者当中，超过 67%的人在购买之前就放弃了购物车。[24]

1. 畅销商品绝不缺货。要有尺寸和颜色齐全的商品种类。对于服务零售商来说，顾客下订单时一定要有服务提供者。
2. 提供明确的退货政策和退款担保，如果同类商品在其他商店中售价更低的话，则提供退货，降低顾客的购物风险。
3. 提供信用贷款。
4. 要有便捷的结算终端方便顾客购物。
5. 减少顾客在结算终端排队等候的实际时间和感知时间。[23]

购买后评价

顾客购买了商品后，购买过程并未结束。购买商品后，顾客会使用该商品，然后评价这次经历以确定该商品是否令人满意。**满意度**（satisfaction）是指某商店或某商品是否达到或超过顾客期望程度的消费后评价。**购买后评价**（postpurchase evaluation）会成为顾客内部信息的一部分，影响顾客今后对商店和商品的选择。不满意的经历会促使顾客向零售商投诉，转而光顾其他商店，并在今后选择其他品牌。[25]持续的高满意度会建立商店和品牌忠诚度，这是零售商增强竞争优势的重要渠道。第 17 和 19 章讨论提高顾客满意度的方法，如提供高质量商品、提供有关商品的准确信息以及售后与顾客保持联系。

购买决策的类型

在某些情况下，像珍妮弗这样的顾客会花很多时间和精力选择零售商，并对其提供的商品进行评价——经历前面提到的购买过程中的所有步骤。在其他情况下，顾客会不假思索地做出购买决策。顾客的决策过程有三种类型：长期问题解决、短期问题解决以及习惯性决策。

长期问题解决

长期问题解决（extended problem solving），即顾客花大量时间和精力对商品进行比较、分析的购物决策过程。当顾客的购买决策涉及许多风险和较大的不确定性时，他们会转向长期问题解决。当顾客购买昂贵商品或服务时，会冒财务风险；当顾客感觉一种商品或服务会影响健康或安全时，就要冒健康风险；当商品会影响他人对自己的看法时，则要冒社会风险。例如，激光矫视手术就包含了上述三种风险——昂贵、对眼睛的潜在伤害，以及改变一个人的容貌。

消费者在做出购买决策满足自己的重要需要，或是对所要购买的商品或服务知之甚少时，他们就会采用长期问题解决。由于上述情况风险高，顾客在采购前会请教朋友、家人或专家。他们在做出购买决策前，有可能在几个零售商之间进行比较、挑选。

零售商可以为顾客提供简单易懂的必要信息及退款保证，以此刺激做长期问题解决的顾客购买。例如，销售涉及长期问题解决的商品的零售商可以在网站上描述该商品及其细节，在商店里进行产品展示（如剖开沙发，让人们了解其内部结构），以及请销售人员做现场演示并回答问题等。

消费者喜欢通过互联网在线购物，这样找信息和下订单都很方便。

短期问题解决

短期问题解决（limited problem solving）即投入时间和精力较少的购买决策过程。当顾客曾经买过某种产品或服务，并且所冒的风险较小时，其决策过程就会比较短。在这种情况下，顾客倾向于依赖自己的有关知识而非外部信息做出购买决策。他们通常会选择以前曾经光顾过的商店，并选购过去曾经买过的商品。大部分顾客购物决策过程都包括短期决策过程。

实 例

西方文化中成长的消费者比在东方文化中成长的消费者更容易进行冲动性购物。[26]

当顾客从零售商处购物时，零售商会试图强化这种购买模式；但如果顾客在别的地方购物，零售商则会向顾客介绍新信息，或提供不同的商品或服务，以此打破这种购买模式。

珍妮弗·桑切斯的购买过程同时说明了长期和短期问题解决。她对商店的选择，是基于她对以前去过的各种商店商品的了解，以及《旧金山时报》上的一条广告。由于有这样的背景知识，她感到去商店购物风险较小，因此，她去梅西购物的决定就属于短期问题解决。但她购买这件衣服是一个长期问题解决。这对她是个重要的决策，因此，她花时间从朋友那里了解情况，向售货员咨询，并参考另一名购物者的看法来评价和选择套装。

超市采用各种各样的手段和方法促使冲动型购买，包括使用店内优惠券。

短期问题解决的一个典型就是**冲动型购买**（impulse buying），即顾客在看到商品后立即做出购买决策。[27]珍妮弗买下丝巾就属于冲动型购买。

零售商利用显眼的购买点（POP）或销售点（POS）陈列吸引顾客的注意力，让他们不假思索就做出购买决策。例如，把某种商品摆放在通道尽头，或是在货架商品旁摆放“畅销商品”，或是把商品摆放在一般的视觉高度（通常是由下向上的第三层架子），或是摆放在付款台处以便顾客排队交款时看见，这些措施都会极大促进销售。超市利用这些陈列措施和显眼位置，促使这些顾客即兴买下某些利润率高的商品，例如美味食品，而非面粉和食糖这种通常是计划性购买的商品。电子零售商把特殊的商品放在主页上，并建议顾客购买相关的产品，以此促进冲动型购买。[28]

习惯性决策

实 例

在购买洗涤剂时，超市顾客一般只花 15 秒钟，只看一种品牌。[29]

习惯性决策（habitual decision making）是指不加考虑就做出的购买决策。如今的顾客时间紧缺，而缓解时间紧张的一个办法就是简化决策过程。当需要产生时，顾客会不由自主地想：我要去上次去过的商店买同样的东西。一般来说，当决策不太重要，而且要购买的是顾客曾经买过的非常熟悉的商品时，他们就会采取习惯性决策过程。当顾客忠诚于某个品牌或商店时，他们会采用习惯性决策。

实 例

拥有品牌忠诚度最高的商品类型有：酒类、化妆品、健康美容用品及零食。[30]

当顾客喜欢某产品类别中的特定牌子并持续购买该品牌产品时，就体现出**品牌忠诚度**（brand loyalty）。如果顾客喜欢的品牌缺货，他们就不情愿换牌子。因此，零售商只有提供顾客想要的这些品牌的商品才能满足他们的需要。

品牌忠诚度为零售商带来机遇，也带来麻烦。顾客喜欢到流行品牌商品的商店去购物，但是，由于零售商必须经营品牌忠诚度高的商品，他们就没有多大的余地同全国流行品牌的供应商讨价还价。然而，如果品牌忠诚度高的是自有品牌（即零售商自己拥有的品牌），那么品牌忠诚度和商店忠诚度都将得到提高。第 14 章分别讨论了名牌商品和自有品牌商品的采购和存货问题。

商店忠诚度（store loyalty）即顾客喜欢同一家商店，并习惯性地光顾该商店买某一产品类别中的某一特定品牌。所有零售商都希望提高顾客对其商店的忠诚度。其中一些措施包括：选择便利的店址（见第 7 章和第 8 章），提供齐全的全国品牌及自有品牌的商品种类（第 11 章），减少缺货情况（第 13 章），给回头客以回报(第 11 章和第16 章)，以及提供优质的顾客服务 (第 19 章)。

影响决策过程的社会因素

图表 4–5 表明顾客的购买决策过程受以下几种社会环境因素影响：家庭情况、参照组及文化背景。

家 庭

实 例

76%的消费者说孩子的喜好会完全或部分决定他们对提供全面服务的餐馆的选择。[32]

很多购买决策针对的是那些供全家人一起消费或使用的商品。因此，零售商必须了解家庭是如何做出购买决策的，不同家庭成员又是如何影响这些决策的。在前面讨论购买决策过程时，我们集中讨论的是个人决策——珍妮弗如何为自己买套装。当家庭做购买决策时，经常要考虑所有家庭成员的需要。[31] 比如在选择度假地点时，所有家庭成员都会参与讨论。在某些情况下，家庭中的某个成员可能负责做出购买决策。例如，可能由丈夫负责购买食品，由妻子来准备孩子的午餐，孩子要在学校吃妈妈准备的这份午餐。在这种情况下，虽然由丈夫决定去哪家商店购买，但可能由妻子决定买什么牌子的食品，而孩子的意见会在很大程度上影响妈妈的决策。

在家庭购买决策中，孩子起着重要作用。对于晚育的在生育高峰期出生的那一代人来说，满足孩子的需要尤为重要。这代人有较多的可支配收入，喜欢住豪华宾馆，但他们仍想带孩子们去度假。度假旅店现在也意识到了，满足孩子的需要和满足成年人的需要一样重要。例如，凯悦饭店 (Hyatt) 为住宿的家庭提供适合儿童的书籍和游戏产品。带着婴儿来住宿的父母在第一天能免费获得婴儿食品或奶粉以及纸尿布。照看婴儿或陪伴儿童游览的服务也是吸引顾客的有效措施。[33]

零售商可以通过满足所有家庭成员的需要吸引那些和家庭成员一起采购的顾客。例如，宜家家居是瑞典的一家家具连锁店，它在商店里开设了儿童之角，以

图表 4–5
影响购买决策的社会因素

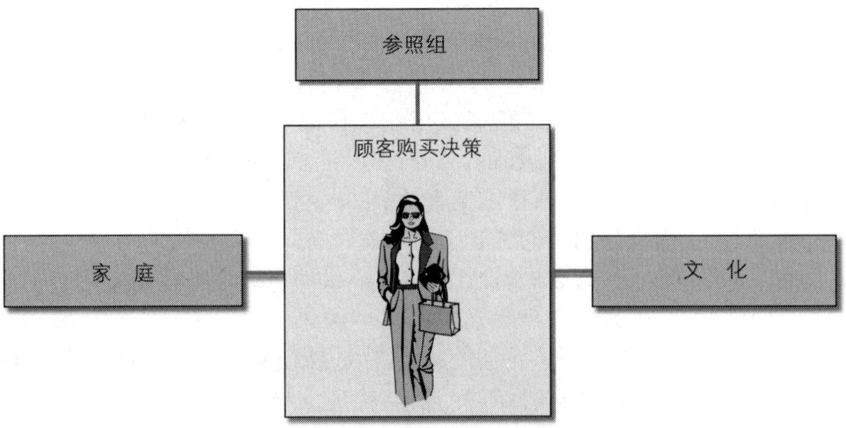

很多购买决策会考虑家庭成员的需要，而非购物者本人的需要。

便家长购物时孩子们可以在那里玩耍。诺世通店里设有座位区和酒吧，男士们可以在妻子购物时坐在这里喝啤酒，看足球赛。通过满足可能对购物不太感兴趣的男士和孩子的需要，零售商可以使家庭在商店里逗留的时间更长，买的东西也更多。

零售视野 4.3 讲的就是针对和父母一起购物的青少年的零售商。

参照组

参照组（reference group）是指一个或若干个人被当做对比对象，同自己的看法、感受和行为进行对比。消费者可以有不同的参照组，但正如本章讨论过的，最重要的参照组是家庭成员。参照组通过以下三个方面影响购买决策：（1）提供信息；（2）鼓励特定购买行为；（3）提升消费者的自我形象。

参照组通过与消费者对话直接提供信息，或是通过消费者对参照组的观察间接提供信息。例如，珍妮弗买套装时，她的朋友就为她提供了很有价值的信息。而当珍妮弗要买运动服时，她可能参考足球明星米娅·哈姆和网球女星玛丽亚·莎拉波娃的着装。本章附录讨论参照组在引领服装时尚中的作用。

有些参照组通过赞扬与其标准一致的行为来影响购买行为。例如，公司里员工的参照组有一定的着装款式，如果同事中有人违反了这种着装标准，就会遭到批评。

通过识别参照组并与其保持一致，消费者创造、加强或保持了自己的形象。想被当做精英社会阶层的顾客会到高档商店去购物，而希望给人留下户外运动者形象的消费者会登录 L.L.比恩的网站购物。

一些零售商利用青春社团宣传商品和服务，作为青少年顾客的参照组。挑选青春社团是因为团员们是一群别人都想效仿的学生，其他学生购买同青春社团成员们一样的服装，就能同这些学生中的佼佼者保持一致的形象。

文　化

文化（culture）是一个社会中大部分成员共有的看法、信仰、道德观和价值观。例如，大部分西方文化中很重要的一个价值观就是个人主义，人们一般只在乎自己和身边亲近的亲人。因此，这种个人主义文化中的消费者在做购买决策时，更多的是依赖自己内心的标准和信仰。然而，东方文化却重视集体主义，强调要替他人着想，并以他人的观点为自己行为的导向。因此，对这种集体文化中的消费者来说，社会关系比物质的商品更重要。

调查发现，集体主义者对个人物品（即私人消费的商品和服务）的价格比个人主义者对个人物品的价格更敏感，但是对于公共用品的价格则不那么敏感了。例如，同加州南部的美国主流超市相比，对于同样品牌与大小的包装食品，在华人消费者经常光顾的超市价格要低 37%；而同样品种与类型的肉类食品和海鲜产品的价格要低一倍多。[34]

此外，调查报道华人消费者会花更多时间挑选商品，并且在评价商品时会更多地利用五种感官。例如，在同一商店的抽样调查当中，购买香蕉时，华人要花比美国人多4倍的时间，并且其触摸香蕉的次数比美国人多4倍。此外，与其他顾客相比较，拿鼻子闻水果的华人顾客明显比其他顾客要多。[35]

实 例

1994年瑞士的家具零售商宜家首次在主流电视中打出了以同性恋关系为主旨的广告，以吸引同性恋这一亚文化人群。[37]

亚文化（subculture）是某文化中的特殊人群。他们与整个社会有一些共同的习俗和观念，但也有自己独特的观点。[36]亚文化的划分可根据地理区域（如美国南方人）、年龄（如生育高峰期出生的一代）、种族（如美籍亚裔人）或生活方式（富

4.3 面向少年的零售 零售视野

青少年（tweens）消费者指的是那些年龄在8~12岁之间的孩子，他们是美国目前增长速度最快的细分市场。美国有2 000万个青少年，每年在衣服上他们会花掉60亿美元（用自己的钱），还会影响父母在他们身上花的1 750亿美元。一个这么大的女孩会仿效她的姐姐，但是性和爱情尚未成为她生活的一部分——在内心深处，她还是一个小女孩。那些有趣的、装饰着花边并闪闪发光的、能刺激人的感官的环境很适合她的童心。这样的小女孩希望别人把她当做是少女而非幼女来看待。

Two公司拥有575家店，是青少年细分市场的领头羊。该公司意识到8~12岁的小女孩可能想要自己看起来像15岁，但那些适合15岁女孩穿的服装需要改装，使之更适中，不夸张，也更适合8~12岁的孩子穿。Two的店面里有色彩斑斓的橱窗展示、灯光展示、大头照，专业穿耳洞柜台以及糖果机，创造了一个青春活力十足的购物环境，非常吸引8~12岁的女孩。特殊货架摆在年龄较小的女孩的视线之处，因为尽管这些小女孩是和父母一起来购物的，但在这里，她们选择，父母掏钱。

像Two公司这样的零售商，其目标客户是青少年。

萨克斯公司旗下的一个分公司Libby Lu俱乐部为青少年女孩提供了一个更加互动的平台。女孩们只要加入该俱乐部（免费入会），就会被称为VIP（very important princesses），即“非常重要的公主”，从而被带进萨克斯宣扬的“趣味新时尚休闲互动活动”中。这些活动主要是生日聚会，在聚会上小女孩们可以盛装出席，化妆，当然还有买东西。在Libby Lu俱乐部，女孩们穿着各种服装，制作自己的珠宝首饰，制作个性化的T恤或者画个“公主”妆。不管如今的年轻女孩可能表现得多“成熟”，梦幻的东西对这一年龄阶段的群体还是具有很大吸引力的。该零售商还针对这一顾客群开发自己的产品，例如，有香味的睡衣，以及在外过夜用的整套工具。

资料来源：Kate Fitzgerald, “Club Libby Lu,” *Advertising Age*, Nov.1, 2004, p.S4; Maureen Wallenfang, “Preteens Wield Economics Strength in Family's Purchasing Decision,” *Knight Ridder Tribune Business News*, October 12, 2003, p.1; Dave Soegel, Tim Coffy, and Greg Livingstone, *The Great Tween Buying Machine: Marketing to Today's Tweens* (Ithaca, NY: Paramount Marketing Publications, 2001）.

集体主义文化中顾客的消费行为（即东方人）和在个人主义文化中的顾客（即西方人）不同。

家子弟）。

市场细分

前面主要讨论了：（1）个体顾客如何评估、选择商店和商品；（2）影响顾客决策过程的因素。为了降低成本，零售商把顾客划分为不同的群体（细分市场），并且按细分市场群体中的一般需要而非针对某个特定顾客的需要提供商品和服务。

零售细分市场（retail market segment）指拥有相似需要的一群顾客，他们的需要可以用同样的零售组合来满足。例如，度假家庭的需要同出差的管理人员的需要不同。因此，万豪酒店针对每个细分市场制定不同的零售组合。互联网使零售商有效地服务消费者个人，在一对一的基础上向他们销售。由于这种一对一的营销概念和客户关系管理密切相关，因此在第 11 章还会讨论。

评估细分市场的标准

将顾客分成不同细分市场有很多方法。图表 4-6 是细分零售市场的不同方法。虽然没有简单的方法来确定哪种方法最好，但评估零售细分是否是可行的目标市场，还是可以按 4 个标准来判断：可执行性、可辨别性、易接近性及规模。

可执行性　评估零售细分市场的基本标准是：（1）细分市场中的顾客必须有相似的需要，追求相似的利益，由相似的零售商品和服务来满足；（2）这些顾客的需要同其他细分市场中的顾客需要不同。**可执行性**（actionability）是指细分市场的定义必须明确指出零售商应采取什么措施来满足该细分市场的需要。按这个标准，雷恩·布莱恩特（力美特的分公司，专为肥胖妇女提供服装）将服装市场按一个人口统计数据特征（身材大小）进行细分。穿大尺码服装的顾客的需要有别于穿小尺码服装的顾客，因此，提供独特的商品零售组合对这个人群非常具有吸引力。按前文讨论的多属性态度模式，穿大尺码服装的女士很重视合身与流行两个因素，因为这两个需要对她们来说相对难以得到满足。

与之相反，超市若按顾客的身材尺寸来细分市场将毫无意义。身材高大或矮小的男女顾客可能有同样的需要，追求同样的利益，在购买食品时采购过程也一样。这种按尺寸界定细分市场的方法对超市零售商不适用，因为零售商无法为身材不同的顾客设计独特的零售组合。因此，超市常用人口统计数据如收入或种族来细分市场、设计零售组合。

可辨别性　零售商必须能够在目标市场中辨别顾客。**可辨别性**（identifiability）能够使零售商确定：（1）细分市场的规模；（2）促销其零售组合时应与谁沟通。

图表 4–6
零售市场细分的方法

细分描述项	类别举例
地 理	
地 区	太平洋，山区，中部地区，南部地区，大西洋中部，东北
人口密度	农村，郊区，城市
气 候	冷，暖
人口统计特征	
年 龄	6 岁以下，6~12 岁，13~19 岁，20~29 岁，30~49 岁，50~65 岁，65 岁以上
性 别	男，女
家庭生活周期	单身；已婚无子女；已婚，最小的孩子 6 岁以下；已婚，最小的孩子 6 岁以上；已婚，子女不住在家里；年长单身
家庭收入	19 999 美元以下，20 000~29 999 美元，30 000~49 999 美元，50 000~74 999 美元，75 000 美元以上
职 业	职业技术人员，神职人员，销售人员，手艺人，退休人员，学生，家庭主妇
受教育程度	高中，高中毕业，大学，大学毕业，研究生学位
宗 教	天主教，新教，犹太教，伊斯兰教
人 种	白种人，非裔美国人，西班牙人，亚洲人
国 籍	美国，日本，英国，法国，德国，意大利，中国
心 理	
社会阶层	下层，中层，上层
生活方式	奋斗型，驱动型，专注型，亲密型，利他型，寻乐型，创造型
个 性	进攻型，害羞型，多愁善感型
感受和行为	
态 度	积极，中立，消极
追求的利益	便利性，实惠性，声誉
决策过程阶段	无意识，有意识，获得信息，感兴趣，打算购买，曾经购买
感知风险	高，中，低
创新性	创新者，早期采用者，前期大多数，后期大多数，落后者
忠诚度	无，部分，全部
使用率	不用，较少用，中度使用，频繁使用
适用场合	家庭，职场，假期，休闲
使用者状态	非使用者，前使用者，潜在使用者，当前使用者

可辨别性对零售商非常重要，这样他们就可以接近顾客便于下一步沟通，即细分市场的第三个标准。

易接近性 **易接近性**（accessibility）指零售商在某个细分市场针对顾客进行沟通的能力。万豪的传统酒店和度假酒店的顾客分别从不同的地方接近或收集酒店信息，以不同的方式接触这两类酒店。传统酒店的顾客一般通过《今日美国》和《华尔街日报》得知该酒店，而度假酒店的顾客则通过电视和旅游休闲杂志上的广告了解酒店信息。

规模　细分市场的规模必须达到能支撑一项独特的零售组合才行。例如，就宠物医药业而言，当地市场可能支撑不了一个独特的细分策略，但是，一个全国市场就可以通过网络渠道来支撑这样一个细分策略。

市场细分的方法

图表 4–6 说明对零售市场进行细分有多种方法。没有哪种方法适用于所有零售商，相反，他们必须找出影响顾客购买行为的各种因素，然后确定其中最重要的因素。

地理细分　**地理细分**（geographic segmentation）是把顾客按居住地进行划分。零售市场可以按国家（如日本、墨西哥），或在一国内按州、市和邻里地区划分。顾客主要在离住家和办公地点方便的商店购物，因此零售店的主要销售对象就定位在离他们较近的细分市场上。

在美国，许多食品零售商都集中于某几个区域。例如，大众公司主要面向佛罗里达州和佐治亚州，HEB 公司主要面向得克萨斯州，而韦格曼斯公司主要面向纽约西部。但是，英国的超市零售业主要由几个全国性的大公司把持，如乐购、圣斯伯里和 ASADA。

尽管像盖普和西尔斯这样的全国零售商没有具体的地理针对性，但他们的商品选择对全国不同地区的侧重点不同。雪橇在佛罗里达州没有什么市场，冲浪板在科罗拉多卖得不好。即使在同一市区，连锁店也必须根据不同社区顾客的不同需要进行相应调整。例如，富裕社区里超市中的美食比其他社区的要多。

按地理区域划分的细分市场可辨别、易接近，而且规模较大。确定某地理细分市场中的顾客身份很容易，例如在巴黎市区，零售商很容易设立商店，针对顾客进行沟通。然而，在不同地理细分市场中的顾客可能具有类似的需要，因此有时不必按地理市场来制定特别的零售组合。例如，底特律的快餐店顾客可能与洛杉矶顾客寻求一样的利益，因此按地理区域来划分美国的快餐市场就毫无意义。

在生育高峰期出生的人已经进入老龄化阶段，成为吸引零售商的目标市场。

人口统计细分　**人口统计细分**（demographic segmentation）指把消费者按照容易测量且客观的标准来划分，如年龄、性别、收入及教育背景。人口统计变量是界定细分市场最常用的方式，因为这些细分市场的消费者很容易辨别和接近。零售商用来和顾客沟通的媒介都是根据人口统计构成来划分的。

老年消费者在按年龄划分的市场中增长速度最快。2000~2010 年，50~69 岁的细分市场据估计应该增长 37%，即美国总人口增长率的 3.5 倍。[38] 零售视野 4.4 描述了一个德国的超市零售商是如何为这一细分市场提供商品和服务的。

然而，对某些零售商来说，人口统计数据对确定细分市场毫无用处。例如，对喜欢穿跑步服和跑鞋的顾客来说，人口统计数据就说明不了问题。零售商曾估测年轻人是运动服装的主力消费者，但健身趋势使各个年龄段的顾客都会来买这种服装，即使是不喜欢运动的消费者也会觉得这种服装穿起来非常舒适。

地理人口统计细分 **地理人口统计细分**（geodemographic segmentation）同时采用地理和人口统计特征两方面来划分消费者。这一市场细分方法是基于“人以群分”的原则。[39] 住在一个社区的消费者趋向于在一种类型的零售商那里购买同一类型的车、家用电器和服装。

Claritas 公司（www.claritas.com）开发的 PRIZM（Potential Rating Index by Zip Market）是广泛应用的地理细分工具。Claritas 公司根据详细的人口统计和消费信息，以及美国各个街区（邮编+4）的人们常用的媒体数据，标出了 62 个地理人口统计细分市场，并称之为邻里或生活群落。

Claritas 公司不但提供各个生活群落的人口统计信息，还提供了指数，将每个生活群落的消费者购买行为及常用媒体与全国平均水平作比较，全国的平均水平定为 100。因此，如果某个群落的指数是155，这就意味着这个群落在那些变量上高出全国平均水平 55%。下图就是三个这样的 PRIZM 群落。

群落名称	城镇 & 成年人	灰　领	拉丁裔美国人
群落号	31	42	44
群落描述	大学城里，单身	住在近郊的年长夫妇	西班牙裔，中产阶级
生活方式/产品	外国音像制品（551）*	彩票（169）	拳击（443）
	在线服务（216）	6 个月的 CD（140）	舞曲（194）
	狗（54）	博物馆（68）	野营（45）
	缝纫（35）	网球（42）	烧烤（57）
饮　食	龙舌兰（183）	冷鲜食品（136）	鳄梨（230）
	可口可乐（145）	快餐（134）	皮塔面包（115）
	意大利面沙拉（141）	冷冻食品（130）	口香糖（105）
	快餐（105）	无酒精啤酒（129）	可口可乐（108）
所用媒体	*Cosmopolitan*（183）	*Ebony*（159）	*Cosmopolitan*（228）
	Sport Illustrated（182）	*McCall's*（141）	*Touched by an Angel*（193）
	Friends（222）	*Good Morning America*（139）	*Court TV*（156）
	Face the Nation（164）	*TV Wrestling*（137）	*Seventeen*（117）

* 基于 100 的指数=平均

像这样人口统计数据和购买行为相似的邻里群落可能出现在美国的任何地方。例如，图表 4–7 就列举了美国灰领阶层的所在区域。

地理人口统计细分市场对店面零售商很具有吸引力，因为顾客经常会光顾其附近的商店。因此，零售商可以利用地理人口统计细分市场分析店面选址，并且根据当地消费者的喜好来调整自己的商品种类和分类。第 8 章将详细解释如何利用地理人口统计细分市场分析进行店面选址决策。

图表 4–7

灰领阶层的分布图

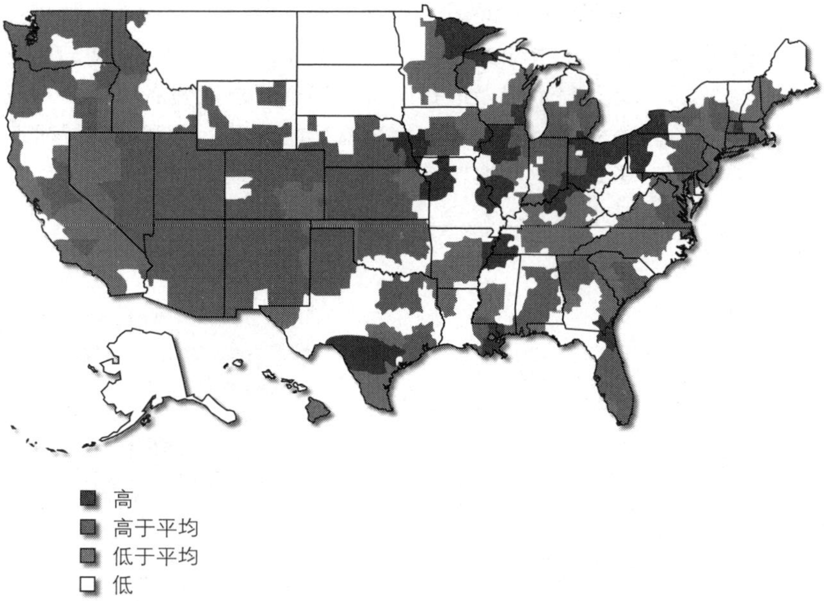

资料来源：Michael J.Weiss, *The Clustered World* (Boston: Little, Brown, 2000) , p. 262. Reprinted by permission.

面向德国老年人的零售 零售视野 4.4

Adeg Aktiv Markt 50+是欧洲第一家面向 50 岁以上的购物者的超市，以老龄人口为目标市场。在欧洲，目前平均年龄是 37.7，但是由于直线下滑的出生率和人类不断延长的寿命，预计在 2050 年将达到52.3。这个细分市场不但规模在增长，而且其购买能力也相当高。这些消费者已经偿还了住房和汽车贷款，孩子们也都独立了，而且他们的可支配收入比年青一代要多。

该超市某些吸引人的特点可能是美国购物者习以为常的，比如货架上面整齐地摆放着吸引人的商品，但是这和很多其他欧洲超市完全相反——其他超市的商品是随便倾倒在货架上。该超市在其他地方还做了一些细微的改变：标识和标签要大些；购物通道更宽；地板是防滑的，即使是湿的也不滑；并且添加了很多可以坐的地方。老年人的眼睛比较敏感，因此灯光被调到柔和的亮度，以免刺激。货架比较低便于拿取商品。除了常规的购物车外，还提供一种可以挂在轮椅上的购物车，还有一种可以叠起来当椅子的购物车，顾客累了就可以坐下，只要一坐下，购物车的轮子就会自动锁上。超市里甚至还有血压仪，对于星期六下午在收银台前等了很久的顾客来说，不管年龄大小这个仪器都非常有意义。由于老年人一向只为一两个人购物，因此超市里的商品组合绝大多数是小包装。

雇员的年龄也稍大一些。与年青一代相比，由于工作的职业道德观不一样，年龄大的雇员的工作动力也较大。超市的员工可以分成两类：由于孩子而退出劳动力大军的妇女和中年失业又很难在这个年龄再找份工作的人。这些员工的工资比年轻员工要高 10%，但是对零售商来说，这些多花的成本，在其他方面得到了补偿，如流动率很低，年纪大些的员工也很少请病假。

甚至是超市的停车场也加宽了车位空间，以更加方便老年人。这个特点还为超市吸引了一些其他购物者，比如带小孩的女性顾客。事实上，Adeg 发现这种新模式有很大吸引力，其顾客大概有一半年龄低于 50 岁。

资料来源：Shellee Fitzgerald, "Shaking Up the Box," *Canadian Grocer*, February 2005, p.43; John Seewer, "Stores Sit Up and Take Notice as Older Shoppers Speak, Win Recognition When Then Adjust," *Houston Chronicle*, July 26, 2004; Tania Ralli, "As Europe Ages, a Grocery Chain Extends a Hand," *Chain Store Age*, February 2004, pp.31–32.

生活方式细分 **生活方式**（lifestyle）指人们如何生活，如何消磨时间和花费金钱，从事什么活动，以及他们对所处世界的态度和观点。为了界定这些细分市场，必须对消费者进行调查，调查要求消费者对诸如“我在国家公园里最理想的休闲方式是呆在豪华宾馆里盛装吃晚餐”“我经常寻求刺激”和“我无法忍受给已死去的动物剥皮”等陈述做出同意或不同意的选择。今天的零售商更加注重按照生

图表 4-8
VALS™ 美国人生活方式细分市场

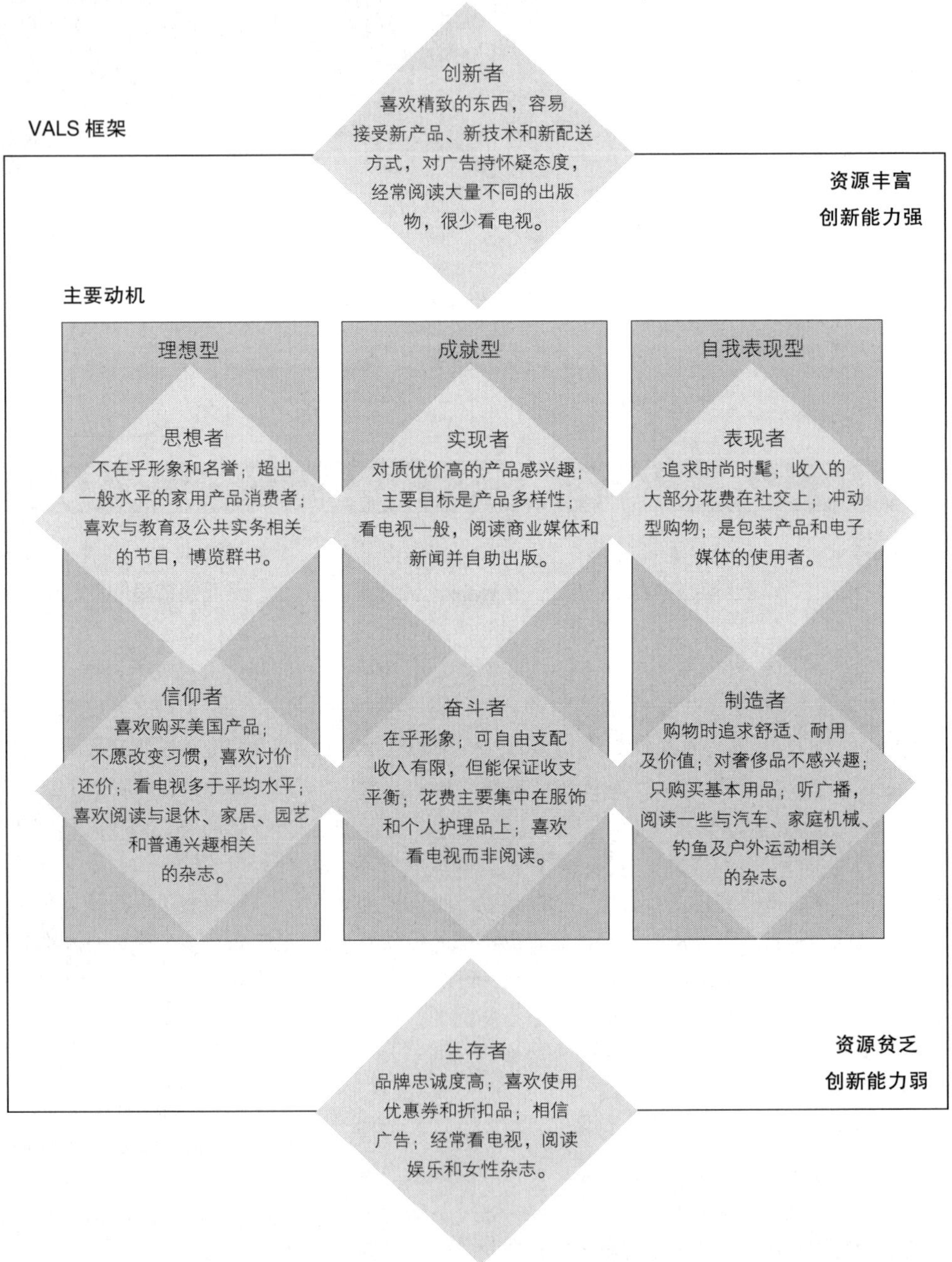

活方式而非人口统计数据来确定细分市场。

SRI 商务信息咨询公司（www.sric-bi.com/VALS）开发的 VALS™ 是**生活方式细分**（lifestyle segmentation）最常用的工具。[40] 根据 VALS 调研反馈的信息，消费者可以被细分成 8 个市场，如图表 4–8。

生活方式细分可以从两个角度来描述：（1）消费者资源，包括收入、受教育程度、健康状况和精力旺盛程度；（2）他们最主要的消费动机——理想型、成就型、自我表现型，还是观念驱动型消费。在成就动机推动下的消费者会争取赢得他人的肯定，而注重自我表现的消费者则会选择那些强调个性并带有冒险性质的商品。生活方式细分很有用，因为它明确了购买行为的动机，但是要辨别并接近某一特定生活方式细分市场的顾客却较为困难。

购买情境细分　具有同样人口统计数据或生活方式的顾客，其购买行为往往会根据购买情境的不同而不同。因此，零售商还可以利用**购买情境**（buying situation），采用类似于临时性补充购物和每周购物来细分市场。例如，在图表 4–3 中，就每周购物来说，有 4 个孩子的父母对购物中心的评价高于网上食品店或超市。但是如果家里没有牛奶了，这个家长就可能到便利店而不是批发市场进行这样的临时性补充购物。从图表 4–3 的多属性态度模式中可以看到，就临时性补充购物这样的购买情境来说，便利性比商品种类更重要。同样，一个企业主管可能会在商务旅行中选择传统的饭店，而在家庭度假时选择一个度假旅店。

在评价细分市场时，购买情境细分这一指标十分突出。该细分非常可行，因为营销人员很容易就能根据某一特定细分市场的具体需要提供商品或服务。这些细分顾客也很好辨别和接近，因为零售商或服务供应商能够根据顾客以前是否在自己这里购过物，以及是在什么情况下购物来辨别顾客。一旦他们辨别出了这一顾客细分市场，就很容易评估此细分市场的规模大小了。

利益细分　确定目标细分市场的另一个方法是把追求相似利益的顾客划分在一起，称为**利益细分**（benefit segmentation）。在多属性态度模型中，在同一利益细分市场里的顾客对商店或产品特性的侧重点是相似的。

例如，可以将看重流行和款式、不注重价格的顾客列为流行细分组，而将重视价格的顾客列为价格细分组。

利益细分有很强的可操作性。目标细分市场的顾客所追求的利益明确地指示零售商应如何设计零售组合，以及如何吸引这个顾客群体。但利益细分市场中的顾客不太好辨认和接近，我们很难通过观察某个人来确定他/她追求的是什么利益。一般而言，对于媒体的受众，零售商是按人口统计数据描述这些顾客的，而不是以其所追求的利益来对他们进行区分。

综合细分方法

我们已经看到，没有哪一种细分方法能够符合所有的有效顾客细分标准。例如，人口统计数据和地理细分可以用于辨别和接近顾客，但这些方法的特征经常与顾客需要无关，意味着这些方法不能说明应采取什么措施来吸引细分市场中的顾客。另一方面，了解顾客追求的利益有利于设计有效的零售组合，但是用这种方法很难辨别是哪些顾客在追求这些利益。因此，**综合细分**（composite segmentation）计划利用各种变量来辨认目标细分市场中的顾客。通过综合所追求的利益、生活方式及人口统计数据几种方法来确定目标市场。

百思买针对 5 个综合细分市场推出了“顾客中心”项目。[41] 每个细分组合都用一个名字代替，每个细分市场也都有专门的经理来负责制定专门针对该细分市场的零售策略。“Barry”是最好的顾客组，他们是富有的职业男性，在30~60 岁之间，年收入至少有 15 万美元，开着豪华轿车。Barry 这种人，他走进百思买，看到一套价值 3 万美元的家庭影院设备，说：“这个我要了。”“Jills”是都市忙碌的母亲们；“Buzzes”是有目标的、活力四射的年轻人；而“Rays”是居家男，对实际应用技术非常感兴趣。第五个细分市场是由在百思买里面买消费电子产品的小企业共同构成的。

有一批店面要重新装修设计，用来专攻当地比较突出的某一两个细分市场。例如，Jill 店面就有专门的儿童游戏场所，以便在“Jill”购物时，孩子可以自己玩；而且商店的背景音乐通常是儿童音乐。而专攻“Barrys”的店面则装备最高端的娱乐设施。Jill 店里更多的是像学习类软件的商品，颜色比较柔和，店内还会配有儿童技术专柜及个性化的购物服务。专攻“Buzz”的店面则相反，店内商品更多的是最新技术，店里还有舒适的样品试用区，并配有沙发及平板电视，以便顾客试玩游戏或控制操纵台。

小 结

为满足顾客需要，零售商必须充分了解他们如何选择商店，如何做出购买决策，以及他们决策时都考虑什么因素。本章阐释了购买过程的 6 个阶段（需要认知、信息搜寻、可选项评估、选择、购买和购买后评价），以及零售商如何在各个阶段影响其顾客。

各阶段的重要性取决于顾客决策的性质。当决策很重要且要冒风险时，购买过程就较长，因为顾客会花更多时间和精力收集信息，评估可选项。当购买决策不太重要时，顾客在购买过程上花的时间就很少，他们的购买行为可能是习惯性的。

消费者的购买过程受其本身的信仰、生活态度、价值观及其社会环境的影响。主要的社会影响因素有消费者的家庭、参照组和文化背景。

为了制定成本有效的零售计划，零售商将顾客分为不同的细分市场。市场细分的一些方法是以地理区域、人口统计数据、地理人口统计数据、生活方式、使用情况以及所追求的利益为基础的。由于每种方法都有其优劣，因此零售商一般都会采用好几种方法来细分目标市场。

关键术语

购买过程	信息搜寻	多属性态度模式
实用需要	内部信息来源	考虑范围
享乐需要	外部信息来源	购买后评价
交叉购物	每日低价策略	长期问题解决

短期问题解决
冲动型购买
习惯性决策
品牌忠实度
商店忠诚度
参照组
文化
亚文化
零售细分市场
可执行性
可辨别性
易接近性
地理细分
人口统计细分
地理人口统计细分
生活方式
生活方式细分
VLAS™
购买情境
利益细分
综合细分
涓流理论
仿制品
大市场理论
亚文化理论
相容性
复杂性
可试用性
可见性

小试身手

1. **连续案例研究：购物**　光顾你为连续任务所选定的零售商店。假装你要买东西，记下该商店所有能刺激你购买欲望的东西。
2. **购物**　到超市观察人们是如何选择商品放到购物车里的。他们选择商品的时间有多长，是否有些人比其他人花的时间更多？
3. **网上练习**　登录本书学生用书网页，创建一个多属性态度模式描述你最近购买一件贵重物品时的评估和决策，例如一辆车或消费电子产品。打开多属性态度模式练习，把你考虑的特征列在左边那一列，再把你考虑的其他选项列在第一行。然后再在第二列里面填上每个特征的权重（10 是非常重要，1 是非常不重要），再将你对每个产品特征的评价填上（10 是表现很完美，1 是表现很不好）。根据你列的重要性权重和对表现的看法，在最后一行计算出每件产品的总体评估得分。你买的商品是得分最高的吗？
4. **网上练习**　为了更好地理解对消费者的市场细分，SRI Business Consulting Intelligence 开发了 VALS 工具，从心理角度出发根据顾客的个性特征细分市场。登录公司的主页 http://www.sric-bi.com/VALS/presurvey.shtml ，下载调查问卷，根据自己的价值观、生活态度以及生活方式确定自己属于哪种 VALS 类型。你认同自己的消费者档案吗？为什么？零售商该如何在制定和实施其商业策略时有效地使用该调查的结果？
5. **网上练习**　零售商希望能根据地域特点来细分消费者市场，并以此为基础来选择最佳的店址。登录 ESRI 商务信息解决公司的主页 http://esribis.com/index.html ，键入你家乡或学校的邮政编码，阅读出来的结果。零售商比如当地的餐馆，该如何利用该报告中的信息决定是否在该区开分店？
6. **网上练习**　登录下列网站，查看最新的时尚资讯：www.style.com（*Vogue*）、www.fashionformation.com（英国）、www.fashion.telegraph.co.uk（英国）、www.t-style.com（日本）和www.infomat.com/information/trends 。就时装设计师的最新时尚展写一篇报告。你认为这些时尚中哪些会流行？为什么？

讨论题

1. 顾客在购买了某商品后购买过程是否就结束了？阐述你的理由。
2. 对于一名习惯在温迪快餐店用餐的顾客，什么会使他改变这一习惯性决策，转而采用短期或长期选择决策？
3. 利用消费者购买过程的各个步骤（图表 4–1），描述你（及你的家人）是如何利用这一过程选择大学的。你们考虑过几所学校？在这项购买决策上你们花了多长时间？当你决定去哪所大学就读时，在消费者购买过程中的评估阶段，你采用了哪些客观和主观标准？

4. 为什么零售商采用地理人口统计细分来选址？
5. 每个零售商都希望能够把顾客吸引进商店，不再继续搜索并在其店内购物。一个运动用品零售商怎么做才能确保顾客会购买店里的运动器材？
6. 有一家族经营的二手录音机店，坐落在一个大学的马路对面，它想要确定其各种细分市场。商店所有者可以采用哪种途径来细分市场呢？根据选出来的途径，列出两个潜在的目标细分市场，然后对比适合这两个潜在目标细分市场的零售组合。
7. 与店面购物相比，你认为互联网购物的购买决策过程有什么不同？
8. 利用多属性态度模式，确定一个当地汽车经销商分别为一个年轻的单身女性和一对收入有限的退休夫妇（见下文表格）提供的可能选择。若是一个全国零售连锁店，该怎么做来吸引这对退休夫妇光顾它的店呢？你可以利用学生用书网站上的多属性态度模式来进行分析。

	重要性权重		对零售商表现的看法		
表现特征	年轻单身女性	退休夫妇	当地加油站	全国服务连锁店	当地汽车经销商
价　格	2	10	9	10	3
维修耗时	8	5	5	9	7
可信度	2	9	2	7	10
便利性	8	3	3	6	5

推荐读物

Black, Pam; Molly Knight; and David Koch. "Meet the Shoppers: How, Why and Where They Buy," *Retail Traffic* 33 (November 2004), pp. 24–31.

Curtis, Eleanor. *Fashion Retail*. Chichester, West Sussex: Wiley-Academy, 2004.

Fox, Edward; Alan Montogmery; and Leonard Lodish. "Consumer Shopping and Spending across Retail Formats," *Journal of Business* 77 (April 2004), pp. S25–61.

Ha, Young, and Leslie Stoel. "Internet Apparel Shopping Behaviors: The Influence of General Innovativeness," *International Journal of Retail & Distribution Management* 32 no. 8/9 (2004), pp. 377–91.

"Inside the Consuming Mind; HFN, in an Exclusive Study with the NPD Group, Looks at What Drives Shoppers' Buying Habits," *HFN*, January 31, 2005, pp. 1–8.

Keen, Cherie; Martin Wetzels; Ko de Ruyer; and Richard Feinberg. "E-Tailers versus Retailers: Which Factors Determine Consumer Preferences?" *Journal of Business Research* 57 (July 2004), pp. 685–701.

Mangleburg, Tamara; Patricia Doney; and Terry Bristol. "Shopping with Friends and Teens' Susceptability to Peer Influence," *Journal of Retailing* 80, no. 2 (2004), pp. 101–23.

Mummalaneu, Venkatapparao. "An Empirical Investigation of Web Site Characteristics, Consumer Emotional States and On-Line Shopping Behaviors," *Journal of Business Research* 58 (April 2005), pp. 526–45.

Pooler, Jim. *Why We Shop: Emotional Rewards and Retail Strategies*. Westport, CT: Praeger, 2003.

Underhill, Paco. *Why We Buy: The Science of Shopping*. New York: Simon & Schuster, 1999.

William, Colin. "A Lifestyle Choice? Evaluating the Motives of Do-It-Yourself (DIY) Consumers," *International Journal of Retail & Distribution Management* 32, no. 4/5, (2004), pp. 270–85.

附录 4A 顾客购买行为和时尚

许多零售商，尤其是百货商店和专卖店，都经营时尚流行商品。为了从中获利，零售商需要：（1）了解流行趋势是如何发展并在市场中扩展的；（2）利用运营系统使自己对这类多变商品保持供需平衡。本附录回顾了消费者在时装方面的行为表现。第 13 章讨论保持流行商品供需平衡的运营系统。

时尚（fashion）是指某种风格的产品或行为方式，由于它在某一时段和区域被社会广泛认为是适当的，因而暂

图表 4–9

时尚生命周期阶段

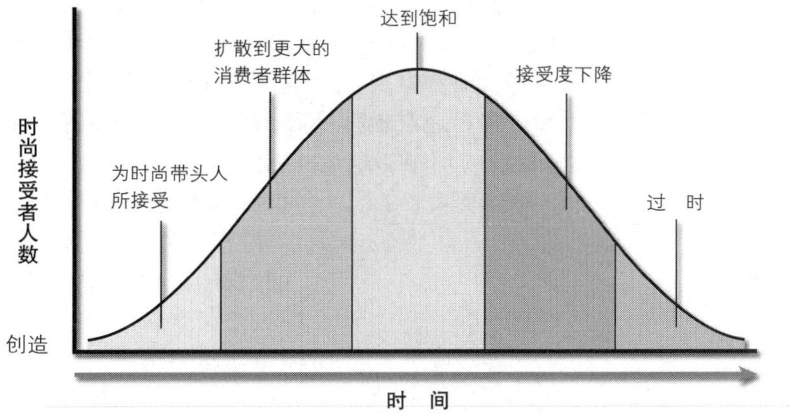

时被大量消费者所接受。[42] 例如，在某些社会群体中，将头发染成鲜艳的颜色，打高尔夫球，穿动物毛皮大衣，留胡子，或者去高级的温泉疗养地度假等等，都是或曾经是风行一时的行为。然而，在很多零售环境中，“时尚”一词与服装和配饰密切相关。

时尚满足顾客需要

时尚使人们有机会满足许多情感的和实际的需要。人们通过时尚表达自己的身份。他们也可以利用时尚来修饰自己的外表，表现自我形象和情感，提升自我，并给他人留下印象。经过多年的发展，时尚已经与特定的生活方式或人们所扮演的角色紧密相联。你去上课、约会或工作面试时会穿不同风格的服装。

时尚还可以用来和人交流。例如，销售人员光临买家百思买时穿一套传统的商务西装。但是，同一个销售人员去阿贝克隆比 & 费奇时，就会穿着相对时尚随意的服装。这些不同的穿衣风格体现了该销售人员对这两家公司不同文化的理解。

人们既利用时尚来表达自己的身份，也利用时尚获得他人的认可。时尚的这两个利益可能会互相冲突。如果你穿着非常前卫，你的个性就被鲜明地展示出来了，但是你的同龄人未必能接受你这种风格的装束。为了满足这两个相互冲突的需要，制造商和零售商提供各种款式和设计组合，既时尚又能让消费者表达自己的个性。

消费者追求时尚的另一原因是为了摆脱单调。人们很容易对同样的服装或者客厅里不变的家具感到厌烦。他们希望能够通过购买新衣服或者重新装修房子来迎合自己变化了的品位、喜好和收入，从而改变自己的生活方式。

时尚是如何发展与传播的

时尚不具普遍性，某一时尚可能被某一个地理区域、国家或年龄组所接受，而被其他人所拒绝。想想你理解的“时尚”和你父母理解的有什么区别。你们中的很多人可能很难想象你们的父母穿着仿古的包臀牛仔裤和紧身 T 恤。同样，他们也很难想象你们穿着双排扣商务套装。如今一个有趣的运动时尚是大学生及 NBA 篮球运动员穿运动制服套装。30 年前，篮球运动员留着长发，穿着紧身短裤及 Converse 球鞋；而今天他们都留了短发，穿着宽大的短裤和耐克球鞋。请查看 http://www.nba.com/photostore/。

图表 4–9 说明了时尚生命周期的各个阶段。周期从新设计或新款式的产生开始，然后一些被认为是时尚带头人或创新者的消费者接受了新款式，这些新款式开始在该社会群体中流行起来，并从这些人普及到其他人当中，最终被作为一种时髦而得到普遍接受。最后，该时尚被该社会群体中的大部分人接受并过度流行，饱和与过度流行使该时尚逐渐走向衰退，新的时尚又开始产生。

创　造

新的时尚由一系列渠道产生。服装设计师只是创造灵感的一部分，富有创造性的消费者、社会名

> **实 例**
> 比基尼是由前土木工程师路易斯·里尔德于 1947 年设计的。

流甚至是零售商都有可能是时尚的创造者。当大明星、演员及运动员在电视节目、电影、舞台或红地毯上穿着最新的时装款式，那些对时尚感兴趣的消费者一般都会跟风。

为时尚带头人所接受

当时尚被消费者带头人接受时，其生命周期才真正开始。这些时尚的最初接受者被称为时尚领导者、时尚创新者或潮流先锋，他们是在社会群体中首先展示新时尚的人。如果时尚过于前卫或与现行时尚大相径庭，这种款式就有可能不被该社会群体所接受，其生命周期也就提前结束了。

人们提出三种理论来解释时尚是如何在社会中流行的。**涓流理论**（trickledown theory）认为，时尚领导者是具有最高社会地位的消费者，他们富有并受过良好教育。这些人在接受某种时尚后，该时尚就会慢慢渗透传递到较低的社会阶层。当这种时尚被最低的社会阶层接受后，处于最高社会阶层的时尚领导者就不再接受它了。制造商和零售商通过模仿设计师在时装展示会上展示或是在排他性专卖店销售的最新服装款式，以此来刺激这一涓流过程。这些**仿制品**（knockoff）通过零售商以较低的价格销售到更大的市场范围中去。例如，当模特们走下普拉达在意大利米兰每年一度的时装展台时，6 000 英里外中国香港的缝纫机就已经疯狂地转动起来，短短六周后，大批与普拉达最新设计非常相似的服装，以大部分消费者支付得起的价格出现在了商品目录和商店。有时，这些仿制品比真品卖得还好。[43]

第二种理论，即**大众市场理论**（mass-market theory）认为，时尚是在社会阶层之间流传的。每个阶层都有自己的时尚领导者，他们在自己的社会网络里起关键作用。时尚信息是通过社会阶层“渗透”开的，而不是由上向下渗透的。有些零售商利用少年团体来刺激时装在各社会阶层的传播。社会上的领先人物被选为团体成员，为零售商及其店内商品做推广。

> **实 例**
> 美国服装的创新者大部分是女性，年龄在 16~24 岁之间，她们每年在服装上的支出超过 1 000 美元。[44]

第三种理论是**亚文化理论**（subculture theory），它建立在新时装发展的基础上。大多数年轻不太富裕的消费者，如摩托车爱好者和城市快歌手等，他们都拥有自己的亚文化，并以此为基础发起了诸多时尚，例如，色彩亮丽的针织服装、T 恤、球鞋、牛仔裤、黑皮夹克及繁琐的军工装。这些时尚在收入较低的消费群体中开始，向主流消费阶层渗透。耐克公司就雇用“酷劲搜索人”去挖掘亚文化，试图再找出一个热门运动鞋来。高斯现象就是亚文化发展成为一个独特风格的例子，它是围绕黑色时尚以及玛丽莲·曼森这样的艺术家演奏的更为黑色且伤感的音乐展开的。Hot Topic 是加州波莫纳的一家复合商城零售商，他们所销售的服饰反映了各种各样与音乐相关的生活方式，其中包括街头服饰、复古休息室、朋克、俱乐部以及高斯。在 Hot Topic 里面经常可以看到那些被柯恩、林肯公园和早安夏洛特等乐队早期穿过的流行服饰。[45]

这些时尚发展理论说明，时尚领导者来自不同地方和不同社会群体。在多元化的社会中，许多类型的消费者都有可能成为时尚趋势的领导者。

扩散到更大的消费者群体

在这一阶段，时尚被更大的消费群体所接受，该群体被称作早期接受者。时尚的可见性更强，受到更多媒体的关注，得到更多宣传，并开始在零售店内出售。时尚的相关优势、相容性、复杂性、可试用性以及可见性，都影响时尚在某社会群体中的普及时间。若新时尚与现存时尚相比利益更多，比较优势更大，流行速度就更快。消费者很容易就能接受新时尚，因为这让他们与众不同。因此，像高级服装这样比较具有排他性的时尚在富有的目标市场会较快被接受。而在实用消费者群体当中，易保养的服装，例如不打皱的裤子在普通大众中流行很快。

相容性（compatibility）是指时尚与现有的规范、价值观和行为保持一致的程度。当新时尚与现存的规范不一致时，被接受的速度就较慢，接受人数也较少。自 20 世纪 60 年代中期开始，时装业就不断试图复兴迷你裙，但是只取得了很小的成功，

时尚潮流变化非常快，设计师们在一季中采用长裙加动物印花，在下一季就可能采用完全不一样的风格。

因为拥有最高可支配收入的妇女群体是生育高峰期出生的那一代——她们中很多人发现，迷你裙已不适合以家庭为主的生活方式了。

复杂性（complexity）指了解和使用新时尚的难易程度。消费者必须学会如何将新时尚融入到他们的生活方式中。比如，领带制造商曾经一度试图刺激蝶形领结的销售，但以失败而告终，因为男士们感到打结很困难。

可试用性（trialability）指最先接受新时尚所需付出的代价和所承担的责任。例如，如果消费者为了赶潮流要花很多钱买一件高档首饰，这种时尚的被接受程度就较低；如果时尚只要求人们把已拥有的首饰换个地方戴，其接受程度就会很高。

可见性（observability）是指新时尚被注意到并在社会群体中向其他人传播的容易程度。与家居用品如床单毛巾的时尚相比，服装时尚更易被人们注意到。因此服装中的时尚比浴室中的新色彩、新款式流行得更快。

时装零售商开展各种活动促进新时尚在其目标市场中的接受与推广。他们向消费者展示如何将新时尚与消费者已有的服装搭配，以此增加时尚的相容性，降低复杂性。他们提供试衣间，供消费者试穿来观察实际效果，增加时尚的可试用性。允许顾客退货，这也可以增加时尚的可试用性。零售商还通过在商店里陈列时尚产品，在媒体上做广告增加时尚的可见性。

饱　和

在这一阶段，时尚已获得社会的最大接受程度。目标市场中几乎所有的消费者都了解了该时尚，且已决定接受或拒绝它。此时，该时尚开始过时，许多人对其产生了厌倦感。

接受程度下降至过时

在时尚达到饱和时，它们对消费者的吸引力开始减弱。由于大部分人已经接受了这种时尚，就无法再帮助人们表达自己的个性了。时尚创造者和领导者开始试验新的时尚，新时尚的引入加速了上个时尚的衰亡。

第二编

零售战略

在第一编中，我们讲了零售管理决策、零售商的不同类型以及零售商使用到达顾客的多种销售渠道，包括店面、互联网和目录。同时我们还讲了消费者选择各种不同零售商、不同渠道和商品的影响因素。该编对零售业做了整体概括，为制定和实施有效的零售战略提供了所需的背景信息。

第二编主要讨论零售商的战略决策。

第 5 章讲述零售市场战略的制定。

第 6 章阐述与市场战略相关的财务战略。

第 7、8 章讨论零售商店的选址战略。

第 9 章介绍零售公司的组织和人力资源战略。

第 10 章考察信息和商品流动的控制系统。

第 11 章详细阐述零售商管理客户关系的方法。

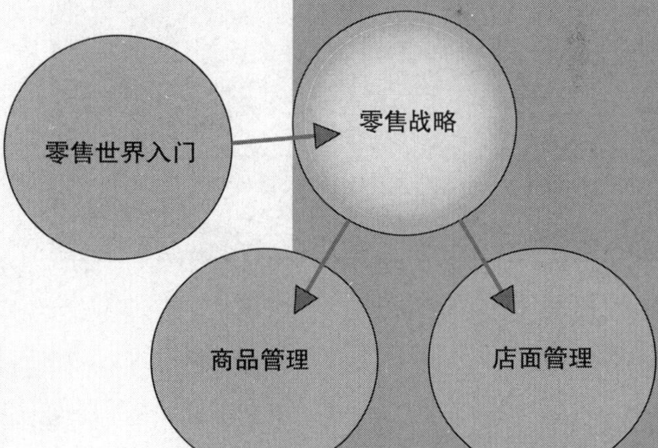

如第 1 章的大纲所示，这些决策是战略性的而非战术性的，因为它们要求零售商利用各种重要资源在目标细分市场中建立一种长期优势。

第三编和第四编讲述零售战略实施过程中与商品和店面管理相关的战术决策。这些实施过程或战术决策会影响零售商的效率，但这种影响时间比第二编讨论的战略决策要短。

第 5 章

零售市场战略

管理人员简介

吉姆·科辛　美国大众超级市场公司战略支持总监

美国大众超级市场（Publix Super Makets，Inc）是全美十大超市连锁店之一，年销售额达 200 亿美元。我们拥有 860 多家店面，大部分在佛罗里达州，但其他地区像佐治亚、阿拉巴马、南卡罗莱纳和田纳西也有我们的店面。

我刚开始从事的是运营，大学毕业后第一份工作在菲多利食品公司（Frito Lay）当生产总监。1994 年加入大众公司之前，我还从事过软件咨询方面的工作。加入大众公司之后，我涉及的领域很广，例如生产、分销、产品更新、工程技术和战略规划等。同时我也是 PublixDirect 的执行部主任，PublixDirect 是我们网上购物和送货上门的一个测试项目。

作为战略支持总监，我的主要责任是支持并推动大众公司战略的制定和实施。我们各个不同的业务领域每年都要更新业务计划。我所在部门的责任就是协助这些业务部门经过一套严格程序完成战略制定，并帮助他们确定那些能最有效地实现其预期目标的战略。同时，我们针对这些战略提供项目管理支持并测量和汇报进度，以此来帮助执行这些战略。

我们的另一职责就是推动公司商业计划的制定。我会经常关注评估超市行业，搜集信息，这些信息有助于识别公司面临的潜在机遇和威胁。我将这些信息呈递给公司董事长、CEO 和 CFO，并和他们一起讨论，制定出最好的行动计划。

除了提供战略计划和实施支持外，我还负责公司的发展促进小组（由 12 位工业工程师组成）和持续质量改进

问　题

- 什么是零售战略？
- 零售商如何才能构建可持续的竞争优势？
- 零售商通过哪些步骤来制定零售战略？
- 国际零售商如何最好地定位？

项目。

我们的战略集中于客户服务。75 年来，我们一直保持为顾客提供优质的服务。我们将努力寻找新的方法改进我们的服务和运营，为顾客提供超值优质的产品和服务。

作为大众公司战略支持小组的一员，我得以参与我们正在测试的诸多全新的、前途光明的项目。目前，我们公司正在对“Pix”便利店和加油站进行测试，如 Publix Liquors、Publix Sabor（该模式主要满足西班牙裔顾客需要）和新近公布的 Publix Greenwise Market（天然有机模式）。在大众公司，每一天都让人兴奋，这些仅仅是其中一部分。而关于零售的这一面是我来大众公司之前所不知的。

新的竞争者、新业态、新技术的出现及顾客需求的转变，导致零售业日益激烈的竞争，迫使零售商更多地关注长期战略规划。正如零售管理的决策过程（第 1 章）所示，零售战略（第二编）是一座连接第一编和第三、四编的桥梁。前者是对零售世界的了解，即对零售环境的分析；后者是实施零售战略所需的更战术性的商品管理及商店运营实务。零售战略可以指导零售商有效地应付环境、顾客及其竞争对手。[1]

实　例

“战略”一词来源于希腊语，意思是“将军的艺术”。[2]

本章第一部分对“零售战略”这一术语做了定义，并对零售战略的三个要素——目标细分市场、零售业态及可持续竞争优势——进行了论述。接着，本章列举了构建可持续竞争优势的各种途径。最后，本章讨论战略性零售计划的步骤。

什么是零售战略

"战略"一词常用于零售业。例如，零售商们就常谈论他们的商品战略、促销战略、选址战略以及自有品牌战略。这个词的使用已经普遍到几乎所有零售决策都是"战略决策"的地步。但是事实上，零售战略绝不是零售管理的别称。

零售市场战略的概念

零售战略（retail strategy）这个概念要阐明：（1）零售商的目标市场；（2）零售商为满足目标市场需要而计划使用的销售模式；（3）零售商计划建立持续竞争优势的基础。[3] **目标市场**（target market）是以零售商集中其资源和零售组合为目的的细分市场。**零售业态**（retail format）是零售商用来满足目标市场需要所采用的零售组合类型。零售组合包括：零售商品以及提供服务的性质；定价方法；广告和促销计划；店面设计和视觉销售；典型店址。**可持续竞争优势**（sustainable competitive advantage）是指不容易被竞争对手模仿的优势，因而能保持更长的时间。以下是关于零售战略的实例：

- 威凌克公司（Curves）：就其俱乐部数量而言，威凌克公司已经发展成为目前世界最大的健身中心了，在 28 个国家、全美 50 个州拥有 8 400 多家特许经营店。在美国，每四个健身俱乐部中就有一家是威凌克。其他俱乐部的顾客群体多为 18~34 岁的人群；而威凌克的顾客主要是生育高峰期一代出生的人，现在他们已经步入老年，主要生活在小城镇。威凌克的健身中心没有跑步机、桑拿、衣帽间、大镜子、有氧操课程或力量训练。会员可以在 8~12 种液压重量器械上锻炼，中途可以停下来慢走或慢跑。威凌克的标准课程是在 30 分钟内完成，并消耗 500 卡路里的热量。俱乐部会员每月通常只需支付 29 美元，大大低于其他常规的健身中心收费。威凌克的策略不是吸引其他健身俱乐部的顾客，而是让那些从未打算健身的人参与进来。[4]

大多数健身中心的目标群体为 18~34 岁的人群，但威凌克公司的零售策略是吸引那些生育高峰期出生现在已步入老年的人群。

- Magazine Luiza 公司：该公司是巴西最大的非食品业零售商，其目标市场是低收入人群，主要销售电子和家电产品，并允许顾客分期付款，还提供顾客可以支付得起的信贷。我们都知道巴西的利率是世界最高的。该公司要求顾客本人每月到商店还一次欠款，这样就会吸引很多顾客购买货架上那些诱人的新商品。在巴西，几乎一半的人没有支票账户，因此该公司还提供包括个人贷款和保险服务在内的服务，而这些服务在通常情况下很多顾客是享受不到的。即便 80%的销售是分期付款的形式，但 Magazine Luiza 公司欠款的拖欠率仍比其他巴西零售商要低 50%。[5]

- Chico's 公司：该公司拥有 300 多家专卖店，专门经营为 35~55 岁女性设计的时尚服装。Chico's 的服装风格活泼多变，很受成熟女性青睐。该公司只销售自有品牌服装，并全权处理从原料到设计到生产监管及产品交付整个过程。Chico's 的顾客中有 120 万人参加了公司的忠诚计划，针对这部分顾客的销售额占全部销售额的 80%。忠诚计划会员的平均交易量是 130 多美元，没有参加该计划的顾客平均交易量为 90 美元。Chico's 同时还提供优质的客户服务，并投入大量的时间和精力对销售人员进行培训，帮助他们与每位顾客建立个人关系。[6]
- Save-A-Lot 公司：该公司从 1977 年 SuperValu 旗下的一家单店发展成为今天美国第 13 大超市连锁店，拥有 1 000 多家店面。该公司提供经过严格的产品分类，最小存货单位只有 1 250 个；而一般超市的最小存货单位是 20 000~30 000 之间。该公司只提供热销商品，其中大部分是公司的自有品牌商品，这样就能降低成本，以低于一般超市价格 40%的价格出售商品。凭借其强大的购买力，公司可以开发定制的产品规格，提供价低质优的自有品牌商品。[7]

以上各例所述的零售战略包括：（1）选定目标细分市场；（2）选定零售业态（零售组合的组成部分）；（3）开发减轻零售商竞争压力的可持续竞争优势。下面，我们分析这些零售战略中的重要理念。

目标市场和零售业态

零售概念（retailing concept）是一种管理理念，它使零售商将注意力集中于发现目标市场的需要，并能较其对手更有效地满足这些需要。对目标市场的选择是零售商将注意力集中在那些有需要并可得到满足的消费者身上，对零售业态的选择说明的是用来满足目标市场顾客需要的零售组合。成功的零售商能比其对手更好地满足目标市场顾客的需要。

零售市场（retail market）是一个由有相似需要（细分市场）的消费者和采取相似零售业态来满足消费者需要的零售商所构成的群体。图表 5-1 表示的是女士时装市场的零售市场，零售业态列于图表左栏。如第 4 章所述，这些市场的细分可以根据顾客的地理位置、人口统计数据、生活方式、购买情境或寻求的利益来完成。在这个图表中，依据顾客对时尚的重视程度，我们划分了三个细分市场：（1）保守市场，主要是那些很少在乎时尚的顾客；（2）传统市场，指那些倾向经典款式的顾客群体；（3）前卫市场，即那些只购买最新款式的顾客。

图表 5-1 所示模型的每一格都表示了一个有多个零售商相互竞争的潜在零售市场。例如，沃尔玛公司和凯马特公司同处一个地理区域，都使用折扣店的零售业态，而且都针对保守市场。而布鲁明代尔和内曼·马库斯都采用百货商店的零售业态，并都针对前卫市场。每一个服装的细分市场，不论是保守市场、传统市场

图表 5-1 女士服装零售市场

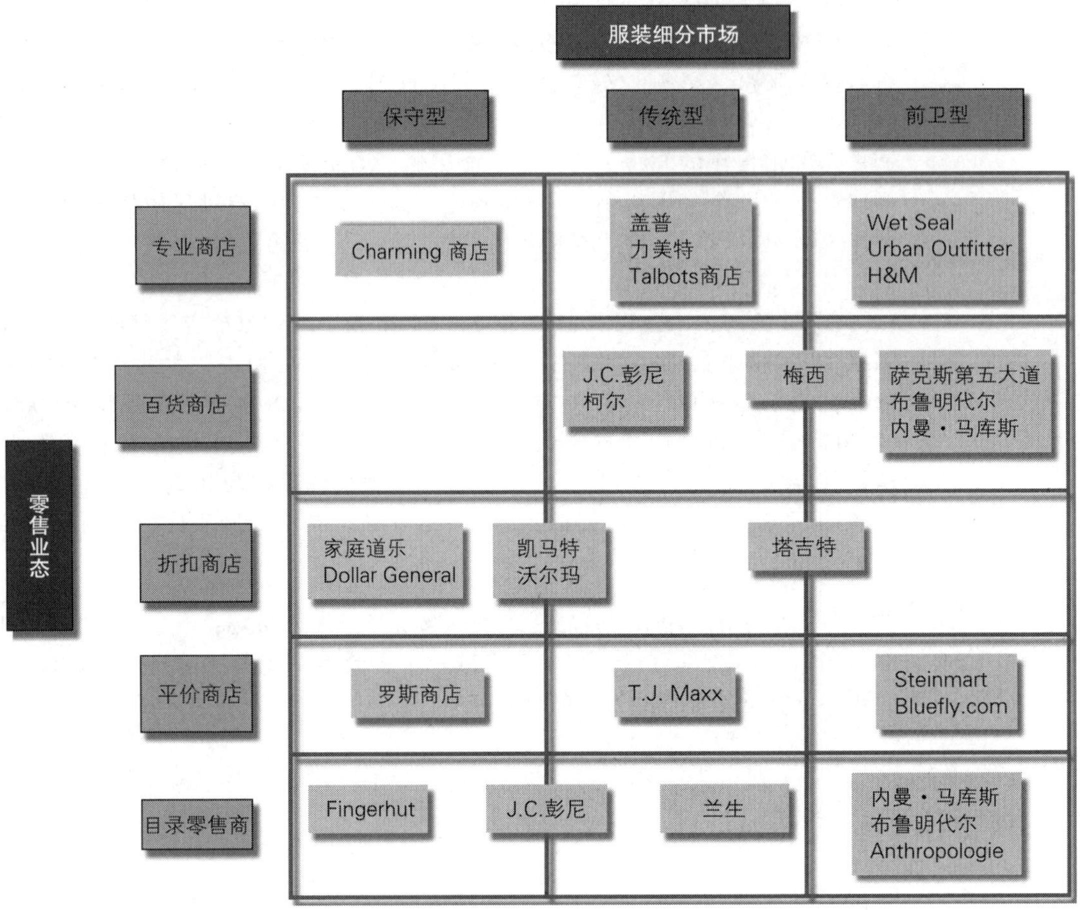

还是前卫市场，又都有可能同时使用多种零售业态。例如，一个倾向于购买时尚服装的顾客可能会到 Urban Outfitters 去买休闲装，还有可能到内曼·马库斯去买商务装。

图表 5-1 仅仅是描绘女士零售服装市场的一种方式。零售业态可以更为宽泛，包括品牌折扣店和品类专卖店。除了按时尚程度来划分外，还可用第 4 章中提到的其他方法来细分市场。虽然图表 5-1 所示的并不是分析女士服装零售市场的唯一方法，但它说明了如何根据零售业态和顾客细分市场界定零售市场，并描绘了每一个方格中的零售市场。

图表 5-1 中的模型同样描绘了女士服装零售商展开竞争的“战场”。在这个战场上所处的位置（即模型的每个单元）表明了一个零售商战略中的前两个因素：细分市场（X 轴）和零售业态（Y 轴）。

现在，大家考虑一下当盖普公司在制定女士服装市场的零售战略时所面临的形势。它应该在图表 5-1 所表示的 15 个细分市场中竞争，还是应该集中于几个有限的零售市场？如果盖普公司决定集中于几个有限的市场，它应集中于哪几个？

盖普公司对这些问题的回答就决定了它的零售战略，并表明了它该如何集中其资源。

建立可持续竞争优势

零售战略中最后一个因素是零售商建立可持续竞争优势的途径。零售商的任何商业活动都是建立竞争优势的基础，但是，有的优势可以持续很长时间，有的却很快就会被竞争者模仿。[9] 例如，星巴克仅仅以较低的价格提供一样的特级咖啡来建立一种优于其竞争对手 Seattle's Best 咖啡的长期竞争优势是很困难的。因为，如果星巴克以较低的价格成功地吸引了顾客的话，Seattle's Best 也会马上降价。同样地，对零售商而言，通过提供更广更深的商品分类建立长期优势也是很困难的。因为如果这种更广更深的分类吸引了很多顾客，竞争对手们只需给自己的商店采购同样的商品即可。

建立一种竞争优势意味着零售商实际上在零售市场中围绕自己的地盘筑起一堵墙。如果这堵墙很高，那么墙外的零售商（其他市场中的零售商或企业家）要想进入这个市场、争夺该市场的顾客就会很困难。

时间久了，任何优势都将被竞争力所侵蚀，但通过修筑高且厚的墙，零售商可以保持其优势，将竞争压力降到最小，并在较长时间内获利。由此可见，建立可持续的竞争优势是公司实现良好的长期财务业绩的关键。

零售商建立可持续竞争优势的七个机会是：（1）顾客忠诚度；（2）选址；（3）人力资源管理；（4）配送和信息系统；（5）特色商品；（6）与供应商关系；（7）顾客服务。图表 5–2 表示了建立或多或少的可持续竞争优势的各种方法。下面我们将对每一种方法进行分析。

图表 5–2
建立可持续竞争优势的方法

	可持续优势	
优势来源	可持续性一般	可持续性更强
顾客忠诚度（第 11、16 章）	习惯性重复购买；重复购买的原因是该地区内竞争不激烈	通过与顾客的情感联系建立品牌形象；通过数据库更好地开发和利用顾客资源
选址（第 7、8 章）		便利的地址
人力资源管理（第 9 章）	更多员工	恪尽职守、知识丰富的员工
配送和信息系统（第 10 章）	仓库更大；管理自动化	与供应商共享系统
特色商品（第 12 ~14 章）	更多商品；更多分类；更低价格；更高的广告预算；更多促销	独一无二的商品
与供应商关系（第 14 章）	重复购买，因为选择性小	采购协调能力；得到稀缺商品的能力
顾客服务（第 19 章）	营业时间	知识丰富、解决问题能力强的销售人员

顾客忠诚度

顾客忠诚度(customer loyalty) 指顾客总是到某个特定零售商那里购买商品和服务。本节中讨论的其他有助于建立可持续竞争优势的方法也有利于吸引顾客和建立顾客忠诚度。例如，勤奋的员工、独特的商品和优质的顾客服务都能够加强客户的忠诚度。但是拥有忠诚的客户本身就是建立优势的一个重要方法。

忠诚不仅仅是更喜欢哪个零售商，[10]它意味着顾客不愿光顾其他竞争性的零售商。例如，忠诚的顾客会一直在 Magazine Luiza 购物，即便是它的对手开了一家更近、价格更低的商店也是如此。零售商建立顾客忠诚度的途径如下：（1）开发强大的商店品牌；（2）制定清晰的定位战略；（3）通过忠诚计划与顾客建立情感联系。[11]

零售品牌化 商店用品牌来建立忠诚度，方式同制造商基本一样。然而，在零售业中，商店的品牌就如同门上的标语一样，如蒂凡尼和沃尔玛。商店通常会在商品上贴上自己的名称，如香蕉共和国，或者那种只能在该商店里才能发现的商品名称，如西尔斯的肯莫尔家电。这些商店品牌也称为自有品牌，在后面的第 14 章中会讨论。

一个零售品牌，不论它是零售商的名称还是一个自有品牌，都能建立一种与顾客之间的情感联系，以此来赢得他们的信任和忠诚度。例如，当顾客购买 L.L. 比恩的商品时，他们确信商品“不论从哪方面都能让他们百分之百满意”。[12]零售品牌还能促进商店忠诚度的提升，因为这些品牌意味着一种顾客感觉舒适并且经常寻求的可预测的质量水平。（零售品牌化将在第 16 章中讨论。）一个强大的零售品牌同样可成为零售商定位战略的一部分，即本章接下来要讨论的内容。

定位 零售商通过将自己发展成一个清晰而有特色的零售商形象来培养顾客忠诚度，并且通过提供的商品和服务来持续加强这个形象。**定位**（positioning）是指通过设计和实施零售组合，在顾客心目中树立一种相对于竞争对手的零售商形象。[13]

另外，定位强调顾客心目中（而非零售经理心中）零售商形象的重要性。因此，零售商需要探究在顾客心中的形象如何，并确保这种形象与其目标市场顾客需要的形象一致。人们经常用感知图来说明顾客心中的零售商形象以及顾客对他们的偏好。

图表 5–3 表示的是在华盛顿特区销售女式服装零售商的假想感知图。本图中的两个衡量维度——服装款式和服务水平——是此例中的消费者在形成对零售商店印象时所考虑的首要特征。感知图的出现，使人们可以通过两个零售商在图中的位置之间的距离分析其呈现给顾客形象的相似程度。例如，内曼·马库斯公司和布鲁明代尔公司在图中相距很近，表明该例中消费者认为它们提供相似的服务和时装。相反，诺世通和凯马特公司在图中相距很远，表明消费者认为它们之间的差别很大。值得注意的是那些距离很近的商店之间存在很激烈的竞争，因为消费者感觉它们提供的利益很相似。

以该例为基础，盖普公司的形象是以优质服务提供中档价格的女式服装。T.J. 麦克斯公司则以较少的服务提供更为时尚的服装。西尔斯公司被认为以相对有限

图表 5-3　华盛顿特区女式服装市场的假想感知图

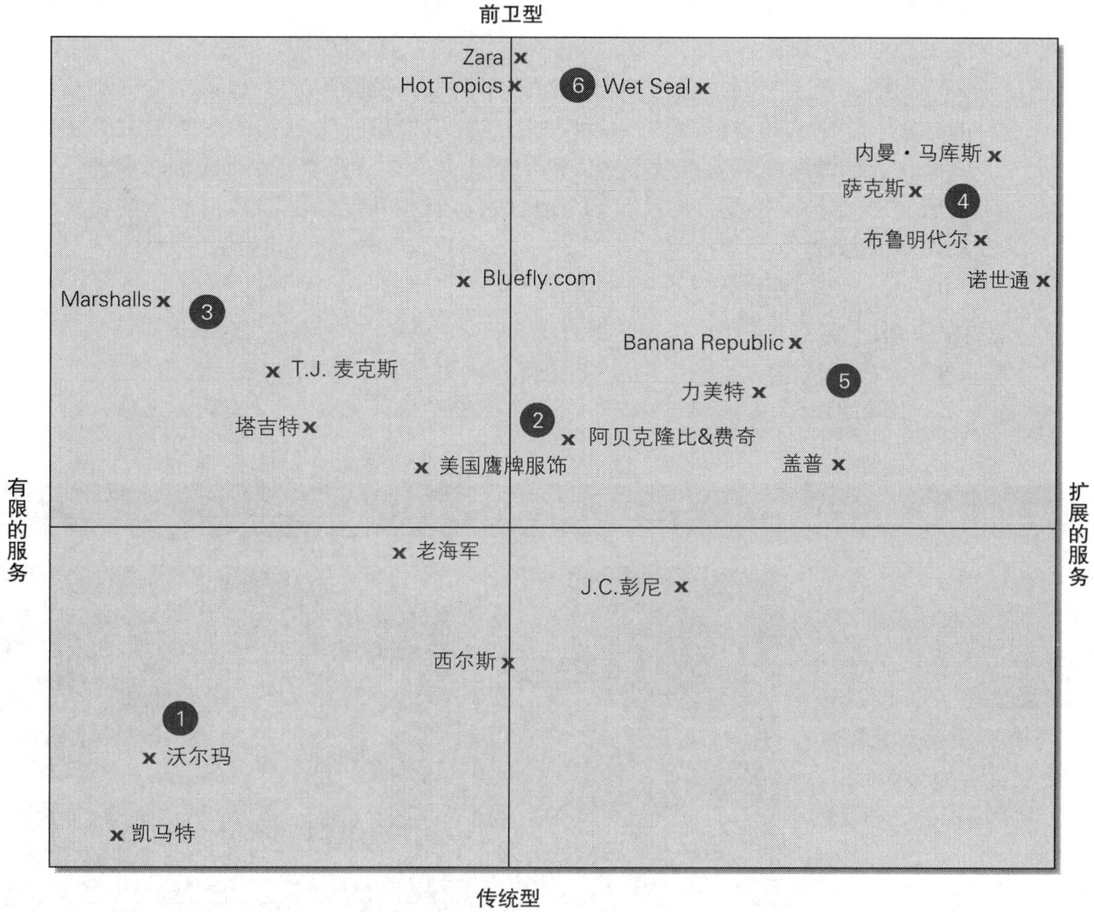

的服务提供并不时尚的女装。

理想点（图中以圆点来表示）表示一个理想的零售商在不同细分市场消费者心目中的应有特征。例如，在第 3 细分市场中的消费者更喜欢以较少服务提供更时尚的商品的零售商；但在第 1 细分市场的消费者却想要更传统的商品，而不考虑服务。理想点被固定下来，以便通过观察某个零售商的位置（用×表示）与理想点的距离来分析该细分市场中消费者将如何评价这个零售商。

靠近理想点的零售商比远离理想点的零售商更受该细分市场中的消费者欢迎。如此看来，第 6 细分市场的消费者更喜欢 Wet Seal 和 Hot Topics 公司而非内曼·马库斯公司，因为该市场中的顾客更想要时尚的商品，而对服务没有太高要求。

忠诚计划　忠诚计划是整个顾客关系管理计划（CRM）的一部分。有关顾客关系管理的问题，我们将在第 11 章讨论。这些计划在零售业中很盛行，不论是百货商店还是当地的比萨店。

顾客忠诚计划与顾客关系管理计划同时进行。忠诚计划的会员身份是通过使用某种会员卡来识别的。他们的消费信息随后就会储存在一个巨大的数据库中，称为**数据仓库**（data warehouse）。从这些数据仓库中，分析员就可以看出某些群体的顾客购买的是什么类型的商品和服务。利用这些信息，零售商就能够调整服务更好地满足忠诚客户的需要。

例如，西夫韦通过分析自己的数据库信息，就能识别出购买昂贵的酒和美食的顾客。识别出这些顾客之后，西夫韦就能够推出一种独特的促销方式，主要提供美食、菜谱和原料列单及某些商品的优惠券。零售视野 5.1 讲述加拿大的一家男式服装连锁店如何利用顾客信息，通过顾客服务和促销提高客户满意度，并最终建立商店忠诚。

店 址

“零售的三大要素是什么?”这一问题的经典答案是：“选址，选址，还是选

5.1 零售视野 顾客忠诚于哈里

哈里·罗森公司（Harry Rosen）在加拿大经营着 16 家商店，专营 Ermenegildo Zegna、J.P. Tilford、Hugo Boss、Canali、Armani Collezioni 及其他高端服装品牌。此外，公司在美国还经营着 9 家 Hugo Boss 时装精品店。哈里年销售达 1.5 亿美元，公司利用信息系统改善服务质量，与顾客建立了长期的良好关系。

哈里·罗森的每个销售人员都能进入公司的数据仓库获得任何一家商店、任何一个销售网点的顾客信息。该数据库会提供某顾客过去所购商品的信息及他或她的个人信息。公司鼓励所有的员工都为这个数据库做出自己的贡献。如果某个妻子为她的丈夫买了件生日礼物，那么公司就鼓励员工找出她丈夫的生日日期、了解他的年龄并录入到该数据库而不是他们自己的电脑中。

哈里·罗森通过使用顾客数据库调整促销活动，从而建立了顾客忠诚度和竞争优势。

信息系统提高了服务的质量，并能更好地帮助公司选定零售促销的目标。例如，顾客把衣服放在店里做修改，该系统就会跟踪整个进程。如果有什么延迟，该系统 会自动通知销售人员，再由销售人员通知顾客。该系统能很容易地识别出那些消费金额很大的顾客，并邀请他们参加商店的特别促销活动。这一系统还可用来销售那些滞销商品。例如，公司某个商店寄存了很多 44 号的套装。销售人员可到终端机上查询在近几个月内都有哪些顾客购买过 44 号套装，并与他们联系。当新货到店时，销售员就能识别出过去买过这种商品的顾客，并通知他们有新到的款式。

资料来源：Ed McHinley, “Custom Fit Solutions,” *Stores*, June 2005, p.23; Luba Krekhovetsky, “Harry Rosen,” *Canadian Business*, February 16, 2004, p.98; Brian Dunn, “All Half-Century of Harry; After 50 years of Service, Harry Rosen Hasn't Lost a Step,” *DNR*, March 8, 2004, p.7.

星巴克通过选择能使市场达到饱和的好店址建立了竞争优势。

址。”店址是消费者选择商店的重要依据。例如，大多数人都喜欢在离住处近的超市购物。基于店址的竞争优势是可持续的，因为不易被复制。例如，当沃尔格林在一个交叉路口的最好位置设立了商店后，CVS 就只能退而求其次了。

星巴克在商店选址方面建立了一种强大的竞争优势。它首先占领某个城市的某一区域，然后在这一地区扩展，当一个主要市场达到饱和之后才进入新市场。例如，在星巴克进入一个新地区之前，它在西雅图地区有 100 多家店。该公司还会经常开设几个彼此相邻的店面，像在温哥华 Robson 和 Thurlow 街交叉口处的两家店。星巴克的集中率如此之高以致它很少做广告，而是通过店面来推销公司。评价和选择店址的方法将在第 7 和第 8 章中讨论。

人力资源管理

零售业是一个劳动密集型行业。在该行业中，员工在为顾客提供服务、建立顾客忠诚度方面起着主要作用。知识广博、经验丰富并能致力于实现零售商目标的员工是众多公司获得成功的一个重要因素，例如西南航空、全食超市、家得宝及男士屋等公司。[14]

招聘并培训出优秀的员工并不容易。第 9 章考察零售商如何通过以下方式获得持续竞争优势：开发激励和协调员工的计划；提供适当的激励措施；推动建立强大积极的组织文化和环境；管理多样化。

配送和信息系统

所有零售商都极力想降低运营成本，即与业务运行相关的成本，并确保顾客想要的商品能得到供应，然后他们就能决定如何利用节省出来的这部分成本了。可以用来改善服务质量，或者扩大商品分类的广度，增加商品分类的深度，还可以降价将自己和别的零售商区别开来。

零售商通过建立先进的配送和信息系统，并与供应商共同分享信息，就可以在上述各方面提高效率。[15] 例如，商品的销售信息直接从沃尔玛传递到它的供应商那里，如宝洁公司，这样就能更快捷有效地补给商品，从而避免脱销带来的成本增加。沃尔玛拥有世界上最大的数据仓库，它使该公司对商品分类的调整具体到每个商店、每一种商品。这一配送和信息系统使沃尔玛在所处的每一个竞争市场都能以最低的成本提供商品。

特色商品

零售商很难通过商品来建立竞争优势，因为大多数竞争对手都可以采购并销售同样的全国范围的流行品牌。但是许多零售商通过开发**自有品牌**［private label

西尔斯有着强大的自有品牌计划。如果你想买工匠牌的工具或肯莫尔的家用电器，那你只能到西尔斯或凯马特去买。（见彩插）

brand，也称作**商店品牌**（store brand）］——零售商自己开发并推销，而且只能在他们的商店才能买到——来实现可持续的竞争优势。[16] 例如，如果你想买工匠牌的工具，那你只能到西尔斯去买。目前，美国的超级市场、药品连锁店和大众商品市场每天卖出的每五件商品中就有一件是自有品牌商品。美国自有品牌商品的年销售额已经达到 500 多亿美元，并且每年都在增长。[17] 有关商店自有品牌开发的问题将在 14 章讨论。

与供应商的关系

零售商通过与供应商建立良好关系可获得以下一些特权，包括：（1）特定地区经销权；（2）获得那些没有与供应商建立关系的竞争对手无法获得的特殊商品；（3）紧俏商品短缺时的优先购买权。与供应商建立的关系如同与顾客建立的关系，可以持续很长时间，而且不易被竞争者抵消。[18] 例如，荷兰的食品零售商阿霍德与瑞士的食品业巨头雀巢建立了紧密的合作关系，使雀巢提供给阿霍德的商品能适合当地人的口味。[19] 第 14 章将考察零售商如何与供应商合作，建立长远互利的关系。

顾客服务

零售商可通过给顾客提供出色的服务来建立可持续竞争优势。[20] 始终如一地提供优质服务很困难，因为顾客服务是由零售员工提供的，而人却不像机器能始终如一。不同的人，不同的时间其服务质量不同。那些提供优质顾客服务的零售商花了很长时间指导培训员工，才将此重要性灌输给他们。这样，客户服务就成了零售企业文化的一部分。关于这个问题，我们将在第 9 章中讨论。

建立顾客服务的传统和声誉需要花费大量的时间和精力，但是好的服务是很有价值的战略资产。一旦零售商获得了好的服务声誉，就可以将这一优势保持很长时间，因为竞争对手很难形成类似的声誉。第 19 章探讨了零售商如何开发服务优势。

优势的多种来源

为了建立持续竞争优势，零售商往往不会只依靠某一种途径，如低成本或优质服务。[21] 相反，他们需要通过多种渠道在其“阵地”周围筑起尽可能高的围墙。例如，麦当劳公司成功的基础就是为顾客提供他们期望的高价值和良好的顾客服务，保持一个强大的品牌名称及店址优势。通过正确实施这些战略，麦当劳已经在快餐服务行业建立了强大的竞争优势。

麦当劳一直定位于提供超值的服务，也就是说顾客可以花少量的钱获得更多的利益。麦当劳的顾客并无特别高的期望。他们不期望得到根据自己的特殊口味制作的餐品，但他们确实期望以合适的价钱买到热气腾腾的新鲜食物。

他们并不期望得到带有亚麻台布和银器的友好的餐桌服务。他们期望的服务（一般都得到满足）很简单。通过将产品生产系统化，加强对店内员工的培训，麦当劳降低了顾客用餐等待的时间。

另外，麦当劳拥有一个享誉全球的品牌名称。大部分人只要想起快餐就会想到麦当劳。此外，这一品牌还有很多积极正面的品牌联想，比如说麦当劳先生、快捷、干净和炸薯条。

最后，麦当劳的很多店址都极具优势，这对像快餐这样的便利商品来说是极其重要的。凭借强大的市场支配力，麦当劳一直以来都能成功地找到开店的黄金地段，并在那里开店。麦当劳所在的世界上每一个大城市中，其店址都有很大优势。

通过在多领域发展独特的优势，麦当劳这一服务业的零售商在其“领地”周围建起了一座高墙。公司的快餐零售业态直接面向有孩子的家庭。在本章开头提

货柜商店——销售让生活变得更简单的商品　零售视野 5.2

顾客是为了解决问题而来货柜商店（Container Store）的。例如，当销售人员走近时，顾客可能会说：“我妻子喜欢浪漫爱情小说，她把书撒得满屋子都是。我需要一种能把它们整理好的东西。”然后，这个销售人员就会帮顾客解决这个问题，或用该公司的说法：面对挑战。

货柜商店销售的商品是帮助人们组织生活的。多用途的搁架和保护衣物的外罩可用来整理衣物；便捷的文件柜和杂志夹让办公室变得井然有序；双肩包、模块化陈列架及 CD 夹让你的寝室不再杂乱；菜谱夹、各种瓶子、罐子，还有可循环使用的垃圾箱让你的厨房变得和谐。

它的 33 家店铺的面积从 22 000 平方英尺到 29 000 平方英尺不等，陈列有 10 000 多种富有创造性的商品。这些商店分为不同的生活区域，包括衣物间、厨房、办公室和洗衣间，每个区域都用颜色鲜明的标识区隔开来。不论你在店里的哪个位置，总会有身着蓝色围裙的店员帮你解决困难。小到像存储这样的问题，大到最具威胁性的组织挑战。该零售店每平方英尺的年销售是 400 美元，是行业平均水平的两倍，相当可观。

尽管货柜商店里卖的很多商品在其他地方也能买到，但极少有竞争对手能同时销售如此种类繁多的商品，并且同时提供这么优质的顾客服务。公司花大量的时间对销售人员进行商品方面的培训，授权他们用自己的直觉和创造性帮顾客解决问题。

经过多年的发展，该公司与供应商建立了牢固的关系。货柜商店的供应商中大部分一直都是集中于生产工业

货柜商店投入大量时间培训销售人员学习特色商品的知识。这些商品能让顾客的生活变得更简单。

产品，但长久以来，公司与供应商一起努力，开发了适合家庭使用的产品。

资料来源：Maria Halkias, “Container Store Sees Growing Interest from Customers, Investors,” *Knight Ridder Tribune Business News*, January 29, 2005, p.1I; Eilene Zimmerman, “Stores Find Good Workers Among Devoted Customers,” *New York Times*, January 2, 2005, pp. 10–11; “Kip Tindell,” *Chain Store Age*, August 2004, pp. 28–29.

到的每个零售战略和多种来源的优势密切相关。例如，Chico's凭借特色商品、强势品牌、忠于职守的员工提供的高品质服务，以及有效的忠诚计划建立了强有力的竞争地位。零售视野5.2描述零售连锁店货柜商店是如何通过特色商品、优质的顾客服务以及紧密的顾客关系建立可持续竞争优势的。

增长战略

图表5-4展示了零售商可以把握的四种发展机会，即市场渗透、市场扩张、零售业态开发和多元化战略。[22]纵轴表示零售商现有市场和增长机会之间的协同效果，即将机会瞄准该零售商现在采用的细分市场，还是瞄准新的细分市场。横轴则表示零售商现在采用的零售组合和有增长机会的零售组合之间的协同效果，即增长机会是源于现在采用的零售业态，还是需要采用新的业态。

市场渗透

市场渗透发展机会（market penetration growth opportunity）是指利用零售商目前现有的零售业态，努力开发现有顾客而实现的增长。这些机会可吸引当前目标市场中已有的但没有光顾过该店的顾客；采用新的途径让已有的顾客更加频繁地光顾商店，或让他们一次购买更多的商品。

实 例
对典型的杂货店来说，每周光顾的顾客人数增加4%，利润就能增加58%。[23]

加强市场渗透的途径包括在目标市场开设更多的商店和延长现有商店的营业时间。其他途径包括展示商品增加冲动型购买，以及培训销售人员进行交叉销售。**交叉销售**（cross-selling）是指一个部门的销售人员尝试将其他部门的互补商品卖给自己的顾客。例如，一位刚卖给顾客DVD播放机的销售人员会把顾客带到附件部，向其推销能够提高播放机性能的专用电缆。

图表5-4
发展机会

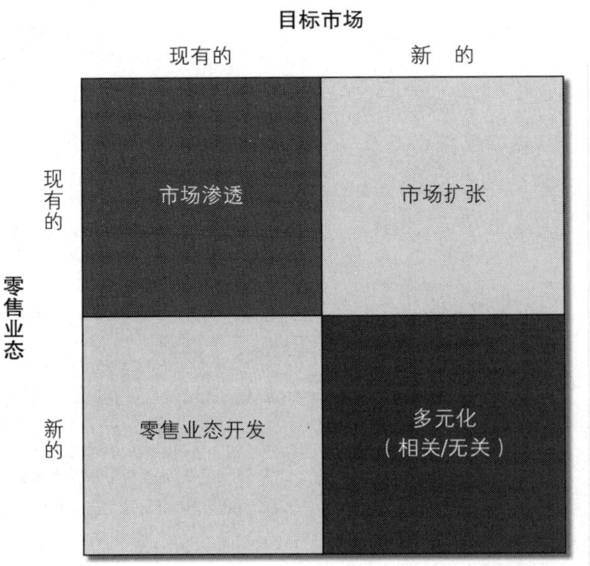

市场扩张

市场扩张增长机会（market expansion growth opportunity）是指将现有的零售业态用到新的细分市场中。例如，美国阿贝克隆比 & 费奇公司（A&F）的首要目标市场是大学生，而非高中生。因为大学生特别不喜欢与比他们小的青少年穿同样的衣服，于是，A&F 公司新开了一家价格相对较低的连锁店 Hollister Co.，吸引高中生。尽管商品和店内氛围与 A&F 略有不同，但零售业态基本相同。[24] 法国的特大超级市场连锁零售商家乐福在进军欧洲和南美市场时采用了市场扩张增长战略，因为它将基本相同的零售业态运用到其进入的全新地域市场。[25]

零售业态开发

零售业态开发机会（retail format development opportunity）是指零售商能够在同一目标市场开发一个新的——具有不同的零售组合的——零售业态。例如，专业图书实体零售商巴诺书店在通过互联网（www.barnesandnoble.com）向现有的目标市场销售图书时，它实际上就是开发了一种业态发展机会。

零售业态开发机会的另一个例子，就是百思买为顾客提供的服务，即帮顾客安装高科技的电子设备。百思买的杰客服务队提供 24 小时的计算机支持服务。虽然这种发展机会针对的是光顾商店的同一群顾客，但它提供的是一种服务，而不是具体的商品零售业务。[26]

多元化

多元化增长机会（diversification growth opportunity）是指以全新零售业态面向以前从未涉足的细分市场。这些多元化机会可能是相关的，也可能是无关的。

在经历了几次无关多元化的尝试后，福洛克决定集中于它的核心业务，即运动鞋。

相关多元化与无关多元化 在**相关多元化增长机会**（related diversification growth opportunity）中，零售商现有的目标市场或零售业态与新的商业机会有共同点。这种共同之处可能是要求使用相同的供应商，在类似的店址经营，使用同样的配送或信息管理系统，或者在同一报纸上针对类似的目标市场做广告。相反，在**无关多元化**（unrelated diversification）下，现有业务和新业务没有任何共同之处。

世界上最大的运动鞋和服装零售商福洛克（Foot Locker，以前称 Venator）在20世纪90年代进行过几次无关多元化的努力。例如，福洛克曾经拥有过几家汉堡王特许经营店及 Afterthoughts 饰品店。当发现运动鞋和服装才是公司的核心业务并有最大的利润潜力后，福洛克卖掉了与其核心能力不协同的业务。福洛克目前旗下有福洛克、福洛克女装、福洛克儿童装、运动冠军店、Foot action 以及欧洲的福洛克店，另外还有高利润的网络业务及商品目录业务 footlocker.com。

与福洛克的例子一样，无关多元化被认为非常危险也往往很不成功。因此，大多数零售商遵守“专注手头的事”这样的格言，只寻求在性质上跟他们目录的生意相近的成长机会。比如，J.C.彭尼公司卖掉了埃克德连锁药店，专注于多渠道的百货商店市场，而塔吉特则出售了它的百货商店，专心经营折扣商店。

纵向一体化 **纵向一体化**（vertical integration）是指零售商在商品批发或生产方面的多元化。[27] 例如，力美特公司收购了 Mast Industries（一家承包自有品牌生产的贸易公司）和珠宝设计商 Zales 公司。零售商合并制造商的整合是一种风险投资，因为生产这些商品必备的技术与销售这些产品的技巧截然不同。

另外，零售商和制造商的顾客也不同。制造商的直接顾客就是零售商，而零售商的顾客是消费者。因此，制造商和零售商的营销活动有很大的不同。应该注意到，设计自有品牌商品是一种相关多元化，因为它建立在零售商对自己顾客的了解之上；而生产这种商品则被认为是一种无关多元化。

实 例
布鲁克兄弟公司是一家男式服装专卖连锁店，它将旗下 Polo 品牌的专卖权出售给了拉尔夫·劳伦公司。[28]

战略机会和竞争优势

一般而言，零售商在与其当前的零售战略相近的机会上具有最大的竞争优势。因此，零售商在进行市场渗透时一般不要进入不熟悉的新市场或采取陌生的新零售业态。

零售商在追求市场扩张机会时，应将精力放在发展零售业态并将竞争优势运用到新市场上。那些成功地将业务扩张到全球的零售商都能够将自己最擅长的东西，也就是将其核心竞争力移植到新的文化和市场中。

零售业态发展机会取决于零售商的声誉及其在现有顾客中的成功。即使零售商并不具备运作零售业态的技术和经验，他们仍然希望能以此吸引其忠诚顾客。例如我们在第 3 章中讨论过的，有些零售商通过整合商店、互联网和目录这些不同的形式为已有顾客提供额外的方便和多种购物渠道，从而成功地发展了多渠道战略。

零售商在寻求多元化机会时竞争优势最弱。因此，多元化发展机会一般是有风险的，而且通常效果不好。Venator/福洛克公司就是一个例子。

全球发展机会

国际化扩张对许多零售商而言都是极具诱惑力的市场扩张发展机会。全球 50 个最大的零售商当中，有 37 个在不止一个国家经营。[29] 但国际化扩张是有风险的，因为零售商必须面对不同的政府法规、文化传统、供应链及语言。我们首先看几个在全球竞争中成功的零售商类型，再看看全球扩张中的一些陷阱，然后考察全球扩张的几个关键成功因素。最后，我们对进入国际市场的各种战略进行评估。

成功与失败

实　例

全球前 50 的零售商的平均经营范围是 9.1 个国家。其中 13 个只在一个国家经营的公司中有 11 家总部是在美国。[30]

零售商提供的商品和服务如果有极大的吸引力，比如特色商品或低成本，那么它就能在进入全球市场时获得成功。例如，那些最成功的全球零售商中大多数都是专卖店零售商，拥有强劲的品牌形象和（或）独特的商品，如星巴克、麦当劳、盖普及宜家等；品类专卖店，如家得宝和玩具反斗城凭借宽泛的商品分类和低价受到不同文化背景消费者的欢迎；另外还有低价的折扣店和食品零售商，如沃尔玛、家乐福、皇家阿霍德和麦德龙。零售视野 5.3 讨论宜家在进入全球市场时取得的成功以及遇到的一些困难。

品类专卖店和特大购物中心零售商也许更有可能在全球化中取得成功，因为他们的运营效率很高。首先，这些零售商在利用技术管理存货、控制全球物流系统及调整商品分类满足当地顾客需要方面都处于领先水平。第二，像沃尔玛和家乐福这样的零售商具有在全球范围内采购商品的规模经济。第三，尽管世界各国环境不同，但品类专卖店和超级购物中心零售商已经建立起独特的体系和有助于实现对各家商店进行控制的标准化模式。第四，总部位于美国的零售商曾一度认为美国以外的消费者习惯于高品质的个人服务，不太可能接受类别杀手和超级购物中心零售商带来的自助购物的理念。但家乐福（法国）和 ALDL（德国）这些连锁店的经验告诉我们所有的消费者都愿意以低价取代服务。[31]

美国的一些零售商在全球市场中拥有竞争优势，因为美国文化被很多国家效仿，特别是在年轻人中间。随着经济发展和美国有线电视节目影响范围越来越大，美国的流行趋势也在那些新兴国家的年轻人群中流行开来。全球的 MTV 一代喜欢可乐甚于茶，喜欢运动鞋甚于凉鞋，喜欢麦乐鸡甚于米饭，喜欢信用卡甚于现金。在过去几年中，美国的商店和餐馆遍布中国各大城市，如肯德基、必胜客和麦当劳。仅上海和北京就各有星巴克咖啡店超过 24 家，在星巴克到来之前，咖啡在这些城市是不在饮品考虑范围的。但是这些中国的城市居民之所以要到那里喝咖啡，也许只是为了给朋友留下深刻印象，或者将其当做一种新的生活方式的象征。尽管西方的产品和商店凭借高质量和出色的服务在中国建立了很好的声誉，但从某种角度来讲，很多中国消费者想要的只是美国的文化。[32]

另一方面，有些欧洲和日本的大型零售商提供更加本土化的商品，并雇用和培训当地的管理人员，这样就很快把权力下放到当地。即便是像沃尔玛这样具有高效配送系统的零售商在巴西和阿根廷市场中也抵挡不住家乐福的竞争。

5.3 零售视野 宜家：将它的理念带到世界市场

在向全球市场扩张时，宜家带去的不仅是它的产品，同时带去的还有它的理念：在瑞典是这样做的。宜家的理念就是以低价提供独特的、设计精美的、功能强大的的家居产品。这些产品都会在现实的房间中陈列。宜家鼓励顾客积极地参与到购物中来，他们可以坐在沙发上，也可以打开关上抽屉。产品和价格信息都清楚地标在醒目的大标签上，以便于顾客自助。商品是以平装售出的。宜家的主导理念就是：你做你的，我做我的，大家共同省钱。

宜家已经调整了其独特的零售供应商品，以满足美国消费者的需要。

商店开业时会引来众多观众，现场情绪很高。2004 年 9 月宜家在沙特阿拉伯首次开业时，现场有近 20 000 人狂涌着领代金券，有 2 名顾客被踩死，16 人受伤。2005 年 2 月宜家在伦敦北部开业时，现场发生暴乱，商店在开业 30 分钟后就被迫关门了。目前，宜家在世界上 29 个国家拥有 130 个店面。

当其他全球零售商如麦当劳在改变自己以适应当地消费者偏好时，宜家却不愿做出让步。例如，不管你在世界哪个地方，每件宜家家居只有一种组装说明书。每家商店开业的方式都是相同的：瑞典式早餐和传统的“锯木头”仪式，通常宜家的创始人莫格瓦·坎普拉德会参加。每个商店都用蓝色和黄色装饰，这是瑞典国旗的颜色。商店的布局非常复杂，顾客经常问的一个问题就是怎样走出商店。

当宜家在 1987 年打入美国市场时，却发现美国消费者对它的“一型应万变”的理念并不买账。因此，宜家不得不做出一些改变。例如，宜家首次在美国销售其斯堪的那维亚风格的床时，它并不知道这种床的大小与美国床单的大小不一致。斯堪的那维亚风格的书架也太小，不足以放下一个电视机，而美国人把书架作为放置娱乐设施的用具。而且宜家欧式浴室毛巾也太小太薄，镜子也太小，不能满足美国人什么都追求“大”的要求。它的欧式的沙发对美国人来说也太硬了。餐桌也太小，不足以在感恩节的时候在桌子中间放下一只火鸡。

实 例

宜家的英文名称 IKEA 是由其创始人名字的首字母加上他成长的农场和村庄名称的首字母组成的。

宜家倡导的顾客自助、自己装配及鼓励顾客参与整个零售过程的理念也没有受到大多数美国消费者的喜欢。但是，宜家也没有因此而决定改变它的理念转而销售装配好的商品，而是决定改善产品说明书，并提供装配服务。

资料来源：Elen Lewis, “Is IKEA for Everyone?” *Brandchannel.com*, March 28, 2005; James Scully, “IKEA,” *Time*, summer 2004, pp. 16–17; http://www.IKEA.com.

成功的要素

成功利用国际成长机会的零售商的四个特征是：（1）全球可持续竞争优势；（2）适应性；（3）全球文化；（4）财务资源。[33] 本章的附录还描述了有关国际成长机会方面的一个假设性评估。

全球可持续竞争优势 零售商要想在国际市场取得成功，就必须使扩张战略与其核心竞争优势保持一致。下面是一些全球零售商的核心竞争优势：

核心优势	全球零售商
低成本、高效率运营	沃尔玛、家乐福
强势的自有品牌	宜家家居、星巴克
时尚声誉	盖普、Zara 和 H&M
类别齐全	办公用品、玩具反斗城

在国际市场，价格在消费者决策中起着重要作用，同时配送基础设施使这些企业能利用他们的物流能力，因此，沃尔玛和家乐福取得了成功。相反，盖普和 Zara 能在重视流行时尚的国际市场获得成功。

适应性 尽管成功的全球零售商凭借的是核心竞争力，但他们也认识到各国之间的文化差异，并调整其核心战略以适应当地市场的需要。[34] 颜色的喜好、服装款式的喜好以及大小尺寸在各国都不尽相同。例如，在中国，白色代表丧事，而新娘一般穿红衣服。食品口味在全世界恐怕是差异最大的了。

各国的销售旺季也不相同。盖普在美国的销售旺季是八月份返校时期，而这时在欧洲却是淡季，因为大部分欧洲人都在度假。在日本，返校日在四月。

在世界不同国家，商店设计和布局通常需要调整。例如，在美国，折扣店通常非常大，而且采用多层。但在欧洲或亚洲等其他国家，由于空间很宝贵，商店的布局设计必须适应较小的空间，并且通常采用多层。另外，依据某些文化中的社会规范，男性和女性的服装不能紧挨在一起陈列。

文化价值和政府法规同样会影响商店的运营。有些差别很容易识别，如假期、工作时间以及对兼职和离职的政府规定。但另外有些因素就需要更深刻的理解。例如，拉美文化是典型的以家庭为中心的，所以传统的美国工作日程就需要做出调整，以便让拉美的员工有更多的时间和家人在一起。英国的一家药品连锁店 Boots 要求它在日本商店中的收银员必须站着，因为在日本，收银员坐着被认为是一种冒犯；但在德国，零售商必须为收银员提供坐的地方。德国的零售商还必须回收利用包装袋。另外在德国，季节性售卖只能在特定的星期进行，而且只限于某类商品，数量也有限。

星巴克一直以来都很惊喜：为什么世界其他国家的消费者能如此快速地接受它在美国销售的产品呢？不只是拿铁咖啡，不只是卡布奇诺，法布奇诺也很受欢迎。例如，该公司原先认为亚洲人会觉得美国的饮料太甜，但事实并非如此，消费者喜欢的程度比他们想象的要更大。

就商品分类而言，国与国之间没有太大区别。食品业在中国、日本和英国等

星巴克来到中国前，咖啡并不是人们的饮品选择。但现在，北京和上海就各有星巴克超过 24 家。

美国之外的国家的重要性远远超过它在美国市场中的重要性。然而，法布奇诺系列的商品在哪里都很受欢迎，尽管星巴克为不同市场开发了一些独特的饮料。例如，只在日本和中国台湾销售的绿茶法布奇诺是这些国家和地区卖得最好的法布奇诺商品，而草莓奶油法布奇诺是专为英国市场研发的。[35]

全球文化 要想全球化，零售商就必须有全球性的思维。仅仅把本国的文化和基础设施移植到另一个国家是不够的。这方面，家乐福真正做到了全球化。在开拓国际市场前期，它在每个国家都进展很慢，使公司的本族中心主义大大受挫。家乐福不断加强它的国际性思维，不断鼓励本土管理的发展，极少将海外所获利润汇回本国。家乐福的管理层是真正国际化的。香港公司的经理很有可能是葡萄牙人，这种可能性如同是法国人或中国人一样。最后，家乐福不鼓励那种在美国公司经常见到的传统的“海外任期”思想。海外的任务对他们也是很重要的，而不仅仅是他们在法国国内得到晋升的一种手段。家乐福国际化的文化最直接地表现在各种思想都可以在公司内部迅速传播。地区“委员会”这一全球管理组织定期见面，加强相互的全球化意识，并促进各种最好的全球化实践的实施。家乐福全球化的努力可用数字来证明：它有近 30 年的国际市场经验，遍布 21 个发达或发展中国家。[36]

财务来源 扩张国际市场需要长期的努力和大量的前期规划。零售商发现当他们进行全球零售时，要想在短期内盈利是很困难的。[37]

进入战略

零售商在打进国外市场时可以通过以下四种途径：直接投资、建立合资企业、建立战略联盟和特许经营。[38]

直接投资 **直接投资**（direct investment）是指零售公司直接在国外投资，设立一个分部或子公司。这种进入战略需要最高水平的投资，风险很大，但潜在的收益也最大。直接投资的一个优势就是零售商对国外的业务有完全的控制权。例如，麦当劳进入英国市场就采取了这种战略，当地供应商生产的面包不能满足其特定要求，公司就建立了自己的面包厂。

合资企业 **合资企业**（joint venture）是指零售商为了利用当地资源而与当地的零售商共同建立一家新公司，所有权、控制权和利润均由双方共享。成功的合资企业如荷兰皇家阿霍德公司与阿根廷 Velox 控股公司的合作；德国麦德龙公司（Metro AG）和土耳其 Koc 集团旗下的 Migros 合作；家乐福和土耳其 Sabanci 控股公司的合作；德国麦德龙和日本丸红株式会社的合作；英国 Monsoon 公司和美国 Charming Shoppes 公司的合作。

合资公司能够降低外来零售商的风险。本地的合作伙伴除了能分担财务负担外，还可以提供他们对本土市场的了解和当地的一些资源，如与供应商的关系和房地产资源。许多外国政府如中国，都要求拥有合资公司的所有权。不过随着 WTO 谈判的进展，这种管制就放松了。如果合作双方意见不一致，或东道国政府在合资企业汇回利润上加以限制，那么这种进入方式可能会产生问题。

战略联盟　**战略联盟**（strategic alliance）是指相互独立的企业之间的合作关系。例如，一家外国零售商可以用直接投资的方式进入国际市场，但它可以跟 UPS 或敦豪速递合作来促进当地的物流和仓储业务。

特许经营　**特许经营**（franchising）的风险最小，所需投资也最少。但是，零售商对海外业务的控制权会受到限制，潜在利润会降低，还有可能在国外培养一个当地的新竞争对手。例如，总部在英国的玛莎公司（Marks & Spencer）在 29 个国家都设立了特许经营店。[39]

战略零售计划过程

战略零售计划过程（strategic retail planning process）是指零售商开发战略性零售计划的一系列步骤（见图表 5–5）。[40] 它描述零售商如何选择目标细分市场，确

图表 5–5
战略零售计划过程的各个步骤

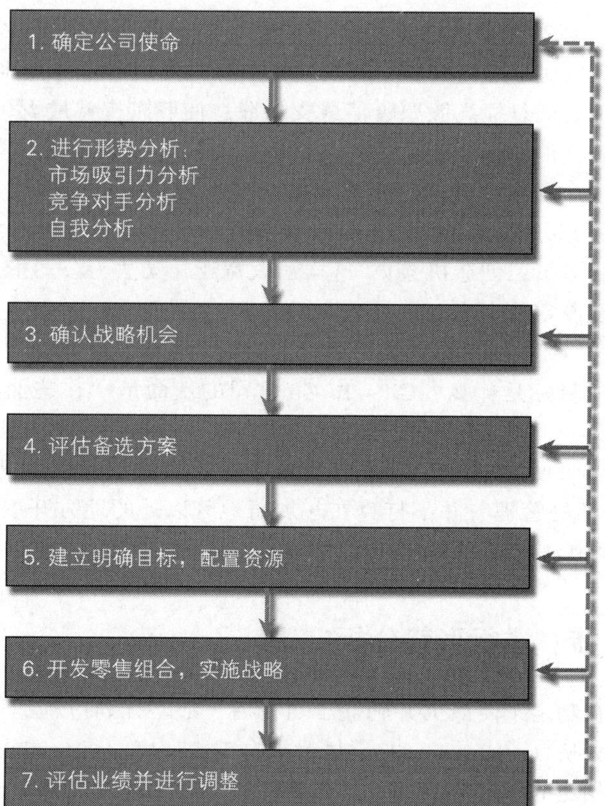

定合适的零售业态，并建立持续竞争优势。如图表 5-5 所示，零售商进行评估时（第 7 步）不一定每一步骤都要做。例如， 零售商可以评估自己的业绩，然后直接进入第 2 步，进行形势分析。

该计划过程可以用来制定零售公司不同层次的战略计划。例如，盖普公司的战略计划就说明了怎样在各个部门如 The Gap、Old Navy、Banana Republic、 GapKids 和 Baby Gap 之间资源分配，之后各个部门形成自己的战略计划。我们讨论零售计划过程时会以凯莉·布拉德福德正在进行的一系列计划步骤为例。凯莉拥有 Gifts To Go 公司——一家在芝加哥地区有两家连锁店的小公司。该公司的这两家商店规模都达到了 1 000 平方英尺，一家在商业区，另一家在富人区的商业中心。该公司的目标市场是那些希望礼品价格在 50~500 美元之间的高收入人群。这两家店拥有各式各样的商品，包括手工制作的首饰和工艺品、精致的陶瓷和玻璃制品、香水、手表、文具以及各种独一无二的商品。Gifts To Go 公司还发展了一批非常忠诚的顾客，在这些顾客家庭纪念日和生日到来的时候，商店的销售人员会主动与他们联系。大多数情况下，顾客与销售人员之间的关系很密切，对他们的判断力很有信心，因此会让销售人员帮自己挑选合适的礼物。Gifts To Go 公司的人员流失率在这个行业中很低，因为凯莉将这些销售人员看做自己家庭的一员。公司为所有员工支付医疗保险，并与其共享利润。

第 1 步：确定公司使命

战略零售计划过程的第一步是对公司使命做出定义。**使命书**（mission statement）是对零售商计划实现的目标和计划开展的业务范围的简单描述。[41] 上市公司的目标是通过提高股票价值或支付股息使股东权益最大化，[42] 而小型私有企业业主一般有其他目标，例如达到某个确切的收入水平，规避风险而非收入最大化。

使命书应该确定目标市场的一般性质以及该公司应重点考虑的零售业态。例如，一家办公用品品类专卖店的使命书是这样写的："为顾客服务，为股东创造价值，为员工创造机会!"这样写太宽泛，无法为公司指出战略方向。

在制定使命书时，管理人员需要回答以下 5 个问题：（1）我们所在的是哪个行业？（2）行业前景如何？（3）我们的顾客是谁？（4）我们有哪些能力？(5) 我们的目标是什么？Gifts To Go 公司的使命是"在芝加哥成为高档礼品零售企业的带头人，并为公司的所有者实现每年 100 000 美元的稳定收入。"

因为使命书确定了零售商的目标及其计划开展的业务范围，它表明 Gifts To Go 公司的管理者并不打算在芝加哥地区以外的地方开展业务，也不考虑降价销售或会影响其创造 100 000 美元年收入的任何事情。[43]

第 2 步：进行形势分析

在制定了使命书并确立了目标后，战略计划过程的下一步就是进行形势分析。**形势分析**（situation audit）是对来自零售环境中机会和威胁的分析，以及与其竞争对手相比的优劣势分析。形势分析的各种因素列于图表 5-6 中。[44]

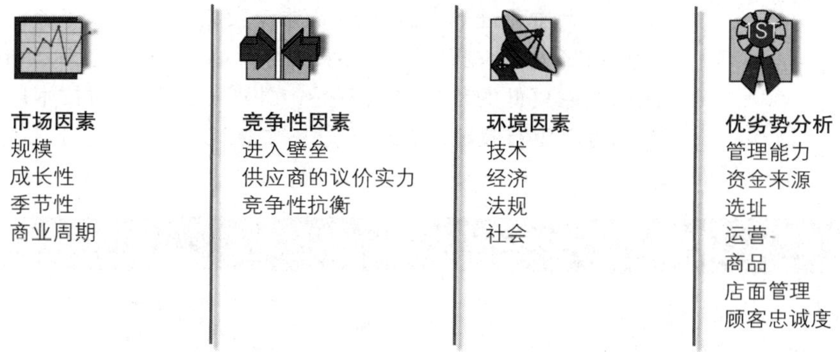

图表 5-6
形势分析的各种因素

市场因素　一些影响消费者及其购物习惯的重要因素有目标市场的规模和发展状况、销售的周期性和季节性。市场规模一般通过销售额来表示。市场规模非常重要，因为它表明公司投资产生收益的机会。大市场会吸引大的零售企业，但对小企业也具有吸引力，因为它们为小企业提供了更多机会集中于某个细分市场。然而，有的零售商却更愿意集中在小型市场。例如 Cato 公司主要经营经济的女式服装，有 950 家商店，遍布美国 30 个州，主要集中于小城镇。[45]

发展中的市场一般比处于成熟期或下降期的市场更吸引人。例如，商品种类少、价值高的零售市场就比百货商场这样的零售市场发展更快。一般而言，发展中市场的投资回报率更高，因为这里的竞争没有成熟市场那么激烈。因为在发展中的市场中，新顾客才刚开始光顾这些商店，还没有建立强烈的忠诚度，因此很容易被新的商店吸引。

各公司都希望将商业周期对销售的影响降到最低。因此，那些商品销售容易受经济条件影响的零售市场（如汽车和大型家电），就没有那些商品销售较少受经济条件影响的零售市场（如食品）吸引力大。

一般来说，销售季节性强的市场缺乏吸引力，因为高峰季节需要的资源很多，而在其余时间资源又会被闲置。为了使季节性带来的影响最小化，许多滑雪胜地都努力促销夏季度假，以提高一年四季的销售额。

为了分析 Gifts To Go 公司的市场因素，凯莉·布拉德福德在网上搜寻了有关礼品市场，特别是芝加哥地区市场的规模大小、成长性、周期性及季节性的信息。在分析的基础上，她得出了该市场极具吸引力的结论；高档礼品市场的规模很大，正在成长而且不易受商业周期的影响。唯一的缺点是具有季节性，高峰期多在情人节、六月份（婚礼较多）、圣诞节及其他节日。

竞争性因素　对零售市场的竞争性产生影响的因素包括进入壁垒、供应商的议价实力和对手的竞争力。[46]零售市场在新的竞争对手不易进入时更具吸引力。**进入壁垒**（barriers to entry）是指零售市场中使别的公司难以进入该市场的各种障碍。这些市场障碍包括规模经济、顾客忠诚度和优势店址的可获得性。

规模经济（scale economies）是源于零售商规模大小的成本优势。那种被规模较大而具备规模经济的竞争对手占据的市场是零售商不愿进入的。例如，一个小型企业会避免进入办公用品品类专卖店，因为该市场已经被斯特普尔斯、欧迪和麦克斯三大寡头所控制。相比于该小型企业，这些公司有很大的成本优势。因为他们能以更低的价格采购商品，并通过投资最新技术以及在众多商店中分摊管理费用得以更有效地运营。不过，零售视野 5.4 讨论了小型零售商如何针对那些具有

5.4 零售视野 与巨人竞争

戴夫·昂伯在印第安纳州（人口 20 万）的 Ft.Wayne 经营着三家五金商店。当地的竞争者包括两家家得宝、两家 Menards（中西部的家居中心连锁店）、三家劳氏及三家沃尔玛。每一次这些商家新店开张，离该店最近的昂伯商店的顾客量就会在次年至少下降 10%。大部分顾客最后都会回到昂伯商店来，至少是因为这里有他们需要的东西。当然，有的顾客再也没有回来。昂伯的王牌五金店的第三代继承人昂伯说："我们努力一点，再努力一点，但是仍然眼看着利润被一点一点侵蚀掉。"

为与家得宝和劳氏竞争，戴夫·昂伯的王牌五金店提供个性化的服务和符合当地居民的商品分类。

通过与五金店的顾问一起努力降低商店的成本，并提供其他大商店所没有的服务和产品，例如小罐装的油漆稀释剂和链子，加上免费送货，昂伯的业务开始增长，并获得了利润。根据对一个年度顾客流失的调查，他发现顾客对喂鸟器很感兴趣。于是两星期后，他的 24 英尺的货架上都摆满了这种商品。另外，他还时刻保持和社区紧密沟通。遇到科技节的时候，他会储存额外的电话线、电池、捕鼠夹、弹簧和磁贴。当童子军举办一年一度的"松木汽车大赛"时，他不仅会提前储存润滑剂，而且会建议说："我们会演示如何用最好的办法给木头称重。我甚至会把儿子几年前做的车拿出来给他们看看。"

然而，对孤军作战的超市来说，最大的挑战就是定价了。昂伯的经验就是将价格定位在低于对手 10%的水平上。由于昂伯 90%的商品都从王牌五金店购买，因此他在价格上有竞争优势，他还知道哪些商品在全国销量最好。几乎所有独立的五金店都是从主要的供应商那里进货，而不管是像王牌五金店、Ture Value 这样的合作公司，还是像 Orgill 这样的批发商。这种合作公司还会告诉你什么商品在别的商家卖得好。此外，在昂伯这个例子中，他只要每月支付2 500 美元，就可获得王牌五金店品牌在全国范围的广告支持。

为了使价格定位合理，昂伯会经常到竞争对手那里购物。有一天早上，昂伯在家得宝买了卫生间里用的部件，结账的时候碰到了一个老顾客蒂姆·斯廷森。斯廷森问："你在这里干什么呢？""我在做商业间谍，"昂伯笑着说，然后问斯廷森："你呢？"斯廷森说："我有些想买的东西您店里没有，如 Rustoleum 的黑板涂料。"但是他又说："我还是很喜欢到您那里去购物，因为那里的人很有效率。我很清楚，如果我在那里买的铁铲坏了，我只需要把铁铲拿到那里，他们就会帮我换好，而且没有任何问题。但是在这里要想找人帮你的话就需要填很多表。而且在王牌五金店，他们永远都是笑容满面。"握手告别前，昂伯说道："斯廷森，见到你很高兴。""看到没？"斯廷森说，"在家得宝没有人知道我的名字。"

资料来源：Julie Sloane, "Beat the Beast," FBS: *Fortune Small Business*, September 2004, pp. 44–45.

规模经济的全国性连锁店建立自己的持续优势。

如果零售市场已经被某零售商占据，并且拥有一批忠实的顾客，那么这一市场也不具有吸引力。例如，家得宝在亚特兰大极高的顾客忠诚度使得其他家居中心竞争对手很难进入该地区的市场。

最后，优势店址的可获得性也会阻碍竞争对手的进入。例如，斯特普尔斯之所以能在美国东北地区市场击败竞争对手，部分原因是它的先行者优势。由于东北地区众多零售市场已经成熟稳定，因此要想在这里找到新店址就没有在美国的其他地方容易了。斯特普尔斯就是在东北地区起家的，所以它能够获得最好的店址。

进入壁垒是把双刃剑。进入壁垒高的零售市场对于已经在该市场的零售商来说是有吸引力的，因为这些壁垒限制了竞争；但对于那些尚未进入该市场的零售商则不具吸引力。例如，中国香港市场优势店址的紧缺对该市场中的零售商是件好事，但也使它对处于该市场之外的零售商失去了吸引力。

另一个竞争性因素是**供应商的议价实力**（bargaining power of vendors）。当少数供应商控制所售商品时，该市场就缺乏吸引力。在这种情况下，供应商有机会控制价格及其他条款（如发货日期），从而降低零售商的利润。例如，销售时尚化妆品的市场没有吸引力，因为该市场中只有两家供应商——雅诗兰黛（雅诗兰黛、倩碧、Prescriptive、Aramis、Tommy Hilfiger、M.A.C 和 Origins）和欧莱雅（美宝莲、阿玛尼、Helena Rubinstein、兰蔻、Lavine 和拉尔夫·劳伦）——提供高品质又受欢迎的商品。由于百货公司需要这些品牌来支持其时尚形象，因此这两家供应商就能够以高价把商品出售给零售商。

最后一个行业影响因素是零售市场竞争水平。**竞争性抗衡**（competitive rivalry）是针对竞争对手的行动采取行动的频率和程度。竞争性抗衡程度高会引发价格战，员工会跳槽，广告和促销费用增加，潜在利润也会下降。可能导致激烈竞争的情况包括：（1）存在大批同等规模的竞争者；（2）增长缓慢；（3）高额固定成本；（4）竞争性零售商之间缺乏差异性。

当凯莉·布拉德福德开始分析 Gifts Go To 公司的竞争性因素时，她意识到认清对手并非易事。尽管芝加哥地区没有价格水平一样且商品类似的礼品店，但顾客仍然可以从大量其他零售商那里买礼物。凯莉感到自己的主要竞争对手是百货公司、工艺品商店、目录零售店和互联网零售商。凯莉认为通过开发顾客数据库支持礼品销售可以达到某些规模经济。大型供应商的缺乏意味着供应商的议价实力不会成为问题，并且因为礼品并非百货商场的关键业务，这样竞争也会很小。此外，众多零售商经营商品种类的多样性使它们能彼此区分开来。

环境因素　影响市场吸引力的环境因素包括：技术、经济、法规和社会变革。当一个零售市场正经历重大技术变革时，现有的竞争者很容易受到那些掌握新技术的新进入者的冲击。

有些零售商比其他零售商更容易受到经济条件的影响。例如，高端的百货商场高薪聘请销售人员来为顾客服务。当失业率低时，公司的成本会增加很多，因为难以雇到高素质的人才，销售人员的工资就不得不提高。而像沃尔玛这样提供服务较少的零售商的劳动成本就低很多，占销售额比例小，受失业率的影响也小。

政府法规也可以削弱零售市场的吸引力。例如，规模大的零售商要想在法国开设新店会觉得很困难，因为法国政府对商店面积有限制。同样，美国很多地方政府为了保护当地的零售商，也曾极力阻止沃尔玛进入当地市场。

最后，人口统计状况、生活方式、生活态度及个人价值观的发展趋势都会影响零售市场的吸引力。例如，布鲁克斯兄弟公司一直都在同时尝试不同的风格。公司以其传统的西服套装和衬衫而出名，但仍不清楚现在应该怎样迎合年轻人和那些喜欢休闲风格的商务人士，同时又不让传统的顾客感觉被冷落。[47]

零售商对每一个环境因素都需要回答以下三个问题：

1. 会有哪些新的发展或变化？如新技术、新法规或不同的社会因素及经济条件。
2. 这些环境因素发生变化的可能性有多大，影响这些变化发生的关键因素又是什么？
3. 这些变化会给每个零售市场、公司及竞争对手带来怎样的冲击？

凯莉·布拉德福德在进行环境分析时最关心的是网上礼品零售商的潜在增长，如 RedEnvelope，礼品很适合通过电子渠道进行交易，因为顾客可以在网上订购礼品，并将礼品直接运送到收礼人那里。凯莉还发现电子渠道能够有效地收集顾客信息，帮助商店在送礼季节到来时确定促销目标，并提供建议。

图表 5–7
优劣势分析因素

在进行自我分析时，零售商会为发展下列竞争优势而考虑一些潜在领域，并回答以下问题：

我们公司擅长什么？
我们公司在以下哪些领域优于对手？
我们公司在以下哪些领域具有能力发展一种持续竞争优势，或成为发展竞争优势的基础？

管理能力
高层管理的能力和经验
管理深度——中层管理能力
管理层对公司的奉献

经营能力
采购者的知识与能力
与供应商的关系
开发自有品牌的能力
广告和促销能力

资金来源
现有业务中的现金流
举债或股票融资能力

店面管理能力
管理能力
销售人员的素质
销售人员对公司的奉献

运 营
管理费用成本结构
运营体系的质量
分销能力
管理信息系统
损失预防系统
存货控制系统

选 址

顾 客
顾客忠诚度

优势与劣势分析 形势分析最关键的部分是由零售商决定的特有能力，即相对于竞争对手的优势和劣势。**优势和劣势分析**（strengths and weaknesses analysis）显示了公司该怎样抓住机会并避免来自环境威胁产生的损害。图表 5–7 列出了进行优劣势分析应考虑的一些问题。

以下是凯莉·布拉德福德对 Gifts To Go 公司优劣势的分析。

管理能力	有限——两位出色的商店经理和一位经验稍显不足的员工帮助凯莉采购商品。一家会计事务所为公司做财务记录，但还没有开发和利用顾客数据库的技巧。
资金来源	好——Gifts To Go 公司没有债务并和银行有良好关系。凯莉从流动证券中省出了 255 000 美元。
经营状况	欠佳——凯利发现虽然 Gifts To Go 公司的营业费用较低，但公司没有计算机存货控制或管理系统或者顾客信息系统。但竞争对手（当地百货公司、目录零售商以及互联网零售商）的系统要更优良。
经营能力	好——凯莉有挑选独特礼品的天赋，并且与提供独一无二商品的供应商有极佳的关系。
商店管理能力	极佳——商店经理和店员都很出色。他们对顾客很关注，对公司很忠诚。员工和顾客偷窃行为的发生率也降到了最低。
选　址	极佳——Gifts To Go 公司的两家商店所处的店址都很好。市区的商店为上班族提供了便利，在市郊商业区的商店位于交通要道。
顾　客	好——尽管 Gifts To Go 公司礼品的销量没有百货公司大，但公司有一批忠实的顾客。

第 3 步：确认战略机会

完成形势分析之后，下一步是认清提高零售销售额的机会。凯莉·布拉德福德目前在礼品零售业中采用专卖店的零售业态。凯莉还在考虑的其他战略选择是根据图表 5–4 中所讨论的发展机会确立的。应该注意到，其中有些发展战略是对公司使命的再次定义。

市场渗透	1. 扩大现有商店的面积，增加店内商品的数量。 2. 在芝加哥地区增开礼品店。
市场扩张	1. 在芝加哥以外的地区开店（新的地理细分市场）。 2. 在现有商店出售低价礼品或新开一些出售低价礼品的商店（新的利益细分市场）。
零售业态开发	1. 在现有或新开的商店向同一顾客群出售服饰及其他非礼品商品。 2. 通过网络向同样的细分市场出售类似商品。
多元化	1. 制造手工艺品。 2. 开设以青少年为目标顾客的服饰商店。 3. 开设品类专卖店，出售低价礼品。

第 4 步：评估战略机会

战略计划过程的第四步是对在形势分析中确认的战略机会进行评估。这一评估将决定该零售商有无潜力利用所评估的机会建立可持续竞争优势，并获得长远的利益。因此，一个零售商必须把精力集中在能发挥其优势和竞争优势的领域上。

在评估战略机会时，必须同时考虑市场的吸引力和零售商的优劣势。零售商必须把最大的投资放在享有竞争优势的机会上。本章附录描述一个进行此评估的正式方法。这里是凯莉做的非正式分析。

发展机会	市场吸引力	竞争地位
现有商店规模及商品数量的增长	低	高
在芝加哥地区增开礼品店	中	中
在芝加哥以外的地区开店（新的地理细分市场）	中	低
在现有商店出售低价礼品或新开一些出售低价礼品的商店（新的利益细分市场）	中	低
在现有或新开的商店向同一顾客群出售服饰及其他非礼品商品	高	中
通过网络向同样的细分市场出售类似商品	高	低
开设以青少年为目标顾客的服饰商店	高	低
开设品类专卖店，出售低价礼品	高	低

第 5 步：确立具体目标并配置资源

完成战略投资机会评估后，战略计划的下一步就是为每一个机会确立具体的目标。零售商的整体目标应该包含在使命书中；具体目标是用来衡量整体目标实施过程中每一步骤的目标。因此，具体目标包括三部分：（1）目标业绩，包括可以用来衡量进展的数字；（2）实现目标的时间安排；（3）实现目标所需的投资水平。一般来说，业绩水平是用一些财务标准衡量的，如投资收益率、销售额和利润。凯莉的目标是在接下来的 5 年中，每年利润增长 20%。她预计需要在服装和非礼品商品的存货上额外投资 25 000 美元。

第 6 步：制定实施战略的零售组合

战略计划的第六步是为将来可能投资的每一个发展机会开发一个零售组合，控制并评估业绩。关于零售组合要素的决策，我们将在后面的第三编和第四编讨论。

第 7 步：评估业绩并进行调整

战略计划的最后一步是评估战略结果并实施计划。如果零售商达到或超越了目标，那就不需要改变。但如果零售商没有达到目标，就需要重新分析了。一般来说，这种重新分析首先要回顾这个实施计划，但有时也需要重新考虑这一战略计划（甚至使命书）。结果可能是需要重新进行战略计划过程，包括新的形势分析。零售视野 5.5 讲述环境的变化如何迫使保龄球馆重新评估它的战略、瞄准新的细分市场，并调整服务以满足这个新细分市场的需要。

现实世界中的战略计划

图表 5–5 所示的计划过程表明战略决策是按某种顺序完成的。首先要界定公司使命，然后进行形势分析、确认战略机会、评估备选方案，接着设立目标，配置资源，制定实施计划，最后评估业绩并做调整。但在实际计划过程中，各个步骤是相互影响的。例如，进行形势分析时有可能发现对公司来说很合理的其他方案，即便这个方案并未包括在使命书中，这样就可能需要重新修改使命书了。实施计划的制订过程中可能会发现某种发展机会中的资源配置不充分，无法有效地达到目标。这种情况下，就需要更改目标或增加资源，或者完全放弃这个投资计划。

宇宙保龄　零售视野　5.5

尽管保龄球在生育高峰期出生的那一代人中很受欢迎，但对更年轻的一代却没有多大吸引力。由于年青一代对保龄球没有热情，保龄球中心似乎该被写入历史书了。

今日的保龄球中心，激光灯、霓虹灯、昏暗的走廊、造雾机及高质量的音响设备，所有这些都和保龄球与瓶柱一样成了必不可少的一部分。关掉灯光，打开特效设备，这里变成了一个夜总会。DJ 们戴着便携式麦克风，带动人群起舞。这里还安装了摄像机，以便顾客通过中央大屏幕看到所有动作。这个大屏幕还可以播放音乐录像。

实　例

在美国，保龄球是参与人数最多的运动项目。[48]

布伦斯维克提出了“宇宙保龄”这个概念，以吸引年轻人到这里来。夜总会的气氛吸引了很多高中生，因为他们年龄太小，还不能去夜总会；同时也吸引了青年和老年人。该中心采用了主题夜晚的方式来吸引不同细分市场的顾客，主要通过改变每天演奏的音乐风格——怀旧音乐、说唱音乐和乡村音乐等。宇宙保龄公司收益的增加主要得益于它有效地利用了空间，并成功吸引了新的细分市场。一般来说，保龄球中心在晚上 10 点到凌晨 2 点几乎是没有顾客的，但宇宙保龄公司充满热情的管理者却把这段闲置的时间也利用起来，那就是允许开晚会，只不过收取较高的费用。

由于目标市场保龄球联赛的萎缩，所以布伦斯维克开发了“宇宙保龄”吸引更年轻的一代。

资料来源：Robyn Lamb, “ ‘Cosmic Bowling’ ” Offers Fun Out,” *Baltimore Daily Record,* May 8, 2004, p .l ; Douglas Trattner, “Late Night Bowling That is Out of This World,” *Cleveland Plain Dealer,* April 26, 2002, p. 12.

小 结

战略计划是一个持续的过程。每一天，零售商都会分析自己所处的形势，考察消费趋式，学习新技术，并关注竞争活动。但是零售战略说明不是每年或每 6 个月就改动一次；只有当零售商所处的环境或自身能力发生根本性变化时，才会重新审视战略说明并做修改。

当零售商对其战略重新进行审视时，制定一个新的战略说明要经过一两年时间。各种可能的战略方向是由该组织中不同层级的员工共同提出来的，然后由公司高层管理人员和实际业务人员进行评估，确保该战略长远来说是有利可图并可实施的。

零售商的长期业绩在很大程度上取决于它采取的战略。战略可以协调员工之间的行为，并传达零售商计划的发展方向。因此，零售市场战略不仅描述了战略方向，而且指出了战略制定的过程。

零售战略说明书应该包括对目标市场的确认和该目标市场对应的零售业态。说明还应包括零售商建立可持续竞争优势的方法。可以帮助零售商建立可持续竞争优势的 7 种机会包括：（1）顾客忠诚度；（2）选址；（3）人力资源管理；（4）分销和信息系统；（5）特色商品；（6）与供应商的关系；（7）顾客服务。

战略计划过程包括 7 个步骤：（1）确立公司使命；（2）进行形势分析；（3）确认战略机会；（4）评估备选方案；（5）设立具体目标和配置资源；（6）开发零售组合，实施战略；（7）评估业绩并做调整。

关键术语

零售战略
目标市场
零售业态
持续竞争优势
零售理念
零售市场
顾客忠诚度
定　位
数据仓库
自有品牌
市场渗透发展机会
交叉销售
市场扩张发展机会
零售业态发展机会
多元化发展机会
相关多元化发展机会
无关多元化
纵向一体化
直接投资
合资企业
战略联盟
特许经营
战略零售计划过程
使命书
形势分析
进入壁垒
规模经济
供应商议价实力
竞争性抗衡
优势和劣势分析
市场吸引力和竞争地位矩阵

小试身手

1. **连续案例研究** 选择一家公司对其进行分析。确立直接竞争对手、目标市场与定位、针对竞争对手采取的战略、零售业态（即零售组合的要素——商品种类和分类、定价和选址），以及相对于竞争对手建立竞争优势的基础。列出该零售商相对于竞争对手的优势、劣势、机会和威胁。选择一个该零售商目前还没有进入的国家，评价是否应该进入该市场；如果可以，应采取何种策略呢？
2. **网上练习** 登录宜家（www.ikea.com）和威凌格（www.curves.com）的网站。网页信息能否反映本章中讨论过的这两家公司的零售战略？
3. **网上练习** 登录沃尔玛（www.walmartstores.com）、家乐福（www.carrefour.com）、皇家阿霍德（www.ahold.com）和麦德龙（www.metro.com）的网站。哪一家连

锁店的战略最具国际化？证明你的说法。

4. **购物** 走访两家销售同类商品并针对同一目标细分市场的商店。它们的零售业态（零售组合要素）如何相似，又如何不同？它们的持续竞争优势建立在什么基础上？你认为哪一个的优势更大，为什么？

5. **网上练习** 登录学生用书的网站，点击“市场定位矩阵”。练习1：这张表再现了第5章附录中讨论的国际增长机会的分析。需要调整矩阵中的哪些数字，才能使中国和法国成为不错的发展机会，使巴西和墨西哥变得不那么具有吸引力？改变矩阵中的数字，看看这种变化对表格中发展机会的整体地位有何影响。练习2：市场吸引力/竞争地位矩阵同样可以用于百货商场来评估商品种类，以决定应该在每种商品上投资多少。填写重要性权重表（“10”表示很重要，“1”表示不重要）和商品类别评价表（“10”表示很好，“1”表示不好），然后看看关于机会矩阵有何建议。练习3：考虑一个零售商可能做的投资决策，并用战略分析矩阵对其进行分析。列出备选方案及各自的特点，评价所有这些特点的重要性（“10”表示很重要，“1”表示不重要），然后根据每个备选方案特点的重要性对该方案进行评价（“10”表示很好，“1”表示不好）。

讨论题

1. 描述本章开头讨论的四家零售商各自的战略及其竞争优势的基础。
2. 选择一个零售商，并描述其如何建立竞争战略优势。
3. 举出百思买可能使用的市场渗透、零售业态开发、市场扩张和多元化发展战略方面发展机会的例子。
4. 选择一个你喜欢的零售商。按照图表5-3画出并解释定位图。其中应包括：零售商、销售相同种类商品的零售商及顾客细分市场（理想点）。
5. 为麦当劳做形势分析。它的使命是什么？优势和劣势是什么？在未来10年可能遇到的环境威胁是什么？应怎样应对这些威胁？
6. 内曼·马库斯和Save-A-Lot公司的可持续竞争优势的基础是什么？这种竞争优势是否真的具有持续性？
7. 假设你有意在你所在城市开一家餐馆。按图表5-5所示，依次完成战略计划过程的每一步骤。主要对当地餐饮市场进行形势分析，确立并评估备选方案，并为餐馆选择目标市场和零售组合。
8. Chico's并购了White House/Black Market连锁商店——一家专营18~25岁女式自有品牌服装的专卖店，并推出了自己的理念，针对生育高峰期出生的女性开设私密商店，为35~55岁女性提供“维多利亚的秘密”品牌内衣。请解释这些零售理念分别属于什么发展机会？哪一种与Chico's连锁店的协同作用最大？
9. 选出一家你认为顾客忠诚计划很有效的商店或服务供应商，并解释为什么有效。
10. 选一家你认为能够（尽管目前还没有）在国外市场获得成功的零售商，并解释原因。
11. 亚马逊网站是从在互联网上销售图书开始其业务的。接着，公司的业务扩展到音乐、DVD、电子产品、软件和旅游服务。从能否给公司带来利润的角度评价这些发展机会。亚马逊的竞争优势又能在这些机会中起到什么作用呢？

推荐读物

Aaker, David. *Strategic Market Management*. 7th ed. New York: Wiley, 2004.

Ander, Willard, and Neil Stern. *Winning at Retail: Developing a Sustained Model for Retail Success*. Hoboken, NJ: Wiley, 2004.

Kumar, Nirmalya. "The Global Retail Challenge," *Business Strategy Review* 16 (Spring 2005), pp. 5–14.

Landry, John. "The Art of the Advantage: 36 Strategies to Seize the Competitive Edge," *Harvard Business Review*, March 2004, pp. 26–30.

Lehmann, Donald and Russell Winer. *Analysis for Marketing Planning*. 6th ed. Burr Ridge, IL: McGraw-Hill/Irwin, 2004.

Reynolds, Jonathan, and Christine Cuthbertson (eds). *Retail Strategy: The View from the Bridge*. Boston: Butterworth

Heinemann, 2003.

Rigby, Darrell, and Dan Haas. "Outsmarting Wal-Mart," *Harvard Business Review*, December 2004, pp. 22–24.

Samli, A. Coskun. *Up Against the Retail Giants: Targeting Weakness, Gaining an Edge*. Mason, OH: Thomson, 2004.

Sternquist, Brenda. *International Retailing*. New York: Fairchild Publications, 1998.

Toftoy, Charles, and Joydeep Chatterjee. "Mission Statements and Small Business," *Business Strategy Review*, Autumn 2004, pp. 41–50.

附录 5A 市场吸引力/竞争地位矩阵的作用

下面的例子说明了**市场吸引力/竞争地位矩阵**（market attractiveness/competitive position matrix）的应用。[49] 市场吸引力/竞争地位矩阵（图表 5–8）为分析零售商的能力和零售市场的吸引力提供了一种方法。该矩阵的基本前提是市场吸引力决定了市场机会的长期潜在利润，零售商的竞争地位表明该机会的长期潜在利润。也就是说，该矩阵表明最大的投资应该投在零售商有强大竞争地位的机会上。

在使用该矩阵评估战略投资机会时分 6 步：

1. 确认需要评估的战略机会。例如，商店经理可以用矩阵评估商店各个部门；专营连锁店的副总裁可以用它来评估各商店或潜在商店的位置；主管商品的副总裁可以用它来评估零售商出售的商品类别；或者零售股份公司 CEO 可以用它来评估国际增长机会。
2. 认清市场吸引力和零售商竞争地位决策中的关键因素。这些选出来的因素在市场吸引力、竞争对手分析以及形势分析的自我分析中分别进行讨论。
3. 分配给每一个因素的权重常用来决策市场吸引力和竞争地位。权重的分配表明了该因素在市场吸引力及竞争力地位决策中的重要性。一般情况下，所有权重加起来等于 100。
4. 通过以下几个方面评价每个战略投资机会：（1）该市场的吸引力；（2）零售商在该市场中所处的竞争地位。一般来说，机会评价有 1~10 个级别。10 级表示该机会是个极具吸引力的市场或占有极强大的竞争地位，1 级表明该机会是一个极无吸引力的市场或处于极弱的竞争地位。
5. 计算每个机会市场吸引力和竞争地位的分数。分数的计算是：（1）每个因素的评分乘以该因素的权重；（2）各因素相加。
6. 将每个机会标在图表 5–8 所示的矩阵中。

图表 5–8
市场吸引力/竞争地位矩阵

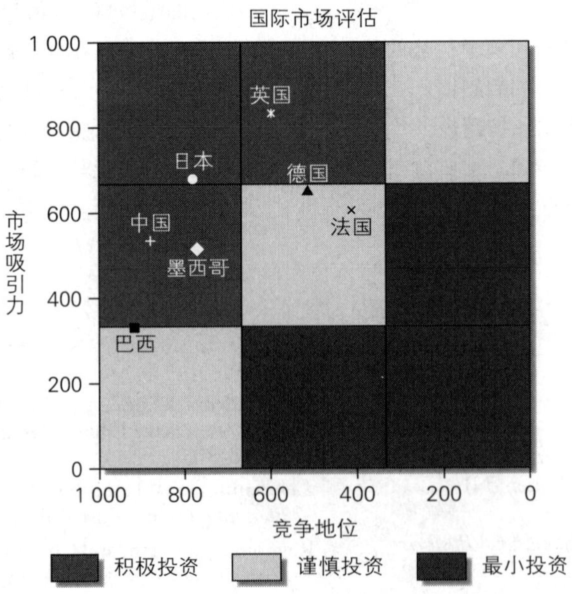

图表 5-9　国际市场数据

	美国	墨西哥	巴西	德国	法国	英国	日本	中国
2004 年人口（百万）	293.6	106.2	179.1	82.6	60	59.7	127.6	1300.1
2004~2050 年预计人口变化（%）	16	41	24	–9	7	10	–21	11
2002 年 GDP（十亿美元）	10446	621	452	1992	1439	1564	4146	1287
2002 年人均 GDP（美元）	36406	6257	2570	24301	24018	26010	31408	1002
2003~2007 年预计 GDP 年增长率（%）	2.9	3	2.9	1.5	1.8	2.1	0.6	7.8
2002 年人均零售额（美元）	8347	1998	839	3640	5187	5227	8522	367
网络利用率（%）	65	3	8	53	36	57	44	5
人口密度（每平方公里）	79	140	54	599	282	630	875	352
城区居住率（%）	79	75	81	88	74	89	48	41
商业气候指数	4	33	37	15	13	5	27	38

资料来源：http://www.stores.org/pdf/GlobalRetail04.pdf；"2004 World Population Data Sheet," *Stores*, 2004 Global Powers of Retailing. Courtesy of STORES Margazine/Deloitte.

在以下的例子中，美国一家女性时装零售商要拓展其在 7 个国家的国际业务，包括墨西哥、巴西、德国、法国、英国、日本和中国，并对这些市场进行评估。相关市场的某些信息可以从图表 5-9 中得出。

为评估每个国家的市场吸引力，零售管理部门界定了五个市场因素，并为每一个因素分配了权重，根据每个因素给市场评级，并且计算出每个方案的市场吸引力得分(见图表 5-10)。为此，管理部门将各国消费者对美国的态度定为最高的权重（30 分），而最低权重为市场增长(10 分)。对市场规模和市场增长的评分以各国的数据为基础，公司应当考虑其目标市场的规模——年龄在 25~50 岁的中产阶级女性。因为这个原因，巴西和墨西哥在市场规模的排序中比较靠后，而且这两个国家的经济发展也不是很稳定。但是，零售商并不认为这个因素至关重要，因为其目标细分市场的购买力对国家经济相对不是很敏感。商业环境因素与政府支持商业和外商投资的程度有关。欧洲各国及日本在这方面遥遥领先。

图表 5-11 表明用来评估每个国家中零售商与竞争对手位置的各个要素、权重和等级。在评估竞争地位时，管理层感到品牌形象是竞争地位最关键的方面，因为在销售流行商品时，品牌形象非常重要。成本在决定流行商品零售商竞争地位时被看成是最不重要的因素，因此，其权重只有 10 分。

就零售商在各个国家的竞争地位而言，该公司感到它的品牌在日本和巴西知名度很高，但在德国和法国却并不出名。巴西、墨西哥和中国的劳动力成本很低，因此在这

图表 5-10　国际增长机会的市场吸引力评分

	权重	墨西哥	巴西	德国	法国	英国	日本	中国
市场规模	20	2	2	7	6	5	10	4
市场增长	10	10	7	3	3	3	2	6
经济稳定	15	2	2	10	9	9	5	2
商业气候	25	4	2	7	7	10	6	2
对美国的态度	30	7	5	8	3	10	10	2
总　计	100	480	340	735	550	815	745	280

图表 5–11 国际增长机会的竞争地位

	权重	墨西哥	巴西	德国	法国	英国	日本	中国
成 本	10	9	10	5	5	5	7	10
品牌形象	30	8	10	4	3	7	9	6
与供应商的关系	20	7	7	4	4	3	8	8
位 置	20	6	8	6	5	7	6	10
营 销	20	8	8	6	3	6	8	10
总 计	100	750	860	490	380	630	780	840

些国家可以得到高效运营的最佳机会。对每个国家的评估分数列在图表 5–8 的公司吸引力/竞争地位矩阵中。根据表中所示的投资水平和目标，零售商应当重点在日本、英国、墨西哥和中国投资，在巴西、德国和法国投资则要小心谨慎。

第 6 章

财务战略

管理人员简介

比尔•莫兰　Save-A-Lot 公司创始人兼 CEO

1977 年，我在圣路易斯的一家食品零售店担任销售副总裁。我们的顾客，即独立小食品商，当时正面对低迷的经济和来自区域连锁超市的巨大竞争压力。针对这种情况，我开发了一个极具价值的有限商品分类概念，为他们面对此竞争提供了一种方式，并在几家商店进行了测试。尽管测试结果很成功，但是批发商觉得此概念不适用于经济改善以后。由于意见相左，我离开了该公司，申请了 SBA 贷款，自己开了三家商店。现在，我们有 1 200 多家商店遍布美国，而且销售额每年以两位数的速度增长。

我们瞄准注重价值和便利性的消费心态细分市场。此细分市场的消费者追求物美价廉，他们不想把车子停放在距商店半公里以外的地方，也不想在一个面积为 100 000 平方英尺的商店里搜寻商品。

我们的财务模式带来了高投资回报率、高存货周转率和低边际利润。我们的存货周转率高是因为商店只储存 1 250 个库存单位，而传统超市是 30 000 个。为了能提供低价高质商品，同时盈利，我们需要谨慎控制成本。我们成功的关键是能够在有限的商品分类下提供高质量的商品（主要是自有品牌商品），再配合高效的配送系统。为了降低所售商品的成本，我们和供应商之间保持了低调的客户关系。供应商给我们提供较低的价格是因为我们不要求广告费、库存费、商品退货优先权或退款。

开始的时候，我们只是简单地以较低的价格，在极其简陋的环境下，向顾客销售最基本的生活用品，比如面包、鸡蛋、牛奶、面粉、糖和罐头食品。如今，市场调研显示，我们顾客的价值观发生了改变。像所有其他的消费者一样，他们可能收入不高，但是想对自己好一点，买点特别的东西。因此，我们在商品分类里添加了特殊商品。例如，冷冻虾现在已成为我们店里最畅销的商品之一，只需花传统超市一半的价钱，顾客就可以享受一顿很不错的晚餐了。

我们的成功也引起了竞争对手的注意。例如，那些价格高昂的通用商品连锁店也添加了更多食品种类。但是像我们这样独特的成本控制和高效的配送系统并不是那么容易超越的，因此我们对维持自己的竞争优势很有信心。

问　题

- 零售商的战略是如何反映零售战略的？
- 为什么零售商需要评估它们的业绩？
- 什么是战略利润模型？如何使用？
- 零售商用什么指标来评估他们的业绩？

财务目标是零售商市场战略中必不可少的一部分。在第 5 章，我们考察了零售商如何制定战略，并建立持续竞争优势以获得持续的利润。在本章，我们考察如何运用财务分析工具评估零售商的市场战略——考察零售商的业绩；对业绩高于或低于期望的原因进行评估；若业绩低于期望值，则给出提高业绩的合适策略。

如第 5 章所述，凯莉·布拉德福德是 Gifts to Go 公司的所有者。她希望在这一行业立足，希望成功，为公司增加利润，并实现她年收入超过 100 000 美元的目标，所以她有必要掌握经营状况。为了评估业绩，她可以计算在店里购物的顾客人数，并在当天统计收据，了解销售情况。但这些简单的衡量不足以反映其业绩。比如，她可能认为销售业绩很好，而她的会计也表示公司处于盈利状态，然而她却没有资金采购新的商品。当这种情况发生时，凯莉就需要分析业务出现问题的根源，并想办法解决问题。

本章我们首先回顾确立目标和针对具体目标对业绩进行评估的重要性。在考察零售商可能关心的各种目标后，我们介绍战略利润模型。战略利润模型由杜邦发明，用来分析影响公司财务业绩的因素。为了说明如何使用这一模型，我们首先考察并对比分析分别影响联邦百货公司（梅西和布鲁明代尔）和最大的会员式仓储连锁店好事多两家公司业绩的因素。然后，我们展示凯莉·布拉德福德如何运用战略利润模型对众多发展机遇中的某一个进行评估。本章的最后，我们考察用来评估零售业绩、商品管理和店面经营的生产率指标。

确立目标

如第 5 章所述，涉及清晰阐述零售目标，并界定计划执行的活动范围是整个战略计划过程的第一步。这些目标指导零售商制定战略，[1] 而具体的业绩目标将决定零售目标最终能否实现。当目标不能实现时，零售商就需要采取纠正措施。零售商可能有三种目标：（1）财务目标；（2）社会目标；（3）个人目标。[2]

财务目标

评估财务业绩时，大多数人关注的是利润。比如去年公司的利润或利润率(利润占销售收入的百分比）是多少？今年的是多少，明年又会是多少？但衡量财务业绩的合适指标不是利润，而是投资回报率（ROI)。凯莉·布拉德福德确定了一个每年利润不少于 100 000 美元的财务目标，但她真正需要考虑的是需要投资多少才能获得这 100 000 美元的回报，即她的投资所期望得到的利润。

想一想当我们计划投资时可能需要做哪些决策呢？在做这样的投资时，我们想要确定的是这笔投资所能获得的最高回报率——最高利率或股价的最高涨幅——而非绝对收益。只要投资的钱越多，绝对收益也就越多。比如，如果凯莉·布拉德福德只需投资 500 000 美元就获得 100 000 美元的利润（投资回报率为 20%)，那么她会非常高兴；但是如果她需要投资 2 000 000 美元才能有 100 000 美元的收益（投资回报率为 5%)，她将会很失望。**资产收益率**（return on assets, ROA）经常用来衡量投资回报率，它指利用公司所有资产获得的利润回报。

社会目标

社会目标涉及为整个社会提供更广泛的福利问题——让世界变得更美好，更适合人类居住。例如，为某一特定地区或某一少数族裔或残障人士提供就业机会，可能成为零售商关心的问题。其他可能包括的社会目标有：提供特殊的产品，比如环保产品；为改善个人健康提供创新型服务，如减肥项目；或赞助社区活动。

例如，麦当劳不论对公司员工还是供应商都强调多元化。麦当劳把多元化的宗旨纳入整个商业计划过程，确保在公司员工中得到贯彻。“当各个业务单位和公司部门把商业计划汇集到一起时，多元化就被纳入其中了。我们拥有多元化的商业计划指导，这是每个公司领导者都需要遵循的，因此多元化的宗旨能够很好地融于公司战略计划的整个过程。”公司首席多样化执行官帕特·哈里斯说。麦当劳同样把多元化的原则贯彻到供应链中，而且被《财富》杂志评为“从少数族裔供应商那里采购最多的公司，每年该项支出达 30 亿美元，占总额的 27%。”[3]

比起财务目标来，公司在社会目标方面的业绩更加难以衡量。但仍然可以设立一些明确的社会目标，例如在所有高层主管和商店经理中女性或少数族裔所占的比重，或公司捐助的慈善活动资金占其总利润的比重。

这家商店的所有人（或经理）制定了一种零售策略，并通过协调日常运营来确保实现制定的财务目标。

个人目标

许多零售商，特别是那些独立的小企业业主，都拥有重要的个人目标，如自我认可，提高社会地位，赢得尊重等等。例如，某个书店的老板/业务员也许会认为与那些爱读书的人以及那些到书店签名售书的作者打交道是一种收获。经营一家受欢迎的商店也许能让零售商成为在该地区受人尊敬的商界领袖。

尽管对某些零售商而言社会目标和个人目标很重要，但对于那些已经上市的零售企业（股份公开上市并在股票市场上买卖的零售企业）的经理们来说，财务目标才是最重要的。上市公司的投资者，即购买公司股票的人，其目标当然是从中获利。而这些公司的经理们必须与这些投资者有相同的目标。因此，本章接下来的部分重点就是财务目标，以及影响零售商达成这些目标的因素。

战略利润模型

如图表 6–1 所示，**战略利润模型**（strategic profit model）是用来概括各种影响公司财务业绩（以资产收益率衡量）因素的一种方法。在这个模型下，资产收益率分解为两个部分：（1）净利润率；（2）资产周转率。**净利润率**（net profit margin）是由净利润（税后）除以净销售额。因此，它反映的是每一美元的销售额所获得的利润。如果一个零售商的净利润率是 5%，这意味着销售商品或服务所得的每一美元有 0.05 美元的利润。

资产周转率（asset turnover）是净销售额除以总资产。资产周转率用来衡量公司资产投资的效率，表示每一美元的资产能产生的销售额。因此，如果资产周转率是 3.0，那么公司每投资一美元就能得到 3 美元的销售额。

图表 6–1
战略利润模型构成

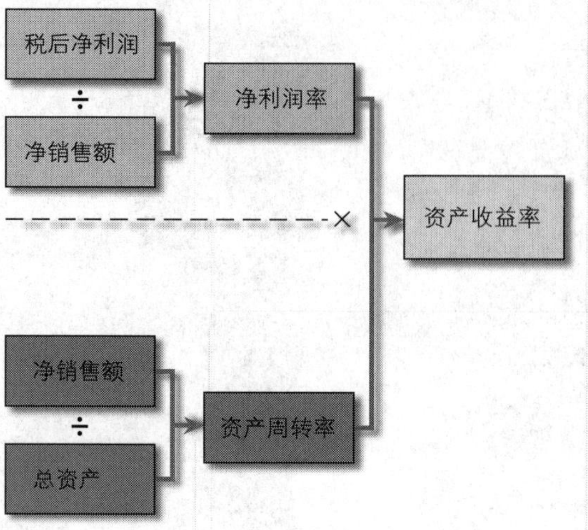

资产收益率由两个指标相乘得到：

$$\text{净利润率} \times \text{资产周转率} = \text{资产收益率（ROA）}$$

$$\frac{\text{净利润}}{\text{净销售额}} \times \frac{\text{净销售额}}{\text{总资产}} = \frac{\text{净利润}}{\text{总资产}}$$

战略利润模型由两个指标组成，这说明资产收益率是由两种经济活动共同决定的，即利润率管理和资产管理。因此，高资产收益率可以通过净利润率和资产周转率的各种组合来获得。

为了说明如何通过不同的方法来获得高资产收益率，我们看一下图表 6–2 中假设的两个完全不同的零售商的财务业绩。拉·马德琳烘焙店的净利润率仅为 1%，资产周转率为 10%。低利润率是由于这个行业本身存在着激烈的竞争，除了本地区的其他烘焙店外，消费者还可以从很多别的零售商那里购买烘焙食品。但是它的资产周转率相对来说很高，这得益于公司存货资产低，如此低的存货量是因为它能把当天烘焙的食品都卖掉。

另一方面，凯乐美珠宝店的净利润率为 10%，是烘焙店的 10 倍。尽管珠宝店的净利润率高得多，但是资产周转率很低，只有 1%，因此两者的资产收益率是一样的。凯乐美珠宝店的资产周转率与烘焙店相比很低，因为它存货水平高，通常它会存很多需要几个月才能售出的货。另外，珠宝店为客户提供信用贷款，增加了应收账款。

因此，拉·马德琳焙烘店依靠相对高的资产周转率获得了 10%的资产收益率——资产管理方式。相反，凯乐美珠宝店用的是利润率管理方式，即依靠较高的净利润率获取同样的资产收益率。

图表 6–2
获得同一资产收益率的不同方式

	净利润率	×	资产周转率	=	资产收益率
拉·马德琳烘焙店	1%		10 次		10%
凯乐美珠宝店	10%		1 次		10%

联邦百货公司 零售视野 6.1

联邦百货公司成立于1929年，是由几个区域性的家族连锁店组成的控股公司。包括1830年在俄亥俄州辛辛那提市成立的Shillito's，1885年在纽约成立的布卢明代尔，1841年在波士顿成立的Jordan Marsh，1851年在俄亥俄州哥伦布市成立的F&R Lazarus，1865年于纽约成立的Abraham & Straus。在接下来的30年中，Bon Marche（西雅图）、Rike's（俄亥俄州的代顿）、Goldsmith's（孟菲斯）、Burdines（迈阿密）和Rich's（亚特兰大）联合加入了联邦百货。此外，该公司又成立了Filene's Basement店和Gold Circle店，前者是低价零售商，后者是全线折扣店。公司同时还收购了拉尔夫这个西海岸的超市连锁店。每一个连锁店都是独立的运营分支，拥有自己的采购办事处、配送中心、公司办事处和人力资源政策。

尽管这些分店均可获利，但股价却很低。在1986年，一位成功的加拿大房地产开发商罗伯特·康波认为，像联邦百货这样的零售集团的股价被低估了，所以他花35亿美元买下了一个类似的控股公司——Allied公司。1988年4月，罗伯特·康波以66亿美元买下了联邦公司。为了给这些新收购的公司融资，他卖掉了这两家公司旗下的25家连锁店，包括布鲁克斯兄弟公司、Ann Taylor、拉夫尔、Joske's、Miller's、Bonwit Teller和Gold Circle，同时努力降低运营成本。然而，这些被收购的公司大多是通过贷款和发行债券来融资的。1990年1月15日，这些零售子公司不能支付债务利息而被迫申请破产，这也成为当时美国历史上最大数额的破产。

在破产法院的保护之下，联邦公司的新管理团队关闭了不赢利的商店，出售了那些与核心百货商店的活动没有关联的分支店铺，并通过开发当时大部分百货商店分店都使用的集中化的信息、配送和采购系统，使公司的运营成本大幅度下降。1992年，联邦公司从一个破产公司成为当时最大的、经营最好的零售连锁机构之一。公司之后又相继收购了位于匹兹堡的梅西和Horne's、位于洛杉矶的Broadway及夏威夷的Liberty House，并在各区域的连锁店中发展协同作用，以获得规模经济效益。

在2005年，联邦公司成功实施了一个长期战略，即同时经营两个全国性的零售连锁店（布卢明代尔和梅西），这两个店无论从价格还是商品的质量来说都不在同一水平。同时，所有区域性的连锁店都更名为梅西，并组织分布到4个地区：东部地区、佛罗里达州、中部地区和西部地区。

梅西百货位于纽约先锋广场，是美国最大的百货商场。

梅西和布卢明代尔是零售业两个最强势的品牌。女性是梅西420个百货商店的核心顾客。她们大多在25~54岁之间，一般在外工作，有孩子，且家庭收入在75 000美元以上；而单在梅西一年的消费就可达5 000美元，其中包括为她们自己、为整个家庭及买礼物所用。梅西在开发自有品牌商品方面非常有成效，已开发的品牌有I.N.C、Charter Club、The Cellar、Alfani、Greendog和Tools of the Trade。这些自有品牌商品目前占到了梅西总销售额的17%，梅西计划将这一份额增加到20%以上。

实 例

联邦百货公司被全美女性高管协会（National Association of Female Executives）评为“最适合女性高管工作的30家公司之一”，并被《西班牙杂志》评为“为拉美人提供最佳机会的100家公司之一”。[4]

布卢明代尔的34个连锁店将顾客锁定为那些时尚女性，她们对最新的服装和饰品设计感兴趣。除了提供独特的设计商品之外，布卢明代尔还为顾客提供高水平的个性化服务。销售人员会定期与高端顾客联系，向其发布最新的商品，邀请顾客参加店内活动，并进行跟踪服务确保高水平的顾客满意度。

资料来源：Georgia Lee, “Future is Now for Macy's New Nameplates,” *WWD*, March 8, 2005, p.16; Thomas Hine, “Once, We knew Our cities by Their Department Stores,” *The Washington Post*, March 6, 2005, p. B. 03; *2004 Fact Book* (Cincinnati, OH: Federated Department Stores, 2004).

下一节我们将着重考察资产收益率的这两个指标。特别是，我们将研究这些比率与公司零售战略之间的关系，并描述如何运用这些财务指标和会计数据，衡量公司的财务业绩。为了说明不同零售战略对应的不同财务成果，我们比较了联邦百货公司和好事多两家零售商。

上面的零售视野 6.1 中描述的联邦百货公司经营着两家全国连锁店，梅西和布

6.2 零售视野 好事多仓储公司

好事多仓储公司是一个国际性的会员制仓储店连锁运营商，拥有 450 个店，遍布美国 37 个州，8 个国家。好事多公司是从 1976 年索尔·普赖斯成立的第一个会员仓储店——普赖斯会员店（Price Club）起家的。索尔·普赖斯的第一家商店位于圣迭哥莫里纳大道一家改造过的飞机修理库里。起初，顾客主要是小型的商家，后来他发现通过给那些非商业的会员提供服务，公司可以获得更高的销售额，并扩大影响力。随着这一变化，仓储会员行业开始蓬勃发展起来。

在 1983 年，第一家好事多仓储店在西雅图开张。好事多成为能在不到 6 年的时间里销售额从零增长到 30 亿美元的第一家公司。1993 年，好事多和普赖斯会员店合并为普赖斯好事多，1997 年更名为好事多仓储公司。

尽管好事多的存货单位只有 4 000 个，但实际提供的商品种类却很繁多，包括杂货、家电、汽车部件、轮胎、玩具、五金器具、运动用品、珠宝、手表、相机、书籍、家用品、服装、保健美容产品、香烟、家具、办公用品及办公设备。好事多以其自有品牌 Kirkland 推出的商品与那些咖啡、轮胎、家用品、箱包、家电、衣服及清洁济的全国品牌具有同样的质量，甚至更好。

与其他的仓储商店和折扣店相比，好事多拥有独特的市场定位。与塔吉特类似，好事多通过提供价格不高、但也决非低廉的商品在顾客群体中建立了良好的声誉。它的顾客群体的收入水平明显高于其他仓储商店的顾客，因此他们看重优质或高端商品。例如，沃尔玛的分店山姆会员店里卖的可能是每件售价 7.99 美元的保罗风格衬衫；而在好事多经营的却是每件 29.99 美元的保罗/拉尔夫·劳伦衬衫，该衬衫在专卖百货商店里的售价可能是 65 美元。好事多的那些小企业主客户同时也喜欢好事多的高价商品。

实 例

好事多的自有品牌 Kirkland 网球鞋“皇家经典”的年销量是 600 000 双。[5]

公司总裁兼 CEO 吉姆·赛格尔认为，“通过从根本上消除那些传统批发商和零售商一直以来都摆脱不掉的费用成本，如销售人员成本、华而不实的大厦、递送费、杂费及应收账户等各种成本，好事多可以为顾客提供价格更低、但价值更高的商品。我们采用紧缩的经营方式，公司的经常费用极低，这样我们就可以把由此节省出来很大份额的利润转移给我们的会员客户。”

好事多是美国第四大零售商，拥有出色的财务业绩，并通过控制成本和提供有限的商品分类给顾客提供了巨大的价值。

赛格尔认为，虽然美国零售业发生合并风潮，但好事多不会通过合并或进入新的业务领域谋求增长，会一如既往地将重点放在内生增长上。他说：“好事多的业务种类已经够多了，很难再增加另外一个了。”好事多计划每年新增店铺 20~30 个。

资料来源：www.costco.com; Mike Duff, “Costco's Kirkland Sways Shoppers,” *DSN Retailing Today,* April 25, 2005, pp. F 1–F3; Doug Desjardins, “Costco Ramps Up for International Growth,” *DSN Retailing Today,* February 28, 2005, pp .4 –7; Analisa Narareno, “Upscale but Cheap, Costco May Be ‘the only Retailer War-Mart Feats,’” *Knight Ridder Tribune Business News,* January 1, 2005, p.1.

卢明代尔。同其他百货连锁商店一样，联邦百货公司提供种类齐全的时尚服装和家居用品，有销售人员提供高水平的顾客服务，购物环境好；而好事多正好相反，它商品种类不多，以自助方式提供食品和一般商品。零售视野 6.2 提供了好事多的一些背景信息。

利润率管理方式

评估公司利润率的信息来自公司的损益表。损益表总结了某个时期内公司的财务业绩。例如，零售商年度报告中的损益表总结了它在前一个会计年度中的财务业绩。为了把圣诞节前后的销售和收入状况全面反映出来，大部分零售商把 2 月 1 日到 1 月 31 日作为一个会计年。

图表 6–3 显示选自联邦百货公司和好事多公司年度报告中的损益表。战略利润模型中的利润率管理方式（使用这些报表数据）将显示在图表 6–4 中。接下来，我们看一下利润率管理方式的每一个要素。

净销售额　**净销售额**（net sales）指零售商扣除退还给顾客的退货款后所得到的货款总额。销售额是评估业绩的一个重要指标，因为它表示了在销售环节的活动情况。好事多公司的净销售额是联邦百货公司的三倍还多。

净销售额 = 销售总额 + 推销津贴 – 顾客退款

顾客退款（customer return）表示被顾客退回的商品价值；顾客退货后会得到现金或信用形式的退款。**促销津贴**（promotional allowance）指供应商为了让零售商促销自己的商品而付给零售商的费用。例如，消费包装商品厂家为了让超市连锁店进他们的新商品或者帮他们做广告，会经常付给超市一定费用，叫做通路费。零售视野 6.3 描述促销津贴对零售商报告中净销售额产生的影响。像好事多这样的

图表 6–3
联邦百货公司和好事多公司损益表

损益表（百万美元）	联邦百货公司	好事多公司
净销售额	15 630	48 107
减：销货成本	9 297	42 093
毛利率	6 333	6 014
减：经营费用	4 933	4 629
减：利息费用/收入	284	–15
总费用	5 217	4 614
税前净利润	1 116	1 400
减：税负	427	518
税后净利润	689	882
毛利率（%）	40.5%	12.5%
经营费用占销售额的比例（%）	31.6	9.6
税后净利率（%）	4.4	1.8
息税前净利率	9.0	2.9

图表 6–4 联邦百货公司和好事多公司利润管理方式

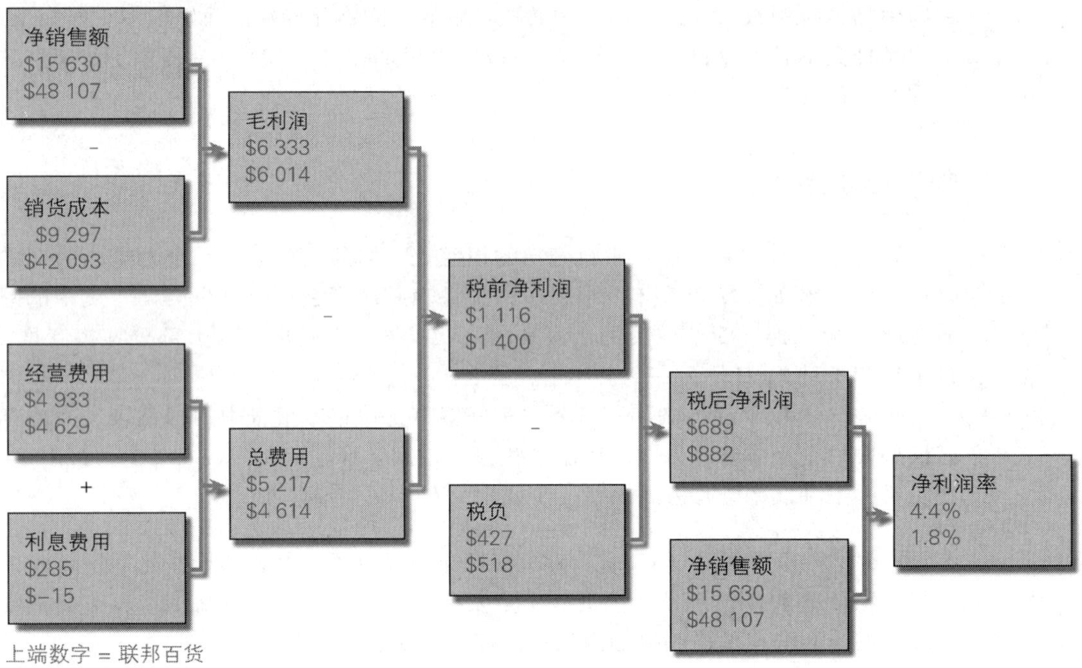

仓储会员店，会费是一份额外的收入。好事多 480 亿美元的销售额中约有 4%来自会费。

毛利 **毛利**（gross margin），也称作**毛利润**（gross profit），是净销售额减去销货成本的差。毛利是零售业中一个重要的指标，它衡量不考虑商店经营费用时，零售商在商品销售中创造的利润。

毛利 = 净销售额 – 销货成本

毛利和其他业绩衡量指标一样，也换算成净销售额的百分比，以便零售商比较：（1） 商品各品种间的销售状况；（2） 自己与其他销售额更高或更低的零售商的经营状况。

$$\frac{\text{毛利}}{\text{净销售}} = \text{毛利率}$$

联邦百货公司： $$\frac{\$\ 6\ 333}{\$\ 15\ 630} = 40.5\%$$

好事多公司： $$\frac{\$\ 6\ 014}{\$\ 48\ 107} = 12.5\%$$

好事多的销售额是联邦公司的三倍多，但两家公司的毛利一样，而联邦公司的毛利率要大大高于好事多。毛利率的差距取决于两家公司不同的零售战略。仓储会员店的毛利率通常比百货商店低，因为前者针对的目标市场是对成本十分敏感的消费者，以低价销售商品，并提供很少的服务。而另一方面，百货公司主要经营顾客认可度和忠诚度很高的品牌商品，包括一些非常昂贵的商品。这些商品加上其他零售业态不可比拟的高质量的服务，降低了顾客对价格的敏感度，从而能够获得较高的毛利率。高毛利率对百货商店至关重要，因为与其他零售业态相比，它们的经营费用也更高。

经营费用　**经营费用**（operating expense）是指除了商品本身的成本外，在正常经营过程中产生的成本。例如，销售人员和经理们的薪水、广告费、水电费、办公用品以及租金等。另一类主要的费用是利息，它包括各种融资成本，从存货到购买新店址的费用。

像毛利一样，经营费用也被换算成净销售额的百分比，以便进行公司内各商品种类之间和部门之间的比较。美国联邦百货公司的经营费用与净销售额的比率远远高于好事多公司。

$$\frac{\text{经营费用}}{\text{净销售额}} = \text{经营费用与净销售额比率}$$

$$\text{联邦百货公司：}\frac{\$\ 4\ 933}{\$\ 15\ 630} = 31.6\%$$

$$\text{好事多公司：}\frac{\$\ 4\ 629}{\$\ 48\ 107} = 9.6\%$$

分析促销津贴可能会提供误导的零售额信息　零售视野　6.3

生产品牌消费品的厂家会支付给零售商促销津贴（又叫退还款），目的是多重的。比如说，使零售商能够达到销售目标市场，储备该厂家的新产品，或者是将产品放在店内显眼的位置（叫通道费或货位津贴），有时甚至是对损坏商品的补偿。例如，当有商品损坏时，供应商会支付给超市所购商品价值 3%的津贴，而不是让超市以信用形式退还损坏商品。

这些促销津贴对销售报告影响很大。一般的厂家会支付给零售商占销售额 20%的促销津贴，因此，一份价值 5 000 万美元的曲奇或番茄酱的合同中包括 1 000 万美元的促销津贴。促销津贴通常都是预付的，但也可采用以销售量为基础的红利。如果零售商没有达到规定的销售量，供应商就不会支付红利，或者需要重新商定红利的数额。

促销津贴对零售商销售额和利润的影响成为商业媒体的头条。2003 年，像莎莉集团和 ConAgra 食品公司这样的供应商支付给美国食品服务公司的促销津贴在销售目标实现之前就被其管理者认为是销售额的一部分。美国食品服务公司是全球最大的超市零售商——总部位于荷兰的阿霍德公司——的一个下属部门。通过有意地提高销售额和利润，这些经理们达到了他们的年度目标，并获得了数额不菲的红利。在面对美国证券交易委员会的申诉时，美国食品服务公司的两名高层管理者供认他们在该事件中的犯罪行为，而另外两位却不承认这种指控。

针对这一丑闻，美国财务会计准则委员会（FASB）加强了会计审查，对如何看待财务报表中的促销津贴作了界定。西夫韦每季度都会公开其津贴细节，公司把津贴分为促销津贴和存货津贴两部分。而其他公司却极少公开全新的信息，很少强调津贴对收益的影响，因为他们认为对这些信息拥有所有权。

资料来源：Diya Gullapalli, " In the Grocery World, Rebates the Mystery Meat," *The Wall Street Journal*, August 9, 2004, p. C. 1; Constance L. Hay, Reliance on Promotional Allowances Can Result in Shortfalls," *New York Times*, February 25, 2003, p. C.8.

实 例

超过40%的超市管理人员认为沃尔玛是一个强劲的竞争对手。为了应对这种威胁，他们计划通过开拓新的市场（39%），降低经营费用（18%），投资新技术（17%）及提高顾客服务质量（16%）来创造利润。[6]

好事多的经营费用与净销售额比率大约是联邦百货公司的1/3，因为好事多的销售成本较低；再者，其店铺外观维护花费也少；最后，与百货商店相比，仓储会员店需要的行政人员也少。例如，好事多的采购成本要低很多，因为与那些时尚服装采购相比，像包装食品、新鲜肉类食品和农产品等这种日用品的采购过程简单得多，所需的采购人员也少得多，而且他们不用像百货商店的采购员那样奔波于世界各地的时尚市场。

净利润　**净利润**（net profit）是毛利减去运营费用和税负后的值。计算公式如下：

$$净利润 = 毛利 - 费用 - 税负$$

这是一个利润率管理方式下用来衡量公司总体业绩的指标，它同样可以用税前的形式表示。同毛利润率一样，净利润率可以表示为净销售额的百分比：

$$\frac{净利润}{净销售额} = 净利润率$$

$$联邦百货公司：\frac{\$689}{\$\ 15\ 630} = 4.4\%$$

$$好事多公司：\frac{\$882}{\$\ 48\ 107} = 1.8\%$$

一个经常用来衡量公司整体盈利状况的指标是利息和税前的利润率。之所以用这种衡量方法是因为，运营经理没法控制利息和税收费用，因此这些费用的支出不能反映运营经理或零售商的绩效。联邦百货公司的利息和税前利润率是7.1%，好事多是2.9%。

分析这两个零售商的利润管理方式，我们可以看到，尽管好事多的销售额是联邦百货的4倍多，但两者的绝对利润水平是一样的。另外，联邦百货利税前的利润率要比好事多高。因此，战略利润模型的这一构成指标表明，联邦百货的业绩要胜过好事多。但是，接下来从资产管理方式角度分析的结果却大不一样。

资产管理方式

用来分析一个公司资产管理状况的主要信息来自于资产负债表。损益表概述公司在一个时期内的财务业绩（通常是一年或一季），而资产负债表则概述零售商在一个时间点上的财务状况，如一个会计年度的最后一天。图表6–5表示联邦百货公司和好事多公司的资产负债表情况，而图表6–6则表示战略利润模型中的的资产管理方式。

资产（asset）是由企业所有或控制的经济资源（例如存货或商店设施）。资产可分为两种：流动资产和固定资产。

流动资产　在会计定义中，**流动资产**（current asset）是指那些在一年内可以变现的资产。在零售业中，流动资产主要包括：现金、应收账款和商品存货。**应收账款**（accounts receivable）是指零售商以赊欠方式售出商品应得的款项。

图表 6–5
联邦百货公司和好事多公司的资产情况

	联邦百货	好事多
应收账款	$ 3 418	$ 335
商品存货	3 120	3 644
现　金	868	2 823
其他流动资产	104	467
总流动资产	7 510	7 269
固定资产	7 375	7 824
总资产	$14 885	$15 093
存货周转率	3.0	11.6
资产周转率	1.1	3.2
资产收益率	4.6%	5.8%

流动资产 = 现金 + 应收账款 + 商品存货 + 其他流动资产

流动资产对一些零售商而言相当可观。例如，联邦百货的应收账款要高于商品存货；而且联邦公司的应收账款是好事多的 10 倍多，尽管后者的销售额是联邦百货的 4 倍之多。好事多公司在应收账款上的投入比联邦百货少很多，因为好事多公司的顾客有很高的现金支付倾向；而联邦百货大量的顾客倾向于使用信用卡支付（如梅西或布卢明代尔的卡）。

从市场营销的角度看，源自信用销售的应收账款是提供给顾客的一项重要服

图表 6–6
联邦百货和好事多的资产管理方式

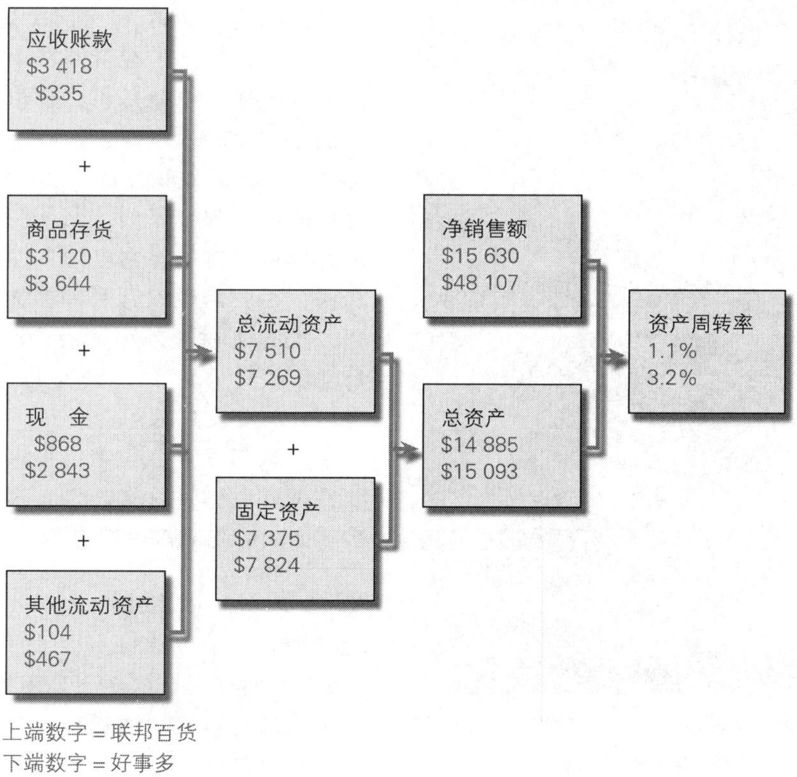

务。零售商提供信用（尤其是以低利率）的能力会影响到它是否能做成一笔交易。毕竟用现金购买大件商品，如钻石婚戒或汽车，对于许多人来说还有些困难。但是提供信用服务的成本是很大的，应收账款数额会增加，这样零售商所需的资产也就会增加。如果商品以信用方式销售，那么销售收入就被冻结在应收账款中直到收回货款。投入在应收账款中的钱会增加零售商的利息费用，并限制零售商对其他商品的投资。为了减少应收账款带来的财务负担，零售商可使用第三方信用卡，如维萨卡和万事达卡来解决这一问题，并加快向拖欠账户收回货款。

实 例

西班牙时装专卖店Zara认为，在理想世界中，商店不会有卖不出去的货。当然，Zara决非完美，但是它的存货周转率是美国时装品牌盖普的3倍。[7]

商品存货是零售商的生命线。零售商提供给顾客的最大好处就是能够在合适的时间、合适的地点存储适量的商品。和毛利率一样，**存货周转率**（inventory turnover）用来评估管理者利用存货投资的效率。它反映了损益表上的销货成本除以资产负债表上的平均库存水平的值。注意：负债表中的存货量表示的是一个会计年度最后一天的存货量，不是平均存货量。为了更准确地衡量平均存货量，你必须衡量一年中每天的存货量，然后除以365；或者衡量每个月的存货量，然后除以12。

$$\frac{\text{销货成本}}{\text{平均存货量}} = \text{存货周转率}$$

$$\text{联邦百货：}\frac{\$9\ 297}{\$3\ 120} = 3.0$$

$$\text{好事多：}\frac{\$42\ 093}{\$3\ 644} = 11.6$$

存货周转率是存货生产率的衡量尺度。它表示的是一段时间内（通常为一年），店内存货循环的平均次数。好事多公司较高的存货周转率源自其零售战略和所销售商品的性质。也就是说，公司卖的大多是需求量很大的商品，如食品、电池、家庭用具和简单的衣服等。不像那些主要在诸如联邦百货公司这样的大商场出售的时装，这些商品能保证及时上货。另外，好事多只有4 000个库存单位。例如，它可能只提供一种品牌两种容量的番茄酱，也就是说只有两种存货。另一方面，在百货商场里，仅男士衬衫就可能有500个库存单位（不同颜色、尺寸、款式及品牌）。分类更加细致的货物（多见于百货商店）需要较高的存货投入，这样就会降低存货周转率。最后，联邦百货公司销售很多自有品牌商品，大部分需要在国外制作，这就需要顾客提前几个月下订单；而好事多的商品随时都可以订货，几天内货物就能运到。

为了提供更吸引人的购物环境，百货商场零售商（上图）可以接受比仓储会员店（下图）更高的固定成本。（见彩插）

固定资产 **固定资产**（fixed asset）指一年以上才能变现的资产。在零售业中，固定资产主要包括：建筑物（如商店拥有所有权而不是租赁）、固定设施（如货架）、设备（如计算机、送货车）和长期投资（如其他供应商公司的股票）。

固定资产比流动资产，如存货更难管理。然而，零售商若要重新装修店铺的话，就必须更新固定设施、地毯、灯具等。因此，与存货一样，这些资产也会在商店里周转，不同的只是过程要慢得多。联邦百货公司一件设施的寿命大概是5年（而不像一件Polo衬衫，寿命只有2个月），但周转的概念是相同的。当零售商决定对固定资产投资时，就应该考虑会从该项资产中得到多少销售额。

假设联邦百货公司打算添置一件用来展示餐具的固定设施。它有两个选择：一是以20 000美元购买一个昂贵的古董陈列橱，二是以5 000美元买一个简单的三合板陈列柜。如果使用昂贵的古董陈列橱，第一年的预期销售额是50 000美元，而使用三合板陈列架只会获得25 000美元的销售额。忽略其他资产不计，则：

$$\frac{\text{净销售额}}{\text{固定资产}} = \text{固定资产周转率}$$

$$\text{古董陈列橱：}\quad \frac{\$\ 50\ 000}{\$\ 20\ 000} = 2.5$$

$$\text{三合板陈列架：}\quad \frac{\$\ 25\ 000}{\$\ 5\ 000} = 5.0$$

古董陈列橱能营造出一种氛围，以便能销售出那些昂贵的餐具。单从市场营销的角度看，选择古董陈列橱似乎是对的，但它的成本比三合板陈列架要高得多。显然，如果只考虑资产周转率因素，三合板陈列架是首选。最终，应将市场营销和财务因素结合起来考虑资产购买决策。[8]

资产周转率 **资产周转率**（asset turnover）是战略利润模型中一个从资产管理角度对总业绩进行衡量的尺度。

$$\frac{\text{净销售额}}{\text{总资产}} = \text{资产周转率}$$

$$\text{联邦百货：}\quad \frac{\$\ 15\ 630}{\$\ 14\ 885} = 1.1$$

$$\text{好事多：}\quad \frac{\$48\ 107}{\$15\ 093} = 3.2$$

因此，好事多公司的资产周转率是联邦百货公司的3倍之多。这种差别再次反映了两家公司零售战略的不同。好事多公司的目标消费群体是倾向于价格低廉而非那些种类繁多的昂贵商品的人。因此，好事多公司的库存单位不多，存货量也不高，但是存货周转率却很高。另外，就店中的设置而言，其固定资产（如固定设施、灯具和时装模特）比联邦百货公司的要少。

另一方面，联邦百货公司的目标人群是那些倾向于购买时尚服装的人。他们对价格不敏感，喜欢从不同颜色、不同款式、不同品牌的商品中选择自己喜欢的；而且，期望舒适的购物环境，仓储店那样当然是不行的。因此，联邦百货需要在流动资产（商品库存）和固定资产（店内设计因素）上多些投入，结果就是资产周转率不高。

资产收益率

从利润率管理方式的角度看，联邦百货公司的业绩要比好事多好；但从资产管理的角度看，好事多的资产周转率要比联邦百货高，因此其业绩更好。但总业绩是通过资产收益率来衡量的，即 ROA。它由两个因素决定（也就是两种方式对应的结果）：净利润率和资产周转率。将两项比率相乘就得到资产收益率。

	净利润率	×	资产周转率	=	资产收益率
联邦百货：	4.41	×	1.05	=	4.63%
好事多：	1.83	×	3.29	=	5.84%

从最后结果我们可以看出，两家公司的资产收益率非常接近。联邦百货公司的净利润率更高，而好事多公司的资产周转率更高。资产收益率是衡量业绩的一个非常重要的指标，因为它显示了零售商在资产上的投入所产生的收益，并显示

图表 6–7
不同零售商的战略利润模型

	净利润率	资产周转率	资产收益率
类别专业商			
百思买*	2.87%	2.84	8.15%
家得宝	6.84	1.88	12.85
劳 氏	5.97	1.72	10.26
PETsMART	5.08	2.03	10.33
Michaels	5.92	1.61	9.52
巴 诺	2.93	1.48	4.33
博德斯	3.40	1.48	5.02
专卖店			
盖普	7.07%	1.62	11.45%
Chico's	15.86	1.24	19.72
阿伯克隆比 & 费奇	10.69	1.50	16.04
力美特品牌	7.49	1.55	11.58
Urban Outfitters	10.88	1.48	16.16
CVS	3.00	2.10	6.32
沃尔格林	3.60	2.81	10.12
折扣店			
Family Dollar	4.88%	2.38	11.60%
Dollar General	4.49	2.70	12.11
沃尔玛	3.60	2.37	8.54
塔吉特	6.83	1.45	9.90
超 市			
西夫韦	1.56%	2.33	3.64%
Albertson's	1.11	2.18	2.42

资料来源：2005 年年度报告。

* 2004 年年度报告。

了该收益相对于别的投资是好还是坏。例如，一个零售商开一家新店的资产收益率是9%，而投资于几乎没有风险的国库券则可获得10%的资产回报，零售商就应该选择高收益、低风险的投资方式。

战略利润模型阐明了两个重要概念。首先，当评估财务业绩的时候，零售商和投资商应该综合考虑净利润率和资产周转率。有效地管理净利润率和资产周转率，公司就可以获得高业绩（即高ROA）。第二，零售商需要考虑战略利率模型中两个因素的战略决策所产生的结果。例如，简单地提高价格能增加毛利率和净利润率（利润率管理方式）。但是，价格上涨同时会导致销售额下降；假设资产水平保持不变的话，资产周转率也会下降。这样，利润率增加，资产周转率下降，对资产收益率的最终影响则取决于这两者分别变动的幅度。

实 例

加油站的毛利率一般只有15.5%，但存货周转率却有39.3%。[9]

图表6-7显示了各类零售商的战略利润模型。从表中我们可以看出，超市和折扣连锁店通常都有较高的资产周转率和较低的净利润率。但是塔吉特是个特例：高净利润率，低资产周转率。这就是该公司典型的“时尚商品打折”战略，提供相对来说较时尚的商品，并且强调自有品牌。专业服装商店的资产周转率低，净利润率很高；但是药店的情况却恰恰相反。看资产收益一栏我们会发现，Chico's、Urban Outfitters和阿贝克隆比& 费奇的收益率较高，而西夫韦和Albertson's这样的超市的资产收益率比较低。

示例：凯莉·布拉德福德评估Gifts_To_Go.com的增长机会

我们用第5章中提到的凯莉·布拉德福德面临的机会，说明如何运用战略利润模型来评估增长机会。从第5章我们可知，凯莉·布拉德福德所有的Gifts To Go公司在芝加哥地区拥有两家连锁店。她在考虑几个增长机会，其中一个是创办一家网上零售店，名为Gifts_ To_ Go.com。 她认为这种渠道的市场规模很大，但是竞争很激烈。现在她需要对计划建立的网上商店进行财务分析，并就计划过程与Gifts To Go实体店进行对比，最后确定这种结合了多种营业方式商店的财务业绩。我们先从利润率管理方式分析，接着再看资产周转率管理方式。图表6-8表示了Gifts To Go公司一个商店的损益表和公司关于新建的Gifts_To_Go.com的预期损益表，以及这两种方式结合起来的情况。

利润率管理方式 凯莉预计网上商店的年销售额可达440 000美元。她预计网上商店对实体店销售的影响是两方面的。一方面，一些到网上购物的顾客可能不会再到实体店里购物；另一方面，互联网渠道也可能促进实体店的销售量提高，那些在网上看到某些礼品的顾客会到实体店里来购买。因此，她决定在假设创办网上商店后实体店的销售不受影响的情况下进行财务分析。

毛利率 凯莉计划将网上商店的价格定在同实体店同样的水平，商品也类似于实体店，但品种更全，所以她预计网上商店的毛利率和实体店的差不多。

$$\frac{\text{毛利润}}{\text{净销售额}} = \text{毛利润率}$$

图表 6-8
Gifts To Go 实体店和拟建网上商店的损益表信息

损益表	Gifts To Go 实体店	Gifts-to-go.com（计划）	两者结合后
净销售额	$700 000	$440 000	$1 140 000
减：销货成本	350 000	220 000	570 000
毛　利	350 000	220 000	570 000
减：运营费用	250 000	150 000	400 000
减：利息			
费用/收入	8 000	0	8 000
总费用	258 000	150 000	408 000
税前净利润	92 000	70 000	162 000
减：税负	32 200	24 500	56 700
税后净利润	59 800	45 500	105 300
毛利率	50.0%	50.0%	50.0%
运营费用占销售额的比例	35.7	34.1	35.1
税后净利润率	8.54	10.34	9.2
利税前净利润率	14.3	15.9	14.9

$$\text{实体店：}\quad \frac{\$350\ 000}{\$700\ 000} = 50\%$$

$$\text{网上商店：}\quad \frac{\$220\ 000}{\$440\ 000} = 50\%$$

经营费用 起初凯莉认为网上商店的经营费用占销售额的比率会比较低，因为她无须支付房租，不用雇训练有素的店员。但事实上她发现，网上商店的这个比率只是比实体店低一点点而已。因为她必须外聘一家公司来维护网站，处理订单，发送货物。而且 Gifts To Go 公司已经拥有了固定的客户和地段很好的店面。虽然目前的顾客能从店面的促销活动了解到网上商店的信息，但凯莉仍必须为这个新渠道建立知名度而在广告和促销方面做大量的投资，使不熟悉她商店的人了解这些信息。

$$\frac{\text{运营费用}}{\text{净销售额}} = \text{运营费用占净销售额比率}$$

$$\text{实体店：}\quad \frac{\$250\ 000}{\$700\ 000} = 35.7\%$$

$$\text{网上商店：}\quad \frac{\$150\ 000}{\$440\ 000} = 34.1\%$$

净利率 因为两家商店的毛利率和经营费用占净销售额比率相当，所以网上商店的预计净利率要略高于实体店。

$$\frac{\text{净利润}}{\text{净销售额}} = \text{净利率}$$

$$\text{实体店：}\quad \frac{\$59\ 800}{\$700\ 000} = 8.5\%$$

图表 6-9

Gifts To Go 实体店和拟建网上商店的资产负债表信息

资产负债表信息	Gifts To Go 实体店	Giftstogo.com（计划）	两者结合后
应收账款	$140 000	$120 000	$260 000
商品存货	175 000	70 000	245 000
现　金	35 000	11 000	46 000
总流动资产	350 000	201 000	551 000
固定资产	30 000	10 000	40 000
总资产	380 000	211 000	591 000
存货周转率	2.0	3.1	2.3
资产周转率	1.84	2.09	1.93
资产收益率	15.7%	21.6%	17.8%

网上商店：$\frac{\$45\ 500}{\$440\ 000} = 10.3\%$

资产周转率管理方式　现在让我们通过图表 6-9 显示的 Gifts To Go 实体店和网上商店的资产负债表信息，从资产周转率管理的角度对这两家商店进行对比。

应收账款　与实体店一样，Gifts_To_Go.com 网上商店也有应收账款，因为许多顾客是用信用卡支付的。网上商店以信用卡支付的比率高于实体店，所以凯莉预计网上商店的应收账款要更高。

实　例

杂货店的平均存货周转率是 12.7%，五金店是 3.4%。[10]

存货周转率　凯莉预计 Gifts_To_Go.com 的存货周转率比 Gifts To Go 公司快，因为它的存货都集中在一个配送中心，销售量庞大；而 Gifts To Go 的存货则在各自的几个商店中，销售量相对较小。

$$\frac{\text{销货成本}}{\text{平均存货}} = \text{存货周转率}$$

实体店：$\frac{\$350\ 000}{\$175\ 000} = 2.0$

网上商店：$\frac{\$220\ 000}{\$70\ \ 000} = 3.1$

固定资产　Gifts To Go 公司租用场地，因此它的固定资产包括固定设施、照明以及店内其他租赁物和设备，如销售点终端设施。凯莉还投资了一些其他资产，使其店面更加美观愉悦。而网上商店则是通过设立网站将订单处理外包，无须租赁店面。因此它的固定资产只有网站和订单处理计算机系统。

资产周转率　同预期的一样，Gifts_To_Go.com 的资产周转率要比 Gifts To Go 公司高，因为前者的存货周转率比后者高，而其他资产则较低。

$$\frac{\text{净销售额}}{\text{总资产}} = \text{资产周转率}$$

实体店：$\frac{\$700\ 000}{\$380\ 000} = 1.84$

$$网上商店：\frac{\$440\ 000}{\$211\ \ 000}=2.09$$

资产收益率 因为凯莉预计网上商店的净利率和资产周转率比实体店公司都要高，因此网上商店的资产收益率（ROA）要更高。所以从战略利润模型角度来分析，就其财务分析结果看，网上商店将成为一个非常可行的增长机遇。

	净利率	×	资产周转率	= 资产收益率
实体店：	8.54	×	1.84	= 15.7%
网上商店：	10.3	×	2.09	= 21.3%

利用战略利润模型分析其他决策

战略利润模型对零售商很有用，因为它结合了两个领域的决策——利润率管理和资产周转率管理。管理人员可以利用战略利润模型来考察两者之间的内在联系。例如，凯莉可能会考虑增加计算机存储控制系统上的投入，以便更好地做出决策，比如订购何种商品，何时订购，什么时候对销售情况不好的商品降价。

如果她购买了这种系统，她的销售额就会增加，因为销量好的商品比率会增加，缺货现象会减少。然而，她的销货成本会增加，但不是成比例地增加，因为通过打折促进销售的现象会减少。

从资产周转率管理的角度看，购买计算机系统会增加她的固定资本，但同时存货周转率也会提高，存货资产会减少，因为她可以更有效率地采购。这样资产周转率就很可能提高，因为销售额增长的幅度大大高于总资产增长的幅度。事实上，如果购买存货系统增加的成本低于没有这种系统的情况下相对较大的存货量带来的成本时，总资产实际上是减少了。

确立和衡量绩效目标

确立绩效目标是任何公司战略计划过程的必要组成部分。在没有具体绩效目标作为参照的情况下，零售商拿什么来与实际的绩效做对比，评估目前的绩效是好是坏呢？绩效目标应包括以下内容：（1）期望的绩效目标的一系列指数，方便将实际过程与之进行对比；（2）达到目标的时间表；（3）达到目标所需的资源。例如，“获得合理利润”不是一个好目标，它没有提供一个可以用于评估绩效的具体目标。什么样的利润是“合理”的呢？你想在什么时候实现这个利润目标呢？一个更好的目标是这样的：在 2007 年，从对存货和建筑物价值 500 000 美元的投资中获得 100 000 美元的利润。

自上而下和自下而上的流程

在为一个大型零售公司确立绩效目标时，需要将自上而下和自下而上两种计划方式结合起来。

自上而下计划（top-down planning）指公司上层制订计划并贯彻到经营的每一层。在一个零售公司中，自上而下计划包括管理层制定整体零售战略，并对总体经济、竞争和消费趋势做出评估。以这些信息为导向，他们为公司制定出绩效目标。这个总体的绩效目标将分解成更加具体的绩效目标，分别针对不同的采购人员、不同商品类别、不同地区、不同商店，以及同一商店的不同部门和部门间的不同销售人员。

总体战略决定了商品的种类、分类、产品可获得性以及商店规模、店址和顾客服务水平。然后负责商品的副总裁会确定哪种商品的销售预期会增长，哪种会持平，哪种会萎缩。下一层次的绩效目标为每一个采购人员和商品经理定制。第 12 和第 13 章会讨论这一过程。

同样，区域商店副总裁将公司的绩效目标转化为每个地区经理的目标，接着地区经理和各商店经理一起确定商店的目标。接着，这一过程细化到各商店的部门经理和销售助理个人。确定各商店销售助理目标的过程在第 17 章进行了探讨。

这种自上而下计划由**自下而上计划**（bottom-up planning）来补充。这种自下而上计划方式是公司基层人员制定绩效目标，所有这些目标综合起来形成公司的整体目标。采购人员与商店经理都在预期他们所能获得的利润，而他们的预期会传递给公司高层的决策者。

自上而下和自下而上传递的目标经常会不一致。例如，一个商店经理可能无法在他所在的地区取得 10%的销售增长，因为该地区的一个主要公司宣布计划裁员 2 000 人。这些自上而下和自下而上计划之间的差异，必须通过公司高层管理者和经营管理人员之间的协商来解决处理。如果没有让经营管理人员参与目标的制定过程，他们就不会接受该目标，因而也就没有完成该目标的积极性。

职　责

在零售公司的每个层次，业务单位及其经理应该只对其可控制的收入、费用和影响资产收益率的因素承担责任。因此，不能武断地认为影响公司各层次的费用（如运营公司总部产生的劳务和资本费用）应该由基层来负责。例如，就商店来说，它应该基于销售额、销售人员的生产率及由员工与外人盗窃以及能源成本造成的商店库存萎缩来制定绩效目标。如果采购员降价甩卖商品从而减少了利润，那么以商店利润下降这点来评价商店经理的绩效是不合理的。

绩效目标和衡量方法仅用于指出问题的范围。绩效为什么高于或低于计划水平的原因需要进一步考察。可能是制定目标的管理人员并不擅长预测。如果是这样，他们需要进行预测方面的培训。而且，为得到更多的存货预算以获得更多奖金，采购人员会错误地呈现该业务单位在公司财务绩效中的重要性。在以上两种情况下，资金分配都会出现问题。

实际绩效会与计划不同，那是因为有些情况是管理者无法控制的。如可能发生经济衰退。如果这次经济衰退未被预测到，或者比预期的更严重或持续的时间更长，就会产生几个相关问题：计划能否尽快得到调整？定价和促销策略能否尽快而且正确地得到调整？简言之，管理人员是否能对不利形势做出反应，或这些反应是否会使形势恶化？

绩效目标和衡量方法

许多因素都会影响零售商的总体绩效，因此很难用单一的方法来评估绩效。例如，销售额是一个全球通用的评估绩效的方法。但是商店经理只要降价就能很容易地提高销售额，只不过该商品的利润（毛利）就受损了。显然，过分重视某种指标必将降低另一种指标。因此管理者必须清楚他们的决策会对各种绩效评估指标产生何种影响，仅仅采用一种方法来衡量绩效是不明智的，因为它不能反映公司的整体情况。

实 例

女性服装零售专卖店的人均年销售额是 89 169 美元，家居装修中心是 181 833 美元，目录零售商为 361 795 美元。[11]

用于评估零售业务的衡量方法应依赖于：（1）决策是由哪个层级做出的；（2）管理者可控制的资源。例如，商店经理所能控制的资源主要包括场地和运营费用支出（如销售人员的工资、照明和取暖支出）。因此，商店经理关注每平方英尺的销售额和员工成本等绩效衡量方法。

衡量方法种类

图表 6–10 将各种零售商的绩效衡量方法分为三种：产出衡量法、投入衡量法和生产率衡量法。**投入衡量法**（input measure）评估零售商为取得产出如销售额而投入的资源或资本数量。**产出衡量法**（output measure）评估零售商投资决策的结果。例如，销售收入是决策者决定建立多少商店，保持多少存货，投入多少广告费而产生的结果。**生产率衡量法**（productivity measure）即产出和投入的比例，它

图表 6–10 零售商使用的绩效目标和衡量方法

公司层级	产 出	投 入	生产率（产出/投入）
公司（衡量整个公司）	净销售额	店面面积（平方英尺）	资产收益率
	净利润	员工数量	资产周转率
	销售额、利润和同店销售额的增长	存货	人均销售额
		广告支出	每英尺销额
商品管理（衡量商品种类）	净销售额	存货水平	投资回报毛利率（GMROI）
	毛利率	降价	存货周转率
	销售额增长	广告费用	广告支出占销售额的比例*
		商品成本	减价额占销售额的比例*
店面运营（衡量店面或店内部门）	净销售额	销售面积（平方英尺）	每平方英尺净销售额
	毛利率	一般管理费用	每人或每小时净销售额
	销售额增长	销售人员数量	一般管理费用占销售额比例*
			存货萎缩*

* 这些生产率衡量方法通常表示为投入和产出的比例：投入/产出。

决定了零售商使用资源的有效性——通过投资所得到的回报。

一般而言，因为生产率是产出和投入的比率，所以可以用于比较不同业务单位的绩效。假设凯莉·布拉德福德公司的两家商店规模不同：一家占地 5 000 平方英尺，另一家占地 10 000 平方英尺。仅用产出或投入指标是无法比较两家商店的绩效的，因为较大的商店可能有更高的销售额，但需要的费用也更高。但如果较大的商店每平方英尺的净销售额是 210 美元，而较小的商店每平方英尺的净销售额是 350 美元，那么较大商店每平方英尺的生产率更低，凯莉就会知道较小商店的经营更有效，尽管其销售额较低。

公司绩效 从公司的层面看，零售经理可以通过控制 3 种关键资源（投入）——存货、场地和员工——创造销售额和利润（产出）。因此，衡量这些资产是否得到有效利用的生产率指标是：资产周转率、存货周转率、每平方英尺销售面积的销售额以及每位员工的销售额。

我们前面已经讨论过，资产收益率（ROA）是用来衡量整体生产效率的，它综合考虑利润率管理方式和资产周转率管理方式。另一种通常使用衡量整体绩效的方法是**单店销售额增长率**（same store sales growth），或者衡量那些开业时间超过一年的商店销售额。单店销售增长是评估销售增长的首要因素，因此，它是衡量零售商的核心商业理念成功与否的重要指标。单店销售额下降表明零售商的基本商业运作方式并未被顾客接受，即便是总销售额增加了，也是因为零售商开设了更多新店。

商品管理衡量法 采购经理控制的一个关键资源（投入）是商品存货。采购经理同样有权设定价格水平，并在商品销售情况不好的情况下降价。此外，他们可以和供应商协商确定商品的采购价格。

存货周转率是存货管理方式下衡量生产率的一种方法，周转率高表示存货管理生产率也高。毛利率显示采购经理在与供应商协商、采购商品到最后获利过程中的表现。打折（减价）比例也是衡量采购决策好坏的一个标准。如果减价很多，说明采购经理选择的商品不合适，或者是购买的数量太多以至它们不能以初始零售价格售出。应该注意，毛利率和折扣率是生产率衡量标准，但它们是用投入和产出的比率表示的，其他一般的生产率衡量指数都是用产出和投入的比率表示的。

实 例

从 1995~2002 年，整个零售业劳动生产率的年均增长率是 3.8%，比美国所有行业的增长率高出 50%。[12]

商店运营衡量法 商店经理能控制的重要资产是场地的使用和员工管理。所以，衡量商店运营的生产率就应该考察每平方英尺销售面积的销售额和每个员工的销售额（或者是每个员工每小时的销售额，因为部分员工是兼职）。商店管理还包括控制员工盗窃和顾客行窃（涉及库存萎缩），维护店面，减少能源成本（如照明、取暖和空调）。因此，存货萎缩和能源成本与销售额的比率也可用来衡量商店经理的绩效。零售视野 6.4 描述自助收银台如何提高劳动生产率。

评估绩效：标杆的作用

我们已经讨论过，用财务指标评估零售商的绩效，反映的是零售商的市场战略。例如，与联邦百货公司相比，好事多定位的是对价格更加敏感的细分市场，因此它的毛利率就比较低。但它的资产收益率还不错，因为它的利润率高。换句话说，衡量一个零售商的绩效不能简单孤立地看每个指标，因为它们都受零售战略的影响。为了更好地衡量零售商绩效，就需要将它与某个标杆做对比。经常使用的两种标杆是：（1）零售商过去的绩效；（2）与其他竞争者的绩效比较。

实 例

超市每平方英尺的平均年销售额是 451 美元，平均每个工作时的年销售额是 79.77 美元。[13]

同以往绩效对比 评价零售商绩效的一个有效方法就是将目前的绩效与其过去几个月、几个季度或者几年的绩效做比较。图表 6–11 显示联邦百货和好事多过去 3 年内的绩效比较。

好事多公司 2003 年的财务绩效下降了一点，而联邦百货则上升了。但是，两个零售商的毛利率和税前净利率都提高了。好事多的存货周转率、每平方英尺销售额和每位员工的销售额都提高了。而联邦百货公司的存货周转率虽然提高了，但每平方英尺销售额和每位员工的销售额并未得到改善。两者的单店销售额增长

6.4 零售视野 自助收银台提高劳动生产率

超市、家居中心和全线折扣店都在利用技术降低它们最大的开支之一：劳动力。最为广泛使用的技术之一就是自助收银系统，这一技术使顾客能自己扫描商品，自己结账，无须收银员的参与。商店一般会让一个员工照看四台自助收银机。顾客觉得这种方式比传统的方式更快捷方便，尤其在商品物件较少的时候。

尽管自助收银减少了商店所需收银员，却又似乎可能引发偷窃行为。但零售商发现，在使用了自助收银之后，存货萎缩没有发生变化，或者是小幅度下降。这种下降或许是由于顾客自己结账时都很仔细认真，因而避免了收银员在繁忙时可能犯的错误。另外，存货萎缩下降也可能是由于“弹性”交易的下降，即收银员出于“好心”而将朋友的商品扫描价格低的条形码，或者有些商品根本就不扫描。

下一代的自助收银技术将更大程度地增加顾客的方便度，并降低偷窃发生的可能性。使用射频识别技术(RFID)，装在每件商品中的电子芯片会传递识别每种商品及其价格的信号。顾客只需把选购的商品堆在购物车里，轻轻走过一个“阅读器”，这个“阅读器”就会计算出所有商品的价格总和，甚至能通过阅读钥匙扣或者银行卡的芯片，自动将购物金额从银行账户中扣除。

家得宝在店内应用了自助收银系统，有利于改善顾客服务、提高劳动生产率和降低劳动成本。

资料来源：Lauren Webber, “Retailers Save by Reducing Floor Staff with Automation,” *Knight Ridder Tribune Business News*, January 24, 2005, p. l; Mandy Jackson, “Retailers Are Checking into Money-Saving Machinery,” *San Diego Business Journal*, July 26, 2004, p. l.

实 例

到 2007 年，预计 680 000 个超市结账通道中的 15% 及 505 000 个全线折扣店结账通道的 10%都将使用自助收银系统。[14]

图表 6–11　联邦百货和好事多过去 3 年内的绩效比较

	联邦百货公司			好事多公司		
	2004	2003	2002	2004	2003	2002
毛利率	40.5%	40.4%	40.0%	12.5%	12.5%	12.3%
运营费用占销售费比率	31.6%	31.6%	31.3%	9.6%	9.8%	9.4%
税前利润率	7.1%	7.1%	6.8%	2.9%	2.7%	2.9%
税后利润率	4.4%	4.5%	4.1%	1.8%	1.7%	1.8%
资产周转率	1.05	1.05	1.07	3.19	3.23	3.34
资产收益率	4.6%	4.8%	4.4%	5.8%	5.5%	6.0%
每平方英尺销售额	$188	$182	$185	$826	$771	$751
存货周转率	2.98	2.83	2.76	11.55	11.15	10.87
人均销售额	$139 553	$137 513	$136 593	$436 277	$413 763	$395 567
竞争者店面销售额增长率	2.6%	–0.9%	–3.0%	6.0%	5.0%	10.0%

资料来源：Used by permission of Federated Stores and Costco Wholesale Corporation. Annual reports for the calendar years.

率差异显著。好事多的单店销售额增长率在 3 年内大幅提高了，而联邦百货却下降了。因此，联邦百货公司在过去几年中提高了一些重要的生产率衡量指标，但消费者到百货商店购物的兴趣下降了，其他的百货商场零售商也面临同样的情况。

同竞争者绩效对比　评估零售商绩效的第二种办法，就是将其与竞争者进行比较。图表 6–12 将联邦百货公司和国内其他百货连锁商店的绩效进行了对比。

联邦百货公司的毛利率最高，但由于它的运营费用和利息支付都比较多，所以净利率比诺世通和柯尔都低。就资产周转率和存货周转率而言，联邦百货的绩效不如其他的连锁百货商店，因此它的资产收益率比其他连锁百货商店都低。柯尔和诺世通的场地和劳动生产率最高，但柯尔、五月百货以及迪拉百货都面临的一个问题就是单店销售额增长率不高。

图表 6–12　联邦百货公司和国内其他连锁百货商店绩效对比

	联邦百货	J.C.彭尼	五月百货	迪拉百货	诺世通	柯尔百货
净销售额（百万美元）	15.630	18 424	14 441	7 528	7 131	11 700
毛利率	40.52%	38.75%	29.28%	37.17%	36.07%	35.16%
净利率	4.41%	2.84%	3.63%	1.56%	5.52%	6.24%
资产周转率	1.05	1.30	0.95	1.32	1.55	1.47
资产收益率	4.63%	3.71%	3.46%	2.07%	8.53%	9.15%
存货周转率	2.98	3.56	3.30	2.90	4.97	3.90
人均销售额	140	122	206	140	143	585
每平方英尺销售额（销售面积的平方英尺数）	186	150	165	136	327	255
单店销售额增长率变化	2.6	5.0	–2.4	–1.0	4.3	0.3

资料来源：2005 Annual Reports.

小结

本章解释了零售财务战略的一些基本因素，并考察了零售战略对公司财务绩效的影响。我们运用战略利润模型作为了解各种财务比率和零售战略之间复杂的内在联系的工具，并发现不同类型的零售商具有不同的财务经营特点。具体来说，像联邦百货这样的连锁百货商店一般有较高的利润率和较低的周转率（与好事多这样的仓储会员店相对而言）。然而，当把利润率和周转率合并成资产收益率的时候，我们会发现它们可能取得相似的绩效。

我们还描述了一些用来评估零售公司不同方面财务绩效的指标。虽然战略利润模型中的资产收益率是评估零售经营管理者绩效的正确方法，但是其他方法对于特别的业务会更准确。例如，存货周转率和毛利率对采购员更准确，而商店经理应关注每平方英尺或每个员工的销售额或毛利率。

关键术语

资产收益率
战略利润模型
净利润率
资产周转率
净销售额
推销津贴
毛利率
运营费用
净利润
资产
流动资产
应收账款
存货周转率
固定资产
自上而下计划
自下而上计划
投入衡量方法
产出衡量方法
生产率衡量方法
单店销售额增长率

小试身手

1. **连续案例研究** 评价一个你已经选定用做课后案例研究的零售商的财务绩效，并选择一个经营类似商品但目标市场不同的店面，将两者的财务绩效进行对比。如果你选的案例研究中的零售商有高利润率、低周转率，那么将它与低利润率、高周转率的店面进行对比。你可以从公司网页的“投资者关系”或者是 www.sec.gov 的 Edgar 文件中最新年度报告中得到这些信息。从市场营销的角度解释两个商店在毛利率、运营费用与销售额比率、净利率、存货周转率、资产周转率、每平方英尺销售额及人均销售额方面的不同。评价哪个商店的整体财务绩效更好一些。
2. **网上练习** 在网上搜集联邦百货和好事多最新的年度报告，用找到的财务信息更新净利润率管理模型和资产周转率管理模型中的数据。它们的财务绩效有没有重大的变化？为何两个零售商的关键财务比率如此不同？
3. **购物** 去一家你最喜欢的商店，并采访它的经理。分析这一零售商是如何确立其绩效目标的。将其程序与本书中给出的相关程序对比并评价。
4. **网上练习** 找到网站学生用书板块中的战略利润模型(SPM)。战略利润模型的指导教程是专门设计用来提供更新的产生资产收益率的基本财务数据，并指导你完成每一步骤。这里还有“计算页面”，用来计算所有的比率。你可以把公司资产负债表和损益表中的数据输进去，得到用最新财务数据算出的财务结果。你也可以获得 Excel 格式的战略利润模型计算表。计算页面得出的结果或 Excel 表可用在案例 9 中：百思买和 Radio Shack：战略利润模型对比。

讨论题

1. 为什么零售商需要使用多种绩效衡量方法来评估公司绩效？
2. 描述一个综合商店零售商如何制定每年的绩效目标。
3. 采购员的绩效经常通过他们的毛利率来衡量。为什么毛利率比净利率更合适呢？
4. 战略利润模型如何帮助零售商计划和评价其营销与财务战略？
5. 内曼·马库斯（一家服务水平很高的连锁百货商店）和沃尔玛以不同的顾客细分市场为目标，你预计哪一家应该有更高的资产周转率和净利润率？为什么？
6. 如果零售商决定开设 10 家新店，战略利润模型中的哪些因素会受影响？
7. 将 Gifts To Go 专卖店与其他两家干洗店的战略利润模型做比较，你会发现什么不同？
8. 运用摘自劳氏 2005 年年度报告中的信息计算资产周转率、净利润率和资产收益率（单位：百万美元）。

净销售额	\$36 464
总资产	\$21 209
净利润	\$ 2 176

9. 运用以下摘自 Urban Outfitters 公司 2005 年资产负债表和 2005 年损益表的信息建立一个战略利润模型（单位：千美元）。你可以使用网站学生用书板块的 Excel 表格计算战略利润模型（SPM）。

净销售额	\$827 750
销货成本	489 000
经营费用	198 384
利息支出	0
存　货	98 996
应收账款	8 364
其他流动资产	171 508
固定资产	271 776

推荐读物

Athanassopoulos, Antreas. "Strategic Groups, Frontier Benchmarking and Performance Differences: Evidence from the UK Retail Grocery Industry," *Journal of Management Studies* 40 (June 2003), pp. 921–54.

Brealey, Richard; Stewart C. Myers; and Franklin Allen. *Principles of Corporate Finance*, 8th ed. New York: McGraw-Hill, 2006.

Brewer, Peter; Ray Garrison; and Eric Noreen. *Introduction to Managerial Accounting* 2nd ed. New York; McGraw-Hill, 2005.

Castellano, Joseph; Saul Young; and Harper Roehm. "The Seven Fatal Flaws of Performance Measurement," *The CPA Journal* 74 (June 2004), pp. 32–36.

Dawson, John, and Roy Larke. "Japanese Retailing through the 1990s: Retailer Performance in a Decade of Slow Growth," *British Journal of Management* 15 (March 2004), pp. 73–95.

Devan, Janamitra; Anna Kristina Millan; and Pranav Shirke. "Balancing Short- and Long-Term Performance," *McKinsey Quarterly* 1 (2005), pp. 31–35.

Finn, Adam. "A Reassessment of the Dimensionality of Retail Performance," *Journal of Retailing & Consumer Services* 11 (July 2004), pp. 235–46.

Ittner, Christopher, and David Larcker. "Coming Up Short on Nonfinancial Performance Measurement," *Harvard Business Review*, November 2003, pp. 88–90.

Ratchford, Brian. "Has the Productivity of Retail Food Stores Really Declined?" *Journal of Retailing* 79 (Fall 2003), pp. 171–92.

Scheumann, Jon. "Defining Productivity," *Cost Management Update*, no. 126 (April 2002) p. 1.

Successful Retail Business. Irvine, CA: Entrepreneur Press, 2003.

Swamy, Ramesh. "Strategic Performance Measurement in the New Millennium," *CMA Management* 76, no. 3 (May 2002), pp. 44–47.

第 7 章

零售店址

管理人员简介

迈克尔·艾伦　Stein Mart 公司房地产副总裁

Stein Mart 公司以比低价零售连锁商店更具竞争力的价格供应商品和服务，并提供更好的传统百货商店/专卖店的推介。我们的女士精品店以提供流行季的时尚休闲装、职业装和晚礼服为特色，我们还提供各种尺寸的女士运动装及贴身服饰。

在我们的男士商店，顾客可以找到奢华的纤维运动衣，由著名的卡其布设计师设计的经典卡其布制服、衬衫以及印有高尔夫球赛获奖者名字的高尔夫运动装。在家居商店里，从普通家用器皿和法国水晶饰品到埃及棉毛巾和鹅绒枕的商品一应俱全。我们的顾客说："当我需要结婚礼物、送给女主人的礼物、送给新生儿的礼物或生日礼物时，我只需顺路来到 Stein Mart，因为我知道在这里总能找到一些美妙特别的东西。"

我们在哥伦比亚特区和从加州到佛罗里达到纽约的 30 个州有 250 多家商店，而且每年新增加大约 20 家商店。Stein Mart 的顾客具有极高的品味，所以我们喜欢家庭平均收入最高/家庭平均人口最多的街区附近的店址。在任何适当大小的 MSA，最好有 30 万或更多的人口，我们可以在其附近找到零售额很高（10 亿美元以上）的富人居住区。

我们最好的店址是在富人居住区市场附近的上层购物中心。在相邻的购物中心，我们以服务型超市为主导，经营状况很好。然而，我们也在考虑家居/社区购物中心及地区性购物中心。高端超市、书店、塔吉特百货商店、百视达、运动用品商店、药店和较好的餐馆对我们来说是很好的合租者。

我负责评价新店址的机会和协商我们选定房地产的租赁事宜。从法学院毕业后，我为一家房地产开发公司工作了 12 年，然后开始在 Stein Mart 从事现在的工作。每年我都要评价来自房地产经纪人和开发商的数百条建议。我的许多时间都耗费在协商租赁条款上面。零售房地产租赁需要处理从租赁费和保险费到承租人组合，以及在重建时去除潜在的石棉等一系列问题。要制定对我们和开发商都有利的条款是很具挑战性的。

问　题

- 零售商可供选择的店址有哪些类型？
- 每种类型的店址有哪些相对优势？
- 为什么一些店址特别适合某些特定的零售战略？
- 哪些类型的店址越来越受零售商欢迎？

“什么是从事零售业最重要的三件事？”对这个问题最常提到的答案是“店址，店址，店址。”为什么选择店址对一个零售商而言是如此重要的决策？首先，店址是一个顾客在选择商店时最先考虑的因素。例如，在你准备找地方洗车时，往往会选择离你家或单位最近的地方。类似地，大多数顾客在离他们最近的超市购物。第二，选址决策具有战略重要性，因为店址可用来建立可持续竞争优势。如果一个零售商占有最好的店址，即该店址对顾客最具吸引力，则竞争对手们不易模仿该优势，而只能被迫占有次佳的店址。第三，店址决策是有风险的。一般来说，当零售商选择一处店址时，他们必须要么进行一大笔投资购买和开发不动产，要么从开发商那里长期租赁。对全国性连锁店来说，签订为期 7~10 年的租赁合同并不少见。

正如你所见，在美国有很多种类的店址可供零售商选择，从翻修的历史建筑（如波士顿的法纳尔大厅）到封闭的复合商城。然而，店址决策在西欧和亚洲有较多的限制。这些地区的人口密度较高，有更多人口居住在城市并在城市购物。所以，零售业可获得的空间较少而且非常昂贵。此外，许多西欧国家限制在特定地区从事零售业，而且限制零售商店的规模大小。

实　例

在 2005 年，美国每个人在购物中心的零售空间从 1980 年的 11 平方英尺增加到 20 平方英尺。第二高的国家是瑞典，公民人均零售空间是 3.1 平方英尺。[1]

在本章第一节，我们讨论可供零售商选择的店址类型及其相对优势。然后我们考察店址决策如何与零售商的战略相契合。例如，7-Eleven 便利店的最佳店址并不是诸如劳氏家居中心这样的专业商店的最佳店址。下一章我们讨论在要设立商店的国家选择区域时会涉及的问题，以及怎样评价特定店址并协商租赁事宜。

店址类型

可供零售商选择的店址多种多样，每种类型的店址又各自有其优势和劣势。有三种基本类型的店址可供零售商选择：独立店址、市镇商业区和购物中心。零售商也可将店址设立在诸如飞机场或另外一家商店内部等非传统地点。

选择一个特定类型的店址涉及评估一系列的权衡。这些权衡一般涉及商圈的规模、店面费用，与店址相关联的步行以及乘坐交通工具的顾客流量，资产管理者对商店经营的限制，以及店址对顾客来说是否方便等。**商圈**（trade area）是包含大多数顾客会光顾的特定零售点的地理区域。

以下部分描述每种类型的店址的特点，图表 7–1 是对这些特点的总结。前两种类型的店址是零售商店占据的无规划区，其余是有规划有管理的购物中心开发区。

无规划零售店址

一些零售商将商店设立在无规划区，这里没有集中化的管理来决定特定商店应该设在什么地点，以及商店应该怎样经营。独立店址和市镇店址是两种无规划店址。

图表 7–1 店址类型

	规模（千平方英尺）	商圈（英里）	每年店面费（每平方英尺：美元）	购物方便性	行人交通量	车流量	经营限制	典型租赁者
无规划区								
独立店址	不定	3~7	15~30	高	小	大	限制	便利店、药店、品类专卖店
城市店址/中心商业区	不定	不定	8~20	低	大	小	中度限制	专卖店
购物中心								
邻里和社区购物中心	30~350	3~7	8~20	高	小	大	中度	超市、折扣商店
实力购物中心	250~600	5~10	10~20	中	中	中	限制	品类专卖店
封闭复合商城	400~1000+	5~25	10~70	低	大	小	高度限制	百货商店、服饰专业店
生活购物中心	150~500	5~15	15~35	中	中	中	中高度	服饰专卖店、家庭用品商店、餐馆
时尚/专卖购物中心	80~250	5~15	10~70	中	大	低	高	高端时尚专卖店
品牌处理购物中心	50~400	25~75	8~15	低	大	大	限制	低价零售店、厂家经销店
主题/节日购物中心	80~250	N/A	20~70	低	大	小	最高	专卖店、餐馆

资料来源：Personal communications with industry executives.

西尔斯的一些商店位于独立建筑里，远离复合商城，以便为顾客提供停车及便利设施。

独立店址

独立店址(freestanding site) 是单个、独立、与其他零售商不相连接的零售店址。然而，它们可能离其他独立零售商或购物中心很近。如果是电子商亭的话，可能就在一栋办公大楼或者购物中心里。独立店址的优势在于：对顾客来说很方便（容易进入，停车方便)；车流量大，可视性高，易吸引路过顾客；店面费不高；远离直接竞争；对于商店标志、营业时间及商品限制较少，而购物中心就常受到这些限制。但是独立店址只有有限的商圈，因为没有其他邻近的商店来吸引那些喜欢在一次购物过程中光顾许多家店的顾客。此外，独立店址的店面费比沿街购物中心的要高。因为它们不能和其他零售商共同承担外部照明费用、停车场维护费用及垃圾收集费用。最后，独立店址一般位于行人流量较小的地区，这就限制了可能步行顺路光顾的顾客的数量。

尽管大多数美国零售商将商店设立在购物中心内，但由于独立店址能给顾客提供很多方便，因此越来越受欢迎。例如，在柯尔的独立店址成功后，J.C.彭尼和西尔斯也开设了远离复合商城的商店。[2]三家主要的药店连锁将其重点转移至独立店址，因为他们想要在药店建立驾车购药窗口，而且想要更多的地面空间以便在商店门前为顾客提供便利商品。沃尔格林离开了沿街购物中心移至独立店址，结果顾客比在沿街购物中心时增加了 10%，收入增加 30%。[3]

电子商亭 **电子商亭**（merchandise kiosk）一般指在封闭的复合商城、飞机场、火车站或办公大楼大厅通道里的小型临时销售点。这些电子商亭通常占地 40~500 平方英尺。它们一般租期较短且是季节性经营。例如，詹姆斯和玛丽莲·雷恩斯在三家复合商城开设了叫做 Ornaments Galore 的店面。他们的小店出售穿着白色海军服及其他服务制服的泰迪熊。摇摆在红丝带之间上过釉的泰迪熊和其他圣诞树装饰品可以用家人或朋友的名字来命名使其人物化，价钱每件介于 7.99~11.99 美元之间。他们从 11 月 1 日开始营业，到 12 月的最后一天停业。[4]

电子商亭为开发商提供了一个机会，即利用未使用空间和为顾客提供附加服务来创造收入。

对于复合商城的经营者来说，电子商亭是他们利用闲置空间获取租金收入的机会，而且可以给顾客提供各种各样的商品。它们也可以刺激顾客的购买欲，使整个商城的销售额增加。例如，在新泽西州伍德布里奇市（Woodbridge）的伍德布里奇中心通常有数家电子商亭出售少数族裔商品，如非洲和美洲土著人制作的艺术品和衣物。

复合商城的经营者对他们的定期承租人的需要非常敏感。在规划电子商亭位置时，他们会小心地避免：挡住其他商店的门面，造成一种不和谐的形象，或者通过出售相似商品对长期承租人构成直接竞争。

办公楼的管理者将电子商亭看作在大楼里工作的人提供服务的地方。所以，办公楼大厅里的电子商亭常出售报纸、鲜花或零食。

市镇店址

大多数零售商随着美国家庭从市内搬到郊区。然而，一些零售商发现，城市店址特别是重新开发的商业区和周围城市区域的店址更具吸引力。许多市区正在进行改造提升——在衰败的地区装修和重建办公室、房屋和零售公司。与此同时，更多富裕的人涌入这些地区，他们往往挤走了较早迁移而来但较贫穷的居民。年轻的专业人士和退休的空巢老人正在迁入这些地区，以享受这里离他们住所很近的方便的购物、餐饮和娱乐生活。城市往往有巨大的诱惑吸引零售商将店址设在改造过的地区或其他市区。这些零售商不仅给这些地方带来人们需要的商品和服务，他们还提供就业。零售视野 7.1 讲述“魔术师”约翰逊怎样将零售业带进内城区。

总的说来，城市店址店面费低，而且在中心商业区的店址行人流量大。但是，由于市内交通堵塞，车流量是有限的，而且停车问题也给顾客带来不便。不像独立店址，市镇店址的商店标识和经营都要受到限制。

7.1 零售视野 “魔术师”约翰逊将零售业带到内城区

在 NBA 无与伦比的 13 年里，“魔术师”约翰逊创造了许多记录，他以不可思议的妙传和紧要关头的跳投迷倒了无数球迷。他带领洛杉矶湖人队获得了 5 次总冠军。在 1991 年他向世界宣布感染了艾滋病毒（HIV）后，许多人认为他会淡出公众生活。然而，对约翰逊来说，篮球只是个开始。“人们认为我会离开，”他说，“但是我从未打算去任何地方。”

确实，他将自己的运动带到了一个不同的赛场上。在这个赛场上，困难更多，挑战更大。他的新职业从 Loews Cineplex 娱乐公司，即原来的索尼零售娱乐公司的一个相对普通的合伙人开始。经过市场调研，“魔术师”和他的合伙人认识到全国电影观众的大约 32%~35%是少数族裔，但在少数族裔聚居的地区电影院很少，他们必须驾车 30~40 分钟才能到电影院看电影。因此，在全国各城市居民区建电影院是个好主意。

建了影院之后，下一步就是找出一些互为补充的商业机会。他们找到了休闲餐厅，休闲餐厅以相似的人口分布和市场条件为目标。因为无论是特许权持有者，主管公司或者小餐馆都不愿去城区开店。“魔术师”及其合伙人的顾客跑来说他们喜爱电影院，但是要想找点吃的东西他们得绕城一周。所以，约翰逊马上就与星巴克和 TGI Fridays 合作。目前，他正在全国范围内的美籍非裔居住区开发购物中心和复合商城。

从篮球场上消失后，“魔术师”约翰逊变成了市区零售开发的领军人物。

资料来源：Roger Vincent, “More Real Estate Investors Believe in Magic in Inner City,” *Los Angeles Times*, March 23, 2005, p.C1; “Magic Johnson,” *Jet* 101, no.3（January 7, 2002）, pp.54–59.

实 例

最昂贵的零售店址是纽约市的第五大道，每年每平方英尺的租金达 950 美元；而在中国香港的铜锣湾，每平方英尺是 569 美元；巴黎的香榭丽舍大街是每平方英尺 569 美元。[5]

中心商业区 **中心商业区**（central business district，CBD）指一个城市或城镇的传统商业区。商业区的日常活动吸引了许多人在上班时间来到这个区域，并在这里找工作。中心商业区同时也是公共交通的枢纽，行人流量很大。最终，许多人居住在这里。

但是在美国，CBD 店址多年来逐渐不受零售商和顾客的欢迎。CBD 店址让零售商忧虑的是其较高的安全要求，特别普遍的偷窃现象及停车常受限制等。停车问题及驾驶时间打消了许多来自郊区的购物者光顾CBD 商店的兴趣。在晚上和周末来中心商业区购物也特别慢。最后，不像购物中心，CBD 往往缺乏规划。一个街区可能有大规模的精品店，然而，另一个街区都是低收入家庭，这意味着顾客在购物途中没有感兴趣的商店可光顾。

实 例

在巴黎的香榭丽舍大街，盖普 19 000 万平方英尺的旗舰店每年耗费 1 000 万美元。[6]

次级中心商业区 另外一种市镇店址的选择是**次级中心商业区**（Main Street），是指位于小城镇的传统购物区或者位于郊区或较大城市中的次级中心商业区。通常这些区域的街道已被改造成人行道。它们代表了城市从郊区吸引人群，振兴商业区将其作为购物娱乐目的地的努力。

次级中心商业区与首要中心商业区的特点大体相同，但它们的店面成本一般要比首要中心商业区低。它们不能吸引到像首要中心商业区那么多的顾客，因为在该地区工作的人较少，较少的商店一般意味着较少的选择余地。此外，次级中心商业区一般不会提供像成功的首要中心商业区那么多的休闲娱乐活动。最后，城镇或重新开发区域的规划组织通常会对商店经营实施一些限制。

在英国，80%的零售额是由次级中心商业区（在英国被称为“高街”）的小零售商创造的。[7] 然而在那儿和欧洲大部分地区，中小型商店的数量在过去 10 年中有所下降。例如在英国，购物中心整体增长速度是零售业的两倍。不到 1/3 的顾客称高街是他们喜欢的购物地。高街店址也受到了郊区及远郊的大超市及超大型超市的威胁。

在英国，位于内城区和高街店址的小型零售商仍受欢迎，但却面临着超市和巨型超市这样的大型零售商的竞争。（见彩插）

实 例

城市店址的零售额仅占全美的 4%。[8]

当地政府正试图通过限制超级商店的规模来限制其增长，并通过补贴重新开发区域帮助当地的零售商竞争。例如，在大都市诺里奇，商业区拥有 500 多家商店、200 多家饭店，还有一个露天市场和一个新的购物中心，每周吸引了 25 万购物者来到城市中心。

在诺里奇这样的大都市对商业区的保护要比在美国成功得多。欧洲的人口密度更大，空间更小，而且严格的规划及绿化地带法律将城镇和乡村严格区分开来。郊区很少在城市地区有拓展空间。但是，这样的保护对欧洲来说要付出代价。对于城外大型零售业的限制降低了竞争和零售效率，导致价格上涨。[9]

内城区 美国**内城区**（inner city）是主要由低收入消费者居住的公寓楼组成的人口高度密集的城市区域。在美国内城区大约有 800 万个家庭。保守地估计，内城区的消费者在每年的零售购买力中占有 850 亿美元——远远大于墨西哥整个国家的零售总额。无法满足的需求在许多内城区市场超过了 25%，在其他市场超过了 60%。[10]

内城区的顾客希望在他们居住的邻里区域有全国普遍认可的零售商，从他们那里可以买到名牌商品。[11] 尽管内城区人们的收入水平比其他邻里区域的要低，但大多数内城区的零售商会创造较高的销售量和收入，从而获得较高的利润。

由于这个市场的潜力尚未开发，当地政府又采取了鼓励措施，因此开发商对内城区机会的关注度不断增加。当地政府经常会利用土地征用权购买建筑物和土地，然后再以具吸引力的价格卖给开发商。此外，开发商还在“棕色土地”上进行建筑，所谓棕色土地是指以前受过化学污染的工业基地。在 20 世纪 80 年代，大多数开发商会避开被遗弃的工业区，但是投资者及其贷款人正在重新关注这些地区。因为在 20 世纪90 年代中期，环境法有所改变，并且增加了保护措施避免法律纠纷。清理工业区的开发商可选择的责任保险越来越多，而且地方政府提供了更多保护使开发商免于陷入将来的纠纷。[12]

通过为内城区居民提供所需的服务和工作，并缴纳财产税支持重新开发，零售业在内城区的重新开发中扮演着重要的角色。然而，内城区的重新开发是很受争议的。例如，人们对于在重新开发过程中要搬迁的居民、加重的交通运输状况和停车问题都很关心。[13] 尽管在无规划店址部分我们已讨论过这些城市开发区，但正如在以下部分将讨论到的，它们也有可能被建成有管理的购物中心。

购物中心

购物中心（shopping center）是作为独立实体来规划、开发、占有和管理的一组零售商店及其他商业机构。从 20 世纪 50 年代到 80 年代，郊区的购物中心随着迁入郊区的人口一起增长起来。把许多商店聚在一处比在不同地方分开设立吸引的顾客更多。这种做法并不少见，例如，一家商店的销售额在其竞争商店也进入购物中心后反而增加了。然而，开发商和购物中心的管理者会谨慎地选择一组零售商，他们之间应相互补充以便为消费者提供种类合理平衡的商品，使其拥有一

实 例

美国最大的购物中心所有者是西蒙资产集团，其总部在印第安纳波里斯，总出租面积为1.9亿平方英尺。[14]

实 例

在欧洲南部，封闭性复合商城往往以超市而非百货商店为“龙头”，这是因为那里的人们将其收入的一半花费在食物方面，而不像在美国和英国，人们只将1/3的收入花在食物消费上。[16]

站式购物的体验。

购物中心管理者要维护公用设施（被称为公共区域维护，CAM），例如停车区。而且，他们要对诸如提供安全措施、停车场照明、中心的外部标志、广告以及吸引消费者的特别活动负责。在中心里的商店一般根据其规模大小每年支付商定的费用来分担CAM的花费。购物中心管理者也可以对各个商店的营业时间、商店标志甚至产品种类设定限制措施。

大多数购物中心至少有一两家大的零售商，被称为**“龙头”**（anchors）。这些零售商受到购物中心开发商的礼遇，因为他们可以吸引大量的消费者，从而使中心对其他零售商来说更具有吸引力。为使这些“龙头零售商”在购物中心开设商店，开发商经常会做些特价交易，如对“龙头”承租人减少租赁费。例如，在一家封闭型购物商城里，“龙头”承租人的中间租赁费是每平方英尺不到2美元，而对非龙头零售商是每平方英尺20美元。[15]

在沿街购物中心，超市一般是“龙头”，而百货商店传统上是购物商城的“龙头”。然而，生活购物中心可能没有“龙头”，而实力购物中心可能主要是由许多“龙头”商店组成的。不同类型的购物中心将在下文讨论。

邻里购物中心和社区购物中心

邻里购物中心（neighborhood center）和**社区购物中心**（community center）[也称为**沿街购物中心**（strip shopping center）]是作为小单元来管理的连排商店，通常店前就有停车处。因为公共区域不是封闭的，因此这些中心常被称为“露天购物中心”。其最常见的布局是线形、L形和倒U形。历史上沿街购物中心是用来表述线形结构的。

小型购物中心（邻里购物中心）一般以超市或药店为“龙头”；较大型购物中心（社区购物中心）还有其他“龙头”，例如，折扣商店、低价商店或类别专业商

超市往往位于居民区附近便利的沿街购物中心里，与其他零售商一起优势互补。

店，出售服装、家用家具、鞋类、宠物用品、电子产品及体育用品。这些“龙头”店受到小型专卖店、五金工具店、鲜花店和提供一系列个人服务的诸如理发店、干洗店等的支持。

实 例

首先开业的一家沿街购物中心是位于马里兰的银色春天购物中心，它于1938年开业，有19家商店和一家可容纳1 000人的电影院。[17]

这些购物中心的主要优点是离顾客很近，停车方便，而且店面费相对较低。主要缺点是小型购物中心因规模较小，缺乏娱乐设施和餐馆，商圈有限。此外，这些中心受天气影响。因此，与较大型的封闭型复合商城相比，邻里购物中心吸引到的顾客较少。

现在邻里购物中心和社区购物中心的地方独立商店没有以前那么多了。诸如Children's Place、Borders、Charming Shop、柯尔、Radio Shack和百视达音像店等全国连锁，通过提供邻里购物中心或社区购物中心的方便与复合商城里的对手商店进行竞争，成绩斐然。在这些店址，商品价格较低，部分是因为店面费较低，另外就是顾客可以驱车至店门口来购物。

这些购物中心也开始招揽非传统的服务型承租商。例如，美国畸齿矫正中心的患者中80%都是儿童，所以中心特意建立在邻里购物中心和社区购物中心，或者有互补客源的零售商店附近的专业建筑里面，诸如玩具反斗城和家得宝。

实力购物中心

实 例

第一家实力购物中心于1986年在加州的科洛马开业，主要以出售一般商品的折扣商店、品类专卖店、低价零售店和仓储式会员店为特色。[18]

实力购物中心（power center）主要由大的零售商店构成，例如折扣商店（塔吉特）、低价商店（马歇尔公司）、仓储式会员店（好事多），以及品类专卖店（劳氏、史泰博、迈克尔、巴诺、电子城、体育权威、玩具反斗城）。然而这些购物中心不像传统的沿街购物中心，它们是露天的。实力购物中心经常包括几个独立的“龙头”商店和一小部分小型专卖店，它们往往临近封闭的复合购物商城。

实力购物中心在20世纪90年代之前实际上不为人所知，但是随着品类专卖店销售额的上涨，它们的数量稳定增加。许多实力购物中心目前比一些区域性复合商城的规模还要大，它们的商圈已和区域性复合商城一样大。实力购物中心提供低廉的店面费、适度的消费者便利和机动车、步行通道。

复合购物商城

实 例

每天，在明尼苏达州的明尼波里斯附近的美国复合商城人群络绎不绝，使明尼阿波里斯不愧为加州的第三大城市。每年它要迎来4 200万名顾客，比迪斯尼世界、大峡谷及格雷斯兰德总和还要多。[20]

复合购物商城（shopping mall）是封闭的不受气候影响并提供照明的购物中心。在这里，一条封闭通道的一侧或两侧零售商店林立。停车场一般在复合商城的周围。复合购物商城被归类为地区性购物中心（面积小于100万平方英尺）或者跨地区购物中心（面积大于100万平方英尺）。跨地区购物中心和地区性购物中心相似，但是由于它的规模更大，也就有更多的“龙头”商店、专卖店和娱乐活动，并能吸引更大地理区域内的顾客。它们常被视为游览胜地。[19] 零售视野7.2描述世界上最大的购物中心——华南复合商城的状况。

复合购物商城与其他店址相比有其优势。首先，由于有许多不同类型的商店，在这些店里商品种类多种多样，而且将购物与娱乐相结合，复合商城吸引了众多购物者，有巨大的商圈。它们今天已成为购物者的次级中心商业区，复合商城商

实 例

在 1994 年，复合商城里的零售商的销售额占非食物类零售总额的 39%。2004 年，这个数字下降到 18.5%。在美国，复合商城里的零售商的销售总额是 1 670 亿美元，而非复合商城零售商的销售总额为 7 390 亿美元。[21]

店里的人流络绎不绝。年轻人在这里闲逛，与朋友碰面；穿着耐克休闲服的长者通过逛复合商城休闲锻炼；一家人还可以把逛复合商城当做一项低开销的娱乐活动。

其次，零售商和顾客无须担心他们的外部环境。复合商城的管理者负责维护公共区域和市场营销以及吸引消费者。商城里的承租商可以期待与其他商店高度趋同的经营方式。例如，大多数大型复合商城实行相同的营业时间。因为大多数复合商城是封闭的，所以顾客购物不受天气影响。

复合商城也有劣势。首先，对大多数零售商来说，复合商城里的店面费要比沿街连排购物中心、独立店址和大多数中心商业区的要高。其次，一些承租人可能不喜欢复合商城管理者对其经营进行控制。例如，大多数复合商城对窗口展示和商店标识有严格的规定。第三，购物中心内的竞争激烈。几家专卖店和百货商店销售的商品可能非常相似，而且店位离得很近。

根据吉尼斯世界纪录，世界上最大购物中心、游乐园及娱乐中心是位于加拿大阿尔伯塔省的西埃德蒙顿商城，占地面积超过 520 万平方英尺。

此外，复合购物商城面临着严重的挑战。首先，复合商城只吸引那些有空闲时间逛商店的顾客，这些顾客在闲逛时会悠闲地享用一顿午餐或看场午后电影。双收入家庭和单亲家庭的增多使消费者的时间压力增大，限制了他们可用于购物的时间。相比之下，独立店址、沿街购物中心和实力购物中心要方便得多。因为顾客可以在店前停车，进入商店购买他们所需的东西，接着去处理其他事情。

其次，在复合商城中的大多数零售商出售时尚服饰，由于生活方式越来越随意且人们的兴趣从时尚风格转移到传统风格，该种类的商品在过去 10 年里增长有限。第三，许多复合商城建立于 30 多年前，显得破败而对购物者毫无吸引力。此外，这些较老的复合商城所在地区的人口分布不是很有利于它们，因为人们从近郊迁移到外郊和远郊去了。最后，零售业特别是百货商店里的零售业的巩固，使潜在的“龙头”承租商数量减少，从而使一些复合商城的凝聚力大大降低。

当很多复合商城面临问题时，另外一些仍不失为好的店址。顾客在复合商城的行程从 1996 年的 77 分钟增加到 2003 年的 82 分钟，一次行程平均花费从 1996 年的 28.40 美元增加到 2003 年的 42.20 美元。而且封闭的复合商城比非“龙头”承租商每平方英尺获得的销售额增加——在 2004 年达到 366 美元，与 2003 年相比增加了 12%。[22] 然而这些数字并未表明所有复合商城的现状。在美国 1 200 家复合商城中有 200 家经营非常好，但有 400 家很有可能在不久的将来就会关门大吉。[23] 零售视野 7.3 讲述一个大型购物中心开发商振兴陷入困境的复合商城项目。

实 例

在美国，自 19 世纪中叶以来，至少有 300 家较老旧的复合商城关门大吉，而这些商城都有一两个“龙头”店。在 2000～2005 年之间，每年只有 5 家新的商城开业。[24]

复合商城的翻修和再开发 在少量新的复合购物商城建立的同时，大量投资被用于重新装修和再开发现存的复合商城。例如，在北卡罗莱纳州的夏洛特南园复合商城面积为130万平方英尺，可以作为《疯狂整容》（*Extreme Makeover*）真人秀“候选人” 了。这座有30年历史的复合商城的业主在2000年启动了一项计划：将南园商城从一家典型的地区性商城转变为一家目的地零售中心，以吸引在亚特兰大光顾大商店极有眼光的购物者。这项重塑工程需花费1亿美元。

第一步是获得夏洛特市议会的许可，重新划区将商城面积加倍。新规划使复合商城能够增加一家新的“龙头”百货商店——诺世通，40家零售专卖店，两家现存百货商店的面积扩大了123 000平方英尺，商城还可以在其周围增加85 000平方英尺的面积开设餐厅和商店。新规划还设计了交响乐公园——夏洛特交响乐团圆形剧院，在剧院里他们表演夏日流行系列乐曲。

这个地区曾被一家西尔斯商店占据，现在被改造成生活购物中心。该中心以一家占地84 000平方英尺的二层迪克斯商店（Dick’s，以前称为Galyan体育用品商店）和一个户外食品区为“龙头”。从复合商城导向食品区，其目标是凭借安泰勒Loft、Pottery Barn Kids、Hollister & Co.、Finishi Line、美国鹰牌服饰、阿贝克隆比 & 费奇、彪马和Urban Outfitters吸引年轻购物者。一家独立的CVS药店占据了前西尔斯汽车购物中心的原址。[25]

7.2 零售视野 世界上最大的购物中心

华南复合商城在2007年建成，位于中国香港以北的东莞市，占地650万平方英尺，是世界上最大的购物中心。该商城有以国际城市、国家和地区为模板的7个区间：阿姆斯特丹区、巴黎区、罗马区、威尼斯区、埃及区、加勒比区和加利福尼亚区。为使这些区域逼真，商城对每个细节都很注重。例如，巴黎区的保安着装就和法国宪兵一模一样。

2005年，这个10亿美元的开发项目启动了第一期，其空间可设立600家商店。第二期和第三期工程使商城的总出租面积达520万平方英尺，可设立1 500家商店和11家“龙头”店。可出租和不出租空间的总面积达650万平方英尺的华南商城击败了加拿大阿尔伯塔省埃德蒙顿市的西埃德蒙顿商城，后者的零售空间仅有380万平方英尺，加上娱乐公园的面积是530万平方英尺。

华南商城是一家室内和室外空间兼有的中心，占地超过100英亩，有一些沿街商店面对着人行道。大多数空间是在二、三层，但百货商店“龙头”店高达五层。设计者借鉴了北美最好的复合商城所采取的原则——它们排列的方式，停车场的设计以及龙头店的位置。但是，设计者也添加了一些新奇的元素，例如，购物者可以乘着平底船或者水上出租车在一条绵延数英里的威尼斯式运河上环航。商城的娱乐部分包括过山车、水上滑梯、一家IMAX电影院和几家华纳兄弟电影院。

但是中心的主要业务是零售。购物者可以找到总部位于中国香港和台湾地区，日本、新加坡和欧洲的零售连锁商店，但是总部位于北美洲的零售连锁只有沃尔玛。停车场大约有8 000个停车位——远远少于西埃德蒙顿商城的20 000个，这20 000个车位曾为西埃德蒙顿商城在吉尼斯世界纪录中赢得一席之地，但是中国的私家车拥有者比西方国家要少得多。许多购物者会乘坐公共交通工具或者步行来华南商城。

无论他们选择哪种方式到达商城，该地区人口的增长将会给商城带来大量的顾客。大约有400万人居住在6英里以内的地区，900万人居住在12英里以内地区，而4 000万人居住在60英里以内的地区。这数百万人都是富人。购物中心位于珠江三角洲地区，这里是中国最发达的地区之一，世界上90%的计算机在这里组装，电话生产商诺基亚在这里雇用了90 000个工作人员。

资料来源：“South China Mall, World’s Biggest, to Open by Year’s End,” Copyright KK 2005, International Council Shopping Centers, Inc., New York, New York. Published in *Shopping Centers Today*, October 2004. Reprinted with permission.

伯克莱屯市的Mizner公园通过位于朝海的公寓楼附近的独特精品店、饮食店、音像店、电影院和美术馆，将零售、居住和娱乐融为一体。

但是重新装修经营状况差的复合商城挑战大且成本高。这些商城往往不能全部依靠零售商来支撑，只好改造成综合用途中心，也就是将几个不同用途的店址综合在一个复合体里。[26] 例如，1974 年开业的伯克复合商城是佛罗里达州伯克莱屯的一家占地 43 万平方英尺的地区性复合购物商城。几十年后，商城受到两种趋势的困扰：城市西部的人口增长；像占地 130 万平方英尺的镇中心商城这样具有竞争力的商城吸引了大多数顾客。原来的"龙头"店和许多专卖店也搬离了该商城。

市政府设立了伯克莱屯社区再开发机构，由一群市政领导、商业领导者和普通市民组成。这个商城已被拆除，代之以一家综合用途中心，称为 Mizner 公园。该公园有位于街道一侧的底层零售区间，上面有商务办公区间，而坐落于街道另一侧的零售区间之上有居住单元。在该地区，一共有 272 栋公寓楼和市政厅。目前，该零售区间每平方英尺能产生 556 美元的销售额，是全美平均销售额的两倍。

Mizner 公园在综合用途项目中也很出色，因为它 2/3 的区域是公共区域。公共区域由伯克莱屯市所有，并且已经成为附近居民的聚会地。开发区北端的圆形剧院吸引了 3 000~5 000 人去观看节目。[27]

生活购物中心

生活购物中心（lifestyle center）是由有着露天构造极具设计特色的高档专卖店、娱乐中心和餐馆组成的，中心里还有诸如喷泉和街道这样的便利设施。生活购物中心通常位于富人区附近，迎合其商圈内消费者的"生活方式"。一些零售商

廉价出租零售空间以吸引承租商 零售视野 7.3

通用增长资产（General Growth Properties）是一家大型的购物中心开发公司，它正试图通过廉价出租零售空间改变经营状况最差的复合商城的现状。通过实施一项叫做"创业工程"的新项目，该公司为新承租商支付存货和设备成本，甚至为其免费建立商店。

11 家参加该项目的复合商城都有未出租空间，正经历着市场转移或者正在翻修。在这 11 家商城中，位于阿拉巴马州伯明翰市有 29 年历史的世纪广场是美国面临问题的复合商城的最佳代表。购物者在"龙头"店 Rich's-Macy's 2004 年5 月关门大吉后减少了许多。来自于新商城和生活购物中心的竞争也是数十家专卖店关门的原因之一，而且潜在的新承租商数量有限。大多数全国连锁仅在新的更大的实体中设立。所以，通用增长公司启动项目来寻找新的承租商。

项目中这 11 家商城的管理者接受当地媒体的采访、刊登广告、散发传单，并参加社区商务会议来搜寻有长期承租潜力的精明能干的企业家。在通用增长公司芝加哥总部有一个委员会对申请进行审查，被选中的个人必须签订一个五年的租赁协议。通用增长公司支付存货、设备、商店装修及家具的费用。如果涉及国家特许权的，通用增长公司甚至会支付特许费。

资料来源：Brannon Boswell and Jo Ellen Meyers Sharp, "GGP Program Nurtures Fresh Retail Concepts," Copyright KK 2005, International Council of Shopping Centers, Inc., New York, New York. Published in *Shopping Centers Today*, November 2004. Reprinted with permission.

Aspen Grove 生活购物中心位于科罗拉多州的利特尔顿市。这个店址有非常良好的人口分布；在 10 英里以内居住着将近 730 209 人，每个家庭的平均收入为 85 966 美元。每天有超过 75 000 辆交通工具经过这里。

经常性地在生活购物中心开设商店，包括 Talbots、Chico's、Banana Republic、Williams-Sonoma、Bombay 商店、巴诺书店及复兴五金店。一些生活购物中心以上层百货商店为"龙头"，例如内曼·马库斯或者萨克斯第五大道。

由于停车方便，生活购物中心对于购物者来说非常便捷。但是它们比封闭的商城要小，因此商圈较小，吸引到的顾客也较少。同次级中心商业区店址相似，购物者去生活购物中心是因为他们可以在这迷人、充满活力的地方与朋友会面、享乐。所以，这里的行人流量要比沿街购物中心大。最后，与封闭的复合商城相比，这里的店面费较低，经营限制也较少；而与沿街购物中心相比，店面费较高，限制较多。

尽管受天气影响可能是个不足，但生活购物中心在全美国的数量从仅在温暖气候带的几十家增加到超过 150 家。例如，罗德岛克兰斯顿的 Chapel View 生活购物中心把一座历史悠久的学校和教堂改造成一个乡村风格的零售、居住和办公复合体。

这座七栋楼的建筑复合体以前是 Sockanosset 少年训练学校，不像在 1938 年电影《孤儿之城》（*Boys Town*）中声名不朽的少年训练学校，它是州立的矫正与教育机构。这座学校被改造成了一个生活购物中心。Sockanosset 学校建于 1898 年，1995 年关闭。为保护该校的历史特色，开发商与克兰斯顿历史协会以及罗德岛历史文化遗产保护委员会密切合作，将这个学校改造成了一个零售和居住空间。

这个场所的中心是花岗岩的维多利亚小礼拜堂，其内部将被改造成一个高档餐厅。在建筑方面的挑战之一，就是将先前的三个住宅区联结成一个有零售和居住空间的场所。除了"龙头"Shaw's 超市和小礼拜堂外，这些建筑将把底层零售及其上层的居住区与办公区结合起来。住宅面积介于 700~2 200 平方英尺之间，可以卖到 30 万~150 万美元。零售区间包括 5 个餐厅和像 Bombay 公司这样的高端商户。除 Shaw's 之外的所有承租商都在将其店面改成维多利亚风格。[28]

实 例

光顾生活购物中心的顾客的收入是复合商城顾客的两倍，生活购物中心的顾客光顾的次数多于复合商城顾客的 2.5 倍，而每次的消费额也比他们多 50%。[29]

菲普斯广场是一家位于亚特兰大成功的封闭性复合商城的时尚/专卖中心。

时尚/专业购物中心

时尚/专卖中心（fashion/specialty center）主要由高档服装商店、精品店和礼品店构成，这些商店经营优质高价的最新时装或独特商品。这些购物中心不要“龙头”商店，尽管有时候高档的百货商店、美食餐厅、饮料吧和电影院发挥了“龙头”作用。这些购物中心的外部设计很高雅，强调豪华的陈设和高档的布置。

时尚/专卖中心常建在收入水平高的贸易区、旅游区或某些中心商业区。这些购物中心的商圈之所以比典型的封闭型复合商城大，是因为承租人及其产品具有独特的性质。店面费也比典型的封闭型复合商城里的要高，因为其公共区域比较豪华。

时尚/专卖中心的一个例子是菲普斯广场，位于亚特兰大的巴克海特区，被《南部生活》杂志的读者评选为“南部最佳”。这家时尚/专业复合商城以诺世通、巴黎人和萨克斯第五大道为“龙头”。作为亚特兰大最重要的高档购物中心，菲普斯广场是 100 多家专卖店的基地，包括蒂凡尼、古琦、麦克斯·马勒、巴尼斯纽约精品店、乔约·阿玛尼和汤米·巴哈马。

奥特莱斯中心

奥特莱斯（outlet center）主要由制造商和零售商的品牌处理店构成，尽管有时会包括低价零售商，如 T.J.Maxx 和伯灵顿制衣厂。奥特莱斯从毫无装饰的仓储商店发展为设计精美的有优美风景、花园和食品区的购物中心，这使人们很难把它们和较传统的购物中心区分开来。

与其他类型的购物中心相比，奥特莱斯是相对较新的现象。在 1970 年，名利场（VF）奥特莱斯在宾夕法尼亚州的里丁开业，它建在巴克夏纺织厂的原址上。该中心不仅出售针织品，而且出售名利场剩余女士内衣及睡衣。在 1996 年，奥特莱斯的数量达到顶峰——329 家，而后减少至 230 家。尽管数量减少了，今天的奥特莱斯要比十年之前大得多——总出租面积介于 148 000~338 000 平方英尺之间。此外，在奥特莱斯开设的零售连锁商店的数量从 2000 年的 446 家减少至 2004 年的 363 家。然而，制造商发现奥特莱斯非常有利可图，因为这里的店面费仅占销售额的 6%~8%，在封闭型复合商城中店面费要占到 12%~15%。[30]

最新的奥特莱斯都有很强势的娱乐部分，包括电影院和主题餐厅，大约占到出租面积的 15%~20%。[31] 复合商城开发商认为这些娱乐概念有助于人们在中心逗留更长时间。奥特莱斯的承租商也通过增加信用卡、更衣室、高质量的装修和照明以及其他文娱设施提高服务。

奥特莱斯通常位于距购物中心较远的地方。这样，制造商在奥特莱斯以折扣价出售的名牌商品就不会与百货商店出售相同品牌的商品争抢顾客。除地理分隔外，制造商还注意使在奥特莱斯出售的商品种类不与百货商店的重叠。

奥特莱斯往往位于旅游区，因为购物是人们最喜爱的假日娱乐。例如，位于纽约市尼亚加拉瀑布区域的120万平方英尺的麦格厂家奥特莱斯，为每年游览尼亚加拉瀑布的1 500万游客提供了一项有趣的消遣活动。一些购物中心开发者直接组织公车游把数百英里外的人们带到他们的商城。结果，一些奥特莱斯的商圈达50英里或者更远。

虽然在美国，奥特莱斯可能会经历一个低谷，但在其他地区，如日本和欧洲，奥特莱斯开始受到欢迎。日本特别具有吸引力，因为日本人口众多，人们对美国品牌兴趣浓厚，而且对零售概念的消费热情不断增长。尽管在日本经济泡沫破灭后，日本的就业率下降，收入状况变得糟糕，但消费者对名牌商品仍然是强烈的喜爱。所以，在富士山下的御殿场名品折扣中心人山人海，年轻人和年长者都在搜寻名牌商品。这家品牌折扣中心是日本最大的一家，占地面积是东京巨蛋演唱馆的7倍，有165家商店。许多去御殿场名品折扣中心的游客是来自于中国香港的团体旅游者。他们要游览的地方包括（东京）迪斯尼乐园和东京西部的一个著名景点箱根，这里是上面提到的名品折扣中心的所在地。在周末超过10 000辆汽车和100辆公共汽车到达奥特莱斯，据估计，每个星期六和星期日的游客数量达到了30 000。[32]

主题/节日购物中心

主题/节日购物中心（theme/festival center）一般拥有统一的主题，这个主题表现在各商店的建筑设计中，某种程度上也通过商品体现出来。这些购物中心最主要的顾客是游客。主题/节日购物中心的承租商与专营购物中心相似，但这里通常没有大型专卖店或百货商店，它们可以以餐馆和娱乐设施为龙头。

主题/节日购物中心可位于一个有名胜古迹的地方，如波士顿昆西市场、法纳尔大厅或旧金山的哥拉德利广场。不过它们也可尝试复制一个古迹（如位于加州山景城的老磨房购物中心）或创造一个独特的购物环境（如位于洛杉矶市MCA的城市漫步购物中心）。

其他类型的购物中心

许多购物中心结合了不同类型购物中心的特点。例如，一个封闭的复合商城往往紧挨着一家实力购物中心。狄乐百货、山姆俱乐部、J.C.彭尼以及百思买一般不会出现在相同的购物中心，但是你会在亚利桑那州尤马帕姆斯市地区性购物中心找到它们。尤马帕姆斯地区性购物中心位于菲尼克斯市外，将复合商城、生活购物中心以及实力购物中心的特色融于一个统一的露天框架之中。尽管这种类型的购物中心没有一个正式的名字，但是可称作**多功能购物中心**（omnicenter）。

多功能购物中心正在应对几种零售业方面的趋势，包括承租商希望承担较低公共区域维护费用的愿望；消费者跨店购物的趋势增强，例如，一个顾客在塔吉特闲逛时也会光顾 Cheesecake Factory、J.Crew 和诺世通。为适应顾客跨店购物的趋势，佛罗里达州杰克逊维尔市占地 130 万平方英尺的圣约翰城购物中心被分成三个部分：以狄乐百货商店为龙头的生活购物中心，一个以迪克斯运动用品店和一家巴诺书店为龙头的社区购物中心，以及以 Cheesecake Factory 和 P.F.Change's 餐厅为龙头的次级中心商业区。

将这些不同概念统一于一个工程中，使整个工程看起来仍是一个和谐的整体，这是通过使用相似建筑主体和元素来完成的。停车是另一个问题。大箱子零售商要求店前有巨大的停车场地，而城市街道不可能达到这个要求。因此尤马市的次级商业区、实力购物中心以及山姆俱乐部都占据了非常不同的区域，所以汽车可远离它们稀缺的空间。[33]

其他店址机会

综合用途中心、飞机场、旅游胜地、医院和店中店对许多零售商而言是另外的店址选择机会。

综合用途中心

综合用途中心（mixed use development，MXD）将几个不同用途的店址综合在一个复合体里，包括购物中心、办公大楼、宾馆、居民住宅区、市政中心和会议中心。综合用途中心在零售商中很流行，因为它们给商店带来了额外的购物者。开发商也喜欢综合用途中心，因为他们对空间的利用率很高。例如，对开发商来说，自己建造一个商城与把一个商城或停车场改建为一座办公大楼的土地费是一样的。

堪萨斯城的密苏里乡村俱乐部广场便是综合用途中心的一个例子。该广场最初开发于 19 世纪 20 年代，有许多堪萨斯最时尚豪华的商店和餐厅。被办公楼和公寓

机场对博德斯书店来说是非常好的店址，因为这里人流量大，游客是很好的书店顾客。

楼包围着的广场吸引了游客和居民去萨克斯第五大道、复兴五金店、汤米·巴哈马等商店以及奶酪蛋糕店、Ruth's Chris 牛排屋和 Capital Grille 等餐馆。[34]

飞机场

实 例

大约 25%的飞机航班会误点。在美国，每年有 6.7 亿飞机乘客，而 20 家最繁忙的机场占到飞机运输总量的 55%。这是一个数量非常大的潜在顾客群！[36]

一个人流量很大，很受国内零售连锁欢迎的区域是飞机场。毕竟，有什么比在等飞机时去逛逛星巴克咖啡店或在 Brookstone 买件礼物更好的呢？飞机场复合商城每平方英尺的销售额往往是普通复合商城商店的 3~4 倍。[35]然而，租赁费至少高了 20%。而且，成本也可能更高，因为营业时间较长，而且员工上班很不方便，所以工资会较高。最好的机场店址是有许多中转航班（如亚特兰大和法兰克福）和国际航班（如华盛顿杜勒斯机场和伦敦希斯罗机场）的机场店址。最畅销的商品是礼品、必需品和便携商品。

旅游胜地

零售商将旅游胜地视为最佳的店址机会，在这些地方的游客既有钱又有时间。正如前面提到的，名品折扣中心在景点是很受欢迎的。事实上，一些名品折扣中心如位于佛罗里达州日出市的索格拉斯折扣店或者佛罗里达州德斯汀银沙厂家直销店，都吸引了游客去光顾。景点零售也吸引了一些小的独具特色的当地零售商和高档全国名牌店，如星巴克和保罗。像科罗拉多州的海狸溪这样的景点使数十家美术馆和有高级设计师的时尚零售商获利匪浅。毕竟在这样的地方，观光游客消费净值达数百万美元是很常见的。[37]

医 院

医院已经成为一种越来越受欢迎的替代性店址。病人和他们的访客往往都有时间购物。由于病人不方便随时离开，所以生活必需品对他们来说非常重要，而赠送礼物的机会也非常多。在俄亥俄州西彻斯特的 University Pointe 医院有 75 000 平方英尺的零售空间，这里聚集了提供健康饮食的餐馆以及一系列与健康相关的商店和服务，如日常温泉浴。[38]

店中店

另一个非传统店址是位于其他更大的商店里面。零售商，尤其是百货商店，已经向其他零售商如珠宝商或皮装店出租了一些店面。食品杂货店早就习惯了店中店这一概念，因为店中通常有服务商，如干洗店、咖啡馆、银行、胶卷冲洗店和音像出租店。沃尔玛已经在新店里引进了麦当劳和一些独立的咖啡店。Radio Shack 在百视达音像视听店址内设店。

店址和零售战略

店址类型的选择必须加强零售商的战略，因此店址的类型决策需和购物行为、目标市场的规模以及零售商在目标市场中的定位相一致。每个因素在下面都将讨论到。在零售视野 7.4 中，以价值为主导的低价零售商 Bealls 的总裁斯蒂夫·诺匹克讲述公司的店址决策应怎样适应其零售战略。

零售视野 7.4　Bealls 店址支持其战略

“除了佛罗里达总部的百货商店，我们在阳光地带各州，从南北卡罗莱纳州到加利福尼亚州经营超过500 家 Bealls 名品折扣中心和 Burke’s 名品折扣商店。我们的战略是在 12 000~40 000 平方英尺的商店向对价格敏感的顾客出售价格昂贵的服饰。为这些顾客提供服务，我们需要降低产品的价格和成本。在 2000 年，我们停止了所有的广告，这项决策对我们的成本和利润有很好的影响。然而，我们的“无广告”策略通过将商店设立在交通流量大的十字路口或沿街购物中心来增加顾客的吸引力。一些专家说不能为一个好的店址支付很多钱，但我们的经营结果显示，控制租赁成本对盈利是非常关键的。

“我们利用一项地理人口分布服务来确定和评价潜在市场。我们了解我们的顾客所在的人群，我们的目标是在这些人群聚集的地方设立商店。一旦我们发现了一个满足要求的社区，下一步就是在这个区域寻找特定的店址。我们最好的店址是与像沃尔玛、塔吉特或者吸引许多顾客的食品杂货店这样的合租商在沿街购物中心的店址。

“破产、商店关门以及药店连锁从线形连排店移至独立商店的战略为我们开辟了大量经济的店址机会。我们有时会发现一处 30 000~40 000 平方英尺有吸引力的店址——通常对我们来说太大了。为了利用这些机会，我们有时会和一个补充零售商如 Big Lots（一个低价、强硬路线零售商）搭档，一起接洽店址所有人。

“我们的一个竞争对手正采取一条有趣的路线接近更多的小型乡村市场，在这里没有闲置的购物中心空间。他们在独立地址上建造低成本的有水泥柱的金属建筑。商店内部修建完成后，其内部与常规商店毫无二致。虽然这里的交通类型与一般购物中心周围不同，但是这个路线有希望以节约成本的方式打进新的市场，特别是店址位于一个很好的购物中心的外部建筑上或交通流量很大的街道上时。”

Bealls 公司的总裁 Steve Knopik 视察一家 Bealls 商店（上图）。Bealls 的品牌处理中心通过将商店设立在交通流量大的沿街购物中心来吸引顾客，这些商店的商圈与其目标市场的结构相适应（下图）。

零售商目标市场的消费者购物行为

影响消费者选择光顾商店的一个关键因素，是他们所处的购物情境。有三种类型的购物情境：便利选购、比较选购和专业选购。

便利选购 当消费者处于**便利选购情境**（convenience shopping situation）时，他们主要关心的是怎样才能最省事地获得所需商品或服务。他们对要购买的商品品牌及零售商的形象并不关心，也不太在乎商品的价格。因此，他们不会花费太多时间来评价不同的品牌或零售商；他们只想尽快完成交易。便利选购的例子有：工作休息时间买杯咖啡，或在早晨买杯牛奶当早餐。

以处于便利选购情境的顾客为目标市场的零售商，将其商店如便利店设立在离顾客很接近的地方，并为顾客提供便捷的停车和购物条件，然后顾客可以去处理其他事情。因此，便利店应该而且一般确实位于邻里沿街购物中心、独立店址及市镇店址。药店和快餐店为了迎合便利购物者也选择了容易到达、停车便利的店址，以及可以使他们为顾客提供驱车进入购物窗口这种额外便利的店址。便利性在超市和全线打折商店也扮演着重要角色。一般来说，这些商店的购物者并不忠诚于特定的品牌或商店，而且也不认为在这些商店中购物会很愉快。因此，这些商店也常常位于邻里沿街购物中心和独立店址。

比较选购 处于**比较选购情境**（comparison shopping situation）中的消费者对他们所需商品或服务的类型有大致的了解，但他们并不强烈偏好于某个品牌、型号或者去光顾特定的零售商店。与许多处于便利购物情境的消费者相似，他们并不忠诚于某个品牌或某家商店，然而，对他们来说购买决策更重要，因此他们搜寻信息，且愿意花大量精力来计划并做出购买决策。消费者在购买家具、家用电器、服饰、电子消费品、手工用具及照相机时一般会有这种类型的购物行为。

例如，家具零售商往往一家紧挨着一家形成一个“家具排”。在纽约市，许多零售商在切尔西第六大道的第27街和第30街之间出售家养植物和鲜花；而钻石商集中位于西47街的第五和第六大道之间。这些相互竞争的零售商店都离得很近，因为这样便于消费者进行比较，吸引顾客来这里购物。比较不同类型的家养植物及其价格，纽约人只需要从第六大道的一家商店走到另一家商店，而且他们知道他们可以看到家养植物的大多数种类。同样地，吸引大量顾客到西47街的优势大于与其他珠宝商分享顾客的劣势。

封闭型复合商城为对比较选购时尚服饰感兴趣的消费者提供相同的利益。例如，在第4章提到的那个为工作面试准备商务套装的学生珍尼弗·桑切斯，她就可以将J.C.彭尼和安泰勒提供的套装与她在梅西百货看到的套装相比较，而她只需步行到位于同一家复合商城的各个商店。因此，百货商店和服饰专卖零售商店都位于封闭型复合商城与家养植物零售商在纽约城的第六大道一起开店是同样的原因。位于同一个商城中，它们可以吸引更多喜欢比较选购时尚服饰的潜在顾客。尽管封闭型复合商城与独立店址相比不是很方便，但顾客到达商城后进行比较选购就方便多了。

作为一家目标商店，百思买提供商品的多种品牌，为顾客提供比较选购消费电子产品的机会。

正如前面所描述的，品类专卖店作为一个专卖店的集合体为顾客提供相同的比较购物利益。顾客在比较选购消费电子产品时不是去一系列专卖店，而是去百思买或电子城，因为他们知道在那里几乎可以看见所有品牌和型号。因此，品类专卖店是**目标商店**（destination store），即使地方不方便，消费者也愿光顾，正如封闭型复合商城是比较选购时尚服饰的目标店址一样。品类专卖店位于实力购物中心，主要是为了降低成本并使其店址更显眼，其次是可得益于许多零售商，吸引更多消费者以及提高交叉购物的可能性。基本上，实力购物中心是目标商店的集合体。

专业选购 当消费者进行**专业选购**（specialty shopping）时，他们知道自己需要什么而且不会接受替代品。他们钟情于某个品牌和/或某家零售店。为获得他们想要的东西，如果需要的话，他们会出高价和额外的精力。这种购物情境包括购买一瓶昂贵的设计者品牌香水，从动物收养所收养一只小狗，或者购买一件由特定设计者制作的礼服。他们专门选购时会光顾的零售商店也变成了目标商店。因此，消费者愿意不辞辛苦，去一个不方便的店址光顾一家独特的美食餐馆或一家专营有机蔬菜的健康食品店。拥有一个方便的店址，对一个出售独特商品或提供独特服务的零售商来说并非如此重要。

目标市场密度

与店址类型选择紧密相关的第二个因素，是零售商所定的与店址相关的目标市场的密度。一个好的店址能够吸引目标市场中的许多人。所以，一个位于中心商业区的便利店可以依靠在其附近生活或工作的顾客生存下来。相似地，一家位于沃尔玛旁边的比较购物商店是一个有潜力的好店址，因为沃尔玛能吸引大量从很远地方来购物的顾客。对一家出售专卖商品的商店来说，在其附近有高密度的顾客群不是很重要，因为人们会专门搜寻这类商品。例如，一个保时捷汽车经销商就不需要挨近其他汽车经销商或者与其目标市场很接近，因为不论经销商在哪儿，追求这种豪华车的人都会找到他们。

零售服务的独特性

最后，与那些提供与其他零售商相似服务的零售商相比，店址便利性对那些提供与众不同服务的零售商来说不是那么重要。例如，Bass Pro 商店提供独特的商品分类和商店氛围，无论它位于哪里，顾客都会来光顾，而且它的位址成了顾客的目的地。

法律问题

在评价不同的店址类型时，需要核查一些法律问题。规范土地使用的法律已经变得如此重要，以至零售商在选址时必须首先考虑这一问题。影响选址决策的法律问题主要包括环境争议、区域划分、建筑法规、标志以及许可证要求等方面。

环境争议

环境保护署以及州和地方的环境保护部门，已经越来越多地涉入可能影响零售商店的环境争议中。近几年有两类环境争议受到特别关注：一个是像建设工程中使用的石棉材料或铅管等这类“地上危险”，这些材料的移除相对容易。

另一个争议是地下储存的危险材料。这一点对于干洗店来说非常重要，因为它使用化学原料；对汽车修理店也很重要，因为要处理用过的发动机油和蓄电池废液。清除危险材料的费用，大约为几千美元到数百万美元之间。

不动产交易也总是要求提供环境影响报告。但是依据过去对埋藏的油罐和其他潜在危险物品的官方记载是不可靠的，而且在法庭上也不能作为抗辩理由。针对这些环境危害，零售商可以采用两种救济方法来保护自己。最佳选择就是在租约中规定，如果发现这类危险材料，由出租方负责清除和处理。零售商还可以对此种风险投保。

区域划分和建筑法规

区域划分决定了某一特定地点应用于什么用途。比如，城市的某些部分只能作为居民区；其他部分可以作为轻工业基地或零售用地。建筑法规是一些决定建筑物类型、标志、规模、停车区或者特定的建筑设计的法律限制条款。例如，在新墨西哥州圣菲地区，要求建筑物要保持传统的泥灰（土坯）风格。

标　志

对标志使用的限制也会影响特定地点的吸引力。尺寸和风格可能受到建筑法规、区域特征甚至购物中心管理的限制。例如，在迈阿密北部海滨的贝尔港购物区，所有的标志（甚至销售标志）在单个零售商实施之前都必须经过购物中心管理部门的批准。

许可证要求

不同区域对许可证的要求可能不同。比如，达拉斯附近可能是禁酒的，即不允许销售酒精饮料；在其他地区，只能销售葡萄酒和啤酒。这些限制不仅影响餐馆和酒吧，也影响零售商。比如，办一个主题/节日型购物中心，如果限制出售酒精饮料，可能会限制晚上光临的顾客。

此处提到的这些法律问题可能阻碍零售商的选址，但是通常这些限制并非永久性的。尽管改变比较困难，耗费时间而且可能花费昂贵，但是议会的努力和法院的斗争仍然能够改变这些法律限制。

小　结

在哪里设置商店的决策，对任何零售商的成功都是很关键的。店址决策尤其重要，因为它们的成本很高，而且对顾客的光顾会产生长期的影响。选择某个特定的店址类型涉及一系列因素的评价问题。这些权衡因素通常包括：店面费、与店址相关的车辆行人流量、房地产经理对商店经营的限制，以及店址对顾客来说是否便利。此外，在选择店址时还需考虑一些法律问题。

零售商可选择的店址类型很多。每种类型的店址都有其优势和劣势。许多中心商业区、内城区和次级中心商店店址由于区域改造、税收激励及缺乏竞争等原因也成为可供零售商选择的方案。零售商也可在许多购物中心类型中做选择。他们可在沿街购物中心或实力购物中心设店，或者去一个封闭性购物商城或生活购物中心、时尚/服饰专业店、主题/节日购物中心或者品牌处理中心设店。其他非传统店址有：综合用途中心、机场、游览胜地、医院和店中店。

关键术语

商圈
独立店址
电子商亭
中心商业区（CBD）
次级中心商业区
内城区
购物中心
龙头店
邻里购物中心
社区购物中心
沿街购物中心
实力购物中心
复合购物商城
生活购物中心
时尚/专卖中心
奥特莱斯
主题/节日购物中心
多功能购物中心
综合用途中心（MXD）
便利选购情境
比较选购情境
目标商店
专业选购

小试身手

1. **连续案例研究** 为你的课外作业选择一家零售店，对零售店所在购物中心的管理者进行采访。写一份报告，总结哪些零售商是购物中心管理者认为的最佳承租商以及原因。他如何评价你选择的那个零售商？他使用的标准是什么？
2. **网上练习** 访问 www.faneuilhallmarketplace.com 和 www.cocowalk.com。它们分别是哪种类型的购物中心？它们有何异同？
3. **购物** 去你喜欢的购物中心，并对那里的承租商的组合状况进行评价。它们之间是相互补充的吗？为了使整个购物中心更健康地运行，你会在承租商组合上做哪些改变？
4. **购物** 去你所在区域或者网上（如果前者不可能的话）一家主题/节日购物中心、一家生活购物中心和一家时尚/专业购物中心购物。说明为什么你认为你所选择的店址能达到你所赋予它们的目标。它们有何异同？
5. **网上练习** 登录你最喜爱的时尚复合购物商城的网页，描述其在以下方面的特点：龙头店的数量、专卖店的数量和种类、快餐店的数量以及提供娱乐活动的种类。这些类型的零售商的优势和劣势是什么？
6. **购物** 光顾你家或学校附近一家实力购物中心的塔吉特、史泰博以及体育权威店、家得宝或者其他品类专卖店。还有哪些零售商位于相同的店址？这些商店的组合怎样给零售商和顾客都带来好处？

讨论题

1. 为什么商店地址对于零售商来说是一个重要决策？
2. 选一个你最喜欢的商店。根据它的目标市场，描述它现在位置的优势与劣势。
3. 家得宝是一个发展迅速的家居建材超市连锁中心，通常有自己的独立店址或位于实力中心。像家得宝这样的零售店址有什么优势？
4. 如果你是 7-Eleven 便利商店、美国鹰牌服装公司和美国保时捷公司的顾问，在为这三个不同类型的商店选择店址时你认为最重要的一个因素是什么？
5. 零售商正在曾经衰退的中心商业区建立购物中心和独立店址。人们有时候会对此产生质疑，这种道德和社会的演化过程通常叫做中产阶级化。试分析这种中产阶级化所带来的利弊。
6. 史泰博和欧迪办公用品公司都拥有强大的多渠道销售战略。互联网是怎样影响其选址战略的？
7. 在许多复合商场里，快餐公司都聚集在一个地方，形成美食中心。这种布局对于快餐公司而言有什么优势与劣势？
8. 为什么平价鞋店开在邻里购物中心而不是地区购物商场里？
9. 选择一个你经常购物的商场，分析它是如何将购物和娱乐结合在一起的。
10. 考虑一个在城市复兴建设上进行大量投入的大城市。其中产阶级化项目的哪些因素不仅吸引了当地居民，还吸引了参观游客来到这里购物、观光和品尝美食？
11. 零售联合，比如凯马特和西尔斯、联邦百货和五月百货的合并，是如何影响封闭性地区商场里龙头商店的空间的？
12. 不同品牌的汽车经销商经常坐落在同一条街上。这种战略有何优势和劣势？

推荐读物

Cohen, Nancy. *America's Marketplace: The History of Shopping Centers*. Lyme, CT: Greenwich Publishing Group, 2002.

Halebsky, Stephen. "Superstores and the Politics of Retail Development," *City & Community* 3 (June 2004), pp. 115–35.

Hardwick, M. Jeffrey. *Mall Maker: Victor Gruen, Architect of an American Dream*. Philadelphia: University of Pennsylvania, 2004.

ICSC Research Quarterly. New York: International Council of Shopping Centers.

Karande, Kiran, and John Lombard. "Location Strategies of Broad-Line Retailers: An Empirical Investigation," *Journal of Business Research* 58 (2005), pp. 687–95.

Retail Traffic Magazine. New York: Primedia Business Magazines and Media, http://retailtrafficmag.com/.

Ruiz, Jean-Paul; Jean-Charles Chebat; and Pierre Hansen. "Another Trip to the Mall: A Segmentation Study of Customers Based on Their Activities," *Journal of Retailing & Consumer Services* 11(November 2004), pp. 333–51.

Shopping Centers Today Magazine. International Council of Shopping Centers, http://www.icsc.org/srch/sct/.

Smiley, David J. *Sprawl and Public Space: Redressing the Mall*. New York: Princeton Architectural Press, 2002.

Underhill, Paco. *The Call of the Mall*. New York: Simon & Schuster, 2004.

Warnaby, Gary; David Bennison; Barry Davies; and Howard Hughes. "People and Partnerships Marketing Urban Retailing," *International Journal of Retail & Distribution Management* 32, no. 11 (2004), pp. 545–57.

零售选址

管理人员简介

斯科特·詹纳里奇　布朗鞋业公司 Famous Footwear 连锁店房地产副总裁

布朗鞋业公司拥有并经营 Famous Footwear 和 Naturalizer 两家鞋类零售连锁店。Famous Footwear 是一个著名鞋类品牌，在美国 50 个州开了 900 多家商店，是美国最大的低价家庭鞋类连锁店。Naturalizer 是我们的女鞋旗舰品牌。它以舒适为导向，提供的鞋码范围非常广，在美国和加拿大建立了 350 多家时尚鞋店。

我们 Famous Footwear 连锁店的店址战略随着整体零售战略的变化而改变。当我们以 4 000~5 000 平方英尺的商店为主要目标时，我们会选择一般以超市为龙头的邻里购物中心和地区商场的位置作为店址；而当我们将重点转移到面积更大的 8 000 平方英尺的“大类杀手”商店时，我们更喜欢位于实力中心的店址。这些中心通常以百货折扣店和家居装饰商店（劳氏或家得宝）为龙头。我们也喜欢那些以非耐用品商店为龙头的中心，例如 T.J. Maxx、Marshall's、Old Navy、Ross、Bed Bath & Beyond 和 Linens-N-Things，因为这些商店可以吸引那些想为家人买鞋的顾客。

通常，为了将市场完全开发出来，我们在拥有 50 000 个目标家庭客户的地区开设商店。我们的底线是选择至少可以盈利的市场。为了选择商圈，我们使用各种数据来分析潜在店址，包括地理信息系统数据、品牌开发指数、人口指数、潜在市场等级指数（PRIZM）群集、可比商店分析以及 Famous Footwear 顾客特征。为了确定一个商圈是否达到我们的标准，我们需要评估人口密度、家庭收入水平、教育水平、家庭规模、是否带有小孩、平均年龄、生活方式特征及大量其他因素。然而，选址决策是科学和艺术的结合。甚至有时你使用各种分析方法得出的数据却与你的直觉相反，这时你就需要运用以往的经验来帮助判断。

从大学金融专业毕业后，我在一个开发公司工作了 3 年，然后进入了麦当劳。在来到 Famous Footwear 之前，我已经升到地区房地产经理的职位，负责新泽西、纽约市和哈特福德地区的新店开发、重新选址、模式转变及资产管理。房地产决策是一个长期的投入过程，对公司的资

问 题

- 零售商选择店址时考虑哪些因素？
- 什么是一家商店的商圈？零售商如何决定这个商圈？
- 零售商在选择某个特定店址时应考虑哪些因素？
- 零售商如何预计商店新店址的销售额？
- 零售商可以从哪里得到信息，评估潜在商店店址？
- 在商议租期时，要涉及哪些事项？

源、销售额、利润以及股东价值有巨大的影响。我了解这些决策的重要性，也非常喜欢自己在做这些决策时所承担的复杂分析工作。

第7章考察了零售商可选择的店址种类，以及零售商为何选定特定的店址种类。在本章中，我们要更详细地考察零售商如何选定特定的零售店址。

第5章强调选址决策战略的重要性。尽管选址决策能够创造战略优势，但是正如所有的战略决策一样，这些决策也是有风险的，因为需要很大的资源投入。在一个地方开商店通常需要5年或者更久的租期，或者需要购置土地建造商店。如果商店的绩效低于预期，零售商可能无法轻易地通过由别人搬进来承担租金或者购买建筑物来收回投资。

零售选址需要分析很多数据，并使用复杂的统计模型。因为大多数零售商不常做这些决策，因此对于他们来说聘请有高深技术水平的不动产分析家并不合算。因此，零售商经常通过一些公司来操作，这些公司提供评估特定地点所需要的地理数据、人口统计数据以及咨询服务。然而，在做这些选址决策的时候还有艺术因素在里面。

本章将考察零售商在选择商店店址以及商议租期时经历的几个步骤。本章第一节考察零售商为商店选择大致区域，以及决定一个区域里经营的商店数量时所考虑的因素。接着，我们将考察用来评估特定地点，以及如果商店在那个地点时估计预期销售额的几种途径。最后，我们将讨论许多零售商为其商店租赁店址时的协商条款。

评估特定选址区域

零售商在为商店选址时可能会考虑国家及其中的一些地区，比如法国的一个省或者美国的一个州，特殊的城市或者城市里的某些区域。在美国，零售商通常把分析集中在**都市统计区**（metropolitan statistical area, MSA），因为消费者倾向于在 MSA 内购物，而且分析选址机会的媒体覆盖率及人口统计数据是根据 MSA 组织的。

实 例

美国现在共有 370 个都市统计区和 565 个居住统计区。[2]

一个 MSA 指一个人口多于 50 000 居民的核心城市区域，连同与核心社区在经济、社会上高度融合的相邻社区。例如，很多 MSA 里的人往返于城市中心工作，但是住在周边区域。一个 MSA 可以由一个或者几个县组成，通常以这个 MSA 里的主要城市区域命名。例如，辛辛那提—米德尔顿 MSA 由 16 个县组成（4 个在印第安纳州、7 个在肯塔基州、5 个在俄亥俄州），有 2 009 632 人口；蒙大拿州密苏拉 MSA 由一个有 95 802 人口的县组成。**居住统计区**（micropolitan statistical area）是更小的分析单位，其核心城市区域只有 10 000 居民。[1]

商店选址的最好区域是那些对于零售商来说能够产生最高长期利润的区域。在评估一个区域时应考虑影响商店产生长期利润的因素包括：（1）经济形势；（2）竞争；（3）区域人口与零售商目标市场的战略吻合度；（4）商店运营成本（见图表 8-1）。注意，这些因素与第 5 章中讨论的零售商在评估投资新业务的增长潜力或进入国外市场时考虑的因素相类似。

经济形势

考察一个地区的人口和就业增长水平很重要，因为选址涉及大量资源的长期投入。众多的人口和较高的就业水平往往意味着高购买力和高水平的零售额。图

图表 8-1
影响地区或商圈需求的因素

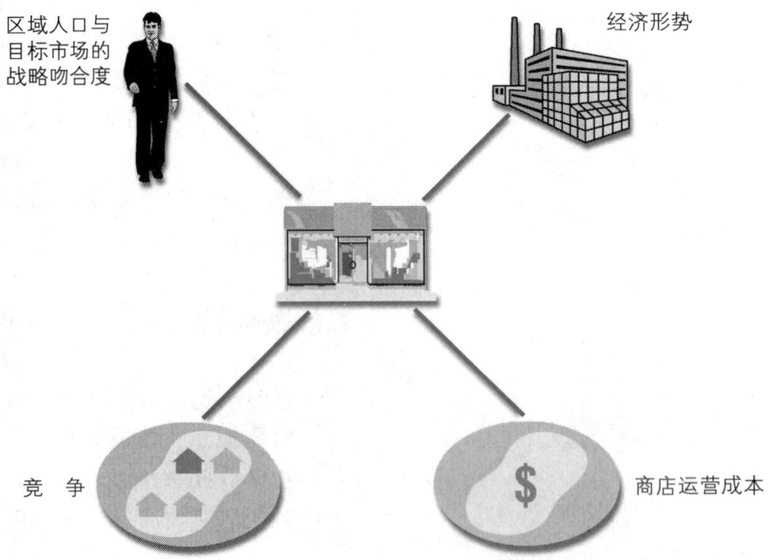

图表 8–2
都市统计区的人口增长

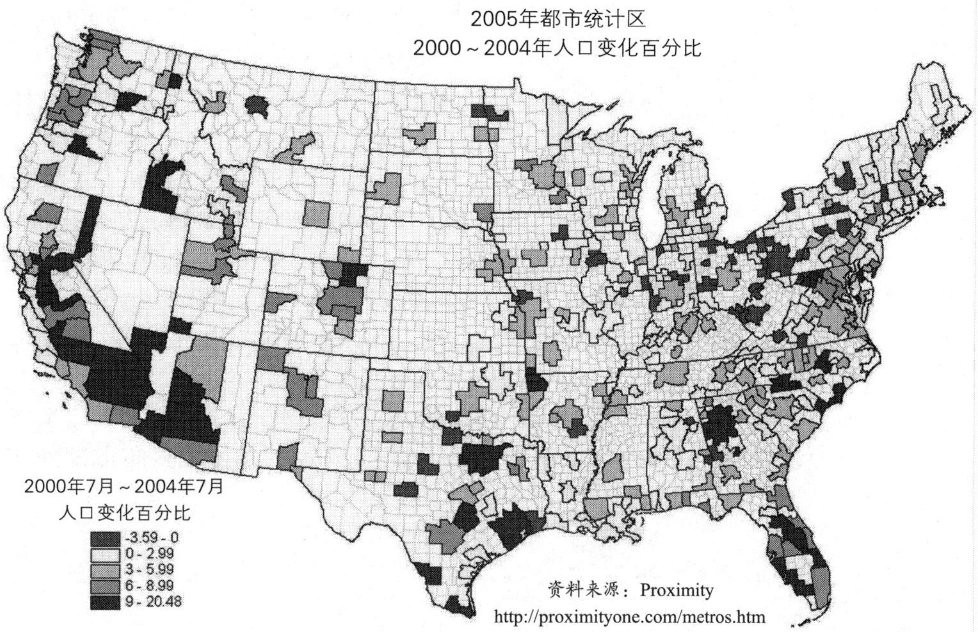

表 8–2 为美国都市统计区的人口增长示意图。

但人口和就业增长本身并不足以保证将来会有稳固的零售环境。零售店址分析人员必须决定这种增长将会持续多长时间，对店内所售商品的需求将产生怎样的影响。例如，一些“灰尘带城市”，如密歇根州弗林特的经济经历了巨大的起伏，只因这些城市过于依赖像汽车这样的特定产业。如果增长性在多种产业中没有变化，那么该地区会因其强烈的周期性倾向而不具吸引力。但是，很多传统上依赖于日益衰落的农业地区已经开始尝试引进像制造业和高科技的新产业来帮助提高经济的多元化。

同样，考察哪些地区正在快速增长及其增长原因是非常有用的。例如，华盛顿州西雅图东部由于靠近微软总部已经成为一个理想的零售选址地。但这些零售店的业绩，就不可避免地受到微软财务状况的影响。

在大多数情况下，人口众多并且持续增长的地区优于人口下降的地区。然而一些零售商，如赛百味，却经常到附近鲜有家庭居住的新条形购物中心考察，期望周围的郊区能最终发展起来以支撑商店。

竞　争

实　例

1962 年，第一个沃尔玛折扣店在阿肯色州的罗杰斯开业。[3]

一个地区的竞争水平显然会影响对零售商品的需求。沃尔玛早期的成功，就是基于在相对**商店稀缺**（understored）的小城镇开店的选址战略。商店稀缺是指一个地区商店太少，无法满足当地消费者对一些特定商品和服务的需要。沃尔玛在小城镇中提供的商品价格，是消费者之前只能驱车去更大的城市中购物才能享受到的价格。

然而，一些提供全面服务的饭店开始在邻近地区的内城区建立新的连锁店，虽然这些地方曾被视为不理想的选址区域。例如 IHOP、T.G.I. Friday's、Chili's 和 Denny's 这样的全面服务零售商纷纷从奥克兰、加利福尼亚转移到纽约这样的大城市。他们发现由于竞争少，居民可支配收入水平较高，以及大量未开发的劳动力等因素，这些之前被视为不理想的市场现在充满了吸引力。

国际煎饼屋（IHOP）在曼哈顿哈林区（纽约传统的黑人居住区）的连锁店就是一个有趣的例子。在 20 世纪 90 年代初期，哈林区的零售业和居住区开始奇妙地复兴。拥有 5 000 平方英尺面积、180 个座位的 IHOP 无论是在早餐、午餐、晚餐还是夜宵时间总是人满为患。这家店是 IHOP 餐馆 1 167 个连锁店中最好的新店之一。这个商店在一座五层楼的建筑上，由 20 世纪 20 年代著名爵士表演俱乐部 Small's Paradise 原址改造而成，著名的 NBA 传奇巨星威尔特·张伯伦曾一度成为这家俱乐部的老板。[4] 零售视野 8.1 描述全食超市是如何满足不同城市的细分市场的。

战略吻合度

人口水平、增长以及竞争因素并不是全部，选址区域还必须拥有零售商目标市场的消费者——也就是那些对零售商提供的商品感兴趣并会光顾其商店的人。所以，选址必须要有正确的人口统计和对生活方式特征的考察。一个地区内家庭的大小和构成也会成为重要的决策因素。例如，安泰勒公司（传统和职业女性服

8.1 零售视野 全食超市就在楼下

位于迈阿密的 74 层 Met3 公寓大楼以其庞大的规模和魅力足以吸引买家的眼球。然而，在迈阿密超过 50 000 座在建公寓中，使 Met3 大楼真正与众不同的是其地下的全食超市。与健身馆和门卫中心一起，全食超市已经成为美国各个城市在建高级公寓中的一个必备设施。

大多数全食超市都拥有独立店址，但是这种多功能店址为全食和公寓开发商带来了双赢的效益。地产开发商罗恩·邦德介绍说，全食超市使他在旧金山建造的一个 160 户的公寓住宅比其他公寓占有更高的市场份额。"他们的商店充满了活力，"邦德说，"他们为顾客提供齐全的炊具、准备好的食品以及可以品尝的小点心。他们正在使购物变成一种体验。"

公寓和全食超市的目标市场相似，都是以拥有高收入并且具有优雅品位的家庭为目标客户。由于城市地区超市数量有限，全食超市可以通过为这些城市居民提供便利的地理位置、诱人的商品组合和舒适的店内环境而占领这一主导市场。

公寓中的大型超市在城市居民中很受欢迎，也是全食超市的理想店址。

资料来源：Ryan Chittum, "If Whole Foods Market is Part of a Retial/Condo Complex, New Apartments Sell Briskly," *The Wall Street Journal*, May 11, 2005, p.B1. Used by permission of Dow Jones Inc. via The Copyright Clearance Center.

装连锁店）一般位于高收入、双职业家庭地区和旅游区。但家庭的大小对于该公司并不是一个特别关键的因素，相反，玩具反斗城就对有小孩的家庭聚集的地方感兴趣。

最后，根据特定零售商所追求的目标市场不同，选址决策可能还与人口生活方式的特征有关。例如，户外休闲装备公司（REI）和巴斯专业商店（Bass Pro Shops）就会对有户外运动爱好的消费者居住的地区感兴趣。

运营成本

最后，商店运营成本在每个地区都会有所不同。例如，相对于辛辛那提—米德尔顿 MSA，蒙大拿州密苏拉 MSA 的商店租金和广告费用要低得多。当然，由于人口较多，位于辛辛那提—米德尔顿 MSA 商店的潜在销售额和利润要更大。

选址地区与其他零售店所在地区之间的距离对运营成本也会产生影响。例如，如果所选店址与零售商的其他店址和配送中心相隔很近，运输费用和运输时间都由区域经理统一管理，其货物运输成本将会更低。

最后，地方和州行政法规对商店的运营成本也有很大的影响。一些零售商不愿在加利福尼亚开店，因为他们觉得州政府和地方政府、公投的政治流程，还有集体诉讼的法律环境使商店的经营成本更高。例如，加利福尼亚的立法机关已经考虑或通过法律，要求雇主提供医疗保健福利，放宽工人的索赔条件，使员工控告雇主违反工资和劳动条件的行为变得更加容易，要求雇主为经理层的职员支付加班工资，虽然这些职员与其他员工所做的工作并无多大区别。此外，州法院和法律制度支持集体诉讼，比如使残疾人士进入零售业更加容易。这对零售经营也有影响。加利福尼亚各个城市都已通过了“最低生活工资”的法律，将最低工资提高到国家法律规定的标准以上。虽然这些政治和法律规定保障了职工和消费者的利益，但是增加了零售商的经营成本，最终增加了消费者为商品所支付的费用。

一个地区内的商店数量

选好了安置店面的地区之后，零售商的下一个决策是在这个地区开多少家店。粗略地看，你也许会认为应该在每个 MSA 中选择一个最好的店址，但是更大的 MSA 显然可以支持更多的分店。然而即使是在最大的 MSA 中，商店的数量也是有限度的。在一个地区内同时开设多家分店，既会降低运营成本也会带来自相残杀的潜在危险。所以，零售商需要在这两者之间进行权衡，以决定在一个地区内开多少家店最合适。

多个商店产生的规模经济

大部分零售连锁公司在一个地区里建立多家商店，因为有利于获得促销和配送的规模经济。在一个地区，拥有 20 家商店的零售商在报纸上登一则广告的成本，与只拥有一家商店零售商的成本是相同的。在有多个商店的地区内建立新的配送中心也更加划算。所以，像沃尔玛这样的零售店就只向拥有支持零售店的配送中心的地区扩展业务；柯尔公司在进入佛罗里达市场时，同一天内就在杰克逊维尔和奥兰多开设了 14 家商店。

在一个地区内开设多家商店能够增加每家店的销售额，同时降低成本。例如，位于爱荷华州达文波特的凡穆尔公司（Von Maur，网址：www.vonmaur.com）是一个拥有 22 家商店的区域型连锁百货家族企业。由于规模经济小，公司在成本上不能与大型的全国连锁店相比，但它却拥有区域经济定位优势。公司在本地社区中拥有一批忠实的客户群，而且它的配货、定价和促销战略都是针对区域市场的需要而不是全国市场。最后，管理团队对区域市场可以有一个更大跨度的控制，管理者可以很容易地访察各个店面，并评估竞争形势。

自相残杀

在一个地区内开设多家商店虽然可以带来规模经济效益，却也给每家店带来了收益递减的后果。比如，假设一个零售专卖店在一个 MSA 中拥有 4 家销售额分别为 200 万美元的商店。由于各个店面距离较远，顾客通常只会光顾离他们最近的那个商店，也就不会出现自相残杀的局面。如果零售商选择在其中的一个店旁开设第 5 家分店，他预期新店将会产生同之前 4 个商店一样的销售额，从而自己的销售总额将会增加 200 万美元。然而，实际上销售总额只增加了 150 万美元，因为新店的地理优势在这个地区只是排到第 5 位，只能带来 180 万美元的销售额；而旁边原来的那家店销售额降到了 170 万美元。所以，由于新店吞掉了旁边那家的部分销售额，它只给零售商的销售总额带来 150 万美元的增长。

对于公司来说，最主要的零售目标是使整个连锁店的利润最大化。只要利润持续增长，从经济学上来说，就是指所开新店的边际收益高于边际成本，零售商就应该建立新的分店。沃尔玛每年在美国新开 200 多家购物中心。当沃尔玛在为新店做选址分析时，就会考虑新店对已开商店造成的影响——销售额上的自相残杀。然而，沃尔玛发现邻近的商店所带来的效益比原来设想的要大。当现有商店的年销售额达到 1 亿美元或更高时，沃尔玛特意在其附近开设新店以吞食部分销售额。基本上，相对于一家拥有 1 亿美元年销售额的商店来说，沃尔玛更喜欢两家年销售额分别为 8 000 万美元的商店。这种已开商店和旁边新店之间的互相残杀会减少新店 1~2 个百分点的销售额增长速度。然而，从长远来看，这种故意的自相残杀建立了一种竞争优势，因为在两个商店所提供的舒适购物环境下，顾客不用担心拥挤，光顾商店的总次数也就增加了。此外，在一个地区内开多家商店使竞争对手更难进入这个地区，从而增加了自己的市场份额。[5]

对于像赛百味这样的特许经营店来说，相隔很近的两家店之间的自相残杀是严重的事件。

对特许经营来说，特许者和特许加盟者却有不同的目

实　例

在美国，每 8 分钟就会有一家新的特许经营店加入到已有 320 000 多个成员的特许经营大家庭中来。[6]

标，所以在一个地区内开设多少家分店是个有争议的问题。由于其特许权费是建立在所有店的销售总额之上，所以特许者希望使所有店的总销售额最大化；而特许加盟者却只关心自己所经营商店的销售额和利润。因此特许者并不像特许加盟者那么关心一个地区内多家店之间的互相残杀。为了减少这种矛盾，大多数特许经营协议会给特许加盟者一个特许经营的区域，这样其他的加盟者就不会直接与之竞争了。

评估店址

决定好在哪个区域开设新店后，接下来零售商需要评估选择一个具体的店址。做这个决策，零售商需要考虑以下 3 个因素：（1）店址特征；（2）这个店址所在商圈的特点；（3）在这个店址一家商店所能带来的预期潜在销售额。前两个因素一般是考察店址初期需要考虑的。预计商店销售额，也就是第 3 个因素，则涉及更为复杂的分析过程。这 3 个因素在接下来的部分都将得到讨论。

店址特征

店址的某些特征影响商店销售额，因此在选址时需要考虑的店址特征有：（1）经过店址的交通流量和店址的可接近性；（2）地点特征；（3）店面成本（见图表 8-3）。本章最后一节关于谈判租约问题中也将再次回顾店面的成本问题。

图表 8-3
店址特征

交通流量和可接近性	限　制
车流量	地区规划
车辆出入难易度	指示牌
主要公路的可接近性	租户组合限制
街道拥挤度	安全守则限制
人流量	
公共交通的方便程度	
地点特征	**成　本**
停车位	租　金
商店进出口通道	公共区域维护成本
商店可见性	地方税
交货通道	广告宣传费
商店大小和形状	租赁期限
建筑条件	
邻近零售商	

交通流量和可接近性

经过店址的车流量和客流量，或者叫做**交通流量**（traffic flow）是影响商店销售额的重要因素之一。交通流量大的地方会有更多的消费者进出商店，所以，零售商经常用计算交通流量的方法评估店址的吸引力。对于出售可以吸引冲动购物者的商品和服务的零售商来说，计算交通流量特别重要，比如便利店和洗车店；而对于目标商店而言，就不那么重要了。

例如，Wireless Toyz 公司是一家专门经营各种手机品牌服务、设备和附件的一站式购物零售店。在评估新店址时，公司倾向于寻找拥有 50 000 人口以上以蓝领阶层为主的中产阶层居住的地方，并且位于日车流量达 50 000 以上的十字路口。当然，许多其他的零售商也在寻找这样的独立店面。然而，Wireless Toyz 公司愿意考虑带有旧楼的小地方，将其翻新变成诱人的零售目的地。[7]

然而，并不是交通流量越大越好。交通流量是零售商需要权衡的一个因素。商店附近应该每天都有大量的车流经过，但又不能堵塞交通，使顾客难以到达商店。

为了衡量交通流量水平，零售商可以去店址实地考察交通流量，或是雇用专门的公司来做这件事情。然而，经过店址的车流量并不能完全说明问题。例如，所搜集的数据需要根据一天当中具体的时间进行调整。在高峰期很拥挤的路段在

8.2 零售视野 一个合适拐角的重要性

一个零售商的倒闭可能会成为另一个零售商的机遇。位于北卡罗来纳州威克森林的琼斯五金及建筑供应商店曾经成功度过了大萧条时期，并且镇上最大雇主的搬离也没有对它造成多大的影响。因此，在家得宝进入威克森林时，它相信自己依然能够克服其所带来的不利影响。然而，家得宝新店和塔吉特商店的建立却改变了原有的交通布局。新的十字路口阻碍了车辆左转进入商店的停车场，严重损害了琼斯五金原本引以为豪的、出入方便的珍贵角落地段。需要左转的顾客不得不绕一个大弯通过毗邻的温迪克斯商店停车场进入琼斯五金。也许是交通上的不便利，也许是受新坐落在家得宝对面的劳氏家居连锁店的影响，这个小零售连锁店的命运从此改变，在两年之后关门。

沃尔格林选择能提供便于车辆靠窗取药这一客户增值服务的店址。

不久，这个角落位置成为了另一家商店——沃尔格林药店在这个地区的第一个店址。这个位置非常符合沃尔格林的基本房地产战略——方便下班经过的通勤族进出商店。而这个位置刚好能让下班回家的人轻松右转进入商店的停车场，因为原琼斯五金的店址面对着下午通勤族交通的一个关键大动脉。而沃尔格林对面的 CVS——另一家医药杂货商店则不那么方便了，只有忠实客户才会费那左转的周折进入它的停车场。

资料来源：Connie Gentry, "Science Validates Art." Reprinted by permission from *Chain Store Age*, April 2005, pp. 83–84. Copyright Lebhar-Friedman, Inc., 425 Park Avenue, New York, NY 10022.

其他特别是购物黄金时间里可能会有很大的交通流量。

店址的**可接近性**（accessibility）与交通流量同样重要，它是指顾客出入商店的难易程度。位于带有交通灯和多条行车道的交通干线或不拥挤的高速公路旁的商店更容易让人接近。零售视野 8.2 描述可接近性对于零售商店的重要性。

天然障碍（natural barriers，如河流和山丘）和**人工障碍**（artificial barriers，如铁轨、切分或限制进入的公路或停车场）都有可能影响可接近性。这些障碍对于特定店址的影响主要取决于商店里的商品或服务是否有足够的吸引力能够让顾客穿越障碍。例如，若没有方便的天桥过马路，位于公路一旁的超市就只能吸引这一侧的消费者。

在美国，大多数消费者开车去购物中心，所以车辆交通是评估店址的一个重要因素。然而，对于没有开车购物习惯的国家来说，在评估城市和封闭型复合商城里的店址时，人流量和公共交通的方便程度对于店址分析更为重要。

地点特征

零售商在评估店址时应考虑的具体地点因素包括：（1）停车设施；（2）商店可见性；（3）邻近零售商。

停车设施

停车设施的数量和质量是评估购物中心或中心里某一特定店址的关键因素。一方面，如果停车位置不够或离商店太远，顾客就会感到光顾该店址和商店不方便。另一方面，如果停车场空位过多，人们就会以为这个商店顾客稀少，不受欢迎。购物中心的标准比例是 5.5:1 000（即每 1 000 平方英尺零售商店面积配备 5.5 个车位），而大型超市为每 1 000 平方英尺配备 10~15 个车位。

零售商需要在每天的不同时间，或是每周、每季的不同日子考察购物中心。他们还必须考虑到员工的停车位、公司用车的停车位、不购物顾客的停车位，以及购物时间的一般长度。

还有一个与可用停车设施数量密切相关，关系到购物中心自身的因素便是该区域的相对拥挤程度。**拥挤程度**（congestion）是指车辆或人群的数量。顾客对拥挤程度有个最佳的适应范围，过于拥挤会使购物速度很慢，使顾客感到不快，从而影响销售额。另一方面，商店里活跃的氛围又会提高顾客的兴奋度，从而提高销售额。[8]

可用停车设施是评估店址的一个重要因素。

可见性

可见性（visibility）是指顾客是否可以从街上看见商店。对于那些已有忠诚顾客基础的商店而言，可见性并不是一个重要的因素，然而大多数零售商仍然希望顾客可以直接看到他们的商店。在那些人流量很大的地区（如旅游中心或大城市），让顾客从路上就能看到商店尤其重要。

邻近零售商 与具有互补性和竞争性的零售店相邻能带来更多的客流量。具有互补性的零售店针对相同的市场目标，却提供非竞争商品。例如，Save-A-Lot，一家以对价格敏感的顾客为目标客户的有限分类超市，就喜欢与其他有相同目标客户（例如 Family Dollar 甚至沃尔玛）的零售商开在同一个地方。

你是否注意过相互竞争的快餐店、汽车经销店、古董店，甚至一个商场里的鞋店和服装店都集中在一起？这样就使寻找此类商品的消费者购物更为便利，也能使其在各种商品之间做比较，这个问题我们在第 7 章曾讨论过。在便利选购的情境中，消费者希望能轻松地做出选择；或者有一个很好的商品分类，这样他们就能“逛街”。

这种店址选择方法是基于**累计吸引力**（cumulative attraction）原则的考虑，即一群相似并且具有互补性的零售店聚在一起，相比于从事相同零售活动的孤立商店会产生更大的吸引力。

限制和成本

在本章后面我们将会学到，在购物中心租场地时，零售商可能会在租赁协议中对承租者类型制定一些限制条件。其中的一些限制条件能使这个购物中心对于零售商更有吸引力。例如，专门经营男装的零售商会更喜欢排斥其他男装店进入该购物中心的租赁协议。在条形购物中心的花店也会在协议中特别指出，如果这个地区的龙头杂货店退出该中心，那么它也可以无条件退出。另一方面，零售商不喜欢对商店标志尺寸有限制的购物中心，因为那样顾客就不那么容易看见店名了。在本章最后，我们将讨论谈判租约时涉及的其他限制和成本问题。

购物中心内的店址

商店位于购物中心对其销售额和店面成本都会产生影响，较好的位置通常会使店面成本增加。在条形购物中心，靠近超市的店址比较昂贵，而药店或花店之类可以吸引冲动消费者的商店就应该靠近超市。但是像修鞋店之类的商店（别指望冲动购物者）就可以位于比较偏僻的地方，因为需要这种服务的顾客会自己寻找商店。换句话说，它是目标商店。

同样的道理也适用于评估多层次封闭式的购物商城。位于龙头百货商店（它们是喜欢对比的服装购买者的目标商店）四周的商店虽然店面租金较贵，却有更多的优势，因为它们迎合了消费者特别是时装购买者喜欢比对商品的心理。服装购买者逛完百货商店后可能会被吸引去逛邻近的这些专卖店。与之相反，另外一些目标商店如福洛克（Foot Locker）就不需要把商店开在这些最贵的地段，因为许多顾客甚至在来之前就已经知道这家商店专门出售哪类商品了。

另一种考虑是如何安置面对相似目标顾客的商店。事实上，顾客都愿意在商品分类齐全的商店购物。累积吸引力的原则不仅适用于互补的商店，也适用于直接相互竞争的零售商。图表 8–4 是马里兰州哥伦比亚市社区规划里的哥伦比亚商场地图。这个商场的商圈拥有 753 000 人口，位于富有的霍华德县，介于马里兰州

图表 8-4
封闭型购物商场中的零售商店示意图

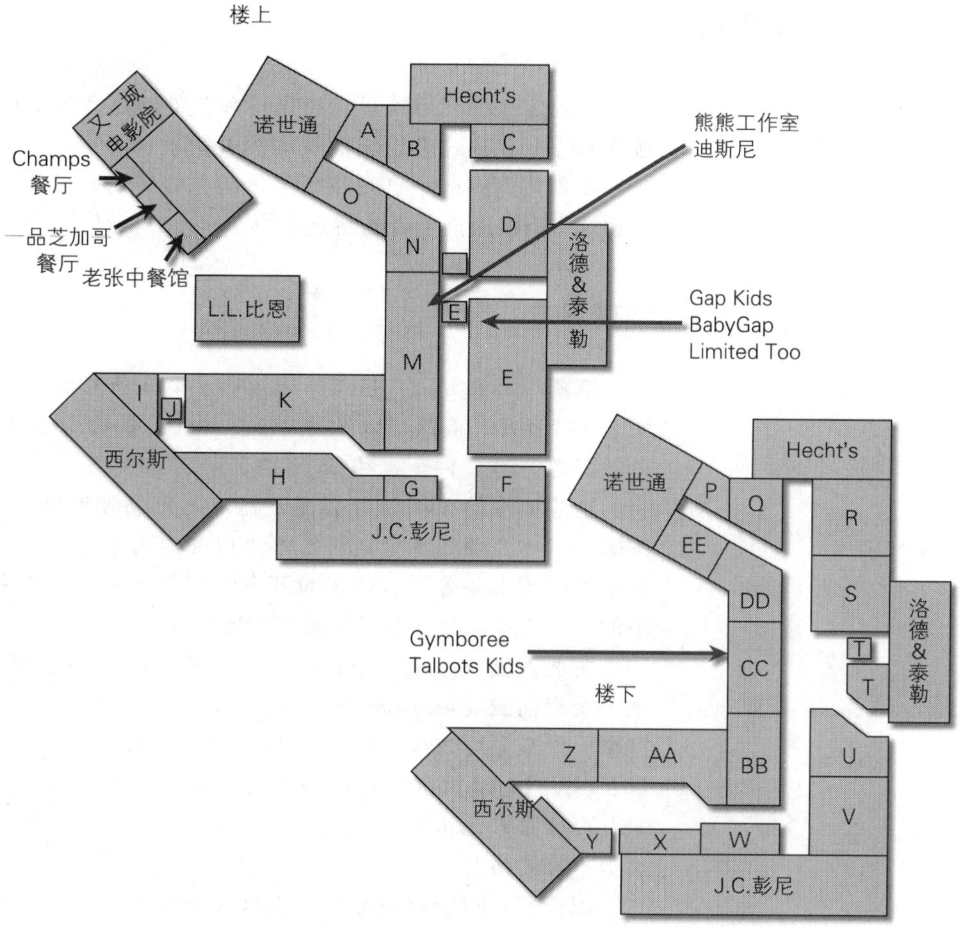

资料来源：http://www.themallincolumbia.com/ShopDine/CenterMap/. Used by permission of The Mall in Columbia. All rights reserved.

巴尔的摩和华盛顿特区之间。在经过一次大的扩建之后，这个购物商场在 2003 年呈现出新的面貌，新增了 80 000 平方英尺的店铺和娱乐场馆。新入驻的商店包括在中心周围的 3 个餐馆：老张中餐馆（P.F. Chang's）、一品芝加哥（Uno Chicago Grill）餐厅和 Champs 餐厅，一个最先进的 14 屏超大电影院，以及众多的品牌商店：L.L.比恩、Domain、复兴五金、 香蕉共和国、bebe、熊熊工作室、阿贝克隆比 & 费奇、星巴克、J. Crew 和格斯（GUESS）。

> **实 例**
> 70%的劳氏家居商城都坐落在家得宝商店 10 英里范围内。[9]

在扩建过程中，商场里的许多专卖店重新调整了定位，同类商品的商店搬到一起以便更好地吸引它们的目标客户。儿童服装及相关产品专卖店的位置就是一个很好的例子。从图表 8-4 可以看到，位于楼下 CC 区的 Gymboree 和 Talbots Kids 两大儿童服装品牌紧挨在一起。通过自动扶梯上楼之后，忙碌的父母和他们的孩子就来到了同在 M 区的熊熊工作室和迪斯尼商店。直接穿过通道可以看到更多的儿童服装和饰物品牌：GapKids、BabyGap 和 Limited Too。

商圈特点

在确定一些交通流量、可见性和其他地点特征都可接受的店址之后，零售商接下来需要收集这个店址商圈的相关信息预测这个店址的潜在销售额。零售商首先需要划定商圈。一旦商圈确定之后，零售商可以使用各种不同信息来源来详细了解这个商圈内消费者的特点。

商圈界定

商圈（trade area）是指形成商店主要销售额和顾客的一块相邻地理区域。如图表 8-5 所示，商圈可以划分为 3 个地带。购物中心以方格表示，其商圈划分为 5 分钟车程、10 分钟车程和 15 分钟车程 3 个地带。

这些地带的准确划分会由于特定零售商和地理区域的差别有所不同。所以，图表 8-5 中商圈的 3 个地带并不是以商店为中心的同心圆，而是根据街道、公路和诸如河流山谷等天然障碍对开车时间的影响划分出来的不规则多边形。相互竞争的商店位置也会影响实际的商圈形状和大小。

主要商圈（primary trading area）是指购物中心或商店 50%~70%的顾客来源地。**次级商圈**（secondary trading area）是指在销售额上处于第二重要位置的地理区域，创造大约 20%~30%的顾客。**第三级商圈**（tertiary trading area）或**边际地带**（fringe，最边缘地区）包括剩下的其他分散地区的顾客。这些顾客从远地开车而来，可能是其住所附近缺乏足够的零售商店，或者该商店或购物中心正好位于顾客上下班的路上。

用行车时间能够较好地定义这 3 个地带。所以，主要商圈可以定义为 5 分钟

图表 8-5
商圈地带

车距以内地区，次级商圈可以定义为15分钟车距以内地区，而第三级商圈则是15分钟车距以外的地区。然而，以地理上的距离来划分这3个地带，要比行车时间更容易收集不同地带的人口数量及其特征信息。所以，零售商经常以距离而不是行车时间来定义不同的地带，比如距离商店3英里、5英里和10英里。

商圈大小的影响因素

商圈的实际界限是由我们前面已经讨论过的商店的可接近性、天然障碍及竞争水平决定的。除此之外，其界限还受到购物区域类型和商店类型的影响。

商圈的大小受商店类型或购物区域的影响。例如，一家7-Eleven便利店的商圈可能不超过1英里；一家品类专卖店如百思买的顾客则可能在10英里以外的地方；而乡村地区的沃尔玛超市可能吸引到30英里以外的顾客。商圈的大小取决于所售商品的性质、商品分类和其他销售同类商品商店的位置。便利店成功的原因在于它可以使顾客快速便捷地买到牛奶面包之类的产品，如果顾客必须从大老远驾车来购物，便利店也就不比超市更方便了。品类专卖店则提供更多的商品和品牌让顾客去对比选择，所以顾客愿意花时间开车来品类专卖店购物。

目标商店（destination store）是指在商品、选择性、展示、定价或其他一些独有特征方面能够吸引顾客不管其他邻近商店如何而前来购物的商店。一般而言，目标商店的商圈比较大，人们愿意大老远驱车前去购物。目标商店包括购物中心的龙头商店如百货商店，特定排他性专卖店如Polo/拉尔夫·劳伦，“大类杀手”如史泰博和欧迪办公用品公司，还有一些服务提供商如IMAX电影院。

附着式商店（parasite store）是指那些自己并不能吸引顾客的商店，它们的商圈是由购物中心或零售区域中的主要零售商决定的。一家干洗店对于沃尔玛来说就是一家附着式商店，人们往往在来回沃尔玛或其他商店的路上在干洗店停留。因此，这家干洗店的生意就来源于沃尔玛及该区域内的其他商店。一些零售专家认为沃尔玛对一个商圈里的竞争可能会有不利影响，因为它实在太强大了。然而，那些提供与沃尔玛互补的商品或服务（而不是与其直接竞争）的附着式商店实际上会从中获利。

例如，美国最大的聚会用品连锁店Party City在41个州开了249家分店和257家特许经营店。它们提供无数新奇好玩的聚会用品供人们选择，以装扮各种庆祝活动，如生日聚会和周年纪念，以及万圣节和感恩节等各种节日聚会。据估算，包括巧克力和糖果等相关产品在内，聚会用品的市场额高达120亿美元。Party City喜欢将商店开在沃尔玛和塔吉特旁边，原因有3个：第一，它的聚会用品种类比沃尔玛和塔吉特都要多；第二，这两个折扣零售店巨头可以为购物中心带来更多的顾客；第三，它们可以吸引购买大量聚会用品的顾客。[10]附着式商店的例子还包括食品店以及复合商城中的电子商亭。

评估零售店址的商圈

零售商可以利用顾客定位确定已开商店的商圈。**顾客定位**（customer spotting）是指在地图上确定顾客的住址，标出他们与商店地址相关位置的过程。定位顾客的地址通常来自于对顾客的询问、顾客支票购物或网上购物记录的信息，或者在推出忠诚顾客活动时进行收集。还有一种老方法就是根据停车场上汽车的牌照追查车主，牌照信息从政府部门或是私人调查公司购买。但是，这个方法被认为不是很精确，而且在一些州是非法的，即使这可能是了解竞争对手商圈最容易的方法。通过顾客定位所取得的这些数据可以有两种处理方法：在地图手工标出每个顾客的位置，或者运用地理信息系统，我们将在下面部分详细讨论。零售视野 8.3 描述多渠道零售商如何使用非销售数据定位顾客和决定潜在店址。

评估新店址的商圈比评估已开商店的商圈更加有挑战性。然而，零售商通常会利用已开商店商圈的信息来评估新商店的商圈。例如，一个拥有 7 000 平方英尺的体育用品连锁店位于购物中心旁，那么其主要商圈可能包括 10 分钟车距以内地区，次级商圈是 10~20 分钟车距地区，第三级商圈是 20 分钟车距以外的地区。

8.3 零售视野 多渠道零售商的顾客定位

使用商品目录和互联网进行销售的多渠道零售商在选择和评估潜在店址方面比店面零售商更有优势，因为它们可以运用其顾客数据发现哪些店址可以带来更大的利润。例如 Talbots，一个多渠道服装专卖零售商，它主要依赖目录和网络销售数据来决定是否开新店以及在哪里开店。它已经开发并验证了一个使用非店面销售数据来确定顾客位置和顾客需求的公式。假设 Talbots 去年在某一地区的目录销售额为 150 000 美元，那么 Talbots 若在此地区开一家实体店，这家店的零售额将达到 100 万~150 万美元。

Talbots 使用目录顾客的地址信息决定未来店面的优势店址。

正是使用这些非店面销售数据，Talbots 成功地在其他零售商所忽视的场所建立了分店。Talbots 曾经认为其传统风格只能吸引东北部和中西部地区的女性，然而它在许多阳光地带的优秀目录销售业绩让它改变了这一想法，因此在气候温暖地区开了许多分店。非店面销售数据也发掘了一些 Talbots 通常不会考虑的地方。例如，尽管距离纽约北部 75 英里的费什基尔（Fishkill）是一个只拥有不到 20 000 人口的小城，但它却给 Talbots 带来了丰厚的利润。这个公司业绩最好的一些商店也是位于通常被人所忽视的地方。在这些城镇及其周围地区，Talbots 已经建立了一批忠实的客户群，成为许多人的购物目的地。

资料来源：Paul Miller, "Location, Location, Location," *Catalog Age*, May 2004, pp. 55–56. Reprinted with the permission of Primedia Business Magazines & Media. Copyright 2004. All rights reserved.

假设正在考虑的新店址所在的地区有相似的人口统计和生活方式特征，零售商就能够以 10 分钟和 20 分钟车距的标准来界定新店址的商圈。

商圈的信息来源

为了进一步分析一个潜在店址的吸引力，零售商需要搜集这个店址商圈内消费者和竞争对手的信息。两个广泛使用的商圈内消费者特征的信息来源是：（1）美国人口普查局出版的《美国 10 年人口普查》数据；（2）由几家私人商业公司提供的地理信息系统（GIS）数据。

> **实　例**
> 美国是第一个开展阶段性人口普查的国家。[11]

美国人口普查局的人口统计数据　**人口普查**（census）是指在某一特定日期里全国的人口数目统计。美国的第一次人口普查是在 1790 年，正值宪法规定的众议院重组时期，人口普查为其提供了各州的人口数据。

每 10 年，人口普查都会收集美国每个家庭的人口统计信息，包括性别、年龄、种族、教育、婚姻状况等等。10 年人口普查所调查的很多问题是由联邦法律规定的，并且在不同的时期根据数据调查的需要和国家所关心的问题会有相应的变化。例如，现在的调查问卷不会再有家庭用电情况和电视机拥有量这样的问题了，取而代之的是继子、儿童抚养及家里是否使用太阳能这样的问题。更近一些，关于祖父母作为孩子主要照顾者的问题也有涉及。10 年人口普查不仅仅是统计人头数目，还显示了包括人口统计特征在内的美国社会和经济的各个方面。

> **实　例**
> 加利福尼亚、佛罗里达和得克萨斯占美国人口的 1/4，并占 1940~2000 年间美国人口增长的 38%。[13]

美国人口普查局的阶段性总结报告数据主要来源于两个方面：每个人的人口统计数据和抽样调查的新增数据。人口普查的最小地理单位为一个**普查区**（census block），指以各种可见特征（如公路、河流等）和不可见特征（如州县边界）为边界的区域。在美国，一共有 700 万个普查区，每个区大概有 40 人居住。而抽样调查数据的最小单位为**普查群**（block group），由几个邻近普查区构成，人口在 300~3 000 之间。除此之外，还可以以更大区域范围来收集数据：邮区、普查地带（由邻近普查群构成）、县、州以及地区。[12]

虽然美国人口普查局提供的人口统计数据能够帮助更好地了解一个地区或商圈的消费者特征，但它也有一些局限性：第一，虽然其预测比较精确，但由于每 10 年才有一次人口普查，所以数据的时效性不强。第二，人口普查只能提供一个地区的人口统计数据。我们在第 4 章讨论过，人口统计数据并不总是预测消费者购买行为的最好方法。第三，人口普查的数据使用起来并不便捷。特别是想要使用普查数据来评估某些特定产品或服务店址的商圈非常困难。所以，大多数零售商一般使用专业公司提供的地理信息系统评估潜在店址的商圈。

地理信息系统供应商　**地理信息系统**（geographic information system, GIS）是一个软硬件系统，用来储存、检索、组合和分析地理数据。该系统还包括操作人员和进入系统的其他信息。地理信息系统的一个主要特征就是可以使用坐标系统（纬度/经度）精确地定位地球上的任何一个地方。这个系统的数据包括具体的地理信息，比如河流、道路，以及描述型信息，例如，街道地址以及街道上每个家庭的信息特征。

图表 8-6
一个都市统计区内银行商圈 GIS 地图

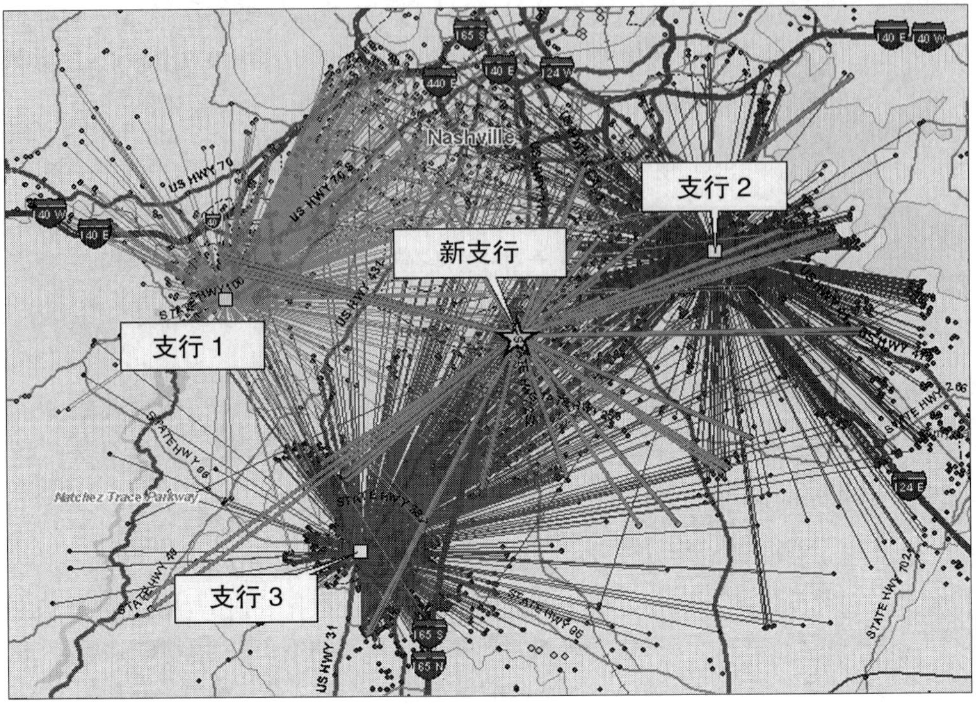

ESRI（www.esri.com）、Claritas（www.claritas.com）和 MapInfo（www.mapinfo.com）都是专业的地理信息系统供应商，他们收集最新的人口统计数据和其他数据来分析一个地理区域的支出形态和生活方式，他们还提供一个用户友好的界面，这样零售商就能很方便地得到这些数据进行分析。因为大多数的分析结果都是通过地图形式让零售商能够快速形象地看到数据分析结果。例如，图表 8-6 中地图显示的是零售商在一个都市统计区内 3 家支行和第 4 家潜在支行的商圈，以及银行客户的相关地址。这个地图表明人们通常去工作地点附近的银行，所以新支行可能会影响其他支行的业绩。

例如，一个零售商如果想进一步了解店址周围的商圈，只要将他所考虑店址的经纬坐标和街道地址告诉 ESRI 公司，ESRI 的地理信息系统就会给零售商提供 2007 年这个店址 3 英里、5 英里和 10 英里辐射范围内居住人群的以下信息，而 2012 年的信息也可以通过程序计算出来。

性　别	职　业
收　入	去上班所用的时间
可支配收入	上班的交通方式
净产值	家庭构成
教　育	NAICS 类产品的家庭消费
年　龄	细分市场的地理人口信息
种　族	市场潜在指数
就业状况	潜在消费指数

图表 8–7 一个商圈内零售商品消费的地理信息系统数据

零售商品和服务消费
样本

美国某一城市的123主要街道	**店址类型：辐射型**	纬度: 38.8828 经度: –77.1175 辐射范围: 1.0英里

主要细分市场：		人口统计:	2005	2010
年轻上班族	42.0%	人口	33 753	35 478
时尚引领者	14.9%	住房	16 184	17 159
外来人士	14.0%	家庭	6 422	6 423
都市新贵	11.7%	平均年龄	36.3	39.1
上层富裕人士	8.8%	平均家庭收入	$88 053	$111 040

服装商品和服务	**潜在消费指数**	**平均消费额**	**总额**
男　装	173	$4 784.07	$77 425 416
女　装	171	$893.18	$14 455 151
童　装	173	$1 563.72	$25 307 319
鞋　类	184	$710.48	$11 498 376
钟表珠宝	180	$900.79	$14 578 346
	181	$454.26	$7 351 743
服装商品和服务	180	$261.65	$4 234 481
电脑产品			
家用电脑和硬件	176	$433.43	$7 014 696
家用软件和配件	175	$51.33	$830 718
食品	168	$13 321.86	$215 600 940
家用食品	166	$7 882.64	$127 572 631
面包和谷物食品	166	$1 178.88	$19 079 020
家禽鱼肉和蛋类	165	$2 094.91	$33 904 094
乳制品	165	$848.78	$13 736 682
水果和蔬菜	171	$1 422.83	$23 027 067
	164	$2 337.23	$37 825 768
小吃及其他在家吃的食物			
外出用餐	172	$5 439.43	$88 028 309
酒类	187	$958.43	$15 511 283
在家喝的非酒精性饮料	164	$850.73	$10 531 477
医疗保健用品			
非处方药	155	$153.81	$2 489 307
处方药	131	$707.64	$11 452 487
眼镜和隐形眼镜	152	$130.42	$2 110 794

资料来源：Retail Goods and Services Expenditures Sample reprinted courtesy of ESRI.

图表 8–7 是一份关于一个商圈内居民消费的零售商品和服务的报告样本。除了人口统计数据以外，这个报告样本还包括一些其他的特殊数据——商圈内的生活方式市场细分和各种零售商品的购买力指数，我们在下章还会讨论这个问题。

在罗布·乔治成为温迪公司（Wendy's）GIS 部门经理之前，温迪的人口统计数据只是用来做选址决策。现在，GIS 数据不再仅仅是用来统计基本的家庭收入了。在公司层面上，公司使用数据模型帮助决定哪些宏观市场是需要关注的，比如说迈阿密和盐湖城哪个市场更值得关注。微观上，温迪可以使用GIS工具来决定一个市场中的具体店址。使用第4章中讲过的Claritas的网上工具，乔治可以用已开商店的销售额预测新店址的销售额。乔治说："我们的地产经理只要花不到一分钟的时间，就可以将潜在店址和其他有相似特征的4个已开餐馆的店址进行比较。"

"这个基于网络的GIS地图太强大了，因为许多细节都可以显示出来，"乔治继续说，"我们的地产经理甚至可以看到这个地区的交通流量、购物中心位置、竞争水平以及周围地区的情况。而且所有信息都可以随着市场变化随时更新。这比看墙上用许多色彩标注的地图要方便多了——地图合上之后，那些彩色标注地带随时都可能改变。"[14]

市场细分 ESRI和其他的GIS供应商已经开发了一种新的方案，可以使用GIS地图将人口普查数据和其他关于居民生活方式和购买行为的调查数据结合起来，以此划分美国的地理区域。这个方案依据的是一句古老的格言："物以类聚，人以群分。"也就是说，同一个社区的人总是表现出相似的生活方式和消费行为特征。

这个ESRI社区市场细分方案将社区群体分成65种类型。下面讨论的是图表8-7中商圈内的最大一个组群——年轻上班族。[15]

年轻上班族（metro renters）是指受过良好教育，在纽约、芝加哥和洛杉矶这样的大城市里刚刚开始工作的人群，其中30%的人只有20多岁。他们的平均家庭收入是504 000美元，并且其增长速度比大多数细分市场都要快。年轻上班族大都在高大的老房子里租住；有的单独住，有的跟别人合租。年轻上班族大多为自己消费，买设计师设计的女士牛仔服、滑雪服和运动服饰等等。他们喜欢与朋友一起出去玩或者在家里聚会，还有很多娱乐休闲活动，例如听摇滚演唱会、看电影、跳舞、打网球、练瑜伽、健身、滑雪和慢跑。另外，上网冲浪也是他们生活中非常重要的一部分。他们要上网找工作、听广播、订购机票和演唱会门票。

还有其他一些类似的商业GIS系统也非常有竞争力，比如第4章中讲到的Claritas公司开发的按邮政区划为基础的潜力等级指数。

潜在消费指数 如图表8-7所示，**潜在消费指数**（spending potential index, SPI）是指一个特定商品或服务在某一商圈内的平均消费与全国的平均消费之比。图表8-7中，男装的潜在消费指数为173，美国的平均消费指数为100，也就是说这个商圈内男装消费水平比美国其他地方的平均水平要高出73%。而这个商圈内其他商品和服务的消费水平也都比全国平均水平要高。

图表8-8是一个购物中心商圈内具备理想地理人口统计特征消费者的位置分布图。可以看到，大部分理想消费者并不在主要商圈范围内，所以这个购物中心的位置并不理想。

商圈内的竞争水平

除了商圈内消费者的信息之外，零售商还需要了解这个商圈内的竞争水平和竞争类型。除了GIS供应商可以提供竞争对手地理位置的信息，还可以通过其他渠道

图表 8-8
一个购物中心商圈内目标客户的位置分布图

获得这方面的信息。例如，大多数零售公司的网站上不仅列出了所有现有的店址，还列出了许多潜在的店址。另外一种比较传统的获得竞争信息的方法是查看电话黄页。竞争力信息的其他来源包括：由贸易协会、商会、《连锁店指南》（由 CSG 信息服务公司出版，www.csgis.com）以及市、县政府出版的号码簿。

预测潜在销售额的方法

通常，使用商圈信息预测商店潜在销售额的方法有 3 个：（1）赫夫引力模型；（2）回归分析法；（3）类比分析法。

赫夫引力模型

赫夫引力模型（Huff gravity model）[16] 引用地球引力概念预测零售店销售额：消费者被吸引到商店就像牛顿学说中的苹果被吸引到地面上来一样。在这个模型中，这个吸引力来自两个因素：商店的规模（大商店往往有更大的吸引力）和去商店所用的时间（人们往往较少去需要花更长时间才能到的商店）。为了预测顾客去特定商店购物的概率，分析人员制定了一个数学公式：

$$P_{ij} = \frac{S_j / T_{ij}^{\lambda}}{\sum S_j / T_{ij}^{\lambda}}$$

P_{ij} = 顾客 i 到店址 j 购物的概率

S_j = 店址位于 j 处的商店规模

T_{ij} = 顾客 i 到店址 j 的时间

这个公式表明，这个商店的规模（S_j）与竞争对手的规模相比越大，顾客在此购物的概率就越高。在顾客的眼中，大规模的商店更具有吸引力，因为里面会有更多的商品和分类。购物路径所花的时间或距离（T_{ij}）与这个概率成反比。与竞争性店址相比，如果消费者距离越远或所需时间越多，那他到该店址购物的概率就越小。通常，顾客更愿意去比较近的商店购物。

指数 λ 反映出行时间和商店规模的相对影响。当 λ 等于 1 时，商店规模和去商店所需时间对这个概率有一样大的影响；当 λ 大于 1 时，去商店所需时间的影响更大；当 λ 小于 1 时，商店规模的影响更大。当去某一种特定类型的商店时，消费者选择的购物出行方式影响 λ 值的大小。例如，与选购品相比较，去商店所需的时间和路程因素对便利商品而言更加重要，因为人们更愿意为了一双新鞋而不是一夸脱牛奶去远地方购买。所以，如果商店或购物中心经营的是便利商品而不是比较选购商品，就赋予 λ 较大的值。通过描述现有商店购物模式的数据一般能估计出 λ 值的大小。

通过图表 8–9 了解如何运用此模型。一个小镇里有石溪区和橡树带区两个社区。镇上现在有一个 5 000 平方英尺的药店，其年销售为 800 万美元，其中 300 万美元来自橡树带社区，500 万美元来自石溪区。另一家竞争性连锁药店考虑在这个地区开一个 10 000 平方英尺的商店。如图表所示，石溪区社区的居民去现有药店的平均驾车时间为 10 分钟，而去新药店只需 5 分钟车程。相反，橡树带社区的居民去现有药店只需 5 分钟车程，而去新药店需要 15 分钟。根据以往的经验，新连锁药店的 λ 值为 2。使用赫夫引力模型，可以计算出石溪区社区的顾客去新药店购物的概率 P_{RC} 为：

$$P_{RC} = \frac{10\ 000 \div 5^2}{10\ 000 \div 5^2 + 5\ 000 \div 10^2} = 0.889$$

橡树带社区的居民到新药店购物的概率 P_{OH} 为：

图表 8–9

赫夫引力模型预测商店销售额的应用

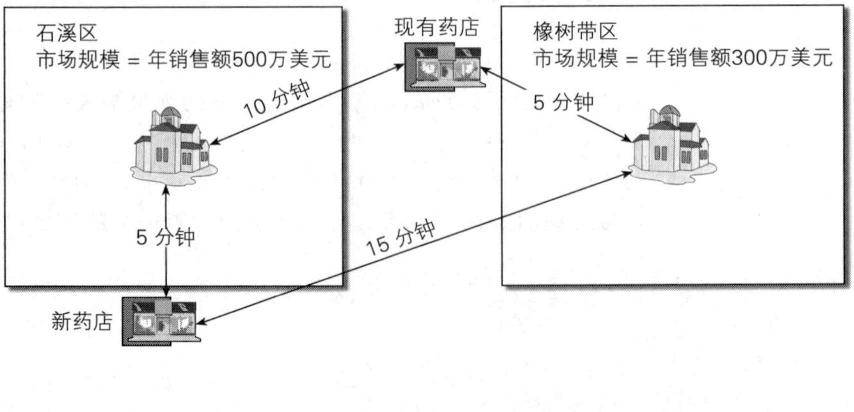

$$P_{OH} = \frac{10\ 000 \div 15^2}{10\ 000 \div 15^2 + 5\ 000 \div 5^2} = 0.182$$

所以这个新药店的预期销售额（购物的概率×市场规模）为：

0.889 × 300 万美元 + 0.182 × 500 万美元 = 4 910 000 美元

这个简单的应用假设新药店进入后，这个地区的药店市场规模仍然维持在 800 万美元。我们也可以考虑新药店加入后会增加药店市场的总规模。此外，我们可以不为每个社区中的普通顾客进行计算，但是可以计算出每个社区中顾客去新药店购物的平均概率。

虽然赫夫引力模型只考虑影响销售额的两个因素——到商店所需时间和商店规模，计算结果往往比较准确。因为这两个典型因素对选址决策的影响最大。[17]下面讨论的回归分析法将结合其他因素预测所考虑店址的销售额。

回归分析法

回归分析法（regression analysis）假设影响现有商店销售额的因素对潜在商店也会产生同样的影响。在这个分析法中，零售商使用一种多元回归技术建立统计模型预测现有商店的销售额。这个方法可以将本章中谈到的许多因素都考虑进来，包括店址特征如可见性和可接近性，以及商圈特征如人口统计和生活方式市场细分等。

请看下面这个例子。一个体育用品连锁店分析了影响其现有商店销售额的因素，发现下面这个模型是预测商店销售额的最佳方法（其中各个因素的权重，例如家庭数量 275 的权重，是根据多元回归法计算得出的）：

商店销售额 = 275 × 商圈内家庭数量（15 分钟车距）
+ 1 800 000 × 商圈内有 15 岁以下小孩家庭所占百分比
+ 2 000 000 × 商圈内有细分市场“年轻人”家庭所占百分比
+ 8 × 购物中心面积（平方英尺）
+ 250 000（如果商店能从街上直接看到）
+ 300 000（如果中心有沃尔玛超市）

这个体育用品连锁店正在考虑以下两个店址：

变　量	店址 A	店址 B
15 分钟车距以内的家庭数量	11 000	15 000
商圈内有 15 岁以下小孩家庭所占百分比	70%	20%
商圈内有年轻人这个地理人口细分市场的家庭所占百分比	60%	10%
购物中心面积（平方英尺）	200 000	250 000
是否能从街上直接看见	是	否
购物中心是否有沃尔玛	是	否

使用这个统计模型，我们可以预测店址 A 的销售额将会有：

店址 A 的商店销售额 = 7 635 000 美元 = 275 × 11 000
+ 1 800 000 × 0.7
+ 2 000 000 × 0.6
+ 8 × 200 000
+ 250 000
+ 300 000

店址 B 的销售额将会有：

店址 B 的商店销售额 = 6 685 000 美元 = 275 × 15 000
+ 1 800 000 × 0.2
+ 2 000 000 × 0.1
+ 8 × 250 000

可以看到，尽管店址 A 的商圈人口更少，购物中心规模更小，却有更多的预期销售额，因为其所在商圈的特征与其目标市场的特征更加吻合。

类比分析法

建立回归分析法模型，零售商需要从大量商店中获得关于商圈和店址特征的数据。因为小连锁店不能使用回归分析法，所以采用相似但更为主观的类比分析法。在**类比分析法**（analog approach）中，零售商仅简单描述其最成功的几家商店的店址和商圈特征，并试图寻找具有类似特征的店址。下面，我们通过具体的例子来讨论如何运用这一方法。

商店选址实例：Edward Beiner眼镜店

Edward Beiner 眼镜店是一家位于佛罗里达南迈阿密的高级时尚眼镜店，它的商店位于次级中心商业区内。尽管次级中心商业区的店址不像中心商业区或购物中心那样拥有庞大的商圈，不过它主要为在附近生活和工作的人提供服务。

店址位于次级中心商业区的零售商认识到其位置不像购物中心那样有许多娱乐消遣活动，所以经常赞助音乐艺术节来吸引顾客。在万圣节的时候，每家商店都会给其未来顾客及其父母发送糖果。

Edward Beiner 眼镜店还认识到南迈阿密次级中心商业区这个店址的其他不足之处：大街上没有保护设施抵御亚热带气候带来的暴雨天气；治安环境也不够好，许多商店在晚上都不营业，而大部分顾客只有在晚上才有时间出来购物；虽然这个地区大多数商店都是针对住在附近的上流顾客，但附近的商店有时却不相匹配，例如，Edward Beiner 的附近只有一家二手服装店和一家平价餐厅；另外，停车设施也不够完善。

Edward Beiner 眼镜店专门针对高收入人群销售高级时尚眼镜。（见彩插）

然而总体来说，次级中心商业区对于 Edward Beiner 还是比较有吸引力的：其租金要比购物商场便宜得多；对于行人来说，交通通常很方便。因为次级中心商业区上的地产为个人所有，所以相对于规划好的购物中心而言，房主对于店面的控制和规定较少。最后，尽管这个地区还有其他眼镜店，但竞争并不太激烈，因为 Edward Beiner 眼镜店有独特的产品线。

Edward Beiner 眼镜店打算开一家新店。因为其现在南迈阿密的这个店经营得非常成功，它想找一个拥有与此相似商圈特征的店址。它已经确定了几家正在评估的潜在店址：

通过类比分析法，Edward Beiner 眼镜店采取下列四个步骤：

1. 做竞争力分析；
2. 确定现在的商圈；
3. 分析商圈特征；
4. 将现有商圈与潜在店址的特征相匹配。

竞争力分析

图表 8-10 为 Edward Beiner 眼镜店正在考虑的 4 个潜在店址的竞争力分析示意图。为了做这个分析，Edward Beiner 眼镜店首先通过行业信息估算出当地每人每年购买眼镜数量（第 2 栏），然后从 ESRI 公司获得这个商圈的人口数量（第 3 栏），第 4 栏将第 2 栏和第 3 栏数据相乘得出这个商圈的潜在销售总量。

第 5 栏是根据对竞争眼镜店的走访调查计算出这个商圈售出的眼镜数量。第 6 栏代表的是商圈内的眼镜单元销售潜力，也就是第 4 栏减去第 5 栏。然后将第 6 栏除以第 4 栏得出这个商圈的潜在渗透力。比如说，南迈阿密商店的商圈潜在销

图表 8–10 潜在店址的竞争力分析

商圈 (1)	每人每年购买眼镜数量 (2)	商圈人口 (3)	眼镜潜在销售总量(4)	商圈内售出的眼镜数量 (5)	商圈内的单元销售潜力 (6)	商圈潜力百分比(7)	相对竞争水平 (8)
南迈阿密	0.2	85 979	17 196	7 550	9 646	56.09%	低
店址 A	0.2	91 683	18 337	15 800	2 537	13.83	中等
店址 B	0.2	101 972	20 394	12 580	7 814	38.32	低
店址 C	0.2	60 200	12 040	11 300	740	6.15	高
店址 D	0.2	81 390	16 278	13 300	2 978	18.29	中等

售总量为 17 196 副眼镜，而这个商圈还有售出 9 646 副眼镜的潜力，那么这个地区的眼镜市场还有 56.09%的潜力有待发掘。这个数值越大，表示该地区的竞争力越小。第 8 栏是根据第 7 栏的数据结果主观得出的相对竞争水平。

与这个商圈内其他眼镜店不同的是，Edward Beiner 眼镜店有自己独特的专卖系列。然而，总体上来说，商圈的潜力越大，相对竞争力就越小。

根据图表 8–10 所提供的信息，Edward Beiner 眼镜店将会选择 B 为其新商店的店址。店址 B 商圈潜力大，相对竞争力较小。当然，相对竞争力只是所考虑的各种因素当中的其中一个。接下来，我们将讨论除竞争力之外，决定 Edward Beiner 眼镜店最佳商店地址的其他因素。

确定现在的商圈

根据从现有顾客数据库中得到的顾客定位数据，图表 8–11 是 ESRI 公司根据其地理信息系统得出的主要商圈地图。这些地带是根据驾车时间来划分的：5 分钟以内为主要商圈，10 分钟以内为次要商圈，20 分钟以内为第三级商圈。可以看到，由于主要的高速公路尤其是美国 1 号公路为南北走向，所以商圈的边界线为长方形。一方面，南北向的高速公路给这个地区带来了交通流量；另一方面，拥挤的交通也常使人们出行不便。此外，比斯坎湾也限制了东面的商圈。

由于坐落在次级中心商业区上，Edward Beiner 眼镜店的商圈要比店址位于地区购物商场的商圈小。然而，Edward Beiner 眼镜店是这个商业区中为数不多的几家眼镜店之一，附近相似的购物商店也帮助扩大了它的商圈范围。由于选择更多，更多的人被吸引到这个地方来购物。此外在南面，Edward Beiner 眼镜店的商圈受到了限制，因为那儿有一个大型的地区购物中心，其中有几家商店销售与Edward Beiner 眼镜店相似的产品。

商圈特征

确定了现在的商圈之后，Edward Beiner 眼镜店看过了几份基于 ESRI 公司地理信息系统描述的关于其商圈特征的报告。这些报告中有一些有趣的发现：

图表 8-11　Edward Beiner 眼镜店的商圈地图

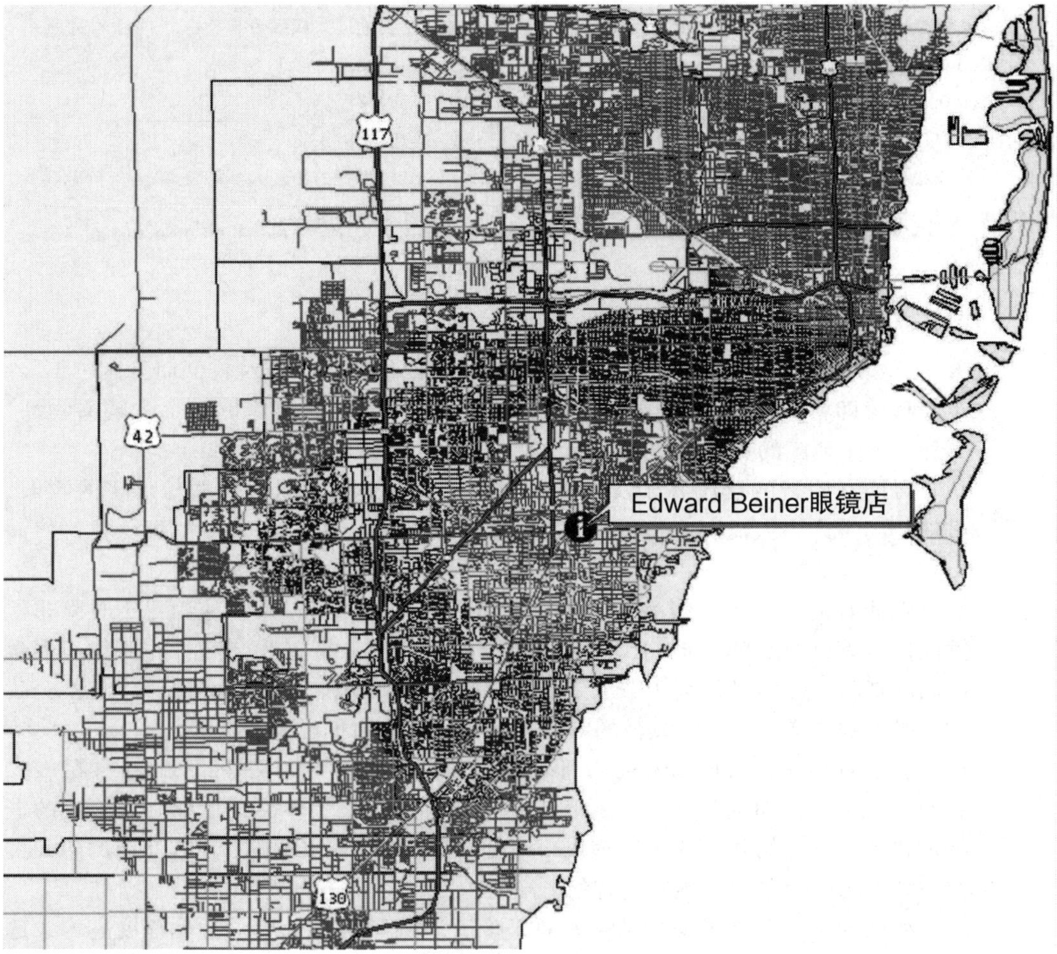

资料来源：ESRI. Reprinted by permission. Copyright ESRI. All rights reserved.

- 这个商圈的平均家庭收入为 92 653 美元，其中 27.6%的家庭收入位于 75 000~149 000 美元之间，13.7%的家庭收入超过 150 000 美元。Edward Beiner 眼镜店 3 英里范围内的居民非常富有。
- Edward Beiner 眼镜店附近的人口 53.1%为西班牙裔。
- 这个商圈的主要地理人口细分市场为：高楼公寓租房族、成功移民、名门贵族以及富有的上层人士。

将现有商圈和潜在店址的特征相匹配

Edward Beiner 眼镜店了解到其现有商圈由大部分为白领的高收入人群组成，还有许多老年人、高端消费阶层的地理人口细分，昂贵高档眼镜的相对竞争力较低。图表 8-12 在 5 个方面比较了 Edward Beiner 眼镜店现在的店址和 4 个正在考

图表 8–12 Edward Beiner 眼镜店新店的 4 个潜在店址

店 址	平均家庭收入	白领职业	45 岁及以上的人口百分比	主要地理人口细分	竞争水平
Edward Beiner 眼镜店	$100 000	高	37%	名门贵族	低
店址 A	60 000	高	25	年轻移民	中等
店址 B	70 000	低	80	年长实力人物	低
店址 C	100 000	高	30	受过教育的年轻人	高
店址 D	120 000	高	50	富有的空巢者	中等

虑的潜在店址。

虽然店址 A 的潜在顾客是典型的白领，但他们的收入相对较低而且比较年轻。年轻移民即将组建家庭，这么昂贵的眼镜不太可能是这些家庭的优先购买物品。另外，这个地区的竞争力属于中等水平。

店址 B 附近的居民属于实力人物，他们大多退休，有一份中等水平的收入。虽然他们中许多人需要眼镜，这一地区竞争力较低，但这些人一般更注重价值而不是时尚。

店址 C 潜力很大。因为这里的居民为受过教育的年轻人，他们对于时尚非常关注。尽管已经工作，他们仍要忙于装修自己的第一个家和公寓，并要偿还大学期间的贷款。他们也许会十分欣赏 Edward Beiner 眼镜店里的时尚眼镜，却不会欣赏其昂贵的价格。而且，其他的一些眼镜精品店也占据在这个地区。

店址 D 最适合 Edward Beiner 眼镜店的发展。这里的居民是高收入、年龄较大的职业人士或提前退休人士。高收入的空巢者是成人奢侈品，比如时尚眼镜的老练消费者。重要的是，这个地理人口细分有点像 Edward Beiner 现有商店的两大主要细分市场——名门贵族和富有的上层人士。

糟糕的是，发现类似的情况不总是像上述例子这样简单。类比程度越弱，选址决策也就越困难。当一个零售商拥有的商店数量越少时（例如，20 家或更少），这种类比分析法就越有效。甚至像 Edward Beiner 眼镜店这样只有一家零售店的商家也能采用这种方法。随着商店的增加，分析员有效地处理数据就变得越困难。这时就需要更多的分析法，如回归分析法。

租约谈判

选好特定的商店地址之后，零售商仍然面临着许多决策，包括租约类型和条件。

租约类型

大多数零售商租用店面。虽然自己买一处店址有许多优势，比如说稳定的按揭付款方式和不受租约的限制，但是大部分零售商不愿意将自己的现金冻结在地产上。而且，大部分的最佳店址——例如购物商场中的位置——只能出租。现在主要有两种租约类型：变动租金租约和固定租金租约。

变动租金租约　每种租约类型都有各种组合，然而最常见的形式是**变动租金租约**（percentage lease），租金是按销售额的一定百分比来计算的。除了销售额的一定百分比，零售商通常还需要根据所租商店面积的百分比支付维护费用。大多数商场都使用变动租金租约的某些形式。零售店的租约期限通常为5~10年，所以租金随销售额和通货膨胀而变化对于双方都比较公平。

带有最高限额的变动租金租约，是指租约规定了付给出租人的租金在一定的最高限额内根据销售额的变动而随之变化。这种租约可以将租金稳定在一定的标准上，有利于经营状况好的零售商。相反，带有最低限额的变动租金租约是指不管销售额有多低，零售商都必须至少支付最低限额的租金。

另外有一种变动租金租约，叫做浮动扣率租约，是指租金占销售额的百分比随着销售额的增长而下降。例如，当第一次销售额为200 000美元时，零售商支付这个销售额的4%为租金；而当销售额超过200 000美元时，零售商只支付这个销售额的3%作为租金。和带有最高限额的变动租金租约一样，浮动扣率租约有利于销售业绩好的零售商。

固定租金租约　第二种基本的租约类型是**固定租金租约**（fixed-rate lease），大多为社区中心所采用。按照这种租约，零售商在租期内每个月支付的租金是固定不变的，零售商和出租人都知道每月具体的租金金额是多少。然而，就像我们前面提到的那样，这种租约不如变动租金租约那样普遍。

由固定租金租约衍变出来的另外一种租约形式叫做累进制租约，也就是租金每隔一段时间增加固定的数额。例如，在前三年内，每个月的租金为1 000美元，而接下来的5年里，每个月租金增长为1 250美元。

维护费用补偿租约既可以是变动租金租约，也可以是固定租金租约。这种租约形式允许出租人在保险费、财产税或水电费用增长超过一定数额时增加租金。

租赁条件

尽管租约是一种正式合同，但有时也可以根据零售商的具体需要及其实力进行变动。由于大部分租约的基本格式都是由出租人（房产所有者）拟定的，所以租赁条件也许会偏向出租人一方。因此，这取决于承租人（签租约的一方，在这里指零售商）来确定租约是否能够反映承租人的需要。下面我们来看几项零售商希望在租约中能够包括的条款。

禁止使用条款　禁止使用条款限制出租人将场地租给特定类型的租户。许多零售商都不愿意出租人将场地租给占用停车位却不能带来顾客的设施机构，比如保龄球馆、溜冰场、会议室、牙医诊所以及房地产公司。另外，零售商也会限制那些损害购物中心整体形象的会所使用场地。禁止使用条款一般会限制酒吧、游泳馆、游戏厅、场外赛马博彩室、按摩会所以及色情场所的进入。

独家使用条款 独家使用条款禁止出租人将场地租给出售竞争产品的零售商。例如，一个折扣零售店的租约可能会规定出租人不能将场地租给其他的折扣店、杂货店、超值商店以及折扣服装品牌处理店。

一些零售商对门面也会有特殊的要求。例如，一家女装店可能会要求大玻璃橱窗，好让顾客能够方便地看到店里的衣服。其他零售商认为保证街上没有其他建筑物遮挡商店非常重要，所以他们在租约中会特别提出停车场上不能有任何捆绑建筑。**捆绑建筑**（outparcel）是指坐落在购物中心停车场却不与购物中心相连的建筑物（如银行或麦当劳），或者小亭子（如自动取款机）。

对于某些零售商来说，其所在购物中心里有某种特定类型的商店对于自己是至关重要的。例如，凯马特和沃尔玛这样的零售店能给平价女装连锁店带来大量的人流，所以这种女装店通常会在租约中注明：如果主要的零售商店离开了购物中心，它可以要求停止租约或减少租金。

免责条款 免责条款是任何一个零售商都希望能够包括在租约里的一个条款，这是一个有趣的特征。在这个条款中，如果销售额在某一年限段内没有达到一定的额度或者购物中心里的某一合租人终止了合同，零售商可以终止租约。

小 结

选址决策具有重要的战略意义，因为它对商店的选择具有重要影响，也是一个竞争对手很难模仿的优势。为商店选择好的店址既是一门科学，也是一种艺术。

零售商在评估选址区域时需要考虑以下几个因素：(1) 经济形势；(2) 竞争水平；(3) 这个地区人口与零售商目标市场的战略吻合度；(4) 商店运营成本。选好区域之后，下一步要决定在这个区域内开几家商店。

在做这个决策时，零售商必须在较低的运营成本和同一区域内多家商店间潜在的自相残杀之间权衡。大部分零售连锁店在一个区域内开好几家商店，因为可以达到宣传和配送方面的规模经济效益。尽管可以取得规模经济效益，但多家商店之间的自相残杀也会带来收益递减的后果。

接下来，零售商需要评估和选择一个具体的店址。做这个决策时，零售商需要考虑以下3个因素：(1) 店址特征；(2) 商店所在商圈的特点；(3) 这个店址所能带来的潜在预计销售额。

商圈通常被划分为主要地带、次级地带和第三级地带。而商圈的边界线由多方面因素决定，包括顾客出入商店的难易程度，这个地区的天然障碍和人工障碍，商店所在购物区的类型，商店的类型，以及竞争水平。

零售商在获得了商店所在商圈的信息之后，会使用几种分析方法预测需求量。赫夫引力模型预测顾客到一个商圈内某家特定商店购物的概率，它的假设前提为顾客更愿意去方便前往并且提供大量选择的商店或购物中心购物。回归分析法是一个评估变量因素对于商店销售额影响的统计模型，并且使用这些信息来预测新商店的销售额。类比分析法是最容易使用的一个方法，对于小零售商尤其有用。与回归分析法相似，零售商可以根据现有商店的情况，通过类比分析法来预测位于相似区域新商店的销售额。

最后，零售商需要与出租人谈判租赁条件。这些租赁条件会影响到店址的成本，还可能限制一些零售活动。

关键术语

都市统计区（MSA）	商圈	普查群
居住统计区	主要商圈	地理信息系统（GIS）
商店稀缺	次级商圈	年轻上班族
可接近性	第三级商圈	潜在消费指数（SPI）
天然障碍	边际地带	赫夫引力模型
人工障碍	目标商店	回归分析法
拥挤程度	附着式商店	类比分析法
交通流量	顾客定位	变动租金租约
可见性	人口普查	固定租金租约
累积吸引力	普查区	捆绑建筑

小试身手

1. **连续案例研究** 选择一个连续案例研究对象，评估这个零售商的店址。这个零售商所在商圈的大小和形状如何？描述这个店址的优势和劣势。将这个商店的店址与其竞争对手的店址进行比较。
2. **网上练习** 访问网址 www.claritas.com，点击进入“You are where you live”，看看“物以类聚，人以群分”这个说法是否正确，人们是否真的和同类人住在一起。输入你家或者学校地址的邮编及其代码试一试，看看所得到的结果是否准确地描述了你和你的家庭。访问 ESRI 公司的网址 http://www.gis.com/index.html，点击进入“Zip Code Fast Facts”，将 ESRI 公司所提供的信息与 Claritas 公司的描述进行比较。注意比较对同一个邮政区域两个公司所提供报告的相同点和不同点。
3. **网上练习** 访问 ESRI 公司地理信息系统的主页 http://www.gis.com/index.html，然后点击“Demo: What is GIS?”。观看一个 3 分钟的短片，解释零售商是如何运用地理信息系统更好地决策的。
4. **购物** 去一个购物中心，获取或者画出其商店的分布图。分析中心里的商店分布是否合理。例如，高档商店是否都聚集在一起？针对比较购物者的零售商店组合是否合理？
5. **购物** 分别参观一家位于封闭型购物商场和社区条形购物中心地带的珠宝店。列出这两个店址的优缺点。哪一个店址更好？
6. **网上练习** 访问这本书的网站，找到学生板块，然后点击“店址”。你将看到一张 Excel 表格，里面有一个体育用品连锁店 45 家商店的销售额，以及每个商店店址的特征：商圈内家庭数量，商圈内有 15 岁以下小孩家庭所占百分比，属于商店目标细分的家庭所占百分比，与沃尔玛之间的距离，以及与体育权威专卖店之间的距离。根据店址特征评估对销售额进行预测的多元回归模型，使用其中的权重计算出表格最下端两家商店的销售额。

讨论题

1. 零售商在评价一个国家的店址区域时应考虑哪些因素？零售商如何决定商店的商圈？
2. 当衡量商圈时，对一个拥有好几百家商店的零售商来说，为什么类比分析法并非好的选择？
3. True Value 五金商店计划开一家新店。在中等收入的居民区有两个可供选择的地方。其中一个地方建成 20 年，至今完好如初，另一个地方是刚建成的新规划的社区。哪一个地方更适合于 True Value 五金商店？为什么？
4. 商圈常常被看成由以商店或购物中心为中心点发散的几个同心圆组成。为什么会使用这种方式？提出另一种建议方法。如果你自己拥有一家商店需要做商圈分析，你会使用哪种方法？
5. 在什么情况下，零售商会使用类比分析法来预测新商店的需求量？回归分析法呢？
6. 一些专卖店更愿把新店开在龙头商店旁。但是，多见于条形购物中心的外卖比萨店小恺撒（Little Caesars），却希望把店开在远离超级市场的购物中心末端。这是为什么？
7. 零售商都倾向于选择复合商场的主要楼层、第二层或第三层来营业。一般而言，主要楼层的收益最好，但也是最昂贵的地方。为什么像 RadioShack 和福洛克这样的专卖店选择第二或第三层呢？
8. 对于百货商店、消费电子“大类杀手”、服装专卖店和仓储店来说，什么样的店址最适合？
9. 如果你正在考虑塔可钟快餐公司的特许经营权，你希望了解关于店址交通、人口、收入、就业和竞争方面的哪些信息？对于一个潜在店址，还需要调查哪些信息？
10. 老张中餐馆公司（P.F.Chang's China Bistro Inc.）打算在 2006 年的第一个季度开一家新的日本概念餐馆。这个餐馆的价格会比老张中餐馆的价格高。为了吸引目标客户并且避免和老张中餐馆自相残杀，应该寻找什么样的店址？
11. 关于西尔斯和凯马特零售连锁店的合并，公司的高层管理者正在考虑将凯马特的几百个商店并入西尔斯公司。这个战略决策将使西尔斯走出复合商城，开设独立的商店或者进入条形购物中心。分析这个决策所带来的优势和劣势。这个举措将给顾客购买家电、工具或者服装带来怎样的影响？
12. 一家药店正考虑在购物中心 A 开立一家新店，希望能从一个在建的新居民区获得销售额。附近的两个购物中心 B 和 C 是其竞争对手。请你利用下面的资料和赫夫引力模型分析这个新居民区的居民在购物中心 A 购物的概率：

购物中心	规模（千平方英尺）	新居民区的距离（英里）
A	3 500	4
B	1 500	5
C	300	3

假定 $\lambda = 2$

推荐读物

Birkin, Mark; Graham Clarke; and Martin Clarke. *Retail Geography and Intelligent Network Planning*. Chichester, U.K.: Wiley, 2002.

Clark, Bruce. "Using Multiple Regression for Site Selection: A Marketing Exercise That Uses Secondary Data to Prioritize Areas for New Construction Efforts," *Marketing Education Review*, Spring 2004, pp. 1–10.

Gentry, Connie. "Science Validates Art," *Chain Store Age*, April 2005, pp. 83–84.

González-Benito, Óscar, and Javier González-Benito. "The Role of Geodemographic Segmentation in Retail Location Strategy," *International Journal of Market Research* 3 (2005), pp. 295–317.

Groebe, Janet. "How Close Is Too Far?" *Stores*, December 2004, p. 60.

Karande, Kiran, and John Lombard. "Location Strategies of Broad-Line Retailers: An Empirical Investigation," *Journal of Business Research* 58 (May 2005), pp. 687–91.

Mendes, A., and I. Themado. "Multi-Outlet Retail Site Assessment," *International Transactions in Operations Research* 11 (2004), pp. 1–18.

O'Kelly, Morton. "Retail Market Share and Saturation," *Journal of Retailing and Consumer Services* 8, no. 1 (2001), pp. 37–45.

Peterson, Keith (ed). *The Power of Place: Advanced Customer and Location Analytics for Market Planning*. San Diego: Integras, 2004.

Smith, Douglas, and Susan Sanchez. "Assessment of Business Potential at Retail Sites: Empirical Findings from a U.S. Supermarket Chain," *International Review of Retail, Distribution & Consumer Research* 13 (January 2003), pp. 37–59.

Tsao Amy. "Better Sites through Science," *Retail Traffic*, June 2003, p. 32.

第 9 章

人力资源管理

管理人员简介

雪里·霍洛克　联邦百货公司组织发展部高级副总裁

我负责世界上最大的百货零售连锁公司——联邦百货公司（布鲁明代尔和梅西子公司）的组织发展、管理人员职业发展、继任规划、大学合作关系、销售服务及高级管理层的人事工作。

在未来几年里，聘用和保留高级经理领导公司是联邦百货和大多数其他零售连锁公司面临的最大挑战之一。不断变化的人口统计数据，给我们的工作带来了困难。在接下来的 10 年里，我们许多婴儿潮时期出生的高级经理都将退休。那时候，我们不得不在一个更小的范围内，与其他行业的零售商和公司争夺后婴儿潮时期一代的高级经理。此外，零售业已经变成了一个更复杂的行业。我们的经理必须适应新的技术、信息和供应链管理系统，并能应对全球化，善于管理各种员工，长于商品采购。

我们已经开发实施了一系列措施来应对这个挑战。首先，我们在 1998 年建立了联邦领导力研究院。它现在作为企业大学为包括商店经理、区域高级商品经理及更高职位人员在内的 1 200 名高级管理人员提供培训。这个研究院的主要目标是发展领导技能。在这个研究院里，我们向参训经理强调培养其手下人员的重要性，并且已经将这个培训理念融入公司的其他机制中，包括对经理的年度评审。在评估经理的工作时，他们对下属的提拔也要纳入考虑之中。

我们采取的第二个措施是开发一个专门的网站（www.retailogy.com）增加人们对零售职业的关注，并帮助我们招聘最优秀的大学毕业生。零售业并不像高科技行业那么受人瞩目，却也是一个令人兴奋的复杂的行业。大学生在毕业时有很多选择，而他们其中许多人并不了解零售业。他们对于这个行业的经历大多只是在我们的商店或网站买过东西，或者只是在假期的时候在店里做过销售人员。他们并不知道毕业之后要是进入我们的管理培训项目，他们将在几年之内负责管理一个拥有 20 名员工和 500 万美元资金的部门，或是负责采购和管理5 000 万美元的商品。在刚才提到的零售专门网站上，大学生可以了解许多的零售行业职位以及晋升机会，还可以认识我们的高级管理人员，读到有关他们的故事。

问 题

- 为什么人力资源管理在零售商的业绩中扮演至关重要的角色？
- 零售商如何通过开发和管理人力资源来建立持久的竞争优势？
- 零售业的员工需要做哪些工作，他们的典型组织结构又是怎样的？
- 零售商如何协调员工的行动并激励他们为整个组织的目标而努力？
- 什么是建立忠诚的员工队伍的人力资源管理方案？
- 零售商如何以及为什么要管理员工的多元化？

零售商通过对店址、商品存货、店面、员工和顾客 5 项重要资产的有效管理实现财务目标。本章将集中讨论零售商的人力资源——员工的组织和管理。星巴克董事长兼首席全球战略师霍华德·舒尔茨（Howard Schultz）强调说：“我们与公司员工的良好关系以及公司的内部文化是我们最重要的可持续竞争优势。”[1]

在零售业中，人力资源管理的作用尤其重要，因为员工在实现零售业关键业务职能过程中扮演了主要角色。在制造类企业中，资本设备（机器、计算机系统、机器人等）通常被用于完成过去由产业工人完成的任务。但是，零售业及其他服务行业仍然属于劳动密集型。零售商们还必须依靠人力完成基础的零售业务，如采购、展示商品及向顾客提供服务等。

人力资源管理对零售企业的绩效是如此重要，所以以下两章都将围绕这个问题展开。本章主要集中在一些具有战略意义的广泛问题上，包括组织结构，协调和激励员工的一般方法，建立高效忠诚的员工队伍和降低人员流动率的管理办法等。我们还将在第 17 章有关店面管理的内容中对一些操作性问题详细讨论。这类问题主要是指为实施零售商的人力资源战略采取的一系列活动，即招聘、筛选、培训、监督、评估和为销售人员提供报酬等，这些活动主要通过店面管理来进行。

通过人力资源管理获取竞争优势

> **实 例**
> 在以服务为导向的百货商店和专卖店，劳动成本一般超过销售额的 25%和运营成本的 50%。[2]

人力资源管理之所以能够成为可持续竞争优势的基础，主要基于以下 3 个原因：首先，劳动成本占零售商的总成本的很大比重，因此有效的员工管理能够带来成本上的优势。其次，大部分顾客对零售商的印象都取决于商店员工的行为，因为他们负责采购商品，为顾客提供信息和服务，摆放物品和货架。因此，商店员工能为零售商区别于其他竞争对手起到重要作用。第三，这些潜在的优势很难被竞争对手模仿。例如，每个百货商店的管理人员都知道诺世通百货的员工为顾客提供杰出的服务，然而他们却无法在自己的企业里发展与之相同的以顾客为导向的企业文化。零售视野 9.1 讲述男装屋是如何通过有效的人力资源管理建立竞争优势的。

9.1 零售视野 男装屋：通过人力资源来建立竞争优势

1973 年，24 岁的乔治·齐默在休斯顿创立了自己的第一家男装店——男装屋，而那时的定做男装市场就已经不太景气了。在过去 30 年，订做男装市场的销售额一直下跌，而男装屋却继续赢得更大的市场份额，并成为北美最大的专业男装店之一。公司在美国和加拿大开了 700 多家商店，销售额达到 15 亿美元以上。

男装屋的核心战略就是培养拥有丰富专业知识并善解人意的销售人员（称之为“服装顾问”），他们为顾客提供优质服务。“服装顾问”这个称呼是为了强调销售人员是提供专业服务的人员，就像医生和律师那样。

乔治·齐默奉行“三赢”理念，即顾客、服装顾问和公司三方共同获利。他认为公司的职责就是要开发员工的潜力，所以公司对员工的培训非常重视。以下是男装屋的几个核心理念：

工作中的成就感 每个人都希望能够对自己的工作感到满意，男装屋是如何让员工对自己的工作感到满意的呢？以信任和尊重开始。

不害怕犯错 观察一个公司处理错误的方法能够在很大程度上了解这个公司。当错误发生时，男装屋强调从中学习经验和教训。男装屋有一句格言是：我们既庆祝成功，也庆祝失败。

平衡工作和家庭生活 男装屋鼓励员工在工作和家庭生活中找到平衡。

与朋友在工作中享受乐趣 朋友之间充满乐趣的工作地点有利于公司的发展。

庆祝个人和团队的成功 男装屋认识到个人的成功和团队的成功是相互联系的——它们相互依赖，相互支持。所以无论是个人还是团队取得成功都会得到祝贺。

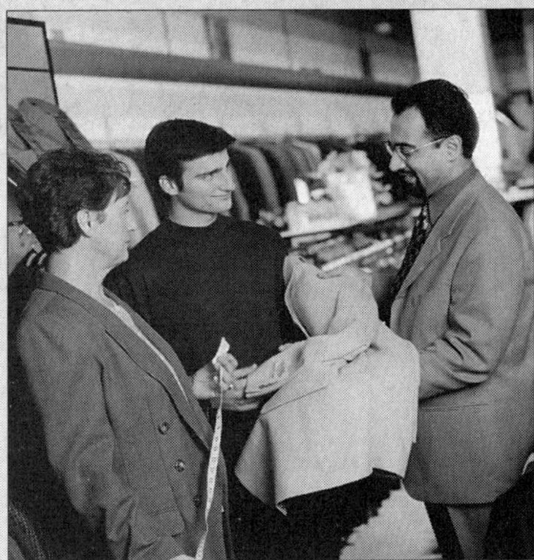

大量的培训和团队协作让男装屋的销售人员能够为顾客提供优质的服务，从而为公司建立竞争优势。

提拔公司内部的员工 工作技能和经验只是员工素质的一个方面。公司在选择领导人时，看重的是这个人是否关心他人，善于倾听别人，以及在个人工作和团队工作时是否充满热情。正因如此，公司往往晋升自己内部比较了解的人。

资料来源：2005 Men's Wearhouse Annual Report; http://www.menswearhouse.com. Used by permission of The Men's Wearhouse.

人力资源管理的目标

> **实 例**
> 一份对西尔斯公司员工的研究报告发现：员工的满意度提高 5%便能使顾客满意度相应提高 1.3%，同时又会使销售额增加 0.5%。[3]

人力资源管理的战略目标，是通过零售公司的短期和长期目标使员工的能力和承担的工作保持一致。衡量人力资源管理效果的一个指标是**员工劳动生产率**（employee productivity）——零售商的销售额或利润除以员工数量。员工劳动生产率可以通过增加员工带来的销售额和/或减少员工数量来提高。

员工劳动生产率能够直接影响零售商的短期利润，员工的态度比如其工作满意度和忠诚度对于顾客满意度会产生非常重要的影响，从而影响零售商的长期绩效。除了可以做一些调查来衡量这些态度，我们还可以使用人员流动率这个行为指标进行衡量。**人员流动率**（employee turnover）等于

$$\frac{\text{一年之内辞职的员工数量}}{\text{公司的岗位数}}$$

如果在一年里一个商店拥有 5 个销售人员，其中 3 个人离开并被替代，那么人员流动率就是 3/5 = 60%。需要注意的是，如果在一年里离开并被替代的人员数量超过商店里的岗位数量，人员流动率就会超过 100%。比如前面那个例子中，如果代替的那 3 个人在这一年内也离开了商店，那么人员流动率就会变为 6/5 = 120%。

如果不能正确地认识公司的长期和短期目标，就可能引起人力资源管理上的混乱，并导致图表 9–1 所示的恶性循环。通常，如果零售商的销售额和利润由于激烈的竞争而下降，他们就会削减劳动成本。零售商一般会减少销售人员的数量，雇用更多的兼职人员，并减少培训时间。尽管这些措施可以提高短期劳动生产率和利润，但会影响公司的长期业绩，因为员工的士气和顾客服务质量都会下降。[4]

人力资源三元组

家得宝、韦格曼斯食品超市（Wegmans）、男装屋男装店和容器商店(Container

图表 9–1
公司业绩的恶性循环

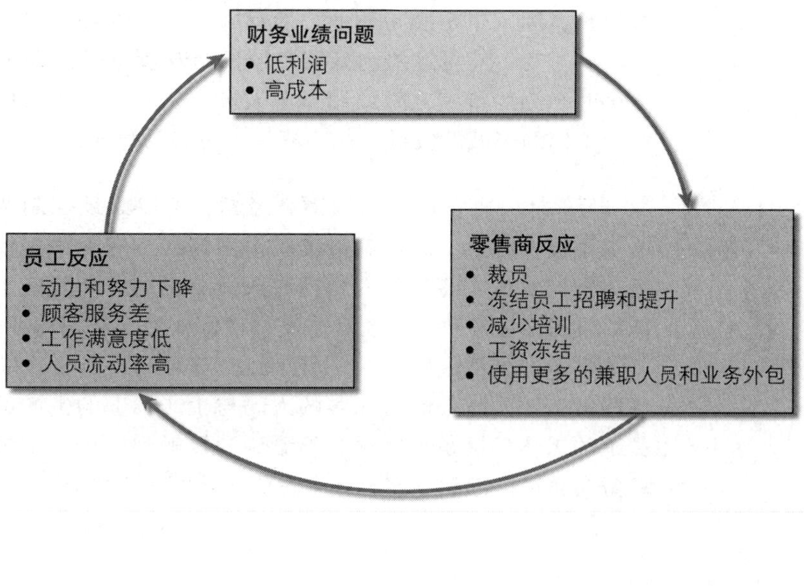

图表 9–2
人力资源三元组

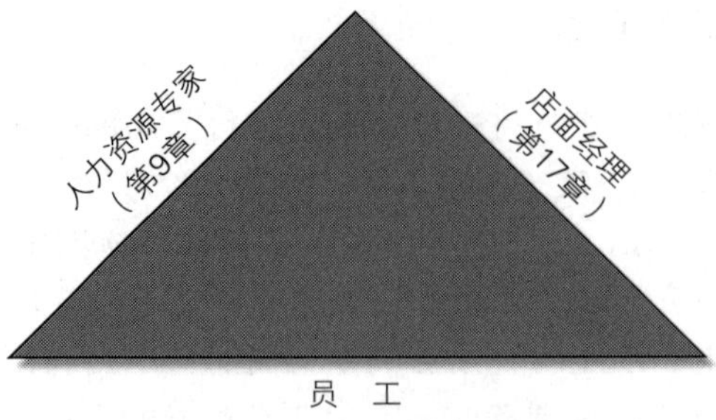

Store）这样的零售商都认为人力资源非常重要，它不能只是人力资源一个部门的事情。只有人力资源三元组中的三个要素——人力资源专家、商店经理和员工一起努力，一个零售公司的人力资源潜力才能得到充分的发挥。

人力资源专家通常都在办公室以外工作，他们具备专业的人力资源实践知识并且通晓劳动法。他们主要负责制定人力资源政策来执行零售商的战略，并为店面经理和员工提供技能和培训以贯彻这些政策。店面经理通常在商店里工作，主要负责将这些政策应用到他们对员工的日常管理中来。本章将讨论人力资源专家所面临的问题；第 17 章店面管理部分将会谈到店面经理的职责；而员工也是人力资源管理中的一个重要部分。他们的作用主要在于为人力资源政策提供反馈、管理自己的职业、确定自己的职能，并评估经理和工作伙伴的表现。图表 9–2 表现了人力资源三元组的 3 个要素。

零售商面临的特殊人力资源条件

零售业的人力资源管理具有很大挑战性，因为：（1）需要使用兼职人员；（2）强调费用控制；（3）劳动力的人口统计数据变化多端。在国际市场上运营的零售商还会面临更多的挑战。

实 例
零售业 35%的员工是兼职人员，而且节假日还会增添 500 000 名临时员工。[5]

兼职人员 大多数零售商为了满足家庭购物和工作忙碌的人的需要，营业时间都很长，周末也是照常营业。而且，购物高峰期主要集中在午餐时间、晚上及促销时期。为了应对这些高峰期和较长的营业时间，零售商不得不在全职（每周 40 个小时）商店员工之外雇用兼职人员。兼职人员比全职员工更难管理，他们对公司和工作的忠诚度较低，比全职员工更容易辞职。

费用控制 零售商一般以薄利经营，所以必须控制费用。因此，他们一般不会给工作技术含量低的时薪员工支付很高的工资。为了控制成本，零售商通常雇用经验较少或没有经验的人当销售人员、出纳员和服务生。使用经验不足、工资较低的员工往往导致人员流动率高、请假次数多和销售业绩不好。

对于许多零售店来说，员工经验不足和没有工作动力是非常麻烦的事，因为这些员工才是直接面对顾客的人。与生产线上的生产员工不同，报酬最低的零售员工的工作环境是顾客很容易看到和接触到的。员工形象不好、不懂礼貌、态度恶劣会对销售额和顾客忠诚度造成直接的负面影响。

> **实 例**
> 近 1/3 的零售业员工的年龄在 24 岁或 24 岁以下。[6]

员工人口统计数据 不断变化的人口统计数据使零售商长期以来很难找到合格的销售人员。1980 年，美国劳动力市场的年增长率为 14%，预计到 2010 年增长率只有 4%，这一数据还将在 2020 年跌到 2%。所以，零售商必须在紧缩的劳动力市场中寻找各种方法来有效地运营自己的商店，比如增加人才储备，招聘、培训和管理少数族裔、残疾人及老年劳动者，使用新技术和激励机制来提高生产力。

为了满足人力资源需要，零售商努力提高劳动力结构的多样化，招聘更多的少数族裔、残疾人及老年人。年轻员工的工作价值观与他们出生于婴儿潮时期的上级的价值观完全不同，这使许多年长的管理者认为年轻员工的职业道德感差。而年轻人则回应说“要追求自己的生活”，因为他们努力在个人生活和工作之间寻求平衡。零售劳动力的这种多样化趋势及其不断变化的价值观给人力资源管理带来机遇和挑战。[7]

越来越多的零售商鼓励年长的人为他们工作，因为事实证明年长的员工更值得信赖。老年员工具有的吸引力来自于他们较低的人员流动率和更好的工作表现。家得宝甚至在佛罗里达提供冬季兼职，在缅因州提供夏季兼职。通过跟美国退休者协会（AARP）等社团机构建立合作关系，家得宝希望能够帮助诸如退伍人员在未来找到工作。培训和招聘老年员工的费用往往要比招聘年轻人的费用低很多，能够弥补任何因为健康原因而请假所带来的损失。[8]

国际人力资源问题 最后，管理跨国公司的员工具有特殊挑战。[9] 工作价值观、经济制度和劳动法的不同，使在一个国家内有效的人力资源政策在另一个国家不一定有效。例如，基于美国的个人主义文化，美国的零售商更看重个人的表现来对其工作进行评估和奖赏。然而，在尊崇集体主义文化的国家，如中国和日本，员工重视的是集体而非个人需要。所以，以团队为基础的评估和激励机制在这些国家更为有效。

> **实 例**
> 在美国解雇一个员工需要花 6 周工资的成本，在中国这个成本为 90 周工资，而在巴西这个成本需要花 165 周的工资。[11]

通常，一个国家的政治法律制度决定着零售商人力资源管理政策的制定。例如，美国在世界上倡导消除工作上的歧视，而一则注明应聘人员必须为 25~40 岁华裔男性的招聘广告在新加坡是完全合法的。在荷兰，零售商只有向政府证明裁员是不可避免的，才可以进行大量裁员。而且，零售商必须拟定裁员计划，得到工会和其他相关单位的批准。[10]

最后，关于国外管理职位的工作也涉及许多问题。比如，应该招聘当地的管理人员还是使用外派人员？应该如何选拔、培训当地管理人员或外派人员并给他们提供薪酬？例如，沃尔玛一直致力于用外派人员替换当地管理人员。即便如此，公司在内部培养管理人才的速度远远赶不上其发展速度，因而被竞争对手抢去了许多优秀的当地管理人才。

本章接下来讨论零售人力资源专家面临的 3 个重要战略问题：（1）设计企业组织结构，为各个员工和业务单元分配职责与职权；（2）协调公司部门和员工的行为与活动，激励员工为公司目标而努力；（3）开发项目，建立员工忠诚度，保留有价值的人力资源。

为零售企业设计组织结构

组织结构（organization structure）明确每个员工应做的工作和企业内职权与职责的界限。设计组织结构的第一步是确定必须执行的任务。图表 9–3 显示零售企业执行的一般任务。

这些任务在零售企业中一般分为四大类：战略管理、行政管理（运营）、商品管理及店面管理。本书的结构正是根据这些任务及其管理者来组织的。

本书的第二编侧重于战略和行政管理任务。战略性的市场和财务决策（在第 5、6 章讨论过）主要由高级管理层做出：首席执行官、首席运营官、副总裁以及上市公司中代表股东的董事会。行政管理任务（在第 7~11 章讨论）主要由在人力资源管理、财务、会计、房地产、分销以及管理信息系统等方面具有专门技术的公司职员做出。负责这些行政职能的员工制订计划和步骤，并提供信息协助运营经理执行公司的战略目标。

在零售企业，主要的运营或职能经理人负责商品管理（第三编）和商店管理（第四编）。这些运营经理在行政人员的协助下实施战略计划。他们做出直接影响零售商业绩的日常决策。

图表 9–3 典型零售企业执行的任务

战略管理
- 制定零售战略
- 确定目标市场
- 决定零售业态
- 设计组织结构
- 选址

商品管理
- 采购商品
  - 选择供应商
  - 评估供应商
  - 与供应商谈判
  - 订货
- 控制商品存货
  - 建立商品预算计划
  - 向分店分配商品
  - 查看采购限额和库存情况
- 定价
  - 确定初始价格
  - 调整价格

店面管理
- 招聘、雇佣和培训店员
- 制定工作计划
- 评估店员的业绩
- 维护店内设施
- 商品的定位和摆放
- 向顾客销售商品
- 修理和更换商品
- 提供诸如礼品包装和送货服务
- 处理顾客投诉
- 进行实地盘存
- 预防存货损耗

行政管理（运营）
- 促销企业的商品与服务
  - 制定促销计划
  - 确定促销预算
  - 选择媒体
  - 计划特别促销
  - 设计特别展示
  - 管理公共关系
- 管理人力资源
  - 制定店员管理政策
  - 招聘、雇佣和培训管理者
  - 设计职业生涯
  - 保存员工记录
- 配送商品
  - 选择仓库位置
  - 接收商品
  - 给商品打上标签
  - 储存商品
  - 向分店运送商品
  - 向供应商退货
- 建立财务控制
  - 及时提供财务绩效信息
  - 预测销售额、现金流和利润
  - 从投资者那里募集资金
  - 为顾客开账单
  - 提供信用消费

为了显示图表 9–3 中职能与组织结构之间的联系，各职能分四大块列出，依次是战略管理、商品管理、店面管理及行政管理。

让组织结构与零售战略相匹配

组织结构的设计需要同零售战略相匹配。[12] 比如像百思买和好事多这样的品类专卖店和仓储超市将目标定位于对价格十分敏感的顾客，这样他们就会非常关注在低成本基础上建立竞争优势。他们通过由公司总部少数人决策来使员工人数最小化，在顾客需要存在较少地域和当地差异的情况下，这种中央集权式的组织结构非常有效。

另一方面，紧跟流行趋势的服饰消费者对于价格不太在意，他们的品味在各个地区也是千变万化。将目标定位于这一细分市场的零售商就会倾向于雇用更多

PETsMART 的人力资源实践支持其零售策略　零售视野 9.2

当 PETsMART 于 1988 年推出宠物供应大类杀手理念时，公司追随其他大类杀手的行业领先者，将重点定为低价位、宽产品分类、有限的顾客服务和仓库环境。但公司发现宠物主人有更多的需要。主人们将宠物视为自己的家庭成员，而不仅仅是要喂食的动物。他们想成为好的"宠物父母"，并需要一家跟他们一样关心宠物健康和福利的公司。因此，PETsMART 采用策略，将其品牌从之前的大类杀手重新定位成一家提供宠物商品和服务的值得信赖的公司。

为实行这个新定位，PETsMART 开始在各个分店提供一些新的服务，比如宠物美容、 兽医服务和培训课程。PETsMART 没有招聘兽医，而是直接让诊所由班费特医院管理。班费特医院是一家宠物医院，以对宠物狗的人文式护理著称。PETsMART 同时还决定提供设施和庇护所收留流浪宠物，而不是把它们卖掉。最后，公司改变其营销传播活动，从主攻价格转到以服务为中心，向外界传达这样的信息：宠物就是我们宠物连锁店的家人。在全国范围和当地连锁店的营销宣传中，公司侧重宣传建立的大型宠物庇护所和拯救宠物的服务。

PETsMART 雇佣有同情心的宠物美容师和培训师，在一个方便的地方为宠物主人提供相应的服务。

PETsMART 认为员工在建立新的品牌形象过程中起着重要作用。因此，公司要求一线员工理解并接受公司品牌的价值及品牌对顾客所做的承诺。为了在员工中建立这种价值观，PETsMART 更改了选用销售人员的标准：不再录用那些仅能填满货架的人，而是选用对狗、猫或热带鱼怀有深厚感情的人。宠物美容沙龙的美容师喜欢把宠物打扮得时尚漂亮。为了让员工进一步发展，增进对每天所服务的宠物的了解，PETsMART 为他们提供了全面的培训。

资料来源：*PETsMART 2005 Annual Report;* Darrel Rigby and Dan Haas, "Outsmarting Wal-Mart," *Harvard Business Review*, December 2004，pp. 22–25.

图表 9–4
小型零售商的组织结构

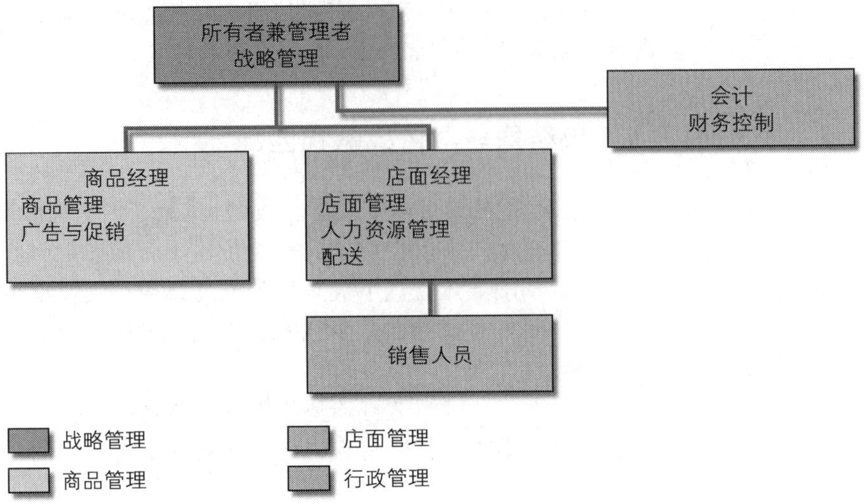

的经理，并在当地商店的层面上制定决策。当然，在当地商店的层面上制定更多决策会使人力资源成本更高，但另一方面也会增加销售额，因为商品和服务都是为迎合当地市场需要而量身定做的。零售视野 9.2 讲述如何利用包括组织结构在内的所有人力资源策略因素来加强 PETsMART 的战略。

单一店面零售商的组织

> **实 例**
> 95%以上的美国零售商拥有并经营一家商店，但是单一店面零售商的销售额不到全部零售额的一半。[13]

> **实 例**
> 成立于 1591 年的法国珠宝商 Mellerio dits Meller 是至今仍在经营的最古老的家族零售连锁店之一。[14]

最初，对于单一店面零售商来说，所有者兼管理者可能就是整个组织了。当他们出去吃午饭或者回家的时候，店铺就会关门。当销售额增长时，他们也会雇用员工。与大型连锁商店相比，在一家小店里协调和控制员工的活动要容易得多。所有者兼管理者只需要简单地向每个员工指派任务并监督他们正确执行。由于员工人数有限，这些单一店面零售商几乎没有任何**专业化分工**（specialization）。员工要从事多方面的工作，而所有者兼管理者则需要负责所有的管理任务。

当销售额继续增长，所有者兼管理者开始雇用管理层员工，这时管理层的专业化分工就有可能发生。图表 9–4 说明这种管理职责的一般分化——商品管理和店面管理。所有者兼管理者继续从事战略管理。店面经理负责协助完成行政性任务，包括商品接收、运送及员工管理。商品经理或采购员负责广告和促销等业务。通常所有者兼管理者会与会计师事务所签订合同，前者支付费用，由后者为其提供财务控制服务。

全国性连锁商店的组织

同单一店面的管理相比，全国性零售连锁店的管理要更为复杂，因为管理者必须监管相互之间地理距离较远的各个单位。本节我们将利用 J.C.彭尼来讨论全国性多渠道零售公司的组织。

传统上，零售业务是由家族所有并管理的。这些企业的组织由家族情况而定，

图表 9–5
J.C.彭尼的组织结构

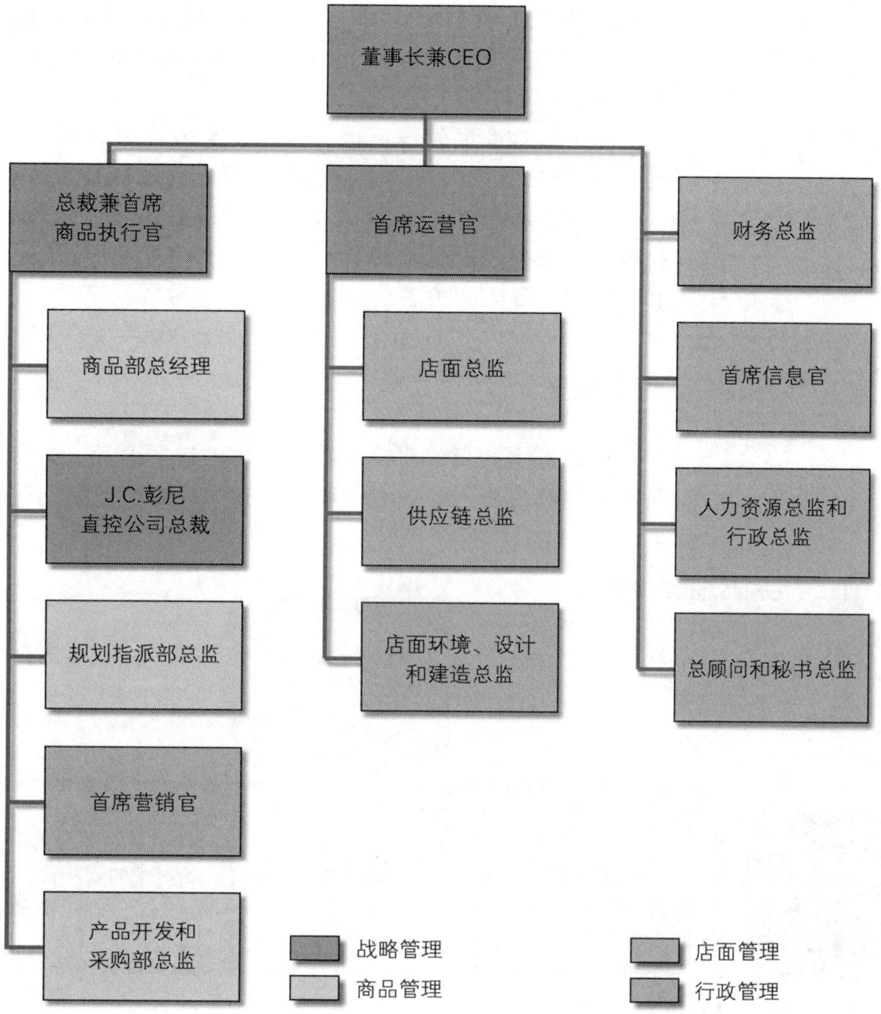

行政职位是为了容纳家族当中从事商业的成员而设计的。于是保罗·梅热（Paul Mazur）在 1927 年提出了一项已为大多数零售商接受的职能性组织计划。[15] 零售连锁公司的组织计划仍能反映出一些梅热结构的基本原则，比如将商品和店面管理分离到各个部门当中去。

图表 9–5 显示 J.C.彭尼的组织结构。大部分零售连锁公司，如盖普、家得宝和百思买都有相似的组织结构。副总裁负责行政任务、商品管理和店面运营，直接向董事长或 CEO 报告。大部分商店运营地区的管理者和员工在商店里面工作，商品、计划、营销、财务、视觉营销、信息系统和人力资源等部门的管理者和员工则在公司总部工作。

首席运营官（COO）负责管理遍布全美的 1 000 多家 J.C.彭尼连锁店的经理和销售人员，另外还管理店面设计、视觉营销、店面建造，以及将商品运输到连锁店的供应链活动。

总裁兼首席商品执行官负责制定商品战略，采购和定价，决定分配到各店的商品种类，协调与供应商的关系，以及设计和采购自有品牌的商品。J.C.彭尼旗下的一些自有品牌包括：Hunt Club、Stafford、Worthington、Arizona、St. John's Bay和 Chris Madden。

除了管理商品管理部员工，首席营销官还负责 J.C.彭尼的品牌建设和广告计划。J.C.彭尼直控公司总裁向总裁兼首席商品执行官报告，负责 J.C.彭尼的商品目录和年销售额超过 27 亿美元的互联网渠道，接收来自商品管理部和运营部员工的报告。为成为一家有效的多渠道零售商，J.C.彭尼紧密协调两个直接渠道的商品部和运营部与各店的关系。

商品管理

商品部主要负责采购在零售店内销售的商品，并保证商品的质量、款式、品种和定价都与公司的战略一致。第 12~15 章讨论商品部执行的主要业务活动。

图表 9–6 J.C.彭尼商品部的组织结构

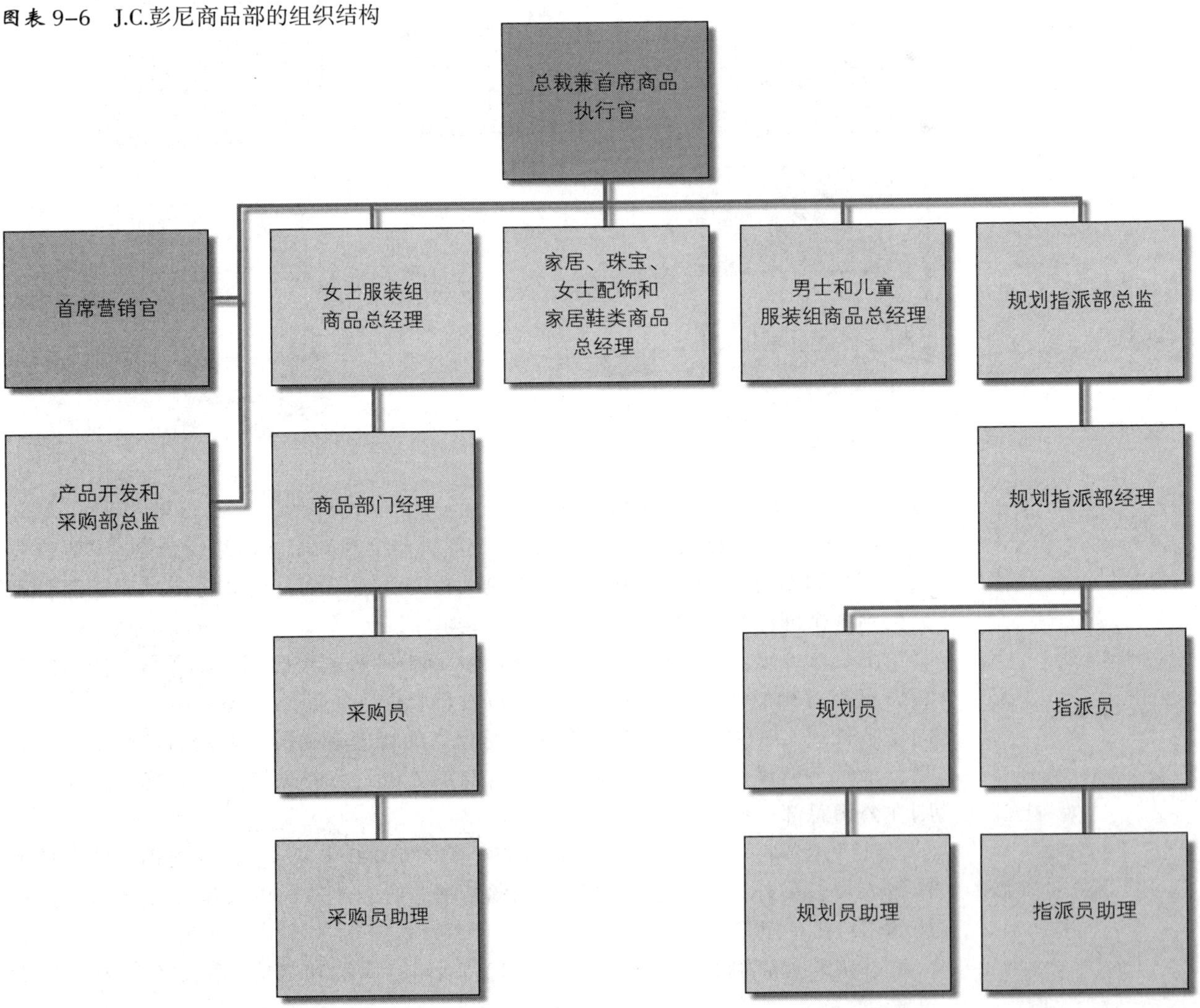

图表 9–6 列出了 J.C.彭尼商品管理的详细组织结构，也列出了每个目录/互联网的单独商品管理结构。这张图表提供了图表 9–5 左侧方框的更详细视图。

每一商品类的采购员、指派员和规划员组成一个商品行动小组（MAT），负责管理商品大类。基本上，行动小组要像经营企业一样负责有关这个商品类的盈亏。小组成员在一个有方便会议桌的开放式办公环境里靠近坐着，他们能轻松地交流信息，做出库存管理的决策。

虽然行动小组被赋予了大量管理自主权，但是他们不能超出因季节而变的库存预算。预算是小组和其监督人、商品部总经理和部门经理、规划员和指派员之间谈判的结果。第 12、13 两章将讨论库存预算管理的相关事项，第 14 章将阐述商品采购活动。

图表 9–7 列出了更多的细节描述在典型的百货商店采购功能如何被一个商品类组织的过程。这个结构图不反映 J.C.彭尼商品部的组织结构。

采购员　**采购员**（Buyer）负责采购商品，建立并维护与供应商之间的关系。他们参加贸易展和时装展，与供应商就价格、数量、种类、交货日期及付款条件进行谈判。此外，他们可能要决定哪种商品贴上自己的品牌标签，或者根据目标市场的特征要求厂家进行产品修改，以便将自己的商品与竞争对手的商品区分开来。

指派员　采购员的传统任务还包括制定商品预算计划，监督各类商品的财务状况，决定每家店面所售的商品种类，将商品分配到各店，监控销售并下订单。将

图表 9–7
典型连锁百货商店的采购结构

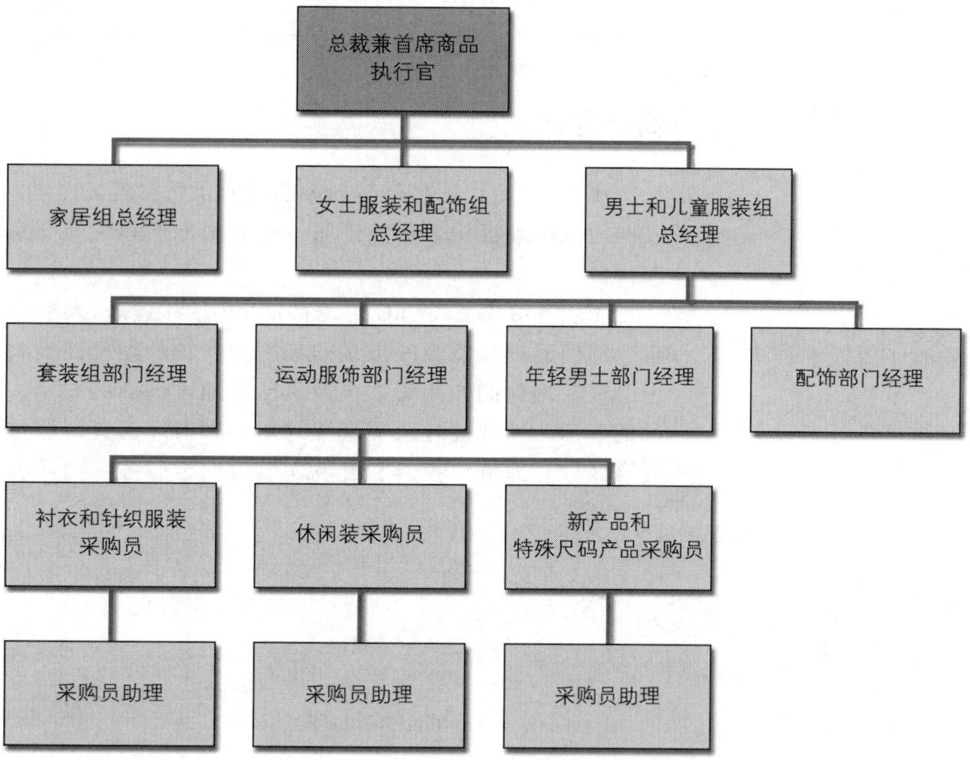

这些责任全部分给采购员意味着一家店的商品策略可能并不协调。例如，一些采购员可能会将更多的昂贵商品分配到高收入地区的零售店，而其他采购员并不会做此调整。

为了解决这些问题，大部分零售连锁店设置了商品指派员职位，由一个通常与采购组织中的商品经理处于同样重要位置的高级总监负责规划和分配。每一个商品**指派员**（allocator）负责在一个地理区域内为具体的商店定制若干类商品。例如，力美特的规划员会根据佛罗里达南部和太平洋西北地区不同的气候条件改变毛衣的基本分类。

规划员 J.C.彭尼设置了规划员职位，负责采购员的一些传统任务。**规划员**（planner）负责财务规划和商品类别分析。他们要制定商品预算计划，监控多个商品类别的规划活动。

超市采购 在最近几年里，超市的采购员逐渐演变成了商品类别经理。传统的超市采购员以供应商为重心。例如，他们负责从特定供应商如金宝汤或卡夫采购商品。他们与供应商建立起紧密的关系，更关心维护这种关系而非把商品卖给顾客。造成这种状况的部分原因是他们内部的评价体系，注重奖励采购员因低折扣购入商品而非其销售额、毛利或库存流动率。

产品类别经理（category manager）负责顾客视为替代品的一系列商品。例如，一个类别经理可能负责通心粉的所有类别——新鲜的、冷冻的、包装的或罐装的。评价他们的标准是这个类别的赢利能力，因此他们有动力去消除类似产品的竞争并保持主要的利基产品。注意，大多数其他类型零售公司的采购员也负责商品类别。所以，“类别经理”这个词主要用于超市零售店。

商店运营

在J.C.彭尼，区域经理对商店总监负责，地区经理向区域经理报告，商店经理则向地区经理报告。负责预防亏损、房地产和时尚沙龙的经理们也同样向商店总监报告。

图表9–8显示了J.C.彭尼商店的组织结构。大型商店的经理配备一个助理经理、部门经理和负责亏损预防和视觉营销的经理。高级部门经理以及鞋类和珠宝组经理管理他们的销售人员及其所在地区的商品展示。高级视觉经理负责店内商品的展示。助理经理负责选拔、培训和对雇员进行评估；商品目录和互联网电子商亭区域；退货、投诉和礼物包装等顾客服务；商店收货、运货和存货区以及时尚沙龙。

图表 9–8　J.C.彭尼的店面组织结构

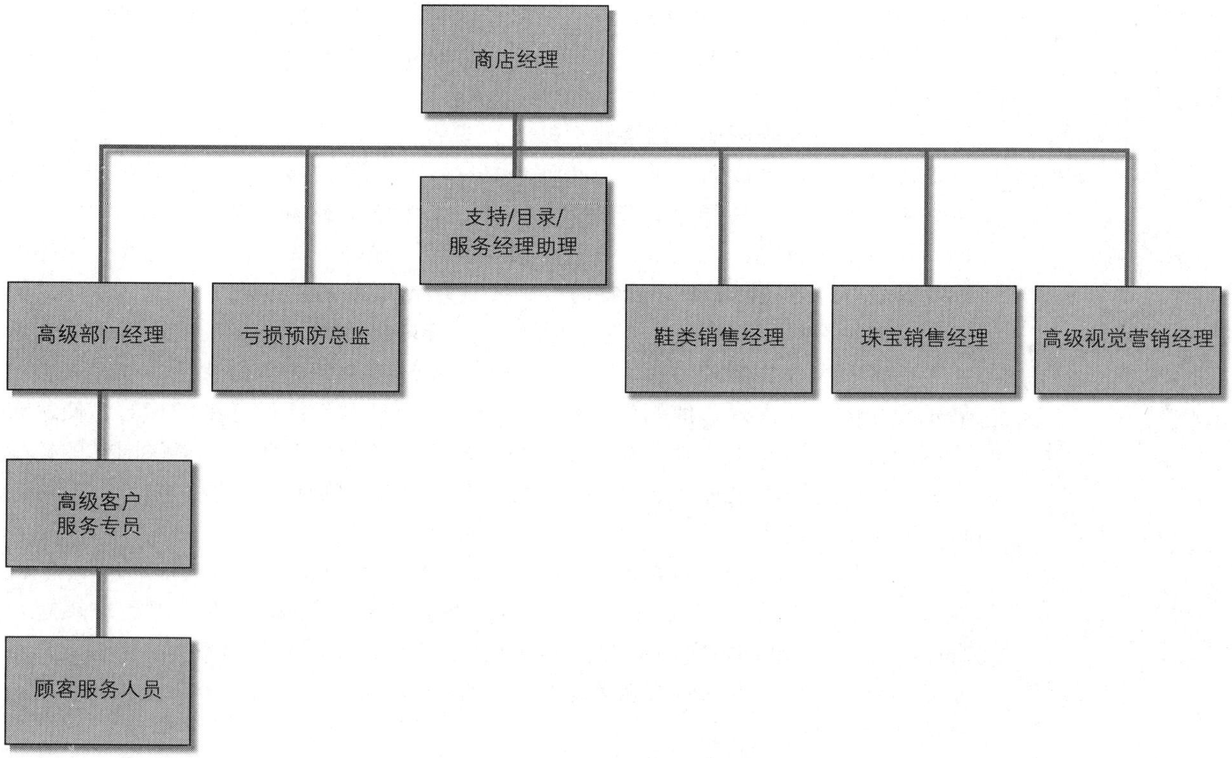

零售组织的设计问题

零售组织设计的两个重要问题是：（1）决策时集权与分权的程度；（2）协调商品和商店管理的方法。第一个问题即为有关商品管理、信息和配送系统以及人力资源管理的决策是由区域、地区或商店经理还是由总部经理做出。产生第二个问题是因为零售商把商品和商店管理的职能分到公司内部的不同组织，所以他们需要协调这些紧密联系的活动方法。

集权与分权

集权（centralization）是指给集团经理而不是给分散的区域、地区和商店经理授予零售决策权。**分权**（decentralization）是指将零售决策权下放到组织的较低管理层。J.C.彭尼是一家从分权决策转到集权决策的零售公司。如今大多数零售管理决策来自公司总部经理。

当决策的制定都集中到集团管理层时，零售商就能降低成本。首先，由于制定商品、人力资源、营销及财务决策的管理者人数减少，日常开支也就少了。例如联邦百货在 4 个区域经营梅西百货连锁店——佛罗里达、中部、东部和西部，以及布鲁明戴尔连锁店。因此，公司有 6 位女式衬衫采购员（4 位在梅西百货的区域办公室，一位在布鲁明戴尔连锁店，剩下的总部采购员协调区域连锁店和采购自有品牌的衬衫)。与此相反，J.C.彭尼在公司总部有一位女式衬衫采购员。集权化的零售组织还能减少如营销、房地产、信息系统及人力资源部门从事行政事务的员工人数。

其次，通过协调地理位置分散的各个商店的采购，公司能从供应商那里获得更低的价格。零售商通过下大订单而不是一堆小订单，能在谈判中得到更好的购买条款。第三，集权能为最好的员工提供一个为整个集团做决策的机会。举例来说，在一个集权化的组织中，在管理信息系统、采购、商店设计及视觉营销等方面拥有最好专业技能的员工能够通过其技能为所有的商店谋利。

第四，集权能提高效率。在商店和人事管理当中都采用标准的运营策略，这些策略限制了商店经理的决策制定。例如，总部的业务员会做大量的调查来确定展示商品的最佳方式。他们为各个商店经理就商品摆设提供详细的指导，使遍布全国的各个商店看上去都一样。由于集权的零售商为所有商店都提供同样的核心商品，所以他们往往通过全国性媒介而不是更加昂贵的地方性媒介进行广告宣传，以此获得规模经济。

尽管集权有降低成本的优势，但集权式的零售商却难以适应当地的市场状况。例如，盖恩斯维尔(Gainesville) 位于佛罗里达中部，因此在体育用品连锁超市 Sports Authority 总部负责钓鱼服装的经理就会认为盖恩斯维尔消费者多半喜欢到淡水湖钓鱼，但是当地的店面经理却知道大部分顾客喜欢开车到 90 英里外位于墨西哥湾或大西洋的盐水湖钓鱼。

除了在满足地方需要上存在问题外，集权式的零售商在应对地方竞争和劳动市场上也存在障碍。由于定价都是集中进行，单个商店可能无法面对其所在市场的竞争做出快速反应。最后，集权式的人事政策使地方经理支付当地具有竞争力的薪水，或招聘合适的销售人员等事情都变得十分困难。

这位采购员经常访问商店获取顾客和销售人员的反馈。

然而，集权式的零售商会更多地依靠其信息系统对地方市场的情况做出反应。例如，在美洲药店（American Drug Stores）分部的采购员通过销售终端采集的数据了解地方情况。大部分连锁药店都在削减汽车用品的空间，但是美洲药店的销售数据却表明，在市中心的人们更愿意自己给汽车加油，所以该公司就在这些商店里保留了汽车用品的供应。集权式的采购员通过观察大量商店消费者的购买方式，可以发现地方经理无法看到的机会。

协调采购和商店管理

独立的小型零售商能够有效地协调商店内的采购和销售活动。业主兼管理者总是亲自采购商品，并同销售人员一起销售商品。通过与顾客保持紧密联系，他们知道自己的顾客需要什么。

另一方面，大型零售公司则在独立的分支机构中组织采购和销售业务。采购员只专注于采购商品，他们同负责销售商品的商店管理层之间的联系非常有限。尽管这种专业化能够提高采购员的技能和专业知识，但确实使他们更难了解顾客的需要。大型零售商通常采用四种方法协调采购与销售：（1）增进采购员对商店环境的了解；（2）组织访问商店；（3）员工担当协调者的角色。

增进对商店环境的了解　经营流行商品的零售商常采用一些方法加强采购员同顾客之间的联系，同时还加强采购员和商店内负责销售其所采购商品的员工之间的非正式沟通。最终将成为采购员的见习管理人员，在进入采购部门之前都要在商店内工作，大部分零售商都有这样的要求。在这段为期 6~10 个月的见习期里，未来的采购员们了解店里的各项工作、销售人员和部门经理遇到的问题及顾客的需要。

组织访问商店　另一种增强同顾客联系和沟通的手段是让采购员到商店访问，并与他们为之采购的部门一起工作。在沃尔玛，要求所有的经理（不仅是采购员）都要经常访问商店，并实践公司的经营理念——走动式管理（CBWA）。经理们在周日晚上离开设在阿肯色州本顿维尔的集团总部，并在周六上午的例会上讲述各自的经历。[16] 与公司管理信息系统提供的非人性化的销售报告相比，这种面对面的沟通更能使经理们对店务和顾客需要有更广泛的了解。尽管把时间用在商店里能够使采购员加深对顾客需要的理解，但这样做的成本很高，因为这样将减少采购员用在考察销售模式、制订促销计划、管理库存及选择新货源上的时间。

员工担当协调者的角色　一些类似 J.C.彭尼的零售商在商品部（为采购员工作的规划员和指派员）和商店都安排了员工负责协调采购与销售活动。很多全国零售连锁企业都在区域甚至地区一级安排人员专门协调采购和销售活动。例如，塔吉特在芝加哥的区域商品经理和中北部所有商店一起工作，将集团采购员制定的计划转换成适应当地消费者需要的方案。

除了设计组织结构之外，人力资源部还负责大量工作提高员工绩效，培养员工忠诚度，降低员工流动率。本章接下来两节将讨论这些人力资源管理活动。

激励零售业员工

人力资源管理一个非常关键的工作就是激励员工，使他们能够为实现公司目标和实施公司战略而努力工作。这项任务通常很困难，因为员工个人的目标可能会和公司目标不同。例如，一个销售人员会发现对他个人来说，完成一场有创意的商品展示要比帮助顾客更值得。零售商通常采用 3 种方法来激励员工的活动：（1）书面的条例和监督；（2）奖励；（3）组织文化。[17]

条例和监督

协调的最基本方法是：（1）准备书面的条例说明员工应该做什么；（2）利用监管者实施这些条例。例如，零售商可以制定关于顾客应该在什么时候退货和怎样退货的条例。如果员工利用这些条例来制定相应的决策，那么他们的行动就会同零售商的战略一致。但是过分严格地依靠书面条例会降低员工的积极性，因为员工们几乎没有机会发挥创造力来提高他们负责的销售区的业绩。结果，他们最终可能会发现自己的工作毫无乐趣。

把规定作为协调的一种方法，会导致一大堆繁文缛节。出现规定涉及不到的情况，员工必须同管理者讨论，或者等到一项新规定出台后才能对新情况加以处理。

奖 励

激励和协调员工的第二种方法是利用奖励来指导他们的行动，激励员工在从事活动的过程中与公司的目标保持一致。例如，如果采购员能基于采购商品的获利能力获得奖金，他们自然会受到鼓舞而专注于公司利润。

奖励的类型 奖励的两种类型是提成和奖金。提成是一种按固定比例提取的报酬，如销售额的2%。例如，许多零售业销售人员的报酬就是按照销售量的固定百分比支付的。

奖金则是根据对员工业绩的评估定期支付的额外报酬。例如，根据所在商店预计销售额和利润同实际业绩相比较的结果，商店经理在年底接受奖金。第17章详细讨论了报酬计划及其他非财务激励手段，如认可和赞赏。

除了基于个人业绩的激励外，零售经理经常获得基于公司业绩的额外收入。这些利润分享计划可能是基于公司利润的现金奖励或是给予股份期权，这就使公司职员的额外收入与公司股份的绩效直接联系。

许多零售商如星巴克、沃尔玛和家得宝都利用股份来激励和奖励包括销售人员在内的所有员工。公司通过薪水扣除计划鼓励员工以折扣价购买本公司的股份。这些股份奖励将员工和公司的利益绑在了一起，而且在公司运营良好的情况下能够获得很高的回报。但如果公司的股票价格下跌，员工士气就会低落，公司文化也会受到威胁，对更多福利和更多工资的要求也会随之上升。

奖励的缺陷 奖励对激励员工从事与奖励有关的活动非常有效，但奖励也会导致员工忽略其他活动。例如，如果销售人员的奖金完全是基于销售额，他们就不愿把时间花在整理商品上。过度利用奖励来激励员工会减少员工应承担的义务，他们对公司的忠诚度也会下降，因为员工感觉公司并没有对他们做出承诺（因为公司并不愿意保证他们的奖金）。因此，如果竞争对手提供了更高比率的提成，他们会随时离开。[20]

实 例

已故的玫琳凯•阿什——玫琳凯化妆品公司创始人——喜欢说：“比之性和金钱，有两样东西是人类更想要的——被人认可和受到赞赏。”[18]

实 例

日本的企业直到最近才允许将股票当做一种报酬的方法。[19]

实 例

1970年沃尔玛股票公开上市时花1 650美元购买了100股股份的员工，到现在其股值已超过500万美元。

组织文化

激励和协调员工的最后一种方法，就是建立强有力的组织文化。**组织文化**（organization culture）就是在公司内部用来引导员工行为的一套价值观、传统和习俗。这些指导理念并没有写成书面的条例和规章，而是作为传统由老员工传递给新员工。

许多零售公司都有自己强有力的组织文化，这些组织文化将“应该为自己的工作做些什么”和“怎样做才能同公司的战略保持一致”的观念在员工中广泛传播。例如，诺世通的组织文化强调顾客服务，而沃尔玛的组织文化则注重降低成本，以便公司能为顾客提供较低的价格。

与报酬计划中提供的奖励、管理者提供的指导或者书面的公司条例相比，组织文化通常对员工的行为有更强烈的影响。诺世通公司在发给新员工的条例手册中强调了组织文化的力量。手册中有这样一条规定：用你最佳的判断力去做你所能做的任何事情，为我们的顾客提供服务。诺世通缺少书面规定，并不意味着对公司员工的行为没有指导理念或约束机制，公司的组织文化在引导着员工的行为。新的销售人员会从其他员工那里学到：他们应该经常穿着在诺世通销售的服装；把他们的车停在停车场的边缘以便顾客们可以把车停在更便利的位置；接近来到他们分区的顾客；接受顾客的任何退货，哪怕这件商品不是在诺世通的商店里购买的；还应该帮助顾客把成包的商品搬到他们的车里。

建立和维护组织文化

组织文化是通过事迹和符号来建立和维护的。[21] 组织文化中的价值观常常是通过事迹向新员工解释、向现有员工巩固的。例如，诺世通是通过讲述销售人员经历的“英勇的”服务事迹强调其服务文化的。销售人员会讲述一个年轻销售人员如何穿过整个商场为一位顾客拿一件拉尔夫·劳伦或者保罗的超大号绿色衬衫，而这位顾客原本非常沮丧，因为诺世通没有他的衬衫号码。部门销售经理通过举办比赛鼓励大家讲述事迹，其中有最佳英雄事迹的销售人员还可以获奖。

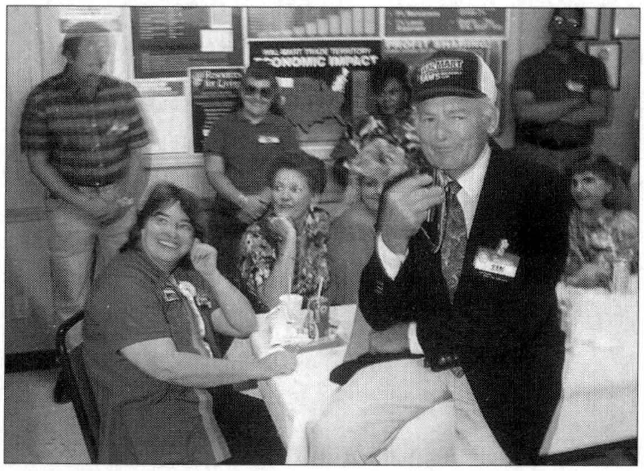

沃尔玛创始人山姆·沃尔顿象征着沃尔玛通过控制成本为顾客提供价值的组织文化。（见彩插）

容器商店用“沙漠中的人”这个事迹强调附加值销售的重要性。这个故事是这样的：一个人在沙漠中爬行，非常渴望水，他终于在绿洲中的一家商店买到了水。但是，如果这家商店是容器商店的话，销售人员一定会说：“你有些水了，再来些食物如何？我看您戴了一枚婚戒，我们能不能打电话给您的家人告诉他们您在我们这儿？”[22]

符号是另一种用来管理组织文化和传递基本价值观的技术。符号是同员工沟通的一种非常有效的方式，因为它们所代表的价值观易于记忆。沃尔玛广泛运用符号和符号性的行为，以此强调成本控制以及与顾客保持联系的重要性。集团总部的复印机上都放着杯子，供员工们用来支付私人复印的费用。在传统的周六高管会议上，员工们会提出他们最近采取的成本控制措施。已在当地出过差的管理者会汇报他们的见闻、独一无二的商店运营方案及有潜力的商品。公司总部是斯巴达式的，创始人山姆·沃尔顿（生前曾是世界上最富有的人之一）住在一栋朴素的房子里，开着一辆小拖车去上班。

迪斯尼通过员工使用的标签以及在甄选过程中让员工深切感受公司文化来强化组织文化。不论是管理层还是员工都把自己视为团队的一分子，他们的任务就是创作一台大型演出。应聘者是作为演职人员中的一个角色而受到考验，而非被雇用来填充某个岗位。对于小时工，导演（负责选用员工）面试应聘者，以决定他们能否适应公司强烈的组织文化。他们能否理解和接受迪斯尼对员工有严格穿着打扮的要求（男员工的面部不能有胡子，女员工只能化简单的淡妆）？应聘者愿不愿意假日工作？初步筛选之后，留下的应聘者将就他们能在多大程度上适合这个演出标准接受评判者的评价。现有的员工参与甄选员工的整个过程；他们评价应聘者的行为和态度，同时提供有关他们自身在这场创作中所起作用的第一手信息。

建立员工忠诚度

实 例

零售业每年的员工自愿流动率为 31.4%，但在零售小时工当中，这个比率达到 100%。[24]

正如之前所述，零售业的一个重大挑战就是降低员工流动率。[23]高流动率导致成本上升，销售额下降。销售额下降是因为，生疏的员工缺乏对公司条例及业务的了解，缺乏同顾客有效沟通的技巧与知识。成本上升是因为需要不断招募和培训新的员工。零售视野 9.3 阐述宜家如何建立一支忠诚的员工队伍的过程。

让我们来看看鲍勃·罗伯茨身上都发生了什么。鲍勃是一家连锁超市肉类食品部的经理。他离开了这家公司，他的雇主就从一家小型零售店提升了一位肉类食品经理来取代他的位置，然后提拔一位部门经理助理去填补小零售店因此而空缺的职位，并提拔一名肉食部的见习生当经理助理，最后新招一名见习生。现在这家连锁超市需要培训两个肉类食品部经理和一个经理助理，还要雇用并培训一名见习生。取代鲍勃·罗伯茨的估计成本将近 1 万美元。

为了降低员工流动率，零售商需要在他们的公司建立一种相互承诺的气氛。当公司履行它的承诺，员工们就会以他们对公司的忠诚作为回应。当员工感受到公司不管艰难与否都向他们做出长期的承诺，他们自然会提高自己的技能并为公司努力工作。零售商建立相互承诺所采用的一些方法包括：（1）通过筛选和培训来培养员工技能；（2）给员工授权；（3）建立与员工的伙伴关系。[25]研究表明，在人力资源管理方面的这些投入有助于提高公司的财务业绩。[26]

培养技能

零售商可以采用两种方法培养员工的知识、技能和能力，即筛选和培训。零售商通过有选择地雇用员工，并进行大量培训来建立竞争性优势。

选择性雇用　建立有凝聚力的员工队伍的第一步是招募到合适的人。新加坡航空公司是亚洲最受尊敬的公司之一，就服务质量而言在各个航空公司中名列前茅。由于乘务员是接触顾客的关键环节，所以高级管理层也参与到招聘乘务员的过程中。只有 10%的候选者通过第一轮，而最终只有 2%的人被录用。

工作要求和公司战略都说明了公司所需员工的类型。简单地寻找最好和最聪明的人并不是最有效的方法。例如，一家名为娱乐设施公司（REI）的户外运动装

宜家的方式　零售视野　9.3

宜家员工聚集在派尼·施皮尔斯—洛佩斯（宜家北美 CEO，左）和吉姆·蒂利（宜居家居旧金山商店经理，右）周围，观看庆祝旧金山一家新店开张的锯木仪式。宜家的经理层非常支持公司重视培养员工的企业文化。

当宜家宣布开一家新店时，许多人在新店的门外排长队，争相应聘到宜家工作，因为宜家很注重员工的成长和福利。新员工一开始工作，第一年就享有公司提供的健康保险、人身保险和 3 周的带薪假期。许多员工生平第一次发现他们有资格享受无论长短的生病期也能领工资的待遇。这个行业只有 15%的兼职员工拥有健康福利，而宜家所有员工都能享有。

商店经理和销售人员都要穿上统一的制服，管理人员的小费也被取消。为了让管理职位体现宜家的管理理念，公司已启动了一个自己创造的人力开发项目——划好自己的职业之舟。在这个项目里，员工们和他们的上司坐下来谈论他们自己在宜家的职业规划。员工规划成为商店经理，如果需要接受更多教育，那么公司将为他们支付学费。一些员工被推举出来参加特殊的培训课程，学习如驾驶铲车的实践技术并获取证书。在自助餐厅用餐，员工们可以 2 美元的价格点菜单上的任何一款菜。

宜家还很支持员工。派尼·施皮尔斯—洛佩斯（宜家北美 CEO）每招聘一位“同事”（这是宜家对其员工的称呼）时，她的计划就是要帮助他/她度过低潮期。最让她感到欣慰的是看到共事的员工进步，她相信所有经理和总监都应充当员工的导师。她说：“大家非常愿意帮助工作优秀的同事。‘真正的’帮忙体现在同事挣扎的时候。从我招聘你加入我们开始，我就一直准备好帮助你，直到你不再需要。”

她的一项重要工作就是说服她的经理们设法将商店的需要和员工的需要统一起来，比如利用弹性工作时间、工作分享制、压缩的工作周及其他方法。宜家北美公司对员工进行例行的调查以衡量士气，并发现需要解决的问题。

公司的宗旨极其简单：当员工的基本需要得以满足时，他们拥有更高的生产率，更兢兢业业；懂得感激的员工则以努力工作作为回报。宜家的利润率大约为 6%，几乎是同行零售商的两倍；其员工流动率也是零售业中最低的。

资料来源：Julie Forster, “IKEA's Ideas: The Swedish Retailer's Worker Benefits and Attitudes Are Unusual,” *Minneapolis Pioneer Press*, July 11, 2004; “IKEA: Furnishing Good Employee Benefits Along with Dining Room Sets,” *Knowledge@Wharton*, April 2004; Susan Reda, “Nice Guys Finish First,” *Stores*, June 2004, pp. 28–31.

备"大类杀手"的口号是"销售便是生活"。公司聘请户外运动爱好者做销售人员，这样他们就能帮助顾客选择商品。而博德斯书店和 Music 商店则聘请读书爱好者为员工。[27]

实 例

零售业员工平均每年的培训时间是每人 7 小时，比所有其他行业人员的培训时间都少。[28]

培训 培训在零售业中显得尤为重要，因为 60%的零售业员工直接与顾客打交道。他们负责帮助满足顾客的需要，并解答他们的问题。男装屋成功的一个关键因素，就是如何对待员工以及对培训的重视。每个服装顾问和商店经理上岗前都必须在公司的培训中心接受为期 5 天的培训，该培训中心名为"服饰大学"，位于加利福尼亚弗里蒙特，占地 35 000 平方英尺。这个培训项目以顾客为主，力图在服装顾问和顾客之间建立密切联系。而有经验的销售人员也定期返回培训中心接受为期 3~4 天的再培训。男装屋通过投入大量培训对员工给予承诺的效果，可以从很低的存货损耗率中看出来。商店的员工非常看重公司的利益：他们不但自己不会偷窃，而且还会阻止别人的偷窃行为。

9.4 零售视野 星巴克侍应生提供完美服务

星巴克通过在愉悦的氛围中提供顶级的咖啡，让顾客对咖啡产生激情。公司意识到，为了提供优质咖啡，一线员工至关重要，因此公司建立了基于以下两点的组织文化：(1) 在如何准备咖啡和送给顾客方面设立严格的标准；(2) 给予员工一个轻松、能得到支持和有一定权力的工作环境。

所有新员工都要经历一项 24 小时的培训方案，该方案向他们灌输了目标、承诺和热情的理念。新职员能获得同他们的职位——侍应生（*baristas*，意大利语）——相称的尊严和尊重。为了强调他们取悦顾客的责任，公司会通过一个场景让他们了解到，要是顾客抱怨他们磨错了咖啡豆，那么一个好的反应是不报告经理或高层人员而当场给予调换。

实 例

星巴克每天在世界上新开 4 家商店，雇用 200 个员工。[30]

因此，公司可以留住这些受到激励和良好培训的员工，星巴克的所有员工（全职和兼职）都能享受健康保险和称作"咖啡豆股票"的股份期权计划。侍应生们知道自己有升职的机会，他们常常被鼓励去申请提升到商店的管理层职位。依靠培训、授权、奖励和机会，星巴克的员工流动率只有 60%，比同类的食品服务企业低得多，后者的平均流动率高达 300%。

星巴克的人力资源管理同时也有利于公司进入国外市场。例如，星巴克合资企业伙伴美达咖啡当时面临着为其北京 4 家饭店招聘本土经理的挑战。尽管优秀经理是供不应求，但星巴克以其企业文化、职业发展与晋升机会被看做一家有吸引力的雇主。星巴克随意的氛围和员工之间相互尊敬的做法都给应聘者留下了深刻印象。一位应聘者说："大家都在寻找一个能够学到东西的良好工作环境，他们寻找尊严。"新员工在西雅图接受培训，这样能感受企业文化并学习冲泡不同的咖啡饮料。

星巴克的企业文化支持这位侍应生为顾客提供满意的体验。

资料来源：Gretchen Weber, "Preserving the Counter Culture," *Workforce Management*, February 2005, pp. 28–34; Craig S. Smith, "Globalization Puts a Starbucks into the Forbidden City in Beijing," *New York Times*, November 25, 2000, p. B1.

对员工培训进行投资表明公司非常重视他们。由于找到合格的服务人员很难，万豪花费很多投资招聘并培训初级人员。这些培训不仅包括工作的基本技能，还包括基本的着装习惯和各种商业礼仪。例如，当你不能来上班时打电话通知等。参加过这些培训的员工都会尽力地为公司工作。例如，萨拉·雷德韦尔是来自墨西哥的移民，她在万豪的工作是从家政人员开始的。现在，她已经是万豪的后勤部经理了，管理 20 个员工，并指导一些墨西哥移民。她说："我要把万豪给予我的东西给予其他人。"汤姆·李（西雅图万豪的酒吧招待）自豪地称："每当我穿上公司的制服，我就感觉像是 NBA 选手。"[29] 沃尔格林、沃尔玛和 T.J.麦克斯公司都有培训无经验员工的定期项目。零售视野 9.4 说明星巴克公司是如何建立员工忠诚度的。

授 权

授权（empowerment）是指管理者将权力和决策制定权与员工分享的过程。当员工有了决策权后，他们就会对自己的能力更加有信心，有更多的机会为顾客服务，并且能为公司的成功奉献更多。[31]

向员工授权的第一步，是了解需要经理批准的员工活动。例如，萨克斯旗下的区域连锁百货巴黎人（Parisian）就改变了其支票授权的政策，公司授权销售人员在不经经理批准的情况下，可以接受 1 000 美元以下的个人支票。在过去的政策下，销售人员必须去找一个经理批准，而顾客常常要为此等候十几分钟。然后，繁忙的经理往往是匆匆在支票上签名，并没有仔细考察顾客的身份。向销售人员授权后，不但服务得以改善，而且坏账支票的数量也下降了，因为销售人员感到了自己的责任，他们会仔细检查顾客的身份。

全食连锁店的员工在 10 个自我管理团队的带领下，每个商店就是一个利润中心。这些团队对商店的业绩负责。例如，商店经理负责推荐新员工，但要经过团队 2/3 的投票通过才能实际雇用新人。团队成员集思广益，创造性地解决问题。

向零售员工授权使制定决策的职权和职责向组织的基层转移。这些员工同顾客非常接近，处在一个能够更好地满足顾客需要的位置。为了让这些授权能够实现，经理们必须把他们的态度由原来的怀疑与控制转变为信任与尊重。

与员工建立伙伴关系

实 例

沃尔玛创始人山姆·沃尔顿去世时是世上最富有的人之一，他一生只坐过一次头等舱，是为了去非洲。[32]

通过与员工建立伙伴关系来建立忠诚度的人力资源管理活动有 3 项：（1）缩小地位差别；（2）内部提升；（3）让员工做到职业与家庭的平衡。

缩小地位差别 很多零售商都在努力缩小员工之间的地位差别。如果地位差别不大，员工们会觉得他们为公司达到目标起了很重要的作用，他们所做的贡献也很有价值。

地位差别可以通过语言的运用象征性地减少，通过降低工资差异并加强公司各层管理者之间的沟通实质性地消除。例如，J.C.彭尼的小时工被称为同事，管理者被称为合伙人，这种做法在山姆·沃尔顿创建沃尔玛时就实践过。

全食超市规定管理人员的报酬不得高于一般全职工薪人员报酬的 8 倍。西南航空公司的 CEO 赫布·凯莱赫协商用五年固定工资交换员工股份期权，同时答应自己的基本工资定在 38 万美元。山姆·沃尔顿也常在薪水最低的 CEO 名单之列。

家得宝的所有高级经理都花很多时间在店里，穿着橙色的围裙与顾客和员工交谈。这种“走动式管理”让员工觉得他们的投入受到了公司器重，同时也强化了家得宝顾客服务的企业文化。[33]

内部提升 **内部提升**（promotion from within）指从外部雇用低职位员工，高职位提升机会只留给内部有经验员工的一种人员配备政策。诺世通、家得宝和沃尔玛都有内部提升政策，而其他一些零售商在管理职位空缺时通常都从竞争对手那里挖人。

内部提升政策确立了一种公平感。如果员工的工作做得很出色，但发现外来人员在职位上超过他们，员工就会觉得公司不关心他们。零售商还可以通过内部提升政策来发展壮大自己的员工队伍。[34]

平衡职业与家庭 双薪家庭和单亲家庭日益增加，员工很难有效地处理工作和家庭之间的关系。通过作业分担、小孩看护和员工援助计划帮助员工处理这些问题，零售商可以建立员工的忠诚度。

弹性工作时间（flextime）是一种允许员工选择工作时间的工作安排法。**作业分担**（job sharing）是指两个员工自愿负责先前由另外一个员工做的工作。这两项计划都能让员工协调工作与日常生活需要之间的关系，如孩子放学回家后家长要待在家里。[35]

很多零售商提供小孩看护的援助。离芝加哥不远的西尔斯公司总部有一个 20 000 平方英尺的日托中心。在 Eddie Bauer（西雅图的一家目录零售商），公司总部的自助餐厅很晚才打烊，而且还为那些时间紧张的员工准备外卖。一些公司甚至还安排人在员工家里等待维修工人或取送干洗衣服。

零售业人力资源管理问题

在这最后一节，我们将讨论人力资源管理的 3 个趋势：（1）多元化员工队伍的重要性不断增强；（2）人力资源管理所受的法律约束增加；（3）利用技术提高雇员的生产率。

管理多元化

管理多元化（managing diversity）是一种人力资源管理活动，主要是为了实现多元化员工队伍的利益。今天，多元化并不只是意味着肤色、国籍和性别的差异，还包括其他多种差异，但管理多元化的员工队伍对零售商来说并非是一个新问题。早在 19 世纪末 20 世纪初，移民美国的浪潮就已波及零售业。应付这种多元化人

零售商提高其员工队伍的多元化，以便更好地服务于他们多元化的顾客。

群的传统方法是将他们融合后放进“大熔炉”中。少数族裔/种族的员工都被鼓励接受处于主导地位的白人、以男性为主导的文化价值观。为了保住他们的工作并获得升职，他们放弃了本族群或种族的特征。

但是时代已经改变。少数人群现在已经接受了他们自己的特征，并希望雇主们能够接受他们。现在恰当的比喻是“沙拉碗”，而不是“大熔炉 ”。因为沙拉里的每一种原料都是不同的，并且保持着自身的特色，但把各种原料混在一起的味道要比单个的好得多。[36]

一些法律条文制止零售商基于与业绩无关的员工特征对雇员采取歧视，从而促进了员工多元化。当然零售商们也认识到，促进员工的多元化能够提高财务业绩。通过鼓励员工队伍多元化，零售商能够更好地理解并满足顾客需要，应对不断缩小的劳动力市场。

为了适应市场的变化，零售商们需要管理层来配合目标市场的多元化。例如，百货商场和家居中心的绝大多数商品都是女性购买的。为了更好地迎合顾客的需要，百货商店和家具中心的零售商感到必须让妇女进入高层管理职位——她们真正了解女性顾客的需要。

除了能够更深入地了解顾客的需要，零售商们还必须面对员工在未来将趋向更加多元化的现实。许多零售商已经发现这些新生力量比他们过去的员工具有更高的生产率。为了吸纳残障人士而改善全国预订中心后，天天饭店集团发现同全部员工 30%的年流动率相比，残障员工的年流动率只有 1%。劳氏是一家家居连锁中心，它调整了底层员工的职责，他们不用再搬运那些沉重的商品。将这些任务安排给晚班的员工，公司就可以把底层的员工换成年纪较长的员工，后者往往能够提供更好的顾客服务，对自己动手的项目也有一定的经验。有效地管理一支多元化的劳动队伍，不仅仅在道义上是正确的，也是企业成功所必需的。[37]

多元化管理的基本原则是认识到员工有不同的需要，必须用不同的方法来满足这些需要。管理多元化不但遵守了平等雇用机会的法律，而且还走到了前面。这就意味着接受和尊重差异。零售商用来管理多元化的方案包括：提供多元化的培训，提供支持团队和训导员，管理职业发展和提升。

多元化的培训 多元化培训通常由两部分内容组成：发展文化意识和提高应对能力。文化意识让人们认识到他们自己的文化与其他员工的文化有何区别，他们所持的刻板模式又如何影响其待人方式（往往是他们自己意识不到的微妙方式）。角色扮演帮助员工提升应对能力，如更好的人际交往技巧，使他们能尊重他人并平等待人。

支持团队和训导员 **训导员计划**（mentoring program）安排高层管理者去帮助基层管理者学习公司的价值观并同其他高级经理交流。[38] 许多零售商帮助建立少数族裔网络，为那些传统上没有融入多数族裔网络的成员提供交换信息、情感和职业支持的平台。除此之外，训导员还经常指派给少数族裔出身的经理。在总部位于马里兰州的巨人食品连锁公司（Giant Foods），训导员计划通过让少数族裔员工更多地意识到他们可用的资源，并在他们解决工作中出现的问题时提供操作建议，从而降低了少数族裔员工的流动率。

实 例

1866 年，梅西聘请了零售业中首位女性管理人员，当时玛格丽特·格彻尔被提升到店面高级主管的位置。[39]

职业发展和提升 尽管法律为女性和少数族裔人群提供了参加工作的机会，但他们在各个公司活动时常常会碰到玻璃天花板。**玻璃天花板**（glass ceiling）实际上是一种无形的障碍，它使女性和少数族裔员工很难获得从原有职位上提升的机会。为了打破这种玻璃天花板的局限，J.C.彭尼会考察潜力很大的少数族裔员工和女性员工，确认他们是否有机会进入商店和商品管理职位，并最终进入高级管理层。

同样，女性过去在超市业务中常被安排到外围部门，比如面包部和熟食部；男性却安排到商店的关键部门，如肉类食品部和杂货部。甚至在连锁超市的集团总部，女性也只能进入到像人力资源管理、财务和会计等员工支持领域，男性则更多地从事商店运营和采购业务。为了使更多的妇女能够真正有机会打破超市行业的“玻璃天花板”，越来越多的公司正把她们安置在对公司的成功至关重要的位置上。[40]

人力资源管理的法律法规问题

20 世纪 60 年代，有关雇用行为的法律法规增多是推动人力资源管理成为一项重要组织职能的主要原因。在复杂的法规环境里进行管理需要劳动法的专业知识以及帮助其他经理遵守这些法律的技巧。有关管理零售业员工的法律法规问题主要有：（1）平等的雇用机会；（2）补偿；（3）劳资关系；（4）员工安全和健康；（5）性骚扰；（6）员工隐私。

平等的雇用机会 规定平等雇用机会条例的基本目的是保护员工在工作中免受不公平的歧视。**非法歧视**（illegal discrimination）是指一个公司或其管理者导致受保护群体成员遭受不公平和不同于他人待遇的行为。受保护群体是由法律规定的具备共同特征的一群人。公司不能因为员工的种族、肤色、宗教、性别、出身国别、年龄或残疾状况而区别对待。能对员工进行区别对待的情形只有很少几种情况。例如，一家餐馆要是仅仅因为顾客喜欢而只雇用年轻漂亮的服务员，那就是违法的。除非这种歧视有绝对的必要，而不仅仅是偏好。

除此之外，排斥一个受保护群体（即使这看起来并非歧视）的行为也是违法的。例如，一个零售商用测试分数来决定是否录用应聘者就是这种情况。如果一个受保护群体的全部成员都在这个测试上表现不佳，那零售商就是非法歧视，哪怕没有歧视的意愿。

补偿 有关补偿的法规对一周 40 个小时的工作时间、加班报酬和最低工资都进行了规定，同时还保护员工对养老金的投资权。另外，法规要求公司为同岗的男女员工支付同样的报酬。

最近有关补偿的一个问题，是将员工划做经理对待的标准。这些员工领工资，但没有资格获取加班费。一些助理经理已经提出诉讼，抱怨说他们跟小时工做一样的工作，却被视同经理，因此雇主能避免支付加班费。例如，有人起诉沃尔玛的地区经理，状告他们经常鼓励商店经理让小时工在换班时间前下班以避免支付加班费，然后助理经理要顶替小时工继续工作。

这些诉讼说明区分助理经理和小时工是非常困难的。美国联邦法律规定，如果经理超过 40%的时间花在非监督任务上或者如果他们的工作不包括决策，就应该给他们支付加班费。但是，许多零售商觉得经理们在做其他的工作，比如面试应聘者，制定工作时间表，以及处理其他监督性工作。由于每年都有众多关于加班费的诉讼，所以美国劳工部制定了加班法规，例如详细界定了管理性工作，并规定必须给年收入少于 23 660 美元的经理支付加班费，但年收入超过 100 000 美元的员工不能获取加班费。[41]

劳资关系　劳资关系法律描述了组建工会的过程以及公司对待工会的方法。这些法律对与工会谈判的方式和谈判各方的权利与义务进行了准确的规定。

沃尔玛强力挫败了工会为其成员谋利的意图。有工会雇员的超市连锁店认为自身在劳动力成本上存在劣势，很难有效应对沃尔玛的竞争。2003 年，南加州的 3 家主要超市连锁店——Ralphs、Albertson's 和 Vons——在与联合食品商业工会有关合同的谈判中，未能成功地获得来自工会的让步而导致罢工。这次持续 20 周的罢工和停工致使 59 000 名工人闲置，给上百万的购物者带来了麻烦，给超市造成了 20 亿美元的销售损失。

关键问题是医疗保险和养老金成本。在最终通过的合同里，新员工的工资额减少，同时超市对新员工的医疗保险责任也几乎结束了。雇主同意每小时支付4.6 美元给现有工人。这个合同虽节省了劳动力成本，但也使超市的基层岗位不再具备以往吸引潜在员工的力量。[42]

联合食品商业工会成员罢工，要求保持从南加州超市挣得的薪酬和福利不变，而南加州超市正面临着来自非工会零售商的激烈竞争。

员工安全和健康 这些法律的基本前提，是每个雇主都应该为员工提供不会导致死亡或严重伤害安全的工作环境。劳工部的监督官员经常视察确保职业安全健康法（OSHA）的实施，并确保员工有一个安全的工作环境。[43]

性骚扰 性骚扰包括不受欢迎的性进攻、提性爱要求以及其他不恰当的口头与身体行为。骚扰不仅仅局限于以提高工资或获得晋升为目的而提出性交易的要求，仅是一个敌对性的工作环境也能构成性骚扰。例如，性骚扰的行为包括显示下流的图片，色迷迷地凝视同事，指责员工通过性交易获得奖赏，对员工的名声妄加评论，以及猥亵的评论、玩笑和涂鸦。[44]

顾客也可能通过多种方式像上司和同事那样进行性骚扰。例如，女药剂师发现一些男顾客在购买安全套时往往要求详细讨论。药剂师在面对这种情况时往往感到为难，因为她们既想友善地对待顾客，又想保护自己不受侵扰。

员工隐私 对员工隐私的保护是非常有限的。例如，雇主可以监控电子邮件和电话交谈，搜查员工的工作场所和手包，以及要求药物测试。但是，雇主在采取这些措施时，不能歧视性地对待员工，除非他们很肯定某些员工确实有不良行为。

制定政策 人力资源部门负责制定相关的政策和计划，确保经理和员工意识到这些法律法规的约束，同时知道如何处理潜在的违法行为。这些法律法规的基本目的是要公平对人。员工需要被公平对待，公司也希望保持平等对待员工的形象。公平的形象鼓励人们加入公司，让员工对公司更加信任和忠诚。一旦员工感到自己没有被公平对待，他们就会在内部抱怨、留下但表现出消极行为、辞职或向外部的权威机构抱怨，甚至起诉雇主。

公平的感知基于以下两种公平：（1）分配公平；（2）过程公平。**分配公平**（distributive justice）是指当个人所得结果相对于他人的结果公平时的情况。但是，不同的文化对分配公平有不同的感知。例如，在个人主义为上的美国文化里，按绩效支付工资被认为是公平的；而在集体主义文化盛行的国家里，如中国和日本，同酬才是公平的。**过程公平**（procedural justice）是在决定结果的过程基础上的公平。美国工人认为正式的程序是公平的，而集体决策在集体文化里才是公平的。[45]有关程序公平的政策将在第 17 章进行探讨。

使用技术

零售连锁店使用局域网使人力资源操作自动化和流线化。例如，J.C.彭尼的15万名员工在 J.C.彭尼的 1 200 家商店里使用电子商亭来更改个人记录、请假、登记培训课程、浏览公司的政策和程序指南，以及要求直接将工资存入银行等服务。这些自助服务的电子商亭还能让应聘者查看空缺岗位、提交申请和进行初选测试。这些电子商亭通过局域网连接到一个中心数据库，能大量地减少人力资源员工花在文案上的时间。[46]

实 例

处理一张人力资源的纸质表格要花费一个零售商 20~30 美元的费用，而通过局域网处理只需花费 0.05~0.1 美元。[47]

小　结

人力资源管理在支持零售战略的过程中起着非常重要的作用。组织结构明确了管理关系和员工的职责。零售商担负的四大任务是：公司总部的战略决策、公司管理层的管理任务、采购部门的商品管理与商店管理。

在确定组织结构的过程当中，零售商必须权衡集中化的决策制定和分散化的决策制定方式，因为前者会带来成本节约，后者能够针对当地市场提供商品从而获得利润。

人力资源管理的两个关键问题是建立员工的忠诚度和有效地管理多元化的员工队伍。在零售业中，建立一支忠诚的员工队伍非常重要，因为高流动率对利润有重大影响。降低员工流动率的一个关键因素就是培养相互承诺的氛围。

多元化管理对零售业来说也非常重要，因为顾客正越来越多元化，而且新进入零售业的员工队伍有很大一部分来自妇女和少数族裔。管理多元化的方案包括多元化培训、支持团队和训导员以及升职管理。

人力资源部也要保证公司遵守不歧视员工的法律法规，同时保证员工有一个安全和无骚扰的工作环境。

关键术语

员工劳动生产率	类别经理	作业分担
人员流动率	集权化	管理多元化
组织结构	分权化	训导员计划
专业化分工	组织文化	玻璃天花板
采购员	授权	非法歧视
指派员	内部提升	分配公平
规划员	弹性工作时间	过程公平

小试身手

1. **连续案例研究**　见你为本次课后案例研究选择的零售店的店面经理。询问他公司的哪项人力资源政策最有效，哪项最无效？为什么？同时询问他有关本章中讨论的法律法规问题的商店政策。他所在的零售店有无相关书面政策，使经理遇到问题时能有效进行处理？有没有出现政策中未涉及的情况？这种情况最后是怎样处理的？经理觉得他有多大的授权能进行影响商店业绩的决策？他喜欢更多还是更少的决策权？为什么？
2. **网上练习**　登录人力资源管理协会的主页 www.shrm.org。人力资源管理协会是一个人力资源专家的组织，出版《人力资源杂志》，杂志文章可在 www.workforceonline.com 上阅读。寻找并总结有关零售商面临人力资源方面挑战的文章，如管理多元化的员工队伍、国际扩张以及使用技术提高生产力。
3. **网上练习**　公平措施法咨询集团为雇主提供培训和法律服务。登录其主页 www.fairmeasures.com，选择其中一个法律问题进行调查（性骚扰、不恰当的解雇，等等）。另外一个有关员工的法律问题的信息来源是：www.law.cornell.edu/topics/employment.html。阅读最新的法庭意见和雇用问题的文章，并总结零售业人力资源管理的启示。
4. **网上练习**　登录 Club Med 的招聘主页：http://www.clubmedjobs.com/en/index.php。停留片刻，熟悉其面试过程、岗位描述以及全球休闲公司寻找员工能力的相关信息。在全球范围内招聘人才时，它面临什么独特的挑战？
5. **网上练习**　登录国家零售联合会的零售职业 & 晋升板块的网页：http://www.nrf.com/RerailCareers/，点击“是否适合加入零售业？”阅读以下部门的不同职业路径：营销/广告、店面运营、亏损预防、店面管理、财务、人力资源管理、IT 和电子商务、销售业务、分销/物流/供应链管理、商品采购/规划以及创业。你对哪些领域最感兴趣？为什么？

6. **购物** 与商店里的销售人员交谈。问问他/她对于商店的工作有多大的忠诚度。为什么？零售商应该怎样建立起一支忠诚的员工队伍？

7. **网上练习**

   A. 登录本书网页的学生板块，浏览学生的简历。哪些简历是有效的？哪些是无效的？为什么？

   B. 更新你的简历，为一家大型木材建筑供应商的经理培训项目做好面试准备。这个全职职位承诺一旦培训通过就会有快速的提升。有大学本科学历和零售、营销和销售经验者优先。每年的基本收入在 2.8 万~3.4 万美元之间。这家零售商实行从内部提升，一个新的经理培训生能在两三年之内成为店面经理，年收入可达 10 万美元以上。职位享受的福利很多，包括医疗、住院、牙科、残疾和人身保险，40lk 计划，利润分红，奖励和鼓励，带薪假期和节假日。你的简历应包括联系方式、教育背景和培训情况、技能、经验、成绩以及所获奖励。

   C. 角色扮演面试。两名学生组成一对，互相阅读简历；花 20~30 分钟在面试的每一个角色上。一个扮演筛选求职者的人力资源经理，另一个扮演应聘经理培训项目的求职者。以下是角色扮演中可用到的一些问题：

   - 你为什么应聘这个职位？
   - 对于这个职位，你有何强项与弱项？
   - 你觉得我们为什么要考虑你？
   - 你为什么想来我们公司工作？
   - 你对今后 5~10 年有何职业规划？
   - 描述一下你在一个团队里工作时的技巧。
   - 有关我们公司，你有什么问题要问的？

讨论题

1. 为什么在零售业中人力资源管理比在制造业中更重要？
2. 描述一下小型零售公司和大型零售公司的异同点。为什么会存在这些异同点？
3. 一些零售商安排特定的员工（商品助理）给货架摆放商品并维持好店面，其他零售商则由销售人员来做这些事情。这两种方法各有什么优缺点？
4. 百思买和维多利亚的秘密都采用集中化采购系统，像它们这样的全国性零售商如何确保采购员意识到当地消费者的不同需要？
5. 员工流动的积极和消极影响有哪些？零售商怎样才能降低销售人员的流动率？
6. 为了激励员工，几家大型百货商店正在试点奖励报酬计划。然而通常而言，带有很多奖励的报酬计划并不能改善顾客服务质量。零售商如何激励员工积极销售商品而同时又不损害顾客服务？
7. 假定你打算开一家为大学生服务的餐馆，并计划招聘大学生当服务员。你会碰到什么样的人力资源管理问题？在你的餐馆，你如何建立稳固组织文化以提供出色的顾客服务？
8. 激励和协调员工活动的方法有 3 个：条例与监督、激励和组织文化。每一种文化的优缺点各是什么？
9. 为什么零售商要关心员工的需要？零售商能做些什么来满足员工的需要？
10. 你已被提升到管理一个折扣店。你的助理经理有一位男性拉美裔人、一位男性西班牙人和一位女性白人，还有一位在公司工作了 35 年的女性。你所管理的团队有什么优势？你会看到什么问题？
11. 帮助满足员工需要、提高工作满意度和降低人员流动率的人力资源趋势有哪些？

推荐读物

Bendapudi, Neeli. "Creating the Living Brand," *Harvard Business Review*, May 2005, pp. 124–31.

Burke, Ronald, and Cary Cooper (eds). *Reinventing Human Resource Management: Challenges and New Directions*. London: Routledge, 2005.

Duff, Mike. "Top-Shelf Employees Keep Container Store on Track," *DSN Retailing Today*, March 8, 2004, pp. 7–9.

Ivancevich, John. *Human Resource Management*. 9th ed. Boston: McGraw-Hill/Irwin, 2004.

Noe, Raymond; John Hollenbeck; Barry Gerhart; and Patrick Wright. *Human Resource Management*. 4th ed. Burr Ridge, IL: McGraw-Hill Irwin, 2003.

Reda, Susan. "Nice Guys Finish First," *Stores*, June 2004, pp. 28–31.

Rothwell, William. *Beyond Training and Development: The Groundbreaking Classic on Human Performance Enhancement*. 2nd ed. New York: American Management Association, 2005.

Silverthorne, Colin. *Organizational Psychology in Cross-Cultural Perspective*. New York: New York University Press, 2005.

"The 100 Best Companies to Work For," *Fortune*, January 10, 2005, pp. 148–68.

第 10 章

信息系统与供应链管理

吉姆·拉彭提（中）和玛丽·拉斯多莎（左）——副总裁兼供应链运营总监，以及马里斯·马可尼尔（右）——得克萨斯福特沃斯附近的联合配送中心运营/库存经理。

管理人员简介

吉姆·拉彭提　J.C.彭尼高级副总裁兼供应链管理总监

在 J.C.彭尼，我负责策略和运营，管理将全球供应商的商品发送到各个商店和互联网/目录顾客的渠道。这些供应链活动涉及 8 000 多名 J.C.彭尼的销售人员和每年 10 亿美元的费用，确保我们能在合适的时间和地点提供合适的商品。

加入 J.C.彭尼以前，我在美国军队服务了 28 年。在军队退役之前，我是防御部署西部地区的指挥官（CEO/COO）。在军队期间，我学会了如何快速有效地调动人力和资源，但我学到的最重要的东西是领导力——提供需要完成什么任务的想法，组织并动员员工去有效地完成任务，以及快速适应环境的变化。

我 2001 年加入 J.C.彭尼后不久，公司做出了改变供应链管理方式的战略性决策：从供应商直接将商品运送到商店（直接运送），转变为用配送中心存货并统一配备供商店运送的商品。老方法运至商店的速度稍快，但导致供应链中过多的库存和更大的劳力成本。商店员工被迫接受来自许多不同供应商的货物，然后准备摆放到销售地板上。我们现在通过配送中心能更有效地执行这些活动，并且每天只需一次交货。

虽然我和我的大部分同事都在幕后工作，但是我们必须访问商店以便了解如何更好地为他们服务，这是非常重要的。例如，我加入 J.C.彭尼后不久访问一些商店，销售人员告诉我他们花很多时间拆除衣服上的塑料包装。供应商把每件衣服都包上塑料，是要保证衣服在运输过程中保持干净。我们做的一个测试显示，我们在配送中心把所有衣服（除了西服和白色衣物）的塑料包装拆掉，衣服也能保持干净。在配送中心拆除衣服包装，这样能为商店里的销售人员节省很多劳动时间，他们把这些时间用于服务顾客，同时通过收集和回收塑料创造一些收入。

零售业是一个令人兴奋的行业，每天都会出现新问题和新挑战。今天要帮一个采购员从中国购买畅销商品以快速补齐商店的货架，第二天又要处理一个大港口码头工人的罢工。我们从未有过沉闷的时刻。

问　题

- 商品和信息是如何由供应商流向零售商，再流向顾客的？
- 哪些信息技术发展有助于供应商和零售商之间的沟通？
- 零售商和供应商如何合作才能保证顾客一有需要即能购买到所需商品？
- 零售商和供应商合作管理供应链，双方能得到什么利益？
- RFID 是什么？它对零售有何影响？

乔·杰克逊早晨醒来，洗了个澡，穿好衣服，然后进厨房泡咖啡、烤土司。他把面包切片放入烤箱，失望的是，烤箱竟然坏了。他一边吃未烤的面包一边看报纸，突然发现塔吉特正在促销迈克尔·格雷夫斯面包烤箱。这种烤箱看起来很不错。于是，在下班回家的路上，他走进塔吉特商店，顺手从货架上拿下广告中的格雷夫烤箱型号，买了一个。

乔希望在塔吉特可以找到迈克尔·格雷夫斯和其他型号的烤箱，但他未必意识到塔吉特在用精密的信息和供应链管理系统确保顾客需要购买烤箱的任何时刻都能有多种烤箱品牌可以选择。乔购买了一个烤箱后，信息系统自动将这笔交易的信息传到塔吉特地区配送中心的计算机中，同时传到位于明尼阿波里斯市总部的家用电器规划员手中，以及中国的制造商处。计算机信息系统监控每个塔吉特商店所有烤箱的销售和库存水平，以决定何时把新货从中国的供应商处运至地区的配送中心，再运到各个商店。整个运输过程由一个卫星追踪系统监控，可准确定位承载烤箱的船只和卡车。

当然，塔吉特也可以通过在商店保存的大量商品来确保烤箱和其他货品随时供货。但是大量库存单位（SKU）要求更多的存货空间以及对多余库存的大量投资。因此塔吉特面临的挑战是在减少其存货投资的同时，确保顾客有需要时还能及时供货。

本章在开头就零售商如何通过供应链管理和信息系统获得战略上的优势展开讨论，然后研究供应链的信息流和产品流通，以及配送中心进行的各项活动。接下来，我们研究供应商和零售商如何合作有效管理商品从供应商传到配送中心再到各个商店。本章最后讨论一个用来提高供应链效率的新技术——无线射频识别技术（RFID）。

通过供应链管理和信息系统获得战略优势

正如第 1 章所讨论的，零售商把顾客和提供商品的供应商联系起来。零售商的职责在于弄清顾客的欲望和需要，并通过和供应链中的其他环节——分销商、供应商和物流公司——的合作确保顾客需要某种商品时能够供应。图表 10–1 是一个简化了的供应链图示。供应商要么将货物送到零售商运营的**配送中心**（distribution center，如供应商 V1 和 V3），要么将货物直接运至店铺（如供应商 V2）。这两种做法各自的优势之处，我们将在本章后面加以讨论。

在零售业中，**供应链管理**（supply chain management）是指通过商品流和从供应商到顾客相关信息的管理，为顾客提供经济价值。[1] 因此，供应链管理是管理商品从零售商配送中心到店铺的一系列商业活动，以及零售商与供应商之间的信息交流。

图表 10–1
简化的供应链

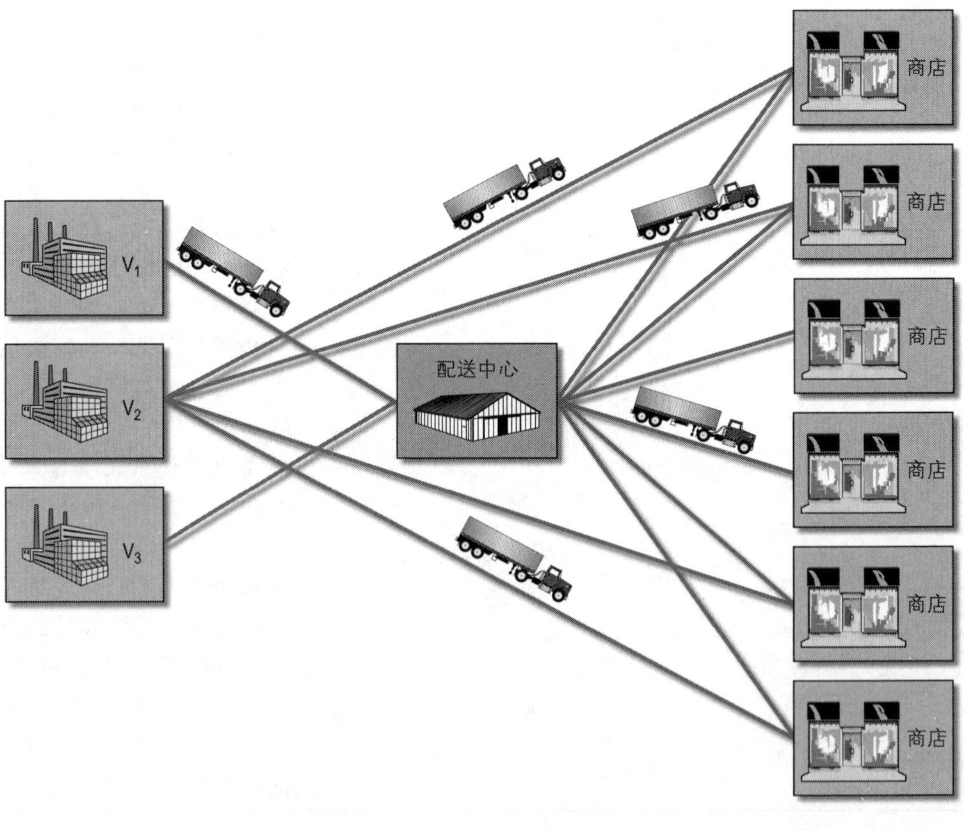

在各自的供应链中，零售商逐渐取得了领导地位。当大多数零售商还处于小型的家族企业阶段时，大型的制造商和分销商控制着何时、何地、如何交货的整个过程。但随着全国性大型零售商的出现和不断壮大，零售商现在在协调供应链管理中起着非常积极的作用。这些全国性零售商的规模使他们能够比供应商更强大，并能更好地控制自己的供应链。另外，零售商更了解顾客。由于他们在供应链中的独特位置，他们在收集单个顾客和每笔交易的购买信息方面有优势。随后我们将会在本章中讨论，通过共享这些信息，供应商可以据此计划生产、促销、交货、分类和库存水平。

改善产品可获得性

对顾客来说，有效的供应链管理有以下两个好处：（1）库存短缺减少；（2）期望的商品分类。对零售商来说，意味着销售额增加、成本降低、库存周转率提高和降价处理的减少。

实 例

当一种商品缺货时，超市会损失掉 43%的潜在销售量。其中 37%的购物者转到另一家商店，6%的人遇到缺货时则根本不会购买任何东西。[3]

库存短缺减少 当顾客需要的库存单位不能供应时就产生了**库存短缺**（stock-out）。如果乔在塔吉特商场发现迈克尔·格雷夫斯烤箱由于配送中心未能运送足够的烤箱到店铺而断货时，会发生什么事情呢？商场会给他一张缺货支票，以便新货到时，他还能以相同的价格买到货物。但这一切并没有打动乔，因为他为此已浪费了一次出行。由于库存短缺，他可能决定购买另一个品牌的烤箱，或者到附近的沃尔玛去买。在沃尔玛，除烤箱之外，他可能还购买其他物品。他也可能今后再也不去塔吉特商场购物，并把这次不愉快的经历告诉他所有的朋友。实际上，如果塔吉特能更好地管理其供应链的话，这种问题是完全可以避免的。[2]

期望的商品分类 支持供应链管理的信息系统带来的另一个好处，是确保顾客所需商品能够随时供应。全国性的供应链很久以前就根据天气在其商店里调整了商品分类——冬季在北方的商店里库存更多的羊毛衫，在南方的商店里库存更多的棉外套。现在零售商用精密的统计方法分析销售交易数据，根据商店所在地的顾客需求特征调整一系列商品分类。例如，Meijer，一个地区性超级购物中心连锁店，通过分析销售数据发现自有品牌的软水药剂在一些商店销售良好，而在另外一些商店，全国性品牌的软水药剂则卖得更好。因此，它就安排在销售好的商店里多存放些自有品牌的软水药剂。[4]

提高投资收益率

实 例

46%的购物者在超市里“常常”或“有时”经历过空货架。[5]

对零售商来说，一个有效率的供应链和信息系统能提高销售额、净利润和资产（库存周转率），因而能提高投资收益率。净销售额提高是因为商店库存有更吸引顾客的商品分类。想想乔·杰克逊购买烤箱的例子。塔吉特通过高效的信息系统，能准确地估算出促销期间每个商店能卖出多少迈克尔·格雷夫斯烤箱。通过其供应链管理系统，它能在所有顾客有需要时确保乔所在的商店有足够的供货。

通过增加毛利或降低费用都可以提高净利润。借助采购人员和供应商之间的信息系统带来的特殊采购机会，零售商可以以较低的成本购得商品，从而提高毛利。同样，零售商还可以通过协调送货来削减运输费用进而减少运营成本。有了更多高效的配送中心，零售商可以用最小的成本完成收货、备货和送货，从而进一步减少费用。

通过高效地管理各自的供应链，零售商只需要在仓库中备很少的货。这样，由于库存水平降低，库存投资减少，总资产也相应减少，所以资产和存货周转率就升高了。零售视野 10.1 描述 7-Eleven 商店通过信息技术变革其商业运营的过程。

战略优势

当然，所有零售商都会努力通过高性能的信息系统和高效的供应链管理提高销售额并降低成本，但是并非所有零售商都能从其信息和供应链系统中获得竞争优势。然而，如果他们真的能取得一个优势，那么这个优势就是可持续的；也就是说，竞争对手要模仿并不是那么容易。例如，沃尔玛成功的一个关键因素是其

10.1 零售视野 7-Eleven 商店开发了一个变革性技术

通过对信息技术超过 1 亿美元的投资，7-Eleven——一家总部位于达拉斯的便利连锁商店，变革了便利店的概念。这个大转变有技术系统的强力支持，据分析家说，7-Eleven 系统可与沃尔玛系统匹敌。7-Eleven 技术投资的绝大部分集中于提高其私有的零售信息系统。这个投资有 3 个目标：（1）自动化并简化商店运营；（2）用技术改善顾客服务与顾客体验；（3）在不同区域之间传送有效信息以做出基于事实的决策。

7-Eleven 在高效的供应链管理方面是一个领先者，它能让供应符合顾客需求，摆上畅销的存货单位卸下滞销的货物。信息技术使 7-Eleven 能变革其经营。现在它的店面经理能在早上重新预订新鲜食品，然后在晚上补齐货柜。通过公司的精密系统，店面经理能知道所卖的每件商品和每小时里卖出去的所有物品。他们能监控顾客的购买方式，及时对变化的天气预报做出反应，并充分利用社区里所发生的事件。例如，一个店面经理要是周四知道当地中学要举行大型比赛，就会在周五晚上开始之前存够苏打水和热狗以满足顾客的需要。

7-Eleven 的零售信息系统从销售点终端采集数据，然后实时传输到一个数据仓库（数据仓库是一个数据库和机制的集合，用来获取数据支持公司决策）。通过分析这些数据能更好地了解顾客偏好、定价和新产品开发。这个系统不仅能提高库存性能，还能让有创业精神的店面经理们调整商品分类以使销售额最大化。“我们要把决策权交给商店里的工作人员而不是交给远离商店象牙塔里的人，”7-Eleven 的首席信息官基思·莫罗说道，“正是销售人员聆听顾客需要，并与他们沟通互动。我们的目标是为每一个商店里的销售人员做任何一种商品的决策时提供所需的信息。”

7-Eleven 总是根据当地顾客的购买模式摆上最畅销的商品。

资料来源：Susan Reda, “Slurpee Power: 7-Eleven Serves Convenience with a Big Gulp of Technology,” *Stores*, May 2005, pp. 23–27; Christopher Koch, “Who's Minding the Store?” *CIO*, May 15, 2005, pp. 1–6.

信息与供应链管理系统。虽然竞争对手都已意识到这个优势，但难以达到沃尔玛系统这样高水平的效率。这有两个原因：第一，沃尔玛拿出了数额巨大的投资开发这个系统，并用已有的规模经济来证明这个投资；第二，其系统里的软件并非其他公司在供应商处就能购买到的。通过经验和学习，总会对这个系统进行一些小小的更改，从而不断地提高它的性能。除此之外，这个系统的有效使用需要公司内所有员工和职能领域的协同合作。

实 例

每年零售行业在软件上的投入为 200 亿美元。[6]

为显示这些系统执行任务的复杂性以及努力协调的需要，看看以下导致库存短缺的各种因素：[7]

因素	比例
商店预测（低效的演算，长久的预测循环）	33%
商店存货（不足的/不恰当的货架空间，货架存货频率，拥挤的内室）	22%
商店订货（延后或者无订单，不恰当的补货间隔）	18%
管理失误（拖延到最后的定价和促销决策，不准确和过时的产品信息）	13%
仓库管理（失败的订货政策和数据准确率）	11%
制造商可获得性（包装/原材料，生产能力问题）	3%

为使库存短缺最小化，零售商必须准确预测需求。他们还必须确保商店仓库里的商品摆放到正确的货架上；采购员在正确的时间向供应商下订单；商店向配送中心下及时准确的订单；配送中心发送准确的商品数量到商店；对于受特殊营销和促销材料影响的商品，营销经理要给予足够的交货时间。

图表 10–2 显示一个典型的连锁店中商品和信息流的复杂性。虽然信息流和商品流互相交织，接下来我们还是先讨论顾客的需求如何在商店获得，并引起采购员、规划员、配送中心和供应商一系列的反应和动作，确保商品能在顾客需要时予以供应。之后，我们将讨论商品如何通过配送中心从供应商流动到商店。

图表 10–2
信息流和商品流

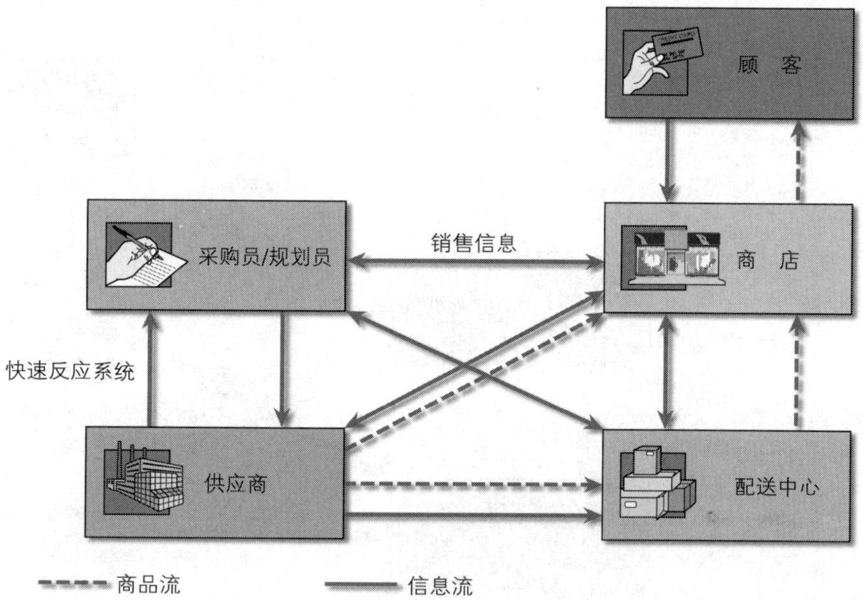

信 息 流

当乔·杰克逊在塔吉特购买烤箱时，他引起了以下图表 10–3 中所示的信息流(圈中的数字指图示中的路径)。

塔吉特的出纳员扫描了烤箱上的**通用商品代码**（Universal Product Code，UPC）标签（①)，并给了乔一张购物小票。条形码标签是一个黑白相间的条形代码，含有一个 13 位数字的代码，里面标出了制造商名字、产品说明和特殊包装信息，如小额折扣促销。[8] 所有产品的代码都由 GS1 美国（www.gs1us.org）发行，其前身是统一代码理事会。

实 例

通过分析顾客数据库，沃尔玛了解到 Pop Tarts 草莓的销售量在面临飓风地区增长了 700%。[9]

在销售终端获取交易信息后传到塔吉特的计算机系统，规划员在这里获取烤箱产品类的信息（②)。规划员利用这个信息来监控和分析销售情况，并据此决定重新订购更多的烤箱，或者当销售不如预期时降低价格。

销售交易数据同时也传到配送中心（⑥)。当商店库存降到一个特定水平，更多的烤箱就会运送到商店里，而运输信息会发送到塔吉特的计算机系统（⑤)，从而规划员能知道配送中心的库存量。

实 例

1974 年 6 月 26 日早上 8 点刚过，当克莱德·德森在 Marsh 超市购买一盒 10 包的价值为 67 美分的箭牌水果口香糖时，第一个 UPC 条形码在俄亥俄州的特洛伊城被扫描。现在每天有 100 亿件物品被扫描。[11]

当配送中心的库存量降到特定水平（④)，规划员就会与烤箱制造商进行条款和交货时间的谈判，并下订单。规划员接着把新订单和交货时间通知配送中心(⑤)。

当制造商将烤箱运送到塔吉特的配送中心时，他会把预先发货通知送至那里(⑦)。**预先发货通知单**（advanced shipping notice, ASN）是一张涵盖运输货物名称和交货时间的单据。然后配送中心会预约卡车，以在预定的时间、地点和装载港口接货。

当货物运送至配送中心，规划员会接到通知（⑤)，然后授权支付货款给供应商。

在本章之后将讨论的一些情况下，销售交易数据直接从店铺发到供应商处

图表 10–3
信息流

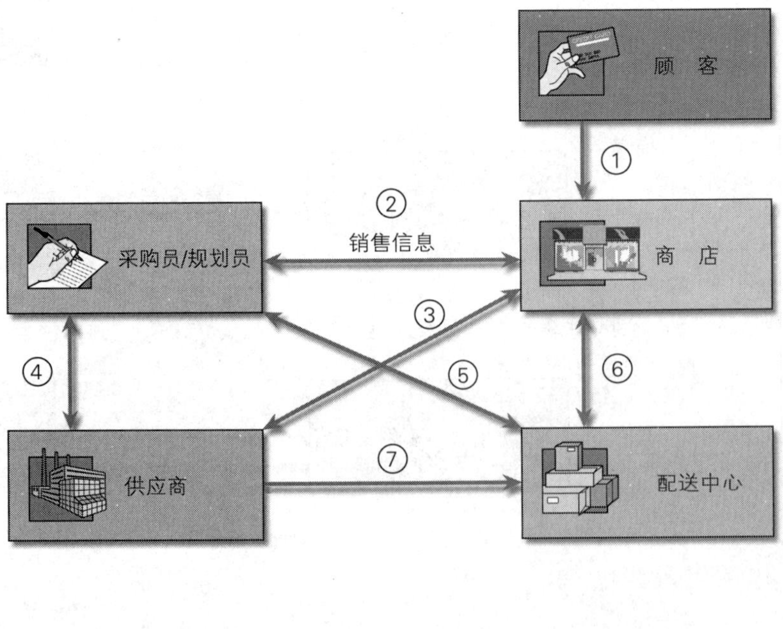

(③)，然后供应商决定何时运送更多货物到配送中心和商店。在其他情况下，尤其是频繁地订购某种货物时，订购程序会绕过规划员而自动完成。[10]

数据仓库

从销售终端收集的购物数据很快被输入到一个巨大的数据仓库里。数据仓库里存储的信息可以通过各种维度和层次获取，如图表 10–4 中所示的数据立方。

横轴上的数据可以根据商品总数来获取——库存单位、供应商、种类（裙子）、部门（女士服装）或所有商品。在纵轴上，数据可以通过公司层面来获取——商店、部门或整个公司。最后，在第三维上，数据可以通过时间单位来获取——天数、季度或年。

公司 CEO 可能对总体运营感兴趣，只需要一个商品类、一个国家的地区或整个公司一个季度的综合数据；一个采购员可能在某天对某个商店的特定供应商更感兴趣。来自不同零售运营层的分析人员从数据仓库中抽取信息做出大量关于开发和补充商品分类的营销决策。

数据仓库还包含顾客的详细信息，用来定位促销和把商店里的商品归类。这些应用将在第 11 章中进行讨论。

电子数据交换系统

过去，以上所说的信息流是通过邮寄或传真手写或打印的文件来完成的。如

图表 10–4
零售数据仓库

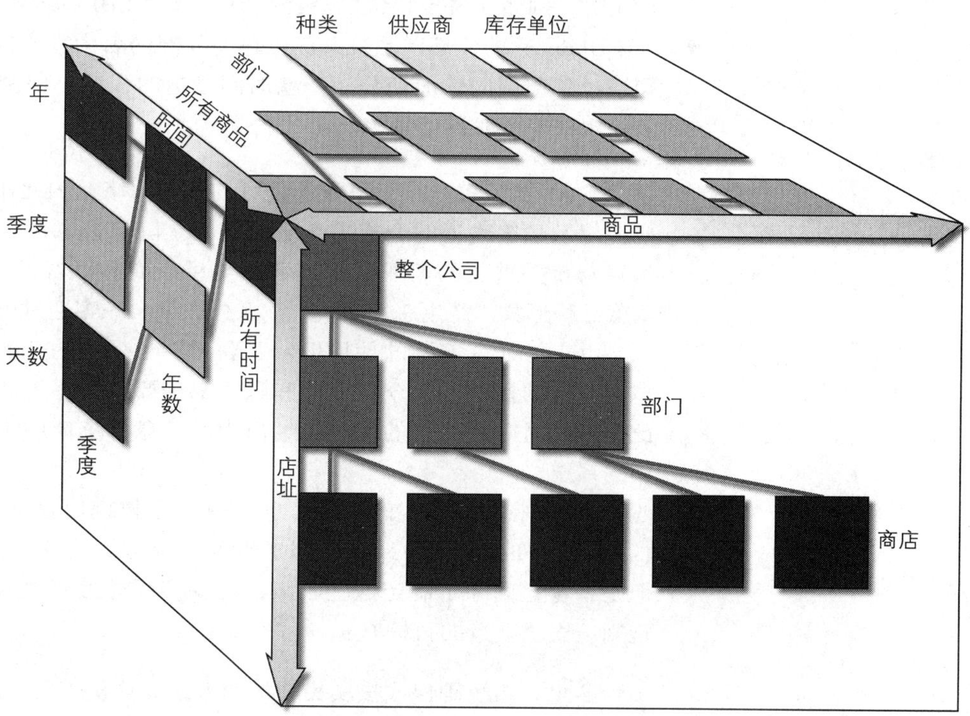

资料来源：SAS Retail.

今零售商和供应商之间的大部分沟通都由电子数据交换系统进行。**电子数据交换系统**（electronic data interchange, EDI）是指通过计算机网络进行有特定结构格式商业文件的交换，即数据传输是用一个标准格式交换信息的。例如，使用特殊符号表示采购单号、供应商名称、商品运输目的地地址，等等。

标准 零售业中使用的数据传输标准有两个：（1）统一通信标准（UCS），主要是食品杂货业使用；（2）自愿行业间商业标准（VICS），一般的商品零售行业都在使用。零售商和供应商使用这些标准可以交换订单更改、订单现状、运输路线、预先发货通知、目前的库存现状和供应商促销活动信息，以及让供应商把价格标签贴到商品上的信息。这些标准的开发和使用对于电子数据交换系统的使用至关重要，因为它们能让所有零售商在传输数据给供应商时使用相同的格式。[12]

传输系统 在大型零售公司里，公司内部员工的沟通，比如店面经理、规划员和配送中心员工之间的沟通，都通过内部网进行。**内部网**（intranet）是一个局域网（LAN），是组织利用互联网技术便利沟通和获取内部信息的一种方法。

如果要与组织外部的人沟通，比如供应商和运输公司，像沃尔玛这样的大型零售商率先开发了自己的专有传输系统。但现在零售商和供应商之间的 EDI 传送通过外部网在互联网上进行。**外部网**（extranet）是一个利用互联网技术把企业和供应商、顾客及其他企业联结起来的合作网络。外部网一般是保密并且安全的，只有特定的人才能进入。

一般来说，外部网是一个公司内部网的延伸，经过调整使特定的外部用户能进入。从专有传输网络到互联网网络的转变使小型零售商和供应商能够经济地利用 EDI。例如，塔吉特集团已经把它专有的 EDI 系统扩展到名为在线伙伴（Partners Online）的外部网系统，沃尔玛的外部网名为零售链接（Retail Link）。这些公司通过外部网向供应商公布一些时间紧迫的程序、保密信息和诸如装运要求及包装箱规格等一般性信息。

安全 由于互联网是一个人人都可进入的网络，因此用互联网在内部和外部与供应商以及顾客沟通时会有安全隐患。安全隐患带来的一些潜在危害有：丢失对公司运营至关重要的商业数据，泄露与供应商和顾客的争端事件，损害公众信任，降低品牌形象，产生恶性影响，以及失去来自顾客通过电子渠道购物的营业收入。[13]

由于 EDI 外部网的使用以及互联网零售渠道的开通，近年来安全已成为一个越来越大的挑战。如今供应商和顾客都需要进入零售商信息系统的某些形式。除此之外，对零售信息的控制已经由中心信息系统流向了诸如采购和配送等职能部门的系统。

为控制这个不断变化的信息环境，零售商已经采用了安全政策。**安全政策**（security policy）是一系列适用于有关一个组织的计算机和通信资源活动的规则。但是，零售商除了制定这些政策，还要培训员工并加入必需的软件和硬件以实施规则。安全政策的目标有：

- *鉴定*。系统确保或核实另一端的人或计算机正是其所说的人或事物。
- *授权*。系统确保另一端的人或计算机有提出要求的许可。

- 完整性。系统确保接到的信息与所发送的信息一样，即数据被保护不至受到未授权的更改或篡改（数据的完整性）。

EDI 带来的利益　对零售商及其供应商来说，使用 EDI 主要有 3 个利益：首先，EDI 能缩短循环时间，或从决定下订单到收到货物之间的时间。有了 EDI，信息能更快流动，这意味着更高的库存周转率。其次，EDI 能通过更好地保持记录提高整体的沟通质量；降低订单输入、订单接收和 ASN 的失误；减少数据诠释的人为失误。第三，EDI 传送的数据是计算机可读格式，可方便地进行分析，并可用来执行从评价供应商交货表现到自动启动重新订购程序的多种任务。

由于这些利益，许多零售商纷纷要求供应商用 EDI 与他们的网络连接起来。但是，中小型供应商和零售商要配备 EDI 面临着重大的障碍，比如成本和缺乏信息技术的专业知识。例如，2003 年末，格雷格·基勒——Worktools 国际公司总裁之一（Worktools 国际公司是一家年营业额达 800 万美元的专业刷漆公司），接到来自劳氏公司的一封信，信中要求他的公司采用一种新的 EDI 系统以使劳氏公司能更方便地查看其库存。Worktools 的期限是 2005 年 4 月。这个通知带来了一个挑战，因为 Worktools 并未设有技术部门，而且它所有 40 多位员工没有一个真正懂计算机知识的。但基勒没有选择，因为劳氏是他公司最大的客户。

基勒聘请了曾在劳氏工作过的一些咨询人员。他们升级了 Worktools 的软件，收取了 1 000 美元的启动费和每月 125 美元的维护费。Worktools 每年还要花费 600 美元把其产品挂到统一代码理事会管理的 UCC 注册网上。当劳氏启动其系统时，基勒也已准备就绪。他说："现在我们已经装上了一个内部查看系统，希望让劳氏满意。"[14]

拉动式和推动式供应链

如上所述的信息流显示了一种**拉动式供应链**（pull supply chain）——由商店在销售终端获取的销售数据的基础上下订单。一般来说，在这种供应链里，对商品的需求拉动供应链。另一种不那么复杂的方式是**推动式供应链**（push supply chain），这种供应链里的商品在预测需求的基础上分配到各个商店。一旦做出预测，一定数量的商品就会定期运送（推送）到配送中心和各个店铺。

由于在拉动式供应链里商店的库存是以消费者需求为基础的，因此库存积压或空库存的现象不太可能出现。而且，拉动式供应链能提高库存周转率，对顾客需求的变化反应也比较灵敏，在需求不确定和难以预测时比推动式供应链更有效。

尽管拉动式供应链普遍受青睐，但并不意味着它在任何情况下都是最有效的。[15]首先，它需要有一个成本更高的精密信息系统支持。第二，对于某些商品，零售商不能灵活地根据需求调整库存水平。例如，对时尚和自有品牌服装销售的承诺必须提前几个月做出。由于这些承诺不能随意更改，产品在订单形成前就必须预先分配给各个商店。第三，推动式供应链对于需求量可预测的稳定的商品（如牛奶和鸡蛋、一般的男士内衣裤和毛巾等）是高效的。拉动式和推动式各有其优势，因此许多零售商综合使用这两种方法。

商品的物理流动——物流

图表 10–5 说明供应链中商品物理流动的过程：

1. 商品从供应商流到配送中心。
2. 商品从配送中心流到商店。
3. 或者，商品也可以直接从供应商流到商店。

实 例
物流在美国的 GDP 中大约占 10%。[17]

物流（logistics）是指商品从供应源处到满足顾客需求的消费者手上之间，对商品、服务及有关信息的有效流动，以及存储的规划、执行和控制的管理组织过程，是供应链管理的一部分。[16] 除管理向内和对外运输外，物流还包括零售商配送中心承担的任务。例如，商品有时暂时存储在配送中心，有时是直接准备好运送到各个商店。这个准备的工作包括把价格标签、UPC 代码和商店标牌贴到产品上，以及把收到的大货物箱分成小量的几份以便商店能随时方便地使用（拆量）。

配送中心与直接运输到商店之比较

如图表 10–5 所示，零售商可以直接把商品运送到各个商店——直接运输（路径③），或者运送到配送中心（路径①和②）。做何种决定取决于商品的特性和需求的性质。要决定哪种配送系统——配送中心还是直接运输到商店——更好，零售商必须综合衡量每种系统的总成本以及保证顾客要购买时能随时供应的顾客服务标准。

使用配送中心有以下几个优势：

- 销售预测更准确。零售商综合同一个配送中心服务的多个商店的预测能得到比单个商店的预测更准确的信息。例如，由同一个配送中心服务的 50 家塔吉

图表 10–5
商品流

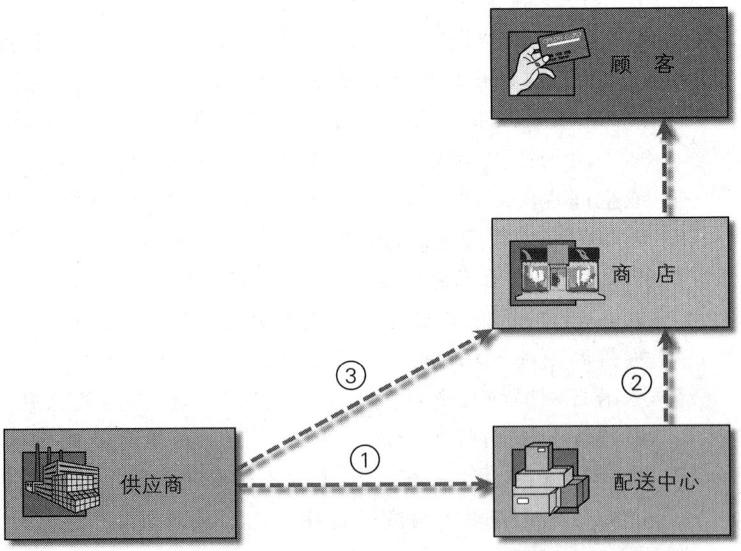

特商店，其中各家都销售迈克尔·格雷夫斯烤箱。每一家商店都存储整个系统 250 个单位的 5 个单位货物。如要将货物运输到各家商店，零售商就得分别预测 50 家的销售量，而每一个预测都可能出现或多或少的失误。但是，把大部分库存都运送到配送中心的话，零售商可按需要给各家商店送货，这样就能把预测失误降至最低，同时还减少了防止库存短缺的储备库存量。

- 配送中心使零售商的各家商店只需存少量的商品，这就减少了整个系统中的库存投资。各家商店频繁地从配送中心取货的话，就只需较少地备存货物。
- 无论是缺货还是过度存储，各家店铺都更容易避免，因为他们能够按需从配送中心订货。
- 零售店的地皮比配送中心的地皮昂贵，而且配送中心在准备销售商品方面比各商店的设施更齐备。因此，零售商发现用配送中心来存储商品和准备销售货物更节省成本。

实　例

电子游戏发布后 3 天内就能销售大约一半，而一周内就能销售 70%。[19]

但是配送中心并非适合所有零售商。对于只有几家商店的零售商，设立一个配送中心的成本是巨大的。同样，如果多家商店都集中在市区内，则供应商能集中货物以更低的成本将其直接运送到各个商店。再者，把货物直接运输到商店的速度更快，因此适合运输易坏商品（肉类和农产品），以及有助于零售商建立销售新品形象的商品（如电子游戏）或时尚品。例如，ProFlowers 通过建立一个不经过配送中心的供应链把摘花到送花的交货时间从 12 天降到了 3 天。[18]

因此，能高效使用配送中心的零售商店类型是：

- 销售不易腐败的商品。
- 销售需求非常不稳定的商品，如时装，因为只有各个商店的需求集中到配送中心时才可能得到更准确的销售预测。
- 销售需要经常补充货物的商品，如副食品，因为直接送货到商品的体系要求商店花费太多的时间来接收和处理来自众多供应商的货物。
- 销售相对多的少件商品，如药店。
- 多数商店都位于离配送中心 150~200 英里的地方而非集中在市区内。

德雷斯（Dreyer's）及其零售商通过直接运货到商店受益颇多，保证商品在超市冷货柜里保持新鲜，而且摆放整齐。

一些供应商把商品直接运送到零售商的商店里，保证商品能及时上货架、摆放正确并保持新鲜。例如，员工直接运送乐事食品到各超市取代不畅销的过期产品，补充空货架并把产品摆放恰当。

配送中心

配送中心有以下几项职能：协调内部运输；收货、验货、存储和跨码头装卸；准备现成商品；协调外部运输。[20] 我们以运输索尼 MP3 到西尔斯配送中心为例，阐述配送中心执行的职能。

配送中心的职能

内部运输管理 过去，采购员和供应商一起决定商品分类、协商价格、安排联合促销。现在，采购员和规划员更多地参与商品到商店的物流。西尔斯的 MP3 采购员已安排周一下午 1 点到 3 点向俄亥俄州的沃伦配送中心发送一卡车的 MP3。采购员还指明了 MP3 在车上的摆放方式以方便卸货。

卡车必须在指定的时间内到达，因为配送中心的 100 个接货地已按时间分配好了，并且这批货物大部分要在当天晚上运往各个商店。不幸的是，货车被暴风雪耽搁了。于是**分配员**（dispatcher）——协调运货到配送中心的人——安排运送索尼的卡车周三早晨再送过来，并且对他们的延误课以数百美元的罚款。尽管许多制造商都支付了运输费，但一些零售商与其供应商进行谈判以分摊费用。这些零售商认为，如果他们直接和卡车公司谈判并集中装运多家供应商的商品，就可以降低商品净成本并更好地控制商品流动。

收货和验货 **收货**（receiving）是指当货物到达配送中心时将其登记在册的过程。**验货**（checking）是指登记时检验货物是否完好、无差错的过程。

过去，验货是一个劳动密集并且很耗时间的过程。但现在，许多分销系统使用了电子数据交换系统简化（即使不是消除）这些程序。提前发货通知告诉配送中心每个箱子里装的是什么货物。扫描包装箱上的 UPC 代码确认箱内的货物内容和每种索尼 MP3 的数量，自动地收货和验货。

存储和跨码头装卸 收货、验货后，商品或者被存储或者跨码头装卸。商品存好后，货箱被传送系统和叉车送到配送中心的货架上，货架从配送中心的地板高达天花板。当商店需要商品时，叉车司机开车到货架处，吊起所需货箱放到运输机上，然后运输机把货箱送到运货卡车的装货地，卡车将货物送到商店。

跨码头装卸（crossdocked）的商品货箱是供应商为某一特定商店特别包装准备的。货箱上的 UPC 代码标明了商品的目的地商店。有时候，供应商还将货箱里每一件商品的价签都打好，这样商品就可以直接出售了。跨码头装卸的商品到达卸货地之后，通过运输机传送到运货卡车的装货地，卡车将货直接送到指定商店。运输机上有一个感应器可以自动读出货箱上的 UPC 条形码。在跨码头装卸的整个过程中，商品被运往商店出售之前在配送中心只待几个小时。

> **实 例**
>
> 对于一个连锁超市来说，如果使用跨码头装卸，每箱货物 60~70 美分的运输费用可以降低 35~45 美分。[21]

通常，商品的大小及其销售率决定了商品是被储存还是跨码头装卸。例如，由于体积小，MP3 播放器在装货时通常是 48 件商品装一个货箱。然而西尔斯的店面一次只能摆放 12 个 MP3，所以当索尼 MP3 被运过来时，首先会被送到一个“分包装”地区，拿出一个货箱中的 12 个 MP3，把它们与其他送往西尔斯商店的商品放在一起重新包装。然而，西尔斯的 MP3 采购员可能会与索尼协商，将送往西尔斯配送中心的 MP3 以 12 件为一个单位装成货箱，这样就可以将其跨码头装卸，省掉拆分货箱和重新包装的费用。

准备现成商品　对于一些商品，还需要在配送中心经过进一步处理才能成为现成商品。**现成商品**（floor-ready merchandise）是准备就绪可以摆上售货架的商品。准备现成商品包括贴标签、标记，如果是衣服，包括将衣服挂在衣架上。

打价格标签（ticketing and marking）是指制作价格和识别标签并将其贴在商品上。对零售商来说，在配送中心打价格标签比在商店进行更有效率。在配送中心，可以专门留出空间和工序高效地贴标签和挂衣服。相反，在商店里准备现成商品会堵塞过道，分散销售人员对顾客的注意力。对零售商来说，一个更好的方法是让供应商运送现成商品，这样就可以完全省掉花费高而且耗时间的打价格标签程序。

准备运送商品到商店　新的一天开始了，配送中心的计算机系统会制定出一张要在当天运送到各个商店的商品清单。每件商品都会有一张提货单和运输标签。**提货单**（pick ticket）是一种说明要从某一特定存储区提取多少存货的单证，也可能显示在升降货车操作屏上。货车司机到存储区从提货单上读取要提取货物的箱数，将指明目的运送商店的 UPC 运输标签贴在箱上，并把箱子放在传送系统上，这样货物就可以自动被送到要去往各商店的货车装车停车处了。

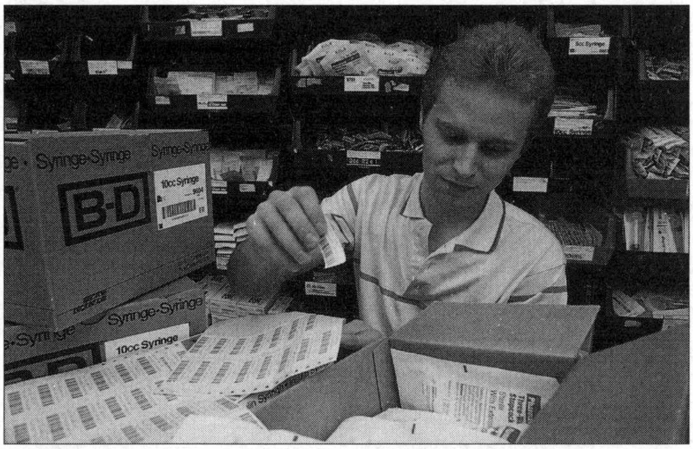

配送中心的一项重要职能就是替商品打价格标签，以准备现成商品。

在拆包区也要制作提货单和标签。员工在拆包区从打开的箱子中选定运往某一商店的货品数目，并放入一个新的箱子中。然后把指明运往目的地的运输标签贴在箱子上，再将箱子放在传送系统上，送达相应的装车停车处。

所以传送系统将箱子从 3 个不同的源头送到去往某一特定商店的货车装车处：(1) 直接来自供应商发货车的跨码头装卸的箱子；(2) 配送中心存储的箱子；(3) 拆包区的箱子。随后这些箱子会由员工装到货车上。

外部运输管理　从配送中心到商店的外部运输管理变得越来越复杂。大多数配送中心一天要开出 50~100 条路线。为了解决这个复杂的运输问题，配送中心采用了一套复杂的制定路线和日程的计算机系统，这个系统会综合考虑商店地址、道路状况以及交通操作限制来建立一个尽可能高效的路线。这样，商店就可以估计出商品到达的准确时间，车辆的利用率也达到了最高。

零售视野 10.2 描述沃尔玛配送中心的这些活动。

反向物流

反向物流（reverse logistics）是指商品沿着分销渠道回流，即从顾客到商店，再到配送中心和供应商。反向物流是很重要的。比如，通过目录购买服装的退货率占销售额的 12%~35%，根据产品特性的不同而变化。[22] 剪裁讲究的时尚服饰的退货率比传统的休闲服要高。

反向物流系统具有挑战性。所退的货物可能已经损坏，或者是没有原来的运输包装，因此需要专门处理。由于退货运量很小，所以运输成本很高。

为了收回退还商品的成本，西尔斯和其他零售商通过网上拍卖将退回的商品出售。[24] 西尔斯在易趣网上通过拍卖售出了上千件商品，比通过其他抛售渠道多收回平均二至三倍的成本。第三方便利提供者—Genco 配送系统，从西尔斯收集要拍

实　例

退货成本占零售商销售额的 0.2%~25%。[23]

10.2 零售视野 沃尔玛的力量：配送中心

在沃尔玛的成功背后有个不为人知的故事，那就是它在阿肯色州本顿维尔郊区的一幢矮矮的灰色大楼。沃尔玛第 6094 号配送中心专门为主要遍布于阿肯色州、密苏里州和俄克拉荷马州的 120 家商店补充普通商品的货源。6094 号配送中心在 120 万平方英尺的面积上存储了 50 000 件价值 5 500 万美元的商品。在这里进行的收货、加工和装运程序也在世界各地的其他厂房里重复着。

当成立者山姆·沃尔顿用他自己的旅行车从配送中心送货到商店时，6094 号配送中心每天要发货和接货约 200~250 卡车。小商店一周能收到 4~5 车的货品，而生意好的商店仅一天就能收这么多。沃尔玛的配送中心每年运输 25 亿多箱货物。沃尔玛还维持了 4 个进口配送中心。

第 6094 号配送中心加工的商品有一半是跨码头装卸的，在到达后 24 小时之内就会运送出去。另一半叫做拉引存货，存在配送中心中，其中 85%的拉引存货通过工厂设备大约 20 英里的传送带进行处理。粘在传送带上的履带以每分钟200 箱的速度自动地将箱子推下轨道，落在该设备的 100 条通往等待货车的斜槽中的一条上。

剩下的 15%拉引存货包括那些不能放在传送带上的货物，即那些过于庞大而传送带无法运载的货物，如圣诞树或家用健身器材。这些是用铲车运到等候的货车上的。一个有声导向系统指引着铲车司机找到目的装车区。一般每次充电之后，电池电源的铲车可以用 6~8 个小时。

不到 10%的拉引存货是拆包商品。出于效率和环境改造目的，大拆包区的商品以产品种类隔开了。销售得最好的商品被放在中间位置，这样工人们就没有必要常伸出手臂或弯腰了。沃尔玛出了名的节俭，这从它配送中心运输的每个拆包箱可见一斑：在每个纸板箱上都印有给店员的提示："这个盒子花了沃尔玛 75 美分。"沃尔玛鼓励店员将箱子退返到配送中心，以在拆包区重新使用。

高端技术有助于沃尔玛的 80 个配送中心高效搬运商品，使其 8 000 个商店的库存情况良好。

资料来源：Dan Scheraga, "Distribution Centers: Wal-Mart's Muscle," *Stores*, June 2005, pp.34–36.

亚马逊公司在为顾客运输订货方面如此高效，所以它还为其他零售商提供此项服务。（见彩插）

卖的商品，进行检验并且依据西尔斯设的标准将商品列在易趣网上，但没有标明西尔斯的品牌名。拍卖后，Genco 将商品打包，运送给消费者。

目录和网上订货物流

完成网上订单和目录订单与将商品配送到商店很不同。典型的配送中心是要将货车装载的大量箱子运输到相对少的商店里去。这些配送中心一般有自动化的材料处理设备和库房管理软件。相反，当完成来自单个消费者的订货时，零售商要将装有一两件商品的小包裹运往多个不同地方。这样，就要求为网络和目录渠道设计与商店渠道完全不同的配送中心。

目录零售商用的是为单个消费者提货和包装订货的配送中心。传统的店面零售商随着逐步发展成为多渠道零售商，不得不对配送中心重新设计，或是将业务外包。一些多渠道零售商，如史泰博公司，对服务商店、互联网和目录的顾客使用不同的配送中心。Sharper Image 以目录店主起步，现在在美国经营了近 100 家商店，通过一个配送中心为所有 3 种零售业态服务。博德斯正在与亚马逊公司合作辅助其实现网上业务。

外包物流

为了简化经营并高效利用资产和人力，如果这些功能可以由第三方物流公司更好地完成或以较低的成本完成，零售商会考虑**外包**（outsourcing）物流功能。**第三方物流公司**（third-party logistics company）是专门致力于协助制造商与零售商之间商品流动的独立公司。具体而言，他们提供运输、储存、合并订单和文件编制服务。

运输　零售商在选择承运人时很小心。他们要求可靠的定制化服务，因为零售商的时间周期和变更很大程度上是依赖于运输公司的。同时，许多零售商认为若要使商品更快到达商店，航空运输的附加成本也是值得的。

独立运输公司的一个成本优势就是比零售商更能充分利用回程货车的空间（返程）。他们能够通过安排利用充分的往返运输为零售商提供更低成本的服务，这是零售商自身无法实现的。

一些零售商综合运用多种运输方式，以降低成本和节约时间。例如，许多日本的承运公司把运往欧洲的货物先通过海运运到美国西海岸，再从那里空运往欧洲目的地。通过综合使用这两种运输方式（海运和空运），整个过程只需两周，而全海运需四五周，这样做的成本是全空运的一半。

储存　为了满足零售商对现成商品交付时间的紧迫要求，许多供应商都在零售客户附近储存商品。但他们一般不会拥有自己的仓库，而是经常租用由第三方所有和经营的**公共仓库**（public warehouse）。通过租用公共仓库，供应商可以为零售商提供其要求的服务，而不用在仓储设备上进行投资。

货物运输代理公司 **货物运输代理公司**（freight forwarder）是指那些购买运输服务的公司。这些公司把许多小的运输任务合并成一个大的运输任务，从而降低总体的运费。这些公司的运费要比托运人直接支付给运输公司的运费低，因为较小的运输所要求的每磅运输成本较高。[25]

从国外进口商品到美国的零售商遇到的一个最大问题，便是政府的官僚主义。国际货物运输代理公司不仅仅提供运输服务，还会准备所需的各种文件，如政府要求的出口申报单、领事和装运文件等。

第三方综合物流服务商 近年来，运输、储存和运输代理商之间的区分变得越来越模糊。例如，现在一些最好的运输企业也向客户提供公共仓储和货物运输代理。其他类型的第三方物流公司也采用了同样的多样化战略，零售商也发现这种“一步购齐”的服务确实比较方便。

供应链管理中零售商与供应商的协作

如前所述，零售商与供应商在供应链管理中的目标都是保证商品在顾客需要时在店中就可得到（尽量减少脱销），并以最小的存储和成本投资实现这一目标。当供应商和零售商能互通消息并合作时，供应链效率就大大提高了。通过合作，供应商可以按照零售商针对商品的需要计划原材料购买和生产过程。这样，供应商就可以保证商品在零售商需要时正好“及时”供应，而不用在供应商的库房里或零售商的配送中心或商店里留有过多存货。

若零售商和供应商在供应链管理上不相互协作，则即使商品零售额相对稳定也会在系统中囤积过量存货。在不协调的渠道中囤积存货的现象叫做**鞭子效应**（bullwhip effect）。这种效应最初是由宝洁公司发现的，他们看见帮宝适一次性纸尿裤订单的形状就像一条鞭子，尽管零售额相对稳定（见图表 10–6）。由于宝洁公司以持续的速率生产一次性纸尿裤的成本效益更高，因此公司或零售商就得保持大量的纸尿裤存货以应对“不规律的”需求。[26]

研究表明，在非协作供应链中的鞭子效应是由以下因素引起的：

- 发送订单和接收货物延迟。即使零售商能准确预测销售额，也会在给供应商下订单并从供应商处接受订单时产生延迟。在非协作供应链中，零售商可能不知道他们会以多快的速度拿到商品，这样他们就会多订货以防止脱销。当零售商订货过多时，供应商会过高估计需求，从而生产过量。
- 对短缺的过度反应。当零售商发现很难得到他们想要的商品时，他们就开始玩起短缺的游戏了。他们会定多于实际需求的货物防止脱销，希望能够收到较大的分批装运份额。这样过量订货又使供应商过高估计实际需求量。

图表 10–6
非协作供应链中的鞭子效应

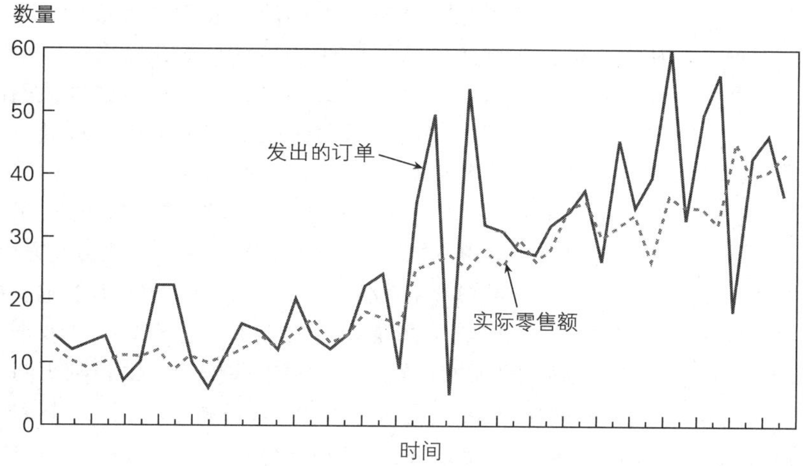

- 批量订货。比起发出许多小额订单，零售商会等待，然后发出一些大订单以减少订单制作过程和运输成本，以获得批量折扣。这种订货模式会让供应商认为销售比实际情况更加不规律。

这些因素甚至会在销售很稳定时引起鞭子效应。但是，对许多零售商来说，销售是不稳定的。在零售商将商品低价出售或是在每年特定的送礼时节销售会大幅上扬。这些销售的不规律性加重鞭子效应，也会导致供应链存货囤积。

供应商和零售商发现通过合作可以降低供应链中的存货囤积，并减少商店中脱销的情况。四种方法可以协调供应链活动，以合作的层次为序：（1）使用 EDI；（2）交换信息；（3）使用供应商—管理存货；（4）应用协作策划、预报和补充（CPFR）。[27] 零售视野 10.3 描述激励零售商和供应商在供应链管理方面协作的历史性力量。

使用 EDI

使用 EDI 传送购买订单信息缩短了零售商发出订单、供应商确认收到订单，以及交流那些订单的发货信息所需的时间。此外，EDI 为其他协作性方法的实施也提供了便利，这些方法会在以后的章节中讨论。但是，在没有其他协作方法的情况下使用 EDI 只能解决前面提到的一个因素，那就是引起供应链中存货囤积的订单发出和接收的延迟问题。

共享信息

引起供应链中过量存货的主要因素之一，是供应商无法知道零售商店的实际销售水平。如果供应商知道销售在上涨，它们就会生产更多的产品防止短缺或脱销；如果得到销售下降的信息，供应商就会减少生产，防止过量存货囤积。[28]

沃尔玛的零售链接是一个数据仓库和决策支持系统，可以为供应商提供沃尔玛世界范围内 5 000 家商店中任何一家每件商品近两年的销售历史和存货水平。从零售链接中得到的数据仓库信息量是如此庞大，以至于许多供应商聘请分析师并购买第三方软件来开发模式，帮助他们提高销售预测准确度以及更好地决定在各具体商店分配的种类。沃尔玛就如何改进系统从供应商那里请求投入。公司赞助零售链接用户集团举办经常性的全国见面会，在这里供应商可以共享提高系统效率的点子和策略。沃尔玛也有一个零售链接指导委员会，由供应商团体成员组成，他们每季度碰一次面，并能在如何提高系统功能方面提出建议。[30]

与供应商共享销售数据，是提高供应链效率很重要的第一步。有了这些销售数据，供应商能够提高销售预测准确度、提高生产效率和减少过多存货。但是还需要其他层面的协作来有效利用这些信息。销售数据只反映历史数据，并不是零售商的将来计划。比如，零售商可能决定要从其种类中减去一个供应商的 SKU——这个决定无疑会影响将来的销售。

10.3 零售视野 快速反应和高效消费者反应（ECR）

供应链管理的零售商—供应商协作若是在服装生产商和零售商的活动中进行，就叫做快速反应（QR）；若在包装消费品（CPG）生产商和超市零售商的活动中进行，就叫高效消费者反应（ECR）。在 20 世纪 80 年代中期，Milliken，一个面对严峻的进口价格竞争的美国纺织品生产商，开发了一套在市场速度而非价格上竞争的策略。那时在服装业，从生产商的纱线制成零售商店支架上的衣服要用 66 周的时间。但是由于供应链中没人知道一个月内会畅销什么，更别说一年了，那漫长的供应周期成本是巨大的。服装业整体上每年因减价销售那些顾客不想要的衣服而亏损几十亿美元，因为他们并不是很清楚顾客到底需要什么。

为了解决这个供应链低效问题，Milliken 与 Warren Featherbone 公司（一家儿童服装制造商）和 Mercantile Stores（一个大的零售连锁店）联合，通过他们称之为快速反应的方法展开竞争。快速反应是以生产者发起并经过改动以适应零售业的及时（JIT）首创精神为模型的。Mercantile 为一个季节开发了一个销售预测系统。Milliken 按预测生产布料，并把大部分布料制成“无色商品”，当具体的订单颜色下来就把它们染成不同的颜色。Featherbone 剪裁和缝制了少量原始花色的衣服，然后运送到 Mercantile。Mercantile 观察原始颜色和尺寸的销售状况，然后将信息传递给 Featherbone 和 Milliken，这样剩下的布料就可以依据顾客买得多的颜色和尺寸进行印染、剪裁和缝制。

沃尔玛和其他折扣连锁店曾是 CPG 生产者和超市零售商合作的激励力量。面临着折扣店价格竞争的超市通过食品营销研究院委托 Kurt Salmon Associates（KSA）找出它们能更有效竞争的方法。KSA 发现由于低效的供应链，超市有明显的成本劣势。当 CPG 生产商举办特别贸易促销时（批发价打折），超市连锁店会买进该商品 6 个月的供应量，在它们的配送中心放置价值 300 亿美元的过量存货。在 1993 年，KSA 报告推荐了一个叫 ECR 的多叉式方法，这种方法加入了生产商与零售商的协作因素以高效地补充货源和促销。[29]

多亏了这些首创活动的推进，食品杂货业在改善供应链效率方面比服装业取得了更大的进展，因为服装的生产过程更复杂，SKU 的数目也大得多。

资料来源：Goran Svensson, “Efficient Coonsumer Response—Its Origin and Evolution in the History of Marketing,” *Management Decision 40*（2002）, pp.508–20; Barbara Kahn and Leigh McAlister, *Grocery Revolution: The New Focus on the Consumer*（Reading, MA: Longman, Addison-Wesley, 1997）.

供应商—管理存货

供应商—管理存货（VMI）是一种提高供应链效率的方法，这里供应商负责维护零售商每个商店的存货数据。[31] 如图表 10–7 所示，供应商决定一个再次订购点——要求更多商品的存货标准。零售商通过 EDI 与供应商分享销售数据。当存货降到订单点时，供应商就发出订单（也就是说，是一个反向购买的订单），然后发货。当可以用 VMI 补充零售商店的存货时，一般会应用这种方法在零售商的配送中心补充存货。[32]

在理想的情况下，供应商补充的存货数量应满足零售商的即时需求，用最少的存货减少脱销。在更好地使零售商的需求与供应相对称之外，VMI 还可以降低供应商和零售商的成本。供应方的销售人员不再需要花时间卖产品了，他们的角色转换为关系维持者。零售采购员和规划员不再需要监管存货水平和发出订单了。

例如，TAL 服饰有限公司是中国香港的一家衬衫制造商，管理着 J.C.彭尼男士衬衫的存货。TAL 直接从 J.C.彭尼北美的商店中收集其衬衫的销售点数据，然后通过自己设计的计算机模式运行那些数据。TAL 现在生产所有销往美国的衬衫的 1/7，由它决定要生产多少衬衫，生产什么款式、颜色和大小。它绕过零售商的配送中心和商品经理，直接把衬衫发送到 J.C.彭尼的每一家商店。因为 TAL 管理着从设计到订购纱线的整个过程，它可以在从测试阶段到完整的零售首次展出的 4 个月内提供一种新的款式，这比 J.C.彭尼独立做要快得多。实际上，这个系统是让消费者而非商品经理选择款式。[33]

VMI 的应用并不是一个新方法。乐事和其他零食、糖果和饮料供应商已经在超市的售货架上管理它们的存货很长时间了。然而，技术的进步也使 VMI 更加复杂。例如，销售点交易数据的共享允许供应商以**寄售**（consignment）形式出售商品；在零售商将商品售出之前，供应商一直拥有商品所有权，在这段时间零售商

图表 10–7
供应商—管理存货

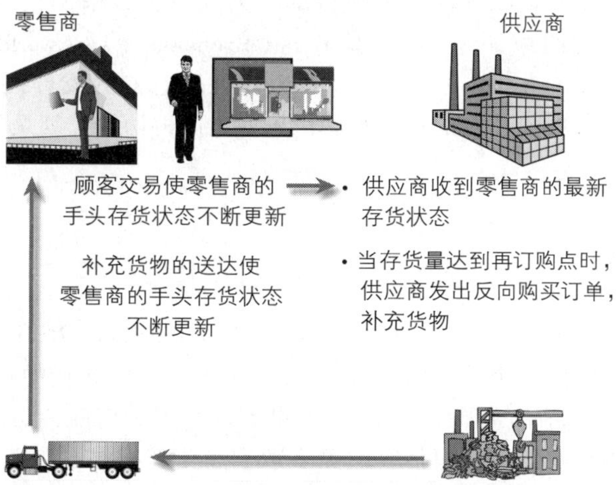

资料来源：摘自 Terrance L. Pohlen and Thomas J.Goldsby, "VMI and SMI Programs," *International Journal of Physical Distribution & Logistics Management 33*, no. 7（2003）, p.567.

需要对商品进行支付。寄售可以激励供应商挑选能使存货最小化并促进销售的SKU和存货水平。有了这些激励因素，当商品以寄售形式售出时，在有些情况下，零售商可能会让供应商负责决定每个商店的存货计划和恰当的分类。[34]

虽然这是比简单地运用EDI和信息共享更高级的协作，但VMI有其局限性。在供应商为某一产品协调供应链时，它不知道零售商做出了哪些可能影响该产品将来销售的其他行为。举例来说，百事公司可能并不知道超市会在3个星期后为可口可乐的新产品进行一次大的促销。没有这个信息，百事公司可能会给超市发送过多的商品。

协作性计划、预测及存货补充

> **实 例**
> 根据供应链专家的观点，在美国通过零售商和供应商更密切的协作可以减少2 000亿~3 000亿美元的过量库存和销售损失。[36]

协作性计划、预测及存货补充（collaborative planning，forecasting，and replenishment，CPFR）是指零售商与供应商共享预测、相关商业信息及协作性的计划，以提高供应链效率和改进产品补充。[35]当零售商运用VMI方法共享销售和存货数据时，供应商负责管理存货。相反，CPFR是一种更高级的零售商—供应商协作形式，包括私有信息的共享，如商业战略、促销计划、新产品开发和发布、生产进程及交付周期信息。

CPFR是1987年沃尔玛和宝洁建立突破性的伙伴关系以更充分地合作时第一次被应用的。这种伙伴关系要求零售商及其供应商之间的信任和参与，而不是传统对抗性的价格谈判过程。这个合作项目提高了产品的可获得性，减少了存货囤积，也降低了成本。沃尔玛把这些节省下来的成本以低价的形式转让给顾客，成为他们的节余。

现在CPFR方法学（www.cpfr.org）由自愿跨行业商业标准（Voluntary Interindustry Commerce Standards，VICS，网址：www.vics.org）开发，由ECR欧洲（www.ecrnet.org）采用。它是一个促进供应链中各贸易伙伴协作的九步过程。因为必需的软件是以互联网为平台的，因此对各方来说更容易，也能以低的价享用。零售交易组织如WorldWide Retail Exchange（www.worldwideretailexchange.org）和Global NetXchange（www.gnx.com）现在为它们的成员提供CPFR软件。零售视野10.4阐示Zara和它的自有品牌供应商之间的协作计划是如何形成竞争优势的。

无线射频识别

无线射频识别（radio frequency identification，RFID）是一种用无线电波在远距离识别出一个物体或一个人的技术。在远洋航行的集装箱中，在装卸箱表面，甚至是在商品标签后嵌入一个小装置或标签，就能传送这些数据了。RFID技术比条形码有优势，它包括容纳更多数据和更新存储在装置中数据的能力。比如，它可以追踪一件商品在供应链中的位置，甚至记录它在配送中心的什么地方存放着。该装置上的数据可以不必通过视线获得，也可以在条形码不起作用的苛刻环境中得到。

RFID 承诺的是所有供应链管理者的梦想，因为它实现了对从生产商到商店结账处的每一个商品精确、实时的跟踪，省去了为从 UPC 条形码中得到数据进行的人工点击操作。这样，RFID 可以很大程度上降低库房、配送和存货的成本，增加利润，并提供更好的现货状况。

许多最杰出的零售商已经在使用这种新技术了。沃尔玛已要求它的前 100 名供应商将 RFID 嵌入到所有的货盘、盒子、箱子和高利润的商品上。为了达到这些要求，供应商被迫做大额投资以获得这种必要的技术和设备。

RFID 的益处

一些 RFID 的益处包括：

- *降低库房和配送的劳动力成本*。库房和配送成本一般占零售商经营费用的 2%

Zara 快速传播时尚　零售视野 10.4

Zara 公司坐落在西班牙的拉科鲁尼亚，目前是世界第三大服装零售商，利润每年增长 30%。公司在 55 个国家经营 800 多家商店。它的供应链管理是从商店经理开始的，他们配备有直接与西班牙公司的设计室相连的手持设备。他们每天报告顾客买什么不买什么，他们想要什么，但却没找到。比如，当采购员发现顾客在寻求与他们正在销售的粉色衬衫相似的紫色衬衫时，他们就把这个信息发给西班牙的设计者。

布料是在西班牙的 23 家高度自动化的工厂中由机器人裁剪和染色的。最后的组装交给坐落在加利西亚和葡萄牙北部工厂周边约 300 个小供应商网络完成。

因为 Zara 控制着整个生产和设计过程，因此它可以小批量生产。这样做就可以在大量生产之前看看起初的几百件产品卖得怎么样。不像许多服装零售商那样一个季节进一批新货，Zara 每几天就发货到它的商店中去。紫色的衬衫两周之内挂在了商店中，与其他大多数百货商店和服装专卖店需要的几个月相比，达到的是同样的效果。

Zara 与工厂进行电子化交流，运用自动化设备，就近雇用装配工，用如空运这样的优质运输方式将商品发到商店。通过这些方式，Zara 成功地缩短了交付周期。比如，如果一家 Zara 商店的中号黄绿色毛衣存货不足了，供应链管理系统就能保证比传统零售商更短的交付时间。因此，Zara 不太可能遇上在下次货到之前缺货的情况。

由于供应链的高效，Zara 没必要给那些卖得不如其他服装专卖零售商的衣服打折。Zara 的销售额是其初始销售价格的 85%，而盖普的销售额只是其初始销售价的 60%~70%。Zara 能够实现这样的成果，并仍能每年设计 40 000 个新的 SKU。

Zara 之所以拥有竞争优势，是因为它能协调好生产、设计和配送等每一个环节。这样，当需求量大的时候，它还能保证其新颖时尚，增加了原价商品的销售份额。

资料来源：Susan Reda, "Retail's Great Race Getting Fashion to the Finish Line," *Stores*, March 2004, pp. 36–40; Kasra Ferdows, Michael Lewis, and Jose Machuca, "Rapid-Fire Fulfillment," *Harvard Business Review*, November 2004, pp.104–10.

~4%。RFID技术用感应器追踪货盘、盒子、箱子及单个商品的信息，代替了劳动密集型的点击操作，这样可以减少多达30%的劳动力成本。

- *降低销售点劳动力成本。*在产品阶段使用RFID可以帮助零售商降低检查货架存货所需的劳动力成本。另外，应用了RFID的产品能改进自我扫描结账和增加自我扫描的使用，从而缩短结账时间，减少员工欺骗行为。
- *节省库存。*RFID减少了库存错误，保证实际存货与记录相符。通过更精确地追踪件数，公司可以得到更准确的售出信息和实际需要的存货信息。
- *降低偷盗率。*有了RFID，可以在供应链中追踪产品以定位一件产品在任何时间的位置，这有助于减少在运输过程中、在配送中心及在商店内的偷盗行为。RFID已经成功地配置在商店中，特别是那些易被盗的贵重商品，如吉列的Mach 3剃须刀片。
- *减少缺货情况。*因为RFID使精确跟踪商品成为可能，预测也更准确了，这就减少了缺货情况。使用RFID，当某些SKU不在架上或是需要存储时就会自动通报商店经理。[37]

RFID应用的障碍

广泛应用RFID的一个主要障碍是其成本高昂，使现期的投资回报率降低。FRID标签的成本是每个25~30美分，比2002年的40美分有所下降。即使成本下降，也只在货盘、盒子、贵重物品或易盗商品上嵌标签才具有经济意义。然而，随着需求增长，标签生产成本下降，预计有望达到每个5美分。

RFID没有被更多零售商采用的另一个原因，是它产生了太多无法加以有效处理的数据。因此，零售商发现很难对实施成本加以合理化。大多数零售商无法传输、贮存、处理从供应链里得到有关货盘、货盒、货箱、货袋及单个商品所在位置的信息。

小　结

供应链管理和信息系统已经成为获得持续竞争优势的一个重要手段。开发更有效的配送商品的方式创造了一个降低费用和提高顾客服务水平的机会。

用于控制采购员和供应商之间的信息流系统现在已变得非常复杂。零售商已建立了数据仓库，详细说明了谁会是他们的顾客及其购买偏好。这些数据仓库正用来加强与顾客的关系，提高零售商的营销和存货管理效率。

一些零售商靠配送中心进行跨码头装卸，而不是存储商品。其他的则要求供应商为它们提供现成商品，并严格遵守发货安排。还有一些零售商让供应商直接将商品发送到他们的商店里，并使用根据消费者需求制定的存货策略拉动供应链。零售商在将许多物流功能外包给第三方物流公司。

零售商和供应商进行协作来提高供应链效率。电子数据的互换使零售商与供应商之间的电子交流成为可能。互联网加速了EDI的应用，特别是在小一些的、较不复杂的供应商中应用。其他更复杂更有效的合作方式包括信息共享、VMI和CPFR。这些方式反映了信息系统和物流管理之间的联系。它们缩短了交货周期，增加了产品的可获得性，降低了存货投资，并减少了总体的物流支出。

最后，RFID 有进一步提高供应链效率的潜力。这些小装置附在货盘、盒子和独立的商品上，可以用来追踪供应链中的商品存储信息，比如一件商品何时被运送到一个配送中心。尽管在所有商品上都应用 RFID 仍相对昂贵，但它可以减少劳动力、防盗和存货成本。

关键术语

配送中心
供应链管理
脱销
通用产品代码（UPC）
预先发货通知（ASN）
电子数据交换（EDI）
内部网
外部网
安全政策
拉动式供应链
推动式供应链
物流
分配员
收货
验货
跨码头装卸
现成商品
打价格标签
提货单
反向物流
外包
第三方物流公司
公共仓库
货物运输代理公司
鞭子效应
供应商—管理存货（VMI）
寄售
协作性计划、预测和存货补充（CPFR）
无线射频识别（RFID）

小试身手

1. **连续案例研究** 采访你为课后案例研究所选定的零售商的商店经理。写一篇报告，描述并评价该零售商的信息系统和供应链系统。以本章内容为基础设计一套向经理提的问题。一些问题也许会包括：商店的配送中心在哪儿？零售商采纳直接从供应商那儿发货到商店的方式吗？多长时间向商店发一次货？进货可直接上架销售吗？商店脱销率是多少？零售商采用拉动型还是推动型系统？商店参与店中商品种类和数量的决策吗？零售商采用 VMI、EDI、CPFR 或是 RFID 吗？
2. **网上练习** 供应链管理专业理事会是物流领域的首要行业组织。访问它的网站：http://www.cscmp.org/,了解物流最新动态。
3. **网上练习** 访问 EPCglobal 的主页 http://www.epcglobal-inc.org/index.html, 点击视频 “RFID 和 EPC 基础”。观看完这一段的片段后，描述电子产品代码和无线射频识别技术是如何使消费者更加享受购物和提高供应链效率的。
4. **网上练习** 访问 GS1 美国主页（www.gslus.org）（以前叫 Uniform Code Council）。这个组织的目标和任务是什么？在 UPC 条形码领域起什么作用？

讨论题

1. 零售系统首字母缩略词有 VMI、EDI、CPFR 和 RFID。这些术语彼此之间有什么联系？
2. 解释一个高效的供应链系统是如何提高零售商的产品可获得性水平并降低其存货投资的。
3. 本章展示了有助于零售商的物流和信息系统趋势。供应商是如何从中受益的？
4. 评价零售在处理退货时的各种可选方式。
5. 为什么没有更多的服装业零售商采用像 Zara 那样的整合供应链系统？
6. 解释拉动型与推动型供应链之间的区别。

7. 为什么全球化物流比国内物流复杂得多?
8. 消费者对脱销有5种反应:在其他商店买(31%);换一个其他品牌(26%);换一个相同品牌的其他商品(19%);推迟购买(9%);不买(9%)。考虑你自己的购买行为,描述不同种类的商品是如何引起对脱销的不同反应的。
9. 由于脱销而放弃的购买意味着一年几百万美元的销售损失。零售商和生产商是如何运用技术来减少脱销和增加销售的?
10. 过去生产商在供应商和零售商关系中占主导地位。现在,零售商的比重加大,双方都在投资并通过双边交流寻求更加互信关系中的益处。大型模式、并购和技术的出现是如何使这种零售商与生产商之间更多合作的转变成为可能的?

推荐读物

Birtwistle, Grete; Noreen Siddiqui; and Susan Fiorito. "Quick Response: Perceptions of UK Fashion Retailers," *International Journal of Retail & Distribution Management* 31 (2003), pp. 119–29.

Bowersox, Donald; M. Bixby Cooper; and David Closs. *Supply Chain Logistics Management*. New York: McGraw-Hill, 2002.

Chopra, Sunil, and Peter Meindl. *Supply Chain Management*. 3rd ed. Englewood Cliffs, NJ: Prentice Hall, 2006.

Coyle, John; Edward Bardi; and C. John Langley. *Management of Business Logistics: A Supply Chain Perspective*. Cincinnati, OH: Thomson Learning, 2002.

Maltz, Arnold, and Nichole Denoratius. *Warehousing: The Evolution Continues*. Oakbrook, IL: Warehousing Education and Research Council, 2004, www.werc.com.

Murphy, Paul, and Donald Wood. *Contemporary Logistics*. 9th ed. Englewood Cliffs, NJ: Prentice Hall, 2006.

Seifert, Dick. *Collaborative Planning, Forecasting, and Replenishment: How to Create a Supply Chain Advantage*. New York: American Management Association, 2003.

Stock, James, and Douglas Lambert. *Strategic Logistics Management*. 5th ed. New York: McGraw-Hill, 2003.

第 11 章

客户关系管理

管理人员简介

巴利•哈拉姆　CVS 公司营销情报副总裁

我们团队负责分析我们所有顾客的购买数据，并开发能够增加 CVS 公司钱夹份额的项目和促销活动。这些客户关系管理活动脱胎于我们从 4 000 万积极参与到 ExtraCare® 项目中的顾客那里收集到的数据。参与这个项目的顾客可以赢取 ExtraBucks®——相当于大多数商店和网上购物金额的 2%，或每购买两剂药方可抵用 1 美元，顾客可以在商店或网上购物时使用。在我们有特别的供应商促销时，ExtraCare®顾客也可收到电子邮件和直接邮件，除了免费商品外还会带有有益健康与美容知识、新产品信息及有价值的优惠券。

通过分析 ExtraCare®顾客的购买行为，我们发现了一些交叉促销的有趣机会。比如，有 2/3 买牙膏的顾客不从我们这里买牙刷。为了鼓励顾客在买牙膏的同时也买牙刷，我们针对这些顾客进行了特别的牙刷促销活动。

我们也会采用有针对性的特别促销活动来扩大顾客购物篮的平均值。例如，当顾客的平均购物值是 15 美元而想购买 25 美元商品时，我们提供 4 美元的优惠券。一般购买 25 美元商品的顾客如果购买 50 美元的话，就会得到 10 美元的优惠券。

每个季度我们会向顾客发出 500 多万条信息。这些信息包括专门为顾客的购买习惯而量身定做的信息和优惠活动。像多数连锁药店一样，我们超过 20%的销售中都含有某种形式的促销手段。这些促销手段能增加销售，但却降低了我们的纯利润。我们以不同的信息和优惠待遇做实验，然后分析顾客的购买习惯，确定哪种促销手段带来的利润更大。

我们很注重顾客的隐私。我们的项目是顾客自愿参加的，只会在得到允许后给顾客发送邮件。有时候，我们雇用外部的加工公司作为代理来打印和发送邮件。但这些代理从来没有收到过任何除了姓名和地址之外的顾客个人信息。我们重视客户的隐私，从来不会把任何关于他们的具体信息告诉或出售给别的生产商或直复营销商。

哈拉姆女士在宾夕法尼亚大学的沃顿商学院获得营销学博士学位。在加入 CVS 之前，她是罗德岛大学和哥伦比亚大学商学研究生院的营销学教授。

问　题

- 什么是客户关系管理？
- 为什么零售商要区别对待顾客？
- 零售商如何得知谁是他们的最佳顾客？
- 零售商如何建立顾客忠诚度？
- 零售商如何增大他们的钱夹份额？
- 零售商怎么做才能消除顾客对隐私的担心？

商业新闻界和公司都在不断谈论着管理客户关系的重要性。公司花几十亿美元用于计算机系统，帮助收集和分析关于顾客的数据。在如此多的关注下，你一定会想顾客成了邻里之间的新宠儿。但是，顾客更像是一个过去被忽视的老朋友，直到现在才被重视起来。

看看下面的例子。沙莉·艾斯特这个月是第三次出差了。她乘出租车从波士顿洛根机场到达丽思·卡尔顿这家她最喜爱的酒店。当门童为她打开车门时，他向她问好："欢迎回到丽思·卡尔顿，艾斯特女士。"当她走到前台时，接待员给了她一把钥匙，并问她是否愿意将此次入住的花费记入她的美国运通卡中。接着艾斯特走进她的房间，发现一切正合她意：一间能看到波士顿国会下院的房间，一张大号床，另加的一个枕头和一条毛毯，一个与电话相连的传真机，还有一个装满了她最喜欢的水果和小吃的篮子。

沙莉·艾斯特的经历是丽思·卡尔顿的客户关系管理项目的一个例子。**客户关系管理**（customer relationship management，CRM）是一种商业理念及一套策略、方案和系统，侧重于识别对零售商而言最有价值的顾客并建立其忠诚度。在此理念下，零售商可以通过与相对优质的顾客建立关系增强盈利能力，CRM 的目标是为经常光顾零售商的忠诚客户发展一个基本客户群。在本章接下来的几节中，我们会进一步讨论 CRM 项目的目标和 CRM 流程的元素。

CRM 流程

传统上，零售商致力于说服顾客光顾他们的商店、阅读他们的目录及访问他们的网站。为了达到这个目标，他们使用大众传媒广告和促销计划，同等对待所有顾客。现在零售商开始致力于通过使用目标促销活动和服务为他们的最优客户提供更多有价值的服务，以增加他们的顾客**钱包份额**（share of wallet），即消费者从该零售商处购买的比率。这种角度的转变是有研究支持的。研究显示，向新顾客出售商品或提供服务比对现有顾客要多花 3~6 倍的成本，顾客保留的一点小增长就可以带来很大的利润收益。[1] 比如，在家具零售商 Domain 那里，一位顾客的首次购买金额一般会在 1 500 美元左右。而 Domain 的老顾客的消费金额是一次性顾客的 3.5 倍。他们的“最有价值”顾客已消费了超过 140 000 美元。[2]

什么是忠诚度

实 例

55%的25岁及以上的顾客并非真正忠诚于他们最常去的商店。[4]

顾客忠诚度，CRM 的目标，不只是让顾客多次光顾零售商并对其经历感到满意。**顾客忠诚度**（customer loyalty）对一个零售商来说，是顾客承诺从该零售商处购买商品和服务，而不接受试图吸引他们惠顾的竞争者的活动。他们与零售商之间有个纽带，这个纽带不只是建立在零售商的积极情感上。[3] 零售视野 11.1 描述内曼·马库斯商店如何建立其最佳顾客忠诚度。

忠诚的顾客与零售商有情感联系。他们之所以经常光顾一个零售商，不只是因为其商店的便利或其提供的低价或品牌。他们对该零售商有如此好感，甚至会鼓励他们的家人和朋友光顾那里。

单纯靠价格折扣吸引顾客不断购买的计划，很容易就会被竞争对手模仿。此外，这类价格促销计划往往会导致顾客去寻找最好的待遇而不是与某一个零售商建立关系。但是，当零售商与顾客形成了情感联系时，竞争对手就很难再吸引该顾客了。[5]

情感联系是在顾客受到个人关注时发展起来的。比如，许多小的独立餐馆以邻里小店的形式建立了忠诚度，在那里服务员能叫出顾客的名字并知道他们的喜好。如俄亥俄州戴顿市的多萝茜港市场采用了复杂的顾客数据库管理系统，给予顾客充分关注。忠诚度俱乐部在上一年消费最多的成员可以收到CEO 的亲笔短笺。当一条主干道影响了居住在某些区域的顾客在该市场消费时，多萝茜港向受到影响的居民发送详细说明绕道路线的地图，鼓励他们返回。[6]

特别的积极体验也会建立起情感联系。比如，一家人为他们正长身体的十几岁女儿买鞋。她的一只脚是 10 码的，另一只是 10 码半的。销售人员为此拆开了两双鞋配成一双销售，确保顾客满意。这个举动得到了回报：那天那家人买了 5 双鞋并从此成了忠诚客户。[7] 提供这样难忘的体验，是建立顾客忠诚度很重要的途径。[8]

CRM 流程概述

图表 11-1 阐释 CRM 通过如下 4 种活动将顾客数据转化成顾客忠诚度的互动

内曼·马库斯的CRM 零售视野 11.1

内曼·马库斯的"内圈计划"为它与最佳顾客增大钱包份额提供了很大的益处。

为建立顾客忠诚度而设计的 CRM 活动最好的例子之一，就是内曼·马库斯的"内圈计划"。这个项目是要发展更多像布兰迪·布拉德沃思这样的顾客。布兰迪是一个 24 岁的达拉斯居民，他在市区的一家商店购买一顶到肯塔基德比戴的帽子时说："我从婴儿时就开始用内曼的商品了。"

每年消费超过 5 000 美元的顾客就能参加到计划中，得到特别的礼品、奖励和服务。消费较多的顾客达到了"通行"和"白金"水平还可以得到额外的回馈和服务。目前内圈计划成员有 100 000 人，他们的平均家庭收入是 285 000 美元，平均每年消费 11 000 美元。

顾客在内曼·马库斯用信用卡支付的每一美元都会得到一个积分。这些积分可以兑换奖品，从限量版的璞琪（Emilio Pucci）丝巾、印度八日游，到一套索尼家庭影院不等。回馈种类每年都会改进和扩大，但这些种类都是为了提升内曼·马库斯独特形象和新思维的名声而设计的。

内圈成员全年经常收到内曼·马库斯的信息，包括季度性的《内圈时事通讯》和半年刊的《内圈商品要目》杂志，后者是由《南方生活与南方口音》杂志的创始人发行的一本高品质出版物。

在商店这一层也要培养顾客关系。内曼的销售人员可以得到顾客过去购买行为的信息，并鼓励与这些顾客进行个人接触。销售人员可以自由帮助内圈顾客在多个商店购物，在使用内曼·马库斯提供的从礼品包装到送货等各种服务方面也能自由开发新的方法。商店经理邀请内圈成员在他们生日当天享用免费午宴。

实 例

在 1984 年，内曼·马库斯启动了第一个忠诚顾客项目。[9]

内曼认识到这些首要顾客的重要价值，公司邀请内圈成员参加董事会，为内曼如何能改善购物体验、强化及拓宽在社区中的角色给予反馈和提议。这些董事会有助于内曼·马库斯与最佳顾客保持真实连续的对话，并使这些顾客感觉到他们受到公司的尊重，他们的观点受到重视。

资料来源：Ellen Bryon, "Sale of Neiman's Is Latest Sign of Luxury Halo," *The Wall Street Journal*, May 2005, p. B1; Maria Halkias, "Customers Who Spend a Lot at Neiman Marcus Wonder about New Owners," *Knight Ridder Tribune Business News*, May 3, 2005, p. 1.

图表 11-1
CRM 流程圈

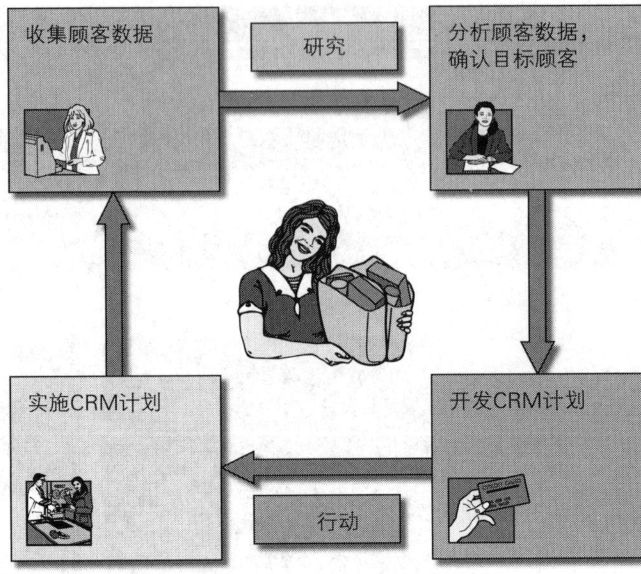

过程：（1）收集顾客数据；（2）分析顾客数据，确认目标顾客；（3）开发 CRM 计划；（4）实施 CRM 计划。这个流程是以搜集并分析零售商的顾客数据和确认目标客户开始的。分析环节把顾客信息转换成了为目标顾客提供价值的活动。这些活动是通过由营销部门承办的交流计划和由客户联系员工（一般是销售人员）实施的客户服务计划而进行的。以下各节将对 CRM 流程中的 4 个活动逐一讨论。

收集客户数据

CRM 流程的第一步是构建一个**客户数据库**（customer database）。这个数据库是第 10 章提到的数据库的一部分，包括公司收集到的关于客户的所有数据，是接下来的 CRM 活动的基础。

客户数据库

在理想情况下，客户数据库包括以下信息。

- 交易——顾客完整的购买史，包括购买日期、所付价格、购买的 SKU，以及商品是否是顾客在对特别的促销或营销活动做出反应时购买的。
- 客户联系——关于顾客与零售商的互动记录，包括访问零售商的网站，向店内问询处的询问，向零售商的呼叫中心拨打的电话以及由零售商发起的联系信息，如发送给顾客的目录和直接邮件。
- 客户偏好——顾客的喜好，如除了大小之外最喜欢的颜色、品牌、质地和气味。在本章开头，我们描述了艾斯特入住波士顿丽思·卡尔顿的经历。丽思·

卡尔顿不是通过让她填写调查问卷而得知她的喜好，而是将前几次她在入住此酒店时的要求记录在她的顾客文档中实现的。

- 描述性信息——描述顾客年龄和心理的数据，可用于进行市场细分。
- 对营销活动的反应——对交易和联系数据的分析，提供顾客对营销活动的反应。

同一个家庭的不同成员也可能和零售商有不同的交流。因此，要有对顾客的整体观察，零售商需要能够把每个家庭成员和单个客户数据结合起来。比如，在康涅狄格州韦斯特波特和格林威治的家庭服装连锁店 Mitchells/Richards，丈夫和妻子彼此为对方买东西。这家店的数据库既记录家庭的购买又记录个人的，以便于店员帮助丈夫或妻子为对方挑选礼物。这个数据库也记录了消费变化和习惯。周年纪念、生日，甚至是离婚或再婚都会与款式、品牌、尺寸、颜色偏好以及各种爱好，有时甚至包括宠物的名字和高尔夫让步赛一起被记录下来。[10] 零售视野 11.2 描述哈拉斯公司是如何为其忠诚度计划使用客户数据库的。

零售视野 11.2 哈拉斯公司的 CRM 赌注

许多零售商和服务供应商同样也维持忠诚度计划，但哈拉斯以高利润全额回报忠诚度计划成为这方面的领头羊。公司在 13 个州有 26 家赌场，顾客有许多积分的机会。当一个玩家（称呼顾客的赌场隐语）赌博时，他在赌具上重击卡片或由赌场监赌人估算他在桌面上的输赢。分数积累起来，持卡者获得新的等级：3 000 积分可以成为白金玩家，有一些新的特权，如不用排长队等。有 10 000 积分，玩家就可以得到钻石卡，给予他免费停车服务、房间升级、免费周末预订等特权。哈拉斯并没为其根据顾客消费多少而实施的顾客歧视政策进行辩护。玩家以他们对连锁酒店的价值为依据得到回报，并且受到鼓励升级到更高等级。哈拉斯的全额回报项目开始于 1997 年，拥有 600 万名积极会员，而这个项目占连锁店赌博收入的 76%。

根据全额回报忠诚度卡上的消费额，哈拉斯会员顾客得到相应的积分和升级资格。这个项目帮助哈拉斯判断每个顾客的终身价值。

在实施 CRM 计划之前，哈拉斯是根据顾客一次花费的数额而给予奖励的。所以，如果花费 100 美元，他们就可能获得免费停车许可。现在哈拉斯使用决策科学模型，这些模型可以分析从客户那里得来的人口和行为数据，并预见顾客的潜在价值。如果一个顾客某一次消费了 10 美元，但模型预测他能发展为“大户”，哈拉斯就会花大力气向此人宣传。

每次预订和每个宾馆的 CRM 系统都会整合地储存起来，并在各赌场间共享。忠诚卡数据库与宾馆预订系统信息结合起来，给店员提供了决定是否要布置房间升级或折扣的信息。营销经理用数据开发一对一营销计划，客户服务代表用这个系统以现场奖励如免费餐或赛事门票回报重要顾客。

资料来源：Edward McKinley, "Betting on Better Customer Information," *Credit Card Management* 18, no. 1 (April 2005), pp. 46–48; Christina Brinkley, "Numbers Game: Taking Retailers' Cues, Harrah's Taps into Science of Gambling; Others Focus on High Rollers While Casino Giant Prefers Telemarketing, Databases; From East Chicago to Caesar's," *The Wall Street Journal*, November 22, 2004, p. A1.

有了现在的技术，单个公司就能够与他们较大的供应商联网来增加销量了。比如，密歇根州雷德福的雪佛兰在安装了帮助记录潜在销量渠道的 CRM 项目后，销量翻了一番。这些渠道有的来自其自身，有的来自通用汽车的网站。[11]

识别信息

为目录和网上消费者以及在商店购物时使用零售商信用卡的顾客建立数据库相对容易。通过非店面渠道购买的顾客必须提供个人联系方式、姓名和地址，商品才可以邮寄给他们。零售商发行信用卡时，他们可以收集顾客用卡时付款的信息。在这种情形下，客户确认是与交易联系在一起的。然而，要确认大多数在商店购物的顾客比较困难，因为他们经常以支票、现金或如 Visa 和万事达这样的第三方信用卡支付。

商店零售商用三种方法解决这个问题：（1）请顾客确认信息；（2）提供常客卡；（3）将网上购买数据与商店联系起来。

实 例

89%的顾客认为零售商并没有全力保护他们的个人隐私。[13]

请求确认信息 M.A.C、新英格兰圣诞树商店和货柜商店等零售商，会让店员请顾客确认信息，像在他们电话销售时需要顾客的电话号码或姓名和地址。[12] 然后再用这种信息创建一个客户交易数据库。但是，这种方法有两个局限：首先，顾客也许不愿意提供信息，感觉店员在侵犯隐私；其次，店员可能会忘记询问信息或在忙的时候难以花时间搜集和记录信息。

实 例

一些研究表明，在美国的超市行业中，常客卡并没有带来更高的忠诚度。便利的店址和快速结账等其他因素对客户忠诚度有更大的影响。[14]

提供常客卡 **常客计划**（frequent shopper program），也称忠诚度计划（loyalty program），是确认光顾零售商的顾客并提供回报的计划。当顾客参加了这些计划的其中之一，他们就会提供一些有关个人或家庭的描述性信息，并得到一张有识别号码的卡。客户在零售商那里购物时会有使用此卡的激励机制。如同我们在零售视野 11.1 和 11.2 中描述的，内曼·马库斯和哈拉斯都会给每一美元的消费相应的积分。在内曼·马库斯，积分可以兑换成特别的礼物，而哈拉斯顾客可以得到特权和免费的食物、饮料，甚至是客房。

会员卡已经变得非常普遍。顾客拥有太多的卡，钱包里都装不下了。

从零售商的角度看，常客计划有两个好处：（1）顾客在报名加入计划时提供了年龄、性别和其他信息，并鼓励他们在每次交易中表明自己的身份；（2）顾客受到回报的激励，增加光临次数和每次消费金额。

使用常客卡识别信息的一个大问题是，该卡经常会因顾客其他的卡多了而将此卡从钱包中挤出，顾客可能在购物时忘带卡或是在他们很匆忙时不愿出示。零售商是这样解决这个问题的：如果忘了带会员卡，电话号码也行。

其他零售商尝试使用技术增加客户的忠诚度及其消费水平，但取消了卡。交互式忠诚度卡（ILC）是一个有两种通信方式的存储和传输数据的缩微光纤扫描仪。

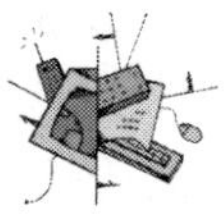

这一小件装置附在一个核心连锁店中，把现行商店忠诚度计划与零售商和生产商的促销整合起来。顾客可以简单地扫描印刷优惠券或是下载网上折扣券。合格的优惠券码整合在顾客的个人忠诚度账户中，从总数中减去。电子自助亭允许顾客查看和选择优惠券。这个技术首先已经在纽约雪城的青山农场商店试用，取得了成功，前景良好。商店在逐年销售额、顾客光临频率和生产商优惠券兑现方面都有了全面的增长。[15]

一些零售商，特别是那些服务行业的，不询问信息也不需要常客卡，用的是无卡、无现金支付和忠诚度系统。通过使用提前注册过的指印，顾客可以高效地进行支付，公司可以很快且很精确地存储顾客信息。

Piggly Wiggly 连锁杂货店在南卡罗莱纳州的 100 多家杂货店实行了测算技术。指印一被识别出来，顾客就进入一个“搜索”号码（一般是电话号码），开通顾客的忠诚度账户，会出现一列支付选项，如支票支付、借记支付或信用支付。这个系统取消了所有卡，把忠诚度计划与客户数据完整彻底地整合了起来，使回报只需一个简单的指印扫描就完成了。[16]

将网上购买数据连接到商店 如果顾客在一个多渠道零售商的网站或目录上购买时使用了信用卡，然后在这个零售商的商店中也用同一张信用卡，那么零售商就可以更新客户的购买记录，从送货信息中获取关于顾客在哪儿居住或工作的信息。比如，如果一个顾客用信用卡在史泰博网站（staples.com）上买了一台电脑，后来用同一张卡在一家商店中购买了电池，史泰博就可以得到顾客的姓名和送货地址，并更新购买记录了。

隐私和 CRM 计划

虽然详细的客户个人信息帮零售商为他们较优的顾客提供了更多好处，但顾客却担心零售商在收集这些信息时侵犯了其隐私。比如，亚马逊在给客户发的邮件中提到要改变隐私规则时，顾客产生了很大的顾虑。新规则指出亚马逊不再向客户保证排除亚马逊与第三方共享客户购买信息。这种负面的公共回应是由两家网上隐私机构——Junkbusters（www.junkbusters.com）和电子隐私信息中心（www.epic.org）激起的，引发了很大骚动，最终使亚马逊改变了政策。

从那时起，其他零售商也因没能保护客户隐私而受谴责。例如，联邦贸易委员会（FTC）控告 BJ 的批发部在传输或存储各店数据时没有为客户信息加密，还把数据存储了 30 天以上，引起“不必要的风险”。联邦贸易委员会也控诉 BJ 把数据存储在用“常用的默认用户 ID 和密码”就能打开的文件中。结果，BJ 与联邦贸易委员会达成一致协议，要求 BJ 采取更加严密的措施，在接下来的 20 年中每两年要对连锁店的计算机安全系统做一回独立检查。[17]

实 例

2005 年，约有 2 500 万个身份被盗用的受害者。[18]

隐私顾虑 顾客对他们隐私受侵犯程度感觉不一，随着下面的因素而变化：

- 进行市场交易时顾客对其个人信息的控制。他们觉得自己能决定零售商收集的信息数量和种类吗？

- 顾客对个人信息的收集和使用的了解。他们知道收集了什么信息，零售商会怎么使用这些信息？零售商会与第三方共享信息吗？[19]

实 例

71%的顾客认为现在个人信息和隐私的保护比前些年更值得关注。[20]

那些使用电子渠道的顾客顾虑尤为明显，因为他们中许多人都没意识到大量信息在不知情的时候就被收集走了。除了收集交易数据之外，电子零售商还会通过在访问者的硬盘上放置 cookies 来获取信息。**cookies** 是识别返回到某一网站的访问者的文本文件。有了 cookies 中的数据，顾客不必在每次访问一个网站时进行身份识别或使用密码。但是，cookies 也会记录人们访问过的其他网站和他们下载的页面。

保护客户隐私 什么是个人信息？定义是有争议的。一些人把个人信息定义为所有无法公开获得的信息，还有一些既包括公开的（如驾驶证、抵押信息）又包括私人的（爱好、收入）信息。

谁负责保护客户的隐私？在美国，对个人隐私的法规保护是有限的。[21] 现存的立法只限于在一些特定情况下的信息保护，包括在信用报告中的政府职能和实务、影像出租、银行和健康护理。[22] 不过，在欧盟（EU）和加拿大[23] 保护客户隐私方面更进步。欧盟关于消费者隐私的一些保护规定如下：

- 商店只有在清楚说明用途（如完成交易）时才可以收集消费者信息；
- 必须把用途告知被收集信息的消费者；
- 信息只能用于某一特定用途；
- 商店只能以所述目的保留信息。如果想作其他用途，必须重新收集信息；
- 在欧洲运营的企业只能把信息出口到 25 个欧盟成员国和有相似隐私保护政策的国家中。这样，美国的零售商、连锁酒店、航空公司和银行都不能从欧洲转发信息到美国了，因为美国没有类似的隐私保护政策。

基本上，欧盟这个角度是指消费者拥有自己的个人信息，零售商必须得到消费者明示同意才能共享其个人信息。这个信息被看做是**选择参加**（opt in）。相反，在美国，个人信息一般被视为是公众领域的，零售商可任意使用这些信息。美国消费者必须清楚地告诉零售商不要使用他们的个人信息——他们必须**选择退出**（opt out）。[24]

欧盟推迟了这个指令的实行时间。美国现在在协商一个避风港计划，使美国能够遵守欧盟指令出口信息。但是，由于对消费者隐私日益强烈的顾虑，国会在考虑新的有关消费者隐私的立法。联邦贸易委员会已经设计了几条原则，以促进平等的信息实践：

- 通知和注意——涉及信息泄露的做法，包括诸如信息存储、操纵和发布信息的全面说明。
- 选择/同意——包括选择参加也包括选择退出，给消费者用信息换取利益的机会。
- 准入/参与——允许消费者对信息准确度进行确认。
- 诚信/安全——控制对个人信息的盗用和滥用。
- 强化/矫正——提供一个确保参与公司一致性的机制。

总之，这样的共识逐步达成：必须正大光明地收集个人信息，信息必须是有用途的，数据也应是相关的，要保持准确，是特定商业必需的，信息主人有所有权，保持适度的安全性，只有在消费者允许时才能转发。为了打消这些焦虑，许多收集信息的零售商有了隐私政策。电子隐私信息中心提议隐私政策应该清楚说明从每个访问者那儿收集到什么信息以及这些信息将被作何处理，让消费者选择他们是否愿意给出信息，允许他们看到和修改任何网上零售点的个人信息。零售商要向客户保证信息的安全保管，没有客户允许时不会将信息传给其他公司。[25]

分析客户数据和识别目标客户

CRM 过程的下一步是分析客户数据库，并将数据转化为对零售商建立顾客忠诚度计划有益的信息。**数据开发**（data mining）是一种常用的信息开发方式，它识别数据中的模式，一般是分析师在搜索数据时未注意到的信息。比如，伦敦的一个电子零售商发现购买手持 DVD 播放器的顾客一般都是搭火车上下班的。应用这一信息，零售商把许多白天的电视广告宣传经费转到报纸和轨道沿线广告牌上，此时手持 DVD 播放器的销售额上涨了 43%。[26]

购物篮分析（market basket analysis）是一种致力于一个家庭在单独购物的情形下购买商品的购物篮或购物包构成的特殊数据分析。这个分析经常会得出商品在商店的合适位置。比如，在购物篮分析的基础上，沃尔玛几次改变了以前的商品位置：

- 由于香蕉是美国食品车上最常见的商品，沃尔玛超市中心和生产部就在玉米片旁边出售香蕉；
- 舒洁面巾纸既摆在纸制品架上，又与感冒药放在一起；
- 量勺既放在厨具区，又挂在起酥油旁边；
- 手电筒放在五金器具架上，也与万圣节道具放在一起；
- 小黛比小吃蛋糕与咖啡相邻；
- 飞虫喷剂与打猎装置陈列在一起。

确认细分市场

传统上，客户数据分析致力于确认细分市场——有着相似需求、购买相似商品和对营销活动有相似反应的顾客群。

例如，埃迪·鲍尔在分析客户数据库时，发现了两种类型的购物者。一种叫做“职业购物者”——那些喜欢时尚和重视客户服务的人，另一种叫做“匆忙购物者”——那些想尽快结束购物的人。职业购物者倾向于用变更服务，利用客户服务台，在商店中购物时要寻找同一个售货员。相反，匆忙购物者一般从目录或网上购物。埃迪·鲍尔利用这个信息针对每个细分市场设计不同的广告计划。

埃迪·鲍尔还发现早上购物的人对价格更敏感，比晚间购物者更多地购买促销产品，晚间购物者更多属于职业购物者之列。使用这个信息，埃迪·鲍尔在一些试验商店安装了电子窗口海报，可以在一天不同的时间展示不同的形象。早上，主要显示低价产品和促销商品，晚上就展示更多昂贵的时尚商品。[27]

识别最佳客户

实 例

虽然有50%的零售管理者收集单个顾客的数据，但只有41%可以识别出他们的最佳客户。[28]

通过客户数据库中的这些信息，零售商可以设计一个分数或数字，表示客户对公司有多大价值。接着再用这个分数来决定目标客户。

终身价值 为每个顾客打分的一种常用方法叫做终身客户价值。**终身客户价值**（lifetime customer value，LTV）是顾客在与零售商有联系的整个过程中对零售商利润的预期贡献。

为了估算LTV，零售商以过去的行为预测将来的购买、这些购买中所得的毛利润以及客户服务成本。与客户相关的成本包括广告成本、招徕顾客的促销成本以及顾客退货造成的加工成本。因此，一个每隔一个月从超市购买200美元东西的顾客的LTV比一个每周去3次、每次购买30美元的顾客的LTV低。同样，一个只有在降价时才买衣服的顾客比一般全价购买的顾客的LTV低，即使他们买的是相同数量的商品。

LTV的评估是以这样一个假设为依据的：顾客未来的购买行为会和过去一致。零售商一般会用复杂的统计方法根据顾客过去的购买行为估算其将来的贡献。比如，这些方法可能会考虑到上次购买的时间。一个6个月前购买了600美元的顾客的LTV很可能低于在过去6个月每个月购买100美元商品的顾客。

客户金字塔 大多数零售商意识到他们的客户的可获利性或LTV不同。具体来说，他们知道相对一小部分顾客带来的利润占了他们利润的大部分。这种现实情况叫做**80—20法则**（80-20 rule），即80%的销售额或利润来自于20%的客户。零售商依据LTV分数把他们的顾客分为两个群体。一个群体是有着最高LTV的20%的客户，另一个群体是其他客户。但是，这种两分机制——“最优”和“其余”并没有对那80%的客户进行重要的区分。[29]一种常用的细分法是把客户分为4个细分群体，如图表11-2所示。这种机制可以使零售商针对每一细分群体制定出更合适的策略。4个细分群体描述如下：

- 白金群体 这个群体由零售商的前25% LTV的客户组成。通常这是最忠诚的顾客，他们不过分看重价格而更重视客户服务。
- 黄金群体 接下来25% LTV的顾客组成黄金群体。这些顾客比白金群的LTV低一些，因为他们对价格更加敏感一些。虽然他们从店中购买大量的商品，但他们并没有白金客户那么忠诚于该零售商，很有可能光顾其他一些竞争者。
- 铁质群体 这个群体的LTV较低，通常不值得零售商过多关注。
- 铅质群体 这一最低层的顾客可能会造成公司亏本。他们一般要求很多，但并不购买太多。比如，房地产代理商经常会遇到一些想在周末出来逛逛但并无意购买的人。

图表 11–2
客户金字塔

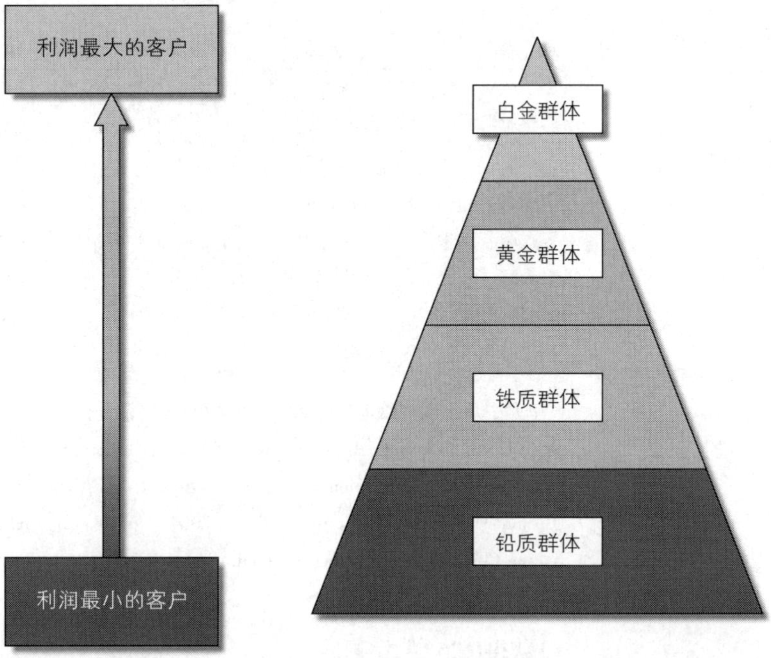

资料来源：Valarie Zeithaml, Roland Rust, and Katherine Lemon, "The Customer Pyramid: Creating and Serving Profitable Customers," *California Management Review* 43 (Summer 2001) , p. 125. Reprinted by permission.

这种细分机制与航空频度计划不同，因为它是依据 LTV 划分的，而非所飞里程数。这样，公司就会意识到一些飞了很多英里的顾客可能一直选择低成本航线，其他顾客虽然飞的是同样多的英里数，但他们的盈利性大得多，因为他们选择的是头等舱，也不找打折机票。

RFM 分析　**RFM 分析**（recency，frequency，monetary analysis），多被目录零售商和直复营销者所用，是一种依据最近购买时间、购买频率及购买金额划分客户的机制。图表 11–3 是由一个每月给客户寄目录的目录服装零售商完成的 RFM 分析。

这个目录零售商把顾客分为 32 个组或细分群体，划分标准是顾客在去年发出了多少订单、购买了多少商品以及最后一次发出订单的时间。每一个细分群体都由图表 11–3 的一个单元表示。比如，在左上角的顾客去年购买了一两次，在最近两个月里购买过一次，买了不到 50 美元的商品。

目录零售商经常用这种分析来决定给哪个客户群邮寄目录。对每一个 RFM 组，他们会得出从最近发出的目录上购物的顾客百分比。例如，图表 11–3 的左上角的单元中有 5%的客户根据最近邮给他们的目录下了订单了。有了反应率和每个单元顾客发出订单的平均毛利润的信息，目录零售商就能通过给不同的客户发送目录来估算预期利润。比如，如果左上角单元中的顾客订单的平均利润为 20 美元，给该单元中的顾客发目录的成本是 0.75 美元，那么从寄给顾客的每份目录中

图表 11-3

某目录零售商的 RFM 分析

		购买时间			
频 率	金额	0~2 个月	3~4 个月	5~6 个月	6 个月以上
1~2 次	<$50	0.050*	0.035	0.010	0.001
1~2 次	$50 以上	0.050	0.036	0.011	0.001
3~4 次	<$50	0.080	0.050	0.015	0.006
3~4 次	$150 以上	0.090	0.050	0.017	0.008
5~6 次	<$300	0.100	0.060	0.025	0.010
5~6 次	$300 以上	0.120	0.080	0.027	0.012
6 次以上	<$450	0.150	0.100	0.035	0.018
6 次以上	$450 以上	0.160	0.110	0.040	0.020

* 单元中从上次寄给他们的目录中购物的客户百分比

资料来源：Reprinted by permission of Harvard Business School Press. Adapted from Robert Blattberg, Gary Getz, and Jacquelyn Thomas, *Customer Equity: Building and Managing Relationships as Valuable Assets* (Boston: Harvard Business School Press, 2001) , p. 18. Copyright . 2001 by the Harvard Business School Publishing Corporation; all rights reserved.

可获得0.25 美元/顾客。

$20 贡献 × 0.05 反应
= $1.00 预期贡献 – $0.75 成本
= $0.25/顾客

如此，RFM 分析基本上是以顾客的购买时间、频率和金额来估算 LTV 的方法。图表 11–4 说明了如何使用 RFM 来制定客户目标策略。

近期进行了低频率少量购买的顾客被看做首次顾客。CRM 计划中指向这个细分群体的目标是把他们先转变成为回头客，最后成为高价值客户。指向高价值细

图表 11–4

RFM 目标策略

		购买时间			
频 率	金额	0~2 个月	3~4 个月	5~6 个月	6 个月以上
1~2 次	<$50	首次顾客		低价值顾客	
1~2 次	$50 以上				
3~4 次	<$50	回头客		“背叛者”	
3~4 次	$150 以上				
5~6 次	<$300	高价值客户		核心“背叛者”	
5~6 次	$300 以上				
6 次以上	<$450				
6 次以上	$450 以上				

资料来源：Reprinted by permission of Harvard Business School Press. Adapted from Robert Blattberg, Gary Getz, and Jacquelyn Thomas, *Customer Equity: Building and Managing Relationships as Valuable Assets* (Boston: Harvard Business School Press, 2001) , p. 18. Copyright . 2001 by the Harvard Business School Publishing Corporation; all rights reserved.

分群体（高 RFM 值）的客户关系管理项目力在维持顾客忠诚度，增加留存力，并通过出售更多商品得到更大的钱包份额。但是，近期没有购物的顾客或者终身价值较低因而不值得寻求，或者是已经衷情于其他零售商的顾客很难抓住。CRM 项目在不同的细分群体中要实现的目标在以下几节中进行讨论。

开发CRM项目

根据将来的利润潜力细分了客户群体后，CRM 过程（见图表 11–1）中的下一步是为不同的细分客户群体开发项目。在以下几节中，我们将讨论零售商使用各种项目达到如下目的：（1）保留最佳顾客；（2）将优质顾客转变为高 LTV 顾客；（3）排除无利润顾客。

顾客保留

零售商使用 4 种方法保留最佳顾客：（1）常客计划；（2）特别客户服务；（3）个性化；（4）社区。

常客计划 如前所述，常客计划既用来通过交易确认客户构建客户数据库，也用来鼓励多次购买和对零售商的忠诚度。[30]零售商提供激励措施鼓励顾客加入计划并使用常客卡。这些激励措施是零售商提供的购物折扣，或是每购买一美元就有一个积分，积分可以兑换特别礼品。一些关于回报的建议如下：

- *分层次* 回报应依据购买量分层次，刺激顾客多消费。层次可以单次衡量，也可以积累交易额衡量。一些计划把两种方法结合起来，购买 100~149.99 美元减 5 美元；150~249.99 美元减 10 美元；250 美元及以上减 15 美元。此外，每 100 美元累计折扣可以再省 10 美元。顾客一般接受消费多的人应有更大回报的观点。
- *提供选择* 并不是所有顾客都重视同样的回报。因此，最有效的常客计划为顾客提供选择。比如，澳大利亚领头零售商高斯美雅最初提供飞行里数奖励，但当发现不是所有顾客都看重这个奖励时就转变为回报列表供顾客选择。英国超市连锁乐购公司让顾客把积分兑换成娱乐活动、假期套装或运动会折扣。竞争对于盛博公司则允许顾客在如百视达和英国天然气零售商等许多合作伙伴那里把积分当优惠券使用。非金钱的刺激对一些顾客也有很大的吸引力。比如，在内曼·马库斯的内圈计划中，顾客有机会将积分兑换成一个鸡尾酒会、索斯比拍卖或去参观泰坦尼克号海底之旅的邀请。

一些零售商将他们的常客计划与慈善事业联系在一起。比如，塔吉特把贵宾卡中全部购物金额的 1%捐赠给当地学校的援助计划。虽然这样无私的回报可以是常客计划中很有效的一部分，但这不能成为计划的焦点。研究表明，最有效的刺激直接对接受方有益，而不是像慈善捐赠这样间接。

- *为所有交易提供回报* 为保证收集到所有的客户交易数据并鼓励多次购买，计划要对所有购买都有回报，而不是只针对某些选定商品的购买。
- *透明度和简单化* 顾客要能快速易懂地明白什么时候会收到回报，回报内容是什么，可获得多少回报，怎么兑换积累到的积分。要说清楚基本规则，不应该有惊奇或困惑。[31]

实 例

美国 2/3 的超市有提供折扣的会员卡，但是美国最大的食品零售商沃尔玛则没有。[32]

有 4 个因素限制了常客计划的有效性。首先，这些计划可能很花钱。比如，1%的价格折扣会在一年内花费掉大型零售商 1 亿多美元。此外，对一个大型零售商来说，最初的实行和维护方面的投资（商店培训、营销、实行支持及信息技术和系统成本）高达 3 000 万美元。加上营销、项目支持、供应完成、客户服务和 IT 基础设施成本，每年的维护费用可达 500~1 000 万美元。接着还需要营销支持成本来保持计划的关注度。[33]

其次，在出现问题时，很难纠正各个计划。计划已经成为顾客购物体验的一部分，所以即使计划有很小的变动也要通知顾客。他们会对任何“取消”的计划表示不满，即使那时他们并没有积极参与。计划越成功，顾客对变化的反应越大，这些负面的反应会减少对零售商的信任和忠诚度。

第三，零售商对这些计划会不会增加顾客的支出举动和对自己的忠诚度并不清楚。[34] 比如，总部位于威斯康星州的 Sun Prairie 食品店就常客计划抽查了 39 家店中的顾客，发现超过 80%的被调查者不会用折扣卡。[35]

第四，也可能是最重要的一条，靠常客计划无法获得竞争优势。由于计划是可见的，竞争对手很容易就能模仿。50%~70%的实体零售商都为客户提供会员卡，80%的家庭的钱包中至少有一家商店的卡。但是，人们并不认为这些卡有很大的价值。超市的会员卡可以让顾客得到价格折扣，这鼓励了低价购物者而不是忠诚客户。当计划对所有清洁剂都给出 0.50 美元的折扣时，消费者认为没什么区别。[36]

为了避免这个问题，零售商在对顾客独家了解的基础上为其优质顾客提供更加个性化的优惠。

特别客户服务 为了建立和维持其最佳客户的忠诚度，零售商提供特别的高品质客户服务。在康涅狄格州的 Mitchells/Richards，售货员在下班后还开着店或送货到顾客家里并不稀奇。就是这样的特别服务，帮助它在近年来低迷的零售业中走向成功。[37]

个性化 为细分市场（如在客户金字塔中的白金群体或 RFM 分析中的早期回头客）制定的 CRM 策略有重大局限，即每个细分群体都由许多不同客户组成。这样，任何策略只是对典型的顾客有吸引力，而不是该群体中大多数的顾客。比如，有着最高 LTV 的白金群体中可能包括一个 25 岁的单身女性，她跟有两个孩子的 45 岁上班妈妈的需求很不同。

获得了客户层次的数据和分析工具后，零售商现在可以很经济地为单个顾客提供独特的优惠和目标信息了。他们能够为小群体的客户甚至特定的个人制订计划。例如，在加拿大男装专卖零售商 Harry Rosen 那里，与顾客建立个人关系的售货员有时会联系顾客。如果 Harry Rosen 新进一批阿玛尼西装，售货员就会联系那

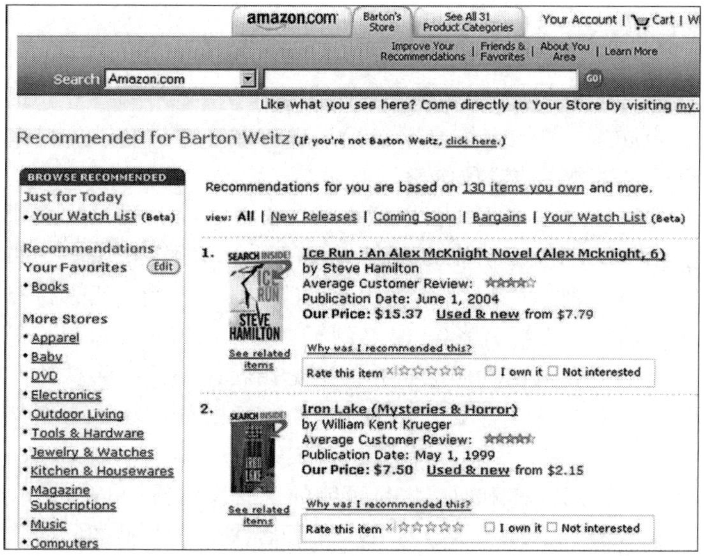

亚马逊网站依据顾客过去的购买提供个性化建议。

些过去买过阿玛尼的顾客。如果顾客反应冷淡，零售商马上会寄给顾客一张价值 100 美元的购物券，用于购买暂时没买的东西。[38]

为小群体或单个顾客制定零售计划被称为**一对一零售**（1–to–1 retailing）。许多小的当地零售商都采用一对一零售。他们了解每一位顾客，顾客走进商店时可以叫出他们的名字打招呼，然后推荐一些顾客会喜欢的商品。这些邻近小店店主不需要顾客数据库，也不用数据开发工具，他们用自己的脑袋存储信息。但大多数零售连锁店和员工并没有这么了解顾客。于是 CRM 过程使较大的零售商能有效地与顾客发展许多小店与顾客之间那样的关系。

互联网渠道为零售商提供了自动进行一对一零售的机会。当注册用户登录亚马逊网站时，他们看见的首页是专为他们个人设计的。他们的名字会出现在问候中，显示的是依据他们过去的购买行为分析的商品。比如，一个顾客过去从亚马逊买了神话小说，他以前买过的神话小说作家的新书就会展现出来。但是，一些隐私专家认为一些个性化行为越过了边界。比如，亚马逊发布了一个叫做 A9 的网页搜索引擎，能记录下顾客曾搜索的一切，而且亚马逊还保留与其零售分支共享信息的权利。亚马逊还资助了一个叫 43 Things 的网站，它要把有相似目标的人联系起来，比如都想摆脱债务的人。[39]

顾客收到的个性化的回报或优惠，是以零售商和其销售人员所拥有的独特信息为基础的。这些信息在零售商的顾客数据库中，是竞争对手无法看到或使用的。因此，这就有机会发展一个持续的竞争优势。

信息的高效使用在 CRM 过程中创造了一个积极的反馈周期（见图表 11–1）。在零售商那里增加的反复购买也增加了从顾客那里得来的数据量，使零售商能提供更加个性化的优惠，从而增加顾客在零售商那里的购买量。

社区 第 4 种保留顾客和建立忠诚度的方法是在顾客中发展一种社区意识。互联网渠道为顾客提供了用公告牌交换信息、在彼此和零售商之间建立更深私人关系的机会。加入这样一个社区后，顾客更不愿意离开这个“家庭”而去光顾别家零售商。

例如，除了提供待售商品外，体育用品商可以为当地运动赛事组织者提供一个在网站上发布相关消息的机会。组织青年足球队、小联盟棒球队、网球和高尔夫球锦标赛的志愿者可以提供关于赛事日期、时间及地点的信息。然后零售商可以收集关于当地团队参与者的信息，为他们在其商店中购买队服和设备时提供折扣，为他们的交易提供便利。零售视野 11.3 描述一个创建了乘船者社区的零售商。

将优质顾客转变为最佳顾客

在顾客金字塔（图表 11–2）中，增加优质顾客的销售称为*顾客炼金术*——把铁质和黄金顾客转变成白金顾客。[40] 顾客炼金术包括为现有顾客提供和销售更多产品、服务，增加零售商对这些顾客的钱包份额。

英国连锁超市乐购在常客计划中加了一层以增大钱包份额。第一层是收集顾客数据信息的传统设计。第二层定位于较优的顾客，更有创意。顾客在一次购买中消费 38 美元以上就可以获得一把“钥匙”。5 把钥匙就能使顾客成为“钥匙持有者”，100 把就能使其成为“白金钥匙持有者”。顾客到了这些较高层次时可以享受流行娱乐活动、电影票、运动会和宾馆度假的折扣。这个钥匙计划旨在将铁质和黄金顾客转变成白金顾客。从实行这个计划开始的 4 年里，乐购的市场占有率从 13%上升到了 17%。

零售商的数据库也显示交叉销售和附加销售是可能的。**交叉销售**（cross selling）是指在特定交易中出售互补商品或服务，如在一个顾客决定买电脑的同时卖给他打印机。例如，Stop & Shop 有限公司在波士顿的一些店内装了“购物伴侣”，这是一种与购物车相连的无线电脑设备。它利用零售商的会员卡和收集到的顾客购物历史，提醒顾客在促销时想买的商品可能是他以前已经买过的。如果那个顾

11.3 零售视野 建立乘船者社区

世界上最大的游船零售商 MarineMax 坐落在佛罗里达州的克利尔沃特，公司提供许多计划，帮助人们打破那个划船最美好的两天就是买船和卖船那两天的陈旧观念。公司每年组织上百次“出游”活动，给顾客与其他乘船者一起旅行的机会。这些旅行包括从周末出行到两周的巴拿马之旅。每次出游都有一个 MarineMax 引航员领航。这样，船主就可以安心地做一些比平常更加冒险的事情。除了可以享受一次兴奋的乘船体验之外，乘船者还可以见到好多其他同船者并与他们分享经验。

MarineMax 为其顾客组织乘船出游活动，这样可以增加他们的社区集体意识，积累这方面的经验，并建立顾客忠诚度。

除了赞助出游，MarineMax 还提供其他服务，确保顾客有好的乘船体验并鼓励他们购买更大更贵的船。比如，公司为所有“船长”提供手把手的培训，包括开船操作、安全和靠岸，以及拴船桩的基本知识。

MarineMax 出现在船只生命周期中的每一个环节，从集资、保险到有人要出售或升级旧船时办理代理业务。“我们的焦点是乘船体验，而不只是卖船，”首席营销官朵娜·斯通说，“一旦有了一个客户，我们就要一直保持这个客户，只要他们还在用船。”此外，她还说：“我们最有力的一个销售工具就是口碑。我们通过最好的销售人员得到现有客户。”

资料来源：2004 MarineMax Annual Report; Don Peppers, “Building Relationships across the Product Lifecycle,” *Inside 1to1*, March 11, 2002, p. 2.

由 Cuesol 公司开发的购物伴侣是一种安装在购物车上的无线电脑设备。利用这个设备扫描商品，顾客可以知道自己的消费情况。（见彩插）

客的历史显示她经常买汉堡但不买番茄酱，购物伴侣就会为两种商品都提供一种特别优惠券。[41]

附加销售（add-on selling）包括向现有顾客销售额外的新产品和服务，如一家银行鼓励有支票账户的顾客申请家庭改善贷款。

奥普拉·温弗里是附加销售的行家。她抓紧机会在白天的电视节目中向目标观众——对自我完善和授权感兴趣的女性——出售和宣传书籍、电影和电视特别节目（Harpo Productions）、有线频道（Oxygen Media）、网站（www.oprah.com）和阅读面广的杂志（*O*）。对电视节目的观众来说，每一件这样的商品都会有额外的价值。例如，当一位很受尊敬的名人出现在她的节目中时，在 *O* 杂志中就会发表一篇关于这个名人详细信息的文章。温弗里通过她的节目和杂志鼓励观众在她的网站上跟她及其他人进行交流，从而建立了一个社区。例如，一个读到了在非营利性组织中担任志愿者文章的读者可以上网和其他感兴趣的人分享和交流经验。[42]

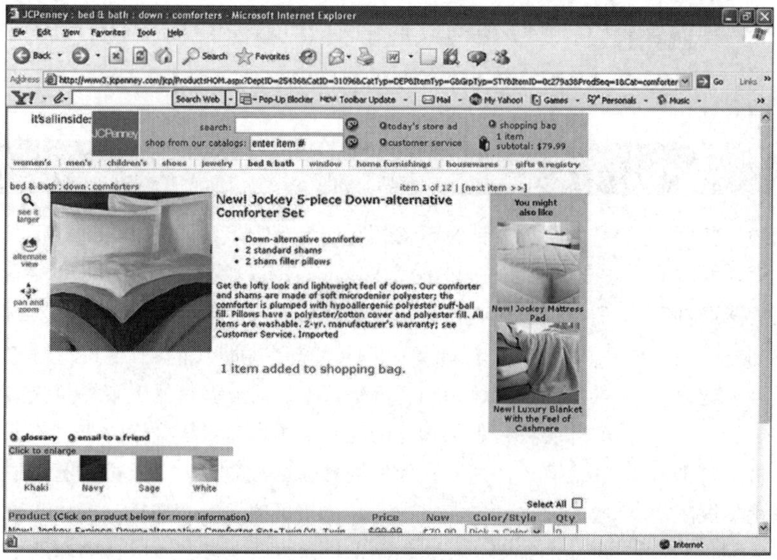

JC 彭尼的网站通过向顾客推荐目标商品的附属产品来建立附加销售。

处理无利润顾客

在许多情况下，最下层顾客的实际 LTV 是负的。零售商在每次售货给他们时都是赔本的。比如，目录零售商会遇到反复购买三四件商品但只留一件退掉其他几件的顾客。对退回的两三件商品进行加工的成本远高于那个顾客留下的一件所带来的利润。底层的顾客也可能因为消失和再出现而被划到那一层。比如，顾客可能因为竞争对手更有吸引力的优惠或在不满意时离开，在数月或一年后又回来成为新顾客。重新获得这些顾客的成本使得他们对零售商来说无利可图。不再给这些顾客出售商品的过程，在顾客金字塔中叫做“去铅”。[43] 零售视野 11.4 描述力美特和百思买是如何处理不良顾客的。

去铅的其他方法有：（1）为满足铅顾客的需求提供不太昂贵的方法；（2）对滥用服务的顾客收费。富达投资公司每天有约 550 000 的网站点击率和 700 000 多个电话，大约有 3/4 转到了每条花费不到 1 美元成本的自动系统中。其余的由呼叫中心代理进行处理，每个电话成本为 13 美元。富达与 25 000 个常打电话到代理的低层顾客联系，并告知他们为了解简单的账户和价格信息必须使用网站或自动回复。每个名字都会被标记，转至一个专门代理那里，他会把电话转接到自动服务系统并告诉他们如何使用。富达发言人说：“如果我们的客户都选择接入人工代表，那成本会高得惊人。”

执行CRM计划

通过CRM计划增加销售和利润是一个挑战。比如，研究表明，52%的零售商表示他们都进行一些数据开发，但其中76%认为这些活动对利润没有任何贡献。[44]

零售商的这种经验强调了有效的CRM不只是任命一个CRM经理，安装一个管理和分析客户数据库的电脑系统以及发表关于顾客重要性的演讲。CRM计划的有效实施要求零售机构中不同职能活动的协调性。MIS部门要收集、分析和处理信息，准备好供实施项目的员工使用。这些员工有一线服务提供者、销售人员以及通过个人渠道（大众广告、直接邮件和电子邮件）和客户交流的营销专员。商店经营和人力资源管理需要雇用、培训和鼓励那些使用信息提供个性化服务的员工。

11.4 零售视野 将铅摆脱

退货欺诈每年耗费商家150多亿美元。其中的一些例子，包括购买超级大碗聚会上用的一个宽屏电视而在赛后退货的，或者是为一个特定场合买了昂贵裙子之后又退货的。职业的退货家现在利用互联网靠虚假退货谋利。一些人从商店偷东西，退货以求信用补偿，然后再通过易趣或其他拍卖网站以一定折扣变现。

像力美特和百思买这样的商家用高科技防护技术打击这些高科技诈骗。力美特的退货政策声明顾客退货的期限上限为60天。但是公司的政策同时声明它采用由退货交流中心实施的全行业服务为退货授权，并声明“在特定情况下我们保留拒绝退货的权利”。退货交流中心坐落在加利福尼亚的欧文市，中心分析了力美特的客户数据库并找出了有异常退货倾向的顾客。当这些顾客退货时，POS机上就会出来一张纸条，上面写着“拒绝退货”，销售人员告诉顾客可以拨打免费热线寻求更多信息。

百思买正在实行一个重点发展黄金和白金顾客摆脱铅顾客的战略。为了吸引更高的消费者，公司提供了更多高效的服务。为了避免不受欢迎的顾客，公司减少了容易引起他们光顾的促销活动，并将其从直复营销名单中去除。最需要技巧的挑战，就是在不影响优质顾客的情况下阻止不受欢迎的顾客。

百思买针对不良顾客的活动进入到如FatWallet.com、SlickDeals.net和TechBargains.com这样几十个网站里。他们与以前的店员和知情者交易电子优惠券和小费，以得到额外的收益。SlickDeals.net的会员都吹捧其快速得到折扣的技巧，一个访问者近来吹嘘自己只有在低于零售商成本时才会在百思买购物的经验。零售商无法排除商店里的不速之客，但能阻止他们极具破坏性的行为。公司在退货中收15%的再储存费。为了打消顾客再以“退货”折扣购买商品的意图，公司在网上销售这些退货，所以这些商品不会在商店中再次出现。百思买也解除了与FatWallet.com的关系，后者是一个帮百思买网站介绍顾客而收取费用的在线“附属机构”。

拒绝顾客是件很难把握的事。Filene's Basement因不允许两个经常退货和投诉的马萨诸塞州顾客在店内购物，在电视台和报纸上遭到谴责。百思买的CEO因为为店员拒绝一群黑人学生而接待了一群白人学生，向华盛顿的一个学校的学生写信道歉。

资料来源：Ariana Cha, “Some Shoppers Find Fewer Happy Returns,” *Washington Post*, November 7, 2004, p. A01; Gary McWilliams, “Minding The Store,” *The Wall Street Journal*, November 8, 2004, p. A1.

许多零售商是以生产为本，而非顾客为本。如第 9 章所示，一家零售公司的购买者是以产品种类划分的。一般来讲，零售公司没有哪个部门是以顾客类型组织的，也没有哪个部门负责为不同类型的顾客发送商品和提供服务。也许将来零售商会有实现这一协调功能的市场经理。

小 结

为了发展战略优势，零售商必须有效管理关键资源——财务（第 6 章）、人力资源（第 9 章）、地产和店址（第 7 章和第 8 章）、存货和信息（第 10 章）及顾客（第 11 章）。本章集中介绍了零售商现在和将来会进行的一些活动，这些活动会提高从优质顾客那里得到的销售额和利润。顾客关系管理是一种商业理念和一套策略、计划和系统，它重在识别出最有价值的顾客并在他们之间建立忠诚度。忠诚的顾客会衷心地光顾一个商家而不会轻意地更换到其竞争者那里。此外，零售商还设计了 CRM 计划增加最佳顾客的钱包份额。

顾客关系管理是一个将顾客数据转化成顾客忠诚度的互动性过程，主要通过以下四种活动实现：（1）收集顾客数据；（2）分析顾客数据，确认目标顾客；（3）开发 CRM 计划；（4）实施 CRM 计划。第一步是收集和存储顾客数据。收集顾客数据的一个挑战，是在每次交易和接触的过程中识别出顾客。零售商有许多方法来解决这个难题。

第二步是分析数据找出最大利润顾客。根据顾客的可获利性将其划分有两种方法：一是计算顾客的终身价值，二是考察他们的购买行为——购买时间、频率和购买金额。

有了关于顾客的这些信息，零售商可制订计划建立最佳顾客的忠诚度，增加较优顾客的钱包份额（如转变黄金客户为白金顾客），处理无利润客户（摆脱他们）。商家使用的增加忠诚度和留住最佳顾客的方法有 4 种：（1）实行常客计划；（2）提供特别顾客服务；（3）提供个性化服务；（4）形成社区意识。商家也通过交叉销售和附加销售增大钱包份额。通过低成本的方法为无利润顾客服务。有效的 CRM 计划难以实行是因为它要求零售商组织中不同领域之间互相协调。

关键术语

顾客关系管理（CRM）
钱包份额
顾客忠诚度
顾客数据库
常客计划
忠诚度计划
Cookies
选择参加
选择退出
数据开发
购物篮分析
终身顾客价值（LTV）
80—20 法则
RFM 分析
一对一零售
交叉销售
附加销售

小试身手

1. **连续案例研究** 采访你为连续任务所选的零售商的商店经理。询问经理商店是否提供常客计划，以及它对增加商店的销售和利润是否有作用。找出为什么经理会有这样的观点，怎么做才能够使计划更有效。然后与商店中的一些顾客谈话。问他们是否是会员，为什么？找出计划中的会员关系对他们的购买行为和对商家的忠诚度有何影响。
2. **网上练习** 访问一些你常去的零售网站，对比他们的隐私政策。哪些政策使你不太担心隐私的侵犯，为什么？哪些政策或者是缺口使你担忧？为什么？
3. **网上练习** 访问电子隐私信息中心网站（www.epic.org），浏览该组织提出的事项。这个监控组织认为最重要的因素是什么？这些因素如何影响商家和他们的顾客？
4. **网上练习** 访问 Pier 1 进口商主页 http://www.pier1.com/，点击信用卡的链接。阅读不同级别会员的待遇，描述 Pier 1 进口商是如何在他们给顾客定位和分类的常客计划中应用顾客金字塔的（图表 11–2）。
5. **网上练习** 访问 Peppers & Rodgers 咨询公司的主页：http://www.1to1.com/home.aspx.。花几分钟浏览该网站提供的信息。什么是一对一营销？零售商应如何使用一对一营销？这个概念是如何与 CRM 结合起来的？

讨论题

1. 什么是 CRM？
2. 为什么零售商要决定顾客的终身价值？
3. 为什么有的顾客会对超市提供的常客计划有隐私担忧？超市能做些什么以打消这些顾虑？
4. 旅行社（a）、珠宝店（b）和干洗店（c）可能会抓住什么样的额外销售机会？举例说明。
5. 以下的零售商中哪个会从 CRM 中受益最多？（a）超市；（b）银行；（c）汽车经销商；（d）家用电子产品零售商？为什么？
6. 为邻近一家销售带有你们学校校徽的服装商店制定一个 CRM 计划。你会收集关于顾客的哪些信息？你要如何使用这些信息提高该商店的销售和利润？
7. 零售商可采用哪些不同的方法通过交易识别顾客？每种方法有哪些优势和不足？
8. CRM 计划侧重于与最佳顾客建立关系。一个不能受到与最佳顾客同样待遇的顾客可能会因被区别对待而难过。零售商可以做些什么来尽量减小这种负面反应？
9. 想想你最喜欢去购物的地方。那儿的商家是如何建立顾客忠诚度和满意度、鼓励回头客、在顾客和零售商之间建立情感关系、了解顾客的偏好和为他们的“最佳顾客”提供个性化关注和难忘经历的？
10. 零售商是如何利用顾客数据库中的交易、顾客关系、顾客喜好、描述性信息和对营销活动的反应的？

推荐读物

Bell, Simon; Seigyoung Auh; and Karen Smalley. "Customer Relationship Dynamics: Service Quality and Customer Loyalty in the Context of Varying Levels of Customer Expertise and Switching Costs," *Journal of the Academy of Marketing Science* 33 (Spring 2005), pp. 169–84.

Blattberg, Robert C.; Gary Getz; and Jacquelyn S. Thomas. *Customer Equity: Building and Managing Relationships as Valuable Assets.* Boston: Harvard Business School Press, 2001.

Bligh, Philip, and Douglas Turk. *CRM Unplugged: Releasing CRM's Strategic Value.* Hoboken, NJ: Wiley, 2004.

Budman, Matthew. "Customer Loyalty: Are You Satisfying the Right Ones?" *Across the Board* 42, no. 2 (2005), pp. 51–52.

Buttle, Francis. Customer *Relationship Management: Concepts and Tools.* Oxford: Butterworth-Heinemann, 2004.

Greenberg, Paul. *CRM at the Speed of Light: Capturing and Keeping Customers in Internet Real Time.* 3d ed. New York: Osborne/McGraw-Hill, 2004.

Kumar, V., and Denish Shah. "Building and Sustaining Profitable Customer Loyalty for the 21st Century," *Journal of Retailing* 80, no. 4 (2004), pp. 317–30.

Magi, Anne. "Share of Wallet in Retailing: The Effects of Customer Satisfaction, Loyalty Cards, and Shopper Characteristics," *Journal of Retailing* 79, no. 2 (2003), pp. 97–106.

Peppers, Don, and Martha Rogers. *Managing Customer Relationships: A Strategic Framework.* New York: Wiley, 2004.

Noble, Stephanie, and Joanna Phillips. "Relationship Hindrance: Why Would Consumers Not Want a Relationship with a Retailer?" *Journal of Retailing* 80, no. 4 (2004), pp. 289–303.

Rigby, Darrell, and Dianne Ledingham. "CRM Done Right," *Harvard Business Review,* November 2004, pp. 118–28.

Rust, Roland; Valerie Zeithaml; and Katherine Lemon. *Driving Customer Equity.* New York: Free Press, 2002.

Shugan, Steven. "Brand Loyalty Programs: Are They Shams?" *Marketing Science* 24 (Spring 2005), pp. 185–94.

Venkatesan, Rajkumar, and V. Kumar. "A Customer Lifetime Value Framework for Customer Selection and Resource Allocation Strategy," *Journal of Marketing* 68 (October 2004), pp. 106–26.

Wallace, David; Joan Giese; and Jean Johnson. "Customer Retailer Loyalty in the Context of Multiple Channel Strategies," *Journal of Retailing* 80, no. 4 (2004), pp. 249–61.

€ 26⁹⁵

第三编

商品管理

本书第二编回顾了零售商采取的各种战略决策，具体包括：零售市场战略的制定、与市场战略相关的财务战略、店面位置的选择、组织与人力资源战略、零售商用以控制信息流和商品流的系统，以及他们采取的管理顾客关系的各种方式等。这些决策并非出于战术上的思考，更多的是从战略角度确定的。因为在做出这些决策的过程中，零售商需要集中重要资源发展长远优势，在目标零售市场独占鳌头。

这个部分，即第三编，探讨的是零售商采取何种战术性商品管理决策，实施其零售战略。

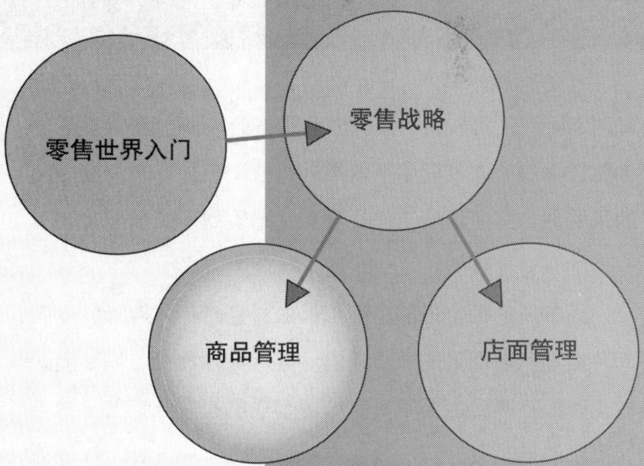

第 12 章介绍零售商如何管理商品库存。具体来说就是，如何组织商品规划过程、如何评估业绩、如何预测销售结果、如何制定分类计划以及如何确定合理的库存水平。

第 13 章考察如何通过采购系统来管理普通和流行商品的库存。

第 14 章探讨零售商如何从供应商手中购买商品，包括品牌选择、买卖商议过程以及与供应商建立良好关系。

第 15 章关注的是零售商如何确定及调整价格的问题。

第 16 章讲到了建立品牌形象的各种方式以及零售商与客户进行沟通的渠道。

接下来的第四编将着重阐述店面管理的决策实施问题。

第 12 章

商品分类管理

管理人员简介

娜塔莉·卡普兰　西尔斯男装基础团队采购副经理

3 年前，我从伊利诺伊大学香槟分校取得营销学学士学位，之后一直就职于西尔斯公司位于芝加哥霍夫曼庄园的采购办公室。这份工作让我真正感受到了如坐云霄飞车一般的兴奋与快感。

西尔斯的每个采购小组都是由数名库存分析师、一名库存经理及多个采购员组成的。刚开始，我在工作服团队做库存分析师，主要职责是给各个规模的商店就工装裤不同类别的商品设计标准规划存货。在确定分类时，我会根据不同的商店分类对商品品牌、风格、颜色、尺寸和销售历史进行分析，然后利用我们的商品规划系统检测销售情况并得出行动计划，保证我们在合适的商店、合适的时间拥有合适的库存。尽管大宗商品的销售预测是易如反掌的事，比如对李维斯 501s 的预测，可是真正的挑战远非如此。供货商在每个季节都会根据当前的流行趋势适当调整并削减供货，这时我就得准确估测到这个行为对存货的影响。

一年之后，我被提升为男士内衣和针织部的高级库存分析师，并更多地参与到决策当中。我们决定每种商品应该采购多少用于日常销售和促销。此外，我也更多地参与了为商品类别设立财务指标并设法完成。读者可能会发出惊讶，男士内衣并不是个十分看好的领域。可是时代在变，如今的男士们对内衣的品味正在逐步提高。所以我们必须精心挑选，保障库存充足，这样财源自然滚滚而来。

去年我又升职了，现在我是负责男士服饰品这块的采

问 题

- 商品管理过程是如何组织起来的？
- 为什么大宗商品和流行商品的管理过程不同？
- 零售商如何评估他们的商品管理决策？
- 零售商如何预测商品级别的销售？
- 零售商如何规划分类并确定适当的库存水平？
- 在进行商品分类的过程中，采购员必须权衡哪些因素？

购副经理。尽管成了采购副经理，但凡是牵涉皮带、钱包、围巾、帽子和节日礼物的采购（这是高级采购员的职责范围），仍由我制定采购决策。我同国内各种著名品牌及个人品牌的供货商联络，浏览他们的商品目录，挑选出我们喜欢的商品并和供货商讨论价格和销售条件。每年我都得参与到总价值超过 5 000 万美元的生意当中。

每一次采购都要求我们承担起更多的责任，在此过程中我也不断提高自己的商品管理能力。我十分喜欢现在的这份工作，西尔斯对我的职业生涯意义重大。在这里我可以尽我所能发挥专长，当然我的成功也离不开公司对我的信任和支持。我很喜欢零售业快速的销售步调，每天都充满着新的挑战和机遇。想想吧，每天我去公司，打开电脑，查看顾客对商品决策的反响是否良好（通常用销售额来衡量），这是多么令人激动的事啊！为顾客提供优质的服务、商品和解决方法，提高顾客的生活质量，赢得顾客的信任，并同他们建立终身伙伴关系，这就是我所希冀的工作，它令我获得满足感。

商品管理主要由采购员和他们的顶头上司——商品部门经理和总经理负责。许多人认为这些工作既令人振奋不已又十分体面。他们觉得采购员的大部分时间都花在抓住最新时尚的脉搏上，他们奔走于巴黎和米兰的各种名流设计展示会，出现在流行演唱会和其他高雅的酒会上，观察那些潮流引领者的衣着穿戴。但实际上，零售采购员的生活更像华尔街的投资银行家，而非全球时尚大师。

投资银行家管理股票，他们买进看涨的股票，卖掉他们认为前景不妙的。他们一直关注自己股票的业绩，买卖的目的就是盈利。有时他们会犯错，将钱投进业绩差的公司，损失在所难免。可是他们可以利用余现买进更多具有升值空间的股票。有时候，银行家们买入的股票市价一路飙升，他们希望能够买进更多的蓝筹股。

与投资银行家们不同，零售采购员们管理商品库存，他们买进顾客可能喜欢的商品。但有一点是相同的，他们使用零售商信息系统来监测商品组合的销售情况——什么东西卖得好，什么东西滞销了。零售采购员也会犯错，当商品滞销时，他们便开展清仓促销，把赚来的钱转投到更好卖的商品上。然而，他们也可能就此做出了一个风险极大的决定。买进大量新商品，如果商品卖得好当然利润颇丰，因为，这时其他保守的竞争者，没有足够的货品满足市场需求。

商品管理（merchandise management）是指零售商在实现公司财务目标的同时，在合理时间、合理地点销售合理数量的适当商品的过程。采购员必须了解并预测消费者想要的商品是什么，这种感知市场趋势的能力是有效管理商品库存的一种技能。也

证券交易所的股票经理人管理股票投资组合，而零售业采购员管理商品库存组合。两者的购买决定都存在一定风险，所以他们必须不断地权衡决策。

许另一种更重要的技能是持续分析销售数据，并依此做出适当的价格和库存调整。

本章第一节简要概括零售商管理商品分类的过程，然后再详细说明每个步骤——销售预测、制定分类规划、确定合适的库存量。商品管理过程中的其他步骤，将在接下来的商品管理规划（第 13 章）、商品采购（第 14 章）和定价（第 15 章）各章中详细阐述。

商品管理过程一览

本节简要介绍了商品管理过程，包括零售商商品管理活动的组织以及评估商品管理绩效的目标和措施。本节结束时概述了商品管理过程中的每个步骤，并讨论流行商品、季节性商品与日常商品在管理上的差别。

采购组织

每个零售商都有自己的商品分类系统，可是对于大多数零售商来说，最基本的采购组织结构是相同的。图表 12–1 是如梅西、贝尔克、狄乐等大百货公司的商品分类组织结构图。该图显示了采购员在商品部门的组织模式，但规划员和分类员的组织结构与采购员几乎是平行的。

商品组 最高的分类级别是**商品组**（merchandise group）。图表 12–1 中的树形图显示了 4 个商品组：女装，男装、童装及内衣，化妆品、鞋、珠宝及配饰，家居用品。其中每个组都由一名商品总经理（GMM）进行管理，商品总经理通常是公司的高级副总裁。每个总经理负责多个部门。例如，管理男装、童装及内衣的总经理负责以下 5 个部门的商品库存：男子西装、男子运动装、少男服饰、童装及内衣。

部门 商品分类方案中的第二级为**部门**（department）。各个部门由商品部门经理（DMM）管理。比如，图表 12–1 中以深色显示的部门经理负责童装的销售，并管理着几名负责采购 6 类商品的采购员，他们的采购范围为：少儿饰品、7~14 码的女孩服饰、4~6 码的女孩服饰、幼儿服饰、婴儿服饰，以及男孩服饰。

级别 级别是商品分类和组织商品管理活动的第三级。一个**级别**（classification）是指以同类消费者为目标群体的一类商品，比如 4~6 码的女孩服饰。

类别 类别是分类方案中的第 4 级。每个采购员管理多个商品类别。比方说，负责 4~6 码女孩服饰的采购员的管理范围包括：4~6 码女孩的运动装、裙装、泳装以及外套。

库存单位 **库存单位**（stock-keeping unit）是用于存货控制的最小单位。例如，

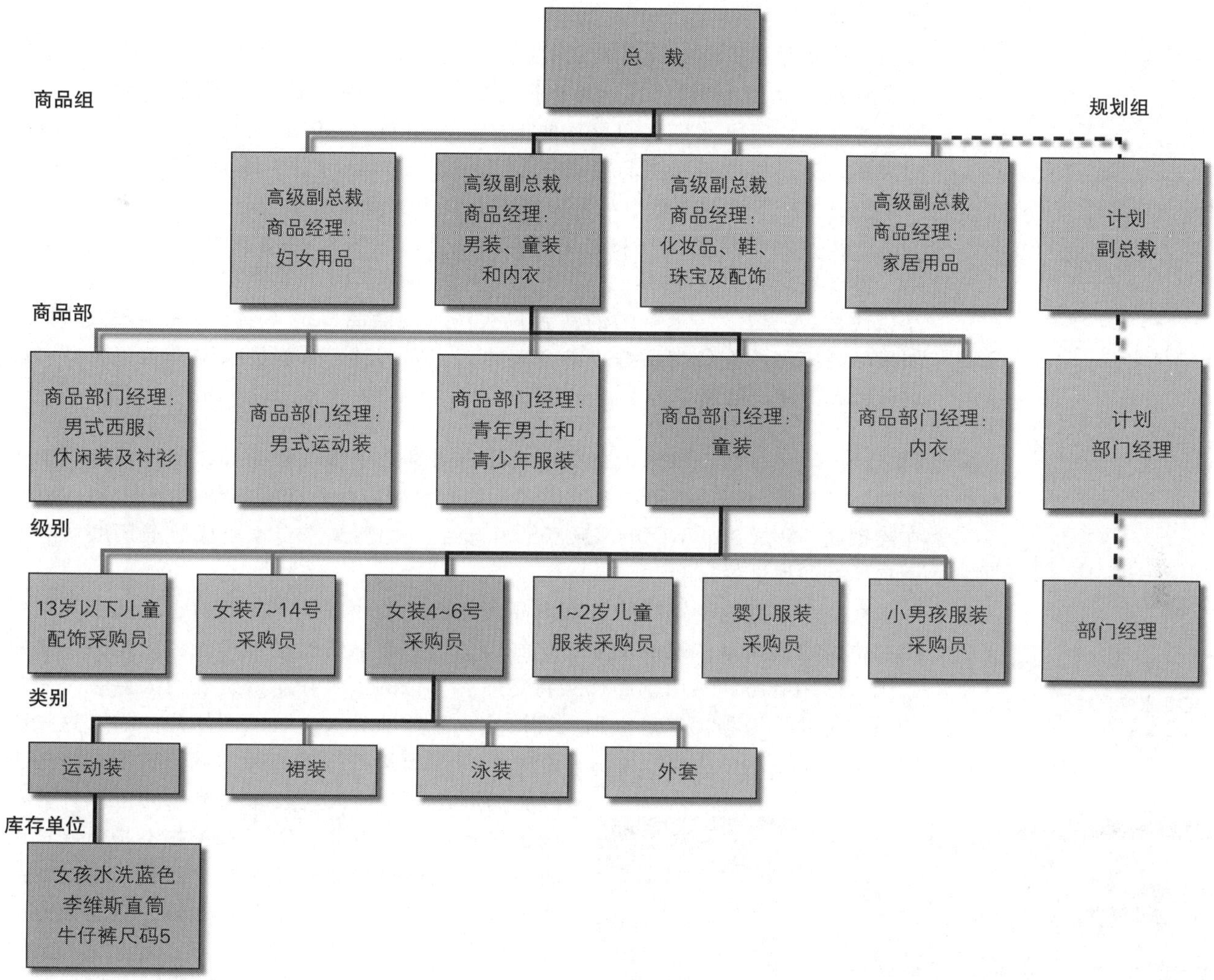

图表 12-1　标准商品分类细则和组织结构图

在纺织品中，一个库存单位通常包括尺寸、颜色和款式。详细来说，一条尺码为 5 的水洗蓝色直筒李维斯牛仔裤就是一个库存单位。

商品类别——规划单位

商品类别是制定商品管理决策的基本分析单位。一个**商品类别**（merchandise category）是指顾客看来能够相互替代的一类商品。例如，一家百货商店可能会提供多种 4~6 码的女孩裙装，无论从颜色、款式和品牌上都有足够多的选择余地。可是当一位母亲为女儿买裙子时，她可能会考虑百货店内的所有裙子。于是，降低一条裙子的价格或许能够增加此类裙子的销售量，可是它同时也降低了对其他裙子的销售。所以，采购员为某种库存单位定价或促销的举动将影响同类别其他商品的销售。

零售商和供货商对商品类别可能有不同的定义。一个供货商也许将洗发水和护发素划分为不同的类别，这是根据它们在产品属性上的明显区别划分的。然而，另一家百货商店可能将它们及其他集洗护发功能于一体的洗发产品归为一个单一的类别，这是根据消费者日常购买行为做出的划分。卫生纸可以归为“纸制品”一类，也可与清洁剂、纸巾与餐巾纸一起划为“清洁产品”。

一些零售商根据品牌来定义类别。比方说，汤米·希尔菲格可以成为一个类别，雅诗兰黛和保罗/拉尔夫·劳伦又可各成一类。因为零售商认为这些品牌不能互相代替。一位“汤米”的消费者只买汤米的商品，他不会去买拉尔夫。同样，如果品牌商品的整条产品链分布合理的话，那么对于采购员来说，购买商品、规划分销和促销都将简单容易得多。

类别管理 尽管一般来说百货商场是在类别这一级管理商品，但超市和其他普通的商品零售商都是按照传统的模式，根据品牌或供货商组织他们的商品。例如，在连锁超市里，3 个不同的采购员，可能会分别购买来自家乐氏、通用磨坊和通用食品的谷类早餐。

实 例
沃尔玛、西夫韦和 HEB 是 3 家擅长类别管理的大型零售商。[1]

在一个类别内依据品牌管理商品可能会导致效率低下，因为它忽略了类别中库存单位之间相互依赖的关系。例如，负责谷类早餐的经理可能会决定分别从家乐氏、通用磨坊和通用食品购买特定库存单位的玉米片。分析表明大盒装玉米片的销售量几乎为零，于是类别经理决定只采购一种大盒装的玉米片。倘若这一决定转由每个采购员去做，那么从每个供货商那里都采购一种的话，这个超市还有可能仍旧存积 3 种大盒装库存单位的玉米片。分析还显示：尽管当地的生产品牌并不是最畅销的商品，可是它们在部分顾客群中已有了很高的品牌忠诚度。如果这种商品下架的话，店里可能失去一些非常好的客户。最后一点，超市若能给 3 个不同供货商提供的玉米片定 3 种不同的价格（高、中、低），而不是一味地同等对待，那么获取的利润空间也会大一些。

为了达到最佳效率，奶制品到底该按照类别管理还是按品牌管理?

因此，利用**类别管理**（category management）的方法管理谷类早餐，就应该只允许一名采购员或类别经理监督整个类别的所有商品情况。按类别进行管理有助于商店中的分类维持最佳的组合——无论是尺寸搭配还是供货商搭配。这样的话，零售商便能从规划的空间内赢得最大的利润。

类别领队 一些零售商倾向于请他们钟情的某个供应商来帮助他们管理某项具体类别。这种供应商称为**类别领队**（category captain），他们与零售商合作，帮助他们更好地了解消费者行为，建立能够满足消费者需求的商品分类，提高商品类别的利润空间。比起零售商来，供应商通常能更好地管理某个类别，因为他们的精力往往集中在一个具体的类别上，并且与各种不同的零售商打交道，这使得他们能够获得更准确的第一手资料，做出具有洞察力的判断。

实 例

从零售商的角度看，类别管理实行得最好的 3 家制造商是：卡夫、宝洁和通用磨坊公司。[3]

比方说卡夫，该公司就是许多零售店的类别领队。[2]为了方便卡夫管理类别，超市向其提供市场及店面信息，包括有关成本和竞争对手销售量的情况。作为回报，卡夫与超市的类别经理共同讨论分类、产品上架位置、促销及为整个类别产品定价等问题。类别管理尚未出现之前，这些决定通常都是由某个最能说服采购员的供应商说了算。比方说，货架空间的分配可能每天都不同，哪个供货商的销售员能够给出促销价，当天就由哪个供应商决定这些问题。

零售商指定部分供应商为类别领队是大有好处的，不仅简化了商品管理而且增加了利润。可是零售商们却越来越不喜欢将这些重大的决策交由他们的供货商拍板。他们发现，同供应商合作并仔细地考虑他们的建议，会是一种更加谨慎可靠的做法。[4]

建立类别领队的头衔有个潜在问题——供应商可能会滥用他们的权利。这有点像“引狼入室”。打个比方，假设卡夫不顾公平竞争要尽量扩大自己的销售额，那么该公司可能会提出一个完全只包括卡夫自己库存单位商品的分类规划，将那些对零售商有益的库存单位排除在外，如高收益的自有品牌库存单位。[5]

当然其中也不乏反托拉斯的因素。供应商类别领队可能与零售商一起联合定价。这种做法也会抑制其他品牌，尤其是那些小品牌，它们从进入店面到货架空间各方面都受到排挤和限制。类别领队必须调整自己控制零售商的热情。供应商类别领队可以采取以下行动来阻止反托拉斯问题的发生：

- 将从零售商处得到的所有信息告知该类别的其他品牌；
- 委任另一个大品牌作为“类别顾问”监督领队的决定；
- 为了避免发生潜在的价格联盟，不允许在同一个市场担任两个零售商的领队。[6]

评估商品管理业绩——GMROI

我们在第 6 章讨论过，投资收益（ROI）是用来评估零售公司业绩好坏的指标。ROI 分为两个部分，即资产周转率和净利润率。但是对于评估商品经理的业绩，ROI 并非一个不错的标准，因为这些经理不负责管理零售商的所有资产，也不能控制零售商的一切支出。商品经理只对他们购买的商品（零售商的商品库存资产）以及这些商品的售价和成本价有控制权。所以采购员通常能够控制毛利润，但对营业费用（店面管理、人力资源、房地产、供应链管理及信息系统）却鞭长莫及。

根据采购员能够控制的因素评估其 ROI 水平的财务比率，就是库存投资收益的毛利润（GMROI）。[7]它衡量每单位存货投资额产生的毛利润。

所以，GMROI 和 ROI 是一对相似概念，除去一点——GMROI 的组成因素由采购员控制，而非公司中的其他经理控制。GMROI 没有运用净利润率和资产周转率，而是将毛利润率和销售存货比率联系起来（与存货周转率相似）。

$$\text{GMROI} = \text{毛利润率} \times \text{销售存货比率}$$
$$= \frac{\text{毛利润}}{\text{净销售额}} \times \frac{\text{净销售额}}{\text{(成本价下的)平均存货}}$$
$$= \frac{\text{毛利润}}{\text{(成本价下的)平均存货}}$$

计算销售存货比率时，分子是净销售额；计算存货周转率时，分子是售出货物的成本数。所以，在衡量存货周转率时，销售额和平均存货都是以成本价计算的。销售存货比率用来计算 GMROI，而不能计算存货周转率，因为 GMROI 是一个 ROI 单位，而投资是按成本来衡量的。将销售存货比率换算成存货周转率，只需用销售存货率乘以（1–毛利润率）的倍数即可。如果销售存货比率为 9.0，毛利润率为 0.40，那么该类别的存货周转率为 5.4：

$$\text{存货周转率} = (1 - \text{毛利润率}) \times \text{销售存货比率}$$
$$5.4 = (1 - 0.4) \times 9.0$$

采购员可以控制 GMROI 的两个组成部分。他们最终敲定的商品售价和采购商品时与供应商商议的进价决定了毛利润，而他们买进的商品畅销与否决定了销售存货比率。如果他们买进消费者喜爱的产品，又卖得很快的话，销售存货比率就非常高。

与 ROI 类似，GMROI 不仅评估商品决策带来的利润，还衡量商品资产（库存）的使用是否有效。这样我们就可以用它来比较评估具有不同利润/周转率的商品类别。例如，在一家超市中，一些类别（如葡萄酒）具有高利润/低周转率，而另一些类别（如乳制品）则是低利润/高周转率。如果仅运用存货周转率来比较葡萄酒类别与乳制品类别的业绩，葡萄酒的价值贡献肯定被低估了。相反，如果仅用毛利润来衡量的话，就会高估葡萄酒的盈利表现。

请大家观察图表 12–2。一家超市评估面包和熟食两个类别的业绩。如果仅从毛利率或销售额判断，熟食的毛利率为 50%，销售额为 30 万美元，面包的毛利率为 1.33%，销售额为 15 万美元，显然熟食遥遥领先。但是熟食的销售存货比率一

图表 12–2
GMROI 示例

		面包	熟食
	毛利润	\$2 000	\$150 000
	销售额	\$150 000	\$300 000
	平均存货	\$1 000	\$75 000

	GMROI	=	$\frac{\text{毛利润}}{\text{净销售额}}$	×	$\frac{\text{净销售额}}{\text{平均存货}}$	=	$\frac{\text{毛利润}}{\text{平均存货}}$
面包	GMROI	=	$\frac{\$2\ 000}{\$150\ 000}$	×	$\frac{\$150\ 000}{\$1\ 000}$	=	$\frac{\$2\ 000}{\$1\ 000}$
		=	1.333%	×	150 次	=	200%
熟食	GMROI	=	$\frac{\$150\ 000}{\$300\ 000}$	×	$\frac{\$300\ 000}{\$75\ 000}$	=	$\frac{\$150\ 000}{\$75\ 000}$
		=	50%	×	4	=	200%

图表 12-3
折扣店中不同部门的 GMROI

部门	毛利润率（%）	销售存货比率	GMROI
服装	37	6.35	235
家居用品	35	4.63	162
食品	20	8.75	175
珠宝	38	3.24	123
家具	31	4.09	90
保健与美容商品	22	5.14	113
电子消费品	21	5.05	106

年仅为 4 次，而面包达到一年 150 次。通过计算 GMROI，两个类别的 GMROI 均为 200%，从投资收益率的角度来看，两个类别的业绩相同。

图表 12-3 展示折扣店不同部门的 GMROI 水平。珠宝、服装和家居用品的毛利润率最高，其销售存货比率处于 8.75（食品）和 3.24（珠宝）之间。大家都不难想到，食品部应该拥有最高的销售存货比率，因为食品都是易腐物品，一般都卖得很快，不然很快就会变质。可是，像珠宝这样的奢侈品，销售存货比率就相对较低。同样，家具的销售存货比率也很低，为了保持销售数量，商家必须准备相当庞大的昂贵商品存货。

在这种情况下，服装的 GMROI 水平为 235，家具为 90。难怪沃尔玛和塔吉特都十分重视服装，对家具商品并不青睐。可是他们仍然出售电子消费品和各种保健美容商品（两者的 GMROI 均很低）。因为从传统上来说，这些商品能够吸引消费者的眼球，让他们走进商店。零售商不仅希望消费者能够在店里购买这些商品，还希望他们能够掏钱购买 GMROI 高的商品。

计算销售存货比率 零售商通常以“年”为单位表示销售存货比率（和存货周转率），而不是按一年中的一段时间来计算。如果一个季度的销售存货比率等于 2.3，那么其年度销售存货比率将是它的 4 倍，即 9.2。所以，若要将一年中某个时间段的销售存货比率换算成年比率的话，只要把计算结果乘以相应时间倍数就可以了。

计算平均存货最精确的做法就是在每天营业结束时统计存货量，并用这个数除以 365。大多数零售商利用其信息系统精确地计算出平均存货的估数，他们在每天营业结束后统计店内和配送处的平均存货。另一个方法是用各月存货余额的总和除以月数，也可得到平均存货。例如：

月份	月末存货零售价值（$）
一月	22 000
二月	33 000
三月	38 000
存货总额	93 000
平均存货	31 000

只有当月末存货数额与平时区别不大时，这种方法才适用。比方说，一月的

月末存货可能明显低于二月或三月，因为一月正是冬末清仓甩卖后，春季添货尚未开始的当口。

管理存货周转率

我们在本章开头就已经讨论过这个问题，采购员的职责就是投资商品并管理商品存货。存货周转率和销售存货比率帮助人们评估采购员在管理这些资产上的绩效。零售商希望达到高的存货周转率，但是仅仅将注意力集中在增加存货周转率上，会导致 GMROI 的降低。所以，采购员需要权衡究竟如何管理存货周转率。

高存货周转率的好处 加快存货周转率可以增加销售量、提高销售人员士气、降低废弃和标低价的风险，以及提供更多可利用的资源以投入新的采购中。

高存货周转率可以增加销售量，因为顾客可以不断地选择新的商品，新商品总是比老商品卖得更快更好。新商品吸引顾客们更频繁地光顾商店，因为他们总能看到新东西。当存货周转率很低时，商品看上去变得老旧。增加新商品的数量也能提高销售人员的士气，销售员为销售新商品跃跃欲试。有了动力销售量当然就会增加，从而进一步加快存货周转率。

流行商品和易腐商品从上架的那一刻起价值就开始下跌。当存货销售得快时，商品就不会因在商店滞留的时间长而过时。折扣减少了，毛利润随之增加。

当存货周转率增加时，投进前一批存货的钱就可以用于采购新的商品。有了钱就可以购买最新的入时商品，从此就广开财路了。

提高存货周转率方法的一些潜在问题 零售商应该在存货周转率中寻找平衡点。一些提高存货周转率的方法可能压低 GMROI，增加货物的销售成本和商店的营业成本。

其中，一种增加周转率的方法就是减少商品类别的数量、类别中库存单位的数量或库存单位中商品的数量。一旦顾客找不着他们喜欢的颜色或合适的尺码，或者更糟，如果他们根本就找不着某个品牌或商品，那他们光顾的次数自然就会减少，销售量也会直线下降。长此以往，顾客将改到别处购物，而且很可能劝他们的朋友也这样做。

另一种提高存货周转率的方法是，在采购商品时以小批量采购，并增加采购的次数。这样做可在不减少销售量的前提下减少平均存货。但是只采购小批量的商品会使毛利润降低，因为这样采购员便不能以批发价进货，也不能达到运输费用的规模经济。小批量频繁进货的方式还会增加营业成本，因为采购员得花更多时间来下订单和督促发货。

商品管理过程

图表 12–4 简要说明商品管理过程中各种活动和决策的情况。首先，采购员预测类别销售，做好该类别商品的分类规划，确定符合销售预测和分类规划的存货数量。以上每项活动将在本章余下部分进行讨论。

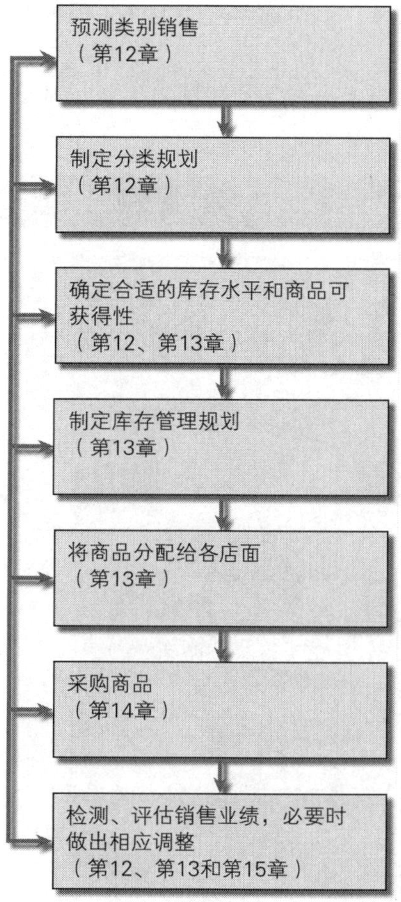

图表 12-4

商品规划过程

其次，采购员制定每个月的销售计划，确定满足需求的存货数量、确定填补售罄商品的空缺及购买新商品所需款额。除此之外，采购员或计划员/分类员必须决定，每个店面应该分配什么型号的商品、分配多少。这些商品规划的程序在第 13 章中有具体论述。

第三，制订规划之后，采购员与供货商进行商谈，购买商品。有关商品采购事宜第 14 章另有详细解释。

采购员要始终关注该类别商品的销售情况，并做出适当调整。比如，如果类别销售低于计划预测的销售量，相应的 GMROI 水平也低于预定的目标水平，采购员可以决定降价处理某些商品，并用所获资金采购具有畅销潜力的商品，或者减少库存单位的数量以提高存货周转率。

这些决策虽然在图 12-4 中呈现出一种先后关系，但在实践中，可能在同一时间做出数个决定，也可能不按这种先后顺序进行决策。比方说，一名采购员也许会先决定某类别所需商品的存货数量，这个决定可能又影响该类别库存单位的数量。

商品管理规划过程的种类

零售商使用两个截然不同的商品管理规划系统，来管理大宗商品和流行商品类别。**大宗商品**（staple merchandise）或**基本商品**（basic merchandise）类别中的商品需求在一段较长时期内保持良好态势。这些商品类别中新产品的引进数量十分有限。大宗商品类别大都在超市出售，如家具用品、白色涂料、复印纸、袜子、廉价手表，还有像衬衫、男士内衣这样的基本休闲服饰。

大宗商品的销售额每天都比较稳定，所以也更容易预测需求量。一般情况下，就算预测出错，影响也不会很大。如果一名采购员高估了市场对罐装汤饮的需求进货太多，零售商将在短期内存货过盛，可是最终，不需任何推销策略或折扣处理，这些罐装汤饮还是会卖出去的，因为基本商品的需求是可以预测的。大宗商品规划系统的工作重点是要不断地补充货源。这些系统包括：不断地监测商品销售，当存货量降至预设水平时，系统将自动生成补货订单。

流行商品（fashion merchandise）是指那些需求只能持续相当短的一段时间的商品。新产品不断被引进到这些商品类别当中，淘汰现存的产品。在某些情况下，基本产品不变，但是产品颜色和款式依据当季的“热门”潮流发生变化。流行商品的例子有：运动鞋、手提电脑和女士服饰。零售视野 12.1 讲述芒果如何创立流行品牌及管理流行商品的故事。

比起大宗商品，对流行商品的销售预测要更富挑战性。负责流行商品的采购员如若在预测上出了错，扭转过失的可能性要小得多。比如说，一位 COMPUSA 的手提电脑采购员买进了大量某种型号的电脑，那么当替代型号上市的时候，过量存货就不容易出售。由于流行商品生命周期短，在采购员下了第一批订单之后，往往就没有机会再追加商品订单了。所以，如果采购员开始下的订单太小的话，零售商就无法满足市场对该商品的需求，从而落下个货品不够入时的不良口碑。

流行商品管理系统的一个重要目标就是，尽量在库存单位即将过时的同一时间售光所有的存货商品。

季节性商品（seasonal merchandise）是指那些随着季节变换其销售量也随之

12.1 零售视野 芒果快速时尚

随着《黑客帝国：重装上阵》的公映，欧洲时装零售商芒果（Mango）旗下的设计师们得益于电影的启发，设计出一系列女士时装。设计以黑色为主基调，添缀毛料，竖高领口。不料电影并未取得预期的轰动，欧洲T型台上继而出现以柔和、女性元素为主打的时装。潮流不再钟情于科幻小说里的衣着，于是芒果放弃了整个产品线。

“我们知道如何应对、如何满足人们的需要，为此我们不得不打破常规。”公司的商品经理兼高级执行总裁大卫·埃吉亚这样说道。芒果在全球72个国家拥有700多家分店。其始建之初，由西班牙的Zara公司和瑞典的H&M公司共同开创了“快速时尚”的零售经营理念。这些连锁店的货架上摆满了新潮诱人的商品。他们的零售策略灵活机动，从设计草图到货品上架，时间很短。

芒果公司一直以舒适的风格、适中的价格而闻名。一件黑色条纹夹克售价60美元，一条黑色紧身迷你裙售价40美元。对其自有品牌商品的设计和生产它也严格控制。最后一秒钟的改动，如更换一块织布或缝上一条底边，都是这个创意设计过程的一部分。只要还有布料，公司就能在4周之内把画板上的设计搬到商店的货架上。

芒果储存时尚的流行商品以吸引目标顾客。

芒果的商品规划周期始于季度之端，设计师们开始碰头讨论每个主系列的新趋势。所以店铺不断地收到新商品，从紧身短裙到工作装和耀眼的晚礼服。每周送一批新商品到店面，比美国服装商店的新货上市频率高出5倍。

为了获取灵感，设计师们参加各种传统时装秀和交易会。同时他们也亲密地接触客户，他们在街上、夜店里观察人们的穿着，给衣着时髦的年轻女士照相。埃吉亚说：“想知道大家下一季将推出什么不是难事，可是那并不意味着就会流行起来。”为了跟上时代的步伐，设计组每周都得开会讨论，适应不断变化的潮流。

一旦设计完成，芒果的产品管理和分销小组将其标以个性特征，库存单位定位为时髦、讲究或适合热天穿着。根据产品的个性，该产品被发往芒果731家店铺。这些店铺也有其各自的特征，如氛围、店铺位置、是大号衣服卖得好还是小号衣服卖得好。然后电脑程序将产品跟合适的店面搭配起来。

订单被编入一个大型分销机器，机器周围挂着一圈可旋转的纸板箱。衣服经过扫描之后就被放入466个专门指定的箱子里，然后装箱送往各个店面。各店面经理每天按照区域监察或总部的指示调整店面的布局。

芒果仅展示某些商品分类。货架上只挂一件商品一个号码的样品，这一策略让顾客感受到一种紧迫感，他们会害怕自己想买的商品已经快断码了。

资料来源：Erin White, “For Retailer Mango, Frenzied ‘Fast Fashion’ Proves Sweet,” *The Wall Street Journal*, May 28, 2004, p. B1; and Leonie Barrie, “Making a Mark: Some of the Issues to Watch in 2004: Fast Fashion Continues to Speed Up,” *Just—Style*, January 2004, pp. 17-20.

季节性商品（比如圣诞树装饰物）一般会在节日前展示，以帮助购物者挑选家庭装饰物，以及为亲朋好友选购礼物。（见彩插）

发生巨大波动的商品类别。季节性商品的例子有很多，如万圣节糖果、圣诞节装饰品、泳装、雪铲等。大宗商品和流行商品都可能受到季节影响。例如，泳装属于流行商品类别，而雪铲属于大宗商品。可是从商品规划的角度来看，零售商购买季节性商品的方式与购买流行商品的方式几乎完全相同。零售商可能会在冬末将未售出的雪铲封存起来，待来年冬季拿出来再卖。通常更好的做法是，在季末将雪铲以折扣价卖出，因为这样就免去了管理剩余存货所需的开支。所以负责季节性商品的采购员都会在季末时制订计划，将所有商品处理掉。

以上谈到的两个商品规划系统将在第 13 章详细讨论。接下来的部分我们将谈谈商品管理过程中的三个步骤：（1）预测销售；（2）制定分类计划；（3）确定合适的存货量。

销售预测

如图表 12–4 所示，商品管理规划中的第一步就是预测类别的销售。为了预测，人们必须了解类别生命周期的本质及各种可能影响生命周期变化的因素。本节还将讨论预测基本商品和流行商品类别的各种方法和信息。

类别生命周期

商品类别通常遵循一种可预见的销售模式：开始时销售水平很低，接着慢慢增长，到达平稳期后，最终下滑。这个销售模式，又名**类别生命周期**（category life cycle，见图表 12–5），分为 4 个阶段：引入、成长、成熟及衰退。了解一种类别在生命周期中所处的阶段对销售预测和制定销售策略至关重要。

举个例子，1996 年掌上电脑问世时，目标市场是沉迷高科技的商务人士。他们希望成为第一批使用革新产品的用户，也愿意花大价钱买这种小巧便利的电脑。[8] 与地址簿和记事本比起来，掌上电脑价格昂贵，而且大多数办公用品店或电脑店都没有出售。接着，掌上电脑又把目光投向医生、股票经纪人和公司总裁等人群，他们用掌上电脑来搜索医疗数据、股市信息和收发电子邮件。随着该商品进入成长和成熟阶段，它们越来越受到大众消费者的青睐，这些人喜欢光顾折扣店和类别专卖店。

然而，零售商和供应商的一系列举动都会影响商品生命周期曲线的走势。比方说，供应商为了推介一种新商品，可能会给出一个较低的引入价；也可能为了增加利润，给个高价，即便在这种情况下销售量可能增长得很慢。

图表 12–5
产品类别生命周期

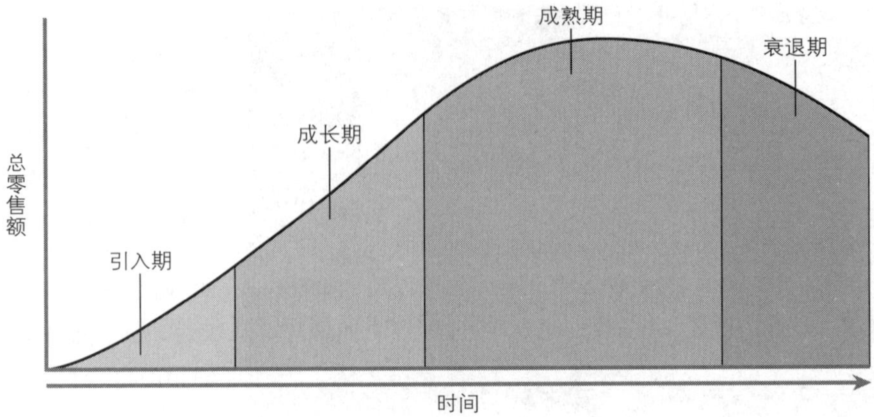

然而，作为预测工具，在利用商品类别生命周期时应该理性地去理解。如果一种商品被认定进入了商品生命周期的衰退阶段，那么零售商就要尽可能少引入这类商品并减少促销活动。这么一来，销售量自然会下降。商品的衰退在现实中成为自我实现的预言。许多商品能够在成熟期成功地存在很长一段时间，这是因为采购员一直都在采取新颖的策略推销这种商品。

类别生命周期的变化形式 时髦商品、流行商品和大宗商品的各生命周期的变量特征见图表 12–6。这些变量的显著特征是持续的季节长度，某些样式是否能够热销很长时间，以及销售是否具有明显的淡季和旺季。

时髦商品（fad）是一种能在相对较短的时间内大量售卖的商品类别，如来自《星球大战》中的人物模型，以及一些电子游戏产品。成功经营时髦商品的秘诀在于及时抓住时尚脉搏、大量引进商品、争先在全国上架。但是经营时髦商品仍然是极具风险的，因为即使公司正确预测了一种时髦商品即将风行，它也必须了解何时为销售高峰。这样，公司才能避免遇到库存积压的情况。

与时髦商品不同，流行商品的销量在较长时期能维持一定水平。然而某些特定存货单位的销售可能随着季节变换潮涨潮落。例如，头一年可能流行黑色套装，

图表 12–6
类别生命周期的变量特征

	时髦商品	流行商品	大宗商品
销售持续多个季节	否	是	是
一种特定款式能流行多个季节	否	否	是
季节销售额差别很大	否	是	否
销售额随时间变化的图示	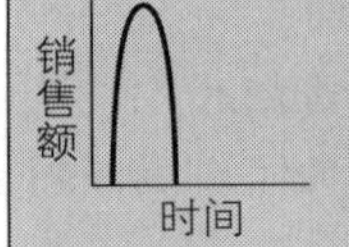	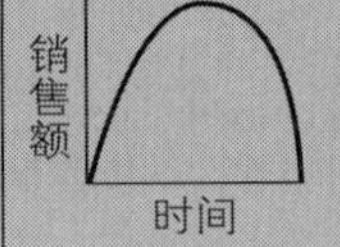	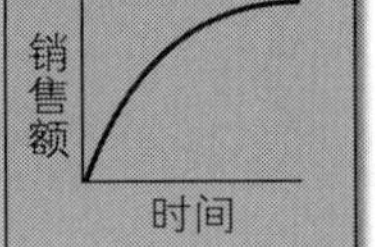

20 世纪 80 年代早期，当 Cabbage Patch 娃娃首次引入市场时，它们是如此时髦的商品，玩具店在圣诞节期间一次只允许少数几位顾客进店购买，以免家长们因为抢购发生争执。这些娃娃现在还在销售，但它们的热销光景只持续了很短的时间。

可是到了下一年，还是同样的款式，紫色却变得更受欢迎。以下提出的问题能够帮助采购员区分哪些是时髦商品，哪些是更耐久的流行商品：

- *革新能否与消费者生活方式合拍？*那些与生活方式一致的革新往往更加经得起时间的考验。比方说，丹宁牛仔裤是一种耐久的流行商品，因为穿起来很舒适，清洗也容易，而且在很多场合都能派上用场。皮裤则恰恰相反，它既不舒适，清洗起来花销还不小，因此皮裤更倾向于是时髦商品。
- *革新能提供实在的好处吗？*从供应牛肉转换到供应家禽和鱼类并非一种时髦，因为它确实给一个健康意识强烈的社会带来了益处。
- *革新能适应其他市场变化吗？*举个例子，手机是很耐久的商品，因为社会节奏越来越快，时空的距离越拉越大，人们需要手机进行方便的沟通和交流。
- *谁为革新买单？*如果该产品被一个大型细分市场或是正在快速成长的细分市场接受的话，如职场母亲、婴儿潮时期出生的人、雅皮士或老年人，那么产品耐久的可能性就更大。[9]

大宗商品能在相当长的时间里保持比较平稳的销售业绩。可是，即便是这些商品最终也会走向衰退。例如，日新月异的科技一方面淘汰了 VCR，另一反面又推动了市场对 DVD 的需求。

大宗商品类别的预测

大宗商品每年的销售量相对稳定，起伏不大，所以预测大都基于往年的销售业绩。因为有大量的销售数据，我们可以运用统计学知识预测将来的销量。图表 12–7 展示了过去 8 年某书店平装神秘小说的销售情况，并预测了 2007 年的销售。

图表 12–7a 中包含过去 8 年每季度的销售数据。每个季度的销售数据以图像形式绘制在图表 12–7c 中，年度销售数据则标绘在图表 12–7b 中。从年度销售模型中，不难看出销售量基本每年都有小幅度的攀升，平均增长速度为 3.6%。可是 2005 年出现了些许变化，销售量不升反降，但 2006 年增长速度又猛增至 7.6%。

季度销售图像展示了每个季度的销售模式——第四个季度达到顶峰，第三个季度为低迷期。每个季度的销售量占年度总量的平均百分比分别为：第一季度 21%，第二季度 26%，第三季度 18%，第四季度 35%。尽管暑假期间的图书销售往往比平常要高，但是佛罗里达连锁书店的销量要低些，因为许多住在书店附近的人都选择去北卡罗莱纳州过夏，躲避佛罗里达高温潮湿气候的不适。

根据这些过去的销售数据，采购员进行分析思考，并估算出 2007 年平装神秘小说的年销量。

图表 12–7 一家连锁书店平装神秘小说的销售情况

图表 12–7a 季度销售量

年份	季度	季度销量	年销量	年销量增长率(%)	各季度销量占年销量百分比(%)
1999	1	21 074			23%
	2	24 123			26
	3	16 066			17
	4	32 145	93 408		34
2000	1	20 728			23
	2	23 656			26
	3	15 867			18
	4	30 135	90 387	–3.2	33
2001	1	21 076			22
	2	25 259			26
	3	18 585			19
	4	33 064	97 984	8.4	34
2002	1	20 617			21
	2	26 084			26
	3	18 308			18
	4	34 921	99 931	2.0	35
2003	1	21 464			20
	2	27 568			26
	3	18 996			18
	4	38 163	106 192	6.3	36
2004	1	24 401			21
	2	28 057			25
	3	21 092			18
	4	40 843	114 394	7.7	36
2005	1	23 859			22
	2	27 441			25
	3	19 537			18
	4	39 726	110 562	–3.3	36
2006	1	24 588			21
	2	30 788			26
	3	19 869			17
	4	43 718	118 963	7.6	37

图表 12–7b 年度销量图

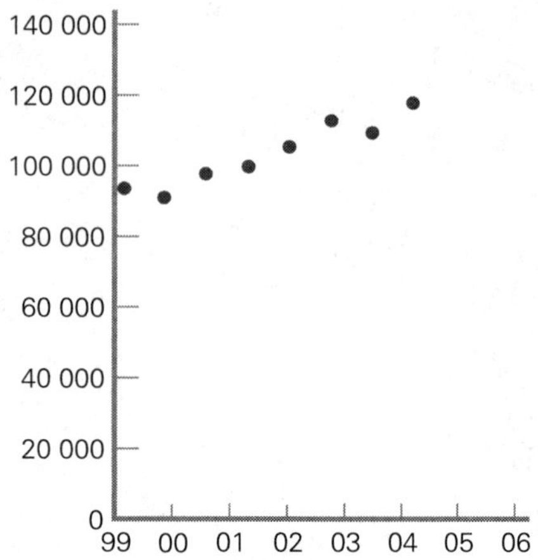

图表 12–7c 季度销量图

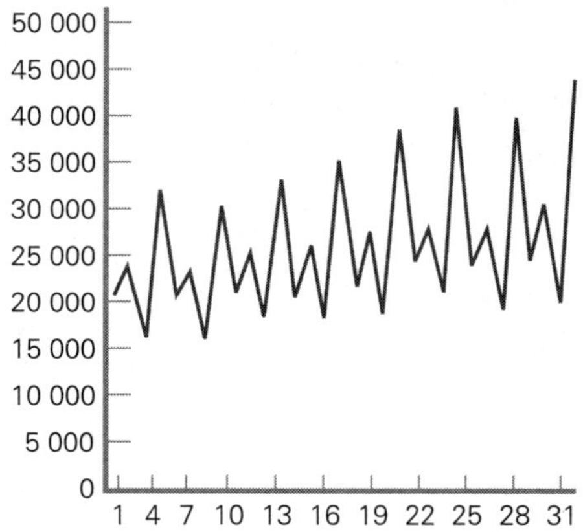

如：2007 年销量 = 1.036（3.6%）× 118 963（2006 年销量）
= 123 245

估计的季度销量分别为：

第一季度销量 = 123 245 × 0.21 = 25 881
第二季度销量 = 123 245 × 0.26 = 32 044
第三季度销量 = 123 245 × 0.18 = 22 184
第四季度销量 = 123 245 × 0.35 = 43 136

然而这些预测都基于一个假设——2007 年影响平装神秘小说销售的各种因素与过去八年中的因素完全相同并且其影响效果也一样。尽管像平装神秘小说这样的大宗商品类别具有相当的可预见性及可控制性，但是不可控制的因素可能对销售起到不可忽视的影响。

实 例

当温度降到 51℉时，纽约的男士就会被激发去购买冬大衣。但在芝加哥，则温度必须降到 41℉才能激发人们购买。[10]

可控制的因素包括：店面的营业时间、类别商品的定价、类别商品的促销活动、互补类别商品的定价和促销、商品类别在店面内的摆放位置等。零售商无法控制的因素包括：天气、总体经济趋势、供应商的特别促销和新产品的引入活动、竞争者的供货情况以及他们的定价与促销活动。零售视野 12.2 告诉我们零售商是如何利用长期天气预报来完善商品规划的。

因为出版商和零售商将在 2007 年提高平装书籍的售价，在这种情况下，采购员就要相应地下调他对平装神秘小说的年销售预测。同样道理，由于该连锁书店将首次举办一系列店内促销活动，请来神秘小说家托尼·希勒曼巡回签名售书，这

预测天气 零售视野 12.2

当 2004 年 8 月、9 月飓风查理、弗朗西斯、伊凡和珍妮席卷佛罗里达的时候，Tractor Supply 公司已经做好了预防准备。它的秘密武器是一个叫做 Planalytics 的长期天气预测模型，该模型 2003 年 11 月就预测出 2004 年将有一场强烈的飓风。利用该模型，Tractor Supply 公司扩充了应急反应库存，并且能够在暴风袭击之前、之间、之后将库存配置到合适的商店。

长期天气预测方案可以帮助零售商应对严重的气象灾害，但是这些模型的最珍贵之处还在于另外一点——它可以为零售总裁、采购员、规划员和配给员提供数据和经验，帮助他们应对非灾害性天气，比方说，将气温波动给许多商品类别销售带来的机遇或风险用数据展示出来。这些数据对服装商来说意义重大，无论是供应链流动、促销还是打折，这些活动的时间控制得好坏与否直接影响盈利的大小。例如，Planalytics 的一些服装商注意到 9 月份气温会比往年偏高，于是他们存了些短裤的货，而没有根据往年的惯例在 8 月份的价格基础上降价 40%~60%。其他竞争者早已从季末清仓中赚了一笔，可他们必须保持冷静，适时而动。

热带风暴、飓风、雷电交加的大暴雨等恶劣的天气会给家庭和财产造成严重的损害。零售商应该储存足够的商品，以便户主和承包商在灾害性天气造成毁坏后能够有物资进行修葺及帮助社区重建。

人们还得明白天气预测必须灵活运用。10 月和 11 月的天气会影响消费者的购买选择，但是到了 12 月，据 Planalytics 的分析显示，天气更多的是影响商店的交通问题。

实 例

英国的一个研究表明：当温度介于 18℃~24℃（64.4℉~75.2℉）时，温度每上升 1 度，碳酸饮料的销量就提高 4 倍。一旦温度超过 24℃，饮料的销量就会下降，因为人们更多地选择喝水。当口渴的消费者寻求价位更低的饮料时，品牌偏好也会发生改变。[11]

在分析天气对销售的影响时，必须认清影响是一个相对的问题。一个德州人认为的冷跟某个住在布法罗的人感受的冷完全不同。还有一个很好的例子：如果 11 月洛杉矶的天气是多云有雨，尽管当时气温还算适宜，消费者也会觉得寒冬将至，开始采购长毛大衣和取暖的原木。

资料来源：Susan Reda, "Whither Forecasting?" *Stores*, December 2004, pp. 23–27.

样一来，第三季度的销售可能会有所上升。

流行商品类别的预测

做流行商品预测是一项很具挑战性的工作，因为该类别中的某些商品或所有商品与往年大相径庭，它们是全新的商品。零售商通常利用以下信息来源预测流行商品类别的销售：（1）往年的销售数据；（2）个人意识；（3）各种流行时尚服务；（4）供应商；（5）传统市场研究。

以注的销售数据　尽管流行商品可能每季都翻新花样，但许多类别中的基本商品仍然不变，所以只要通过过去的销售数据就可能做出准确的预测。举个例子，女士流行裙装几乎每季都要变化，从颜色、款式和材质上推陈出新。尽管存货单位每季的变化都很大，但是每年售出的裙装总量可能还是相对稳定的，因而就存在预测的可能性。

个人意识　流行商品采购员必须能够前瞻那些可能影响销售的趋势。为了发现顾客未来的需要，他们必须沉浸在顾客的世界里：泡在网上聊天室和博客里，分析客户的衣橱，参加足球比赛、听摇滚音乐会。他们参与到城市的各色社交场合中，比方说，餐馆、夜店等等。要想知道年轻的顾客需要什么，我们建议采购员们去逛商店、与顾客交谈、逛自家商店并注意观察。上述四点就是所谓的“SCAN”(shop, converse, act, notice) 建议。[12]

- 像顾客一样逛各种零售店、网站，并查阅商品目录。光顾自己店面的时候不要声张，也不要亮明身份。如果你的雇员知道你要来，他们就会拿出最好的

尽管特定类型和型号的笔记本电脑的流行趋势变化多端，但此类别商品的总体销量可通过历史销售数据预测得到。

表现，有讨好之嫌。要让他们毫无防备，在这个前提下，观察雇员如何与购物者打交道。假设自己是顾客。关键是要擦亮眼睛，发现新鲜的、与众不同的东西。

- 与消费者、销售人员、邻居以及你的孩子交谈。问问他们，他们最喜爱的品牌是哪些？为什么他们会买一件 16 美元的盖普衬衣来搭配一件 200 美元的套装呢？他们一般看什么频道的电视节目，收听什么电台的广播？他们业余时间都干些什么？同那些与消费者关系亲近的供货商、美容师或房地产代理人交谈。
- 像你的顾客一样去逛自家商店。拿出一个周末的时间，让自己变成自己的顾客，从消费者的角度去考量自己的商品或商店。给自己买一条牛仔短裤、一双运动鞋和一件保龄球衬衫。花一天时间，在商场里挑选一本《青年人》杂志，听听林肯公园和 Sum41 乐队的歌，泡泡入时的酒吧（指那些只在午夜或午夜之后开业的夜店）。浏览在线青年人网站，如 Alloy.com、Bolt.com 等，看看年轻人是如何看待真人秀、穿肚环及充气家具的。
- 观察、观察、再观察。像一名警觉的侦探那样观察事物，发现令你感到不舒服或看上去奇怪与不同寻常的东西。电影票房哪部影片拔得头筹？哪些人买票进场观看？哪些书或唱片荣登排行榜前 10 名？消费者都在阅读什么杂志？把自己变成信息垃圾箱，疯狂地进行阅读。还有什么新主题不断出现吗？所有这些提示都是文化潮流的风向标，很可能成为今后的主流。

流行、潮流服务业 采购员，尤其是服装类别的采购员可以订购一些预测最新时尚、流行颜色及款式的服务。如 Trandzine（www.FashionInformation.com）、Doneger 创意服务（www.Doneger.com）以及 Fashion Snoops（www.fashionsnoops.com）等网站都提供这类服务。具体来说，Doneger 创意服务提供一系列与时尚预测和流行颜色预测相关的服务，公司分析女士、男士及青少年的生活方式，确定其各类别的服装和装饰品的流行方向，并通过印刷品、在线网页及现场展示的方式呈献给客户。它的流行色彩预测服务每个季度都运用具体染色标准提供色彩指导，并建议顾客如何搭配色彩以及如何在具体类别中应用色彩。在网上剪裁板的报告中，它还提供可行性信息，网罗了从 T 型台到街头的各种流行元素。[13]

《皮书》（*Paper*）杂志的共同创始人兼编辑金·赫斯曲特是个追逐时尚潮流的猎手。对大多数人来说，《皮书》只是一份画满那些他们从来不曾想过会穿的衣服的商品杂志。但是 20 年来，《皮书》的主编们一直坚守他们的办刊宗旨——时尚先锋派。他们在某个潮流初见苗头、尚未受到人们关注的时候便发现并记录这些理念。《皮书》不以入时为傲，却以时髦先锋派自居。

赫斯曲特说："时尚并非始于时尚的人。"所以赫斯曲特不会出现在高档饭店里。赫斯曲特一定是在某条后街的偏僻小巷里，找个小饭馆进餐。他说："我们更偏爱写那些尚未经过修饰、显得很粗糙的东西。几年前，我们把某地一名女服务生的照片登在了杂志封面上，这位服务生全身都刺满了文身。因为这张照片我们丢失了广告。但是那确实令我们大开眼界。"现在，文身或身体穿洞都是十分习以为常的事情了，而且，像盖普和百事可乐这样的主流品牌邀请的广告模特也文诸如 Trendzine 等潮流服务企业为服装采购员提供最新潮流、颜色及款式等信息。

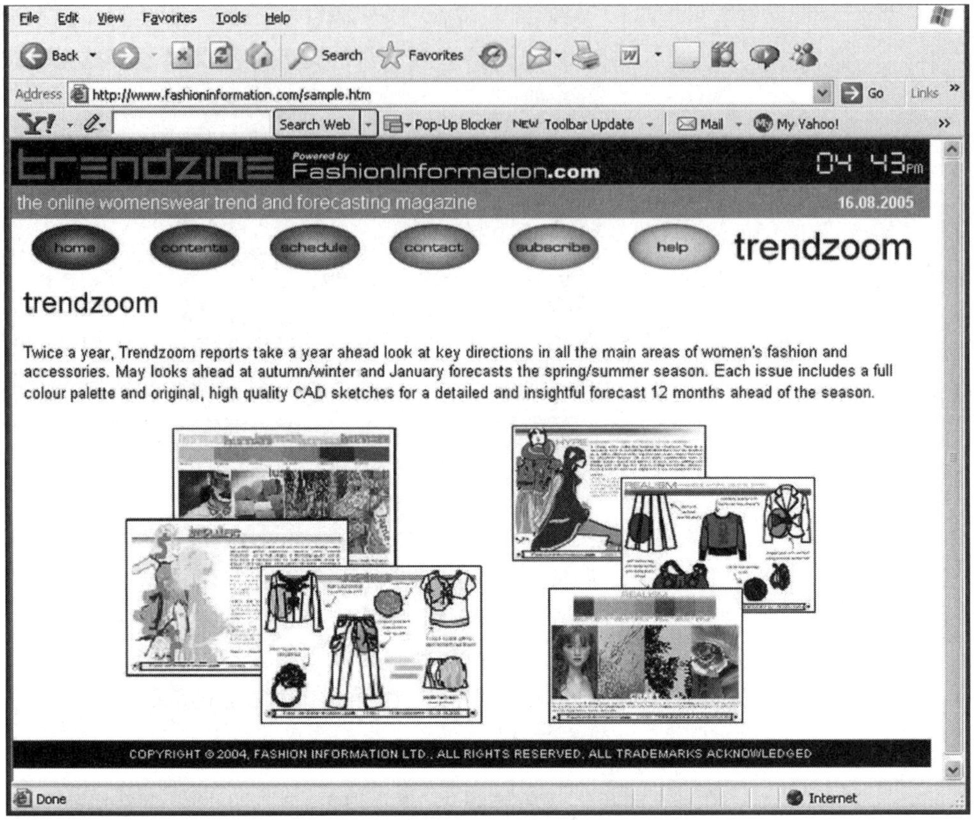

身或在身体上穿洞。[14]

供应商 供应商对于他们的营销规划都有专门的知情权。比方说，新产品的上市和特别促销，这些对产品销售和整个商品类别的销售有着十分巨大的影响。此外，供应商对商品类别的市场情况了如指掌，因为他们通常只专营于几个有限的商品类别，而零售商接触的要更多些。于是，从供应商那里获得有关商品类别规划和市场研究的信息对采购员来说是十分重要的，这些信息可以帮助采购员开展类别销售预测。

搜集供应商商品信息的系统方法在第 10 章中已有描述。该方法分为 3 步：联合规划、预测和补充，简称 CPFR。比方说，CVS 药品连锁店与 11 家供货商完成了 CPFR。每与一家供货商共享信息之后，销售预测的正确率就会提高 8.2%。这一举动带来的连锁反应是：缺货的可能性下降 7.5%；积货的可能性降低 18%；存货周转率提高 18%。[15] 零售视野 12.3 讲述梅西的采购员是如何与供应商协作并提高商品类别销售的。

市场研究 顾客对新产品的反应如何，可以通过向顾客询问或者销售测试的方式来衡量。比方说，饭店里的收银员可以向顾客询问他们是否喜欢新添的菜式。但是，零售商必须有一套系统的方法来搜集信息，并将这套方法教给合适的采购员。一些零售商运用一种**需求手册**（want book），推销人员在里面记录没有现货或顾客需要的商品信息。采购员利用这些信息预测销售和制定采购决策。

顾客信息也可以通过营销调研的传统方式获得，如深入访谈和焦点小组。**深入访谈**（depth interview）是一种随意的私人访谈，访问者使用宽泛的调查提问方式向受访问者不断提问，推动受访者就某个主题进行详尽的探讨。例如，一家百货商店检查他们每天收到的支票，并选出所有购物量较大的顾客及几位购物量较小的顾客。商店代表给这些顾客打电话约他们面谈，了解他们对商店的喜好及厌恶之处。

比深入访谈更为随意的一种方法就是，采购员在销售区内等候顾客，随机向他们提问。在大多数的国内零售店中，采购员和他们的顾客基本没有什么接触。例如，塔吉特和盖普的采购处分别位于北加利福尼亚和明尼苏达，但他们的店铺遍及全美国。这就使得大型连锁店的采购员更难满足本地顾客的需求。经常亲身到分店去体验，有助于缓解这种问题。所以一些零售商要求他们的采购员必须在分店待上一段时间，比方说，每周待上一天。

焦点小组（focus group）由一小群受访者组成，主持人以一种非常松散的形式采访小组中的每位参与者。鼓励参与者发表自己的观点，或评论小组中其他组员的意见。比方说，为了了解青少年市场，一些商店有自己的青少年焦点小组，小组里设意见组长，需要时组员们就聚在一起讨论商品销售及其他相关问题。[16]

许多零售商还有一套指导商品试验的程序。举例来说，专门针对青少年的国际装饰品专卖连锁 Claire's 不断进行测试，希望通过测试能够判定新的商品概念能

梅西商品部门经理谈时尚　零售视野　12.3

克丽丝·曼宁曾是梅西百货亚特兰大分店女士泳衣和休闲服饰的采购员，现在她是男装饰品部的商品部门经理。

克丽丝说：“我的工作就是追寻时尚，这就好比冲浪一样。有时候你冲上了一个大浪头（潮流），心里激动万分。有时候你只是自己觉得抓住了潮流，但结果棕色却没有如你所预期地成为本季的流行色。我给你举个例子吧，告诉你当我还是泳装部采购员的时候是如何出色完成任务的。

“那时，泳装部正开始搞坦基尼——一种分体式比基尼女士泳衣。我的顾客都是些家里有几个子女的 40 多岁的妇女。我想她们应该会很喜欢这种新款，因为这虽然是两件套的泳衣，但它却不比一片式的更暴露。于是，我采购了很多颜色的这类泳衣——有艳红、黄色、粉色和黑色的。一月份我把它们放在我们的时尚前沿店做测试，刚开始销量还不错，但是我们的顾客认为这些泳衣还是有点暴露。于是我开始行动：我跑到供应商那里，要求他们重新裁减上半件，不要太暴露。改装之后，我又下了一笔大订单，选了那些卖得最好的颜色。之后我们开始大做广告，将坦基尼作为那一季的主打商品进行宣传。结果市场反应相当火爆，其他的梅西分店开始销售这类泳衣。然而，我们是所有连锁分店里卖的时间最长、盈利最丰厚的一家。

“我感觉自己就像是一名经营克丽丝·曼宁网站的企业家。现在我负责男装饰品的生意。我利用自己的金融背景分析存货投资；运用管理才能监督采购员，协调规划员和各个部门经理的活动；运用营销知识开发广告、组织促销活动。成功的关键在于速度和反应。你必须行动迅速。每天一走进办公室，我就打开电脑，查看昨天的销售业绩。我紧跟潮流，同店里的人交谈。再回去工作，绞尽脑汁设法卖得更多。”

资料来源：Personal Communication.

否带来不错的销售前景。公司将新商品介绍给分店代表，看该商品能否卖得不错。多渠道零售商常常进行类似的测试：在真正下决定存货时，将新产品放在网站上看反应如何。

服务业零售商的销售预测

由于服务业具有瞬时易逝的特征，所以比起流行商品零售商，服务业零售商要面临一个严峻得多的问题。他们的服务在一天结束时便会中止，而非像流行商品那样，每过完一个季度才开始掉价。当飞机起飞时，舱内还有空座位；或演唱会结束时，看席还未坐满，那么这些座位可能产生的经济收入就永远消失了。相反，人们要是都喜欢在一家餐馆进餐，而餐馆的接待人数有限制，那么这个增收的机会就错过了。服务业零售商由此设计了多种管理需求的方法，按照方法行事，提供的服务刚好满足市场需求，而且不超过零售商的能力范围。[17]

一些服务业零售商尝试通过预订或预约的方式来平衡供给和需求的关系。医生预约的病人经常太多，导致病人不得不排队等候。他们这样做是为了充分利用时间，这样就不会空出不产生收益的时间了。饭店鼓励人们预订，这样用餐的顾客就不用等桌子。此外，预订还有助于确定当晚用餐时所需的服务生人数。还有一种方法就是预先出售服务票券。[18]

制定分类规划

对商品类别进行销售预测之后，按照商品管理规划程序，下一步就是制定分类计划。一个**分类规划**（assortment plan）是指零售商在一个商品类别中提供的所有库存单位的集合，所以它反映的是一个商品类别中零售商计划向消费者提供的品种和类别。

种类和分类

在第 2 章，我们把**种类**（variety）或零售商的商品广度定义为所提供的不同商品类别的数量，把**分类**（assortment）或零售商的商品深度定义为一个类别中存货单位的数量。举个例子，全线折扣连锁店塔吉特公司提供各式各样的商品类别，从电子消费品到女士裙装应有尽有，但是每个类别中最流行的存货单位却数量有限。所以我们说，塔吉特的商品种类多（宽），但分类低（浅）。相反，像电路城的某项类别专家，将视线集中在电子消费品上，所以出售的商品类别较少（种类少），但在每个类别（深度）中商品的分类很多。

服务业零售商同样需要分类。例如，一些健康俱乐部提供各种健身活动和器械，从练习器材到游泳、塑身项目和“新时代课堂”。像 Gold’s Gym 就不提供这么多的活动种类，而是在健身器械和健身项目上有很详细的分类。一些处于市区的大型市级医院提供各类医疗服务，但还有一些医院仅专长于某些方面的治疗，如

图 12-8　少女牛仔裤的分类规划

款式	传统	传统	传统	传统	传统	传统
价格	$20	$20	$35	$35	$45	$45
质地	普通丹宁布	石磨布	普通丹宁布	石磨布	普通丹宁布	石磨布
颜色	淡蓝	淡蓝	淡蓝	淡蓝	淡蓝	淡蓝
	青蓝	青蓝	青蓝	青蓝	青蓝	青蓝
	黑色	黑色	黑色	黑色	黑色	黑色

款式	靴型裤	靴型裤	靴型裤	靴型裤
价格	$25	$25	$45	$45
质地	普通丹宁布	石磨布	普通丹宁布	石磨布
颜色	淡蓝	淡蓝	淡蓝	淡蓝
	青蓝	青蓝	青蓝	青蓝
	黑色	黑色	黑色	黑色

外伤或保胎等。

在商品规划的语境下，种类和分类的概念被应用到商品类别的讨论上，非整个零售公司。就类别层面而言，种类反映的是不同种类商品的数量，分类指的是每个种类的存货单位数量。比方说，图表 12-8 中少女牛仔裤的分类规划包括 10 个种类（传统靴型牛仔裤和普通丹宁石磨布，3 个价位表示不同品牌），每个种类又有 81 个库存单位（3 种颜色 × 9 个尺码 × 3 种长度）。所以，这个零售规划提供了810 个存货单位的少女牛仔裤。

确定种类和分类

为了确定某个类别（如牛仔裤）的种类和分类，采购员要考虑以下几个因素：公司的零售战略、商品组合的 GMROI、店面的各种实际特色、分类过多与过少之间的权衡，以及商品类别的互补性。

零售战略　一个商品类别中零售商应该提供多少存货单位的商品是战略问题。塔吉特将注意力集中在那些喜欢一站式购物经历的顾客身上，这些顾客不喜欢在一个类别中比较不同品牌，所以塔吉特的每个类别的存货单位就很少。相形之下，因为电路城的目标群体是那些喜欢选择较多的顾客，他们希望可以在某个电子消费品类别中相互比较，难怪电路城的每个类别下提供了更多的存货商品。

分类的广度和深度能够影响零售商的品牌形象。一般来说，零售商需要提供足够的存货满足消费者的需要，并维持形象。但也不能过火，提供的选择过多可能会适得其反，使形象大打折扣。选择合适的分类又称为“编辑分类”。

dELiAs 是一家多渠道零售商店，目标消费者是年轻女孩。该商家的品牌形象在目标市场深得人心。假设 dELiAs 开始在店面、目录以及网络上扩展它的休闲服种类和分类，并决定提供 12 种休闲服的款式，而非 6 种。过去，休闲服的采购员精心挑选完全符合消费者心理偏好的款式。随着分类的扩大，采购员可能不得不

dELiAs 某个商品类别中的分类深度会影响品牌形象。

为了充数，勉强购进一些对消费者没有多大吸引力的服装。增加商品分类从两个方面给 dELiAs 造成了负面影响。首先，选择多了，顾客可能会觉得困惑，不知何去何从，最终导致顾客的流失。其次，过于松散的选择范围会使 dELiAs 失去特色，定位模糊，顾客更是不得要领。于是，该店不再是顾客心中最想去的购物场所。说得更清楚点，就是该店可能已经失去了它的独特竞争力。

最近一项研究表明：如果分类中能够适当地减少一些冗余商品，消费者反而会买得更多，就像超市里各种不同重量的番茄酱和市场占有率不高的一些品牌商品一样。[19] 然而，过大的分类消减，也可能导致销量下降。

商品分类的 GMROI 确定商品类别时，采购员往往受到资金数量和店内空间大小的约束。他们必须解决一对矛盾——提供更大宽度和广度的商品类别可以提高销售，但是购进更多存货单位会使存货周转率和 GMROI 下降。

不仅如此，增加商品的宽度和广度还会导致需要降价促销的商品越来越多，减少商家毛利润。比方说，提供的存货单位越多，商品断码的几率就越大。**断码**（breaking sizes）是指存货中某个尺码的存货单位售罄。如果流行商品类别中一个存货单位发生了断码的现象，采购员又未能及时重下订单，一般来说，采购员就会将整个种类的商品打折出售。采购员的目的是将整个商品种类从分类中除去。如果顾客在店里找不到适合他们的尺码或颜色的商品，他们一定会失望而归。但是将整个商品种类除去就避免了这种情况的发生。

店面特色 零售商必须考虑每个类别所占的空间。如果分类商品的款式和颜色很多，就需要更多的空间展示和储存。一个货架也许能摆下 300 条牛仔裤，所以如果只陈列 100 条裤子或将裤子与另一种商品类别混在一起摆放，带给人的视觉审美一定不佳。

某些商品类别需要用大量的空间来展示，这样便限制了店内所提供的存货单位数量。例如，家具占据的空间很大，所以家具商往往仅展示一把椅子或一个沙发的样品，然后用图片和织布做背景，展示在不同装饰环境下家具的视觉效果。

多渠道零售商通过网络和商品目录解决空间限制的问题，他们提供的分类商品比在实物店里陈列的要多得多。例如，彭尼在休闲服饰商品目录特刊和网页上，提供了很多不同尺码、不同颜色的针织衫。如果消费者在店铺里找不到他们想要的尺码和颜色，销售员就会告诉他们登录公司网站购买，甚至在 POS 终端机上直接为客户订购。

互补商品 当零售商打算更改商品分类时，他们必须考虑该商品是否与部门里的其他商品互补。比方说，DVD 播放器会刺激 DVD、电缆线及其各种附件的销售。DVD 播放器的 GMROI 很低，可能不是一个很重要的分类，但是其互补商品的GMROI 却相当高。所以零售商可能决定购进更多的 DVD 播放器来提高附属产品的销售。

设定存货量和可获得性

分类规划一般包含店里每个存货单位的存货数量，如图表 12-9 所示。这是一个典型的商品类别存货示意图，称为**标准存货规划**（model stock plan）。图表12-9按照尺寸和长度将传统丹宁布少女牛仔裤分成 429 个单位。商家欲购买 9 个单位尺寸为 1 的短牛仔裤，占总单位的 2%。请注意观察图表：越普遍的尺码存货就越多。

零售商为商品类别中的每个种类都设定了标准库存规划，而且根据店面大小，规划也有调整。例如，零售商根据以往的销售量将店面分为 A、B、C 三等。基本分类商品一般都放在 C 店中。对于更大的店面，因为可用的空间较大，存货单位也会提高。较大的 A、B 店可能会放置更多不同品牌、颜色、款式和大小的服装，

图 12-9
标准存货规划

	尺寸									
长度	1	2	4	5	6	8	10	12	14	
短	2	4	7	6	8	5	7	4	2	%
	9	17	30	26	34	21	30	17	9	单位
中	2	4	7	6	8	5	7	4	2	%
	9	17	30	26	34	21	30	17	9	单位
长	0	2	2	2	3	2	2	1	0	%
	0	9	9	9	12	9	9	4	0	单位
								总计		100%
										429 单位

这家超市的调料区反映了类别经理的标准存货规划。

或更多像家用电器和电子消费产品那样的耐用品。

商品可获得性

标准库存规划中的备用存货决定商品的可获得性。**商品可获得性**（product availability）是指对某一存货单位的需求满足的百分比。比方说，倘若有 100 个人走进梅西百货店购买传统淡蓝色丹宁牛仔裤，只有 90 个人买到了，那么这家商店的商品可获得性为 90%。商品可获得性也称为**支持水平**（level of support）或**服务水平**（service level）。

商品可获得性越高，备用存货，也叫**缓冲存货**（buffer stock）的数量就越多。当客户需要某种存货单位时，零售商的备用存货可以满足需求。选择适量的备用存货是成功规划存货的重中之重。如果备用存货太少，零售商不仅做不成生意，而且可能连客户也失去了。如果存货水平高，本可以投资在更多种类或分类商品上获得丰厚利润的资金，就会浪费在过量的存货上。

图表 12-10 显示存货投资与商品可获得性之间的数量关系。尽管在不同情况下，实际存货投资会发生变化，但总的趋势是——高水平的服务必然对应更多的存货投资。

为了确定合适的缓冲存货及各个存货单位的可获得性，我们需要考虑多个因素。零售商经常把商品类别或单个存货单位划入 A、B、C 三个等级，分别代表零售商希望设定的商品可获得性。零售商不希望 A 级商品发生断货的情况，可以接受 C 级商品较低的可获得性。例如，白色油漆对于 Sherwin Williams 公司来说属于 A 级产品，而复写纸则是欧迪办公（Office Depot）的 A 级产品。上述库存商品的缺货将有损各自商家的形象。

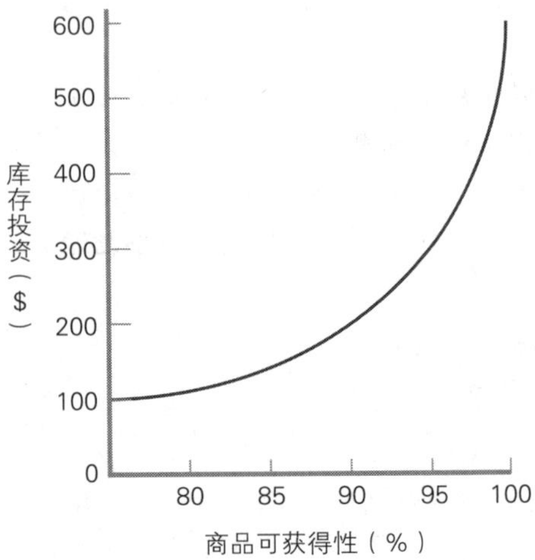

图表 12-10
存货投资与商品可获得性

在确定备用存货水平和商品可获得性的时候，还需要考虑其他一些因素，比如市场需求的波动、订货至交货间的时间及其波动以及交货的频率。这些问题将在 13 章详细讨论。第 13 章还将介绍以下内容：大宗商品和流行商品类别的规划系统、各分店的商品配给，以及商品类别的销售业绩评估。

平衡好种类、分类和商品可获得性三者之间的关系是决定零售商商品战略成败的关键。由于投资存货的预算十分有限，想要提高商品的深度，就不得不牺牲宽度；想要提高产品的可获得性，就不得不降低商品类别的深度和广度。

小 结

本章介绍了商品管理规划过程，并详细论述了销售预测和分类规划的内容。按照规划目的可以把商品分为多个类别。采购员及其合作伙伴、商品规划员及其分类员，通常在主要供货商的协助下，共同管理这些类别。

用来评估商品销售业绩的标准有 GMROI、销售存货比率、存货周转率和毛利润。零售商运用 GMROI 规划和评估销售业绩。公司根据其整体财务目标设定某个特定商品类别的 GMROI，并具体到类别层面。毛利润率和存货周转率是商品有效管理的左膀右臂。

保持高存货周转率对于零售商来说至关重要。但零售商若试图过于强调高周转率的话，不仅会增加销售成本，断货的情况也会随之产生。

进行销售预测时，零售商必须了解某个商品类别所处的商品生命周期，以及该商品是时髦商品、流行商品还是大宗商品。了解这些情况之后，他们才能相应地规划销售活动。进行销售预测可以利用以下几种信息来源：（1）往年的销售数据；（2）个人意识；（3）各种流行时尚服务；（4）供货商；（5）传统市场研究。

接下来就是制定分类规划和标准存货单位。分类规划反映了零售商的销售策略，详细规定了类别中的商品宽度和广度。

关键术语

商品管理
商品组
部门
级别
存货单位
商品类别
类别管理
类别领队
大宗商品
基本商品
流行商品
季节性商品
类别生命周期
时髦商品
需求手册
深入访谈
焦点小组
分类规划
种类
分类
断码
标准存货规划
商品可获得性
支持水平
服务水平
缓冲库存

小试身手

1. 选择一家零售商店，查找某个商品类别的种类和分类。记录下分类的广度和宽度以及备用存货水平。将该类别的种类和分类与其一家竞争对手进行比较。
2. 登录 www.badfads.com。选择一些时髦商品。回答本章 339 页的 4 个问题。根据你的答案，这些商品是否应该被淘汰？
3. InfoScan 的网站为 www.infores.com。登录该网站，说说该网站给零售商提供了哪些服务。
4. 登录 www.macys.com 和 www.jcpenney.com 。哪一个的种类较多？选择一个商品类别并确定哪个零售店的分类较大。
5. 登录甲骨文零售商品规划的网站 www.oracle.com/application/retail/index.html。阅读有关商品规划的软件。该软件是如何利用销售、库存数据帮助零售商做出更加明智的规划决策的？
6. 登录以下三个零售行业出版物的网站首页：WWD（http://www.wwd.com/）、Chain Store Age（http://www.chainstoreage.com/）和 Discount Store News（http://www.dsnretailingtoday.com/）。这些网站上的文章如何帮助零售商做出商品规划决策？

讨论题

1. 时髦商品、流行商品和大宗商品的区别是什么？商品规划员应如何分别管理这几类商品？
2. 你认为传统的实物商店与网上商店在商品种类和分类方面有什么不同，为什么存在这些差异？
3. 简单地说，提高存货周转率是零售经理的一个重要目标。如果周转率过低，将产生什么后果？若周转率过高，又会怎样？
4. 假设你是一家连锁超市负责水果蔬菜罐头的采购员。Del Monte 公司告诉你和你老板公司将负责商品的库存水平决策：由公司决定订购多少商品，何时送货，并且承诺来年毛利润增加 10%。你会接受 Del Monte 的条件吗？说明你的观点。
5. 一位采购员听顾客抱怨说某种商品类别已无存货。这位采购员随即决定把该商品可获得性从 80%提升至 90%。这一举动对备用库存和存货周转率将有何影响？如果采购员有一条高效的供应链系统，你同意他的做法吗？
6. 种类、分类、商品可获得性是分类规划的基本要素。举出一些零售商基于一个或几个要素进行商店定位的成功例子。
7. 尽管珠宝和小型家用电器这两种商品的性质截然不同，但一家百货商店的珠宝部门的 GMROI 和家电部门的 GMROI 相同。解释这种情况。
8. 假设年销售额为 20 000 美元，平均库存（成本价）为 4 000 美元，毛利润率为 45%。计算 GMROI 和存货周转率。
9. 欧迪办公是如何根据季节变化调整商品库存的？该零售商是如何应用其商品去吸引女性顾客的？
10. 根据类别生命周期，举出你曾经购买过的商品中，有哪些为时髦商品，哪些为流行商品，哪些为大宗商品？每个商品是否切合图表 12-6 给出的定义？
11. 作为 Sport Authority 的运动鞋采购员，你如何预测新上市的耐克跑步鞋？

推荐读物

Basuroy, Suman; Murali K. Mantrala; and Rockney G. Walters. "The Impact of Category Management on Retailer Prices and Performance: Theory and Evidence," *Journal of Marketing* 65, no. 4 (October 2001), pp. 16–32.

Bohlinger, Maryanne. *Merchandise Buying*. 5th ed. New York: Fairchild, 2001.

Brannon, Evelyn. *Fashion Forecasting: Research, Analysis and Presentation*. 2nd ed. New York: Fairchild, 2005.

Charness, Peter. "Back to the Future: A Renaissance for Buyers?" *Stores*, March 2005, p. 103.

Coldfelter, Richard. *Retail Buying: From Basics to Fashion*. New York: Fairchild, 2002.

Dhar, Sanjay; Stephen Hoch; and Nanda Kumar. "Effective Category Management Depends on the Role of the Category," *Journal of Retailing*, Summer 2001, pp. 165–84.

Diamond, Jay. *Retail Buying*. 7th ed. New York: Prentice Hall, 2004.

Donnellan, John. *Merchandise Buying and Management*, 2nd ed. New York: Fairchild, 2002.

Dupre, Kyle, and Thomas Gruen. "The Use of Category Management Practices to Obtain a Sustainable Competitive Advantage in the Fast-Moving Consumer-Goods Industry," *Journal of Business & Industrial Marketing* 19 (2004), pp. 444–60.

Gruen, Thomas, and Reshma Shah. "Determinants and Outcomes of Plan Objectivity and Implementation in Category Management Relationships," *Journal of Retailing* 76, no. 4 (Winter 2000), pp. 483–511.

Thomas, Chris. *Management of Retail Buying*. New York: Wiley, 2005.

Varley, Rosemary. *Retail Product Management: Buying and Merchandising*. 2nd ed. New York: Routledge, 2005.

第 13 章

商品规划系统

管理人员简介

比尔·卢卡斯　NPD 零售业集团总裁

NPD 集团提供全球销售和市场数据，帮助我们的客户（零售商和供货商）做出以事实为基础的更好的决策。我们的系统所提供的报告来自于两个数据库——POS 销售数据和消费者固定样本数据。

POS 数据是由全世界 600 多个零售商提供的，详细记录了 150 000 多个商店的销售量。在具有广泛代表性的非食品类零售商中，包括百货公司、折扣店和专卖店的行业细分，数据库为各个商品及其价格提供了销售数额。

在线消费者固定样本由 250 万人组成，这些人同意参与调查并提供有关其购买行为的信息。除了商品的销售量和零售商外，数据库还包含了关于固定样本成员的人口统计信息和其他信息，比如顾客某次购买后的满意度评估等。数据库通过人口细分对所有行业细分市场进行销售跟踪。我们运用统计方法确保所调查的消费者为社会各阶层人士的代表。

我们的系统旨在使零售商便于获得数据，从而帮助他们分析市场表现并做出以事实为基础的决策。现有的许多报告都借用了这两个数据库。例如，购买运动鞋的专卖店采购员对运动鞋再次分类，将其分为跑步鞋、篮球鞋和软运动鞋，这样他就可以发现自己的市场份额是多少，还可以知道每一个子类的特定品牌和商品。运用这些数据他可以进一步分析为什么一些子类的市场份额低于平均份额，然后通过年限或其他细分变量来看待市场份额。他还可以获得专卖店不同品牌的销售量和最小存货单位（SKUs）。通过这些数据发现在相互竞争的零售商中销售得比较好的品牌和最小库存，并且加到他的分类计划中。

最近，一个汽车部件零售商审阅了一份平均市场份额报告。这份报告比较了每一商品种类的市场份额和他们总的市场份额，结果发现在某些领域，他们并没有取得平均份额——某一种类的市场份额仅为 8%，而平均市场份额

问　题

- 大宗商品采购系统是如何运作的？
- 什么是商品预算计划和采购限额系统，它们是如何开发的？
- 多店铺零售商是如何把商品分拨给各个商店的？
- 零售商如何评估他们的销售业绩？

是 11%。通过深入分析这一数据，采购商调整了她的分类计划，不再强调特定品牌和最小库存。结果年销售额增加了 300 万美元并开展了一次促销活动。

第 12 章简述了管理商品库存的过程和方法——GMROI、毛利润和库存周转率——用于评估采购员在管理库存投资时的行为。关于预测销售量和制定分类计划的问题，表明了总体来说每一特定商品种类应该分配多少库存。但零售库存的日常实际管理是非常复杂的。例如，西尔斯采购商不得不下订单并且对 500 000 个最小存货单位保持追踪。

零售商在这一极具挑战性的管理任务中采用以计算机为基础的信息和计划支持系统协助采购员。这些系统帮助采购员、计划人员和分类人员决定购买时间、购买数量以及在定价和把商品分拨给指定商店时应做出什么调整。

正如第 12 章所讨论的，零售商采用两种不同的商品规划系统——大宗商品规划系统和流行商品规划系统。因为大宗商品持续销售许多年，每种最小存货单位都有其销售历史记录，所以我们可以用标准的统计方法预测销售量。另外，错误预测的风险是极其微小的，因为过量的存货能够在接下来的时间里售完。因此，大宗商品规划系统在存货单位的水平上管理存货。

与大宗商品相反，流行商品主要由许多存货单位组成，这些存货单位都是新商品，没有用于准确预测的销售历史记录。另外，预测错误的潜在损失非常大，因为如果商品在这一季节内销售不完的话，它将会过时，再也无法出售。因此，流行商品规划系统在种类的水平上管理存货。以美元为基准决定合适的库存后，流行商品的采购员制定分类计划决定特定存货单位的购买量。采购限额系统追踪商品流动（订单、销售额以及商品收据），这样采购员就不会花费太多或太少。

有些零售商开发他们自己的商品规划系统，而其他的采购员使用软件公司开发的系统，如 SAS 的子公司 Marketmax、甲骨文的子公司 Retek、JDA 和GERS 等公司都开发此类软件。在一些零售公司中，这些商品规划系统是公司创业资源规划系统的一部分，这一系统把商品规划系统、供应链管理系统及其他商业活动结合在一起。在一些小型零售公司，商品规划软件安装在业主的私人电脑上。零售视野 13.1 描述欧迪办公在改善商品管理系统中是如何做出重大改变的。

本章从大宗商品的采购系统开始，接着阐述流行商品的采购系统，然后阐述采购限额系统。Marketmax 系统用于说明来自于这些系统的报告的功能。接下来，本章讨论多店铺零售商如何在店铺之间分拨商品以及如何评估商品管理业绩。本章最后，附录 13A 描述零售盘存法（RIM）。

13.1 零售视野 欧迪办公发起麦哲伦方案

欧迪办公采取了一项改善商品和供应链管理规划过程的重要方案。这个方案称为麦哲伦方案，因为正如 16 世纪葡萄牙探险家麦哲伦的使命一样，欧迪办公的目标是拥有一个更大更详细的世界视角。在发起麦哲伦方案之前，欧迪办公的大多数商品规划是在 Excel 电子制表软件上完成的。使用这些电子制表需要大量的手工输入，这就降低了准确性。另外，电子制表没有与公司的库存控制系统和供应链管理系统结合在一起。然而这还没完，与去年相比，欧迪办公的年库存周转率已经从 6.9 次上升到 7.6 次了，公司的现货业已达 99%。下面是甲骨文的子公司 Retek 提供的新系统的一些元素：

运用麦哲伦规划系统后，欧迪办公现在可以更好地对所有店铺进行追踪、计划库存并且能够更加准确地预测顾客的未来需求。

需求预测 运用新的预测应用软件，采购员能够广泛调整一系列反映顾客需求改变或企业环境改变的参数，据此可以做出比电子制表更准确的预测。

商品财务计划 新系统能够做出自上而下和自下而上的财务计划，这是和欧迪办公的商品规划解决方案结合在一起的，提供给采购员至关重要的库存和财务数据，如库存短缺、退还供应商商品、库存周转率和 GMROI。

商品数据仓库 麦哲伦方案的核心是创造了一个商品数据仓库，这个仓库为欧迪办公提供了一个统一视角，即各个商店和分销中心实时的商品存货水平。

分类计划 在执行 Retek 的分类计划系统之前，欧迪办公没有标准的分类计划流程。零售商仅有的几个流程脱离了最小存货单位的生命周期预测以及库存管理流程。新的分类计划解决方案的执行与这些流程连在了一起，运用主要财务、库存和空间生产力数据，为采购员提供了更大的能力去衡量他们的分类表现。

资料来源：Dan Scherga, "Viability Venture," *Chain Store Age*, July 2005, pp. 45–46; Mike Troy, "Office Depot Resurges Amid Merchandising Makeover," *DSN Retailing Today*, June 7, 2004, pp. 20–21.

大宗商品管理系统

图表 13–1 阐明了大宗商品管理系统的功能。左图把一个零售商的配送中心或店铺的单位库存总量描述成一个容器。从供应商那里收到的订单装满了容器并增加了存货水平，而存货单位的销售量降低了容器中的存货水平。右图显示了容器中的存货水平。

第一周开头，零售商的库存中有 150 个单位。那时，采购员下 96 个单位的订单。接下来的两周内，顾客购买存货单位，库存水平降低到 20 个单位。第二周末从供应商处收到了 96 个单位的订货，库存提高到 116 个单位。采购员向供应商下的第二个订单两周后到达，这之前顾客消费使库存水平降低到 0，零售商已脱销。

商品补充带来的库存上升和下降称为**周期库存**（cycle stock），或**基本库存**（base stock）。零售商愿意降低基本库存保持较低的存货投资。降低基本库存的一个方法，就是重复订购并从供应商处比较频繁地接受商品而非隔周订购一次。但是比较频繁的订购和装运将增加管理和运输成本。

由于不能准确预测存货单位的销售量和从供应商处接受的订单，零售商不得不采用**备用库存**（backup stock），备用库存又称为**安全库存**（safety stock）或**缓冲库存**（buffer stock）。作为缓冲，这样下次订单到来之前就不会缺货了。图表 13–1 右图底部区域显示的是备用库存。

几个因素决定了所需要的备用库存水平。首先，备用库存水平取决于零售商希望提供的商品的供应量。劳氏公司要是不想让白色涂料脱销，就需要一个较高的备用库存水平。但是如果公司愿意接受 75%的浅黄色涂料的产品供应量，那么这个库存单位需要的缓存库存水平就比较低。

其次，需求波动越大，需要的缓冲库存越多。假如劳氏的一个店铺在两周内平均销售 30 加仑的紫色涂料，但是某个周销售量是 50 加仑，别的周的销售量仅为 10 加仑。当销售量低于平均水平时，店铺结束了持有超过需求的多余商品。但是当销售量远远大于平均水平时，必须有更多的备用库存确保店铺不会脱销。看

图表 13–1
大宗商品的库存水平

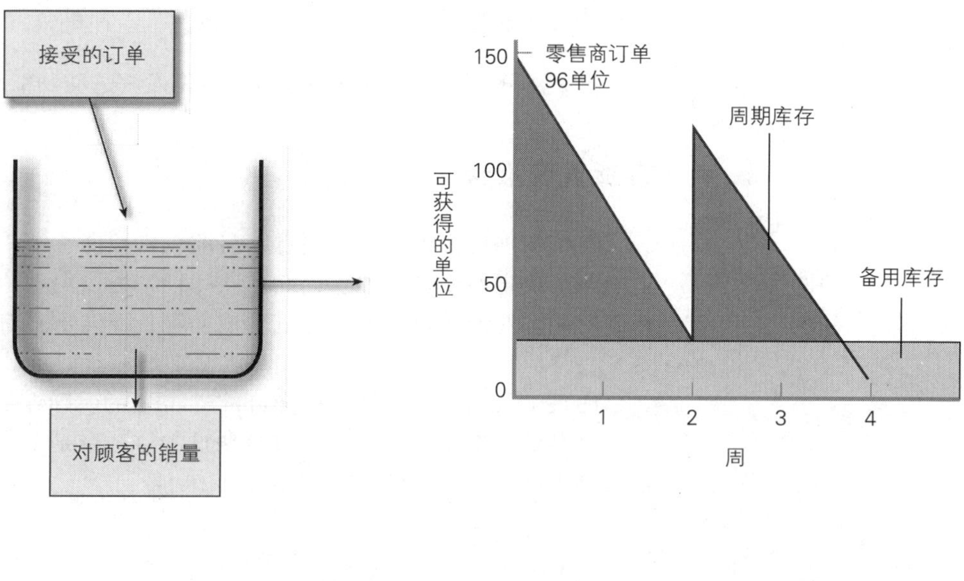

为大宗商品类别（如涂料）规划订购的库存水平时，劳氏的采购员必须考虑如下因素：现有存货、顾客需求、补货交付时间，以及为避免部门缺货所需的备用库存。

图表 13-1，在第四周期间销售量大于平均水平，因此零售商不得不加大备用库存以免脱销。

第三，所需备用库存量受供应商交付时间影响。**交付时间**（lead time）是指从确认需要订货到货物到达商店并处于待售状态这一段时间。如果运输紫色涂料需要两个月，那么脱销的可能性大于交付时间仅为两周的可能性，所以劳氏的店铺不得不做出更加长远的预测。合作性供应链管理系统本身的交付时间较短（见第 10 章），这使保持同样的产品供应量水平所需要的备用库存水平较低。

第四，交付时间的波动同样影响备用库存量。如果劳氏知道紫色涂料的交付时间总是两周，波动不超过一天，它就能够准确地计划存货量。如果这次运输的交货时间的波动不超过一天，下次运输交货时间的波动是 5 天的话，店铺必须准备多余的备用库存解决交货时间的不确定性。许多使用合作性供应链管理系统的零售商要求供应商在较短的时间内（有时两三个小时）交付商品，降低交货时间的波动，因此降低了所需备用库存量。

第五，供应商的产品供应同样影响零售商的备用库存需求。例如，如果供应商正常运送所订购的物品，劳氏就能够更容易地计划存货需求。但是，如果供应商仅仅装运了所订购物品的 75%，劳氏就必须保持更多的库存确保提供给客户的涂料不会受到不利影响。从供应商处收到的物品占全部订购物品的百分比称为**补充率**（fill rate）。

大宗商品规划系统提供的信息决定了库存单位采购的数量和时间。这些系统通过发挥以下 3 项功能来帮助采购员：

- 在库存单位水平上控制和衡量商品的现行平均需求。
- 把季节变化和趋势变化考虑进去，预测未来库存单位需求。
- 为最佳重新补充库存制定订购决策。

下一部分讨论的存货管理报告将提供发挥这些功能的信息。

存货管理报告

存货管理报告提供下列信息：目前销售速度、销售预测、库存可获得性、订购金额、决定性变量（如：商品可获得性、提供渴望的商品可获得性所需的备用库存等）和业绩衡量（如：计划和现实存货周转率、每库存单位合适的订购决策等）。

图表 13-2 展示了乐柏美（Rubbermaid）的实际存货管理报告。乐柏美是家用塑料制品的大型制造企业。建议订购点和订购量是采购员购买大宗商品需要做出的关键决策，它们表明了订购时间和订购量。

图表 13–2

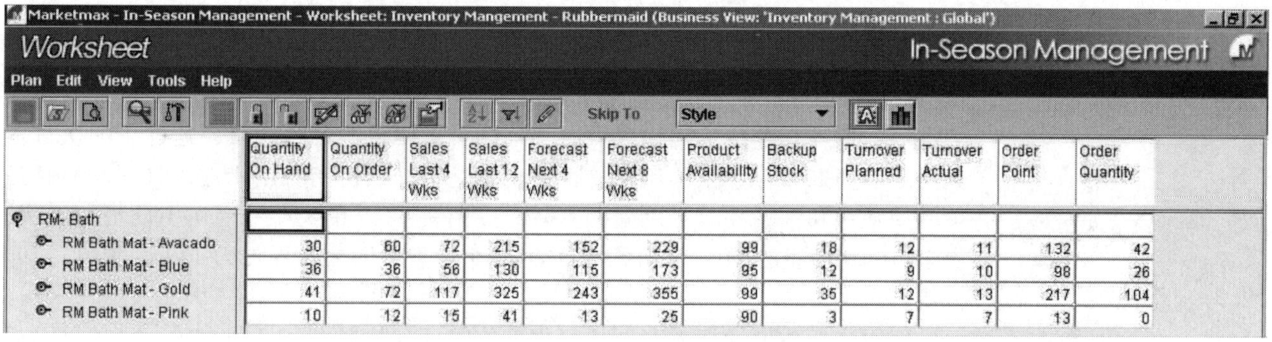

	Quantity On Hand	Quantity On Order	Sales Last 4 Wks	Sales Last 12 Wks	Forecast Next 4 Wks	Forecast Next 8 Wks	Product Availability	Backup Stock	Turnover Planned	Turnover Actual	Order Point	Order Quantity
RM- Bath												
RM Bath Mat - Avacado	30	60	72	215	152	229	99	18	12	11	132	42
RM Bath Mat - Blue	36	36	56	130	115	173	95	12	9	10	98	26
RM Bath Mat - Gold	41	72	117	325	243	355	99	35	12	13	217	104
RM Bath Mat - Pink	10	12	15	41	13	25	90	3	7	7	13	0

图表 13–2 的前五栏是每个项目的描述，现有多少物品、订购了多少、过去 4 周和 12 周的销售量。第一行存货单位是鳄梨绿浴室防滑垫。现有 30 件，又订购了 60 件，因此这一存货单位可用数量是 90 件。（现有量 + 订购量 = 可用量。）过去 4 周和 12 周的销售量分别是 75 个和 215 个。

未来 4 周和 8 周的销售预测是由一个系统决定的，该系统是一个把存货单位过去的销售趋势和季节变化考虑进去的统计学模型。但在这个例子中，采购员在未来 4 周的预测中做了调整，反映两周内鳄梨绿、蓝色和金色浴室防滑垫的一次特有的促销。

商品可获得性是采购员的一个决策性变量。采购员希望 100 个顾客中有 99 个顾客能在存货中发现鳄梨绿色浴室防滑垫，但是采购员不太关注粉色防滑垫，因此商品可获得性定为 90%。然后系统计算了鳄梨绿色浴室防滑垫必需的库存——18 件，这个数字是在特定商品可获得性、需求可变性、供应商交付时间和交付时间可变性的基础上由系统决定的。

存货单位的计划存货周转率 12 次也是一个决策变量，同样在零售商总体财务目标的基础上由采购员设定；计划库存周转率驱使着库存管理系统。对于这一存货单位，系统基于所售商品的成本和平均存货决定实际周转率是 11 次。

订购临界点　**订购临界点**（order point）是这样一种存货数量，即在低于这种数量时，在下一批订货到达前，可利用数量会不够用，或商品没有库存。这个数字告诉采购员当库存水平降到这一点时，应该订购额外的商品，订购临界点定义如下：

订购临界点=销售量 / 日 ×（交付时间 + 检查时间）+ 备用库存

交付时间是指从确认需要订货到货物到达商店并处于待售状态这一段时间。但是采购员不会每天检查每一个存货单位，**检查时间**（review time）是指检查存货单位期间最长的时间。在交付时间是两周的情况下，采购员每周检查一次存货单位，要保持较高商品可获得性需要 18 个单位的备用库存，接下来的四周预测销售量是每天 5.5 个单位，订购临界点是：

订购临界点 = [(5.4 单位) × (14+7 天)] + (18 单位) = 132 单位

对于这一存货单位，如果可利用数量跌至 132 个单位或更少，则采购员需要订购。

> **实 例**
> 超过 40%的零售商没有一个界定明确的流程来调整其存货控制系统的四大支柱：商品可获得性、订购临界点、安全库存水平和支付时间。[1]

订购数量 当存货达到临界点时，采购员需要订购足够的量，这样下一次订货到达之前周期库存不至于用尽，也不至于销售开始占用备用库存。订购数量就是可利用数量和订购临界点之间的差额。以图表 13–2 的鳄梨绿色浴室防滑垫为例，由于可利用数量为 90，采购员就订购 42 个单位，因为临界点为 132（即 132 – 90 = 42）。

使用这个系统计算大宗商品存货单位的订购临界点和订购数量，订单可以通过电子数据交换（EDI）直接传送给供应商（如乐柏美）而不需要采购员。采购员只需要设定期望的决策变量，比如商品可获得性，为特定促销做出调整并从存货周转和 GMROI 的角度检测存货单位的表现。

流行商品管理系统

> **实 例**
> 如果商品提前运到，J.C. 彭尼会对供应商处以其商品成本 5%的罚款；如果延迟送到，则会处以 10%的罚款。[2]

管理流行商品的系统一般称为商品预算计划。**商品预算计划**（merchandise budget plan）特指流行商品种类中以美元为单位的计划存货投资。商品预算计划是一个财务计划，指明每个月需花费多少以支持销售、实现渴望的库存周转率和 GMROI 目标。但它并不是一个完整的采购计划，因为它没有指出应购买何种商品及具体的数量。

图表 13–3 说明一家全国性连锁专卖店的男士休闲西服 6 个月的商品预算计划。与别的这类商店一样，采购员有时可能在秋季制定次年春季和夏季的采购计划。采购员必须计算出每个月要采购多少商品才能达到财务目标。

实际销售可能与商品预算计划中预测的销售不同。即使有这种不确定性，计划仍被用来协调商品的供给和需求并确保实现财务目标。

图表 13–3 男士休闲西服 6 个月的商品预算计划

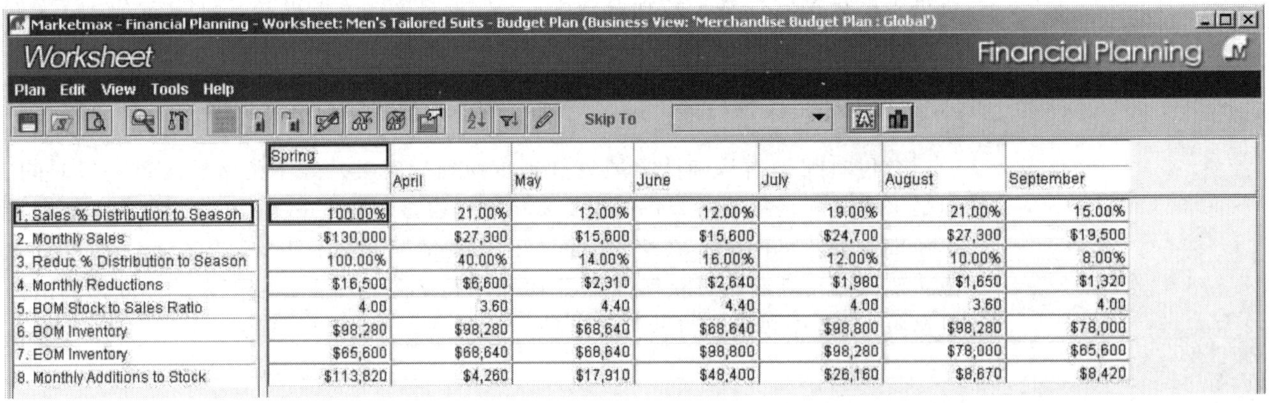

	Spring	April	May	June	July	August	September
1. Sales % Distribution to Season	100.00%	21.00%	12.00%	12.00%	19.00%	21.00%	15.00%
2. Monthly Sales	$130,000	$27,300	$15,600	$15,600	$24,700	$27,300	$19,500
3. Reduc % Distribution to Season	100.00%	40.00%	14.00%	16.00%	12.00%	10.00%	8.00%
4. Monthly Reductions	$16,500	$6,600	$2,310	$2,640	$1,980	$1,650	$1,320
5. BOM Stock to Sales Ratio	4.00	3.60	4.40	4.40	4.00	3.60	4.00
6. BOM Inventory	$98,280	$98,280	$68,640	$68,640	$98,800	$98,280	$78,000
7. EOM Inventory	$65,600	$68,640	$68,640	$98,800	$98,280	$78,000	$65,600
8. Monthly Additions to Stock	$113,820	$4,260	$17,910	$48,400	$26,160	$8,670	$8,420

本节剩下的部分描述制定商品预算计划和确定最后一行的步骤，即图表13–3的第 8 行，“月库存追加额”。月库存追加额告诉采购员，为了达到零售商的财务目标，每月以美元为单位，需要采购多少商品送达店内用于出售。

月销售百分比季节分布（第 1 行）

销售计划第 1 行预测每月销售额占总销售额的比率。在图表 13–3 中，6 个月销售额的 21%预计在 4 月份发生。

		春季			夏季		
	6 个月数据	4 月	5 月	6 月	7 月	8 月	9 月
销售百分比分布							
1. 月销售百分比季节分布	100.00%	21.00%	12.00%	12.00%	19.00%	21.00%	15.00%

决定月销售百分比的起点是历史记录。每月占总销售额的百分比在每年间的变化并不明显。但是，采购员可能调整历史比率来反映购买形式和特别促销的变化。例如，采购员认识到男士休闲西服的秋季销售季节将持续到下一年的夏季，因此增加了 4 月份的百分比，同时降低了 8 月份和 9 月份的百分比。采购员又决定举行一次复活节特别促销活动，增加 4 月份的比率并且降低其他月份的比率。

月销售额（第 2 行）

月销售额等于预计的 6 个月总销售额（第 1 列 130 000 美元）乘以每月的销售百分比（第 1 行）。在图表 13–3 中 4 月份销售额 = 130 000 美元 × 21% = 27 300 美元。

		春季			夏季		
	6 个月数据	4 月	5 月	6 月	7 月	8 月	9 月
销售百分比分布							
1. 月销售百分比季节分布	100.00%	21.00%	12.00%	12.00%	19.00%	21.00%	15.00%
2. 月销售额	$130 000	$27 300	$15 600	$15 600	$24 700	$27 300	$19 500

月扣减百分比季节分布（第 3 行）

为了每月能够有足够的商品支持月销售预测，除了顾客购买外，采购员必须考虑减少存货水平的其他因素。尽管销售是主要的扣减项目，但降价、损耗和给予员工的折扣也能减少存货价值。商品预算计划把这些额外的扣减加入计划购买中了。如果不考虑这些扣减，商品总是存货不足。注意图表 13–3，4 月的扣减额占这一季度总扣减额的 40%，主要是季节末降价销售导致的。

		春季			夏季		
	6个月数据	4月	5月	6月	7月	8月	9月
3. 月扣减百分比季节分布	100.00%	40.00%	14.00%	16.00%	12.00%	10.00%	8.00%

童装店里的童装在春季末大降价，为的是给夏季服装腾出空间。

我们可以从历史记录中预测降价额。但是，当预测降价时，降价策略的变化或环境的改变（如竞争或总体经济活动）也必须考虑在内。

给员工的折扣和降价相似，只不过它是给予员工而不是顾客。员工折扣水平和销售水平与员工人数紧密相关。因此可以从历史记录中预测出给员工的折扣。

损耗（shrinkage）是由于顾客或员工的偷窃、商品的错放或损坏以及错误记账引起的。零售商通过计算以下两者之间的差额衡量损耗额：（1）在购买和收货基础上的存货记录价值；（2）商店和配货中心的实际存货价值。各部门、各季节的损耗是不同的，损耗也同销售的变化直接相关。所以，如果男士西服销售额增长 10%，采购员可预测损耗额也增长 10%。

月扣减额（第 4 行）

计算月扣减额与计算月销售额的方法相同，用总扣减额分别乘以第 3 行中各月的百分比。见图表 13-3，4 月扣减额达 = 16 500 美元 × 40% = 6 600 美元。

		春季			夏季		
	6个月数据	4月	5月	6月	7月	8月	9月
3. 月扣减百分比季节分布	100.00%	40.00%	14.00%	16.00%	12.00%	10.00%	8.00%
4. 月扣减额	$16 500	$6 600	$2 310	$2 640	$1 980	$1 650	$1 320

月初库存销售比率（第 5 行）

第 5 行列出的**库存销售比率**（stock-to-sales ratio）反映的是月初必须保持多少存货以满足销售预测和存货周转目标。因此，如果库存销售比率是 2，那意味着我们将在月初储备两倍于预测销售的存货。每月的月初库存额和预测销售额都以美元为单位表示。

		春季			夏季		
	6 个月数据	4 月	5 月	6 月	7 月	8 月	9 月
5. 月初库存销售比率	4.0	3.6	4.4	4.4	4.0	3.6	4.0

许多零售商不用库存销售比率，而用一个相关的衡量手段——周存货。库存销售比率为 4，那意味着月初储备 16 周的存货或者大约 112 天的存货。存货销售率为 1/2 意味着两周或 14 天的商品供应。库存销售率是确定的，因此商品能实现其目标业绩——计划 GMROI 和存货周转率。库存销售比率计算通过以下 4 个步骤完成。

实　例

美国的超市担心每年约 253 000 名商店窃贼。平均每家商店 50 个，而追回的商品平均价值是 27 美元。烟、健康与美容护理产品、肉类、饮料和止痛剂被列为最容易被偷的商品。员工甚至比顾客更会偷，在每一次被发现的偷窃行为中，他们企图窃取平均价值 400 美元的现金或商品。[3]

第 1 步：计算销售库存比率　GMROI 等于毛利率百分比乘以销售库存比率。在概念上，销售库存比率和存货周转率类似，只是销售库存比率的分母是由以美元为单位的零售额表示的，而存货周转率的分母是销售物品的成本。采购员的目标GMROI 是 123%，他预计毛利率将达到 45%。所以，

GMROI = 毛利率% × 销售库存比率

销售库存比率 = GMROI/毛利率百分比 = 123/45 = 2.73

由于这是一个 6 个月的商品预算计划而不是一年的，因此，销售库存率是基于 6 个月的销售量而非全年的销售量。所以，在这 6 个月期间，销售额必须是 2.73 乘以存货成本才能达到目标 GMROI。

第 2 步：把销售库存比率转换为存货周转率　存货周转率如下：

存货周转率 = 销售库存比率 × (1.00 – 毛利率%/100)

= 2.73 × (1.00 – 45/100)

1.50 = 2.73 × 0.55

这种调整是必要的，因为销售库存比率以零售价值表示销售额，以成本表示存货，而存货周转率既以成本表示销售额又表示存货。和销售库存比率一样，存货周转率也是以 6 个月为基期。

第 3 步：计算平均库存销售比率　平均库存销售比率是：

平均库存销售比率 = 6 个月/存货周转率

4 = 6/1.5

如果要准备一项 12 个月的计划，采购员必须用 12 除以年存货周转率。由于图表 13–3 中的商品预算计划以零售价值为基础，所以很容易把分子看做月初零售存货，把分母看做当月的销售额。因此，如果要实现 6 个月存货周转率平均为 1.5，采购员必须计划使月初存货成为当月销售额的 4 倍，相当于 4 个月或 16 周的供应量。

考虑平均库存销售比率必须小心，它很容易与销售库存比率混淆，但两者并

不互为倒数。销售额在两种比率中总是相同的，但销售库存比率中的库存是一段时间内所有日期的以成本表示的平均存货，而库存销售比率中的库存是以零售价值表示的平均月初存货。而且，月初库存销售比率是所有月份的平均数。第5行对这个平均数做出调整以适应销售的季节性变化。

第4步：计算月库存销售比率 第5行的月库存销售比率必须对上述计算出的月库存销售比率进行平均，以实现计划的存货周转率。通常来说，月库存销售比率与销售额成反方向变动。也就是说，当销售额在一些月份里增大时，库存销售比率会变小，反之亦然。

为了做出调整，商品采购员在决定月库存销售比率时必须考虑男士西服的季节变动模式。在理想的状态下，男士西服应该在顾客需求的同一天，以顾客需求的数量到达商店，但实际的零售世界没有那么简单。在图表13–3（第8行）中，春季男士西服在4月份陆续开始到达商店（每月4 260美元），但需求却滞后于西服的到达，直到天气开始变暖时才有起色。月销售额从5月份和6月份占年销售额的12%跃升至7月份的19%（第1行）。但库存销售比率（第5行）从5月份和6月份的4.4降至7月份的4.0。因此，当月销售额增长时（如7月），月初存货也增长（第6行），但增长的速度较慢，这就引起库存销售比率的下降。同样，当月销售额急剧下降时，如5月（第1行），存货也减少（第6行），同样以较低的速度减少，导致库存销售比率上升（第5行）。

当为一项有销售历史记录的商品如男士休闲西服制定商品预算计划时，采购员必须分析过去的库存销售比率。为了能判定过去的比率是否足够，采购员判定存货水平是否在一些月份里过高或过低。然后做出微小改动来调整过去存货水平

零售的季节性非常明显，圣诞节期间的销售额通常占零售商年销售额的40%还要多。（见彩插）

的不平衡状况，并对现行环境的变化做出相应的调整。例如，假定采购员计划在阵亡将士纪念日做一次促销活动。因为以前没有做过这样的促销活动，应该对 5 月的库存销售比率往下做一些调整，以期获得预期的销售增长。注意：月库存销售比率的百分比变化与月销售百分比的变动不一致。当销售额在一些月份里增长时，库存销售比率下降，但速度较慢。由于没有准确的方法做出调整，采购员必须做出一些主观的调整。

月初库存（第 6 行）

4 月份月初存货计划存货量等于：

月初存货 = 月销售额（第 2 行）× 月初存货销售比率（第 5 行）

98 280 美元 = 27 300 美元 × 3.6

		春季			夏季		
	6 个月数据	4 月	5 月	6 月	7 月	8 月	9 月
6. 月初库存	$98 230	$98 280	$68 640	$68 640	$98 900	$98 280	$78 000

月末库存（第 7 行）

当月的月初库存就等于上月的月末库存。也就是说，第 6 行的月初库存就是第 7 行的上月的月末存货。因此，在图表 13-3 中，4 月的月末库存等于 5 月的月初库存，即 68 640 美元。在计划中预测上一个月最后存货是商品预算计划中的下一步。注意：6 月份的月末库存很高，为 7 月份销售大幅度增长做准备。

		春季			夏季		
	6 个月数据	4 月	5 月	6 月	7 月	8 月	9 月
7. 月末库存	$85 600	$68 640	$68 640	$275 080	$98 280	$78 000	$65 600

月库存追加额（第 8 行）

月库存追加额是在既定周转率和销售目标下每月将订购运送的数额。

库存追加额 = 销售额（第 2 行）+ 扣减额（第 4 行）

+ 月末存货（第 7 行）– 月初存货（第 6 行）

库存追加额（4 月份）= 27 300 + 6 600 + 68 640 – 98 280 = 4 260 美元

在月初，存货水平等于月初库存。在这个月中，有商品售出，还有各种存货扣减（如降价和偷窃）的发生。因此，如果什么都没有采购，月初库存减去月销售额再减去扣减等于月末库存。但必须采购以达到预计的月末库存。如果什么都没有采购，月末库存（月初库存 – 销售额 – 扣减额）和预计的月末库存的差额就是库存追加额。

	6个月数据	春季			夏季		
		4月	5月	6月	7月	8月	9月
8. 月库存追加额	$113 820	$4 260	$17 910	$48 406	$26 180	$8 670	$8 420

评估商品预算计划

存货周转率、GMROI和销售预测被用于计划和控制。前面几节阐述它们是如何结合在一起计划商品预算的。采购员与其主管（GMM和DMM）商议GMROI、存货周转率和销售预测目标，然后制定商品预算实现这些目标。远在季节到来之前，采购员就购买了该季节各月应交接的商品预算计划中最后一行的商品数额，即月库存追加额。

在销售季节后，采购员必须将实际指标与计划相比较，确定实际的业绩。如果实际GMROI、存货周转率和销售预测大于计划中的指标，那么实际业绩要比预计的好。但是，业绩评估不应该仅仅建立在任何一种方法上。要评估采购员的业绩，必须另外回答以下几个问题：为什么他的业绩超过或少于计划？是他的控制导致了对原计划的偏差吗？（例如，是否采购了过多的商品？）采购员是否通过增加采购或削价处理对需求变化做出迅速反应？偏差是否是由外在因素引起的，如竞争水平或经济活动的变化？必须尽力回答这些问题。在这一章的后半部分，我们将分析评估销售业绩的几种额外工具。

采购限额系统

商品购买后就进入采购限额系统。采购限额系统建立在商品预算计划或大宗商品管理系统基础上。先前讨论的商品管理系统，给采购员提供了一个采购商品的计划。**采购限额**（open-to-buy）系统一直追踪商品流动，记录每月采购商品的实际花费金额和所剩金额。

正如采购员必须时刻注意开出的支票流向，他也必须密切留意所采购的商品及交付时间。如果没有采购限额系统追踪商品流动的话，采购员可能采购得太多或太少。商品可能在不需要时送达，需要时又找不到。因此，销售额和库存周转率都会受到影响。尽管采购限额系统同样适用于大宗商品管理系统，为了保持一致，我们继续讨论采购限额系统和先前讨论的商品预算计划的例子。

为了能使商品预算计划取得成功（如达到某个类别的销售额、存货周转率和GMROI目标），采购员应尽力做到在销售日期内采购合理数量的商品，也就是使某个月的实际月末库存等于预计的月末库存。例如，9月末，即春季/夏季季末，采购员想清空春季/夏季男士西服，这样能为秋季服装腾出空间。因此，采购员就想让这些服装或季节性商品的预计月末库存和实际月末库存都等于零。

计算现行期间的采购限额

采购员制定一些计划，标明月底可出售商品的存货量是多少。但是，这些计划可能不准确。装运可能不能如期到达，销售量可能大于预计销售量，或者扣减额(销售降价）可能比预期的少。采购限额是预计月末存货和计划月末存货的差额。因此，月采购限额是：

采购限额 = 实际月末计划存货 – 预计月末存货

月末计划存货来自于商品预算计划，计算预计的月末存货如下：

预计月末存货 = 实际月初存货
+ 实际月库存追加额（收到的新商品）
+ 实际订货额（交付的商品）
– 计划销售额（已售商品）
– 计划月扣减额

因此，如果销售量或扣减额大于商品预算计划或者交付的商品比计划的少，那么预计月末存货将比计划月末存货少。

图表 13–4 展示了同一类别的男士西服 6 个月的采购限额系统，这一类别已在本章的流行商品计划部分论述过了。假如把 5 月看做现行月份，实际月初库存水平为 59 500 美元，但还没有实际月末存货，因为这一个月还没结束。当计算现行月份采购限额时，就要把计划月末库存考虑在内了。把预测月末库存计划看做是商品预算计划中计划月末库存的一项新的改善了的评估。这个新的改善了的版本把制定商品预算计划时没有的信息考虑在内了。这个类别的预计月末存货的公式如下所示。

图表 13–4　6 个月采购限额系统报告

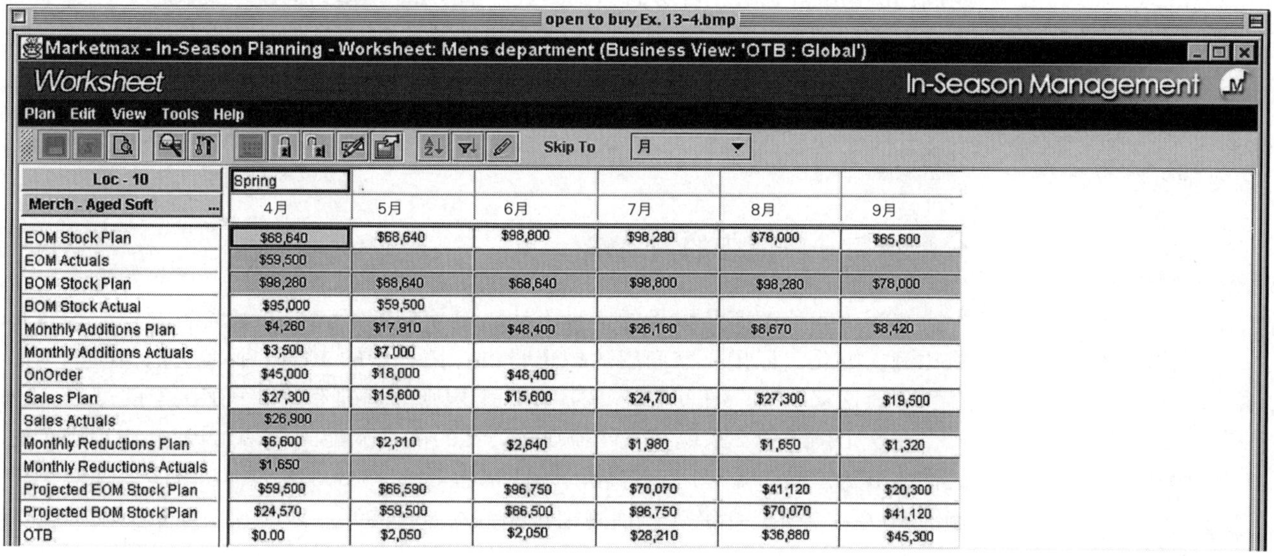

	4月	5月	6月	7月	8月	9月
EOM Stock Plan	$68,640	$68,640	$98,800	$98,280	$78,000	$65,600
EOM Actuals	$59,500					
BOM Stock Plan	$98,280	$68,640	$68,640	$98,800	$98,280	$78,000
BOM Stock Actual	$95,000	$59,500				
Monthly Additions Plan	$4,260	$17,910	$48,400	$26,160	$8,670	$8,420
Monthly Additions Actuals	$3,500	$7,000				
OnOrder	$45,000	$18,000	$48,400			
Sales Plan	$27,300	$15,600	$15,600	$24,700	$27,300	$19,500
Sales Actuals	$26,900					
Monthly Reductions Plan	$6,600	$2,310	$2,640	$1,980	$1,650	$1,320
Monthly Reductions Actuals	$1,650					
Projected EOM Stock Plan	$59,500	$66,590	$96,750	$70,070	$41,120	$20,300
Projected BOM Stock Plan	$24,570	$59,500	$66,500	$96,750	$70,070	$41,120
OTB	$0.00	$2,050	$2,050	$28,210	$36,880	$45,300

预计月末存货 =	实际月初存货	\$59 500
	+ 实际月库存追加额	+7 000
	+ 实际订货额	+18 000
	– 计划销售额	–15 600
	– 计划月扣减额	–2 310
	=	\$66 590

现行月采购限额是：

计划采购限额 = 计划月末存货 – 预计月末存货

\$2 050 = \$68 640 – \$66 590

因此，如果采购员想达到计划月末存货的 68 640 美元，他将在 5 月剩余 2 050 美元。这个数量相对较小，所以我们可以总结为：采购员实现了他的计划。但是如果 5 月的采购限额是 20 000 美元，采购员就需要回到市场上寻找大客户了。如果供应商之一有很多男士西服存货，采购员就可以用 20 000 美元去采购一些将要卖给顾客的便宜货。

但是如果采购限额是–20 000 美元，那么采购员可能已经超支了预算。同超支支票簿一样，采购员在未来几个月减少花费，因此总购买还将在商品预算之中。如果是因为市场中的一些变化，采购员认为超支是合理的，那么采购员就可能和 DMM 进行商议以获得更多的采购限额。

在商店间分配商品

制定好某个类别的商品存货管理计划后，商品管理过程中的下一个步骤就是在零售商店间分配采购和收到的商品（见图表 12–4）。研究发现：这些分配决定对利润的影响远远大于有关商品采购数量的决定。[4] 换句话说，采购过多或过少的商品对利润的影响小于在把商品的数量和种类分配给各店时做出错误的决定。因此，许多零售商设定了“分配员”或“规划员”职位，专门负责商店间的分配。在商店间分配商品包括三个决定：（1）分给每一家商店多少商品；（2）分配什么商品；（3）把商品分给不同商店的时间。

分配给每一家商店的商品量

在商店间分配商品数量的一种方法，是使分配量和每一家商店的预测销售量成比例。因此，如果一家商店的销售量占总销售量的 10%，那么就把 10%的商品存货分给这家店铺。图表 13–5 阐述在这个规则的基础上做出分配决策的过程。

在这个例子中，采购员把 150 000 美元的商品分配给 15 家店铺。连锁店把它的商店分为三级：A 级店，每店的预测销售额为 15 000 美元；B 级店，预测销售额为 10 000 美元；C 级店，预测销售额为 7 500 美元。因此，采购员分配 15 000

图表 13-5
以销售量为基础分配

商店类型	商店数量	单个商店销售额（$）	不同类型商店的销售额（$，第 2 栏×第 3 栏）	每家商店的实际分配（$）	通过类型分配（$）
1	2	3	4	5	6
A	4	15 000	60 000	14 000	56 000
B	3	10 000	30 000	10 000	30 000
C	8	7 500	60 000	8 000	64 000
总计			150 000		150 000

美元的商品给每家 A 级店，10 000 美元的商品给 B 级店，7 500 美元的商品给 C 级店。

但是，核心分类对维持连锁店的形象十分必要。如果连锁店对较小规模商店的分类速度削减得过快，顾客就会认为较小规模商店甚至整个连锁店经营的分类都很差。因此，较小规模的商店需要有高于平均水平的库存销售比率，而销售额大于平均水平的商店则相反。第 5 栏显示的是规划员的实际分配。

分配给商店的商品类型

除了以规模和销售量为基础划分店铺外，零售商还会根据商店营业区的特点进行分类。如第 8 章所述，营业区的特点用于商店地理位置的决策。商店营业区地理人口学同样用于为特定的商店制定商品分类方法。仔细想想一家全国性超市

图表 13-6
地理人口细分市场样例

笔记本电脑和拿铁咖啡细分人群	铁锈地带退休人员
笔记本电脑和拿铁咖啡细分人群是指那些富有而仍然租房的单身人群。他们受过良好的专业教育，偏爱城市生活，喜欢像纽约、波士顿、芝加哥、洛杉矶和旧金山等这样的大都市。平均家庭收入超过 87 000 美元，平均年龄 38 岁。笔记本电脑和拿铁咖啡细分群体喜欢技术，是 PC 机和 PDA 的顶级市场。他们每天用网络进行股票交易、购物和制定旅行计划。他们具有较强的健康意识而且身体良好。他们吃维生素，使用有机产品，在健身房锻炼身体。他们热衷自由哲学并且致力于环境问题。	铁锈地带退休人员：正如名字暗示的那样，这些居民大多数居住在东北或中西部，尤其是宾夕法尼亚和环五大湖地区。尽管大多数居民仍然在工作，但是劳动力人数低于平均水平。超过 40%的家庭领取退休金，他们毗邻比较古老的工业城市。居民住在自己独立的房子里，这样的房子现在的市场价为 111 000 美元。和许多退休人员不同，在铁锈地带生活的人们不喜欢搬家。这些安定的努力工作的居民对他们的社区和领地非常忠诚；他们在选举中努力投票，积极参与志愿者活动和募捐活动。他们为教堂服务，有些还是老年俱乐部的成员。铁锈地带退休人员勤俭节约，寻找折扣店和降价商品。他们驾驶着老旧的国产汽车；喜欢租碟胜于去电影院，偶尔才会出去吃饭。

资料来源：ESRI, http://www.esribis.com/pdfs/ctsegments.pdf. Portions o "Community™ Tapestry™ Segment Summary Descriptions reprinted courtesy of ESRI. Copyright © 2004 ESRI.All rights reserved.

即食谷物长廊的分类应该和当地顾客的需求相匹配。

为它的即食谷类食品分类做出的分配决策。如图表 13–6 所示，有些商店位于这样一些地区，这些地区以“铁锈地带退休人员”（Rustbelt Retirees）细分人口为主，其他地区以“笔记本电脑和拿铁咖啡细分人群”（Laptops and Lattes Segment）为主。

即食早餐谷类食品采购员当然想为这两个地区的商店提供不同的分类。如果“铁锈地带退休人员”在商店营业区中占很大的比例，那么提供一些价格低廉、知名度高的品牌以及更多商店自有品牌的谷类食品，就会有较好的销售业绩。位于以“笔记本电脑和拿铁咖啡细分人群”为主的地区的商店则适宜销售价格较高、含糖量低的有机全麦谷物产品。商店自有品牌谷类产品将不会得到重视。

即使同一连锁店的店铺与店铺之间，不同尺寸服装的销售量差别也很大。图表 13–7 说明了这一点。注意 X 店售出的大号服装比连锁店的大号服装平均销售量要多得多，而小号又比平均量少。如果采购员把同一号的商品分给连锁店的所有店铺，那么 X 店的大号商品将脱销，而小号商品将供给过量，或者是比连锁店中的其他店铺更快销售完一些尺码。

实 例

狂欢节期间，萨克斯第五大道在新奥尔良增加了长裙的分类。西尔斯在沿海地区销售潜水手表，在迈阿密和菲尼克斯出售易于读数的手表，因为这些地区有很多退休老人。在牛仔竞技表演季节里，西尔斯在德克萨斯州的一些店铺里销售小羊皮背心和裙子。

给商店分配商品的时机

除了需要在店铺间分配不同的存货水平和商品类型外，规划员还需要考虑商店间产品购买时间的不同。图表 13–8 通过绘制卡普里裤在美国不同地区不同时间的销售数据表明了这些不同。不同地区之间，由于季节和消费者需求差异，卡普里裤在中西部的销售顶峰是 7 月下旬，而在西部 9 月初销售才达到最高峰。采购

图表 13–7

X 商店和连锁店平均服装尺码不同

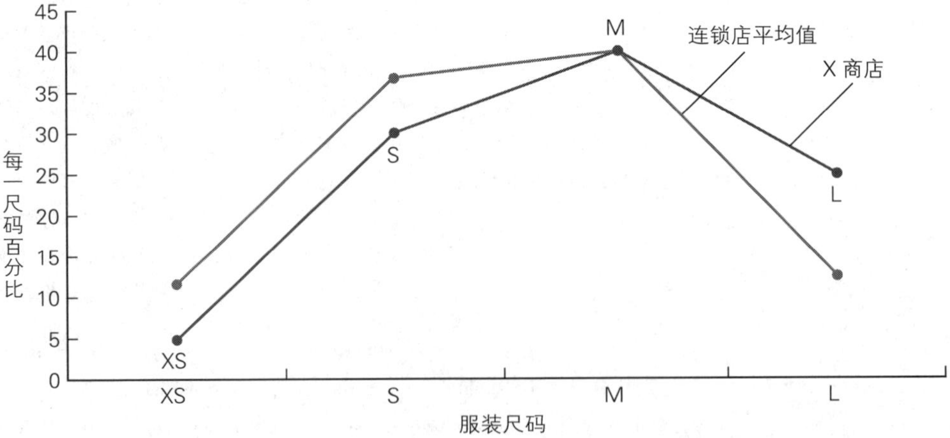

图表 13–8
卡普里裤的地区销售量

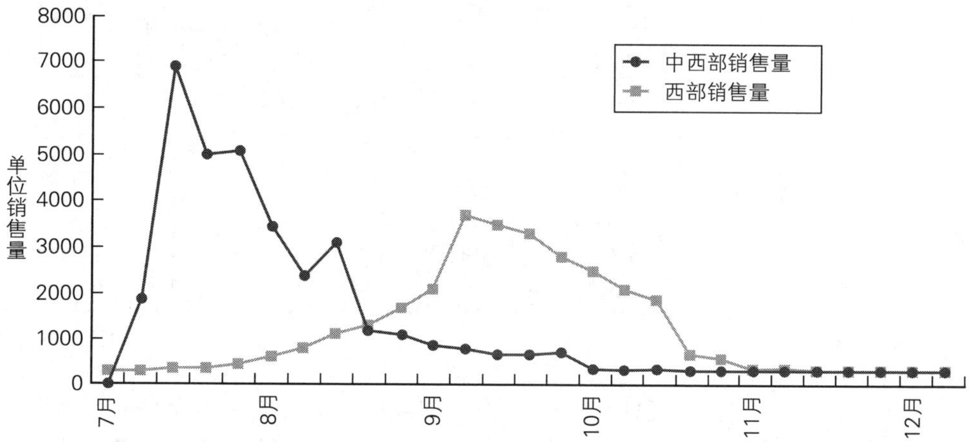

员需要认识到这些区域差异，并且当顾客准备购买时安排商品运送到适当的地区，增加该种类的存货周转率。

正如上述描述的那样，牵涉到把商品存货分配到商店的问题对流行商品和新型大宗商品均极其重要。如果这些商品类型销售和发展成大宗商品，那么需要通过供应商或分销中心不断补充。如第 10 章阐述的那样，零售商使用拉式或推式分销策略补充商品。使用拉式分销策略，以销售点终端捕捉到的销售数据为基础，在商店水平上制定出商品订单。至于推式分销策略，则以历史需求、存货在分销中心的位置以及商店需要为基础把商品分配给店铺。如第 10 章所述，拉式策略更高级，面对顾客的需求反应更灵敏并且能够更正最初的分配不当。

商品管理业绩分析

商品规划过程的下一步，是分析这一过程的业绩并做出调整，比如订购较多或较少的商品，降低价格以提高销售量，把不同的分类分配到特定的商店，或者改变分类法和典型的存货计划。与监控及调整步骤相关的三种分析法是：（1）售出分析法；（2）ABC 分析法；（3）针对供应商的多层次分析法。第一种分析法提供了一种和实际销售量相比的关于商品管理计划的持续评估。剩下的两种分析法通过运用计划中特定的最小存货以及提供商品支持计划的供应商，为评估和改变分类计划提供方法。

售出分析法评估商品计划

售出分析法（sell-through analysis）指把实际销售额与计划销售额作比较，看是否需要更多的商品以满足需求或是否需要降价。图表 13–9 展示了对季节前两周的女式衬衫的售出分析。

因为女式衬衫是非常流行的商品，销售量非常不确定。因此，商店上货两周后，采购员检查销售量并决定是否需要调整。是否需要做出调整取决于许多因素，

图表 13-9
售出分析法实例

存货号		描述	第 1 周			第 2 周		
			计划	实际	百分比（%）	计划	实际	百分比（%）
1011	小	白色丝质 V 型领	20	15	–25	20	10	–50
1011	中	白色丝质 V 型领	30	25	–16.6	30	20	–33
1011	大	白色丝质 V 型领	20	16	–20	20	16	–20
1012	小	蓝色丝质 V 型领	25	26	4	25	27	8
1012	中	蓝色丝质 V 型领	35	45	29	35	40	14
1012	大	蓝色丝质 V 型领	25	25	0	25	30	20

包括过去的商品销售经验、广告中突出商品的计划以及从供应商处获得**降价资金**（markdown money）的可能性（降价资金指供应商提供给零售商的资金，以弥补因降价引起的总利润损失）。

在这种情况下，白色女式衬衫的销售量比计划的少很多。因此，应及早降价以确保商品不会留到季末还未售出。关于蓝色女式衬衫的决定还不确定：小号蓝色衬衫在计划时间前已售完，中号蓝色衬衫的销售业绩也比较好，但是大号蓝色衬衫的销售只有在第 2 周多于计划。在这种情况下，采购员决定再等一两周再采取行动。如果实际销售量远远多于计划销售量，就比较适合再订购。

评估分类计划和供应商

ABC 分析法　**ABC 分析法**（ABC analysis）确定分类计划中单个最小存货单位的业绩，通常用来决定计划中应该有什么存货单位，有多少备用库存以及为计划中每个最小存货单位提供多少最终产品可获取量。在某种 ABC 分析法中，商品种类的最小存货是由几种业绩衡量标准确定订购级别的，比如销售量、毛利润、存货周转率和 GMROI。这种等级订单尤其显示了一般的 80—20 原则，也就是说，零售商大约 80%的销售额或利润来自 20%的产品。这个原则意味着零售商应该集中到能带来丰厚利润的产品上。

确定最小存货等级订购后，下一步是对项目进行分类，再以分类为基础，决定这类商品是否应继续保持在分类计划中，如果是，则应该提供多少商品。例如，男士衬衣采购员通过销售量对最小存货单位进行等级分类，分为 A、B、C、D 四级。A 级商品定义为 5%能产生 70%销售额的商品。采购员决定这些商品绝不应该脱销，因此计划 A 类商品保持更多的备用库存，比如与 B 类及 C 类商品相比，保持更多的长袖、短袖白色和蓝色衬衣的尺码。

B 类商品代表的存货单位为 10%，销售额为 20%。这类商品包括其他一些热销的颜色和款式的衬衫，它们有利于保持销售商拥有流行商品的形象。但有时 B 类商品会缺货，因为零售商并没有准备与 A 级商品同量的备用库存。

C 类商品代表了 65%的存货单位，但仅占销售额的 10%。规划员或许计划仅经营某些独特尺寸（过小或过大）的 C 级商品，且用特定的订购满足顾客需求。

最后，采购员发现剩下的占存货单位 20%的 D 类商品，事实上在降价销售前是没有销售额的。这些商品不仅是过剩商品和无利投资，而且分散存货、占用货架空间，于是采购员决定从分类计划中删除大多数此类商品。零售视野 13.2 是维多利亚的秘密在评估女士内衣分类时不得不做出的艰难决定。

评估供应商的多层品质法 用于评估供应商的**多层品质分析**（multiattribute analysis）法，采用加权平均分评估每一个供应商。这个分数建立在各种问题的重要性以及供应商在这些问题的绩效上。这一方法与用于了解顾客如何评价商店和商品的多层品质法（如第 4 章所述）相似。

为了阐明用于评估供应商的多层品质法，无论现有的还是拟定的，先看一下图表 13–10 女式西服供应商的例子。采购员可以采取以下 5 个步骤评估供应商。

零售视野 13.2 评估维多利亚的秘密女士内衣分类

在纽约 SoHo 区一家繁忙的维多利亚的秘密内衣店，27 岁的阿曼达·怀特挑了一套豹纹内衣、一件黑色女晨衣、一件松绿色花边内衣和三件样式简单颜色不同的棉质内衣，分别是浅蓝色、白色和黄色。在试衣间里试穿，半个小时后，她走出这家店时只拿了三件棉质的内衣。她说："我男朋友不喜欢这些，但我需要一些可以每天穿的衣服。"

对于怀特女士的男友来说，维多利亚的秘密还有更多坏消息。这家连锁店虽然建立了一个性感贴身内衣的形象，投入大量资金找著名模特拍摄广告，但公司希望店内包括更多基本的、价格低廉的内衣款式。美国妇女似乎更喜欢这些。虽然这一行动有风险，但是却有一个清楚的商业逻辑在里面：维多利亚的秘密出售的大多数内衣都是有花边或束身的所谓的"迷人"款式。但是据分析家分析：美国 70%~80%的内衣市场仍然是由一些被女性称为"干重活的"（workhorse）的内衣组成的，它们舒适、耐磨且风格简单。

维多利亚的秘密希望其商品在顾客的橱柜里占更大的空间，并攫取日常市场的一大部分。日常市场目前是由其他内衣竞争对手控制着，如盖普和 J.Crew。这些店远离零售商，并拥有自己的内衣商品系列。

将商品分类从性感调整到实用是一件慎重的事情。不过，到目前为止，这一策略发挥了作用：该公司于 1999 年发行了名为"维多利亚身体"的系列商品，一系列样式简单的尼龙和弹性纤维内衣向客户保证："你所看到的一切只有曲线美"，该系列迅速成了畅销商品。

转向朴素风格这一行动极其危险，因为可能会毁了公司作为精美贴身内衣供应商的形象。公司的品牌标志着"性感"，但过去太性感了却带来了麻烦。例如，维多利亚的秘密在睡衣裤上就走错了一步。公司提供了太多的透明长睡衣，而法兰绒睡衣存货太少，最终导致了销售量的下降。

维多利亚的秘密不断调整女士贴身内衣的分类以吸引更多的顾客，增加每位顾客的销售额。

同样，如果公司想继续发展的话，它必须扩大自己的市场。尽管公司形象仍然是"26 和性感"，但这一形象不再适合于公司的所有顾客。为了增强吸引力，杂志封面上不再是穿黑色花边内衣和长筒袜的模特了，它的最近一期目录上吹捧说："新款！性感尤物。"下面一行小字这样写道："尺码 34B~40DD。"

资料来源：Margaret Pressler, "Under Where? Retail's Unmentionable Is What She Won't Put On," *Washington Post*, February 8, 2004, p. F.06; Sarah Ellison, "Is Less Risque Risky for Victoria's Secret?" *The Wall Street Journal*, May 20, 2002, p. B1.

图表 13–10
评估供应商的多层品质模式

		单个品牌所有问题的表现评估			
	问题重要性	品牌 A	品牌 B	品牌 C	品牌 D
问题	评估	(P_a)	(P_b)	(P_c)	(P_d)
(1)	(2)	(3)	(4)	(5)	(6)
供应商声誉	9	5	9	4	8
服务	8	6	6	4	6
交付日期	6	5	7	4	4
商品质量	5	5	4	6	5
加价机会	5	5	4	4	5
来源国	6	5	3	3	8
产品流行度	7	6	6	3	8
销售历史	3	5	5	5	5
促销帮助	4	5	3	4	7
总体评估 $\sum_{i=1}^{n} I_j \times P_{ij}$		290	298	212	341

$\sum_{i=1}^{n}$ = 表现总和。

I_j = 第 i 个方面的重要性权数。

P_{ij} = 第 j 个品牌的第 i 个问题的表现评估。

1 = 不重要。

10 = 非常重要。

1. 制定一系列在评估中要考虑的问题（第 1 列）。
2. 第 1 列中每一个问题的重要性权重应由采购员/规划员和商品经理（GMM）联合确定（第 2 列）。这里我们采用的范围是 1~10 分，1 分表示不重要，10 分表示非常重要。例如，采购员和商品经理认为供应商的声誉对零售商的形象非常重要，所以应该打 9 分。商品质量一般重要，应该打 5 分。最后，供应商的销售历史不太重要，所以定为 3 分。
3. 评估每一个品牌在每一个问题上的表现（剩余几列）。注意一些品牌在某些问题上有很高的评分，而在其他问题上却未必。
4. 把每一个问题的重要性和每一个品牌或供应商的表现相乘得出总体分数。例如，供应商信誉重要性（9）乘以品牌 A 的表现评分（5）得到 45。促销帮助重要性(4）乘以供应商 D 的表现评分（7）得到 28。这种分析证明了重要的一点：在零售商认为不重要的问题上没必要好好表现。尽管供应商 D 在促销帮助上表现优秀，但采购员在重要性上并没有给这一指标定高分，因此，最终得分仍然很低。
5. 将每个品牌产品的所有问题的评分加总，就可以得出供应商的总得分。在图表 13–10 中，品牌 D 的得分（341）最高，因此，D 是最佳供应商。

小　结

本章阐述了大宗商品和流行商品的计划和采购系统。大宗商品的采购系统和流行商品的采购系统迥然不同。因为能够获得每一个最小存货单位的历史销售量信息，因此可以相对直接地预测未来的商品需求。

第 12 章阐述的销售预测和存货周转率共同作用，驱动流行商品的商品预算计划。销售预测在历史季节性变动模式的基础上按月进行分类。在一些月份中，当销售预测高出平均水平时，就有必要多采购一些商品。计划存货周转率转换成库存销售比率，并用于商品预算计划中以决定存货水平，而存货水平对支持销售量是必要的。月库存销售比率得到调整以反应季节性销售模式。如果实现了销售量和存货周转率目标的话，商品预算计划过程的最终结果是采购员每月在一种类别内应采购的商品金额。

商品预算计划和大宗货物存货管理系统完成后，就开始了采购限额系统。它追踪每月采购运送的商品数量。运用采购限额系统，商品采购员了解到与计划支出额相比的实际支出额。

一旦完成商品采购，连锁店的采购员就必须把商品分配给各店。采购员不仅要考虑各店销售潜力的区别，还必须考虑顾客群的不同特点。

最后，必须确定采购员、供应商和每一个存货单位的业绩。我们分析了三种评估商品业绩的方法。售出分析法对于分析商品计划中单个存货单位的业绩更为适用。采购员比较实际销售与计划销售，以决定是否需要订购更多的商品或是否应该出售这些商品。在 ABC 分析法中，商品由高到低进行排序。销售队伍运用这些信息制定存货管理政策。例如，最高产的存货单位应有足够的备用库存保证不会缺货。最后，多层品质法最适用于评估供应商的表现。本章以附录 13A 结尾，在附录 13A 中我们将分析零售盘存法。

关键术语

周期库存	补充率	采购限额
基本库存	订购临界点	售出分析法
备用库存	检查时间	降价资金
安全库存	商品预算计划	ABC 分析法
缓冲库存	损耗	多层品质分析
交付时间	库存销售比率	

小试身手

1. **网上练习**　登录 www.oracle.com/retex/index.html。如今的零售商是如何使用 Oracle Retex 产品的？
2. **网上练习**　登录 SAS 商品智能集团网站 www.sas.com/industry/retail/merchandise/index.html。它们的产品和 Retex 的产品有什么不同？Retex 和 SAS 你会采用哪一个？
3. **网上在线练习**　考虑到销售和降价预测、存货周转目标和销售量的季节性月份波动，商品预算计划决定流行采购季节的每一个月应该采购的商品金额。查询学生在线学习中心并点击“商品预算计划”。商品预算计划通常涵盖一种商品类型的一个流行季节。这个运用分别展示了 1 个月和 6 个月的例子。另外还为 1 个月的例子附带了运算练习。准备好计算器，在计算部分，你将接触到以 Excel 为基础的 6 个月商品预算计划，这个可以用来完成课本中的案例 22（McFadden 百货公司）。
4. **网上在线练习**　供应商评估模式运用了本章所阐述的评

估供应商的多层品质分析法。登录学生在线学习中心，点击“供应商评估模式”，出现两张电子数据表，打开第一张表 vendor evaluation 1.xls。这张数据表和图表 13-10 一样。如果你向零售商出售品牌 A，哪些数字将发生变化？改变图表中的这些数字，看看改变对总评估产生的影响。然后打开第二张表，这张表标有 evaluation2.xls，可以用来评估商店中储备的品牌或商品。假如你开了一家自行车店，列出你打算储备的品牌以及在选择储备品牌时考虑的问题。填上问题的重要性（10=非常重要，1=不重要）以及对每一个品牌的每一个特点的评估（10=优秀，1=较差）。确定哪一个是你商店中最好的品牌。

5. **网上练习** 打开 http://www.targetcorp.com/, 根据塔吉特的主页，该公司有一个“商品中心强调基本商品，即顾客日常使用且最需要的大宗商品。和强有力的流行策略相结合，这个基础本质上使塔吉特作为一家在所有商品种类上都引领生活潮流的公司而参与竞争，从服装到身体保健，从家庭装饰到汽车”。以这个说明为基础，这家折扣店是如何管理采购系统，确保大宗商品和流行商品的存货正好满足顾客需求的？

讨论题

1. 存货损耗对于大多数零售商来说都是一个头痛的问题。商品预算计划过程是如何解释存货损耗的？
2. 利用下列信息，计算库存追加额：

销售额	$24 000
月末库存	$90 000
月初库存	$80 000

3. 利用下列信息，计算 6 个月商品预算计划中的平均月初库存销售比率：

GMROI	150%
毛利润	40%

4. 今天是 7 月 19 日。商品采购员根据以下信息评估他现在的采购限额：

实际月初库存	$50 000
7 月份实际增加的商品额	$25 000
订购的商品额	$10 000
计划月销售额	$30 000
计划减少额	$5 000
计划月末库存	$65 000

7 月 19 日的采购限额是多少？这个数字意味着什么？

5. 现在是 7 月 31 日，我们需要根据下列信息计算 8 月份的采购限额：

计划月销售额	$20 000
实际月增加额	$40 000
计划降价	$5 000
预计月初库存	$50 000
预计月末库存	$30 000

计算采购限额，并解释其含义。

6. 通常来说，8 月的学校设备销售额较低。9 月销售额猛增。9 月的库存销售比率与 8 月的比率相比有什么不同？
7. 运用 80—20 原则，零售商如何保证热销商品有足够的存货，而慢销商品有最低数额？
8. 如果一家食品零售商有一种商品，他有 7 天的交付时间，10 天的检查时间，每日需求量为 8 个单位，那么订购临界点是多少？应再订购多少单位？假设目前手头有 65 个单位，他必须保持 20 个单位的备用库存以维持 95%的服务水平。
9. 丹佛一家运动品商店的采购员在 10 月 1 日收到 400 件滑雪短外套，她希望能在 1 月 31 日前售完这批货。11 月 1 日，她仍有 375 件未售出。在评估热销季节的进展时，她应考虑哪些因素？
10. 如果库存销售比率是 2，你有多少个商品供应月？多少个商品供应周？
11. 一位采购员正决定从哪家供应商采购某种商品。利用下页的信息，决定这位采购员应选择哪家供应商。

	供应商表现		
	重要性权数	供应商 A	供应商 B
合作信誉	8	9	8
服务	7	8	7
支付日期	9	7	8
商品质量	7	8	4
毛利润	6	4	8
品牌认知度	5	7	5
促销帮助	3	8	8

推荐读物

Belcher, Leslie. "Inventory Management: Measure, Plan and Optimize," *Stores Magazine*, May 2005, p. 146.

Bragg, Steven. *Inventory Best Practices*. Hoboken, NJ: Wiley, 2004.

Bragg, Steven. *Inventory Accounting: A Comprehensive Guide*. Hoboken, NJ: Wiley, 2005.

Corsten, Daniel, and Thomas Gruen. "Stock-Outs Cause Walkouts," *Harvard Business Review*, May 2004, pp. 26–30.

Dandeo, Lisa; Susan Fiorito; Larry Giunipero; and Dawn Pearcy. "Determining Retail Buyers' Negotiation Willingness for Automatic Replenishment Programs," *Journal of Fashion Marketing & Management* 8 (2004), pp. 27–41.

Grewal, Dhruv; Michael Levy; Anuj Mehrotra; and Arun Sharma. "Planning Merchandising Decisions to Account for Regional and Product Assortment Differences," *Journal of Retailing* 75, no. 3 (Fall 1999), pp. 405–24.

Muller, Max. *Essentials of Inventory Management*. New York: AMACOM, 2003. "The New Crystal Ball," *Chain Store Age*, September 2004, pp. 4A–6A.

Scheraga, Dan. "Sounds like a Plan," *Chain Store Age*, March 2005, pp. 65–67.

Tepper, Bette K. *Mathematics for Retail Buying*. 5th ed. New York: Fairchild Books, 2002.

Varley, Rosemary. *Retail Product Management: Buying and Merchandising*. 2nd ed. New York: Routledge, 2005.

附录 13A　零售盘存法

与大多数行业的公司一样，零售企业也能以成本计算存货价值——实际上，一些零售商的确是这样做的。许多零售企业发现零售盘存法（retail inventory method，RIM）有巨大的好处。零售盘存法有两个目标：

1. 以零售金额形式保持永续或账面存货；
2. 保持记录，使其有可能在任何时间都能确定存货的成本价值，而不需实地盘存。

问　题

零售商通常以零售价格而不是以成本来考虑存货。他们把最初的加价、降价看做是零售的百分比。（这些术语在第 15 章已全面阐述了。）当零售商与竞争者比较价格时，他们是在比较零售价。问题是当零售商制定财务计划、评估业绩并准备财务报表时，他们需要知道存货的成本价值。

一种能及时了解存货成本的途径就是实地盘存。任何在零售业工作过的人都知道这个过程非常费时、费财，而且很枯燥。所以零售商通常只在一年中实地盘存一次或两次。当管理层收到关于这些实地盘存的结果时，再想做出变更为时已晚。

许多零售商采用销售点（POS）终端系统，它能很容易地记录每一件已售出的商品、它的原始成本以及最终的出售价。其他零售商则面临着在任一时间点对存货的成本价值一无所知的问题。因此，零售商可以通过计算机或人工系统运用零售盘存法。

零售盘存法的优点

零售盘存法作为以成本评估存货的系统，有以下 5 大优点：

- 零售商不需要每次都记录成本。对于拥有许多库存单位的零售商来说，以成本记录每件商品既费财又耗时，而且增加因错误造成的损失。在决定存货价值方面，利用标在商品上的零售价比未标明的成本价要容易。
- 零售盘存法遵循通用的资产评估的会计准则，即成本价与市场价孰低原则。当把降价考虑在内时，这种系统降低了存货价值，但不允许存货价值随额外加价而增值。
- 作为零售盘存法的副产品，初始加价、额外加价、降价和损耗量和百分比能被明确。这种信息接着就可以与历史记录或行业规则相比较。
- 零售盘存法在确定损耗方面很有帮助。账面存货与实地盘存的区别就可归因于损耗。
- 为了防止损失（例如，因火灾而引起的损失），零售盘存法所决定的账面存货可以用于保险索赔。

零售盘存法的缺点

零售盘存法中采用平均加价。当加价百分比在某个时段急剧变化时，或当手头的存货在某一时段并不能代表以加价处理的总量商品时，由此产生的成本数字可能是被歪曲了的。与存货周转率、商品预算计划和采购限额相同，零售盘存法应在类别基础上运用以避免这类问题。

零售盘存法中的记账过程非常繁重。采购员必须谨慎，保证合理地记录成本和零售存货中的变化。

零售盘存法的步骤

图表 13–11 是零售盘存法在实际运用中的例子。接下来是在此表的基础上大致论述零售盘存法的步骤。

计算以成本和零售价表示的全部商品

为了确定以成本和零售价表示的全部商品，零售商采取了以下步骤：

1. 记录初期成本存货（60 000 美元）和零售存货（84 000 美元）。零售存货中反映初始加价。
2. 通过记录总购买额（以成本计 50 000 美元，以零售计 70 000 美元）和调整返还供应商的商品（以成本计 11 000 美元，以零售计 15 400 美元）计算净购买额（以成本计 39 000 美元，以零售计 54 600 美元）。
3. 由于一些额外加价的取消（2 000 美元），需要调整总的额外加价（4 000 美元），然后计算净额外加价（2 000 美元）。（额外加价是指一种商品正常加价以外的加价。加价取消是说如果一种商品有额外加价，然后这种商品的价格降低了，这时加价取消就产生了。价格降低是取消加价，直到达到最初加价价格。任何低于最初加价的减少都算降价。）注意：因为加价仅影响存货的零售价值，所以以上均为零售记录。
4. 记录交通费用（1 000 美元）。这里运输以成本记录，因为它仅影响存货的成本。
5. 通过记录转入额和转出额计算净转移额（以成本计 714 美元，以零售计 1 000 美元）。转移可以在部门之间也可以在店铺之间发生。转移通常是为了帮助调整存货以适应市场需求。例如，一件羊毛衫可能在一家商店销售很好，在另一家却不行。转移实际上就像采购(转入）或返还（转出）一样。因此，它既以成本又以零售记录。
6. 计算经手的全部商品的总和（以成本计 100 714 美元，以零售计 141 600 美元）。

计算零售扣减

扣减是指减少存货零售价值的交易（除了额外加价取消，取消额外加价记入全部商品的一部分）。扣减额计算如下。

1. 记录净销售额。存货中最大的扣减项是销售额。通过扣除顾客退货和部分退款（4 000 美元），总销售额（82 000 美元）就变成净销售额（78 000 美元）了。
2. 计算降价。从总降价额（6 000 美元）中减去降价取消(3 000 美元）就得到净降价额（3 000 美元）。（降价取消是指当降价停止之后，商品价格增加的量。例如，周末降价，周末过后价格重新回到原来的水平。）
3. 记录员工折扣（3 000 美元）和顾客折扣（500 美元）。

图表 13–11
RIM 示例

总产品量	成　本（$）		零售额（$）	
最初存货		60 000		84 000
采购	50 000		70 000	
– 退还给供应商	(11 000)		(15 400)	
净采购		39 000		54 600
额外加价			4 000	
– 加价取消			(2 000)	
净加价				2 000
附加运输		1 000		
转入	1 428		2 000	
– 转出	(714)		(1 000)	
净转移		714		1 000
总产品量		100 714		141 600
扣减额			**零售额（$）**	
总销售额			82 000	
– 顾客退货和部分退款			(4 000)	
净销售额				78 000
降价			6 000	
– 降价取消			(3 000)	
净降价				3 000
员工折扣				3 000
顾客折扣				500
估计损耗				1 500
总扣减额				86 000

4. *记录估计损耗*（1 500 美元）。如果采购员正准备一份临时的财务报告，估计损耗用来确定期末账面存货。估计额以历史记录为基础，以销售百分比的形式出现。但如果记录实地盘存与准备报告同时进行，估计损耗额就不用计入。在这种情况下，实地盘存和账面存货的差额将是由损失、偷窃等造成的损耗额。
5. *计算的总和就是总扣减额*（86 000 美元）。

计算累积加价和成本乘数

累积加价是一段时期的平均百分比加价。它与某种商品加价的计算方法相同：

$$累积加价 = \frac{总零售额-总成本}{总零售额}$$

$$28.87\% = \frac{\$141\ 600-\$100\ 714}{\$141\ 600}$$

累积加价可以用来与计划的初始加价相比较。如果累积加价高于计划的初始加价，类别经营就比计划的好。

成本乘数类似于售出商品的百分比，也称成本比率。

成本乘数 = （100% – 累积加价%）

71.13% = 100% – 28.7%

$$\frac{总成本}{总零售额} = \frac{\$100\ 714}{\$141\ 600} = 71.13\%$$

成本乘数用于下一个步骤决定零售期末账面存货。

决定成本账面期末存货和零售账面期末存货

零售账面期末存货 = 零售存货中总的商品零售额 – 总扣减额

$55 600 = $141 600 – $86 000

决定成本账面期末存货的方式与零售额在其他情况下转变为成本的方式相同——乘以零售倍数（100%–毛利润）。

成本账面期末存货 = 零售账面期末存货成本 × 成本乘数

$39 548 = $55 600 × 71.13%

第 14 章

商品采购

管理人员简介

詹妮弗·奥尼尔　狄乐百货公司采购员

我第一次接触零售业的管理层，是读完佛罗里达大学三年级后在佛罗里达州中部的一家狄乐（Dillard's）百货商店做暑期实习生。我喜欢零售业的快节奏，喜欢在付出努力后几乎马上就能看到收获的满足感。所以毕业后我就在一家狄乐百货商店找了份工作。

在狄乐的头两年，我做了各种各样的工作，一直做到在桑福德市狄乐店（一家拥有 1 200 万美元资产的公司）管理女装和少年装。在那个职位上我负责监管一名区域销售副经理和 50 多名销售助理，我还和采购员们协作，确保我们的市场分类是正确的。

然后我调到了位于德克萨斯州沃思堡狄乐的进货处，做女式时装的副采购员，所进服装包括像 Dana Buchman 和 Eileen Fisher 这样的品牌。不久前，我被提升到拉尔夫·劳伦（主营男装，资产价值 2 亿美元）做采购助理。

我很期待看到每天的财务状况总结，那是一张成绩单，记录着我采购服装的销售情况。看到自己采购的服装卖得火爆，看到我们运用的策略获得成功，这种感觉真的很棒。即使在销售额低于预期的日子，我也会因面临扭转乾坤的挑战而兴奋。

我真的很喜欢用我们的商品管理系统分析采购什么和到哪儿采购，确定我们为合适的商店购买了对路的商品。举例来说吧，最近我分析了我们位于墨西哥边境的几家商店的销售模式，发现有必要对这些商店的分类计划进行调整。要多采购小尺寸服装，少采购短裤，还要增加棉织衬衫。

问　题

- 有哪些品牌可供零售商选择？
- 零售商应如何购买全国性品牌？
- 零售商如何与供应商谈判，如何做准备？
- 采购商品时需注意哪些法律和道德问题？
- 在国际范围内采购自有品牌商品时零售商应考虑哪些因素？
- 为什么零售商要与供应商建立战略合作伙伴关系？

我很高兴当初做了进入零售业这个决定。我的工作刺激而充满挑战，令我每天保持忙碌的状态。不论从个人经历上还是经济上，我都收获很多。现在提升后，我的报酬是我在狄乐起步时的两倍。

在前面两章，我们概述了商品管理过程，讨论了采购员需要经过哪些步骤决定采购商品的内容和数量。制定商品分类计划、预测销售额、拟定商品流量计划（需要订购多少商品、何时发货），在商品管理过程的前三个步骤完成之后，下一步就是采购商品。

第一个战略决策是采购商品的类型——是知名的国内名牌还是零售商专有的自有品牌？当采购全国性品牌时，采购员与供应商在零售市场或者供应商的办公室会面，对价格、发货日期、付款条件、广告和降价支持等相关事项进行谈判。

当零售商决定经营自有品牌商品时，采购员与公司其他人员协作制定其自有商品的规格，并与制造商协商产品生产问题。大多数自有品牌商品都是在美国境外制造的，因此，零售商需要处理国际商业交易中的种种复杂状况。

尽管采购员每季度都要和全国性品牌供应商和自有品牌商品制造商就新商品进行会面磋商，但是与主要供应商建立长期的战略合作伙伴关系已经逐渐成为一种趋势。这种关系使得我们在第 10 章讨论过的高效供应链，以及合作产品和营销计划的建立成为可能。

本章首先描述不同的品牌选择战略，接着介绍有关采购全国性品牌和自有品牌商品的因素，最后讨论了零售商与供应商之间战略合作伙伴关系的建立。

品牌选择战略

关于在一个商品类别中提供多少全国性品牌商品和多少自有品牌商品，零售商和他的采购员面临着一个战略性决策。本节将讨论选择不同品牌的优劣势。

品牌的种类

> **实 例**
> 世界上最有价值的 10 大品牌：可口可乐、微软、通用电气、IBM、英特尔、迪斯尼、麦当劳、诺基亚、丰田、万宝路。[1]

全国性品牌 **全国性品牌**（national brand）也称为**制造商品牌**（manufacturer brand），这些品牌的商品均由供应商设计、生产并销售给许多不同的零售商。供应商的责任是开发生产质量一致的商品，制定并实施营销方案，创造吸引眼球的品牌形象。在某些情况下，供应商既使用与公司相联系的统一品牌或家族品牌，也使用与商品相联系的亚品牌，如家乐氏（统一品牌）下的玉米片（亚品牌）或拉尔夫·劳伦/保罗衬衫。在另一些情况下，供应商针对不同商品类别使用各自的品牌，并不把这些品牌与自己公司的名称联系在一起。例如，也许很多消费者并不知道宝洁公司生产包括 Iams 宠物食品、佳洁士牙膏、象牙香皂、蜜丝佛陀彩妆、Folgers 咖啡、Hugo Boss 古龙香水和品客薯片在内的众多产品。

一些零售商围绕跨类别的全国性品牌商品组织采购活动。例如，百货商店的

零售商通过提供这类全国性品牌吸引顾客光顾他们的商店和网站，免去了开发及推销品牌形象和相关商品的成本。

采购员会负责雅诗兰黛提供的所有化妆品品牌（雅诗兰黛、品木宣言、倩碧和Prescriptives)，而不是负责某类商品如护肤品、眼妆等。通过全国性品牌而不是商品类别来管理商品，使零售商在与供应商交涉时拥有更大的影响力。然而，正如我们在第 12 章指出的那样，在品牌的层次上管理商品会出现低效率，而在类别的层次上则不会。

自有品牌 **自有品牌**（private-label brand/own brand），也称为**商店品牌**（store brand/house brand），是由零售商开发和管理的商品。零售商为其自有品牌的商品制定好规格后联系制造商（一般在发展中国家）生产这种商品。但对品牌进行推销的是零售商，而非制造商。零售视野 14.1 讲述 Asada 的自有品牌战略。

自有品牌商品只可以由开发它们的零售商销售。但是，对于一些知名度非常高而且广受好评的品牌，如肯莫尔（Kenmore）和工匠（Craftsman）牌耐用消费品，消费者认为它们是在零售商店而非仅仅在西尔斯百货公司出售的全国性品牌。

实 例

梅西是首创流行商品自有品牌的首批百货商店之一。在 19 世纪 90 年代，梅西（Macy's）和红星（Red Star）商标在纽约十分流行。[3]

在过去，零售商很少运用自有品牌。供应商通过在电视和其他媒体上大肆做广告创造并拥有了全国性品牌，实力薄弱的地区零售商很难在设计、生产以及将品牌广而告之的促销上获得规模经济。

最近几年，零售公司通过合并，规模日益扩大，自有品牌因其能为零售商创造鲜明形象的优点占据了重要地位。目前，自有品牌平均约占全美购买额的 25%，欧洲的 45%。[4]在超市、药品连锁店和大宗商品商店，自有品牌的销售额在以两倍于全国性品牌的速度增长。

消费者在传统观念上会认为自有品牌不如全国性品牌质量好，但是，在测试消费者喜好的一项双盲试验中，在 12 种流行的商品类别中，51%的消费者更青睐自有品牌。[5]消费者还发现，一些像梅西和香蕉共和国这样的商店销售的自有品牌时装在质量和款式上都优于其竞争对手——全国性品牌制造商。

实 例

自有品牌商品的销售额增长速度已超越了全国性品牌。在 1997~2002 年，自有品牌的消费品增长了 38%，而全国性品牌的消费品只增长了 19%。[6]

另外，全国性品牌制造商为特定的零售商开发自有品牌已成趋势。例如，化妆品业巨头雅诗兰黛的 3 个化妆品及护肤品品牌（American Beauty、Flirt 和 Good Skin）只在科尔士商店有售。这些商品的定价高于封面女郎和美宝莲这类在药房、折扣店和超市均有销售的大众品牌，又低于雅诗兰黛那些仅在更时尚的百货商店（如梅西和狄乐）中出售的高端品牌。李维斯也开发了 Signature 牌的牛仔裤在沃尔玛销售。[7]

与此类似，零售商可以用自己的名称创造不同类别商品的自有品牌，也可以开发特定类别商品的自有品牌。例如，盖普和维多利亚的秘密采用了统一品牌，他们所有的自有品牌商品都跟他们的名字有关。相反，梅西的自有品牌组合与不同的商品种类相联系，如 Charter Club、First Impressions、Greendog、INC、The Cellar 以及 Tools of the Trade。

EquiTrend 是哈里斯互动公司发明的一种衡量和比较品牌的方法，其对品牌价值的衡量方法以下面 5 个因素为基础：熟悉度、质量、购买欲、品牌预期和独特性。根据 EquiTrend 的统计，最好的商品品牌有：Reynolds Wrap 铝箔、好时奶油巧克力糖、Ziploc 食品袋、亨氏番茄酱以及金霸王电池。最好的零售商品牌如图表 14-1 所示。

14.1 零售视野 乔治在英独占鳌头 在美却威风扫地

被沃尔玛收购的英国超市零售商 Asada 的自有品牌组合占其食品杂货类销售额的 45%，占食品类销售额的 50%。Asada 已将自有品牌扩展到了保健食品、有机食品和儿童食品，现在其重点是高价位的自有品牌。

被沃尔玛收购的英国连锁超市 Asada 开发了服装及配饰品牌——乔治。该品牌在英国大获成功，目前沃尔玛正在其美国店铺中销售乔治牌的商品。

Asada 在食品、保健、美容、家具系列提供 6 种自有品牌。另外，还有小有成就的服装类自有品牌乔治，以及一系列 Asada 品牌，包括财产险、汽车险及寿险在内的金融服务。它的 6 个品牌是：

- Smartprice—— 低价食品、必需品。
- Asada 的标准自有品牌——"市场上最棒的" 日用食品和低价商品。
- Good for you! —— Asada 低脂肪含量食品。
- Organic——最有价值的"每日"有机产品。
- Extra Special—— Asada 高价位品牌食品。
- More for Kids——更健康、更有趣的儿童食品、保健品和美容产品。

Extra Special 高价位品牌于 2000 年 10 月上架，有 40 个种类。到 2004 年中期，品牌种类已增至 650 个，包括糖果、饮料、零食、乳脂松糕、面包、鱼类肉类制成品、各种奶酪和生肉。成为 Extra Special 的评判标准包括：较之一般商品或全国性品牌同类商品有更好的口味，但价格比竞争对手的同类高价位商品低10%~15%。其他主要评判标准有：更胜一筹的外观、对喜欢高质量食品的顾客来说新颖、有新成分和新的制作方法。

2004 年 7 月，Asada 的服装及鞋类自有品牌乔治，首次成为英国销量第一的品牌，使不可一世的玛莎公司（Marks & Spencer）黯然失色。乔治系列商品由英国成绩斐然的服装连锁店前任负责人乔治·戴维斯首创。该系列商品包括款式时髦、价格合理的服装、饰品和男女内衣。

为了提高服装进货质量，沃尔玛收购了乔治，并开始在美国的沃尔玛商店销售该品牌，但是并没有获得像在英国那样的成功。问题可能出在沃尔玛商品的销售计划而非商品本身上。沃尔玛的室内展示规模小，商品常常不容易被顾客找到。有人认为是广告的缺乏让沃尔玛在这个以促销为重点的行业里连连受挫。

实 例

在英国，自有品牌销售额占全部销售额的 40%~44%；在美国，根据零售模式和产品类别的不同，自有品牌销售额占销售额的 10%~20%。[2]

资料来源：Stephen Foster, "Asada Grows PL Portfolio," *Private-label Magazine*, November/December 2004, pp. 13 - 26;Ann Zimmerman and Sally Beatty, "Wal-Mart's Fashion Fade; Buy George? Retailer Learns that Chic and Cheap Are Tough to Mix'n Match," *The Wall Street Journal*, July 2, 2004, p. B1.

许可品牌 **许可品牌**（licensed brand）是指一种知名品牌的所有者（许可方）与被许可方签订合同，开发、生产和销售这种品牌的商品。被许可方可以是：（1）与制造商签订合同生产许可产品的零售商；（2）签订合同生产商品并把它卖给零

图表 14–1
零售品牌的价值

品牌	排名	EquiTrend 分值
沃尔玛折扣店	1	70.8
家得宝	2	68.9
塔吉特	3	68.0
巴诺书店	4	67.2
百思买	5	66.1
劳氏家居店	6	65.5
博德斯书店	7	63.9
欧迪办公	8	63.8
山姆俱乐部	9	63.1
玩具反斗城美国店	10	62.5

资料来源：Harris Interactive, 2004. Spring 2004 EquiTrend ® Brand study by Harris Interactive ®. Used by permission.

售商的第三方。

许可品牌的市场份额在近几年内增长迅速。一些与制造业并不关联的商标所有者也进入了许可证贸易中。例如，运动衫或棒球帽的制造商用某大学的标识装饰产品，就需要付给该学校一笔许可费。如若不付，它就将侵害大学标识的权益（一种商标），因此陷入伪造境地。

全国性品牌还是自有品牌

图表 14–2 列出全国性品牌和自有品牌的优势与劣势。从全国性品牌的供应商那里采购商品可以帮助零售商建立形象，增加客流量并减少销售和促销费用。零售商采购全国性品牌商品是因为这些品牌为顾客所追寻——人们走进商店并点名要购买它们。对品牌的忠诚度能够建立起来，是因为顾客知道他们将从商品中得到什么，他们喜欢并且信任这些产品。

供应商投入大量资源创造能够建立顾客忠诚度的品牌形象。因此，零售商只

图表 14–2
制造商品牌与自有品牌的相对优势

	供应商类型	
对商店的影响	制造商品牌	自有品牌
商店忠诚度	?	+
商店形象	+	+
客流量	+	+
销售和促销费用	+	–
限制	–	+
差异化优势	–	+
利润	?	?

+ 表示零售商的优势，– 表示零售商的劣势，？表示取决于环境。

梅西开发的自有品牌 I.N.C 为梅西创造了经营排他性商品和实现高额利润的机会。（见彩插）

需花费相对较少的钱用于全国性品牌的销售和促销。例如，索尼公司通过协调广告与店内促销和陈列，向顾客固定而集中地传递有关商品质量和性能的信息。因此，百思买和电路城就无须为索尼产品的形象广告花费心思了。

但是因为全国性品牌供应商拟定了设计、生产、分销和品牌促销的费用，零售商实际上得到的毛利低于自有品牌。同时，其他零售商也在出售同样的全国性品牌，竞争会日益激烈。顾客货比三家，意味着零售商不得不打折出售全国性品牌商品，这样毛利就更少了。

为了鼓励零售商支持，全国性品牌供应商会为特定的零售商在商品上做些变化。例如，百思买和电路城都出售特征相似的佳能数码相机，但是百思买出售的相机可能和电路城出售的型号不同。不同的型号及某些商品不同的外观，都使消费者感到对不同零售商出售的实质上相同的相机难以进行比较。因此，零售商在出售做了变化的商品时，一般不会在价格上竞争，从而能获得较高的利润，进而有意在销售全国性品牌商品上投入更多资源。[8]

存储全国性品牌可以提高或降低商店忠诚度。如果全国性品牌仅通过数量有限的零售网点（如耐克运动鞋或 Diesel 牛仔裤）销售，忠诚于该品牌的顾客也会对商店忠诚。但是如果在市场中有许多零售商销售，顾客忠诚度就会降低，原因是零售商无法使自己在竞争中脱颖而出。

制造商品牌（全国性品牌）的另一个问题是，它们会限制零售商的灵活性。强势品牌的供应商能控制产品的陈列、广告和定价。例如，居可衣（Jockey）内衣公司详细告诉零售商应何时、如何给其商品做广告。

正如图表 14–2 所示，采取自有品牌也有利弊。首先，自有品牌标识的独有性会提高忠诚度。例如，零售视野 14.2 中讨论的塔吉特的设计师品牌，就是它的竞争对手所没有的。

声名远扬、深得人心的自有品牌可以提高零售商的形象，并吸引顾客上门。自有品牌另一个吸引顾客之处在于价格低廉——在美国它要比全国性品牌便宜 10%~18%，在欧洲便宜 25%。[9] 另外，自有品牌在陈列、促销和价格上都不受供应商限制，而这些限制可能跟零售商的策略和利润相冲突。最后，自有品牌的毛利较高。

实 例

自有品牌在欧洲是桩大生意：ALDI 的自有品牌销售额占总销售额的 95%，Lidl 80%, Sainsbury 60%，特斯特 40%，欧洲的沃尔玛 40%，家乐福 33%。[10]

但是自有品牌也有缺陷。尽管与全国性品牌相比，自有品牌的毛利较高，但还有其他一些不太明显的费用。零售商必须做出巨大投资设计商品、管理全球范围的制造商、创造顾客认知度并为自己的品牌建立良好形象。如果自有品牌商品销售不出去，零售商既不能把它们推给供应商，也不能卖给折扣零售商。

采购全国性品牌商品

制定出商品预算计划和需采购商品的数量后，下一步就该购买商品了。时装和饰品类的采购员一般每年要做五六次采购决策，在每个季节开始之前 6 个月各做一次，季节中还要对这些决策做细微调整。大宗商品类别的采购员不会如此频

塔吉特使用自有品牌设计师的品牌建立低价时髦的形象 零售视野 14.2

塔吉特使其在众多折扣店中脱颖而出的战略之一，便是与设计师建立合作伙伴关系。最近，塔吉特联手了时装设计师艾萨克·米兹拉希（Isaac Mizrahi）。米兹拉希当年经营自己的时装店时，对做生意的细节很没耐心。他的工作是“为朋友和模特们每 6 个月设计一种看上去新颖、大胆、疯狂而又好看的东西”。现在他设计的衣服大受大众女性欢迎，这使他感到兴奋。“我做的这种粉色纺棉衬里的混纺棒形纽扣毛大衣定价 50 美元，塔吉特竟然卖掉了 17 000 多件呢！”米兹拉希说。他从记录销售额和周库存中感到了满足。

塔吉特一直致力于将自己定位为比沃尔玛或凯马特更高档的折扣店。除了更加干净、更加明亮之外，其战略还包括销售设计师的作品。米兹拉希加入了它的设计师团队，这些设计师创造出了独家商品，为塔吉特撑起了“时髦低价”的形象。其他设计师有托德·奥尔德姆、迈克尔·格雷夫斯和莫西莫·詹努利。莫西莫·詹努利是位暗淡的年轻设计师，但同塔吉特的联盟让这颗明星重放异彩。

塔吉特在营销和店面布局上成功地将设计师品牌进行了整合，使这些品牌成为塔吉特的招牌之一。塔吉特的高档商品的营销和商品本身，对那些愿意降级消费来节省开支的顾客是一种吸引。因此，塔吉特的高档品形象可以帮助吸引高收入的顾客。

资料来源：Teri Agins, “The Lessons of Isaac: What Mr. Mizrahi Learned Moving from Class to Mass,” *The Wall Street Journal*, February 7, 2005, p. B1; Walter Loeb, “Isaac Mizrahi, a Designer for Class and Mass Customers,” *Stores*, February 2004, p. 73.

塔吉特经营由知名设计师比如莉兹·兰格（左）与艾萨克·米兹拉希（右）设计的商品，以此来巩固其低价而时尚的品牌形象。塔吉特的吉祥物“希望”（中）与靶标一起用作提高品牌认知度的标志。

繁地做出购买新商品的决策，但是他们会不断地有时甚至每天都补充商品。本节探讨全国性品牌商品采购员如何与供应商会面，如何检查供应商提供的商品，如何商谈购买条件，最后探讨在采购过程中涉及的法律和道德问题。

与供应商会面

采购员“走向市场”考察五花八门的商品，然后做出采购决定。**批发市场**（wholesale market）是供应商集中的一个特定地理区域，也许就在同一个屋檐下，也可以在互联网上。这些市场可以是常年性的批发市场中心，也可以是年度的贸易展示会或商品交易会。零售商常常在供应商的公司总部同供应商会面。登录 Infomat 网（http://www.infomat.com）可以查阅时装业 3 000 多场贸易展示会和市场周。

批发市场中心 对于许多类型的商品，尤其是时装和饰品类，采购员定期到市场中心与供应商会面。批发市场中心设有供应商的长期展厅，零售商可以随时参观。在特殊时段，这些批发中心会主办**市场周**（market week），采购员在市场周参观展厅需预订。没有长期展厅的供应商会租赁临时展厅参展。

对于许多商品类别，世界上最著名的批发市场中心就是纽约了。时装中心，也称服装街区，位于第五和第九大道以及第 35 和第 41 街之间。每年举办 5 个市场周和 65 场年度贸易展示会，吸引大约 22 000 名服装采购员前来参观。服装街区有 5 100 个展厅和 4 500 家工厂。[11] 伦敦、米兰、巴黎和东京也有主要的批发市场。

美国还有很多地区性批发市场中心。世界最大的市场中心——达拉斯市场中心由 6 座建筑物组合而成，占地面积 690 万平方英尺。[12] 26 000 多家制造商和进口商在 2 200 个长期展厅和占地 460 000 平方英尺的临时展厅展示他们的国际产品。达拉斯市场每年组织 50 个市场，吸引 130 000 名采购员考察从地板、玩具 、服装、珠宝到礼品等各种不同的产品。

> **实 例**
> 据估算，达拉斯市场中心每年的交易额达 75 亿美元。[13]

这些地区性商品市场为小型零售商提供了考察购买商品的场所。例如，阿拉巴马州伯明翰市的礼品店店主每年会去亚特兰大商品市场采购商品。一些地区性中心已经发展成了特定商品类别的全国性市场。例如，迈阿密商品市场现在是泳装的国际性市场。

贸易展示会 **贸易展示会**（trade show）为采购员提供了观看最新产品和款式及与供应商交流的机会。例如，电子消费品采购员参加在拉斯维加斯举办一年一度的国际电子消费品展（CES），这是世界上最大的电子消费品贸易展示会（www.cesweb.org）。和大部分贸易展示会一样，这个展览是面向大众的，但是在出席展会的人中，制造商、开发商，以及消费科技硬件、内容、技术传送系统以及相关产品和服务的供应商就有来自 110 多个国家的 130 000 多人。有近 2 500 家供应商在 150 万平方英尺的展厅摆下展位，展示其最新的产品和服务。一些全新产品就是借助国际电子消费品展公布于众的，如 1981 年的首部摄像机、1998 年的高清晰度电视机（HDTV），还有 2004 年的交互式网络电视（IP TV）。除了为零售采购员

来自一家运动商品零售连锁店的采购员们在超级展示会的展区与供应商见面，对供应商下一季度的产品系列进行考察。

提供目睹最新产品的机会之外，国际电子消费品展还会举办发布会，像比尔·盖茨这样的科技领域的知名人士会在会上发言。

运动器械与服装的采购员参加由体育用品制造商协会赞助的超级展（www.thesupershow.com）。这个贸易展示会的特点之一是，世界级的著名运动员会出席并为授权商品做促销。图书行业的各界人士参加法兰克福国际图书博览会（www.frankfurter-buchmesse.de）——作者、出版商、图书零售商和图书管理员、艺术品经销商和插图画家，还有代理商和记者、信息经纪人和读者。法兰克福国际图书博览会不仅是商务会面场所，也是世界上最大的版权及出版许可证交易地。

贸易展示会一般由与批发市场中心无关联的会议中心举办。芝加哥的麦考密克大厦（McCormick Place）是美国国内最大的会议中心，占地面积近 220 万平方英尺，每年举办超过 65 次会议和贸易展示会，包括全（美）国五金器具展览会、全（美）国家居用品制造商协会国际博览会。[14] 在这些展览会上，供应商在指定区域展示商品，而且让销售代表、公司主管有时甚至是名人与走过他们展区的采购员交流。

参加市场周或贸易展示会时，采购员和他们的上级一般都会与主要的供应商做一系列的预约。在会见过程中，采购员同供应商讨论上一季商品的销售情况，探讨供应商给出的下一季商品，也许还会为下一季下订单。在批发市场中心，这些会面会在供应商的展厅会议室进行，而在贸易展示会上却没有这么正式。在市场周期间的会面可以进行深层次讨论，而贸易展示会的优势是让采购员可以看到更多的供应商，并可以根据展区的活跃情况估计商品的反馈。

一般情况下，采购员不会在市场周或贸易展示会上与供应商讨价还价、签订订单。他们只是想观察从所有潜在供应商那里可以得到什么样的商品，价位如何。在市场周或贸易展示会结束后，他们返回公司与上司就可以购买的商品进行讨论，判断哪些最具吸引力，然后才与供应商谈判，接着下订单。

与供应商谈判

要描述采购员如何与供应商讨价还价，让我们来假设以下情形：布鲁明戴尔百货商场的女式牛仔裤采购员卡洛琳·斯威格勒准备在她加利福尼亚巴柯依玛的办公室会见来自橘滋（Juicy Couture）的销售员达里奥·卡维尔。在纽约女装市场周期间，斯威格勒已经考察过橘滋的商品，准备购买它的春装系列，但她需要解决上一季遗留的一些销售问题。

知识就是力量　斯威格勒对自己和橘滋的情况了解得越多，在谈判中就越有优

在橘兹展示厅考察完它的商品系列后，采购员打电话给她的规划员以决定订单数量。

势。首先，斯威格勒评估了自己和供应商的关系。尽管她和卡维尔在过去只见过几次面，但是两家公司却有着长期的互利关系。信任感和相互尊重已经建立起来，这会在即将到来的会面中对斯威格勒有利。

尽管橘滋牛仔裤在过去为布鲁明戴尔创造了很多利润，但有三款在上一季销售不佳，斯威格勒计划要求卡维尔让她退掉一部分商品。根据以往的经验，斯威格勒知道橘滋通常不接受退货，但会提供**降价资金**（markdown money），即供应商给零售商部分资金，用来弥补降价销售过时商品损失的利润。零售视野 14.3 描述出版商（供应商）常规上把未卖出的书收回——这样做会带来低效率和高价格。

供应商及其代表是市场信息的优秀来源。他们通常知道哪些商品好卖，哪些滞销。提供准确及时的市场信息是一种不可或缺且经常使用的营销调研工具。所以斯威格勒计划至少用会面的部分时间与卡维尔讨论市场走势。

如同卡维尔能向斯威格勒提供市场信息一样，斯威格勒也可以向卡维尔提供销售信息。例如，在一次去英国的采购旅途中，斯威格勒发现一种由一家英国小公司制造的漂洗物。她买了一条牛仔裤并送给了卡维尔，卡维尔把它给了橘滋的设计师们，他们研究牛仔裤并发明了一种新式漂洗物，获得了巨大的成功。

斯威格勒还知道卡维尔想让她购买一些橘滋最新式最前卫的春装，而卡维尔知道许多美国采购员去纽约市场，大多数在布鲁明戴尔驻足观察新商品、热销商品及商品的陈列方式。因此卡维尔想保证橘滋在布鲁明戴尔的良好形象。

谈判问题　除关注上一季的滞销商品外，斯威格勒还准备了将要在会上讨论的 6 个方面的问题：（1）价格和毛利润；（2）额外加价机会；（3）采购条件；（4）交付与独占性；（5）广告津贴；（6）运输。

价格和毛利润　斯威格勒当然想低价购入商品来获取更高毛利，然而卡维尔想以更高的价格出售牛仔裤，因为他关心的是橘滋的利润。

额外加价机会　橘滋有时会以折扣价提供一些过剩商品。这些过剩商品的出现或是因为订单取消，或是因为零售商退货，或仅仅是因为对销售前景过于乐观。尽管斯威格勒在这些商品上可以获得高于正常的利润或者可以通过将这些商品削价出售把盈余转移给顾客，但是布鲁明戴尔一向以引领潮流的形象示人，因此斯威格勒对橘滋提供的过剩库存并不感兴趣。

采购条件　斯威格勒打算争取在更长期限内付款。付款期限长能改善布鲁明戴尔的现金流状况、减少负债（应付账款），如果公司从金融机构贷款为存货付款，还能降低利息费用。但是橘滋也要实现自己的经济利益，它希望的是在发货后尽早付款。

交付与独占性　流行类商品的及时交付和独占性是非常关键的。成为市场中第一家

或独家经营某些产品的零售商，有助于塑造引领潮流的形象并实现与众不同的优势。斯威格勒想确保新的春装系列在本季节越早到货越好，而且一些牛仔裤和漂洗物不会被竞争者买到。另一方面，橘滋希望将自己的产品卖给众多不同的零售商，实现销售额最大化。

广告津贴 零售商经常通过与供应商的合作分担广告成本，称为**合作广告**（co-op advertising）——一种由供应商从事并由供应商负担全部或部分定价促销的活动。

退回图书堆积如山　零售视野　14.3

在很多零售领域，零售商不得不与供应商协商商品退还问题。通常情况下，供应商不收回滞销商品，但是出版商有接收退货的传统，这个传统早在大萧条时期就开始了。当时出版商告诉正在苦苦挣扎的书商们只要他们还继续预订新书，就可以退还滞销图书。海量返还的商品包括 DVD 和音乐 CD，稍少一些的是网络游戏软件。

将近 1/3 的成人精装书籍在书商那里滞销而返还，这些潮水般的滞销商品造成了极大的低效。出版商不得不对退货进行加工，把价格压到最低然后再运给书商。不论怎样降价都卖不出去的书会被作为废纸回收，不至于造成全部损失。所以出版商提高了许多书的售价用来弥补运输和加工的高成本。1985 年到2003 年，随着返还图书的增加，精装书籍的价格上涨了 118%，远远超过了当时 71%的消费者价格指数的涨幅。

图书返还问题随着图书专卖店和折扣店订单的增加而加剧。这些书店只卖几百种图书，但是每种书的数量巨大，而且不断用新书目取代卖得慢的图书。许多书店只用一两周的时间推销新书，10 年前能持续 10~12 周荣登畅销榜的书籍现在通常只能坚持 6~8 周。因为新的畅销书很快就会出炉，出版商希望书店能在店门口摆起成堆的新书来吸引读者，能用各种手段促销。同样的方法也适用于希望影片首映周内在各家影院都上映的电影制片人。

每年为返还图书花费上百万的书商们对这个传统可谓爱恨交加。美国第二大书商博德斯集团的首席执行官格雷戈里·约瑟夫维奇（Gregory P. Josefowicz）说：“它无疑给了我们过足的信心。如果没有这个保护伞，我们会更挑剔地选择购买图书。”美国最大的连锁书店巴诺的首席执行官史蒂夫·雷吉奥（Steve Riggio）说他有一个解决办法：他想让巴诺书店当场削价当场出售，这样顾客会欢欣雀跃，出版商会销量大增，而成本却极大减少。他说取消返还制度“是革命性的……将重振图书业。”

在图书行业，出版社大批量地把诸如《哈利·波特》系列这样的畅销书运给零售商，并允许零售商返还未售出的书。

资料来源：Jeffrey A.Trachtenberg, “Quest for Best Seller Creates a Pileup of Returned Books,” *The Wall Street Journal*, June 3, 2005, p. A1; “Shops Urge Returns Rethink,” *Music Week*, March 19, 2005, p. 1.

作为时尚带头人，布鲁明戴尔要做大量的广告。斯威格勒希望橘滋用较为可观的广告津贴支持一次广告活动。

运 输 橘滋牛仔裤单位成本高、重量轻、尺寸小，运输这些牛仔裤的成本不算大问题，但运输成本有时也相当可观。谁将支付从供应商到零售商的运费问题会成为谈判的一个重点。

实现高效谈判的忠告[15]

己方谈判人数至少与供应商谈判人数相同 如果供应商在数量上不占优势，零售商在谈判桌前就会占据心理优势。谈判队伍在数量上至少要相等。如果卡维尔与他的销售经理一同参加，斯威格勒就请她的部门商品经理加入。

选择好的谈判地点 由于谈判将在自己的办公室进行，斯威格勒有了优势。她将对信息、秘书及指导帮助等一切了如指掌。从心理的角度看，人们在熟悉的环境下通常感觉更舒服，更加有信心。但是如果卡维尔也感觉到舒服的话，斯威格勒会从谈判中得到更多。因此，选择谈判地点十分关键。

注意真正的截止日期 斯威格勒认识到由于卡维尔需要在月底完成一项指标，所以他必须在回办公室时带回一项订货。而斯威格勒自己必须在周末得到降价资金或退还滞销品的许可，否则她就没有足够的采购限额购买她想订的货，清楚这些截止日期会帮助斯威格勒在谈判中下决断。

把人与问题分开 假定斯威格勒开始谈判时说："卡维尔，你知道我们交朋友好长时间了，我有一个私人请求。你不介意带回 10 000 美元的衬衫吧？"这种私人请求将置卡维尔于尴尬的境地。在这里，斯威格勒与卡维尔的私人关系不是谈判的问题，不能成为谈判的一部分。同样糟糕的场景是斯威格勒说："卡维尔，你的产品系列真差劲。我不能把这些劣等品处理掉。我想让你把 10 000 美元的牛仔裤带走。不管怎么说，你是在和布鲁明戴尔做生意，如果你不把这堆烂货拿走，以后就别想和我们做生意了。"威胁在谈判中不起作用，会使另一方有所防范。威胁可能导致谈判中断，那样哪一方都不会赢。

一位采购员（右）与设计师（左）谈判时采用的方法是给出创造性的、对双方都有利的替换方案，比如对该设计师产品系列中某些产品的独家经营权。

坚持客观标准 把人和问题分开的最好方法就是坚持客观标准。斯威格勒必须准确知道多少衬衫需返还给橘滋，或需要多少降价资金维持她的毛利润。如果卡维尔从情感的角度辩驳，斯威格勒应当坚持数字。例如，假定在斯威格勒阐明她的提议后，卡维尔说如果他带回商品或提供降价资金，他就会遇到麻烦。斯威格勒知道橘滋过去在类似情况下提供过缓解方法，她应该问橘滋在顾客库存过多问题上的政策是什么。她还应当让卡维尔看看布鲁明戴尔在过去几个季节中对橘滋的采购活动的总结。在运用这种方法后，卡维尔就不得不承认在库存过多情况下提供补助（这在以前已经做过）对长远利润关系而言仅是很小的代价。

为共同利益创造选择机会　创造多重选择机会是计划过程的一部分，但了解在何时以及提供（或放弃）多少需要在谈判桌上快速思考。考虑斯威格勒库存过多的问题，她的目标是把这些商品从存货中除去而不明显损害她的毛利润。卡维尔的目标是维持与布鲁明戴尔健康有利的关系。因此，斯威格勒必须创造选择机会来满足双方。比如，提出要购买橘滋的最前卫牛仔裤，作为交换，要求得到过剩库存的降价资金。

让他们来讲话　如果谈话中的一方没有做出反应，另一方就会继续谈话。运用得当的话，这种现象可能对谈判者有利。假定斯威格勒要求卡维尔给予布鲁明戴尔的圣诞节产品目录以特殊财务支持。卡维尔开始有所保留地拒绝，并说出他不合作的原因。但斯威格勒一句话也不说。尽管卡维尔很尴尬，但他会继续说话。最后他不得不同意。在谈判中，那些最先打破沉默的人要输。

要知道分寸　过于强硬的谈判与过于软弱地离开谈判桌之间只有一线之隔。如果斯威格勒过分强势，既想得到降价资金，又想得到更好的采购条件和更多广告津贴，橘滋的管理层也许会觉得别的零售商更应该提早得到货物，更应该得到最好的款式。如果斯威格勒超越了法律、道德、利润关系，卡维尔当然会拒绝。

不要断了后路　即使斯威格勒从卡维尔那里得到的额外让步太少，她也不能谩骂或威胁。布鲁明戴尔不希望在这一次会面后就断了交易。从个人角度看，零售圈相对而言很小，斯威格勒和卡维尔也许还会在谈判桌上碰面——也许各自为另外不同的公司工作。任何一方都不希望在业界背上不公平、粗鲁或者更坏的名声。

不要假想　在谈判中会提出和解决许多问题。为了确保不发生误解，参与者在会议结束时应该口头上总结一下谈判结果。斯威格勒和卡维尔在会后都应尽快以书面形式总结这次会谈。

法律及道德问题

考虑到零售采购员与供应商之间的谈判和互动数量之多，道德和法律问题定会随之产生。本节探讨在采购员与供应商谈判中出现的一些实际情况，在道德及法律方面将会有很大的指导意义。

采购条件与条款　1936 年美国国会通过的《罗宾逊–帕特曼法案》，规定了供应商能够向零售商提供的价格和条件。该法案禁止供应商向不同零售商针对相同数量的同种商品提供不同的条款和条件，又叫做“反连锁店法案”，它的通过是为了保护独立经营的零售商免受连锁店的竞争。因此，根据《罗宾逊-帕特曼法案》，如果一个供应商和一个零售商谈好了上述各项事宜（价格、广告津贴、降价资金、运输），他就应该向其他零售商提供相同的条款和条件。

但是，要是生产、销售或者运输的成本不同，供应商就可以针对相同数量的同种商品向零售商提供不同的条件。通常情况下，生产成本是相同的，但销售和运输成本对某些零售商会更昂贵。例如，向零售商提供小额装运的供应商会担负较高的运输成本。

如若零售商能起到不同的作用，也会得到不同的价格。例如，假设一家大零售商为其各个配销中心增添商品储备或提供顾客喜爱的各种不同服务，它就可以得到较低的价格。另外，供应商为了赢得竞争或者处置易腐坏商品也会提供低价。[16]

维持转卖价格 供应商要求零售商不得低于**维持转卖价格**（resale price maintenance, RPM）出售其商品，即**厂商建议零售价**（manufacturer's suggested retail price, MSRP）。供应商对零售价格做出限制，这样零售商为销售商品提供的服务就能得到利润保障。

以博斯（Bose）音响为例，厂商认为它的零售商有必要在专门设计的隔音房间内为顾客演示音响效果。然而，在店内建造这样的专用房间会让音响专卖零售商担负额外的建造和维护成本，而销售额却不会增加。顾客会在专卖店体验博斯音响的效果，然后去折扣店以低价购买同样的产品，因为在那里无须分担建造和维护专用房间的成本。

在这种情况下，折扣店在**搭便车**（free riding），它获得了比它应得的更多的利润，却没有分担应承担的成本。因此，RPM 是减少搭便车现象的一种方法。如果所有的零售商必须按同一价格销售博斯音响，他们会更有动力在服务上而非在价格上竞争，进而使博斯音响能够向顾客展示其高超的品质。尽管 RPM 过去被视为限制竞争而违法，但是现在是合法行为。如果零售商违反了该要求，供应商可以终止他们的关系，这是供应商在行使其选择销售对象的权利。

如果顾客最终是去无须担负试听房间成本的折扣店购买音响设备，音响专卖零售商是不愿意修建这样的隔音专用房间的。

然而，一些零售商并不赞同 RPM，他们主张既然他们拥有商品，就应该能以他们愿意的任何价格出售，即便是很低的价格。假设百思买公司购买了多于其真正需要的，或者为了临近的返校季节而购买了很多的东芝电脑，为了处理掉过剩商品或者为了吸引更多顾客，公司需要有以低于 MSRP 的价格出售商品的灵活性。

商业贿赂　当供应商或其代理人主动提供或者采购员要求“一些有价值的东西”以影响采购决策时，就产生了**商业贿赂**（commercial bribery）。如一家滑雪板制造商的销售人员带一位体育用品零售采购员去一家漂亮的私人俱乐部吃午餐，然后建议到韦尔（Vail）滑雪度周末。这些礼物可以理解为贿赂或回扣，而且，除非该采购员告知了其经理，不然就是违法行为。为了避免出现这些问题，许多零售商禁止员工接受供应商的任何礼物，另一些零售商的做法是可以接受有限数量的招待或象征性的礼物，如在节日送上的鲜花或葡萄酒。这两种政策都是为了让采购员能够把零售商的利益作为采购决策的唯一基础。[17]

退单拒付　**退单拒付**（chargeback）是零售商从其应付给供应商的金额中扣除款项。零售商运用退单拒付的原理是：首先，商品卖不出去。其次，供应商没有满足谈好的条件，比如货运包装或商品的标签粘贴不当、商品缺失及送货延迟等。退单拒付对供应商最为不利，因为金额一旦从发票上扣除而发票又标注了“已付”，就很难提出争议，而这笔钱也很难再要回来了。一些零售商实行不合理的退单拒付，这种行为是非常不道德的。[18]

货位津贴　**货位津贴**（slotting allowance）也叫**货位费用**（slotting fee），是零售商为摆放商品向供应商索要的费用。例如，卡夫食品要上市一种新产品，超市就会为摆放该产品索要 3 000~40 000 美元的费用。费用多少取决于产品的品质和零售商的地位。品牌忠诚度极低的产品需要支付最高的货位津贴。同样，大型连锁超市比独立经营的小型零售商索要的货位津贴要高。

零售商和一些经济学家称货位津贴是保证他们的宝贵空间得到高效利用的合理方法。[19] 这些费用包含了在计算机化了的库存系统中添加新的存货单位所需要的成本，特别是知道大多数新产品不会成功而存货单位随后还需更新。支付货位津贴也显示出供应商对其产品销售潜力很有信心。但是，一些供应商视货位津贴为一种扭曲，小型供应商认为这些费用将他们排除到了零售业之外。然而，零售商索要货位津贴是合法行为。

回购　**回购**（buyback）又叫**买回**（stocklift 或 lift-out），是供应商使零售商接收其产品的一种策略。具体来说，回购发生在以下两种情形：一是零售商允许供应商为给自己的产品争取货架而买走店内供应商竞争对手的存货。二是零售商要求供应商买回滞销商品。如果一家很有市场竞争力的供应商经常回购其竞争对手的产品导致对手被挤出市场，这个供应商便违反了反托拉斯法。但是这种案例是很难举证的。

独占性　零售商通常会要求供应商为其做独占性安排，使其他零售商不能销售某种商品或某种品牌。通过独占性安排，零售商可以与竞争对手进行区分，减少来自价格方面的竞争，从而实现更高的利润。在一些情况下，确保销售其产品的零售商形象始终与自己的品牌形象一致，也会使供应商获利。例如，在一个主要市场区域，比如内曼·马库斯商场内，普拉达只会给一家商店销售其服装的独占性。给予零售商独占性可以使其拥有垄断力，进而更有推销商品的动力。

只要顾客在购买类似商品时还有其他可选择的商店，给予独占性是合法的。例如，法拉利汽车经销商不会被视为限制竞争，因为公众可以随便选择其他任何豪华车经销商。相反，如果南非的钻石垄断商戴比尔斯给予一家珠宝连锁店独占性，顾客就无法从其他珠宝店买到钻石。

伪造商品 销售伪造商品会对零售商的形象及其与法定品牌供应商之间的关系造成负面影响。**伪造商品**（counterfeit merchandise）包括未经商标或者版权所有者的允许而制造和销售的商品。商标和版权都属于知识产权。**知识产权**（intellectual property）是无形的，是由脑力劳动而非体力劳动创造的。**商标**（trademark）包括与特定商品相关联的标志、文字、图片、图形或非功能性设计图样。例如，劳力士手表上的皇冠图样，通用电气产品上的 GE 字样。**版权**（copyright）则保护作者、画家、雕塑家、音乐家和其他创造艺术或知识财富的人的创作。

街头小贩兜售伪造手表的行为是违法的，因为他侵犯了手表制造商商标的使用权。

伪造的特点在过去 10 年内已有改变。尽管知名品牌的消费品制造商仍为伪造所困扰，但现在恣意横行的是高科技产品的伪造，如软件、CD 和 CD-ROM。这类商品单位价值高、相对容易复制和运输，并且需求量大，因此对伪造者吸引力极大。非法下载和传播音乐可以轻松得手，意味着唱片公司和歌手的投资、工作、才华都得不到金钱回报，那么他们创作音乐的动力也就减少了。

实 例

现在灰色市场巨大，在北美每年的交易额达 100 亿美元，影响到了每一类注册商品。灰色市场以每年大于 22%的速度增长着。[21]

灰色市场和溢出商品 **灰市商品**（gray-market goods）是指由国外制造商制造、拥有美国注册商标，但未经美国商标所有者允许而进口到美国的商品。例如，本书的出版商麦格劳—希尔国际出版公司为了增加利润，为本书制定了不同的批发价格，在美国要比在其他国家高。进口商可以在境外低价购买然后进口到美国境内，再以低于美国书店的价格出售。销售灰市商品在美国是合法的，但是欧洲法院对其进行了限制：只能在欧盟成员国之间进口灰市商品，禁止从成员国外部进口。[20]

溢出商品（diverted merchandise）类似于灰市商品，只是不需要跨越国界转手。例如，假设香水制造商纪梵希（Givenchy）给予萨克斯第五大道精品百货店独占性。萨克斯的采购员有过剩库存并将过剩库存低价卖给折扣店。这样，商品从它合法的分销渠道分离，而萨克斯在此案例中为专卖商。

一些折扣店认为由于灰色市场降低了价格，所以顾客可以从对灰色市场和溢出商品的放宽限制中受益。而另一些零售商和供应商反驳称，与销售灰市商品和溢出商品零售商的竞争迫使他们降低价格，减少服务，品牌形象大打折扣。

供应商可以采取多种行动避免出现灰色市场和溢出商品之类的问题。他们可以要求其所有的零售和批发客户签订合同，规定他们不许参与灰色营销。如果有零售商被发现违反这一协定，供应商可以终止与之贸易。另一种策略是为不同的市场生产不同版本的产品。例如，麦格劳—希尔在国外以另一种不同的版本出售该书。

独家经销协议　当供应商限制零售商只能出售自己的商品，不能出售竞争对手的商品时，就产生了**独家经销协议**（exclusive dealing agreement）。这些协议的合法性取决于它们对竞争的影响。例如，假设一家零售商与 Lee 签订独家经销协议仅销售 Lee 牌牛仔裤。因为其他制造商有许多可替代的零售分销点，而 Lee 的市场份额不足以构成垄断，因此它不会真正危及竞争。但是，假如西夫韦百货公司与可口可乐公司签订协议只销售可乐产品，由于可口可乐公司拥有相对大的市场份额而西夫韦又是一家大型连锁杂货店，那么小竞争者就会严重受损，该协议就应视为限制竞争。

附加条款合同　当供应商要求零售商必须采购一种其不想要的产品（被绑产品）以得到一种想采购的产品（绑定产品）时，**附加条款合同**（tying contract）就产生了。如果这类合同大大削弱了竞争或易于造成垄断，它就是非法的，但是诉讼方必须承担举证的责任。然而，供应商要求采购员购买产品系列的所有产品一般是合法的。

拒绝成交　我们可以从供应商和零售商两个角度来看拒绝成交。通常情况下，供应商和零售商都有权选择与任何人交易或不交易，但是当有证据表明某家或某些掌控市场的商家有反竞争行为时，这种一般法则就出现了例外。供应商可以拒绝向某个零售商出售商品，但是这样做不能是出于让另一个竞争零售商获利的目的。例如，美泰玩具公司拒绝将某款流行的芭比娃娃礼包出售给各家批发商。这种行为本身是合法的。但是，经证实美泰公司这样做是有原因的。连锁玩具零售商玩具反斗城与包括美泰在内的 10 家玩具制造商合谋，阻止批发商们以较低的价格出售这种玩具礼包。这种拒绝成交就构成了非法联合抵制。[22]

总而言之，只要有采购员与供应商之间的交涉，就有道德及法律方面的潜在问题。采购员面临的问题有：向供应商索要多少货架空间费用，是否应当无条件接收供应商的礼物和款待。对公平的期望和保持良好合作伙伴关系的渴望，应当指导这些领域的行为。零售商也必须关注商品来源。具体地讲，要看商品是否是伪造商品或是灰市商品。

购买自有名牌商品

经营自有品牌商品是一种战略决策，需要大笔投资。像 J.C.彭尼、梅西、盖普和美国鹰牌服饰公司这类大型自有品牌零售商，他们不仅拥有大型商场，还配备各类专业人员分别从事确定潮流、设计专卖产品、选择制造商、在全球范围内雇用员工监视产品制造情况、管理设备及检测所制造产品的质量等工作。

大多数零售商并不拥有和运营生产设备。然而，力美特品牌服装公司于1978年收购了 MAST 实业公司，现在 MAST 已经成为全球最大的服装合同生产商、进口商和分销商，在包括中国、伊朗、墨西哥和斯里兰卡在内的 10 多个国家拥有生产基地和合资公司。除了是力美特品牌公司（维多利亚的秘密、Bath & Body Works 和 Express）的主要自有品牌供应商之外，MAST 还为 A&F、Lane Bryant、New York & Company 和萨克斯第五大道这几家商场提供自有品牌。力美特品牌里 1/4 以上的商品都是来自 MAST。

经营自有品牌的小型连锁零售商不需要在基础设施上进行大量投资。许多全国性品牌制造商会将其商品改造并贴上商场的标签，自有品牌厂商也会这样做。例如，好事多想举办“两个枕头 10 美元”的促销活动时，会给拥有霍兰德家纺（Hollander Home Fashions）的父子组合利奥·霍兰德和杰夫·霍兰德打电话。罗兰爱思（Laura Ashley）想让自有品牌的枕头、被罩和床垫新品上市时也会从霍兰德家纺购买。

霍兰德家纺每天生产 15 万个枕头。这个有着 50 年历史的品牌大部分时间都在低调经营，将其产品以其他品牌（如 Eddie Bauer 或 Simmons Beautyrest）的名义出售。但是在与资产数十亿的国内制造商和廉价进口货的竞争中，公司胜出了，这要归功于它比竞争者提前几年向中国转移了生产设备。[23]

逆向竞拍

大额购买自有品牌商品的零售商有专门负责设计和详细拟定商品条件的部门。现在，许多零售商不再通过与制造商谈判来生产商品，而是靠逆向竞拍以低廉的价格获得优质商品。例如，位于亚利桑那州钱德勒市的私人连锁超市 Bashas'，70%的商品都是通过逆向竞拍购得的。7 家竞标供应商每周两次参加竞标。[24]

传统的竞标，比如易趣，只有一个卖家，却有许多买家。而自有品牌商品的零售商采购员进行的竞拍叫做**逆向竞拍**（reverse auction），因为只有一个买家（零售商），却有许多潜在的卖家（制造商）。逆向竞拍时，零售商指定出所需商品的规格以供几家潜在的供应商竞标。然后这几家竞争供应商出价竞标直至竞拍结束。然而，零售商不一定会跟价格最低的供应商成交，而是会选择既能按时又能按质完成任务的供应商。[25]

逆向竞拍并不受供应商的喜爱。在竞标战中，价格似乎成为获胜的唯一砝码，而不是服务或质量，几乎没有人希望成为匿名参战者。如果与供应商最初的交涉是通过电子竞拍，那么零售商和供应商之间的战略关系也很难培养。[26]

逆向竞拍最普遍用于零售操作所需的产品和服务而不是转售的商品，经常以逆向竞拍的方式购买的有装修服务、装修用的布料和其他材料。但是现在逆向竞拍也被零售商用来采购自有品牌商品、日用品（比如肉），还有像草坪用具之类的季节性商品。零售视野 14.4 中，J.C.彭尼的首席采购官威廉姆·奥尔康将介绍彭尼逆向竞拍的经历。

有时，几家零售商会共同为他们的电子收款终端纸带拟定规格，然后集中购买力搞一次逆向竞拍，来找到一家不仅成本低廉而且能满足规格要求的供应商。但是，一些零售商已经发现，这样做节省下来的成本远远弥补不了共同拟定规格时花费的时间和心血。

全球采购

亲自设计并承包自有品牌商品生产的大型零售商面临的一个重要问题就是选择制造商。随着国际贸易壁垒的减少，零售商可以在全球范围内考虑产地。本节

J.C.彭尼的逆向竞拍 零售视野 14.4

威廉姆·奥尔康是 J.C.彭尼的高级副总裁、财务总监兼首席采购官。作为首席采购官，他负责 J.C.彭尼所有非商品的产品和服务的采购。

威廉姆·奥尔康与 J.C.彭尼的同事一起密切注视着一次逆向竞拍，并进行竞价。

“我们通过逆向竞拍来购买各种产品，包括地毯、办公用品、展示橱窗以及电子收款终端。另外还购买服务，比如硬件安装、店面和库存维护。每次竞拍的采购花销都在几百万美元。因此采用逆向竞拍是购买产品和服务一个关键战略手段。

“首先，我们的采购代表和用户共同拟定所需产品和服务的规格条件。接下来，采购代表对整个行业和市场状况做调查和评估，确定竞拍是不是最好的采购方法。做出评估之后，采购代表召集具备资格的供应商参加竞拍。我们从中筛选出既有足够资本又有生产设备来提供符合我们产品和服务要求的供应商，我们还会尽量保证女性和少数族裔企业的竞标权。通常情况下，我们会在 3~7 个供应商之间展开竞拍。

“再下来制定竞拍规则，比如最小的减价额度为多少，竞价者可否看到最低出价额，何时开始和结束竞拍等。通常，当一个出价在 3 分钟内没有被新的出价取代时，被视为竞拍结束。在这种规则下，所有的竞投者都有再次出价的机会。

“之后的事情就有趣起来了。竞投者在竞拍正式开始 15 分钟前登录系统，确保没有任何技术故障。竞拍一开始，激烈的竞投就上演了，价格开始节节跌落。

“尽管我的部门主要负责采购非转售的产品和服务，但是我们也有通过逆向竞拍采购自有品牌商品的成功经验。在这种竞拍中，产品开发团队、采购经理、采购员都参与拟定商品规格——对面料、面料密度、衬里和纽扣等的规定。采购经理和采购员共同决定哪家国内或国际供应商有资格参与竞拍。在大多数情况下，举行竞拍会使 J.C.彭尼在现有价格甚至更低的价格下得到更优质的服装。我们为一款男裤举办的两次竞拍就是成功的例子。第一次为了买面料，第二次是为了裤子的生产。这两次竞拍的结果是，每条裤子的成本降低了 1 美元，而顾客得到的裤子的质量却提高了。”

资料来源：Personal communication.

实 例

中国工人每小时的人工成本是 92 美分，泰国是 1.2 美元，墨西哥是 1.7 美元，而美国大约是 21.8 美元。在主要的出口大国中，只有印度的人工成本比中国低，每小时约为 70 美分。[27]

将讨论影响全球采购成本的因素，以及违反人权和禁止雇用童工规定等问题。零售视野 14.5 讲述中国制造商如何靠规模效应而不是剥削工人来降低成本。

与全球采购决策相关的成本 零售商利用发展中国家的生产设备生产自有品牌商品，因为这些国家的劳动力成本低。然而，尽管从国外购买自有品牌商品的成本低，但这部分降低足以被来自其他方面的隐性成本抵消，这些成本包括汇率波动、关税、交付时间延长以及运输费用增加。

汇率波动会增加成本。例如，如果印度卢比相对于美元升值，那么在印度生产自有品牌商品并将其进口到美国的成本就会增加。如果升值发生在签订单和发

14.5 零售视野 中国大唐——袜子名镇

浙江诸暨大唐是中国的袜子名镇，每年生产 90 亿双袜子，给世界上每个人一双都绰绰有余。每年一度的贸易展示会吸引着来自世界各地的 10 万名采购员来到这里。大唐的东南是世界领带之都浙江嵊州，西临毛衣城和童装城，南临内衣城。

在政府和私人投资下，中国成为自有品牌和全国性品牌商品的头号制造商。

这种专业化形成了规模经济，使中国的服装制造业处于世界领先地位。现在来自纽约和东京的采购员可以在中国新兴的巨型专卖城一次性订购 50 万双袜子、30 万条领带、10 万件儿童夹克，或者 5 万件 36B 的文胸。

纺织品制造业是中国政府通过本地规划而非国有化间接调控的成功范例。上世纪 70 年代末，大唐只是一个以种植水稻作为收入来源的 1 000 多人的村庄，村民三五成群地聚集在家里缝制袜子，然后装进篮子沿着高速公路售卖。后来政府指定大唐的制袜人为制造商，不再零售袜子。现在，他们生产占世界总产量 1/3 的袜子。得益于政策，大唐出现了很多白手起家的人，董映红就是其中一例。20 世纪 70 年代，董放弃了每月 9 美元的小学教员的工作开始在家做袜子。现在，她是浙江袜业的老板，也是袜业的百万富翁。

中国政府规划了大范围地区用于开发，建工业园区，给予税收优惠，并建设了基础设施和运输网络，将产品快速运往市场。政府还创建了各种相互毗邻的支撑产业网络。比如纽扣之都为世界上的衬衫、裤子和夹克提供纽扣。在政府的支持下，民营公司建立起大型纺织品综合企业，并且提供住房和医疗设施，而且负责监管这些设施。

华芳集团是中国最大的纺织品公司之一，拥有上百家厂房和 30 000 名员工，24 小时作业。公司给 20 000 多名员工提供免费住房。许多女性高中毕业后去那里，工作几年后再回家结婚。当她们回家时，又会有 1 万多人从乡下涌了进来。

资料来源：David Barboza, "In Roaring China, Sweaters Are West of Socks City," *New York Times*, December 24, 2004, p. C2; David Francis, "Will China Clothe the World?" *Christian Science Monitor*, August 5, 2004, p. 1.

实 例

中国出口到美国的商品有 12%流向了沃尔玛。沃尔玛的采购额占中国 GDP 的 1%。[28]

送货物期间，美国零售商将不得不支付比预期更多的钱。很多零售商利用像期权期货合同之类的金融工具将汇率波动带来的损失降到最低程度。

关税（tariff 或 duty）是政府对进口商品征收的会增加进口商品成本的税。进口关税被用来保护国内制造商免于国外竞争。由于关税增加了进口商品的成本，零售商总希望利用他们的政治影响力降低关税。

从美国国外的供应商而非国内供应商采购时，库存周转率一般较低，继而导致更高的库存保管费用。假设位于科罗拉多州亚斯本的斯博克自行车商店，正打算采购科罗拉多州 Steamboat Springs 制造的莫茨自行车。商店知道交付时间（从确认订单开始到商品到达可供出售为止）通常为两周，误差为 3 天。但是如果斯博克自行车商店从意大利进口自行车，交付时间可能为 3 个月，误差 3 周。由于交付时间较长，进行国外采购的零售商必须保持足够库存确保能满足顾客需要。更多的库存意味着更高的库存保管费用。

进行全球采购时，很难预计交付时间有多长。当从 Steamboat Springs 运送自行车至亚斯本时，最差的情况可能是遇到暴风雪，延迟一两日。相反，从意大利进口自行车却有可能由于在海上或机场的多重转运、海关、运输工人罢工、恶劣天气或政治问题而延迟过久。与较长的交付时间类似，不连续的交付时间也要求零售商保持更高水平的安全库存。

最后，商品在国外生产会使运输成本增加。总体来说，运输路程越远，运输成本就越高。例如，从中国到纽约海运一集装箱商品的运输成本就要远远高于从克利夫兰到纽约的成本。

与全球采购决策相关的管理事宜 与全球采购相关的成本因素易于量化，还有一些质量控制、上市时间和社会政治等主观问题。

在全球范围采购比在美国国内采购更难以维持一致的质量标准。质量控制问题会导致出货延迟，给零售商形象造成负面影响。假设香蕉共和国在海地生产裤子。裤子将要运离工厂时，香蕉共和国的代表发现这些成品手艺低劣，需要返工。香蕉共和国需要动用更多的备用库存直到裤子返工完毕。但更可能的是因为他们没有对此类问题进行提前预警而导致商店断货。如果裤子运抵商店时并没有发现这些问题，情况会更加严重，一些微小缺陷，如尺寸不太准确，可能就不会及早发现。这样顾客会非常恼火，对商品质量产生怀疑。

其次，第 10 章中提到的合作性供应链管理方法在全球采购情况下会更难以实施。合作系统以短而连贯的交付时间为基础，供应商发货频率高，数量少。合作系统正常运转建立在供应商和零售商之间相互信任、共享信息的基础之上，这些条件在全球范围内更难实现。另外，如果供应商在距离遥远的地方，且有复杂的文化差异，问题将更为困难。例如，目录及互联网零售商 Coldwater Creek (www.coldwatercreek.com) 75%的商品是从北美洲采购的，这样它可以小额订货并且得到快捷的送货服务。[29]

与全球采购相关的最后一个问题是，监督是否存在违反人权和雇用童工的情况。西尔斯、沃尔玛、拉尔夫·劳伦、盖普、诺世通、J. Crew、力美特等一些公司不得不为其国外生产基地所涉及的违反人权、雇用童工或其他指控做公开辩解。[30]

在美国零售商的努力下，基本上没有哪样进口商品来自血汗工厂。20 世纪 90 年代早期，沃尔玛要求其供应商签署劳动力基本规范。90 年代中期，沃尔玛生产 Kathie Lee 产品的工厂违反了规范，之后，沃尔玛和 Kathie Lee 都开始聘请外部审计公司对工厂进行监督，确保他们遵守生产规范。

其他很多在低收入国家进行生产的公司，从玩具反斗城到耐克再到盖普，也有类似的自我监督体系。尽管没有哪家公司声称它的审计体系无懈可击，但大部分公司会针对指控命令供应商做出弥补。自我监督体系可以使公司避免遭受被曝光的痛苦。例如，2005 年，盖普公司公布了一份 40 页的《社会责任报告》，详细记录了在与它签订服装生产合同的 3 000 家工厂中发现的问题。在包括非洲、印度、中美洲和南美洲的工厂都发现了存在已久的工资、医疗和安全方面的违规。这些发现一点都不令人惊讶，因为劳动力违规是全球服装行业的事实，在激烈的价格战压力下，工厂不断地压缩开支，提高产量。然而，盖普公司主动将这个事实毫无保留地公开带来了不同寻常的反响。甚至一些对盖普最尖刻的评论家都说盖普的坦率会推动整个行业的变革，最终改善工人的生活状况。[31]

采购过程的支持服务

两种服务可以帮助采购员提高获得商品的效率：常驻采购处和互联网交易所。

常驻采购处

常驻采购处（resident buying office）是指位于主要采购中心、帮助采购员购买商品的组织。随着零售商变得越来越强大，作为第三方的常驻采购处的作用在减小。零售商现在可以做一些以前只有常驻采购处才能做的事情。

为了阐明采购处如何运作，不妨看一下达拉斯袖珍男士商店（Pockets Men's Store）的戴维·史密斯在进入米兰市场时，如何运用他的常驻采购处。史密斯要会见 Doneger 集团的市场代表阿兰·博尔代。博尔代是一位会说英语的意大利人，他熟悉史密斯的商店及其高级顾客，所以在史密斯来访之前，他安排了自认为能符合袖珍男士商店形象的意大利供应商与史密斯会面。

史密斯到达意大利后，博尔代陪同他去会面并充当翻译、谈判员和会计。博尔代告知史密斯商品进口到美国所需的成本，包括关税、运费、保险费、加工成本，等等。

签署订单后，博尔代负责起草合同及之后的送货和质量控制。Doneger 集团为采购员史密斯提供办公空间及服务、旅行咨询和紧急援助，充当了总部的角色。通过报告形式和经常的交流，博尔代和他的团队继续向史密斯提供有关意大利流行趋势的最新情况。如果没有常驻采购处的帮助，史密斯可能很难深入了解意大利批发市场。

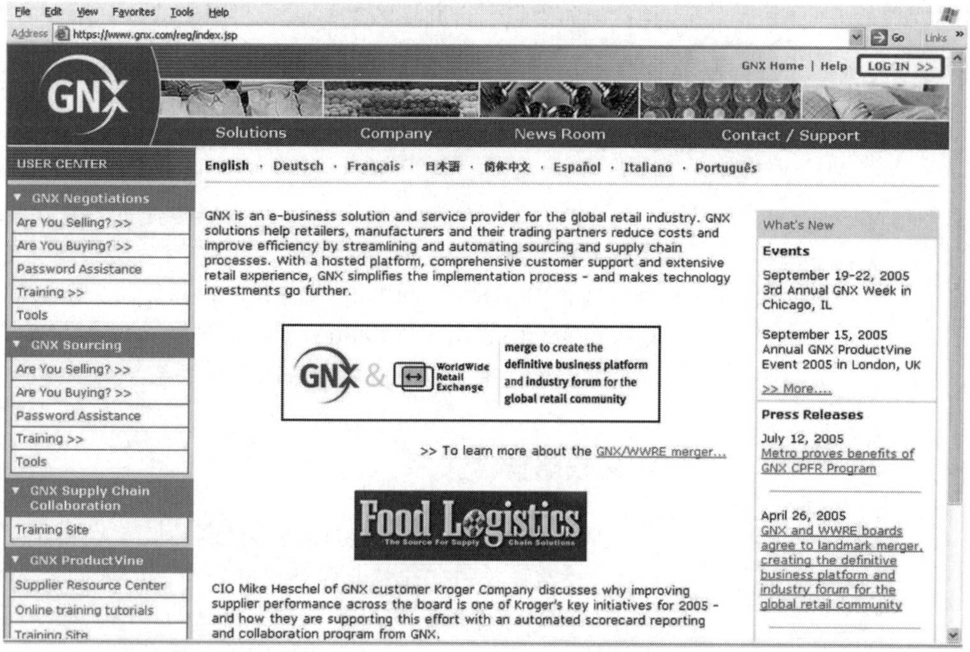

像 GNX 这样的零售交易所为采购员提供服务，比如进行逆向竞拍及与供应商合作规划平台。

互联网交易所

零售交易所（retail exchange）为零售商提供以互联网为基础的解决方案和服务。交易所提供软件和服务，使采购过程和供应链合理化、自动化，帮助零售商、制造商以及他们的贸易伙伴降低成本、提高效率。这些网络交易所为供应商和零售商提供了通过网络交流的机会，使之没必要在真实市场上进行面对面交流。它们提供的软件支持前面几章中提到的一些系统，比如逆向竞拍、供应链管理、合作计划、预测和补给，因此能够提高采购效率。

2000 年建立的两个零售交易所——全球零售交易网（WWRE，www.wwre.org）和全球网上交易网（GNX，www.gnx.com），是由几家大型零售商所有和赞助的非营利机构。它们的目的是促进零售商和供应商之间的合作，为贸易伙伴提供唯一的、集中的信息交流中心。零售商可以不受任何限制地浏览供应商的生产数据，而供应商也可以获取关于零售商销售额预测的即时信息。

GNX 和 WWRE 的最初愿景有一些缺陷。首先，低估了建立这样的交易所的技术难度。尽管当时沃尔玛和丽诗加邦（Liz Claibourne）已经建立了自己有效的交易所，但那是一对多而非 GNX 和 WWRE 预想的多对多的连接。其次，能提供像逆向竞拍之类服务的软件成本下降，零售商完全可以自己购买软件举行逆向竞拍。第三，零售业竞争激烈，零售商不愿分享信息，而是把数据和计划当做机密。[32]

2005 年，这两个网络交易所合并，合并后的整体囊括了大约 50 家食品、药品和服装零售商，包括家乐福、西尔斯、沃尔格林、克罗格以及联邦百货。新的首席执行官仍希望通过建立一个更加强大的网络市场使他的零售商们具备与沃尔玛相抗衡的力量。合并后的交易所会利用年销售总额中的 1 万亿美元来刺激交易。[33]

战略伙伴关系

在第 5 章，我们强调了与供应商保持强有力的联系是建立可持续竞争优势的重要方法。在第 10、12 章，我们讨论了合作关系如何促进信息交换，改善计划和供应链管理。例如，如果供应商和零售商无法做出共同出力出资的承诺，合作计划、预测与补充系统（CPFR）就不能有效运转。本节考察零售商如何与供应商建立战略伙伴关系，以及成功的长期合作关系又具备哪些特点。

定义战略伙伴关系

从传统意义上讲，零售商与供应商的关系经常建立在“分割利润蛋糕”的基础上。[34]这种关系往往是非赢即输的较量，因为如果一方得到了大份“蛋糕”，另一方只能得到小份。双方都只关心自己的利润，而不注意另一方的利益。当产品是一般商品且对零售商的业绩没有重大影响时，这样的关系还是很普遍。在这种情况下，战略伙伴关系并不会给零售商带来多大利益。

当零售商与供应商致力于维持双方的长期合作关系并且就对双方都有利的机会进行投资时，**战略伙伴关系**（strategic relationship），也叫**合伙关系**（partnering relationship）就形成了。在这种关系中，双方必须冒一定风险来扩大利润蛋糕，使其合作具备高于其他公司的战略优势。另外，双方必须具有长远的目光，愿意做出眼前牺牲来换取长期利益。

战略伙伴关系是双赢的关系。由于能够发现和利用合作机会，利益蛋糕规模扩大，双方都能受益。战略伙伴关系的成员相互依赖、相互信任；他们有共同的目标并在如何实现这些目标的问题上达成共识。因此，对合作关系进行投资和共享机密信息的风险大大减少。

战略伙伴关系就像一桩婚姻。当业务双方发展成战略伙伴关系时，他们就开始彼此共命运。例如，英国的玛莎与供应商共同开发了一款新的厨房用具。[35]产品上市 4 个月之后，制造商发现误算了产品成本，因此定价过低，造成了亏损销售。定价过低对玛莎是个不小的打击，但是因为产品已经被列入商品目录，他们决定不提高价格，而是和供应商一起以低成本再次开发该产品，降低毛利润额，把制造商亏损的钱还回去。维持双方的关系让玛莎受到了很大的利润冲击。零售视野 14.6 介绍沃尔玛和宝洁这两家大公司是如何学会合作的。

维持战略伙伴关系

相互信任、公开交流、共同目标和可靠承诺是成功战略伙伴关系的四个基石。

相互信任 信任是战略伙伴关系的“黏合剂”。**信任**（trust）就是相信对方是诚实（可靠、遵守承诺、正直、有责任感）和慈善（关心另一方的利益）的。[36]当供应商和采购员相互信任时，他们会更愿意分享相关信息、澄清目标和问题，进行更有效的交流。双方共享的信息会更加全面、准确、及时。由于采购员和供应商相信，对方即使在有机会时都不会利用自己，所以彼此互相监督和检查也就大可不必了。[37]

战略伙伴关系和相互信任通常首先是在领导人之间建立起来的。例如，沃尔玛与宝洁协调采购事宜的开始，得益于山姆·沃尔顿在一次独木舟航行上与宝洁销售副总裁的相遇（见零售视野 14.6）。两人讨论了合作会给双方带来利益以及改变其一贯的商业行为将带来潜在风险。最后，两人达成了共识，即开展新体系会带来额外的风险和短期的挫折，但是潜在的长远利益会大于眼前的风险和挫折。

公开交流　为了分享信息、共同预测销售额和协调运输，沃尔玛和宝洁公司只能进行公开而诚实的交流。这个要求在原则上或许听上去很容易，但大多数企业不喜欢与合作伙伴分享信息，他们认为这不关别人的事。但是公开而诚实的交流是发展成功关系的关键。采购员和供应商需要了解驱动双方业务的动力、各自的责任、各家公司的战略，以及在交往过程中出现的任何问题。

宝洁和沃尔玛是伙伴　零售视野 14.6

在历史上，宝洁拥有巨大的影响力，在跟零售商的关系中占上风。它的品牌产品，比如佳洁士牙膏、Folgers 咖啡、帮宝适纸尿裤等是那么的流行，以至于每个零售商都得备货。但是，随着零售业的整合，沃尔玛这样的大型零售商拥有了要求供应商低价供货、服务更周到的实力。

今天，沃尔玛和宝洁的关系是整个行业争相效仿的。但以前并非如此。在 20 世纪 80 年代中期，山姆·沃尔顿和宝洁的销售副总裁卢·普里切特一起乘独木舟旅行。在这次旅途中，他们开始研究两家公司如何一起工作共同获利。在以往，没有信息共享，没有共同策划，也没有系统之间的协调。今天，他们在预测与补充系统（CPFR）的基础上使用复杂的 EDI 系统，帮助宝洁和沃尔玛建立销售预测和像佳洁士这样的商品货物补充目标。宝洁公司从每个沃尔玛商店持续接收到有关其商品的销售、库存和价格方面的数据。这一信息允许宝洁公司预测佳洁士这样的商品的销售，并自动发出订单。电子发票和资金电子转账完成了整个交易过程。

出现问题时，两家公司一起解决。比如，沃尔玛发现佳洁士美白牙膏和 Mach3 剃须刀这样价格较高的宝洁商品销售下降的情况——这些商品是最容易被偷的。于是两个公司的管理人员开会想出了解决办法。宝洁改变了包装，使之难以被偷。公司改变了玉兰油的包装，把盒装变成透明的塑料容器，加上一个纸板的翻盖，使其特别难以打开。公司将佳洁士牙膏的包装变得更大些，还额外增加了一层塑料。宝洁公司承担了额外的成本。吉列公司也对其剃须刀包装进行了加固。对备用刀片，公司创立了一个没有遮挡的塑料材料做的分配系统，装有每次只能取一包的抽屉。

这种关系使所有各方受益。顾客得到了更低的价格，也更容易买到商品。宝洁降低了订单处理成本和存货损耗。宝洁依据需求进行生产，因此降低了应急库存的需要。通过协同工作，两家公司把以往有时对立的关系变成了双赢的局面。

实　例

阿肯色州本特维尔是沃尔玛的总部所在地，有 17 000 人口，其中 7 000 人为其工作。其他的 7 000 人代表各供应商，他们每月拜访沃尔玛。超过 100 家沃尔玛的供应商公司在本特维尔有办事处，其中包括惠普、高乐氏科技、纳斯比科和宝洁。[38]

资料来源：Sarah Ellison, Ann Zimmerman, and Charles Forelle, "P&G's Gillette Edge:The Playbook It Honed at Wal-Mart," *The Wall Street Journal*, January 31, 2005, p. A1; Mike Troy, "Working with Wal-Mart: America's Most Powerful Partnership," *DSN Retailing Today*, June 2004, pp. 4–9.

共同目标 采购员和供应商必须有建立良好关系的共同目标。共同目标给予关系中的双方集中各自优势及能力的动力，并发掘他们之间潜在的机会，而且还保证另一方不会做任何有碍于目标实现的事情。

例如，沃尔玛和宝洁认识到保持商业伙伴关系符合他们的共同利益，他们互相需要，这样做的话，双方均需使对方的交易有利可图。沃尔玛不能要价太低，以至宝洁没法赚钱，而宝洁也应该足够灵活，适应最大客户的需要。在共同目标下，两家公司就有合作的动力，因为他们知道这样做各家公司的销售额都扩大了。当期望的利益未能实现时，共同利益也能帮助维持伙伴关系。如果宝洁的一批货未能按时到达沃尔玛的一家店，原因是运输公司走错路这样一个不可控的事件，沃尔玛就不会取消整个安排。相反，沃尔玛很可能把事件看成是一个简单的错误，而与宝洁继续保持合作关系。这是因为沃尔玛知道这一点：宝洁也致力于长期的相同目标。

可靠承诺 成功的关系之所以能形成，是因为双方都为关系做出可靠的承诺。可靠的承诺在关系内是有形的投资，而不仅仅是空口声明"我想成为一名合作伙伴"。可靠的承诺包括花钱改善为顾客提供的商品和服务。[39] 例如，沃尔玛/宝洁伙伴关系的一个优点就是双方在 CPFR 系统和材料处理设备方面所做的明显而巨大的投资。

建立合作伙伴关系

尽管并非所有零售商和供应商的关系都应该或者确实是战略合作关系，但是战略合作关系的发展就投入的程度往往要经历以下几个阶段：（1）意识；（2）探索；（3）扩张；（4）承诺。

在意识阶段，还没有发生任何交易。这个阶段可能开始于采购员在某个零售市场看到某个有趣的商品，或者在行业杂志上看到一则广告。供应商的声誉和形象在采购员是否进入下一个阶段起到重要的作用。

在探索阶段，采购员和供应商开始探索伙伴关系的潜在利益和成本。在这一时刻，采购员也许会少量进货，并在几个店中测试对这种商品的需求。另外，采购员也会获得跟供应商打交道难易程度的信息。最终，采购员获得了有关供应商的足够信息，考虑是否要与供应商发展长期的关系。采购员和供应商决定是否存在建立双赢关系的潜力。他们开始推出合作促销计划，商品销量随之增加。要是双方接着发现合作互利互惠，就会向承诺阶段推进，并且变成战略伙伴关系。采购员和供应商接着大量投资于这种关系，成为一种长期的做法。

零售商和供应商的关系很难像供应商和制造商的关系那样投入。制造商可以和别的制造商进入一种唯一关系。然而，零售商的一个重要功能就是为顾客提供各种商品的组合。因此，他们必须总是跟许多有时是相互竞争的供应商打交道。

小 结

本章对商品采购和供应商关系问题进行了分析。零售商可以采购制造商品牌或自有品牌的商品。每一种都有自身的优势。选择合适的品牌和品牌战略是公司商品和分类规划过程中不可或缺的部分。

全国性品牌的采购员通过贸易展示会和批发市场中心与供应商会面，查看新商品并下单。在零售商与供应商会面的地方，每年至少举办一次贸易展示会，会上几乎每种商品类别都会出现。零售商与供应商就批发价格及诸如退货特权、降价资金、广告津贴、支付条件和运输费用等其他问题进行谈判。成功的供应商关系取决于对谈判的周密计划，并熟悉这一谈判过程。

采购员需注意道德与法律问题，并在谈判和做出采购决策时加以正确引导。还存在伪造商品和灰市商品方面的问题。同样，供应商销售商品给零售商也面临一些问题，如排他性条款和捆绑式合同。当对将与之交易的零售商、商品种类、交易数量及价格做出限制时，供应商应该谨慎行事。

采购自有品牌商品需注意两个要素：全球采购和逆向竞拍的使用。大部分的自有品牌商品是在美国境外制造的，因而我们必须考虑全球采购决策的成本、管理和道德问题。

采购商品有时由常驻采购处促成。这些常驻采购处的市场代表在国外市场上促成商品的采购。

能成功地与供应商打成一片的零售商可以获得持续的竞争优势。仅仅依靠双方承诺按照常规进行买卖是远远不够的。战略伙伴关系需要双方相互信任，有共同的目标、较强的沟通能力及财务上的保证。

关键术语

全国性品牌
制造商品牌
自有品牌
商店品牌
许可品牌
批发市场
市场周
贸易展示会
降价资金
合作广告
维持转卖价格
厂商建议零售价
搭便车
商业贿赂
退单拒付
货位津贴
货位费用
回购
买回
伪造商品
知识产权
商标
版权
灰市商品
溢出商品
独家经销协议
附加条款合同
逆向竞拍
关税
常驻采购处
零售交易所
战略伙伴关系
合伙关系
信任

小试身手

1. **连续任务** 选定一家零售商，进店逛逛，并对其全国性品牌和自有品牌进行审计。采访一位经理，看自有品牌在过去5年内所占市场的百分比是否上升或下降？让经理评价一下商店对全国性品牌和自有品牌持有的经营理念。基于你看到的和听到的，对该商店的品牌战略进行评估。
2. **网上练习** 访问全球零售交易网（www.wwre.org）和GlobalNetXchange.com（www.gnx.com）。评价一下他们提供的商品和服务。给你选定的零售商写信提出你的建议，建议他们应该使用哪些商品或服务，又或者什么都不用。
3. **网上练习** 访问自有品牌制造商协会（PLMA）的主页，找到地址http://www.plma.com/storeBrands/sbt05.html，阅读“市场概况”。商店品牌产品有哪些？谁是商店品牌的采购者？谁是商店品牌的制造商？常规情况下，你会购买哪种商店品牌？
4. **网上练习** 访问http://www.brandchannel.com/features_effect.asp?pf_id=209，阅读戴尔·布斯关于柯尔百货化妆品自有品牌的专题文章《改变自有品牌的面貌》。从零售商的角度看，在柯尔百货销售化妆品自有品牌雅诗兰黛的益处是什么？讨论雅诗兰黛为何有兴趣在增强零售实力和零售业务合作伙伴之间相互依赖的关系的基础上，创立化妆品自有品牌？关于零售业务合作伙伴的内容，详见第10章“信息系统和供应链管理”。
5. **购物** 到一家你喜欢的食品店，查看下表中商品的价格。务必比较规格相同的全国性品牌和自有品牌的价格。

	山莓酱谷物棒	咖啡	通心粉&奶酪	纸巾	可乐
全国性品牌					
商店品牌					

消费者购买自有品牌的这些商品时，可以节省多少钱？你如何比较不同类别商品的节余百分比？各种按照类别分类的杂货店，它们如何比较自己的商店品牌和全国性品牌的价格节余？

讨论题

1. 假定你被雇用与盖普讨论运动装的采购决策。在决定是从墨西哥或中国采购，还是在美国寻求供应商时，你会考虑什么因素？
2. 对采购员来说，供应商的何种社交礼仪或礼物（午餐、电影票等）是可以接受的？
3. 比较全国性品牌和自有品牌，它们各自的优势和劣势是什么？你喜欢的服装店有强有力的自有品牌战略吗？它应该有这种战略吗？
4. 零售交易所的潜在益处是什么？又是什么使得它们无法带来这些益处？
5. 与供应商建立合作伙伴关系的利弊是什么？
6. 描述商店自有品牌的发展史。零售商要如何利用这种发展趋势？外部环境的哪些条件能让自有品牌茁壮成长？
7. 对自有品牌来说，什么样的商品类别是至关重要的？你期望它们将来在哪里推广？
8. 全国性品牌的制造商和供应商正采取什么策略来回应自有品牌的发展？
9. 选择3家零售商，每家零售商有不同的品牌战略——一个只销售商店品牌；一个只销售全国性品牌；另一个既销售商店品牌，也销售全国性品牌。比较它们的零售组合和目标受众。

推荐读物

Ailawadi, Kusum, and Kevin Keller. "Understanding Retail Branding: Conceptual Insights and Research Priorities," *Journal of Retailing* 80 (2004), pp. 331–52.

Balto, David. "Recent Legal and Regulatory Developments in Slotting Allowances and Category Management," *Journal of Public Policy & Marketing* 21, no. 2 (Fall 2002), pp. 289–95.

Bradford, Kevin; Anne Stringfellow; and Barton Weitz. "Managing Conflict to Improve the Effectiveness of Retail Networks," *Journal of Retailing* 80 (2004), pp. 181–95.

Bush, Darren, and Betsy D. Gelb. "When Marketing Practices Raise Antitrust Concerns," *Sloan Management Review* 46, no. 4 (Summer 2005), pp. 73–81.

Byron, Ellen, and Teri Agins. "When Exclusivity Means Illegality; Stores' 'Exclusives' Are Routine—And Sometimes Flout the Law," *The Wall Street Journal*, January 6, 2005, p. A11.

Cellich, Claude, and Subhash Jain. *Global Business Negotiations: A Practical Guide*. Mason, OH: Thomson/South-Western, 2004.

Clodfelter, Richard. *Retail Buying: From Basics to Fashion*. 2nd ed. New York: Fairchild Publications, 2003.

Flanagan, Michael. "How Retailers Source," *Just—Style*, January 2005, pp. 17–33.

Hartman, Laura; Denis Arnold; and Richard Wokutch. *Rising Above Sweatshops: Innovative Approaches to Global Labor Challenges*. Westport, CT: Praeger, 2003.

Jap, Sandy. "Online Reverse Auctions: Issues, Themes, and Prospects for the Future," *Journal of the Academy of Marketing Science* 30, no. 4 (Fall 2002), pp. 13–23.

Varley, Rosemary. *Retail Product Management*: *Buying and Merchandising*. 2nd ed. New York: Routledge, 2005.

Watkins, Michael. *Breakthrough Business Negotiation: A Toolbox for Managers*. New York: John Wiley & Sons, 2002.

Wilkie, William; Debra Desrochers; and Gregory Gundlach. "Marketing Research and Public Policy: The Case of Slotting Fees," *Journal of Public Policy & Marketing* 21, no. 2 (Fall 2002), pp. 275–89.

第 15 章

零售定价

管理人员简介

布鲁斯·彼得森

沃尔玛特大购物中心易腐食品部高级副总裁兼商品总经理

在特大购物中心的策略中，易腐食品的定价扮演着至关重要的角色，支撑着整个商店的形象。例如，香蕉是特大购物中心中最受欢迎的商品之一。如果香蕉的定价很高，那么顾客会认为商店里其他商品的定价，例如搅拌机和香草薄饼的定价也会很高。提供价格低廉的商品，会给沃尔玛和顾客都带来好处。

因为沃尔玛的战略是以低廉的价格出售商品，所以我们要保证商品价格的低廉。但是，如果商品的定价过低，就无法达到毛利润目标。我们可以低价出售商品，同时获得利润，因为我们与供应商密切合作。根据时间、商品的可获得性和不同市场上的竞争，我们与供应商签订合同，规定商品的价格。为了减少库存，保证商品的新鲜，我们在共同计划、预测和补充商品方面（CPFR）与供应商密切合作。我对零售业，具体地说是产品的兴趣，是我高中时在一家日常用品店做销售员时产生的。起初我在那里工作是为了攒钱买车，后来渐渐地，这个兼职成了我的事业。我的大部分产品和零售的经验都是当我在一家自主日常用品店做采购员时获得的。我当时去产品生产地（在底特律）并与供应商洽谈。除了出售商品给我外，他们还教我一些业务知识，比如什么时候某些产品到季，出售商品的目的是什么。

我后来离开了那家公司创建了自己的批发公司。拥有自己的公司为我今天的这个职业做了准备，因为在沃尔玛工作就像在一个大的生意中经营自己的生意。你负责自己的部门，保证其他人各司其职，最重要的是，保证销售目标的实现。

问 题

- 零售商制定商品价格时考虑的因素有哪些？
- 零售定价都有哪些法律限制？
- 零售商如何制定零售价格？
- 零售商如何根据时间和细分市场对价格做出相应调整？
- 为什么一些零售商经常削价处理商品，而其他一些零售商力争维持每日低价策略？
- 零售商使用什么定价策略来影响消费者的购买行为？

一桩大宗购买的实现会是一件非常令人激动的事。有一年，我与来自新西兰的供给商大谈苹果生意。与前一年的每磅1.29美元相比，我们当年可以以69美分的价格出售。我们的销量从4 000箱增加到了100 000箱。在接下来的一年中，我们不仅增加了自己的销售额，而且帮助顾客节省了很多钱。

本教材中所讨论的决策旨在方便零售商和消费者之间的交换。如在第1章讨论的那样，零售商为其消费者提供一系列好处，包括提供消费者需要的商品、提供方便的购买地点和提供消费者所需的数量。此外，零售商还提供一些服务，如在购买之前，允许消费者观看并试用商品。作为回报，顾客为零售商提供的商品和服务付费。

定价决策的重要性与日俱增，因为如今的消费者有更多的选择，对市场上的选择也更加了解。因此，当他们购买商品和服务时，可以比以往更有利地寻求更好的价值。**价值**（value）是消费者所得（消费者所能感受到的商品和服务的利益）与消费者所付之间的比率。

$$价值 = \frac{感知利益}{价格}$$

因此，零售商可以通过提高消费者所能感受到的利益或降低价格来增加价值，以此刺激销售（交换）。对于一些消费者来说，好的价值仅仅意味着最低的价格，因为零售商提供的其他好处对他们来说毫无用处。其他人则认为只要在产品质量或服务上钱花得值，他们就愿意多付。

实 例

消费者在购物时最大的抱怨就是商品价格过高。[1]

如果零售商的定价高于他们提供的利益，那么销售额和利润就会下降。相反，如果零售商的定价过低，销售额可能增加，但是由于较低的利润边际，利润可能就会减少。零售商除了提供有吸引力的价值外，还应该考虑到竞争对手的价值和有关定价的法律限制。因此，合理的定价是非常具有挑战性的。

本章第一节回顾零售商定价时应该考虑的一些因素，接着描述零售商制定价格的实际过程。下一节阐述零售商根据需求的变化和不同的细分市场，甚至是消费个体来制定不同价格的各种方法。讨论完零售商运用的不同定价策略后，本章结尾讲述定价中的一些特殊问题，如为招揽顾客而亏本出售的商品、商品种类、尾数定价和网络可能带来的竞争加剧。

制定零售价格时应该考虑的因素

如图表 15–1 所示，零售商在制定零售价格时要考虑 4 个因素：（1）顾客对价格的敏感度；（2）商品与服务的成本；（3）竞争；（4）法律限制。

顾客对价格的敏感度和商品成本

一般来说，随着商品价格的上涨，商品销售额会相应下降，因为很多顾客会觉得商品不再物有所值。顾客对价格的敏感度能够决定不同价位商品的销售额。如果目标市场中的顾客对价格不是十分敏感，那么价格的上涨将不会导致销售量的大幅下跌。但是，如果顾客对价格很敏感，那么价格的上涨将会使销售额急剧下跌。

一种衡量顾客价格敏感度的途径是价格分析。请设想如下案例：一家连锁影院想要知道不同价位的电影票的销售情况，他们挑选了旗下 6 家地理位置相近的影院，然后在一周内为每家影院制定不同的票价。假设每张票的可变成本和返还给电影经销商的版税为 5 美元，影院运营的固定成本包括场地、租金、人力及能源消耗总计 8 000 美元。

从图表 15–2 中我们可以得知价格分析的结果。请注意图表 15–2a，随着价格

图表 15–1
在制定零售价格时应考虑的因素

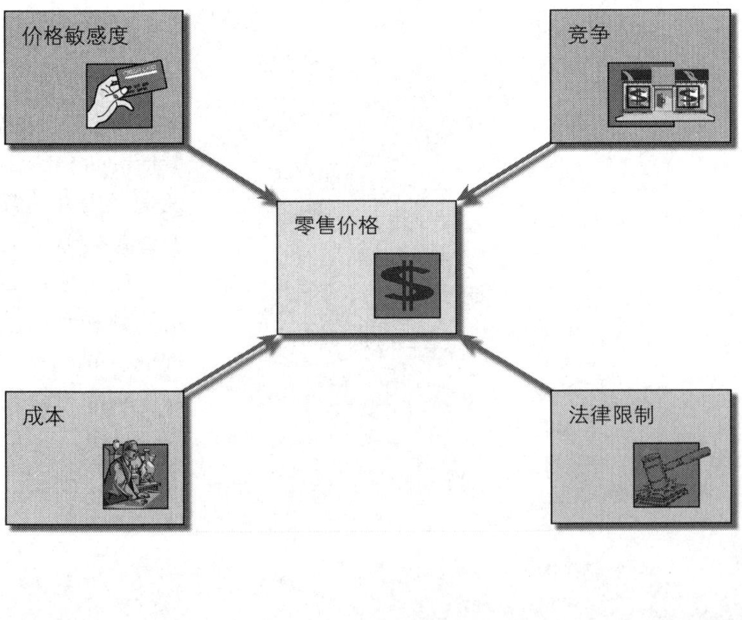

图表 15-2 价格实验分析的结果

图表 15-2a 价格实验分析的数据

影院	价格 ($)	售出数量	第 1 列 × 第 2 列 收入 ($)	第 2 列 × 每张票可变成本 ($5) 可变成本 ($)	固定成本 ($)	第 3 列 – 第 4 列 – 第 5 列 对利润的贡献 ($)
1	6.00	9 502	57 012	47 510	8 000	1 502
2	6.50	6 429	41 789	32 145	8 000	1 644
3	**7.00**	**5 350**	**37 450**	**26 750**	**8 000**	**2 700**
4	7.50	4 051	30 383	20 255	8 000	2 128
5	8.00	2 873	22 984	14 365	8 000	619
6	8.50	2 121	18 029	10 605	8 000	–577

图表 15-2b
不同价格下的售出数量

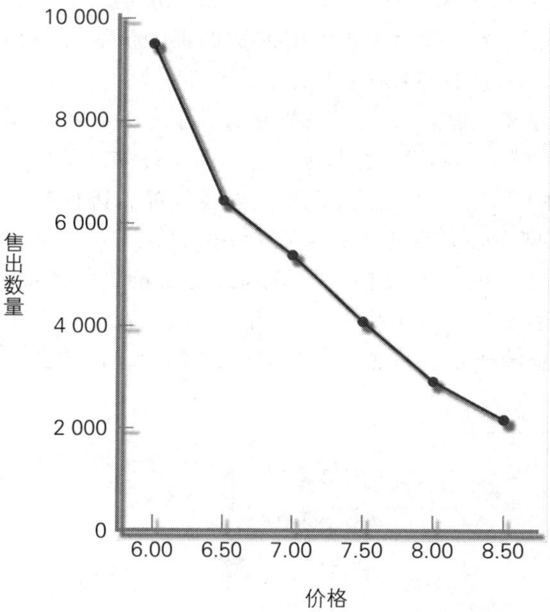

图表 15-2c
不同价格下的利润

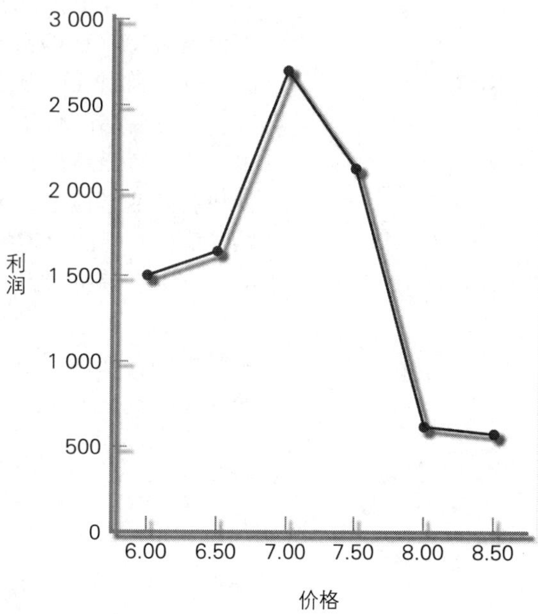

的上涨，固定费用没有改变，销售额和可变成本都随之降低，不过与可变成本相比，销售额下降得更快（图表 15-2b）。当价格为 7 美元时，商家从中得到最大的收益（图表 15-2c）。如果影院在制定价格时能充分考虑到顾客对价格的敏感度，那么每张票 7 美元将会是影院的最佳选择，从中可获得最大利润。

价格弹性 测量价格敏感度的一种常用方法是**价格弹性**（price elasticity），即售出数量的百分比变化除以价格的百分比变化。

$$弹性=\frac{售出数量的百分比变化}{价格的百分比变化}$$

假设一零售商起初给自有品牌的 DVD 定价为 90 美元，然后提高到 100 美元。提升价格之前，该零售商每周出售 1 500 台。提升价格后，销售量降低到每周 1 100 台。价格弹性的计算如下：

$$\begin{aligned}弹性&=\frac{售出数量的百分比变化}{价格的百分比变化}\\&=\frac{(现在售出数量-原来售出数量)/(原来售出数量)}{(现在价格-原来价格)/(原来价格)}\\&=\frac{(1100-1500)\ /1100}{(10-9)\ /9}=\frac{-0.2667}{0.1111}=-2.4005\end{aligned}$$

因为当价格提升时售出数量通常减少，所以价格弹性是一个负数。

当商品的价格弹性指数大于–1，即由 1%的价格下跌导致的销售量增长不足 1%时，该商品的目标市场通常被认定为非价格敏感（也即缺乏弹性）。当弹性指数小于–1，即由 1%的价格下跌导致销售量增长多于 1%时，该目标市场可被认定为价格敏感（也即富有弹性）。商品的价格弹性指数可由前文提到的价格分析得出，也可利用统计方法估算出价格变动时销售量的变化情况。

一种商品的价格敏感性由许多因素决定。首先，一种商品或服务的替代品越多，它越可能是富有价格弹性的（敏感）。例如，麦当劳的替代品有许多，所以这种快餐是非常典型的富有价格弹性的。不过像汽油就几乎没有替代品，因而它是缺乏价格弹性的（不敏感）。其次，身为必需品的产品和服务一般是缺乏价格弹性的。例如，医疗费用就是缺乏价格弹性的，而度假飞机票却是富有价格弹性的。最后，超出消费者消费能力的商品通常为富有价格弹性。例如，汽车就是富有价格弹性的，而像书或电影票则更趋于缺乏价格弹性。下图给出了几种日常消费品的弹性指数。[2]

	价格弹性	
产品种类	短期	长期
衣服	–0.90	–2.90
酒	–0.88	–1.17
珠宝和手表	–0.44	–0.67
汽油	–0.20	–0.60

基于这些估算数值，在短期内，1%的布料价格下跌只会导致 0.9%的销售量增长。但长期看，这个数值可以达到 2.9%。所以，如果你可以等上 3 个月而不是今天非要买某件羊毛衫，那么它的低价策略就不会对你产生很大影响。相反，尽管价格有些小波动，但无论是在短期还是长期内，美国人的汽油消费都不会有多大改变。然而，上述弹性指数是根据较小的价格变动估算而来，当遇到大的价格波动时，数值可能发生改变。

对于那些价格弹性指数小于–1 的商品，可使利润最大化的商品定价由如下公式进行推导：

$$利润最大化价格 = \frac{价格弹性 \times 成本}{价格弹性 + 1}$$

所以，如果上文提到的自有品牌的 DVD 成本为 50 美元，那么它的利润最大化价格应该为：

$$利润最大化价格 = \frac{价格弹性 \times 成本}{价格弹性 + 1}$$

$$= \frac{-2.4005 \times 50}{-2.4005 + 1} = 85.70 \text{ 美元}$$

竞 争

上文关于根据价格敏感度（弹性）和成本制定的价格忽略了竞争对手价格的影响。例如，上文提到的连锁影院票价起初为 7.5 美元，但为了增加销售额和利润，根据分析的结果，将价格下调为 7 美元。如果预期目标得以实现，那么竞争对手会因为销售额下跌而不得不也将价格降为 7 美元。这样第一家影院就有可能无法获得预期的销售额和利润。

汽油的价格弹性历来都大于−1，所以价格的上涨并没有导致销售量的相应减少。(见彩插)

零售商可以制定高于、低于或与竞争对手相同的商品价格。其所选择的定价策略必须与其总战略和相对市场定位相一致。设想一下沃尔玛和蒂凡尼的例子。沃尔玛的总战略是成为相关产品领域中的低成本零售商。他们试图提供比其竞争者更低的价格。另一方面，蒂凡尼除了商品之外，还为其顾客带来更多的好处。它的品牌效应及其顾客服务，保证了消费者会对自己买到的珠宝满意。由于具有如上优势，蒂凡尼可以制定高于竞争者的价格。

搜集利用竞争对手的价格数据 大多数零售商都会将搜集竞争者的价格数据作为日常工作的一部分，从而调整自己的价格以保持竞争力。竞争者的价格数据通常是由各商店的职员搜集的，此外这些数据也可以从商业服务人员处得知。

图表 15–3 向我们展示了一个虚构的价格比较数据。在这个例子中，全国连锁药店 CVS 将它的价格制定为略高于其竞争者温迪克斯和沃尔玛。不过，洗发水、牙膏和剃须膏的价格则颇有竞争力。同样，日用品连锁店温迪克斯为某些特定商品设定较低的价格，例如婴儿食物。沃尔玛的产品价格通常比其竞争者低，但种类不够丰富。

图表 15–3
竞争价格数据

SKU	CVS（$）	温迪克斯（$）	沃尔玛（$）
善存维生素（130 片）	9.49	9.99	8.26
泰诺溶液	6.49	4.69	5.47
Emfamil 婴儿奶粉	3.29	2.99	3.13
VO5 洗发香波	0.99	1.19	0.97
雅培婴儿营养水（1 升）	5.79	5.29	
高露洁牙膏（6 盎司）	2.99	2.99	2.84
金霸王 AA 电池（4 节）	4.79	3.49	3.24
九条命罐装猫粮	1.49	1.29	0.98
布洛芬（50 粒）	5.99	5.59	
剃须膏（7 盎司）	2.39	2.39	2.14
竞争价格指数 *	100%	91%	85%

* 只提供一般商品的指数。

减少价格竞争 零售商试图通过使用第 14 章讲到的品牌策略提供独特的商品来减少价格竞争。例如，他们可以发展自有品牌的商品种类，与国内品牌制造商洽谈取得独家销售的权利，或者让供应商只给他们一家提供独特的商品。由于竞争对手没有这种商品，所以顾客很难在价格上做比较。

定价中的法律和道德问题

除了顾客对价格的敏感度、成本和竞争外，零售商在定价时还应该考虑到法律和道德问题。例如，法国大型超市家乐福给商品定价就尤其困难，因为相关的规定限制了名牌商品的降价幅度。家乐福深受竞争对手之害，如两大德国连锁店 ALDI 和 Lidl，这两个竞争对手销售其自有品牌商品，由于不受法国规定的限制，商品价格要远远低于家乐福的价格。这两家零售企业进入法国市场，来势凶猛，抢走了家乐福的许多消费者。[3]

零售定价中的法律和道德问题包括价格歧视、转售价格保持、横向定价、掠夺性定价、诱售法以及扫描价格与标码价格的对比。

实 例
近 2/3 的成人网络用户认为同一商品向不同的顾客收取不同的价格是违法的，87%的人强烈反对网上商店对同一商品向不同顾客收取不同的价格。[4]

价格歧视 **价格歧视**（price discrimination）指零售商以不同价格把相同商品或服务卖给不同的消费者。价格歧视一般来说是合法的。

当使用优惠券或满足特定条件时，如下午 6 点前在某餐厅用餐，不同的消费者通常会付不同的价钱。顾客在购买诸如汽车、珠宝或收藏品时，通常都会讨价还价。女性在美发和干洗上通常会被收取更多的费用，虽然为男性和女性提供这些服务的成本都差不多。[5]一些州的法律不允许零售价格在性别、民族或种族上有歧视。

零售商如何及为什么要价格歧视在本章的后面部分会有解释。在很多情况下，顾客并没有意识到他们被收取了不同的价格，但是一旦他们意识到了这种行为，他们就会有种被不公平地欺骗了的感觉，而且以后都不会愿意去光顾那家店。[6]例

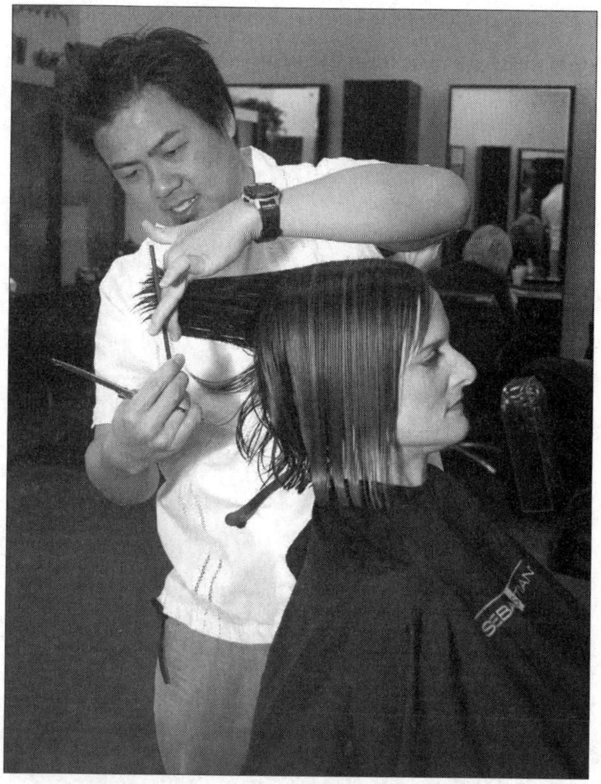

美发沙龙常因为向女士收取比男士更高的费用导致价格歧视。没有任何联邦法律禁止这种行为，但是一些州已经通过了将这种行为规定为非法的法律。

如，可口可乐在天气炎热期间提高其自动售货机中软饮料的价格就有很大的负面影响。[7]

掠夺性定价　**掠夺性定价**（predatory pricing）是指占有统治地位的零售商以低于成本的价格出售商品，以此将竞争者驱逐出行业的行为。零售商制定掠夺性定价的最终目的是驱逐竞争对手后提高价格，以补偿其损失。

一些州的老法律条文规定以不合理的低价（通常低于成本）出售商品属违法行为。但是，只要不是以驱逐竞争对手为目的，零售商通常可以以任何价格出售商品。例如，小镇上的自主零售商控告沃尔玛以低于成本的价格出售商品，想要将他们驱逐出竞争行业。但是沃尔玛坚持说它没有违反法律，因为它并不想伤害其他竞争者。不过，它也承认为了吸引顾客进店购买其他商品，沃尔玛的某些商品确实是以低于成本的价格出售的，可是其他零售商也是这么做的。

转售价格保持　如第 14 章所述，供应商往往鼓励零售商以某一特定价格出售他们的商品，通常叫做制造商建议零售价格（MSRP）。供应商利用 MSRP 来减少零售商之间的价格竞争、消除“搭便车”行为并刺激零售商提供互补的服务。供应商通过控制给零售商的好处来执行 MSRP，如提供合作广告，甚至拒绝为不遵守该规定的零售商发货。尽管这些行为的合法性在不断地变化，但目前还是合法的。

横向定价　**横向定价**（horizontal price fixing）是指直接竞争的零售商之间达成制定相同价格的协定。很明显，这种做法减少了竞争，是非法的。作为通常的惯例，零售商应避免与竞争对手讨论价格、销售条件或条款。如果采购员或商店经理想知道竞争对手的价格，他们可以观看竞争对手的广告，登录他们的网站或光顾他们的商店。

诱售法　**诱售法**（bait-and-switch tactic）是一种非法的欺骗行为，它通过宣传价格低于正常水平的商品来吸引顾客进入商店（诱饵），接着诱使顾客转而购买价格更高的类型（转换）。诱售法通常发生在两种情况下：第一种情况是零售商的广告商品库存不足。第二种情况是零售商有广告上样式的库存，但贬低其质量，而大肆渲染另一种价格更高样式的优势。为了避免使顾客失望，不与联邦贸易委员会（FTC）产生问题，零售商应该有足够的广告商品数量，如果它缺乏这些商品的库存，他们应该向顾客提供补货。

实　例
使用扫描仪的零售商店的平均定价错误率为 3.86%。其中低价索取占 2.21%，高价索取占 1.65%。[9]

扫描价格与标码价格的对比　许多顾客和管制者都担心扫描价格的准确性，但是实际上扫描价格的准确性极高。零售商通常由于扫描错误赔钱，因为扫描的价格低于商品标码的价格。[8] 进行阶段性的价格审计有助于制定完善的价格。商店应该阶段性地对商品进行随机样本的审计，以此来确定扫描错误的程度和原因，并采取措施将错误最小化。零售视野 15.1 描述电子价签是如何减少扫描错误并降低运营成本的。

制定零售价格

正如上一节描述的那样，从理论上来说，零售商根据消费者对价格的敏感度和商品的成本来制定价格，实现利润的最大化。只根据消费者对价格的敏感度和商品的成本来制定价格的一个局限，是它没有考虑到竞争者的价格。另一个问题是利用这种方法要求零售商对每一种商品的价格敏感度（价格弹性）了如指掌。许多零售商不得不每个月为 50 000 多个存货单位定价，制定数以千计的定价决策。从实用的角度来看，他们无法做实验或做数据分析来测定每个产品的价格敏感度。

因此，零售商在定价时通常通过加上产品的成本来实现利润。然后，这些基于成本的价格再在消费者对价格的敏感度和竞争定价的基础上进行调试。接下来的部分将阐述零售商是如何仅在商品成本的基础上进行定价的。

15.1 零售视野 电子价签降低成本

为了减少扫描错误及降低运营成本，零售商开始用能将价格显示在液晶显示器上的电子价签（ESL）代替纸制的价格标签。电子价签与一台中央电脑相连，通过店内的无线网络，该中央电脑用广播信号实现价格转换。条形码扫描仪也与中央电脑相连，同时更新扫描仪上和电子标签上的价格，保证两方的价格一致。

电子自助价格标签的使用使得零售商可以很容易地变换价格，无须像传统的塑料或低价签那样花费人力去更换。

因为有了电子价签，商店员工通过敲击键盘就可以实现价格的不断改变。因此，零售商可以通过竞争者或其他市场条件对价格变化做出快速反应。由于采用了电子价签技术，促销时零售商不再需要派员工亲临促销现场，因此节省了人工改变价格所需的上千个小时的劳动力。

电子价签在 20 年前就已经问世了，但是由于费用昂贵，零售商并没有将其作为纸制价签的替代品。近几年，电子价签的成本大幅降低。5 年前，每个电子价签的成本是 12 美元，但是现在的成本不到 5 美元。

资料来源：Randy Tucker, "Electronic Shelf Labels Update Easily," *Cincinnati Enquirer*, February 10, 2004, p. B3.

零售价格与加价

在商品成本的基础上定价时，零售商会从下面的等式开始：

零售价格 = 商品成本 + 加价

加价（markup）是零售价格与商品成本之间的差价。因此，如果一个体育用品零售商以 75 美元的价格购买了一个网球拍而以 125 美元的价格出售，那么它的加价就是 50 美元。合理的加价应该包括零售商卖出商品并获取利润的所有经营费用（劳动力支出、租金、水电费用、广告费用等）。零售商可能将一些商品的定价低于成本，赔本卖出，因为这些低价商品可以增加商店的客流量，本章的后面部分会讲到这个问题。

加价百分比（markup percentage）是加价相对于零售价格的百分比：

$$\text{加价百分比} = \frac{\text{零售价格} - \text{商品成本}}{\text{零售价格}}$$

因此，网球拍的加价百分比是：

$$\text{加价百分比} = \frac{\$125 - \$75}{\$125} = 40\%$$

基于成本和加价百分比的零售价格是：

$$\text{零售价格} = \text{成本} + \text{加价}$$
$$\text{零售价格} = \text{成本} + \text{零售价格} \times \text{加价百分比}$$
$$\text{零售价格} = \frac{\text{成本}}{1 - \text{加价百分比（作为分数）}}$$

因此，如果某人以$14 购买办公室用品（计算器），并且需要 30%的加价达到该类别的财务目标，那么零售价格应该是：

$$\text{零售价格} = \frac{\text{成本}}{(1 - \text{加价百分比})} = \frac{\$14}{(1 - 0.30)} = \$20$$

从传统意义上来说，服装零售商用 50%的加价，称为**加倍**（keystoning），即将成本翻一番作为零售价格。零售视野 15.2 回顾史密斯药店对普通药品不加价的决定。

初始加价与维持加价

前面的讨论是建立在零售商以起初定好的价格出售商品的假设之上的。但是，零售商很少以初始价格出售所有的商品，他们经常因为特殊促销或要处理过季库存而降价。此外，员工还享受打折，而且许多商品由于偷盗和计算错误（库存损耗）而丢失。初始价格与实际销售价格的差额叫做**减价**（reduction）。因此，初始加价与维持加价之间是有差额的。**初始加价**（initial markup）是商品最初的定价减去商品成本，而**维持加价**（maintained markup）是商品的实际售出价格减去商品成本。因此，维持利润就等于商品的毛利润。

图表 15–4 阐述了初始加价与维持加价的区别。图表中的商品成本为\$0.6，初始价格为\$1，因此初始加价为\$0.4，初始加价百分比为 40%。然而，该商品的平均销售价格为\$0.9，降价为\$0.1，因此维持加价为\$0.3，维持加价百分比为 33%（0.3/0.9）。

初始加价率与维持加价率的关系如下：

15.2 零售视野 道德决定史密斯药店是否加价

作为拥有 146 年历史、坐落在得克萨斯州麦克金斯的史密斯药店的拥有者，凯莱（Kaylei）和迈克尔·莫热（Michael Mosier）做了一个改变他们生活和事业的决定，那就是他们不打算在未投保的人身上赚钱。在他们做这个决定之前，药店的顾客不多，但都很忠实，因为该药店提供免费送货，为有信誉的顾客提供赊账，而且还设有老式的化妆品专柜。

坐落在德克萨斯州麦克金斯的史密斯药店从道德角度出发制定了一个决策，即不向未投保的人收取过高的费用。这一决策在全美国引起了不小的反响。

当他们的这个决定随着报纸传达四方后，他们店的订货量由每天的 100 份增至 1 000 份。“这个决定显然改变了我们的生活，”迈克尔说，“我们以为好运至此而止了，但实际上更好的还在后头。这是件好事，只是我们没有想到会这么好。”迈克尔安装了一台电脑，增加了一条电话热线，又多雇了一倍的员工，建立了一个网站，而且改变了他们的经营模式。来自各个地区的顾客络绎不绝。

莫热的定价决策强调国内各家药店一般药物价格的多样性。医药公司主要在有专利权保护的名牌药品上获取利润，而药店则在一般药品的加价上获取利润。药店对那些投保的顾客收取的费用大部分是固定的，但是对于那些没有投保的顾客，药店收取的费用就有很大的灵活性。一项对处方药品价格的研究表明，在一些情况下，一般药物的加价达到了 1 000%。其中，很多高价药品都是出于很多较小的独立药店。

资料来源：Paul Meyer, “Drugstore’s Ethics Are Drawing a Crowd,” *Dallas Morning News*, January 29, 2005, p. B1. Reprinted with permission of the Dallas Morning News.

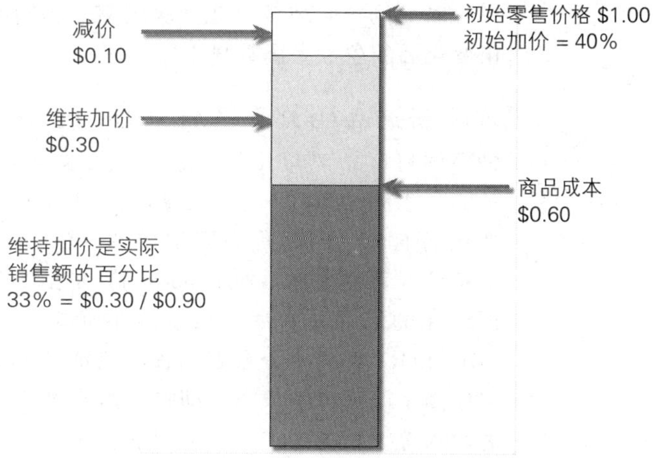

图表 15-4
初始加价与维持加价的区别

$$\text{初始加价率} = \frac{\overset{\text{维持加价率}}{\text{(计划实际销售的百分比)}} + \overset{\text{扣减率}}{\text{(计划实际销售的百分比)}}}{100\% + \text{扣减率(计划实际销售的百分比)}}$$

因此，如果图表 15–4 中的商品计划 10%的降价，而且希望 33%的维特加价，那么，初始加价应该是：

$$\text{初始加价率} = \frac{33\% + (\$0.10 / \$0.90 = 11.111\%)}{100\% + 11.111\%} = 40\%$$

初始零售价格应该是：

$$\text{初始零售价格} = \frac{\text{成本}}{1 - \text{初始加价率}} = \frac{\$0.60}{1\text{–}0.40} = \$1.00$$

制定零售价格的利润影响：盈亏平衡分析的运用

零售商通常想知道他们开始盈利时的销售数量。例如，某个零售商可能想知道：

- 满足目标利润的盈亏平衡销售额。
- 新产品、新产品线或新部门的盈亏平衡量和平衡额。
- 随价格变化而变化的盈亏平衡销售额。

盈亏平衡分析（break-even analysis）是一种有用的分析工具，它分析在考虑固定成本和可变成本的基础上，出售多少数量的商品可以实现盈亏平衡（或者零）利润。

计算出售多少数量的商品可以达到盈亏平衡的公式是：

$$\text{盈亏平衡数量} = \frac{\text{总的固定成本}}{\text{实际单价} - \text{单位可变成本}}$$

以下例子阐述该公式在决定某一自有品牌新商品的盈亏平衡数量和涵盖了价格变化后的盈亏平衡数量中的运用。

计算新产品的盈亏平衡 假设 PETsMART 考虑针对那些养老龄犬的人引进一种新的自有品牌的脱水狗粮。开发这种狗粮的成本是$700 000，包括付给设计人员的薪水和为该产品进行的测试。由于这些成本并不随着产品生产和销售数量的变化而变化，因此称为**固定成本**（fixed cost）。PETsMART 决定每袋狗粮卖$12，即单价。**可变成本**（variable cost）是指零售商花费的随着生产和销售数量的变化而变化的那部分费用。可变成本通常包括生产产品的直接劳动力和材料费用。PETsMART 将从一个自有品牌的制造商那里购买这种产品。因此，可变成本就是供应商生产狗粮的成本，即$5。**盈亏平衡点数量**（break-even point quantity）就是总收入等于总花销，接下来的销售就是可以获利时的数量。

$$\text{盈亏平衡数量} = \frac{\text{固定成本}}{\text{实际单价} - \text{单位可变成本}}$$

$$= \frac{\$700\ 000}{\$12 - \$5} = 100\ 000\ \text{袋}$$

因此，PETsMART 需要销售 100 000 袋狗粮实现盈亏平衡，或实现零利润，而接下来每出售一袋狗粮，宠物市场就获得$7 的利润。

现在假设宠物市场想从这个新产品线中获取$100 000 的利润，那么盈亏平衡数量现在就是：

$$\text{盈亏平衡数量} = \frac{\text{固定成本}}{\text{实际单价} - \text{单位可变成本}}$$

$$= \frac{\$700\ 000 + \$100\ 000}{\$12 - \$5} = 114\ 286\ \text{袋}$$

计算盈亏平衡销售额 与计算盈亏平衡点密切相关的一个问题是，决定应增加多少销售额才能从降价中获利，或应当减少多少销售额使价格增加变得无利可图。继续看 PETsMART 的例子，假定我们的盈亏平衡数量是 114 286 件，根据固定成本$700 000，利润$100 000，销售价格$12，成本$5 得出。目前 PETsMART 考虑将狗粮的价格降低到每袋$10。我们想知道如果我们将销售价格降低 16.67%，即$10，我们必须卖出多少袋才能实现盈亏平衡？运用公式：

$$\text{盈亏平衡数量} = \frac{\text{固定成本}}{\text{实际单价} - \text{单位可变成本}}$$

$$= \frac{\$700\ 000 + \$100\ 000}{\$10 - \$5} = 160\ 000\ \text{袋}$$

所以如果 PETsMART 降价 16.67%，即从$12 降到$10，那么销售额必须增长 40%：(160 000–114 286) /114 286。

价格调整

实　例

30 年前，降价商品的销售额只占百货商店销售额的 8%，如今这个数字已经攀升到了 20%。[10]

前一节回顾了零售商是如何根据商品成本和想要的维持利润制定初始价格的。然而，随着时间的变化和根据消费者细分市场的差异，零售商不断地调整价格，如降价和提供变化的定价。

降　价

降价（markdown）是指在原来零售价格的基础上减少或打折后的价格。本节探讨零售商为什么降价，他们如何使降价决策最优化，如何与供应商合作来减少降价幅度，如何清理降价商品以及降价的技巧。

降价的原因　零售商降价的原因可以归结为清理（处理商品）和促销（提高销售）两类。

采购员对该种类别的商品进行了清理降价，因为商品的实际销售速度远远低于预期。

清理降价商品　当商品的销售速度比原计划慢时，该商品在季末就会过时；或者当某商品的定价比竞争对手高时，出于清理目的，采购员一般会降价。就像第 12 章讨论的，销售速度慢的商品会降低库存周转率，使采购员不能买进新的更易销售的商品，致使该零售商销售时尚、流行商品的形象大打折扣。

降价是买卖经营的一部分，所以采购员都对其有预先计划。他们订购的商品总是比他们预计实际能够销售出去的要多，因为相对订购过多和季末剩余商品打折来说，他们更担心某一流行商品订购太少和季末前缺货。某一流行商品缺货会对一个服装零售商的形象产生决定性影响，而季末商品打折只是降低已有的加价而已。

所以，采购员的目标不是使降价最小化。如果降价太少，采购员很可能是定价太低了、没有购进足够数量的商品或是对购进的商品没有冒足够的风险。因此，采购员会把起初的加价价格定得足够高，以至于在商品降价或打其他折扣后，原计划的维持加价仍可实现。

促销降价　采购员也会采用降价方式推销商品，增加销售量。降价是为了增大客流量。零售商在制订促销计划时，在节庆或特殊的日子里降价会是他们促销项目的一部分。事实上，便携式的小型家用电器（例如烤箱）被称为“流量电器”，因为它们通常会以促销或降低价格增加店内的客流量。零售商希望吸引顾客进店后，以原来的价格卖给他们其他的商品。降价带来的另一商机是会增加互补性商品的销售。例如一家超市的热狗点心降价，而热狗、芥末和调味料的需求会增加——这些都按原价销售，这样热狗点心的降价就被抵消了。

降价最优化决策 传统上，零售商已经建立了一套降价原则。[11] 例如，一个零售商一周销售的百分比降到某个值以下后，他就会指定降价商品。另一零售商以商品在店内的库存时间为基础确定降价目标——8 周后降价 20%，12 周后降价 30%，16 周后降价 50%。然而，以这种原则为基础的降价方式是有限的，因为这种方式没有考虑到商品在不同价格上的销售量，因此不能实现利润最大化。

相反，如果零售商不依靠这些传统原则，而是利用商品最优化软件，则会大大提高利润。**商品最优化软件**（merchandising optimization software）是一套计算机程序，用来检测商品的销售和定价，决定其制定价格与销售额之间的关系，最终确定利润最大化的定价和降价的最佳时机。

该软件以整个销售季节中的实际销售为基础，不断更新价格预测并计算对价格的敏感程度。例如，该软件识别出 11 月上旬，某冬季物件比原计划要销售得好，所以就推迟了原计划的降价。每周随着新的销售数据的出现，该软件会适时调整预测，显示最新信息。它逐个计算某种商品的成千上万个的未来销售状况——这个过程如果是采购员自己来做的话，就太复杂也太费时了。然后它在预计利润和其他因素的基础上估算结果，选择能产生最大利润的方案。[12]

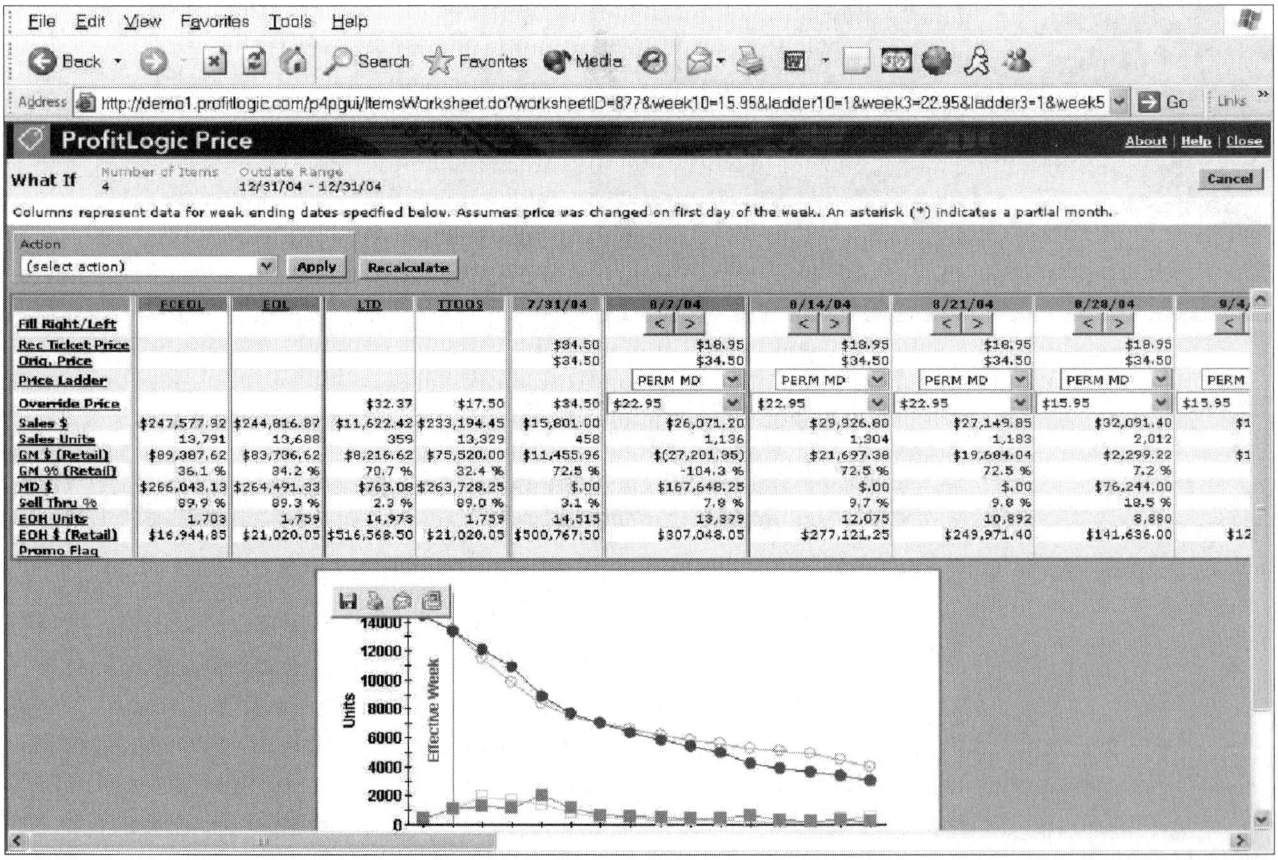

甲骨文零售降价模型下的产出表明，模型的建议降价（$18.95）将带来比采购员的计划降价（$22.95）多$5 000 的利润。

布鲁明戴尔公司在店中 40%的服装销售业中应用了降价最优化软件，占其总销售额的 10%。该软件改变了公司采购员们的思维模式。采购员们现在更迅速地做出降价决定，不再觉得禁锢在某种特殊模式中，也不再认为每次降价都要遵循同一原则。布鲁明戴尔公司在仍有需求时就第一次降价，因此在第一次降价中售出了更多商品，在第二次降价时卖得就相对少了。一次，一位采购员计划在圣诞节后再降价，然而软件显示应该在感恩节后就降价。尽管有很多不确定因素，该软件却是行之有效的。布鲁明戴尔公司以高于计划中圣诞节过后要实行的价格在圣诞节前将商品销售一空。[13]

与供应商合作，减少降价幅度 零售商与他们的供应商密切合作协调商品运送，共同分担降价的经济负担。供应链管理系统（见第 10 章）减少商品的运送时间，使零售商可以更密切地监测趋势和需求的变化，从而减少降价幅度。

供应商和零售商之间是伙伴关系，因此成功后均可获利。供应商了解市场和竞争，可以帮助零售商选择存货。当然，零售商必须信任供应商的品味和直觉。不然，它的存货就会和其他店的雷同。正像第 14 章中所讲，采购员通常可以获得降价补偿——供应商给零售商的资金，用于补偿降价或其他原因导致的毛利润损失。

清理降价商品 不管零售商计划得多么完美，一些商品在季末仍不能售出。零售商可以用如下 5 种策略之一清理未售出商品：

1. 把剩余商品“卖给”另一零售商；
2. 合并未售商品；
3. 把剩余商品放到网上拍卖网站（如易趣），或在自己公司的主页上设置特殊清理中心；
4. 捐给慈善组织；
5. 把商品保持到下一季。

把剩余降价商品卖给另一零售商已经非常盛行。例如，TJX 公司（T.J.麦克斯和 Marshalls 的所有者）和 Bluefly.com 传统上是从其他零售商处采购季末商品，再以较大的折扣卖掉。但是这种策略存在的问题是，零售商只能收回商品成本的一小部分——通常只有 10%。

零售商可以许多方式合并降价商品。首先，可以合并一处或几处零售商的惯常店址。其次，降价商品可以在同一所有权下合并成另一零售商连锁店或分销店。萨克斯第五大道的外五大道（Off Fifth）和内曼·马库斯的最后清仓中心（Last Call Clearance Center）就采用这种策略。最后，降价商品可以运至配送中心做最后销售。但由于涉及额外运输和记账，这会使合并销售变得复杂而又昂贵。

互联网在清理降价商品方面的作用正日益突出。例如，一家电子商店与易趣合作处理存货。而 J.Crew 和其他许多商店都在网站上建立了专门处理存货的区域。

向慈善组织捐赠存货是一种日益流行的做法。慈善行为是一项很好的公司行为，有助于公司回报社会，改善公共关系。同时，捐赠的商品成本也可以应税扣减。

最后一种清理策略——经营商品至下一季，适用于高价非流行商品，如传统男式服装和家具。然而，通常来说，由于过多的库存费用，这类商品是不值得保存的。

变化的定价和价格歧视

零售商采取一系列手段，通过对不同的顾客收取不同的价钱实现利润最大化。

针对个人的变化定价 理想情况下，如果零售商向每个顾客的要价是他们愿意付的钱，那么零售商将实现利润最大化。例如，如果一个富有的、对价格不敏感的顾客想要为他的车买一个新的充电器，汽车专卖区可能会要价 200 美元，但同样是这个商品，零售商可能会对一个价格敏感的、收入较低的客户要价 125 美元。以顾客愿意支付为基础，每个顾客要价不同称为**一级价格歧视**（first-degree price discrimination）。

> **实 例**
> 世界上最古老的李维斯牛仔裤于 19 世纪 80 年代问世，起初售价大约为 1 美元，被利维·施特劳斯公司以 46 532 美元在在线易趣拍卖上购走。[15]

通过拍卖给商品定价是一级价格歧视的一个例子。某零售商在易趣网上出售一张 1955 年的米奇·蒙特尔棒球卡片时获得了最大利润，因为那个顾客最愿意买而且出了最高价。另一个例子是零售商让顾客讨价还价，如零售视野 15.3 所示。

尽管一级价格歧视是合法的，并且在某些零售部门广泛应用，例如汽车和古董行业，但在大多数零售店中却不适用。首先，估计每一位顾客的付钱意愿很困

15.3 零售视野 讨价还价

前几周出去购物时，雷吉娜·莱诺尼斯在购买时尚低跟靴还是购买更保守样式的鞋子之间犹豫不决。销售员说如果她两双都买，就可以享受 270 美元的减价，即在总额中减去 270 美元。

这听起来像当地的跳蚤市场吗？实际上不是。为了实现销售额，很多零售商都允许顾客讨价还价。实际上这种做法已经实行很久了，虽然大部分公司公开否认这一做法。经常购物的顾客说无论是太阳镜屋还是时尚精美的肯尼斯科尔店，几乎每家店都可以讨价还价。有名的店如萨克斯和梅西表示那些能够说出其竞争者提供的价格的顾客能在讨价还价上占到便宜。

从盖普到陶谷仓许多国内的大型零售企业说他们坚持不讲价政策。许多百货商店使用收银机，该收银机不识别未经管理层许可的打折价格。有些百货商店还安装了摄像头，一来监视购物者，二来确保工作人员没给他们的朋友提供贴心价。

讨价还价的最佳场所是专卖店，因为像经营家庭式的店铺一样，专卖店的所有者在经营上有更大的灵活度。但是即使是在大型的百货商店和小型的连锁店中，经理也越来越多地被授权降价或提供免费换货或运送，以此来应对竞争。许多商店都坚持说讨价还价是不允许的，但是顾客和销售人员都说讨价还价的现象一直存在。政策就是："尽力不要降太多的价，但是也别让生意溜走了。"

资料来源：Rick Popely, "For Some, Haggling Is Part of the Fun," *Knight Ridder Tribune Business News*, April 24, 2005, p. 1; Steve Burgess, " The Happy Haggler: Only the Meek Pay Retail," *BC Business*, November 2004, pp. 52–57;Teri Agins and Sarah Collins, "Retailers Hoping to Lift Holiday Sales Begin to Allow Customers to Haggle," *The Wall Street Journal*, November 16, 2001, p. B1.

实 例

梅西的创始人 R.H.梅西在 1858 年创建了他的第一家干货店，取消了讨价还价的方法，开立了单一价格的先河。他是第一个在报纸上公布固定价格的零售商。[16]

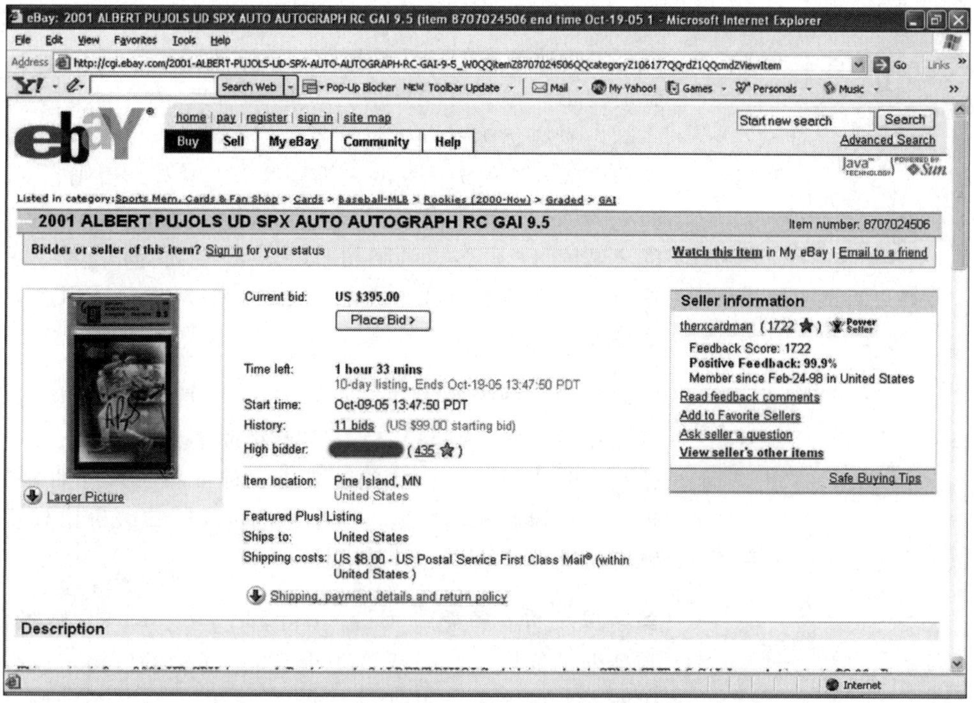

利用拍卖给这张有棒球明星亲笔签名的棒球卡定价是一级价格歧视的一种表现，因为该价格是由最愿意购买这张卡的顾客确定的。

难。其次，零售商不能随着不同顾客的变化变换已贴在商品上的价签。此外，顾客一旦发现自己被索取的价钱比别人高，就会觉得受到了不公平待遇。

尽管如此，一级价格歧视仍可用于网上销售。零售商可以通过分析顾客以前的销售行为来估计顾客的付款意愿，然后在网页上提供以顾客付款意愿为基础的价格。[17]

自选变化定价 变化定价的另一种方式是向所有顾客提供相同的价目表，同时允许顾客做一些事情来降低价格，而这些事情是那些有很强付款意愿的人不愿选择的。这种方式称为**二级价格歧视**（second-degree price discrimination）。例如，饭店经常会有早到者特惠，即对下午 6 点前来店内就餐者予以优惠。每个人均可享受这项优惠，但价格敏感的顾客更有可能被此吸引。清理降价、优惠券和返现、捆绑和多单位定价也属于这种方式。

服装商店的清仓降价 清仓降价导致季初定价高于季末定价。因此，有时尚意识的顾客会自主选择高价购买，因为他们想成为穿最新款式服装的人，所以有很强的付款意愿。更注重价格的顾客会等到季末降价时才买。

优惠券 **优惠券**（coupon）使顾客在购买某些特定商品时享受优惠。制造商和零售商在报纸上、商品上、货架上、付款处、网上及用邮件发行优惠券。零售商使用优惠券是因为他们想吸引顾客来尝试该商品，把初次使用者变为经常购买者，鼓励大量购买，增加使用者，在竞争中保持市场份额。

优惠券也被认为是二级价格歧视的一种方式。因为总的来说，对价格敏感的顾客会更加努力去获得和使用优惠券，价格不敏感的顾客则不会。

发行优惠券的利润是复杂的，它取决于商品的种类。[18]优惠券促销，像所有的临时促销一样，可能只是提前售出商品，并不能带来销售总额的增加。例如，一家超市发行优惠券促销糖，家庭主妇们就会买进大量的糖以备将来使用。因此，除非大部分使用优惠券的人都是第一次购买，否则它对净销售额的影响微乎其微。一些人认为优惠券惹恼、疏远了顾客并使其感到困惑，因此不会增加顾客对商店的忠诚度。[19]顾客看到某超市的一则广告大标题为“双倍优惠”，但却意识不到，这可能要在某些情况下才能享用，如有最低消费限度或者只限于厂商提供的纸质优惠券。

捆绑定价 **捆绑定价**（price bundling）是指以一种价格出售两种或两种以上不同的商品或服务。例如，麦当劳提供的特惠套餐包括一个三明治、炸薯条和一杯软饮料，购买套餐要比单独购买这三种食品便宜。捆绑定价通过把顾客带进商店，提高了销售量和销售额。这种做法也属于二级价格歧视，因为它为对价格敏感的顾客提供了更低价格的选择。

多单位定价 **多单位定价**（multiple-unit pricing）或**数量折扣**（quantity discount）与捆绑定价相似，都是通过降低商品总量的价格来提高销售额，不同的是前者提供的商品和服务是相似的，而后者提供的商品和服务是不同的。例如，一家便利店的苏打水每公升价格为 99 美分时，以 2.39 美元的价格销售了 3 公升，这样顾客就节省了 58 美分。与捆绑价格相似，这种策略用来提高销售量。但根据商品类型，顾客可能会大量购买以备将来使用，或者及时转手出售。

多单位定价也属于二级价格歧视，因为大量购买某一商品的顾客很可能就是对价格敏感的顾客。由于大量购买可以降低价格，对价格敏感的顾客因此被商家吸引。

由细分市场决定的变化定价 零售商通常对不同人口构成的细分市场收取不同的价格，这种做法称为**三级价格歧视**（third-degree price discrimination）。影剧院向老年人和大学生收取较低的门票，因为人们通常认为这些群体比其他消费者对价格更加敏感。

三级价格歧视的另一个例子是区域定价。**区域定价**（zone pricing）指在不同的商店、市场、地区或区域收取不同的价格。零售商通常利用区域定价应对各种市场中的各种竞争局面。例如，一些多渠道的零售商通过让顾客先输入他们的邮政编码，后告诉他们价格的方式实行区域定价。食品零售商在一个城市通常要有四五个定价区域。他们会在沃尔玛旁边设立一个区域，在一个不那么具有价格竞争的地区连锁店旁边再设立一个区域。根据与周围商店的竞争情况和周围商店本身的经济健康情况，区域价格的变动幅度可能达到10%。[20]在市区或人口构成大部分是退休老年人的区域，药店经常收取较高的价格，因为这些地区的人们相对来说对价格不太敏感。[21]在收入和年龄的基础上进行的三级价格歧视很多人认为是不道德的做法。

前面几节集中讲述了零售商是如何制定价格的，以及是如何根据不同的细分市场来对价格进行调整的。接下来的部分，将探讨零售商普遍使用的两种定价策略、服务性零售商面临的定价问题以及零售商使用的特殊定价技巧。

定价策略

零售商采用两种基本的零售定价策略：高/低定价和每日低价。本节我们将讨论这两种定价策略及其各自的利弊。

即使沃尔玛采用每日低价策略，它对某些商品也使用促销策略。

高/低定价

零售商经常使用**高/低定价**（high/low pricing）策略——通常是每周——通过经常性的促销对原有商品打折。近年来零售商的促销策略使用得愈加频繁。在过去，流行类零售商在季末降价出售商品，杂货店和药店只有在供应商提供特殊价格或当商品库存过多时才削价处理商品。现在，许多零售商通过更频繁的削价应对日益激烈的竞争和对价值更加敏感的顾客。

每日低价

许多零售商，尤其是超市、家居改善中心和折扣店都采用了**每日低价**（every-day-low-pricing，EDLP）策略。这一策略强调零售价在常规价格和零售商实行高/低定价策略竞争者的深度折扣价格之间的连续性。虽然每日低价的零售商遵循其一致的定价策略，但偶尔也会促销，只是不像高/低定价那么频繁。

术语“每日低价”是很有误导性的，因为低并不意味着最低。尽管采用每日低价的零售商努力推出低价格，但其价格在市场上并不总是最低的。在任何一段时间内，高/低定价的零售商的促销价格可能是市场上的最低价格。

由于很难做到总是最低价，一些商家就采用了**低价保证政策**（low price guarantee policy），保证以可能的最低价提供商品。这项政策通常保证该商店的商品价格与市场上的最低价持平或更低。该项承诺一般包括答应退还顾客商品购买价与最低价之间的差额。

各定价策略的优势

高/低定价策略具备以下优势。

- 通过价格歧视增加利润　高/低定价允许零售商对那些价格不敏感、愿意付高价的顾客收取更高的价格，而向那些对价格敏感、愿意等待低价的顾客收取较低的价格。
- *容易引起兴趣* “抓住转瞬即逝的机会”的气氛经常发生在削价处理的时候。削价吸引人群，人群能产生兴趣。一些零售商在低价格和广告之余还加上特殊店内活动，如产品展示、赠送及名人出场。
- *易处理商品* 削价可以使零售商处理掉销售不佳的商品。

每日低价的优势如下：

- *向顾客保证低价* 许多顾客对初始零售价格表示怀疑。他们已习惯于只购买削价商品，这是高/低定价策略的主要特点。每日低价让顾客知道他们光顾每日低价店会得到同样的优惠。顾客不需要阅读广告，不需要等待促销的来临。
- *减少广告和经营费用* 每日低价中的稳定价格减少了高/低定价策略中每周做削价广告的必要。此外，采用每日低价的零售商不需要更换价签，还可节省标示和张贴促销标牌的劳动力费用。
- *库存不足现象少，存货管理更优* 每日低价减少了因大幅度降价和频繁削价引起的需求波动。因此，零售商可以更稳定地管理其存货。库存不足现象少意味着顾客更满意，销售额更高，缺货支票更少。**缺货支票**（rain check）是当商品没有库存时给顾客开的一种书面承诺，保证在到货后以优惠价卖给顾客。另外，更可靠的顾客需求模式使零售商能够通过减少特殊促销和备用库存所需的平均存货提高存货周转率。

定价服务

定价服务在遇到以下两种情况时会产生额外的挑战：（1）要将供给和需求相匹配；（2）顾客在决定服务质量时遇到困难。[22]

匹配供给与需求

服务是无形的资产，因此它无法贮存。当零售商销售商品时，如果没能在一天之内卖完，产品可以贮存起来第二天再卖。但是，当飞机空载起飞或是剧院里的戏剧在没人观看的情况下演出时，这种来自于未使用能力的潜在收益会永远地丧失。另外，大部分服务只有有限的能力。例如，餐厅里可容纳顾客的数量是有限的。鉴于能力的有限性，服务零售商可能会面临这样的情况，即无法了解他们究竟可以完成多少销售。

为了使销售额和利润最大化，许多服务零售商致力于收益管理。[23] **收益管理**（yield management）是将价格随需求的变动而上下调整用以控制销售的行为。收益管理主要应用于航空业，航空公司通过使用先进的计算机程序，监控每一架飞机的预订和售票情况，并根据容量使用率调整机票价格。当销售低于预测量且有足够的空余能力时，机票的价格降低。当销售量接近于承载能力时，机票价

因为航运像大部分服务一样没法库存，所以一旦一架飞机空位而飞，那么售票的机会就永远没有了。

实 例

收益管理可以增加 7%的收入和 100%的净利润。[24]

格上升。

其他的服务零售商使用不太先进的方法来匹配供给与需求。例如，愿意在晚上7 点去餐厅吃饭或看电影的人比 5 点的人多。因此餐厅和电影院在晚上 7 点可能无法满足所有顾客的需求，但在晚上 5 点却有多余的服务能力。所以餐厅和电影院通常将晚上 5 点的价位定得低于晚上 7 点的价位，以此将晚上 7 点的需求转移到晚上 5 点。

提供服务所需要的时间，也会对服务零售商提供服务的能力产生影响。因此，当服务的提供会受到能力限制时，服务零售商需要增加价格和边际收益。例如，在餐厅中开胃小菜通常是在准备主菜的时间提供。这样提供开胃小菜的时间并没有延长顾客在餐厅所花费的时间或减少餐厅为其他顾客提供服务的能力。相比之下，餐后甜点和咖啡会加长顾客在餐厅花费的时间并减少餐厅为其他顾客提供服务的能力。因此，餐厅会将餐后甜点和咖啡的价位定得比开胃小菜更高一些。零售视野 15.4 中讲述百老汇剧院是如何实行收益管理的。

决定服务质量

鉴于服务的无形性，顾客通常很难评估服务的质量。因此，顾客很可能会将价格作为判断服务成本与服务质量的指标。[25] 顾客将价格作为判断质量的指标取决于若干因素，其中之一是消费者可获得的其他信息。当服务质量的提示很容易辨别，或当品牌名称为公司声誉提供有力证明，或当广告足以传达品牌中的公司理念时，顾客更乐意用这些提示而非价格作为衡量质量的标准。尽管如此，在其他情况下，例如当质量很难查明，或是在一系列服务中质量和价格多种多样差异很大时，消费者可能相信价格是衡量质量的最好指标。消费者购买服务时经常遇到这样的情形。[26]

使质量指标更依赖于价格的另一个因素，是与购买服务相关的风险。在高风险的情况下，许多涉及信誉服务，例如医疗或法律咨询，这时顾客看重价格并将其看做质量的等价物。

由于顾客将价格作为质量的提示，并且因为价格决定着顾客对质量的期望，所以必须小心谨慎地制定服务价格。价格不仅被选作管理能力的因素，它还必须传达恰当的质量信号。定价过低会导致消费者对服务质量的偏误推断，定价过高会导致无法提供与顾客预期相匹配的服务。

增加销售的定价技巧

本节审视 3 个零售商用来增加销售的技巧：先导定价、系列定价和尾数定价。每一个技巧都利用了顾客处理信息方式的优点。

先导定价

先导定价（leader pricing）是指零售商将特定商品的价格定得低于正常价格，以此增加客流量或提高互补性商品的销售。一些零售商将此类商品称为“招徕顾客的廉价品”。严格来讲，这种廉价品是按低于成本价出售的。但是对于使用先导定价策略的零售商，某种商品不是必须低于成本出售的。

最适合采用先导定价的商品是那些经常性购买品，像白吐司、牛奶、鸡蛋，

15.4 零售视野 你的票价是多少

为了将利润最大化，百老汇影剧院在纽约时代广场的 TKTS 小亭里销售只限当天观看的打折票。

在纽约，每晚平均有 25 000 人观看百老汇的演出。百老汇的门票从 1998 年到现在涨了 31%，但是去剧院的人知道，百老汇总有一些优惠政策，如优惠券、买一赠一、学生票以及在时代广场上的 TKTS 小亭出售的票。

一项对门票销售的研究表明，门票有 17 种不同的价格。有些价格差异是由座位的质量不同引起的，如乐池、包厢、楼座等，但是大部分的价格差异是各种各样的打折导致的。随便抽取某一夜晚的两张门票，它们的价格差异大约是平均门票价格的 40%。

剧院人员使用各种策略，确保座位全部售出并且是按消费者愿意支付的价格出售。有针对目标的直邮优惠券通常是在剧目首映时使用的，而买一赠一的票则是剧目已经上映了一段时间后使用的。

在时代广场上的 TKTS 小亭出售的票，通常都是低质量的乐池票。这种票的固定折扣是 50%，但只限当日剧目。唐纳德·特朗普从不在 TKTS 排队，因为在这个收入水准的人不介意买全价的票。但是很多学生、没有工作的演员和处于低工资水平的游客就买 TKTS 提供的票。在 TKTS 排队很麻烦，这使很多对价格不敏感的顾客更情愿买全价票。

资料来源：Hal Varian, “The Dynamics of Pricing Tickets for Broadway Shows,” *New York Times*, January 13, 2005, p. B1; Ramin Setoodeh, “Neon Lights for Less,” *Newsweek*, October 18, 2004, p. 78.

以及知名的品牌如可口可乐和百事可乐。顾客更加关注这些商品，因为他们每周都要购买。零售商希望顾客在购买廉价品的同时也购买所有每周杂货单上的商品。玩具反斗城成功地使用了先导定价策略，将一次性尿布定位为廉价品。初为父母者在孩子处于婴儿期时就习惯在玩具反斗城购物，而后在整个为人父母期间成为这家店的忠诚顾客。

采取先导定价的一个问题是，这可能吸引一些**"择优而取的人"**（cherry picker）。他们从一家店逛到另一家店，只买那些廉价的特殊商品。这样的顾客对零售商来说显然是无利可图的。[27]

系列定价

在系列定价中，零售商在一个级别内提供有限数量的、预先确定的价格点。例如，一家轮胎店以 69.99 美元、89.99 美元和 129.99 美元出售质量分别为良、优和最优的轮胎。这种做法就是**系列定价**（price lining）。顾客和零售商都可以从这种策略中受益，原因是：

- 基本上消除了由多种价格选择引起的混淆。顾客可以选择低价、中等价或高价的轮胎。
- 从零售商的角度，销售任务得以简化。也就是说，在某一系列定价下所有商品一起销售。更进一步说，当走向市场时，公司的采购员可以通过记住预先确定的系列价来选择他们的采购对象。
- 系列定价也赋予采购员更大的灵活性。如果严格要求初始零售价格（初始加价），那会有很多价格点。但有了系列定价策略，一些商品的购买价就有可能略低于或略高于系列价的预期成本。当然，系列价也会限制零售采购员的灵活度。他们或许被迫放弃大有获利潜力的商品，因为该商品不能适应系列价。
- 尽管许多制造商和零售商在简化产品报价以节省配送和存货成本，并简化消费者的选择，但系列定价可以使顾客"交易上升"至一个更昂贵的型号。研究表明人们有选择系列定价中中等价位商品的趋势。例如，倘若一家照相机店开始经营起"超级豪华"款相机，顾客更有可能购买先前最贵的一款。零售商必须决定是销售更贵的商品更有利可图，还是通过削减商品库存节省资金更有利。[28]

尾数定价

尾数定价（odd pricing）指以尾数，通常是 9 来定价。尾数定价在零售业中有很长的历史。在 19 世纪和 20 世纪早期，由于员工偷窃，尾数定价用来减少损失。由于商品是尾数价，销售人员通常必须去收银机找给顾客零钱并记录下交易，这就使销售人员更难私留顾客的钱。尾数定价还可以用来记录商品降价的次数。最初价格为 20 美元，第一次降价为 17.99 美元，第二次为 15.98 美元，以此类推。

在这个领域实验研究的结果是喜忧参半的。[29]但是，许多零售商认为尾数定价

许多零售商都将价格的尾数定为 9 或 99 等，因为他们想让顾客有种销售价格比实际价格低的感觉。

可以增加利润。例如，在 CVS 商店的计算机化的定价系统开始运作时就会给商品加上必要的加价。加价完成后，程序就会将出来的价格上的美分升到最近的 5 或 9。沃尔玛在最后一步上采用的是另一种不同的方法。最准确的价格是在成本上加上固定的百分比，由此得出一系列的价格。[30]

尾数定价依靠的理论是一种设想，即购物者不会注意到价格的后一位或后几位数字，所以 2.99 美元就被当做了 2 美元。另一种理论是以数字 9 结尾给人一种低价的感觉。因此，对于那些被认为会引起价格敏感的商品，许多零售商都以 9 结尾，以此来创造一种积极的价格形象。例如，如果某商品的正常价格是 3.09 美元，那么零售商就会将价格降到 2.99 美元。

调查结果为零售商制定最终尾数价格提出了如下建议：

- 当市场的价格敏感度很高时，提高或降低价格使之以数字 9 结尾是有利的；
- 当市场的价格敏感度不是很高时，零售商用数字 9 结尾所冒的风险要大于其所获得的利益。在这种情况下，使用双数价格或整数结尾价格比较合适；
- 许多经营高消费层次商品的零售商通过阶段性的打折来吸引市场上对价格敏感的群体，对这样的零售商，综合策略比较合适，即适逢打折和提供特价优惠时，要打破原来采用以整数结尾定价的标准策略，转向以尾数 9 结尾的策略。[31]

互联网与价格竞争

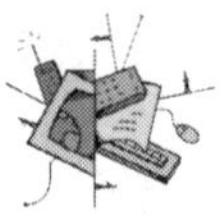

零售商们担心电子零售的发展会导致竞争的加剧。在此之前，地理位置减少了提供相同物品的商店之间的竞争，因为顾客通常在离他们生活或工作最近的商店或超市购物。但是在使用了互联网之后，顾客可以在全球范围内搜索价格更低廉的商品。能让顾客货比三家的商店，已不再局限于空间的距离了。[32]

“购物虫”使得顾客更易找到价格低廉的商品。**“购物虫”**（shopping bot）或叫**搜索引擎**（search engine）是一种电脑程序，它可以让顾客了解提供某一品牌商品的一览表和价目表的网站。为了限制价格对比，电子零售商起初还设置了一些阻碍，限制顾客从一个网站进入另一个网站。电子零售商采用不同的界面，因此顾客要学会如何在他们访问的新网址上搜索。此外，一些互联网零售商还阻止其他购物虫进入他们的网址、搜集有关商品的信息，或用这些搜集来的数据与其他电子零售网站提供的信息进行对比。[33] 这些做法阻碍了顾客对各家的价格进行对

通过使用像 Bottomdollar.com 这样的购物虫，顾客可以很容易地搜集通过电子渠道销售的品牌商品并对价格进行比较。

比，同时也大大打击了顾客访问网站的积极性。顾客通过网上购物可以毫不费力地搜集到有关价格的信息，同时，网上购物也降低了顾客搜集有关产品质量和性能的信息的成本。

例如，出售定制的东方小毯的电子渠道可以详细地为顾客指出这种针对顾客的小毯子与建筑用的小毯子在样式和材料上的不同。由西夫韦（www.shop.safeway.com）和艾伯森（www.albertsons/shop）提供的电子百货服务按照营养成分将玉米片分类，因此方便顾客根据其特点做购买决定。关于产品质量的额外信息可能会使顾客为高质量的商品付更多的钱，也因此降低了价格的重要性。[34]

使用电子渠道的零售商可以通过提供更好的服务和信息分散顾客对价格的注意力。顾客很可能由于这些服务愿为商品付更高的价钱。例如，亚马逊为顾客提供一本书的目录和摘要，还提供作者（或作者们）和读过此书的人写的评论和评价。当某一顾客对某本书感兴趣时，亚马逊的系统就会为该顾客提供该作者写的其他书目或其他类似文体的书目。最后，顾客告诉亚马逊他们最喜欢的作家和主题，而后亚马逊会用邮件的形式通知顾客，告诉他们可能喜欢的新书。过去人们对零售中最重要的三个要素是什么这个问题的经典回答是“店址、店址、店址”，而在电子零售的今天，这个问题的回答就该是“信息、信息、信息”。[35]

小 结

制定价格是实施零售战略中的一项重要决定，因为价格是消费者认识价值的重要组成部分。在定价时，零售商会考虑到目标消费者的价格敏感度、商品及所提供服务的成本、竞争对手的价格和法律限制。从理论上讲，零售商通过以消费者价格弹性和商品成本为基础制定价格，以取得利益最大化。然而，这种方法并未考虑到竞争对手的定价。试图以消费者价格弹性和商品成本为基础的方法存在的另一个问题是，它会导致零售商制定大量与实施计划相反的价格决策。因此，零售商通常会通过抬高各项成本的价格来定价以获得有利的保守差价。然后，这些最初基于成本的定价会根据零售商对顾客的价格敏感度和竞争价格的分析进行调整。

初始价格会随着时间的推移（降价）和不同的细分市场（变化的定价）进行调整。零售商通过降价扩大销售或增加收益。降价是经营成本的一部分，因此，采购员要将它们计划在内。

零售商应用各种技巧将同种商品以不同价格卖给不同的消费者获得利益最大化。这些技巧包括针对不同消费者制定不同价格，为消费者提供自我选择所能接受价格的机会和通过消费者人口统计因素的差异制定不同的价格。

零售商运用两种基本的零售定价策略，即每日低价和高/低定价。每一种策略都有自己的优缺点。高/低定价策略通过价格歧视提高利润，制造兴奋点并为流通缓慢的商品提供销售机会。每日低价策略确保向消费者低价销售，降低广告和管理费用，减少库存，加强供应链管理。

为服务定价时，额外的挑战便出现了，这是由于要满足供求均衡以及消费者难以确定服务质量好坏导致的。零售商运用收益管理技巧平衡服务的供求。

最后，零售商运用各种定价技巧来刺激销售，包括系列定价、先导定价和尾数定价。

关键术语

价值
价格弹性
价格歧视
掠夺性定价
横向定价
诱售法
加价
加价百分比
加倍
减价
初始加价
维持加价
盈亏平衡分析
固定成本
可变成本
盈亏平衡点数量
降价
商品最优化软件
一级价格歧视
二级价格歧视
优惠券
捆绑定价
多单位定价
数量折扣
三级价格歧视
区域定价
高/低定价
每日低价
低价保证政策
缺货支票
收益管理
先导定价
择优而取的人
系列定价
尾数定价
购物虫
搜索引擎

小试身手

1. **连续任务**　到你为完成连续任务选定的零售商那里购物。该零售商采用的是高/低定价策略还是每日低价策略？向商店经理咨询降价决策是如何制定的，商店又是如何决定降价幅度的。降价是根据哪种方法实现的？零售商有没有使用各种策略促进销售，如系列定价、先导定价和尾数定价？该商店内商品的实际价格和网上价格一致吗？
2. **网上练习和购物**　登录布鲁明戴尔（www.bloomingdales.com）和狄乐百货商店（www.dillards.com）的网站。哪家百货连锁店采用了每日低价策略？哪家采用高/低价策略？你如何区分？
3. **网上练习**　在旅游和度假行业，捆绑定价相当普遍。打开 Sandals（www.sdandals.com）网站，看看你能看到什么。那里的商品都只有一种价格。
4. **购物**　光顾一家使用同架价格标码而不是单个商品价格标码的超市。注意每个架子的价格标码。购买 20 件商品，看看有多少件商品的价格是正确的？有多少商品收取的价格低于标码价格？有多少商品收取的价格高于标码价格？
5. **购物**　光顾三家不同类型的商店并与员工讨价还价。讲述一下你讨价还价的过程。你讨价还价的成功率与商店或商品的类型有关系吗？与经理讨价还价是否成功率更高些呢？
6. **购物**　光顾你最喜欢的食品商店和当地的沃尔玛，在两家店内分别找到一市场篮子商品的总价格。每家店的市场篮子的总成本分别是多少？价格相差多少？沃尔玛真正做到像它标语说的那样"总是提供最低价格"了吗？

商品	容量	品牌	超市	沃尔玛
食品杂货			价格	价格
米粉咖啡	11.5 盎司/听	Folgers		
玉米片	18 盎司/盒	家乐氏		
宠物食品				
狗粮	4.4 磅/袋	Purina		
清洁用品				
液体洗衣剂	100 盎司/瓶	Gain		
烘干机纸张	80 张	Bounce		
液体餐具洗涤剂	25 盎司/瓶	Joy		
健康和美容用品				
洗发香波	12 盎司/瓶	多芬		
牙膏	4.2 盎司/管	高露洁		

7. **网络在线学习中心练习**　登录在线学习中心的学生区。点击定价和降价模式。甲骨文零售会给你提供扮演采购员的机会，并测试你的零售降价分析能力。你将有机会在几周内为若干产品制定降价决策。你可以自己做这个模拟游戏，也可以跟你的同学一起做。

讨论题

1. 商品最优化软件是如何帮助采购员制定更合理的降价决策的？
2. 对降价进行简单研究后，我们可能会认为零售商只有在清理没有售出的商品时才会采用降价策略。那么零售商降价的其他原因是什么？
3. 你是否知道一些违反了本章讨论的法律事宜的零售商？解释你的回答。
4. ebay.com、priceline.com 和 staples.com 各自的定价策略有何区别？你认为在今后 10 年中，哪家在市场中的发展最为壮大？为什么？

注意：你可以在在线学习中心的学生区找到下列的 5~9 题。点击定价。

5. 一家百货商店的维持加价率为 38%，减价额为 560 美元，净销售额为 28 000 美元，初始加价百分比是多少？

6. 维持加价率为 39%，净销售额为 52 000 美元，减价额为 2 500 美元，毛利润是多少美元？初始加价百分比是多少？解释为什么初始加价高于维持加价。
7. 产品成本是 150 美元，加价率是 50%，降价率是 30%，最终售价是多少？
8. 曼尼·佩雷斯以 9 美元买了一条领带，并以 15 美元将其出售，他的加价是多少？
9. 回答以下问题：（a）力美特打算为秋季引进一批新的皮革牛仔夹克，零售价格打算定在 100 美元/件。夹克的生产地在多米尼加共和国。力美特没有厂房，产品开发和设计的成本是 400 000 美元。包括运到商店的运输费，夹克的总成本是 45 美元。为了保证这批货的成功引进，力美特应该获取 900 000 美元的利润。请问：盈亏平衡点的销售数量和销售额是多少？（b）采购员刚刚发现力美特的一个主要竞争者盖普也引进了类似的夹克，并以 90 美元的价格出售。如果力美特想与盖普的价格持平，那么它需要出售多少件夹克？

推荐读物

Darke, Peter, and Cindy Chung. "Effects of Pricing and Promotion on Consumer Perceptions: It Depends on How You Frame It," *Journal of Retailing* 81, no. 1 (2005) pp. 35–52.

Homburg, Christian; Wayne Hoyer; and Nicole Koschate. "Customers' Reactions to Price Increases: Do Customer Satisfaction and Perceived Motive Fairness Matter?" *Academy of Marketing Science* 33 (Winter 2005), pp. 36–50.

Levy, Michael; Dhruv Grewal; Praveen Kopalle; and James Hess. "Emerging Trends in Retail Pricing Practice: Implications for Research," *Journal of Retailing* 80, no. 3 (2004), p. xiii–xxi.

Monroe, Kent. *Pricing: Making Profitable Decisions*. 3rd ed. New York: McGraw-Hill, 2002.

Nagle, Thomas, and Reed Holden. *The Strategy and Tactics of Pricing: A Guide to Profitable Decisions*. Upper Saddle River, NJ: Prentice Hall, 2002.

Shankar, Venkatesh, and Ruth Bolton. "An Empirical Analysis of Determinants of Retailer Pricing Strategy," *Marketing Science* 23 (Winter 2004), pp. 28–50.

Shugan, Steven M., and Ramarao Desiraju. "Retail Product-Line Pricing Strategy When Costs and Products Change," *Journal of Retailing* 77 (Spring 2001), pp. 17–38.

Srivastava, Joydeep, and Nicholas Lurie. "Price-Matching Guarantees as Signals of Low Store Prices: Survey and Experimental Evidence," *Journal of Retailing* 80 (2004), p. 117.

Tsay, Andy A. "Managing Retail Channel Overstock: Markdown Money and Return Policies," *Journal of Retailing* 77 (Winter 2001), pp. 457–92.

Voss, Glenn, and Kathleen Seiders. "Exploring the Effect of Retail Sector and Firm Characteristics on Retail Price Promotion Strategy," *Journal of Retailing* 79 (2003), p. 37.

Xia, Lan; Kent Monroe; and Jennifer Cox. "The Price Is Unfair! A Conceptual Framework of Price Fairness Perceptions." *Journal of Marketing* 68 (October 2004), pp. 1–19.

第 16 章

零售促销组合

管理人员简介

拉里·赛纳威茨　美国 BrandsMart 公司执行副总裁

BrandsMart 是南佛罗里达州头号折扣零售商，销售家用电器、电子产品及家用设备，我们预计将成为最近进入的亚特兰大市场的主导者。我们的使命是以尽可能低的价位，为顾客提供最好的品牌商品。我们通过提供种类齐全的国内品牌商品和制作各式广告传递我们的使命。

我们的每一家商店都提供数以千计的商品，包括电视机、各种类型的大型家电、录音机、录像机、家庭影院、投影电视机、汽车立体音响、小型家电、电脑、移动电话、辅助设备、娱乐家具以及数以千计的小配件，满足你的各种需求。例如，在我们的店内，你可以看到 100 多台大屏电视、80 台摄录一体机、200 台冰箱、85 台洗涤器和烘干机、300 台电视和 150 台 DVD。顾客购买后可以自己将商品运回，也可以让我们的专业运送和安装部将商品送至顾客家里。

由于规模大，我们在每个地区的销售额都超过 1.25 亿美元。我们可以以市场最低价位提供各式商品，在广告中也强调了这一点。商店每年在广告上的费用超过3 000 万美元。除了做一些广播和电视广告外，我们大部分是做报纸中的插页广告。例如，我们每周在《迈阿密先驱报》和《全新先驱报》中各有 28 页的插页广告。这两份报纸的目标市场是拉丁市场。广告在我们的商业模式中扮演着很重要的角色，它吸引顾客光顾我们的商店，而这又增加了销量，产生更大的规模经济，并可以减少成本，提供更低的价位。

插页广告将我们以最低价格提供 500 个国产商品的特点展示了出来。我们使用一致的插页广告设计格式，以便顾客能够识别。例如，插页广告的第一页通常展现 50 种不同的商品，从 4.58 美元的收音机闹钟到 1 698.88 美元的索尼 50 英寸液晶高清电视。

每周广告也公布在我们的网站 www.brandsmart.com 上。网站上，我们提供产品信息，并列出从供应商（先付全额再退差价的）邮寄退款折扣中得到的额外优惠。

我们根据供应商的共同广告策划来影响广告预算。然

问　题

- 零售商如何建立商店及自有品牌商品的品牌资产？
- 与顾客交流的各种方法的优点及缺点各是什么？
- 为什么零售商需要整合营销传播计划？
- 制订促销计划包括哪些步骤？
- 零售商如何建立促销预算？
- 零售商如何运用促销组合中的不同元素来改变顾客的决策过程？

而，即使我们可以在商场中以更低的价格来出售，一些供应商仍要求我们以零售价格来宣传他们的商品。所以我们通过广告或网站通知消费者，以便他们到商场享受更低的价格。

在商品管理这一编的前几章，我们讨论了零售商如何制定分类和商品预算计划，接着讨论了如何进行采购和定价。零售管理决策的下一步是制定并实施促销计划，建立品牌形象，吸引顾客光顾商店和网站并鼓励购买。促销计划使顾客了解了零售商及所提供商品和服务。除此之外，零售商还利用促销计划招揽回头客，建立其对商店的忠诚度。

促销计划对零售业既有长期影响也有短期影响。从长期来看，促销计划可以为零售商及其自有品牌建立并保持与众不同的深刻形象。这种形象使顾客对商品保持一定的忠诚度并形成战略优势。因此，以建立品牌形象为中心的促销计划是对第 11 章讨论的零售商客户关系管理目标的补充。

此外，零售商还频繁利用促销计划去实现特定时期内提高销售额的短期目标。例如，零售商经常会廉价出售商品，即在短期内以折扣价销售某些或所有商品。超市通常会在每周刊登附有优惠券的广告，顾客在那一周购物可以省些钱。

本章第一节确认促销计划在建立品牌形象中扮演的角色，第二节主要讲述促销计划的制订与执行。附录包含执行广告计划的更多细节材料，包括如何开发广告信息及如何为传播信息选择媒体。

零售商可以利用零售广告达到长期目标，比如建立某种品牌形象，也可利用广告增加短期销售额。T.J.麦克斯（左）通过加强零售商的时尚形象实现长期目标，价美鞋店（右）则通过特殊促销增加短期销售额。（见彩插）

利用促销计划建立品牌形象与顾客忠诚度

品牌（brand）是指一个与众不同的名称或符号，比如某个组织的标识，它指明了产品或服务的提供者，并将这些产品和服务跟其他提供者的区别开来。[1] 在零售业，零售商的名称就是品牌，它向消费者暗示了该零售商所提供商品和服务的风格。正如第 14 章讨论过的，一些零售商开发自有品牌，并通过其分销渠道进行独家销售。有时，这些自有品牌的商品标明了零售商的名称，比如沃尔格林出售的阿斯匹林和维多利亚的秘密出售的时尚内衣。有时，这些商品还会使用一些特殊品牌名称，比如联邦百货的 INC 牌服装和 J.C.彭尼的亚利桑那牌牛仔裤。

品牌形象的价值

实 例

当问起购买名牌服装的原因时，81%的顾客强烈地认为："品牌就意味着在商品背后站着一个值得信赖的企业。"[2]

品牌为消费者和零售商提供了重要的价值。品牌将信息传播给消费者，在他们光顾时告诉他们购物经历的本质——零售商的组合。品牌也会影响顾客决定从零售商处购买商品时的信心。最后，品牌可以提升顾客购买时对商品和服务的满意度。例如，消费者会认为蒂芙尼的珠宝戴起来比泽尔斯的更加别致，住在丽思·卡尔顿酒店比费尔菲尔德客栈更加舒适。

品牌形象提供给零售商的价值就是**品牌资产**（brand equity）。强势的品牌名称会影响消费者的决策过程，激励顾客重复购买和光顾，并建立顾客忠诚度。不仅如此，强势的品牌名称还能使零售商提高价格，减少营销成本。

顾客对品牌的忠诚度，来源于对品牌的高度意识和相关的情感强度。比如，在第 4 章我们提到零售商出现在消费者考虑范围之内的必需性。有些品牌被人们熟知，所以通常会被消费者列在考虑范围之内，例如沃尔玛和西尔斯。另外，顾客会认同并对某些品牌有着强烈的情感联系。举个例子，塔吉特有一个商品时尚、价格低廉的形象。如某位零售顾问所说：“光顾塔吉特是一次很酷的经历，如今大家都把省钱当做时尚。另一方面，在凯马特和沃尔玛省钱也很时尚吗？我可不这么认为。当你走进沃尔玛时，这里充斥着大量箱装的玉米片。好难看啊，好土啊！”所以顾客们亲切地用法语称“塔吉特”为“塔家”。[3]高度的品牌意识和强烈的情感联系，可以降低消费者由于激励而转向其他竞争零售商的风险。

强势的品牌形象也可以提升零售商的边际利润。当零售商有了较高的客户忠诚度时，他们就能够提高售价，还可以减少通过降价促销来吸引消费者的依赖性。弱势品牌形象就不得不提供低廉的价格，以经常性的商品促销来维持市场份额。

最终，拥有强势品牌的零售商只需通过不多的市场营销手段就可以引入新的零售理念，从而影响其品牌。比如说，盖普将其品牌扩展开来，推出盖普护肤、盖普童装和盖普婴儿装；玩具反斗城也将品牌延伸，推出玩具反斗城儿童版和婴儿版。

正如第 5 章讨论过的，强大的品牌名称创造了战略优势，这种优势对于其竞争者来说是难以复制的。只需想想凯马特，要将自己的形象改变成沃尔玛和塔吉特那样更加成功的折扣连锁店是多么不容易。

建立品牌资产

零售商为了建立自己公司或自有品牌商品的品牌资产，需要做以下 3 件事：(1) 创造高水平的品牌意识；(2) 发展有利的品牌联想；(3) 持续加强品牌形象。

通过使用这些标识，肯德基与塔可钟为它们所提供的产品和服务建立了意识，并使消费者更容易回想起它们的名称和品牌形象。

品牌意识

品牌意识（brand awareness）是品牌名称使潜在顾客能够辨认或者想起某个对应的零售商或商品/服务的能力。因此，品牌意识是品牌名称和商品或服务的类别在顾客头脑中联系的强度。

意识有深有浅，从帮助回忆到首要意识不等。**帮助回忆**（aided recall）是说当消费者面对一个品牌时，能对此有所了解。**首要意识**（top-of-mind awareness）是意识的最高水平，是指当消费者被问及有关零售商的类型、商品分类或服务性质时首先说出的某个特定品牌名称。例如，当消费者想要购买电子类产品时，他们立刻就会想到百思买，那么百思买就具有首要意识。强烈的首要意识意味着在消费者想要购买某类商品或服务时，某零售商总会进入消费者的考虑范围。

零售商通过令人难忘的名称建立首要意识，通过广告、店址和赞助活动将其品牌名称反复呈现在顾客面前，并使用容易记住的标识。有些品牌名称很容易记住，例如家得宝。因为“家”是它的品牌名称的一部分，就很可能更加容易记忆而且与家居改进联系更加紧密，比劳氏好得多。[4]

星巴克很少做广告，但是有着非常高的首要意识，这是因为它本身的店面很多。顾客在路上步行或者开车都会经过一家星巴克。数量巨大的商店本身为星巴克的品牌做了大量宣传。

> **实 例**
> 梅西的第一个感恩节游行于 1924 年举行，是由少数志愿者和移民雇员组织的。[5]

品牌标识是指一些比单词或短语更加容易使消费者记起品牌名称的外观图像，可以有效地建立品牌意识。例如，桑德斯上校和金色拱门的图片就很容易让人联想到肯德基和麦当劳。

赞助一些公众熟知的事件也会扩大零售商品牌名称的影响，增加品牌意识。例如，在纽约看梅西百货感恩节游行已经变成了一种节日传统。梅西百货的品牌名称现在仅仅在几个小时内就在几千万电视观众中传播开来。不仅如此，报纸新闻也热衷于预报游行消息，还在游行结束后报道它的盛况。

联想 建立品牌意识是建立品牌资产的第一步，但品牌价值在很大程度上取决于顾客对于品牌名称的联想。**品牌联想**（brand associations）是在消费者记忆中存在的与某一品牌名称紧密相联的任意一类商品。例如，当看到金色拱门，或者提及快餐、干净的商店、汉堡、炸薯条、巨无霸、罗纳德·麦克唐纳德，消费者会自然而然地联想到麦当劳。在麦当劳的例子中，这些联想的联系如此紧密以至于现在

16.1 零售视野 比恩庆祝户外商品销售的成功

利昂·里昂纳德·比恩是个喜爱户外活动的人，生活在缅因州的菲里波特，他于 1912 年创立了比恩公司。比恩通过邮件售出的第一件商品是靴子（缅因牌猎靴），该靴子由防水的橡胶底和轻质的皮革面组成。在潮湿的天气里，这种靴子显示了其优于沉重的全革式靴子的品质。但是，他售出的第一双靴子却出现了缝制上的问题。比恩决定给消费者退钱，据说比恩公司的“100%满意”也由此得名。比恩公司通过广告、网站及其零售组合中的其他因素使消费者一想到比恩便可以联想到如下品质：

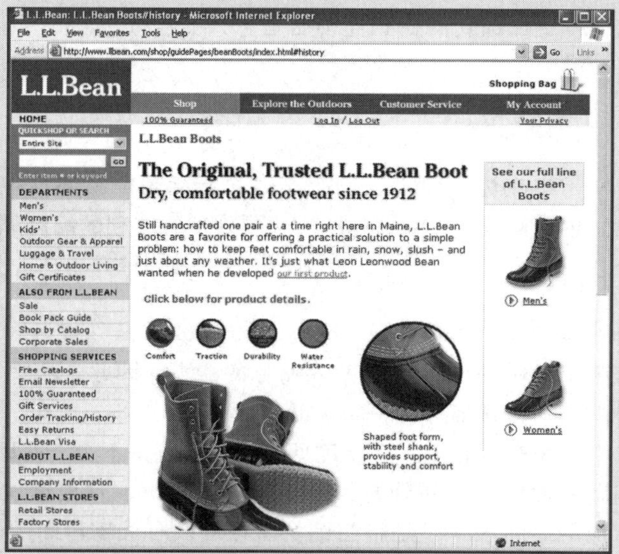

比恩利用网站深化其专业提供经济实用的户外商品的形象。

- 友好——比恩既舒服又熟悉，很容易接受。
- 诚实——比恩既坦率又诚实。公司从不误导消费者，它提供的产品信息都是真实的。
- 专业——比恩的员工都是其商品和户外活动的专家。为了帮助消费者选择最佳商品，他们不遗余力，甚至帮助消费者选择露营的最佳地点。
- 既经济又实用——起家于扬基新英格兰，比恩提供功能健全的商品，无任何画蛇添足的特征，而且价格适中。正如比恩所说：“在我看来，我们的成功归因于我们为顾客选择最佳商品，即我们为顾客挑选的每一种商品都是顾客的最佳选择。”

比恩为其公司宣传的这些联想品质也可能会导致顾客对公司产生不良印象。例如，将公司与新英格兰的传统联系起来，可能会让顾客认为公司出售过时的商品，采用老式的经营方式。该品牌也可能会被认为比较男性化，对女性或家庭没有吸引力。

资料来源：Edward Murphy, “Portland, Maine-Based L.L. Bean Ranks High in Customer Loyalty,” Knight Ridder Tribune Business News, April 8, 2005, p. 1; David Aaker and Erich Joachimsthaler, Brand Leadership (New York: Free Press, 2000), pp. 68-71; www.llbean.com.

消费者想到快餐、汉堡或者炸薯条都会与麦当劳联系起来。这些强烈的联想影响着消费者的购买行为。例如，当想到汽车保养时，捷飞络（Jiffy Lube）的名字就会立刻浮现在消费者脑中，促使顾客频繁光顾捷飞络汽车保养中心。

一些零售商用以下几方面来拓展其品牌名称的品牌联想。

1. *商品类别* 最常见的联想是把零售商与一系列商品联系起来。例如，欧迪办公就希望消费者将其与办公用品联系起来。这样，当消费者有办公用品需求时，就会首先想起欧迪办公。
2. *价格/质量* 一些零售商，如内曼·马库斯，希望消费者将它与提供高价且独特的流行商品形象联系起来。其他零售商，如沃尔玛，则希望顾客将它与低价和良好的价值联系起来。
3. *特定品质或好处* 零售商可以把其商店与一些品质联系在一起，如 7-Eleven 的便利，或诺世通的服务。
4. *生活方式或活动* 一些零售商把自己与某种特定的生活方式或活动联系在一起。例如，大自然公司是一家提供学习大自然的书籍和装备的零售商，公司把自己与环境互动的生活方式联系在一起。电子精品店则与电脑游戏软件的家庭使用相联系。

品牌形象（brand image）则是一组通常跟某些有意味的主题相关的联想。因此，消费者一想到麦当劳，可能就会联想到孩子、服务和食品种类等。零售视野 16.1 阐释了比恩（L.L.Bean）公司是如何培育自己出售功能性优质产品并提供良好户外生活服务的形象的。

A&F 利用网站作为整合营销传播计划的一部分来强化其品牌形象，这些形象主要与既有魅力又时髦的青少年和年轻人相联系。

一致性强化 零售商的品牌形象是通过零售商的传播计划和传播组合的其他要素来发展维持的，例如商品分类及定价，商店和网站的设计，以及为顾客提供的服务。为建立广阔的品牌联想空间和清晰的品牌形象定位，零售商需要持续不断地向消费者传达相同的信息，并在零售组合的各要素中体现出来。

除了为销售人员创造独特的传播计划，零售商还需要推出**整合营销传播计划**（integrated marketing communication program），即整合所有传播要素传达全面一致的信息。如果没有这种协调，传播的信息可能互相对立、目的相违。例如，零售商的电视广告宣传可能会致力于建立特殊顾客服务的品牌形象，但公司的促销也许只是强调低价。如果传播方式不一致，顾客对于品牌形象感到困惑，就不会光顾商店。

比如，A&F 使用整合营销传播计划加强品牌形象，塑造了有趣、独立、不受拘束的青少年和年轻人的形象。为了与目标市场的最新品味保持一致，并为新商品开发寻找创意，A&F 每月派出员工去大学校园与学生交流他们的娱乐活动、穿着情况、喜爱的歌曲和书籍。

商店里有很舒服的扶手椅，设计了方便顾客交流意见的专属区。一些穿着 A&F 的服装、热情高涨的本地大学生也会被雇用为“品牌代表”。品牌代表不要求有销售技巧，只需要看起来适合品牌形象即可，在店铺里活跃气氛，穿着公司的衣服为 A&F 做宣传。

不仅如此，A&F 主要的促销手段是在颇有争议的“杂志目录”上做广告，这本杂志是季度刊物/目录，里面都是一些产品信息、性感意象，还有一些看法激进的文章。**杂志目录**（magalog）是一本杂志和目录的合集。杂志上一些具有诱惑性的图片都会出现在商店的展示中。[6]

提供一致性形象对多渠道零售商会是很大的挑战。美国鹰牌户外用品公司想在 www.AE.com 主页上打造与站在商店橱窗前一样的视觉效果。然而，每个渠道对形象展示都有自己的需要。商店的形象只需强调一种隐含的生活方式，但网络上的图像应该提供更多的商品图片。商店可以依赖一些不强调商品细节生活方式的图片，因为在商店购物的人可以看到并且感觉实际的商品陈列。另外，商店内展示与网络展示相比会更有实际效果，这一点是 17 英寸的电脑屏幕无法办到的。为了处理这些矛盾，美国鹰牌户外用品公司就要在制定它的早期传播计划中考虑到对各种渠道的需要及协调。[7]

拓展品牌名称

零售商可以利用品牌名称，以此支持在第 5 章谈到的战略发展。例如，宜家利用强大的品牌形象成功进入美国家具零售市场；Talbots 公司为穿 12~18 码鞋的女性引入 Talbots 女性系列；保特利以儿童为对象，推出了保特利儿童系列。在其他情况下，零售商为了追求发展机会，还会使用新的、并不相关的品牌名称。例如，盖普公司使用“老海军”这个名称作为其小康购物中心的价值观，西尔斯把它新的家庭商店概念命名为“最棒的家庭装饰”。

将品牌名称拓展到一个新的概念是带有机遇和风险的。一个重要的好处是，为这个新概念所创造的认知和品牌形象的沟通成本很少。客户会迅速从原品牌到新概念转换他们的认知和联想。然而，在有些情况下，零售商并不愿意将新的概念与旧品牌联系起来。例如，力美特公司决定为“维多利亚的秘密”这个品牌投资建立新的、不同的品牌形象，而不是去推广一个像“力美特的秘密”这种名称的新品牌。

这些问题同样会出现在零售商向国际市场拓展时。零售商在一国被看重的品牌联想在另一国里或许不被看重。例如，法国消费者更中意在提供优质服务和高质量货物的超市里购物，而德国购物者更喜欢价廉物美的超市。因此，一个注重质量和服务的法国零售商品牌形象并不一定能成功打入德国市场。[8]

零售商通过以下 5 种媒介与客户进行沟通：广告、促销、公关、店面气氛与视觉营销以及个人推销。这一章主要介绍沟通组合中的前 3 种媒介。这 3 种媒介在大型零售公司里是由市场或广告部和采购组织管理的。剩下的两种因素，包括店面气氛和售货员是由店面人员进行控制的，这将在后面的第四编进行探讨。接下来的部分将探讨零售商与客户沟通的方法，以及他们又是如何计划和实施这些传播，以此建立品牌资产和短期销售的。

向顾客传播的方法

图表 16–1 将零售商的传播方法进行了分类。分类的依据是这些方法是公众的还是个人的，是付费的还是无偿的。

有偿公众传播

实　例

西尔斯每年在广告上的投入是 18 亿美元，是美国第 12 大广告主。麦当劳居第 18 位，家得宝居第 23 位。[9]

实　例

有关红鼻子驯鹿鲁道夫的圣诞故事源于 1939 年蒙哥马利·沃德为商店促销创作的广告文案。[11]

有偿公众传播的例子有广告、销售促进、店内氛围和网站。

广告　**广告**（advertising）是一种采用诸如报纸、电视、广播、直邮和网络等大众传媒与顾客进行有偿沟通的形式。

销售促进　**销售促进**（sales promotion）是在一段特定时间内，向顾客提供额外的价值和刺激使其光顾商店或购买商品。例如，坐落在堪萨斯城的温克勒钻石店每年有两次“修理促销”。它给顾客发邮件，提供免费珠宝检查与修理折扣。“一旦人们进入我们的商店，我们便给他们展示他们从未见过的物品，或称赞他们拥有的物品，”一发言人称，“许多人是为修理而来，但走时却购买了钻石手链。”[10] 最常见的销售促进是减价销售，其他还有特殊事件、店内展示、优惠券和竞猜。

一些零售商通过店内商品演示和赠送免费样品活跃店内气氛，刺激消费。在百货商店，时装秀和烹饪演示能够吸引顾客进店并鼓励冲动购买。零售视野 16.2 描述沃尔玛在德国开展的一次吸引单身购物者的特殊促销活动。

竞猜（contest）是随机的促销游戏。它们与低价销售的区别在于：（1）只有少数顾客能获奖；（2）获胜取决于运气。例如，快餐店经常就大型电影（如《星际大战》）和体育赛事（如超级杯）进行竞猜活动。

图表 16–1
传播方法

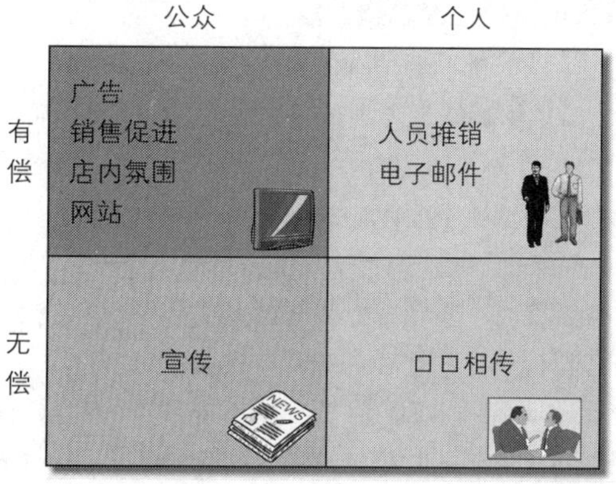

艾伯森商店在店内举办特殊活动（如明虾节），这些活动加强了公众宣传，带来了客流。

顾客用**优惠券**（coupon）购买某一商品时可以获得一定的折扣。优惠券是超市运用最多的一种促销手段。零售商通过报纸广告和直接邮件来分发优惠券。例如，佛罗里达 Publix 超市连锁店利用直接邮件向富有的目标顾客进行促销，邮件内包括一顿美食的配料表和购买这些配料时使用的优惠券。

生产商也分发优惠券，这些优惠券可在出售这些商品的零售店中使用。有时，一些超市为了吸引顾客，也接受竞争对手的优惠券。零售商采用的另一种方法，就是提供生产商优惠券 2 倍或 3 倍的优惠额。

虽然销售促进在短期内能激起顾客的兴趣，但无法有效地帮助建立长期忠诚度。参加促销的顾客能更多地了解商店并成为回头客，但顾客受销售促进吸引是对销售商品感兴趣，而非商店本身。不幸的是，当一家零售商的一次促销奏效后，与之竞争的零售商会很快知道并举办相同的促销活动，使首创的零售商不能获得任何长期优势。

实 例

首批优惠券是 1895 年亚特兰大的一名叫阿萨·钱德勒的药店店主的手写便条，向顾客免费提供一杯软饮料——可口可乐。[12]

店内氛围 零售商店本身向顾客提供有偿公众传播。**店内氛围**（store atmosphere）是共同在顾客心目中产生印象的商店物质特征的组合，这些特征有建筑、布局、标牌与陈列、色彩、照明、温度、声音和气味。这种氛围传达有关商店服务、定价和商品流行度的信息。[14]第 18 章讨论店内氛围的组成部分。

网站 最后，店面零售商可以通过网站与顾客进行交流。网站可以帮助建立品牌

16.2 零售视野 吸引单身购物者

想把你的照片贴到单身板上吗？想品尝一杯泛着泡沫的葡萄酒吗？想在城里一边吃刚剥壳的牡蛎，一边喝价格最低的牛奶吗？现在去沃尔玛是再合算不过的了。在德国，提供单身购物夜是一种非常有效的促销方式，既增加客流量又增加销售额。鉴于两个工人的提议，即提供单身购物活动可以为那些认为蹦迪太过时、网上约会又太前卫的商店单身面包师提供娱乐消遣，多特蒙德商店于 1993 年秋首次开展了单身购物活动。位于乌帕塔尔的沃尔玛驻德国总部决定于 2 月 13 日在德国范围内尝试单身购物活动。活动开展得非常成功，目前，德国有 91 家大型商场几乎每周就有一次单身购物活动，小型商场大概一个月一次。

单身员工在门口接待顾客，手里端着酒和餐前开胃小吃，旁边还放着桌子，摆着为单身顾客准备的富有浪漫情调的商品（蜡烛、酒、冰冻晚餐和 DVD）。员工为单身顾客照相并将其照片放到单身板上，同时还将其欲寻找伴侣的年龄、兴趣与特点一同放到上面。推着带有红色蝴蝶结的手推车的顾客就是单身顾客。员工会告诉结伴而来的女性分开，并让所有的顾客填写彩票单。中奖的人将得到价值 130 美元的烛光晚餐。

上百对情侣都是在单身购物夜晚相识的。该活动在德国取得了异常好的效果，周五晚上的销售额因此增加了 25%，沃尔玛也因此将“单身购物”这一名称注册了商标，以防其他竞争者也采用这一名称。沃尔玛的地区经理玛蒂娜·布斯说，多特蒙德商店的员工周五晚班都异常繁忙。

资料来源：Shellee Fitzgerald, “Engaging the Single Shopper,” *Canadian Grocer*, May 2005, pp. 59–63; Laura Heller, “Cracking the German Code Not So Easy This Time Around,” *DSN Retailing Today*, December 13, 2004, pp. 55–56; Ann Zimmerman and Almut Schoenfeld, “Wal-Marts in Germany Redefine the Term ‘Checkout Aisle,’” *The Wall Street Journal*, November 9, 2004, p. B1.

实 例

美国制造商每年提供价值 2 500 亿美元的优惠券，但是只有 1%多一点的优惠券得到了兑现。46%的美国零售商承认提供了某种形式的额外优惠券计划。[13]

形象，告知顾客商店的地址、特殊事件、商店中出售的商品，以及在线出售商品和服务。例如，欧迪办公网站除了出售商品外，还设有一个带有表格和工作表的商业中心，该表格和工作表与《职业安全与健康法案》（OSHA）的要求一致，并可以查看求职者的档案记录、估算现金流量、制定反性骚扰的策略。此外，该网站还设有商业经营指南及当地和国内商业新闻。通过在网站上提供这些信息，欧迪办公深化了其作为产品、服务和小公司信息来源的形象。

有偿个人传播

与顾客进行有偿个人传播的基本手段就是零售销售人员。**人员推销**（personal selling）是销售人员通过面对面的信息交换帮助顾客满足需求的传播过程。

实 例

全美有 68%的零售商采用电子邮件营销计划，但是其中只有 1/4 的零售商对信息进行了处理，使其具有针对性。[15]

电子邮件（e-mail）是另一种通过互联网进行有偿个人传播的方式。电子零售商用电子邮件通知顾客新商品到货，确认订单回函，告知商品何时发送。零售商给他们的所有顾客发送同样的信息，但是他们也可以利用互联网的目标锁定功能给每个顾客发送专门针对其个人的信息。

无偿公共传播

创造无偿公共传播的基本方法是宣传。**宣传**（publicity）是在大众媒体上大量无偿展示零售商，通常是以新闻故事的传播方式。例如，报纸和电视就对家得宝支持当运动员训练时为其提供兼职的奥林匹克工作机会计划进行了报道。零售视野 16.3 讲述内曼·马库斯如何通过在年度圣诞目录中提供不寻常的礼物创造新闻故事，并建立拥有独特商品的形象。

大多数促销都是针对潜在顾客的，但是宣传经常被用于员工和老板之间的沟通。宣传中积极的新闻故事有利于提高员工士气，从而提高业绩。许多针对员工的传播都是在内部通讯、杂志、公告板、小手册和薪水单中的夹页上进行的。但是报纸、广播或电视上的新闻对员工的影响更大。与顾客一样，员工也比较信任新闻媒体的报道。同样，股东、金融组织、供应商和政府也会受到零售商宣传的影响。

无偿个人传播

实 例

有过不愉快零售服务的顾客，平均来说会将其经历告诉 9 个人。[17]

最后，零售商通过**口口相传**（word of mouth）的方式，即人与人之间关于零售商的传播，与其顾客进行沟通。[16] 例如，零售商通过建立由中学学生领袖组成的“少年大使”，鼓励有利的口口相传。零售商鼓励这些“大使”对其朋友讲述有关零售商及其商品的情况。另一方面，不利的口口相传能严重影响商店的经营。

口口相传的沟通方式是非常有效的，但零售商很难把这种力量变得有规律和有战略性。有几家公司，例如 BzzAgent 公司，正是提供这种服务帮助一些公司进行口口相传。当一家公司决定使用这种服务时，BzzAgent 公司会对其数据库进行搜索，找出能将客户的目标市场人口统计特征和消费心态档案匹配在一起的“代理”，然后“代理”得到签署口口相传活动的机会。

志愿者会收到一个产品样本和时尚创造战略的训练手册。这些可能包括谈到从零售商到他的朋友或者传送电子邮件给有影响力的人，并代表零售商的利益。每次代理完成一个活动，他都会被要求提交一个关于描述时尚本质及其效果的报告。BzzAgent 公司训练对鼓励的反应以及对附加技术的反馈。虽然代理必须保持推销新的产品和服务，通过上交详细的报告赚取额外奖励（通常包括书、CD 和促销品）的积分，但该网络的设计也是为了防止亲属为了得到免费赠品而签合同。

这种创造口口相传的方法，在 12 个星期的活动里共有 1 000 名代理参与。除

16.3 零售视野 终极礼物

内曼·马库斯的圣诞节商品目录，可能是全美国最有名的零售目录了，这主要来自于其每年一度的极端奢华的情侣礼品。圣诞节商品目录最早出现于 1915 年，是一张吸引顾客节日期间到商店购物的圣诞卡。在 20 世纪 50 年代后期，顾客要求内曼·马库斯提供店内或其他目录上没有的独特商品。

第一件独特的礼物，是 1951 年的驼绒情侣上衣。1959 年是一头安格斯小公牛，有活的也有做成牛排的，这引起了很大的轰动，并使其圣诞节商品目录的名声波及全美。而最昂贵的礼物是一对情侣钻戒，标价 200 万美元。大部分礼品最终都卖出去了。其中一个备受关注的巧克力用具（大富翁游戏机）被花花公子公司的总裁克里斯蒂·赫夫纳买走，赠送给她的父亲——《花花公子》杂志创始人休·赫夫纳。

2004 年的圣诞目录最具特色的是价值 145 万美元的情侣保龄中心和 230 英尺的齐柏林飞艇。因为这些物品的销售是限量的，内曼·马库斯售出了 60 部价值 125 000 美元的限量版玛莎拉蒂轿车，一套价值 16 000 美元的镶有宝石的土豆先生和土豆太太头像，甚至还出售了价值 20 000 美元的盔甲服装。

资料来源：Joyce Smith, “Retailers Predict Gift Givers Will Open Their Wallets Wide,” *Knight Ridder Tribune Business News*, November 12, 2004, p. 1; Heather Landy, “Gifts in Neiman Marcus Christmas Book to Appeal to Average,Wealthy Customers,” *Knight Ridder Tribune Business News*, September 29, 2004, p. 1.

极尽奢华的礼物，如内曼·马库斯 2005 年的圣诞目录中价值 150 万美元的埃尔顿·约翰（Sir Elton John）个人演唱会，为内曼·马库斯做了相当大的免费宣传。

图表 16–2
各种传播方法的比较

	控制	灵活度	可信度	成本
有偿公众				
大众媒体广告	高	最低	最低	中
直邮	最高	高	低	中
销售促进	高	低	—	中
店内氛围	高	低	—	中
网站	高	中	低	中
有偿个人				
推销人员	中	最高	低	最高
电子邮件	最高	高	低	低
无偿公众				
宣传	低	低	高	低
无偿个人				
口口相传	低	低	高	最低

了样品之外，共花费大约 85 000 美元。效果却是相当好的。Rock Bottom 餐厅在使它的 400 个“频繁晚餐计划”的成员成为时尚代理之后，一个季度的销售额增长了 120 万美元。[18]

传播方法的利弊

图表 16–2 从控制、灵活度、可信度和成本四个方面比较各种传播方法。

控制　与无偿方法相比，零售商在运用有偿方法时能有更多的控制。在采用广告、销售促进、网站、电子邮件、店内氛围及有偿代理时，零售商决定所发布信息的内容；在采用广告、电子邮件和销售促进时，零售商控制发布的时间。但由于每一个销售人员都有自己的风格，他们可以发布不同的信息，所以与其他有偿传播方法相比，零售商对人员推销的控制就少一些。

零售商对宣传和口口相传的内容和时间几乎没有控制。由于无偿传播是由那些非零售商雇人设计和传递的，因此他们可以传播有利信息，也可以传播不利信息。例如，有关一家餐馆的食物中毒或一家旅馆的种族歧视事件的广泛新闻报道会导致销售额的急剧下降。

灵活度　人员推销是最为灵活的传播方式，原因是销售人员能够与每一位顾客交流，发现其具体需求并为其进行独特的展示。电子邮件也很灵活，因为它们也可以根据具体顾客的兴趣提供具体的服务，网站同样也可以为不同的浏览者提供具体不同的服务。其他传播方法在灵活度上就略逊一筹。例如，广告向所有的顾客发送同一信息。

可信度　由于宣传与口口相传是独立传播的，它们的信息通常比有偿传播来源的信息更为可靠。例如，顾客一般会怀疑销售人员和广告中的说法，因为他们认劳氏赞助（美）全国汽车比赛协会（NASCAR）的赛车队为其进行了公众宣传，建立品牌意识，但是如果它赞助的车队参与了未经批准的活动，那么，这种宣传就会对其产生不良的影响。

为是零售商在极力推销商品。

实 例

86%的 14~30 岁的少年和青年人认为在 9 种信息来源中，口碑是最值得信任的来源，其中 46%的人认为身边的朋友是时尚商品信息的主要来源。[19]

年轻的消费者不太相信广告，所以盖普开设了一个网站（www.watchmechange.com）低调推销服装。登录盖普网站的人首先会在电脑中按照自己的形象创造一个模特。模特在电脑中开始表演脱衣舞，她将外衣都脱掉，随着迪斯科音乐起舞。然后模特进入更衣室，穿上网站登录者为其选的衣服后出来跳舞。盖普没有为网站做广告，公司标识也只是在屏幕上停留几秒钟，网站也不提供待售的衣服。但是登录者可以在网站中创造出自己的一个形象，并通过邮件传给朋友们。邮件的标语中写着“在盖普的后台找我”。盖普工作人员希望人们在无意中进入他们的网站后，将这个消息告诉他们身边的人，这种广告策略称为“病毒式营销”。[20]

成本 宣传和口口相传列为无偿传播方法，但零售商的确为促进它们而支出了费用。例如，史泰博每年要花费 500 万美元才能将 NBA 湖人队在洛杉矶的总部命名为史泰博中心。然而，这样的赞助活动能够使史泰博在当地和全国范围内宣传自己，并成功地进入加利福尼亚市场，成为全国性的办公用品零售商。[21] 有偿公众传播通常是比较经济的。例如，《洛杉矶时报》上的一整页广告只需要在每人身上花费 2 美分就能使广告信息得以传播。

相比之下，由于其灵活性，人员推销比广告更有效，但更昂贵。一次由一位时薪 12 美元的零售推销人员进行的 10 分钟的演示要花费零售商 2 美元，这几乎是报纸、广播或电视广告费用的 100 倍。尽管在服务器上建立网站的费用相对来说比较低，但是设计网站、对网站进行不断地更新以及为吸引访客而对网站进行宣传是昂贵的。相对来说，给顾客发电子邮件的成本就低多了。

由于以上所描述的差别，各种传播方法在顾客决策过程中所处的阶段不同（见第 4 章），其完成传播任务的有效性也不同。通常来说，通过大众媒体的广告宣传使顾客了解零售商及其商品的方法最有效。网站、直接邮件和报纸广告对于传播零售商的产品类别和价格非常有效。人员推销和销售促进对劝说顾客购买商品最有效。大众媒体广告、公众传播、网站和店内氛围对建立零售商的品牌形象、招

图表 16–3　制定零售促销计划的步骤

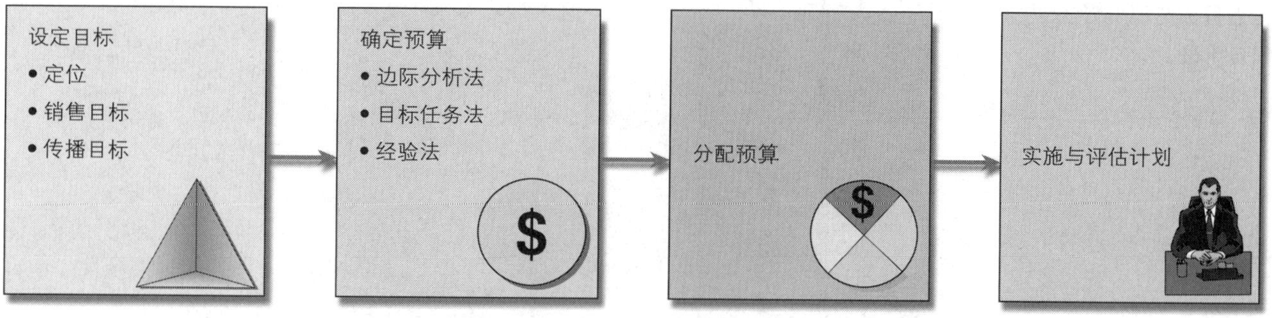

揽回头客和建立顾客对商店的忠诚度最有效。

规划零售传播计划

图表 16–3 列举了制定和实施零售传播计划的 4 个步骤：设定目标、确定预算、分配预算以及实施与评估组合。下面详细介绍每一个步骤。

设定目标

零售商为传播计划设定目标的目的在于：（1）为实施这一计划的人员指明方向；（2）为评估计划的有效性提供基础。如本章开头讨论的那样，有些传播计划有长期目标，如创造或改变零售商的品牌形象。其他传播计划着重于提高短期业绩，如增加商店在特定周末的客流量。

传播目标　虽然零售商的整体目标是创造长短期销售额和利润，但他们经常采用传播目标而非销售目标来规划及评估传播计划。**传播目标**（communication objective）是与零售传播组合在顾客决策过程中影响密切相关的具体目标。

图表 16–4 展示有关西夫韦超市目标顾客的假设信息，这些信息表明第 4 章中概括的与消费者决策过程各步骤相关的目标。从图表中可以看出，95%的顾客知道这家店（决策过程的第一阶段），85%的顾客知道这家商店的商品类型。但仅仅有 45%的顾客对商店持赞同态度，32%的人打算在下几周光顾这家商店，25%在接下来的两周确实光顾了商店，18%经常在这家商店购物。

在这一假想的例子中，大多数人了解这家商店及其商品。西夫韦超市面临的主要问题是了解与赞同态度之间的巨大差距。因此，这家商店应该制定一项传播计划，提高持赞同态度顾客的百分比。

为了有效地实施和评估传播计划，零售商必须以量化形式清晰地阐述各个目标。传播组合的目标顾客应该与期望变化的程度和变化实现的时间一起得到界定。

例如，西夫韦传播计划的目标可能是在 3 个月内把商店 5 英里以内对商店持

图表 16–4
传播目标与消费者决策过程各阶段

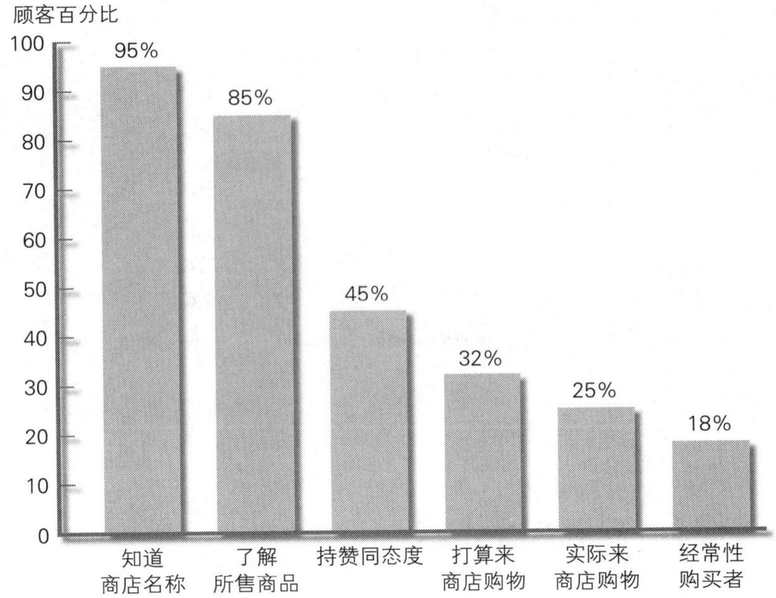

赞同态度的顾客的百分比从 45%提高到 55%。这一目标是清晰的且可度量的，它表明了这一计划应解决的任务。因此实施这一计划的人知道他们应该完成的任务。

供应商与零售商在运用传播目标和方法上存在差异，而且这些差异可能造成矛盾。其中包括如下矛盾：

- *长期目标与短期目标* 供应商的大多数传播活动是为产品建立长远形象服务的。与此相反，大多数零售商的传播活动通常用来宣传促销和特卖，以期产生短期收入。
- *产品与店址* 当供应商对其品牌产品做广告宣传时，他们并不在乎顾客在哪里购买商品。与此相反，只要顾客能在店内购物，零售商并不关心顾客买哪一种品牌。
- *地区覆盖范围* 由于人们倾向于在家或工作单位附近购物，所以大多数零售商用当地的报纸、电视和广播来定位传播计划。但是，全国性零售商越来越多地使用全国性媒体，如杂志和电视，尤其是针对建立品牌的计划。另一方面，大多数供应商在全国范围内销售其品牌，因此倾向于采用全国性的电视与杂志。
- *所提供商品的宽度* 一般来说，供应商做广告宣传的产品较少，他们可以集中力量为每个品牌制定一致的传播计划，而零售商提供的商品较多，他们需要为广泛的商品制定传播计划。

尽管供应商和零售商目标不同，但是他们会经常一起工作以产生互利的结果，如图所示的沃尔玛和水宝宝的防晒霜促销活动。这个活动是基于小女孩水宝宝在沃尔玛丢失爱犬事件展开的。在此之前的 3 个月，这个活动利用沃尔玛的内部沟

“搜寻那只狗”寻宝活动是沃尔玛和水宝宝的一个合作营销计划。这项促销活动增加了沃尔玛和水宝宝的销售额。

通渠道推广给销售人员，包括利用卫星电视广播、总部会议和分发给销售人员的销售小广告。在活动当天，这是一个“寻宝活动”，沃尔玛的接待员戴着“搜寻那只狗”的徽章，给孩子和他们的家长分发游戏卡片。这些游戏卡片描述寻宝游戏并鼓励顾客在商店的不同区域寻找线索——防晒产品区、草坪和花园用品区及宠物食品区。这些卡片同时为水宝宝的新产品（免费的喷雾剂）促销，并提供 2 美元的沃尔玛产品优惠券。每个区域里的**货架卡**（shelf talker），即货架上说明商品信息及其价格的标识，都为那些线索提供了答案。当这三个答案都填齐后，顾客就将游戏卡片扔进商店中“寻宝活动中心”的一个开口圆球里。

这种联合促销活动为沃尔玛和水宝宝都带来了收益。它使购买防晒用品的顾客忠诚于沃尔玛和水宝宝，能使顾客在沃尔玛停留更长的时间，促使他们多逛逛商店里的其他地方，还增加了沃尔玛和水宝宝防晒用品的销售业绩。将近 2 500 家商店参加了这次仅一天的活动，发放了超过 120 万份的奖品。沃尔玛的水宝宝防晒霜的销售额增长了 6%，同时其他种类商品的销售额也增长了。[22]

制定传播预算

制定零售传播计划的第二步是确定预算（见图表 16–3）。从经济的角度看，正确的方法是采用边际分析。尽管零售商通常缺乏足够的信息进行完整的边际分析，但这一方法显示了管理者应如何对待这些制定预算的计划。当制定关于资源分配的决策时，零售商应该运用边际分析法制定传播预算，对资源的分配包括在某地区的店面数量（第 8 章）、每家店的商品分配（第 14 章）、商店员工的配备（第 17 章），以及各种商品应该摆放的地面和货架空间（第 18 章）。

边际分析法

边际分析（marginal analysis）依据这样的经济原则：只要每增加 1 美元的花费能创造大于 1 美元的额外贡献，公司就应该增加传播支出。下面我们用黛安娜·韦斯特的例子来阐述一下边际分析，黛安娜是一家销售女式职业装的专卖店的业主兼管理者。图表 16–5 说明黛安娜的分析，即决定下一年在传播计划上应花费多少预算。

在 21 种不同的传播费用水平（第 1 列）下，黛安娜估计了店面销售额（第 2 列）、毛利润（第 3 列）和其他费用（第 4 和第 5 列）。接着她计算了未计入传播费用的利润（第 6 列）并考虑了传播费用之后的利润(第 7 列)。要估计不同传播水平所产生的销售额，韦斯特可以仅依据她的判断和经验进行估计，或者也可以分析历史数据，得出传播费用和销售额之间的关系。历史数据还提供了毛利润和其他费用占销售额百分比的信息。

我们注意到在低水平的传播费用上，增加 5 000 美元的费用产生了大于 5 000 美元的新增利润。例如，传播费用从 15 000 美元增加到 20 000 美元后，利润增加了 10 800 美元（48 400 美元–37 600 美元）。当传播费用达到 65 000 美元时，费用增加 5 000 美元，利润的新增额则少于 5 000 美元，例如，预算从 65 000 美元增至 70 000 美元后，利润仅增长了 4 050 美元（125 350 美元–121 300 美元）。

在这个例子中，韦斯特确定：当传播费用预算达到 65 000 美元时，利润最

图表 16-5 黛安娜·韦斯特传播预算的边际分析

水平	传播费用 ($) (1)	销售额 ($) (2)	毛利润 ($) (3)	租赁费用 ($) (4)	人员费用 ($) (5)	未扣除传播费用的利润 ($) (6) = (3) − (4) − (5)	扣除传播费用后的利润 ($) (7) = (6) − (1)	
1	0	240 000	96 000	44 000	52 200	(200)	(200)	
2	5 000	280 000	112 000	48 000	53 400	10 600	5 600	
3	10 000	330 000	132 000	53 000	54 900	24 100	14 100	
4	15 000	380 000	152 000	58 000	56 400	37 600	22 600	
5	20 000	420 000	168 000	62 000	57 600	48 400	28 400	
6	25 000	460 000	184 000	66 000	58 800	59 200	34 200	
7	30 000	500 000	200 000	70 000	60 000	70 000	40 000	上一年
8	35 000	540 000	216 000	74 000	61 200	80 800	45 800	
9	40 000	570 000	228 000	77 000	62 100	88 900	48 900	
10	45 000	600 000	240 000	80 000	63 000	97 000	52 000	
11	50 000	625 000	250 000	82 500	63 750	103 750	53 750	
12	55 000	650 000	260 000	85 000	64 500	110 500	55 500	
13	60 000	670 000	268 000	87 000	65 100	115 900	55 900	
14	**65 000**	**690 000**	**276 000**	**89 000**	**65 700**	**121 300**	**56 300**	**最高利润**
15	70 000	705 000	282 000	90 500	66 150	125 350	55 350	
16	75 000	715 000	286 000	91 500	66 450	128 050	53 050	
17	80 000	725 000	290 000	92 500	66 750	130 750	50 750	
18	85 000	735 000	294 000	93 500	67 050	133 450	48 450	
19	90 000	745 000	298 000	94 500	67 350	136 150	46 150	
20	95 000	750 000	300 000	95 000	67 500	137 500	42 500	
21	100 000	750 000	300 000	95 000	67 500	137 500	37 500	

大。但她注意到 55 000~70 000 美元水平之间的费用创造的利润大致相同。因此，韦斯特做出了较为保守的决定，将传播费用的预算确定为 55 000 美元。

在大多数情况下，管理者不知道传播费用与销售额之间的关系，所以做边际分析很困难。注意图表 16-5 中的数字仅仅是韦斯特的估计，未必准确。

有时零售商会做一些实验，以便更好地了解传播费用与销售额之间的关系。例如，一家目录零售商在美国选择了几处具有相同销售潜力的地区。这家零售商在第一片地区分发了 10 万份目录，在第二片地区分发了 20 万份，在第三片地区分发了 30 万份。利用每个传播水平所产生的销售额和成本，他可以进行像图表16-5 那样的分析，以此确定最盈利的传播水平。（第 15 章描述了如何运用实验决定价格与销售额之间的关系。）

其他一些用来制定预算的方法有目标任务法和经验法，如剩余定额法、销售百分比法和竞争基准法。这些方法比边际分析法简单，且易于运用。

目标任务法 **目标任务法**（objective-and-task method）是确定传播预算的一种方法，这种预算对于从事为完成传播目标的具体任务是必要的。如果要采用这种方

图表 16-6
制定传播预算的目标任务法示例

目标：把在目标市场（在商店 10 英里以内居住或工作的职业女性）内了解我店位置，并知道我店销售职业女装的顾客的百分比在接下来的 12 个月内从 25%提高到 50%。	
任务：上下班高峰时间插播 30 秒钟的广播广告，共 480 个。	
(上午 7:00~8:00，下午 5:00~6:00)	$12 300
任务：在购物中心入口处标上商店名称。	$4 500
任务：在黄页上登广告。	$500
目标：在 12 个月内把目标市场上认为我店是购买职业服装更佳场所的顾客百分比从 5%提高到 15%。	
任务：组织电视活动以提高形象，并登出 50 个 30 秒的商业广告。	$24 000
任务：举行 4 次"成功穿着研讨会"，接着举办一次葡萄酒奶酪联谊会。	$8 000
目标：在季末销售剩余商品。	
任务：特别事件	$6 000
总预算	$55 300

图表 16-7
增加传播预算的财务意义

	上一年	下一年
销售额	$500 000	$650 000
毛利润（已实现）	200 000	260 000
租赁、维护费用等	70 000	85 000
人员	60 000	64 500
传播	30 000	55 300
利润	$ 40 000	$ 55 200

法，零售商首先要建立一组传播目标，接着确定必要的任务及成本。从事这些任务产生的所有成本之和就是传播预算。

图表 16-6 说明黛安娜·韦斯特如何采用目标任务法来补充她的边际分析。韦斯特建立了 3 个目标：提高商店的知名度，在目标市场上加强顾客对商店的偏好，以及在每个季末促进剩余商品的销售。要实现这些目标，总共需要 55 300 美元的传播预算。

除了确定目标和任务以外，韦斯特还重新审核了传播组合的财务意义，所用方法是用传播预算预测下一年的损益表（见图表 16-7）。与去年相比，这张损益表包括增加的 25 300 美元传播费用。但韦斯特认为传播预算的增加会使年销售额从 500 000 美元提高到 650 000 美元。根据韦斯特的预测，传播费用增加会提高商店的利润。边际分析法和目标任务法的结果都显示传播费用在 55 000~65 000 美元之间是最佳的。

经验法 在前两种方法中，传播预算是通过估计传播活动对公司未来销售或对传播目标的影响而制定的。本部分讨论的**经验法**（rule-of-thumb method）采用相反的逻辑，这些方法运用过去的销售额和传播活动来决定现在的传播预算。[23]

剩余定额法 当采用**剩余定额法**（affordable budgeting method）时，零售商首先预测在预算期内不包括传播费用的销售额和各项费用，接下来，预计销售额与各项

费用的差额加上预期利润就是传播组合的预算额。换句话说，剩余定额法通过计算扣除运营成本和利润后剩余多少来制定传播预算。

此方法的主要问题是，它假定传播费用不刺激销售额和利润。传播费用仅仅是一项业务成本，就像商品成本一样。当零售商采用剩余定额法时，如果销售额低于预计水平，零售商通常会削减“不必要”的传播费用，而不是增加传播费用，以提高销售额。

实 例

超市把年销售收入的1.1%用于广告，百货商店把3.7%用于广告，而女性服装专卖店则把销售额的4.7%用于广告。[24]

销售百分比法 **销售百分比法**（percentage-of-sales method）是把传播预算当做预计销售额的固定百分比。零售商采用这种方法确定传播预算，方法是预测预算期内的销售额，然后按事先定好的百分比确定预算。这一百分比可以是零售商的历史百分比，也可以是类似零售商的平均百分比。

这一方法的问题是，它假定历史的或竞争对手采用的百分比同样适用于该零售商。以一家零售商为例，他在过去没有开设新店，但计划今年要开设许多家。零售商必须让顾客知道这些新商店，这样今年的传播预算就会比往年多得多。

运用竞争对手的百分比也未必可行。例如，某个零售商的地理位置或许比竞争对手优越。由于以上地理位置，顾客可能已经很熟悉这家零售商的商店，因此，他也许不必像位置较差的竞争对手那样花费很多传播费用。

销售百分比法和剩余定额法的一个共同优势是，零售商不会入不敷出。由于支出水平是由销售额决定的，预算只有当销售额增加时才增加，而且零售商可以创造更多销售额来支付额外的传播费用。处于景气时期时，这些方法非常奏效，因为它们允许零售商更积极地向顾客传播；但当销售额下降时，传播费用削减，可能就会加速销售额的下降。

竞争基准法 在**竞争基准法**（competitive parity method）下，传播预算制定的目标是使零售商的传播费用份额等于其市场份额。以一家小城镇里的运动用品商店为例，如果要采用竞争基准法，该店的业主兼管理者首先应估计全镇所有运动用品零售商在传播上花费的总金额。接着估计本店在运动用品市场中的份额，并用其市场份额乘以所有运动用品商店的广告总额来得出其预算额。假定该业主兼管理者估计所有运动用品商店的广告总额为5 000美元，而预计的市场份额为45%。根据以上估计，他将把此店的传播预算定在2 250美元以保持竞争力。

与其他经验法类似，竞争基准法不允许零售商利用他们在市场中遇到的独特机会或处理面临的问题。如果所有竞争者都用这种方法来制定传播预算，那么他们的市场份额将会是相同的（假定零售商的活动都同样有效）。

分配促销预算

在确定传播预算规模之后，传播规划过程的第3步就是分配预算（见图表16–3）。在这一步，零售商将决定分配多少预算到具体的传播要素、商品类别、地理区域、长期或短期目标。例如，狄乐必须决定在设有店铺的每一个地区分配多少传播预算，这些地区包括：东南部、大西洋中部、西南部、中西部和西海岸。迈克尔得决定包含不同工艺的商品应该分配多少预算。运动用品商店的业主兼管理者必须决定，将分别用 2 250 美元传播预算中的多少来促进商店形象和增加销售额，多少用于广告和特别促销。

研究表明，分配决策比传播规模决策更重要。[25] 换句话说，零售商经常可以通过更有效的预算分配方法缩减传播预算的规模，以此实现相同的目标。

做出这种分配决策的一个简单方法，就是在每一个地域或每一种商品类别上支付相同资金。但由于它忽视了传播计划对某些商品类别或某些地区更有效的可能性，所以这一分配规则不大可能使利润最大化。另一种方法是采用经验法，如根据商品类别的销售水平或利润进行分配。

与预算制定决策一样，分配决策也应采用边际分析原则。零售商应该把预算分配给产出最大的地区。这种分配预算的方法有时称为**高化验原则**（high-assay principle）。以一个矿工为例，他可以挖掘两个矿井。第一个矿井的金子化验价值为每吨 2 万美元，而另一矿井的金价为每吨 1 万美元。这位矿工应该把 2/3 的时间用在第一个矿井，而把 1/3 的时间用在另一个矿井上吗？当然不应该。他应该把所有时间都花在第一个矿井上，直到矿石的化验价值跌至每吨 1 万美元，那时他可以在两个矿井之间平均分配时间。

与此相似，零售商发现顾客对女装有很高的认知度和偏好，但对男装知之甚少。在这样的情况下，尽管女装的销售额比男装高，但同样 1 美元的广告费用花在男装上会比花在女装上创造更多的销售收入。

计划、实施及评估传播计划——三方面的阐述

制定零售传播计划的最后一步是实施与评估（见图表 16-3）。我们将在本章附录讨论广告计划实施中的一些细节问题，包括开发信息、为信息选择合适的媒体、决定信息发布的时间和频率。本章末阐述以下 3 种传播计划的计划和评估过程。这 3 个传播计划分别是：一家小型专卖零售商制定的广告计划、一家连锁超市制订的促销计划和一家大型零售连锁店制定的以直复营销为重点的促销计划。

广告活动 假设 South Gate West 是南卡罗莱纳州查尔斯顿几家竞相吸引高端购物者的进口家具专卖店中的一家，这家商店表面上是一家经营精美古董和传统家具的商店，但它的大多数商品都是从亚洲进口的。[26]

商店店主亨利·欧文斯意识到他的传播预算远远少于当地的 Pier1 商店（Pier 1 是一家大型进口家具连锁企业）。他决定把有限的预算集中于某一具体的细分市场，并在广告中采用截然不同的文案和艺术。他的目标市场是经验老到的、精明的家具消费者。他的经历说明了人员推销在季节购物者中的重要性，原因是这些顾客：（1）购买量大；（2）在决策之前搜集足够的信息。因此店主欧文斯把部分传播预算用于培训销售人员。

欧文斯制定的广告计划着重于商店的独特形象，他把报纸当做主要的传播渠道。竞争性广告包含了家具的价格。他的广告通过描述亚洲国家与众不同的场景和非同寻常的艺术品，把重心放在与亚洲家具相关的意象上，这一主题在店内氛围中也得到了反映。

为了评估传播计划，欧文斯需要将计划的结果与他在规划流程的第一步中制定的目标进行对比。为了衡量活动的有效性，欧文斯进行了一次花费不是很多的追踪研究。他定期与商店所处商圈内有代表性的家具顾客样本进行电话采访。采用以下问题对传播目标进行评估。

传播目标	问题
知悉	哪些商店销售东亚家具？
了解	根据以下特征，你认为哪些商店是卓越的？
态度	在下一次购买东亚家具时，你将首先去哪一家商店？
光顾	你去过以下哪些商店？

经过一年的调查，结果如下：

传播目标	广告前	广告后半年	广告后一年
知悉（提到商店的百分比）	38%	46%	52%
了解（认为卓越的百分比）	9%	17%	24%
态度（首选百分比）	13%	15%	19%
光顾（光顾百分比）	8%	15%	19%

结果显示，知悉、了解和选择这家销售东亚家具商店的顾客有了稳定增长。这项调查证明广告正在把想要传达的信息传达给目标市场。

促销机会 许多零售商的促销机会其实是由供应商发起的。例如，高露洁可能提供以下特别促销活动给克罗格：在一个星期内，克罗格可以低于标准批发价格15美分的价格订购48盎司装的Fab牌洗涤剂。然而，如果克罗格选择这个价格购买该洗涤剂，那么它必须在周四的报纸广告上标明48盎司装的Fab牌洗涤剂只售1.59美元（低于普通零售价格20美分）。此外，克罗格必须有一个单独的过道展示Fab洗涤剂。

过道尽头摆放Fab牌洗涤剂是高露洁促销的一部分，该洗涤剂以打折价卖给超市以换取批量展示的机会。

在克罗格决定是否该接受这样的促销活动并把Fab推销给顾客之前，它必须评估这个促销对于自身盈利能力的影响。像这样的促销可能对供应商有效但对零售商无益。

要评估这种促销活动，零售商必须考虑以下几点：

- 从促销活动中获得的利润。
- 由于采购量多于正常采购量导致的额外库存成本。
- 由促销商品带来的潜在销售额增长。
- 由于客户从购买利润空间更大的自有品牌商品转到促销商品带来的潜在损失。
- 受促销活动吸引进店的顾客带来的其他商品的额外销售额。[27]

当 Fab 洗涤剂的价格降低至 1.59 美元后，克罗格会卖出比平常更多的 Fab 洗涤剂。但克罗格销售该洗涤剂带来的利润会降低，因为供应商要求的零售折扣20美分并不能被批发折扣的 15 美分抵消。另外，促销会使顾客更多地购买 Fab 洗涤剂，而其利润低于克罗格的自有品牌洗涤剂。顾客甚至会购买好几箱 Fab 洗涤剂备用，这样即使促销活动结束，克罗格的自有品牌洗涤剂的销量在一段时间内也还会降低。另一方面，促销会吸引那些平时并不在克罗格购物的客户为了购买优惠的 Fab 洗涤剂光临该店。这些顾客很可能还会购买其他商品，克罗格要是不采用促销这种洗涤剂的方法是不会产生这些收入的。

使用客户关系管理/活动管理工具的特别促销活动　一家拥有 1 600 家商店的全国连锁零售商通过顾客关系管理(CRM) / 活动管理系统来计划、设计、评估和实施一个特殊的复活节促销活动。[28] 该系统如图表 16-8 所示。这家零售商掌握着顾客购买信息的数据，还有通过外部来源获得顾客的其他信息。

在初步规划会议之后，该零售商决定使用直邮广告和电子邮件两种沟通渠道，并同时利用店内促销和现有广告的支持。客户如果想在促销活动中享受优惠的话必须带上优惠券，这个活动的目标是使节日期间的销售额增加 10%。

通过运用活动管理系统，该零售商测试了一系列假设的情景，这样研究小组就可以详细地计划出任务、成本以及相关的截止时间，以此来确定预计的投资回报率（ROI）。最初，他们想以那些在最近 9 个月内光临并购买过商品的顾客为目

图表 16-8　客户关系管理 / 活动管理系统

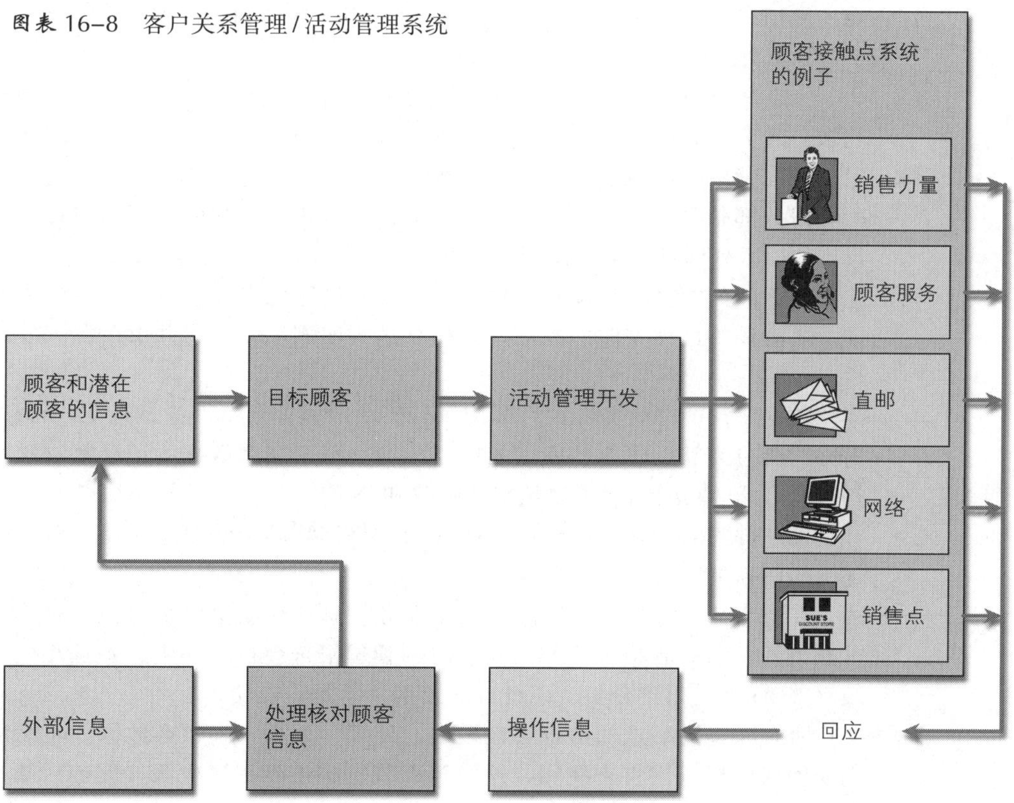

图表 16–9
复活节促销的财务分析

活动的财务计划				
目标市场数			**活动成本**	
12 个月内的记录	260 万		直邮（$0.65/份）	$1 690 000
2.5%的回应率			电子邮件（$0.03）	$ 78 000
回应计划的数量	65 000		总成本	$1 768 000
毛收入			**净收入（减去 25%的产品成本）**	
特殊促销 $49/个		$3 185 000	$2 388 750	
平常销售 $99/个		$6 435 000	$4 826 250	
	活动利润			
	特殊销售		$ 620 750	
	平常销售		$3 058 250	

标顾客。在目标市场细分评估过程中，研究小组认为这个数过低，因此决定将标准提高到最近 12 个月购买过商品的顾客。根据这一标准，这个活动将集中在 260 万名顾客身上。回顾过去的假日促销活动我们发现，回应率为 2.5%。

根据 2.5%的回应率，260 万名顾客中预计会有 65 000 人光临商店。此次特别促销的是 49 美元的商品，但顾客每进入商店一次的平均销售额是 99 美元。由此可以得知，节假日的特别促销旨在使销售额达到 310 万~640 万美元。

每邮寄一封信的成本是 65 美分，私人电子邮件为 3 美分。要邮寄和电邮 260 万个顾客，则需要花费 1 768 000 美元。在确定此次特别促销活动商品的产品成本中，使用了 75%的加价，因此该活动的利润预计在 60 万~310 万美元之间。由这个计划工具开发的财务分析如图表 16–9 所示。

一旦这个假设分析完成，活动计划也根据所有的细节和各个部门的责任建立起来，这个计划就开始转化为行动。该行动计划包括在活动流程中的所有必要步骤，连同营销生产调度内的成本、责任和截止时间。当计划投入到生产当中后，所有任务都分配给各个负责人去完成，因此截止时间和成本可以追踪。每个部门收到的一系列任务都会具体到各个部门的交付情况。

创意部负责设计邮件和优惠券，包含可打印优惠券的电子邮件也由该部门设计。一旦设计过程完成并批准，定稿会送到印刷厂印刷，并由市场部发送电子邮件。

数据库营销部负责将在目标市场分析中的顾客名单（指最近 12 个月光顾过店面并购买过商品的顾客）发送给邮寄厂商。每个顾客数据的记录都有独特的鉴别符号，因此活动的结果可以精确地跟踪和分析。

推广部门的责任是确保商店的促销材料与活动中的信息保持一致。媒介服务部门的任务是核实所有媒介传播的活动信息并保持一致。

在整个活动过程中，管理层关于财务信息和活动交付物与截止日期的信息是可获得的。当商店报告他们的销量时，管理报告会自动产生，并且相应的投资回报率（ROI）会得到分析，以此确定营销活动是否成功。

所有顾客接触点的信息会被搜集、处理，并加入到顾客数据库里。成功的活动会做成模板以供将来使用，这样可以节省零售商在下次假日促销活动计划阶段的时间。模型解决方案使管理层能够将资源、管理截止日期和交付物最优化，从而提高生产力、效率和投资回报率。

小结

传播计划旨在实现零售商的多重目标，包括在顾客心中建立零售商的品牌形象，增加销售额和商店客流量，提供有关零售商的地点和商品的信息，以及宣传特别活动等。

零售商通过广告、销售促进、网站、店内氛围、宣传、人员推销、电子邮件及口口相传向顾客传播。传播组合中的这些元素必须相互协调，这样顾客才会对零售商有一个清晰、独特的印象，而且不会被相互矛盾的信息所困扰。

许多零售商用经验法决定促销预算的规模。边际分析法是用于决定花费多少以实现零售商目标最有效的方法，应该用它来决定支出水平是否能使由传播组合创造的利润达到最大化。

零售商传播预算中的一大部分通常花费在广告宣传和销售促进上。许多媒体都可用于广告宣传，每一种媒体都有优势和劣势。报纸广告适用于宣传特价销售，而电视广告对树立形象特别有用。销售促进通常用于实现短期目标，如在某个周末增加店内的客流量。大多数销售促进活动会得到供应商向零售商提供的一些支持。宣传和口口相传通常是费用最低的传播方式，但这两者很难控制。

关键术语

品牌
品牌资产
品牌意识
帮助回忆
首要意识
品牌联想
品牌形象
整合营销传播计划
杂志目录
广告
销售促进
竞猜
优惠券
店内氛围
人员推销
电子邮件
宣传
口口相传
传播目标
货架卡
边际分析
目标任务法
经验法
剩余定额法
销售百分比法
竞争基准法
高化验原则
合作广告
插页广告（FSI）
预印品
插播广告
购物指南
覆盖范围
送达数
累积送达数
每千人成本（CPM）
频率
影响

小试身手

1. **连续任务** 评估一下你为完成连续任务而选定的零售商组织的传播活动。列出该零售商的店铺和网站上为传播形象和介绍商品所采用的具体元素与信息。零售商通过店面氛围、销售人员、网站和广告给顾客传达一个什么形象？他们又想通过品牌给人们什么联想？传播活动中的元素与传播想要宣传的形象是否一致？为什么？

2. **购物** 看看周日报纸上的插页广告。评估一下插页广告的一般用途，并选出你认为最有效的插页广告。为什么这些插页广告比其他插页广告有效？
3. **网络练习** 零售商和制造商现在更多地使用互联网而非邮件发放优惠券，登录 www.coolsavings.com，索要网上优惠券。这种分发优惠券的方法与传统的方法相比有什么异同？
4. **网络练习** Trader Joe's 有一个非常有趣的零售观念，它是销售特价食品和酒类的零售商。登录 www.traderjoes.com，看看该公司是如何利用网站促销零售商品的。在提升商店形象方面，你认为该网站有多大成效？
5. **网络练习** 你在无线电广播广告局的网站 www.rab.com 上可以找到利用无线电广播作为广告媒体的更多信息。根据这一信息，与其他媒体相比，无线电广播在发送哪种类型的零售信息上最有效？
6. **网络练习** 登录 Floorgraphics 的主页 www.floorgraphics.com/site/1_solution.html。阅读这个为与购物者交流而设的店内媒体。店内广告是如何支持传播组合中其他元素的？你在购物时见过落地式广告吗？描述你去的那家商店、过道和商品/品牌。评价一下这种店内促销手段的有效性。
7. **网络练习** 登录 www.businessweek.com/bwdaily/dnflash/nov2004/nf20041122_9652.htm, 阅读《新闻周刊》的在线文章《店内电视如何影响店内购物者》。零售商是如何将店内电视作为一种传播手段的？在传播组合中运用店内电视有哪些主要优势？

讨论题

1. 品牌是如何使顾客和零售商受益的？
2. 广告、人员推销和促销在整合营销传播计划中是如何相互补充的？
3. 作为零售商与顾客交流的一种手段，广告与宣传有什么不同？
4. 你认为零售商应该利用其品牌名称去追求以下哪个发展机会，为什么？（a）麦当劳新开一家提供座位的连锁店，销售海产品，与红龙虾（Red Lobster）竞争；（b）西尔斯新开一家不提供座位的连锁店，专卖家用电器；（c）百视达（Blockbuster）新开一家连锁店，销售电子产品。
5. 一家商店在不同商品区划分广告预算时应考虑哪些因素？下列哪一种应有最高的广告预算：女士流行服装、男式内衣、女式袜装、厨房用具。为什么？
6. 列出为达到以下目标而在一个传播计划中包含的一些元素：（a）将商店忠诚度提高 20%；（b）将商店知名度提高 10%；（c）树立低价零售商的形象。你如何确定传播计划是否达到目标？
7. 零售商利用电视广告建立品牌形象。电视广告商基于广告可能播出的日期、时间和播放类型来划分许多种市场。零售商在什么时期、时间，用什么插播广告来宣传新鲜农产品和肉类、电动钻孔机、啤酒和健康俱乐部的会员卡？为什么？
8. 一家零售商计划在一所大学附近新开一家店，主要经营 T 恤、男士/女士服装配饰品、羊毛衫等大学生用品。为这家零售商制定一个整合传播计划。这家新店应选择什么样的广告媒体来占领大学市场？
9. 合作广告对于零售商是一种拓展广告预算的好方法。为什么依靠广泛的合作广告未必总是符合零售商的最佳利益？
10. 顾客对零售商的品牌名称都有哪些积极的品牌联想？选择塔吉特、西尔斯、蒂凡尼或你自己喜欢的零售店，完成下面的表格：

零售品牌：______________________________

特点	有利的品牌联想
商品种类	
价格/质量	
特征/益处	
生活方式/活动	

推荐读物

Aaker, David, and Erich Joachimsthaler. *Brand Leadership: Building Assets in an Information Economy*. New York: Free Press, 2000.

Belch, George, and Michael Belch. *Advertising and Promotion: An Integrated Marketing Communications Perspective*. 6th ed. New York: McGraw-Hill, 2004.

Grewal, Dhruv; Michael Levy; and Donald Lehmann. "Retail Branding and Customer Loyalty: An Overview," *Journal of Retailing* 80 (Winter 2004), pp. 249–53.

Hughes, Mark. *Buzzmarketing*. New York: Pennguin/Portfolio, 2005.

Kumar, V., and Srinivasan Swaminathan. "The Different Faces of Coupon Elasticity," *Journal of Retailing* 81, no. 1 (2005), pp. 1–14.

Mangleburg, Tamara; Patricia Doney; and Terry Bristol. "Shopping with friends and Teens' Susceptibility to Peer Influence," *Journal of Retailing* 80, no. 2 (2004), pp. 101–23.

Percy, Larry. *Strategic Advertising Management*. 2nd ed. Oxford: Oxford University Press, 2005.

Shimp, Terence A. *Advertising, Promotion and Supplemental Aspects of Integrated Marketing Communications*. 6th ed. Mason, OH: Thomson South-Western, 2003.

Smith, Steve. *How to Sell More Stuff: Promotional Marketing that Really Works*. Chicago: Dearborn Trade Publishers, 2005.

Tongeren, Michel van. *Retail Branding: From Stopping Power to Shopping Power*. Amsterdam: BIS EnfieldAirlift, 2003.

"What's in Store? Consumer Desires, Branding Concerns and Service Industries Shape Store-Design Trends," *Chain Store Age*, May 2002, pp. 114–17.

附录 16A　实施零售广告计划

实施一项广告计划包括开发信息、选择发布信息的特定媒介以及决定信息发布的频率与时机。以下我们将分析每一种决策。

开发广告信息

大多数零售广告信息的持续时间都很短，目的就是要立竿见影。这种转瞬效应需要有一种能抓住读者注意力的创作风格。图表 16-10 列出了一些关于开发地方报纸广告的具体建议。[29]

> **实　例**
> 每个消费者每周平均看到 2 000 多条广告。[30]

广告中的协助

在开发广告活动中，零售商通过合作计划、广告代理商和媒体公司从供应商那里得到协助。

***合作计划*　合作广告**（co-op advertising，即 cooperative advertising）是由供应商从事的计划。供应商为零售商的广告支付部分费用，但附带一些条件。例如，索尼公司可能有合作广告计划，为消费电子零售商关于索尼数字电视的广告支付一半费用。

合作广告使零售商能增加广告预算。在刚才这个例子中，百思买公司只需支付一半的费用（包括索尼数字电视

席梦思为合作广告付了一定费用，增加了“回到床上安睡中心”（Back to Bed Sleep Centers）的广告预算，使之可以与一个备受青睐的国产品牌相联系。

图表 16–10 关于制作地方广告的建议

设计一个支配性主题	消费者问的第一个问题是：如果让我选择，店内有些什么物品？因此，零售商需要突出标题提供的主要好处，并给出消费者应迅速做出反应的原因。在副标题中扩展阐述这种好处。
采用一种支配性的元素	广告应含有一幅大的图画或标题。通常来说，真人照片比图画更吸引人。动态照片在吸引读者注意方面非常有效。
坚持采用简单的排版	广告的排版应引导读者的视线，从标题到插图、再到解释性文本、价格以及零售商的名称和店址。复杂的元素、装饰性边线和许多不同的字体会分散读者的注意力。
提供具体、完整的展示	广告读者正寻找能帮助他们决定是否光顾商店的信息。该广告必须包含所有与此决策有关的信息，包括商品类型、品牌、价格、尺寸和颜色。消费者不可能根据模糊信息专门到商店去一趟。广播广告，特别是无线电广播广告，非常具有创新性，但经常会引发消费者的思考。既然那是一个非常吸引人的广告，那它宣传些什么呢？
运用易辨识的、鲜明的视觉效果	消费者每天接触无数的广告。因此，为了吸引消费者的注意力，零售商必须使他们的广告与众不同。具有与众不同的艺术、排版、设计元素或字体的广告能吸引大量的读者。
给出商店的名称和地址	商店的名称和地址是零售广告中最重要的两个方面。如果消费者不知道到哪里去购买广告宣传的商品，零售商就卖不出商品。零售商的名称和地址必须显著地登在印刷广告中，并在广播广告中重复播出。

在内的广告)。除了能降低成本外，合作广告还能使小型零售商把自己的名称与著名的全国性品牌联系在一起，同时还能使用全国性品牌创作富有吸引力的广告插图。

供应商也经常采用合作广告策略劝说零售商不要把他们提供的产品打折销售。例如，只要雅诗兰黛的百货商店零售商同意不以低于建议零售价的价格出售商品，供应商就会提供 7%的销售额用于合作广告。

合作广告有一些缺陷。首先，供应商想让广告突出其产品，而零售商更感兴趣的是强调其商店的名称、店址及所提供的商品分类和服务。从零售商的角度，这种目标的冲突可能会降低合作广告的有效性。另外，供应商开发的广告经常被几家相互竞争的零售商所采用，所以广告中会列出销售该品牌的所有零售商的名称及位置。因此，合作广告易于抹杀零售商之间的区别。最后，供应商对广告的限制会进一步降低合作广告对零售商的有效性。例如，在供应商销售不振时，供应商可能会把广告宣传限制在一定时期，而在这一段时间，零售商可能不能正常做广告。

代理商 大多数大型零售商都有为销售和特殊事件做广告的部门。大型零售商经常利用广告代理商策划有关商店形象活动的广告，却由自己公司内部的员工制作促销性的报纸广告。许多小型零售商利用地方代理商计划和制作他们的所有广告。这些地方代理商在策划和实施广告宣传上通常比零售商的员工更熟练。代理商还在传播计划的其他方面提供服务，如竞猜、直接邮件和特别促销。

媒体公司 除了销售报纸版面和广播时段外，广告宣传媒体向地方零售商提供的服务还包括计划广告方案和实际的广告设计。媒体公司也对其顾客做市场调研，并提供当地区域购物模式的信息。

选择最有效的媒体

开发出信息之后，下一步是决定用什么媒体把信息传送给顾客。用于零售广告的媒体有报纸、杂志、直接邮件、无线电广播、电视、户外广告牌、互联网、购物指南和黄页。图表 16–11 总结了它们的特点。

报 纸

零售业与报纸广告在过去一个世纪里同步发展，但由于最近零售商已开始采用其他媒介，报纸零售广告业的发展有些缓慢。然而，全美国 25 家最大的报纸广告商中有 16 家是零售商。[31]

除了具有编辑内容的印刷广告外，报纸还散发插页广告。**插页广告**（freestanding insert，FSI）也称为**预印品**（preprint），是指由零售商付费印制并夹在报纸里散发的传单。由于报纸是在界定明晰的当地市场散发的，因此它

图表 16-11
媒介比较

媒介	目标	及时性	信息呈现能力	周期	成本
报纸	良	良	中	短	中
杂志	中	差	中	中	高
直邮	优	中	高	短	中
电视	中	中	低	短	中
广播	中	良	低	短	低
互联网					
条幅广告	优	优	低	中	高
网站	优	优	高	长	中
电子邮件	优	优	中	短	低
户外广告牌	中	差	非常低	长	中
购物指南	中	中	低	中	低
黄页	中	差	低	长	低

们对于瞄准零售广告非常有效。地区性报纸所覆盖的市场类似于零售商提供服务的市场。报界也开始为小型零售商提供瞄准其广告宣传的机会，方法是为一个城市的不同地区制作不同的版本。例如《洛杉矶时报》（*Los Angeles Times*）在加利福尼亚南部地区有 11 种版本，包括文图拉县、沙漠城市和圣迭戈县的版本。

报纸也提供快速反应。从接收广告到广告登出的这一段时间非常短。因此，报纸在短期内传送信息是非常有用的。

与所有印刷媒体一样，报纸有效地传送了许多详细信息。读者可以自己的速度浏览广告，可随心所欲地阅读广告的某个部分。另外，消费者可以保存广告，并把它们带到商店，这使报纸在传达有关销售商品价格的信息时非常有效。但由于报纸印刷质量较差，它不太适用于展示商品，尤其是当商品颜色非常重要时。

虽然报界提高了印刷设备的质量保证广告所需的复制效果与颜色，但零售商仍依靠预印品保证好的复制效果。J.C.彭尼广泛地采用插页广告，每周把它们分发给 5 000 多万名报纸读者。但插页广告过于流行又产生了一个问题，即零售商的传单埋没在报纸众多的插页广告中。沃尔格林已经把每周传单的数量由两份减至一份，原因是各种传单混杂，而且沃尔格林发现年青一代人没有他们父母看报多。但沃尔格林正努力提高插页广告的有效性，方法是使信息更精练，并使用较高质量的纸张。

人们读完报纸后就扔掉了，所以报纸广告的生命较短。相比之下，消费者倾向于保存杂志，一周或一月读几次，所以杂志广告的生命较长。

当地报纸中的插页广告太多，以至于零售商无法让消费者注意到自己的插页广告。

最后，制作报纸广告的成本很低。报纸广告可以由经验较少的人员制作，且不需要昂贵的彩色照片或版面设计。但如果报纸的流通范围大于零售商的目标市场，传送信息的成本就要高一些，这样就要求零售商为不能带来销售额的地区付费。

杂 志

杂志广告做得最多的是全国性零售商，如塔吉特和盖普。但随着地方杂志和全国性杂志地区版本的增加，杂志广告的使用也日益增加。由于复制质量高，零售商倾向于把这种媒介用于形象广告宣传。由于交付周期的因素（从呈交广告到出版时间），杂志广告有一个主要缺陷，即杂志广告的时间安排很难与特殊事件和销售协调起来。

直 邮

零售商经常使用从POS终端收集来的数据，运用直接邮件（见第11章），把自己的广告和销售促进活动对准特定的顾客。例如，内曼·马库斯保存信用卡顾客的所有购买数据。有了顾客购买的信息，内曼·马库斯就可以直接把关于新推出的一种香水的邮件寄给有类似商品购买历史的顾客。

零售商也可以购买有关目标消费者的各种目录，包括具体人口统计档案、兴趣和生活方式。例如，一家家具店可以在其商圈购买订阅《建筑文摘》的读者目录，然后向高端消费者发送有关家具的邮件。最后，许多零售商都鼓励销售人员保存一份优先顾客名单，按照这份名单发送私人性质的邀请和便笺。虽然直邮能使信息私人化从而非常有效，但也非常昂贵。此外，许多消费者不理睬直邮广告，并把它当做垃圾邮件来处理。

电 视

电视广告可以在全国电视网或地方电视台插播。地方广告称为**插播广告**（spot）。零售商通常在电视上做形象广告。他们利用高质量的重现优势，也利用同时通过视觉形象和声音传达信息的机会。电视广告还能证明产品用途。例如，沃尔格林的广告活动运用主题“美利坚依赖的药店”来突出其全国性药店的领袖地位。

除了高制作成本以外，全国性电视广告的广播时间也相当昂贵。插播广告的观众较少，但对于地方零售商来说较为经济。为了弥补高制作成本，许多供应商提供模块化广告，在这些广告中，零售商可以在有关供应商的商品信息后加入自己的名称或“标签”。

> **实 例**
> 美国人每年用于看电视的时间为1 645小时，用于读报纸的时间仅为175小时。[32]

无线电广播

许多零售商采用无线电广播做广告，原因是无线电广播信息可以指向具体的细分市场。[33]一些无线电广播站的听众非常忠于他们的节目主持人。当这些节目主持人为一家零售商促销时，听众会有很深的印象。制作和播出无线电广播广告的成本也相当低。

然而，无线电广播广告的一个缺点是，听众通常把无线电广播作为背景，这就限制了他们对信息的注意力。与所有的广播媒体一样，消费者必须在广播时才能得到广告的信息——他们不能再回头捕捉没有听到或没有记住的信息。

互联网

零售商使用互联网与顾客进行沟通有3种方法：（1）利用条幅广告和链接产生知名度；（2）利用网站提供商品和特殊事件的信息；（3）利用电子邮件给目标消费者提供信息。[34]条幅广告和链接对于定向传播很有效，但在提高知名度方面成本效率很低。利用顾客的导航、购物行为、IP地址等信息，条幅广告可以指向特定的顾客。例如，Sportsline.com的访问者如果点击堪萨斯市皇家棒球比赛结果这一栏目，他们就会看到带有皇家队标志的服装和帽子的广告。Double Click公司是一家网络广告代理商，它在掌握每个特定访问者信息的基础上，从服务器上下载各种条幅广告。但是，用互联网广告来提高知名度是不经济的，因为网站数量众多，削减了每个网站和每条特定广告的访问量。

尽管互联网在提高知名度方面效果不好，但是它非常适用于向顾客传递信息。除了向顾客推销商品外，零售商网站还可以提供包括店址到商品价格以及商品是否缺货等方面的信息。互联网的交互性使顾客可以在大量的信息中自己挑选信息。例如，访问电路城网站的顾客可以仔细地搜寻关于某一型号数码相机的详细信息，并可以制作表格对几种型号进行比较。

最后，零售商可以用互联网向顾客发电子邮件，通知顾客各种特殊事件以及新品上市。

户外广告牌

广告牌及其他形式的户外广告可以有效地向一小部分观众传达数量有限的信息。因此，户外广告宣传在提供有关销售信息上的有效性非常有限。户外广告宣传通常用来提醒顾客有关零售商的信息或通知驾车的人有关附近零售分销点的信息。

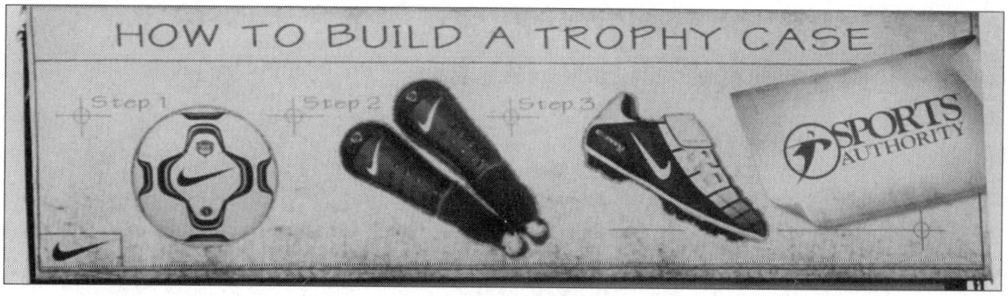

Sports Authority 利用户外广告牌建立顾客的意识，提醒他们在买体育用品时别忘了考虑自己。

购物指南

购物指南（shopping guide）是向特定地区所有居民分发的免费传单。这种媒介特别适用于想满足特定商圈内需求的零售商。购物指南成本低廉，且能保证 100%覆盖特定区域。相比之下，报纸订阅通常只有 30%~50%的覆盖率。优惠券小册子或杂志是购物指南概念的延伸。这些媒介包含零售商提供的折扣优惠券。购物指南和优惠券小册子不能向消费者提供消息，它们仅仅是传达广告和优惠券的媒体。

黄 页

由于黄页使用时间较长，它们对于零售商是非常有用的。当消费者具有强烈的购买意向并想搜集有关信息时，黄页可以做参考。

选择媒体的考虑因素

为了能以最低成本把信息传送给目标市场最大数量的消费者，且产生最大效应，零售商需要从覆盖面、延伸范围、成本以及通过媒体传送的广告信息的效应等方面对媒体做出评估。

覆盖范围 **覆盖范围**（coverage）指零售商的目标市场中能在一种既定媒体中接触到一次广告的潜在顾客的人数。例如，假定目标市场规模是 100 000 个顾客。当地报纸的覆盖范围占目标市场的 60%，潜在顾客中 90%有电视机并能接收到当地信号，有 5%的潜在顾客驱车经过广告牌。因此，报纸广告宣传的覆盖范围是 60 000 人，电视广告宣传是 90 000 人，特定的广告牌是 5 000 人。

送达数 与覆盖范围相比，**送达数**（reach）是指目标市场中接触到一种广告宣传媒体的实际顾客人数。如果在任意一天，60%收到报纸的潜在顾客读了广告，那么报纸的送达数为 36 000（即 60% × 60 000）。零售商经常重复刊登同一则广告，在这种情况下，他们按照广告的顺序计算**累积送达数**（cumulative reach）。例如，假设每天有 60%的潜在顾客收到并阅读一份报纸，如果该报纸连续 3 天刊登一则广告，则会有 93.6%（即 1 − 0.4 × 0.4 × 0.4）的潜在顾客至少会在这 3 天中的一天看报纸。这样在报纸上做 3 天广告的累积送达数就是 56 160，（即 93.6% × 60 000），几乎等同于该广告的覆盖量。在评估网络广告机会时，估算送达数的方法就是访问者数量，即访问载有广告的网页的人数。

成本 **每千人成本**（cost per thousand，CPM）法经常用来比较各个媒体。一般来说，每千人成本是广告成本除以其送达数而得到的。另一种计算每千人成本的方法是，用一项活动中几则广告的总成本除以它们的累计送达数。例如，如果在上一例中，一则报纸广告的成本为 500 美元，3 则广告为 1 300 美元，利用简单送达数计算的每千人成本就是 13.89 美元，即$500/(36 000/1 000)，运用累积送达数计算，则每千人成本为 23.15 美元，即$1 300/(56 160/1 000)。我们注意到用累积送达数计算的每千人成本比简单送达数高，但整个送达数也更高，而且许多潜在顾客会不止一次地看广告。因此，每千人成本非常适用于比较相似媒体中相似规模的广告，如《洛杉矶时报》和 *Orange County Register* 中的整版广告。但是，当比较不同类型媒体（如报纸与电视）中广告的成本效益时，每千人成本就很容易误导人。一则电视广告的每千人成本可能比一则报纸广告的低，但报纸广告或许在实现广告的传播目标上更有效，比如提供促销信息。

影响 **影响**（impact）是广告对听众或观众的影响。由于各媒体具有各自的特性，媒体在完成不同的传播任务上各

图表 16–12 各媒体在传播目标的有效性比较

传播任务	报纸	杂志	直邮	电视	广播	网站	电子邮件	户外广告
引起注意	低	中	中	中	低	低	高	中
明确名称	中	高	低	低	低	低	中	高
宣布事件	高	低	高	高	中	低	高	低
展示商品	低	中	高	高	低	高	低	低
提供信息	低	高	高	低	低	高	中	最低
改变态度	高	中	高	高	中	高	低	低
建立品牌形象	低	中	高	高	低	高	低	低

有所长。图表 16–12 展示各媒体在各传播任务中的有效性。电视特别适用于抓住观众的注意力，展示商品，改变态度以及宣布事件。杂志适用于突出商店的质量和信誉及其出售的商品，还擅长提供详细信息支持质量方面的声明。报纸适用于提供价格信息和宣传事件。互联网在展示商品和提供信息方面尤为有效。户外广告宣传对于宣传零售商的名称和地址最为有效。

决定广告的频率和时间

广告的频率和时间安排决定了顾客将会有多少次和多少时间看到零售商的信息。

频 率

频率（frequency）是潜在顾客能接触到广告的次数。在估算网络广告频率时，最典型的方式就是计算访问者访问网站时，载有广告的网页被下载的次数。

适当的频率安排取决于广告的目标。一般来说，要影响顾客的购买行为，需要使其多次接触广告。因此，以改变购买行为而非产生认识为目的的广告应突出频率，而非送达数。顾客常常在看过一遍减价广告后就能记住其内容。因此，减价广告活动强调送达数而非频率。

时间安排

一般来说，一则广告应出现在消费者最可能购买商品的时间或稍前一点的时间。例如，如果大多数消费者周四至周日购买杂货，则超市应当在周四和周五做广告。同样，消费者在月中或月末领薪水后通常会去购物。因此，广告宣传应集中在这些时间。

SALE
30%

第四编

店面管理

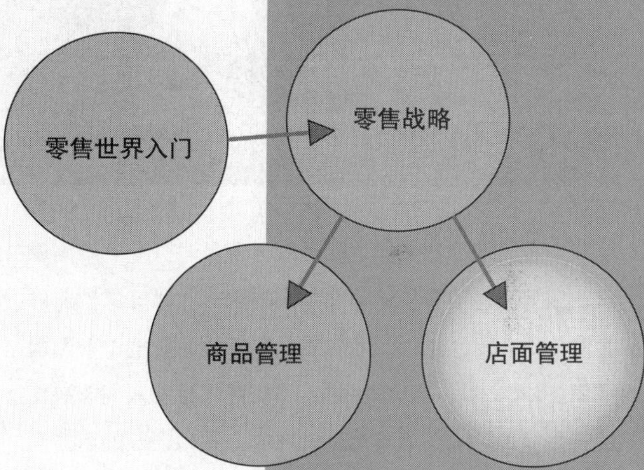

第四编集中讨论与店面管理有关的实施问题，其中包括员工管理与成本控制（第 17 章）、商品展示（第 18 章）以及顾客服务提供（第 19 章）。

传统意义上，有关商品管理的问题被认为是零售决策实施方面最重要的问题，而人们认为采购是取得高层零售管理职位的最佳职业通道。现在，通过商品管理获取战略优势正变得日益艰难。相互竞争的商场里的商品常常大同小异。

既然消费者能够在许多家就近的零售商店或者通过互联网找到相同的商品分类，店面管理问题就成为发展战略优势的关键因素。零售商越来越重视顾客服务、商店设计和视觉销售，使之与竞争对手区别开来。

第 17 章

店面管理

乔伊斯·里瓦斯（右）与两名经理助理讨论销售报告。

管理人员简介

乔伊斯·里瓦斯　沃尔格林商店经理

我在迈阿密的佛罗里达国际大学读书时，专业是健康管理，因为我想从事能够帮助别人的职业。我打算毕业后到医院工作。上大学时，我曾在沃尔格林商店做过药剂师的兼职工作，发现在沃尔格林工作既可以帮助人们解决他们的健康问题，也可以参与到动态的、激动人心的商业环境中去。

沃尔格林拥有一套严格的公司价值理念，强调提供杰出的顾客服务的重要性。药剂师不仅仅是按处方配药，他们要咨询顾客服用的药品，回答顾客提出的问题并尽力减少顾客可能有的顾虑。

我非常喜欢在商店里工作。如果我整天坐在办公桌前，我一定会厌烦。我必须到处走并与人交谈。作为商店经理，我与很多人打交道——顾客、商店员工及在我们社区办事处的人们，我还做很多其他事。在一天内，我可以处理一些员工问题，帮助顾客寻找他们需要的东西，思考如何展示新的商品并审阅有关商店的财务状况报告。

作为商店经理，经营沃尔格林就像经营自己的事业一样。我的店内拥有 50 名员工，年销售额超过 1 500 万美元。作为负责人，我因商店的杰出绩效受到了嘉奖。但是，我得到的嘉奖绝非只是金钱上的。我喜欢与别人一起工作，也喜欢帮助别人。沃尔格林是一个非常棒的工作场所，因为它如我一样关心顾客和员工。

作为商店经理，我尽力创造出这样一种氛围，它能让员工感觉他们都是能够给顾客提供优质服务而努力的团队一员。我希望我所有的员工都能更加了解商店和公司的经营情况，娴熟他们的技术，发挥他们的潜力。通过一起工作，互相帮助，我们都可以达成这一目标。

问　题

- 商店经理的责任是什么？
- 商店经理该如何招募、甄选、激励、培训并评估他们的员工？
- 商店经理该如何为销售人员提供报酬？
- 在管理员工时，商店经理应当注意哪些法律和伦理问题？
- 商店经理该如何提高生产率并降低成本？
- 商店经理该如何减少店内外偷窃带来的存货损失？

商店经理一直处于零售业的火线上。他们每天与顾客接触，所以最了解顾客需要什么，从而进一步采取最具竞争力的行动。单以这点独一无二的优势来看，商店经理在制定和执行零售策略时扮演着非常重要的角色。采购员能够制定最佳的商品分类并以最低的成本进行采购，但是只有当商品卖出去的时候零售商才能实现采购员努力所带来的好处。酒香也怕巷子深。商店经理必须有效地展示商品，并提供服务来刺激顾客做出购买决策。[1]

即使是在全国连锁店中，商店经理也被当做大型公司里相对独立的事业部经理对待。一些商店经理有责任实现 1.5 亿美元的年销售额，要管理 1 000 多号人。例如，詹姆斯·诺世通（诺世通的前任 CEO）告诉商店经理们："这是你们的事业。做你们自己的事。不要听从我们在西雅图的吩咐，而是要听从顾客的吩咐。我们准许你们照顾好你们的顾客。"[2]

本章第一部分将集中阐述商店员工的管理，作为第 9 章有关战略性人力资源管理内容的补充。第 9 章讨论了由零售商执行的组织任务，以及激励零售业员工并建立他们对公司忠诚度的通用方法。在本章，我们将讨论商店经理如何实施零售商的人力资源策略。

店面管理责任

> **实 例**
> 超市的服务基本上是自助式的，超市员工的工资占商店运营成本的 59%。[3]

商店经理的职责见图表 17-1。商店经理的责任分为四大类：管理员工、控制成本、展示商品、为顾客提供服务。有关商店员工管理以及成本控制的内容将在本章讨论，接下来几章将讨论商店经理展示和管理商品以及为顾客提供服务的责任。

商店经理有责任提高零售商的两项最重要资产的生产率：公司在员工身上的投资和在不动产上的投资。本章主要讲述如何提高劳动生产率，即如何通过招募和甄选有效的员工提高店面的销售额。通过培训提高他们的技能，激励他们达到一个更高的层次。尽管本章主要讲述如何管理店面员工，零售视野 17.1 也描述零售商如何运用科技来提高劳动生产率。

除了提高劳动生产率，商店经理们也通过控制成本提高利润。公司的主要成本是员工的薪酬和福利。但是商店经理也需要控制运营与能源成本，以及由店内外偷窃造成的存货损失。成本控制将在本章的最后部分讨论。

图表 17-2 列出影响员工生产率的管理过程中的几个步骤：（1）招募并甄选有效的员工；（2）通过社会化和培训提高他们的技能；（3）激励他们达到更高的水平；（4）对员工进行评估；（5）奖励和报酬。[4] 商店经理也需要发展能够承担更多责任的员工，将其晋升到更高的管理职位。通过发展下属这种方法，经理们既帮助了公司也帮助了自己。公司受益于越来越多的有效经理，而经理受益是因为当他们被提升时，他们的位置会被合格的人取代。

图表 17–1
商店经理的职责

管理商店员工（第17章）
招募、甄选
社会化及培训
激励
评估并提供建设性反馈
奖励和报酬

控制成本（第17章）
提高劳动生产率
降低维护与能源成本
减少存货损失

管理商品
展示商品，保持视觉标准（第18章）
与采购员合作
- 建议新商品
- 采购商品
- 计划并管理特殊事件
- 降价

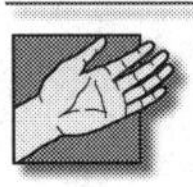

提供顾客服务（第19章）

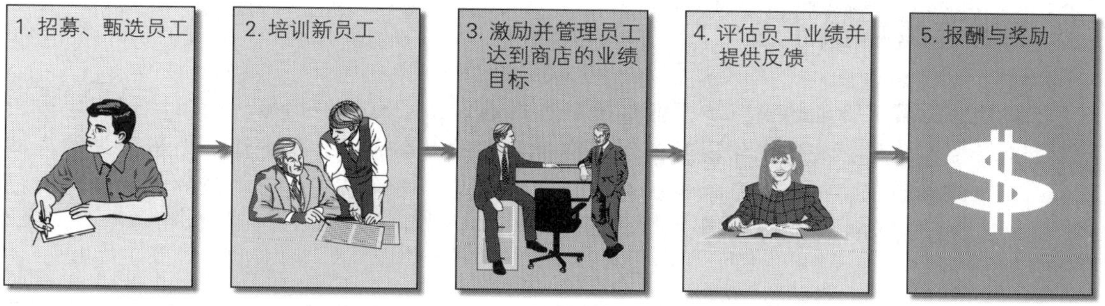

图表 17–2　商店员工管理步骤

零售店正日益高科技化　零售视野　17.1

男装屋安装了 POS 终端机，使销售助理可以对顾客的要求迅速作出回应。如果某店的某种运动夹克断码了，销售助理无须给其他连锁店打电话询问——联网的 POS 终端机会查出 700 家连锁店任何一家的库存情况。如果顾客想知道去另一家店怎么走，那么销售助理就可以立刻从网络地图上查找并给以答复。POS 终端机也减少了销售助理处理退货和换货的时间。与终端机相连的指纹检测器会立即识别顾客并提供出顾客的购买记录。而在旧系统下处理退货，员工不得不三番五次地查看屏幕，一次又一次地输入密码。指纹检测器也减少了因员工偷盗而引起的库存损失。现在，员工无法使用他人的身份证号进行欺骗性交易。

许多超市正在安装自助结算通道。这种技术使得零售商和顾客都能从中受益。结算通道 90%的成本都是花在收银员身上。因此，不雇用收银员可以减少成本并开通更多的结算通道。零售商使用各种技术限制自助结算通道中可能发生的偷盗行为。有些威慑是心理上的，例如在顾客结算时用录像机将他们录在大屏幕上。此外，在购物袋下面有一个电子秤，该电子秤可以识别扫描的物品并可以准确称量。所以，如果一购物者扫描的是一根棒棒糖，却把一大块烤肉放到了购物袋中，那么系统就会发出“滴滴”声，并要求重新装入物品。

航空公司也因投资建设自助办理登机手续的小亭收到了很高的回报。普通的航空小亭大概花费 10 000 美元，而付给顾客服务代理商的薪水则是 20 000~40 000 美元，还要加上津贴。自助办理登机手续系统大约每 15 个月要付 80 000 美元的价格标签费。许多旅行者都喜欢自助办理登机手续系统，因为与等待代理商相比，该系统更加迅速。

安装了自助付款系统之后，零售商的劳动生产率提高了。

自助服务小亭从来不会生病，也不会休假。因此，对于管理者来说，劳动力安排也简化了。

资料来源：Doug Desjardins, “Shoppers Tapping into High Tech,” *DSN Retailing Today*, January 10, 2005, pp. 16–17; Amy Harmon, “More Consumers Reach Out to Touch the Screen,” *New York Times*, November 17, 2003, p.A7; Suzanne Smalley, “Next Frontiers,” *Newsweek*, April 29, 2002, p. 40.

招募并甄选商店员工

员工管理的第一步，就是招募和甄选。为了有效地招募，商店经理需要进行工作分析，准备工作说明，发现符合要求的潜在人员，从中筛选出最优秀的人员前来面试。（第 1 章附录从对喜爱零售职业并申请管理实习职位的人的角度，描述招募和甄选的过程。）

工作分析

工作分析(job analysis）的目的就是确认最基本的职责，决定潜在员工的资格。例如，零售销售人员的责任会因公司的不同而不同，或因同一商店内部部门的不同而不同。服装销售人员在开阔的地板上工作并需要主动接近顾客；珠宝销售人员则在柜台后工作，等着顾客上前询问。由于有这些差异，有效的开放式地板销售比柜台销售要求更主动的行为。

通过观察员工现在的工作，以及确定杰出员工的特征，经理可以获取工作分析所需的信息。图表 17–3 列出商店经理在对销售人员工作分析中应该考虑的一些问题。工作分析中所搜集的信息可以用来准备工作说明。

工作说明

工作说明（job description）包括：（1）员工需要从事的工作；（2）量化的业绩期望。工作说明是招募、甄选、培训及最终评估员工的指南。

筛选出有前景的员工

人口变化导致劳动力减少，所以商店的人员招募正日益成为一个关键问题。

图表 17–3
进行工作分析所提的问题

- 有几名销售人员同时在一个部门工作？
- 在为顾客服务时，销售人员需要一起合作吗？
- 销售人员一次要为几名顾客服务？
- 销售人员是在开放式空间里还是在柜台后面为顾客服务？
- 销售人员需要多少以及什么类型的产品知识？
- 销售人员只需把商品卖出去还是需要做售货记录并提供其他信息？
- 是否要求销售人员约见顾客并建立忠诚顾客的数据库？
- 销售人员是否有权与顾客讨价还价或协商其他销售事宜？
- 销售人员需要展示商品吗？
- 是否会期望销售人员完成额外的销售任务？
- 销售人员的仪表重要吗？高效的销售人员应该以什么形象出现？
- 是否要求销售人员做一些与商品有关的事，比如说上架、摆放商品？
- 销售人员向谁汇报工作？
- 销售人员在什么样的薪酬制度下工作？

广告是发现有前景员工的一种有效方式。

以下是招募员工的一些建议。

- *不要局限于零售行业。*例如，一个珠宝商从她经常出入的熟食店中发现一个女销售人员从来都是不慌不忙的，找钱也从不出错，于是她就把那个女销售人员挖了过来。另一个珠宝商则挖了一位舞蹈教练，因为她具备足以使她成为优秀珠宝销售人员的艺术眼光和超凡魅力。
- *让你的员工成为你的猎手去挖掘其他猎物。*经常问问你的员工是否有什么可以招募的人，或者他们最近买东西时是否遇到一些好的销售人员。
- *激励员工介绍新的职员。*货柜公司是《财富》杂志上列在前五位的最佳工作单位。在那里，招募是每个员工的工作。如果员工推荐了全职工作人员，他将获得 500 美元的奖励；如果是兼职，他将获得 200 美元的奖励。从存货整理员到经理的所有员工，在与顾客交谈时都时刻准备从顾客中招募合适的员工。这项方案非常有效，公司经常 6~8 个月都不用打广告招募员工。[5]
- *从少数族裔、移民及老年团体中招募。*积极寻求西班牙裔移民作为新员工来源的公司，用英语和西班牙语印制工作申请表。潜在员工可以在面试时带一个家庭成员或朋友做翻译。对于不熟悉美国商业惯例的人，还要进行专门的培训。例如，许多移民并不知道人寿保险的意义，以至于他们由于害怕被开除而不敢报告工伤事故。博德斯、家得宝和沃尔格林正同美国退休人员协会（AARP）合作成立劳动力首倡机构，让合适的老年人填补公司空缺。零售业通常对老年人有吸引力，因为零售业的工作时间范围跨度比较大，比较适合老年人工作时间上灵活的需要。此外，零售商为老年人考虑得非常周全，通常都给兼职人员提供健康福利。把某些工作只提供给老年人或少数族裔会违反反歧视法，但是零售商可以在通常是老年人阅读的报纸上刊登提供这些职位的广告，美国退休人员协会网站也列出了有意愿雇用老年人的公司，而且这些网站与雇用区相链接。[6]
- *创造性地利用你的店面。*不要仅仅在门口贴一张简单的招聘海报。更有效的是制作这样一份海报，上面写着：“谢谢！商业是了不起的。因为我们公司现在发展很快，所以我们正在招聘新的员工。若有意，请进来让我们一起来商讨一下职业机会。”

筛选出参加面试的人

筛选程序就是将申请人的能力与工作说明进行比较。许多零售商使用自动预筛选程序作为一种低成本的方法，以找到合适的申请人。求职者可以拨打免费电话或使用公司联网的商亭。求职者可以使用键盘或电话按钮来回答电脑程序自动设置的一些基本问题。

这些问题都是为零售商的具体要求和环境量身定做的。比如，一家销售主题音乐商品的大型超市连锁店——热门话题，问道："你愿意在大声的不断循环播放音乐的环境下工作吗？"这道问题的回答时间是受限制的，若答题太慢，下道题就会出来。申请者通过了这道自动预选程序后，公司会采用申请表、个人证明材料检查以及测试，来获得更多的信息。[7]

实 例
沃尔玛每年接收400多万名申请者，很多都是来自于顾客。[9]

申请表 **工作申请表**（job application form）含有申请人工作经历、既往工资、离职原因、教育与培训、个人健康以及推荐信。这些信息使经理可以认定申请人是否具备最基本的能力，同时也为面试申请人提供了信息。[8]

推荐人 核实求职申请表信息的一个重要途径就是与申请人的推荐人联系。与推荐人联系也可以从求职者的同事那里获得许多额外的信息。此外，商店经理还可以与没有被列为推荐人的申请人的前任上级联系。但是，由于潜在的法律问题，许多公司规定对以前的员工不发表评论。[10]

实 例
在美国，50%的雇主会核实员工的犯罪记录，但是在荷兰，只有20%的雇主会这样做。[11]

商店经理一般期望从求职者的推荐人或前任上级那里听到有利的评论，即使他们对求职者的评价可能不高。减少这种正面偏差的一个途径是请推荐人给同岗位的所有人排序。例如，经理可以这样问："你将如何给帕特与他的同事在顾客服务技巧方面排位？"另外一个途径就是使用从"一般有效"到"极为有效"这些正面评价尺度。

测试 智力、能力、个性及兴趣测试有助于对潜在员工进行更进一步的观察。例如，智力测试有助于了解求职者天生的能力，并能把求职者的能力与工作需求联系起来，为将来的培训计划提供资料。但是，测试一定要在科学上和法律上都是有效的。它们只能在确定与工作绩效相关的时候使用，利用测试评估某些与工作无关或者歧视特定群体的内容是违法的。

实 例
72%的零售商把查看推荐人的意见作为甄选程序的一部分，43%的零售商会对员工进行吸毒测试，28%的零售商以笔试形式测试员工的诚实度。[12]

由于超市的潜在偷盗损失，许多零售商要求对求职者进行吸毒测试。一些零售商还使用测试来判断员工是否诚实，是否道德。书面的诚实测验包括这样的问题："你是否有过偷盗的念头？"或者"你是否认为别人偷东西了？"（"有百分之几的员工从老板那里多拿了一美元？"）

实 例
如果零售商录用了一名吸毒者，在医疗费、缺勤、人员更替以及生产率降低等方面会增加7 000~10 000美元的支出。[13]

真实的工作预览 当求职者了解了工作有吸引力的一面和不利的一面之后，周转率会降低。[14]例如，PETsMART是一家宠物类别专卖店，公司会让每个应聘者看一张10分钟的碟片，这张碟片首先会放映成为该公司员工的优势，然后放映员工接待生气的顾客以及清理动物排泄物的情景。这种工作预览一般可以筛选出15%的求职者，这些人即使在被录用之后也很可能会在三个月内辞职。

甄选求职者

在经过初步的筛选之后，接下来的甄选流程一般是个人面试。因为面试是招聘决策中最重要的一环，所以商店经理需要好好准备面试以便控制整个面试过程。

面试的准备 面试的目的是搜集相关的信息，而非简单地问一堆问题。应用最广泛的一种面试方法称为*行为面试*，即询问应聘者在过去尤其是遇到与工作说明中所要求的工作技巧有关的场合时，他们是如何处理问题的。例如，将来的工作需要处理顾客投诉的应聘者，可能被要求描述如下场景：当他面对别人对他所做的事非常生气时，他是如何处理的，以及这样处理的后果。这种方法也可用在求职者的推荐人身上。

有效的面试要求商店经理做一些计划，但在选择问题时也可以有一些灵活性。经理们应当明确他们希望从求职者那里了解些什么。面试开始的时候一般都是一个泛泛的问题，比如“告诉我你最近的工作”，这样就可以引出一个较长的回答。在泛泛的问题之后一般都会紧跟着一些具体的问题，比如，“你从工作中学到了什么？”或者“你有多少位下属？”最后，经理们应避免问一些歧视性问题。

管理面试 图表 17-4 列出了经理可能会问的一些问题。下面是在面试中询问应聘者的一些建议。

- 问一些回答内容比较多的问题，像“你知道哪些关于我们公司的东西？”而不是“你对我们公司有多熟悉？”
- 避免问有多项选择的问题。
- 避免问导向性的问题，如“你准备提供更好的顾客服务吗？”
- 做一个积极的听众。对应聘者表述的内容进行评价，并从中筛选出重要的言论。积极倾听的技巧包括重复或转述一些信息、总结对话以及容忍沉默。

甄选和录用商店员工时应考虑的法律因素

社会意识的觉醒以及政府的管制越来越反对歧视性招聘，即不能歧视残疾人、妇女、少数族裔和年长职工。《民权法案》第七条就禁止基于种族、民族、原属国籍、性别或宗教信仰的歧视。在下列人力资源决策中歧视更应当被禁止：招募、录用、解雇、免职、处罚、晋升、奖励以及培训。在 1972 年，该法案在**均等就业机会委员会**（Equal Employment Opportunity Commission, EEOC）下得到扩展，允许雇员在雇主违反法律时起诉他的雇主。几家主要的零售商就因为歧视少数族裔和妇女被成功起诉。

当一部分弱势阶层（妇女、少数族裔等）受到另一阶层的**非等同待遇**（disparate treatment），或当一项中立的法规明显具有**非等同影响**（disparate impact）时，**歧视**（discrimination）便产生了。非等同待遇的例子就是，一个不具备晋升资格的男性得到了提拔，而一个具备提拔资格的女性却没有得到提拔。当零售商要求其所有员工具备中学学历时，他们就把相当一部分处于劣势的少数族裔拒之门外了，哪怕一些工作（如管理员）根本不需要中学学历。在这些情况下，零售商必须证明他们所要求的资格确实是工作所需。**《年龄歧视与雇用法案》**（Age Discrimination and Employment Act）规定公司在录用和解聘中歧视 40 岁以上的人为非法。

图表 17-4 面试问题

学校教育

在大学你最喜欢和最不喜欢的科目是什么？为什么？

你参加哪些课外活动？为什么选择那些活动？

如果你有机会重新上一次学，你会做些什么改变呢？为什么？

大学期间你如何过暑假？

你做过兼职工作吗？你对什么兼职工作最感兴趣？在兼顾学习和工作时你遇到的最大难题是什么？你会给准备做兼职的同学提什么建议？

最令你骄傲的事是什么？

工作经历

你觉得理想的管理者是什么样的？下属呢？同事呢？

你上一份工作最令你喜欢的地方是什么？最令你讨厌的地方是什么？

你觉得哪一类人最难共事？哪一类人最容易共事？为什么？

迄今为止，你在工作中取得的最大成就是什么？

描述一下你上一份工作中让你觉得有压力的情景。你是如何应对它们的？

你觉得上一份工作中有哪些任务完成起来比较困难？

在你做过的所有工作中，哪一份最令你受益匪浅？哪一份最没价值？

在工作中你遇到的最大挫折是什么？

你为什么想辞掉现在的工作？

如果辞掉工作，你会怎么做？

你会怎样辞职？

在未来的工作中你会避免发生什么情况？

你认为你的最大优点和缺点是什么？

你现在工作的职责是什么？

请描述一下上一份工作中你雇用的人，他们如何工作？描述一下被你解雇的人。

上一份工作中你承担了什么样的风险？那些风险的后果是什么？

你认为三年后会有怎样的未来？

你过去的老板会提出什么样的参考意见？

在解决问题时遇到棘手的事你会怎么做？

平等就业机会指南
——面试中不应当问的问题

你是否计划成家或生孩子？

你的婚姻计划是什么？

你丈夫/妻子的工作是什么？

如果你丈夫/妻子调动工作或被调往其他地方你怎么办？

你工作时谁替你照顾孩子？

（问男士）做女士的下属你感觉如何？

你多大？你的生日是哪天？

为一个比你年轻的人工作你会有何感想？

你在哪里出生？

你的父母在哪里出生？

你有什么残疾吗？

作为一个有残疾的人，你在工作中需要什么样的额外帮助？

你的残疾有多严重？

你信仰什么宗教？

你去什么教堂？

你的宗教信仰会使你在一周中的某几天不能工作吗？

你是否感到你的种族/肤色是你工作的障碍？

你是____血统/种族吗？

最后，**《美国残疾人法案》**（Americans with Disabilities Act，ADA）通过要求雇主提供适宜的环境，为残疾人提供更多的就业机会。**残疾**（disability）是指身体或精神受到了损害，严重影响了他们基本生活的一项或多项活动，或类似的情况。尽管只是 HIV 阳性并不影响任何生活能力，但是患者仍被看做是残疾人并受到保护。同样，极度肥胖可能实际上限制了某些活动或被视为如此，只要肥胖者能够履行其工作职责，他就受到保护。

商店新员工的社会化与培训

在录用员工之后，发展有效员工的下一步（如图表 17–2 所示）就是把他们介绍给公司其他人，并向他们介绍公司的政策。零售商希望他们录用的人能够融入公司，为公司的进一步发展做出贡献。另一方面，新录用的员工也想更多地了解他们的工作责任，了解他们决定要加入的公司。

实　例

更换一名商店员工要花费零售商 4 000 多美元。[17]

社会化（socialization）是将新员工转变为公司有效的、忠诚的成员的一系列步骤。社会化远不仅仅是使员工适应公司，社会化的一个根本目的是发展员工与公司的长期关系，以提高生产率，减少人事变动的成本。[16]

指导课程

指导课程在帮助员工克服刚进公司的惶恐以及使其社会化方面非常重要。[18] 即使是最渊博和成熟的新员工也会遇到出其不意的情况。刚做管理培训生的大学生经常会对学生和雇员之间的角色差异感到惊奇。零售视野 17.2 描述这些差异。

指导课程的时间可以是几个小时，也可以是几周。对于新销售人员的指导和培训课程一般限制在几个小时内，这当中他们应该学会零售商的政策和程序，掌握销售终端的使用方法。另一方面，管理培训生的培训时间可能延续几周。比如，梅西在佛罗里达的公司每年都会招聘约 150 名大学毕业生到管理岗位。新的受训者一般都是在迈阿密的公司总部接受培训。他们被安排在一家旅馆内接受长达 4 周的培训，这当中他们要参加会议，和公司主管人员见面并做一些项目计划。在完成指导课程之后，他们将被任命为商店的部门经理或助理采购员。

迪斯尼公司通过强调感情而非公司的政策和程序实现培训目标。新的课程从现有的员工开始，先让老员工说说他们对迪斯尼的早期回忆，他们对公司服务的看法，以及他们对团队的理解。然后由培训老师阐述一下他们亲眼所见的“不可

零售视野 17.2　从学生到管理培训生的转变

许多学生在适应自己的第一份全职工作时遇到了一些困难，因为学生生活和职业生活是截然不同的。学生一般要向三四个导师（教授）“汇报”，学生每 4 个月就要选择新的导师。与此相反，管理培训生无须如此劳神地选择“导师”，如果要选，也只是选一个，在今后两三年中，他们都要向这个“导师”汇报。

学生的生活有固定的作息时间。一两个小时的课程，定点上下课。而零售经理要在不同的时段里参加各种活动，从 5 分钟与顾客的交流到制定和实施一季的商品预算等。

学生做决策和零售经理做决策有着天壤之别。例如，在课堂讨论案例时，商科学生一天可能要做几个主要的决策。这些决策在一节课的时间里做出并且加以实施，下一次课他们又会制定并实施新的决策。而在零售业中，做出一个战略决策要跨越很长的时期。大多数决策，诸如关系到商品采购和定价的决策都是由不完整的信息组成的。现实生活中的采购员经常缺乏如商业课上讨论的案例那样提供的广泛信息。最后，零售经理还要花很长时间做那些关系到决策实施稀松平常的小事。在这期间，他们不需要考虑重要的事项，而学生们通常是不做这些琐事的。

资料来源：Professor Daniel Feldman, University of Georgia.

思议的一刻”，强调他们的一些微不足道的行动会对顾客产生重大影响。例如，一个 4 岁的小男孩摔倒了，爆米花洒了一地，孩子大哭，孩子的母亲焦虑不已，这时穿着表演服的工作人员大步走过去，捡起那个空盒子走到爆米花摊前，重新装满爆玉米花后递给了那个孩子，然后继续做他的事情。

指导课程只是所有培训课程中的一部分。它需要把一系列政策都贯彻到底，保证在开始阶段对出现的一系列问题都得到考虑。

培训商店员工

对商店新员工的有效培训既包括系统化学习，也包括在职经验的积累。

在系统化课程培训中，男装屋新雇用的销售人员要学习有关商品的知识。

系统课程 在系统课程阶段，新员工要学会他将来工作所需的基本技巧和知识。例如，销售人员要熟悉公司的政策，要学会如何使用销售终端，并学习基本的销售技巧；仓库保管员要学会接收商品的流程。初始培训可以包括讲座、录像、手册以及分发给新员工的信件。在大公司里，系统培训一般是在人力资源部门指导下，在一个中心地方（比如公司总部或地区办事处）进行。

初始的系统课程应当尽量短一点，以免新员工感到他们仍在学校里。有效的培训课程应当能使新员工尽快地成长起来，从而更快更好地投入工作中去。

在职培训 下一个培训阶段强调在职培训。新员工将被分配工作和责任，并要接受上级的指导。学习的最好方法就是实践，新员工通过实践，先会犯一些错误，但以后就会学会不再犯同样的错误。在教室里学的东西如果不尽快实践将会很快忘掉。[19]

例如，学生可以通过阅读第 13 章或听课来制定一项商品预算计划。但是他们并不需要获取所有必要的信息或者回忆起所有的信息。实际的在职经验和取得的反馈将提供更完整和更持久的知识。零售视野 17.3 讲述零售商如何运用互联网来进行培训。

分析成功和失败 每一个新员工都会犯错误。商店经理应当制造一种氛围，在这种氛围下，销售人员会设法为顾客提供服务和销售商品。商店经理一定要认识到其中的一些新方法会失败，当的确失败时，经理们不应当批评某一个人。相反，他们应当一起讨论形势，分析为什么这种方法不行，销售人员将来应当如何避免这类问题。同样，经理应当和员工一起工作，帮助他们明白并学会成功。例如，销售人员不应当把一个大型的综合销售项目仅仅归结于运气。经理应当鼓励员工对销售做出反映，确认他们使销售顺利进行的因素，然后记住这些销售行为以备将来之用。

帮助销售人员找到他们业绩的原因是非常重要的。例如，一些销售人员在成功时就把荣誉归自己，失败时就责备公司、采购员或商品。这种逃避失败责任的做法不应当提倡。若销售人员采用这种推理模式，他们就不会有动力去改变自己的销售行为，因为他们并不会为所失去的销售额承担个人责任。

经理可以通过问“为什么”来帮助销售人员分析有效和无效行为的原因，帮助他们建设性地分析他们的成功与失败。为了鼓励学习，经理应当让销售人员认识到如果他们采取了与众不同的方法，或者一直坚持这样做，他们就能够使顾客满意。当销售人员接受了这种责任，他们将会想方设法提高销售技巧。

虚拟课堂中的电子培训 零售视野 17.3

由于高周转率，培训商店员工对零售商来说是一件既昂贵又具有挑战的事。每个月都有旧员工离开，新员工被录用，培训过程不得不又重新开始。为了提高培训效率，许多零售商利用互联网对员工进行有关顾客服务和产品知识的培训。

电子培训的一些好处是：与不同上司给的在职培训相比，电子培训更有连贯性；交互自助培训和交通成本的减少使得成本降低；可以在全国范围内组织并开办主要营销和服务计划；还可以对市场机会做出迅速的反应。此外，电子培训还有助于加强与供应商的关系。例如，如果许多供应商为电路城提供新产品的简报，那么商店员工就可以了解到新产品的特征和优点。

J.C.彭尼的电子培训系统拥有一个单向的视频设备和一个双向的语音设备，并可以进行数据交换。在培训期间，培训者可以在网上与受训者对话。培训除了培训者的展示外，还包括测试受训者理解水平的课前和课后测试。培训者也可以将受训者分成若干小组，要求他们分析案例并提供解决方案。

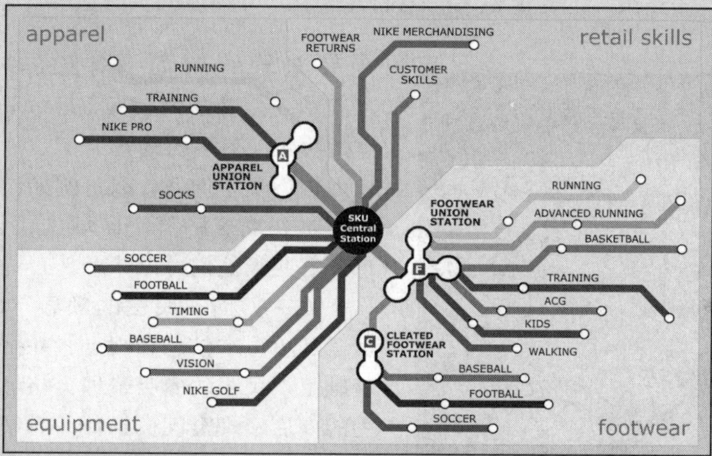

这个示意图概括了商店员工通过参加耐克的电子学习培训可以知晓的产品知识和公司政策，该培训系统称为地下体育知识。

耐克为其员工和销售其商品的零售商准备的培训系统称为地下体育知识(Sports Knowledge Underground)。地下体育知识的设计很像地铁地图，用不同的站点代表不同的培训主题。例如，路线从服装工会站岔开，分别通向服装技术线、产品生产线和耐克专业产品线。从防滑站可以通往足球场地，而中央站则可以通往提供顾客服务技巧的地方。各部分之间只有 3~7 分钟的距离，每个员工都可以了解到各种产品的基本知识。到季换新产品时，培训也随之更新，如有需要，耐克还为每个零售商定制计划，做到量体裁衣。商店采用地下体育知识培训系统后，销售额增长了 4%~5%。

资料来源：Jessica Marquez, “Faced with High Turnover, Retailers Boot Up E-Learning Programs for Quick Training,” *Workforce Management*, August 2005, pp.74–75; Matthew Haeberle, “Virtual Classrooms,” *Chain Store Age*, March 2003, pp. 68–69.

激励并管理商店员工

在雇员接受完最初培训后，经理就应该和他们一起工作，通过有效领导和适当激励，帮助他们实现工作目标（见图表 17–2）。

领 导

领导（leadership）就是一个人通过影响别人来达到一个或多个目标的过程。商店经理就是他们雇员的领导。经理使用多种激励方法来提高生产率，其中包括帮助雇员在实现公司目标的同时实现个人目标。[20]

领导行为 领导要从事任务的执行和团队行为的维护。**任务执行行为**（task performance behavior）就是商店经理确保目标实现的一系列努力，包括计划、组织、激励、评估和协调商店员工的活动。**团队维护行为**（group maintenance behavior）是商店经理为了让员工满意并能很好地共事所从事的一系列活动。这些活动包括考虑员工的需求，关心他们的福利，并创造一个舒适的工作环境。

位于犹他州桑迪城 Shopko 店的经理是属于民主型的领导，他经常开会使员工了解商店运营状况，并且鼓励员工们踊跃提建议。

领导决策的制定 商店经理让员工参与决策的程度深浅不一。**独断的领导**（autocratic leader）自己做出所有的决策，然后再通知员工。他们使用自己所处地位的权力告诉员工们做什么。例如，一个独断的商店经理会决定谁在商店的哪个区域工作，什么时候他们可以休息，哪些天他们可以休息。

另一方面，**民主的领导**（democratic leader）会从员工那里寻求信息和观点，并把决策建立在这些信息的基础上。民主的商店经理会与员工分享权力和信息，民主的商店经理会问员工什么时候愿意去哪儿工作，并根据员工自己的需要制定工作日程。

领导风格 商店经理倾向于有鲜明的领导风格，他们要么强调任务的执行，要么强调团队的维护。他们按决策风格又可分为独断型和民主型。

经过 80 年的研究，心理学家们得出结论：没有最好的领导风格。富有成效的经理会使用所有风格，他们会根据各种形势选择最好的风格以实现目标。例如，商店经理对不安的新员工会采取独断的关系导向的方法，而对一个高效的有经验的员工则会采取民主和任务导向的方法。

在前面的大部分，我们都在讨论或描述商店经理用来影响员工具体的行为、活动和计划。但是最了不起的领导者和商店经理绝不仅仅是通过影响员工的行为来改变他们的信仰、价值观和需要。**转型性领导**（transformational leader）让人们认识到团队或组织的利益高于个人的需要，他们富有激情并使公司恢复生气。

转型性领导者通过个人的魅力，在员工中创造热情。他们自信，有清晰的视野，能抓住员工的注意力，并能通过语言和手势来交流这种观察力。最后，转型性领导者会给下属分派有挑战性的工作，与他们自由、公开地交流，并提供个人指导以使他们有所提升。[21]

激励员工

激励员工充分发挥他们的潜力，可能是商店经理最重要也是最具挑战性的工作。接下来的假定情景举例说明关于员工激励和评估的问题。

在当地的一所社区大学毕业之后，吉姆·泰勒被圣何塞伊斯特里奇商场（Eastridge Mall）的一家百货商店聘为销售人员。这个位置可以提供关于公司顾客、经理和政策的第一手资料。泰勒还被告知要是他在这个位置上干得好，他将可以成为一个管理培训生。

泰勒在销售方面业绩平平。他的经理詹尼弗·陈在观察泰勒的销售之后，觉得他只有在面对与他一样年轻、以职业为导向的顾客时才富有成效。为了鼓励泰勒向其他类型的顾客销售商品，詹尼弗·陈削减了他的底薪提高了他的提成。她也同泰勒一起评审了他的工作目标。

现在，泰勒对提升销售额感到压力很大。早上一上班他就开始感到恐惧，并打算离开零售业去银行工作。

在这个假设情景中，詹尼弗·陈主要是通过提供更多提成来激励泰勒。在这个例子中，我们将把这种方法同别的提高泰勒的业绩的方法进行比较。

设定目标或配额

员工的绩效在下面两种情况下将会得到提高：（1）他们的努力能够实现经理为他们制定的目标；（2）当达到目标时，他们将得到自己重视的报酬。因此，经理能够通过设立现实的目标并提供员工想要的奖励来激励员工。[22]

例如，詹尼弗·陈在泰勒开始工作时就为他设立明确的销售目标。泰勒像公司的其他同事一样，有 5 个销售领域目标：每小时销售量、每次销售平均量、多品种销售量、优先顾客的数量及优先顾客面谈次数。**优先顾客**（preferred client）指店员定期沟通的顾客，向其通报新商品信息以及商店中的销售信息，特别商品展卖时为这些顾客做特殊安排（第 11 章中讨论的高端顾客）。除了销售目标，商店经理还要根据因为偷窃所带来的存货损耗对销售人员进行评价，同时也要对他们使用销售终端所犯的错误以及他们维持部门所做的贡献进行评价。

詹尼弗·陈也为泰勒作为一名销售人员的发展制定了一个培训课程。她列出的这些活动要求泰勒在接下来的 6 个月中参加课程学习以提高销售技巧。但是，詹尼弗·陈要小心设定泰勒的目标。如果她设定的目标太高，他可能会泄气，觉得目标不可实现，因此不会努力工作。另一方面，如果目标太低，泰勒能够轻易实现，那他也不会充分发挥自己的潜力来工作。

图中这位西尔斯的经理通过营业之前的“现场会议”鼓舞士气，激励员工。在会议上，她与员工一起讨论提供优质顾客服务的方法。

零售商为所有的销售人员设定一个平均业绩目标，而不是为每个销售人员设定具体的目标。然而，当目标建立在经验和信心的基础上时，它才能真正最有效地激励员工。有经验的销售人员相信自己的能力，因此应当为他们设定更高的目标。对于新销售人员，只设较低的目标便于他们实现。最初的实现和超过目标的经验将树立新销售人员的信心，激励他们提高技能。[23]在本章的后面，我们将讨论报酬在激励员工中的作用。

保持士气

商店的士气在激励员工方面比较重要。一般当事情进展顺利时，士气高昂，员工也会得到激励；而当销售进展不顺利的时候，士气就会下降。下面是提高士气的一些建议：

- 在商店开业前先开一个全店或部门会议，传达新商品和计划的信息，引导出员工的观点和建议。
- 告诉员工公司的财务状况，设定可实现的目标，当目标实现的时候可以开一个比萨晚会。
- 按员工人数平分福利预算，并邀请员工建议他们的那份钱该如何使用。
- 印刷标签广告告诉顾客这块三明治是由罗杰包装的，或者这件衣服是由萨拉干洗的。
- 给每位员工发一张工作卡，卡的背面都有公司的使命。

例如，一名商店经理通过使用公司信息系统（见第 10 章）中的销售数据来激励员工。在圣诞节的第一天，她在商店的黑板上写下了 3 159 美元。那是去年圣诞节时第一天的销售额。她告诉销售人员：仅仅超过那个数字是不够的，她希望销售额增长 36%，正如去年超过前年一样。

通过设定财务目标和让销售人员关注最后一刻的结果，一群看着表等到 8 小时工作结束的人，变成了一个朝气蓬勃的团队。伴随着顾客的来来往往，销售人员整天都在轮流询问从商店销售终端传到后屋的计算机中的数据。

性骚扰

性骚扰是工作环境中影响劳动生产率的一个重要问题。经理必须确保商店员工避免那些性骚扰或避免可能被理解为性骚扰的行为。否则，零售商和经理将为此行为承担法律责任。均等就业机会委员会（EEOC）制定的方针规定**性骚扰**（secual harassment）为一种性别歧视行为，具体如下：

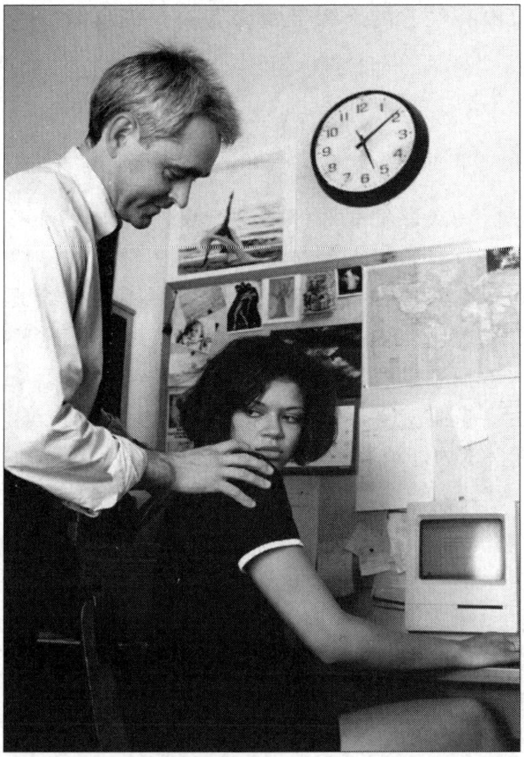

商店管理者和同事必须避免那些可能会被员工看成是性骚扰的行为。（见彩插）

性骚扰包括不受欢迎的性动作、性服务的要求及其他口头的和身体的行为……骚扰并不仅限于以性服务换取诸如加薪和升职等好处的要求。制造了一个敌对的工作环境，即被视为性骚扰。

性骚扰投诉的程序如下所示：

第 1 步：制定并执行反性骚扰政策，包括在正常监督渠道以外的投诉程序。主管经常因性骚扰被控告。

第 2 步：一贯认真对待每一位员工的投诉。

第 3 步：从受害人那里获取信息，并询问受害人下列问题：

- 告诉我发生了什么。谁牵涉其中？
- 骚扰者对你做了什么？说了什么？
- 此事发生在什么时候？如果这不是第一次，那么在此之前发生过什么？
- 此事发生在哪儿？
- 有目击证人吗？
- 你将此事或此类事告诉过其他人吗？
- 有没有其他人被骚扰过？
- 你如何对付骚扰者的行为？
- 你是否想将此事告诉其他人，比如说其他管理人员、人事部门或负责就业扶持计划的人？

第 4 步：将与受害人的会谈备案。

第 5 步：把投诉和与受害人的会谈备案通报给人力资源部或更高的管理层。[24]

评估商店员工并提供反馈

实　例

92%的零售员工说他们的老板认识不到或不处理员工的低绩效。[25]

管理过程的第 4 步（如图表 17–2 所示）就是评估员工并提供反馈。评估过程的目的是确认哪些员工做得好，哪些员工做得不好。在评估的基础上，绩效高的员工应该得到奖励，并考虑将其提升到更高职位上去，同时也要为绩效低于期望值的员工制订计划提高他们的绩效。业绩低的人该不该解雇？他们需要额外的培训吗？他们需要哪种培训？

谁来做评估

在大型零售公司中，一般是由人力资源部设计评估系统。但是评估本身应当由员工的直接上司，即在工作中与员工联系最紧密的经理来做。例如，在一家折扣店，部门经理是观察销售人员行动、了解销售人员业绩原因的最佳人选。部门经理也要检查由评估过程得出的评价。没有经验的上级经常会有一个更高级的经理帮助他一起评估员工。

应当每隔多长时间评估一次

大部分零售企业是每年或每半年进行一次评估。对评估进行反馈是提高员工技能最有效的方法。因此，经理在提高没有经验员工的技巧时应当多做评估。然而，频繁的正式评估太费经理们的时间了，并且在下一次评估之前可能没有给员工足够的时间对评估的建议做出反馈。经理们应当用频繁的非正式评估补充这些正式的评估。例如，詹尼弗·陈应当与吉姆·泰勒非正式地工作一段时间，而不是等待每6个月一次的正式评估。对于詹尼弗·陈来说，提供这样非正式反馈的最佳时间是在她通过观察或报告获得了泰勒业绩的好消息或坏消息之后。

评估模式

只有员工知道他们需要做什么，公司期望他们达到什么水平，以及他们将如何被评估，评估才有意义。图表17–5列出了专卖零售商评估销售人员的标准。

在这个例子中，员工的整体评估都是建立在商店经理和经理助理的主观评价上，它给个人销售量/顾客关系活动以及与商店整体业绩有关的活动配上一个相同的权数。通过强调商店整体的运营和业绩，评估标准激励销售人员作为一个团队

图表 17–5 专卖店评估销售人员的要素

50%
销售量/顾客关系

1. 问候。在一两分钟内用微笑和友好的态度接近顾客，随便问顾客一些问题。
2. 产品知识。展示产品知识，比如说服装是否合身、是否会缩水及价格等，并把这些信息传递给顾客。
3. 提一些其他建议。让顾客进试衣间或去收银台。
4. 让顾客购买并坚定他们的决心，让顾客觉得自己做了一个明智的选择，然后感谢顾客。

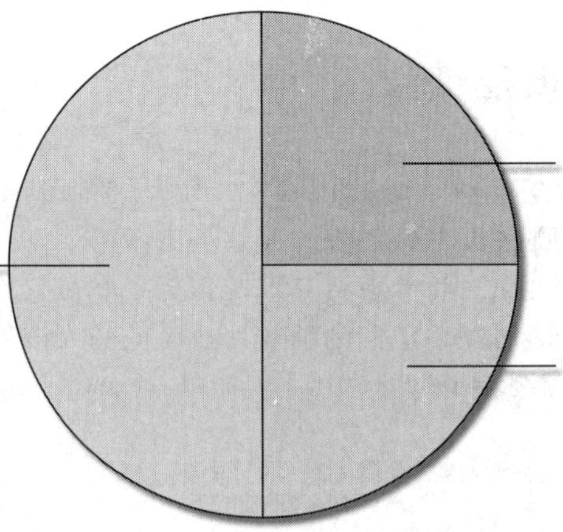

25%
经营

1. 商店外观。引导顾客留意商品陈列区的细节（货架颜色和商品搭配）、桌上的商品与地板砖和墙面的协调搭配，不断地推陈出新保持商店独一无二的特色。
2. 避免损失。积极采用所有避免损失的方法。
3. 商品控制和处理。使自己的工作始终符合在调整价格、发货流程和库存控制等方面已建立起来的标准。
4. 收银／包装流程。准确有效地遵守所有登记政策和收银流程。

25%
符合规范

1. 着装和仪表要求。着装要符合要求，仪表要整洁。应当反映本店最新店面形象。
2. 机动灵活。能够适应各种岗位，适应时间安排的变化调整。了解商店的重点和需求，要有积极主动性。
3. 工作关系。同其他员工合作，乐于接受管理层的指示和指导。同管理层进行沟通。

图表 17–6
对吉姆·泰勒的半年评估总结

	公司销售人员的平均绩效	吉姆·泰勒的实际绩效
每小时销售额	$75	$65
每笔销售的平均额	$45	$36
多重交易率	55%	55%
优先顾客人数	115	125
优先顾客约见次数	95	120
部门损耗率	2.00%	1.80%
系统错误	10	2
商品展示（满分为 10 分）	5	8

一起工作。

百货商店用来评估吉姆·泰勒的标准是建立在销售点数据上的客观销售指标，而非专卖店采用的主观指标。图表 17–6 总结了泰勒 6 个月以来的正式评估，泰勒的评估表既包括公司销售人员的平均业绩，也包括泰勒的实际业绩。他的部门在存货损耗控制上优于平均水平，他自己在纠正系统错误和商品展示上做得比较好。虽然他对优先顾客介绍商品的次数多于平均水平，但是他的整个销售业绩仍然低于平均水平。这些结果表明泰勒付出了努力，但是销售技能还有待提高。

评估偏差

经理们若首先对员工的绩效有一个整体的意见，接着就让这种意见去影响每个绩效因素的评分，那么评估就可能发生偏差（晕轮效应）。例如，商店经理可能会觉得某个销售人员的整体绩效低于平均水平，并把该销售人员的销售技能、守时、着装和存货管理定在低于平均的水平上。当整体评估把这样的光环套在销售人员绩效的各个方面时，评估对于确定需要提高的特定区域就不再有用了。

在做评估的时候，经理们经常不可避免地受最近一些事及其他销售人员评估的影响。例如，经理可能会记住某个销售人员前天对顾客的低劣表现，而忘记他在 3 个月前的不俗表现。同样，经理在刚刚评估完杰出销售人员之后再对绩效平平的销售人员进行评估时不可避免地会有苛刻要求。最后，经理们倾向于把绩效（尤其是差绩效）归于销售人员而非销售人员所处的环境。在做评估时，经理们经常对诸如部门的商品和竞争对手的行动之类的外部因素考虑不够。

由于商店对销售人员的大部分评估（如图表 17–6 所示）都是建立在客观数据上，所以避免了许多诸如此类的偏差。相比之下，专卖店的评估（如图表 17–5 所示）则考虑了更广泛的活动，但是使用了过多的主观标准。因为诸如特定技巧、对商店和顾客的态度、与同事的合作、热情和着装等主观因素不在商店的评估中使用，所以在这些因素上的表现可能不会明确与吉姆·泰勒沟通。在专卖店评估中的主观标准容易产生偏差，但是它们对于销售人员努力提高绩效还是很有帮助的。为了避免主观评级时的偏差，经理们应当经常观察绩效，并记录他们的观察结果，要避免一次给很多销售人员做评估，同时要对各种潜在偏差保持清醒的意识。

为商店员工提供报酬和奖励

图表 17–2 中提高员工生产率的第 5 步也是最后一步，便是给予员工报酬和奖励。商店员工一般会收到两种奖励：外在的和内在的。**外在奖励**（extrinsic reward）是由员工的经理或公司提供的——如报酬、提升和认可。**内在奖励**（intrinsic reward）是员工从工作中得到的个人收获。例如，销售人员喜欢销售是因为认为工作具有挑战性和趣味性。当然，他们都想着物质奖励，但是他们发现帮助顾客和创造销售额也是有价值的。[26]

公众认可计划让员工感到自己被欣赏，进而改善工作表现。Marshalls 商店因为提供杰出服务而被授予“全明星奖”，并在店内挂了一块牌匾。

外在奖励

经理可以提供许多外在奖励来激励员工。然而，并不是所有的员工都在寻求同样的奖励。例如，一些销售人员想要更多的报酬；另外一些人希望在公司得到晋升或者获得公众对他们业绩的认可。吉姆·泰勒想得到他的经理的良好评价，这样他就能进入管理培训班。兼职销售人员就经常喜欢户外工作以接触更多的人，他们工作的主要目标不是为了赚钱。

因为这些不同的需要，经理不可能使用相同的奖励来激励所有员工。但是，大型零售企业发现要为每个员工都制定一份奖励计划非常困难。一种方法就是为高效员工提供一个**点菜式奖励计划**（à la carte plan）。例如，实现销售目标的销售人员可以选择现金奖励、额外的休假，或者在商店里买东西时享受更多的折扣。这种报酬计划使员工可以选择他们所需要的奖励。认可对于许多员工来说，也是一种重要的非现金外在奖励。告诉员工他们的工作做得不错，他们会非常感激。然而，当好的业绩被公开表扬时将更有激励性。此外，公众的认可能够激励商店所有的员工，不仅仅是那些业绩最好的员工，因为这样表示出管理层奖励员工的兴趣。

大多数经理主要是通过外在奖励来激励员工。例如，如果销售人员实现了一个销售目标将获得额外的奖励。但是这种强调外在奖励的做法，可能会使员工看不到工作本身的价值。他们可能会感到工作的唯一目的就是挣钱，而工作本身没有一点意思。

内在奖励

前文提到詹尼弗·陈曾试图用外在奖励，即把销售额和报酬挂钩的方式激励吉姆·泰勒，这种对物质奖励的不断强调可能是泰勒现在早上害怕来工作的原因之一。他不再认为他的工作有趣。

一旦员工发现工作的内在奖励，他们就会不断努力把工作做得更好。他们就会像玩游戏那样工作。游戏本身是如此有趣，以至于玩家尽力来掌握它以获得奖励。查伦·罗杰斯是加利福尼亚布雷亚的热门话题（Hot Topic）商店的经理，她描述了公司是如何把员工的积极参与作为内在奖励的。“公司的采购员依靠我们的员工为他们提供瞬息万变的关于时尚的信息。公司鼓励我们从俱乐部或音乐会回来后给采购员打电话，告诉他们人们的穿着。商店员工有种被欣赏的感觉。这种行为激发了他们的责任感。”

使工作有趣的另一种方法，就是举办带有小型奖励的比赛。当每个人都有机会赢的时候，比赛就最有效。如果总是最好的销售人员赢得比赛，那比赛就不会令人激动了，甚至会使士气低落。

例如，假定一个比赛给每两周卖了一件男上衣的销售人员发一张扑克牌。两个星期后，得牌最多的人获胜。这种比赛可以在整个比赛期间激励所有的员工。一个仅仅销售 4 套衣服的销售人员，可以得到 4 张“A”。比赛应当是用来创造激情使每个人都受到挑战，而不是付给最好的销售人员更多的钱。有经验的员工经常对工作提不起兴趣，因为他们发现自己不再激动，工作也不具有挑战性。像加薪和提升这样的外在奖励对他们也可能不再具有吸引力，他们可能只对目前的收入和工作责任感到满意而已。

经理可以通过丰富工作内容提供内在的奖励激励更有经验的员工。**丰富工作内容**（job enrichment）是指重新设计工作，使工作范围更广，工作职责更大。例如，厌倦了工作的有经验的销售员工会被指派新的工作职责，如负责独特的区域、培训新的销售员工，或者计划并管理一次特殊的事件。

报酬计划

报酬计划的目的是吸引和留住好的员工，激励他们从事与零售企业目标一致的活动，奖励他们所做的努力。在制定报酬计划时，商店经理必须在控制成本和为留住高素质员工提供足够报酬之间寻找平衡点。

如果员工感到计划是公平的，他们的报酬和努力很相称，那么报酬计划将会非常有效。一般而言，简单计划应当优于复杂计划。简单计划更容易执行，员工在理解上也不会有困难。

报酬计划的种类　零售公司一般使用以下一种或多种报酬计划：纯工资、纯佣金、工资加佣金以及奖金配额。

在**纯工资报酬**（straight salary compensation）中，销售人员或经理在工作的每个小时或每周得到固定数量的报酬。例如，一个销售人员每小时可以得到 8 美元，而一个部门经理则每周可以得到 800 美元。这种计划很容易被员工理解，也容易被商店实施。在纯工资计划中，零售商在分派销售人员到不同的销售区域做不同的工作时有很大的灵活度。例如，挣固定工资的销售人员将会承担非销售活动，如存货仓储，而且当他们从高销售额的部门转到低销售额的部门时也不会感到不安。

纯工资计划的主要弊端是，员工缺乏提高生产率的动力。他们知道在短期内工资不会改变，无论他们是勤奋还是懒惰。另一个弊端就是即使销售量下降，纯粹工资也是企业的一项固定成本。

奖励报酬计划（incentive compensation plan）是指按员工的生产率提供报酬。许多零售企业现在使用奖励来激励员工提高销售额。在一些激励计划中，销售人员的工资完全建立在佣金基础上，即**纯佣金**（straight commission）。例如，一个销售人员的报酬是他的净销售额的一定百分比。一般情况下，对于所有销售的商品，百分比是一样的，比如7%。但也有一些零售企业根据商品种类的不同制定不同的百分比，比如给低利润商品的是4%，给高利润商品的是10%。通过使用不同的百分比，零售企业给销售人员销售特定商品的额外奖励。一般来说，销售高价商品如男装、家具和家用电器的销售人员，在很大程度上是根据佣金来获得报酬的。

奖励计划也包括固定工资加按销售额计算的佣金，或者销售额超过一个配额后的佣金。例如，一个销售人员可以拿到每周200美元的工资，再加上超过每小时50美元的配额后总销售额2%的佣金。

奖励报酬计划对于促进销售人员努力销售商品是一个强有力的措施，但是也有许多弊端。比如，要是实行纯佣金报酬计划就很难派人到非销售活动的工作岗位。显而易见，当可以通过销售赚钱的时候，他们极不情愿被派到商品陈列架去浪费时间。同时销售人员也将更多地关注快速周转的高价商品，而忽视其他商品。奖励计划也不鼓励销售人员给顾客提供服务。最后，主要依靠佣金激励很难建立销售人员的忠诚度。既然雇主并不保证他们的收入，他们对公司就没有任何责任和义务。零售视野17.4讲述商店经理过分依赖成本控制制定激励的不利影响。

在纯佣金计划中，销售人员的收入每周都在变化，因为收入取决于销售额。因为零售销售是季节性的，所以销售人员可能在圣诞节期间赚到他们全年的大部分收入，而在夏季月份时则赚得很少。为了给高激励计划下的销售人员更稳定的收入，一些零售企业提供了**提款账户**（drawing account）。在这个提款账户中，销售人员每周都会收到以预计年收入为基础的支票，然后从所得的佣金中扣除这部分。从长期来看，每周支票和所得佣金是相对的。如果提款超过了所得的佣金，销售人员应返还他们多收的钱，而他们的每周提款就减少了。如果所赚取的佣金超过提款，销售人员将会收到差额部分。

配额通常与报酬计划一起使用。**配额**（quota）是用来激励和衡量业绩的目标水平。例子包括销售人员每小时的销售额，或采购员的维持利润率和库存周转率等。对于百货商店的销售人员来说，销售配额因不同部门销售生产率水平的不同而不同。

奖金配额计划（quota-bonus plan）为那些销售超过设定配额的员工提供奖金。奖金配额计划的有效性取决于是否设定了合理、公平的配额。设定有效的配额是比较难的。同一部门每个人的配额一般设定在同一水平上。但是同一部门的不同销售人员可能能力不同或者面临不同的销售环境。例如，男装部的销售人员就比配饰品的销售人员有更大的销售潜力。新聘任的员工要比有经验的员工花更多的时间来完成同一配额。这样，建立在平均生产率基础上的配额对于新员工来说太高，而对于老员工来说又太低。因此，应当根据每个销售人员的经验及其所工作的区域特征来设定配额。[28]

团队奖励 为了鼓励在同一部门或商店的员工协同工作，一些零售企业会根据部门或商店整体业绩支付额外奖励。例如，销售人员会收到基于他们个人销售额的佣金，同时还会收到由于全商店员工总销售收入超过配额带来的佣金。团队奖励可以鼓励销售人员在非销售活动中及在为顾客服务中一起工作，从而实现整个部门的销售目标。[29]

报酬计划设计

报酬计划的两个因素，即报酬的数量和奖金报酬的百分比。报酬数量一般由市场形势决定。当经济形势好、劳动力资源紧缺时，零售企业就要支付高工资。没有经验的销售人员的工资要比有技能、有经验的销售人员的工资低。

当销售人员的业绩能简单又准确地测定时，奖励将非常有效。当销售人员作为一个团队一起工作或者要参与许多非销售活动时，销售人员的个人业绩就很难衡量。零售企业可以很容易地得到销售人员的真正销售额，但却很难衡量他们的顾客服务情况或销售业绩。

当销售人员的活动对销售有重大影响时，奖励可以提供更多的激励。比如，作为收银员的销售人员对销售额没有多少影响，因此不应当用奖励来支付报酬。

零售视野 17.4 沃尔玛为商店经理提供奖励带来的问题

上完了晚上 10 点到上午 8 点的倒班后，理查森打了下班卡，正准备去开车回家，这时沃尔玛的经理让她回来把服装区打扫干净。接下来的一小时，她整理摆放衣服和裤子的架子，收拾掉在地上的衣服和衣架，但公司并没有给她报酬。有时打完下班卡后，经理又让她收拾在停车区的购物车，或跑到结账区去订购货物，这一切也都是无酬劳的。还有的时候，理查森要提前 3 个小时就开始工作。她与其他 40 个被采访的现在和以前在沃尔玛工作的员工说，沃尔玛强迫员工，但却不记录也不支付薪水。

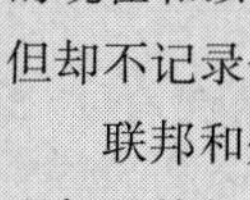

联邦和州法律规定雇主不得让钟点工无酬劳动。许多现任及前任的员工和经理们说，为了减少成本，经理们经常让员工加班，而且不付薪水，这已经成了不言自明的政策了。这些做法控制了沃尔玛的成本，使之可以提供低价商品并成为世界上最大的零售商。

一名沃尔玛发言人回应说："加班只是偶然事件，我们一旦发现这个问题就会及时解决。合理支付员工薪水一直是沃尔玛的政策。"要求员工加班的经理会受到纪律处分，包括解雇。

尽管公司政策规定不许加班，但是沃尔玛却采用了一种系统，即将劳动力成本与年终分红挂钩，给那些严格控制劳动力成本的经理们相当可观的奖励。许多商店经理的底薪是 52 000 美元，但分红却达到了 70 000 美元~150 000 美元。

为了摆脱由于被告不公平使用劳动力的做法带来的负面影响，沃尔玛实行了强调提供工作岗位和员工福利的传播计划。该活动强调沃尔玛的大多数员工都有福利，而且员工的平均薪水是最低薪水的两倍。该广告以沃尔玛员工谈论他们工作的质量和好处为特点。

资料来源：Katherine Bowers, "Wal-Mart Takes the Offensive," *WWD*, April 6, 2005, p. 2; Steven Greenhouse, "Suits Say Wal-Mart Forces Workers to Toil Off the Clock," *New York Times*, June 25, 2002, p. B16.

但是，对于提供大量信息和帮助销售，像高档服装或立体音响这类复杂商品的销售人员来说，奖励是很适宜的。奖励对于那些没有经验的销售人员来说不是很有效，因为他们对自己的技巧没有信心，奖励只会抑制他们学习，并带来更多的压力。

最后，过分注重销售额的奖励报酬计划可能不会提高对顾客的服务质量。依靠佣金的销售人员更乐意向顾客推销任何商品，他们并不乐意花时间帮助顾客购买需要的商品。他们更乐意待在收银台前或更衣室旁，这样就能与准备购买的顾客达成交易。

设定佣金比率 假设一个专卖店经理想雇一个有经验的销售人员。为了雇到想要的人，经理觉得她必须支付每小时 12 美元的报酬，她估计销售成本为销售额的 8%。在每小时 12 美元的报酬下，销售人员需要每小时销售价值 150 美元的商品（12 美元除以 8%），才能使商店保住成本预算。经理认为最好的报酬应当是 1/3 的工资和 2/3 的佣金，因此她决定提供每小时 4 美元的工资（12 美元的 33%）和占销售额 5.33%的佣金的报酬计划。如果销售人员每小时销售价值 150 美元的商品，他们将赚取 12 美元（每小时 4 美元的工资加上 150 美元乘以 5.33%，即每小时 8 美元的佣金）。

报酬涉及的法律问题

1938 年的**《公平劳动标准法》**（Fair Labor Standards Act）设定了最低工资标准、最高劳动工时与童工标准，以及加班费用。这项法案的实施对于零售企业来说尤其重要，因为他们雇了许多低工资员工和青少年，并要求他们的员工工作很长时间。

均等就业机会委员会（EEOC）实施的**《同工同酬法》**（Equal Pay Act），禁止做相同工作或有类似工作价值的男性和女性的报酬有差别。相同工作意味着要求同样的技术、努力和责任来完成任务。类似价值意味着从事不同工作但带来相同价值的男性和女性的报酬应当是一样的。当报酬是由资历、奖励报酬计划或市场需求决定时，报酬差异就是合法的。

控制成本

劳动安排和商店维护为减少商店的运营成本提供了两条途径。零售视野 17.5 讲述一家连锁便利店是如何重新设计运营流程以减少成本并改善顾客服务的。

劳动安排

有效地使用商店员工，是一个具有挑战性的重要问题。虽然商店员工提供重要的顾客服务及销售功能提高销售额，但是他们同时也是商店运营的最大成本。

实　例

在法国，工人每年的平均工时是 1 568 小时，而美国工人是 1 976 小时。法国工人每年有 253 个小时的带薪休假时间，而美国工人只有 160 个小时。[30]

劳动安排（labor scheduling），即决定派多少员工去商店的各个区域，是很难的，因为在每周的 7 天、每天的 12 小时中商店对各种员工的需求是不一样的。而且，每周和每天的客流量差别很大。坏天气、节假日和销售额的剧烈变化，会改变正常的销售模式和员工配备的需求。

经理们可以从付款处前的长队和销售人员的无所事事中发现明显的低效率。但是一些低效率却更加隐蔽。例如，如果商店 6%的销售量在下午 2:00~3:00 发生，而 9%的工时发生在这个时段，那么在该时段商店可能超员了。许多商店使用专门设计的计算机软件来处理劳动安排的复杂性。劳动安排可以在不影响商店销售额的情况下减少 2%~5%的工资成本。[31]

高效的劳动安排不仅仅需要日积月累的销售终端的数据。经理还需知道客流量的形式和商店员工对销售的影响。例如，当一位商店经理看见在商店关门之前一个小时销售额有所下降后，她可能就会考虑减少员工的数量。但是，安装了客

提高运营效率　零售视野　17.5

便利连锁店雪姿（Sheetz）总部设在宾夕法尼亚州阿尔图诺市，拥有 310 家商店。公司开展一系列的详细研究确定如何更有效率地完成商店的销售任务。该研究观察每一个细节，从商店经理每天如何结算到店员怎样清理垃圾箱等。这一观察研究的成果付诸实践两年后，公司光在工资成本这一项中就节省了 510 万美元。

雪姿是总部设在宾夕法尼亚州的便利连锁店，它重新策划了企业经营战略来减少成本，增加顾客服务。

通过重新检查劳动安排，雪姿为每个连锁店每个星期节省了 55 个工时。在做这项研究之前，商店的人员配备主要以销售额作为标准。然而，这种方法有一个缺陷：有些商店的大量销售额来自于劳动密集型活动，例如食品服务；而有些商店的销售额却来自不需费力的服务，例如刷卡结付服务（pay-at-the-pump transaction，便利连锁店经营者称之为户外销售）。商店取消了一些工作任务，公司还取消了分拣存货单位报纸的工作。有些报纸雪姿的利润只有 2%。如果店员花时间按存货单位来接收和分拣这些报纸，那么公司就会卖一份亏一份。

雪姿发现商店经理每个营业日都要花三四个小时做结算。他们不得不在 40 台电脑的屏幕上填写资料，还会为查找 5 美元的错误花上一个小时。不仅如此，在结算上花费如此多的时间还影响了顾客服务。经理们可以在第二天早上结算，这时候交通最拥挤，不会有什么顾客。通过再次检查商店经理的工作，雪姿消除了商店经理们每年花费在非生产性行政工作上的 160 000 多个小时。

雪姿还发现，商店经理得到的许多信息都没有什么价值。重复无用的报表太多了。因此，商店经理的电脑里 204 个报表已经降到了 23 个。

资料来源：Rick Romel, "Convenience Stores with a Little Extra," *Knight Ridder Tribune Business*, May 9, 2005, p. 1; "Stan Sheetz," *Chain Store Age*, February 2005, pp. 26–27; "Sheetz: Customer-Friendly, Technologically Superior," *Beverage Aisle*, March 15, 2002, p. 38.

流量计算器后，该经理发现在最后一小时顾客数量没有减少。于是经理就意识到是因为员工正在放弃对顾客的服务而准备关门。这时经理就不应该减少员工，而是应该延长工时，从而使员工认识到最后一小时的销售潜力。

劳动安排在一些欧洲国家尤其困难。例如，在法国，商店经理每周只工作35个小时，很少熬夜或周末工作，而且每年有6周带薪假期。在美国，同样的商店经理每周要工作44个小时，包括晚班和周末班，经常把工作带回家晚上做，还要在非上班时间去光顾竞争对手的商店了解情况。法国工人有5周的法定带薪假期。除了打折店以外的大部分商店在午餐和晚7点以后都关门，很少有商店周日营业。在德国和意大利，商店营业时间甚至比法国还要少。

商店维护

商店维护（store maintenance）是指管理与商店有关的内外设施的活动。外部设施包括停车场、商店的入口，以及在商店外部的指示牌。内部设施包括墙、天花板、地板以及各种展示物品和标识。商店维护既影响商店的销售额，也影响商店的运营成本。商店的清洁和整齐直接影响顾客对商店商品质量的印象，但是商店维护的成本很高。例如，一个40 000平方英尺的购物中心的地板维护费用每年大概为10 000美元，低劣的维护只会缩短空调部件、地板和家具的寿命。

减少存货损耗

商店管理面临的一个重要问题，就是要减少由于员工偷窃、扒手盗窃、错误和不准确的记录，以及供应商的错误带来的存货损失。员工犯错误的例子有：如卖了商品没有登记，或者接收商品或实地盘存时计算错误。当供应商运来的商品少于装箱单上所列明的数量时，由于供应商错误带来的存货损耗就出现了。

虽然外部偷窃受到公众的最大关注，但是由内部偷窃带来的存货损失占更大比重。最近一次调查显示：存货损耗的47%是由员工内部盗窃所致，34%是由外部盗窃所致，14%归于错误和不准确的记录，还有5%来自于供应商的错误。[32]

在制定防止存货损失的计划中，零售商面临一个两难的境地，他既要提供便利的购物环境和舒适的工作环境，又要防止由于内外偷窃带来的存货损失。防止存货损失有效计划的关键，在于在保护商品的同时要保持一个开放的、有吸引力的店内环境以及员工感觉被信任的工作氛围。防止损失需要商店管理、视觉销售及商店设计之间互相协调。

计算损耗率

实 例

零售商每年由于损耗而造成的损失超过310亿美元。[33]

损耗率（shrinkage）是指基于采购和接收商品存货的账面价值（以零售价计）与商店和配送中心实际存货的价值（以零售价计）的差额，除以同期的零售销售额。例如，如果会计记录显示存货价值应为1 500 000美元，而存货实际盘点有

1 236 000 美元，销售额为 4 225 000 美元，那么，损耗率为 6.7% [($1 500 000 − $1 236 000) ÷$4 225 000]。减少损耗是商店管理中重要的一环。零售商每年由于损耗带来的存货损失约占总销售额的 1%~5%。存货损耗 1 美元，利润就会减少 1 美元。

识别并阻止外部偷窃

减少商品外部偷窃可以通过商店设计、员工培训和专门的安全措施来实现。

商店设计　当商品被放在靠近出口、传送区域和试衣间时，一定要注意安全措施。比如，像珠宝以及其他小而昂贵的商品很容易被窃，所以一定不能放在出口处。降低柜台的高度，保持入口和出口的视线畅通，这样商店员工在提供更好的服务时就可以既照顾到店内的顾客，又监督顾客的偷窃行为。商店员工一定要看得见试衣间的入口，这样他们就很容易看见顾客是否带着商品进出。因为付款打包处总是有很多员工，所以付款打包处应该设在小偷容易出现的地方。**付款打包处**（cash wraps）是指店内顾客买东西，并可以将物品包装，即装入袋中的地方。[34]

员工培训　商店员工是防范外部盗窃的最有效手段，他们应该被训练成为对可能发生的外部偷窃情况有清醒的、明显的和警觉的认识。图表 17-7 列出了确认外部偷窃的一些规律。也许防范外部偷窃的最好手段就是一个敏锐、警觉的员工。

安全措施　图表 17-8 描述零售商使用安全措施的情况。尽管这份调查超过

图表 17-7
眼识扒手

别理所当然地认为所有扒手都衣着寒酸
职业商店扒手为了避免被察觉，会装扮成普通顾客光临商店。90%以上的被捕业余扒手都用过自己的现金、支票或信用卡购买其行窃的商店里的商品。

留意游手好闲者
业余扒手经常在意欲行窃的地方闲逛。职业扒手也会等待时机成熟再下手，但他们的目标不会那么明显。

留意团伙成员
计划行窃的未成年人经常搭帮结伙。团伙的有些成员负责引开销售员的视线，同时其他成员动手偷窃商品。职业扒手经常是两人合伙。一个人偷窃商品，然后交给躲在商店洗手间、电话亭或餐厅里的同伙。

留意衣着宽松的人
职业扒手经常把赃物藏在宽松的衣服里。在夏天穿冬衣或者在晴天穿雨衣的人很可能就是潜在的扒手。

观察眼睛、手和身体
职业扒手并不专心致志地看商品，而是寻找可能看得见他们举动的店员。当扒手准备行窃时，他们的动作可能会很不寻常。

图表 17–8
零售商采用的安全措施

安全措施	被调查的零售商中使用安全措施的百分比
现场闭路电视	82
核对审查系统	60
线、锁、链	52
EAS 标签	50
观察镜	49
安全展示	48
神秘和诚实的购物者	46
穿制服的保安	45
安全展示装置	45
便衣警察	44
模拟闭路电视	37

资料来源：Richard Hollinger and Lynn Langton, *2004 National Retail Security Survey Final Report*. (Gainesville, FL: Security Research Project, University of Florida, 2004)，p. 22.

1/3 的对象是百货商店和服装专卖店，但零售商还是找到了一些整个零售业都可使用的遏制偷盗行为的有趣方法。在中心位置可以安装闭路电视摄像头监视，但是购买装置和雇用专人的成本都很昂贵。一些零售商安装了假的电视摄像头，这对小偷起到了心理威慑作用，同时也省了购买真摄像头的费用。百货商店和专卖店通常用安装的装置来监视昂贵的商品。此外，通过在关键位置放凸面镜，可以使员工的观察范围大大放宽。有些零售商雇用神秘和诚实的购物者（假装的购物者）监视员工和顾客偷窃。

这些安全措施减少了外部偷窃，但同时也使诚实顾客在购物过程中感到不舒

零售商使用 EAS 标签减少店内偷盗行为。标签（左）包含一个设备，当顾客将结过账的商品带出商店时，该设备一切正常。如果某顾客将没有结账的商品带出商店，那么当该商品通过店内出口的感应门（右）时，警铃就会响起。

服。当保安、镜子和摄像头随处可见时，时尚购物的气氛也就没有了。顾客会发现很难试穿一件带有锁链或电子标签的衣服。如果他们认为在自己换衣服的时候还有一种监视装置在盯着自己，就会感到非常不舒服。因此，在评价安全措施时，零售企业需要权衡减少偷窃带来的好处和销售额的可能下降二者之间的关系。

电子商品监视器有望在减少因偷窃带来的损失的同时，不对购买行为造成太大影响。在**电子商品监视器**（electronic article surveillance, EAS）**系统**中，商品被安上专门的标签。当商品被购买之后，标签通过销售终端的扫描不再被激活。如果窃贼想偷商品，当他经过商品中的一个识别装置时，标签就会被激活，警报也会同时响起。[35]

因为顾客并不会发现 EAS 标签安装在商品上，所以它不会影响购买行为。基于电子标签防盗的有效性，商家完全可以大胆展示那些易窃的贵重物品增加销售额，而不是藏在柜台的后面或锁起来。

一些全国性的大型零售企业坚持让供应商在生产商品时就贴 EAS 标签，因为供应商安装的成本要低于零售商的安装成本。而且，零售企业安装的标签很容易被窃贼弄掉。供应商不愿参与 EAS 标签的安装，因为工业标准并不允许他们这样做。如果没有这些工业标准，供应商不得不为每个零售商提供独特的标签和商品。

起诉 许多零售商对于窃贼都有一套起诉政策。他们觉得需要强有力的控告来阻止偷盗。一些商家甚至在民事诉讼中要窃贼赔偿被偷商品的损失以及起诉所花的时间。

减少员工偷窃

> **实 例**
> 一个爱偷盗的员工通常能偷价值 1 000 美元的现金和商品，而顾客中的小偷平均偷盗价值 128 美元的商品。[36]

减少员工偷窃的最有效的方法，是建立一个相互信任、相互支持的工作环境。当员工感到作为团队的一员受到尊重的时候，他们就会把个人的目标和企业的目标统一起来。从雇主那里偷窃就等于是从他们家或自己那里偷窃，同时他们也会尽力防止别人从他“家”中偷东西。因此，拥有高素质的工作团队和低人事变动率的零售企业存货损耗也比较低。减少员工偷窃的其他方法还有仔细筛选员工，创造一个诚实、忠诚的工作氛围，使用安全人员，建立安全制度和控制系统。

筛选将来的员工 正如前文提到的，许多零售企业通过书面诚实测试和广泛的推荐人核查，筛选出有盗窃问题的潜在员工。与员工盗窃相关的主要问题，可能就是毒品的非法使用问题。一些零售企业现在开始要求潜在员工递交毒品测试单，这被当做聘用的一个前提条件。同样，带有表现不佳问题、有多次事故以及有参与记录的员工也被要求进行测试。除非他们确实涉嫌销售毒品，否则在测试中呈阳性的员工还有机会再做一次由公司付费的毒品测试，将来还要接受随机测试。

使用安全人员 除了身穿制服的保安，零售企业还使用便衣威慑窃贼和发现窃贼。这些便衣也像正常的顾客一样购物，他们确保销售人员与顾客的交易顺利进行。

建立安全制度和控制系统 为了更好地控制员工盗窃，零售企业需要对可能产生偷窃的活动采取安全措施。最主要的措施如下所示：

- 随机搜查像垃圾箱这样可以储藏偷窃商品的容器。
- 要求商店员工在指定的入口进出商店。
- 分派销售人员到特定的销售终端，并要求所有的交易都必须通过这些终端。
- 禁止员工在工作时间购买东西。
- 所有的交易都要为顾客提供收据。
- 要求所有的退款、退货和折扣都要由指定部门或商店经理来处理。
- 定期换锁，并把钥匙交由专人负责。
- 提供一个衣物间以便检查所有员工的手提包、钱包、包裹和上衣。

另外，在销售终端安装计算机软件也可以发现不正当的活动。例如，一个经常存货告罄或者有退货的销售终端可以通过计算机发现，接着使用那台终端机的销售人员就可以被监测到。如果员工经常报告有许多没有收据的退货或者使其他员工的退货无效，那公司就可以通过交易的分析来确认到底是哪一个员工干的。

小 结

有效的店面管理对于零售企业的财务状况有非常重大的影响。商店经理可以通过提高劳动生产率增加利润，通过劳动力配置决策降低成本，并通过建立一支有贡献精神的工作团队减少存货损耗。

由于招募、甄选、激励员工非常困难，所以提高商店销售人员的生产率是非常有挑战性的工作。

员工一般都会根据各自的技术熟练程度选择相对应的报酬。效率高的商店经理需要激励员工努力工作，并帮助员工熟练掌握技术提高生产率。为了激励员工，商店经理需要明白每个员工在追寻什么报酬，然后提供机会给他们以实现那些报酬。商店经理一定要帮助员工确定一个与公司目标相一致的目标，并激励员工加以实现。

商店经理也一定要控制由员工偷窃和外部偷窃以及员工失职带来的存货损失。经理可以使用很多方法阻止存货损失，这些方法包括安全措施和招聘员工时对他们进行筛选。虽然如此，阻止存货减少的最好方法还是培养员工的忠诚度，减少员工偷窃的想法，并提高对外部盗窃的警惕性。

关键术语

工作分析	非等同影响	社会化
工作说明	歧视	领导
工作申请表	《年龄歧视与雇用法案》	任务执行行为
均等就业机会委员会（EEOC）	《美国残疾人法案》（ADA）	团队维护行为
非等同待遇	残疾	独断的领导

民主的领导	丰富工作内容	《公平劳动标准法》
转型性领导	纯工资报酬	《同工同酬法》
优先顾客	奖金配额计划	劳动安排
性骚扰	纯佣金	商店维护
外在奖励	提款账户	损耗率
内在奖励	配额	付款打包处
点菜式奖励计划	奖励报酬计划	电子商品监视器系统

小试身手

1. **连续任务**　到你选择的那家商店，跟负责人事安排的人会面，并对以下几点进行报告：
   - 谁负责员工安排？
   - 安排要提前多久做好？
   - 休息时间和午餐时间是如何计划的？
   - 加班时间是如何制定的？
   - 各个部门预算员工时间总数是根据什么制定的？
   - 灵活性在安排表中是如何体现的？
   - 如何处理特殊请假？
   - 高峰时段（小时、天或季）是如何计划的？
   - 员工没有提前请假该怎么办？
2. **连续任务**　到你选择的那家商店并与人力资源管理负责人会面，看看公司是如何给销售人员报酬的，以及如何评估销售人员的工作业绩的。
   - 评估的标准是什么？
   - 多长时间评估一次？
   - 商店如何看待采购员或经理的销售技巧和与他人共事的重要性？
   - 如果销售人员没有达到他的销售目标，公司会采取什么行动？目标可以调整吗？销售人员可以调到其他工作区域或其他岗位吗？
   - 销售人员有配额吗？如果有，这个配额是如何制定的？
   - 销售人员有佣金吗？如果有，佣金系统是如何发挥作用的？佣金系统的优点是什么？弊端又是什么？
   - 如果没有任何佣金系统，公司是否提供奖励计划？举出商店使用某种计划来激励员工士气和劳动生产率的具体例子。
3. **购物**　去购物，观察商店的安全措施，与经理谈论商店的损失防范计划。
   - 是否安装了监视摄像头？在什么位置安装？
   - 商店防范偷盗的措施是什么？
   - 处理嫌疑偷盗人员的程序有哪些？
   - 如何处理偷盗人员？
   - 销售人员和主管人员在安全计划中都扮演什么角色？
   - 员工偷盗是否是商店的问题？阐述一下。
   - 商店如何防范员工偷盗行为？
   - 商店如何防止损耗问题？
   - 商店的顾客服务与损失防范之间有什么关系？
4. **网络练习**　请访问 www.astd.org，这个是美国培训与发展协会的网址。阅读该协会出版的刊物《培训与发展》上最近一期的一篇文章。你认为零售商应该如何应用这篇文章中的信息来提高员工的效率？
5. **网络练习**　St. Michaels Strategies（www.bmi.ca）销售一种系统，它能帮助零售商通过计算进入商店和经过商圈的人数估计潜在销售额。Kronos（www.kronos.com）是劳动安排方面的领先级软件供应商。访问这些公司的网页。它们正在销售哪些产品和服务？看看论坛里的一些评论，你觉得哪些是零售商需要考虑的问题？

讨论题

1. 在职培训、网络培训与课堂培训有什么区别？这些方法各自的优点和局限性是什么？
2. 请举例说明，麦当劳快餐店的一位经理必须使用不同的领导风格。
3. 工作说明应当采用书面形式，以便员工清楚他们的工作职责。但是，过于依赖书面工作说明会有哪些危险？
4. 请说出一些影响员工管理过程的法律和法规，你认为零售商容易遵守哪些法律和法规？最容易违反哪些法律和法规？
5. 外在奖励和内在奖励有什么区别？这些奖励对零售员工的行为有哪些影响？在什么情况下，你建议零售商更多地使用内在奖励，而非外在奖励？
6. 很多大型百货商店，如 J.C.彭尼、西尔斯和梅西都在改革销售人员的报酬体系，从传统的工资制转为以佣金为基础的制度。奖励报酬体系会造成什么问题？部门经理如何才能避免这些问题？
7. 在对零售员工进行评估时，有些商店使用定量方法，该方法依据与图表 17-6 类似的清单和数字计分。其他商店采用更为定性的方法，用于计算、核对分数的时间较少，而以书面形式讨论强项和弱项的时间较多。哪一种方法更好一些？为什么？
8. 员工薪酬有哪几种？你认为对销售人员、商店经理和采购人员来说，应各采用哪种方法？
9. 员工培训对小型独立零售商和大型全国性连锁店来说，哪个更重要？为什么？这两种零售的培训有什么区别？
10. 讨论零售商如何才能减少顾客和员工偷盗所造成的损耗？。
11. 药品零售商，如 CVS，将糖尿病测试条和香水锁在玻璃容器中，而且几乎所有的非处方药都置于树脂玻璃容器中。这些做法都是为了震慑偷盗的人。这些安全措施对于诚实的顾客会有什么影响？

推荐读物

Ackfeldt, Anna-Lena, and Leonard Coote. "A Study of Organizational Citizenship Behaviors in a Retail Setting," *Journal of Business Research* 58 (February 2005), pp. 151–63.

Bernardin, H. John. *Human Resource Management: An Experiential Approach*, 4th ed. Burr Ridge, IL: McGraw-Hill, 2006.

Cascio, Wayne, and Herman Aguinis. *Applied Psychology in Human Resource Management*, 6th ed. Upper Saddle River, NJ: Pearson/Prentice Hall, 2005.

Hendrie, James. "A Review of a Multiple Retailer's Labour Turnover," *International Journal of Retail & Distribution Management* 32 (2004), pp. 434–41.

Hollinger, Richard, and Lynn Langton. *2004 National Retail Security Survey Final Report*. Gainesville, FL: Security Research Project, University of Florida, 2004.

Hornsby, Jeffrey, and Donald Kuratko. *Frontline HR: A Handbook for the Emerging Manager*. Mason, OH: Thomson, 2005.

Manley, Anthony. *The Retail Loss Prevention Officer: The Fundamental Elements of Retail Security and Safety*. Upper Saddle River, NJ: Pearson/Prentice Hall, 2004.

Masters, Greg. "Retailers Cry for Help Wanted," *Retail Merchandiser*, October 2004, pp. 17–21.

Noe, Raymond; John Hollenbeck; Barry Gerhart; and Patrick Wright. *Fundamentals of Human Resource Management*, 2nd ed. Burr Ridge, IL: McGraw-Hill, 2006.

Podmoroff, Dianna. *How to Hire, Train & Keep the Best Employees for Your Small Business*. Ocala, FL: Atlantic Publishing. Group, 2005.

Rothstein, Mark. *Employment Law*, 3rd ed. St. Paul, MN: Thomson/West, 2005.

Shim, Soyeon; Robert Lusch; and Ellen Goldsberry. "Leadership Style Profiles of Retail Managers: Personal, Organizational and Managerial Characteristics," *International Journal of Retail and Distribution Management* 30 (2002), pp. 186–202.

第 18 章

商店布局、设计及视觉销售

管理人员简介

玛戈·迈尔斯　美国邮政总局零售店内项目经理

我们下属的 32 000 家邮局为消费者提供了多样化的产品和服务。除了提供核心产品（例如：邮票、快递邮件、优先邮件等）以外，我们还受理各类护照申请，出售各类运输供应品、邮政汇票、受许可的产品以及电话卡等。以上各种服务每年可带来超过 170 亿美元的零售收入。然而，随着人们使用电子邮件和资金电子转账的增加，以及甲等邮票销售量的下降，我们的零售收入也受到了威胁。

我负责的领域是零售空间里与顾客沟通交流的“外观感觉”以及当中的各种设计元素。当前，为了改善顾客的消费体验，增加零售收入，我们在业务中增加使用店内零售的各种原则。我目前着手开展的两个项目，一是使我们下属的每一家邮局的零售店面形成统一标准，二是使用数字标识改进对顾客的服务。

传统上，邮局局长和店面经理都把更多的注意力放在邮件递送上，对零售店面的空间关注不多。因此，零售店面通常没有得到持续的维护，各邮局出售的产品也没有标准的摆放方式。

在这次的标准化项目中，我们把星巴克视为模范。大部分的星巴克分店虽然覆盖着不同区域，但每家星巴克都有一套明确规定的设计方案——如菜单标识、下单子的 POS 柜台、取饮料的柜台、其他待售产品、桌椅的摆放等。因此只要世界各地的顾客一踏入星巴克店铺，便面临熟悉的环境。与星巴克相类似，我们各地的邮局虽然覆盖

问 题

- 设计店面时，零售商要考虑哪些重要问题？
- 可选择的店面布局有什么有利与不利之处？
- 店面的空间应该如何分配到各种商品和各个部门？
- 商品展示的最佳技巧有哪些？
- 一个零售店面能给人们带来多大的兴奋感？

区域不同，但通过我们致力于标准化的努力，我们的顾客也可以像星巴克的那样，当他们踏进邮局时，便能感觉到熟悉环境的亲切。他们将看到相同的设计元素（如相同的服务柜台、商品摆放等），而且所有邮局都会创造出一种协调一致、令人产生信任感的环境来。

在我们的店面环境里使用数字标识最重要的好处，是可以灵活自由地传达信息。有了电子标识，我们可以在不同的邮局之间，或在一天不同的时间段内，经济便捷地调节我们要提供给顾客的各种信息。比如说，零售区上班时显示的标识信息向顾客提醒我们所提供的服务，而且在他们来到柜台之前帮助他们做出购买的决定。而当零售区下班时，我们可以通过转换标识信息，提示顾客可以到附近延长零售时间段的邮局或者推荐他们使用别的零售方式，比如网站 usps.com 的服务。

我在担任现在的职务之前，曾负责邮政服务的公关与沟通协调工作。虽然零售营销的具体情况各异，但通过卖点广告（POP）和商店设计与顾客进行有效沟通，这跟我之前的工作中与媒体和我们的员工之间的沟通很相似。

由于意识到店面环境对顾客购买行为有着重要影响，零售商千方百计投入资源到商店设计和商品展示中去。举个例子，玩具反斗城花了 3 500 万美元使其位于纽约时代广场的店铺成为“每个孩子梦寐以求的最好的玩具店”。

设计精当的店铺就好比一个好的故事，[1] 具有相应的开始、中间和结尾部分。故事从店面的入口开始，给顾客带来各种期待和希望。为了获得良好的第一印象，店面应告知顾客“我们家东西价格低”，或“我们家有最新潮的款式”，或“来我们家您可以轻轻松松地逛”，而不是单刀直入式的“这就是我们要卖的东西”。店铺的入口处应该吸引、暗示顾客或者挑起他们的好奇心。

在入口处只使用单一信息，是创造良好店铺形象最有效的方式。顾客走进店铺时往往需要几秒钟来让自己熟悉周围环境。因此，如果在入口堆放很多产品和标识的话只会让顾客产生混乱、不舒服的感觉。

故事的中间部分来源于店铺的内部，刚开始时缓慢，而后逐渐增强。商店设计应该能引领顾客进入参观店铺之旅。通过使用灯光、标识、不同的摆设以及内部通道，让顾客自己去探索发现。在这个探索的旅程中，店铺应该通过使用不同的设计元素促使顾客把提供给他们的产品和服务跟自身的需求结合起来。

最后，付账柜台是整个故事的高潮与尾声。这里可以让顾客快速便利地购买到商品并结束他们对店铺的参观之旅。

本章属于店铺管理部分，是因为零售商总部的专家开发出来的设计和视觉销售方案仍由商店经理来负责实施。他们把原来的方案进行修改，使其符合他们店铺的独特特点，并保证由设计方案产生的形象和体验具有连贯性。然而，我们在本章会讨论到，商店设计和视觉销售也是零售商传播组合中的元素。商店设计在创造并加强零售商品牌形象方面起到很重要的作用。

本章首先讨论商店设计的目的，然后讨论商店设计的三元素——布局、标识以及特征区域。接着讨论如何决定不同的商品类别应分配多少空间，以及这些类别应该放在店铺中的什么位置等问题。最后，本章将具体考察各种商店设计元素，如对色彩、灯光、音乐等的运用，这些元素均会对顾客的购物体验产生影响。

商店设计的目的

实 例

零售商平均每 8 年就会重新设计他们的商店。[2]

商店设计的目的有：（1）实施零售商的策略；（2）影响顾客的购买行为；（3）提供灵活性；（4）控制设计和维护的费用；（5）符合法律规定的标准。

商店设计与零售策略

商店设计的首要目的，是要实施零售商的策略。通过满足目标市场的需要、建立可持续的竞争优势，设计必须与零售商的策略相一致或使之加强。[3] 比如说，像山姆氏（Sam's）或好事多这样的仓储会员店把对价格非常敏感的顾客定位为目标群体。因此其商店的天花板很高，使用金属架子和水泥地板——这些设计元素都暗示顾客其成本很低，从而加强该店的商品价格都很低的品牌形象。

家居美化中心，如劳氏和家得宝，最初定位的人群是那些觉得仓库环境可以使他们显得有活儿可忙碌的男性顾客。当劳氏发现其销售额很大程度来自女性顾

通过使用新的商店设计，增加灯光照明，柔和色彩，劳氏为女性顾客提供更有吸引力的购物环境。

客后，便对商店进行了重新设计，对女性更有吸引力。他们降低天花板的高度，增加灯光照明，加大过道的宽度，提供更好的标识——所有这些设计都是为了迎合女性顾客的喜好。[4]

相比之下，休闲器材有限公司（Recreational Equipment Inc.，REI）则把目标顾客定位为那些喜欢探险、积极参与各种户外活动的人群，如攀岩、划艇、徒步旅行等。其店铺设计成迎合这些爱探险顾客的喜好，并维持零售商拥有提供户外设施专业经验的形象。例如，他们在丹佛的店铺有一座外围包着铁皮、像制冷器的大型固定装备，顾客可以在里面测试冬天穿的帕克大衣和睡袋的性能。顾客可以在一条长达 318 英尺的崎岖不平的小径上试骑山地车，小径位于店铺外面的风光小院里。顾客可以在室内试穿远足运动鞋，并踩在鞋类测试道上；可以在照明间比较自行车的车灯和反射镜；还可以使用微型水流测试水质清洁器的性能。店

为X代商务人士而设的旅店　零售视野　18.1

喜达屋（Starwood）的 W 旅店是专门为 X 代商务人士，即其目标市场而设的。X 代喜欢装修精美、配有高科技设施的精品旅店，而婴儿潮时期出生的人们则习惯于假日酒店和希尔顿酒店，他们最看重旅店的功能设施，希望旅店外观传统，环境能给人以温暖、舒适和放松的感觉。婴儿潮出生的人希望能坐在床上度过漫漫长夜，享用客房送餐，观看电视节目。X 代的人则希望在休息室或酒吧悠闲地度过。

W 旅店以装修风格独特、个性化的酒吧和餐厅及丰富多彩的夜生活而闻名，它们通常设在休息室。旅店的设计特色是阁楼式的客房、为客人可以一整天参与社交活动而布置的风景如画的户外空间，以及充满活力的休闲室环境。

X 代的人对技术特征更感兴趣，而对传统服务则不太关心，例如礼品室服务。连锁旅店为 X 代的人预备了无线上网设施，还有在旅店大厅 24 小时提供“拿了就走”的各类糕点。有些连锁店还在客房安装了 iPod 的通用底座。（iPod docking station，通用底座，是一个供 iPod 充电、同步和连接家庭音频系统的便利基地。——译者注）还在迷你吧台出售各类 hip-hop、电子乐及其他种类音乐的 CD。

为了吸引 X 代的人们，W 旅店会举行各种彰显生活方式的活动，并称之为“W 事件”，为顾客提供电影放映、品酒会、艺术演出、名流读书会等。有些“W 事件”的活动还包括著名歌手莫比（Moby）和壁花乐队（the Wallflowers）的演出、DJ 厨师（提供烹饪和 DJ 课程）、豪华之夜（提供杰奎琳·欧纳西斯的私人照片），以及织毛衣小组。

喜达屋位于圣迭哥的 W 旅店的大堂设计成鼓励宾客之间进行社交，从而吸引 X 代的旅行者。

时装界名流黛安娜·冯弗斯滕伯格为 W 旅店的客房和零售商店设计了独一无二的 DVF 美容时尚“急救包”。“急救包”包括一整套由冯弗斯滕伯格签名的化妆品系列中的迷你润唇膏、睫毛膏和香水。

资料来源：Jane Levere, “To Bed or to Bar?” *New York Times*, September 20, 2005, p. C1; Karyn Strauss and Derek Gale, “Lifestyle Brands Enter into Fashion-Oriented Retail Partnerships,” *Hotels*, September 2005, p. 18.

内的中心摆设是一座 45 英尺高、带有雕饰的室内攀岩山墙，有各种攀岩地势可选，包括特意为儿童而设计的攀岩路线。[5]

地板和摆放架的材质也会影响零售商的形象。比如说，用不锈钢做的架子与天然木材做成的架子，给人的感觉就完全不一样。玻璃架子往往给人以高贵感，能够突出陈列的商品，并经常被用来摆放价格不菲的时尚首饰。零售视野 18.1 描述 W 旅店如何通过设计吸引公司的目标市场。

影响顾客的购买行为

设计的第二个目的就是要影响顾客的购买行为。特别是，零售商希望能通过商店设计把顾客吸引到商店来，使他们很快找到中意的商品；在店里多逛一会儿，他们一时冲动就会购买一些计划外的商品；还要为他们提供称心如意的购物体验。

店铺设计对购买行为的影响随着双收入家庭、单身家庭的兴起而与日俱增。由于这些家庭可支配的时间有限，他们很少会花时间计划购物之旅，更多的是在商店里做出购买决定。消费品生产厂家意识到了店面环境与日俱增的重要性后，他们与零售商联手加大对广告、包装和市场研究的投入，强调被保洁公司称为消费者“认识真理的一瞬间”，即顾客注意到店内架子上一件物品时 3~7 秒的时间。[6]

华莱士书店的商店设计很灵活。由弹簧盒盖连接的金属制框架可开可闭，使得店铺内的空间可以随意调节，分配到不同的商品种类上。

例如，作为建立客户关系的举措之一，宝洁公司与超市合作把自己的各类品牌商品放在能提高销售额和临近品牌销售额的位置上。市场调查发现，逛超市的顾客不会一条过道一条过道地走完，他们通常会把购物车停在过道尽头，然后走到过道中间挑选一件商品，然后再返回购物车。[7] 为了让顾客在每条过道能看到更多的商品，宝洁公司建议零售商把他们卖得最好的品牌，如汰渍洗衣粉和康宝汤，放在过道的中间。

灵活性

零售业是个瞬息万变的行业，今天还卖得很俏的商品也许明天就卖不动了。随着竞争者加入市场，会影响到零售商为顾客提供的商品组合。而由于商品组合的改变，分配到每种商品种类的空间以及店面的布局也应该随之改变。因此，商店设计者们努力把店铺设计得尽可能地灵活些。灵活性可以有两种形式：一种是店铺里的摆设可以在形态上任意移动和存放，另一种是可以轻而易举地根据所需改变摆设。

大部分店铺在设计的时候都会把灵活性记在心上。例如，美国最大的大学书店之一华莱士书店就提出了称之为 *flexsmart* 的创新理念，理念包括固定的商品展示以及设计的灵活性。这种模式使得书店可以通过扩张或者缩小营业空间，适应在大学书店这个行业当中固有的季节性变动。每个学期刚开学时学生会抢购各种教科书，而学期中业务会变得惨淡，大学书店就需要改变空间分配适应这种变化。在一个学期当中，分配给图书或设施空间大小的变化幅度可高达 30%。华莱士书店的灵活性，关键体现在创新的固定设施和墙壁体系，可以根据比例分隔教科书空间。[8] **固定设施**（fixture）是用来摆放商品的设备。

成　本

设计的第四个目的，是要控制商店设计和维护店面外观环境的成本。比方说，很多专卖店选择自由设计的形式，这样做带来装修和维护方面的成本要比一家折扣店只用一排排架子做陈列的设计高得多。不过自由设计的形式可以促使顾客多在店里逛逛，从而增加销售额。

用于彰显昂贵的珠宝和水晶的特定类型的照明设备要使用更多的电力，因此与仅仅使用日光灯相比要产生更高的能源成本。但是，更昂贵的照明使商品看起来更漂亮，因此增加了销售额。

商店设计还能影响到劳动力成本和存货损耗。传统的百货公司通常分成不同的商品部门，部门之间互相独立。这样的设计可以为顾客提供一种熟悉而舒适的购物环境，并提高销售额。然而这种设计使得销售人员不能同时看管附近的其他部门，导致每个部门都必须至少配置一名固定的销售人员来提供服务和防止偷窃。

零售视野 18.2 描述沃尔玛对环境反应灵敏的样本店，既降低了能耗成本，也有助于建立沃尔玛作为有社会责任感的零售商形象。

法律上的考虑

在考虑商店设计或者重新设计的过程当中，其中最重要的目的是要遵守 1990 年颁发的《美国残疾人法案》（下称 ADA）。[9] 该法案保障残疾人士在就业、交通运输、公共服务设施、电信以及州政府和地方政府服务等方面不受歧视。该法案要求 1993 年之前开的零售商店要在商品摆放和服务的提供上给予残疾人士“合理的使用方式”，而 1993 年以后开的商店则必须提供全面的方便措施，因此该法案对商店设计造成了影响。

该法案还指出，零售商并非一定要承受“过度的负担”来满足 ADA 的要求。虽然零售商也关心残疾顾客的需要，但是他们也担心如果完全按照坐轮椅或者其他自行装置顾客的需要来设计的话，那么摆放商品的空间就会变少，销售量也会减少。然而，如果过道设计得更为宽敞，设备周围的空间更多，那么除了身患残疾的顾客，身体正常的顾客也可以享受到更舒适的购物环境。

ADA 对关键术语，如“合理的使用方式”、“完全的使用方式”及“过度的负担”，并没有给出明确的定义。因此，实际当中是通过一系列的法庭案子对 ADA 标准进行定义的。[10] 在这些案子当中，身患残疾的原告对零售商提出集体诉讼。基于这些案子，零售商在一般情况下必须满足以下要求：（1）在主要的通路、盥洗间、试衣间、电梯及大部分设施周围要提供 32 英寸宽的过道；（2）降低收银台（或付款处）及其他设施的高度，以便坐轮椅的人士能够得着；（3）把盥洗间和试衣间设计成残障人士也完全可用。这些措施要求对符合以下情况的零售商可以宽松一点：其营业空间非常有限，正处零售旺季如圣诞节假期。[11]

18.2 零售视野 沃尔玛的大型环保购物中心

沃尔玛花了两年时间设计其位于德克萨斯州麦金尼市的大型购物中心，建造了一家降低能耗和自然资源的分店。该店的设计融合了 20 多种节省资源和可持续的设计技术，是全世界最环保的商店之一。因此这家分店反映了沃尔玛考虑到公司在环保方面给公众留下的印象而做出的努力。

该分店设计的三个主要目的在于：（1）减少经营和维护店面的能耗量和自然资源的使用量；（2）减少建造该店的原材料使用量；（3）在适当的时候，使用可再生材料来建造和维护分店建筑。虽然许多设计特征都减少了对环境的影响，但是这家分店的建造成本却很高，而且当中一些设计元素只有在能源开支增加的前提下才显得经济。最初的预计是该分店使用的能源量降低 30%~50%，每年的能源开支降低 50 万美元。

该店具有以下几点环保型特征：

- 该分店屋顶的风轮发电机可完全满足店面的用电需要，并使用电量降低 5%。
- 雨水收集和处理系统可提供 95%实地灌溉的用水，以及减少对当地雨水排放系统的需求。
- 通常使用做景观用途的狗牙草被天然牧草替代，后者既不需要灌溉也不需要修整。
- 该店的建筑高度比普通的大型购物中心矮了 12 英寸，这意味着所需建筑材料更少了，并且供暖和冷气的需求量也减少了。
- 在杂货区内使用 LED 照明而不用日光灯。LED 寿命更长，发热量更少，用电量少，而且照明效果更佳。
- 店内主区的照明使用高输出的荧光灯管，并加上自然日照和照明调暗控制，预计每年能省 30 万度电。
- 整栋建筑的制冷系统所产生的热量被收集起来，并转而用来加热洗手间水池的用水，以及协助加热入口处和其他区域的辐射地板传热系统。

沃尔玛这家环境友好型的大型购物中心融合了多种节省资源和可持续的设计技术，降低了运营成本，也保护了自然资源。

- 油锅用过的食用油和废弃电机油在生物燃料锅炉里燃烧后所产生的热量，被传送到供暖系统、通风系统和辐射地板传热系统，达到节能效果。锅炉产生的热量可以给整栋建筑加温，减少了机械设备运作所需要的天然气量。

资料来源：Marianne Wilson, "The Machine Goes Green," *Chain Store Age*, August 2005, pp. 110–12; Mike Troy, "New Wal–Mart Supercenter Has Eco–Nomic Upside," *DSN Retailing Today*, August 8, 2005, pp. 1–2.

设计时的权衡

一般说来，商店设计不可能面面俱到，因此经理们常常需要在设计问题上做出各种权衡。虽然与好事多的仓储式店面相比，REI 商店能给顾客提供一个精彩而有趣的购物环境，但同时在建造和维护方面的成本却高得多。此外，由于 REI 商店里爬墙和其他体验性的设施占了一定空间，可以用来陈列商品的空间减少了，这本来可以引起顾客更多购买冲动的。

在刺激购买欲望和方便顾客购买商品两者之间，零售商经常要面临权衡的问题。比如说，超市会把人们经常要买的牛奶放到商店最里头，使得顾客需要逛完整个商店，从而能产生更多购买其他物品的欲望。不过，如果顾客一心只想买牛奶，他会觉得这样的安排很不方便，于是有可能以后再买牛奶时会选择那种购买更方便的商店。

在方便顾客寻找所需商品和提供有趣的购物体验之间如何权衡，这是由顾客的购买需求决定的。比如说，逛超市的顾客通常希望他们花最少的时间买东西，因此超市很注重商品摆放的便捷性。相比之下，逛百货公司的顾客则更希望买东西的过程充满乐趣，他们更喜欢在商店里参观探索，浏览上架的商品。于是，百货商店可以把重心放在鼓励更多对商店的参观探索，而不是让顾客很容易就找到商品上。

给顾客足够的购物空间和有效利用这些稀缺资源摆放商品，两者间如何平衡又是另一个要权衡的地方。比如说，有些顾客会被主要用于展示而不是存放商品的宽敞过道和设备所吸引。然而这样的设计会减少可以展示给顾客看的商品数量，有可能降低顾客找到自己想要东西的机会。而且，一家商店如果客人很多，可营造一种兴奋的氛围，就有可能刺激顾客购买。但是如果店内货架数目和摆放商品过多，则会使顾客产生混乱感甚至是迷路。零售商在考虑到伤残人士的特殊需要时，太过拥挤的陈列设备和商品的问题便凸显出来了。

商店设计

零售商首先需要决定商店的基本布局，然后使用标识和其他技巧引导顾客在商店里逛，帮助他们定位和寻找有关商品的信息。最后，他们使用多种方式突出特定产品的特征。

布　局

鼓励顾客逛遍商店的方法之一，就是使他们置身于适合某种特定行走路线的布局当中。应诱使顾客沿着相当于黄砖路的路线行走，像在影片《绿野仙踪》里那样。例如玩具反斗城使用的布局差不多是迫使顾客必须通过便宜的冲动购买型产品区域，才能见到更大更贵的商品。只有意志非常坚定的父母才能通过各种气球和聚会小赠品的区域而不买一件东西。零售商使用如下三种普遍的商店布局设计：格栏式、跑道式和自由式。这三种布局各有利弊，我们随后将在本节详加讨论。

另一个帮助顾客在商店中穿行的方法，是提供有趣的设计元素。例如，古董店有各种犄角旮旯处可以吸引顾客的目光。清仓大甩卖时零售商往往故意制造某种凌乱感促使人们翻遍货架来寻找降价品。这些特征设计元素我们随后也将在本节加以讨论。

格栏式布局 **格栏式布局**（grid layout）由一排排平行的过道组成，两边的架子上均摆放商品（见图表 18–1）。收银台设在商店的出口或入口处。

格栏式布局在外观上看并不吸引人，但却很适合顾客需要逛遍整个商店然后很容易找到想买商品的这种购物之旅。例如，当顾客每周一次来杂货店购物时，他们非常灵活地穿梭于各条过道，每周都可以很容易地挑选所需商品。由于知道各种商品的摆放位置，他们就可以将花在这项许多人并不喜欢的任务上的时间缩至最短。因此，大部分的超市都使用格栏式布局。

格栏式布局也比较经济。与其他形式的布局相比，格栏式布局浪费的空间更少，因为所有的过道宽度相同，设计成刚好容得下逛超市的顾客和他们的推车那么宽。与其他布局相比，使用货架摆放商品使得卖场楼层能放下更多的商品。最后，由于固定设施通常是标准化的，所以装置成本很低。

格栏式布局存在一个问题，即顾客通常不能接触到店里的全部货品。对食品

图表 18–1
格栏式布局

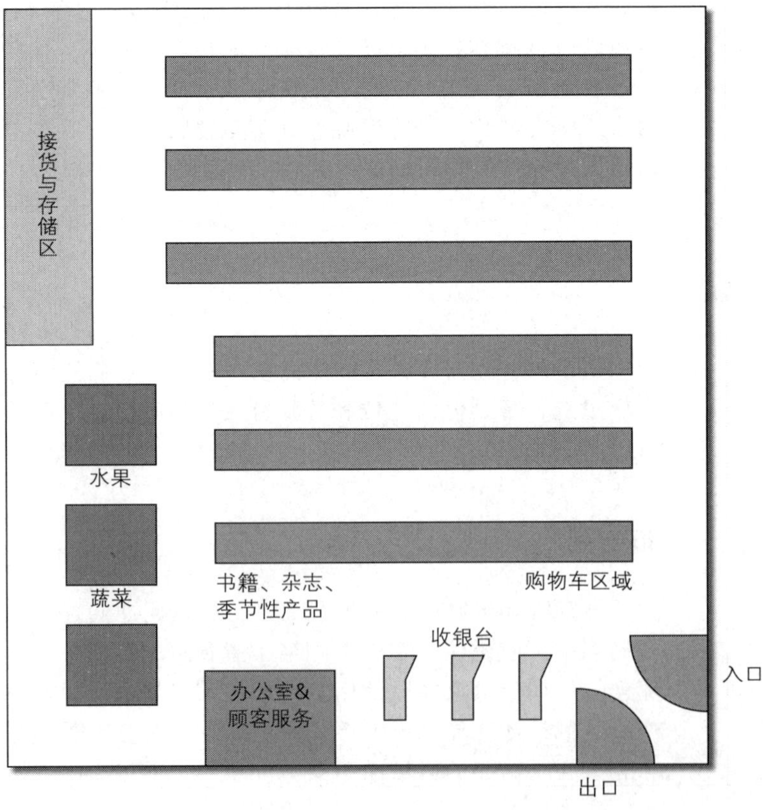

杂货店来说，这个缺点往往不成问题，因为大多数顾客在进入商店前就很清楚要购买什么种类的商品。但对其他零售商来说，如百货商店，他们会使用一种能把顾客吸引到店里来，并促使他们多逛逛然后发掘出店里新奇有趣的商品的布局。

跑道式布局　**跑道式布局**（racetrack layout），也叫环线（loop），是店面布局的一种类型，它有一条环绕商店并疏导客流到店内不同商品部门的主要通道。收款台通常设在每个商品部门与跑道的连接处。

跑道式布局有利于实现让顾客浏览多个部门商品并鼓励冲动购买的目标。当顾客沿着跑道走时，他们的目光不像在格栏式设计中那样，只沿着一条过道看下去，而是不得不采取各种不同的视角。

图表 18–2 展示了位于德克萨斯州达拉斯北方公园中心的 J.C.彭尼商店的布局。由于商店有多个入口，跑道式布局试图通过把顾客引入一系列贯通全店大大小小的环线，把所有部门都置于主要通道旁。为吸引顾客逛遍整个商店，J.C.彭尼把一些比较受欢迎的部门，如童装部，设置在商店靠后的地方。新上架的商品用来装点过道，吸引顾客走进各个部门，并沿着环线环绕。

为引导顾客逛遍全店，各通道必须在表面或颜色上与各部门加以区分。比如，

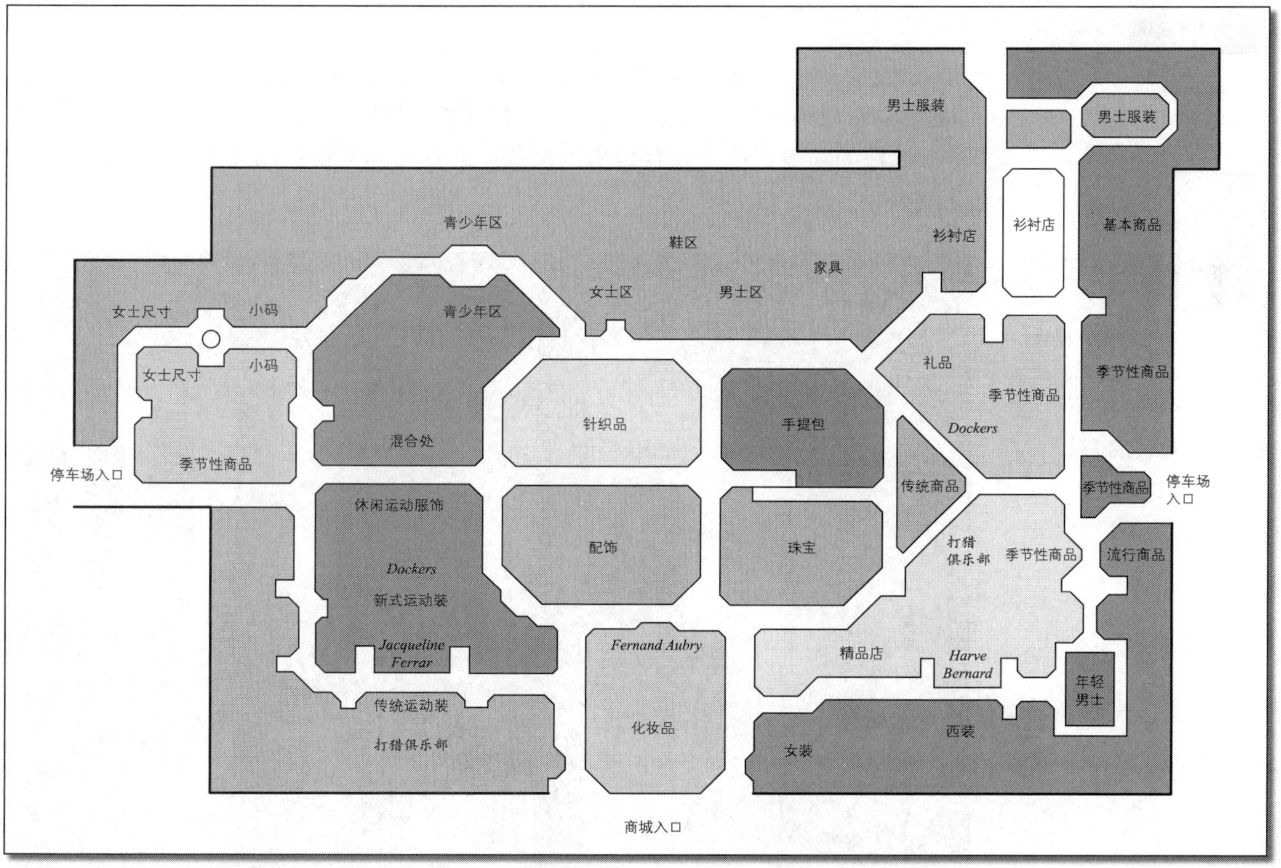

图表 18–2　位于达拉斯北方公园中心的 J.C.彭尼商店的跑道式布局

这家 Goody 商店的跑道式布局吸引人们逛遍整个商店，使他们面对不同种类的商品，激发更多购物的冲动。

店里通道的地板使用仿大理石瓷砖铺成，而各部门的地板则因其需要营造的氛围不同，在材料、质地和颜色上有所不同。

科尔士（Kohl's）对跑道式布局加以修改，提高顾客的方便度。传统的零售观点认为，商店布局应该设计得让人们逛商店的时间更长，而科尔士的管理层则认为他们的目标市场需要逛商场时的便捷性，因此他们在实际上尝试缩短顾客购物之旅所花的时间。

科尔士的商店面积是86 000平方英尺，大约为大多数百货商场面积的一半。尽管管理层的目标是方便工作繁忙的顾客快速进出商场，但是仍有足够的空间从一个部门闲逛到另外一个部门。一条宽敞的通道形成跑道，方便推车的顾客或者带小孩的家庭行走。中间有一条通道把跑道分隔开，给顾客提供一条捷径，使他们不必走完整条环线。大减价期间，科尔士把降价商品罗列在通道边上，以吸引顾客的目光。收银处置于跑道的起点和中间位置。[12]

自由式布局　自由式布局（free-form layout），也叫**精品店布局**（boutique layout），是指以不对称模式安排固定设施和过道（见图表18–3）。它提供一种亲密而令人放松的环境，便于顾客购物和浏览。这种布局常常运用在小型专卖店和大型

布鲁明戴尔商店的这个部门使用固定设施把最新上市的服装摆放在最外面，以吸引顾客的视线。地板和照明都比较明快，使得该服饰店与店内其他区域区分开来。（见彩插）

图表 18-3
自由式商店布局

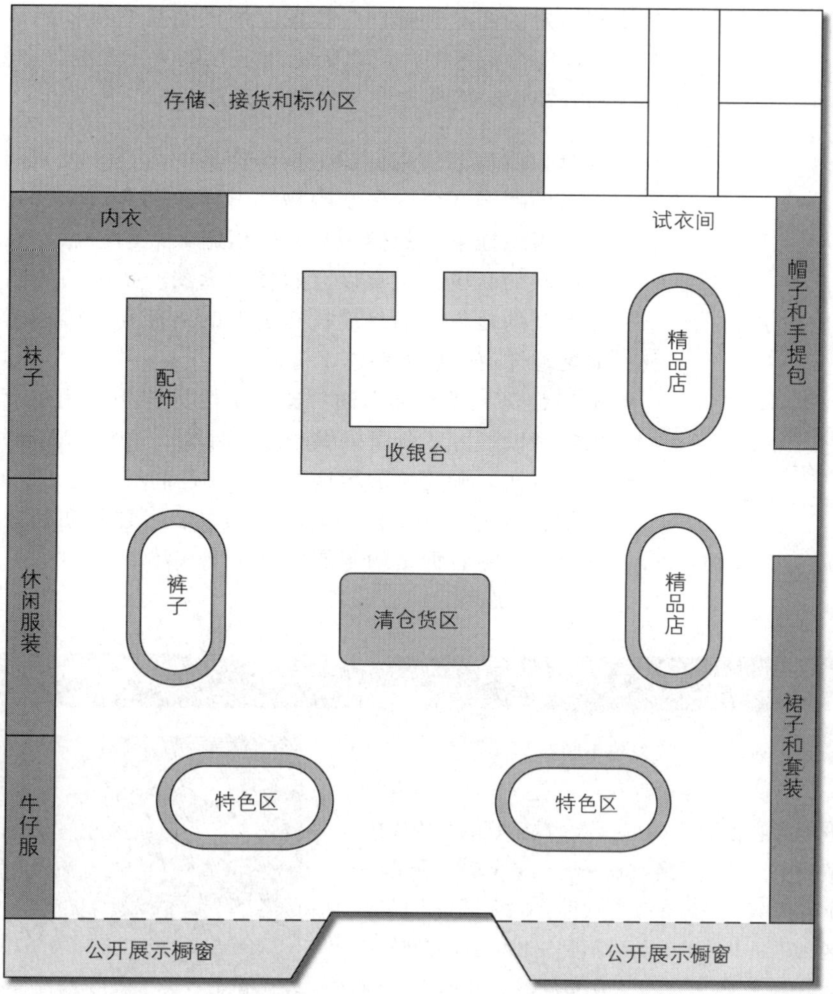

商店的各个部门当中。

然而，营造这种令人愉悦的购物环境代价很高。因为不存在像跑道式和格栏式布局中那样确定的购物路线，顾客并不是自然而然地被吸引到商店来的，于是为他们提供指引的人员推销服务便显得更为重要。此外，这种设计是靠牺牲一些存放和展示空间来创造一种更为宽敞的环境的。

为了说明跑道式布局中的自由式精品店，请参照上一页布鲁明戴尔 I.C.B.流行服饰店的照片。设计者的目的是创造一个简单而明快的空间以吸引顾客。流行服饰店的周围使用固定设施挂着最新的服装款式，而地板和照明则把该区域与相邻的部门及过道清楚地区分开来。零售视野 18.3 描述迪赛（Diesel）独特的商店设计方式。

标识和图片

格栏式和跑道式布局能够引导顾客在店里浏览和购物，标识和图片能帮助顾客找到特定的商品和部门的位置，提供商品信息，提示顾客购买各种物品或特殊商品。像照片板等图片可以美化商店形象，使之更具个性和浪漫气息。

部分视觉沟通的方式包括以下几方面。

- 方位。零售商使用标识来指示商品的方位。大型商店通常需要摆放指示性标识引导顾客在店内参观购物，引导他们从一个区域走到另一个区域。使用从天花板悬挂下来的标识常常能引起人们的注意。规模较大的商场，尤其是多于一层的商场，通常设有商场指示图。指示图的位置应该安排在入口处能清楚看到的地方，而且通往指示图的路径要明确标出，即使初次来的顾客也能清楚地知道进店以后怎么走。
- 类别标识。类别标识通常比指示性标识小，用于商店某一部门或区域。其作用是帮助顾客区分所提供产品的种类，这些标识通常放置在其所指商品附近。
- 促销标识。橱窗里展示这种描述特色商品的标识，可以把顾客吸引到商店来。例如，专为年轻女性而设的高档服装店经常在其橱窗里展示大型的海报，上面有模特穿着促销的服装。

实 例

商场85%的人群都是从侧面走近各个商店的，但是几乎所有商店的橱窗标识都是根据正面走向商店的顾客设计的。[13]

18.3 零售视野 迪赛突破商店设计的常规

迪赛牛仔服店的设计令人大惑不解，以至不禁有人会问：这究竟是最糟糕的商店设计呢，还是疯狂背后另有规律可寻？走进一家迪赛牛仔服店，你会觉得好像跌跌撞撞闯进了一片喧嚣中。电视里播放着一场日本拳击比赛的录像，让人摸不着头脑。也没有任何帮助性的标识告诉顾客哪里是男装区哪里是女装区，更看不到销售人员的影子。

如果顾客还没放弃，或者说鼓起足够大的勇气走到“牛仔布柜台”——这是迪赛为其柜台起的名字，商店后面放着一墙的牛仔服——顾客会发现他们面前摆着35种不同类型的蓝色牛仔系列，价格从115美元到260美元不等。一块用于说明顾客有哪些不同选择的布告标语牌，看起来就像有一定规模的联邦政府机构的组织设置图。

迪赛牛仔服店就像是时尚风潮的助燃剂。尽管价格不菲，但令迪赛引以为豪的是，自己生产出了不同寻常却时髦新潮的男女休闲装，还创造了相呼应的店面环境。迪赛的产品远销全球80多个国家，在各类百货公司、专卖店以及超过50家公司直属的分店均有售。

不像其他服装连锁店，如香蕉共和国和盖普那样有标准化而且简洁的店面布局，使得顾客放松，迪赛的方式是基于他们超越常规的假设：最好的顾客是那些分不清方向而且已经迷乱的顾客。这家公司故意把店面环境布置得恐怖、不友善，致使顾客不得不与销售人员交流。而实际上，正是当潜在的迪赛顾客刚被购物搞得晕头转向时，公司配置的销售人员便开始行动了。这些销售人员身披闪亮的战袍，前来搭救——或者说掠夺，这看你怎么说了——那些难以琢磨的顾客。

迪赛创造了一种独特的购物环境，突破了其他零售商惯常使用的基本商店设计规则。

资料来源：John Holusha, “A Shopping Destination for the Young and Hip,” *New York Times*, August 29, 2004, p. 11; Warren St. John, “A Store Lures Guys Who Are Graduating from Chinos,” *New York Times*, July 14, 2002, p. 9.

- *销售点*。这些标识放在所指的商品旁边，帮助顾客了解价格和其他详细信息。这类信息一部分已经写在产品标签或包装上了，但是，销售点标识可以帮助顾客迅速分辨出他们更感兴趣的方面，比如说，商品是否正在搞特价。
- *生活方式的图片*。零售商可以使用各种图片，如人物或风景照，营造不同的氛围，促使顾客购买商品。以上各点都是商店使用的视觉销售的一部分。

下面我们来讨论一下如何有效地使用标识：

- *使标识和图片与商店的形象协调一致*。标识和图片应该起到连接商品和零售商的目标市场的作用。标志和图片的色彩、基调应该与商品互相补充。比方说，一个措辞正式、黑白两色的长方形标识就不太适合展示儿童用品，不如使用红黄两色的马戏团帐篷式设计。色彩组合应该迎合特定的目标客户，或者突出某一商品——对儿童使用原色，对青少年使用鲜艳明亮的颜色，女士贴身内衣应使用柔和淡雅的颜色，运动服装应使用明亮的颜色，等等。比如，在 The Athlete's Foot for Her 店里，可滑动的图案板突出显示目标客户的各种生活方式，同时起到展示产品和遮挡库存区域的作用。
- *为顾客说明*。资讯性的标识和图片使得商品更具吸引力。例如，The Athlete's Foot 使用一系列独立的印刷品解释说明其试鞋的 5 个步骤。[14] 这个过程第一步是从脚型扫描仪开始，保证每个顾客都能找到大小合适的鞋。然后经过分析顾客的活动水平之后，店员会帮助他们挑选合适的鞋子和决定怎样系鞋带最好。
- *把标识和图片做成小道具*。把标识或者图片伪装成小道具，或者把道具做成标识或图片，这是使主题和商品统一起来的好办法，会让商品展示从整体上变得吸引人。例如，“Alphabet Soup”公司是一家总部位于爱荷华州的小型连锁店，专营益智类玩具，它使用生动的图片和小道具形成统一的主题，与商店的形象相辅相成。
- *保持标识和图片常新*。标识和图片应与展示的商品有关联。如果展示的商品撤走了，这些标识就不应该留在店内或橱窗里。新的标识意味着有新品上市。
- *限制标识上的文字*。因为标识的主要功能是吸引顾客的目光并提供信息，所以标识上的文字说明对总体成功与否有很大关系。一般来说，没人会去阅读一个文字说明太多的标识。当顾客从商店旁边经过时，他们需要快速把握住标识上的信息。
- *在标识上使用合适的字体*。使用合适的字体影响标识的成功。不同的字体传递不同的信息和感觉。例如，使用古英语的黑体字和草草书写的减价标识，各自传递的信息大不一致。

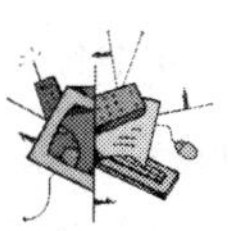

数字标识　公司总部通常设计并制作传统的印刷标识，然后分发到各分店，再由店员或承包商来安装。[15] 许多零售商正在用数字标识来代替传统标识。**数字标识**（digital signage）是这样一种标识，其画面内容通过中央处理控制的网络以数字形式传送，并显示在电视监控器或平板显示器上。传送的内容可以包括从娱乐影片剪辑到商品价格的简单显示等方面。

这个标识指明了商品的位置，与商店的形象相符，并且告知顾客商品正在促销当中。(见彩插)

数字标识与传统静态的标识相比有很多优点。数字标识由于其动态的特点，在吸引顾客的目光和使他们容易记住显示过的信息方面非常有效。数字标识还通过显示复杂的图片和视频以及提供一种吸引顾客的购物氛围，使得商店的形象得以改善。

数字标识还可以克服传统印刷的标识不能解决的因时间变化信息也在变化的问题。市场或事件的各种变化发展都可以立即体现在数字标识的变化上。由于内容更新和数字标识配置问题都可以快速、方便地解决（灵活性），分店内部和分店之间在一天当中的不同时段、一周中的不同时间都可以随时更改标识的内容，如反映不同的天气状况。

由于内容是通过数字形式传送的，数字标识可以很方便地根据商店的目标市场做出调整，每天甚至每时每刻都可以改变。比如，埃迪·鲍尔通过分析客户数据库，发现对价格敏感的客户通常在白天购物，而更在意品牌的客户则喜欢下午和晚上购物。于是他实验性地对店面的数字标识的内容做了相应变动。在白天，数字标识突出显现那些低价位和特价的商品，而在一天较晚的时候，则显示那些价位较高、品牌形象好的商品。因此根据顾客的不同使用不同的商品展示来传递信息，定位市场。因此可以根据人口数据、商品位置、商店位置以及商品在店内的位置等方面，用不同的信息来定位相应的市场。

能够集中控制数字标识的内容，这点确保零售商与顾客沟通的策略得以在系统内恰当地实施。数字标识由此消除了零售商面临的困难，即当他们通知分店将要实施一项特殊促销活动或新的营销计划时，把静态标识发送给各分店，必须保证标识在合适的时间和地点安装好。

最后，数字标识减少了由印刷、分发与安装静态标识所带来的各种成本。此外，还可以减少店面劳动力成本，同时提高劳动生产率。然而，使用数字标识的缺点是：显示设备和支持传送数字标识的系统需要一定的启动成本。

特色区域

除了布局和标识以外，顾客在商店浏览时，会被各种特色区域的位置所引导。**特色区域**（feature area）是一家商店内部用来吸引顾客注意力的那些区域，包括独立摆设、端头、促销过道/促销区域、橱窗、付款打包处或销售点区域，以及墙区。

独立摆设　**独立摆设**（freestanding display）是放在过道上的固定设施或人体模特，主要用来吸引顾客的目光并把他们引到店里来。这些固定设施常常用来展示和存放店内最新款、最激动人心的商品。

付款打包处　**付款打包处**（cash wrap）也叫**购买点柜台**（point-of-purchase

实　例

在杂货店的普通结账队列中，平均等待时间是 3 分 24 秒，而快速结账通道的平均等待时间是 3 分 11 秒。[16]

counter，POP counter）或**结账区**（checkout area），是店内顾客购买商品的地方。因为很多顾客来到这里也许要排队买一件东西，因此这些区域通常用来展示一些冲动购买型的物品。例如，在超市里，电池、糖果、剃须刀、杂志等常常放在结账处的货架上。

折扣店和奢侈品商店，以及类别专卖店会把集中的结账区安排在商店的入口处。但百货公司传统的做法是，把付款打包处安排在每个部门主要过道的末端。一些百货连锁公司，像科尔士、西尔斯还有 J.C.彭尼，也正在转向使用集中式的付款打包处。通过使用集中的付款打包处，这些百货商店可以增加顾客购物的舒适度，减少工作人员，并减少由于结账服务缓慢或不好引起的种种顾客投诉。[17]

实　例

一项关于超市顾客的国际性调查显示，有超过 3/4 的顾客注意到了端头的存在，并且端头可以影响 60% 的顾客做出购买决定。[18]

端头　**端头**（end cap）是放置于过道尽头的摆设。由于端头非常容易被注意到，如果商品摆上端头的位置，那么销售量将会大大提高。因此，零售商会用端头来摆放一些利润率高、冲动购买型的商品。在超市这个行业当中，当供应商要推出促销活动时，他们经常跟超市方面协商把产品放到端头展示的位置。

劳氏使用端头强化其通过为顾客提供易获取的产品和以标准格式填写的工程信息而提升美化家居的品牌形象与主题。其引人注目的 14 英尺高的端头突出显示了其各种家居产品系列，包括浴缸和实木地板。[19]

劳氏使用端头强化自己为顾客提供各种有用信息以及种类繁多的美化家居产品的形象。

促销过道或区域　**促销过道或区域**（promotional aisle or area）是用来展示正在促销的商品的地方。例如，沃尔格林利用促销过道出售季节性产品，夏天就卖草坪和花园用的产品，秋天卖圣诞节装饰品。艾伯森（Albertsons）超市则设有一条“10 件 10 美元”的过道。在这条过道上，顾客可以随便挑 10 件商品，只需花 10 美元。特价品每周不同，而且每周的食品广告上都会重点推介。这些特价品还可以混合出售，因此顾客不必非得买 10 件一样的。像盖普这样的服装店则经常把特价商品置于商店里头，这样顾客就必须经过全价商品才可以到达放特价商品的地方。

墙区　由于零售空间面积有限，很多零售商都通过很好地利用墙区空间提高他们存储额外存货、展示商品以及创造性地传递信息的能力。商品可以存放在隔板及货架上，商品应与它的展示、照片或以该商品为主题的图片协调一致。例如，在耐克城，有很多商品都展示在墙上较高处。这样不仅可以使商品自己“讲述自己的故事”，还可以让顾客觉得更舒服，因为这样他们就不会被挤在货架和人群当中，而且可以从远处新的角度浏览商品。

橱窗　虽然橱窗在商店的外部，但也可以成为商店布局的一个重要组成部分。适当地利用橱窗展示有助于把顾客吸引进商店。橱窗提供了有关店内销售商品的品种以及商店想要描绘的形象类型的视觉信息。

橱窗展示应该与店内商品联系起来。例如，假设 Bed，Bath & Beyond 的橱窗里展示了一些海滨浴巾，那么这些浴巾也应该摆放在店内明显的位置。否则，橱窗展示的吸引力便丧失了。最后，橱窗可以用来制造季节或假日的购物环境，如在圣诞节或情人节的时候。

空间管理

店内以及货架和固定设施上的空间是有限的资源。空间管理包括有关这种资源的两个决策：（1）如何把商店空间分配到不同的商品种类和品牌上；（2）店内各部门的位置或商品种类的位置如何确定。

分配到商品种类上的空间

零售商在决定每个商品类别和品牌应该分配多少室内空间或货架空间时，需要考虑以下几个因素：（1）所分配空间的盈利效果如何；（2）商品的存货周转率是多少；（3）对店内销售的影响；（4）商品需要多少展示。

空间盈利能力 如何分配空间，一个简单的经验规则是：按照商品的销售量来分配。比如说，假如像迈克尔斯这样专售业余爱好用品和小器械的零售商，人造植物占总预计销售量的 15%，那么人造植物就应该占店里相应的空间。

正如我们在第 16 章讨论过的，对广告投入的配置问题需要使用边际分析，零售商也应考虑空间分配对全店盈利能力的影响，决定对每个商品类别分配多少空间。在实际中，拿迈克尔斯商店来说，只要额外空间的盈利能力比目前占据空间的商品的盈利能力高，就应该加大人造植物所占的空间。在这种条件下，人造植物每多占一点空间，就可以提高全店的盈利能力。然而在某些情况下，不占用其他类别商品的空间反而能获得更多的利润。

衡量空间盈利能力的两个常用工具是**每平方英尺销售额**（sales per square foot）和**每英尺销售额**（sales per linear foot）。那些把大部分商品放在独立摆设上展示的零售服装店通常使用每平方英尺销售额衡量空间盈利能力。在超市，大部分商品都是摆在货架上销售的，由于货架的宽度都差不多，因此只有长度(或直线长度)，即每英尺销售额被用来测定空间盈利能力的大小。

衡量盈利能力的一个更为精确的方法，如使用每平方英尺的总边际产出，会更多地考虑商品带来的利润，而不仅仅是看销售额。因此，如果每摆放一英尺长的咸味点心可以带来 400 美元的总边际产出，而相同情况下，每摆放一英尺长的灌装汤只可带来 300 美元的总边际产出，那么就应该把更多空间分配给咸味点心。然而，在决定空间如何分配时，边际盈利能力以外的因素也需要考虑。

存货周转率 存货周转率从两个方面影响空间的分配。首先，如第 12 章已经讨论过的，存货周转率和总边际产出都会对投资收益率（GMROI）产生影响——投

这家超市把更多的货架空间分配给 Pepperidge 农场的巧克力块和米兰诺曲奇饼干，因为这两者的销售额和存货周转率都高于 Pepperidge 农场的其他曲奇饼干。

资收益率是衡量零售商的商品库存投资回报率的指标。因此，有更高存货周转率的商品类别与较低者相比，应该分配更多的空间。

其次，货架上展示的商品，如果是高存货周转率的快销品，就会卖得更快。因此，快销品应该分到更多的空间，这样就不必频繁地补充架上缺货的商品了。

对商店销售额的影响　在给各商品类别分配空间时，零售商需要考虑分配后对整店的影响。空间管理的目标是使商店利润最大化，而不仅仅是某一类商品或某一部门的利润最大化。因此超市有时对一些利润低的种类，如牛奶分配“过多”的空间，是因为这些种类品种繁多，可以吸引顾客前来选购，对具有高投资收益率的类别销售很有利。零售商也可以对那些白金客户购买的商品种类分配更多的空间，因为这些客户的终身价值最高。

展示的考虑因素　商店的物理制约因素及其固定设施会影响空间的分配。例如，商店规划者需要提供足够的商品放满预留给某一商品的整套固定设施。

零售商也许想把商品展示做成某种形式的促销活动，就像告诉顾客：“我们店这种商品的种类很多。”例如，J.C.彭尼自有品牌浴巾的展示非常吸引人。为了突出这一展示，该店往往对浴巾分配更多的空间展示其丰富的颜色系列。

商品种类的位置与设计元素

正如前面讨论过的，商店布局、标识和特色区域可以引导顾客在店内浏览购物。商品种类的位置也能起到这个作用。[20]

零售商如果能有技巧地在全店范围内安排冲动购买型产品和需求型/目的型商品，那么顾客逛完全店的几率就会增加，而且顾客的注意力也会集中在零售商最想卖掉的商品上，即那些具有高投资收益率的商品。**需求/目的型商品**（demand/destination merchandise）是指那些顾客进入商店之前就决定要买的产品。

介绍式展示，包括图片在内，通常在顾客进入商店的同时对他们表示欢迎并给以指示说明。入口处常被称作“减压区”，因为在这里顾客会对新的环境做出调整：如摘下太阳眼镜、收好雨伞，然后对全店留下初步视觉上的印象。

一旦顾客穿过减压区，他们通常会向右转（在西方文化当中），然后仔细观察他们目光触到的第一件商品的价格和质量。这个区域，通常称作“冲击区”，是至关重要的，因为它有助于形成顾客对商店产品的第一印象。因此，零售商应该把最吸引人的商品放在冲击区内。

顾客穿越冲击区后，成交量最大、关注度最高的区域是商店靠右边的区域。当顾客走到了这点之后，已经对环境很熟悉了，也建立起了初步印象，正准备做出购物决定。因此，商店靠右方区域是展示具有高投资收益率商品的最佳位置。例如，超市常常把农产品区安排在这里，因为农产品对顾客的感官吸引力很大。新鲜蔬果阵阵飘香，引得顾客口水直流，而食品杂货店最喜欢的就是那些饥肠辘辘的顾客了。

零售视野 18.4 描述 Envirosell 公司所做的关于商店设计的调查研究。

冲动购买型商品 商店里出售商品的最佳位置是那些客流量最大的区域，如入口处、商店的右方、自动扶梯附近的区域以及付款包装处。对那些多楼层的商场来说，楼层离入口层越远，空间的价值就越低。因此，**冲动购买型商品**（impulse product），即那些顾客购买之前并没有预先想好要买的商品，比方说百货商店里的香水和化妆品，超市里的各类杂志，几乎总是摆放在离商店门口不远处的地方，因为每个人都会注意到这里，而实际上可以把顾客吸引到商店里来。

需求型商品 需求型商品和促销商品通常摆放在商店里头和靠左边的位置。把那些需求很高的商品放在这个地方可以促使顾客逛完整个商店，增加他们沿途看到其他商品的机会。因此超市通常把几乎所有人都要买的物品，如牛奶、鸡蛋、黄油和面包置于商店里头和靠左边的位置。在百货商店，儿童商品、家具以及顾客服务区，如美容室、信用办公室、冲洗店等，都是一些需求或目的区域，因此通常位于店内较少人通过的地方。

特殊商品 某些类别商品的购买涉及一定的过程，最好安置在较少人经过的地方。例如，Steuben 玻璃雕刻卖的都是些独特而昂贵的艺术品，顾客在决定购买时需要集中精力思考。因此，内曼·马库斯把这类商品安置在较少人经过的地方，以减少顾客在考虑购买时身边的各种分心因素。与之相似，女性内衣通常也安置在较远的区域，为顾客提供更私人的购物体验。

像家居这样的类别需要大量的空间面积，于是常常位于人少的位置。像窗帘这样的类别需要大面积的墙壁空间，而像鞋类等类别则需要方便易取的存货空间。

临近商品 零售商通常把互补性的商品放在一块儿，方便顾客顺带购买。例如，男士衬衣和领带常常挨着卖。根据第 11 章已经描述过的市场篮子分析，超市把某些商品同时放在传统区域和互补性产品的旁边。例如，墨西哥辣酱通常是和其他调味品一块儿放的，但同时也放在咸味零食过道上的玉米薄片的旁边，以及国际过道上的墨西哥专柜上。

同种类商品的位置：计划图的使用

零售商非常重视某一部门内特定存货单位的摆放位置。例如，超市和药店把自有品牌的商品摆放在国际品牌的右侧。因为在西方，顾客的阅读习惯是从左到右，因此他们会先看到价格高的国际品牌，然后再看到并购买放在右边的价格低、利润高的商店自有品牌商品。杂货店的农产品区则布置成使顾客第一眼看到的商品就是苹果，因为苹果是最受欢迎的农产品，最容易勾起顾客购买的意愿。

Envirosell 是位于纽约市的一家咨询公司，它使如何用最佳方式布置百货公司或者商店成为一门科学。[21] 尽管该公司大量使用隐蔽式的摄像头以及其他高科技设备，但它最主要的调查工具却是一张纸，称作“追踪纸”，拿着这张纸的人称做“追踪者”。追踪者跟随顾客并记录下他们所做的一切，而且他们还根据观察到的结果，对顾客的行为做出推测。图表 18-4 和图表 18-5 是两个例子，显示了他们所做的定量研究的结果。以下是研究发现的几个问题，另外还有之前已经讨论过了的减压区和冲击区。

- **避免端口摩擦效应**（butt-brush effect）。“端口摩擦效应”是在纽约市的一家布鲁明戴尔商场发现的。研究人员通过录像记录发现，在高峰时段，顾客好不容易挤进入口，正要到卖领带的架子处。他们注意到大多数的顾客在被其他人撞过一两次之后，都放弃了原来准备去挑领带的打算。结论表明：当顾客的私人空间遭到侵犯时，他们购物的欲望就会降低。
- **把商品置于顾客容易拿到的地方**。大部分设计玩具店的人至今仍然把商店设计成好像来这里买东西的顾客身高都在 5 英尺以上。应该让这些设计师们手足着地（踩着滑板的效果也非常好），从一个小孩子的角度看看他们是怎么逛商店的。
- **让人人都能清楚地阅读信息**。年龄较大的顾客常常发现包装盒上的印刷内容或价格很难辨认。因此，有选择的说明信息应该去掉包装盒上的部分，并改用简单的 8″×8″标识。

资料来源：http://www.envirosell.com; Paco Underhill, *Why We Buy: The Science of Shopping* (New York: Simon & Schuster, 2000).

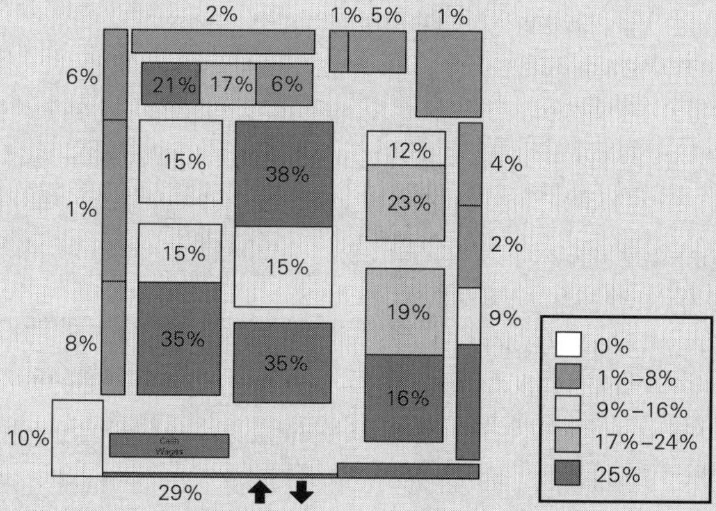

图表 18-4

参观商店内不同区域的顾客分布百分比

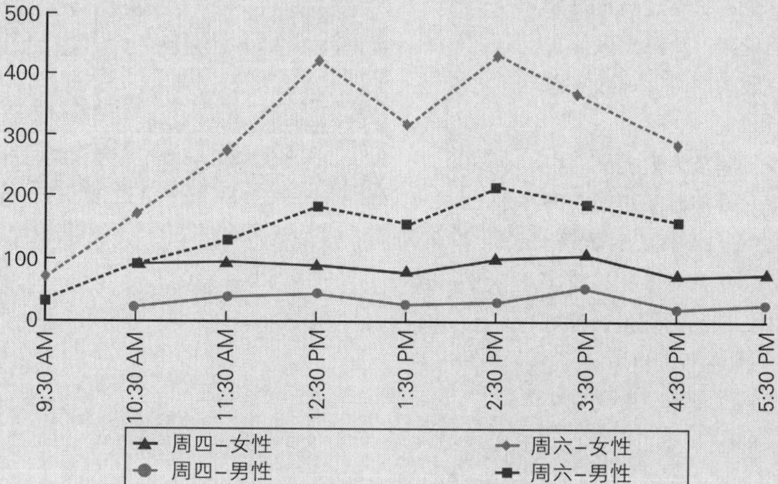

图表 18-5

一天当中不同时段顾客的数目

为确定同种类或同部门商品的摆放位置，零售商会编制出计划图。**计划图**（planogram）是为了增加顾客购买欲望而指明特定的存货单位应放在零售货架上的什么位置的一张表。各种方位可以通过照片、计算机输出或艺术家的表演作出说明（参考零售视野 18.5 的计划图）。

零售商在设计计划图时，要把商品类别安排得具有视觉吸引力，并考虑顾客逛商店的习惯（或者零售商希望顾客以何种方式逛商店），以达到零售商的战略目标和财务目标。设计计划图既是艺术也是科学：艺术方面在于要保证视觉效果能

18.5 零售视野 玛莎公司使计划图动起来

玛莎是英国一家大型零售商店，专营服装、家居用品及各类高质量的食品。该公司的食品业务，特别是高质量的方便食品和新鲜食品在英国的食品零售部门内占有很高份额，如三明治和可带回家的即食餐。

该公司与生产短周期食品的领先生产商合作推出新产品，不断扩大产品的种类。之前这个过程一直是劳动密集型的。例如，50 家分店各自要调整 50 件商品的陈列摆放，就单独需要 2 500 份计划图，某些完全一样的分店可以例外，但这一般是很少有的。于是大概需要 80~100 名全职的计划图设计人员为 310 家分店每周的变化进行设计。

这家市值 42 亿美元的公司开始为其新鲜食品业务寻找一套计划图设计系统。为了满足每家分店不同的需要，制订各自的店面空间计划成了当务之急。

该公司与 SAS 公司的下属机构 Marketmax 合作开发出一套全自动的计划图设计系统，可以把各分店每周的新鲜食品分类状况设为最佳值，并且美化产品布局，提高顾客满意度。

玛莎和 Marketmax 共同开发的这个系统通过确定每家分店中的每一个存货单位需要多少面货架，计算出最佳布局方案。该系统还可以在保持店面一致的同时，单独考虑需要哪些特定的固定设施和商店设计。

通过使用自动化的空间计划系统，玛莎大大提高了中央化管理的空间规划团队的工作效率，并控制了店面布局和产品陈列方式。现在，它只需要 20 个计划图设计人员，就能完成每周的设计工作，工作效率比以前还高。现在整个连锁系统中，产品的陈列做得更为高效统一，顾客要找一件商品也更方便了。给顾客带来的这种便捷性对玛莎来说意义重大，因为它的顾客往往逛的不止一家分店。

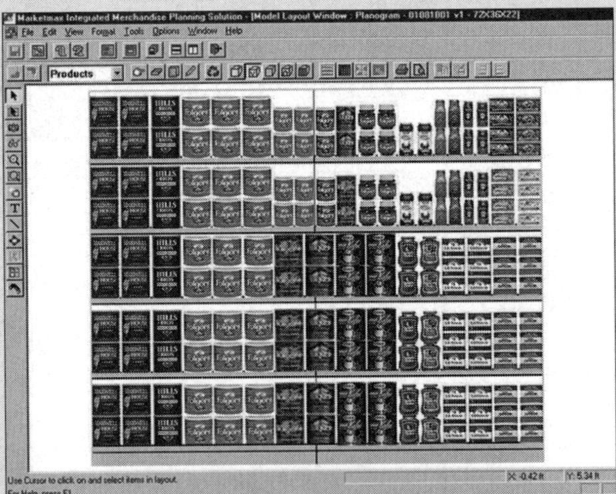

英国的玛莎公司使用一套由 Marketmax 公司开发的计划图设计系统来设计出店内商品的陈列，使得空间利用率达到最大。

资料来源：Communication with Marketmax.

恰当地表现，科学方面在于各部分可作资金上的分配。计划图的设计者必须找到这两个方面的平衡点，为商店制定出最佳设计方案。

电脑生成的设计图所用的技术比较复杂。通过分析过往的销售额、毛利率、周转率、每个存货单位中产品包装的大小，以及零售商的设计标准，该软件可以得出每一个存货单位最佳的货架空间面积和位置。由于电脑图像和三维模型有了很大的发展，因此设计图的设计、消费者测试以及修改，整个过程都可以设在一个“虚拟”的购物环境中。[22] 顾客可以通过模拟真实商店环境的电脑屏幕来浏览商品。他们触碰显示器上商品的图像“挑选”一件商品，然后还可以把商品翻过来转过去研究一番。顾客若想要这件商品，他们还可以“购买”。电脑会把顾客花在购物上的时间、研究某一件商品的时间以及购买的数量都记录下来。有了这些数据，零售商就可以测定不同计划图的有效性了。

平面图对于那些不太适合放在货架上或者在折扣店出售的商品也很有帮助。大部分服装专卖店都会为他们的经理人员提供如何展示商品的图片和表格。零售视野 18.5 描述 Marketmax 公司的计划图系统是如何使玛莎的食品业务得以自动化的。

视觉销售

视觉销售（visual merchandising）是指商店及里面的商品摆放成一定的样式，以吸引潜在顾客的注意力。本节将探讨如何摆放商品的有关事项，下一节将进一步研究商店环境给人感官上带来的影响。在本节，我们首先探讨用来陈列商品的固定设施，然后再来讨论一些陈列商品的技巧。

固定设施

固定设施最重要的作用，是能够有效地存放和展示商品。与此同时，固定设施也应该能够对商店内部起区分作用，并能吸引客流。固定设施必须和其他设计元素，包括地板面料和灯光照明，以及商店的整体形象协调一致。例如，一家商店要想传递一种传统或历史的感觉时，顾客自然而然就会预期见到木制设施，而不是塑料或金属设施。木头与金属、塑胶或石头混合在一起就会改变传统的定位。

固定设施的式样、颜色、大小和材质有很多种，但通常使用的只有几种基本的类型。就服装来说，零售商使用直线挂衣架、环形挂衣架和十字形挂衣架。对大多数其他商品来说，最常用的固定设施是长货架。

直线挂衣架（straight rack）由有地面支点支撑或附在墙上的长管组成（如图表 18–6A 所示）。虽然直线挂衣架可以挂许多衣物，但要突出具体的款式或颜色则很困难。顾客所能看到的只是一只袖子或一条裤腿。因此，直线挂衣架通常出现在折扣和降价服装店。

环形挂衣架（rounder），也叫做**散装货架**（bulk fixture）或称**容量支架**（capacity fixture），是一种架在基座上的环形固定设施（如图表 18–6B 所示）。虽然环形

图表 18–6
4 种固定设施

(A) 直线挂衣架

(B) 环形挂衣架

(C) 十字形挂衣架

(D) 长货架

挂衣架比直线挂衣架要小，但它的设计却使容纳的商品数量最大化。由于便于移动，而且可有效地存放衣物，因而在大多数服装店都可见到。但是它也和直线挂衣架一样，不能让顾客看到商品的正面。

十字形挂衣架（four-way fixture），也叫做**特色支架**（feature fixture），有相互垂直的两种横杠架在基座上（如图表 18–6C 所示）。这种支架可以挂很多商品，顾客也可以看到整件服装。然而，它比环形挂衣架或直线挂衣架的布置要难一些。在一条支臂上的所有商品必须有类似的款式和颜色，否则顾客就会被弄糊涂。由于十字形挂衣架在展示上的优越性，它们被流行服装零售商广泛使用。

长货架（gondola）的功能非常广泛（见图表 18–6D 所示）。它们被广泛用于杂货店或折扣店中，以展示从罐装食品到棒球手套的各种商品。但其用途并非局限于此。还有的百货商店用它来陈列浴巾、床单和家居用品。衣物折叠起来也可以放在长货架上展示。但是，因为衣物是折叠起来的，对顾客来说观察起来就比挂在直线挂衣架上还要困难。

商品展示技巧

一些商品的展示技巧包括：理念陈设、款式/品种展示、颜色展示、系列定价、垂直排列商品、吨位商品展示及正面展示。

理念陈设　有的零售商成功地使用了**理念陈设**（idea-oriented presentation）——一种基于具体创意或商店形象展示商品的方法。例如，女士流行服饰店的陈列常常显示出一个总体形象或创意。此外，家具也按在房间的布置那样摆放在一起，这样顾客就可以知道家具摆在家里是什么样子的。单个商品通常组合起来，向顾客展示这些商品可以如何使用和组合。这种方法旨在鼓励顾客购买多个其他互补性的商品。

> **实　例**
> 50%的女性从商店展示或浏览橱窗中获得自己要穿什么衣服的想法。[23]

在流行服饰店的布置中，深受顾客欢迎的生产商通常会将各种商品捆绑销售，这种布局在本章前面曾讨论过。这种方法类似于理念陈设，因为由同一供应商生产的商品往往搭配得很协调。有的服装生产商如 Liz Claiborne 和 Jaeger 使其产品的款式和颜色协调一致，鼓励顾客购买一个产品系列中的多宗商品，并提高该产品系列的整体形象。

款式/品种展示　大概最常见的方法是按款式或品种组织存货。折扣店、杂货店、五金店和药店差不多在每类商品上都使用这一方法。此外，许多服装零售商也都使用这一方法。当顾客要寻找一种特定的商品，如套头衫时，他们希望可以在同一个地方找到所有的品种。

按尺寸来安排商品是组织许多商品的常用方法，从螺母、螺栓到服装都可以使用。由于顾客通常知道他们想要的尺寸，因此按这种方式摆放商品找起来非常简单。

颜色展示　一种大胆的表现手法就是按颜色展示商品。例如，在冬天，女装商店可以把所有白色的巡航服摆在一起展示，让顾客知道这里就是她们冬季假期购买服装的场所。

系列定价　零售商在一个类别的商品中只提供有限的几个预定价位或者价格类别，这就叫做**系列定价**（price lining）。这种策略有助于顾客较容易地找到处于她们预想价位的商品。例如，男式衬衫可以分为三组销售：30 美元、45 美元和 60 美元。

垂直排列商品　另一种组织商品的常见方法，是**垂直排列商品**（vertical merchandising）。在这里，我们使用墙壁和高货架展示商品。顾客在逛商店的时候，与读报很类似：他们从左往右，从上到下一个专栏一个专栏地看，可以获得很多信息。商店可以遵循眼睛的自然运动规律，有效地组织商品。零售商利用眼睛这种规律的方式有好几种。许多杂货店把国内知名品牌放在眼睛平视的高度，把商店的品牌放在低一点的货架上，因为顾客是从眼睛平视的高度向下扫视的。此外，零售商还常常大胆地把一种商品呈多条垂直带状摆在一起展示。例如，你会在百货商店看到一列列按同种颜色展示的浴巾，或在超级市场看到汰渍洗涤剂的橙黄色盒子下方是 Cheer 的蓝盒子，两者放在一条垂直带上。

吨位商品展示 正如其名称所提示的那样，**吨位商品展示**（tonnage merchandising）是一种同时展示大量商品的展示技巧。正如一句零售业谚语所说“堆得高，卖得快”，顾客常常认为数量多价格就会低。因此，吨位商品展示可用来提高和强化商店的价格形象。使用这一展示概念，商品本身就是展示。零售商希望顾客会注意该商品并为其吸引。例如，在许多假日来临前，杂货店用整整一个长货架的尽头(如端头）陈列 6 大盒装的百事可乐。

正面展示 通常，要同时实现卓有成效的展示和高效率的商品存放是不可能的。但展示尽可能多的商品却很重要。解决这一矛盾的办法之一就是**正面展示**（frontal presentation)，即零售商把某个商品尽可能多地展示给顾客以引起他们注意的展示方法。例如，图书出版商想方设法设计引人注目的封面，但书店展示图书时通常只露出书脊。为创造卓有成效的展示效果并打破单调的格式，书籍零售商常常把封面朝外摆放，像广告牌一样吸引顾客的注意。另一种类似的正面展示是把服装挂在衣架上，只让一件朝外展示这种商品。

氛 围

氛围（atmospherics）是指一个环境在视觉信息传播、照明、颜色、音乐和气味等方面的设计，能激起顾客感知和情绪反应，并最终影响他们的购买行为。[24]许多零售商都发现了制造氛围可以对商店设计和商品的其他方面进行补充，这样的好处是很微妙的。研究表明，使这些制造氛围的元素同时发挥作用是很重要的。比方说，适当的音乐配合适当的气味。[25]

照 明

商店里好的照明不仅仅是照亮空间。它还用来突出商品，使空间错落有致，还能捕捉特定的情绪或情感提高商店的形象。照明还可以用来弱化那些无法改变的且不怎么吸引人的地方。使用适当的照明已证明可以对顾客逛商店的行为产生正面影响。[26]

一个很好的照明系统有助于在店内创造一种振奋人心的感觉。同时，照明还必须准确地展示商品的颜色。一条绿色的丝质领带在商店看起来颜色应与在办公室看起来一样。同样，照明应该使顾客高兴。例如，与大部分杂货店看到的没有装饰性的荧光灯比起来，百货商店的化妆品区要求使用更为昂贵的灯光照明，原因是后者要愉悦顾客，使得顾客的肤色看上去更自然。

突出商品 照明的另一个关键用途是**突出商品**（popping the merchandise）——把聚焦点集中到特定的特色区和商品上。使用照明聚焦战略性的商品，会把购物者的目光引向这些商品，还可以有规划地引导顾客逛商店。例如，位于纽约曼哈

位于纽约曼哈顿区麦迪逊大街的 Galleri Orrefors Kosta Boda 商店使用特殊照明，凸显其限量生产的玻璃雕塑品。(见彩插)

顿区麦迪逊大街的 Galleri Orrefors Kosta Boda 商店就使用了特殊的照明，凸显其限量版的、每类只出一款的玻璃雕塑品。

营造情绪　美国的专卖店和百货商店习惯使用白炽灯照明作为光源，营造一种温馨舒适的环境。[27] 调暗整体的光源，调亮需要突出的光源，把顾客的注意力吸引到商品和展示品上来。这意味着让顾客产生一种家的感觉——整体的灯光昏暗，但艺术品和其他主人趣味所在的区域得以强调。

现在，欧式照明被运用在最高档的专卖店如 Rodeo Drive 和 Bal Harbour，以及一些百货商店，如布鲁明戴尔。[28] 欧洲的商店长期以来偏爱使用高位灯源和冷色调，很少使用对比或者强调的灯源。与美式相比，欧式照明设计更为大胆、不加修饰、尽可能少用照明，因此和使用更为柔和的白炽灯照明相比，它营造出一种大相径庭的情绪和形象。

弱化特点　照明可以隐藏一些错误和过时的商店设计。位于威斯康星州麦迪逊城的 Sentry 食品公司把食品照明的位置设计得很高，高过店内其他位置。天花板有意保持昏暗以便使得不雅的混凝土砌成的天花板可以不那么明显。

颜　色

创造性地使用颜色可以提高商店形象，有助于营造一种情调。暖色（红色和黄色）使人兴奋，而冷色（蓝色和绿色）则能产生让人放松的效果。[29]

音　乐

像颜色和照明一样，音乐也能加强或弱化零售商设计的整体氛围。[30] 但与其他的氛围元素不同，音乐是很容易改变的。例如，一家在全美拥有 1 000 家分店的零售商计划早上播放爵士乐，下午播放流行曲，但这仅针对其东海岸地区的分店。他们之所以这样做，是因为大部分早上过来的顾客年龄都比较大，而下午来的顾客大多处于 35~40 岁的年龄段。对其西海岸地区的分店来说，则是早上播放现代摇滚乐，下午播放加勒比鼓乐。而在德克萨斯州，则是每天从早到晚都播放乡村音乐。

零售商还可以用音乐来影响顾客的行为。音乐可以控制商店客流的行进速度，创造形象，吸引或引导消费者的注意力。例如，力美特集团的一个分部Limited Too 已经创制了一套标志性的音乐以吸引其目标顾客——8~14 岁的女孩。这是一种糅合了 hip hop、R&B、流行乐和摇摆乐的混合音乐。迪斯尼商店则播放那些与出售商品直接相关的著名迪斯尼电影动画片的原声曲。

气　味

实　例

随着人们年龄的增大，他们的嗅觉会逐渐减弱。一半年龄在 65 岁以上及 3/4 年龄在 80 岁以上的人差不多完全丧失了嗅觉。[32]

很多购买决定都是人们随性做出的，而嗅觉能对我们的各种情绪产生很大的影响，不管是快乐、饥饿、厌恶，还是缅怀往昔，这些情感都是营销人员试图触及的。气味和音乐配合起来，可以对冲动性购买行为和顾客满意度有正面的影响。[31] 偏中性的气味与没有气味相比，可以使顾客对商店产生更好的印象。在有香味的商店里逛的顾客，跟在没有香味的商店里逛的顾客相比，会觉得时间花得更少一些。使用香味的商店可以提高顾客主观的购物体验，让他们感到自己花在研究商品质量、等待销售人员帮忙，或者排队结账的时间要少一些。

商店应该给人带来多大的兴奋感

像 REI、The Sharper Image、Bass Pro Shops 以及巴诺书店的零售商试图通过把他们的商店视作电影院的现场，创造一种娱乐性的购物环境：地板和墙壁构成了舞台和布景；灯光照明、固定设施以及展示成了各种道具；各种商品则成为表演本身。这种在商店里创造出电影院体验的设计把卖东西和给人欢乐的过程结合在一起了。相比之下，像好事多和家得宝这样的零售连锁店则成功运用了最简化原则，创造出一种仓库式的购物环境。

玩具反斗城在纽约时代广场的分店创造出一种非常让人兴奋的环境。

为顾客提供一种振奋人心而又充满娱乐性的店面环境，能够促使他们多来光顾商店，从而增加每次光顾的时间和购物所花的钱吗？这个问题的答案是：具体情况具体分析。[33]

商店环境能起到什么样的作用，是由顾客的购物目标决定的。两个基本的购物目标是：其一，完成任务，例如为工作面试买一套正装。其二，为了消遣，例如某个周六下午约朋友在商场里闲逛。如果顾客逛商店是要做一件他感觉不得不去做的事情，那么他们会喜欢一种缓和、让人放松的环境——播着节奏缓慢的音乐、幽暗的灯光、周围是蓝色或绿色的简简单单的氛围。但是，如果顾客把逛商店当做娱乐消遣，期望有所收获，他们会希望有一种令人兴奋的环境——播着快节奏的音乐、有明亮的灯光、周围是红色或黄色较为复杂的环境。

这对零售商有什么启示呢？就是在设计商店环境的时候，必须考虑顾客最典型的购物目标是什么。例如，购买日用品常被视作一件不太愉快的差事，因此，超市应该多在设计上运用使人放松的颜色，并播放缓慢的背景音乐。相比之下，选购新潮服装则常被视作一件有意思的事情，因此服装零售店如果能创造一种令人振奋的环境来，那么一定会对顾客的购物行为有好的影响。

环境需要引起顾客多大的兴奋感，在商店之间是不大一样的。例如，一家电子消费品零售商可能在配件区域设计一种低兴奋度的环境，迎合那些通常在买这些产品的时候都是目标明确的顾客，而在家居娱乐中心则设计一种高兴奋度的环境，因为光顾这里的通常更多的是一些寻找乐趣的顾客。

最后，零售商可根据顾客不同的购物目标改变网站的属性。例如，研究提示，亚马逊应该对那些自称仅仅是浏览者的网上顾客提供界面复杂且具有高兴奋度的网站，而对那些要寻找某本书籍的顾客则提供界面更为简化、低兴奋度的网站。[34] 有关实体商店和网站设计的对比研究，我们将在下一节讨论。

网站设计

在大多数情况下，虽然并非总是如此，实体商店运用的一些好的设计原则也可以用在网站设计上面。[35] 我们来看看下面的例子。

简洁很重要

好的商店设计可以让顾客更自由地走动，不会被人群阻碍。为顾客提供清楚的分类，或是用过多的商品把他们围得团团转，这两种做法的差别是很大的。

同样，在网站设计中，没有必要在每一页都把网站上有的商品罗列个遍。比较好的办法是，提供有限的选择，迎合顾客特定的需要，然后给相关的商品和可选的其他分类提供相应的链接。在每页都安排搜索引擎以防顾客在浏览过程中没了方向感，这点也很重要。这种在虚拟世界中的搜索功能，跟在实际商店里提供随时可为顾客服务的销售人员的做法很相似。再有，越简单越好。每页安排少量的标准链接，这样用户能更容易学会该网站的浏览方式。

浏览网页

如果商店设计得当，顾客应该很容易找到他们想要的东西。那些顾客通常会把一起购买的商品放在一块儿展示。例如，雨伞和雨衣放在一起卖，软性饮料和零食放一起，番茄酱和意大利面放一起。帮助顾客浏览网页的一个方法是通过使用网站内部的本地链接。在建立本地链接时，网站也应该为以下内容提供链接：

- 价格相近的商品。
- 互相补充的商品。
- 在某些重要方面和当前顾客浏览的商品有所不同的其他商品（例如，如果顾客在看一台黑白打印机，那么应该提供彩色打印机的链接）。
- 顾客正在浏览的商品的不同样式（例如，如果顾客正在看一件红色罩衣，那么也提供一件相同款式的黄色罩衣）。

让顾客看清楚

商店设计要让顾客很方便地浏览商品，并能看清标志。但是，如果一家商店的照明不太好，标志上的文字太小不好辨认，那么顾客还可以凑过去看清楚一点。但在互联网上，顾客就没有这种灵活性了。因此，网页设计者应该假定所有潜在网民只有一般的视力水平。设计者应该尽量使用逼真的色彩和强对比度。有些使用网上销售的零售商设计出一种可以从多个角度浏览商品的方式，很有意思（例如，可以浏览 www.landsend.com）。

使网站和商店融为一体

在视觉上再三向顾客保证，他们在网站上能够得到跟实体店一样令人满意的购物体验，这一点是很重要的。因此，就算设计电子商店只是为了方便浏览，网上网下两条途径还是应该有一些共通的设计特征的。比如，对 www.tiffany.com 和 www.officedepot.com 两个网站来说，虽然商店类型很不一样，但两者与其各自的线下商店都有相似的外观，给人的感觉也很像。

主次分明

如果商店里的什么东西都似乎跳起来向你叫嚷："买我！不，买我才对！"这样的商店是很不受欢迎的。另外一些商店又太过于平淡无奇了，里面的商品让人根本提不起兴趣。对商品的摆放和位置分清主次，这点无论对网站还是实体店来说都很重要。

许多网站常犯的毛病是把什么都突出强调：颜色、动画、闪动、图片都用得太多了。如果什么都强调，就会导致什么都没办法突出。同样，过于平淡无奇也好不到哪里去。网站应该这样设计：能对顾客提出建议并指引他们做出最重要或最有用的决定，而至于他们想去哪儿看什么则是他们的自由。跟报纸排版类似，最重要的商品或种类应该给予更大的标题，放在更显眼的位置。

版面设计类型

有些商店采取实用型的设计，如超市和折扣店。他们使用格栏式的设计以便放置商品。其他商店，如百货商店或书店，则使用更为自由的布局设计来吸引顾客浏览。当中的诀窍是要选择恰当的布局设计，与顾客典型的购买目标相一致。

以下是商店布局设计和网站版面设计有所不同的地方。尽管在刚进入互联网零售的几年当中，许多使用多种销售渠道的高端零售商都曾用过一些花哨且复杂的设计，但是后来他们大都采用了比实体店更简单实用的设计（例如，请浏览 www.polo.com、www.neimanmarcus.com 以及 www.bloomingdales.com）。顾客在网上购物的时候，所关心的往往是速度、便捷性和浏览的舒适性，而不一定是花哨的图片。

商店的设计者还往往尽力使得商店与众不同，鹤立鸡群。但是，网站就必须在使得顾客保持兴趣和给他们习惯了的方便感这两者之间取得平衡。顾客花时间浏览最多的都是些其他的网站，正是这些网站形成了他们对大部分网站抱有的期望值。懂行的网站设计者在设计网站的时候，会参照那些点击率高的网站，看看人家是怎么做的。如果 90%或以上的大型网站都是用同一种方式，那这种方式就是实际标准了。

小　结

商店设计的目标有：（1）实施零售商的策略；(2)影响顾客的购买行为；（3）提供灵活性；（4）控制设计和维护的费用；（5）符合法律规定的标准。通常商店设计不可能全部实现以上目标，因此管理人员应该在这些目标之间做出权衡，例如权衡究竟以提供便捷性为主，还是鼓励顾客参观商店为主。

引导顾客参观商店的基本设计元素包括布局、标识和特色区域。好的商店布局可以帮助顾客寻找并购买商品。零售商常用的几种布局类型包括：格栏式、跑道式和自由式布局。格栏式设计最适合那些像杂货店和药店这样的商店，在这里零售商期望顾客参观完整个商店。跑道式设计在面向高端消费者群的大型商店，如百货商店中比较常见。自由式设计则通常运用在小型专卖店和大商店的各部门里面。

标识和图片可以帮助顾客找到特定的商品和部门，提供商品信息，以及提示购买某种物品或搞活动的商品。此外，各种图片，如照片板，可以改善商店的环境并提升商店形象。数字标识和传统的平面印刷标识相比有几个优点，但这项技术需要启动固定成本，因而应用还不太普遍。特色区域是店内吸引顾客注意力的一种设计，包括独立摆设、端头、促销过道或区域、橱窗、付款打包处或称购买点区域，以及墙区。

空间管理要决定两件事情：（1）如何把商店空间分配到各种商品种类和品牌上；（2）商店内各部门或商品种类的位置如何安排。零售商决定给每种商品种类和品牌分配多少室内面积或货架空间时，需要考虑的因素有：（1）被分配空间的盈利能力如何；（2）商品的存货周转率；（3）对商店销售额的影响；（4）商品是否需要摆出来。在评价零售空间的盈利能力时，零售商通常使用每平方英尺销售额或每英尺销售额。

商品种类的位置对顾客参观商店的方式也起到一定的作用。零售商通过战略性地把冲动购买型商品和需求/目的型商品分散放在全店，可以使得更多顾客逛遍整个商店，并使他们的注意力转到零售商最希望卖掉的商品上来。在决定商品种类的位置怎么安排时，零售商需要考虑典型的消费者购买模式。

零售商使用各种营造氛围的手段——照明、颜色、音乐、气味——影响顾客的购买行为。使用这些手段可以为购物目的明确的顾客营造一种让人放松的环境，或为那些只是为了消遣的顾客创造一种令人兴奋的环境。

尽管零售商建立的网站与其实体商店不同，但在很多（不是全部）情况下，能运用在实体商店上的一些好的设计原则，同样也可以用到网站设计上面。

关键术语

固定设施	环线	数字标识
格栏式布局	自由式布局	特色区域
跑道式布局	精品店布局	独立摆设

付款打包处
购买点柜台
结账区
端头
促销过道或区域
每平方英尺销售额
每英尺销售额
需求/目的型商品
冲动购买型商品
计划图
视觉销售
直线挂衣架
环形挂衣架
散装货架
容量支架
十字形挂衣架
特色支架
长货架
理念陈设
系列定价
垂直排列商品
吨位商品展示
正面展示
氛围
突出商品

小试身手

1. **连续练习** 到一家你为连续练习所选择的实体零售商店，对其商店布局、设计以及视觉销售方面运用的技巧做出评价。然后回答下面的问题：
   (a) 总体来说，该商店的布局、设计以及视觉销售方面运用的技巧有没有与商店的外观和位置协调一致？
   (b) 商店的环境与商品摆放以及顾客的期望值是否协调一致？
   (c) 该店看上去是否需要重新设计？
   (d) 该店在布局、设计以及视觉销售方面运用技巧的灵活性怎么样？
   (e) 观察该店的照明。在突出商品、调整空间结构、捕捉情绪以及弱化不雅结构这几个方面做得到位吗？
   (f) 该店对氛围元素，如颜色、音乐或气味运用得如何？考虑到该店的目标顾客，这样运用是否得当？
   (g) 固定设施与摆放的商品以及该店的整体环境搭配是否协调？够不够灵活？
   (h) 对该店的标识进行评价。对推销商店能起到有效的作用吗？
   (i) 该店的零售商有没有通过制造电影院效果来促进商品的销售？
   (j) 该店的布局有没有起到吸引顾客的作用？
   (k) 该店的零售商有没有利用特色区域的优点并运用到商品销售上面去？
   (l) 该店有没有创造性地利用墙区？
   (m) 该店采用的是哪种商店布局？对这种类型的商店来说是否合适？或者有没有更好的布局类型？
   (n) 向商店的经理询问：空间的盈利能力是怎样估算的(例如，使用每平方英尺销售额)。有更好的方式吗？
   (o) 向商店的经理询问：空间是怎么分配到商品上的。对经理的回答做出评判性分析。
   (p) 向商店的经理询问是否使用了计划图，如有，试着找出在制作计划图时需要考虑的因素。
   (q) 该店的各部门是否在最适当的位置？你会不会对部门的位置做些调整呢？
   (r) 该店的零售商使用了哪种或哪些方法来组织商品？是否是最佳方式？提出你认为合适的更改建议。
2. **网上练习** 访问你最喜欢的多渠道销售零售商的网站。对其简洁性、浏览便捷性、可读性、颜色的使用以及网站与实体店风格是否一致等方面进行评价。
3. **网上练习** 访问 www.metirimensus.com（Apollo）和 www.acnielsen.com（Spaceman）。评价两者的计划图方案。你会选择哪种方案？
4. **网上练习** 访问 http://www.visualstore.com/，然后就视觉销售方面最新的流行趋势写一份报告。
5. **网上练习** 访问 Perception Research Services 的主页：http://www.prsre.search.com/Index.htm。阅读关于PSR眼球追踪方面的研究。零售商怎样才可以利用这一信息来帮助他们做出商店布局和商品摆放的决定呢？

讨论题

1. 在人口结构中，增长最快的部分之一就是 60 岁以上的群体。但这些客户可能在视觉、听力以及行动上都有所不便。零售商如何进行商店设计才能满足老年人口的需要？
2. 假设你是一名顾问，要评估当地一家折扣店的空间盈利能力。你将使用哪些分析工具来评估这一情况？你将对提高空间盈利能力做何建议？
3. 商店布局有哪些设计类型？为什么一些商店比其他商店更适合某一种布局？
4. 一般来说，位于入口附近、主要通道旁边及多层商场的主要楼层上的部门获利潜力最高。此外还有什么因素帮助确定各部门的位置？请分别举例说明。
5. 一家百货商店正在扩建。家具部的商品经理试图说服副总裁把新的空间分配给家具部。男士服装部的商品经理也试图得到这片空间。在陈述他的理论基础时，每位经理应使用什么观点？
6. 假设你是一家大型百货商店的经理，对商店遵照《美国残疾人法案》的要求负责。然而你的绩效评定却是由账面上的盈利高低所决定的。你如何确保商店既为坐轮椅的人士提供了方便，同时又不会对营业额造成影响？
7. 描述在设计网站和设计商店时所采用的方式之间的异同点。
8. 为什么超级市场把糖果、口香糖和杂志摆在店面的前部？
9. 像 J.C.彭尼和科尔士那样采用统一的付款打包处和每个部门各自的付款打包处，它们各自的优缺点是什么？
10. 大部分百货商店都把化妆品专柜安排在首层的商场入口处。解释为什么这个位置比其他可能的位置更好。
11. 假设你是一家出售男女服装专卖店的经理，下表列出了不同商品种类的每平方英尺销售额，你如何利用这些信息来决定在零售空间内摆放商品的位置呢？

ICSS 研究——每月商品指数，2004 年 6 月
非固定商场租户

类别	每平方英尺销售额（$）
女装	25
女装配饰	47
男装	25
童装	23
女鞋	34
男鞋	39
童鞋	27

推荐读物

Baker, Julie; A. Parasuraman; Dhruv Grewal; and Glen Voss. "The Influence of Multiple Store Environment Cues on Perceived Merchandise Value and Patronage Intentions," *Journal of Marketing* 66 (April 2002), pp. 120–41.

Dean, Corrina. *Inspired Retail Space: Attract Customers, Build Branding, Increase Volume*. Rockport, ME: Rockport Publishers, 2005.

Diamond, Jay, and Ellen Diamond. *Contemporary Visual Merchandising and Environmental Design*. 3rd ed. Upper Saddle River, NJ: Prentice Hall, 2004.

Greely, Dave, and Joe Cataudella. *Creating Stores on the Web*. Atlanta: Peachpit Press, 1999.

Green, William R. *Retail Store: Design and Construction*. Universe, Incorporated, 2000.

Grewal, Dhruv; Julie Baker; Michael Levy; and Glenn Voss. "The Effects of Wait Expectations and Store Atmosphere Evaluations on Patronage Intentions in Service-intensive Retail Stores," *Journal of Retailing* 79, no. 4 (Fall 2003), pp. 259–68.

Kalchteva, Velitchka, and Barton Weitz. "How Exciting Should a Store Be?" *Journal of Marketing*, Winter 2006, pp. 34–62.

Lam, Shun Yin, and Avinandan Mukherjee. "The Effects of Merchandise Coordination and Juxtaposition on Consumers' Product Evaluation and Purchase Intention in Store-Based Retailing," *Journal of Retailing* 81, no. 3 (2005), pp. 231–45.

Mostaedi, Arian. *Cool Shops*. Singapore: Page One, 2004.

Reda, Susan. "Sign of the Times," *Stores*, June 2005, pp. 32–34.

Tucker, Johnny. *Retail Desire: Design, Display and Visual Merchandising*. Mies, Switzerland: Hove, 2003.

Underhill, Paco. *Why We Buy: The Science of Shopping*. New York: Simon & Schuster, 2000.

Wildrick, Rich. "Merchandising Strategies," *Chain Store Age*, Mid-December 2004, p. 100.

第 19 章

顾客服务

管理人员简介

西比尔·杰克逊　PETsHOTEL[SM] 宠物主管

加盟 PETsMART 之前，我在接待行业做过酒店运营经理。现在我作为 PETsMART 的经理，我们的商店为顾客提供宠物美容沙龙和宠物宾馆服务，我致力于为顾客提供五星级酒店的服务质量——这种服务远远超出宠物主人的期望值。

PETsMART 是专为宠物终身提供产品、服务及解决方案的美国领先的零售供应商。我们是一家多渠道销售的零售商，在美国和加拿大经营 700 多家超级宠物商店，也是一家大型的宠物供应目录企业，我们还拥有领先的宠物产品网站。尽管我们的分店提供的商品种类为业内最全，现在我们却把主要精力放在为宠物主人提供服务上。我们几乎所有的分店都开办了宠物造型沙龙，提供安全高质的宠物美容服务，从全套的宠物造型业务，到宠物洗浴、修剪指甲和洗牙服务。在各地的分店中，店内大多配有宠物医院。此外，我们还为幼犬和成年犬提供收费合理的教育服务，并对 PETsHOTEL[SM] 这一创新概念进行测试，此概念的内容是提供高质量的宠物寄宿和日托服务。

我的团队有 40 个成员。当中一部分人主要负责内勤工作，提供美容服务，保持宾馆房间清洁，以及在宠物逗留期间陪它们玩。其他人是顾客服务代表，当宠物主人带宠物前来寄管时，他们负责和客人沟通。要为顾客提供出色的服务，首要一点就是招聘合适的员工。首先，我要招的人必须喜欢动物，关爱动物。其次，对于顾客服务代表这样的职位，我会寻找那些精力充沛、性格外向的人。在

问 题

- 零售商为顾客提供何种服务？
- 顾客服务如何能建立起竞争优势？
- 顾客如何评价零售商的服务？
- 要提供高质量的顾客服务，零售商必须怎么做？
- 若零售商提供的服务不被接受，他们应该如何做？

招人做内勤工作时，我会要求他们对工作所带来的好的和坏的方面都有清醒的认识。虽然工作中不乏很多有意思的地方，但他们也要做一些令人不快的事情，例如宠物捣乱之后要收拾残局。

在招到合适的人员以后，我就会激励团队成员提供出类拔萃的服务。看到他们做出了一些特殊贡献，我就会给予奖励。例如，今天早上 9 点钟，有位顾客过来要领走她的狗，但在最后一刻忽然决定要在回家之前给狗洗个澡。然而当时我们没有洗澡工在场。一位接受过培训并拥有美容师执照的顾客服务代表二话不说，卷起衣袖就给狗洗了个澡。她做事的主动性告诉我，她富有团队精神，并关心顾客是否满意，因此我当场给了她一张价值 5 美元的星巴克礼券作为奖励。

假设你正在网上搜寻一台数码相机。我们虚拟了一个网站：www.realcheapcameras.com，它要求你输入你想要的照相机品牌和型号。然后网站告诉你一个包括运输费用在内的报价，并要求你输入信用卡号码和邮寄地址。相比之下，在 www.circuitcity.com，你既可以买到所需的数码相机，还可以研究一下不同照相机的性能指标，或浏览专家和其他买家对不同照相机的评价。然后你可以亲自来到商店看看各种照相机，并从销售人员那里得到更多关于不同照相机的信息，还可以看看各种配件，如便携包和额外存储装置。电路城为顾客提供了一些非常有价值的服务——这些服务是网站 RealCheapCameras.com 无法给予的。

顾客服务（customer service）是零售商实施的一系列活动和计划，旨在使顾客的购物体验更具价值。这些活动增加了顾客从他们那里购买的商品和服务中获得的价值。零售视野 19.1 描述药店和折扣店为顾客提供的一些新的医疗保健服务。

这些服务当中有一部分是源自零售商的商店设计、网站或他们制定的销售策略。本章将着重讨论一些由销售人员直接提供给顾客最重要的个性化服务。

实 例

1937 年，位于俄克拉荷马城的 Humpty Dumpty 商店首次推出了购物推车。[1]

我们在第一节先讨论零售商通过顾客服务建立战略优势的机会。然后讨论零售商如何通过提供高质量服务利用这个机会。

实 例

“服务”一词的英文 *service* 来自拉丁语 *servus*，意思是奴隶。[2]

通过顾客服务建立战略优势

实 例

几乎每 4 位顾客中就有 1 位在商店经历了不好的服务体验之后，会把经历告诉亲朋好友，并叫他们不要上那儿买东西，或者自己以后再也不去那儿购物了。[4]

诺世通、迪斯尼世界、麦当劳、亚马逊和万豪使他们的零售供给形成差异化，建立顾客忠诚度，并通过提供优质的顾客服务建立持续的竞争优势。好的服务产生“回头客”，还会带来正面的口口相传，吸引新的顾客。[3]

一家零售公司的所有员工和零售组合的所有元素提供的服务，都会增加商品的价值。例如，在配送中心的员工确保商品有存货，这就为顾客提供了服务。商店选址和设计部门的员工为顾客光顾商店并找到所需商品提供便利，也对顾客服务做出了贡献。

图表 19–1 列出零售商提供的一些服务。绝大部分服务提供零售供给方面的信

19.1 零售视野 提供健康护理服务的零售商

为了给顾客提供一站式的健康护理方案，药店和折扣店在商店内开办了健康诊所。这些诊所为顾客提供一些常规医疗服务，如喉部链球菌感染测试、运动体格检查和流感注射等。来这些诊所看病，每次花费通常在 25~60 美元之间，不需要提前预约，而且是在药店的营业时间办公，包括晚上和周末。为了降低成本，他们聘请执业护士，这些护士在美国大多数州都可以医治病人和开处方。由第三方供应商在店内出租位置并经营这些诊所。（因为联邦卫生保健法律禁止“自荐”患者，防止连锁药店自己开办诊所，因此连锁药店必须和外方公司合作。）

这些诊所的目标顾客群很广泛：从周末带着病童来看病的焦头烂额的父母，到在上班钟点一头扎进诊所要开处方分身乏术的专业人士都有。尽管零售商并不直接从这些新业务中赚钱，但他们期待顾客会在商店里的药房购买处方上的药，或者临走前再买点别的东西，这样诊所就能有所盈利。

例如，56 岁的特利·怀特赛尔在明尼阿波利斯开了一家营销咨询公司，她在上个月被虫子咬了，皮肤红肿过敏。在工作会议休息期间，她赶紧冲进一家设在塔吉特商店里的“一分钟诊所”。怀特赛尔坦言：“我可不愿意去医院排队等医生，旁边还围一群病恹恹的人。”当时护士正在照顾另一个病人，于是怀特赛尔记下她的名字，在登记处取了一个呼叫器，然后就去挑选生日卡片。5 分钟之后，护士就呼叫她了。整个看病过程不超过 15 分钟，最后以开到一张消炎药的处方而大功告成。

医疗保险公司对这个理念也很支持，因为这种诊所承诺降低大量费用。通常上一趟医院看病，常见的疾病保险公司就要出 110 美元，而来这样的诊所只需要 60 美元。当中一些诊所还使用新技术来提高看病效率。病人来到诊所时，先在一台有触摸屏的电脑上登记，刷一下信用卡，输入简单的发病症状和家族病史。病人登记的信息会自动传送到治疗室的电脑上，然后护士可以一边和病人说话，一边对病人的症状添加更多诊断信息。另一个更为先进的手段是通过一种名为保健的电脑软件程序对病情做出最终诊断。

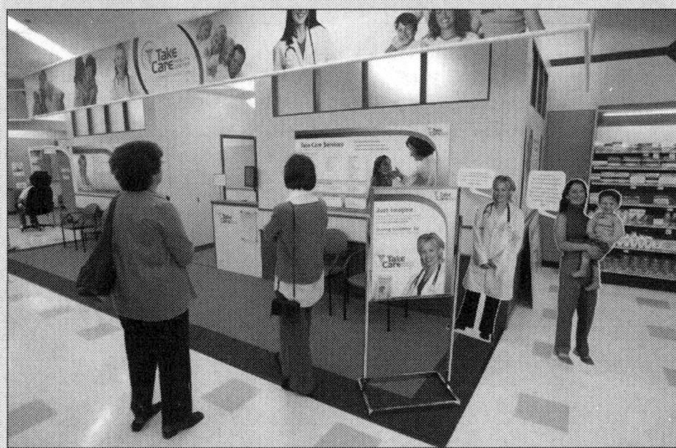

为了给顾客的健康护理需求提供一站式的购物解决方案，来爱德正在药店中增加这些保健小诊所。

资料来源：Jane Spencer, “Getting Your Health Care at Wal–Mart,” *The Wall Street Journal*, October 5, 2005, p. D1. Used by permission of Dow Jones & Co., Inc. via the Copyright Clearance Center.

图表 19-1
零售商提供的服务

接受信用卡	先付定金
更换商品	礼品包装
商品摆放	泊车
ATM 终端	挑选商品时个别帮助
结婚登记	个别顾客
支票付款	儿童游乐区
照顾儿童设施	展示如何使用商品
信用	满足顾客特殊需要（轮椅、翻译）
送货上门	修理服务
商品示范	休息室
商品展示	退货
试衣间	检查衣服和包装的房间
延长售货时间	购物推车
定位标识与同类商品	特殊订货
为有特殊需要的顾客而设的设施（残疾人士）	保质期

息，使顾客更容易找到并购买产品和服务。但有些服务如更替和摆放商品，实际上是通过改变商品来适应特定顾客的需要。

对零售商来说，提供高质量的服务是很难的。自动化生产使得大部分商品的品质每件都是一样的。例如，超能电动螺丝刀看起来相似，实际用起来也差不多。但零售服务的质量在店与店之间，以及同一商店的不同销售人员之间却千差万别。对于零售商来说，很难对员工提供服务的情况进行监控。一个销售人员可能对这个顾客提供优质服务，却对那个顾客提供劣质服务。此外，零售商提供的大部分服务都是无形的，顾客看不见也摸不着。服装可以拿在手上检验，但是销售人员和网络销售提供的服务却无法这样检验。服务的这种无形性使提供和维持高质量服务很难实现，因为顾客获得服务之前，零售商无法对其进行计算、测量或检查。

实 例
有 73%的顾客把最好的顾客服务体验归功于店员。相对之下，有 81%的顾客把最差的顾客服务体验也归咎于店员。[5]

提供始终如一的高质量服务并不容易，这给零售商一个发展可持续竞争优势的机会。诺世通花很多时间和精力发展企业文化，鼓励和支持优质的顾客服务。与之竞争的其他百货商店也想提供同样水平的服务，但发现很难赶上诺世通。[6]

顾客服务策略

定制化和标准化是零售商习惯使用的用来建立可持续顾客服务优势的两种方法。定制化方法的成功实施，依靠销售人员的表现，或电子销售渠道通过将产品个性化而达到与顾客良好互动的程度。标准化方法更依靠营销策略、销售步骤、商店和网站的设计与布局。[7]

定制化方法 **定制化方法**（customization approach）鼓励服务供应商调整自己的

办公用品供应中心（左）用自己的标识作为改进顾客服务的标准化方式之一，而塔吉特的销售人员（右）则采用因人而异的方法，按每一位顾客的需要提供个性化服务。（见彩插）

服务，满足每个顾客的个人需要。例如，专卖店的销售人员随时可以帮助顾客找到合适的服装及配饰。有些零售商在电子渠道里引入了人性化的因素。在兰生，顾客只需按一下按钮，就可以和服务供应商对话（称为"即时信息传递"）。兰生是在网站上提供与服务代表即时对话功能的零售业先行者之一。顾客点击"帮助"按钮之后 20 秒钟内，销售代表就会回应。兰生的 2 500 名服务代表中超过 200 名专门提供这项服务。兰生发现如果顾客使用即时信息传递服务，订单量平均要增加 8%。[8]

受迪斯尼顾客服务方法的启发，塔吉特开展了它的顾客服务项目。商店把顾客当客人接待，店员就成了他们的主人。公司教导员工帮助客人，并不是对他们手头工作的干扰。几个称作"顾客大使"的员工在商店里巡视，看看有没有需要帮助的顾客。他们也被授权确保顾客在商店有满意的购物经历。如果某件商品没有贴上价签，那么只要是在 20 美元范围内，收银员就不用找人去货架确认，直接按顾客所报的价钱就可以了。[9]

使用定制化方法的结果是大部分顾客都获得了极好的服务。但这种服务有可能是不连贯的，因为服务取决于提供者的判断力与能力。有些服务提供商本来就比别人做得好，就算最好的服务提供商也会有做得不好的时候。此外，提供定制化服务成本较高，因为需要更多训练有素的服务提供者或复杂的计算机软件。

标准化方法 **标准化方法**（standardization approach）是基于建立一系列规则和程序，并确保能持续执行。通过严格执行这些程序，服务中的不连贯性减到了最小。通过标准化方法，顾客在全球任何一家麦当劳都能得到相同质量的食品和服务。供应的食物也许与顾客想要的不完全一致，但质量是始终如一的，供应也很及时，而且成本较低。

店面或网站设计和布局在标准化方法中也很重要。在许多情况下，顾客不需要商店员工提供的服务。他们知道要买什么，他们的目标是在店里找到所需商品并赶快交钱。在这种情况下，零售商提供合理的店面布局和标识使顾客容易找到商品，在展台上提供相关信息，使购买所需时间最短，这些举措都是提供好的服务的表现。

零售视野 19.2 表明宜家家居如何使用标准化服务的方法，同时还有在家具零售业中用吸引偏爱传统定制化方法顾客的一些独特要素。

顾客服务成本　如前所述，提供高质量服务尤其是定制化服务，成本非常高昂。比如经营超过 100 年位于伦敦的沙威（Savoy）酒店，在全世界的精英阶层心中占据了不可替代的位置。早晨女服务员会关掉真空吸尘器，欢迎来到大堂的客人。从上午 7 点到下午 3 点，每一层都有侍应生。客人可按自己的意愿，选择用纯棉床单代替标准的爱尔兰亚麻布床单。客人还可以得到免费赠送的水果，放在每间客房的水果盘里。对于定期在酒店长住的顾客，房间会按照他们的意愿进行布置。甚至有的时候，客人来酒店时，员工会把客人自己的家具连同个人照片从仓库搬到他们的房间里。

但是，这种高水平的个性化服务成本很高。沙威酒店拥有 200 间客房，每个房间雇 3 名员工，这大概是伦敦酒店平均水平的两倍。所有这些服务导致了年收入的减少，最终该酒店卖给了另一家公司，其中一些服务也取消了。

宜家的顾客服务　零售视野 19.2

宜家家居是瑞典的一家业务遍布全球的家具零售商，其服务理念不同于传统家具店。传统的家具店设有展览间展示店内出售的家具，配合库存有一些补充性小册子，包括顾客可以订购的布料样品、镶板和其他可选款式等内容。销售人员协助顾客浏览小册子。顾客做出选择后，商店就向工厂下订单，家具在 6~8 周内送到顾客家里。这个方法使定制化程度最大，但成本很高。

相反，宜家家居采用一种基于大量店内陈设的自助形式。在商店服务台前，顾客能拿到商店分布图，外加铅笔、订购单、写字板和卷尺。在看完目录和展品后，顾客进入自选仓库，用从销售标签上抄下来的代码进行选择。每样商品在 15 万平方英尺仓库里的 70 多个类似房间的背景下展示，这样顾客不需要装饰专员帮助他们描述家具放到一块儿效果会怎么样。临近展示间是仓库，存放包装成箱的可以立刻组装的家具，顾客可以在离开商店时就把家具取走。

虽然宜家家居使用的是“顾客自助服务”的方法，但公司确实提供了一些传统家具店所不能提供的服务，如店内小孩看管中心和家具质量方面的信息。正在学走路的小孩子可以待在放了 5 万个颜色鲜艳的塑料小球的房间里，并有专人看管。每家分店也配有儿童更衣室，里面配有奶瓶加温器和一次性尿布自动售货机。店内的展品涵盖了产品的设计特点和材料方面的质量情况，并附有检验程序的说明。

通过展示和商品上的标识与信息，宜家有效地使用了自动方式提供顾客服务。

资料来源：John Kelly, “A Good Place by Design,” *Washington Post*, December 23, 2004, p. C.13; Mike Duff, “Late-Blooming IKEA U.S.Wears 20 Well,” *DSN Retailing Today*, September 6, 2004, pp. 6–9.

然而很多例子表明，好的顾客服务实际上能降低成本和提高效益。争取一个新客户的成本比促使当前客户重复购买的成本要高得多。因此，使你目前的客户满意并多卖商品给他们，比卖给那些从没买过你商品的新顾客，成本要低得多。[10]

实 例

零售商由于欺诈行为损失近 300 亿美元（或销售额的 1.7%），而其中大约一半与恶意退货有关。[12]

零售商需要考虑服务政策的成本和效益。例如，许多零售商正在重新考虑他们的“无理由”退货政策。家得宝的政策是收回全部商品，并返还现金。现在，如果顾客没有收据，那么他们只可以得到店方的赊账。如果有收据的话，就可以直接退回现金。塔吉特现在要求顾客要有收据，并在 90 天内退货才能取得店方的赊账。此外，对于一些电子消费产品，顾客必须付 15%的重新储存费。通常在美国超级杯结束后第二天，零售商会收到大量的大屏幕电视的退货，而在大学生联欢舞会之夜过后，大量的舞裙也要求退货。占退货成本中最大的一部分则是那些职业扒手偷了商品之后又要求现金退货。[11] 在下一节，我们将讨论顾客是如何评估服务质量的。

顾客对服务质量的评估

当顾客评估零售服务的质量时，他们会将得到的服务与他们的预期做比较。当顾客感觉服务达到或超过预期时，他们就会满意。当他们感觉服务没达到预期时，就会不满意。[13]

顾客期望值的作用

顾客的期望值是建立在其学识和经验基础上的。[14] 例如，顾客不期望寄一封信甚至打个电话就能立马得到回复，但他们会希望电子邮件能在第二天打开电脑时就得到回复。

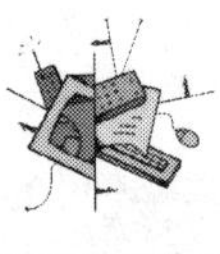

技术正在深刻改变着顾客和公司之间沟通的方式。现在，顾客可以通过自动语音回复系统与公司进行沟通，并能通过互联网下订单和查询运送状态。但是，顾客仍然希望能获得可靠的结果、简便的方式、有回应的系统、灵活性和道歉的话，出问题时，也能得到赔偿。换言之，他们仍然要求好的服务。但现在即使服务中没有人的参与，顾客还是期望有这种水平的服务。[15]

实 例

如果公司在满足客户期望值方面做得好的话，只需花费运营开支的 10%对不好的顾客服务进行修补，而那些做得不够好的公司在同样情况下要花费运营开支的 40%。[16]

顾客对不同类型商店的期望也是不同的。他们希望超市能提供便利的停车位置，从早晨到深夜一直营业，供应大量新鲜又好找的袋装食品，把产品都摆出来，并提高结账速度。顾客不希望超市安排店员站在过道里告诉他们选什么食物或怎样做菜。另一方面，当同样的顾客在专卖店里买东西时，他们希望商场有内行的销售人员能提供商品信息和帮助。

因为对各类零售商的预期各异，所以顾客可能对提供服务水平并不高的商店感到满意，而对提供服务水平很高的商店反而不满意。例如，顾客对自主性零售店如折扣店和超市有较低的服务预期。沃尔玛的折扣店推出一种特殊的服务：每家分店的入口处都站着一名员工，负责迎接顾客，并回答问题。由于顾客没预料

沃尔玛的员工在顾客进商店时迎接他们，并回答问题。顾客对在折扣店得到这样的服务感到意外，因此他们对沃尔玛的顾客服务产生了良好印象。

到折扣店里会有这样的服务，因此他们对沃尔玛的做法评价很高，尽管实际上其服务的层次和典型的专卖店提供的服务相比要低得多。

迎合高消费人群、走在流行前列的百货商店与沃尔玛相比安排了更多的销售人员来回答顾客的问题和提供信息。但是顾客对百货商店的服务预期也更高，如果顾客在逛百货商店时有问题，或者想购买商品却不能马上找到销售人员，就会产生不满。如果零售商提供了一些出人意料的服务，他们就会建立起高水平的顾客满意度，通常称之为**顾客惊喜感**（customer delight）。[17] 零售商可以提供出乎意料的服务来让顾客满意，以下是一些例子：

- 客人喝多了，饭店叫辆出租车送客人回家，然后在早上再把客人的车送回。
- 男式服装店在每件衣服上缝上一些编了号码的标签，这样顾客就能知道如何搭配。
- 礼品店记录下重要客户的约会，并推荐适当的礼物。

顾客对服务的预期在世界各地是不同的。虽然德国的制造能力举世闻名，但其差劲的顾客服务也广为人知。顾客要等很多年才能装上电话设备；许多饭店不接受信用卡；顾客如果在商店快关门的时候进去常常会遭到白眼；顾客通常买了东西还得自己包装。因为德国人不习惯于好的服务，因此他们对服务也不强求。但随着零售业全球化，新的国外对手进入了德国，现在德国的零售商开始关心服务问题了。

这位日本凯洛（Kelo）百货公司的销售人员提供日本顾客所期待的高水平个性化服务。电脑系统通过扫描顾客双脚的大小，为顾客建议尺码最合适的鞋子。

相比之下，日本人希望有高水平的顾客服务。在美国，有一句话说“顾客永远是对的”，而在日本同样的表达方式是 *okyakusama ha kamisamadesu*，即“顾客就是上帝”。当顾客回到商店退货时，他所受到的待遇甚至比他买东西时还好。让顾客满意是不容商量的，顾客永远不会错。就算顾客误用了商品，零售商仍认为他们对此负有责任，因为他们没有告诉顾客如何正确使用产品。商店第一个听到问题的员工必须全权负责解决顾客的问题，即使这个问题属于另一个部门。

感知到的服务

顾客把他们对商店服务的评价建立在感知上。尽管这些感知受实际提供服务的影响，但因服务具有无形性，因此经常很难准确地评估。顾客用来评价服务质量的5个特点是可靠性、可信度、有形方面、理解顾客和迅速反应。[18] 一些顾客用来评估服务特点的因素包括：

- 可靠性：结账准确，按承诺日期送货。
- 可信度（信任感）：有各种保证、退货政策。
- 有形方面：店面情况，员工形象。
- 理解顾客：个性化服务，设立顾客留言本和电子邮箱，记住顾客的名字。
- 迅速反应：回复顾客电话和电子邮件，并给予即时的服务。

零售视野 19.3 讲述了布罗德莫（Broadmoor）酒店是如何通过把重心放在这5个服务特点上保持五星级酒店等级的。

实 例
超过 1/4 的顾客认为，不好的服务比起购物体验的其他方面，更有可能导致他们以后再也不去某家商店购物。[19]

正如零售视野 19.3 给我们的启示，员工在顾客评价服务质量方面扮演着重要的角色。顾客对服务质量的评估经常依据商店员工提供服务的态度，而不仅仅是看结果。试想下列情况：一位顾客去商店退一把不好使的电动牙刷，而该商店并没有无条件退款的规定。一种情况是：店员向顾客要收据，然后仔细检查牙刷看看是否真的不好使，然后一边让顾客等一边填些单据，最后把顾客买牙刷的钱退回。另一种情况是：店员只是简单地向顾客询问花了多少钱，然后退钱。两种情况结果都是一样的——顾客都得到了退款。但顾客有可能对第一种处理方式不满意，因为店员看起来不信任顾客，花那么多时间才退款。在大多数情况下，店员对提供服务的过程影响很大，因此，也影响顾客对服务的最终满意程度。

提高零售服务质量的差距模型

实 例
只有 16%的传统零售商店的顾客对他们最近的顾客服务体验表示非常满意，而网上顾客对其网上顾客服务体验表示非常满意的人数差不多要多两倍（44%）。[21]

差距模型（如图表 19–2 所示）显示零售商需要做些什么以提供高质量的顾客服务。[20] 当顾客的预期超过他们所感知到的服务，顾客就会不满意，感觉零售商的服务质量差。因此，零售商需降低**服务差距**（service gap），即顾客预期与顾客所感知到的服务之间的差距，提高顾客对服务的满意程度。

以下 4 个因素影响服务差距：

1. 认知差距：顾客预期与零售商对顾客预期理解的不同。
2. 标准差距：零售商对顾客预期的理解与他设置的顾客服务标准的不同。
3. 传递差距：零售商的服务标准与提供给顾客的实际服务的不同。
4. 传播差距：实际提供给顾客的服务与在零售商的促销计划中许诺的服务的不同。

这4 种差距合起来称为服务差距。零售商的目标就是通过降低每一种差距来降低服务差距。因此，提高服务质量的关键就是：（1）知道顾客希望达到的服务水平；（2）设置为顾客提供服务的标准；（3）执行达到服务标准的计划；（4）实行传播计划使顾客清楚零售商提供了哪些服务。接下来几节将描述这些差距及降低差距的方法。

知道顾客想要什么：认知差距

要缩小**认知差距**（knowledge gap），零售商需要通过做市场调查了解顾客需要什么，然后在研究的基础上采取行动。

布罗德莫酒店是如何控制服务质量保持五星级标准的　零售视野 19.3

位于科罗拉多州斯普林斯的布罗德莫酒店于 1891 年开业，原本是一家赌博娱乐场，后来在1918 年改造成一家大型度假胜地，现在是全世界最有名的旅游点之一。《美孚旅游指南》连续 41 年破纪录评选它为五星级酒店。布罗德莫的营销副总裁佩里·古德巴尔强调：“使得这个地方与众不同的是我们的员工，有了出色的员工，才会有出色的服务质量。”他提及的服务质量包括以下方面：

可靠性　布罗德莫的每个新员工在开始接触客人之前，都要参加一个为期两天半的入职培训，并获得一本员工手册。入职培训中的一个重要内容就是训练员工向顾客做出并履行承诺。他们训练员工总是告知客人服务大概需要多少时间，不管是客房服务、洗衣服务，还是仅仅是到该店的餐厅用餐。当员工做出一个承诺，那么他就一定要守信。他们训练员工对不知道怎么回答的问题不乱加猜测，因为不准确的信息只会影响顾客的心情。如果员工无法准确回答顾客的问题，他最好立刻找一个知道答案的人。

可信度　布罗德莫通过把权力下放到每个员工，从而传达了信任感。服务补救计划可以解释这种员工授权的政策。如果客人提出问题，员工可以自由使用各种资源解决客人的问题，或者给客人提供一些特别的东西缓和气氛。例如，如果一桌饭菜的上菜顺序或者烹调出现了问题，侍应生有权送给客人一件赠品，如点心之类；或者，如果服务与顾客的预期差太多，侍应生甚至可以帮客人埋单。然后经理在复核这些开支时可以了解问题的性质，从而避免下次再发生类似的情况。

有形方面　布罗德莫近年来碰到的一个最大的挑战，是如何翻新这些上世纪早期建造的客房更好地适应 21 世纪客人的需要。为了做到这一点，布罗德莫在 1992~2002 年一共花了 2 亿美元对客房进行了重新装修，并增加了一座复式露天游泳池。

理解客人　向客人表示理解的一种方式，是进行个人化沟通。如果可能的话，他们告知员工要能叫出客人的名字。为了做到这一点，他们训练员工通过专心聆听和观察来确定客人的名字。可以通过一些细微的方面获知这种信息，包括：常规的姓名标签、行李身份证标签、信用卡或支票。此外，布罗德莫内部所有的电话都会在屏幕上显示客人的房间号和姓名。

迅速反应　他们告知员工要按照 HEART（用心）模式来处理问题，即：首先，员工必须“倾听（Hear）客人说的话”。然后，他们必须“理解（Empathy）客人”，再向客人“为目前的情况道歉（Apologize）”。最后，他们必须通过“立刻行动（Taking action）和不断跟进”的方式“对客人的需要做出回应（Respond）”。

资料来源：www.broadmoor.com（accessed October 9, 2005）；Andrew J. Czaplewski, Eric M. Olson, and Stanley F. Slater, “Applying the RATER Model for Service Success: Five Service Attributes Can Help Maintain Five-Star Ratings,” *Marketing Management*, January-February 2002, pp. 14 - 20.

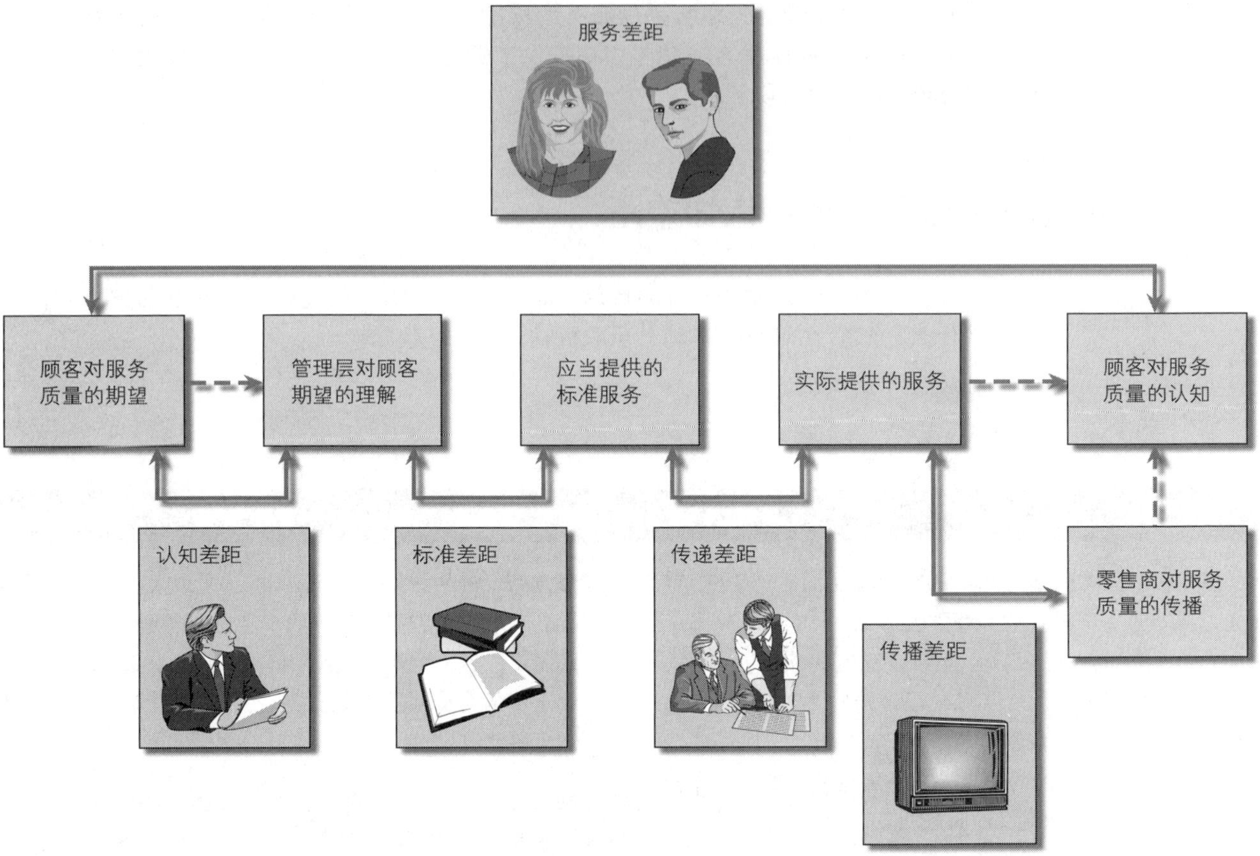

图表 19–2 改善零售服务质量的差距模型

研究顾客预期和感知

> **实 例**
> 如果顾客在购物时能得到更多个性化的服务，有80%的美国人愿意告诉公司他们的个人信息。[22]

提供良好服务最关键的一步，就是要知道顾客想要什么。零售商经常缺乏有关顾客需要和期望的准确信息。信息的不足会导致不如人意的决定。例如，一家超市雇专人负责确保货架总有现货，因此顾客总能找到所需商品。但是这家超市可能没有意识到，顾客最关心的是排队结账的时间。从顾客的角度来看，如果超市愿意派专人开辟更多的交款台而非补充货架商品的话，超市的服务就会提高。

零售商可以通过顾客调查，增加零售经理和顾客交流的机会，并使经理和提供服务的员工经常沟通，以此来缩小认知差距，更好地理解顾客的预期。

也可以用市场调查来更好地理解顾客预期和零售商提供服务的质量。获得这些信息的方法有很多种，从综合调查到简单地询问顾客有关商店服务的问题。

综合研究 一些零售商制定了评估顾客预期和服务感知计划。例如，每年 J.C.彭尼销售部都要给每个分店和购物中心的顾客发放调查问卷，问顾客有关 J.C.彭尼和购物中心内竞争商店的服务和商品问题，然后搜集和分析这 5 万多份调查问卷。

提供良好顾客服务的第一步，是了解顾客的预期。图中的销售助理正在一家商场内进行调查，评估顾客的预期值。

由于每年使用同样的调查问卷，J.C.彭尼能跟踪服务的执行情况，从而判断服务是提高了还是降低了，再分析提高服务质量的可能性。J.C.彭尼非常重视年度顾客服务档案，并用来作为评估商店经理业绩的参考。

用个人交易测量满意程度 顾客调查的另一个方法，是在一次零售业务结束后马上调查顾客。例如，西尔斯的员工在送货上门并安装完家具后会给顾客做一个简单的调查，让顾客描述西尔斯员工在有用性、友好度以及专业化方面的程度。航空公司定期在飞行过程中让乘客评估买票过程、空中服务人员、航空中的服务及登机门引导员的服务情况。

有关个人交易的顾客调查提供了关于顾客预期和感受的最新信息。调查也表明了零售商对提供好的服务的兴趣所在。由于反馈的信息与某次特定购物体验有关，因此调查也提供了一种方法，奖励提供好的服务的员工，并帮助那些做得不好的员工改进。

顾客小组和采访 与其调查许多顾客，零售商不如深入调查 10~15 人的顾客小组的预期及感受。例如，一些商店经理每月花一个小时与选择好的顾客座谈，让他们谈谈在商店购物的经历，并对如何提高服务提出建议。为降低认知差距，一些超市经理每天翻阅他们收到的个人支票，选出购物最多和最少的顾客。他们打电话给这些顾客，问他们喜欢和不喜欢商店的哪些方面。对于购物少的顾客，他们尽力探求为什么这些顾客不多买点东西。他们能找到想要的每件东西吗？他们从店员那里得到了想要的帮助了吗？

有些零售商设立了消费者建议委员会，由他们选定的顾客代表组成。委员会成员每年三四次就假日购物问题、店内标识设计以及服务质量进行调查问卷。作为回报，成员将获得一些小礼物。

与顾客接触 小零售店的店主每天都与顾客接触，因此掌握顾客的第一手确切资料。在大型零售公司，经理经常是从汇报中得知顾客信息的，因此他们错过了与顾客直接接触获得的宝贵信息。

内曼·马库斯的创始人斯坦利·马库斯感觉经理可能会过度强调数字，而忽视了商品和顾客。他用背带做例子说明采购员如何由于只看数字而做出糟糕的决策。通常背带有两个型号：短款和长款。通过分析数据，采购员意识到他们只需储备一种型号就能提高资金周转率。这些数字看起来不错，但商店由此产生许多不满意的顾客。使用一种型号，矮个子男人会感觉裤子往下掉，而高个子又不合身。马库斯说："这又回到了那个事实：一天只有 24 个小时，如果你是零售商，你要从 24 小时中抽出时间放在顾客和产品上。顾客和产品是至关重要的信息来源，你不能指望计算机搞清楚。"[23]

实 例

据调查，如果顾客受到不好的服务，只有39%的人会向商店经理投诉。[25]

顾客投诉 投诉使得零售商与顾客接触，并能获得有关服务和产品的详细信息。处理投诉是找出并改正服务问题的一种并不昂贵的方法。[24]

目录/电子零售商L.L.比恩公司跟踪所有退回商品的投诉及原因，他们对这些投诉和退货情况每天进行总结并转交给顾客服务代表，以使他们提高服务质量。

例如，退回某件毛衣的顾客也许会指出这件毛衣太大了，或者色调和目录上的图片有差别。有了这个信息，顾客服务代表就能通知其他对这件毛衣下订单的顾客：这种毛衣偏大，和目录上显示的颜色有细微差别。采购员也可利用这个信息来提高采购商品的质量。

尽管顾客投诉能提供有用的信息，但零售商不能完全依赖这个市场信息的来源。通常情况下，不满的顾客是不会投诉的。为了对顾客服务水平提供更好的信息，零售商需要鼓励投诉并使顾客对问题提供反馈变得更加容易。例如，有些零售商在合适的地方放一张投诉桌，在那里设人听取顾客投诉并快速解决问题。

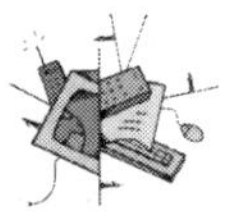

使用技术 崭新、价格不高的信息技术软件套装能为销售人员维护并提供有关顾客的信息，使得即使是小零售商也能改进顾客服务。伊利诺斯州莱尔的“蒂娜衣橱”是一家女装专卖店，其销售员工使用顾客管理软件和他的顾客数据库记录下15 000位顾客的购买历史，并提供顾客服务。例如，如果商店的巴厘文胸搞特价，商店会向每位买过这种产品的顾客发明信片。如果顾客想要的产品马上要断货了，可替代品到货了，或者顾客喜欢的设计师有新产品上市，销售人员就会通过顾客名单联系这些顾客。[26]

来自商店员工的反馈 经常和顾客接触的销售人员及其他员工通常能更好地了解顾客的服务期望和问题。但只有当他们受到鼓励并将其经验与能做出决定的高层经理交流时，这些信息才会改善服务质量。

一些零售商定期向员工调查，询问下列问题：

1. 你向顾客提供高质量的服务时，遇到的最大的问题是什么？
2. 如果你能对公司做出一项变革以改进顾客服务，你将做什么？

利用顾客研究

仅仅搜集有关顾客期望及感受的信息是不够的。只有当零售商运用这些信息改善服务时，才能减少认知差距。例如，商店经理应该每天检查顾客留下的建议及评论，总结信息并将其传达给商店员工和经理。

对于服务表现的反馈需要及时提供给雇员。到12月份才报告7月份的服务表现，这使员工很难对报告的服务问题进行反省。最后，反馈必须在显著的位置上展示，使服务提供者提高服务意识。例如，对万豪的前台服务员的服务反馈贴在前台的后面，餐馆人员的服务反馈贴在厨房门的后面。

制定服务标准：标准差距

零售商搜集到有关顾客服务期望和感受的信息之后，下一步就是用这些信息制定标准并设计出提供高质量服务的系统。服务标准应该以顾客感知而非内部运营为基础，例如，连锁超市也许会制定仓库每天给每家分店送货的运营标准。但是，频繁的仓库送货并不一定使货架上的商品增多或使顾客感觉到购物更便利。为了减少**标准差距**（standards gap），零售商需要：（1）承诺公司将提供高质量服务；（2）明确服务提供者角色；（3）制定服务目标；（4）量化服务表现。

对服务质量的承诺

只有当最高管理层发挥领导作用、真抓实干，才会有优质服务。最高管理层必须愿意承认暂时的困难，甚至是接受与改善服务质量相伴的成本增加。这个承诺需要让负责提供服务的员工知道。例如，兰生公司的一张告示对处理顾客订单的员工做了以下说明：

> 什么是顾客？顾客就是这个办公室中最重要的人……不论是当面交往还是邮件往来。顾客并不依赖于我们，而是我们依赖于她。顾客并不是我们工作的障碍……而是工作的目的。我们并不是通过向她提供服务给予恩惠……而是她施恩于我们给我们为她服务的机会。顾客不是我们争论或斗智的对象。[27]

最高管理层的承诺制定了服务质量的标准，但商店经理是实现这些标准的关键。经理必须关注他们提供高质量服务的努力被注意到，并获得奖励。依据服务质量提供奖励使服务变成一项重要的个人目标。商店经理的部分红利不是仅仅依据销售额和利润来决定的，而是由其提高服务的水平来决定的。例如，一些零售商根据顾客满意度的研究结果来决定红利的分配。

兰生公司通过提供无条件件保证和对员工设立高服务标准强调承诺。

明确服务人员的角色

经理通常要求服务人员提供优质的服务，但却并不明确指出什么是优质的服务。如果对零售商的期望没有一个清晰的说明定义，服务提供者就没有目标。

美国鲍德里奇国家质量奖（Malcolm Baldrige National Quality Award）的获得者丽思酒店将其“黄金标准”刻在钱包大小的卡片上，并由所有的员工携带。这张卡片上有这家酒店的座右铭（“我们是为女士和先生服务的女士和先生”）、高质量服务的三个步骤（热情真挚的问候、期待顾客的需要并满足需要、甜蜜的告别）

和丽思员工的20条基本准则，其中包括：

- 任何收到投诉的员工应该对这个投诉负责。
- 所有人必须保证即时对客人表示感激。快速反应并立即纠正问题。
- “保持微笑，因为我们站在舞台上。”时刻保持正面的眼神交流。
- 护送客人，而不是为客人指引去宾馆另一侧的方向。[28]

制定服务目标

为了持续提供高质量服务，零售商要制定目标或标准来指导员工。零售商通常以他们正确经营生意的信念为基础制定服务目标，而不是以顾客的需要和期望为出发点。例如，零售商也许会制定一个所有月度账单在月底最后5天前寄到的规定。这个规定减少了零售商的应收账款，但却没给顾客带来任何好处。美国运通所做的研究显示，顾客对于他们服务的评价是从准时性、准确性及快速反应角度为出发点的。然后，管理层就制定了与这一基于顾客标准相关的目标（例如，在24小时之内回复有关账单的所有问题）。

当目标是具体的、可量化的并使员工有一种参与感时，他们才会有积极性去实现服务目标。模糊的目标，像“当顾客进入售卖区时接近顾客”或者“尽快回复电子邮件”，并不能完全确定商店的员工应该做什么，同时也不能提供一个评价员工绩效的机会。较好的目标应该是“销售人员应在30秒内接近走进售卖区的所有顾客”，或者“所有的电子邮件应该在3小时内回复”。这些目标是具体的、可量化的。

参与制定服务标准，使员工能更好地理解并更容易接受这些目标。商店员工会怨恨和抵制管理层主观地强加于他们的目标。第17章对目标制定做了具体的阐述。

评估服务绩效

零售商要持续评估服务质量，确保目标的实现。[29]一些零售商定期做顾客调查，评价服务质量。零售商会派一些神秘购物者来评价服务质量。**神秘购物者**（mystery shopper）是指通过到商店“购物”来评价商店员工提供的服务以及店内商品展示情况的专业暗探。一些零售商用他们自己的员工担任神秘购物者，但大多数企业外部合约提供评估服务。神秘购物者上交的典型报告包括以下信息：（1）过了多久销售人员才招呼你？（2）销售人员是否表现出他想与你做交易？（3）销售人员对有关商品的知识内行吗？

零售商通常会通知销售人员：我已经调查了你们并从神秘购物者的报告中得到反馈。一些零售商给得分高的销售人员颁发奖励，并要求对得到较差评价的销售人员进一步探讨。[30]

实 例
在网上，把商品放进电子购物车的顾客中有2/3的人并没有完成交易。[31]

顾客由于结账时间过长不满意，把装着商品的购物车扔在店里，因此玩具反斗城通过计算这些被扔弃的购物车的数量，评估顾客满意度。当公司发现这种现象增加得特别多时，便开发了一种特别的系统，减少顾客排队结账的等待时间。他们先研究了收款员录入价格和打包商品的动作。基于研究结果，公司开展了一个培训项目，向收款员展示如何用右手在 POS 终端上录入商品价格，左手沿着柜台推商品。重新设计的柜台有一条沟槽，在柜台中央有购物袋。收款员沿着柜台推动商品使之落入购物袋里。顾客付款之后，收款员轻轻把购物袋从沟槽处取下来递给顾客，同时一只新的购物袋弹了出来。

为了鼓励收款员有效使用这套新的系统，玩具反斗城在每家分店、每个区域和大区都开展了比赛，选出动作最快的收款员。大区的优胜者获得一次纽约市免费旅游的机会，并参加在公司总部举行的比赛，选出全国总冠军。

提供信息和培训

最后，商店员工需要了解零售商的服务标准和所销售的商品，以及顾客的需要。有了这些信息，员工就能回答顾客提出的问题，并向他们推荐相关的产品。这些信息还能加强员工的自信使之产生一种有能力的感觉，这都是解决服务中出现问题所需要的素质。

此外，商店员工还需要在人际交往技巧方面的培训。与顾客打交道是很难的，特别是顾客心情不好或是生气的时候。所有的商店员工，甚至包括那些为零售商提供优质服务的员工都会遇到不满的顾客。通过培训，员工可以学会提供更好的服务，学会处理由不满顾客带来的压力。特定的零售业员工，像销售人员和顾客服务代表通常是被任命与顾客交往并提供服务的。然而，所有的零售业员工都应该做好与顾客打交道的准备。例如，迪斯尼乐园为它的清洁工人提供 4 天的培训，尽管学会捡垃圾和清扫街道并不需要这么多天。迪斯尼发现顾客更多地会向清洁人员问问题，而不是问那些衣冠整整的戴着“问我吧，我是客人联络员”圆形小徽章的人员。因此，迪斯尼培训清洁人员能自信地处理他们会被问到的各种各样的问题，而不是回答：“哦，我不知道，问她吧！”[32]

达到并超越服务标准：传递差距

为了减少**传递差距**（delivery gap）并提供超标准的服务，零售商必须为服务人员提供必要的知识和技能，给予设备支持和情感支持，加强内部的沟通，减少冲突并授权员工实现顾客和公司的最佳利益。[33] 零售视野 19.3 描述电子零售商是如何利用聊天室让顾客帮助他们向其他人提供服务的。

给予设备支持和情感支持

服务人员需要**设备支持**（instrumental support）——以合适的系统和装备提供顾客所需要的服务。例如，一家连锁酒店安装了一套计算机系统提高退房程序的速度。但是关于这个新系统有效性的研究显示，退房所需时间并没有减少，因为员工不得不等着用仅有的一个订书机把顾客的信用卡和酒店账单收据订起来。

除了设备支持，服务人员还需要来自同事和上级的情感支持。**情感支持**（emotional support）包括对他人状况的关心。处理顾客的问题并在尴尬的情况下保持微笑，在心理上是很难做到的。服务人员需要在一个具有支持性的、相互理解的氛围里有效处理顾客要求。[34] 零售视野 19.5 描述 Wing Zone 公司是如何减少服务人员的情感压力的。

19.4 零售视野 零售商通过顾客提供服务

零售商在他们的网站上运用信息板、聊天室和博客使顾客可以互动交流，向顾客提供有价值的服务。信息版是互联网站上顾客可以发帖子进行评论的地方。在聊天室里，顾客能够以文本的方式进行实时互动式讨论。例如，Tomboy 工具公司（www.tomboytools.com）专售为女性设计各种工具，并为女性 DIY 者提供家居美化方面的信息。其网站上设有聊天室论坛，名叫“工具论坛”，顾客可以在这里发帖询问一些家居美化方面的问题，然后其他顾客可以提供解决方案。博客(blog) 是 Web log 的缩写，是一些公开的网站，用户可以把自己的想法、评论和想法以随意的日志形式贴在网上。

作者和访客可以在亚马逊网站（Amazon.com）上发书评和读后感。电子旅游零售网站的访客，经常发帖子询问他们目的地的酒店、餐馆、旅游热点等信息。熟悉情况的顾客会回答这些询问并提供建议。很多电子零售商提供了网上公共聊天室。在 Knot 网站（www.theknot.com），人们可以在一天 24 个小时、一周 7 天任何时间随时进入公共聊天室聊天，实时讨论他们筹备婚礼的经验。除了公共聊天室，Knot 网站还提供主题聊天室，网站的工作人员或某方面知名专家将在一天当中特定时段主持网上专题讨论。

美食站（GourmetStation）是一家提供现成食品的在线零售商，它开创了博客“美食网”（www.gourmetstation.com），发布一些关于美食、娱乐、礼物和文化方面的信息。最新发出的内容是关于三文鱼的吃法——整条或是切成片——还有讨论一些关于食品的有趣话题，如意大利面条的形状、茶的历史以及怎样摆餐桌，等等。网站最初的目标是要建立起自己的品牌并加入增值内容，如有关食物起源地的知识。它希望顾客会喜欢这种服务，并成为熟客。

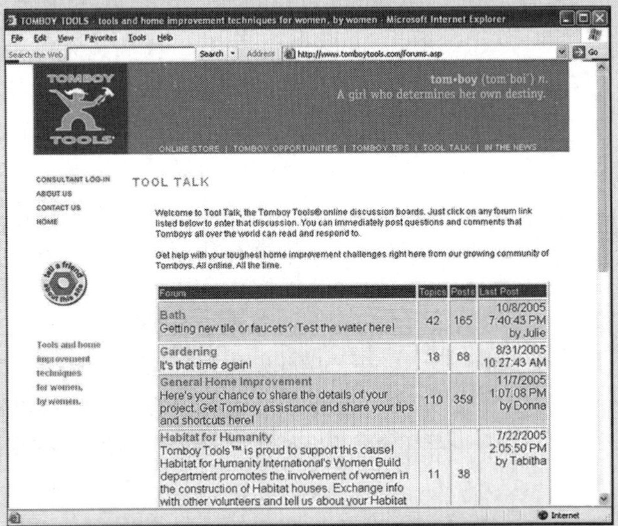

Tomboy 工具公司网站上的这个信息版鼓励顾客为其他顾客提供信息。

博客可以消除顾客在不熟悉的零售商那儿购物的疑虑。其他顾客发的帖子和回答能使潜在顾客对该零售商以往业务和顾客满意度有所了解。然而要想卓有成效的话，零售商不能只把博客当成简单的广告工具，而必须注重顾客服务的可信性，他们才会获得成功。

资料来源：Lorrie Grant, “Retailers Hope Shoppers Buy Blogs as the Place to Go,” *USA Today*, August 24, 2005, p. D1; Andrea Coombes, “Hardware Shows Its Feminine Side,” *Washington Post*, July 31, 2004, p. G.02; Kate Novack, “And the Bride Wore Lavender,” *Time*, May 10, 2004, pp. C1–C4.

改善内部沟通

当提供顾客服务时，商店员工要经常处理顾客利益和零售公司利益之间产生的冲突。[35] 例如，许多零售商都有无条件退货的规定。在这项规定下，零售商将在顾客的要求下退货，哪怕商品并不是在这家商店购买的或是明显使用不当。当 J.C.彭尼开创这项规定时，一些员工拒绝对那些使用过或被顾客损坏的商品退货。他们是 J.C.彭尼忠实的员工，并不想让顾客占公司的便宜。

零售商可以通过制定明确的服务行动纲领和规定，或解释这些规定的合理性来减少这样的冲突。一旦 J.C.彭尼的员工意识到，由无条件退货规定所创造的良好信誉能产生比顾客滥用这项规定所带来的损失更多的销售额时，他们就会心甘情愿地实施这项规定。

当零售商制定的目标与他们期望商店员工做的其他工作不一致时，也会产生矛盾。例如，如果想要销售人员提供顾客服务，就要通过他们提供的服务对其进行评价，而不仅仅是通过他们的销售额进行评价。

最后，公司的不同部门之间也会产生冲突。一家享有良好客户服务声誉的汽车经销商投入了相当大的精力改善员工间的沟通来减少冲突。这个经销商有一个员工可随时反映服务问题的会议厅。例如，一个接待员谈到了当无法找到顾客打电话要找的销售代表时心情有多么沮丧。这个顾客最后说："那好吧，我只好让别人做我的生意了。"她用这个例子强调销售代表在外出差时应该通知她一声。现在，没有人会忘记前台是经销商的神经中枢。

减少服务人员的情感压力　零售视野　19.5

罗伯特·吉劳是总部位于亚特兰大的 Wing Zone 快餐连锁店的经理，他刚刚接了一个 30 分钟的电话，对方因为还没有收到订单而冲他大发脾气。吉劳说："她骂我是个骗子。"她甚至还吓唬吉劳，但吉劳明白他必须控制自己的情绪，并想办法解决问题。"这让人难受极了，"他说，"不管顾客说什么，你都别把话当成是针对你本人的。"

这件事情告诉我们，服务人员不得不去应对工作上的各种情绪时所产生的情感压力。一方面，"顾客永远是对的"成为商业的金科玉律，而另一方面，如果一项服务出错，员工只能被动承受顾客的责骂，承受难以想象的压力，而且只能笑而忍之。零售商需要留意，这些充满压力的与顾客之间的沟通会对服务人员的士气和表现造成什么样的影响。

Wing Zone 的员工大部分是通过电话接受顾客下的食品订单，而作为公司首席执行官和联合创始人的马特·弗里德曼很清楚那些怒气冲冲的顾客会对员工造成什么影响。弗里德曼介绍说，最基层的员工大部分是大学生，缺乏应对这些客人的经验。因此，要训练他们把要求苛刻的顾客马上转给离他们最近的经理处理。Wing Zone 的经理于是接受顾客的投诉，并问他们希望公司如何解决这件事情。如果两方都不能妥协，那么经理会让顾客拨打公司办公室的免费电话或登录网站进行正式投诉。

吉劳正是那位坐在公司总部处理那些已经恶化的投诉的人，他认为公司的战略是有效的，因为服务人员知道如何去对付生气的顾客，经理也清楚自己能做什么并被授权解决问题，因此难以解决的投诉问题也可以在公司得到处理。吉劳还说，在分店层次上设定程序逐步跟进，可以让每个人都有好日子过。

资料来源：Margaret Pressler, "The Customer Isn't Always Right; Retail Staff Say Shoppers' Behavior Is Going from Bad to Worse," *Washington Post*, March 24, 2002, p. H.05; Chris Penttila, "Touch Customer: Managing Abusive Customers," *Entrepreneur*, May 2001, pp. 5, 95.

货柜公司使用卡通人物甘比，提醒员工他们需要灵活和想方设法帮助顾客与同事。

授权商店员工

授权（empowerment）意味着允许公司最底层的雇员做出如何向顾客提供服务的重大决策。当这些负责提供服务的员工被授权做重大决策时，服务质量就会提高。[36]零售视野 19.6 描述一家冰淇淋商店是如何授权员工有创造性的工作的。

诺世通提出一个总的目标——满足顾客的需要，然后激励员工去做任何有必要的事情，实现这个目标。例如，当诺世通的一个部门经理发现袜子已经售完新货还没到时，她从商场的竞争对手那里买了 12 打。虽然诺世通在这些袜子上损失了钱，但管理层表扬了她的行为，因为她确保了顾客在商店买袜子的时候不会找不到。仅用一条规定如“运用你最好的判断力”授权服务人员会引起混乱。在诺世通，部门经理通过训练和培训销售人员来避免权利滥用。他们帮助销售人员明白“运用你最好的判断力”是什么意思。

货柜公司利用卡通人物甘比（Gumby）强调灵活性、团队精神和授权的重要性。公司总部入口矗立着一个 6 英尺高的甘比，每个经理办公桌上也摆着一个小甘比。公司频频用“像甘比那样!”这个口号强化公司文化：竭尽全力服务顾客，竭尽全力帮助同事完成任务。[37]这个甘比卡通人物可以强化这一点，因为它非常有弹性，可以向后搬动然后弹出去，这很像货柜公司的员工——他们铆足劲使出浑身解数解决顾客的问题。

实 例

Trader Joe's 是一家美食连锁超市，公司发现：改变服务政策，授权员工帮助顾客解决问题，使年销售额的增长幅度从 15%增加到 26%。[38]

然而，授权服务人员也会很困难。一些员工情愿别人为他们明确界定合适的行为。他们不想花时间去学习怎样做出决策或承担犯错误的风险。例如，一家银行发现当它授权出纳时，出纳不敢对大笔款项做出决策。银行不得不制定各种决策准则和规定，出纳才感到放心。

在有些情况下，授权服务人员带来的好处也许得不偿失。例如，若一个零售商运用像麦当劳那样的标准化服务办法，员工招聘、培训和支持授权的成本不一定保证能产生持续且高质量的服务。而且，研究发现，在不同的文化背景下，授权不一定都受员工欢迎。例如，拉丁美洲的员工希望他们的经理在信息充足的基础下做出明智的商业决策，员工的角色并不是做商业决策，而是如何执行经理们做出的各种决策。[39]

提供激励

正如我们在第 17 章讨论过的，许多零售商使用激励机制，如根据销售额支付佣金激励员工。但零售商发现销售佣金会降低顾客服务和工作满意度，而且促使销售在高压力下进行，这样会导致顾客不满意。然而，激励机制也可以有效地改善顾客服务。例如在一家零售连锁店，当商店员工帮助顾客解决问题时，经理会给他们一些票券，这些票券可以换成现金奖励。因为当适当的行为出现的同时员工也获得了奖励，因此这个计划特别有效。

探寻服务问题的解决办法

前面讨论的减少服务差距的方法，主要是靠告知、授权和激励商店员工提供更好的服务。此外，零售商还可以使用各种系统和技术减少传递差距。

开发新系统　找到克服服务问题的方法，能提高顾客的满意度，并在某些情况下降低成本。例如，顾客抱怨在结账时长时间等候，许多酒店认为他们对此无能为力。但万豪想到了一个处理这个服务问题的新办法，发明了快速结账系统。在结账之前的早晨，账单会留在顾客的门下，如果账单是正确的，顾客只需通过电视遥控器或者呼叫前台，账单会自动在他们的信用卡上结清，这样就可以退房了。快速结账系统非常成功，后来许多连锁酒店也纷纷效仿。

使用新技术　现在许多零售商在商店里安装了能上宽带网的查询机。这些查询机不仅可以让顾客订购商店内没有的商品，还可以提供一些常规的顾客服务，将

艾美冰淇淋授权员工大胆表现　零售视野　19.6

艾美冰淇淋是一家在德克萨斯州的奥斯汀、圣安东尼奥和休斯顿拥有 10 家连锁店的高品质冰淇淋商店，出售极好的产品并提供优质服务。但这也是它与其他雪糕店仅有的相同之处。进入任何一家艾美的商店，你将永远不会忘记那里员工的工作方式。他们玩杂耍似地用雪糕铲子在柜台后将一勺勺的冰淇淋，从一个桶向另一个桶抛来抛去，让雪糕在冰冻的表面上跳起霹雳舞。如果外面排起队，他们也许会派发样品，或向任何一个愿意唱歌、跳舞、背诵诗歌、模仿农场里的动物或赢得 60 秒吃圆筒冰淇淋比赛的顾客提供免费冰淇淋。

很显然，此店的创始人兼首席执行官艾米·米勒，是将冰淇淋与娱乐一起出售的。为了创造这样的氛围，她必须招聘合适的人，并使他们具有创造性。她通过“白色纸包”竞赛辨认那些有创造性的员工。每个候选员工拿到一个空白的白色纸包而不是申请表格，并得到指示用它去做任何他们想做的事，并在一个星期之后把它带回来。米勒说，那些仅仅在上面匆匆记下电话号码的人发现，“艾美并不真正适合他们”。但是那个“用白色纸包造出一些不同寻常东西的候选人，很可能就是个有幽默感的人，只有这样的人才会适合我们的氛围”。一个候选者把纸包做成一个精致的立体玩偶匣，成为西部银行市场分店的一员。这个分店的前任经理画在他纸包上的图案是一个色彩繁复的模拟地球，这个蓝绿色圆球放在一个表面有格子花样的冰淇淋圆筒上。

艾美冰淇淋授权员工运用创意使顾客开心，并提供优质的顾客服务。

资料来源：Amy's Ice Creams, www.amysicecream.com/history/index.asp (accessed October 11, 2005); Tanya Rutledge, "Amy Miller, Sweet Success," *Austin Business Journal*, December 24, 2004, p. 16.

实 例

由于两个加州人同时想到了这个主意，于是1947年起，加油站开始使用自助技术。现在大约有90%的汽油是在自助服务站上购买的。[41]

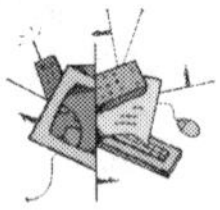

雇员从中解放出来，去处理难度更大的顾客请求和问题。[40] 例如，顾客可以用查询机找到商品在店里的位置，查询某种商品、品牌或型号是否有售。此外，查询机还可以使得一些原有的商店服务自动化，如礼物登记管理、可现价购买保证、胶卷冲洗服务、信用证申请书、糕点熟食预订等。

顾客可以通过查询机查询更多有关产品及其使用方式的信息。例如，百思买公司的客户可以利用查询机比较两台盒式摄像机的功能，比起从货架标签上或从销售人员那儿能得到更多详尽的信息。顾客还可以得到《消费者报告》上刊出的对两个摄像机型号的评价报告。通过零售商的客户数据库，查询机可以根据不同顾客的需要提供信息。例如，一个准备买一套新的音箱的顾客也许忘了他之前在百思买买过的前置放大器。这位顾客大概不知道新音箱是否与前置放大器兼容，或者需要什么样的线来连接音箱。通过进入查询机上的客户数据库，这类问题都可以迎刃而解。这类应用程序可以作为对销售人员工作的补充，并提高他们为顾客服务的质量。[42]

零售商还可以使用手提式扫描仪为顾客提供服务。在曼哈顿的货柜商店，顾客可以在前台登记信用卡号码，然后拿到一台无线手提式扫描仪。他们一边在过道上走，一边把想买的商品上的条形码扫进扫描仪，然后购物结束后结账。顾客扫进去的商品会在当天送到他们家。使用这些手提式扫描仪不需要顾客在商店里拿取笨重的商品，也不需要他们自己把东西运回家。一趟购物能买多少对顾客身心上的限制都减少了，因此，使用这项服务的顾客所买的东西，比不使用这些服务的顾客所买的东西要多10倍。[43]

零售商使用新技术协助销售人员为顾客提供服务。这位Sam Dell Dodge的销售人员正和一位顾客浏览仓库里存放的轿车。

超市在购物车上配置了“智能购物助理”，这是一种能连接到超市客户数据库的仪器，挂在购物车前格上，为顾客提供个人化信息。顾客只要把他们的会员卡或是手指放在触摸板上感应一下，就能识别身份，一旦顾客登录了系统，就会显示一张建议购物单子，这是建立在顾客过往的购物记录上的。顾客选择好商品并把条形码扫描进去后，还会得到各种折扣和优惠。这种助理装置会把当天的全部购物进行总和，还可以让顾客不用排队等候，就能预订熟食、扫描和包装所买商品以及浏览菜谱。[44]

服务承诺的沟通：传播差距

导致顾客服务差距的第四个因素，是零售商承诺的服务和实际提供的服务之间的差别。过分夸大提供的服务会提高顾客的期望。然后，如果零售商并不执行自己的承诺，使得期望高于所能提供的服务，那么顾客就会不满意。例如，如果一家商店宣传总会有友善、微笑的销售人员招呼顾客，而事实上不是这样，那么顾客就会感到失望。提高顾客期望也许在一开始的时候能招揽更多的顾客，但这样也会产生顾客不满并减少顾客重复购买的机会。**传播差距**（communications gap）可通过制定现实的承诺和管理顾客期望加以减少。

现实的承诺

广告方案通常是由营销部门设计的，服务则是由商店的运营部门提供的。这些部门之间缺乏沟通会导致在广告宣传中的承诺与商店现实提供的服务不相匹配的情况。这个问题在假日酒店“毫不惊奇”的广告中得到了体现。市场研究表明，旅客对于住宿希望更具稳定感，所以假日酒店的广告代理机构推出了承诺无任何让人不快的突发事件的宣传活动。尽管酒店的经理认为他们不能达到广告上承诺的标准，但最高管理层批准了这个宣传活动。这个宣传将顾客的期望拉升到一个不现实的水平，并使顾客真的遇到不愉快的突发事件时有了生气的理由。这个宣传才开始不久就被停了。

管理顾客期望

零售商如何才能既表达现实可行的期望，又不会因为做出了夸大的服务宣传而将生意拱手让给竞争对手呢？美国航空公司“为什么好像所有的航班都晚点？”的广告活动，就是有关传播计划的一个例证，很能说明问题。在印刷的海报上，美国航空公司承认顾客对它的失望，并解释了引起这个问题的不可控因素：过分拥挤的机场、时间安排问题和激烈的价格竞争。然后，广告描述了美国航空公司如何改进这个状况。

销售终端的信息可以用于期望值管理。例如，主题公园会显示景点等候时间，主题餐厅显示等位时间。电子零售商告知顾客所购商品是否有货，以及什么时候能够收到所购买的商品。即使顾客必须等待很长的时间，提供准确的信息还是能够提高顾客满意度的。

有些时候，服务问题是由顾客引起的。顾客可能会用无效的信用卡支付货款，也许没有花时间试穿西服并把它改得更合适，或者是因为没有看说明而不正确使用产品。传播计划还能告知顾客在获得良好服务时他们所扮演的角色及责任，告知他们获得良好服务的小窍门——例如，一天中购物的最佳时段和零售商处理问题的规定和程序。

服务补救

提供顾客服务本质上是不会始终如一的，因此服务不周是无法避免的。零售商与其对顾客矛盾耿耿于怀，不如集中精力想想能否创造一些好的机会去改变现状。服务矛盾和顾客投诉是了解零售商提供的商品和服务如何的绝好信息来源。有了这些信息相助，零售商就可以做出改变来增加顾客的满意度。

出现了服务问题，还可以给零售商一个机会，去实现他们要提供高质量顾客服务的承诺。通过鼓励顾客投诉和妥善处理问题，零售商可以加强与顾客之间的联系。行之有效的服务补救措施，可以大大提高顾客的满意度和购物愿望，并产生良好的口碑。然而，经过补救后产生的顾客满意度，通常要低于出现服务不周的情况之前顾客的满意度。[45]

大多数零售商有自己处理问题的标准。如果确定了一个问题是可以解决的，如有缺陷的产品，许多零售商会当场赔偿，并为给顾客带来的不便道歉。零售商或者退换商品，或者提供日后购买的信用，或者赔付现金。

在很多情况下，问题的原因要么很难确定（如销售人员真的侮辱顾客了吗），要么没有办法改变（如商店因为天气恶劣不得不关门），要么就是顾客的期望捉摸不定（如顾客不喜欢他的新发型）。在这些情况下，要对服务进行补救就难上加难了。有效的服务补救步骤是：（1）听取顾客的倾诉；（2）提出公正的解决办法；（3）迅速解决问题。[46]

听取顾客的倾诉

顾客会因为他们和零售商之间实际的或想象的问题而变得情绪化。一般的情绪反应可以简单地通过给顾客机会让他们一吐心中的不快而得以缓解。

商店员工应该允许顾客不间断地抒发他们的抱怨。打断他们会进一步激怒那些情绪很不好的顾客，与生气的顾客理论或试图让他们满意是非常困难的。

顾客需要的是对他们的抱怨有所回应，并表示同情。因此，商店员工要清楚这一点：问题被他们关注到了是值得庆幸的。那些态度敌对的或总觉得顾客想占商店便宜的员工，很少能够令人满意地解决问题。

员工还需仔细倾听，并决定什么是顾客认为公平的解决之道。例如，宾馆的员工也许认为道歉可以平息顾客因入住时要等很久而产生的怨气。但是，顾客也许期望得到一杯免费饮料，作为等候的补偿。超市员工也许会不假思索地对腐烂的水果进行赔偿，而顾客还希望员工对他不得不返回商店产生的不便道个歉。商店员工不应该想当然地认为自己知道顾客在抱怨什么，或者顾客想得到什么样的解决办法。[47]

提出公正的解决办法

面对抱怨，商店员工需要重点关注怎样拉回顾客，而不仅仅是如何才能解决问题。当顾客觉得他们得到公正的解决办法时，就会产生良好的印象。在评价问题的解决办法时，顾客会比较，在其他顾客身上发生了类似情况时是怎么处理的，或者他们在其他零售商那里碰到了类似情况，别人是怎么处理的。这种比较是基于顾客对其他同样碰到问题顾客的观察，或者顾客从书本上或与别人交谈的过程中得到有关如何处理投诉的信息。因此，顾客对投诉解决办法的评价，是建立在分配公平和程序公平的基础之上的。[48]

这位顾客服务代表被授权处理顾客在商店购买风衣之后出现的问题。

分配公平 **分配公平**（distributive fairness）是顾客对于所得利益与他们的成本（他们的不便或损失）相比的感觉。顾客希望有付出就有回报，而顾客的需要能影响其对于利益和成本之间的感觉。例如，当折扣店宣传的食物加工器卖完后，给顾客一张缺货支票也许会使顾客满意。这个顾客认为食品加工器的低价格抵减了返回商店带来的不便。但是另一个顾客也许立即需要这个食品加工器，仅以缺货支票补偿他是不够的。为了满足这个顾客，销售人员必须找到一家有食品加工器的商店并把加工器送到顾客家里。

通常，顾客对他们的投诉宁愿要一个明确的而非模糊的解决办法。顾客希望发泄怒气，但他们更希望感觉到零售商对他们的投诉是有反应的。像一杯免费饮料，或 1 美元折扣这样的低成本补偿，比口头道歉更能给予顾客关心。如果不能提供有形的补偿，那么下一个最好的办法就是让顾客看到他们的投诉会对日后产生影响。当着顾客的面写字条给经理说明这个问题，或者以书面形式记下会采取什么行动来避免类似问题今后再次发生。

程序公平 **程序公平**（procedural fairness）是感觉到解决投诉过程的公平性。在评价程序公平时，顾客常考虑以下三个问题：

1. 员工搜集有关当时情形的信息了吗？
2. 这些信息用来解决投诉了吗？
3. 顾客对于结果能施加某种影响吗？

顾客对于处理投诉程序的不满，会掩盖哪怕做出了妥善处理后的种种好处。例如，如果顾客有机会和员工谈谈他们在商店碰到的其他问题，那么与仅仅得到因员工结算商品错误的赔偿相比，他们会感到更满意。

如果商店员工按照公司的章程办事，顾客通常会特别觉得自己得到了公平的处理。章程降低了处理投诉的可变性，并使顾客相信自己受到了和其他任何人一样的待遇。但是过于严格拘泥于章程，也会出现负面影响。商店员工在解决投诉时需要有灵活性，否则顾客会觉得他们对解决问题毫无影响力。

迅速解决问题

顾客的满意度会受到解决问题所花费时间的影响。为了快速给予顾客回复，一家园艺用品邮购公司“史密斯与霍肯”使用电话而非邮寄。该公司认为寄信太费时，也太没人情味了。用电话处理投诉只需几分钟，而寄信则要几个星期。

通常，与顾客打交道的商店员工处理问题时应该尽可能表现出自信。若顾客联系的第一个人就能解决问题，这会使顾客更满意。当顾客被指使去找几个不同的员工，他们浪费很多时间重复他们的故事，同时也增加了商店员工之间做出互相矛盾回答的机会。

零售商可以通过减少顾客必须找的人的数目，给予清晰的说明，以及使用顾客的语言来减少解决投诉的时间。

给出清晰的说明 顾客应被清晰而准确地告知他们需要做什么来解决问题。当美国运通卡的持有者要求从他们的账单上去掉一张未使用的机票时，他们被立刻告知，他们在信用款项划出之前，必须先将票退回航空公司或旅行社。快速服务经常取决于做出清晰的说明。

使用顾客的语言 当商店员工用公司内部的行话来描述情形时，顾客会被惹恼的。商店员工应使用顾客熟悉的语言，使沟通变得更容易。例如，销售人员要是告诉顾客适合她尺码的休闲裤在“十字形挂衣架右边的环形挂衣架上挂着”，顾客会感到不知所措。

解决顾客投诉会增加满意度。但如果太鲁莽地解决投诉，顾客就会感到不满，因为他们没有得到对他们个人的关注。零售商必须掌握好分寸，在快速解决问题与花时间听取问题并向顾客表示关注两者之间取得平衡。

小 结

服务内在的无形性与不一致性使提供高质量的服务充满挑战。然而，顾客服务也给零售商提供了一个发展自己战略优势的机会。零售商有两种提供顾客服务的基本方法——定制化方法和标准化方法。定制化方法主要依靠销售人员，而标准化方法则更重视制定出合适的规则、统一的程序和最佳的店面设计。

顾客是通过将获得的服务与其预期相比较来评价顾客服务的。因此，若要改善服务，零售商需弥补所提供的服务与顾客期望之间的差距。零售商可以通过了解顾客的期望，为提供顾客期望的服务制定标准，提供支持使商店员工达到标准，并向顾客真实地宣传所提供的服务来减少差距。

由于内在不一致性，服务不周是难以避免的。这些服务上的失误，为零售商提供了一个与顾客建立更牢固关系的机会。

关键术语

顾客服务
定制化方法
标准化方法
顾客惊喜感
服务差距
认知差距
标准差距
神秘购物者
传递差距
设备支持
情感支持
授权
传播差距
分配公平
程序公平

小试身手

1. **连续任务** 到一家你为连续任务所选定的当地的零售商店，描述并评估该店提供的服务。该店提供了哪些服务？这种服务是定制化的还是标准化的？向商店经理询问你是否可以与一些顾客和员工交谈。选择以下顾客：刚刚买完东西的顾客，没有买东西的顾客，以及碰到问题的顾客（退货、换货或者投诉）。就他们的经历与顾客交谈，然后写报告记录你们的谈话，并提出如何改进该店顾客服务的建议。向员工询问，该零售商店在协助和鼓励他们为顾客提供优质服务方面都做了哪些工作。
2. **网上练习** Bizrate（www.bizrate.com）是一家搜集有关顾客在电子零售商那里购物的各种经验的公司。访问Bizrate的网站，并看看那些对通过电子渠道销售产品的零售商做出的评价。你觉得这些信息有多大用处？Bizrate怎么做才能使这些信息发挥更大的用处？
3. **网上练习** 访问兰生的网站（www.landsend.com）并找一件衬衣。网站是如何方便你寻找你想买的衬衣的？和其他专卖店如盖普提供的服务相比，该网站提供的顾客服务怎么样？如果和百货公司相比呢？
4. **购物** 分别去一家折扣店（如沃尔玛）、一家百货公司和一家专卖店购买一条牛仔裤。比较你在这些不同的商店里获得的顾客服务有什么差别。哪家商店为你寻找有意购买的牛仔裤提供了最大的方便？原因是什么？

讨论题

1. 举例说明对提供下列服务的哪些零售商来说，这些服务对商店成功经营是至关重要的，再举例说明对哪些零售商来说这些服务不那么重要：（a）购物顾问；（b）送货上门；（c）退款保证；（d）可用信用卡。
2. 诺世通和麦当劳都因优质的顾客服务而闻名，但它们提供优质服务的方法是不同的。试说明这种差异，并解释零售商决定使用不同方法的原因。
3. 就店面零售商和电子零售商来说，顾客服务对哪一类零售商更重要？为什么？
4. 提供顾客服务对零售商来说是非常昂贵的。提供优质服务的成本什么时候能得到补偿？什么样的零售商会认为提供优质的顾客服务是在财务上有利的？什么样的零售商不能补偿其提供优质顾客服务的成本？
5. 假设你是一家重视经理授权的当地百货公司男式服装的部门经理。一位顾客退回一件打开了原包装的西服衬衫。这位顾客没有收据，并声称当他打开包装时他发现衬衫是破损的，他要求得到相当于衬衫现在卖价的现金赔偿。顾客宣称他买衬衫的时间是上个星期，而那时衬衫在打折出售。你将如何处理这个问题？
6. 花旗银行发现，在它的电子银行服务业务中，聊天室对客户来说无关紧要。但是，电子零售商Wedding Channel（他们的目标客户是那些准备结婚的夫妇）却发现聊天室是吸引顾客非常重要的服务。为什么在提供聊天室服务时，这些零售商会有不同的体验？
7. 差距分析为检验顾客服务方案的有效性提供了一个系统的方法。最高管理层告诉信息系统经理，顾客因为在结账口付款时长时间等候抱怨不休。系统经理如何才能运用差距分析来分析这个问题并提出节省时间的办法？
8. 一项有效的顾客服务策略如何降低零售商的成本？
9. 员工在顾客感受服务质量时扮演了一个非常重要的角色。如果你要雇用销售人员，你认为什么特质能评价他们提供优质服务的能力？
10. 联系你最近经历的一次零售服务体验，如剪发、与医生预约看病、在餐馆用餐、在银行办理业务或产品维修（可以不止以上项目），回答下面的问题：
    (a) 描述你获得的最好的服务体验。
    (b) 是什么原因造成了以上优质的服务？
    (c) 描述一次你认为没有达到你预期效果的服务体验。
    (d) 你都碰到了那些问题？原本应该怎样解决更好？

推荐读物

Clark, Moira, and Susan Baker. *Business Success Through Service.* Edinburgh: Butterworth-Heinemann, 2004.

Cook, Sarah. *Measuring Customer Service Effectiveness.* Burlington, VT: Gower Publishing, 2004.

Doane, Darryl, and Rose Slout. *The Customer Service Activity Book: 50 Activities for Inspiring Exceptional Service.* New York: American Management Association, 2005.

Evanschitzky, Heiner; Gopalkrishnan Iyer; Josef Hesse; and Dieter Ahlert. "E-Satisfaction: A Re-Examination," *Journal of Retailing* 80, no. 3 (2004), pp. 239–52.

Gomez, Miguel; Edward McLaughlin; and Dick Wittink. "Customer Satisfaction and Retail Sales Performance: An Empirical Investigation." *Journal of Retailing* 80, no. 4 (2004), pp. 265–82.

Gross, T. Scott. *Positively Outrageous Service: How to Delight and Astound Your Customers and Win Them for Life*, 2nd ed. Chicago: Dearborn Trade Publishing, 2004.

Homburg, Christian; Wayne Hoyer; and Martin Fassnacht. "Service Orientation of a Retailer's Business Strategy: Dimensions, Antecedents, and Performance Outcomes," *Journal of Marketing* 66 (October 2002), pp. 86–102.

Iacobucci, Dawn. "Services Marketing and Customer Service." In *Kellogg on Marketing*, ed. Dawn Iacobucci. New York: Wiley, 2001.

Korczynski, Marek. *Human Resource Management in Service Work.* New York: Palgrave, 2002.

Rayport, Jeffrey, and Bernard Jaworski. *Best Face Forward: Why Companies Must Improve Their Service Interfaces with Customers.* Boston, MA: Harvard Business School Press, 2005.

Spector, Robert, and Patrick McCarthy. *The Nordstrom Way to Customer Service Excellence.* Hoboken, NJ: John Wiley & Sons, 2005.

案例 1　热带雨林咖啡厅：一个超出想象的购物餐饮好去处

1994 年，史蒂夫·许斯勒在全世界最大的室内商城——美国商城开了第一家热带雨林咖啡厅（Rainforest Café）。许斯勒在开这家独特的零售商店兼主题餐厅之前，早已对这个理念进行了长达 12 年之久的测试，并最终选择在其家乡明尼苏达州开了第一家原型店。和各种鹦鹉、蝴蝶、海龟和热带鱼共处一室可不是件容易的事，不过由于许斯勒的创意，餐厅很快就获利颇丰，并成为快速增长的连锁店。

除了这家位于明尼苏达州明尼阿波利斯的美国商城分店之外，各家热带雨林咖啡厅分店（www.rainforestcafe.com）纷纷建立：1996 年在芝加哥的分店开业，然后是华盛顿特区分店，接着是位于佛罗里达州的劳德代尔堡分店和位于该州奥兰多市的迪斯尼世界分店，销售额达到 4 870 万美元，利润 590 万美元。他们为顾客提供了独特而令人兴奋的环境，装修极尽奢华，在 20 000~30 000 平方英尺的空间里再现了热带雨林的风貌。咖啡厅分为两部分，一边是能容纳 300~600 人的餐厅，另一边是零售商店，设有存放 3 000 个特别商品的存货单位。

零售商品占了咖啡厅总收入的 30%。大部分的主题餐厅只设置不到 20 个存货单位。在热带雨林咖啡厅出售的商品主要是 8 种有专利权的森林动物，并作为餐厅里的主题卡通角色，其中包括大猩猩班巴、树蛙查查、类人猿奥兹等。这些卡通角色除了可以做成毛绒动物和玩具外，还印在衣服和礼品上，并出现在电影动画片和儿童书籍里。

菜单上的特色菜形形色色：跳跳蜥蜴莴苣卷、拉斯特法里意大利面、海鲜加拉帕戈斯陆龟、牙买加让我疯狂，还有虎猫之眼（嫩煎过的蘑菇放在一层浇有焦糖的洋葱上面，底下垫肉块）。每家餐厅都有各种活的热带鸟类和热带鱼，制作得活灵活现的卡通鳄鱼、猴子、会发出声音的大象、拍打胸脯的大猩猩等动物，潺潺流水，周围弥漫着冰凉的烟雾，打雷闪电做得非常逼真，还有连绵不断的热带暴风雨，以及放置了蘑菇型的巨大沙发椅。许斯勒说：“我们的咖啡厅兼有华纳兄弟特色商店的精妙绝伦，还有迪斯尼乐园栩栩如生的特色。”

热带雨林咖啡厅还通过一个拓展项目为当地社区做出自己的贡献。每年都有超过 30 万名学龄儿童参观咖啡厅，并听讲解员讲述正在逐渐消失的热带雨林和濒临绝种的动物。所有咖啡厅里的许愿池和停车收费器里收集到的硬币都会捐给与保护濒临绝种动物和制止砍伐热带雨林相关的活动。

热带雨林咖啡厅使用先进的技术提高效率和利润。当一群客人走进餐厅时，招待人员（他们被称做“导游”）就会在电脑上输入这些客人的名字，然后打印一张包含客人名字、人数和估计等座时间的“通行证”。然后这些客人可以先去买点东西或者参观一下餐厅，他们知道在分配好的等座时间 5~10 分钟之内就会有人带他们去享用餐点。等客人回来的时候，电脑就会向“远征导游”报告客人将要坐哪张桌子。“导游”和“远征导游”之间通过耳机可以对话。这项技术使得热带雨林咖啡厅每天餐桌的周转率达到 5~6 次，而普通餐厅的餐桌周转率一般是 2~3 次。

公司发展非常迅猛。截止到 2000 年，公司年销售额为 2 亿美元，但是，从它的 28 家分店中只得到 800 万美元的利润。不像第一家店开在人流量大的娱乐中心，许多分店都是建在区域性的商城里。到 2005 年为止，热带雨林咖啡厅是唯一一家在美国 3 个迪斯尼游乐园都有分店的概念餐厅。此外，在美国的 16 个州、加拿大、中国、墨西哥以及欧洲也都有该餐厅的分店。

经过一番漫长的谈判，热带雨林咖啡厅终于被 Landry's 饭店收购。Landry's 在美国 36 个州经营 300 家餐厅，餐厅名称包括：Joe's 蟹屋、Landry's 海鲜馆、蟹馆、Charley's 蟹屋、图画馆、热带雨林咖啡厅，以及 Saltgrass 牛排馆，2004 年的总收入为 12 亿美元。蒂尔曼·费蒂塔是 Landry's 的创办人兼首席执行官，他对经营餐馆的战略这样解释道：“我们所采用的方法向来很简单，就是把好的理念运用到好的地方。热带雨林是一个很强势的概念。问题并不在销售额不高——最差的分店也有 500 万美元年销售额的进账。这跟其他娱乐型连锁餐厅，像星球好莱坞和 Hard Rock 咖啡馆大不相同。主要的问题在于选址选得不太好，都选在租金高昂的购物中心。”收购完成之后，Landry's 关闭了多家设在商城里面的热带雨林咖啡厅分店，然后新建了位于伦敦皮卡迪利广场的分店、巴黎城外的欧洲迪斯尼乐园分店、尼亚加拉瀑布分店、拉斯维加斯的 MGM 大酒店及娱乐场分店以及位于旧金山的渔人码头分店。

讨论题

1. 热带雨林咖啡厅主要零售的是什么？其目标市场是哪些人群？
2. 对热带雨林咖啡厅来说，商城是一个好的选址吗？好在哪里，不好在哪里？哪些地方是最佳的选址？
3. 很多零售商试图使他们的商店更富娱乐性，但都没有成功。在一家零售商店或餐厅里提供很多娱乐设施各有什么利弊？

资料来源：This case was written by Barton Weitz, University of Florida.

案例 2 零售新体验："动手做只小熊"工作室

如今的顾客都喜欢商品既物美价廉，又容易买到，但他们也常常被一些很棒的购物体验所吸引。例如"动手做只小熊"（Build-A-Bear）工作室，就是一个以泰迪熊为主题的娱乐零售商，拥有170多家分店，年销售额达3亿美元，这家连锁店被誉为儿童游乐场。

这家商店一如其名，顾客或者说是制作者选择一个未经加工的动物模型，与商店里的员工一道，通过八站式的"创作过程"做出他们自己的玩具熊。第一站，填填乐。小朋友们可以从标有"爱心""拥抱和亲吻""友谊""善良"的大桶中选择毛绒填料。这些填料通过一条长而中空的管道后被送入填料制作机。销售助理把小熊固定到一个很小的管道上，同时制作者开始踩脚踏板，用不了几秒钟，小熊的形状便出来了。在缝合之前，制作者必须给小熊放入一个心脏。制作者在销售助理的指导下，用两手轻轻摩擦这颗心脏，使它变得温暖。然后他们闭上眼睛，许一个愿望，在放入小熊身体之前，轻轻亲吻这颗心脏。在选完名字缝合小熊以后，制作者就可以带着小熊进入"毛毛熊"站了，在这里他们的小熊将会在一个"浴缸"里变得毛茸茸，这个"浴缸"是一个由很多能喷出气流的龙头所组成的。最后，他们进入计算机站为小熊制作一个出生证明。

玩具熊将会放在"公寓俱乐部"的盒子里，并送到顾客家里。这种盒子类似于一座有窗有门的迷你房子。除了增加了玩具房子的价值，这种盒子还向小朋友们宣传"动手做只小熊"这一品牌。"玩具熊在哪儿都能买得到，"作为公司创立者和首席执行"熊"的玛克辛·克拉克说，"但这就是消费者所寻找的一种购物体验。"这种体验在零售商的网站 www.buildabear.com 上做了详细的描述。

> **实 例**
>
> 泰迪熊（teddy bear）的名字起源于1903年，当时泰迪·罗斯福总统在猎熊的时候不忍射杀一只幼熊。从此这只幸免于难的小熊就被称作"泰迪熊"。

顾客花大约25美元买一只小熊玩具模坯，也可以为他们的小熊进一步添加购买声音、服装以及其他附件。为了让顾客保持新奇的购物体验，"动手做只小熊"经常推出各种新的动物玩具，并限量发售。玩具的服装以及其他附件也经常更新以紧跟最新潮流，并且常常在店内举办各种生日派对以及出版官方CD。为了确保顾客每次到访都有很棒的体验，所有的销售助理必须在"小熊大学"里参加一个为期三周的培训项目，而且公司也经常提供激励型的项目以及各种奖金。商店的存货会经常随着每周到货的小熊风格不同而改变。"动手做只小熊"商店也经常推出一些应季产品，如在父亲节时推出"格里熊之王"，在情人节时推出"甜心熊"。

讨论题

1. "动手做只小熊"的理念只是一时流行，还是会持续流行？
2. "动手做只小熊"要增加回头客的话可以怎么做？

资料来源：This case was written by Barton Weitz, University of Florida.

案例 3 婚礼频道网

安妮正坐在办公桌前，一边吃午饭，一边上网冲浪。这几个月以来，她一直在为筹备婚礼而忙碌，婚礼还有不到一个月的时间就要举行了。她找到很多有用的参考文章，得到了不少启发。这些文章还把她拉回了现实，使她放弃童年时的梦想：由一队骏马拉着白色的马车来接新娘，转而选择加长版的豪华轿车。她也放弃了那种后摆有15英尺长的白雪公主式的婚纱礼服，并拿定主意要一套绸面的紧身礼服。

在为她的好日子做计划的过程中，安妮在婚礼频道网站（WeddingChannel.com）的帮助下，制作了一个她需要做的事情的详细清单。网站帮她建立一份邀请客人的列表，设计并购买请帖，建立礼物登记本，还为她的朋友们贴了一些有关她和史蒂文相识经历的信息。他们是在上大学的时候认识的，来自不同的城市，因此他们决定在两地之间的位置举行婚礼，好方便各自的朋友和双方家长见面。她使用婚礼频道网提供的信息预订了一家小教堂和举行仪式的餐厅。

在美国，每年有720亿美元花在婚礼上。美国人平均一场婚礼仪式需要22 000美元。新娘的平均年龄是24.5岁，新郎是26.5岁。看到这些数据，婚礼频道网站如此受欢迎也就不奇怪了。它的目标市场是18~35岁的人群。大概有48%已订婚的夫妇准备通过网络来协助筹备婚礼。婚礼频道网站的目标是协助要结婚的夫妇，方便他们筹备自己的好日子，并找到最新的信息，以节省时间。

婚礼频道网站是从1997年7月15日开始运作的。这家新建企业不仅帮助了准新娘，还帮助了众多零售商。2003年通过该网站购买的礼品金额超过了1亿美元。婚礼频道网站拥有专利权的登记系统从它众多的零售合作伙伴的网站上进行了150万次登记搜索，这些零售合作伙伴包括：联合百货商店（梅西、布鲁明戴尔、百代恩、戈德史密斯-梅西、拉扎乐思-梅西以及里齐-梅西）、蒂凡妮公司、Crate and Barrel、内曼·马库斯、Williams-Sonoma、Pottery Barn、娱乐用品公司（REI）、J.C.彭尼，等等。

婚礼频道网站能够接触到这么多经过注册的新婚夫妇，其市场非常具有吸引力。婚礼频道网站的总裁兼首席执行官亚当·伯格说："我们的目标市场营销策略持续不断地反映我们比互联网的平均反应率要高出五倍。在（结婚）这个人生意义重大的时刻，正是人们最注重品牌忠诚度的时候，我们为其他公司在这个时候建立自己的品牌信息提供了最有效的平台。"在全部购买礼物的人当中，有89%都会在登记的公司那里购买。

婚礼频道网站不仅作为最大的在线结婚登记网站，而且还为新婚夫妇提供了一个包罗万象的网站，帮助他们筹备婚礼。婚礼频道作为一个虚拟社区，为那些对相关问题都不太清楚的新婚夫妇提供服务。比如像这种问题：新娘应该先做哪件事情？答案是：通常应该先选一件合适的礼服。婚礼频道提供了20 000多款结婚礼服，包括名师设计的品牌和价格稍低的品牌都有。网站还提供了一个非常方便的途径，通过按不同的按钮，选定袖长、礼服轮廓、长度、领口位置，来对众多不同款式进行筛选。网站甚至设计了一个虚拟模特，这样准新娘就可以看看自己穿上某一款婚纱的样子了。网站还提供了很多互动的工具，帮助新婚夫妇做预算、制作客人名单、做网页和登记。网站里有很多文章，内容从寻找婚宴的酒店，到筹划梦幻蜜月等等。

婚礼频道网站是独一无二的，因为它是为新婚夫妇筹备婚礼而设的综合性网站。这个互动的网站为新婚夫妇出谋划策，为他们量身定做一个互联网主页，描述他们相识的过程，他们是如何决定订婚的，结婚派对的情况，以及结婚大日子的主题和使用什么主色。客人可以直接上网在婚礼频道网站上链接的知名商店浏览商品，并方便地购买婚后生活所需要的各种商品。

讨论题

1. 从投资公司的角度来看，婚礼频道网站成功的关键是什么？
2. 为什么零售商想投资一个像婚礼频道那样的虚拟社区？
3. 你还能想到从开发一个虚拟社区中盈利的其他零售商的例子吗？

资料来源：This case was written by Teresa Scott, University of Florida.

案例 4 陈家买车记

陈姓一家住在加利福尼亚州的里弗赛德市，位于洛杉矶的西边。特里是加州大学里弗赛德分校的物理学教授，他的妻子切丽是一名志愿者，每周为危机中心（Crisis Center）提供10小时的义务工作。他们有两个孩子：10岁的朱迪和8岁的马克。

二月份的时候，切丽的父母给她汇了100美元叫她给朱迪买辆自行车作为生日礼物。他们在朱迪5岁的时候给她买了第一辆自行车，现在朱迪要过11岁生日了，他们想给她买一辆标准尺寸的自行车。尽管切丽的父母觉得每个小孩都应该有一辆自行车，但切丽不觉得朱迪真的想要。朱迪和她身边大部分的小朋友都不怎么骑自行车，由于交通的缘故她很害怕骑车上学。因此切丽决定只给她买她能找到的最便宜的标准尺寸自行车。

由于朱迪的大多数伙伴都没有标准尺寸的自行车，她自己也所知不多，而且对品牌或者种类也没什么特别的偏好。为了了解更多可选的自行车种类和价格，切丽和朱迪查阅了J.C.彭尼的目录。等看完目录之后，朱迪说她最关心的就是车子的颜色。她想要一辆蓝色的自行车，因为蓝色是她最喜欢的颜色。

切丽通过查黄页电话本，拨打了当地几家卖自行车的零售门店的电话。出乎她意料的是，一家当地的五金店竟然有一辆26英寸的自行车，而且价格是最低的，比玩具反斗城和沃尔玛的价格还要便宜。

切丽开车到五金店，直接来到玩具部门，不等销售人员过来她就选中一辆蓝色的自行车，然后直接去收银处交款。然而买来这辆自行车以后，陈家一家发现它无论从哪方面看都是彻头彻尾的低档货。车轮上的镀铬层非常薄，才用了半年就锈掉了。两条轮胎都裂了，还得更换。

一年之后，切丽的父母又汇了100美元要给马克买一辆自行车。吸取了朱迪买自行车的教训，陈氏一家意识到：最便宜的自行车长远来看不见得是最划算的买卖。马克性格非常活跃，也有点粗心大意，因此陈氏一家想给他买一辆结实耐用的车子。马克说他要一辆红色21速铝合金外框的轻便式越野自行车，还要有成套完整的反光镜。

陈氏一家很清楚马克是不会好好爱护这么一辆又贵功能又多的自行车的。看到凯马特出售自行车的广告后，切丽和特里就带着马克来到商店。在露天的自行车展场，一个销售人员向他们走来，并把他们领进店内的体育用品部门。他们看到那里停着一排排装饰极少的10速自行车——切丽和特里都觉得这正是马克需要的类型。

又有一个销售人员向他们走来，并尽力游说他们买更贵的自行车。特里不喜欢销售人员强加东西给他，于是没等她把话说完就打断她了。特里说他想自己看看。听了一点建议之后，马克决定了自己想要的自行车。他的父母另给他的自行车配了个多功能的运动电脑，满足了马克对更多配件的要求。给马克买了自行车以后，特里觉得他也想给自己买一辆周末骑骑。特里从5岁起就一直骑自行车，在他结婚之前还在研究生院的时候，他就有一辆10速的自行车，而且他经常和朋友们一起骑车50英里路。但自从15年前搬来里弗赛德后，他就没有再骑车了。

特里对现在自行车有哪些类型不太了解。他在报刊亭上买了一期《自行车》杂志，看看现在有什么型号卖的。他还去图书馆查阅了《消费者报告》上关于普通自行车、山地车和混合型自行车的评论报告。搜集了这些信息后，他决定要买一辆Serrato牌的自行车。这种车拥有全部他想要的特点：轻便的框架，耐用的结构，还有舒适的运动型车座。特里给多家折扣店和自行车店打电话，都没有卖Serrato这个牌子自行车的。然后他又想自己其实并非真想要一辆自行车，毕竟他已经15年没骑过了。

一天吃完午饭，他步行回办公室时看到一家很小的自行车商店。这家店很破落，自行车零件放得满地都是。店主是个年轻小伙子，穿条布满油渍的短裤，正在修理自行车。特里过去瞧了瞧，店主就迎上来了，问他是否想骑车。特里说他曾经骑过，但自从搬来里弗赛德以后就没有试过了。店主说这很可惜，因为里弗赛德附近有很多好地方值得（骑车）游览一下。

他们继续聊下去，特里就聊起他想买辆Serrato牌的自行车，但在里弗赛德没找到一家店有卖的，他感到很失望。店主说他可以帮特里订一辆Serrato，但目前库存没有，得等6~8周才能送过来。他给特里建议了一种Ross牌的自行车，并给他展示了一辆他库存里有的。特里心想500美元的价格也太高了，但店主说服他下周过来试骑一下，他们可以一起骑车到郊区里转转。后来还有几个店主的朋友和特里一起骑车跑了60英里的路程。特里特别享受这次旅游，让他回想起上大学的日子。旅程结束后，特里就把这辆 Ross 牌自行车买下了。

讨论题

1. 概要写出陈姓一家人每次买自行车时的决策过程。
2. 比较三次自行车的购买过程。三次购买都是由什么事情引起的？在选择哪家商店或者买哪件商品都是考虑了什么因素以后决定的？
3. 访问在线学习中心（OLC），选择学生身份，然后点击多重性质模型。为每次的购买决策建议一个多重性质模型。在每个购买决策中，要考虑的各种因素和重要的权重都是如何变化的？

资料来源：This case was written by Barton Weitz, University of Florida.

案例 5 消费者购买行为——沃尔玛与《时尚》沾边吗

2005 年 9 月份那期的《时尚》杂志刊登了 8 页沃尔玛的广告。沃尔玛是世界上最大的零售商。其他 792 页中则包括了以下公司的广告：拉尔夫·劳伦、盖普、萨克斯第五大道、迪奥、雅诗兰黛、古琦、兰蔻、St. John、路易斯威登、Michael Kors、David Yurman、倩碧、Marc Jacobs、Burberry、卡尔文·克莱恩、Manolo Blahnik、Donna Karan、Paul Mitchell、Vero Wang，还有 Jimmy Choo，以上只列举了这期秋季版的一部分品牌名字。

这些沃尔玛的广告都突出了真实顾客的特点，包括：一位英气的艺术家，一位音乐家，一位母亲，一群学生，一位糕点师傅，一位艺术教授，还有一位筹款人。每位女性的照片旁边都附有几行"她的风格"的简介，并把人置于沃尔玛店里，显示她在照片中所穿的衣服是从沃尔玛或自己家的衣橱挑出来的。这些广告和以往我们看到的沃尔玛广告大不一样，以前的广告都是充满一些笑容可掬的面孔并强调商品的低价。

沃尔玛的广告适合放在《时尚》杂志里吗？为了回答这个问题，我们先来描述一下沃尔玛的顾客以及《时尚》杂志的读者各自的特点，然后再来填写一下图表 1 中的图。使用下列市场细分的维度完成这项练习：

人口维度：性别、年龄、种族、年龄层次、出生年代、家庭成员人数/地位、住所情况（自有/租赁）、婚姻状态。

地理维度：地区、城市、气候、城区大小、密度（城区、城郊、乡下）。

心理维度：个性特点、价值观、生活方式、活动、爱好、观点。

社会经济学维度：收入、教育程度、职业。

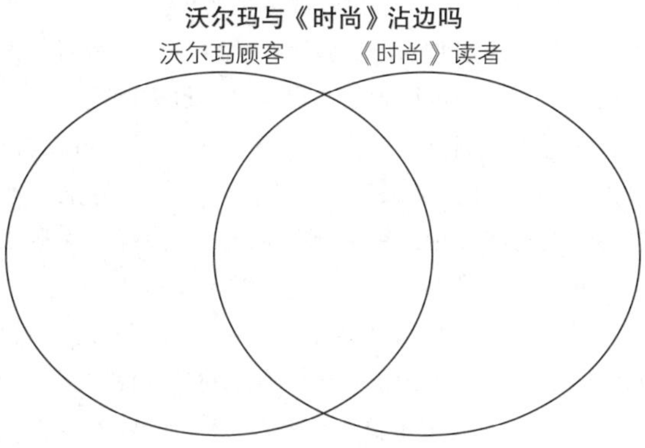

图表 1

沃尔玛和《时尚》杂志的市场重合度

寻求的利益：为了满足顾客的愿望。

使用比率：购买行为（频度）、品牌忠诚度。

讨论题

1. 两组细分的顾客层存在重叠吗？
2. 沃尔玛应该改变形象去吸引高端的顾客，还是应该回到原来忠诚而手头资金不太充裕的顾客那里呢？
3. 你会建议沃尔玛今年再次在《时尚》杂志上刊登广告吗？解释你的理由。

资料来源：This case was written by Hope Bober Corrigan, Loyola College in Maryland.

案例 6 通用道乐和家庭道乐为被忽视的顾客服务

通用道乐（Dollar General）的总部位于田纳西州的古德利茨维尔，而家庭道乐（Family Dollar）的总部则在北卡罗莱纳州的马修斯。两家都是行业增长最快的细分市场中的领先零售商，这部分被称作“超值零售业”。至 2005 年，通用道乐在美国 30 个州拥有超过 7 500 家分店，销售额逾 70 亿美元。在过去 6 年当中，其年销售额的增长率超过 20%。家庭道乐在美国 44 个州拥有 5 600 家分店，在 2004 年销售额超过 50 亿美元。两家零售商正在以超过每天开一家分店的速度进行扩张。

这种“超值零售业”模式在众多顾客当中日渐走俏，包括农村和城市的顾客、中低收入的年轻人家庭、各种种族团体以及有固定收入的年龄稍高的顾客。消费者逐渐相信，这两家零售商可以为他们提供物美价廉的商品，同时省去人流拥挤和排长龙结账的麻烦。地理细分可以分成：农村占 25%，城市占 33%，城郊占 44%。这样的分布与沃尔玛和凯马特商店的销售分布情况几乎一样。大概 25% 的美国家庭每个月都会逛一次这种超值零售店。

有时这些公司会被划分在一美元零售商的门类下面，即那些以低于一美元的价格出售商品的零售商。虽然通用道乐和家庭道乐通常把价格控制在 15 美元以下，但他们大部分的商品还是标价在一美元以上的。家庭道乐有多个零售价位，而通用道乐使用偶数零售价位对商品标价。

店里出售的商品有大概 50%是消耗品（宠物饲料、食品、纸张、家居清洁用品以及个人护理产品），其余部分商品的销售在普通服装、五金类与季节性产品以及家居用品之间平分。在过去 5 年当中，消耗品的销售份额一直在增长。清仓大甩卖时的偶然性购买，以及顾客冲动购买的商品作为对基本库存的补充，这给人一种印象，就是商店里的商品组合总是在变动。

供应商正在开发新产品和新包装满足这些超值零售商的需求。例如，Fruit of the Loom 通常出售 9 包包装的男士内裤，但也提供小包装给超值零售商。宝洁公司和强生公司也以更低的零售价供应小包装洗发用品给超值零售连锁店。

大部分分店选址都在公司总部所在的美国东南部地区。这些商店面积都很小，6 000~8 000 平方英尺，主要建在人口少于 40 000 人的小城镇以及城郊地带的购物中心。因为这些商店都相对比较小，因此零售商几乎想进入哪个市场都能很容易找到理想的位置。

起初，这些超值零售商把重点放在那些对沃尔玛或凯马特的折扣店来说维持不了其成本的低收入群体。这些选中的城镇居民很喜欢在离家不远的地方可以方便地买到商品，而不是要开 30 分钟车到较大的城镇里的折扣店去买东西。很多顾客都是直接步行来购物的。顾客不仅离商店近，而且可以在不拥挤的停车场停车，还可以少走路，此外还能避免排长队结账。有了这些小型商店，顾客进来时很方便，找要买的东西很方便，出去时也很方便，整个过程花不了几分钟。每次的成交额在八九美元。为了使运营效率最大化，这些零售商每进入一个新的区域前，都要在地理区域内密集开几个分店。通用道乐和家庭道乐正在城郊地带的购物中心开新的分店，选择那些药店搬到独立铺位之后腾出来的位置。

有一段时间，这些超值零售商使用传单进行广告宣传。但后来通用道乐和家庭道乐都转向使用每日低价策略，降低了宣传开支。这种成本上的节约使零售商可以把更多的实惠让渡给顾客。

新近一份家庭道乐的年度汇报中写道：“供应链的效率如何将关系到任何一家零售商的成败，尤其对家庭道乐这样发展迅猛的零售商来说。”因此，通用道乐和家庭道乐正在加大对销售点终端、分店级的库存追踪系统、自动化分销中心、空间分配软件、补货系统等方面的投入，以减少脱销商品的数目并提高库存周转率。

讨论题

1. 像通用道乐和家庭道乐这样的超值零售商，他们的目标市场是什么？
2. 为什么顾客越来越喜欢光顾这些超值零售店？
3. 超值零售商的价格和平均每次的交易额都那么低，他们是靠什么盈利的？
4. 超值零售商能抵挡得住像沃尔玛这样的普通商品折扣店吗？或者会不会最终被沃尔玛打败？原因是什么？

资料来源：This case was written by Valerie Bryan, University of Florida.

案例 7 阿霍德：前所未闻的一家最大的连锁超市

1887 年，22 岁的阿尔伯特·海吉（Albert Heijn）接手了他父亲靠近荷兰西部赞丹的小杂货铺。为了使家族生意扩大，他提出的战略是提供高质量商品、优质的顾客服务以及最低的价格。现在 118 年过去了，阿霍德（Ahold, Albert Heijn Holding 的缩写）成为全球第二大食品零售商。公司在 27 个国家开了 1 600 家分店，2003 年销售额超过 560 亿美元。不过它的名字没有用在旗下的任何一家分店上。

阿霍德在美国的零售店包括：Stop & Shop、Giant-Landover、Giant-Carlisle、Tops、Bi-Lo、 Bruno's 以及 Peapod。所有这 6 家经营连锁业务的公司都位于美国东部沿岸地区。所有零售店加起来每周为大约 2 000 万名顾客提供服务，而美国阿霍德雇用了超过 17 万名员工。阿霍德全球销售额的近 60%是在美国创造的。

此外阿霍德在欧洲、北美洲、亚洲和拉丁美洲使用26 个不同的名字开展经营。其商店使用 10 种不同的经营模式，商店类型从荷兰的小型加油站，到巴西北部面积达 15 万平方英尺的巨型超级市场都有。公司把自己的策略归结为：“多本土、多模式、多渠道”。Cees van der Hoeven 是阿霍德的首席执行官，54 岁，他说道：“我们公司的文化最重要的一点就是当地经营公司的文化。使得阿霍德与别人不同的是，我们的顾客把我们当做土生土长的公司。”无论是在阿拉巴马州的 Bruno's 超市，还是在阿根廷的 Disco 商店，很少有顾客会意识到，他们所逛的商店其实是总部位于荷兰的全球零售巨头旗下的一家分店。

沃尔玛和家乐福分别是第一和第三大食品零售商，他们使用不同的方式。所有的家乐福分店，从巴黎到上海，都采用相似的外观和相同的布局（例如，要去卖熟食的柜台，总是入口处往左转）。沃尔玛也在全世界大部分的分店使用其名字。3 年前，沃尔玛收购了英国的 Asada 连锁店，至今仍沿用 Asada 的店名进行经营。但它收购了德国的 Wertkauf 连锁店和一些 Spar 商店之后，就把店名改成沃尔玛了。沃尔玛希望其英国和德国的商店都能符合沃尔玛注重成本、顾客优先的文化理念。

阿霍德是一家食品零售商。食品的销售额占了总收入的 90%。意识到现在的生活方式正向更多外带食品消费的潮流转变，阿霍德正尝试收购食品服务公司来扩大其钱包份额。相比之下，沃尔玛和家乐福则把重点放在提供更大的购物中心和巨型超级市场上，既提供食品也提供一般商品。

阿霍德与其国际竞争对手的另外一个差异在于其发展策略。尽管沃尔玛也收购过一些店，但其主要的全球性增长，包括家乐福整个的全球性增长都是由公司内部产生的。相比之下，阿霍德的发展壮大主要依靠并购行为。现在阿霍德的总收入中超过 50%是来自于它收购的美国连锁超市。它在美国的第一次收购是在 1977 年，当时收购了 Bi-Lo，这家总部在南卡罗莱纳州的百货连锁超市，在南卡罗来纳州、乔治亚州、田纳西州、佛罗里达州以及阿拉巴马州经营着 450 家分店。随后，阿霍德收购了拥有从马萨诸塞州延伸到新泽西州东部的 320 家分店的 Stop & Shop，收购了位于马里兰州、华盛顿州、特拉华州、新泽西州南部以及维吉尼亚州北部的 Giant Landover，收购了位于宾夕法尼亚州的 Giant Carlisle，收购了位于纽约州的 Tops，以及收购了位于阿拉巴马州、佛罗里达州潘汉德尔地区、密西西比州的 Bruno。现在阿霍德在美国有 1 400 家分店，是美国东部地区最大的食品零售商，在全美排行第 4 位，仅次于沃尔玛、克罗格、西夫韦以及 Albertson's。

1999 年阿霍德收购了美国食品服务公司——该公司是美国第二大现成便餐和现成食品供应商，此外还为餐厅、酒店和其他机构供应配料。2000 年，阿霍德收购了 Peapod 公司的过半股份。Peapod 是最早的互联网杂货店之一，现在为 Stop & Shop 以及 Giant 在波士顿、纽约、华盛顿特区等地的商店，以及它自己位于芝加哥的总部做网上交易。2001 年，阿霍德从 Grand Union 手上购得 56 家商店的所有权以及 8 个铺位。没有一家欧洲零售商能像阿霍德那样畅行无阻地打入美国市场。例如，在 20 世纪 80 年代末，家乐福在费城城郊开了两家分店，但没过多久就因面临劳工纠纷和消费者对当地的连锁超市忠贞不二而被迫关门。阿霍德美国区的利润率为 5.7%，而欧洲区的利润率却只占销售额的 3.9%。

Van der Hoeven 希望未来有朝一日，阿霍德在危地马拉的分店可以给他们美国的同事上一节关于定价技巧课。从波士顿到圣保罗，每家阿霍德超市的地板都是从同一家供应商预订的。这家全球业务紧密联系的商业巨无霸要想发出工资，必须利用自己庞大的规模，从供应商那里要到最低的进货价，不管是玉米片还是香橙。同时，阿霍德在欧洲、美国、亚洲和拉丁美洲的公司将通过使用同样的卡车和共用会计师，并通过公司内联网交换信息，来降低成本。然而对于其200万每周都会去阿霍德商店里购物的顾客来说，阿霍德建立起来的这张全球性网络他们是看不到的。

然而阿霍德还没走到这一步。虽然阿霍德已经在美国的6家连锁店对新鲜产品和冷藏产品实行统一采购，但其所有商店全部商品中只有5%是跨越大洲进行订购的，这个比例与沃尔玛和家乐福相仿。阿霍德美国区的经理们刚开始和他们海外的拍档交流经营中的好经验。例如，Stop & Shop 和 Peapod 正在通过研究阿霍德在斯堪的纳维亚地区的网上送货上门服务成功的秘诀，从而提高他们执行任务的准确性。然而，阿霍德的目标是：把沃尔玛和家乐福在一般商品分销的供应链管理中所获得的高效率，引入到他们自身的食品分销业务中去。

讨论题

1. 阿霍德、家乐福和沃尔玛各自在发展战略上的优点和缺点是什么？
2. 阿霍德是否应该像沃尔玛和家乐福那样，对所有的分店都使用自己的名字？解释你的回答。
3. 在决策问题上，沃尔玛和家乐福更集中，而阿霍德更为分散，这样有什么优点和缺点？

资料来源：This case was written by Barton Weitz, University of Florida.

案例 8 大战青少年/大学生服装市场

珍妮弗·谢弗今年17岁，家住在马萨诸塞州的牛顿市，过去每个月都要逛一次阿贝克隆比 & 费奇商店(A&F)。虽然她觉得那儿的东西很贵，不过品牌名称和形象都对她很有吸引力。她说：“这就好比说，不管怎么样我都得拥有阿贝克隆比的东西。”后来，离她家15分钟路程的地方开了一家美国鹰牌（AE）服饰店。现在她一个月会去两次AE商店里逛，却很少再去A&F商店了。她说：“两家看起来也没什么差别，都挺不错的。但美国鹰牌的价格要稍微便宜点。”

阿贝克隆比 & 费奇与美国鹰牌两家还在扩张当中，按目前的战略他们主要面向的市场是青少年和大学生穿的休闲服装。100年前A&F刚成立的时候是作为一家出售户外运动产品的零售商，经营品种包括顶尖质量的打猎、钓鱼和野营方面的产品。A&F在20世纪初的时候有好几次为最著名的探险活动提供装备，包括罗伯特·佩里的北极探险活动以及西奥多·罗斯福几次到亚马逊和非洲的旅行。

随着时间的推移，A&F的粗花呢制形象逐渐失去了消费者的青睐。这家连锁店经历了严重的销售和利润滑坡之后，终于在1977年被迫宣告破产。公司最先被Oshman's运动产品收购，也没什么起色，直到1988年再被力美特公司收购后才出现了新的转机。最初力美特把A&F定位为专门订制男装的服装店。1995年，力美特又把A&F的定位改为专做包括男女装在内的青少年和大学生市场，特别注重美国年轻人的休闲式风格。

1999年，力美特公司出售了A&F。到2005年5月底为止，A&F以一家独立公司经营351家阿贝克隆比 & 费奇商店、167家阿贝克隆比商店、271家 Hollister Co.商店，以及5家RUEHL商店。它还经营电子商务网站 www.abercrombie.com、 www.abercrombiekids.com 以及 www.hollisterco.com。

尽管美国鹰牌没有像A&F那样悠久的历史，但在它1977年创办时也同样定位为运动用品商。美国鹰牌起初只供应男装，1995年后，它把重点转向青少年和大学生。2000年，美国鹰牌收购了两家加拿大的零售专卖店——Bluenotes/Thriftys 和 Braemar。Braemar 原来的商店改成以美国鹰牌为名，而 Thriftys 原来的商店则改为以 Bluenotes 为名——后者作为专卖店面向稍微年轻一点的顾客，更多针对城市里的青少年人群，提供粗斜纹棉布制作的服装。今天，美国鹰牌在美国50个州以及哥伦比亚特区、波多黎各拥有779家AE分店，在加拿大则拥有70家AE分店。此外它还通过 www.ae.com 开展网上业务。

尽管A&F和AE都从最初的模式转型了，但在它们所出售的服装中仍能嗅到一种粗野、运动的气息。两家零售连锁店都出售类似品种的保罗衫、裤子、T恤、牛仔裤和毛线衣等。所有的服装和饰品都挂着商店自有品牌的标签。很多商品都和运动息息相关。

A&F和AE两家之间的竞争异常激烈，A&F甚至在1998年向联邦法庭起诉AE，控告后者抄袭其服装款式和目录。法庭发现，虽然设计很接近，但是A&F的服装设计中并没有本质的特色可以通过商标来保护。不过法庭最后裁定：阿贝克隆比的目录设计和形象是应该受到商业外观保护的。商业外观是在营销或销售中使用的产品整体形象，由一些非功能性元素组成，包括设计、包装或商标（如颜色、包装形状或符号）。[1] 然而法庭也认为AE的目录中存在不相同的图像，并没有照抄A&F目录上的图像。

几年前，正是这些目录和网站主页把珍妮弗头一回吸引到A&F的商店里来。她回想起当时和几个女友浏览A&F的目录和网站时，看到一些肌肉强壮的男生特写。"我们就是冲着杂志上那些男生去的，"她说道。这种富有青春活力和动感十足的图像被商店里的标识进一步强化了，标识上放着穿得很少的长曲棍球手和去沙滩玩的年轻人的特写。阿贝克隆比 & 费奇在2001年推出一系列的紧身服，把这个形象发挥到了极致。紧身服现在是各家分店商品目录上最畅销的产品之一。

为了强化产品形象以及更好地和目标顾客沟通，2005年AE和MTV合作并赞助MTV春季新歌推介节目（MTV Spring Break）。作为主要赞助商，AE还是官方指定的服装供应商，为广播公司每年最大的盛事（2005年3月18日至20日从墨西哥坎昆市直播）提供服装。虽然AE的广告不像A&F的广告那样充满寓意，然而它的"欢聚"系列广告表现了大学生或高中生年龄段的青少年在跳舞，然后互相聚在一起和亲吻。

虽然A&F把宣传和营销的重点放在大学年龄段的顾客上，但很多青少年还是喜欢光顾它的商店。公司有点担心，如果他们的商店变成了青少年闲逛时候爱去的地方，那将会对商店形象造成不好的影响。于是开发Hollister连锁店就成了A&F保护自己形象的一个举措，同时也满足了日益增长的青少年市场的需求。

Hollister商店是独一无二的。其目标市场由14~18岁的顾客组成。商店里出售的商品比A&F所售的商品价格要低20%~30%。商品的风格也大不相同，采用更鲜艳的颜色和加大的标识。然而，很多青少年都没有注意到这些细微的区别，他们坚持说这些商品本质上都是一样的，只不过价格要低一点。

此外，Hollister商店比A&F商店的面积要小2 000平方英尺左右，商店设计也是完全具有自己特色的。虽然A&F商店在装修上传达的仍然是一种粗犷的户外感觉，但Hollister商店则呈现一派加州沙滩风情。他们希望顾客能产生一种正在参加沙滩派对的感觉。这种休闲的氛围为年轻的顾客提供一种令人愉快的购物体验。商店里的装修在一年当中任何时候都能激起顾客对炎炎夏日的美好畅想。

讨论题

1. A&F和AE的零售战略有什么差别（如果有的话）？
2. A&F和AE各自的品牌形象是什么？哪些词语或短语和两家零售商的品牌名称有联系？
3. 列举一些其他与A&F和AE有相同目标客户的服装专卖零售商。在竞争激烈的零售环境中，这些品牌是如何突出自身特点的？画一张产品定位图加以说明。
4. 哪一个（或哪几个）零售商的定位更具竞争优势？为什么？

[1] http://dictionary.reference.com/search?q =trade% 20dress, accessed October 31, 2005

资料来源：This case was written by Kristina Pacca, University of Florida.

案例9 Radio Shack和百思买：比比谁的账目更好看

Radio Shack和百思买两家公司都销售电子消费产品，然而各自的零售战略却不一样。Radio Shack针对3种以家庭为主的细分市场：（1）购买活跃的城郊家庭，家中有十几岁的小孩；（2）城区里偶尔购买的家庭，家中有13岁以下的小孩；（3）具有小城镇价值观的家庭，家中小孩可以是

任何年龄。这 3 种人口统计学分类的群体代表了美国人口的 38%，占电子消费产品市场的 46%。RadioShack 通过它的门店、货亭和网站，为家庭提供各种配件、电子消费产品解决方案和专利新型产品。

其目标市场内的顾客都很愿意为购物过程中的便利性、选择性和简捷性支付合理的价钱。该公司提供了优质的顾客服务，为家庭提供家用电器的解决方案，比如，它在建立品牌的宣传活动“有问必答”中就强调了这一点。

Radio Shack 在美国（包括波多黎各以及美属维尔京群岛）拥有 5 000 多家分店。这些商店的面积通常是 2 500 平方英尺，位于主流的商城、沿街购物中心以及独立铺位。每家分店都有种类丰富的电子消费品可供选择，其中既有自有品牌，也有全国知名品牌。店里出售的商品种类包括：移动电话和无线电话，家用卫星系统，各种电脑及配件，普通电池和特殊用途的电池，各种电线电缆及其他连接设备，数码照相机，无线电遥控车及其他玩具，卫星收音机，等等。此外，Radio Shack 有偿提供第三方服务，包括手机和 PCS 电话服务，家用卫星系统激活，卫星收音机服务，还有预付无线电视播放服务等。这家公司还拥有包括 2 000 家经销商的网络，为较小的市场提供服务；在山姆俱乐部的各家分店里经营 500 个售货亭，以及拥有 4 家制造工厂，生产自有品牌商品。

图表 1 Radio Shack 与百思买的财务数据

	Radio Shack 的损益表			百思买的损益表		
（单位：百万美元）	2004	2003	2002	2004	2003	2002
净销售额	$4 841	$4 649	$4 577	$27 433	$24 548	$20 943
销货成本	2 407	2 334	2 339	20 938	18 677	15 998
总利润	2 434	2 315	2 238	6 495	5 871	4 945
营业费用（销售和管理费用）	1 775	1 740	1 729	5 053	4 567	3 935
其他费用	101	92	83			
营业费用总计	1 876	1 832	1 812	5 053	4 567	3 935
净利润	558	483	426	1 442	1 304	1 010
员工数	42 000	39 500	39 100	109 000	100 000	98 000
销售空间（平方英尺）	12 760 000	12 430 000	12 490 000	28 300 000	26 400 000	24 200 000
可比较的商店销售额增长率	3%	2%	−1%	4%	7%	3%
	Radio Shack 的资产负债表			百思买的资产负债表		
	2004	2003	2002	2004	2003	2002
流动资产						
现金及等价物	$438	$635	$447	$3 348	$2 600	$1 914
应收账款	241	182	208	375	343	312
库存	1 004	767	971	2 851	2 607	2 077
其他流动资产	93	83	83	329	174	397
流动资产总计	1 776	1 667	1 709	6 903	5 724	
房地产、工厂、设备	652	513	422	2 464	2 244	3 089
其他资产	90	84	99	928	684	4 605
总资产	2 518	2 264	2 230	10 295	8 652	7 694
流动负债	958	858	828	4 959	4 501	3 824
长期负债	637	618	672	887	729	1 140
股东权益	923	788	730	4 449	3 422	2 730

资料来源：SEC 10K filings at www.sec.gov.

与 Radio Shack 的专卖店形式所不同，百思买在美国经营 700 个单一类别商店，还开办了一个网站。这些商店的平均面积为 42 000 平方英尺，通常在每个店里配备一个总经理、4~5 个助理经理、120 名全职和兼职员工。

百思买的零售策略的重点是：在零售环境里，使消费者和新技术亲密接触，并给顾客普及新技术和娱乐产品的各种特点以及给他们带来的好处。商店提供的商品可分成以下 4 类：电子消费品类、家庭办公用品类、娱乐软件类以及家电类。电子消费产品作为最大的产品类别，包括各类电视机、数码照相机、DVD 播放器、数码摄录机、MP3 播放器、汽车立体音响、家庭影院音响系统、移动电子产品以及各类配件等。家用办公产品的类别当中包括台式电脑和笔记本电脑、电话、网络设备以及各类配件。娱乐软件产品包括 DVD 光盘、视频游戏硬件和软件、CD 光盘、电脑软件以及各类订阅产品。家电产品类包括常见的家用电器，以及吸尘器、小型电器和家居用品等。

百思买还为 4 大类产品提供一系列的店内和上门服务。店内服务包括电脑的组装和维修、软件安装及移动电子产品的安装。上门服务包括电脑的组装和维修、软件安装、家庭网络布线，以及对电器和家庭影院系统的送货和安装。然而从 2004 年的财务情况来看，服务并非其总收入的重要组成部分，该公司认为服务收入将成为业务范围内更重要的组成部分。

讨论题

1. 使用图表 1 中经过简化处理的损益表和资产负债表中的数字，并利用图表 2 为 Radio Shack 和百思买建立一个战略盈利模型。你可以动手计算，或登录在线学习中心（OLC）的学生区域，使用所提供的战略盈利模型的 Excel 电子表格。点击“战略盈利模型”，然后点击通过“自己动手——战略盈利模型计算”。点击屏幕左下方的“电子表格：战略盈利模型”处。
2. 从市场营销的角度解释为什么你认为 Radio Shack 和百思买各自的总利润百分比、费用销售比率、净利润率、存货周转率和资产周转率都不相同？

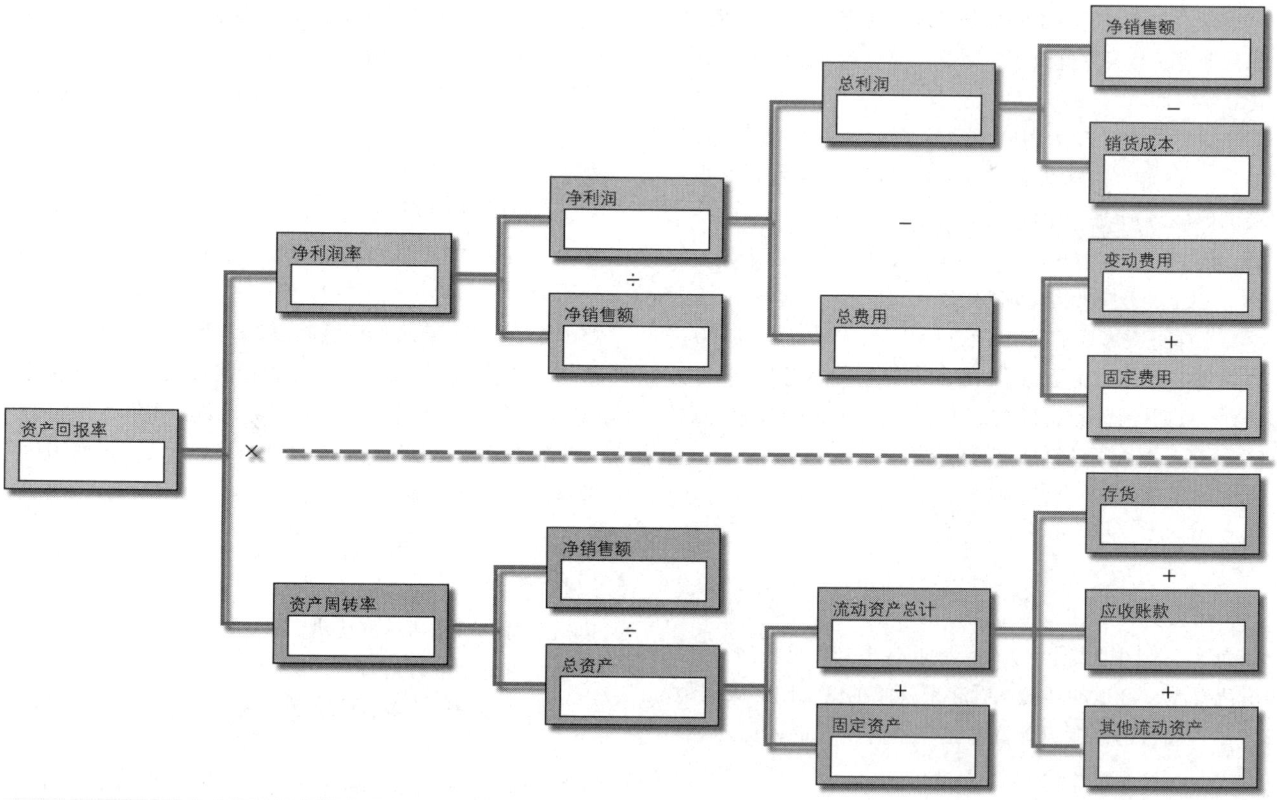

图表 2 战略盈利模型

3. 评价哪家连锁店的总体财务表现更好？为什么？

资料来源：This case was written by Barton Weitz, University of Florida.

案例 10 斯蒂芬妮时装店选址

斯蒂芬妮·威尔逊必须决定在哪里开设她已经考虑了很多年的成衣店。她已年近 40，离开大学以后就一直在市政府工作，她学的专业是艺术。离婚之后带着两个孩子（5 岁和 8 岁），很想有自己的店面，至少可以有更多的时间陪陪孩子。她热爱时装，觉得自己在这方面颇有天赋，她还上过时装设计和零售管理夜校。最近，她听说在她居住的中西部城市的市中心，要翻修一座旧式拱廊建筑。这个消息使她下决心马上行动起来，她考虑了 3 个地点作为店址。

市中心拱廊建筑

市中心商业区萧条有一段时间了。拟议中翻修拱廊建筑只是重新开发计划的一部分，现在已有一家新百货商店和几个写字楼开张运营了。完成全部重新开发计划预计要花 6 年时间。

这座拱廊建筑自 1912 年起就是市中心的贸易汇集地，但最近 15 年一直闲置着。拟议的翻新计划包括：开设三层的购物场所，一个低价加油站外加一个经批准的停车场，还有一个会议中心。一层计划开设 40 家商店，二层 28 个以上，三层为若干家餐馆。

斯蒂芬妮考虑的店址是在一层靠近主入口处约 900 平方英尺的地方，租金 20 美元/平方英尺，年租金为 1.8 万美元。如果销售额超过 22.5 万美元，租金则按销售额的 8%计算。她必须签订 3 年的租赁合同。

“繁华村”

斯蒂芬妮所住城市中翻修的市区外号叫“繁华村”，因为这个地区过去非常繁华。现在这里到处是整洁完好的褐色石屋，舒适的环境，看起来就像雅皮士们的聚居地。许多居民自己动手开始翻新工作，为自己的社区深感自豪。

现在“繁华村”地区有大约 20 家小型零售商店，与会议中心相邻。大部分是素食或者新式餐馆，也有 3 家小型女装专卖店。

可供斯蒂芬妮选择的地方在“繁华村”的主街上一所老房子的一楼，面积约 900 平方英尺，年租金 1.5 万美元（不包括其他费用）。房东认识斯蒂芬妮，租期为 2 年。

苹果树商城

这家位于郊外的复合购物商城开业 8 年了。这是一个成功的地区商业中心，拥有 3 家百货商店，100 家小商店，位于距市中心 8 英里以外的一条主要洲际公路边上。这里共有 9 家女式服装店，其中 3 家的价位比斯蒂芬妮自己计划中的价位高得多。

苹果树商城占了城市西南零售业的 1/4，过去一年那里发展速度放缓，然而，销售额还是比去年增加了 12%。斯蒂芬妮了解到在城东要建第二个购物中心，规模和特点与苹果树商城类似。但一年半以后才会破土动工，现在也没有租赁代理招揽租户。

苹果树商城可供斯蒂芬妮选择的店址与地方百货公司连锁店相隔两个店面，有 1 200 平方英尺，比另外两个选址稍大，但形状狭长——24 英尺宽，50 英尺长。租金是每平方英尺 24 美元，年租金为 2.88 万美元。另外，销售额超过 41.15 万美元时，租金为销售额的 7%，另外还加收 1%的公用地区维护费及商城促销费。租期 5 年，如果销售额在营业 2 年后仍未达到 41.15 万美元，可使用免责条款。

讨论题

1. 指出每个可选店址的优劣。
2. 每个可选店址各适合哪种类型的商店？
3. 如果你是斯蒂芬妮，你会选择哪个店址？为什么？

资料来源：This case was prepared by Professor David Ehrlich, Marymount University.

案例 11 哈奇：新店选址

戴尔·埃布尔是哈奇公司（Hutch Corporation）负责新业务开发的副总裁，6 月份他从巴哈马群岛出差回来之后，就着手开始为一家新店选个好位置。在预选之后，埃布尔将范围缩小到两个地点，都在乔治亚州。现在摆在面前的艰难任务是对每个地点进行详尽的分析，确定新店的店址。

公司背景

哈奇连锁店由约翰·亨利·哈奇森于 1952 年创建。哈奇森是一位音乐家和极为成功的保险推销员。他在弗吉尼亚州里士满设立公司的总部，管理办公室和两家仓储配送中心的其中一家也设在这里。目前，哈奇店在美国东南部和中西部经营 350 家价位适中的女式时装店。制造商将所有商品运往这些配送中心，供应商在这些商品上贴好价签、条形码和源标签（出于安全考虑），并挂在衣架上以便到店即可出售。商品送到配送中心后，经整理统一发送到各个商店。一些大宗商品如针织品则存放在配送中心。所有哈奇连锁店距离配送中心均在 400 英里以内，埃布尔解释说这样安排“使卡车司机在两天内就能把货物送至方圆 400 英里内的任何一家连锁店”。

哈奇时装店

哈奇时装店被认为是美国东南部领先的平价妇女时装连锁店。这些连锁店经营时髦的儿童装、少女装和女士服装，价位合理。除了主要的裙装、大衣和运动服装外，连锁店还出售全套的配饰。这些连锁店地处沿街购物中心和复合商城中，占地 4 000~5 000 平方英尺。

哈奇异码店

哈奇异码店主要位于沿街购物中心和复合商城中，与哈奇时装店极为类似，不同的是，哈奇异码店营业面积较小——2 000~3 000 平方英尺，主要经营大码和半码妇女服装。（某些妇女的服装尺码为半码，即她们需要较大的号但又不需要标准大号那么长。换言之，18.5 与 18 两个尺码相同，但前者专为稍矮的妇女裁制。）

哈奇时装*哈奇异码店

虽然哈奇时装店和哈奇异码店分别经营，但公司的目标是要将它们定位为单一实体。第一家联合商店于 1986 年成立，现在所有新店都是联合商店形式。哈奇时装*哈奇异码店联合商店占地 6 000~7 000 平方英尺，各有各的入口。隔离墙将两部分的前端分开，但共用后方的收银台和顾客服务区。这些商店主要设在沿街购物中心，在复合商城里偶尔也可见到（图表 1 是联合商店常用的布局）。

营销战略

顾 客

哈奇的目标市场是有中低收入、年龄在 18~40 岁之间的女性。埃布尔解释说：“我们并不只为某一个种族服务，而是面向喜欢新潮服装的妇女。”

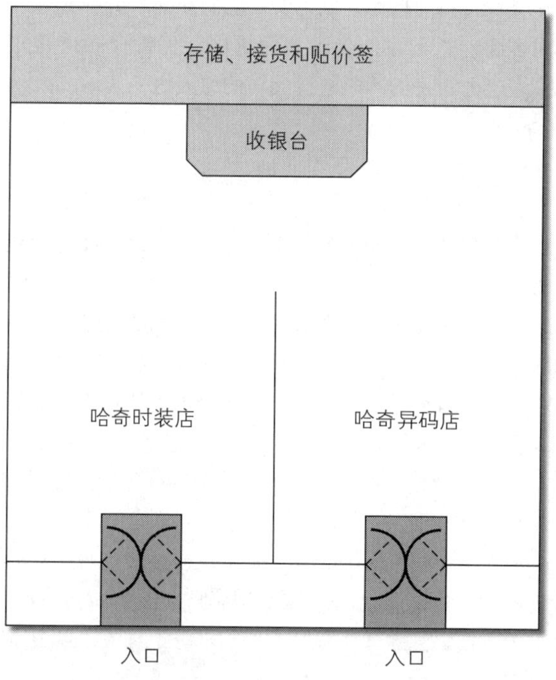

图表 1 哈奇时装*哈奇异码店布局

产品/价格

哈奇将商品和价位定在大众商品经销商和百货商品之间。在哈奇店里没有高档时装和设计师精品店。为避免与大型折扣店（凯马特和沃尔玛）、高级时装百货商店和专卖店直接争夺顾客，哈奇为自己量身定位。埃布尔说："我们产品的定价必须使顾客感到我们的产品时尚高雅，但又不太贵。"

店　址

哈奇店遍及美国东南和中西部，距离哈奇配送中心均在400英里以内。在这样的地理区域内，哈奇店所处社区的人口一般为1万~5万人，商业区为5万~15万人。这些店的店址主要针对从事工农业的中低收入人群。

哈奇店大部分位于沿街购物中心或沿街购物商城内——一般都有地方或全国性折扣店（沃尔玛或塔吉特）。另外，这些中心还有若干全国著名的当地商店，哈奇店主要与这些中心里的领头店毗邻。在复合商城里，只要租金可以承受，哈奇店一般都在临近"中心区"的主通道上选址。埃布尔说："我们不管它是不是当地唯一的购物中心。如果仅有的可选店址在商城的尽头，我们绝不会在那里设店。我们的目标是成为领头店的补充，分享到领头店来的客流。人们可能会说我们挑剔，租赁合同订得很苛刻，但这也是我们不断取得成功的原因之一。"

数据来源

埃布尔使用Claritas数据服务系统生成的报告决定新店的选址，他挑选出那些详细描述拟定店址方圆10英里情况的报告。图表2和图表3是这些报告的小结，包括详细的资料，即人口、住户、种族、收入、教育、就业数据和商店的零售额及商店数量。这些报告可体现出妇女服装销售状况，以及该商业区年人均潜在支出除以全国平均值所得的市场指数（见图表3）。达尔顿99指数，说明妇女服装潜在支出比全国平均支出稍低。最后，埃布尔采用Claritas/UDS的PRIZM生活方式报告。这些报告中包括人口数量及百分比、住户、家庭、性别、年龄、每户规模和房屋所有权。图表4为报告中的一部分。图表5描述了一些顾客组群名称。

潜在店址

达尔顿

达尔顿是美国地毯的主要生产地，因此地毯厂是达尔顿地区的主要就业场所。斯坦恩·马斯特（Stain Master）制毯业给该市供水造成极大压力。据说斯坦恩·马斯特所需水量是一般制毯商的7倍，很快成为该市的制毯大户。在谈及市场还能活跃多久时，埃布尔说："如果达尔顿地区发生严重旱灾的话，地毯厂就会被迫大幅减产。随之而来的下岗会使该市一半的人口失业。"

拟议的店址位于惠特菲尔德广场购物中心距市中心2英里的高速公路边上（见图表6）。同开发商会谈之后，埃布尔对这个沿街购物中心的各方面十分满意。他得知从高速公路上很容易看到这个中心，沃尔玛和克罗格（大型杂货连锁店）将成为该中心的领头店，停车位充足。另外令埃布尔满意的是拟议的店址距沃尔玛很近。但是令埃布尔感到不满的是，在中心外面有两个大型外建筑，这减少了停车场地，降低了中心的可见度（外建筑指在百货商店前的独立建筑，一般为快餐店、银行或加油站）。中心里其他的租户还包括一家全国闻名的鞋店、美容沙龙、两家受欢迎的餐馆（中餐馆和墨西哥餐馆）、中心尽头的麦克斯比蒂比萨店，以及中心中部的21世纪不动产培训学校。

海因斯维尔

同达尔顿一样，海因斯维尔有一个大雇主：斯图尔特堡（Fort Stuart）军事基地。埃布尔记得价格适中的商店在军事城镇里总是很赚钱的。此外，斯图尔特堡是一个快速反应部队基地。由于美国最近频繁参与各种国际事务，埃布尔很重视当地人说的一句话："如果这些人要调离基地的话，这个地方就会变成空城。"拟议中的店址是在119号洲际公路和美国82号高速路交汇处的塔吉特广场（见图表7）。塔吉特和另一家东部颇受欢迎的杂货连锁店是该广场的领头店。这两个领头店在广场中部，互相毗邻。可做店址的地点紧挨着塔吉特，占地6 800平方英尺，由3个较小的单元组成。广场里其他的租户还包括一家书店、一家水床店、一家鞋店、一家电子产品店、一家酸奶店、一家音像店和一家电影院。

图表 2

乔治亚州达尔顿市和海因斯维尔市中心方圆 10 英里内的人口和竞争数据图表

		达尔顿	海因斯维尔
人 口	2005 年预计	93 182	64 195
	1999 年估计	87 293	57 945
	1990 年人口统计	79 420	49 853
	1980 年人口统计	71 373	34 125
	1990~1996 年变化率	9.9%	16.2%
	1980~1990 年变化率	11.3%	46.1%
	营房区（军事基地）1996 年	0.9%	11.2%
住 户	2005 年预计	35 570	20 010
	1999 年估计	33 140	17 541
	1990 年人口统计	29 340	14 061
	1980 年人口统计	24 302	8 557
	1990~1996 年变化率	12.9%	24.7%
	1980~1990 年变化率	20.7%	64.3%
家 庭	1996 年估计	24 347	14 277
种族，1999 年	白人	92.0%	54.1%
	黑人	4.9%	38.3%
	美洲印第安人	0.2%	0.5%
	亚洲或太平洋岛民	0.6%	3.1%
	其他	2.3%	4.0%
年龄，1999 年	0~20 岁	31.2%	40.2%
	21~44 岁	37.1%	47.0%
	45~64 岁	21.7%	9.2%
	65 岁以上	9.9%	3.4%
	中位数年龄，1996 年	33.7	23.9
	男性	32.5	23.6
	女性	35.0	24.6
家庭规模，1999 年	1 人	21.0%	15.2%
	2 人	32.3%	26.6%
	3~4 人	38.1%	45.7%
	5 人以上	8.7%	12.6%
收入，1999 年	中等家庭收入	$30 516	$23 686
	平均家庭收入	$40 397	$28 677
性别（男性%）		49.1%	55.8%
教育，1999 年	25 岁以上人口	49 298	22 455
	无高中毕业证	41.0%	15.5%
	高中	28.6%	41.2%
	大学，1~3 年	19.1%	29.7%
	大学，4 年以上	11.3%	13.5%
行 业	制造业：非耐用品	42.3%	7.2%
	零售贸易	12.6%	23.3%
	职业与相关服务	13.3%	21.4%
	公共管理	2.2%	20.0%
零售额（000）	总额	$706 209	$172 802
	普通商品商店		
	服装店	$26 634	$9 339
零售企业数量	普通商品商店	12	3
	妇女服装店	21	8

图表 3
妇女服装销售潜力指数

	地区销售额（百万美元）	人均地区销售额（$）	美国人均销售额（$）	指数（地区销售额÷美国销售额）
达尔顿	18.01	206.26	207.65	99
海因斯维尔	8.97	154.74	207.65	75

图表 4 PRIZM 相邻组群

PRIZM 组群	1999 年人口	人口百分比	PRIZM 组群	1999 年人口	人口百分比
达尔顿			矿井与工厂	7 694	8.8
小池塘里的大鱼	4 727	5.4%	乡村人口	4 293	4.9
新宅地所有人	6 030	6.9			
红、白、蓝领	31 123	35.7	海因斯维尔		
乡村蓝领	8 881	10.2	军事区群体	45 127	77.9
乡村工业蓝领	12 757	14.6	矮松公寓人口	3 476	6.0

图表 5 PRIZM 生活方式组群

小池塘里的大鱼

小城镇管理人员家庭；中上收入；年龄组 35~44 岁，45~54 岁；白人为主。该组群已婚，注重家庭生活，比较保守。社区较老。该组群被称为地方工业队长，投资于家庭和俱乐部，在美国境内驾车度假。

乡村工业蓝领

低收入，蓝领家庭；中低收入；年龄组 24 岁以下，25~34 岁；白人、西班牙裔美国人为主。在美国乡村路边形成了几百个蓝领工厂城镇，组成了该区的非工会劳动力。

矿井与工厂

老龄家庭；矿井与工厂市镇；贫穷，年龄组 55~64 岁，65 岁以上；白人为主。从阿巴拉契亚山脉，穿过欧扎克山脉到亚利桑那州，北到密苏里州，这个组群名副其实。这个老龄化人口中大部分单身、儿童较少，住在风景宜人的地区。

乡村蓝领

乡村蓝领工人及其家庭；中等收入；年龄组 35~44 岁，45~54 岁；白人为主。主要居于东北部、东南部、大湖区和皮德蒙特工业区。从事蓝领工作；大部分已婚，有学龄子女。经常上教堂，喜爱打保龄球、打猎、缝纫及赛车。

乡村人口

老龄农场家庭；中低收入；年龄组 55~64 岁，65 岁以上；白人为主。该组群主要聚居在东部高原，沿宾夕法尼亚州波科诺斯市到阿肯色州欧扎克市一带。参观过他们在布兰森、密苏里或加特林堡、田纳西球场的人都会证明这些地区是美国蓝领最多的地区。在“圣经”地带，许多乡村蓝领都信奉基督教，热爱乡村音乐。

矮松公寓人口

老龄非裔美国农场家庭；贫穷；年龄组 55~64 岁，65 岁以上，黑人为主。该群体聚居于从詹姆斯到密西西比河地区的大西洋沿海平地及海湾诸州。在这些潮湿沉寂的乡村地区，黑人和白人居民混杂，过着悠闲而节奏缓慢的农村生活。

新宅地所有人

年轻中产阶级家庭；中等收入；年龄 35~44 岁，45~54 岁；白人为主。该群体大都受过大学以上教育。在当地服务行业做管理人员或专职人员，如行政管理、通信、卫生及零售业。大部分已婚；年轻人有子女，上年纪的人无子女。家庭生活以手工、露营、运动为主。

红、白、蓝领

小城镇蓝领家庭；中等收入；年龄 35~54 岁，55~64 岁；白人为主，技术工人就业于矿井、工厂、制造和建筑行业。主要聚居于阿巴拉契亚、大湖工业区及西部高地，喜爱户外活动。

军事区人口

GIs 及周围军事基地家庭；中低收入；年龄 24 岁以下，25~34 岁；多种族。由于这个群体生活为军事生活，人员集体住在军事基地，故人口构成反常。种族混合，人口多在 35 岁以下，这一群体喜爱开快车，去酒吧，从事剧烈体育运动。

图表 6

乔治亚州达尔顿的惠特菲尔德广场购物中心

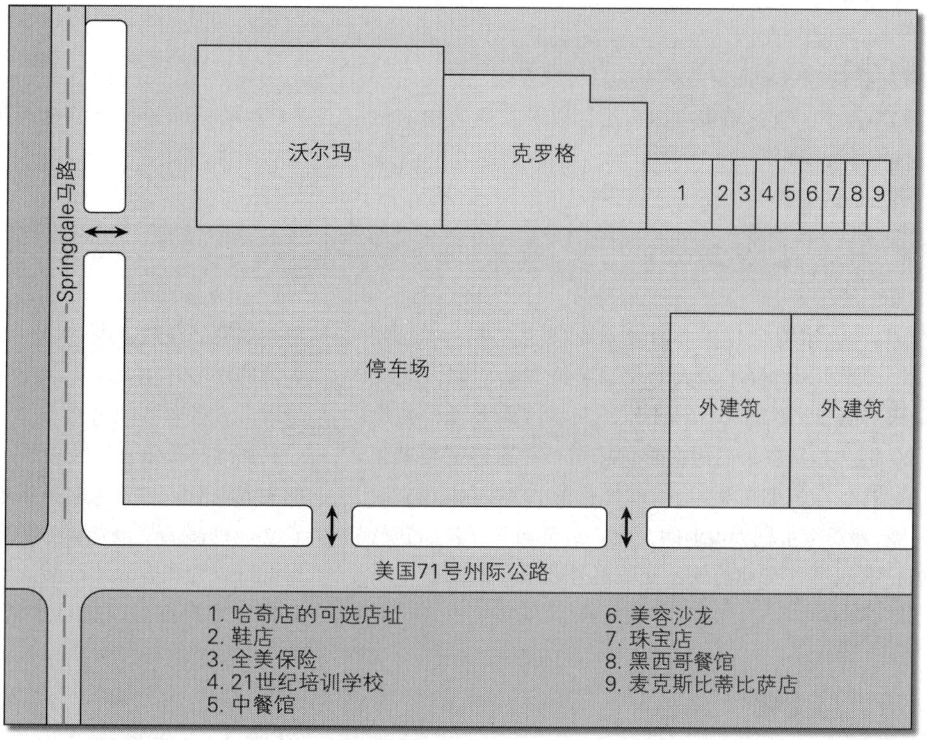

图表 7

位于乔治亚州海因斯维尔市的塔吉特广场

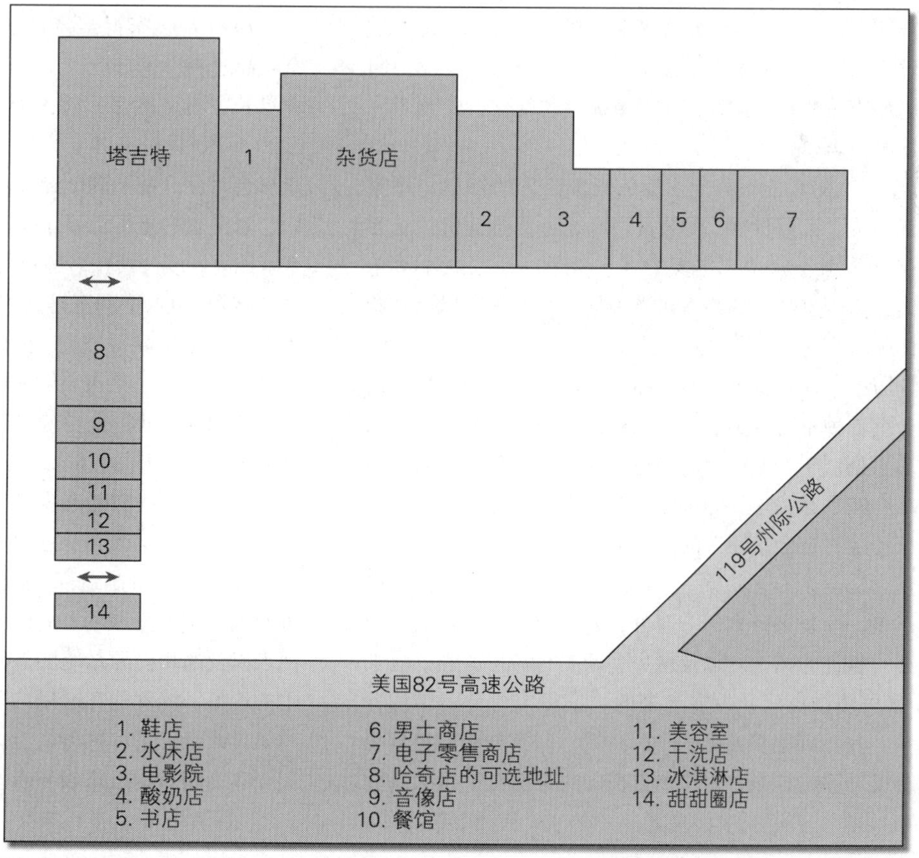

讨论题

1. 比较住在商业区的人群与哈奇的目标顾客。
2. 拟议的店址，包括城市、租户组合以及在商店中的位置，如何符合哈奇的选址要求？
3. 你会选择哪个地点？为什么？

资料来源：This case was written by Michael Levy, Babson College.

案例 12 家得宝另谋出路

家得宝建于乔治亚州亚特兰大市，现已发展成为世界上最大的家居装饰专卖店以及全美第二大零售商。对任何一家零售商来说，持续增长 20 年已非易事，然而由于快速增长，家得宝与其创始人伯纳德·马尔克斯和亚瑟·布兰克在 1978 年刚建立时相比，已经发生了翻天覆地的变化。由公司新任首席执行官鲍勃·纳尔德利推动的种种变革更是改变了家得宝一贯的做事风格。

公司历史与文化

家得宝起步之初的头 20 年，伯纳德·马尔克斯担任首席执行官。1997 年亚瑟·布兰克接任其合伙人在公司的最高地位。在家得宝的建立过程中，马尔克斯与布兰克一同为家居装饰品的购买过程带来了革命性的变化，开创了一种全新的商店模式。

“仓库”一词能很好地形容家得宝商店的布局。每家分店都储备了大量货物，使公司可以通过保持低价位获得竞争优势。由于家得宝主要的客户是个人业主或小承包商，因此商店也会为那些不知要买点什么的顾客提供经验丰富的顾客服务。实际上，公司还进一步提供“怎么做”的咨询服务，在家得宝大学举办时间长达 4 周的课程，给顾客介绍各种不同的家居装修工程，如怎样贴瓷砖和填塞浴室漏水处。于是家得宝成功地把低廉价位和优质服务的战略结合在一起，这在零售业当中是很少见的。

家得宝“自己动手”的广告语并不只针对顾客，这一经营理念从创始人开始就一直熏陶并融入整个公司。家得宝并不是一个复杂计划的一部分，而是由一个成功的商业理念、一群优秀的人才以及对一些新工程进行的尝试（如 Expo 家居装饰商店）发展起来的。家得宝的公司结构非常扁平，找不到很多常见的公司政策。每家分店的经理也履行自己动手的原则，对多个方面的决策都具有很大的权限，如商品摆放、做广告、为某一区库存选址等。因此与美国的许多其他全国零售连锁店相比，家得宝商店的商品呈现方式各有各的风格。

而这种决策扁平化使得经理们对商店的业务拥有更强的主人翁意识。公司的员工对公司怀有极大的忠诚度和自豪感。许多商店雇员都在家居装修方面具有丰富的背景，因此可以为顾客介绍经验。通过建立一支干劲十足的员工队伍，家得宝得以履行承诺，即提供无与伦比的顾客服务。

寻找下一个接班人

1999 年，家得宝公司上下洋溢着一片成功的喜庆气氛：超过 900 家分店，市场份额达到 24%，还准备了好几套增长方案。然而，过去的成功并不意味着将来的成功。2000 年 10 月份家得宝的股价直线下跌并徘徊不前，公司董事会对此日益不满。经过对战略、商店和人员的讨论之后，家得宝的董事们终于采取行动，去物色一个在他们看来有能力延续公司在销售和利润方面增长速度的新领导人。

鲍勃·纳尔德利正是董事会要找的人。当时纳尔德利正在努力争取赢得杰克·韦尔奇在通用电气公司的首席执行官，却输给了杰夫·伊梅尔特。虽然没被通用重用，但纳尔德利的职业生涯的确可圈可点。从他在西伊利诺伊州立大学踢足球开始，到以制造工程师身份进入通用工作以来，纳尔德利一贯的态度是坚持不懈和玩命地工作。经过艰苦努力，纳尔德利登上通用生产副总裁的位置，继而离开通用投入设备制造商 Case 麾下，做执行副总裁，然后再回到通用负责加拿大的设备业务。他作为通用交通的一把手以及通用能源系统的首席执行官，继续体现自己在通用的价值。纵观他在通用的职业生涯，人们都承认纳尔德利颇具改善经营和执行的能力，但不幸的是，没人认为他是个实力相当的战略领导者。纳尔德利一直相信自己最终将会成为韦尔奇合适的接班人，因此当伊梅尔特的任命被宣布时，纳尔德利非常失望。2000 年 10 月，家得宝迅速把纳尔德利收归旗下，任命他为家得宝的首席执行官。从此纳尔德利把精力转而投入到发展家得宝的大计中。

家得宝的一系列变革

自从纳尔德利成为家得宝的一把手以来，这家公司经历了种种重大变化。家得宝正在向更为集中的组织模式转变，这样可以更为有效地管理拥有分布在加拿大、墨西哥以及美国的 1 400 家分店的日常运营。例如之前由 9 个区域部门负责的采购任务现在集中到公司在亚特兰大的总部。整体上来说，这种整合对公司是有好处的；采购员可以用更低的价格买到数量更大的货物，但是对于奉行“自己动手”的分店经理来说又会有什么样的影响呢？一如既往玩命工作的纳尔德利希望身边的人的态度也能和他一样，他频繁召开会议，把周末也当成工作日。

尽管一种“能做到就一定会做到”的氛围正是执行纳尔德利各种计划所必需的，但是如此快速地把松散扭转为务实，这在公司内部引起了一些担忧。刚上任的头 19 个月之内，纳尔德利就损失了 39 名中的 24 名高层管理人员，并引进了一些新面孔，很多都不是来自零售行业的。其中一个新来者是由新首席执行官钦点的，正是来自通用公司的丹尼斯·多诺凡。纳尔德利对多诺凡的工作能力充满信心，让他做人力资源部门的主管，给他相当高的薪酬。

受到变革影响的不仅仅是家得宝的员工。在过去，家得宝的退货政策是不问理由就退回现金。尽管这是一项相当不错的顾客服务，但是没有要顾客提供收据的种种限制，滥用这项政策的情况就很难控制了。现在新的退回措施是顾客不能提供收据的话就只能得到商店信用，家得宝因此每年能省下近 1 000 万美元。

纳尔德利正在把通用的思维方式，即以强调效率的严格衡量为特征的思维方式，应用到他的公司里。家得宝正在运用通用的六西格玛质量控制方式，并迅速加强公司对互联网的利用。另一个新重点是人员培训与评估。纳尔德利来之前，家得宝有过 157 种不同的人员评估表格。现在，全部 295 000 名员工只需用两张不同的表格就能进行评估。

这些变革并不表示公司对发展员工的兴趣减少了。实际上，纳尔德利正在尝试创造一种能凸显员工个人能力的环境。在位于亚特兰大的家得宝总部，公司正在组建一个领导才能培训班，为颇具潜力的行政管理人员提供各方面的课程，如领导能力、商品促销、商店筹办、财务运营以及六西格玛等。纳尔德利希望创造一种“培训氛围”使得继任规划成为首选，从而避免像近期发生的要在公司外头引进首席执行官。尽管纳尔德利做出许多努力，但市场对家得宝却不太仁慈。在纳尔德利上任的头 6 个月里，家得宝的股价从 39 美元升到 53 美元，但在宣布第一季度的利润增长率为 35%之后，股价莫名其妙地下降了 10 个百分点。虽然每季度的收入仍像过去一样持续增长，但不幸的是，家得宝的股价却没有显示出这种增长趋势。

竞争与增长潜力

家得宝不仅要与自身发展过程中产生的种种痛苦作斗争，还得随时应对来自劳氏公司日趋激烈的竞争。劳氏公司把商店开在与家得宝直接竞争的地方，而且其增长速度比后者更快，成为家得宝将来发展大计中不得不考虑的因素之一。劳氏公司最大的优势在于其商店设计中“仓库”的意味减少了，取而代之的是过道变宽和照明更佳了。商店外观也许不是关键因素，但是对于一个女性购物者来说，这种区别特征的确是有意义的。而且现在女性在购买家居装饰品中所占的比例越来越大了。家得宝正通过降低货架高度，提供不同的商品组合，对商店外观进行重新装修，使之更为新潮，来应对这种新情况。

家得宝要拓展针对个人客户的强势业务，目前正开设多家专为承包商、开发商、包工头或维护人员而设的专门店。此外公司还希望通过收购欧洲的家居装饰公司来实现扩张。

讨论题

1. 家得宝持续增长的最佳途径是什么？
2. 在推出新政策和竞争日趋激烈的条件下，家得宝还能保持它目前的市场地位吗？
3. 要精简家得宝业务的话，提高运营效率和加大管理的集中度是否奏效？
4. 公司文化的变化会给行政人员、管理层以及员工带来什么样的影响？

资料来源：This case was written by Cynthia Wongsuwan, University of Florida.

案例 13 沃尔玛能改善其公司形象吗

公司背景

由萨姆·沃尔顿创建的这家公司成为世界第一的零售商。该组织发展成为各种零售模式，包括沃尔玛商店、超级中心、山姆俱乐部、邻里市场、网上业务以及全球业务。截至 2005 年 4 月，沃尔玛的业务遍及以下国家：

国家	商店数目	国家	商店数目
阿根廷	11	韩国	16
巴西	151	墨西哥	700
加拿大	261	波多黎各	54
中国	45	英国	286
德国	89	美国	3 719

随着沃尔玛的发展壮大，公司也创造了大量的就业机会。根据公司主页显示："沃尔玛在美国拥有超过120 万名员工。沃尔玛在美国大部分的商店钟点工都在全职工作。这比零售业通常只有 20%~40%的比例要高很多。我们在雇用西班牙裔美国人方面是数一数二的，共有超过 139 000 名西班牙裔的员工。沃尔玛在雇用非洲裔美国人方面也走在前列，共有超过 208 000 名非洲裔员工。我们有超过 220 000 名员工年龄在 55 岁或以上。我们计划在 2005 年提供超过 100 000 个新的工作岗位。"

沃尔玛面临的批评

多年来沃尔玛收到不少有关其劳工和管理行为方面的负面舆论。作为一家大公司和雇主，沃尔玛在发展过程中难免会受到关注和成为批评的对象。引起关注的焦点包括：歧视女性、抵制工会、支付低薪并减少员工福利、雇用那些使用非法移民的承包商、发展速度太快等。有建设性的批评帮助了沃尔玛改善经营状况，但是如果这些建议成了无中生有的攻击，有损公司形象的话，公司也会加以抵制。

使用广告宣传改善公司形象

为了改变负面评论，改善公共形象，沃尔玛开设了一个信息网页：http://www.walmartfacts.com/Default.aspx；让高管人员在 ABC、CNN、福克斯和 CNBC 的访谈类节目上露面；在超过 100 种报纸上刊登整版广告。沃尔玛正在奋力还击各种批评者和特殊利益群体，消除对其雇用员工和开展业务方面的种种误解。

为了讲述沃尔玛的故事和消除各类误解，网站包括公司新闻和新闻发布会的内容，详细描述公司在影响和参与社区的各项活动，说明员工福利和工资，通报公司目前陷入法律纠纷的进程。这个非营利网站还概要地说明了沃尔玛提供多样化和平等雇用机会的政策、国际经营状况、员工提升战略、慈善捐款、商品分销等情况。网站的一个重要目的是帮助员工、消费者、记者以及投资者更好地了解公司。

为了接触大众媒体和维护自身形象，沃尔玛的首席执行官 H.李·斯科特出现在许多电视网——包括 ABC、CNN、福克斯和 CNBC 的访谈类节目中。他还接受了《今日美国》和美国联合通讯社的采访，作为这个展现沃尔玛公司正面形象宣传活动中的组成部分。

沃尔玛在 2005 年 1 月 13 日那天，在包括《纽约时报》和《华尔街日报》在内的超过 100 种新闻报纸上刊登了整版广告。这些广告中有一封五段长的信，是首席执行官斯科特回应有关沃尔玛报道的不实消息所写的。为了显示正确的数据，这些全国性报纸刊登的广告声明：沃尔玛全职钟点工的平均工资是 9.68 美元，这几乎是联邦最低每小时工资 5.15 美元的两倍。

讨论题

1. 这种广告宣传能否改变沃尔玛在员工、消费者、投资者及媒体心目中的形象？
2. 沃尔玛还能采取什么行动来改善其声誉？
3. 访问沃尔玛的主页 http://www.walmartstores.com，然后点击校园招聘栏目。浏览该网页的内容。如果沃尔玛来你的学校做宣讲，你会考虑应聘沃尔玛吗？为什么？

资料来源：This case was written by Hope Bober Corrigan, Loyola College in Maryland.

案例 14 雅芳欢迎多样化

在雅芳这家全美最大的化妆品公司，女性一直扮演着重要的角色。来自新罕布什尔州温切斯特市的 P. F. E. 阿尔比夫人率先推出了该公司如今已著名的直销方式。从 1886 年开始，女性就一直在销售雅芳的产品，这比美国妇女争取到投票权还早了 34 年！今天，雅芳的销售代表达到 350 万人，产品远销全球 143 个国家。

尽管雅芳的大部分员工和客户都是女性，但在此之前公司一直是由男性经营的。然而，自从 20 世纪 80 年代以来出现一系列战略决策失误之后，该公司大大增加了女性和少数族裔参与行政管理的人数。这一决定增加了管理层的人员多样化，并成为雅芳公司的财务表现得以改善的重要原因。

现在雅芳公司被公认为管理层人员多样化的先行者。雅芳比其他《财富》500 强公司在管理职位上更多地启用了女性（86%）。董事会成员中有一半是女性。公司开展了许多项目保证女性和少数族裔有机会得到发展和晋升。在美国以及其他地方，雅芳公司都有内部的员工圈子，包括父母圈子、西班牙裔圈子、黑人职业协会以及亚裔圈子等。这些圈子成为员工与管理层之间的纽带，及时反映可能会对工作环境和市场造成影响的重要情况。

20 世纪 70 年代，当时雅芳公司的高层管理团队清一色由男性组成，他们试图改变公司的战略时，很多问题就出现了。公司自己做的市场调查显示：有越来越多的女性进入劳动力队伍中并选择专业性较强的工作，化妆品的需求将会发生变化，因此对这些女性来说需要有新颖的销售方式。然而管理层却对这些调查结果置之不理。于是销售速度开始放缓，而公司却通过采取一些不相关的多元化措施作为应对。最后，在公司面临破产之际，新的高层管理团队临危受命。在首席执行官吉姆·普雷斯顿的领导下，雅芳公司从根源处进行重新定位，重新把销售对象对准女性市场，不过这个市场的内涵已大为不同了。

普雷斯顿意识到雅芳的客户需要在高层管理人员中有所体现。他制定了快速提拔更多女性到更高层岗位上的政策。此外，普雷斯顿还把公司的组织文化转向更能体现员工需要的方向上。比如说，公司改变每季度都购买纽约尼克斯队和纽约扬基队门票的做法，转为每季度购买纽约城市芭蕾舞团和纽约爱乐乐团的演出入场券。雅芳公司转向国外市场，以谋求更高的增长幅度。普雷斯顿对几个主要女性管理人员大为赞赏，因为她们有力地支持了国际推动策略并使之朝正确的方向发展。现在，很多新进的经理都是来自全世界不同的分支机构。

从雅芳公司高层管理人员的构成中可以看出普雷斯顿的眼界。钟彬娴（Andrea Jung）作为董事会主席和首席执行官，苏珊·克罗普夫作为总裁和首席运营官。执行委员会的成员以及公司高层中超过半数都是女性。显然，雅芳公司已经改变了自己原有的文化，并接受了多样化的力量以及多元文化。

新的管理团队通过顾客销售代表网络，依靠雅芳公司本身强大的品牌效应和分销渠道，开展了一系列促进增长的活动。现在，雅芳公司是世界领先的美容及相关产品的直销商，年收入达 68 亿美元。雅芳公司的产品线包括以下这些耳熟能详的品牌，如：雅芳 Color、Anew、Skin-So-Soft、雅芳 Solutions、Advance Techniques Hair Care、雅芳 Naturals、Mark 以及雅芳 Wellness 等。雅芳公司还经营时尚珠宝和服饰的多样化系列产品。欲了解更多关于雅芳公司及其产品的信息，可以登录公司的网站：http://www.avoncompany.com。

最近雅芳北美的销售代表一共卖出 4 000 万支唇膏，这使得雅芳公司在大众市场上销售排名第一。雅芳的品牌 Anew 在全世界抗衰老护肤产品线上也稳坐头把交椅。Advance Techniques 护发系列产品为各种发质、不同年龄层以及不同种族背景的顾客提供高品质的产品，以适应全世界多样化的消费者群体。

雅芳 Wellness 在女性及其家庭当中推广一种平衡、健康的生活方式，其中包括一系列营养补充品、体重管理系列产品以及治疗性产品。在 2005 年，雅芳与健身方面的先行者 Curves 公司合作（该公司是一家国际健身特许经营企业），帮助女性在外观和内在都达到最佳状态。通过合作，雅芳 Wellness 将提供一系列 Curves 品牌的健身与健康饮食配套方案。

在长达 119 年的历史当中，雅芳首次开始关注男性的需求和愿望，作为其中一个商品目录，为他们提供护肤产品和配套方案。男士用品目录为男性提供了多种护肤产品。

最后，雅芳为多达490万人的独立销售代表队伍提供技术支持。一个电子订购系统让销售代表能更有效地开展业务并提高运作的准确性。雅芳的销售代表通过使用互联网实现电子化处理业务。在美国，雅芳的销售代表使用一个名为youravon.com的在线营销工具。这个网站帮助销售代表通过建立自己个性化的网站（与雅芳合作建立起来的）实现在线销售，从而开展自己在雅芳独立的业务。雅芳的电子代表可以推销特别产品，定位特定的顾客群体，在线下订单以及跟踪订单，利用电子邮件共享产品信息、销售秘诀以及促进营销手段等内容。

讨论题

1. 为什么雅芳对多样化如此推崇？
2. 为什么没有更多的零售商追随雅芳的做法？
3. 雅芳在制定新战略时，越来越多的多样化现象是如何为其带来益处的？
4. 评价雅芳目前面临的新机遇。

资料来源：This case was written by Barton Weitz, University of Florida.

案例15 阿贝克隆比＆费奇：招聘俊男靓女

服装零售商阿贝克隆比＆费奇经常从大学校园里招聘员工，以及在大型购物商场里头物色长相好的年轻人并极力推荐他们来应聘。这家公司以建立一支长相好的员工队伍而闻名，大量招聘年轻的俊男靓女，来和它“完全美国式”的品牌形象相衬托。阿贝克隆比＆费奇把这些相貌俊俏的销售人员称作“品牌大使”，他们提升了公司的品牌形象，并为顾客在商店提供更好的购物体验。

在零售业物色长相好的员工是一种必要趋势吗？招聘一支相貌吸引人的销售队伍的做法是否明智、是否必要，能否使商店在竞争激烈的零售环境中显得与众不同？销售人员就必须和零售商的目录和主页上所显示的形象相仿吗？“完全美国式”就意味着高挑苗条、肤色白皙、金发碧眼吗？如果商店里的员工都是相貌一流的大学生，其他人会愿意来商店购物吗？零售经验和能力与漂亮的脸蛋相比，哪个更重要？

在物色长相好的员工时，公司将面临歧视性招聘行为的法律风险。招募长相好的员工虽然没有触犯法律，但由于年龄、性别、种族、国籍、身体残疾或少数民族等原因产生的歧视却是违法的。雇主可以建立并强制要求员工执行保持良好外表的标准。如果雇主有能力证明其中一条受保护的特征确实是出于职业要求，那么第七项条款的例外情形则是可能的。

2003年阿贝克隆比＆费奇在两桩涉及阶层诉讼的案子中被指控存在歧视性招聘行为。黑人、亚裔、拉丁裔的原告声称他们被拒绝从事销售的岗位。这些员工被调去做在仓储间或维修部门等很少露面的工作。

阿贝克隆比＆费奇并不承认自己犯法，并否认公司参与任何歧视性行为，不过它为几千个少数族裔和女性原告支付了4 000万美元才把案子摆平。该公司同意：任命一名新副总裁来显示自己的多样性，使用各种标准，培训所有招聘员工的经理，招聘25名新员工，试图改变白种人、完全美国式的形象，并能更准确地显示各分店中求职人员的构成。和解协议还要求阿贝克隆比＆费奇在促销材料中增加反映人员多样性的内容。

讨论题

1. 为什么阿贝克隆比＆费奇在招聘员工时要考虑相貌的因素？
2. 如果从商业角度看，你觉得这是个好主意吗？如果从道德的角度或者从法律的角度来看呢？

资料来源：This case was written by Hope Bober Corrigan, Loyola College in Maryland.

案例 16 劳森运动服装店

“我们急需供应商拿走压在我们身上的包袱，”劳森运动服装店的库存经理克利夫顿·莫里斯说，“在过去两年里我们的销售额增加了 20%，但是我手下的人已经赶不上这种增幅了。”

基思·劳森是劳森运动服装店的总经理，他研究完显示销售趋势的彩色图表之后，回答道：“我想都没想过自己会为销售额的增加而犯难，但显而易见的是现在销售已经不受我们控制了。我们必须有所行动，这就是我们今天开会的原因。”

劳森运动服装店是由乔治·劳森于 1963 年在美国西南部一个主要城区创建的。5 年来，劳森运动服装店在运动服装市场上成绩斐然。1995 年乔治·劳森离任后，他的儿子基思·劳森接替了他的位子出任总经理。从一开始，基思就显示出自己确实有能力使公司的业务更上一层楼。当时他刚拿到 MBA 学位，就马不停蹄为劳森运动服装店寻找新的市场。他立刻与两家主要大学联系，取得这两所学校的运动系体育队服装购买的 4 年独家合同。没过多久，劳森运动服就在学生之间广受欢迎。需求的增加促使劳森运动服装店又多开了两家零售分店。2006 年秋，销售额的增加超过了预期。尽管公司在市场上的名声很好，但是销售的增长却带来其他方面的重要问题。

开始时公司的经营还比较顺利，库存管理部门对大部分程序进行了更新。莫里斯强调对总库存维护过程的规范化是非常重要的，以此适应日益提高的库存周转率。当时销售增加了 20%，而不是 2006 年预期的 12%。正是这一快速增长导致了库存管理部门里一连串问题的发生。为了暂时缓解存货的积压问题，劳森授权莫里斯再租一个仓库（参见图表 1 中 2006 年 7 月份的补货水平）。经决定，在总库存的储存成本中最多不超过 16%将投入到次佳盈利商品库存中去。

由于担心不能按时交货，莫里斯约见各供应商，要求他们能更及时地向劳森运动服装店供货。当他表示公司将

图表 1
2006 年劳森运动服装店的销售额

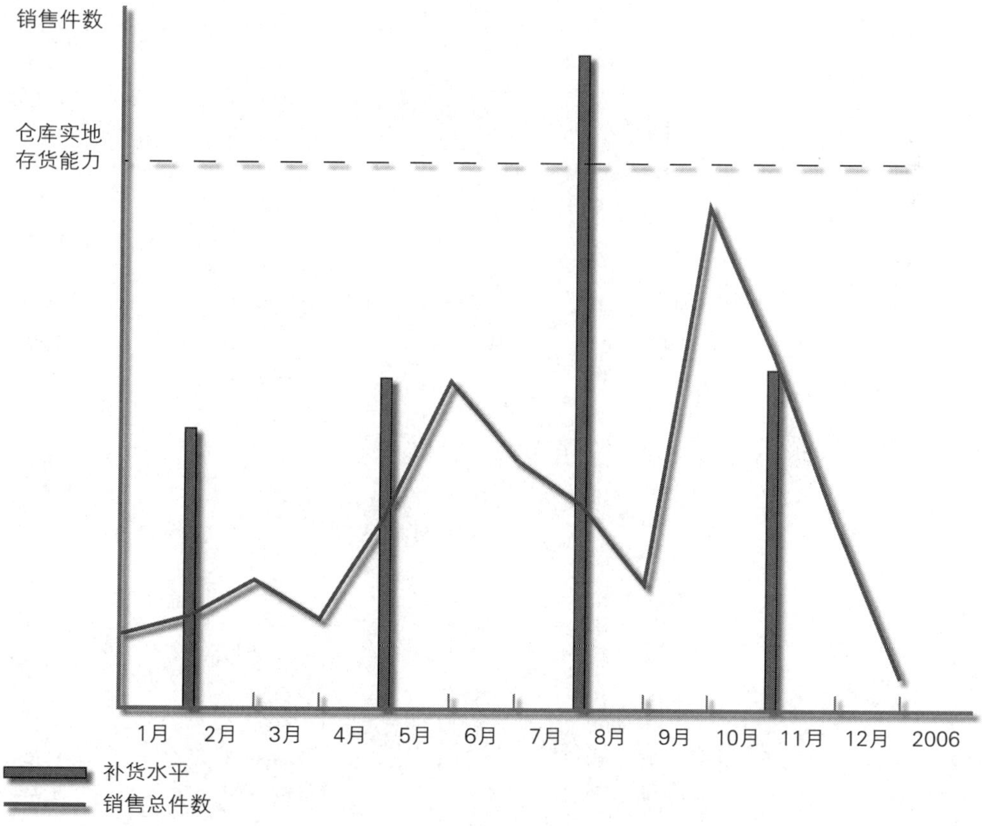

不会接受任何原因的延迟交货时，有两家主要的供应商对莫里斯如此缺少灵活性表示了忧虑，并提出价格让步的要求。他们断然宣称，如果莫里斯提出的要求想要得到满足的话，就必须提供现金付款或者降低数量折扣。莫里斯对这些意见置之不理，并警告说他在这件事情上的强硬态度，他还说劳森运动服装店随时都可以找到新的供应商。经过漫长的讨价还价之后，双方僵持不下，已经无法控制局面了，两家大供应商决定终止与劳森公司的合作。

会议结束后，莫里斯收到劳森写的备忘录。劳森对余下的各家供应商可能存在不合作态度表示了担忧。他在留言条里说，由于劳森运动服装店一直持续发展，公司应该对供应商保持一种更为合作的姿态。他说他相信，公司需要一种有内聚力的氛围，和余下的各渠道成员特别是供应商进行合作。

接下来的6个月当中，莫里斯没能顺利找到一家或以上可以按时按点给劳森运动服装店供货的大型供应商。附近多家中学对该公司的产品需求量越来越大，莫里森不得不囤积起过量的库存避免供应不足的局面发生。6个月之后，公司会计部门发来的备忘录提出了这个问题反映在账面上的严重性。会计经理罗杰·诺尔斯在备忘录里单列一条：库存维护费用/保安费用成本太高了（详情参见图表2）。他建议寻找一条替换库存措施来降低这些成本数额。他特别提到了对额外仓库的租金额基本停留在16%，已超过了最高值。

基思·劳森立即准备开会，要求高层经理们提交解决这个问题的方案。

“我真不该让那些供应商退出，”莫里斯说道，“这对我们的形象造成了不良影响，现在我们尝到苦果了。”

图表 2

（年终12月31日）各年利润与损失对比

	2007（预期，$）	2006（$）	2005（$）
净销售额	165 000	120 000	100 000
销售成本			
年初库存	7 000	6 000	4 000
净采购额	140 000	92 000	62 000
	147 000	98 000	66 000
年终库存	9 000	7 000	6 000
	138 000	91 000	61 000
总利润	27 000	29 000	39 000
支出			
库存维护费	7 500	5 250	750
租金	2 500	1 250	250
保险	4 500	3 500	1 500
利息	4 500	2 500	1 000
销售	3 500	2 500	2 000
促销	7 500	5 500	4 000
供应	2 750	1 500	250
其他项目	2 250	1 500	250
	35 000	23 500	10 000
经营净利润	(8 000)	5 500	29 000
其他收入			
股息	925	750	450
利息	825	600	350
其他项目	650	400	200
	2 400	1 750	1 000
税前净利润	(5 600)	7 250	130 000
收入税扣除	1 008	1 305	8 100
税后净收入	(4 592)	5 945	21 900

“现在担心这个也于事无补了，”劳森责怪道，“相反，我们要想出办法来有效应付需求，而不能增加成本影响到利润。你要知道和大学签的合同年底就会到期了。”

“这倒是再重要不过的，”诺尔斯说道，“库存量如果再超过目前的水平我们可负担不起，代价太高了。即使销售额增加我们也没有那么多资金。”

“那换句话说，减少过量的库存是势在必行的了。我们现在有哪几家供应商？”劳森问道。

“上次会议之后，就剩下三家供应商了，”莫里斯回答说，“这几家规模都不大，不过我们和他们之间的合作也有一段时间了。他们的供货能跟得上，各家经营的具体情况在他们的报告上大致都可以看到。”

“看来我们这几家情况还不错，”劳森看完他面前的报告后继续说道，“如果他们大部分都能合作的话，我们就可以影响他们将来的经营方向。换句话说，如果我们想要减少过量库存的话，应该要让他们知道他们需要加快供货速度，这点并不困难。”

“这样我们就可以减少因为要额外租仓库所带来的租赁成本了。”诺尔斯说道。

“这显然！”劳森迫不及待接着说，“我们很有可能要为这些供应商提供一项全面的支持计划。如果我们能把增加存货仓库的面积变成增加销售额，我们的零售业务就可以有更多的资金来源。我们可以拿这些资金的一部分返给我们的供应商从而改善我们的形象，并和他们建立起一种更合作的关系。当然了，这种支持是有限度的。毕竟要实现这种转变对我们来说代价也是很大的。因此我要你们想出办法来，把目前这种体制变得更高效。我想知道的是我们能做什么，我们要怎么做。各位先生，老实说如果我们不知道该如何应对这种销售增加的话，我情愿不要它增加。”

讨论题

1. 劳森怎样才能改变他目前的供应链从而提高效率？
2. 如果劳森要对供应商实施这些变革的话，他可能碰到哪些问题？

资料来源：This case was prepared by S. Alton Erdem, University of Minnesota-Duluth.

案例 17 在发廊之外发现发廊专用护发产品

在杂货店、折扣店以及药店的货架上竟发现发廊专用的高端护发产品。像 Nexxus、宝美奇、Redken、Rusk 和 Sebastian 这些高级品牌上都清楚标明“只能在专业发廊出售”字样。然而这些品牌现在不仅仅走发廊独有的销售渠道，而且还走大众市场的销售渠道了。人们这样描述以上情况：把产品分销到专有渠道以外。

这种情况是否违法？目前法律并没有明文禁止大众零售商出售高级品牌。由于专业护发产品当中存在一个巨大的灰色市场，于是药店、折扣店以及食品零售店纷纷在放置大众市场护发品牌的健康美容产品的通道上，同时提供发廊专用品牌。这些需求量大的护发系列产品还可以在网上零售商那里买到。

提供美容产品的分销商或批发商如果违反了他们与生产商之间的合同规定，这些发廊专用品牌的生产商就会蒙受几百万美元的损失，而且其他商店也卖他们的产品，其专有品牌形象和声誉都会受到影响。据估计，通过不正当途径把护发产品分销到其他途径的产品价值高达 8 亿美元，而该行业的年销售额为 290 亿美元。

宝美奇在其网站上（www.paulmitchell.com）通过他们的“产品控制活动”，提醒顾客要打击生产、分销和零售假冒伪劣产品的行为。这个教育项目旨在提醒顾客，如果从其他中介商而非专业发廊那里购买宝美奇品牌会存在一定的风险。这些购买转移销售途径的产品会带来的风险包括潜在的篡改标签、过期、污染或被掉包。

讨论题

1. 对于把发廊专用产品分销到折扣店、连锁药店以及杂货店这种情况的存在，顾客、生产商、发廊以及零售商各自的态度是什么？
2. 宝美奇所开展的教育项目会使顾客改变购买专业护发产品的习惯吗？解释你的回答。

资料来源：This case was written by Hope Bober Corrigan, Loyola College in Maryland.

案例18 看萨克斯第一公司如何搞好客户关系

像往常一样，周三下午，格温德琳把试衣间预备好了等着约翰逊夫人过来。她选出一些符合约翰逊夫人身材的新到货品，都是上周刚到的，还准备了配合新衣服穿戴的一系列物品，从围巾、珠宝到鞋子。

“晚上好，约翰逊夫人。您的生日过得怎样？”格温问道。

“棒极了！我丈夫带我去意大利玩了。谢谢你给我的贺卡。”

“我选了些刚到的新品给您试试。”格温德琳说。

“谢谢你，格温。你真好！”约翰逊夫人回答说。

约翰逊夫人和格温之间之所以保持非常好的关系，是因为约翰逊夫人是萨克斯第一公司的老主顾和会员。

萨克斯第五大道商店始建于20世纪初。萨克斯被认为是档次、风格和豪华的代名词。顾客在萨克斯享受到最优质的服务，如果他们加入萨克斯第一活动（始于1994年）的话，还能得到更多额外的优惠。萨克斯第一是一项可选的客户计划，有助于在顾客与销售人员之间建立更密切的关系。

顾客要想成为会员，先要办一张萨克斯第五大道的信用卡。他们只要每年消费满1 000美元就会自动成为会员。之后顾客每消费一美元，就得到一个积分。年终会根据他们当年在萨克斯商店消费满5 000美元以上金额按幅度一次获得2%、4%或6%的额外点数积分。

萨克斯第一的顾客可以享受很多特别的好处。有形的好处包括各种积分、奖品和折扣。目录订购和网上订购的顾客还可得到免费运货和递送服务，提前告知各种促销活动，得到萨克斯第一业务通讯、目录、促销品和赠品，参与双倍或三倍积分活动，并在会员生日当天购物得到双倍积分。无形的好处包括对顾客地位的认可，以及提供优先服务。

对零售商来说，萨克斯第一活动的主要目的是为顾客提供优质的服务。顾客与销售人员之间的关系越好，商店的老主顾出手也会越阔绰。每年11月的第一周都会有消费金额三倍积分的活动。那一天的销售额是全年当中最高的，甚至高于感恩节或平安夜的销售额。认识到这一点之后，公司就更能理解这项优惠活动的重要性了。

销售人员也会把萨克斯第一活动作为一种销售的手段。如果顾客拿不定主意究竟要不要买那些价格很高的商品，销售人员就会提醒萨克斯第一的会员，如果买了的话会得到额外奖励，可以返回价格的一部分。商店给销售人员一些可以兑换现金的抽奖券作为激励手段，以此促使他们尽可能多地吸收顾客成为会员。

讨论题

1. 与其他高档零售商（如诺世通）相比，萨克斯第五大道商店是如何利用萨克斯第一活动来建立顾客忠诚度的？
2. 萨克斯第一活动在建立顾客忠诚度方面做得怎么样？
3. 萨克斯会把萨克斯第一活动的对象定位为哪些人群？
4. 萨克斯第一活动返给顾客的开支是否花得值得？

资料来源：Case prepared by Teresa Scott, University of Florida.

案例19 男装屋：增加互补商品和服务，为顾客提供更多价值

男装屋有限公司（Men's Wearhouse, Inc.）是北美最大的男装折扣店之一。1973年8月，这家男装专卖店在得克萨斯州休斯顿市附近的沿街购物中心开了第一家门店。30年以后，男装屋使用“男装屋”、“K&G”和“Moores”等品牌名称在美国的44个州和加拿大的10个省经营着693家门店。

商　品

男装屋专营高档男士服装，价格却比百货商店低20%~30%。这家零售商店专做西装和其他量身定做的商务套装。该店提供的其他商品还包括衬衣、休闲裤、运动夹克和毛线衫。很多同行都改做风格更为休闲的服装了，男装屋也跟随这股潮流，在店里提供了更多休闲类服装的

选择。这家零售商既提供国内著名品牌的服装，也提供自有品牌的商品。此外，男装屋还配套销售领带、皮带和皮鞋。1994 年，这家公司成功地增加了为高大人士准备的尺码。

选 址

男装屋的商店都选在居民区附近的沿街购物中心。这样靠近顾客居住的地方，对那些需要来商店两趟的顾客来说非常实在，他们第一次来店里选好了衣服，改好之后再过来一趟取走。把店址选在大型商场外的沿街购物中心，不仅使得商店面积更为宽敞（通常 4 000~4 500 平方英尺），而且能控制住租金成本。男装屋的管理人员还注意到，男顾客要买衣服的时候，都喜欢远离那些拥挤的大型商场。

促 销

男装屋使用一系列媒体工具来告知和提醒顾客分店开张、新品到货以及各类促销活动的信息。公司的创始人、董事长兼首席执行官乔治·齐默那沙哑的声音出现在电视和电台广告中，俨然公司形象代言人，他那句经典的广告语："您一定会喜欢您的新造型！我敢打包票！"

服 务

众所周知，男装屋精心培训员工为顾客挑选合适的衣物加入到家里的衣柜中。除了有这些帮得上忙的销售人员以外，每件定制的衣物都可以随时拿回商店免费熨烫。每家分店都配备一名驻店裁缝，根据顾客需要对衣服进行修改，保证每件衣服都能非常合身。男装屋推出的另一项服务，是一项名为"最合适信用卡"提高顾客忠诚度的计划。这项专为经常购买的顾客提供的活动，允许顾客使用这种信用卡购物、积分换取折扣券，所有用卡购买的衣物都可以享受 5%的折扣优惠。

发展战略

男装屋的附加服务项目当中，最赚钱的一项当属男士晚礼服租赁业务了。该店 1999 年首先在美国推出了男士正装的租赁，并在 2003 年销售额达到 5 100 万美元。推出这项服务后顾客反响非常好，促使公司扩大商店的营业面积，转占以前干洗的地方，并尝试开展女式婚礼服装的业务。

由于在舞会和婚礼派对前后，男士晚礼服都需要进行干洗，因此男装屋很快看到有必要收购一家干洗连锁店并把业务扩大到提供干洗服务。目前拥有 70 亿美元产值的干洗业主要由一些小型、只提供单项服务的家庭式作坊组成。

为了推出女士正装的理念，男装屋新开两家新娘店作为试点，一家名为"新娘"，另一家名为"喜庆"，都位于加利福尼亚州。这两家店为参加婚礼派对的女士们，包括新娘、伴娘、新娘的母亲等，提供方便的购物环境。这些试点商店将建在男装屋的隔壁，面积约占 3 000 平方英尺。

讨论题

1. 男装屋在 1999 年成功地推出男士晚礼服租赁业务。现在这家零售商计划再加入女式婚礼服装和干洗业务。请你列出这些发展战略各自的优点和缺点。
2. 男装屋还能加入哪些商品或服务以打入新的市场，使顾客受益并扩大业务呢？

资料来源：This case was written by Hope Bober Corrigan, Loyola College in Maryland.

案例 20 诺兰最佳食品店：类别管理

诺兰（Nolan）最佳食品店是位于旧金山海岸区的一家零售商，为顾客提供全程一站式服务，以联合商店的经营方式提供高端的食品和药品。这家零售连锁店不仅提供质优价廉的商品，而且善于运用促销定价手段。过去，诺兰店的经营非常成功，曾经多年占据当地市场老大的地位。但是，在今年冬天的一个早晨，战略规划部经理罗伯托·伊格纳西奥却要解决一个迫在眉睫的问题。通讯社几个星期前报告说，Valumart 杂货连锁店宣布在诺兰店的市场上建立 10 个新的食品药品联营购物中心。在仔细研究了当前的研究报告和财务报表后，伊格纳西奥决定检查产品类别管理状况，以便应对 Valumart 的入侵。

时至今日，诺兰店在类别管理上没有任何经验。于是伊格纳西奥决定在展开全面系统检查之前，先挑选几个类别的商品进行测试类别管理试点。其中一个被选中的类别是洗发水。伊格纳西奥首先要着手检查这个产品类别，向管理层提交一份初步报告。伊格纳西奥一边透过窗户眺望阳光灿烂的旧金山海滩，一边回想过去几个星期以来发生的事，以及他调查到的洗发水的情况。他手头有好几份第三方报告（参见图表 1、2、3），提供了全美洗发水类别的基本情况和超市的销售情况。另一份报告（参见图表 4）为他提供了诺兰店洗发水和其他品牌在市场上销售情况的比较。

然而在分类和定价的问题上，诺兰店如何才能在竞争激烈的市场上胜出，这些报告都没有为伊格纳西奥提供任何答案。经过一番调查，伊格纳西奥决定订购几份报告，由第三方供应商提供对诺兰店和竞争者在产品组合和定价方面的分析。他下了紧急订单，索取这些分析报告，今早邮递员就送到了（参见图表 5、6、7）。

图表 1

全美超市动态：洗发水

52 周	活跃 SKU (#)	新 SKU (%)	SKU 处理量 (#)	SKU 资金收入 ($)
类别	1 974	15	235	1.64
名牌	1 714	16	229	1.65
自有品牌	241	12	5	1.33
一般品牌	19	—	1	1.00

图表 2

洗发水销售份额

销售渠道	去年 12 个月 (%)	今年 12 个月 (%)
食品店	51.7	50.5
药店	25.6	25.0
综合店	22.7	24.5

图表 3

洗发水增长率

销售渠道	同上年相比销售额变化百分比 (%)
食品店	0.9
药店	4.2
综合店	8.1

图表 4

同上年相比销售额变化百分比

	市场		诺兰店	
	13 周	52 周	13 周	52 周
总销售额	+0.1	+1.2	−10.6	−4.5
HBA 部门	+1.5	+4.2	−8.5	−4.3
洗发水类别	−3.5	+0.7	−19.6	−9.7

图表 5

洗发水竞争价格对比：以诺兰店基本区出现差别的产品计数

	诺兰店	食品店 1	综合店	连锁药店	食品店 2
竞争更激烈	0	87	0	101	0
竞争相同	103	0	0	0	59
竞争不太激烈	0	16	103	2	44
无竞争	0	0	0	0	0

分析报告中出现的几个术语解释如下：

存货单位(SKU) 资金收入	每店每周每存货单位的收入
HBA	健康和美容辅助产品
市场	所有食品店
剩余市场	除诺兰店外的其余所有食品店

伊格纳西奥向冷水机走去，想到自己有办法来解决洗发水的问题，很是高兴。他在路上碰上了哈尔·杰弗里斯，一位在诺兰店工作了很久的有丰富经验的老手，现在是诺兰店信息系统部的副总裁。伊格纳西奥知道杰弗里斯曾经管理过诺兰店的健康和美容辅助产品，于是就对他谈起了对洗发水类产品的检查和类别管理的试点工作。杰弗里斯说多年来他有一套简单的类别管理方法。他会首先列出某个类别里的滞销产品，然后用新产品代替，或者是增加现有产品的货架面积。去年，诺兰店安装了新的信息管理系统，可以轻而易举地做出滞销品清单。为了证明这一点，杰弗里斯跟着伊格纳西奥回到他的办公室，用电脑生成了一份洗发水类滞销品清单（参见图表 8）。

"你看，有了技术，这变得多简单！" 杰弗里斯说道。他不知道投入成本和精力来做类别管理，是否能够比他的"剔除滞销品" 这样简单的方法更奏效。杰弗里斯离开伊格纳西奥的办公室时对他说："明天我回来听你的陈述报告。"

杰弗里斯一走，伊格纳西奥跌坐在椅子上，胃隐隐作痛。他本来觉得自己已经有了办法，其实这种想法为时过早。看上去事情比早上想的要复杂多了。伊格纳西奥想，是不是因为洗发水是类别管理的第一个试点，所以才如此困难。无论如何，他现在要马上着手准备明天的陈述报告。既然哈尔·杰弗里斯要听，伊格纳西奥觉得自己必须谈谈他对"剔除滞销品"的看法。

图表 6 洗发水品牌重要性报告：诺兰店与剩余市场，为期 13 周

品名	连锁店销售额（$）	连锁店排名	剩余市场排名	剩余市场销售额（$）	连锁店市场份额（%）	连锁店类别重要性	剩余市场类别重要性
Clean & Soft	108 826	1	1	512 345	17.5	14.5	13.0
1st Impressions	77 672	2	3	370 341	17.3	10.3	9.4
Mane Tame	64 446	3	4	244 160	20.9	8.6	6.2
Bargain Bubbles	56 864	4	2	433 300	11.6	7.6	11.0
Silky Style	43 198	5	6	147 773	22.6	5.8	3.7
Elegance	30 869	6	5	181 075	14.6	4.1	4.6

图表 7 产品组合汇总报告：洗发水 13 周销售额

	Clean & Soft	1st Impressions	Mane Tame	Bargain Bubbles	Silky Style	Elegance	自有品牌
品牌							
诺兰店	25	25	15	21	13	5	7
剩余市场	25	39	28	42	20	16	28
规模							
诺兰店	6	6	6	2	4	1	4
剩余市场	7	10	11	3	5	4	6
类型							
诺兰店	6	7	6	19	4	5	6
剩余市场	6	10	8	32	5	7	21

图表 8 滞销报告：诺兰店洗发水，13 周与上一年

品种	连锁店销售额（$）	连锁店市场份额（%）	连锁店次类别重要性	剩余市场增长率（%）	连锁店增长率（%）	连锁店平均销售额百分比（%）
Golden JJB Lq T 3 oz.	3	9.9	0.0	–51.2	–50.0	0
1st Imprs. DF ND Lot. 11 oz.	10	0.7	0.0	–59.4	–99.4	0
Gentle GLD Lq. 11 oz.	11	100.0	0.0	–100.0	9.6	0
Golden AV Lq. T 3 oz.	12	22.4	0.0	13.2	–69.2	1
Suds PB Lq. 8 oz.	14	6	0.0	107.1	2.9	0
Silky Style X-B Lq. 18 oz.	14	1.6	0.0	–65.6	–99.5	0

讨论题

1. 全美洗发水类产品的销售情况如何？
2. 诺兰店洗发水类产品的销售情况和全国相比存在那些差异？
3. 引起这些差异的原因是什么？
4. 拟出一份行动计划。

资料来源：This case was written by Professor Kirthi Kalyanam, Retail Management Institute, Santa Clara University. © Dr. Kirthi Kalyanam.

案例 21 为 Hughe's 制订采购计划

Hughe's 位于美国中西部地区，作为一家老字号的中型百货商店，公司通过突出展示各种面向个人和家庭的时尚品牌满足顾客的需要。该店还尝试提供各具风格、品种繁多的优质商品，并为顾客提供个性化服务。这些服务包括：个人购物者；接受通过店内交易、美国运通和维萨信用卡提供的信用贷款；有一家店内设计工作室。Hughe's 的定价策略使该店可以吸引不同收入层的顾客。目标顾客包括：中等收入消费者，他们寻求价值含量高、时尚的软性产品；高收入顾客，他们对时尚商品有特别的喜好。

这家百货商店正在实施新的营销战略，以实现持续增长和业务扩大。Hughe's 的经营理念是要吸引那些眼光独到的中间市场的顾客，他们占人口总数的 70%，还有那些经验丰富、注重时尚的消费者，他们更倾向于购买价格具有吸引力、质量高的名牌商品。

Hughe's 的采购人员中，一部分人负责室内装饰品区的东方地毯部门的采购业务。室内装饰品区类别下的采购限额数字是基于上一年度的销售记录（参见图表 1）。

由于东方地毯越来越受欢迎，据估计，今年将比去年

图表 1
上一年度秋冬两季东方地毯的销售情况

销售总量结构	$120 000			
	51.5%			
	尺寸	销售百分比（%）	材质	销售百分比（%）
	3′ × 5′	20	丝质	15
	4′ × 6′	40	棉质	25
	6′ × 9′	15	羊毛质	60
	8′ × 10′	10		
	9′ × 12′	15		

图表 2

Ghuman 公司的批发价格单

尺寸	材质（$）		
	丝质	羊毛质	棉质
3′ × 5′	400	250	—
4′ × 6′	700	500	200
6′ × 9′	850	700	275
8′ × 10′	1 200	1 000	350
9′ × 12′	1 400	1 300	500

颜色：可选的背景颜色包括藏青色、紫红色、黑色和米色。

最小订购量：无最小订购量限制。

支付方式：可以用美元或印度卢比结算。在交易之前需要预备好信用证。

发货方式：空运——需要 10~14 天时间；运费通常为总订购金额的 25%。

海运——需要 39 天，外加岸上运送时间；运费通常为总订购金额的 8%~10%。

顾客忠诚度：为显示我们对顾客最大的诚意，您可以退回运送过程中损坏的货物。Ghuman 的经营理念是：帮助零售商采购产品并获得利润。

同期销售额增长 15%。今年秋冬两季的采购限额将为 66 200 美元。

采购人员将在印度的阿姆利则市订购秋冬两季的货物，该市以出产顶级地毯而闻名。采购人员会联系位于印度旁遮普地区的阿姆利则市的 Ghuman 私营出口有限公司。图表 2 提供了有关 Ghuman 公司的信息，供决策过程参考。

讨论题

1. 从Ghuman 公司采购之前，先制定一个采购计划。考虑在可供选择的地毯尺寸、颜色和质地几个方面，如何分配采购资金。该公司是一家外国厂商，因此也要考虑额外的成本，如关税和运费，这些费用也要包含在采购资金当中。

资料来源：This case was prepared by Professor Ann Fairhurst, Indiana University.

案例 22 麦克法登百货商店：准备商品预算计划

麦克法登百货公司（McFadden's Department Store）是一家家族企业，自 1910 年创建以来一直盈利，去年销售额达 1.8 亿美元。但是，近来麦克法登的许多分店都败给了后来居上的全国性百货公司。更糟糕的是，全美零售联合会（NRF）预计市场萧条期即将到来，在未来一年内太平洋沿岸地区销售量将下降 6.5%，而麦克法登正是在这一地区经营。

121 百货商店（Department 121）是麦克法登最盈利的部门之一，毛利率维持在 55%。这个部门主要经营年轻男士服装。去年的销售额在 7~12 月期间达到 2 780 750 美元。销售额最高的时期是 8 月份学校开学之际，各种促销广告推动了秋季服装的旺销。销售减少包括降价、给员工的折扣和损耗，一般占销售额的 20%。在 7~12 月期间，销售减少百分比情况如下：

7月	8月	9月	10月	11月	12月
10	20	15	10	10	35

121 商店在这 6 个月期间年销售额百分比分布如下：

	7月	8月	9月	10月	11月	12月
2002	3.5	10.1	9.2	6.4	4.8	9.1
2003	3.5	10.3	9.5	6.8	5.3	8.8
2004	3.5	10.5	9.6	6.2	5.5	8.2
2005	3.0	10.3	9.8	6.6	5.5	8.0

为了挽回销售下降的局势，公司策划了一次圣诞节前促销活动。采购员决定购进一些新商品，与剩余的秋季服装一同出售。采购员希望这样一来能将 12 月的年销售额百分比增加 30%。最高管理层强调说，商店投资收益率（GMROI）应达到 250%，预计 12 月库存水平为 758 000

美元。

这种部门历年的库存与销售比率的资料都可以查得到。下面的信息来自另一家分店的同一部门，只是其平均库存与销售比率要低一些。

7月	8月	9月	10月	11月	12月
3.0	1.9	2.1	2.4	2.5	2.2

讨论题

1. 你的任务是准备一份商品预算计划，你可以填写图表 1 中的表格来做这个计划，也可以使用我们在在线学习中心（OLC）中为你提供的 Excel 电子表格。在把最终答案填写到电子表格之前，你还需要进行一些计算。点击“商品管理模块”按钮，一路点击来到“计算部分”。你可以点击“商品预算”的链接，进入一份 Excel 制作的 6 个月商品预算计划。另附一张纸说明你如何确定销售预测值、每月销售额比率以及月库存与销售比率。

资料来源：This case was prepared by Michael Levy, Babson College, and Harold Koenig, Oregon State University.

图表 1 商品预算计划表格

麦克法登的商品预算

计划数据

销售额预测值 $ ____________

计划 GMROI = 毛利润 / 净销售额 × 净销售额 / 存货成本

[ ] = $ [ ] / $ [ ] × $ [ ] / $ [ ]

销售额 / 存货成本 × (100% − GM%) = 存货周转率

[ ] X × [ ] % = [ ] X

12 ÷ 存货周转率 = B.O.M. 库存销售比率

[ ] X = [ ] X

期末存货预测值 $ [ ]

计 划

降价	%	$
折扣 +	%	$
短缺 +	%	$
下降总额	%	$

		1月	2月	3月	4月	5月	6月	7月	8月	9月	10月	11月	12月	总计（平均）	备注
月度销售分配百分比	1													100.0%	历史/预测
月度销售额	2														步骤 (1) × 净销售额
月度下降分配百分比	3													100.0%	历史/预测
月度下降额	4														步骤 (3) × 净销售额
B.O.M. 库存销售比率	5														根据月度销售波动情况调整
B.O.M. 库存 ($000)	6													(预计期末库存)	步骤 (2) × 步骤 (5)
E.O.M. 库存 ($000)	7														1月EOM=2月BOM
月度库存增加额 ($000)	8														步骤2 + 4 + 7 − 6 销售额 + 下降额 + EOM−BOM

案例 23 易趣

易趣的概念来自皮埃尔·奥米亚和他妻子的一次谈话，他妻子是一位狂热的 Pez 收藏者（她目前搜集了超过 400 种糖果售卖机）。她对皮埃尔说，如果她能通过互联网搜集 Pez 糖果售卖机并同其他收藏者联系那就太棒了。作为一个早期的互联网热衷者，皮埃尔感到许多人像他妻子那样需要一个地方来买卖独特的物品，并与其他有相同爱好的人交流。于是他在 1995 年创立了易趣来满足人们这方面的需要。

皮埃尔·奥米亚很幸运，当他产生易趣想法的时候，他正住在硅谷。假如奥米亚一家住在法国的话，他的想法就不可能实现了。法国并不缺少风险资本或网民（这些能使他的计划无法开展），然而当时的法律环境有很大的约束。法国的法律规定，只有经过认证的拍卖师才允许经营，因此假如回到 1995 年，易趣也就不可能在创始人的家乡首先开始经营了。10 年之后，易趣在阿根廷、澳大利亚、奥地利、比利时、巴西、加拿大、中国、法国、德国、印度、爱尔兰、韩国、马来西亚、墨西哥、荷兰、新西兰、菲律宾、波兰、新加坡、西班牙、瑞典、瑞士以及英国等地开展了拍卖业务。

提供给顾客的产品与服务

大部分零售商都使用“公司—消费者”的销售模式。而易趣则开创了网上“个人—个人”交易的先河，这种交易模式又称为“消费者—消费者”的销售模式，通过建立一个网络社区，使得买方和卖方能聚集在一起。最初，大部分拍卖的物品都是收藏品，如古玩、硬币、邮票和纪念品。

在易趣网，很多卖方自已有小型的业务，把网站作为销售渠道之一。截至 2003 年，易趣中大部分商品已经从收藏品发展到实用型产品，如电钻和电脑。现在像迪斯尼和太阳微系统公司这样的大企业也发现了易趣这块宝地。零售商、生产商、清算商纷纷在这个网站上卖掉那些退回、翻新过以及用过的产品。

在易趣，卖方可以列出欲出售的物品，而买方对感兴趣的物品出价。所有易趣用户都能每天 24 小时每周 7 天以全自动的方式，分门别类地浏览列出来的商品。这种在线服务非常直观，简单易学。尽管有了自动出价的特色，但在线买卖交易的工作量还是要大于购买固定价格的商品的工作量。一旦拍卖接受，大多数买方要寄出支票或汇票货款，然后最多两周之内收到货品。买方通过一项名为“立马购买”的特色服务，可以选择用拍卖的方式或者固定价格方式来购买商品。

每年都有超过 5 亿件物品罗列在网站上。易趣的 254 000 个在线卖方分别于 45 000 个条目中列出商品，从美国内战到《星球大战》的物品，从芭比娃娃到精美古玩应有尽有，让你随心挑选。鲍勃·沃兹是弗吉尼亚州费尔菲尔德市的一名古玩交易商，他说：“如果你的商品在易趣中都卖不掉的话，干脆打开窗户把它扔到后院里好了，因为这样的商品一文不值。”易趣网站现在全球有超过 1.35 亿名注册用户。

人们在易趣上花的时间比在其他在线网站上的时间要多，这使易趣成为互联网上最受欢迎的购物好去处。用户经常把易趣当成一个可以碰到志趣相投的朋友的社区。例如，迈克尔·莱维特医生白天是明尼阿波利斯军人医学研究中心的著名医学研究人员，但在晚上他则摇身一变成为易趣里的活跃分子。莱维特搜集加利福尼亚香水公司的古董香水瓶子。每天晚上他都要登录易趣看看有没有新品，他已经通过易趣购买了好几百瓶香水，因为他认为这是与卖方联系最方便的方法。

该网站要求所有新注册的卖方登记信用卡信息和保险情况，并验明身份，建立第三方账户。买卖双方通过易趣可以互相查阅对方的信誉情况。网站还提供了一个反馈论坛，易趣的用户可以在这里发表评论，讲讲他们买卖的经验过程。如果你是买方，在出价之前，你可以先查阅卖方的反馈情况，了解卖方以往与其他买方之间的信誉如何。如果你是卖方，则可以用同样的方式了解买方。

商业模式

与大多数电子商务公司不同，易趣从一开始就盈利。图表 1 中显示了它从 2000 年到 2005 年的净收入、净利润、员工数量以及净利润率等信息。公司大部分收入来自于在线和传统非在线拍卖服务相关的费用和佣金（占销售价格的 1.25%~5%）。在线收入来自卖方在网站上罗列以及成功交易后所付费用，易趣不向买方收费。卖方只需名

图表 1

易趣的财务状况概览

	2004	2003	2002	2001	2000
净收入（百万美元）	3 271	2 165	1 214	748	431
净利润（百万美元）	778	442	250	90	48
员工数	8 100	6 200	4 000	2 500	1 927
净利润率（%）	23.8	20.4	20.6	12.1	11.2

义上交纳列表费用，通过附加费用，卖方还可以使用不同展示方式来列出产品。卖方需要在最终销售价格的基础上付一定的成交费用。易趣的在线广告费不是收入的重要组成部分，预计在近期也不会用太大的广告收入。其余收入来自拍卖相关的服务，包括买方注册费、评估和验证费。

易趣的在线商业模式与电子零售商大为不同。因为出售列出商品的是卖方，而不是易趣，公司因此没有采购、运输费用和存货风险。公司的开销只是员工、广告和促销费用以及网站所需软硬件的折旧费用。

竞 争

由于消费者之间的拍卖日益盛行，许多电子商务公司也加入这个市场。提供各式各样产品的互联网拍卖公司包括亚马逊、雅虎、uBid 以及 Overstock.com 等公司。除了这些分类目录繁多的网站以外，还有一些专门提供单一商品类别的垂直型拍卖站点，如专门拍卖邮票或棒球卡的网站。

易趣最大的竞争者可能是亚马逊网站了，该公司在 1999 年设立了拍卖站点。亚马逊拥有高知名度品牌，信誉良好，网站的访问量也非常大。（在品牌知名度方面，亚马逊在电子商务中名气最大，而易趣位居第三。）亚马逊开始启动拍卖网站，为顾客提供一些独特的服务，包括对 250 美元以内的交易提供无折扣、无争议、无第三方的退款保证。此外，还有一项名为“一次，二次，成交”的业务，其特点是若有人在拍卖结束前 10 分钟内出价，该拍卖再延续 10 分钟。而在易趣，往往那些一直观望的顾客在拍卖的最后时刻将物品买走。

亚马逊以其充分利用网站而闻名。为了应对其竞争，易趣的对策是采取措施使得买卖交易更为便利。易趣现在推出一个“个人购物者”项目，能搜索到特定的产品，还有“我的易趣”，为用户提供当前网站活动的各种信息，包括出价、出售、账户盈余、最喜爱的类别以及当前反馈等内容。

最后，出现了一些只是简单搜索并整理众多拍卖站点信息的网站，允许顾客对比后购买。易趣已起诉了其中一家这样的网站，并已采用技术措施阻止其他站点的进入，使之不能获取易趣的拍卖信息。

讨论题

1. 从买卖双方的角度来看，从易趣这类网上拍卖商那里购买商品各有什么优缺点？
2. 在未来像易趣这样的网上拍卖会给零售销售额带来巨大的增长吗？为什么？
3. 易趣的竞争优势是什么？它能否抵御来自其他拍卖站点如雅虎和亚马逊的竞争？

资料来源：This case was written by Barton Weitz, University of Florida.

案例 24 袅袅飘香，价值几何

背景信息

在过去两年的圣诞节假期，考特尼这家高档礼品店在其塑料袋里放置了一个香包，里面装有各种干花，散发出甜美的香气，袋子外头还系一条漂亮的丝带。屋内包括店内充满了丁香花的浓郁芳香，为佳节平添不少怡人气息。

两年前，这种礼品香包每袋的成本是 4.50 美元。考特尼（是城里唯一一家卖这种香包的）以 9.50 美元的单价卖出 300 个。在圣诞节前 10 天货就卖完了，再补货也来不及了。

去年，香包的生产商把成本价格提高到 5.00 美元，于是考特尼也相应把零售价提高到 9.95 美元。虽然涨幅比去年同期要低，但店主觉得 10 美元是个“坎儿”。结果商店如期再次脱销，这回是在圣诞节前 5 天。去年的销售量是 600 个。

今年香包的批发价再次升到 5.50 美元，考特尼商店里的员工正在苦思冥想该如何定价。店主想把价格控制在 10 美元（9.95 美元）以内，但采购员不同意："我的职责是尽我所能把涨价幅度调到最高，这件商品绝对好卖，因为城里仍然只有我们卖这种香包，而且去年还有一些买不到香包的顾客呢。我觉得我们应该把价格定为 12.50 美元，这样涨价幅度可以提高 56%。如果一味控制在 10 美元内，只会给我们带来不必要的损失，尤其是涨幅比去年还要低。即使有顾客会抵制我们的涨价，我们只要卖出 480 件就能维持去年的销售额。"

店主则反驳道："这种香气是我们商店环境不可缺少的一部分，可以吸引人们来商店购物，怡人的香气会使顾客保持放松好心情，自由购物。我认为应该把价格控制在 9.95 美元，虽然涨价幅度低了点。不过只要我们在这个价格的基础上卖得更多，就能和去年一样实现同样的销售毛利率。我认为应该进 1 000 个香包，此外，如果客人觉得我们把一件经常买的商品加价 25%，他们也许会对其他商品的价格产生怀疑，觉得不值。"

讨论题

1. 考特尼加价是由什么原因引起的？
2. 哪个价格会带来最高的利润？
3. 考特尼还需要考虑其他什么因素？
4. 要是你的话，你会把价格定为多少，再进多少货？

资料来源：This case was written by Professor David Ehrlich, Marymount University.

案例 25 周末大促销 如何投广告

位于华盛顿特区的一家电子消费品连锁店计划在总统节三天周末假期（从周六到周一），在位于弗吉尼亚市郊区仓储店内举行一次大型促销活动。让利价值将近200 万美元的电子消费产品，占店内商品总量的 50%。公司希望在这 3 天之内实现至少 900 000 美元的销售额。根据该零售商以往的经验，头一天销售额能占全部销售额的 50%，第二天占 35%，最后一天占 15%。来店购物的两个顾客中有一个最终会购买。

此外我们还知道，顾客在知道这种促销活动后会蜂拥而至，其中有些甚至会驱车 50 英里专程赶来。这些顾客来自不同的经济阶层，但全都是精明实在的砍价高手。你作为商品总经理助理，总经理要求你为这次营销活动做计划。你还得到以下信息：

1. 在《华盛顿邮报》上刊登整版广告的价格是 10 000 美元，半版是 6 000 美元，四分之一版是 3 500 美元。为了能在一次报刊宣传中达到最佳效果，公司政策规定每次这样的活动都要登两则广告（篇幅不一定相同）。
2. 当地北部的弗吉尼亚报纸每周出版，并免费分发给 15 000 户家庭。每一整版广告需要 700 美元，半版广告需要400 美元。
3. 为了达到足够的电视覆盖率，至少选择 3 个电视频道，并至少播 8 次 30 秒钟插播广告，每次要 500 美元，并连续播 3 天或以上。制作一期电视广告需要 3 000 美元。
4. 该商店与 3 家电台签有合同。一家电台面向广泛的听众群，年龄在 25~34 岁，另一家面向 18~25 岁的年轻群体，而另外一家古典音乐电台听众人数虽然不多，却属于富裕阶层。一次影响力足够大的广播宣传成本包括制作费在内，3 家电台分别为 8 000、5 000 以及 3 000 美元。
5. 制作并邮寄全彩广告传单给商店 80 000 名赊销顾客要花费 10 000 美元。以前公司曾用过这种邮寄传单的方式，回应率约为 3%。

讨论题

1. 考虑到公司需要一个混合型的媒体广告宣传配合这次促销活动，请为商品总经理设计一个广告计划，花费不超过40 000 美元。
2. 做出全部广告宣传的每日工作计划。
3. 算出每种媒体所需要投入的金额数目。
4. 说明你所做的计划。

资料来源：This case was prepared by David Ehrlich, Marymount University.

案例 26 Enterprise 公司以人为本

一提到汽车租赁公司，大多数人首先想到的是 Hertz、Alamo、Budget 或是 Avis。但是在北美，规模最大、盈利最多的首推 Enterprise 公司。该公司在全球拥有约 700 000 辆租赁车辆及车队，年收入达 74 亿美元。Enterprise 公司在 2005 年度《福布斯》“美国 500 家最大的私人公司”排行榜上名列第 16 位，分别在美国、加拿大、德国、爱尔兰以及英国拥有业务。

1957 年杰克·泰勒以独特战略创立了 Enterprise 公司。大多数汽车租赁公司都把目标顾客群体对准那些商务人士和休闲娱乐游客，他们到达机场之后需要租车解决在当地的交通问题。泰勒则另行其道，对准了另外一个不同阶层的顾客，他们要么就是自己的车坏了正在维修，要么正驾车出游，要么需要运送装修材料回家，要么为来访的外地客人提供额外的交通工具，要么出于别的原因，只是临时几天需要额外用车。

传统的汽车租赁公司的日租金相对比较高，因为公司在机场内或附近的营业点租金很贵。此外，他们的商业客户对价格也不太在意，因为客户所在的公司一般会报销租车的费用。虽然汽车租赁公司把营业点设在机场方便了那些坐飞机的顾客，但对那些由于自己的汽车在维修临时需要用车的顾客来说却很不方便。尽管 Enterprise 公司在机场也有营业点，但它在市中心和近郊地区也租了办公室，以靠近目标顾客生活和工作的地方。该公司在大部分地区提供就地取车以及送车上门的服务。

Enterprise 公司的人力资源战略保证了公司经营上的成功。公司聘用大学毕业生，提供管理培训生的岗位，因为它觉得员工拥有大学学位本身就证明了他的智商和动机。公司没有聘用那些最好的学生，而是把重点放在招聘那些曾是运动员或者社会组织成员的学生上，这些组织包括兄弟会、女生联谊会、各种俱乐部或别的组织，因为那儿的学生通常都有很好的社交能力，使得他们能够很好地和 Enterprise 公司的客户打交道。

杰克·泰勒过去的发展战略是建立在提供高质量和人性化服务基础之上的，使得顾客再次需要租车的时候能首先想到 Enterprise。但是运营经理们开始的时候却是根据销售额增长了多少而非顾客满意度来付酬的，因此出现了服务质量的滑坡。

Enterprise 公司为了改善顾客服务质量，采取行动的第一步就是设计一套顾客满意衡量标准。“Enterprise 服务质量指标”的问卷是以运营经理们的投入为基础设计的，因此，经理们对该衡量工具感到得心应手。这些指标赢得大家的认同之后，Enterprise 公司就开始大做文章了。它把每个营业点的得分情况非常突出地标在每月经营报表上——印在净利润额数目的右边，以此决定经理们的收入。这些运营经理就可以知道自己干得怎么样，别的同事干得怎么样，因为所有营业点的分数都进行了排名。

为了增加经理们的动力，提高所在营业店的服务质量，Enterprise 公司宣布：只有顾客满意度得分高于公司平均值，经理才有机会得到提升。随后，公司没有提拔那些虽然促进业务增长并获得了不错利润，然而在顾客满意度方面却表现得低于平均水平的明星经理们，这样表明了公司遵守这项政策。

很多新员工为了提供高质量的服务，都加班加点干一些报酬相对比较低的工作。他们在经销处业绩平平的时候，就会像所有的 Enterprise 公司的经理那样，帮忙开车、清洗和清空车辆。除了入门级的工作以外，公司不会从外面招人进来。因此，Enterprise 的员工都知道：只要他们兢兢业业，表现出自己最好的一面，他们在公司里很快就能获得提升，并且拿到高薪。

讨论题

1. Enterprise 公司的人力资源管理战略有什么优点和缺点？
2. 你想到 Enterprise 公司工作吗？为什么？
3. 该公司的人力资源战略和销售代表们所提供的顾客服务质量两者之间是如何互相补充的？

资料来源：This case was written by Barton Weitz, University of Florida.

案例 27 如何让 Diamond 重现光辉

背景信息

露丝·戴蒙德是 Diamond Furriers 公司的总裁，她注意到自己的商店变得单调乏味起来，于是考虑建立一套新的方法来补偿销售人员。

Diamond 公司位于田纳西州的纳什维尔市近郊，这个地方的人口比较富裕。露丝的父亲在 40 年前创立了该公司，她从小就在店里帮着干活。她父亲在 1980 年退下来以后，露丝就把商店搬进一家高档的大型购物商场，离原来的店址不远，销售额立马提高了很多，短短 5 年时间就达到 100 多万美元。然而，销售额达到这个数目以后随后 3 年就没怎么再增长了，这使露丝很犯愁，究竟是不是销售人员没有得到足够的激励，让店里的商品卖得更好？

Diamond 公司的员工是清一色的女性，年龄从 27 岁到 58 岁都有，包括 4 名全职员工，4 名兼职员工（每周工作 20 小时），所有人在店里都有三年以上的工作经验，都按同样的小时标准支付报酬，即每小时 10 美元，此外还有一项条件很宽松的医疗计划。员工的精神面貌一流，整支员工队伍中每个成员对戴蒙德太太都表现出高度的忠诚。

商店一周营业 78 个小时，意味着差不多至少能保持 3 名员工留在店内，高峰时段则有 6 名员工。Diamond 公司出售的商品不是皮草大衣就是皮草夹克，价格从 750 到 5 000 美元不等。每件衣服的平均售价为 2 000 美元。全职员工的平均年销售额大概是 160 000 美元，而兼职员工才一半多一点。

戴蒙德太太对员工销售情况的关注超过了对员工忠诚度的欣赏。例如，她要求员工要留顾客的档案，新款一到货马上通知顾客。虽然有部分员工比另外一些员工更积极地这样做，但她们没有一个人表现出特别强烈的愿望要提高销售额。

于是戴蒙德太太开始研究佣金体系，并和她平时有来往的同行一起讨论员工问题，他们都向她建议降低销售人员的底薪，并实行固定或者可变佣金制度。

其中一个想法是把基本钟点工资从 10 美元降到 7 美元，然后让员工通过争取总销售额的 4%的佣金来补全其他差额，这些佣金每月结算。这个办法会让她们得到跟目前一样多的工资。

然而，她意识到这个方法并不能刺激员工好好推销那些价格高昂的皮草大衣，而她认为多卖皮草大衣也许是增加总销售额的方法之一。于是她考虑，如果员工卖出那些标价在 2 000 元以下的商品，可以得到 3%的佣金，而卖出 5 000 美元以上的商品，则得到 5%的佣金。

这两种方案都不需要额外记账。返回的货物将从佣金里扣除。而且她还注意到员工之间还可能不时会出现纠纷，彼此争论商品究竟是从谁手中卖出去的。因此她想出第三个办法，就是钟点工资维持不变，但总销售额超过 100 万美元以后，一次性给予 4%的佣金，这种“佣金”将每年分一次，根据每个员工实际工作的小时数按比例分配，并以圣诞节分红的形式给出。

讨论题

1. 露丝·戴蒙德考虑的几个方法各有什么优点和缺点？
2. 对于提高商店的销售额，你还有其他好的建议吗？
3. 你会建议怎么做呢？为什么？

资料来源：This case was prepared by Professor David Ehrlich, Marymount University.

案例 28 博德斯书店：图书陈列困惑

迈克尔·钱姆是威斯康星州麦迪逊市博德斯书店的总经理，他为自己的书店深感自豪。麦迪逊市人均购书量居全美前列，钱姆觉得博德斯书店所提供的图书种类、服务以及书店位置离一所有 40 000 名学生的大学不远，这些都为当地社区做出了贡献。尽管城西新开了一家巴诺书店，带来了不少竞争压力，但他的书吧依然宾客盈门。

当钱姆在一份颇受欢迎的报纸上读到一篇文章时大吃一惊。这篇文章批评博德斯书店的书刊摆放带有歧视的味道。书店经销多种多样的文学和诗歌作品，但是一些特殊种类，诸如非裔美国人的文学作品、同性恋文学、女性主义文学则同一般文学和诗歌作品分开摆放。这样摆放的原因有部分是因为博德斯书店创立于密歇根州的安阿伯市，在那里为配合学校提供的课程，特别设立了专类图书。

这篇文章把博德斯书店的分类摆放，描述成对非白种人的男性作家进行“隔离化”处理，尽管某些女性作家的作品也和一般文学和诗歌作品放在一起。这篇文章和随后几封读者来信都嘲笑博德斯书店把几个“非传统”作家的作品放到一般文学和诗歌作品那里了。

这些人认为，要是书店经理懂得文学的话，也许就不会把这些非裔美国作家、同性恋作家、美国本土作家以及其他非传统作家的作品从一般文学和诗歌作品中分列出来了。虽然麦迪逊市是一个思想很自由的城市，但钱姆仍然认为这种指责不公平。他坚信他为读者提供的服务是为了突出作者和文学题材，而不是将其淹没在毫无分别的众多图书种类当中。他知道他应该立刻对文章的指责做出回应。

讨论题

1. 钱姆有几个选择，其中一个就是将可放在一般文学作品架上也可放在专类文学架上的作品重复摆放。这样做的优点和缺点是什么？
2. 本案例所描述的博德斯书店位于一个大学城。如果是在近郊居民区或是都市化程度更高的环境里，各种书刊又应该如何摆放呢？

资料来源：This case was prepared by Jan Owens, University of Wisconsin, and Parkside.

案例 29 食品杂货店的店面设计新意辈出

宾夕法尼亚大学沃顿商学院的教员进行了一项调查，记录并且研究了消费者日常购买食品时的行为。这项调查是在西岸超市进行的，购物车的底部安装了无线电频率识别（RFID）装置，可以记录个人顾客的购物路线。RFID标签有助于记录顾客花在购物上的时间，他们都走过哪些地方，买了多少件商品。

研究结果显示：顾客在商店里走动的路线和零售商之前的预期不同。顾客并不是直上直下按顺序走完每一条过道的，而是沿顺时针方向走，挨着商店的周边，并跳过整个货物区域。因此，大多数顾客不会注意到过道中间的货物，而在过道两端的展示区则可作为重要的促销手段。

为了满足顾客的需要，适应他们的购物方式，食品杂货店应该多花一点时间在设计店面布局上。顾客花在去食品杂货店买东西的时间更短了，他们下班回家的路上就已经想好晚饭要做什么，买东西也只买一两天的量。每周一次的大采购一般都会花 55 分钟或以上，而这类顾客人数在食品杂货店里只占全部顾客访问次数的 10%。

根据食品营销研究院（Food Marketing Institute）的《美国食品杂货店顾客购物趋势》的年度报告，美国人平均一周要上食品杂货店购物 2.2 次。几乎 2/3 的顾客每周会去三四次食品杂货店。每个美国家庭平均每个月在食品杂货店的购物额是 92.50 美元。受访者超过半数以上都会在不同的渠道购物，包括折扣店和仓储会员店。报告还发现 54%的顾客有做购物单的习惯。最后，较年轻的顾客认为他们在选择去哪家食品杂货店买东西时，有没有自行付费结账的零售系统是一个重要的考虑因素。

杂货零售商发现以下这些新趋势对该行业造成了一定的影响，需要在商店内做出相应的改进：

- 对于时间很紧的顾客——把商品捆绑出售，提供现成配搭好的用餐方案，提高结账速度和方便度。
- 顾客忠诚度的竞争——提供奖励活动以及自有品牌商品。
- 来自折扣商越来越大的压力——使用让利的方式而不是一味低价使商店与别人不同。
- 顾客对营养越来越重视——提供健康信息、新鲜农产品和肉类，提供有机食品。
- 网上购物——为那些善于利用技术的精明顾客提供网上下订单和购物的选择。

讨论题

1. 你平时最经常去购物的超市布局怎么样？分别描述一下商店的入口、店内各部门的分布、干货、冷冻食品、特别货物的摆放以及交款台的情况。

2. 根据案例提供的信息以及结合你个人的购物习惯，什么样的店面布局和设计能更好地改善超市的环境，同时对顾客来说能有更愉快的购物体验，对零售商来说能获得更大的利润？

资料来源：This case was written by Hope Bober Corrigan, Loyola College in Maryland.

案例 30 Sephora

Sephora 是 Moet Hennessy Louis Vuitton（LVMH）的分支，该店创新的零售理念来自法国，正在改变着化妆品销售的方式。Sephora 在商店设计和产品种类方面非常与众不同。实际上，它把时尚零售的概念定义为：给顾客他们想要的“自由、美丽和快乐”。Sephora 的产品种类包括护发产品、化妆品、香水、洗浴和浴后护肤产品、皮肤护理产品及 Sephora 自有品牌的美容产品。难怪每个女性都能在 Sephora 找到自己想要的产品，然后把自己打扮得跟皇后一样。

Sephora 正在把美容产品种类带向一个全新的、令人激动的方向，让顾客可以选择适合自己不同程度的服务。不管是在 Sephora 的商店内还是在它那高度互动的网站上，顾客都可以选择“详尽的美容专家建议，一种个性化的体验和反馈”。从 1998 年中期 Sephora 进入美国，在纽约和迈阿密开了两家分店以来，就在美国掀起了一阵热潮。1999 年 10 月，Sephora 在纽约市洛克菲勒中心开了一家旗舰店，面积达 21 000 平方英尺。现在 Sephora 在全球 14 个国家大约经营着 515 家分店，仅北美洲就有 95 家，而且数量还在不断增加。Sephora 于 2004 年在加拿大多伦多市开了第一家分店。

大多数时尚类的化妆品都是在百货商店出售的，百货商店中的香水和化妆品区域是根据不同生产商的产品来划分的。销售人员专门负责某个产品类别，站在柜台后，帮助顾客挑选合适的产品。

Sephora 代表了“美容界的未来”，因此毫不奇怪它的商店设计正是未来预期可能出现的样子。Sephora 用一张亮红色的地毯吸引顾客走进商店，马上使顾客产生一种无与伦比的兴奋感和强烈的兴趣。当顾客进店以后，他们马上就被 Sephora 所称的“美的圣殿”的环境包围。超乎想象的各类产品按字母表顺序排列展示，并按商店墙壁上的种类分别摆放。顾客受到鼓励，可以从各个自助模块挑选美容产品试用。商店出售商品的种类非常多，包括刚上市的新货、畅销品、经典产品以及 Sephora 独家收藏品。

Sephora 的商店遍布美国境内，同时它还在加拿大、捷克共和国、英国、法国、希腊、意大利、卢森堡、摩纳哥、西班牙、波兰、葡萄牙、罗马尼亚、俄罗斯和土耳其也都开有分店。公司决定从日本和德国撤出，因为他们独特的零售理念在日本和德国的消费者当中没有什么市场。

Sephora 还在网上出售化妆品。近年来很多人都认为美容产品不能很好地放在二维的网页上展示。许多其他零售商纷纷试图改变这种观点，但均以失败告终。而在 Sephora 这一边，则再次使自己与其他零售商区别开来，不仅网站经营良好，而且还有利润。Sephora 提供了 250 多个经典和新出品牌，如 Philosophy、Bare Escentuals，还有 Lip Fusion，这些品牌消费者在百货商店花大力气也找不到。

很多女性在 Sephora 的网站上购买这些商品，因为在她们所在城市的商场里买不到。令很多顾客失望的是，Sephora 并不是在全美国各个地区性的商场都有分店。对于这些失望的顾客来说，Sephora.com 提供了一站式购买，满足她们对美容产品的需求。她们知道无须讨价还价，就能以公道的价格买到自己喜欢的品牌。一个人还能要求什么呢？

尽管 Sephora 已经是世界上最大的美容零售商了，但它仍然意识到回馈社区的重要性。Operation Smile 为发展中国家以及美国的少年儿童提供整容修复手术，而 Sephora 和 Operation Smile 联手提高了这些孩子们的自信心，使他们过上一种更为正常的生活。Sephora 致力于改善全球儿童的生活质量。两家公司合作使那些平时没有钱支付整容手术的儿童获得帮助，使他们感受到自己能像一个普通小孩那样被接纳。这些小孩现在不需要再自卑了，因为他们的内在和外表都一样美。Sephora 在日常经营的基础上，还积极参与社区活动，为人们带来与众不同的体验。虽然有些女性不相信化妆的效果，但是让其他女性每天都能对自己的外表更加自信，认识到这点很重要，而这种贡献本身就是不可代替的。

讨论题

1. 描述 Sephora 的目标市场。
2. 为什么女性喜欢 Sephora 自助服务的环境，而不是在百货商店化妆品专区由销售人员提供服务的环境呢？
3. 解释为什么 Sephora 在其他国家那么成功而在日本和德国却遭到挫折。
4. 一家美容零售商如何才能成功转型实现网络销售？是什么因素使得 Sephora 的在线网站如此成功？

资料来源：This case was written by Kristina Pacca, University of Florida.

案例 31 迪斯玛的缺货问题：替代品是解决问题的办法吗

罗伯特·洪达是加利福尼亚州丘珀蒂诺一家迪斯玛店（Discmart，像塔吉特和沃尔玛那样的折扣零售商）的经理，他正在店中观察早晨的营运状况。这是一个周日的上午，店中推着购物车的顾客来来往往，有的还拉着孩子。在商店收款台前不断有顾客排队等待付款。从他所在的角度望过去，所有的收款台都开着，而且很忙碌。7 号收款台的队伍比其他队要长，除此之外似乎一切正常。

对讲机的响声打断了罗伯特的思路。一辆送货车刚到店后边，司机想知道在哪个卸货口卸货。罗伯特决定先去看看闲置的存货区，再告诉司机在哪儿卸货。往商店后面走时经过收款台，他注意到 7 号款台后的队伍又长了一点。收款台的指示灯在闪烁，这表明顾客服务助理（CSA）正在寻求帮助（在迪斯玛，所有同顾客直接打交道的一线人员都称作顾客服务助理）。他经过收款台时禁不住听了一位恼怒的顾客和一位顾客服务助理之间的对话，顾客要求用替代品代替正在促销但已经缺货的某个商品，而那位顾客服务助理正向顾客解释店内的政策。通常在营业繁忙时，罗伯特都会帮助顾客服务助理应付这种情况，但他知道现在司机正在等着卸货，而这些货又必须马上送进店里，所以他快速向店后面走去。

在告诉了司机在哪儿卸货后，罗伯特回到商店。回来的路上他顺路到休息室拿了杯可乐，正巧看到 7 号收款台的顾客服务助理萨莉·约翰逊正在里面休息。萨莉在迪斯玛已经干了一年，是公认的能干的员工，她总是把商店利益记在心中。

罗伯特： 你好，萨莉，我刚才看见你的收款台后面排起了长队。

萨莉： 你好，罗伯特。是的，有一个顾客不满意，我们花了好长一阵子才解决问题。

罗伯特： 哦，是吗？他有什么不满意的？

萨莉： 我们打广告促销的 100 盎司装汰渍牌洗衣液卖光了，促销价打八折。我向顾客建议为他提供缺货支票，或是以同样折扣购买同样数量的其他牌子的洗衣液，但那个顾客坚持说他要用同样折扣购买 200 盎司装的汰渍洗衣液。很显然，是乔（副经理）告诉顾客说我们会替换 200 盎司装的洗衣液。

罗伯特： 你有没有告诉顾客我们的促销价只在有货时才有效呢？

萨莉： 我告诉他了。但他认为我们在减价第一天早晨就没货是很奇怪的。

罗伯特： 嗯。我想你已经给了他想要的东西吧。

萨莉： 你知道咱们的销售终端系统只允许对指定的商品做调整。200 盎司装的洗衣液不是指定的替代品，所以我不得不再找一个管理员来帮我。

罗伯特： 我很高兴你最终解决了问题。

萨莉： 嗯……那个顾客等管理员等得不耐烦，因为管理员正忙着帮另一个顾客呢。所以他决定还是要张缺货支票。他对这件事很不满意。他还提到我们不该在电视上打广告说我们总不缺货而且总能保证顾客满意。

罗伯特： 我很不喜欢他们做这种广告。我们还得弄清楚市场营销部的那些家伙到底向顾客允诺了什么。

萨莉： 好啦，我的休息时间结束了。我得回去工作了。

罗伯特仔细想了想萨莉今天遇到的情况。他在想要不要同乔讨论一下这件事，他记得几天前同乔谈过库存政策。乔指出他们店现在的库存水平已经很高了，如果再提高库存水平，从财务角度就不合理了。他还提到某个市场调查结果表明顾客总体上对迪斯玛的缺货支票做法还是满意的。基于这个调查结果，乔认为现在的库存水平再加上货到优先政策是能使顾客满意的。

讨论题

1. 为什么会发生这种服务中断的情况？
2. 这种服务差距与第 19 章中差距模式中描述的其他几种差距（标准差距、认知差距、传递差距和传播差距）之间有什么联系？

资料来源：This case was prepared by Dr. Kirthi Kalyanam, Retail Management Institute, Santa Clara University. © Dr. Kirthi Kalyanam.

案例 32 诺世通的顾客服务与关系管理

诺世通秉承以顾客为中心的经营理念，这源于约翰·诺德斯特罗姆（Johan Nordstrom）的价值观。约翰·诺德斯特罗姆相信他人，他认为不断超出他人的期望就能获得成功，得到称赞。怀着以顾客为中心的理念，诺德斯特罗姆先生成立了他的公司。公司以人为本，公司的决策和选择以满足人的期望为出发点。这个理念听起来简单，但诺世通的竞争对手却鲜有人能真正把握它。

以人为本

诺世通的员工竭诚为顾客服务，要求他们去做最有利于顾客的事情。公司以顾客满意为价值导向。顾客被高度重视并成为公司的核心，顾客甚至位于诺世通倒三角形组织架构的顶端，紧接着是销售人员、部门经理和总经理，倒三角的底部是董事会。所有较低层级的人员都会支持销售人员，然后由销售人员服务顾客。

员工激励与顾客服务紧密相关。销售人员配有定制的商业名片，用于与顾客建立联系。其独特之处在于：销售人员并不直属于他们所在的部门，而是听命于他们的顾客。如果有需要，销售人员可以从店里的一个部门换到另一个部门来帮助顾客。例如，在诺世通，一个帮助女士购买商务服装的销售员会帮助她购买西装、衬衫、鞋子、丝袜以及配饰。这个销售员就成为了这位顾客的私人导购，她会给顾客展示商品并提供一些时尚资讯。这种做法有助于与顾客建立一种长期关系，随着时间的推移，销售员会很清楚顾客的时尚意识和个性。

跨部门销售方式能让销售人员取得大量的销售业绩和佣金，同时也让顾客体验到优质的服务。正如《60 分钟》片段提到的，“（诺世通的服务）不再像过去的那种服务，而是一种前所未有的服务。”

尽管诺世通高度重视顾客服务，但是有意思的是，“顾客位于第二位”。诺世通认为只有公司善待员工，员工才会善待顾客。诺世通的员工被看做是诺世通大家庭的一分子，员工的满意度成为公司密切观察的商业变量。

诺世通以善于从员工中选拔领导者而闻名。一个成功的诺世通销售员最重要的特质（例如追求卓越和顾客服务）同样也是一位成功的诺世通管理人员所强调的特质。

诺世通雇用的员工有着乐观的心态、主人翁意识、首创精神、英雄气概以及不负众望的能力。主人翁意识反映在它较低的损耗率上。在诺世通损耗或者因偷窃和记录错误导致的损失低于销售额的 1.5%，这几乎是行业平均水平的一半。如此低的损耗率很大程度上归功于销售人员，他们像看管自己的物品一样小心谨慎地看管商品。

公司对不同层级的员工都像业务员一样对待，而且赋予他们独立决策的权力。他们可以在一定范围内做他们认为正确的事情，只要将顾客的利益记在心中。所有的员工都会得到方法和职权去做他们认为满足顾客所必需的事情，而且管理层几乎总是支持下属的决策建议。

总之，诺世通的产品在于人。一个忠实的诺世通顾客去诺世通购物并不一定是因为它的产品，而是因为他所能享受到的服务。当然，诺世通会为顾客提供优质的产品，但产品对于很多顾客来说已经不是最重要的了。

以顾客为中心的政策

关于诺世通的顾客服务，最有名的例子之一发生在

1975年，当时诺世通的一个销售人员欣然收回了一套已经用过的汽车轮胎并返还顾客现金，尽管诺世通从来没有卖过轮胎。这个顾客的轮胎是在北方商贸公司的商店里购买的，后来北方商贸公司的零售地盘被诺世通收购了。为了让这个顾客满意地走出诺世通，销售员把轮胎的钱返给了这个顾客。

诺世通的政策注重“顾客终身价值”的理念。尽管初次销售赚取的利润很小，但是当一个顾客的终身价值被计算在内时，一个忠诚顾客带来的收益是令人震惊的。顾客的终身价值是指从某位顾客身上直接或间接产生的所有销售额的总和。为了让顾客成为终身顾客，诺世通的员工花了很大的功夫。在西雅图的一家诺世通店，一位顾客想买一条某品牌的长裤，但是货架上已经卖光了。店里没有适合她的尺寸，其他的诺世通店里也找不到该尺寸的裤子。得知在附近的一家竞争商店里可以买到同样的裤子，销售员就用部门备用金全额买下了那条裤子，并以诺世通的销售价格卖给了这位顾客。尽管这笔销售给商店带来了一时的损失，但是这笔投资对于提高顾客的忠诚度却非常有帮助。

诺世通的员工努力做到对顾客“绝不说不”。诺世通有一项无条件退货政策。如果顾客对产品不满意，他可以随时将新的产品甚至是已经用过的产品退回并获得全额退款。出乎意料的是，这并不是公司的政策，而是销售员为了最大程度地满足顾客而实施的政策。诺世通给员工的建议很简单：在任何情况下都要作出最好的判断。员工被给予自由、支持和资源来做出最好的决策，提高顾客满意度。诺世通优质服务（例如无条件退货政策）的成本与其具有竞争力的定价表面上会降低边际利润，但是这个成本被重复购买所带来的销售量增加、很少的削价产品以及必要时“榨取”供应商所抵消了。

诺世通的上行政策也注重顾客满意度的最大化。诺世通前CEO布鲁斯说：“（供应商）知道我们对顾客很慷慨，所以如果你想和我们做生意，那么你对于我们的退货政策也应该是慷慨的。如果某位顾客穿坏了一只鞋，并且说鞋子不舒适，如果我们认为那个人说的是实话，我们就会把鞋子退回去。”诺世通意识到有些顾客会滥用无条件退货政策，但是它不会将政策滥用到供应商身上。在这里，“做正确的事”再次发挥了作用。

诺世通的商品销售政策和购买政策同样高度以顾客为中心。提供全面的、尺码齐全的商品被看做是顾客服务的一种方式。一家常规的诺世通店存有大概15万双各种尺码、宽度、颜色和款式的鞋子。一般女士鞋子的尺码是2码半到14码，宽度从A到EEE。诺世通对于库存商品的质量要求非常严格，一旦碰到其中有女鞋脱底的情况，则所有同批次的鞋都要退回给制造商。

讨论题

1. 为提供卓越的客户服务，诺世通采取了哪些措施？
2. 这些活动是如何促使诺世通缩小实际服务与顾客期望之间的（如第19章中描述的）认知差距？
3. 诺世通通过客户服务发展竞争优势的方法各有什么利弊？

资料来源：This case was written by Alicia Lueddemann, the Management Mind Group, and Sunil Erevelles, University of North Carolina, Charlotte.

案例33 英国的零售商和可持续发展

背景介绍

在过去的10年间，可持续发展的概念在英国政治议程上的地位不断提升。英国政府在“捍卫未来”（2005）计划中已经设定了可持续发展战略，并雄心勃勃地提出“不以牺牲下一代的生活质量为代价去满足人们的基本需求，并确保人们过上更好的生活”。战略中明确写道，“零售商不但可以塑造供应链的可持续性，还可以决定所提供的产品和服务范围”，并且能“在运营中大幅降低能源和水资源的使用，减少废弃物排放”。

英国许多大型零售商已经开始意识到自身对环境、经济及社会的影响，他们越来越乐于解决与可持续性相关的问题，并将其承诺传达给股东和公众。英国零售业的集中度日益提高，独立零售商的数量在慢慢减少。较高的行业集中度提高了大型零售商在渠道关系中的地位，也使他们可以更直接地接触到不同类型的广大顾客。前者使零售商在与供应商打交道时更有实力，后者可以确保零售商紧跟消费者购买行为的变化，并制定出有效的营销策略。正是因为这些大型零售商对环境、经济和社会的影响最为显著，因此他们在鼓励采用更加可持续的生产和消费模式中扮演着举足轻重的角色。

零售业与环境

英国的大型零售商正着手解决包括能源消耗、温室气体排放、原材料使用、水资源消耗、废弃物排放、产品包装与回收、转基因食品以及化学品使用等在内的一系列环境问题。以英国最大的零售巨头乐购（Tesco）为例，该公司在2001~2005年间投入大笔资金开展节能计划，每平方英尺营业面积的能耗降低了23%左右。乐购积极加入到英国的排放交易体系中，并承诺在未来的5年内旗下188家门店减少74 000吨温室气体排放量。乐购排放进入大气的温室气体主要来自于公司的货车队。因此，乐购的重心是如何在能耗保持不变的前提下提升运货量。

同样，约翰·路易斯（John Levis）百货公司和维特罗斯（Waitrose）超市的母公司约翰·路易斯（John Lewis Partnership）也面临相同的挑战——消费者对连锁店数量、营业时间及网上购物配送的需求对公司配送车队运力的挑战。该公司商务车队的里程数和温室气体排放量都有小幅下降，载货返航率上升44%，更有效的运力调配减少了一氧化物和碳氢化合物的排放量。

约翰·路易斯还制定了木材的可持续使用政策，旨在确保将公司因业务需要进行的树木砍伐对环境造成的影响降到最低。该公司的家具产品类别比竞争对手更丰富，使用来自100家供应商供应的30多种不同的热带阔叶树。对木材来源进行记录是一项重要任务，除此之外，公司也很注重针对印度尼西亚和中非共和国等国家制定木材采购政策，因为这些国家的森林管理体系很不完善，非法采伐的可能性极高。

总部位于英国的玛莎百货和食品连锁店承认其店里销售的每件商品都使用了化学品，但公司却特别注重减少杀虫剂、PVC和染色剂等化学剂。玛莎公司希望在满足消费者对优质食品的需求和环境保护两者中找到平衡，并制定出新鲜水果、蔬菜、薯类和沙拉等食品的执行目标。玛莎公司承诺尽可能减少杀虫剂的使用，禁止或替代79种杀虫剂。几乎所有PVC包装材料的生产和回收处理都会释放化学物质，对环境造成破坏，因此，玛莎在2002年已不再使用PVC包装材料。2004年底之前，玛莎73%的食品将达到零农药残留。

英国最大的消费电器零售商狄克森（Dixons）集团成功地解决了废物处理对环境造成负担的难题。该公司采取废物分类回收的措施，并成功地引导供应商简化产品包装。迪克森集团有一套回收废旧产品并进行压缩的系统，此外，它还提供内部服务，并向消费者提供回收服务和消耗品处理服务。在2003~2004年间，迪克森集团是英国首家推出100%可循环利用的塑料购物袋的零售商。

很多英国的领先零售商已经投身到再循环项目中。其中有些已经在连锁店里设置再循环装置以供顾客使用。在乐购的有些超市里，顾客可以将塑料瓶罐、锡罐、玻璃瓶、纸板、纺织品和光盘回收再利用。零售业使用大量的产品包装，以往一般都是顾客自己在家处理，现在零售商重新设计并简化产品包装以降低成本，为顾客减少回收废弃物的压力。越来越多的零售商已经开始使用可降解购物袋。

零售业与经济

英国大型零售商提供大量就业机会、为员工支付薪酬、分发股东红利、盈利创收并向政府缴税，其对于经济的卓越贡献是显而易见的。2004~2005年间，仅乐购一家零售商就雇用了366 000名员工，员工薪水总额达到35.34亿英镑，再投资7.79亿英镑，股东分红达到5.87亿英镑。与此同时，行业领先的零售商对英国经济的影响力日益增强，越来越多的零售商开始利用自身的影响力着手解决可持续性问题。这些问题涉及城市再生、本土食品采购和城市活力等方面。乐购近日关注在英国最贫困的地区开设门店，其“再生伙伴计划”取得了不错的进展，该计划注重培训并雇用已经失业多年的人、无工作的老人以及从来没有工作过的年轻人。

约翰·路易斯意识到零售业对城镇和城市中心的未来发展起着重要的作用。约翰·路易斯对爱丁堡、诺丁汉和伦敦中心区的门店重新进行装修，并宣布在卡迪夫和莱斯特开设新店，并将剑桥、利物浦和谢菲尔德3家门店迁址。约翰·路易斯强调公司近期及计划中的一系列大动作是构成城镇和城市中心改造的关键部分。

人们对英国境内诸多大中城镇购物区和农村地区市场的衰落，以及城镇外产品服务多样的大型超市尤为担心。零售商了解大众的疑虑，但他们坚称零售业带来了投资机会，创造了就业岗位，极大地促进了当地经济。然而，当地居民却并不认为大型零售商对农村地区的可持续发展起到了任何促进作用。

国内大型超市连锁零售商加大对本地生产食品的采购和储存。以Somerfield为例，该公司长久以来坚持采购本地区生产的食品以支持本地区的食品生产厂商。目前，Somerfield有超过2 000种当地商品的库存，其羊肉、猪肉和牛肉制品都能确保原产地。

许多大型零售商都非常小心地处理采购政策和采购的伦理问题。此类政策大多涉及经济和社会层面。以玛莎百货为例，该公司早在1999年就制定了全球采购政策，其中明确规定了对供应商的要求，包括工作时间、工作环境、薪资水平、劳动合同条款以及最低薪资等内容。玛莎百货的2 000多家直接成品供应商必须遵守这些采购政策。2004~2005年，玛莎百货与印度、摩洛哥、斯里兰卡以及印度尼西亚等地的人权组织携手，齐力改善以上国家有关工厂的工作和生活环境。

更进一步地说，在英国，越来越多的零售商对“公平贸易”产生了浓厚的兴趣，“公平贸易”旨在保证生产厂商在投入技术、劳动力和资源后得到应有的回报。高品（Co-op）集团被广泛认作全英国领先的公平贸易食品零售商，供应各类咖啡、茶类、蛋糕、巧克力、果汁、水果和酒类产品。尽管许多零售商都承诺遵守道德贸易体系、计划和公平贸易的要求，但远距离采购具有复杂性，尤其当商品原产地管制严格、政局不稳时，零售商更应努力克服，确保货源稳定。

零售业与社会

英国零售商也需要解决影响全社会和公司经营社区的问题。这些问题既包括培训和员工发展、多样化、健康、安全等问题，也包括公司员工和顾客的教育问题。

所有大型零售商都致力于吸引并留住来自不同文化、不同社会阶层的员工，强调雇用最优秀的员工，并满足公司所在社区的需求。公司可以通过提供弹性工作制，争取确保员工实现生活和工作的平衡。培训和员工发展也是必不可少的主题。

英国另一家连锁超市森百利（J.Sainsbury）是食品零售商，同时也对金融服务感兴趣，该公司提供一系列不同种类的培训课程，包括工作观摩、工作指导、资格培训以及自我发展的书籍和视频。所有员工都能通过公司内联网登录“学在森百利”平台，该平台提供森百利的行为准则、运营培训、公司的资格考试项目以及在线图书馆等多项服务。另一家杂货店阿斯达（ASDA）隶属沃尔玛旗下，该公司投资1 400万英镑，建立了15个公司“知识储备库”，针对在职经理进行培训。目前，“知识储备库”已经成功地对4 000多名经理进行了培训。培训后的考核显示，接受过培训的经理的业绩明显高于公司设定的销售目标。

约翰·路易斯为员工提供了职业健康咨询服务。公司旗下每家商店的健康咨询团队会对员工进行日常健康检查和工作环境风险评估；为员工提供日常饮食和锻炼的建议；对心理治疗和足部医疗的费用进行补贴。约翰·路易斯还引进了事故电子报告系统，该系统使每家商店的店员可以及时上报事故情况，在员工重返工作岗位之前监督事故进展。无论在本地还是其他业务部门所在地，系统都可以帮助公司分析事故原因和严重性，有针对性地制定出预防措施。

许多大型零售商也日益关注如何能为顾客提供更多健康的生活方式。一些食品零售商推出了“健康生活”系列产品，减少了食物中脂肪、盐和糖类的含量。森百利在1994年首先引入了健康商标这一概念，并成功运用在自有品牌上。2004年，森百利研发出“健康之轮”，使用交通信号灯的方法展示每份食品中不饱和脂肪、饱和脂肪、热量、糖分和盐分的使用情况。3种颜色显示每种成分在成年人日常饮食中的推荐摄入量。除此之外，森百利还在食品包装上强调食物的营养价值，明显标注“一日5次”标识，写明每包食物中所含有的水果和蔬菜含量。森百利为顾客提供不同档次的健康食品，因为森百利始终坚信，相比于营养，顾客更看重价格。与此同时，森百利还制订一系列计划，鼓励儿童健康饮食，充满活力。

讨论题

1. 零售商及其业务活动如何影响社会福利——零售商服务的社区人们的福利和全社会的福利？
2. 与美国零售商相比，英国零售商如何对社会造成影响？

3. 在市场经济里，公司的首要经济目标就是提升股东价值。对社会福利的关心对实现首要经济目标会有什么影响？零售商需要关心社会福利吗？为什么？

资料来源：This case was written by Peter Jones (pjones@glos.ac.uk) , Daphne Comfort, and David Hillier. Peter Jones and Daphne Comfort work in the Business School at the University of Gloucestershire, and David Hillier is Head of Geography at the University of Glamorgan.

参考资料

HM Government, "Securing the Future," Cm.6467, 2005, http: www.sustainable-development.gov.uk/publications/uk-strategy-2005.htm.

P. N. Stearns, "Stages of Consumerism: Recent Work on the Issues of Periodization," *Journal of Modern History* 69, pp. 102–17.

World Commission on Environment and Development, *"From One Earth to One World: An Overview* (Oxford: Oxford University Press, 1987) .

案例 34 林迪氏新娘用品商店

林迪氏新娘用品商店坐落在莱克城（人口约 8 万），是一家不算太大的新娘用品店，主要销售新娘礼服、舞会礼服、饰品以及丝绸花饰。它同时也出租男士正装，并提供各种可变通的服务。

林迪·阿姆斯特朗，33 岁，从 1997 年 3 月建店之时就拥有这家店。她嫁给了一个中学教师，现在已经是 3 个孩子的母亲了。曾是护士的她发现繁忙的医院值班表使她无暇照顾自己年轻的家庭。作为一名精力充沛、积极向上并且拥有广泛爱好的女性，她想在继续工作的同时抽出时间照顾她的孩子们。

丝绸花饰市场的需求使林迪可以在家开创事业的同时抚养自己的孩子。她正式开始运作她的林迪氏丝绸花饰公司，第一张订单是价值 75 美元的花饰，来自距莱克城约 10 英里的弗农小镇，人口约为 1 万。家庭外工作的主要内容是通过与客户，主要是新娘，进行口头交流，从而尽量招徕生意。随着林迪氏花饰的蓬勃发展，她又新加了一个房间以满足业务发展的需要。林迪依然自己制作所有的花饰。她的花饰制作日程表安排得极为紧张，长时间的工作成为家常便饭。

林迪被一个叫做丹·摩根的年轻摄影师的建议所吸引，他向林迪建议开一家一站式的新娘用品商店。在这项新业务中，丹负责摄影，林迪提供丝绸花饰，另一个合伙人凯伦·罗斯（对新娘用品市场颇有研究）提供礼服及其他饰品。新店本打算建在弗农一间租赁的建筑中。就在开张之前，丹和凯伦突然决定退出合作，林迪成了孤家寡人。她对新娘用品行业一无所知。一没商品二没设备的林迪突然被一则广告吸引了，这则广告说在一个大城市一家新娘用品店濒临倒闭。她立刻给店主打了电话并安排了见面时间。随后，她用 4 000 美元买下了所有的库存（服装模特、货架和地毯）。而且这家店主还给她生动地上了一堂新娘用品生意倒闭的课程。

从 1997 年 3 月到 2005 年 12 月，林迪在弗农拥有并经营了一家名叫林迪氏的新娘服装和丝绸花饰店。选址的最主要原因是离她家比较近。由于弗农是一个非常小的小镇，因此林迪并不认为选址是她的商店成功的关键因素。她认为对于像新娘礼服这样的重要物品，人们跑远点去买也并不介意。每月的租金及水电费是 250 美金。停车是个问题。

在这期间，林迪氏新娘用品商店不断成长。新娘礼服、饰品及舞会礼服都卖得很好。在马上续约合同之时，林迪认真考虑了选址的重要性。搬到莱克城或许是个明智的选择，它比弗农更大，州立大学也坐落在莱克城。林迪决定迁店。

业务概况

目前林迪氏新娘用品商店的主要销售产品是客户从本店货架上订购或者从三大供应商的产品目录上订购新娘礼服。在订购时，顾客通常需要先付一半的定金，余额在 30 天内付清。林迪希望在订购时就能全额付款，然而货款常常延迟，通常在送达以后才能付齐。一旦预定礼服，当送达时必须购买，并且付清账单。

由于店内没有燕尾服，顾客必须从产品目录上订购。试穿的外套和鞋子可以帮助顾客更好地选择所购物品的大小。林迪氏新娘用品商店从供应商那里租用男士正装。顾客从递送之日起付费。

一年中某些时段的正式事件要比其他时段多。许多学校的正式舞会在4月末至5月举行，而6月、7月和8月又是举行婚礼的大月份。由于人们越来越不沿袭传统的婚礼日期，林迪相信尽管1月和2月生意冷清，但是这种生意会变得越来越没有季节性。

促销活动

林迪氏新娘用品商店经常忙于各种促销活动，但常常受限于财力。公司没有任何预算经费，因此几乎没有任何正式的拨款用作广告费用。

尽管广播偶尔也被用作广告媒介，但报纸广告是最主要的促销媒介。舞会礼服广告常常在舞会旺季投放。这些广告常常是穿着林迪氏新娘用品商店礼服的当地中学生的照片外加一些对学生活动的简短描述。

其他促销活动还包括在当地商业区的婚纱秀。尽管这些活动很费功夫，但林迪感觉已经取得了很大的成功。最近在当地中学举行的一次舞会礼服秀活动中，使用了许多学生作为模特，事实证明，这是刺激销量的一个绝佳方法。尽管扩大宣传需要大量的策划工作，但林迪仍希望在下个舞会旺季到其他几所中学去推广本项活动。

人事情况

林迪是公司的唯一业主，同时也是总经理，她发现很难维持有效的劳动人数。作为一家小公司，林迪氏新娘用品商店无法为公司为数不多的几个职位提供有竞争力的薪水。公司里有一个全职销售员，兼职员工包括一个销售员、一个裁缝师、一个簿记员和一个保安。

林迪处理所有的文案工作。她的职责包括付账单，订商品及原料，雇用和解雇职员，为顾客试衣以及销售其他商品。所有影响公司运营的重大决定都由她亲自做出。她也常常自己制作所有的丝绸花饰。尽管这很费时间，但无论别人怎么做，她都不满意。

主要产品

林迪氏新娘用品商店的主要产品包括各种婚礼、舞会、聚会礼服，公司不销售二手礼服。主要是由于褪色，在货架上摆放超过一年的过季时装或礼服会降价销售。在货架上悬挂一年的礼服常常会发黄。

公司同时提供各种各样的饰品，包括鞋子、面纱、头饰、珠宝以及紧身衬底。林迪认为她的顾客根本没必要到其他任何地方去选择这些饰品。公司同时也提供衬裙租赁业务。林迪氏新娘用品商店专门有一间屋子用来制作丝绸花饰。

提供服务

林迪氏新娘用品商店提供试衣和改做服务。几乎所有的礼服都需要改做，因此仅收取名义上的费用。林迪认为人性化的关怀和服务使她的商店不同于同行竞争者。因为强调顾客满意至上，她努力工作尽量满足每位顾客。这常常并没有那么容易，因为有些客户很挑剔，她常常需要花费很多时间去应付那些不满意的顾客。

位　置

林迪氏新娘用品商店坐落于莱克城主要穿城大街的尽头。一开始，林迪认为地理位置与她商店的成功无关，但后来她改变了这种看法。尽管生意在弗农就不错，但是在莱克城更蓬勃发展。机动车交通很方便，而且还有很多停车位。

林迪氏新娘用品商店有一份12年的租约。租金（每月1 800美元）包括取暖和用水，但是商店必须自己承担内部装修。硬件设施非常有吸引力，拥有一个开放而有吸引力的内部展示区。但是有些地方无论店内还是店外均有未完工的样子。

有些储存区需要增加门或者屏风来增强内部的美观。试衣间的顶棚尚未装修完工，前门里边的地毯也有些不安全。另一个问题是内部没有足够的空间，似乎没有一个充足的空间用于支持各种活动，如准备鲜花、顾客试衣及商品储存。所有这些给商店造成一种混乱的景象。

外部也存在一些问题。广告标识不够有效，前窗户光照太强，以至于分散了整体效果以及内部展示橱窗的表现力。停车场需要一些修缮，停车线需要画出，路沿需要修复。应当通过基本的景观美化做一些增加色彩及美感的工作。

竞争对手

林迪氏新娘用品商店是莱克城唯一一家新娘用品店，但林迪认为她有4个主要竞争对手：距离莱克城30英里远的惠特妮氏新娘用品商店；Ender's新娘，一家运营状况相当不错的新店，在50英里开外的斯巴腾市；在史密斯敦的卡萝尔氏是一家大型的老字号新娘用品店，距离莱克城70英里远；在75英里开外安德森维尔的Gowns-n-Such商店。在纽敦（15英里远）新开了一家店，低价销售二手礼服以及过季时装。林迪密切关注着这家新开的销售旧礼服的商店。

她的一些潜在顾客也通过一些电子零售商，诸如结点（www.theknot.com）和婚礼频道（www.weddingchannel.com）来购买婚纱。尽管这些电子零售商已经在她的销售区域内占有了很大的销量，但林迪更加担心这些电子零售商所提供的一些服务（如礼物登记、电子邮件提醒、婚礼策划、婚礼照片展示等）会带走她越来越多的客户。

财务方面的考虑

基本的财务信息包括：

1. 加价：50%
2. 2006年销量：20万美元（估值）
3. 平均存货：7万美元
4. 周转率：3.0（大约）
5. 年支出：租金1.92万美元，工资2.4万美元，水电费0.7万美元，原料1.2万美元，器材0.4万美元，以及杂项0.4万美元
6. 预计总成本（20万美元销售额）：17.02万美元
7. 间接收入（包括店主的工资）：2.98万美元
8. 资本投入（器材0.8万美元，库存7万美元）：7.8万美元
9. 投资回报率：0.58万美元/7.8万美元=7.4%（假设店主年薪是2.4万美元）

远 景

林迪·阿姆斯特朗对公司的未来并不确定。她喜欢这个生意，但觉得工作很辛苦却并不挣钱。在林迪氏新娘用品商店一年的运营过程中，她并不挣工资。她一周工作超过60个小时。事业蒸蒸日上，但她却感觉很疲惫。她甚至考虑过出售这项业务，重拾护理的老本行。

讨论题

1. 林迪能否通过改变商品组合来增加她的销售额？
2. 哪些产品更为重要？哪些相对不重要一些？
3. 为了增加业务，她需要在人事方面做哪些决定？
4. 像林迪·阿姆斯特朗这样的人士是如何平衡家庭和事业的？
5. 假如林迪的一个竞争对手出15万美元收购她的业务，她会卖吗？

资料来源：This case was prepared by Linda F. Felicetti and Joseph P. Grunewald, Clarion University of Pennsylvania.

案例35 星巴克咖啡公司

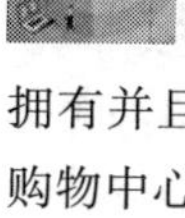

星巴克是领先的特制咖啡饮料、咖啡豆、相关食品和商品的零售商。公司在2005年的年销售额为53亿美元，盈利3.92亿美元。星巴克拥有并且运营5 200家零售商店，在30个国家的机场和购物中心拥有2 800家特许经营店。

除了直接的零售业务外，星巴克还结成了多个战略伙伴关系，这些战略伙伴包括Dreyer's Grand冰淇淋、卡夫食品、巴诺书店、Jim Beam、联合航空以及百事可乐，从而扩宽产品组合与分销组合。霍华德·舒尔茨作为董事长兼CEO，和他的资深管理团队一直致力于如何保持它的显著成长并维持星巴克的市场领先地位。

咖啡市场

咖啡的商业化市场开始于公元1000年，当时的阿拉伯商人把咖啡树从产地埃塞俄比亚带到了中东地区。在接下来的200年里，饮用咖啡传遍了整个阿拉伯世界，最终由意大利商人于16世纪传入欧洲。到1650年，咖啡屋作为一种很流行的会议场所出现在英国和法国。公众名流会经常聚在伦敦的咖啡屋里讨论政治和文学问题。

随着生产工艺和种植的发展，20世纪中期咖啡消费量大大增加。到1940年，许多大的咖啡生产商，如雀巢（Hills Bros. 品牌）、卡夫通用食品（麦斯威尔咖啡屋）以及宝洁（Folgers）开发了速溶咖啡、去咖啡因咖啡等各种产品加入其主营阵地中。超市是传统咖啡销售的主要分销渠道。

在20世纪80年代末，人均咖啡消费量平稳缓慢回落，因为许多消费者转向消费软饮料，如瓶装水、果汁和冰茶。三大主要制造商（宝洁、雀巢及卡夫）在业已停滞不前的咖啡市场争夺份额。所有的主要咖啡品牌均不盈利。为了重获利润，主要制造商降低了传统昂贵的图片广告开销，增加了罗布斯塔咖啡豆（与高品质的阿拉伯咖啡豆相反）的使用进一步降低成本，并且将16盎司的听装改为13盎司的听装，生成产品所含的咖啡量是相同的。优惠券及店内促销充斥着制造商的营销计划，价格大战绵延不断。

星巴克咖啡公司的背景

目前星巴克理念的灵感来自于1983年霍华德·舒尔茨去意大利的一次购物旅行。当他徜徉于古老的米兰广场时，舒尔茨格外注意他经过的热闹的浓缩咖啡吧和咖啡馆。他感到，意大利人真正领会了饮料的浪漫所在。喝咖啡是意大利文化不可分割的一部分。意大利人在浓缩咖啡吧中开始他们新的一天，稍后他们还会回到这里。“在这些咖啡吧里，有一种强烈的团体感，”他思忖，“人们每天都聚在这里，大多数情况下他们甚至不知道对方的姓名。在意大利，咖啡是获得社会经验的渠道。”

舒尔茨意识到，美国缺少在一种轻松的氛围下，人们一边品尝咖啡、一边畅谈的机会。他回到美国，坚信在美国能够找到充满吸引力的意大利咖啡馆文化。1987年，舒尔茨创建了星巴克。

开始的几年

零售供应

星巴克提供的绝不仅仅是一杯咖啡。星巴克分管营销的副总裁斯科特·贝德博里娓娓道来：

> 我们提供的产品不仅仅局限于杯子中。当你进入我们的商店，我们的产品就是我们整个店铺和服务。我们需要帮助人们更好地品味为什么休息的时候喝咖啡感觉那么好，为什么准备一杯好咖啡值得花那么长时间。与其说星巴克是为思想提供素材，不如说是为了思想提供酝酿的过程。咖啡在几个世纪以来一直为人们提供思想的灵感。有时我不禁这么想：从椅子上站起来吧，你已经殚精竭虑了。下午两三点钟是我的私人时间，那时我会走过店里的非吸烟区，给自己点杯美式咖啡，然后开始冥想。我想这大概就是星巴克需要提供给顾客的吧：一个安全的避风港，就好比说这个地方让世界变得易于理解。在长期的竞争中，是什么让我们有别于竞争对手，什么是我们拥有的经久不衰的竞争优势，我们能否在店内为我们的顾客提供优于其他任何一家店的消费体验，甚至是很微小的细节。星巴克应该成为与被激发的思想紧密相连的一个好去处，成为一种体验。

尽管在特定的商店里，设计风格会为了适应当地市场有所变化，但一个典型的星巴克店是一个有机元素和人造元素的混合体：柜台和标志区域的浅木纹色调，棕色的袋子，抛光的黑色大理石台面，玻璃制的架子，细小而现代的白色轨道灯以及纯白色的杯子。甚至它的标志都传递了一种双重的绿色/现代的信息：星巴克的标志看起来很朴实，但却表现了一种现代而抽象的形式，在黑白之间仅有一条彩色的镶边围绕在中间。灯的颜色、墙的颜色以及桌子的颜色模仿了咖啡的色调，从绿色（生咖啡豆）到浅棕色到深棕色。特别制作的包装和杯子与周围环境协调一致，创造出了假日更加生动而且丰富多彩的色调。星巴克经常根据应季的主题活动变换店内的风格，使它看上去生动活泼。

星巴克店通常非常宽敞，顾客可以徜徉于店内，品尝他们的咖啡，考虑买一些咖啡用品，从咖啡豆到清洗咖啡研磨机的小刷子，再到价值1 000美元的家用卡布奇诺咖啡机。零售额由咖啡饮料（58%）、按磅称的原豆咖啡

(17%)、食品（16%）以及咖啡相关的器材（9%）构成。尽管不同店铺的咖啡饮料是标准化的，但是食品供给却各有不同。

在星巴克，浓缩咖啡必须精确地在18~23秒之间制作出来，如果10秒钟内无人饮用的话这些咖啡就会被倒掉。真空包装的咖啡豆一旦打开，如果7天还没有用完将会捐赠给慈善机构。蒸馏咖啡如果在1小时内无人饮用的话也会倒掉。整个店内，时刻注意保持芳香：员工不允许使用古龙香水，店内使用无味洗涤用品而且严格禁止吸烟。

人力资源管理

意识到作为最前沿的员工是提供“完美咖啡”的核心因素，公司基于以下两条原则完善了组织文化：（1）严格制定制作咖啡并将咖啡送达顾客手中的标准规范；（2）给予员工宽松、支持的态度并且给他们授权。

所有的新雇员，都会两两配对，参加一项24小时的培训项目，这个项目旨在给新员工灌输工作目的、工作责任和工作热情。对于刚来的新员工，尽管他们的头衔只是baristas（意大利对吧台招待的称呼），但公司也给予他们自信和尊敬。为了强调他们取悦顾客的责任，吧台招待将会练习如何应对顾客的抱怨，比如抱怨研磨咖啡豆的方法有问题。员工们学到的首选的答案是，不用请示经理核对或者质疑顾客的抱怨，而是立即去给顾客换咖啡豆。吧台招待要学会调制各种浓缩咖啡，解释不同咖啡的原产地，并且要声称能够通过“咖啡滑过舌尖的方式”判断是苏门答腊咖啡还是埃塞俄比亚咖啡。

能够留住有目标、训练有素的员工是非常重要的，所以所有员工都有权利得到健康补贴以及一个叫做“豆股”的职工优先认股方案。每个雇员都可以得到一个有限认股权，大概相当于他年基本收入的12%。（按照现在的“好收益”方案，星巴克允许持有股权占年收入的14%。）员工也会每周得到数以磅计的免费咖啡，还有店内所有零售商品30%的折扣。每个季度公司都会召开例会，会上会公布并且讨论公司的最新消息、公司价值观及财务业绩数据。

由于良好的训练、授权、回报以及成长机会，星巴克的新雇员比率仅为60%，大大低于其他食品服务行业公司的150%~200%。“我们对待员工就像真正的合作伙伴，对待顾客就像明星。”舒尔茨评论道。

而作为店里主角的顾客，他们平均每个月至少光临18次星巴克店；有10%的人每天光顾两次。“我从来没听说过哪家零售或餐饮连锁点的顾客有如此高的忠诚度。”舒尔茨说。

选址策略

星巴克的零售扩张策略有条不紊，每次只占领一个城市或地域的一个区域。在城市集中的商店，作为辐射中心或地域中心向周边市场突破扩张（例如，芝加哥作为向中西部地区辐射的中心）。“过分集中”也是这项战略的重要缺陷——在没有进入新市场之前，主要市场常常会饱和。例如，在公司未扩张之前，光西雅图地区就有超过100家星巴克商店。在如此接近的地方拥有这么多商店虽然增加了公司的总收入，但是从饱和市场类似商店缓慢增长的销量来看，暗示着可能存在对有限市场的自相残杀。

交通是选择城市和地区的决定性因素。“我们努力出现在非常显眼的位置，”地产部资深副总裁吉姆·罗宾解释说，“为了让那些希望品味优质咖啡的顾客容易找到，你肯定希望商店建在人们每周去购物的路上、他们去上班的路上、他们从影院回家的路上。你希望成为业已消失的美国门廊。”

第二阶段增长策略

产品策略

星巴克利用公司有力的品牌优势引入了很多新产品。“我的计划是在保持公司品牌核心内涵和完整性不变的前提下，使公司和品牌更贴近消费者，同时帮助公司让品牌释放更大的潜力。”贝德博里解释说。

- 蓝调组合：蓝调组合与国会唱片公司联合推出，取义于它用于爵士乐的标签蓝调。“把爵士乐和咖啡结合起来与星巴克的氛围极其相符。”贝德博里解释。
- 法布奇诺：法布奇诺是一种发甜的奶油冷饮，由牛奶、咖啡和冰块共同组成。这款产品1995年在各个咖啡店推出后取得了巨大的成功，因此星巴克与百事可乐公司联合投资，推出了瓶装“即开即饮”版。法布奇诺咖啡饮料有6种口味（摩卡、去咖啡因摩卡、香草、咖啡、焦糖以及摩卡拿铁味），而且在便利店和杂货店中均可购买。

- 马萨克朗（MAZAGRAN）：马萨克朗是一种碳酸咖啡即开即饮饮料。产品由百事可乐公司生产、包装以及分销，但星巴克参与研发并且设定口味标准。
- Dreyer's 宏大冰淇淋：Dreyer's 宏大冰淇淋公司同意生产一系列星巴克咖啡口味的高级冰激淋。这个系列的第一批冰淇淋，5 种咖啡口味的美味冰淇淋，以星巴克的名义进行销售并通过超市进行分销。冰淇淋有如下口味：Java 巨片、苹果泥、杏仁福吉咖啡、福吉棕咖啡、低脂拿铁、经典咖啡以及焦糖卡布奇诺旋。冰法布奇诺冰淇淋棒新产品有 3 种口味：摩卡、Java 福吉以及香草咖啡。
- 卡夫及超市：通过与卡夫公司签订协议，星巴克也通过超市销售其品牌咖啡豆，这项业务占其 80%的咖啡销量，并且年销售额达 30 亿美元。公司为超市和星巴克在精选的连锁店中经营的售货亭设计了一系列专门的咖啡。卡夫公司负责为星巴克公司的整咖啡豆和研磨咖啡在零售店及大宗商品店中进行所有的分销、营销、广告以及促销活动。截至 2001 年底，星巴克公司的整咖啡豆和研磨咖啡遍布美国的大约 1 8000 个超市。
- Jim Beam：通过与 Jim Beam 合作，开发了一种星巴克咖啡烈性酒。

分销策略

公司目前已经建立起若干互补的分销渠道，包括通过诺世通百货商店销售原豆咖啡，通过巴诺书店的咖啡屋销售杯装咖啡。其他正在考虑中或正在运作中的渠道包括通过服务提供商进行分销，如荷兰美国邮轮公司、联合航空以及喜来登和威斯汀酒店。

除了公司经营的商店，星巴克已经通过特许经营和联合投资在北美拥有了 2 800 家便利店。另外，在 15 个国家和地区，如沙特阿拉伯、瑞士、以色列、日本、中国（包括台湾地区）、新西兰和韩国等拥有分店。

传播策略

星巴克传统上对广告的投入非常小——在它的整个历史上小于 1 亿美元。贝德博里解释说：“我们的品牌在店内是最好的。”

讨论题

1. 星巴克的零售策略是什么？它的目标市场是什么，公司是如何努力发展竞争优势的？
2. 描述一下星巴克的零售组合：地理位置、商品分类、定价、广告与促销、店面设计及视觉销售、顾客服务以及个性化的销售。公司的零售组合是如何支持它的策略的？
3. 什么样的环境因素为星巴克提供了发展新的成功的连锁店的机会？在舒尔茨 1987 年建立星巴克的时候，美国咖啡市场的需求和供给情况如何？哪些洞察力是舒尔茨所具备而其他咖啡市场竞争对手所不具备的？
4. 星巴克在市场中成功的背后，最主要的动力是什么？星巴克这个品牌对消费者来说意味着什么？星巴克所追求的成长机遇，是如何影响其品牌价值的？
5. 星巴克在前进过程中，面临的最重大的挑战是什么？其品牌的优势是可持续发展的吗？星巴克能够击败其他特制咖啡零售商而维护其领头地位吗？

资料来源：This case was written by Susan Fournier, Boston University, and Barton Weitz, University of Florida.

案例 36 扬基蜡烛公司的新产品开发

扬基蜡烛有限公司（YCC）是价值 550 亿美元的礼品行业中领先的芳香蜡烛生产商、批发商和零售商。2004 年总销售额（批发和零售）为 5.54 亿美元。扬基蜡烛从 1969 年建立之初就保持了稳定的增长速度，显示出优良的销售业绩。图表 1 列出 2000~2004 年公司的总收入、净收入、净利润率及员工数。

扬基蜡烛产品及其他产品通过以下渠道进行分销：全美国 15 600 家礼品批发商（如 Hallmark）构成的网络；不断扩大零售渠道，以 42 个州的 366 家公司所有商店为基础；邮购目录业务；网上业务（www.yankeecandle.

图表 1

扬基蜡烛公司历史财务数据

年份	总收入（百万美元）	净收入（百万美元）	净利润率（%）	员工数
2004 年	554.2	82.7	14.9	4 200
2003 年	508.6	74.8	14.7	3 800
2002 年	444.8	64.0	14.4	3 500
2001 年	379.8	43.3	11.4	3 000
2000 年	338.8	43.6	12.9	3 000

com）；不断成长的欧洲零售商网络。总部设于马萨诸塞州韦特利的扬基蜡烛共拥有来自全美国 5 500 名员工。它设在南迪尔菲尔德的旗舰店是马萨诸塞州的第二大旅游目的地，每年吸引游客超过 250 万名。

核心产品系列

扬基蜡烛拥有两大核心产品系列：芳香蜡烛及蜡烛相关产品。公司有超过 125 种香型的优质芳香蜡烛，所有的蜡烛都在位于韦特利的工厂生产。在蜡烛生产过程中有严格的质量控制标准，以保证气味纯正、燃烧时间长及整个蜡烛燃烧过程中香味的一致性。蜡烛可以装在透明或磨砂玻璃制的家用取暖罐里，也有还愿蜡烛、百花香烛、柱形蜡蜡、锥形蜡烛，以及鸡尾酒蜡烛和茶灯蜡烛。

相配套的蜡烛附属产品包括：罐子盖（家用取暖罐装蜡烛的装饰性盖子），锥形烛台，柱形蜡烛和罐装蜡烛的烛台，配套的罐罩、托板和套子，还愿蜡烛的烛台，以及茶灯蜡烛的烛台。

扬基蜡烛的新产品开发任务

很显然，新产品开发是扬基蜡烛管理团队成员的一项重要任务。核心委员会每周都会就新产品创意、策略及其他销售相关问题开会讨论。这个 6 人小组由以下人员组成：资深副总裁、副总裁、部门总监以及 3 个关键领域的采购员：营销、零售及批发领域。

新产品创意采用"圆桌会议"的形式。创意来源于核心委员会团队成员或团队外的其他途径（如，扬基蜡烛的其他员工、批发客户、零售客户及供货商）。创意主要来源于对行业趋势的回应、交易展示会上的观察，还来源于公司购买的营销调查辛迪加报告中的信息。Car Jar 是一个由绝妙想法变为成功产品的好例子。在前期与扬基蜡烛测试实验室经理罗伯特·纳尔逊讨论的基础上，一位供应商代表在核心委员会上介绍了 Car Jar 的创意。产品开发团队给这位代表提供了一些深入挖掘这个创意的建议，经修改后他完成了这个创意的原型。扬基蜡烛同意了这项创意，现在它已经是公司非常成功的一个系列产品。

核心委员会也会根据即将来临的节日有规律地讨论增加产品。例如，2001 年的假期时节（圣诞节、光明节），扬基蜡烛新推出了三款香型的蜡烛（星夜、冰凌及一品红）用以补充原有的四种香型蜡烛（星鸦、地球和平、假日活力及圣诞之愿）。

国家经典系列的新产品开发程序

一个新产品系列——国家经典，于 2000 年 6 月成功投放市场并且为扬基蜡烛保持了骄人的成绩。简而言之，国家经典是融合了民间艺术家沃伦·金布尔作品的蜡烛以及附属品的一个系列产品。国家经典系列的特别之处在于将蜡烛引入一种附加的容器、一个陶制的罐子、一组原来不装蜡烛的厨具以及一些房屋装饰品（如格式钟表、托盘/托架用品、格式相框）。国家经典系列产品的投放程序，按照新产品开发框架描述如下。

第一阶段：创意生成

在 1999 年末，核心委员会就开始认真考虑国家经典这款产品了，当时资深零售副总裁盖尔·弗勒德引进了一些金布尔作品的样品，并且建议尝试将产品投放市场。在波士顿的 Kitchen Etc.商店里看到两款金布尔风格的整套餐具后，她就想到了特许经营的可能性。由于一开始的良好印象，新产品包装设计部的主管埃琳·奥康纳和她的员工开发了将金布尔作品与扬基蜡烛香味相匹配的产品概念。整个 1999 年的 12 月，核心委员会一直在讨论特制香味与作品匹配的问题。

第二阶段：筛选

在 2000 年 1 月初，国家经典的构想得到了完善；高级零售采购员查克·默菲与采购/运营部门的同事从蜡烛、玻璃及香料供货商那里搜集了制作这种蜡烛产品的定价信息。销售副总裁约翰·坎默及其员工获得了扬基蜡烛与沃伦·金布尔组织签订专利转让协议的相关信息。为了更好地讨论并完善国家经典这一特别的新构想，其他团队的成员也参加了核心委员会的一些周会。这些成员包括汤姆·斯威尼，高级蜡烛采购员；罗伯特·纳尔逊，产品测试主管；简·泰特，产品生产/制造经理。

直到2000年1月中旬，核心委员会才认为新产品系列国家经典构想可行。为进一步完善构想，公司又进一步征求了在马萨诸塞州东部的5个零售店经理对这一概念的意见。这些经理也同意金布尔民俗作品的“视觉效果”很好地补充了扬基蜡烛的整体形象。批发副总裁哈伦·肯特和批发主管肖恩·吉莱斯皮也协调组织了马萨诸塞州地区的知名批发客户召开了类似的会议，听取他们对国家经典这一概念的评价和反应。

第三阶段：产品开发

在1月末向公司高级管理层介绍以后，核心委员会开始推动将国家经典这一概念转化为现实。罗伯特·纳尔逊、测试实验室的员工、核心委员会成员精诚合作开发出了10种香型，以及与之匹配的10件金布尔精选作品。制造车间代表与简·泰特开始策划精选香料/蜡烛的流水作业程序。盖尔·弗勒德和员工完成了与沃伦·金布尔讨论专利转让协议的细节工作。蜡烛原型于2000年2月中旬开发完成。

第四阶段：产品/市场测试

产品测试工作包括小批量生产，这样最初的蜡烛均可以在实验室中检测一系列质量控制变量，包括燃烧时间、香味扩散以及香味质量。质量控制测试于2000年5月中旬完成。

接下来，小批量生产的蜡烛被运到迪尔菲尔德商店，外加10个新英格兰地区的零售商店，在小范围内进行市场测试。产品于2000年4月1日在市场测试商店上市。公司监测了产品销量，并经常与零售经理联系来了解消费者对国家经典产品的反应。消费者对这款产品的反应极其热烈；有限的存货在送抵商店短短4周内就销售一空，超出了核心委员会的预期。

第五阶段：商业分析

开发国家经典的过程并不像往常一样进行。商业分析活动几乎与产品原型开发同步进行（第三阶段）。来自于扬基蜡烛运营部的新成员参与了国家经典的可行性分析。商业分析主管珍妮弗·弗林与核心委员会共同完成了国家经典的财务规划。财务规划是基于对沃伦·金布尔商品的需求量、由综合研究报告得到的现有市场信息以及扬基蜡烛以往的销售业绩综合制定的。

第六阶段：商品化

根据实际销售量与预期销售量的对比，证明小批量测试销售非常成功。扬基蜡烛的销售副总裁约翰·坎默说：“国家经典的情况与我们所有新产品的情况非常相似。我们先构思了目标销售量，然后在市场中进行测试。如果新产品达到预期的目标，感觉也非常好，我们就继续推行该产品；如果没有达到目标，很有可能就不再推行。”扬基蜡烛于2000年6月23日向批发商推出了国家经典这款产品，同时在零售店中开始销售首批10种香型的蜡烛。

国家经典系列在2000年6月首次商业推出时，发生了一件不寻常的事。核心委员会的一名成员在一次礼品交易展示会上见到了一个玻璃罐的盖子，这个三维的装饰精美的盖子是由树脂制成的。沃伦·金布尔的特许经营派上了用场，供应商很快就被确定下来，6月23日展出结束后调整的产品Jar Toppers很快便出现在零售店中。尽管这部分产品是事后产生的想法，但是扬基蜡烛核心委员会及公司其他成员所展现出的灵活性，使这项补充性的产品得以迅速上市。

根据公司年报，国家经典系列产品的销售代表了扬基蜡烛的另一项成功。与扬基蜡烛其他系列产品相比，国家经典一直被严格审视且不断更新。两种新香型的产品——圣柑和果篮，于2001年3月与Jar Toppers一起配套上市。

新产品策略以及趋势：扬基蜡烛的未来如何

首席执行官克雷格·赖丁总结了目前扬基蜡烛的市场情况：“我们的品牌强度、产品广度以及新产品开发和销售的主动性，使我们能够继续保持强势的增长并且不断扩大市场份额。”但是很明显，扬基蜡烛绝不满足于这些殊荣。2005 财务年第一季度报告显示销售额增加了 12%，每股盈利增加了 10%。

那么，扬基蜡烛下一步将何去何从呢？新产品开发仍是首位。最近新增的香型包括苦瓜雪松、薄荷可可粉、热奶油朗姆酒、杰克霜冻以及冬季用的雪花安琪儿。房间用香料以春季的气息为主，包括生姜绿茶、雨后以及麝香豌豆花。这些香料与蜡烛的气味十分匹配，是一种理想的礼物。在秋季，苹果桃子、菠萝柑橘香味，连同百花香、房屋清新剂和 Car Jar 一起被加入到屋内取暖器蜡烛系列中来。对于夏季，扬基蜡烛增加了鸡尾酒蜡烛，这种蜡烛是由苹果马提尼、中国含羞草以及草莓代基里酒香味构成。这些蜡烛重 6 盎司，售价 12.99 美元。

讨论题

1. 国家经典新产品开发程序是如何跨越各个职能的？
2. 扬基蜡烛开发新产品方法的优势是什么？
3. 扬基蜡烛开发新产品方法的一些弱势是什么？
4. 你会推荐公司引入哪些其他新产品来补充现有的产品和扬基蜡烛品牌，以此吸引那些 20~60 岁的女性目标人群？

资料来源：This case was written by Elizabeth J. Wilson, Suffolk University. The author gratefully acknowledges the Sawyer School of Management, Suffolk University, and the Carroll School of Management, Boston College, for support in preparation of this case.

案例 37　面试管理培训生

1. 假设一个全国零售连锁店的校园招聘人员正在仔细阅读简历，以便为管理培训生职位筛选合适的面试候选人。你认为以下三份简历哪一份有效，哪一份无效？为什么？你将选择哪个进行面试，为什么？

2. 更新你的简历，准备面试一家大型木材和建材零售商的经理培训项目。在完成培训期间，该全职职位可以保证得到快速提升。拥有大学学历，且有零售、销售和营销相关经验者优先考虑。基本年薪在 28 000~34 000 美元之间，年终奖最高 7 000 美元。该零售商从内部提拔，新的经理人培训生在 2~3 年内就可以成为商店经理，可以挣到 10 万美元或更多。福利待遇非常优厚，包括医疗/住院/牙齿/伤残/人寿/保险、401k 计划、年终分红、绩效奖金、带薪年假及法定假期。你的简历必须包含你的联系方式、教育和培训背景、掌握的技术、工作经验、工作成果以及获得的荣誉和奖励。

3. 角色扮演面试这个职位。配对的学生首先阅读彼此的简历，然后用 20~30 分钟相互面试。一个学生扮演人力资源经理筛选申请者，另一个扮演申请经理培训项目的候选人。以下是角色扮演情节中一些常用的问题：

- 你为什么申请这个职位？
- 你申请这个职位的优势和弱势是什么？
- 公司为什么要考虑你担当这个职位？
- 你为什么有兴趣为这家公司工作？
- 你未来 5~10 年的职业目标是什么？
- 描述一下你在团队工作中的技巧。
- 关于公司你还有什么问题？

资料来源：This case was written by Cecelia Schulz, University of Florida.

Martin L. Cox

xxxx@ufl.edu, (xxx) 3xx-xxxx
123 Your Street, Apt. 301
Gainesville, Florida 32605

OBJECTIVE

Seeking a marketing internship utilizing leadership experience, strong work ethic, and interpersonal skills with a focus in product planning.

EDUCATION

Bachelor of Science in Business Administration	May 2006
University of Florida, Gainesville, Florida	GPA 3.69
Major in Marketing	

LEADERSHIP

Student Government	
Theatre Nights Chair	Jan. 2005-Present
Emerging Leaders Conference Executive Assistant	Sept. 2004-Present
Student Integrity Court Justice	May 2004-Present
Banquet Cabinet Assistant Director	May 2004-Present
Innovate Party House Representative	Jan. 2004-April 2004
Homecoming Supper Staff	Oct. 2003, 2004 Pan-Hellenic Council
Assistant Director of Jr. Pan-Hellenic	Dec. 2003-Present
Jr. Pan-Hellenic Executive VP Int. Relations	Sept. 2003-Jan. 2004 Tri-Delta
Philanthropy	Triple Play
Intramural Soccer-Captain	Oct. 2003, 2004
Intramural Basketball-Captain	Sept. 2004-Present
Member since Aug. 2003	Jan. 2004-Present

HONORS

Savant UF Leadership Honorary	Oct. 2004-Present
Sandra Day O'Connor Pre-Law Society	Sept. 2004-Present
Alpha Lambda Delta Honor Society	Inducted March 2004
Phi Eta Sigma Honor Society	Inducted March 2004

COMMUNITY SERVICE

Mentor to Freshmen Students for SG Mentor/Mentee	Sept. 2004-Present
Basketball On Wheels Volunteer	Sept. 2004-Present
Dance Marathon Dancer	Jan. 2004-March 2004
After School Gators Volunteer	Jan. 2004-April 2004
Pillows for Patriots Service Project Volunteer	Sept. 2003-Dec. 2003

WORK EXPERIENCE

Senior Customer Service Associate, Video-R-Us, Tampa, FL	Jan. 2002-Aug. 2003
Secretarial Assistant, Law Firm, Mount Dora, FL	June-Aug. 2002

References available upon request.

Tina Acosta

123 Your Street #335
Gainesville, FL 32608
(727) xxx-xxxx
lxxx@ufl.edu

OBJECTIVE

To integrate my financial and business background with my creative and artistic skills in a fast-paced industry

EDUCATION

University of Florida
Warrington College of Business
Bachelor of Science in Finance
Minor in Spanish
Graduation: May 2006
GPA: 3.73

International Baccalaureate Program
St. Petersburg High School
Focus in Theatre, English, and History
Graduation 2002
GPA: 4.0

RELEVANT CLASSES

Retail Management, Study Abroad in Spain, Business Finance, Managerial Accounting, Problem Solving Using Computer Software, Debt and Money Markets

EXPERIENCE

Abercrombie and Fitch —Gainesville, FL Brand Representative (October 2004-Present)

- Oversaw customer service on the sales floor
- Maintained and updated the sales floor design
- Handled purchases and returns at the register
- Prepared shipments and the floor for an internal audit
- Promoted the brand name for the women's fashion line

Olive Garden —St. Petersburg, FL Server (April 2003-August 2003)

- Used a computerized food and beverage ordering system
- Maintained the management's expectations through customer service
- Interacted with customers
- Memorized an extensive menu and recommended foods satisfying customer's needs while maximizing the restaurant's profits

Sacino's Formalwear—St. Petersburg, FL Sales Representative (August 2001-August 2002)

- Managed incoming and outgoing shipment responsibilities
- Organized financial paperwork
- Oversaw customer service on the sales floor
- Headed the formal wear department for young women

SKILLS

Proficient in Spanish
Office XP: Word-Document Formatting, Letters, Tables, Flyers, and Macros
Excel-Spreadsheets, Formulas, and Graph Database Analysis, Functions, and Simples Macros
PowerPoint-Professional Presentations

HONORS

Third place in the preliminary competition for the University of Florida's Center for Entrepreneurship and Innovation
Florida's Bright Futures Scholar
University of Florida Dean's List Student 2003

Richard Kates
xxxxxx@ufl.edu

123 Your Street. #164
Gainesville, Florida 32608
(352) xxx-xxxx

123 8th Ave N
Tampa, Florida 33713
(813) xxx-xxxx

Objective Seeking an internship for the summer of 2006 utilizing marketing, management, and organizational abilities, as well as interpersonal skills.

Education

Marketing Major — May 2006, Gainesville, Florida
University of Florida
Minor in Mass Communications and Minor in Entrepreneurship GPA 3.7

Experience

Entrepreneur/CEO, Long River PC, LLC — August 2002 to Present
Tampa, FL
-Helped create and manage a new software company based in South Florida.
-Helped develop revolutionary program that will aid the visually impaired. Researched and developed multiple original non-disclosure as well as non-compete agreements.
-Responsible for hiring, funding, managing, and controlling progress of almost a dozen private software engineers. Reported to and allocated funds of angel investors.

Server, Carraba's — April 2004 to Present
Gainesville, Florida
-Help train new employees through shadowing and demonstration.
-Serve over 70 guests per day, and ensure customer satisfaction and attentiveness.
-Multiple top sales, as well as winner of "Perfect Check" contest.

Usher/Security/Technician, Ben Hill Griffin Stadium — August 2002 to August 2004
Gainesville, Florida

Pool/Health Club Attendant, Don Cesar Resort — May 2001 to August 2003
St. Petersburg, Florida

Leadership

Executive Board Member, Varsity Tennis Team. Social Chair
University of Florida August 2003 to Present
Organized, planned, and financed all Tennis Team social events. In charge of planning large events, gatherings at home and away meets, coordinating the activities of over 60 members.

Executive Board Member, Fisher School of Accounting
University of Florida January 2004 to May 2004
Aided in revision and draft of new official Fisher School of Accounting Council's by-laws.
Drafted a new 5 year program for the expansion and direction of the new Fisher School including member growth, activities, graduate prerequisites, and facility uses.

CHAMPS Mentoring Volunteer Program
Gainesville Florida — January 2004 to Present
Met with an "at risk" elementary school student 2 hours per week each semester to spend quality time encouraging the child's healthy growth and development.

Affiliations

Phi Eta Sigma Honor Society, Member active 2002 to present
Florida Tennis Team, Fall 2002 to Spring 2004. Varsity Fall 2003 to Spring 2004
Team Florida Cycling, Spring 2004 to present
Student Alumni Association Member, Fall 2003 to present
American Marketing Association, Member Fall 2004
International Business Society, Fall 2004
Business Administration College Council, Fall 2004 Member-at-Large
The Entrepreneurs Club, Fall 2004

Skills Computer-Fluent in Microsoft Word, Excel, PowerPoint, Explorer, and Media Player, Fluent-Spanish

References Available upon request.

注　释

第 1 章

1. Laurie Sullivan, "Wal-Mart's Way," *InformationWeek*, September 24, 2004.
2. Jim Fredrick, "Winning Combini: The Rise of 7-Eleven Is a Welcome Victory for Corporate Japan," *TimeAsia*, August 11, 2003, http://www.time.com/time/asia/2003/cool_japan/711.html, accessed on April 19, 2004; David Bell and Hal Hogan, *7-Eleven, Inc.* (Harvard Business School Press: Boston, 2004).
3. Mike Troy, "In-Sourcing the Role of the Middleman," *DSN/Retailing Today*, December 13, 2004, p. 27.
4. For a more detailed discussion of distribution channels, see Louis W. Stern, Adel I. El-Ansary, Erin Anderson, and Anne T. Coughlan, *Marketing Channels* (Englewood Cliffs, NJ: Prentice Hall, 2002).
5. *Retail Industry Indicators*, Washington, DC: National Retail Foundation, August 2004, p. 7.
6. Ibid., p. 33.
7. Christina Almeida, "Luxury Stores Prove There's More to Vegas," *Boston Globe*, December 17, 2004, p. B1.
8. *Retail Industry Indicators*, p. 17.
9. "2004 Global Powers of Retailing," *Stores*, January 2004, pp. G1–45.
10. www.forbes.com/billionaires, accessed on April 19, 2004.
11. "Jeff Bezos: The Wizard of Web Retailing," *BusinessWeek*, December 2004, p. 13.
12. Susan Caminiti, "Will Old Navy Fill the Gap?" *Fortune*, March 18, 1996, pp. 59–64; Amy Merrick, "Retail Legend Leaves The Gap," *The Wall Street Journal*, May 22, 2002, p. B1.
13. Ibid., Caminiti, p. 60.
14. Jack Hayes, "Dave Thomas, Founder, Wendy's International," *Nation's Restaurant News*, August 23, 2004, p. 62; Gregg Cebrzynski, "'Mr. Wendy' Shines as Wendy's Spokesman Even Though He's Not," *Nation's Restaurant News*, March 15, 2004, p. 14.
15. Louise Kramer, "Pioneer of the Year: David Thomas," *Nation's Restaurant News*, October 9, 1995, p. 152.
16. "Rating the Stores," *Consumer Reports*, November 1994, p. 714.
17. Bill Hare, *Celebration of Fools: An Inside Look at the Rise and Fall of JCPenney* (New York: AMACOM, 2004); Debbie Howell, "JCPenney Chooses Outsider as Chief Exec," *DSN Retailing Today*, November 8, p. 1; Maria Halkias, "JCPenney Reports Good Start for Five Year Strategy," *Knight Ridder Tribune Business News*, April 9, 2004, p. 1; Cora Daniels, "JCPenney Dresses Up," *Fortune*, June 9, 2003, p. 127; JCPenney 100th Anniversary," *Chain Store Age*, June 2002, pp. 48–51.
18. Dan Scheraga, "Penney's Net Advantage," *Chain Store Age*, September 2000, pp. 114–18.
19. Daniel McGinn, "The Green Machine," *Newsweek*, March 21, 2005, pp. 43–47; Charles Fishman, "The Anarchist's Cookbook," *Fast Company*, July 2004, pp. 70–79; Julia Boorstin, "No Preservatives, No Unions, Lots of Dough," *Fortune*, September 15, 2003, pp. 127–31.
20. eBrain Market Research, http://www.ebrain.org/, accessed on April 22, 2004.
21. Whole Foods Market, "Declaration of Interdependence," company philosophy, www.wholefoodsmarket.com/company/declaration.html, accessed on April 24, 2004.
22. Bruce Horovitz, "A Whole New Ballgame in Grocery Shopping," *USA TODAY*, March 9, 2005, p. A1.
23. *Retail Industry Indicators*, p. 24.

第 2 章

1. *Retail Industry Indicators*, Washington, DC: NRF Foundation, August 2004, p. 7.
2. Netflix Fun Facts, http://www.netflix.com/PressRoom?id=5206, accessed on April 9, 2005.
3. *Industry Outlook: Food Channel*, Columbus, OH: Retail Forward, February 2004.
4. *Language of the Food Industry* (Washington, DC: Food Marketing Institute, 1998).
5. Ibid., p. 16
6. "Roaring 20's Ends in Depression," *Chain Store Age Executive*, June 1994, p. 49.
7. Teresa Lindeman, "'Limited Assortment' Grocery Stores Battle Supermarkets in Pennsylvania," *Knight Ridder Tribune Business News*, October 17, 2004, p. 1.
8. Tim Tripplet, "More U.S. Grocers Turning to ECR to Cut Waste," *Marketing News*, September 12, 1994, pp. 3–6.
9. Susan Reda, "Supermarket Slugfest," *Stores*, February 2005, pp. 30–33; Thomas Lee, "Supermarkets Try a Fresh Approach," *Minneapolis Star Tribune* April 4, 2005, p. C.1.
10. Walter Nicholls, "Destination Supermarket: The Growing Attraction of Dining In, with the Eggplant Close," *Washington Post*, January 12, 2005, p. F01.
11. *Industry Outlook: Food Channel*, p. 31.
12. Ibid.
13. John Dolen, "Far and Away from Miami, Lake Worth Latin Supermarket Thrives," *Fort Lauderdale Sun Sentinel*, July 5, 2004, p. B1.
14. Private Label Manufacturers Homepage, http://www.plma.com, accessed on April 10, 2005.
15. *FDM Shopper Update*, Columbus, OH: Retail Forward, February 2004, p. 4.
16. *Industry Outlook: Warehouse Clubs*, Columbus, OH: Retail Forward, October 2004, p. 12.
17. *Industry Outlook: Convenience Stores*, Columbus, OH: Retail Forward, January 2005, p. 5.
18. "A Short History of the Convenience Store Industry," www.cstorecentral.com, accessed on April 9, 2005.
19. Thaddeus Herrick, "Discounters Gain as Price of Gas Rises," *The Wall Street Journal*, April 7, 2005, p. D1.
20. Bernard Simon, "Going Beyond Mere Convenience," *New York Times*, October 19, 2003, p. B1.
21. Paula Ward, "Sheetz Family Brings Its Own Meaning to 'Convenience Store,'" *Pittsburgh Post-Gazette*, March 13, 2005, p. B1.
22. David Moin, "Department Stores: The Issues," *WWD Infotracs*, June 1997, pp. 4–6.
23. *Industry Outlook: Department Stores*, Columbus, OH: Retail Forward, February 2004, p. 3.
24. Phillip Marineau, "Fitting In: In Bow to Retailer's New Clout, Levi Strauss Makes Alterations," *The Wall Street Journal*, June 17, 2004, p. A1

25. *Industry Outlook: Department Stores*, pp. 20–32.
26. Emily Scardino, "Mid-Tiers Coming Back into Favor: Basics Take a Backseat to Fashion," *DSN Retailing Today*, July 5, 2004, p. 41.
27. *Industry Outlook: Mass Channel*, Columbus, OH: Retail Forward, April 2004, p. 3.
28. http://www.hbc.com/hbc/history/, accessed on April 12, 2005.
29. *Industry Outlook: Mass Channel*, p. 22.
30. Steven Vames, "Hot Topics Aims to Stay Ahead of Teen Trends," *The Wall Street Journal*, January 28, 2004, p. A1.
31. *IRI Times & Trends*, December 30, 2004.
32. *Industry Outlook: Drug Channel*, Columbus, OH: Retail Forward, August 2004.
33. Susan Reda, "Redefining Pharmacy's Role," *Stores*, April 1997, pp. 34–36.
34. "Lowe's Widens Its Growth Focus," *National Home Center News*, September 8, 1997, p. 7.
35. http://www.homedepot.com/HDUS/EN_US/corporate/about/didyouknow.shtml, accessed on April 10, 2005.
36. "Dollar Formats Continue Food Expansion," *DSN Retailing Today*, July 19, 2004, p. 10.
37. "Extreme Value Store Shopper," *DSN Retailing Today*, January 5, 2004, p. 4.
38. Allen Salkin, "Bargain-Hunting in a BMW: The Lure of 99 Cents," *New York Times*, December 7, 2004, p. G3.
39. "Back to the Future," *New York Times Magazine*, April 6, 1997, pp. 48–49.
40. *Statistical Factbook 2004* (Washington, DC: Direct Marketing Association, 2004), p. 29.
41. Richard S. Hodgson, "It's Still the 'Catalog Age,'" *Catalog Age*, June 1, 2001.
42. *Statistical Factbook 2004*, p. 65.
43. Ibid., p. 61.
44. "Internet Generates 13 Percent of Catalog Sales," *Retail Industry*, January 2002, http://retailindustry.about.com/library/bl/q2/bl_dma060401b.htm, accessed on April 13, 2005.
45. Mark Del Franco, "Penney Redesigns Its Big Book," *Catalog Age*, January 16, 2002.
46. www.usaa.com/cp-aboutusaa.asp, accessed on April 13, 2005.
47. www.dsa.org/research/numbers.htm, accessed on April 12, 2005.
48. http://inventors.about.com/library/inventors/blvendingmachine.htm, accessed on April 13, 2005.
49. Elliot Maras, "State of Vending Industry Report," *Automated Merchandiser*, August 2002, p. 44.
50. Rachael Persando, "Why the Vending Difference?" *Northwest Nikkei*, September 10, 2003, p. 1; "Japanese Retailing—Marketplace Is Alive and Kicking," *Retail Week*, April 27, 2001, p. 16.
51. Keith Reed, "Office Supplies, Snacks on the Side for Those in a Hurry, Staples Offers Vending Machines," *Boston Globe*, April 22, 2004, p. c2.
52. www.zoots.com, accessed on April 14, 2005.
53. Valarie Zeithaml, A. Parasuraman, and Leonard Berry, "Problems and Strategies in Services Marketing," *Journal of Marketing* 49 (Spring 1985), pp. 33–46; Stephen W. Brown and Mary Jo Bitner, "Services Marketing," *AMA Management Handbook*, 3rd ed. (New York: AMACOM Books, 1994), pp. 15-5–15-15.

第3章

1. *FDM Outlook to 2008*. Columbus, OH: Retail Forward, 2004, p. 9.
2. Bob Tedeschi, "Online Travel Firms Try Real People," *New York Times*, January 17, 2005, p. B1.
3. "Aligning Retail Technologies with Growth Strategies," Retail Forward 2004 Strategic Outlook Conference.
4. William Wilkie and Peter R. Dickson, "Consumer Information Search and Shopping Behavior," working paper, Management Science Institute, Cambridge, MA, 1985.
5. "Survey of Retail Payment Systems," *Chain Store Age*, December 1999, p. 4A.
6. David Moin, "Getting Personal," *Women's Wear Daily Internet Supplement*, May 2000, pp. 10–17.
7. Susan Kuchinskas, "A Decade of E-Commerce," October 18, 2004, http://www.Intyernetnews.com, accessed on April 29, 2005.
8. Rob McGann, "Holiday Visits to Retail Sites Up 24 Percent over 2003," December 15, 2004, http://www.clickz.com/stats, accessed on April 28, 2005.
9. Jared Sandberg, "It Isn't Entertainment That Makes the Web Shine: It's Dull Data," *The Wall Street Journal*, July 20, 1998, pp. A1, A6.
10. James Peltier, John Schibrowsky, and John Davis, "Using Attitudinal and Descriptive Database Information to Understand Interactive Buyer–Seller Relationships," *Journal of Interactive Marketing* 12 (Summer 1998), pp. 32–45; John Eighmey, "Adding Value in the Information Age: Uses and Gratifications of Sales on the World-Wide Web," *Journal of Business Research* 41 (March 1998), pp. 34–45.
11. Phil Patton, "Buy Here, and We'll Teach You What You Like," *New York Times*, Electronic Commerce Special Section, September 22, 1999, p. 5; Pattie Maes, "Smart Commerce: The Future of Intelligent Agents in Cyberspace," *Journal of Interactive Marketing* 3 (Summer 1999), pp. 66–76.
12. Wilkie and Dickson.
13. Rachel Ledford, "The Connected Customer," *E-Retailing Intelligence Update* (Columbus, OH: Retail Forward, December 2001), p. 6.
14. Jacques Nantel, "My Virtual Model: Virtual Reality Comes to Fashion," *Journal of Interactive Marketing* (Summer 2004), p. 73.
15. Ledford, p. 3.
16. Jim Fuquay, "Online Travel Sites Need to Expand Offerings to Stay Relevant, Say Experts," *Knight Ridder Tribune Business News*, March 2, 2005, p. 1.
17. Anthony Boright, "Banking on the Web," *Marketing Magazine*, March 7, 2005, p. 26.
18. Patrica Sabatini, "Shopping Online Can Be Just Fine If You Take Basic Security Steps," *Knight Ridder Tribune Business News*, November 24, 2004, p. 1.
19. Valerie Seckler, "E-Tailing Sales: Data Privacy Is Seen as Key," *WWD*, August 25, 1999, p. 5.
20. Debby Garboto, "Best Buy Enhances the Image of Digital Kiosks," *Retail Merchandiser*, August 2004, p. 8.
21. For more information on approaches for increasing share of wallet, see Tom Osten, *Customer Share Marketing* (Upper Saddle River, NJ: Prentice Hall, 2002).
22. Lynda Hyde, "Multi-channel Integration," Columbus, OH: Price Waterhouse Coopers, 2001.

23. Wendy Moe and Peter Fader, "Capturing Evolving Visit Behavior in Clickstream Data," *Journal of Interactive Marketing* (Winter 2004), pp. 5–16.
24. Marco Vriens and Michael Grigsby, "Building Profitable Online Customer-Brand Relationships," *Marketing Management*, November–December 2001, pp. 34–36.
25. George Anders, "Virtual Reality: Web Firms Go on Warehouse Building Boom," *The Wall Street Journal*, September 8, 1999, pp. B1, B9.
26. Faye Brookman, "Drugstores Face New Rival," *WWD*, March 5, 1999, p. 16.
27. James Frederick, "Walgreens Gears for Opening of Its Own Internet Pharmacy," *Drug Store News*, July 19, 1999, pp. CP1–CP4; "State of the Industry: Drug Stores: Chain Drug Stores Provide Rx for Whole Health," *Chain Store Age*, State of the Industry Supplement, August 1999, pp. A21–A24.
28. Ellen Neuborne, "Happy Returns: How to Deal with Rejected Web Purchases," *BusinessWeek*, October 8, 2001, p. SB12.
29. "Integrating Multiple Channels," *Chain Store Age Executive*, August 2001, p. A24.
30. Stacy Forster, "When One Hand Doesn't Know What the Other Hand Is Doing, Customers Notice. And They Aren't Pleased," *The Wall Street Journal*, March 22, 2004, p. B1.

第4章

1. For a detailed discussion of customer behavior, see J. Paul Peter and Jerry C. Olson, *Consumer Behavior and Marketing Strategy*, 7th ed. (New York: McGraw-Hill, 2005); Michael R. Solomon, *Consumer Behavior: Buying, Having, and Being*, 6th ed. (Upper Saddle River, NJ: Prentice Hall, 2005).
2. *Shopper Update–Softgoods*, Columbus, OH: Retail Forward, May 2004, p. 3.
3. Barry Babin, William Darden, and Mitch Griffin, "Work and/or Fun: Measuring Hedonic and Utilitarian Shopping Value," *Journal of Consumer Research* 20 (March 1994), pp. 644–56.
4. Anthony Cox, Dena Cox, and Ronald Anderson, "Reassessing the Pleasures of Store Shopping," *Journal of Business Research* 58 (March 2005), pp. 250–65; Leslie Stoel, Vanessa Wickcliffe, and Kyu Lee, "Attribute Beliefs and Spending as Antecedents to Shopping Value," *Journal of Business Research*, 57 (October 2004), pp. 1067–78; Mark Arnold and Kristy Reynolds, "Hedonic Shopping Motives," *Journal of Retailing* 79, no. 2 (2003), pp. 77–93.
5. Stephen Grove and Raymond Fisk, "The Impact of Other Customers on Service Experiences: A Critical Incident Examination of Getting Along," *Journal of Retailing* 73 (Spring 1997), pp. 63–86; Dale Duhan, Scott Johnson, James Wilcox, and Gilbert Harrell, "Influence on Consumer Use of Word-of-Mouth Recommendation Sources," *Journal of the Academy of Marketing Science* 25 (Fall 1997), pp. 283–95; Kenneth Evans, Tim Christiansen, and James Gill, "The Impact of Social Influence and Role Expectations on Shopping Center Patronage Intentions," *Journal of the Academy of Marketing Science* 24 (Summer 1996), pp. 208–18; Yong-Soon Kang and Nancy Ridgeway, "The Importance of Consumer Market Interactions as a Form of Social Support for Elderly Consumers," *Journal of Public Policy & Marketing* 15 (Spring 1996), pp. 108–17.
6. Harn Luomala and Martti Laaksonene, "A Qualitative Exploration of Mood-Regulatory Self-Gift Behaviors," *Journal of Economic Psychology*, 20 (April 1999), pp. 147–83; David Mick and Corinne Faure, "Consumer Self-Gifts in Achievement Contexts: The Role of Outcomes, Attributions, Emotions, and Deservingness," *International Journal of Research in Marketing*, 15 (October 1998), pp. 293–308; David Mick, Michelle DeMoss, and Ronald Faber, "A Projective Study of Motivations and Meanings of Self-Gift," *Journal of Retailing*, 68 (Summer 1992), pp. 112–44.
7. "Crossover Jeans Customers Shop at Macy's Today, Wal-Mart Tomorrow," *DNR*, August 21, 2000, p. 74; Myra Stark, "Confessions of a Cross-Shopper," *Brandweek*, July 12, 1999, pp. 16–17; Lisa Vincenti, "Fashion-Forward Discounters Score," *HFN*, July 20, 1998, pp. 9, 59; Michelle Morganosky, "Retail Market Structure Change: Implications for Retailers and Consumers," *International Journal of Retail & Distribution Management* 25 (August 1997), pp. 269–84.
8. Philip Titus and Peter Everett, "The Consumer Retail Search Process: A Conceptual Model and Research Agenda," *Journal of the Academy of Marketing Science* 23 (Spring 1995), pp. 106–19; Paul Bloom and James Pailin, "Using Information Situations to Guide Marketing Strategy," *Journal of Consumer Marketing* 12 (Spring 1995), pp. 19–28.
9. Sanjay Putrevu and Brian T. Ratchford, "A Model of Search Behavior with an Application to Grocery Shopping," *Journal of Retailing* 73 (Winter 1997), pp. 463–87; Sridhar Moorthy, Brian Ratchford, and Debabrata Talukdar, "Consumer Information Search Revisited: Theory and Empirical Analysis," *Journal of Consumer Research* 23 (March 1997), pp. 263–78; Jeffrey Schmidt and Richard Prend, "A Proposed Model of Consumer External Information Search," *Journal of the Academy of Marketing Sciences* 24 (Summer 1996), pp. 246–56.
10. Arch Woodside and Eva Thelen, "Accessing Memory and Customer Choice: Benefit-to-Store Retrieval Models that Predict Purchase," *Marketing & Research Today* 24 (November 1996), pp. 260–88.
11. Jean Halliday, "Survey: New-Vehicle Online Research Climbs," *Automotive News*, October 25, 2004, p. 22J.
12. Ugur Yavas, "A Multi-Attribute Approach to Understanding Shopper Segments," *International Journal of Retail & Distribution Management* 31, no. 11/12 (2003), pp. 541–49; Richard Lutz, "Changing Brands Attitudes through Modification of Cognitive Structure," *Journal of Consumer Research* 1 (1975), pp. 49–59.
13. Patrich Van Kenhove, Walter Van Waterschoot, and Kristoff De Wulf, "The Impact of Task Definition on Store-Attribute Saliences and Store Choice," *Journal of Retailing* 75 (Spring 1999), pp. 125–36.
14. William L. Wilkie and Edgar D. Pessimier, "Issues in Marketing's Use of Multi-Attribute Attitude Models," *Journal of Marketing Research* (November 1973), pp. 428–41; Richard J. Lutz and James R. Bettman, "Multi-Attribute Models in Marketing: A Bicentennial Review," in *Consumer and Industrial Buying Behavior*, eds. A. G. Woodside, J. N. Sheth, and P. D. Bennett (New York: Elsevier–North Holland, 1977), pp. 13–50.
15. Pat West, P. Brockett, and Linda Golden, "A Comparative Analysis of Neural Networks and Statistical Methods for Predicting Consumer Choice," *Marketing Science* 16, no. 4 (1997), pp. 370–91.
16. David Bell, Tech-Hua Ho, and Christopher Tang, "Determining Where to Stop: Fixed and Variable Costs of Shopping," *Journal of Marketing Research* 35 (August 1998), pp. 352–70.
17. Richard Brand and Joseph Cronin, "Consumer-Specific Determinants of the Size of Retail Choice Sets: An Empirical

Comparison of Physical Good and Service Providers," *Journal of Services Marketing* 11 (January–February 1997), pp. 19–39; Ronald LeBlanc and L. W. Turley, "Retail Influence on Evoked Set Formation and Final Choice of Shopping Goods," *International Journal of Retail & Distribution Management* 22 (1994), pp. 10–17.

18. Wayne D. Hoyer and Steven Brown, "Effects of Brand Awareness of Choice for a Common, Repeat-Purchase Product," *Journal of Consumer Research* (September 1990), pp. 141–49.

19. Itamar Simonson, "The Effect of Product Assortment on Buyer Preferences," *Journal of Retailing* 75 (Fall 1999), pp. 347–70; Susan M. Broniarczyk, Wayne D. Hoyer, and Leigh McAlister, "Consumers' Perceptions of the Assortment Offered in a Grocery Category: The Impact of Item Reduction," *Journal of Marketing Research* 35 (May 1998), pp. 166–77.

20. Pallavi Gogoi, "I Am Woman, Hear Me Shop," *BusinessWeek*, February 14, 2005, p. 23.

21. Peter N. Child, Suzanne Heywood, and Michael Kliger, "Do Retail Brands Travel?" *McKinsey Quarterly*, no. 1 (2002), pp. 25–34.

22. Richard J. Lutz, "Changing Brand Attitudes through Modification of Cognitive Structure," *Journal of Consumer Research* 1 (March 1975), pp. 49–59.

23. Roger Bennett, "Queues, Customer Characteristics and Policies for Managing Waiting-Lines in Supermarkets," *International Journal of Retail & Distribution Management* 26 (February 1998), pp. 78–86; M. Kostecki, "Waiting Lines as a Marketing Issue," *European Management Journal* 14, no. 3 (1996), pp. 295–303; M. K. Hui and D. K. Tsi, "What to Tell Consumers in Waits of Different Lengths: An Integrative Model of Service Evaluation," *Journal of Marketing* 60, no. 2 (1996), pp. 81–90; K. L. Katz, B. M. Larson, and R. C. Larson, "Prescriptions for Waiting in Line Blues: Entertain, Enlighten, and Enrage," *Sloan Management Review* 32, no. 4 (1991), pp. 44–53; S. Taylor, "The Effects of Filled Waiting Time and Service Provider Control over the Delay on Evaluation of Service," *Journal of the Academy of Marketing Science* 23 (1995), pp. 38–48.

24. Tom Lueker, "Abandonment Surveys Help Boost Sales," *Marketing News*, November 24, 2003, p. 6.

25. Sandra Kennedy, "Keeping Customers Happy," *Chain Store Age*, February 2005, p. 24; Heiner Evanschitzky, Gopalkrishnan Iyer, Josef Hesse, and Dieter Ahlert, "E-satisfaction: A Re-examination," *Journal of Retailing* 80, no. 3 (2004), p. 239–52; Emin Babakus, Carol Bienstock, and James Van Scotter, "Linking Perceived Quality and Customer Satisfaction to Store Traffic and Revenue Growth," *Decision Sciences* 35 (Fall, 2004), pp. 713–38; Jarrad Dunning, Anthony Pecotich, and Aron O'Cass, "What Happens When Things Go Wrong? Retail Sales Explanations and Their Effects," *Psychology & Marketing* (July 2004), pp. 553–68; Richard Oliver, Roland Rust, and Sajeev Varki, "Customer Delight: Foundations, Findings, and Managerial Insights," *Journal of Retailing* 73 (Fall 1997), pp. 311–36.

26. Jacqueline Kacen and Julie Lee, "The Influence of Culture on Consumer Impulsive Buying Behavior," *Journal of Consumer Psychology* 12, no. 20 (2002), pp. 163–77.

27. "The Urge to Splurge," *Chain Store Age*, February 2004, pp. 64–65; Roy Baumeister and David Mick, "Yielding to Temptation: Self-Control Failure, Impulsive Purchasing, and Consumer Behavior," *Journal of Consumer Research* 28 (March 2002), pp. 670–77; Seounmi Youn and Ronald Faber, "The Dimensional Structure of Consumer Buying Impulsivity: Measurement and Validation," *Advances in Consumer Research* 29, no. 1 (2002), p. 280; Angela Hausman, "A Multi-Method Investigation of Consumer Motivations in Impulse Buying Behavior," *Journal of Consumer Marketing* 17, no. 4/5 (2000), pp. 403–20.

28. Sharon Beatty and M. Elizabeth Ferrell, "Impulse Buying: Modeling Its Precursors," *Journal of Retailing* 74 (Summer 1998), pp. 169–91.

29. Joel Urbany, Peter Dickson, and Rosemary Kalapurakai, "Price Search in the Retail Grocery Market," *Journal of Marketing* 60 (April 1996), pp. 91–111; Peter Dickson and Alan Sawyer, "The Price Knowledge and Search of Supermarket Shoppers," *Journal of Marketing* 55, no. 3 (July 1991), pp. 49–59.

30. Debbie Howell, "National Brands Feel the Pressure," *DSN Retailing Today*, October 25, 2004, pp. 22–28.

31. Michael Belch, Kathleen A. Krentler, and Laura Willis-Flurry, "Teen Internet Mavens: Influence in Family Decision Making," *Journal of Business Research* 58 (May 2005), pp. 569–92; Laura Flurry and Alvin Burns, "Children's Influence in Purchase Decisions: A Social Power Theory Approach," *Journal of Business Research* 58 (May 2005), pp. 593–617; Michael Belch, A. Midol, and Laura Willis, "Family Decision at the Turn of the Century: Has the Changing Structure of Households Impacted the Family Decision-Making Process?" *Journal Of Consumer Behavior* 2 (December 2002), pp. P111–25.

32. "Changing Decision Dynamics," *Nation's Restaurant News*, May 5, 2004, p. 20.

33. Joanne Kaufman, "Youth Must Be Served (Especially on Vacation)," *New York Times*, February 13, 2005, p. 5.3.

34. David Ackerman and Gerald Tellis, "Can Culture Affect Prices? A Cross-Cultural Study of Shopping and Retail Prices," *Journal of Retailing* 77 (Spring 2001), pp. 57–63; Aaron Ahuvia and Nancy Wong, "The Effect of Cultural Orientation in Luxury Consumption," in *Advances in Consumer Research*, vol. 25, eds. Eric J. Arnould and Linda M. Scott (Ann Arbor MI: Association for Consumer Research, 1998), pp. 29–32.

35. Ibid.

36. Soyeon Shim and Mary Ann Eastwick, "The Hierarchical Influence of Personal Values on Mall Shopping Attitudes and Behaviors," *Journal of Retailing* 74 (Spring 1998), pp. 139–60.

37. Cyndee Miller, "Top Marketers Take a Bolder Approach in Targeting Gays," *Marketing News*, July 4, 1994, pp. 1–2.

38. *Twenty Trends for 2010: Retailing in an Age of Uncertainty*. Columbus, OH; Retail Forward, 2003, p. 8.

39. Michael J. Weiss, *The Clustered World* (Boston: Little, Brown, 2000).

40. VALS1, the original lifestyle survey, assessed general values and lifestyles. The VALS2 survey focuses more on values and lifestyles related to consumer behavior and thus has more commercial applications.

41. Unmesh Kher, " Who Will Buy It?" *Time*, March 14, 2005, p. 35; Gary McWilliams, "Minding the Store," *The Wall Street Journal*, November 8, 2004. p. A.1

42. For additional information about fashion and the fashion industry, see Giannino Malossi, ed., *The Style Engine: Spectacle, Identity, Design and Business: How the Fashion Industry Uses Style to Create Wealth* (New York: Monacelli Press, 1998); Jeannette Jarnow and Kitty G. Dickerson, *Inside the Fashion Business*, 6th ed. (Upper Saddle River, NJ: Merrill, 1997); Mike Easey, ed., *Fashion Marketing* (Oxford, England: Blackwell, 1995).

43. Tina Cassidy, "How Fashions That Models Wear in Milan or Paris Find Their Way to a Mall Near You," *Boston Globe*, March 14, 2002, p. D1.

44. "The Fashion Innovators," *WWD*, March 20, 1997, p. 2.

45. http://www.hottopic.com/About us, accessed on May 6, 2005.

第 5 章

1. See David Aaker, *Strategic Market Management*, 7th ed. (New York: Wiley, 2004); A. Coskun Samli, *Up Against the Retail Giants: Targeting Weakness, Gaining an Edge* (Mason, OH: Thomson, 2004).

2. Roger Evered, "So What Is Strategy?" *Long Range Planning* 16 (Fall 1983), p. 120.

3. Michael Porter, *On Competition* (Boston: Harvard Business School Press, 1998); Michael Porter, "What Is Strategy?" *Harvard Business Review*, November–December 1996, pp. 61–78.

4. Bridget Finn and Gary Heavin, "How to Grow a Chain That's Already Everywhere," *Business 2.0*, March 2005, p. 52; Clarke Canfield, "No-Frills Fitness Club Takes Its Alternative Routine to Small Towns, *Los Angeles Times*, November 26, 2004. p. C.4.

5. Todd Benson, "Courting the Poor, a Retailer Rises to No. 3 in Brazil," *New York Times*, July 14, 2004.

6. Tracie Rozhon, "A Big Middle-Age Demand for Not So Revealing but Still Stylish," *New York Times*, April 7, 2004, p. C1.

7. http://www.savealot.com, accessed April 7, 2005.

8. Anthony Boardman and Aidan Vining, "Defining Your Business Using Product-Customer Matrices," *Long Range Planning* 29 (February 1996), pp. 38–48.

9. Morten Hansen and Nitin Nohria, "How to Build Collaborative Advantage," *MIT Sloan Management Review* 46 (Fall 2004), pp. 22–28; Jeffrey Dyer and Harbir Singh, "The Relational View: Cooperative Strategy and Sources of Interorganizational Competitive Advantage," *Academy of Management Review* 23 (October 1998), pp. 660–80; Cynthia Montgomery, "Creating Corporate Advantage," *Harvard Business Review*, May–June 1998, pp. 71–80; Shelby Hunt and Robert Morgan, "The Comparative Advantage Theory of Competition," *Journal of Marketing* 59 (April 1995), pp. 1–15; Kathleen Conner and C. K. Prahalad, "A Resource-Based Theory of the Firm: Knowledge versus Opportunism," *Organizational Science* 7 (September–October 1996), pp. 477–501.

10. Gerrard Macintosh and Lawrence Lockshin, "Retail Relationships and Store Loyalty: A Multi-Level Perspective," *International Journal of Research in Marketing* 14 (1997), pp. 487–97.

11. Jo Marney, "Bringing Consumers Back for More," *Marketing Magazine*, September 10, 2001, p. 33; Kathleen Seiders and Douglas Tigert, "Impact of Market Entry and Competitive Structure on Store Switching/Store Loyalty," *International Review of Retail, Distribution and Consumer Research* 7, no. 3 (1997), pp. 234–56; Niren Sirohi, Edward McLaughlin, and Dick Wittink, "A Model of Consumer Perceptions and Store Loyalty Intentions for a Supermarket Retailer," *Journal of Retailing* 74 (June 1998), pp. 223–47.

12. http://www.llbean.com/customerService/aboutLLBean/guarantee.html?feat=gn, accessed April 25, 2005.

13. Robert Morgan, Carolyn Strong, and Tony Mcguinness, "Product-Market Positioning and Prospector Strategy: An Analysis of Strategic Patterns from the Resource-Based Perspective," *European Journal Of Marketing* 10 (2003), pp. 1409–40; Richard Czerniawski and Michael Maloney, *Creating Brand Loyalty: The Management of Power Positioning and Really Great Advertising* (New York: AMACOM, 1999); S. Chandrasekhar, Vinod Sawhney, Rafique Malik, S. Ramesh Kumar, and Pranab Dutta, "The Case of Brand Positioning," *Business Today*, June 7, 1999, pp. 131–40; Bernard Schmitt, Alex Simonson, and Joshua Marcus, "Managing Corporate Image and Identity," *Long Range Planning* 28 (October 1995), pp. 82–92; Tim Ambler, "Category Management Is Best Deployed for Brand Positioning," *Marketing*, November 29, 2001, p. 18; Harriet Marsh, "Why New Look Must Take Stock," *Marketing*, March 29, 2001, p. 17.

14. David Lei and John Slocum Jr., "Strategic and Organizational Requirements for Competitive Advantage," *Academy of Management Executive*, February 2005, pp. 31–46.

15. "Competitive Advantage through Supply-Chain Innovation," *Logistics & Transport Focus*, December 2004, pp. 56–59; "Competitive Advantage Lies in Systems Efficiencies," *Chain Store Age*, August 2002, pp. 74–76.

16. Kerrie Bridson and Jody Evans, "The Secret to a Fashion Advantage Is Brand Orientation," *International Journal of Retail & Distribution Management* 32, 8/9 (2004), pp. 403–20.

17. "Store Brands Today," Private Label Manufacturers Association Homepage, http://www.plma.com, accessed April 21, 2005.

18. Stephan Wagner and Jean Johnson, "Configuring and Managing Strategic Supplier Portfolios," *Industrial Marketing Management*, November 2004, pp. 717–31; S. Shaw and J. Gibbs, "Procurement Strategies of Small Retailers Faced with Uncertainty: An Analysis of Channel Choice and Behaviour," *International Review of Retail, Distribution and Consumer Research* 9, no. 1 (1999), pp. 61–75.

19. "Global Brands Face Up to International Retailing," *Marketing Week*, October 26, 2000, p. 32.

20. Tim Matanovich, "Know Your Service Strategy," *Marketing Management*, July/August 2004, pp. 14–16; Mary Jo Bitner, "Self-Service Technologies: What Do Customers Expect?" *Marketing Management*, Spring 2001; Mary Jo Bitner, Steven W. Brown, and Matthew L. Meuter, "Technology Infusion in Service Encounters," *Journal of the Academy of Marketing Science* 28 (March 2000); Mary Jo Bitner and Valerie Zeithaml, *Services Marketing*, 2nd ed. (Burr Ridge, IL: McGraw-Hill/Irwin, 1999); Leonard Berry, "Relationship Marketing of Services Growing Interest: Emerging Perspectives," *Journal of the Academy of Marketing Science* 23 (Fall 1995), pp. 236–45; Mary Jo Bitner, "Building Service Relationships: It's All about Promises," *Journal of the Academy of Marketing Science* 23 (Fall 1995), pp. 246–51.

21. William Werthar and Jeffrey Kerr, "The Shifting Sands of Competitive Advantage," *Business Horizon* 38 (May–June 1995), pp. 11–17.

22. *Growth Mining: The New Retail Imperative for Retailers*. Columbus, OH: Retail Forward, May 2004; Susan Mudambi, "A Topology of Strategic Choice in Retailing," *International Journal of Retail & Distribution Management* 22 (1994), pp. 22–25.

23. Ian Murphy, "Marketers Ponder P-O-P in Stores of the Future," *Marketing News*, May 26, 1997, p. 2.

24. Ross Tucker, "Hollister Helps A&F Rebound," *WWD*, May 12, 2004, p. 22; Kristin Young, "Ramping Up at Hollister," *WWD*, April 23, 2003, p. 8.

25. Alan Field, "Extending Their Reach," *Journal of Commerce* 5, no. 49 (1948), pp. 38–41.

26. Stephanie Armour, "These People Do Make House Calls—And Business Is . . . " *USA Today*, January 17, 2005, p. A1.
27. Anita McGahan, "Sustaining Superior Profits: Customer and Supplier Relationships," *Harvard Business Online*, http://harvardbusinessonline.hbsp.harvard.edu, March 1, 1999, pp. 1–7; Randolph Beard, "Regulation, Vertical Integration and Sabotage," *Journal of Industrial Economics* 49, no. 3 (2001), pp. 319–33.
28. Rebecca Mead, "Brooks Brothers a Go-Go," *New Yorker Magazine*, March 22, 1999, p. 88.
29. "2005 Global Powers of Retailing," *Stores*, January 2005, p. G11; Jay McIntosh and Julie Kunkel, "Top 100 Global Retailers," *Chain Store Age*, December 2004, pp. 76–78.
30. "2005 Global Powers of Retailing."
31. "Going Global," *DSN Retailing Today*, December 14, 2005, pp. 19–24; Tim Craig, "Merchants Without Borders," *DSN Retailing Today*, July 5, 2004, p. 16.
32. Elisabeth Rosenthal, "Buicks, Starbucks and Fried Chicken. Still China?" *New York Times*, February 25, 2002. http://www.NYTimes.com.
33. This section is adapted from "Winning Moves on a Global Chessboard: Wal-Mart and Costco in a Global Context," Goldman Sachs Investment Research, May 12, 2000.
34. Lisa Penaloza and Mary Gilly, "Marketer Acculturation: The Changer and the Changed," *Journal of Marketing* 63 (Summer 1999), pp. 84–95.
35. Shirley Leung, " It's a Grande-Latte World," *The Wall Street Journal*, December 15, 2003, p. A1.
36. See Enrico Colla and Marc Dupuis, "Research and Managerial Issues on Global Retail Competition: Carrefour/Wal-Mart," *International Journal of Retail & Distribution Management* 30 (2002), pp. 103–12.
37. Diana Farrell, Jaana Remes, and Heiner Schulz, "The Truth about Foreign Direct Investment in Emerging Markets," *McKinsey Quarterly* 1, no. 1 (2004), pp. 24–36.
38. Jean-Pierre Jeannet and H. David Hennessey, *Global Marketing Strategies*, 6th ed. (Boston: Houghton Mifflin, 2004); "What's the Best Way to Set Up Shop?" *Chain Store Age Global Retailing Supplement*, December 1997, pp. 32–35.
39. http://www.marksandspencer.com, accessed May 1, 2005.
40. Donald Lehman and Russell Winer, *Analysis for Marketing Planning*, 6th ed. (Burr Ridge, IL: McGraw-Hill/Irwin, 2004); Aaker, *Strategic Market Management*.
41. Andrew Campbell, "Mission Statements," *Long Range Planning* 30 (December 1997), pp. 931–33.
42. Alfred Rappaport, *Creating Shareholder Value: The New Standard for Business Performance* (New York: Wiley, 1988).
43. See Linda Gatley and David Clutterbuck, "Superdrug Crafts a Mission Statement," *International Journal of Retail & Distribution Management* 26 (October–November 1998), pp. 10–11, for an interesting example of the process used by a U.K. drugstore chain to develop a mission statement.
44. Aaker, *Strategic Market Management*.
45. http://www.catofashions.com, accessed May 3, 2005.
46. Michael Porter, "Strategy and the Internet," *Harvard Business Review*, March 2001, pp. 63–78; Michael Porter, *Competitive Strategy* (New York: Free Press, 1980).
47. Naomi Aoki, "Brooks Brothers Trying to Reach Out to New Customers," *Knight Ridder Tribune Business News*. November 12, 2003, p. 1; Teri Agins, "Media & Marketing—Advertising: Brooks Brothers Tailors Campaign; Ads Aim to Renew Luster, But Slumping Men's Line Will Present a Challenge, *The Wall Street Journal* (Eastern edition), August 18, 2003, p. B.5.
48. Cindy Guier, "Cosmic Bowling Strikes at Whole New Audience," *Amusement Business*, May 18, 1998, pp. 20–24.
49. See Aaker, *Strategic Market Management*, ch. 7. Another matrix that is often used in strategic planning is the Boston Consulting Group (BCG) market growth/market share matrix. Rather than considering all of the factors that determine market attractiveness and competitive position, the BCG matrix focuses on just two factors: market growth and market share. Research indicates that concentrating on these two factors may result in poor strategic decisions. See Robin Wensley, "Strategic Marketing: Betas, Boxes, and Basics," *Journal of Marketing* 45 (Summer 1981), pp. 173–82, for a critical analysis of these approaches.

第 6 章

1. Robert Kaplan and David Norton, "How Strategy Maps Frame an Organization's Objectives," *Financial Executive*, March/April 2004, pp. 40–46.
2. Patrick Dunne and Robert Lusch, *Retailing*, 5th ed. (Mason, OH: Southwest, 2000) pp. 39–40.
3. "Diversity at McDonald's: A Way of Life," *Nation's Restaurant News*, January 2005, pp. 92–95.
4. 2004 Federated Fact 2004, p. 24.
5. http://www.costco.com/Images/Content/Misc/PDF/Costco-Story04.pdf, accessed May 1, 2005.
6. "Wal-Mart Still Retail's Greatest Market Challenge," *Progressive Grocer*, May 6, 2005, p. 1.
7. James Surowiecki, "The Most Devasting Retailer in the World," *The New Yorker*, September 18, 2000, p. 74.
8. Although the use of asset turnover presented here is helpful for gaining an appreciation of the performance ratio, capital budgeting or present value analyses are more appropriate for determining the long-term return of a fixed asset.
9. http://www.bizstats.com/inventory.htm, accessed May 3, 2005.
10. Ibid.
11. http://www.bizstats.com/emprodretail.htm, accessed May 5, 2005.
12. "Productivity Growth and the Retail Sector," *FRBSF Economic Letter*, 2004–37, December 17, 2004, p. 2.
13. http://www.fmi.org/facts_figs/superfact.htm, accessed May 5, 2005.
14. "Top Self-Checkout Retail Segments," *Supermarket News*, December 27, 2004, p. 28.

第 7 章

1. http://www.icsc.org/srch/sct/sct0405/by_the_numbers_042005.pdf, accessed on May 23, 2005.
2. Doug Desjardins, "Sears, JCPenney Push Off-Mall Stores West," *DSN Retailing Today*, November 22, 2004, pp. 4–5; Kortney Stringer, "Abandoning the Mall; To Attract Busy Customers, Department-Store Chains Open Stand-Alone Outposts," *The Wall Street Journal*, March 24, 2004, p. B1.
3. Bill Levine, "The Store Stands Alone," *Chain Store Age*, April 1998, pp. 107–8.
4. Sharon Rosenberg, "Retail Kiosks Hot This Holiday Season at Miami-Area Shopping Malls," *Knight Ridder Tribune Business News*, December 19, 2004, p. 1.
5. Cushman and Wakefield report, March 2005, http://www.cushmanwakefield.com, accessed on May 23, 2005.
6. Sarah Raper, "Gap's Tour de Force," *WWD*, July 1, 1999, p. 3.
7. Association of Town Center Management, http://www.atcm.org, accessed on May 22, 2005.

8. International Downtown Association, http://ida-downtown.org, accessed on May 24, 2005.
9. Sally Patten, "Pressure on High Street 'Set to Grow,'" *Financial Times*, February 26, 2001; Sarah Ellison and Christopher Rhoads, "Already Hurting, European Retailers Hold Their Breath—Confidence and Consumption Were Already Weakening," *The Wall Street Journal*, September 24, 2001, p. 25; Dana Milbank, "Guarded by Greenbelts, Europe's Town Centers Thrive," *The Wall Street Journal*, May 3, 1995, pp. B1, B9.
10. Frank Green, "Core Values; Retailers Moving into Inner-City Areas Find that It's Just Good Business," *San Diego Union-Tribune*, November 18, 2001.
11. Personal communication, Cynthia Cohen, CEO, Strategic Mindshare, April 2002.
12. Morris Newman, " A Onetime Industrial Field Now Sprouting Storefronts," *New York Times*, January 7, 2004, p. C1.
13. James Goodno, Paul Van Buskirk, and Carleton Ryffell, "Rethinking Retail," *Planning*, November 2004, pp. 10–16; Connie Robbins Gentry, "Building a Downtown," *Chain Store Age*, March 2004, p. 123.
14. "Best of Best," *NREI*, July 2004, p. 44.
15. *The SCORE: Shopping Center Operations, Revenues, and Expenses*. New York: International Council of Shopping Centers, 2004.
16. John McCloud, "The World Beckons American Retail," *Shopping Center World*, May 1998, pp. 23–34.
17. http://www.quirksworld.com, accessed on May 25, 2005.
18. "Back to the Future," *New York Times Magazine*, April 6, 1997, pp. 48–49.
19. Stephen Metcalf, "Destination: Megamall," *TRAVEL + LEISURE*, April 2004, p. 60.
20. Kevin Kenyon, "Mall of America Turns Trash into Cash," *Shopping Centers Today*, October 1997, pp. 5–6.
21. "Mall-Based Stores Losing Market Share," *Chain Store Age*, August 2004, p. 33. Research conducted by New Canaan, CT-based Customer Growth Partners.
22. *The SCORE*.
23. Dean Starkman, "Making 'Sick' Malls Better," *The Wall Street Journal*, January 21, 2004, p. B1.
24. *The SCORE*.
25. Laura Williams-Tracy, "Mall Eyes Completion of $100 Million Makeover," *Charlotte Business Journal*, March 5, 2004, p. 30.
26. Connie Gentry, "Adding Life to Aging Centers," *Chain Store Age*, February 2005, pp. 135–36; Mark Hequet, "Makeover Time," *Retail Traffic*, February 2005, pp. 38–44.
27. Matt Valley, "The Remalling of America," *National Real Estate Investor*, May 2002, pp. 18–23.
28. "R.I. Reform School to Be Lifestyle Center," *Shopping Centers Today*, July 2004.
29. Presentation by Michael P. Kercheval, President and CEO, International Council of Shopping Centers at Executive Advisory Board Meeting for the Miller Center for Retailing Education and Research, University of Florida, October 2004.
30. Terry Pristin, "Merger Seen as Sign Outlet Malls Are Not Just a Niche," *New York Times*, October 13, 2004, p. C6.
31. Ray A. Smith, "Outlet Centers in the U.S. Turn Upmarket in Amenities," *The Wall Street Journal*, June 8, 2002, p. B11.
32. Izumi Yuasa, "Gotemba, Japan, Outlet's Cheap Brand Goods Are Explosively Popular," *Knight Ridder Tribune Business News*, October 15, 2004, p. 1.
33. Debra Hazel, "Omnicenters Blend Aspects of Malls and Power and Lifestyle Centers," *ICSC.org*, March 21, 2005.
34. Joe Gose, "Country Club Plaza Rides Again," *Reed Business Information*, September 2001.
35. Terry Pristin, "Retail Experience at the Airport," *New York Times*, July 2, 2003.
36. "Airport 2000," *VM & SD*, December 2000, pp. 40, 42, 44. Research attributed to Aviation Consumer Action Project.
37. "Resorts Generate Lucrative Retail Revenues," *Chain Store Age*, June 2000, pp. 150–53.
38. Sheila Muto, "A Frappuccino with Your X-Ray? Hospitals Turn to Retail Stores to Lure Staff and Cash," *The Wall Street Journal*, November 7, 2001.

第 8 章

1. U.S. Burea of Census, http://www.census.gov/population/www/estimates/metroarea.html.
2. Ibid.
3. "Company Profile," *Hoovers Online*, June 2002, www.hoovers.com.
4. Milford Prewitt, "Chains Tap Inner-City Locations as Golden Opportunities," *Nation's Restaurant News*, August 30, 2004, pp. 1–2.
5. Mike Duff, "Wal-Mart Stores Inc.," *DSN Retailing Today*, February 28, 2005, p. 44; Don Longo, "Wal-Mart Says Cannibalization Is Good," *Retail Merchandiser*, January 2005, p. 14.
6. Shirley Leung, "Secrets of My Success: What Separates the Profitable from the Unprofitable Franchisee? It's Often the Small Stuff," *The Wall Street Journal*, December 15, 2003, p. R4.
7. Connie Robbins, "Small Chains with Big Growth Plans," *Chain Store Age*, March 2005, pp. 121–24.
8. Karen A. Machleit, Sevgin A. Eroglu, and Susan Powell Mantel, "Perceived Retail Crowding and Shopping Satisfaction: What Modifies This Relationship?" *Journal of Consumer Psychology* 9, no. 1 (2000), p. 29.
9. Cherie Jacobs, "'Cumulative Attraction' Draws Lowe's, Home Depot Locations Together," *Knight Ridder Tribune Business News*, April 2003, p. 1.
10. Gene Marcial, "Having a Ball with Party City," *BusinessWeek Online*, April 16, 2002.
11. *Census 2000 Basics*. Washington, DC: U.S. Census Bureau, September 2002.
12. Ibid.
13. http://geography.about.com/.
14. Connie Gentry, "Science Validates Art," *Chain Store Age*, April 2005, pp. 83–4.
15. http://www.esribis.com/pdfs/ctsegments.pdf.
16. David L. Huff, "Defining and Estimating a Trade Area," *Journal of Marketing* 28 (1964), pp. 34–38; David L. Huff and William Black, "The Huff Model in Retrospect," *Applied Geographic Studies* 1, no. 2 (1997), pp. 22–34.
17. Tammy Drezner and Zvi Dressner, "Validating the Gravity-Based Competitive Location Model Using Inferred Attractiveness," *Annals of Operations Research* 111 (March 2002), pp. 227–41.

第 9 章

1. Susan Jackson and Randall Schuler, *Managing Human Resources Through Strategic Relationships*, 8th ed. (Mason, OH: Southwestern, 2003), p. 5.

2. *Merchandising and Operations Cost Report* (New York: Fairchild Publications, 1999).
3. Anthony Rucci, Steven Kirn, and Richard T. Quinn, "The Employee–Customer–Profit Chain at Sears," *Harvard Business Review*, January–February 1998, pp. 82–97.
4. Jeffrey Pfeffer, *The Human Equation* (Boston: Harvard Business School Press, 1998), pp. 26–28.
5. *Retailing Indicators* (Washington, DC: National Retailer Federation Foundation, August 2004), p. 18.
6. Ibid., p. 23.
7. Paul Harris, "Boomer vs. Echo Boomer: The Work War?" *T+D*, May 2005, pp. 44–49.
8. Milt Freudenheim, "More Help Wanted: Older Workers Please Apply," *New York Times*, March 23, 2005, p. C3; Thomas Stewart, "Older and Wiser," *Harvard Business Review*, March 2004, p. 10.
9. Don Longo, "In China, Local and Multinational Retailers Share Problems," *Retail Merchandiser*, September 2003, pp. 10–11.
10. Betty Jane Punnett, *International Perspectives on Organizational Behavior and Human Resource Management* (Armonk, NY: M.E. Sharpe, 2004); Pawan S. Budhwar and Yaw A. Debrah, eds., *Human Resource Management in Developing Countries* (London & New York: Routledge, 2001).
11. Matt Moffett and Geraldo Samor, "In Brazil, Ticket of Red Tape Spoils Recipe for Growth," *The Wall Street Journal*, May 24, 2005, p. A1.
12. Catherine Fredman, "HR Takes Center Stage," *Chief Executive*, November 2003, pp. 36–42.
13. *Census of Retail Trade* (Washington, DC: U.S. Department of Commerce, Bureau of the Census, 1999), p. 15.
14. "Business Antiquities," *The Wall Street Journal*, November 17, 1999, p. B1.
15. Paul M. Mazur, *Principles of Organization Applied to Modern Retailing* (New York: Harper & Brothers, 1927).
16. "Saturday Morning Fever," *The Economist*, December 8, 2001, p. 30.
17. Jay Barney, "An Interview with William Ouchi," *Academy of Management Executive*, November 2004, pp. 108–17; William Ouchi, "A Conceptual Framework for the Design of Organizational Control Mechanisms," *Management Science* 25 (September 1979), pp. 833–49.
18. Jackson and Schuler, *Managing Human Resources*, p. 405.
19. Ibid., p. 525.
20. Jeffrey Pfeffer, "Sins of Commission Performance-Based Pay Isn't Just for CEOs and Salespeople Anymore. But Short-Term Rewards Could Be Costly in the Long Run," *Business 2.0*, May 2004, pp. 56–61; Jeffrey Pfeffer, "Six Dangerous Myths about Pay," *Harvard Business Review*, May–June 1998, pp. 109–29.
21. Donna McAleese and Owen Hargie, "Five Guiding Principles of Culture Management: A Synthesis of Best Practice," *Journal of Communication Management* 9 (2004), pp. 155–65: Beverly Kaye and Betsy Jacobson, "True Tales and Tall Tales: The Power of Organizational Storytelling," *Training & Development* (March 1999), pp. 44–51; Nancy L. Breuer, "The Power of Storytelling," *Workforce*, December 1998, pp. 36–42.
22. D. Roth, "My Job at Container Store," *Fortune*, January 10, 2000, p. 75.
23. This section is based on Chapter 3 in Jeffrey Pfeffer, *The Human Equation* (Boston: Harvard Business School Press, 1998).
24. "Fact Sheet: Turnover, 2005," www.epg.org.
25. Gary Desller, "How to Earn Your Employees' Commitment," *Academy of Management Executive* 13 (May 1999), pp. 58–59; Deb McCusker, "Loyalty in the Eyes of Employers and Employees," *Workforce*, November 1998, pp. 23–28; David L. Stum, "Five Ingredients for an Employee Retention Formula," *HR Focus*, September 1998, pp. S9–S11.
26. Shari Caudron, "How HR Drives Profits: Academic Research and Real-World Experience Show How HR Practices Affect the Bottom Line," *Workforce*, December 2001, pp. 26–30; "HR's New Role: Creating Value," *HR Focus*, January 2000, pp. 1–4.
27. "State of the Industry Operational Management," *Chain Store Age*, August 1, 1998, p. 17A.
28. Jackson and Schuler, *Managing Human Resources*, p. 19.
29. Catherine Yang, "Low-Wage Lessons," *BusinessWeek*, November 11, 1996, pp. 108–16.
30. Gretchen Weber, "Preserving the Counter Culture," *Workforce Management*, February 2005, p. 32.
31. Yahya Melhem, "The Antecedents of Customer-Contact Employees' Empowerment," *Employee Relations* 26 (2004), pp. 72–78.
32. Jackson and Schuler, *Managing Human Resources*, p. 141.
33. "Why Going Back to the Floor Ensures Execs Stay in Touch," *Retail Week*, November 16, 2001, p. 31.
34. Shankar Ganesan and Barton Weitz, "The Impact of Staffing Policies on Retail Buyer Job Attitudes and Behaviors," *Journal of Retailing*, Spring 1996, pp. 231–45.
35. Charlotte Huff, "With Flextime, Less Can Be More," *Workforce Management*, May 2005, pp. 65–69; Joe Mullich, "Giving Employees Something They Can't Buy With A Bonus Check," *Workforce Management*, July 2004, pp. 66–68.
36. Glenda Strachan, John Burgess, and Anne Sullivan, "Affirmative Action or Managing Diversity: What is the Future of Equal Opportunity Policies in Organizations?" *Women in Management Review* 18 (2004), pp. 196–205; R. Roosevelt Thomas, "From Affirmative Action to Diversity," *Harvard Business Review*, March–April 1990, pp. 107–17.
37. Doug Daft, "Managing Diversity," *Executive Excellence*, June 2002, pp. 6–7; "Diversity Programs Become Valuable Tools for Increased Profitability," *Black Enterprise*, July 1998, pp. 120–21.
38. Stephanie Payne and Ann Hoffman, "A Longitudinal Examination on the Influence of Mentoring on Organizational Commitment and Turnover," *Academy of Management Journal* 46 (February 2005), pp. 158–68.
39. "80 Most Influential People in Sales and Marketing," *Sales & Marketing Management*, October 1998, p. 78.
40. Dina Berta, "NAFE Survey: Women Must Start at Bottom Line to Reach Top Posts," *Nation's Restaurant News*, February 9, 2004, pp. 16–17; Tony Wilbert, "Women Climbing Corporate Ladder at Home Depot," *The Atlanta Journal*, February 3, 2004, p. B1; Ann Zimmerman, "Federal Judge Will Consider Wal-Mart Suit for Class Action," *The Wall Street Journal*, September 23, 2003, p. B2; Linda Wirth, *Breaking through the Glass Ceiling: Women in Management* (Washington DC: International Labor Office, 2001).
41. Ann Zimmerman, "Big Retailers Face Overtime Suits as Bosses Do More 'Hourly' Work," *The Wall Street Journal*, May 26, 2004, p. B1.

42. Andrew Galvin, "Grocers, Union Still Smarting a Year After Strike," *Knight Ridder Tribune Business News*, March 12, 2005, p. 1; Harold Meyerson, "What Wal-Mart Has Wrought," *The Washington Post*, March 5, 2004, p. A.23.

43. Ken Clark, "Ready or Not, Here Comes OSHA," *Chain Store Age*, March 1, 2001, p. 94.

44. Bill Sanderson, "Retailers Warned to Manage Sexual Harassment," *Retail World*, April 12–23, 2004, p. 23.

45. A. Colquitt, "On the Dimensionality of Organizational Justice: A Construct Validation of a Measure," *Journal of Applied Psychology* 86 (2001), pp. 386–400.

46. Denise Power, "Penney's Human Resources Goes Self-Service," *WWD*, June 23, 1999, p. 13.

47. Mary Wagner, "Don't Call Us," *Internet Retailer*, June 2002, pp. 8–9.

第 10 章

1. http://www.ediuniversity.com/glossary/.

2. Walter Zinn and Peter Liu, "Consumer Response to Retail Stockouts," *Journal of Business Logistics* 22 (2001), pp. 49–72.

3. Just-food.com, "Retailers, Manufacturers Lose Out Through Poor Availability," July 2, 2003.

4. Joseph Tarnowski, "Data Mining at Meijer," *Retail Merchandiser*, June 2003, p. 1.

5. Just-food.com, "Retailers, Manufacturers."

6. JP Morgan study reported in Malcon Buxton, "How New Technology Can Give Small and Mid-Sized Retailers a Lift Against Larger Foes," www.line56.com, May 31, 2005.

7. Food Marketing Institute study reported in Buxton, www.line56.com.

8. http://www.uc-council.org/glossary/index.cfm; Steve Lohr, "Bar Code Détente: U.S. Finally Adds One More Digit," *New York Times*, July 12, 2004, p. C3.

9. Constance Hays, "What Wal-Mart Knows about Customers' Habits," *New York Times*, November 14, 2004, p. C1.

10. See Jean Murphy, "Supply-Chain Management Plays Strategic Role at Grocery Retailer," www.gisc.com, March 2005.

11. "Bar Codes Change the Way Retailers Stocked, Priced Products," *Boston Globe*, June 29, 2004, p. C1.

12. "Action Plan to Accelerate Trading Partner Electronic Collaboration," *ATKearney*, September 2003, pp. 1–15.

13. Tom Zeller Jr., "The Scramble to Protect Personal Information," *New York Times*, June 9, 2005, p. B1.

14. "You'll Be Upgrading: Big Retailers Want Tech-Savvy Vendors," *BusinessWeek*, March 14, 2005, www.businessweek.com.

15. W. Masuchun, S. Davis, and J. Patterson, "Comparison of Push and Pull Control Strategies for Supply Network Management in a Make-to-Stock Environment," *International Journal of Production Research* 42, no. 20, (2004), pp. 4401–20.

16. Presented at the annual business meeting, Council of Logistics Management, Anaheim, CA, October 1998. The definition is posted on CLM's home page, www.CLM1.org.

17. Alan Goldstein, "Logistics Goes High-Tech to Figure Demand in Dallas Area," *Knight Ridder Tribune Business News*, April 21, 2002, p. 1.

18. "ProFlowers Streamlines Floral Business," *DSN Retailing Today*, May 9, 2005, p. 29.

19. Eugene Gilligan, "From Shore to Store," *Journal of Commerce*, March 22, 2004, p. 1.

20. See Arnold Maltz and Nichole Denoratius, *Warehousing: The Evolution Continues* (Oakbrook, IL: Warehousing Education and Research Council, 2004), www.werc.com.

21. Susan Reda, "Crossdocking: Can Supermarkets Catch Up?" *Stores Online*, November 9, 2001, www.stores.org.

22. Jan Hammond and Kristin Kohler, "In the Virtual Dressing Room Returns Are a Real Problem," *HBS Working Knowledge*, www.hbsworkingknowledge.hbs.edu, April 15, 2002.

23. "Returns Don't Need to Cost So Much," *Internet Retailer*, www.internetretailer.com, May 23, 2002.

24. "Auctioning Returned Goods Online Is Tougher than Anticipated, Genco Says," Internetretailer.com, May 23, 2002; "Sears Nets Greater Return by Moving Surplus Inventory to Online Auctions," Internetretailer.com, March 2002.

25. James R. Stock and Douglas Lambert, *Strategic Logistics Management*, 4th ed. (New York: McGraw-Hill, 2000).

26. "Chain Reaction: Managing a Supply Chain Is Becoming a Bit Like Rocket Science," *The Economist*, January 31, 2002, pp. 34–40; and Hau Lee, V. Padmanabhan, and Seungjin Whang, "The Bullwhip Effect in Supply Chains," *Sloan Management Review*, Spring 1997, pp. 93–102.

27. Matthias Holweg, Stephen Disney, Jan Holmstrom, and Johanna Smaros, "Supply Chain Collaboration: Making Sense of the Strategy Continuum," *European Management Journal* 23 (April 2005), pp. 170–81.

28. Susan Kulp, Hau Lee, and Elie Ofek, "Manufacturer Benefits from Information Integration with Retail Customers," *Management Science* 50 (April 2004), pp. 431–45.

29. Kurt Salmon Associates, *Efficient Consumer Response: Enhancing Customer Value in the Grocery Industry* (Washington, DC: The Food Marketing Institute, 1993).

30. "Wanted: Skilled Marketing Analysts," *DSN Retailing Today*, February 28, 2005, Supplement, pp. 13–16; "Competitive Advantage Lies in Systems Efficiencies," *Chain Store Age*, August 2002, p. 74.

31. http://www.usnet03.uc-council.org/glossary/.

32. Andres Angulo, Heather Nachtmann, and Matthew A. Waller, "Supply Chain Information Sharing in a Vendor Managed Inventory Partnership," *Journal of Business Logistics* 25 (2004), pp. 101–20.

33. Gabriel Kahn, "Made to Measure: Invisible Supplier Has Penneys Shirts All Buttoned Up" *The Wall Street Journal*, September 11, 2003, p. A1.

34. Terrance Pohlen and Thomas Goldsby, "VMI and SMI Program," *Journal of Physical Distribution & Logistics Management* 33 (2003), pp. 565–82; S. Disney and D. Towell, "The Effect of Vendor Managed Inventory (VMI) Dynamics on the Bullwhip Effect in Supply Chains," *International Journal of Production Economics*, August 2003, pp. 199–216.

35. http://www.ediuniversity.com/glossary; Mark Barratt, "Positioning the Role of Collaborative Planning in Grocery Supply Chains," *International Journal of Logistics Management* 14 (2003), pp. 53–67.

36. Liz Parks, "Transforming the Supply Chain with Technology," *Drug Store News*, July 19, 1999, p. 10.

37. Tom Pisello, "Does RFID Equal ROI?" *ROI Insider Newsletter*, May 12, 2004, Alinean Corporation, www.alinean.com/.

第 11 章

1. Lillie Guyer, "Best Marketing Tool? It's Loyalty," *Automotive News* 79, no. 6122 (November 2004), p. 30; Fredrick Reichfeld, *The Loyalty Effect* (Cambridge, MA: Harvard Business School Press, 1996).

2. "Measuring Value," *1-to-1 Marketing*, June 2003, p. 13.
3. Matthew Budman, "Customer Loyalty: Are You Satisfying the Right Ones?" *Across the Board* 42, no. 2 (March/April 2005), pp. 51–52.
4. Sandra Yin, "Chronic Shoppers," *American Demographics* 25, no. 10 (2004), p. 13.
5. Paul Gauvreau, "Making Customers Feel Special Brings Loyalty," *Pharmacy Post* 11, no. 10 (October 2003), p. 40; Anna S. Mattila, "Emotional Bonding and Restaurant Loyalty," *Cornell Hotel and Restaurant Administration Quarterly*, December 2001, pp. 73–80; Susan Fournier, Susan Dobscha, and David Glen Mick, "Preventing the Premature Death of Relationship Marketing," *Harvard Business Review*, January–February 1998, pp. 42–50.
6. Joseph Tarnowski, "Touch of Class," *Progessive Grocer* 84, no. 8 (May 15, 2005), pp. 16–19.
7. Author's personal experience, 2004.
8. Amy Wong and Akrik Sohal, "A Critical Incident Approach to the Examination of Customer Relationship Management in Retail Chain: An Exploratory Study," *Qualitative Market Research* 6, no. 4 (2003), pp. 248–62.
9. Mark Albright, "Peddling Prestige," *St. Petersburg Times*, August 22, 2001, p. 8E.
10. Amy C. Edmondson, "Mitchells/Richards," *Harvard Business School Publications*, Case Number 9-604-010, December 2003.
11. Laurie Sullivan, "Car Dealers Rev CRM to Manage Net Leads," *Information Week*, September 13, 2004, p. 40.
12. Personal communication with stores, June 15, 2005.
13. *Marketing News*, August 15, 2004, p. 3.
14. Joseph A. Bellizzi and Terry Bristol, "An Assessment of Supermarket Loyalty Cards in One Major US Market," *Journal of Consumer Marketing* 21, no. 2 (2004), pp. 144–54.
15. Suzanne Vita Palazzo, "House of Cards: Frequent Shopper Programs Must Give Customers Reason to Value Their Shopping Experience if They're to be Anything More than Price Vehicles," *Grocery Headquarters* 71, no. 5 (2005), p. 53.
16. "Biometric Buying," *Toronto Star*, www.thestar.com, accessed June 23, 2005.
17. Jay Fitzgerald, "BJ's to Tighten Security in Wake of Cyberthefts," *The Boston Herald*, July 17, 2005; Mark Jewell, "BJ's Agrees to Audits," *BusinessWeek Online*, June 17, 2005.
18. Martha Neil, "Thinking Globally," *ABA Journal* 91 (2005), p. 62.
19. Rick Whiting, "Wary Customers Don't Trust Businesses to Protect Privacy," *InformationWeek* 902 (2002), p. 34; Tiffany Barnett White, "Consumer Disclosure and Disclosure Avoidance: A Motivational Framework," *Journal of Consumer Psychology* 14, no. 1&2 (2004), pp. 41–51; George Milne, "Privacy and Ethical Issues in Database/Interactive Marketing and Public Policy: A Research Framework and Overview of the Special Issue," *Journal of Public Policy & Marketing* 19 (Spring 2000), pp. 1–7.
20. *Marketing News*, August 15, 2004, p. 3.
21. Junko Yoshida, "Sounding the Alarm as Big Brother goes Digital," *Electronic Engineering Times*, April 4, 2005, pp. 1–2; Orin S. Kerr, "The Fourth Amendment and New Technologies: Constitutional Myths and the Case for Caution," *Michigan Law Review* 102, no. 5 (March 2004), pp. 801–89; Mary Culnan, "Protecting Privacy Online: Is Self-Regulation Working?" *Journal of Public Policy & Marketing* 19 (Spring 2000), pp. 20–26.
22. "Fact Sheet: Privacy and Your Health Information," www.hhs.gov/ocr/hipaa, accessed June 22, 2005.
23. Katherine Macklem, "Protecting Privacy," *Maclean's* 114, no. 3 (January 19, 2004), p. 34.
24. H. Jeff Smith, "Information Privacy and Marketing: What the U.S. Should (and Shouldn't) Learn from Europe," *California Management Review* 43, no. 2 (Winter 2001), pp. 8–34.
25. Bob Evans, "Protecting Customer Data Is Good Business," *InformationWeek*, May 9, 2005, p. 82; Christopher Robertson and Ravi Sarathy, "Digital Privacy: A Pragmatic Guide for Senior Managers Charged with Developing a Strategic Policy for Handling Privacy Issues," *Business Horizons* 45 (January–February 2002), pp. 2–6.
26. Jill Dyche, *The CRM Handbook* (Upper Saddle River, NJ: Addison-Wesley, 2002), pp. 134–35.
27. Frank Badillo, *Retail Perspectives in Customer Relationship Management* (Columbus, OH: Retail Forward, 2001), p. 25.
28. "Retailers Plan to Invest in CRM in 2002," *CyberAtlas*, January 23, 2002, www.cyberatlas.internet.com.
29. Valarie Zeithaml, Roland Rust, and Katherine Lemon, "The Customer Pyramid: Creating and Serving Profitable Customers," *California Management Review* 43 (Summer 2001), p. 124.
30. V. Kumar and Denish Shah, "Building and Sustaining Profitable Customer Loyalty for the 21st Century," *Journal of Retailing* 80, no. 4 (2004), pp. 317–30; see Werner Reinartz and V. Kumar, "On the Profitability of Long-Life Customers in a Noncontractual Setting: An Empirical Investigation and Implications for Marketing," *Journal of Marketing* 64 (October 2000), pp. 17–33, for an examination of programs designed to develop long-term relationships.
31. Frank Badillo, *Customer Relationship Management* (Columbus, OH: Retail Forward, 2001); Stephan Butscher, *Customer Clubs and Loyalty Programmes* (Aldershot, Hampshire: Ashgate Publishing, Limited, 2002).
32. Badillo, *Customer Relationship Management.*
33. James Cigliano, Margaret Georgladis, Darren Pleasance, and Susan Whalley, "The Price of Loyalty," *McKinsey Quarterly* 4 (2000), p. 73.
34. Stephanie M. Noble and Joanna Phillips, "Relationship Hindrance: Why Would Consumers Not Want a Relationship with a Retailer?" *Journal of Retailing* 80, no. 4 (Winter 2004), pp. 289–303.
35. "At Sentry Foods, a Changing of the Card," *Chain Store Age* 81, no. 5 (May 2005).
36. Kate Fitzgerald, "Grocery Cards Get an Extra Scan," *Credit Card Management* 16, no. 13 (March 2004), p. 34.
37. Edmondson, "Mitchells/Richards."
38. Ed McKinley, "Custom-Fit Solutions," *Stores*, June 2005, p. 23.
39. "Amazon.com Knows, Predicts Shopping Habits," *Associated Press*, March 28, 2005.
40. Roland Rust, Valarie Zeithaml, and Katherine Lemon, *Driving Customer Equity* (New York: Free Press, 2002), ch. 13; Zeithaml, Rust, and Lemon, "The Customer Pyramid."
41. David Pinto, "The Shopping Buddy," *Mass Market Retailers*, October 8, 2003.
42. Robert C. Blattberg, Gary Getz, and Jacquelyn S. Thomas, *Customer Equity: Building and Managing Relationships as Valuable Assets* (Boston: Harvard Business School Press, 2001), pp. 112–15; "Oprah on Oprah Perfectionist," *Newsweek International*, January 8, 2001, pp. 33–35.

43. Rust, Zeithaml, and Lemon, *Driving Customer Equity*, ch. 13.
44. "Retail IT 2001," *Chain Store Age*, October 1, 2001, p. 24.

第 12 章

1. *Consumer Marketing at Retail 2004: Category Management Benchmarking Study* (Wilton, CT: Cannondale Associates, 2004).
2. Brandon Copple, "Shelf-Determination," Forbes.com, April 15, 2002.
3. *Consumer Marketing at Retail 2004.*
4. Ibid.
5. Laurie Russo, "Category Management Still a Delicate Balance," *Beverage Industry*, June 2004, p. 72.
6. Debra Desrochers, Gregory Gundlach, and Albert Foer, "Analysis of Antitrust Challenges to Category Captain Arrangements," *Journal of Public Policy & Marketing*, 22 (Fall 2003), pp. 201–16; David Balto, "Recent Legal and Regulatory Developments in Slotting Allowances and Category Management," *Journal of Public Policy & Marketing* 21 (Fall 2002), pp. 289–95.
7. Daniel J. Sweeney, "Improving the Profitability of Retail Merchandising Decisions," *Journal of Marketing*, January 1973, pp. 60–68.
8. Walter S. Mossberg, "Palm's New Hand-Held Goes Mano a Mano with BlackBerry," *The Wall Street Journal*, January 31, 2002, p. B1.
9. Martin Letscher, "How to Tell Fads from Trends," *American Demographics*, December 1994, pp. 38–45.
10. Teri Agins and Kathryn Kranhold, "Coat Peddlers Are Using Forecasters to Beat the Heat," *The Wall Street Journal*, February 18, 1999, pp. B1, B13.
11. James Curtis,"The Weather Effect," *Marketing*, July 17, 2003, p. 22.
12. Suzanne Osborn, "Stop, Look and Listen," *Chain Store Age*, May 2000, p. 40.
13. www.donagar.com.
14. Robin Givha, "Paper Rocks Hipsters: 20 Years of Cool Hunting," *Washington Post*, September 24, 2004, p. C2.
15. Connie Robbins Gentry, "Success for Sears and CVS," *Chain Store Age*, August 2003, p. 83.
16. Richard A. Kreuger and Mary Anne Casey, *Focus Groups*, 3rd ed. (Thousand Oaks, CA: Sage Publications: April 2000).
17. Ramarao Desiraju and Steven Shugan, "Strategic Service Pricing and Yield Management," *Journal of Marketing* 63 (Winter 1999), pp. 44–64; Jeffrey McGill and Garret Van Ryzin, "Revenue Management: Research Overview and Prospects," *Transportation Science* 23 (May 1999), pp. 233–56.
18. Steven Shugan and Jinhong Xie, "Advance Selling for Services," *California Management Review* 46 (Spring 2004), pp. 37–45.
19. Barbara Kahn and Brian Wansink, "The Influence of Assortment Structure on Perceived Variety and Consumption Quantities," *Journal of Consumer Research*, March 2004, pp. 519–34; Peter Boatwright and Joseph C. Nunes, "Reducing Assortment: An Attribute-Based Approach," *Journal of Marketing* 65 (July 2001), pp. 50–63.

第 13 章

1. "Inventory Management 2003: An Overview," *Chain Store Age*, December 2003, p. 3A.
2. Maggie Overfelt, "No More Fowl-Ups," *FSB: Fortune Small Business*, May 2005, pp. 65–67.
3. "Robbery, Employee Theft, Leading Causes of Supermarket Losses," *Chain Store Age*, August 1998, p. 84; based on the Food Marketing Institute's annual security survey.
4. Murali Mantrala, "Allocating Marketing Resources," in *Handbook of Marketing*, Barton Weitz and Robin Wensley, eds. (London: Sage Publications, 2002).

第 14 章

1. "The Best Global Brands," *BusinessWeek*, August 2, 2004, p. 15.
2. "European Private Label Numbers," Private Label Manufacturers Association, January 2002.
3. www.federated-fds.com/home.asp, accessed August 2, 2005.
4. Robin Rusch, "Private-Labels: Does Branding Matter?" Brandchannel.com, May 13, 2002, www.brandchannel.com/; features-effect.asp?id=94, based on research by John Stanley of John Stanley Associates.
5. "Private-Label Preferred?" www.retailindustry.about.com, June 15, 2005.
6. Greg Saitz,"Retailers Improve Quality of Their Own Brands, while Increasing Profit Margin," *New Jersey Star Ledger*, August 17, 2004, p. B1.
7. Stuart Elliott, "Breaching the Barriers between Name Brands and Private-Labels," *New York Times*, October 20, 2004, p. C4.
8. Mark Bergen, Shantanu Dutta, and Steven Shugan, "Branded Variants: A Retail Perspective," *Journal of Marketing Research*, February 1996, pp. 9–20.
9. Rusch, "Private-Labels: Does Branding Matter?"
10. John Stanley, "Brands versus Private-Labels," *About Retailing Industry Newsletter*, www.retailindustry.about.com, January 2, 2002.
11. www.fashioncenter.com.
12. www.dallasmarketcenter.com.
13. Ibid.
14. www.mccormickplace.com.
15. These guidelines are based on Roger Fisher and William Ury, *Getting to Yes* (New York: Penguin, 1981).
16. Paul Stancil, "Still Crazy after All These Years: Understanding the Robinson-Patman Act Today," *Business Law Today*, September/October 2004, pp. 34–44.
17. Michelle Nichols, "When Customers Want Kickbacks," *BusinessWeek*, May 6, 2005, p. 30; Tracie Rozhon, "Stores and Vendors Take Their Haggling over Payment to Court," *New York Times*, May 17, 2005, p. B1.
18. Robin Givhan, "The Grim Reality of the Bottom Line," *The Washington Post*, May 27, 2005, p. C02.
19. Paul Bloom, Gregory Gundlach, and Joseph Cannon, "Slotting Allowances and Fees: Schools of Thought and the Views of Practicing Managers," *Journal of Marketing* 64, no. 2 (April 2000), pp. 92–108; Ramarao Desiraju, "New Product Introductions, Slotting Allowances, and Retailer Discretion," *Journal of Retailing* 77, no. 3 (Fall 2001), pp. 335–58.
20. *Sebao Inc. v. GB Unic. SA*, 1999 E.T.M.R. 681.
21. Irvine Clarke III and Margaret Owens, "Trademark Rights in Gray Markets," *International Marketing Review* 17, no. 2/3 (2000), p. 272.
22. *In re Toys R Us Antitrust Litigation*, 191 F.R.D. 347 (E.D.N.Y. 2000).
23. Carlye Adler, "Soft Branding," *FSB: Fortune Small Business*, September 2004, pp. 79–83.
24. Bruce Fox, "Arizona Chain Pioneers Reverse Auctions for Grocery Buying," *Stores*, January 2002, pp. 62–64.

25. Sandy Jap, "Online Reverse Auctions: Issues, Themes, and Prospects for the Future," *Journal of the Academy of Marketing Science* 30, no. 4 (Fall 2002), pp. 13–26; M. L. Emiliani, "Business-to-Business Online Auctions: Key Issues for Purchasing Process Improvement," *Supply Chain Management: An International Journal* 5, no. 4 (2000), pp. 176–86.
26. Richard Wise and David Morrison, "Beyond the Exchange: The Future of B2B," *Harvard Business Review*, November–December 2000, pp. 86–96.
27. David Barboza, "In Roaring China, Sweaters Are West of Socks City," *New York Times*, December 24, 2004, p. C2.
28. Ted Fishman, "The Chinese Century," *New York Times Magazine*, July 4, 2004, p. 26.
29. Personal communication, David Gunter, director of corporate communications, Coldwater Creek, July 2002.
30. Steven Greenhouse, "18 Major Retailers and Apparel Makers Are Accused of Using Sweatshops," *New York Times*, January 14, 1999, p. A9.
31. Cheryl Dahle, "Gap; New Look: The See-Through," *Fast Company*, September 2004, pp. 69–70.
32. Dan Scheraga, "Collaboration Evolves," *Chain Store Age*, July 2005, p. 58.
33. Janet Adamy, "Retail Exchanges Plan Merger to Vie with Wal-Mart," *The Wall Street Journal*, April 26, 2005, p. B7.
34. Barton Weitz and Sandy Jap, "Relationship Marketing and Distribution Channels," *Journal of the Academy of Marketing Sciences* 23 (Fall 1995), pp. 305–20; F. Robert Dwyer, Paul Shurr, and Sejo Oh, "Developing Buyer–Seller Relationships," *Journal of Marketing* 51 (April 1987), pp. 11–27.
35. Nirmalya Kumar, "The Power of Trust in Manufacturer–Retailer Relationships," *Harvard Business Review*, November–December 1996, pp. 92–106.
36. Erin Anderson and Anne Coughlan, "Structure, Governance, and Relationship Management," in *Handbook of Marketing*, eds. B. Weitz and R. Wensley (London: Sage, 2002), pp. 223-47.
37. Erin Anderson and Barton Weitz, "The Use of Pledges to Build and Sustain Commitment in Distribution Channels," *Journal of Marketing Research* 29 (February 1992), pp. 18–34.
38. Jim Yardley, "Vendorville," *New York Times Magazine*, March 8, 1998, p. 62.
39. Anderson and Weitz, "The Use of Pledges."

第 15 章

1. "Survey Reveals Shoppers' Peeves," *Chain Store Age*, May 2000, p. 54.
2. Roger Kerin, Steven Hartley, Eric Berkowitz, and William Rudelius, *Marketing*, 8th ed. (New York: McGraw-Hill, 2005).
3. Robert Matthews, "With Profit Falling, Carrefour Rethinks Strategy," *The Wall Street Journal*, March 11, 2005, p. B3.
4. Ted Bridis, "Customers in Dark about Retail Pricing," *Houston Chronicle*, June 1, 2005, p. B3.
5. Frances Cerra Whittelsey and Marcia Carroll, *Why Women Pay More* (New York: New Press, 1995).
6. Donald Lehmann, "Perceptions of Price Fairness Influence Consumer Behavior," *Marketing News*, October 15, 2004, p. 52.
7. David Leonhardt, "Why Variable Pricing Fails at the Vending Machine," *The Wall Street Journal*, June 27, 2005, p. B1.
8. Richard Clodfelter, "Price Strategy and Practice: An Examination of Pricing Accuracy at Retail Stores that Use Scanners," *Journal of Product and Brand Management* 13 (2004), pp. 269–83.
9. Ibid.
10. Amy Merrick, "Priced to Move: Retailers Try to Get Leg Up on Markdowns with New Software," *The Wall Street Journal*, August 7, 2001, p. A1.
11. Michael Levy, Dhruv Grewal, Praveen K. Kopalle, and James D. Hess, "Emerging Trends in Retail Pricing Practice: Implications for Research," *Journal of Retailing* 80, no. 3 (2004), pp. xiii–xxi; Marc Millstein, "Banking on Optimization," *WWD*, January 12, 2005, p. 12B; Dan Scheraga, "Pricing to Sell," *Chain Store Age*, March 2004, p. 52; Scott Friend and Patricia Walker, "Welcome to the New World of Merchandising," *Harvard Business Review*, November 2001, pp. 133–41.
12. Murali Mantrala and Surya Rao, "A Decision-Support System That Helps Retailers Decide Order Quantities and Markdowns for Fashion Goods," *Interfaces*, May/June 2001, Part 2, pp. S146–63.
13. Liz Parks, "Bloomie's Revamps Buyers' Culture," *Stores*, December 2004, pp. 35–38.
14. Carl Shapiro, Carol Shapiro, and Hal R. Varian, *Information Rules: A Strategic Guide to the Network Economy* (Boston, MA: Harvard Business School Publishing, 1998).
15. "Levi Strauss Reacquires a Pair of Jeans, at Markup," *The Wall Street Journal*, May 29, 2001, p. B13A.
16. "80 Most Influential People in Sales and Marketing," *Sales & Marketing Management*, October 1998, p. 78.
17. "What Consumers—and Retailers—Should Know about Dynamic Pricing," *Knowledge @ Wharton*, July 13, 2005.
18. Dillip Soman, "Does Holding on to a Product Result in Increased Consumption Rates?" *Advances in Consumer Research* 24 (1997), pp. 33–35; Brian Wansink, "Do We Use More When We Buy More? The Effects of Stockpiling on Product Consumption," *Advances in Consumer Research* 25 (1998), pp. 21–22; Valerie S. Folkes, Ingrid M. Martin, and Kamal Gupta, "When to Say When: Effects of Supply on Usage," *Journal of Consumer Research* 20, no. 3 (December 1992), pp. 467–77.
19. Tony Lisanti, "The Almighty Coupon, Redux," *Discount Store News*, September 21, 1998, p. 13.
20. Dan Scheraga, "One Price Doesn't Fit All," *Chain Store Age*, March 2001, pp. 104–5.
21. Ibid.
22. Valarie A. Zeithaml and Mary Jo Bitner, *Services Marketing: Integrating Customer Focus across the Firm*, 4th ed. (New York: McGraw-Hill, 2005).
23. Barry Berman, "Applying Yield Management Pricing to Your Service Business," *Business Horizons* 48 (March/April 2005), pp. 169–82; and Ramao Desiraju and Steven Shugan, "Strategic Service Pricing and Yield Management," *Journal of Marketing* 63 (January 1999), pp. 44–56.
24. Howard Marmorstein, Jeanne Rossome, and Dan Sarel, "Unleashing the Power of Yield Management in the Internet Era: Opportunities and Challenges," *California Management Review* 45 (Spring 2003,), pp. 147–67.
25. Glenn Voss, A. Parasuraman, and Dhruv Grewal, "The Roles of Price, Performance and Expectations in Determining Satisfaction in Service Exchanges," *Journal of Marketing* 62, no. 4 (October 1998), pp. 46–61; Dhruv Grewal, Jerry Gotlieb, and Howard Marmorstein, "The Moderating Effects of Contextual Cues on the Relationship between Price and Post-Purchase Perceived Quality," *Journal of Business and Psychology* 14, no. 4 (Summer 2000), pp. 579–91.

26. Dhruv Grewal, Kent B. Monroe, and R. Krishnan, "The Effects of Price Comparison Advertising on Buyers' Perceptions of Acquisition Value and Transaction Value," *Journal of Marketing* 137, no. 3 (April 1998), pp. 16–59.

27. Edward Fox and Stephen Hoch, "Cherry Pickers," *Retail Navigator* (Gainesville, FL: Miller Center for Retailing Education and Research, September 2004).

28. Itamar Simonson, "Shoppers Easily Influenced Choices," *New York Times*, November 6, 1994, p. 311; based on research by Itamar Simonson and Amos Tversky, www.nytimes.com.

29. This discussion has been going on for at least 70 years; see Louis Bader and James De Weinland, "Do Odd Prices Earn Money?" *Journal of Retailing* 8 (1932), pp. 102–4. For recent research in this area, see Robert Schindler and Rajesh Chandrashekaran, "Influence of Price Endings on Price Recall: A By-Digit Analysis," *Journal of Product and Brand Management* 7, no. 13, (2004), pp. 514–35; Eric Anderson and Duncan Simester, "Effects of $9 Price Endings on Retail Sales: Evidence from Field Experiments," *Quantitative Marketing and Economics*, March 2003, pp. 93–110; Mark Striving, "Price-Endings When Prices Signal Quality," *Management Science* 12, no. 46 (2000), pp. 1617–29.

30. Robert Schindler, "Fine Tuning a Retail Price," *Retail Navigator* (Gainesville, FL: Miller Center for Retailing Education and Research, April 2004).

31. Ibid.

32. Michelle Rafter, "Cheap, Cheaper, Cheapest," *The Industry Standard*, January 11, 1999, pp. 50–52; George Anders, "Comparison Shopping Is the Web's Virtue—Unless You're a Seller," *The Wall Street Journal*, July 23, 1998, pp. A1, A8.

33. Rebecca Quick, "Web's Robot Shoppers Don't Roam Free," *The Wall Street Journal*, September 3, 1998, pp. B1, B8.

34. John Lynch Jr. and Daniel Arliey, "Wine Online: Search Costs and Competition on Price, Quality and Distribution," *Marketing Science* 19, no. 1 (2000), pp. 83–103.

35. Xing Pan, Brian Ratchford, and Venkatesh Sankar, "Why Aren't the Prices for the Same Items the Same at Me.com and You.com? Drivers of Price Dispersion among E-Tailers," working paper, Robert H. Smith Business School, University of Maryland, 2001; Erik Brynjolfsson and Michael Smith, "Frictionless Commerce? A Comparison of Internet and Conventional Retailer," *Management Science* 46, no. 4 (April 2000), pp. 563–85.

第 16 章

1. David Aaker, *Managing Brand Equity* (New York: Free Press, 1991), p. 7.

2. Linda Hyde and Elaine Pollack, *What's in a Name?* (Columbus, OH: Retail Forward, Inc., June 1999), p. 9.

3. Laura Heller, "Target Pumps Chic into HBC—And Mass Never Looked Better," *DSN Retailing Today*, June 7, 2004, pp. 18–19; Mike Duff, "Home Epitomizes Cheap Chic," *DSN Retailing Today*, April 7, 2003, p. 35; Shelly Branch, "How Target Got Hot: Hip Goods and Hipper Ads Are Luring the MTV and BMW Crowds into the Big Box," *Fortune*, May 24, 1999, pp. 169–70.

4. Debby Garbato Stankevich, "What's in a Name?" *Retail Merchandiser*, April 2001, p. 59.

5. "History in the Making: A Look at 16 Campaigns that Helped Redefine Promotion Marketing," *Promo*, March 2002, p. 23.

6. Tracie Rozhon, "Abercrombie & Fitch May Be Cool. But Cool Only Goes So Far," *New York Times*, July 13, 2004, p. C1; Jennifer Bayot, "The Teenage Market: Young, Hip and Looking for a Bargain," *New York Times*, December 1, 2003, p. C8.

7. "Integrating Online and Store Images Pays Off for American Eagle," Internetretailer.com, August 3, 2005.

8. Peter Childs, Suzanne Heywood, and Michael Kliger, "Do Retail Brands Travel?" *McKinsey Quarterly* 1 (2001), pp. 12–16.

9. "100 Leading National Advertisers," *Advertising Age*, Supplement, June 27, 2005, p. S1–S10.

10. William Shuster, "Retailing in Tough Times: The Power of Promotions," *Jewelers Circular Keystone*, April 1, 2002, p. 70.

11. "The Man Who Created Rudolph from an Idea That Almost Didn't Fly," *Chicago Tribune*, December 13, 1990, p. 1C.

12. Ibid.

13. "Coupon Usage Increases," *Progressive Grocer*, August 31, 2004, p. 1.

14. Julie Baker, A. Parasuraman, Dhruv Grewal, and Glenn Voss, "The Influence of Multiple Store Environment Cues on Perceived Merchandise Value and Patronage Intentions," *Journal of Marketing* 66 (April 2002), pp. 120–41; Dhruv Grewal, Julie Baker, Michael Levy, and Glenn B. Voss, "Wait Expectations, Store Atmosphere and Store Patronage Intentions," *Journal of Retailing* 79, no. 4 (2003), pp. 259–68; Sevgin Eroglu, Karen Machleit, and Jean-Charles Chebat, "The Interaction of Retail Density and Music Tempo: Effects on Shopper Responses," *Psychology & Marketing*, July 2005, pp. 577–59.

15. Enid Burns, "The State of Retail E-Mail," www.clickz.com/stats/sectors/email/, accessed May 25, 2005.

16. Tom Brown, Thomas Barry, Peter Dacin, and Richard Gunst, "Spreading the Word: Investigating Antecedents of Consumers' Positive Word-of-Mouth Intentions and Behaviors in a Retailing Context," *Journal of the Academy of Marketing Science* 33 (Spring 2005), pp. 123–39; and Terace Paridon, "Retail Opinion Sharing: Conceptualization and Measurement," *Journal of Retailing & Consumer Services* 11 (March 2004), pp. 87–94.

17. Frederick Reichheld, "Loyalty-Based Management," *Harvard Business Review*, March–April 1993, p. 65.

18. Linda Tischler, "WhaT's ThE Buzz?" *Fast Company*, May 2004, pp. 76–77.

19. Valerie Seckler, "Buzz Brightens as TV Spots Fade," *WWD*, June 29, 2005, p. 13.

20. Amy Merrick, "Gap Deploys 'Viral' Online Ad to Pump Up Sales," *The Wall Street Journal*, August 10, 2005, p. B1.

21. Ken Clark, "Play Ball," *Chain Store Age*, July 2002, p. 39.

22. George Belch and Michael Belch, *Advertising and Promotion*, 5th ed. (New York: McGraw-Hill, 2001), p. 531.

23. Leonard Lodish, *Advertisers and Promotion Challenge: Vaguely Right or Precisely Wrong* (New York: Oxford University Press, 1986).

24. Belch and Belch, *Advertising and Promotion*, pp. 227–28.

25. Murali Mantralla, "Allocating Marketing Resources," in *Handbook of Marketing*, ed. Barton Weitz and Robin Wensely (London: Sage, 2002), pp. 409–35.

26. This example was adapted by William R. Swinyard, professor of business management, Brigham Young University, from the "Overseas Airlines Service" case.

27. Ronald Curhan and Robert Kopp, "Obtaining Retailer Support for Trade Deals: Key Success Factors," *Journal of Advertising Research* 27 (December 1987–January 1988), pp. 51–60.

28. This illustration was provided by Kathy Perry, senior vice president, Matrix Technology Group, Inc., www.mxtg.net.
29. Donald Ziccardi and David Moin, *Master Minding the Store: Advertising, Sales Promotion, and the New Marketing Reality* (New York: Wiley, 1997).
30. Gary Witkin, "Effective Use of Retail Data Bases," *Direct Marketing*, December 1995, pp. 32–35.
31. "100 Leading National Advertisers."
32. Tony Case, "A Rocky Road Predicted for Newspaper Advertising," *Editor and Publisher*, September 23, 1995, p. 27.
33. "Maximizing the Potential of Audio Advertising," *Chain Store Age*, March 1995, p. B13.
34. Susan Reda, "Retailers Use Affiliate Programs to Drive Internet Traffic and Sales," *Stores*, May 1998, pp. 46–49; Greg Notess, "Intricacies of Advertisement Information on the Web," *Online Magazine*, November 1999, pp. 79–81; "Retooling for Interactivity," *Response*, November 1999, pp. 28–31.

第 17 章

1. Christopher Manton-Jones, "Workforce Management: The Last Great Differentiator For Retailers?" *European Retail Digest*, Autumn 2003, pp. 66–70.
2. Seth Lubovek, "Don't Listen to the Boss, Listen to the Customers," *Forbes*, December 4, 1995, pp. 45–46.
3. *Food Marketing Industry Speaks*, Washington, DC: Food Marketing Institute, 2004. http://www.fmi.org/facts_figs/MarketingCosts.pdf.
4. H. John Bernardin, *Human Resource Management: An Experiential Approach*, 4th ed. (Burr Ridge, IL: McGraw-Hill, 2006); Raymond Noe, John Hollenbeck, Barry Gerhart, and Patrick Wright, *Fundamentals of Human Resource Management*, 2nd ed. (Burr Ridge, IL: McGraw-Hill, 2006).
5. Vicki Powers, "Finding Workers Who Fit the Container Store Built a Booming Business for Neatniks Who Turned Out to Be Their Best Employees," *Business 2.0*, November 2004, p. 74.
6. Lauri Giesen, "Seniors' Moment," *Stores*, June 2005, p. 80.
7. Lauri Giesen, "Pre-Screening Drafts Best Players," *Stores*, May 2005, p. 124; Debby Stankevich, "Retailers Focus on Optimizing Technology," *Retailer Merchandiser*, March 2002, pp. 55–58.
8. Sarah Fister, "Separating Liars from Hires," *Training*, July 1999, pp. 22–24.
9. Susan Jackson and Randall Schuler, *Managing Human Resources: Through Strategic Relationships*, 8th ed. (Mason, OH: South-Western, 2003), p. 328.
10. Jane Bahls, "Available upon Request," *HR Magazine*, January 1999, pp. S2–S7.
11. Jackson and Schuler, *Managing Human Resources*, p. 330.
12. Richard Hollinger and Lynn Langton, *2004 National Retail Security Survey Final Report* (Gainesville, FL: Security Research Project, University of Florida, 2004), p. 3.
13. John McKinnon, "Retailers Beware!" *Florida Trend*, June 1996, pp. 20–21.
14. Hiram Barksdale, Jr., Danny Bellenger, James Boles, and Thomas Brashear, "The Impact of Realistic Job Previews and Perceptions of Training on Sales Force Performance and Continuance Commitment: A Longitudinal Test," *Journal of Personal Selling & Sales Management* 23 (Spring 2003), pp. 125–40.
15. Paul Taylor, "Providing Structure to Interviews and Reference Checks," *Workforce*, Workforce Tools Supplement, May 1999, pp. S11–S55; Allen Huffcutt and David Woehr, "Further Analysis of Employment Interview Validity: A Quantitative Evaluation of Interviewer-Related Structuring Methods," *Journal of Organizational Behavior* 20 (July 1999), pp. 549–56.
16. Daniel Cable and Charles Parson, "Socialization Tactics and Person-Organization Fit," *Personnel Psychology* 54 (Spring 2001), pp. 1–24; Cheri Young and Craig Lundberg, "Creating a First Day on the Job," *Cornell Hotel and Restaurant Administration Journal*, December 1996, pp. 26–29.
17. Mya Frazier, "Help Wanted," *Chain Store Age*, April 2005, pp. 37–40.
18. Keith Rollag, "The Impact of Relative Tenure on Newcomer Socialization Dynamics," *Journal of Organizational Behavior* 25 (November 2004), pp. 853–73; John Wanous and Arnon Rechers, "New Employee Orientation Program," *Human Resource Management Review* 10 (Winter 2000), pp. 435–52; Charlotte Garvey, "The Whirlwind of a New Job," *HR Magazine* 46 (June 2001), pp. 110–16.
19. Bert Versloot, Jan Jong, and Jo Thijssen, "Organisational Context of Structured on-the-Job Training," *International Journal of Training and Development* 5 (March 2001), pp. 2–23.
20. Chris Roebuck, *Effective Leadership* (New York: AMACOM, 1999); John Kotter, *John Kotter on What Leaders Really Do* (Boston: Harvard Business School Press, 1999).
21. John Sparks and Joseph Schenk, "Explaining the Effects of Transformation Leadership," *Journal of Organizational Behavior* 22 (December 2001), pp. 849–68; Vicki Goodwin, J. C. Wofford, and J. Lee Whittington, "A Theoretical and Empirical Extension to the Transformational Leadership Construct," *Journal of Organizational Behavior* 22 (November 2001), pp. 759–72.
22. Gerard Seijts, "Setting Goals," *Ivey Business Journal*, January–February 2001, pp. 40–45.
23. Deborah Gibbons and Laurie Weingart, "Can I Do It? Will I Try? Personal Efficacy, Assigned Goals, and Performance Norms as Motivators of Individual Performance," *Journal of Applied Social Psychology* 31 (March 2001), pp. 624–49.
24. Professor Ross Petty and John Farr, "Sexual Harassment: Handling the 'He-Said-She-Said' Hot Potato," *Chain Store Age*, April 1998, pp. 56–59.
25. Mark Albright, "Hiring the Right Person," *St. Petersburg Times*, March 25, 2002, p. 8E.
26. Carol Sansone and Judith M. Harackiewicz, *Intrinsic and Extrinsic Motivation: The Search for Optimal Motivation and Performance* (San Diego: Academic Press, 2000).
27. "Front Lines," *Chain Store Age*, September 1, 2001, p. 38.
28. David Good and Charles Schwepker, "Sales Quotas: Critical Interpretations and Implications," *Review of Business* 22 (Spring–Summer 2001), pp. 32–37.
29. Todd Zenger and C. R. Marshall, "Determinants of Incentive Intensity in Group-Based Rewards," *Academy of Management Journal* 43 (April 2000), pp. 149–63.
30. Lisa Girion, "Working Longer?" *Los Angeles Times*, September 10, 2000, p. G1.
31. Dan Scheraga, "Handling Manpower by the Hour," *Chain Store Age*, August 1, 2000, pp. 51–54.
32. Hollinger and Langton, *2004 National Retail Security Survey*, p. 6.
33. Ibid., p. 3.
34. Marianne Wilson, "Building in Security," *Chain Store Age*, November 2001, pp. 129–30.

35. "Combating Shrink at the Source," *Chain Store Age*, December 2000, p. 152.

36. Timothy Henderson, "Loss Prevention Software Aids in Retail Fight against Costly Employee Theft," *Stores*, March 2001, pp. 68–72.

第 18 章

1. Raymond Burke, "Exploring Shopability," *Chain Store Age*, September 2005, p. 58; Mitchell Mauk, "The Store as Story," *VM & SD*, October 2000, pp. 23, 25.

2. "Growing Pains," *Chain Store Age*, August 2005, p. 31A.

3. M. Joseph Sirgy, Dhruv Grewal, and Tamara Mangleburg, "Retail Environment, Self-Congurity, and Retail Patronage: An Integrative Model and a Research Agenda," *Journal of Business Research* 49, no. 2 (August 2000), pp. 127–38.

4. Lisa Eckelbecker, "Female Persuasion; Lowe's, Others Learn How to Design Stores with Women Shoppers in Mind," *Worcester Telegram & Gazette*, February 13, 2005, p. E.1.

5. Marianne Wilson, "Peak Experience," *Chain Store Age*, June 2000, pp. 144–45.

6. Emily Nelson and Sarah Ellison, "Shelf Promotion," *The Wall Street Journal*, September 21, 2005, p. A.1.

7. Candy Sagon, "Move It Along, Please," *Washington Post*, June 8, 2005, p. F01.

8. "College Bookstore Gets Smart," *Chain Store Age*, September 2000, p. 160.

9. Marianne Wilson,"Retailers Hit Hard by ADA," *Chain Store Age*, August 2003, p. 136; Stacey Menzel Baker and Carol Kaufman-Scarborough, "Marketing and Public Accommodation: A Retrospective on Title III of the Americans with Disabilities Act," *Journal of Public Policy & Marketing* 20, no. 2 (Fall 2001), pp. 297–304; Carol Kaufman-Scarborough, "Reasonable Access for Mobility-Disabled Persons Is More than Widening the Door," *Journal of Retailing* 75, no. 4 (Winter 1999), pp. 479–508; Carol Kaufman-Scarborough, "Sharing the Experience of Mobility-Disabled Consumers: Building Understanding through the Use of Ethnographic Research Methods," *Journal of Contemporary Ethnography* 30, no. 4 (August 2001), pp. 430–65.

10. Marianne Wilson, "ADA: Open to Interpretation," *Chain Store Age*, July 2002, p. 110.

11. Michael Barbaro, "Department Stores Settle Disability Lawsuit," *The Washington Post*, February 9, 2005, p. E.02.

12. Calmetta Coleman, "Kohl's Retail Racetrack," *The Wall Street Journal*, March 1, 2001, pp. B1, B6.

13. Craig Childress, "The Signing of America," *American Christmas Tree Journal*, October 2002, pp. 12–14.

14. "Five Easy Steps," *VM&SD*, June 2000, pp. 42–43.

15. This section is based on Steven Keith Platt, Kingshuck Sinha, and Barton Weitz, *Implications for Retail Adoption of Digital Signage Systems* (Chicago, IL: Platt Retail Institute, 2004).

16. Craig Childress, "Supermarkets Coming to Their Senses, All Five of Them," *Progressive Grocer*, June 4, 2004, p. 23.

17. Doris Hajewski, "JCPenney Now Hot on Kohl's Heels, Retail Industry Watchers Say," *Knight Ridder Tribune Business News*, November 7, 2004, p. 1.

18. Michael Applebaum, "More Eyeballs at Checkout," *Brandweek*, June 27–July 4, 2005, p. 54.

19. "Fixtures Improve Shopping Experience," *Chain Store Age*, July 2003, p. 78.

20. Ron Bond, "The Art and Science of Retail Displays," *Entrepreneur.com*, August 15, 2005.

21. Paco Underhill, *Why We Buy: The Science of Shopping* (New York: Simon & Schuster, 2000).

22. Raymond R. Burke, "Virtual Shopping: Breakthrough in Marketing Research," *Harvard Business Review*, March–April 1996, pp. 120–34.

23. "The Need for Speed," *WWD*, November 5, 1998, p. 2.

24. The concept of atmospherics was introduced by Philip Kotler, "Atmosphere as a Marketing Tool," *Journal of Retailing* 49 (Winter 1973), pp. 48–64. The definition is adapted from Richard Yalch and Eric Spangenberg, "Effects of Store Music on Shopping Behavior," *Journal of Service Marketing* 4, no. 1 (Winter 1990), pp. 31–39.

25. Anna S. Mattila and Jochen Wirtz, "Congruency of Scent and Music as a Driver of In-Store Evaluations and Behavior," *Journal of Retailing* 77, no. 2 (Summer 2001), pp. 273–89.

26. Teresa A. Summers and Paulette R. Hebert, "Shedding Some Light on Store Atmospherics; Influence of Illumination on Consumer Behavior," *Journal of Business Research* 54, no. 2 (November 2001), pp. 145–50.

27. Susan Franke, "Architects, Experts Say Proper Design Can Propel Shoppers into Stores," *Pittsburgh Business Times*, July 12, 2002, p. 8.

28. Earl Print, "Euro Lighting," *VM&SD*, May 1999, pp. 38, 40.

29. Malaika Brengman and Maggie Geuens, "The Four Dimensional Impact of Color on Shopper's Emotions," *Advances in Consumer Research* 31 (2003), pp. 122–25; Barry Babin, David Hardesty, and Tracy Suter, "Color and Shopping Intentions: The Intervening Effect of Price Fairness and Perceived Affect," *Journal of Business Research* 56 (July 2003), pp. 541–55.

30. Nicole Bailey and Charles S. Areni, "When a Few Minutes Sound like a Lifetime: Does Atmospheric Music Expand or Contract Perceived Time?" *Journal of Retailing* (Forthcoming); Sevgin Eroglu, Karen Machleit, and Jean-Charles Chebat, "The Interaction of Retail Density and Music Tempo: Effects on Shopper Responses," *Psychology & Marketing* 22 (July 2005), pp. 577–90; and Michael Morrison and Michael Beverland, "In Search of the Right In-Store Music," *Business Horizons* 46 (November/December 2003), pp. 77–87.

31. Jean-Charles Chebat and Richard Michon, "Impact of Ambient Odors on Mall Shoppers' Emotions, Cognition, and Spending: A Test of Competitive Causal Theories," *Journal of Business Research* 56 (July 2003), pp. 529–45.

32. Cathleen McCarthy, "Aromatic Merchandising: Leading Customers by the Nose," *Visual Merchandising and Store Design*, April 1992, pp. 85–87.

33. Velitchka Kalchteva and Barton Weitz, "How Exciting Should a Store Be?" *Journal of Marketing*, Winter 2006, pp. 34–62.

34. Ibid.

35. Adapted from Jacob Nielsen, Alertbox, www.useit.com; "Communicating with Your Customers on the Web," Harvard Management Communication Letter, article reprint no. COOO8A, 2000.

第 19 章

1. "Retailers Join the War Effort," *Chain Store Age*, June 1994, p. 15.

2. Murray Raphael, "Tell Me What You Want and the Answer Is Yes," *Direct Marketing*, October 1996, p. 22.

3. Valarie Zeithaml, Leonard Berry, and A. Parasuraman, "The Behavioral Consequences of Service Quality," *Journal of Marketing* 60 (April 1996), pp. 31–46.
4. "Driving Customers Away," *Chain Store Age*, June 2001, p. 39.
5. James Fitzsimmons and Mona Fitzsimmons, *Service Development: Creating Memorable Experiences* (Thousand Oaks, CA: Sage Publications, 2000); Suzanne Barry Osborn, "Is Your Customer Being SERVED?" *Chain Store Age*, November 1, 2000, p. 52.
6. Robert Spector and Patrick McCarthy, *The Nordstrom Way: The Inside Story of America's #1 Customer Service Company*, 3d ed. (New York: John Wiley, 2005).
7. G. Odekerken-Schroder, K. De Wulf, H. Kasper, M. Kleijnen, J. Hoekstra, and H. Commandeur, "The Impact of Quality on Store Loyalty: A Contingency Approach," *Total Quality Management* 12 (May 2001), pp. 307–22; Benjamin Schneider and David Bowen, *Winning the Service Game* (Boston: Harvard Business School Press, 1995).
8. Paul Lima, "Instant Gratification," *Profit*, April 2002, p. 56.
9. "Combining Class with Mass," *MMR*, January 8, 2001, p. 12; "Workers Are Seeking Employers of Choice," *Chain Store Age*, October 1998, pp. 72, 74.
10. Sunil Gupta, Donald Lehmann, and Jennifer Stuart, "Valuing Customers," *Journal of Marketing Research* 41 (February 2004), pp. 7–19.
11. Ariana Eunjung Cha, "Finding Fewer Happy Returns," *The Washington Post*, November 7, 2004, p. A.01; Sandra Baker, "Retailers Get Stingier with Merchandise-Return Policies," *Knight Ridder Tribune Business News*, December 5, 2002, p. 1.
12. Cha, "Finding Fewer Happy Returns."
13. A. Parsuraman and Valarie Zeithaml, "Understanding and Improving Service Quality: A Literature Review and Research Agenda," in *Handbook of Marketing*, eds. B. Weitz and R. Wensley (London: Sage, 2002); Praveen Kopalle and Donald Lehmann, "Strategic Management of Expectations: The Role of Disconfirmation Sensitivity and Perfectionism," *Journal of Marketing Research* 38 (August 2001), pp. 386–401.
14. Kenneth Clow, David Kurtz, John Ozment, and Beng Soo Ong, "The Antecedents of Consumer Expectations of Services: An Empirical Study across Four Industries," *Journal of Services Marketing* 11 (May–June 1997), pp. 230–48; Ann Marie Thompson and Peter Kaminski, "Psychographic and Lifestyle Antecedents of Service Quality Expectations," *Journal of Services Marketing* 7 (1993), pp. 53–61.
15. Mary Jo Bitner, "Self-Service Technologies: What Do Customers Expect? In This High-Tech World, Customers Haven't Changed—They Still Want Good Service," *Marketing Management*, Spring 2001, pp. 10–15.
16. Todd Beck, "Want Loyal Customers? Don't Stop at Satisfaction," *Customer Inter@ction Solutions*, February 2005, pp. 36–49.
17. Timothy Keiningham and Terry Vavra, *The Customer Delight Principle* (Chicago: American Marketing Association, 2002).
18. Parasuraman and Zeithaml, "Understanding and Improving Service Quality."
19. Valerie Seckler, "The Shopping Experience: Service Is Key," *WWD*, August 10, 2005, p. 10.
20. The following discussion of the Gaps model and its implications is based on Deon Nel and Leyland Pitt, "Service Quality in a Retail Environment: Closing the Gaps," *Journal of General Management* 18 (Spring 1993), pp. 37–57; Valarie Zeithaml, A. Parasuraman, and Leonard Berry, *Delivering Quality Customer Service* (New York: The Free Press, 1990); Valarie Zeithaml, Leonard Berry, and A. Parasuraman, "Communication and Control Processes in the Delivery of Service Quality," *Journal of Marketing* 52 (April 1988), pp. 35–48.
21. Linda Abu-Shalback Zid, "Another Satisfied Customer," *Marketing Management*, March/April 2005, p. 5.
22. http://retailindustry.about.com, April 4, 2001.
23. "Merchant Prince: Stanley Marcus," *Inc.*, June 1987, pp. 41–44.
24. Christian Homburg and Andreas Fürst, "How Organizational Complaint Handling Drives Customer Loyalty: An Analysis of the Mechanistic and the Organic Approach," *Journal of Marketing* 69 (July 2005), pp. 95–107; Moshe Davidow, "Organizational Responses to Customer Complaints: What Works and What Doesn't," *Journal of Service Research* 5 (February 2003), pp. 225–51; U. Chapman and George Argyros, "An Investigation into Whether Complaining Can Cause Increased Consumer Satisfaction," *Journal of Consumer Marketing* 17 (2000), pp. 9–19.
25. "Driving Customers Away," *Chain Store Age*, June 2001, p. 39.
26. Staci Kusterbeck, "Clienteling: Retailers Get Up Close and Personal with Customers," *Apparel*, May 2005, pp. 38–42.
27. www.andsend.com.
28. Paul Hemp, "My Week as a Room-Service Waiter at the Ritz," *Harvard Business Review*, June 2002, pp. 50–62; Len Berry, *On Great Customer Service* (New York: Free Press, 1995), pp. 73–74.
29. See Chuck Chakrapani, *How to Measure Service Quality and Customer Satisfaction: The Informal Field Guide for Tools and Techniques* (Chicago: American Marketing Association, 1998).
30. Emily Le Coz, "Mystery Shoppers Help Businesses Improve Customer Service," *Knight Ridder Tribune Business News*, April 25, 2005, p. 1.
31. Moria Cotlier, "Adieu to Abandon Carts," *Catalog Age*, October 2001, p. 39.
32. Disney Institute and Michael Eisner, *Be Our Guest: Perfecting the Art of Customer Service* (New York: Disney Editions, 2001).
33. See Jim Poisant, *Creating and Sustaining a Superior Customer Service Organization: A Book about Taking Care of the People Who Take Care of the Customers* (Westport, CT: Quorum Books, 2002); "People-Focused HR Policies Seen as Vital to Customer Service Improvement," *Store*, January 2001, p. 60; Michael Brady and J. Joseph Cronin, "Customer Orientation: Effects on Customer Service Perceptions and Outcome Behaviors," *Journal of Service Research*, February 2001, pp. 241–51; Michael Hartline, James Maxham III, and Daryl McKee, "Corridors of Influence in the Dissemination of Customer-Oriented Strategy to Customer Contact Service Employees," *Journal of Marketing* 64 (April 2000), pp. 25–41.
34. Alicia Grandey and Analea Brauburger, "The Emotion Regulation behind the Customer Service Smile," in *Emotions in the Workplace: Understanding the Structure and Role of Emotions in Organizational Behavior*, eds. R. Lord, R. Klimoski, and R. Kanfer (San Francisco: Jossey-Bass, 2002); Mara Adelman and Aaron Ahuvia, "Social Support in the Service Sector: The Antecedents, Processes, and Consequences of Social Support in an Introductory Service," *Journal of Business Research* 32 (March 1995), pp. 273–82.
35. Mark Johlke and Dale Duhan, "Supervisor Communication Practices and Service Employee Job Outcomes," *Journal of Service Research*, November 2000, pp. 154–65.

36. Conrad Lashley, *Empowerment: HR Strategies for Service Excellence* (Boston: Butterworth/Heinemann, 2001).

37. Daniel Roth, "My Job at the Container Store," *Fortune*, January 10, 2000, p. 76.

38. Alan Randolph and Marshall Sashkin, "Can Organizational Empowerment Work in Multinational Settings?" *Academy of Management Executive* 16 (February 2002), pp. 102–16.

39. Ibid.; Graham Bradley and Beverly Sparks, "Customer Reactions to Staff Empowerment: Mediators and Moderators," *Group and Organization Management* 26 (March 2001), pp. 53–68.

40. Jennifer Rowley and Frances Slack, "Kiosks in Retailing: The Quiet Revolution," *International Journal of Retail & Distribution Management* 31, no. 6/7 (2003), pp. 329–40.

41. Tammy Joyner, "More Businesses Telling Customers: Do It Yourself," *The Atlanta Journal-Constitution*, August 10, 2003, p. B2.

42. Sandra Guy, "Stores Juggle Service with High-Tech Savvy," *Chicago Sun-Times*, July 1, 2002, p. B12; Julie Clark, "The Importance of Kiosks in Retail Has Grown," *Display and Design Ideas*, September 2001, p. 18; Ken Clark, "Confused about Kiosks," *Chain Store Age*, November 1, 2000, p. 96.

43. Scott Donaton, "Check It Out: Hand-Held Scanners Will Change the Way You Shop," *Advertising Age*, August 29, 2005, p. 15; Michelle Higgins, "Grocery Shopping Enters a New Age," *The Wall Street Journal*, March 30, 2004, p. D4.

44. Shia Kapos, "High-Tech Shopping Lists Guide Grocery Shoppers," *Chicago Tribune*, June 20, 2005, p. C1.

45. Tom DeWitt and Michael Brady, "Rethinking Service Recovery Strategies," *Journal of Service Research* 6 (November 2003), pp. 193–209; James Maxham, "Service Recovery's Influence on Consumer Satisfaction, Positive Word-of-Mouth, and Purchase Intentions," *Journal of Business Research*, October 2001, pp. 11–24; Michael McCollough, Leonard Berry, and Manjit Yadav, "An Empirical Investigation of Customer Satisfaction after Service Failure and Recovery," *Journal of Service Research*, November 2000, pp. 121–37.

46. "Correcting Store Blunders Seen as Key Customer Service Opportunity," *Stores*, January 2001, pp. 60–64; Stephen W. Brown, "Practicing Best-in-Class Service Recovery: Forward-Thinking Firms Leverage Service Recovery to Increase Loyalty and Profits," *Marketing Management*, Summer 2000, pp. 8–10.

47. Ko de Ruyter and Martin Wetsel, "The Impact of Perceived Listening Behavior in Voice-to-Voice Service Encounters," *Journal of Service Research*, February 2000, pp. 276–84.

48. Hooman Estelami, "Competitive and Procedural Determinants of Delight and Disappointment in Consumer Complaint Outcomes," *Journal of Service Research*, February 2000, pp. 285–300.

术语表

ABC 分析法

ABC analysis An analysis that rank orders SKUs by a profitability measure to determine which items should never be out of stock, which should be allowed to be out of stock occasionally, and which should be deleted from the stock selection.

可接近性

accessibility (1) The degree to which customers can easily get into and out of a shopping center; (2) ability of the retailer to deliver the appropriate retail mix to customers in the segment.

配饰

accessories Merchandise in apparel, department, and specialty stores used to complement apparel outfits. Examples include gloves, hosiery, handbags, jewelry, handkerchiefs, and scarves.

折叠理论

accordion theory A cyclical theory of retailer evolution suggesting that changes in retail institutions are explained in terms of depth versus breadth of assortment. Retail institutions cycle from high-depth/low-breadth to low-depth/ high-breadth stores and back again.

账户开立金

account opener A premium or special promotion item offered to induce the opening of a new account, especially in financial institutions and stores operating on an installment credit basis.

应付账款

accounts payable The amount of money owed to vendors, primarily for merchandise inventory.

应收账款

accounts receivable The amount of money due to the retailer from selling merchandise on credit.

可执行性

actionability Criteria for evaluating a market segment scheme indicating what the retailer should do to satisfy its needs.

实际成本法

activity-based costing (ABC) A financial management tool in which all major activities within a cost center are identified, calculated, and then charged to cost objects, such as stores, product categories, product lines, specific products, customers, and suppliers.

适应性销售

adaptive selling An approach to personal selling in which selling behaviors are altered on the basis of information about the customer and the buying situation.

额外加价

additional markup An increase in retail price after and in addition to an original markup.

额外加价取消

additional markup cancellation The percentage by which the retail price is lowered after a markup is taken.

附加销售

add-on selling Selling additional new products and services to existing customers, such as a bank encouraging a customer with a checking account to apply for a home improvement loan from the bank.

纵向营销管理系统

administered vertical marketing system A form of vertical marketing system designed to control a line or classification of merchandise as opposed to an entire store's operation. Such systems involve the development of comprehensive programs for specified lines of merchandise. Vertically aligned companies-manufacturers or wholesalers-even though in non-ownership positions, may work together to reduce the total systems cost of such activities as advertising, transportation, and data processing. See also *contractual vertical marketing system and corporate vertical marketing system.*

预先发货通知单

advanced shipping notice (ASN) An electronic document received by the retailer's computer from a supplier in advance of a shipment.

广告

advertising Paid communications delivered to customers through nonpersonal mass media such as newspapers, television, radio, direct mail, and the Internet.

广告经理

advertising manager A retail manager who manages advertising activities such as determining the advertising budget, allocating the budget, developing ads, selecting media, and monitoring advertising effectiveness.

广告送达率

advertising reach The percentage of customers in the target market exposed to an ad at least once.

年龄歧视与就业法案

Age Discrimination and Employment Act A federal act that makes it illegal to discriminate in hiring and termination decisions concerning people between the ages of 40 and 70 years.

代理

agent (1) A business unit that negotiates purchases, sales, or both but does not take title to the goods in which it deals; (2) a person who represents the principal (who, in the case of retailing, is the store or merchant) and acts under authority, whether in buying or in bringing the principal into business relations with third parties.

库存期

aging The length of time merchandise has been in stock.

帮助回忆

aided recall When consumers indicate they know the brand when the name is presented to them.

点菜式奖励计划

à la carte plans An employee reward program giving employees a choice of rewards and thus tailoring the rewards to the desires of individual employees.

指派员

allocator Position in merchandise management responsible for allocating merchandise and tailoring the assortment in several categories for specific stores in a geographic area.

变动成本

alteration costs Expenses incurred to change the appearance or fit, to assemble, or to repair merchandise.

美国残疾人法案

Americans with Disabilities Act (ADA) A federal civil rights law that protects people with disabilities from discrimination in employment, transportation, public accommodations, telecommunications, and the activities of state and local government.

类比法

analog approach A method of trade area analysis also known as the *similar store* or *mapping approach*. The analysis is divided into four steps: (1) describing the current trade areas through the technique of customer spotting; (2) plotting the customers on a map; (3) defining the primary, secondary, and tertiary area zones; and (4) matching the characteristics of stores in the trade areas with the potential new store to estimate its sales potential.

龙头店

anchor store A large, well-known retail operation located in a shopping center or Internet mall and serving as an attracting force for consumers to the center.

辅助服务

ancillary services Services such as layaway, gift wrap, and credit that are not directly related to the actual sale of a specific product within the store.

反竞争租赁

anticompetitive leasing arrangement A lease that limits the type and amount of competition a particular retailer faces within a trading area.

反垄断法

antitrust legislation A set of laws directed at preventing unreasonable restraint of trade or unfair trade practices. Aim is to foster a competitive environment. See also *restraint of trade*.

申请表

application form A form used to collect information on a job applicant's education, employment experience, hobbies, and references.

仲裁

arbitration Used in the case of a dispute between retailer and vendor that involves the appointment of an neutral party—the arbitrator—who considers the arguments of both sides and then makes a decision that is usually agreed on in advance as binding.

人工障碍

artificial barriers In site evaluations for accessibility, barriers such as railroad tracks, major highways, or parks.

资产

assets Economic resources, such as inventory or store fixtures, owned or controlled by an enterprise as a result of past transactions or events.

资产周转率

asset turnover Net sales divided by total assets.

分类

assortment The number of SKUs within a merchandise category. Also called *depth of merchandise*.

分类规划

assortment plan A list of merchandise that indicates in very general terms what should be carried in a particular merchandise category.

氛围

atmospherics The design of an environment through visual communications, lighting, colors, music, and scent to stimulate customers' perceptual and emotional responses and ultimately to affect their purchase behavior.

拍卖

auction A market in which goods are sold to the highest bidder; usually well publicized in advance or held at specific times that are well known in the trade. Auctions are becoming very popular over the Internet.

独断的领导
autocratic leader A manager who makes all decisions on his or her own and then announces them to employees.

平均月初库存销售比率
average BOM stock-to-sales ratio The number of months in the period divided by planned inventory turnover for the period.

平均库存
average inventory The sum of inventory on hand at several periods in time divided by the number of periods.

后向一体化
backward integration A form of vertical integration in which a retailer owns some or all of its suppliers.

资产负债表
balance sheet The summary of a retailer's financial resources and claims against the resources at a particular date; indicates the relationship between assets, liabilities, and owners' equity.

进入壁垒
barriers to entry Conditions in a retail market that make it difficult for firms to enter the market.

基本库存法
basic stock method An inventory management method used to determine the beginning-of-month (BOM) inventory by considering both the forecast sales for the month and the safety stock.

利益细分
benefit segmentation A method of segmenting a retail market on the basis of similar benefits sought in merchandise or services.

黑市
black market The availability of merchandise at a high price when it is difficult or impossible to purchase under normal market circumstances; commonly involves illegal transactions.

普查群
block group A collection of adjacent census blocks that contain between 300 and 3,000 people that is the smallest unit for the sample data.

自下而上计划
bottom-up planning When goals are set at the bottom of the organization and filter up through the operating levels.

精品店布局
boutique layout See *free-form layout*.

品牌
brand A distinguishing name or symbol (such as a logo, design, symbol, or trademark) that identifies the products or services offered by a seller and differentiates those products and services from the offerings of competitors.

品牌意识
brand awareness The ability of a potential customer to recognize or recall that a particular brand name belongs to a retailer or product/service.

品牌形象
brand image Set of associations consumers have about a brand that are usually organized around some meaningful themes.

品牌忠诚度
brand loyalty Indicates customers like and consistently buy a specific brand in a product category. They are reluctant to switch to other brands if their favorite brand isn't available.

盈亏平衡分析
break-even analysis A technique that evaluates the relationship between total revenue and total cost to determine profitability at various sales levels.

盈亏平衡点
break-even point The quantity at which total revenue equals total cost and beyond which profit occurs.

断码
breaking sizes Running out of stock on particular sizes.

缓冲库存
buffer stock Merchandise inventory used as a safety cushion for cycle stock so the retailer won't run out of stock if demand exceeds the sales forecast. Also called *safety stock*.

鞭子效应
bullwhip effect The buildup of inventory in an uncoordinated channel.

购买行为
buying behavior The activities customers undertake when purchasing a good or service.

购买能力
buying power The customer's financial resources available for making purchases.

购买情境细分
buying situation segmentation A method of segmenting a retail market based on customer needs in a specific buying situation, such as a fill-in shopping trip versus a weekly shopping trip.

职业路径
career path The set of positions to which management employees are promoted within a particular organization as their careers progress.

现金

cash Money on hand.

现金折扣

cash discounts Reductions in the invoice cost that the vendor allows the retailer for paying the invoice prior to the end of the discount period.

类别领队

category captain A supplier that forms an alliance with a retailer to help gain consumer insight, satisfy consumer needs, and improve the performance and profit potential across the entire category.

类别生命周期

category life cycle A merchandise category's sales pattern over time.

类别管理

category management The process of managing a retail business with the objective of maximizing the sales and profits of a category.

普查区

census block An area bounded on all sides by visible (roads, rivers, etc.) and/or invisible (county, state boundaries) features that is the smallest geographic entity for which census data are available.

中心商业区

central business district (CBD) The traditional downtown business area of a city or town.

验货

checking The process of going through goods upon receipt to make sure that they arrived undamaged and that the merchandise received matches the merchandise ordered.

克莱顿法案（1914）

Clayton Act (1914) An act passed as a response to the deficiencies of the Sherman Act; it specifically prohibits price discrimination, tying arrangements, and exclusive dealing contracts that have the effect of limiting free trade, and it provides for damages to parties injured as a result of violations of the act.

清仓

closeout (1) An offer at a reduced price to sell a group of slow-moving or incomplete stock; (2) an incomplete assortment, the remainder of a line of merchandise that is to be discontinued and so is offered at a low price to ensure immediate sale.

协作、规划、预测和补充

collaboration, planning, forecasting, and replenishment (CPFR) A collaborative inventory management system in which a retailer shares information with vendors. CPFR software uses data to construct a computer-generated replenishment forecast that is shared by the retailer and vendor before it's executed.

商业贿赂

commercial bribery A vendor's offer of money or gifts to a retailer's employee for the purpose of influencing purchasing decisions.

普通股

common stock The type of stock most frequently issued by corporations. Owners of common stock usually have voting rights in the retail corporation.

社区中心

community centers See *neighborhood centers*.

竞争基准法

competitive parity method An approach for setting a promotion budget so that the retailer's share of promotion expenses is equal to its market share.

综合细分法

composite segmentation A method of segmenting a retail market using multiple variables, including benefits sought, lifestyles, and demographics.

销售条件

conditions of sale See *terms of sale*.

消费者商品定价法案（1975）

Consumer Goods Pricing Act (1975) The statute that repealed all resale price maintenance laws and made it possible for retailers to sell products below suggested retail prices.

公司纵向营销体系

corporate vertical marketing system A form of vertical marketing system in which all of the functions from production to distribution are at least partially owned and controlled by a single enterprise. Corporate systems typically operate manufacturing plants, warehouse facilities, and retail outlets. See also *administered vertical marketing system and contractual vertical marketing system.*

成本导向法

cost-oriented method A method for determining the retail price by adding a fixed percentage to the cost of the merchandise; also known as *cost-plus pricing*.

优待日

courtesy days The days on which stores extend to loyalty club customers the privilege of making purchases at sale prices in advance of public sale.

交叉购物

cross-shopping A pattern of buying both premium and low-priced merchandise or patronizing expensive, status-oriented retailers and price-oriented retailers.

文化

culture The meaning and values shared by most members

of a society.

累计吸引力

cumulative attraction The principle that a cluster of similar and complementary retailing activities will generally have greater drawing power than isolated stores that engage in the same retailing activities.

累计数量折扣

cumulative quantity discounts Discounts earned by retailers when purchasing certain quantities over a specified period of time.

流动负债

current liabilities Debts that are expected to be paid in less than one year.

顾客忠诚度

customer loyalty Customers' commitment to shopping at a store.

顾客关系管理

customer relationship management (CRM) A business philosophy and set of strategies, programs, and systems that focuses on identifying and building loyalty with a retailer's most valued customers.

客户服务

customer service The set of retail activities that increase the value customers receive when they shop and purchase merchandise.

定制化方法

customization approach An approach used by retailers to provide customer service that is tailored to meet each customer's personal needs.

数据库零售

database retailing The development and implementation of retailing programs to build store loyalty utilizing a computerized file (data warehouse) of customer profiles and purchase patterns.

数据挖掘

data mining Technique used to identify patterns in data found in data warehouses, typically patterns that the analyst is unaware of prior to searching through the data.

欺诈性广告

deceptive advertising Any advertisement that contains a false statement or misrepresents a product or service.

延期付款

deferred billing An arrangement that enables customers to buy merchandise and not pay for it for several months, with no interest charge.

需求导向法

demand-oriented method A method of setting prices based on what the customers would expect or be willing to pay.

人口统计细分

demographic segmentation A method of segmenting a retail market that groups consumers on the basis of easily measured, objective characteristics such as age, gender, income, and education.

商品的深度

depth of merchandise See *assortment*.

辩证理论

dialectic theory An evolutionary theory based on the premise that retail institutions evolve. The theory suggests that new retail formats emerge by adopting characteristics from other forms of retailers in much the same way that a child is the product of the pooled genes of two very different parents.

直接投资

direct investment The investment and ownership by a retail firm of a division or subsidiary that builds and operates stores in a foreign country.

直邮零售商

direct-mail retailer A nonstore retailer that communicates directly with customers using mail brochures and pamphlets to sell a specific product or service to customers at one point in time.

折扣店

discount store A general merchandise retailer that offers a wide variety of merchandise, limited service, and low prices.

歧视

discrimination An illegal action of a company or its managers when a member of a protected class (women, -minorities, etc.) is treated differently from nonmembers of that class (see *disparate treatment*) or when an apparently neutral rule has an unjustified discriminatory effect (see *disparate impact*) .

分销中心

distribution center A warehouse that receives merchandise from multiple vendors and distributes it to multiple stores.

分销渠道

distribution channel A set of firms that facilitate the movement of products from the point of production to the point of sale to the ultimate consumer.

分销强度

distribution intensity The number of retailers carrying a particular category.

最低订货量

economic order quantity (EOQ) The order quantity that

minimizes the total cost of processing orders and holding inventory.

有效顾客反应

efficient customer response (ECR) The set of programs supermarket chains have undertaken to manage inventory and increase inventory turnover.

80-20 原则

80-20 rule A general management principle where 80 percent of the sales or profits come from 20 percent of the customers.

电子数据交换

electronic data interchange (EDI) The computer-to-computer exchange of business documents from retailer to vendor and back.

员工劳动生产率

employee productivity Output generated by employee activities. One measure of employee productivity is the retailer's sales or profit divided by its employee costs.

空巢家庭

empty nest A stage in a family life cycle where children have grown up and left home.

环保服饰

environmental apparel Merchandise produced with few or no harmful effects on the environment.

均等就业机会委员会

Equal Employment Opportunity Commission (EEOC) A federal commission that was established for the purpose of taking legal action against employers that violate Title VII of the Civil Rights Act. Title VII prohibits discrimination in company personnel practices.

同酬法案

Equal Pay Act A federal act enforced by the Equal Employment Opportunity Commission that prohibits unequal pay for men and women who perform equal work or work of comparable worth.

每日低价

everyday low pricing (EDLP) A pricing strategy that stresses continuity of retail prices at a level somewhere between the regular nonsale price and the deep-discount sale price of the retailer's competitors.

高管培训计划

executive training program (ETP) A training program for retail supervisors, managers, and executives.

外部信息来源

external sources of information Information provided by the media and other people.

公平劳动标准法案

Fair Labor Standards Act A federal law, enacted in 1938, that sets minimum wages, maximum hours, child labor standards, and overtime pay provisions.

公平贸易法

fair trade laws See *resale price maintenance laws.*

财务杠杆

financial leverage A financial measure based on the relationship between the retailer's liabilities and owners' equity that indicates financial stability of the firm.

一级价格歧视

first-degree price discrimination Charging customers different prices on the basis of their willingness to pay.

固定资产

fixed assets Assets that require more than a year to convert to cash.

组织扁平化

flattening the organization A reduction in the number of management levels.

提前购买

forward buy An opportunity to purchase at an extra discount more merchandise than the retailer normally needs to fill demand.

前向一体化

forward integration A form of vertical integration in which a manufacturer owns wholesalers or retailers.

自由式布局

free-form layout A store design, used primarily in small specialty stores or within the boutiques of large stores, that arranges fixtures and aisles asymmetrically. Also called *boutique layout.*

自由贸易区

free trade zone A special area within a country that can be used for warehousing, packaging, inspection, labeling, exhibition, assembly, fabrication, or transshipment of imports without being subject to that country's tariffs.

全线折扣店

full-line discount store Retailers that offer a broad variety of merchandise, limited service, and low prices.

全额保修

full warranty A guarantee provided by either the retailer or manufacturer to repair or replace merchandise without charge and within a reasonable amount of time in the event of a defect.

差距模型

Gaps model A conceptual model that indicates what retailers need to do to provide high-quality customer service. When customers' expectations are greater than their perceptions of the delivered service, customers are dissatisfied and feel the quality of the retailer's service is poor. Thus, retailers need to reduce the service gap-the difference between customers' expectations and perceptions of customer service to improve customers' satisfaction with their service.

人口统计细分
geodemographic segmentation A market segmentation system that uses both geographic and demographic characteristics to classify consumers.

地理信息系统
geographic information system (GIS) A computerized system that enables analysts to visualize information about their customers' demographics, buying behavior, and other data in a map format.

地理细分
geographic segmentation Segmentation of potential customers by where they live. A retail market can be segmented by countries, states, cities, and neighborhoods.

玻璃天花板
glass ceiling An invisible barrier that makes it difficult for minorities and women to be promoted beyond a certain level.

格栏式布局
grid layout A store design, typically used by grocery stores, in which merchandise is displayed on long gondolas in aisles with a repetitive pattern.

投资回报毛利率
gross margin return on investment (GMROI) Gross margin dollars divided by average (cost) inventory.

毛利润
gross profit See *gross margin*.

习惯性决策
habitual decision making A purchase decision involving little or no conscious effort.

享乐需要
hedonic needs Needs motivating consumers to go shopping for pleasure.

高/低定价
high/low pricing A strategy in which retailers offer prices that are sometimes above their competition's everyday low price, but they use advertising to promote frequent sales.

横向定价
horizontal price fixing An agreement between retailers in direct competition with each other to charge the same prices.

赫夫引力模型
Huff's gravity model A trade area analysis model used to determine the probability that a customer residing in a particular area will shop at a particular store or shopping center.

人力资源管理
human resource management Management of a retailer's employees.

可辨别性
identifiability A criteria for evaluating market segments in which retailers must be able to identify the customers in a target segment for the segmentation scheme to be effective. By identifying the segment, it allows retailers to determine (1) the segment's size and (2) with whom the retailer should communicate when promoting its retail offering.

非法歧视
illegal discrimination The actions of a company or its managers that result in number of a protected class being treated unfairly and differently than others.

冲动型购买
impulse buying A buying decision made by customers on the spot after seeing the merchandise.

奖励报酬计划
incentive compensation plan A compensation plan that rewards employees on the basis of their productivity.

收益表
income statement A summary of the financial performance of a firm for a certain period of time.

信息搜寻
information search The stage in the buying process in which a customer seeks additional information to satisfy a need.

初始加价
initial markup The retail selling price initially placed on the merchandise less the cost of goods sold.

分期付款计划
installment credit plan A plan that enables consumers to pay their total purchase price (less down payment) in equal installment payments over a specified time period.

整合营销传播计划
integrated marketing communication (IMC) program The strategic integration of multiple communication methods to form a comprehensive, consistent message.

知识产权
intellectual property Property that is intangible and created by intellectual (mental) effort as opposed to physical effort.

同类竞争
intratype competition Competition between the same type of retailers (e.g., Kroger versus Safeway) .

内在奖励
intrinsic rewards Nonmonetary rewards employees get from doing their jobs.

存货
inventory Goods or merchandise available for resale.

存货管理
inventory management The process of acquiring and maintaining a proper assortment of merchandise while keeping ordering, shipping, handling, and other related costs in check.

存货损耗
inventory shrinkage See *shrinkage*.

存货周转率
inventory turnover Net sales divided by average retail inventory; used to evaluate how effectively managers utilize their investment in inventory.

发票成本
invoice cost The actual amount due for the merchandise after both trade and quantity discounts are taken.

工作分析
job analysis Identifying essential activities and determining the qualifications employees need to perform them effectively.

工作申请表
job application form A form a job applicant completes that contains information about the applicant's employment history, previous compensation, reasons for leaving previous employment, education and training, personal health, and references.

合资企业
joint venture In the case of global expansion, an entity formed when the entering retailer pools its resources with a local retailer to form a new company in which ownership, control, and profits are shared. More generally, any business venture in which two or more firms pool resources to form a new business entity.

垃圾债券
junk bond Bond that offers investors a higher-risk/higher-yield investment than conventional bonds.

加倍法
keystone method A method of setting retail prices in which retailers simply double the cost of the merchandise to obtain the original retail selling price.

贿赂
kickback See *commercial bribery*.

认知差距
knowledge gap The difference between customer expectations and the retailer's perception of customer expectations. This factor is one of four identified by the Gaps model for improving service quality.

先导定价
leader pricing A pricing strategy in which certain items are priced lower than normal to increase the traffic flow of customers or to increase the sale of complementary products.

定交货期间
lead time The amount of time between recognition that an order needs to be placed and the point at which the merchandise arrives in the store and is ready for sale.

承租人
lessee The party signing the lease.

负债
liabilities Obligations of a retail enterprise to pay cash or other economic resources in return for past, present, or future benefits.

生活方式细分
lifestyle segmentation A method of segmenting a retail market based on how consumers live, how they spend their time and money, what activities they pursue, and their attitudes and opinions about the world they live in.

终身客户价值
lifetime customer value (LTV) The expected contribution from the customer to the retailer's profits over his or her entire relationship with the retailer.

短期决策过程
limited problem solving A purchase decision process involving a moderate amount of effort and time. Customers engage in this type of buying process when they have some prior experience with the product or service and their risk is moderate.

有限责任保修单
limited warranty A type of guarantee in which any limitations must be stated conspicuously so that customers are not misled.

物流
logistics Part of the supply chain process that plans, implements, and controls the efficient, effective flow and storage of goods, services, and related information from the point of origin to the point of consumption to meet customers' requirements.

环线布局

loop layout See *racetrack layout.*

低价商品

loss leader An item priced near or below cost to attract customer traffic into the store.

顾客忠诚度计划

loyalty program A program set up to reward customers with incentives such as discounts on purchases, free food, gifts, or even cruises or trips in return for their repeated business.

维持加价

maintained markup The amount of markup the retailer wishes to maintain on a particular category of merchandise; net sales minus cost of goods sold.

维持–增加–补偿租赁

maintenance-increase-recoupment lease A provision of a lease that can be used with either a percentage or straight lease. This type of lease allows the landlord to increase the rent if insurance, property taxes, or utility bills increase beyond a certain point.

目标管理

management by objectives A popular method for linking the goals of a firm to goals for each employee and providing information to employees about their role.

管理多元化

managing diversity A set of human resource management programs designed to realize the benefits of a diverse workforce.

厂商建议零售价

manufacturer's suggested retail price (MSRP) The lowest price specified by a manufacturer at which a retailer can sell the manufacturer's product.

边际分析

marginal analysis A method of analysis used in setting a promotional budget or allocating retail space, based on the economic principle that firms should increase expenditures as long as each additional dollar spent generates more than a dollar of additional contribution.

降价取消

markdown cancellation The percentage increase in the retail price after a markdown is taken.

市场吸引力/竞争地位矩阵

market attractiveness/competitive position matrix A method for analyzing opportunities that explicitly considers the capabilities of the retailer and the attractiveness of retail markets.

市场渗透机会

market penetration opportunity An investment opportunity strategy that focuses on increasing sales to present customers using the present retailing format.

市场份额

market share A retailer's sales divided by the sales of all competitors within the same market.

大规模定制化

mass customization The production of individually customized products at costs similar to mass-produced products.

梅热计划

Mazur plan A method of retail organization in which all retail activities fall into four functional areas: merchandising, publicity, store management, and accounting and control.

商品预算计划

merchandise budget plan A plan used by buyers to determine how much money to spend in each month on a particular fashion merchandise category, given the firm's sales forecast, inventory turnover, and profit goals.

电子商亭

merchandise kiosks Small, temporary selling spaces typically located in the walkways of enclosed malls, airports, train stations, or office building lobbies.

商品管理

merchandise management The process by which a retailer attempts to offer the right quantity of the right merchandise in the right place at the right time while meeting the company's financial goal.

都市统计区

Metropolitan Statistical Area (MSA) A city with 50,000 or more inhabitants or an urbanized area of at least 50,000 inhabitants and a total MSA population of at least 100,000 (75,000 in New England) .

居住统计区

micropolitan statistical area A city with only 10,000 inhabitants in its core urban area.

使命书

mission statement A broad description of the scope of activities a business plans to undertake.

多属性态度模式

multiattribute attitude model A model of customer decision making based on the notion that customers see a retailer or a product as a collection of attributes or characteristics. The model can also be used for evaluating a retailer, product, or vendor. The model uses a weighted average score based on the importance of various issues and performance on those issues.

多渠道零售商

multichannel retailer Retailer that sells merchandise or services through more than one channel.

多层次直销

multilevel direct selling A form of direct selling in which people sell directly to customers, serve as master distributors, and recruit other people to become distributors in their network. The master distributors either buy merchandise from the firm and resell it to their distributors or receive a commission on all merchandise purchased by the distributors in their network.

多单位定价

multiple-unit pricing Practice of offering two or more similar products or services for sale at one price. Also known as *quantity discounts*.

天然障碍

natural barrier A barrier, such as a river or mountain, that impacts accessibility to a site.

自然选择

natural selection A theory of retail evolution that argues that those institutions best able to adapt to changes in customers, technology, competition, and legal environments have the greatest chance for success.

净利润

net profit A measure of the overall performance of a firm; revenues (sales) minus expenses and losses for the period.

净利润率

net profit margin Profit a firm makes divided by its net sales.

净销售额

net sales The total number of dollars received by a retailer after all refunds have been paid to customers for returned merchandise.

网络直销

network direct selling See *multilevel direct selling*.

非累计数量折扣

noncumulative quantity discount Discount offered to retailers as an incentive to purchase more merchandise on a single order.

非耐用品

nondurable Perishable product consumed in one or a few uses.

北美工业分类系统

North American Industry Classification System (NAICS) Classification of retail firms into a hierarchical set of six-digit codes based on the types of products and services they pro-duce and sell.

应付票据

notes payable Current liabilities representing principal and interest the retailer owes to financial institutions (banks) that are due and payable in less than a year.

目标任务法

objective-and-task method A method for setting a promotion budget in which the retailer first establishes a set of communication objectives and then determines the necessary tasks and their costs.

尾数定价

odd pricing The practice of ending prices with an odd number (such as 69 cents) or just under a round number (such as $98 instead of $100) .

低价零售商

off-price retailer A retailer that offers an inconsistent assortment of brand-name, fashion-oriented soft goods at low prices.

脱产培训

off-the-job training Training conducted in centralized classrooms away from the employee's work environment.

单一价格政策

one-price policy A policy that, at a given time, all customers pay the same price for any given item of merchandise.

在职培训

on-the-job training A decentralized approach in which job training occurs in the work environment where employees perform their jobs.

经营费用

operating expenses Costs, other than the cost of merchandise, incurred in the normal course of doing business, such as salaries for sales associates and managers, advertising, utilities, office supplies, and rent.

意见先导人

opinion leader Person whose attitudes, opinions, preferences, and actions influence those of others.

资本的机会成本

opportunity cost of capital The rate available on the next best use of the capital invested in the project at hand. The opportunity cost should be no lower than the rate at which a firm borrows funds, since one alternative is to pay back borrowed money. It can be higher, however, depending on the range of other opportunities available. Typically, the opportunity cost rises with investment risk.

光学符号识别

optical character recognition (OCR) An industrywide classification system for coding information onto merchandise; enables retailers to record information on each SKU when it is sold and transmit the information to a computer.

订货单
order form When signed by both parties, a legally binding contract specifying the terms and conditions under which a purchase transaction is to be conducted.

组织文化
organization culture A firm's set of values, traditions, and customs that guide employee behavior.

组织结构
organization structure A plan that identifies the activities to be performed by specific employees and determines the lines of authority and responsibility in the firm.

外部建筑
outparcel A building or kiosk that is in the parking lot of a shopping center but isn't physically attached to a shopping center.

外包
outsourcing Obtaining a service from outside the company that had previously been done by the firm itself.

所有者权益
owners' equity The amount of assets belonging to the owners of the retail firm after all obligations (liabilities) have been met; also known as *net worth* and *stockholders' equity*.

伙伴关系
partnering relationship See *strategic relationship*.

专利
patent A law that gives the owner of a patent control over the right to make, sell, and use a product for a period of 17 years (14 years for a design).

渗透
penetration A low-pricing strategy for newly introduced products or categories.

百分比租赁
percentage lease A lease in which rent is based on a percentage of sales.

销售百分比法
percentage-of-sales method A method for setting a promotion budget based on a fixed percentage of forecast sales.

实地盘存
physical inventory A method of gathering stock information by using an actual physical count and inspection of the merchandise items.

提货单
pick ticket A document that tells the order filler how much of each item to get from the storage area.

偷窃
pilferage The stealing of a store's merchandise. See also *shoplifting*.

人口密度
population density The number of people per unit area (usually square mile) who live within a geographic area.

定位
positioning The design and implementation of a retail mix to create in the customer's mind an image of the retailer relative to its competitors. Also called *brand building*.

势力范围
power perimeter The areas around the outside walls of supermarket that have fresh merchandise categories.

掠夺性定价
predatory pricing A method for establishing merchandise prices for the purpose of driving competition from the marketplace.

预先标价
premarking Marking of the price by the manufacturer or other supplier before goods are shipped to a retail store. Also called *prepricing*.

预先定价
prepricing See *premarking*.

捆绑定价
price bundling The practice of offering two or more different products or services for sale at one price.

价格对比
price comparison A comparison of the price of merchandise offered for sale with a higher "regular" price or a manufacturer's list price.

价格歧视
price discrimination An illegal practice in which a vendor sells the same product to two or more customers at different prices. See *first-degree price discrimination* and *second-degree price discrimination*.

需求的价格弹性
price elasticity of demand A measure of the effect a price change has on consumer demand; percentage change in demand divided by percentage change in price.

限价
price fixing An illegal pricing activity in which several marketing channel members establish a fixed retail selling price for a product line within a market area. See *vertical price fixing* and *horizontal price fixing*.

定价实验
pricing experiment An experiment in which a retailer ac-

tually changes the price of an item in a systematic manner to observe changes in customers' purchases or purchase intentions.

原始数据
primary data Marketing research information collected through surveys, observations, and experiments to address a problem confronting a retailer.

自有品牌
private-label brands Products developed and marketed by a retailer and only available for sale by that retailer. Also called *store brands*.

产品特征
product attributes Characteristics of a product that affect customer evaluations.

产品可获得性
product availability A measurement of the percentage of demand for a particular SKU that is satisfied.

生产率衡量方法
productivity measure The ratio of an output to an input determining how effectively a firm uses a resource.

产品系列
product line A group of related products.

利润率管理路径
profit margin management path One of two paths to increasing return on assets.

促销
promotion Activities undertaken by a retailer to provide consumers with information about a retailer's store, its image, and its retail mix.

促销过道/促销区
promotional aisle Area aisle or area of a store designed to get the customer's attention. An example might be a special "trim-the-tree" department that seems to magically appear right after Thanksgiving every year for the Christmas holidays.

促销津贴
promotional allowance An allowance given by vendors to retailers to compensate the latter for money spent in advertising a particular item.

消费心态学
psychographics Refers to how people live, how they spend their time and money, what activities they pursue, and their attitudes and opinions about the world they live in.

心理需求
psychological needs Needs associated with the personal gratification that customers get from shopping or from purchasing and owning a product.

宣传
publicity Communications through significant unpaid presentations about the retailer (usually a news story) in impersonal media.

公共仓库
public warehouse Warehouse that is owned and operated by a third party.

拉动式供应链
pull supply chain Strategy in which orders for merchandise are generated at the store level on the basis of demand data captured by point-of-sale terminals.

数量折扣
quantity discount The policy of granting lower prices for higher quantities. Also known as *multiple-unit pricing*.

快速反应交货系统
quick response (QR) delivery system System designed to reduce the lead time for receiving merchandise, thereby lowering inventory investment, improving customer service levels, and reducing distribution expenses; also known as a just-in-time inventory management system.

奖金配额计划
quota-bonus plan Compensation plan that has a performance goal or objective established to evaluate employee performance, such as sales per hour for salespeople and maintained margin and turnover for buyers.

收货
receiving The process of filling out paperwork to record the receipt of merchandise that arrives at a store or distribution center.

招聘
recruitment Activity performed by a retailer to generate job applicants.

参照组
reference group One or more people whom a person uses as a basis of comparison for his or her beliefs, feelings, and behaviors.

参考价格
reference price A price point in the consumer's memory for a good or service that can consist of the price last paid, the price most frequently paid, or the average of all prices customers have paid for similar offerings. A benchmark for what consumers believe the "real" price of the merchandise should be.

拒绝成交
refusal to deal A legal issue in which either a vendor or a retailer reserves the right to deal or refuse to deal with any-

one it chooses.

地区
region In retail location analysis, refers to part of the country, a particular city, or Metropolitan Statistical Area (MSA) .

回归分析
regression analysis A statistical approach for evaluating retail locations based on the assumption that factors that affect the sales of existing stores in a chain will have the same impact on stores located at new sites being considered.

赖利法则
Reilly's law A model used in trade area analysis to define the relative ability of two cities to attract customers from the area between them.

相关多元化机会
related diversification opportunity A diversification opportunity strategy in which the retailer's present offering and market share something in common with the market and format being considered.

再加成
remarking The practice of changing the price label or identification tag on merchandise due to price changes, lost or mutilated tickets, or customer returns.

常驻采购处
resident buying office An organization located in a major buying center that provides services to help retailers buy merchandise.

贸易限制
restraint of trade Any contract that tends to eliminate or stifle competition, create a monopoly, artificially maintain prices, or otherwise hamper or obstruct the course of trade and commerce as it would be carried on if left to the control of natural forces; also known as unfair trade practices.

零售审计
retail audit See *situation audit*.

零售业态
retail format The retailers' type of retail mix (nature of merchandise and services offered, pricing policy, advertising and promotion program, approach to store design and visual merchandising, and typical location) .

零售信息系统
retail information system System that provides the information needed by retail managers by collecting, organizing, and storing relevant data continuously and directing the information to the appropriate managers.

零售盘存法
retail inventory method (RIM) An accounting procedure whose objectives are to maintain a perpetual or book inventory in retail dollar amounts and to maintain records that make it possible to determine the cost value of the inventory at any time without taking a physical inventory; also known as *book inventory system* or *perpetual book inventory*.

零售市场
retail market A group of consumers with similar needs (a market segment) and a group of retailers using a similar retail format to satisfy those consumer needs.

零售市场细分
retail market segment A group of customers whose needs will be satisfied by the same retail offering because they have similar needs and go through similar buying processes.

零售组合
retail mix The combination of factors used by a retailer to satisfy customer needs and influence their purchase decisions; includes merchandise and services offered, pricing, advertising and promotions, store design and location, and visual merchandising.

零售战略
retail strategy A statement that indicates (1) the target market toward which a retailer plans to commit its resources, (2) the nature of the retail offering that the retailer plans to use to satisfy the needs of the target market, and (3) the bases upon which the retailer will attempt to build a sustainable competitive advantage over competitors.

留存收益
retained earnings The portion of owners' equity that has accumulated over time through profits but has not been paid out in dividends to owners.

资产收益率
return on assets Net profit after taxes divided by total assets.

逆向竞拍
reverse auction Auction conducted by retailer buyers. Known as a *reverse auction* because there is one buyer and many potential sellers. In reverse auctions, retail buyers provide a specification for what they want to a group of potential vendors. The competing vendors then bid down the price at which they are willing to sell until the buyer accepts a bid.

反向物流
reverse logistics A flow back of merchandise through the channel, from the customer to the store, distribution center, and vendor, for customer returns.

鲁滨逊-帕特慢法案 (1946)
Robinson-Patman Act (1946) The Congressional act that revised Section 2 of the Clayton Act and specifically prohibits certain types of price discrimination.

经验法
rule-of-thumb method A type of approach for setting a promotion budget that uses past sales and communication activity to determine the present communications budget.

安全库存
safety stock See *buffer stock*.

销售回租
sale-leaseback The practice in which retailers build new stores and sell them to real estate investors who then lease the buildings back to the retailers on a long-term basis.

销售顾问
sales consultant See *sales associate*.

每立方英尺销售额
sales per cubic foot A measure of space productivity appropriate for stores such as wholesale clubs that use multiple layers of merchandise.

销售促进
sales promotions Paid impersonal communication activities that offer extra value and incentives to customers to visit a store or purchase merchandise during a specific period of time.

满意度
satisfaction A postconsumption evaluation of the degree to which a store or product meets or exceeds customer expectations.

饱和商圈
saturated trade area A trade area that offers customers a good selection of goods and services, while allowing competing retailers to make good profits.

规模经济
scale economies Cost advantages due to the size of a retailer.

搜索引擎
search engines Computer programs that simply search for and provide a listing of all Internet sites selling a product category or brand with the price of the merchandise offered. Also called *shopping bots*.

季节折扣
seasonal discount Discount offered as an incentive to retailers to place orders for merchandise in advance of the normal buying season.

二级数据
secondary data Market research information previously gathered for purposes other than solving the current problem under investigation.

二级价格歧视
second-degree price discrimination Charging different prices to different people on the basis of the nature of the offering.

自我分析
self-analysis An internally focused examination of a business's strengths and weaknesses.

自助零售商
self-service retailer A retailer that offers minimal customer service.

销售代理
selling agent An agent who operates on an extended contractual basis; the agent sells all of a specified line of merchandise or the entire output of the principal and usually has full authority with regard to prices, terms, and other conditions of sale. The agent occasionally renders financial aid to the principal.

销售空间
selling space The area set aside for displays of merchandise, interactions between sales personnel and customers, demonstrations, and so on.

售出分析法
sell-through analysis A comparison of actual and planned sales to determine whether early markdowns are required or more merchandise is needed to satisfy demand.

服务水平
service level A measure used in inventory management to define the level of support or level of product availability; the number of items sold divided by the number of items demanded. Service level should not be confused with customer service. Compare *customer service*.

性骚扰
sexual harassment Unwelcome sexual advances, requests for sexual favors, or other verbal or physical conduct with sexual elements.

谢尔曼反托拉斯法（1890）
Sherman Antitrust Act (1890) An act protecting small businesses and consumers from large corporations by outlawing any person, corporation, or association from engaging in activities that restrain trade or commerce.

购物中心
shopping center A group of retail and other commercial establishments that is planned, developed, owned, and managed as a single property.

购物指南
shopping guide Free paper delivered to all residents in a specific area.

损耗率
shrinkage An inventory reduction that is caused by shoplifting by employees or customers, by merchandise be-

ing misplaced or damaged, or by poor bookkeeping.

形势分析

situation audit An analysis of the opportunities and threats in the retail environment and the strengths and weaknesses of the retail business relative to its competitors.

货位津贴

slotting allowance Fee paid by a vendor for space in a retail store. Also called *slotting fee*.

社会化

socialization The steps taken to transform new employees into effective, committed members of the firm.

专业化

specialization The organizational structure in which employees are typically responsible for only one or two tasks rather than performing all tasks. This approach enables employees to develop expertise and increase productivity.

专营百货商店

specialty department store A store with a department store format that focuses primarily on apparel and soft home goods (such as Neiman Marcus or Saks Fifth Avenue) .

潜在消费指数

spending potential index (SPI) Compares the average expenditure in a particular area for a product to the amount spent on that product nationally.

取样检查

spot check Used particularly in receiving operations when goods come in for reshipping to branch stores in packing cartons. Certain cartons are opened in the receiving area of the central distribution point and

中转区

staging area Area in which merchandise is accumulated from different parts of the distribution center and prepared for shipment to stores.

标准化方法

standardization approach An approach used by retailers to provide customer service by using a set of rules and procedures so that all customers consistently receive the same service.

标准差距

standards gap The difference between the retailer's perceptions of customers' expectations and the customer service standards it sets. This factor is one of four factors identified by the Gaps model for improving service quality.

大宗商品

staple merchandise Inventory that has continuous demand by customers over an extended period of time. Also known as *basic merchandise*.

战略联盟

strategic alliance Collaborative relationship between independent firms. For example, a foreign retailer might enter an international market through direct investment but develop an alliance with a local firm to perform logistical and warehousing activities.

战略利润模型

strategic profit model (SPM) A tool used for planning a retailer's financial strategy based on both margin management (net profit margin) and asset management (asset turnover) . Using the SPM, a retailer's objective is to achieve a target return on assets.

战略关系

strategic relationship Long-term relationship in which partners make significant investments to improve both parties' profitability.

战略零售计划过程

strategic retail planning process The steps a retailer goes through to develop a strategic retail plan. It describes how retailers select target market segments, determine the appropriate retail format, and build sustainable competitive advantages.

优势和劣势分析

strengths and weaknesses analysis A critical aspect of the situation audit in which a retailer determines its unique capabilities-its strengths and weaknesses relative to its competition.

供应链管理

supply chain management The integration of business processes from end user through original suppliers that provides products, services, and information that add value for customers.

可持续竞争优势

sustainable competitive advantage A distinct competency of a retailer relative to its competitors that can be maintained over a considerable time period.

目标市场

target market The market segment (s) toward which the retailer plans to focus its resources and retail mix.

关税

tariff A tax placed by a government upon imports. Also known as *duty*.

电视家庭购物

television home shopping A retail format in which customers watch a TV program demonstrating merchandise and then place orders for the merchandise by phone.

销售条件
terms of sale Conditions in a sales contract with customers including such issues as charges for alterations, delivery, or gift wrapping or the store's exchange policies.

三级价格歧视
third-degree price discrimination Charging different prices to different demographic market segments.

第三方物流公司
third-party logistics company Firm that facilitates the movement of merchandise from manufacturer to retailer but is independently owned.

自上而下计划
top-down planning One side of the process of developing an overall retail strategy where goals are set at the top of the organization and filter down through the operating levels.

商业折扣
trade discount Reduction in a retailer's suggested retail price granted to wholesalers and retailers; also known as a *functional discount*.

商标
trademark Any mark, work, picture, or design associated with a particular line of merchandise or product.

交通流量
traffic flow The balance between a substantial number of cars and not so many that congestion impedes access to the store.

运输成本
transportation cost The expense a retailer incurs if it pays the cost of shipping merchandise from the vendor to the stores.

附加条款合同
tying contract An agreement between a vendor and a retailer requiring the retailer to take a product it does not necessarily desire (the tied product) to ensure that it can buy a product it does desire (the tying product) .

最终消费者
ultimate consumers Individuals who purchase goods and services for their own personal use or for use by members of their household.

秘密购物者
undercover shopper Person hired by or working for a retailer who poses as a customer to observe the activities and performance of employees.

单位定价
unit pricing The practice of expressing price in terms of both the total price of an item and the price per unit of measure.

通用产品条码
Universal Product Code (UPC) The black-and-white bar code found on most merchandise; used to collect sales information at the point of sale using computer terminals that read the code. This information is transmitted computer to computer to buyers, distribution centers, and then to vendors, who in turn quickly ship replenishment merchandise.

无关多元化
unrelated diversification Diversification in which there is no commonality between the present business and the new business.

统一资源定位
URL (uniform resource locator) The standard for a page on the World Wide Web (e.g., www.nrf.org) .

价值
value Relationship of what a customer gets (goods/services) to what he or she has to pay for it.

可变成本
variable costs Costs that vary with the level of sales and can be applied directly to the decision in question.

种类
variety The number of different merchandise categories within a store or department.

供应商
vendor Any firm from which a retailer obtains merchandise.

纵向一体化
vertical integration An example of diversification by retailers involving investments by retailers in wholesaling or manufacturing merchandise.

垂直排列商品
vertical merchandising A method whereby merchandise is organized to follow the eye's natural up-and-down movement.

纵向定价
vertical price fixing Agreements to fix prices between parties at different levels of the same marketing channel (for example, retailers and their vendors) .

虚拟社区
virtual community A network of people who seek information, products, and services and communicate with one another about specific issues.

可见性
visibility Customers' ability to see the store and enter the parking lot safely.

视觉信息传播
visual communications The act of providing information

to customers through graphics, signs, and theatrical effects-both in the store and in windows-to help boost sales by providing information on products and suggesting items or special purchases.

需求手册

want book Information collected by retail salespeople to record out-of-stock or requested merchandise.

仓储式会员店

warehouse club A retailer that offers a limited assortment of food and general merchandise with little service and low prices to ultimate consumers and small businesses.

零售转轮

wheel of retailing A cyclical theory of retail evolution whose premise is that retailing institutions evolve from low-price/service to higher-price/service operations.

批发市场

wholesale market A concentration of vendors within a specific geographic location, perhaps even under one roof or over the Internet.

批发商

wholesaler A merchant establishment operated by a concern that is primarily engaged in buying, taking title to, usually storing, and physically handling goods in large quantities, and reselling the goods (usually in smaller quantities) to retailers or industrial or business users.

批发商自愿合作组

wholesale-sponsored voluntary cooperative group An organization operated by a wholesaler offering a merchandising program to small, independent retailers on a voluntary basis.

收益管理

yield management The practice of adjusting prices up or down in response to demand to control sales generated.

区域定价

zone pricing Charging different prices for the same merchandise in different geographic locations to be competitive in local markets.

市区规划

zoning The regulation of the construction and use of buildings in certain areas of a municipality.